四川大学历史文化学院 编
四川大学古文字与先秦史研究中心

彭裕商 彭邦本◎主　编
吴毅强 李世佳◎副主编

纪念徐中舒先生
诞辰120周年
国际学术研讨会论文集

上

巴蜀书社

图书在版编目（CIP）数据

纪念徐中舒先生诞辰120周年国际学术研讨会论文集/四川大学历史文化学院，四川大学古文字与先秦史研究中心编．—成都：巴蜀书社，2020.12

ISBN 978-7-5531-1425-5

Ⅰ．①纪… Ⅱ．①四…②四… Ⅲ．①徐中舒（1898—1991）—纪念文集 Ⅳ．①K825.81-53

中国版本图书馆CIP数据核字（2020）第264225号

纪念徐中舒先生诞辰120周年国际学术研讨会论文集
四川大学历史文化学院　四川大学古文字与先秦史研究中心　编
彭裕商　彭邦本　主编　吴毅强　李世佳　副主编

责任编辑	谢正强
特约编辑	曹　娜
出　　版	巴蜀书社
	成都市锦江区三色路238号新华之星A座36层　邮编610023
	总编室电话：(028) 86361843
网　　址	www.bsbook.com.cn
发　　行	巴蜀书社
	发行科电话：(028) 86361856
经　　销	新华书店
印　　刷	四川华龙印务有限公司
版　　次	2022年5月第1版
印　　次	2022年5月第1次印刷
成品尺寸	185mm×260mm
印　　张	78.25
字　　数	2400千
书　　号	ISBN 978-7-5531-1425-5
定　　价	580.00元（全2册）

本书若有印装质量问题，请与印刷厂联系调换

前　言

徐中舒(1898年10月15日—1991年1月9日),初名道威,安徽怀宁(今安庆市)人,著名历史学家、古文字学家。徐先生1926年毕业于清华大学国学研究院,师从王国维、梁启超等著名学者,尤其深受王国维先生的影响,树立了"新史学"的观念。以后在实际的研究过程中,他将古文字学与历史学、考古学、民族学、社会学、文献学和工艺学相结合,创造性地把王国维倡导的"二重证据法"发展成为"多重证据法",并身体力行,取得了一系列重要学术成果,撰写发表了《从古书中推测之殷周民族》《殷人服象及象之南迁》《耒耜考》《再论小屯与仰韶》《陈侯四器考释》《金文嘏辞释例》《井田制度探原》等大量原创性的学术论著,受到学术界的重视。

1928年,徐中舒先生应聘任复旦大学、暨南大学教授,1930年经陈寅恪先生推荐,任中央研究院历史语言研究所专任编辑员,两年后升为研究员。30年代初参加整理清代内阁大库所藏明清档案,成绩卓著;同时在北京大学历史系兼课,讲授"殷周史料"。抗战爆发后,应中英庚款与四川大学的协聘,徐先生来到四川大学历史系,此后除短期在武汉大学、华西协合大学、燕京大学、中央大学兼课外,终身执教于此,并长期担任历史系主任。

50年代以来,徐先生又先后兼西南博物院院长和四川博物馆馆长,在川大创办考古专业,为我国尤其西南地区的文博考古事业及人才培养做出了卓越的贡献。尽管"十年动乱"使徐先生横遭迫害,但"文革"一结束,他就在拨乱反正的历史转折中迅速焕发学术青春,连续撰写发表了《西周墙盘铭文笺释》《论商於中、楚黔中和唐宋以后的洞》《西周利簋铭文笺释》《对古史分期问题的几点意见》《夏史初曙》《论殷周的外服制》《周原甲骨初论》《关于夏代文字问题》等系列引领学术发展的重要论文,主编的《汉语古文字字形表》《甲骨文字典》和《汉语大字典》也产生了广泛的学术文化影响。与此同时,徐先生继续担任了中国社会科学院历史研究所研究员和学术委员,并先后出任国务院古籍整理小组顾问、国务院学位委员会学科评议组成员、四川省历史学会会长、中国先秦史学会理事长、中国古文字研究会常务理事、中国考古学会名誉理事,以及《中国大百科全书·中国历史》编辑委员会委员等职务。

2018年,正值徐中舒先生诞辰120周年。为了缅怀徐先生数十载教书育人、桃李芬芳的杏坛生涯,弘扬其博大精深的学术思想,由徐先生生前长期任教的四川大学联合中国先秦史学会、中国古文字研究会发起和主办,四川大学历史文化学院承办,于2018年10月19－22日在四川大学江安校区文科楼和成都家园酒店举行纪念徐中舒先生诞辰120周年国际学术研讨会。海内外学者170余人出席这次学术盛会,提交论文140余篇。会议得到中共四川省委宣传部、四川省社会科学联合会和四川大学的高度重视和大力支持。中共四川省委常委、省委宣传部长甘霖，四川大学党委书记王建国等领导出席会议。甘霖同志在致辞中高度评价徐先生的道德文章后指出，传承中华优秀传统文化，从事与传统文化有关专业的学人，要有为往圣继绝学的使命感和紧迫感，理解并继承徐先生等老一辈学者的初心情怀，接续其学风学问和文脉，坚定文化自信，阐旧邦辅新命，为实现中华民族伟大复兴注入强劲的精神动力，为万世开太平做出中国学人独特的贡献。

会议按徐中舒先生学术思想研究（包括生平回忆）、先秦史研究、古文字研究和巴蜀文化研究等分论题，展开了热烈的分组研讨和大会研讨。会后经学者们认真修改完善其与会论文，最终形成了呈现在我们面前的这部论文集，可谓成果丰硕。

纪念徐中舒先生诞辰120周年国际学术研讨会的成功举行和与会论文集的编辑出版，得到了多方面的宝贵支持。四川大学历史文化学院承办会议，并且为会议提供了经费保障；四川省历史学会、四川省文物考古研究院、成都市文物考古研究院、四川省社会科学院历史所、四川师范大学历史文化与旅游学院、巴蜀书社、西南大学历史文化学院、中国三峡博物馆等单位积极协办会议；四川大学古文字与先秦史研究中心全体同仁和在读研究生都积极投入于会议的筹备和会务工作，并配合巴蜀书社认真进行会议论文集的编校工作。值此论文集出版之际，我们谨向大家、向莅临这次盛会并惠赐大作的海内外学者们致以衷心的感谢和崇高的敬意！

谨以这部论文集敬献徐中舒先生之灵！

编　者

目 录

上册

第一部分 徐中舒先生学术思想与成就研究

徐中舒先生遗札考述 …………………………………………………… 陈 力（ 3 ）
《左传选》出版始末——以徐中舒先生和郑天挺先生往还书信为主的梳考 …… 何 刚（ 18 ）
徐中舒先生青铜器纹饰研究述评 ………………………………………… 侯书勇（ 32 ）
平实风范最难寻——徐中舒先生影响的两位中国台湾学人面相 ………… 胡开全（ 44 ）
古史多重证据法与综合研究——纪念徐中舒先生诞辰120周年 ………… 胡昭曦（ 51 ）
徐中舒之问与良渚文化再认识 …………………………………………… 李学功（ 60 ）
徐中舒先生古典文学研究述略 …………………………………………… 李 懿（ 71 ）
记忆与领会：徐中舒先生学术思想之我见——纪念先生诞辰120周年 … 李映发（ 79 ）
徐中舒先生对《易经·井卦》井意象的辨正 ……………………………… 潘殊闲（ 89 ）
论徐中舒对胡适的批判——以《试论周代田制及其社会性质——并批判胡适
〈井田辨〉观点和方法的错误》为中心 …………………………………… 乔世华（ 95 ）
徐中舒先生的"两论"与20世纪五六十年代巴蜀文化研究热潮的兴起 …… 谭继和（101）
陈寅恪与杨树达学术交往略论 …………………………………………… 王 川（110）
经史问何年，锦江读书灯——追忆四川大学历史学家徐中舒先生 ……… 王国巍（126）
《古诗十九首·生年不满百》思想论析——读徐中舒先生《古诗十九首考》
………………………………………………………………… 杨兆贵 蔡 超（130）
"贡助彻"研究中的几个问题 ……………………………………………… 张广志（142）
怀徐师 ……………………………………………………………………… 张广志（155）
徐中舒先生佚著《尚书讲义》校读记 ……………………………………… 赵灿鹏（158）
徐中舒先生的明清史研究——以《明初建州女真居地迁徙考》为中心的探讨
…………………………………………………………………………… 朱忠文（171）

第二部分　先秦史专题研究

试析春秋第一"妈宝男"——共叔段	白国红（179）
楚漆器相关论述评议	邴尚白（185）
礼乐文化传统与老子、孔子的思想	陈寒鸣（195）
关于后稷弃的时代问题	杜　勇（206）
数术与先秦的军队	耿雪敏（212）
《逸周书》所见周公对成王之训诫述论	桂珍明（217）
齐国何以得名"齐"	国光红　周丙华（228）
城竟莫校：周代筑城与列国边防	韩虎泰（237）
试论犬戎与猃狁的关系	何艳杰（249）
论《周易》的性质与《易》理的构成	何　靖（265）
《诗经》所见周武王	黄怀信（290）
从"殷人服象"到汉代画像"骑象图"探讨	黄剑华（300）
春秋"卿""大夫"称谓的两个辨正	惠翔宇（328）
封人与封人文化——中国文化起源初探	江玉祥（337）
有秦行法效率考论	李毅忠（351）
中国传说历史时期姓氏文化刍议——纪念先师徐中舒教授诞辰120周年	李仲立（364）
《国语》中所见春秋时代的思想文化	刘宝才（376）
关于中国早期冶铜问题的思考	刘俊男　易桂花（386）
《诗·豳风·七月》与《周礼》"豳诗、豳雅、豳颂"之关系考述	刘　茜（396）
西双版纳指定服役制度研究	卢中阳（403）
"汤德"考论	罗运环（415）
早期部落间的权力斗争与鲧之死因试探	吕亚虎（424）
战国之前"刑法"考述	宁全红（431）
蜀道的起源和早期发展——文献与出土资料的互证探讨	彭邦本（453）
先秦民族史观钩沉——兼论周朝夷夏之辨	彭　华（468）
仁义·礼乐·忠信：荀子求实的价值观	舒大刚（480）
相互成就：孔子与《春秋》关系新论	王　丁（488）
从《周易》与《诗经》的关联看其撰成时代	王化平（499）
秦西汉怀德县小考	王　辉（519）
秦国崛起原因新解	尉博博（524）
古玺印释地三则	吴良宝（532）
《国语》"侯卫宾服"释义与西周的外服关系	武　刚（536）
略论德与宗族之关系——以晋国郤氏、栾氏、赵氏宗族为例	谢耀亭（543）
楚先祖的性质与世系	尹弘兵（554）
《春秋左传注》"缮完、葺墙"释义辨正	张　卉（564）

先秦巫者的生产巫术活动考察 ……………………… 赵容俊(韩国) 金炫抒(韩国)（568）
服与等级制度 …………………………………………………………… 赵世超（583）
对《汉书》的几点评价 …………………………………………………… 周九香（595）
禹、启、太康传说的考古学对应问题——兼论二重证据法的适用限度与夏文化
探索和夏史重建的路径 ………………………………………………… 周书灿（602）
"韦编三绝"新说——兼及古籍称经的由来 …………………………… 朱彦民（615）

下册

第三部分　古文字专题研究

槐簋铭文考释 …………………………………………………………… 曹锦炎（631）
《岳麓简(伍)》"朘"字的读法与相关问题 ……………………………… 陈　剑（638）
金文所见西周授民授疆土再探讨 ……………………………………… 崔存明（646）
卜辞"戈"方考 …………………………………………………………… 丁军伟（654）
浅析先秦铜剑随葬位置及其礼用功能 ………………………… 樊　森　黄劲伟（660）
禹鼎铭文新释 …………………………………………………………… 冯　时（676）
谈谈霸伯山簋的自名和青铜器中旧称所谓的波曲纹 ………………… 付　强（681）
甲骨文中以饕餮眼睛为字形的"目""臣"字考 ………………… 郭静云　邱诗萤（687）
垂鳞纹来源小议 ………………………………………………………… 韩文博（697）
铜器铭文所见曾国职官及其身份举隅 ………………………………… 黄锦前（704）
由清华简《系年》的"廉"字说到金文的"蒇廉" ………………………… 黄锡全（711）
花园庄东地甲骨字根的初步分析 ……………………………………… 季旭升（722）
释甲骨金文中的"印"字 ………………………………………………… 鞠焕文（742）
本义从偏旁所属的字中求 ……………………………………………… 林小安（754）
《耒耜考》补正 …………………………………………………………… 林　沄（765）
它簋同义连用浅析 ……………………………………………………… 刘义峰（770）
利簋铭文中"𣪊"隶定申论 ……………………………………………… 吕　治（773）
甲骨文中有关帝的新材料一则——兼论卜辞中的"帝若爻""帝弗若爻" … 牛海茹（780）
关于古代典籍的今注今译 ……………………………………………… 彭裕商（792）
秦汉文字考释三题 ……………………………………………………… 苏建洲（795）
甲、金文"妖"字补说 …………………………………………………… 王　宁（803）
商代甲骨文的"符号学美学"阐释 ……………………………………… 王小平（813）
商纣王都朝歌说新解 …………………………………………………… 徐明波（826）
高青陈庄墓葬的礼器器用与周代族群的华夏化进程 ………………… 杨　博（831）
论周初殷遗民所铸铜器铭文的特点与判定 …………………………… 叶正渤（839）

甲骨文"歊"字补说 ··· 袁伦强　李　发（844）
西周金文所见晋地戎祸考 ··· 张程昊（853）
齐系金文及相关研究三则 ··· 张俊成（865）
《乘盨》历日考 ··· 张闻玉（875）
上古汉语表方所介词"在"的对比研究——以《今文尚书》、甲骨和金文为例
　　··· 郑继娥（879）
甲骨文"新"字文化考释——兼论"新昏（婚）""其命维新"所体现的"天命"与人文
　　··· 周丙华（889）
师虎簋铭文补释 ··· 周　博（899）
毛公鼎铭研究拾遗（二则） ··· 朱其智（905）
清华简《郑武夫人规孺子》"歇吾先君"的倒装结构 ····················· 朱学斌（912）

第四部分　先秦、古文字交叉研究

从秦、楚《日书》看"子卯不乐"礼俗的形成问题 ······················· 邓国军（921）
由出土文献看西周君臣"仇匹"关系 ··································· 龚　伟（930）
多维视野下的战国楚地太一信仰述论 ································· 郭成磊（941）
商周时期的貉族研究 ··· 何景成（956）
略论指定服役制度下的两类西周册命金文 ····························· 黄明磊（963）
秦汉简牍研读札记 ··· 李洪才（980）
郭店楚简所见"子思之儒"政治观辨析 ································· 李健胜（985）
春秋楚国"棠"地地望补证 ··· 李世佳（993）
上博藏楚简《有皇将起》分章释文与解说 ··························· 刘信芳（1000）
早期"官人"之术的文献源流与清华简《芮良夫毖》相关文句的释读问题 ··· 宁镇疆（1010）
襄成环权铭文校释 ··· 王　伟（1022）
甲骨文"冎""骨"辨释 ··· 王晓鹏（1026）
清华简《厚父》性质探析 ··· 吴毅强（1040）
从清华简《金縢》看"书"类文献的若干问题 ························· 谢科峰（1057）
传世曾伯漆簠及相关问题说略 ····································· 徐少华（1069）
《李君碑》《裴君碑》释文补正 ····································· 伊　强（1074）
西周中晚期册命金文所见"五邑"新探 ······················ 邹芙都　查飞能（1079）
《尚书·多方》编次问题新探 ······································· 邹家兴（1088）
巴蜀历史记忆的类型及意义解读 ··································· 陈世松（1100）
民国时期西康地区贡嘎岭事件考论 ································· 陈　鹤（1113）
"不闻蜀人有善书者"：书法史视野下的汉唐巴蜀文化解析 ············· 黄　博（1123）
秦人入蜀与蜀地农业发展探论——兼论蜀守遴选问题 ················· 李　钊（1132）
四川盆地的文明化进程新探 ······································· 林　向（1147）

羌人南迁与"蜀汉徼外"民族关系的递变	刘复生(1153)
介绍一本美国学者关于谯周的著作	龙达瑞(1162)
论早期巴人的起源于汉水上游及其迁徙	马　强(1169)
再论秦与巴蜀文化——从出土文物看秦与巴蜀文化的互动	秦彦士(1176)
"蜀"之上古音辨与形义考	沈　博(1182)
历代周敦颐文集的版本源流与文献价值	粟品孝(1189)
从李冰治水看秦之治蜀	汤新钊(1201)
中上古蜀人的来源、结构与层次	汪启明(1206)
清代郫县诗人盛大器研究三题	王燕飞(1219)
巴蜀原始交换的发生与早期商贸活动	张学君(1228)
论先秦时期的蜀族及其四川得名"蜀"之由来	钟周铭(1236)

第一部分

徐中舒先生学术思想与成就研究

徐中舒先生遗札考述

四川大学历史文化学院 陈 力

摘 要：古文字学家容庚旧藏著名历史学家、古文字学家徐中舒教授遗札十三通，内容涉及徐中舒20世纪30年代的一些重要学术活动。容庚、徐中舒等曾共同组建了20世纪30年代中国重要的学术团体"考古学社"，在考古学特别是古器物学研究领域产生了很大的学术影响。由徐中舒经手，为原中央博物院购买了著名的"殷代二玺"，不仅具有印学史上的意义，对于研究从商代到战国社会组织与社会结构的变迁也具有重要的参考价值。1936年徐中舒经手为原中央博物院购买了著名收藏家刘体智善斋所藏的一批青铜器，围绕器物的选择，反映了傅斯年、徐中舒等人的学术眼光与旨趣。

关键词：徐中舒 容庚 刘体智 考古学社 殷代二玺 青铜器

徐中舒先生是我国当代著名的历史学家、古文字学家，自1938年初担任四川大学历史系教授，直至1991年去世，为四川大学历史学科、考古学科的建设与发展做出了巨大贡献。

徐中舒先生早年师从王国维、梁启超、李济先生，在历史学、古文字学、明清档案整理研究等领域都取得了巨大成就。1929年2月至1938年初，徐中舒先生任职于中央研究院历史语言研究所，在此期间，徐先生不仅发表了一批重要的学术论文，如《耒耜考》《殷人服象及象之南迁》《再论小屯与仰韶》《内阁档案之由来及其整理》《再述内阁大库档案之由来及其整理》《古代狩猎图象考》《䙲氏编钟图释》《豳风说》《金文嘏辞释例》等，且因徐先生"善于布置，有事务长才"①，1930年12月起接替李济先生任史语所秘书，在傅斯年所长的领导下，负责处理史语所日常事务②，参与了不少重要的学术活动。最近，在广东中山图书馆倪俊明先生的帮助下，笔者得到了容庚先生旧藏徐中舒先生遗札十三通复制件，其中

---

①1932年12月26日傅斯年致蔡元培信（王汎森、潘光哲、吴政上主编：《傅斯年遗札》第1卷，第329页，北京：社会科学文献出版社，2015年）。

②1928年史语所成立时傅斯年等人拟定呈报大学院的《中央研究院历史语言研究所组织大纲》规定："大学院院长就所会议之分子中聘任一个为常务秘书；常务秘书承所长之指导执行所务会议之决定案并其他一切所务。"（王汎森、潘光哲、吴政上主编：《傅斯年遗札》第1卷，北京：社会科学文献出版社，2015年，第98页）以后"常务秘书"改称"秘书"。

十二通为1933年至1937年间所写，一通为1945年所写，数量虽然不多，但内容十分丰富，涉及徐先生这一段时期的学术研究和学术活动，如在考古学社的活动、为史语所暨附设之国立中央博物院筹备处购买商代印玺和刘体智所藏青铜器等。这批资料无论是对徐先生个人学术生涯的研究，还是对中国20世纪三四十年代相关学术史的研究，都是颇有价值的，值得仔细梳理。今年正值徐中舒先生诞辰120周年纪念，特撰此文，以为纪念。

徐中舒先生与考古学社

20世纪初至"抗战"爆发前，是中国现代学术史上一个非常活跃的时期，一个重要的现象就是产生了一大批民间学术社团。以历史学为例，从20年代成立的"南高史地研究会""北京大学史学会""华西边疆研究学会""中国史地学会""中国史学会"到30年代的"北平史学会""吴越史地研究会""禹贡学会""食货学会"等等，这些学术社团不仅聚集了一大批志同道合的学者，就共同关注的领域、问题进行学术交流，互通信息，并且编辑出版了不少影响很大的专业学术期刊和著作。可以说，各种学术社团的活跃，是"抗战"前中国学术繁荣的一个重要因素。

在徐先生致容先生的这批信札中，提到最多的话题与考古学社和《考古学社社刊》有关，计有七通。

考古学社是20世纪30年代中国最重要的民间考古学学术组织之一，虽然存在的时间不长，但对于推动中国考古学特别是古文字、古器物的研究发挥了重要作用。1934年6月，由容庚、徐中舒、董作宾、顾廷龙、邵子风、商承祚、王辰、周一良、容肇祖、张荫麟、郑师许、孙海波等人发起金石学会，征求会员。9月1日，在北平大美餐馆召开成立大会，会员参会者35人，会议将旧拟金石学会名称改为考古学社，票选容庚、徐中舒、刘节、唐兰、魏建功五人为执行委员，负责修定社章，编辑社刊。社刊定于12月出版，征求下列各种稿件：（一）自述对于考古研究之经过或著作之计划（此文题目自定）。（二）社员著作广告（每种提要，以一百字为限，并请注明定价折扣及发售处）。（三）社员著作一览表（一切著作均请列入，不以考古学为限）。① 在短短的两年多时间里，社员增加到一百四十余人，其中多数是当时最为活跃、学术成就甚高的历史学家、古文字学家。需要注意的是，考古学社发起时名为"金石学会"，正式成立更名为"考古学社"，这或多或少地反映了其研究旨趣的变化，即希望跳出传统金石学的窠臼，与现代的考古学接轨。不过，从考古学社的核心成员来看，除董作宾先生等少数人实际参加过田野考古，其他多数学者没有从事过田野考古。这一点也不难理解：当时中国的学术界，除了从美国回来的李济等少数学者以外，大多数学者都没有受过现代考古学的训练，也没有参加现代田野考古发掘的条件与机会，因此他们所说的"考古学"与欧美现代的考古学是有区别的。但可以肯定的是，他们的古文字和古器物的研究方法与传统金石学的研究方法也已经完全不同了。

考古学社本是一个同行学者发起的学术社团，容先生是其中核心，徐先生一直担任执行委员，也是主要成员。除了学术联谊交流、发表学术成果以外，也刊登一些会员出版物的介

---

① 《社务纪要》，《考古学社社刊》第1期，1934年12月，第71页。

绍并代征代购，性质是为会员服务。考古学社的运行经费来自会员的会费，即使是会员聚会，也基本上由参会者交纳相应的费用，因此要维持学社主要是社刊的编辑出版，经费就是一个最重要的问题。1936年4月，容先生策划改组学社，增设董事长，推选曾任政府要职、时任管理中央庚款董事会董事同时也是著名文物收藏家的叶恭绰先生出任董事长，目的就是为了解决社刊的出版经费问题。在这批徐先生遗札中，有一通涉及此事：

> 考古社如欲发展，自有改组之必要。推选叶誉虎为董事长，弟完全赞同。星期日餐会当可通过，得暇幸示一二。

这应该是在考古学社改组前，主持日常工作的容先生函询执行委员徐先生的意见（徐先生当时已随史语所第一组第二工作室迁至南京），徐先生回函表示赞同。1936年6月出版的《考古学社社刊》第4期"社务纪要"载有启示："本社定于四月十二日正午十二时在北平中央公园来今雨轩开春季聚餐会。……执行委员会提名推举社员叶恭绰先生为本社社长，于此次餐会时票选。未能参加餐会之社员，如有意见，请直函本社。"这是徐先生信件发出的第二天，考古学社改选，叶恭绰当选为社长。也就是在当期的扉页上，就印有"本期社刊承社长叶恭绰先生捐助钜额印刷费敬此致谢。"10月，经过函选，容庚、唐兰、于省吾、徐中舒、孙海波当选为第二届执行委员，刘节、顾廷龙、赵万里当选为候补执行委员。抗战爆发后，因时局变化，考古学社的活动就自然终止了，《考古学社社刊》也仅仅出版了六期便停刊了。

《考古学社社刊》主要发表社员的学术著作，作者中包括罗振玉、杨树达、董作宾、徐中舒、陈钟凡、唐兰、容庚、商承祚、于省吾、刘节、谢国桢、闻一多、陈梦家、孙海波、岑家梧、周一良、童书业等等。徐先生时任史语所专任研究员，傅斯年所长对研究所的管理相当严格，对专任研究员、特约研究员、通讯研究员等要求各不相同，自然待遇也各不相同。专任研究员得在指定的研究领域进行"专深"的研究，须提交年度研究计划，经所审定后按计划进行，重要成果须在《国立中央研究院历史语言研究所集刊》上发表。但在实际的研究中，还有许多计划外的研究，特别是一些带有普及性的研究成果、心得，在《国立中央研究院历史语言研究所集刊》甚至一些大学学报如当时的《燕京学报》发表未必合适，因此《考古学社社刊》就成了一个能够弥补上述缺憾的学术成果发表平台。在《考古学社社刊》所发表的文章中，大多篇幅不长，但各有专门，很受一般知识界的欢迎。除徐先生以外，曾在《考古学社社刊》上发表文章的史语所专任研究员还有董作宾先生。徐先生在《考古学社社刊》上发表的《殷代铜器足征说兼论〈邺中片羽〉》[1]《论古铜器之鉴别》[2] 至今还常常被研究者甚至一般的古物爱好者引用。徐先生在好几封信中，都一再提到他的写作计划并征求意见，如在1936年4月23日和5月2日信中都提到准备撰写《古铜器订名》(《古器物名厘订》)，在1936年9月9日信中提到准备撰写《论玺印》(详后)，大概都是准备为《考古学社社刊》撰写的文章题目。这些，从一个侧面反映了当时徐先生的部分研究兴趣与学术

---

[1]《考古学社社刊》第2期，1935年6月，第34—39页。
[2]《考古学社社刊》第4期，1936年6月，第229—247页。

活动。

徐中舒先生与"殷代二玺"

在容先生旧藏徐中舒先生的十三通遗札中,有四通内容涉及请容先生代为联系购买"殷代二玺"。

1935年2月,北平通古斋老板黄濬编纂出版了《邺中片羽》①,其中收录了二件殷代的铜玺,一为"亚禽示"玺②,一为"奇字玺"③,见下图(力案:《邺中片羽》中原二玺印文倒置):

这二件殷代玺印的发表,立即引起了徐先生的重视。因为,在此之前,可以确认的古代玺印都是战国时代以后之物,当时一般学者也认为玺印起源于战国之后。1935年6月,《考古学社社刊》第4期出版,其中有一篇徐先生的文章《殷代铜器足征说兼论〈邺中片羽〉》,在学术界第一次提到了殷商玺印问题:

> 最后更有一事当特笔叙述者,即玺印之发见是也。此书(力案:即《邺中片羽》)上卷第三四页三五页,有铜玺两见,文均倒置。其一亚形内毕字上著为鸟形,旁著两示字。其一界画四阑,有子亘梦三字尚可辨。由字体论之,皆当为殷物。关于印玺,前此仅知其为春秋战国时新起之事物(古用符节)。古籍方面,亦于此时始有记载可征。然今竟发现于其前一千余年之殷代,使此物而非伪作(或就其他铭文磨砻为印玺形,以未见原物不敢臆必),则诚惊人之发现矣。④

谓殷商玺印为"惊人之发现",足见徐先生对此的关注与重视。徐先生因未见原物,恐古董商人用其他商器磨砻而成,故亟欲得原物以证明之。1936年2月初,徐先生随史语所第一组原留守北平部分迁至南京所本部,发现这里有不少印谱,准备对玺印问题进行梳理,

---

① 黄濬,字伯川,北京琉璃厂古董商人,其商铺即著名的尊古斋、通古斋(黄濬因买卖清东陵被盗文物入狱,1930年出狱后将其古玩铺尊古斋更名为通古斋,但一般人仍多称尊古斋),编有《尊古斋古玺集林》《衡斋藏印》《衡斋金石识小录》《邺中片羽》《衡斋吉金识小录》《衡斋藏见古玉图》《尊古斋所见吉金图》《尊古斋陶佛留真》《古工图录》《尊古斋集印》等。《邺中片羽》初集中著录有商玺二方,即徐中舒先生所欲收购者,一为"亚禽示"玺,一为"奇字玺"(于省吾先生称"奇文玺");二集(1937年8月印行)中又著录一玺。
② "禽"字从丁山先生释,参见《甲骨文所见氏族及其制度·殷商氏族方国志》,北京:中华书局,1988年,第81页。
③ 于省吾先生编《双剑誃古器物图录》(1940年出版)收录了此二玺,"奇字玺"称"奇文玺"。另外还增加了《邺中片羽》二集中著录的一玺。
④ 载《考古学社社刊》第2期,1935年6月,第39页。

同时，由于殷代玺印的特殊价值，对于原中央博物院日后的展陈，也是很有意义的。1936年4月11日徐先生致函容先生，请容先生介绍购买黄浚所藏的殷代二玺：

> 希白兄：顷奉还示，欣悉种切。……兹再恳者，弟近拟整理印玺，以此间藏有不少印谱也，颇欲收购黄伯川所藏二印（已印入《邺中片羽》者），祈为说合如何？能以二百元购得否？便请将接洽情形见示为感，如能作成，弟当写一篇关于印玺文字者，给本期社刊。

其后，又连续三札提及此事。1936年4月23札：

> 玺印事承兄代谋，至感。此物孟真兄允出二百元，大致不至再有变更，如须略增，弟亦可极力往说。在弟意，此物最好宜收归公有，盼兄全权代办，能早日成交，尤所盼也。

1936年5月2日札：

> 希白兄：殷玺承兄代谋，感甚。此物能归公有，迟早自可不拘，以弟之劝说，孟真对此现亦关注，此月内彼或将有北平之行，能就近面洽尤好。

1936年9月9日札：

> 希白兄：久未奉闻，甚念。……如能将于藏二玺购至，当为草《论玺印》一文，其价或须酌增，请兄相机说之，但以不超二百为最好。此事既奉烦甚久，如能早成，亦了一心愿也。

据上引各札分析，徐先生先是向傅斯年所长建议购买，争取到傅"允出二百元"之高价①，同时徐先生自己也准备写一篇文章《论玺印》进行专门研究②。从表面上看，这只是一件极寻常之事，因为购买图书、古物本是徐先生日常工作内容之一，但徐先生如此费心且欲以二百元之高价购买区区二方小印，却是颇不寻常的。

自元代起，夏商西周三代有无玺印，便争论不休。直到殷玺发现之前，古玺实物多为战国以后物，即使在《邺中片羽》出版之后，"殷代三玺"（"殷代二玺"加上《邺中片羽》续集著录者）因非科学考古发掘所得，其真伪问题，学术界颇多争议。马衡、罗福颐和王人聪等学者皆认为玺印起源于春秋战国之后③，沙孟海先生虽然提到了于省吾先生《双剑誃古器物图录》中著录的三玺，但谓：

---

① 容庚从黄浚通古斋购得的《旅平彝》，其价仅一百二十元，从刘体智处购得《甫人盨》《不□铜器》二件，其价也仅二百元（参见李宗焜：《刘体智与容庚往来函札》，《古今论衡》第13期，2005年11月，第22页）。

② 此文似未见发表。

③ 马说参见《凡将斋金石丛稿·谈刻印》，北京：中华书局，1977年，第290—302页；罗说参见《古玺汇编·序》，北京：文物出版社，1981年；王说参见《印章概述》（与罗福颐合著），香港：中华书局香港分局，1973年。

如定为商代作品,还缺乏科学根据。安阳殷墟的考古发掘工作,解放前做了十五次,解放后也一直在做,但在殷商文化展示台从来不曾发现过一件玺印。三玺的出土情况不详,很可能出自上层堆积中。我们为对历史负责,暂不肯定它的年代。①

当代学者裘锡圭先生亦持怀疑态度:

有一方传世古铜玺,据传出于殷墟,上有"亚离"等字("离"字等包含在"亚"字中)。"亚离"是数见于商代铜器铭文的族名(铜器铭文也把"离"字写在"亚"字里),玺文风格也与商代文字相合。据此,玺印似乎早在商代就已经产生了。不过在现存古玺中,尚未发现确凿无疑的西周和春秋时代的遗物,看来它们基本上属于战国时代。

……

在秦或秦汉之际的巴蜀文化或有浓厚的巴蜀文化特点的墓葬中,出土过印面有田字形格,文字奇诡不可识的一种铜印(《四川船棺葬发掘报告》61页图60·3,《考古》1987年7期)。有些学者认为这种印文是一种巴蜀文字(《新出历代玺印集释》22页),大概是正确的。曾被收入《邺中片羽》等书、传为殷墟出土的一方所谓"奇文玺"(图见《中国文物报》1988年4月15日),其印文就是属于这一类型的。过去或认为这是殷代古玺,那就把时代和国别全都搞错了。②

黄盛璋先生认为"亚禽玺"为殷墟遗物,而"奇字玺"即使非出伪作,时代也晚于殷商。③ 与以上先生不同,李学勤先生则给予了完全的肯定:

首先,商代晚期确实已有玺印。中国玺印始于何时,一直是有争议的问题。有的学者认为已发现的殷商、西周、春秋诸玺都是一种印模性质的工具。这对于可能用于制作陶范铭文的有"亚"字框的两钮商玺是适用的,但不适用于这钮四字玺(力案:指"奇字玺"),因为没有任何青铜器,包括商至西周的,有带田字格的铭文。玺文所云"抑埴",只能理解为钤印封泥或近似的行为,例如用以钤印陶器,同于后世玺印。

其次,这是田字格玺印的最早实例。战国、秦汉多见的田字格玺印,当即以此为其遥远的肇端。④

近几十年来,陆续有一些新的发现,特别是通过科学的考古发掘,出土了一批殷商和西周玺印,关于商代有无玺印的问题可说是有了定论,例如:1998年安阳水利局院内一处夯

---

①沙孟海:《印学史》第一章,杭州:西泠印社,1987年,第1页。
②裘锡圭:《浅谈玺印文字的研究》,《中国文物报》1989年1月20日第3版,后收入《裘锡圭学术文化随笔》,北京:中国青年出版社,1999年。
③黄盛璋:《我国印章的起源及其用途》,《中国文物报》1988年4月15日第3版。
④李学勤:《试说传出殷墟的田字格玺》,《中国古代文明研究》,上海:华东师范大学出版社,2004年,第25页。

土房基F1内清理出一枚铜质印章，印文为阳文兽面纹饰；① 2009年殷墟王裕口村南地M103（殷墟文化二期）曾出土铜印章一枚，印文为阴文"吿"，同时出土之鼎、爵、弓形器等亦有此铭文。此外，在殷墟戚家庄东M235出土的青铜尊上亦有此铭文；② 2010—2011年殷墟刘家庄北地H77（殷墟文化二期）出土铜印章一枚，印文为两个并排的"凢"，其不远处还发现了"凢"族墓地，出土之青铜器多有此族徽；③ 2016年4月，陕西澄城县王庄镇柳泉村九沟西周早期墓葬中曾出土一枚玉质龙钮玺印。④"殷代二玺"中之"亚禽示"玺属于殷玺，当无疑问；至于所谓"奇字玺"如何释读以及功用，尚待进一步研究。要之，近代以来，第一位著录殷代玺印的，应是当年北平通古斋的古董商人黄浚，而第一位对此给予关注和研究的则是徐中舒先生，此后几十年学术界的争论与考古新发现，反映出了徐先生卓越的学术洞见。

中国古代玺印产生的时间，不仅仅是一个印学史问题，更重要的是它与中国古代社会的发展直接相关。《周礼·地官·司市》云："凡通货贿，以玺节出入之。"《周礼·地官·掌节》亦云"货贿用玺节"，郑玄注："玺节者，今之印章也。"这些史料，应该是战国以后玺印作为商业活动中个人信用凭证的反映。另一方面，目前已知的战国玺印大都与地名、职官有关，这应该是战国以后社会国家与地方治理的反映。而殷商印玺的发现，则又有不同的意义。

在《邺中片羽》初集著录的二玺中，最受关注的是第一玺，即所谓"亚禽示"玺。该玺"亚"字框中有"禽"字，两边各一"示"字，这是一个在商代青铜器中屡见的图形文字。关于这类图形文字，郭沫若先生曾进行过专门的研究，指出，殷商青铜器中大量的图形文字"乃古代国族之名号，盖所谓'图腾'之孑遗或转变也"，其性质即"族徽"⑤。丁山先生亦谓甲骨文中，"示"即"氏"字。⑥ 黄浚所藏二玺中之"亚禽示"之图形，也常见于殷商青铜器，如《父乙尊》《父丁簋》《辛亚禽斝》⑦。显然，这是一个氏族或家族的"族徽"。殷商时代以氏族或家族的"族徽"作为印信，正反映了殷商时代以氏族或家族为社会基本单元的情况，与战国以后逐步以个人或家庭为社会基本单元的情况有着巨大的差异，这应该是殷商与战国不同时代、不同社会组织结构的反映。通过对此类细节的研究分析，对于我们认识先秦社会结构的变化将是很有帮助的。

《邺中片羽》初集和二集著录的三玺，前二玺今藏台北故宫博物院，为原中央博物院旧

---

① 何毓灵、岳占伟：《论殷墟出土的三枚青铜印章及相关问题》，《考古》2012年第12期，第70—77页。
② 何毓灵、唐际根：《河南安阳市殷墟王裕口村南地2009年发掘简报》，《考古》2012年第12期，第3—25页。
③ 何毓灵、唐际根、岳占伟、牛世山：《河南安阳市殷墟刘家庄北地2010—2011年发掘简报》，《考古》2012年第12期，第26—42页。
④ 周晓陆、同学猛：《澄城出土西周玉质玺印初探》，《考古与文物》2017年第2期，第50—53页。
⑤ 参见郭沫若：《殷周青铜器铭文研究·殷彝中图形文字之一解》，《郭沫若全集·考古编》第四卷，北京：科学出版社，2002年，第4页。
⑥ 丁山：《甲骨文所见氏族及其制度·论示即氏字》，北京：中华书局，1988年，第3-4页。
⑦ 容庚编著，张振林、马国权摹补：《金文编·附录上》，北京：中华书局，1985年，第1069页。

藏；第三玺今下落不明。"殷代二玺"入藏原中央博物院的详细经过，现在收藏此二玺的台北故宫博物院似乎也不清楚了。1987年夏，张光远先生为台北故宫筹办"历代铜印特展"，展出了台北故宫收藏的二玺。张光远先生对二玺的情况进行了专门的研究，在谈到二玺入藏的经过时，只是根据铜印上的典藏编号推断是1936年前后由国立中央博物院收藏的，且谓"中博当时的专家对《邺中片羽》的器物颇为重视，乃予购藏"①。随着徐先生这批遗札的面世，此问题已能大致理出一些头绪。据上引1936年9月9日徐先生致容先生札，大约在1936年5月至9月间，正在徐先生积极争取购买之际，原来由黄濬收藏的二玺先为于省吾先生所得，像许多古物收藏家如容先生一样，大概于先生收购此二玺也是为了编纂古器物图录，传拓照相之后，便将二玺让归原中央博物院（徐先生与于先生交往亦多，且同为考古学社的执行委员），时间估计在1937年8月《邺中片羽》二集出版之前，因为《邺中片羽》二集再著录了一玺，后来亦同样为于先生所得，与前二玺一起，著录于《双剑誃古器物图录》之中。倘若原中央博物院收购二玺在《邺中片羽》二集出版之后，更可能会将第三玺一并购入，况且1937年"七七事变"之后，局势骤紧，史语所谋西迁之不暇，自无心亦无力再购古物。现在我们可以大致推定：张光远所谓"中博的专家"就是徐中舒先生。

徐中舒先生与善斋青铜器

史语所成立以后，傅斯年所长对于收购图书、档案以及文物极为上心，尤其是原中央博物院筹备处附设于史语所之后，为日后展陈计，购买文物更是一桩大事。据现有的资料，至"抗战"爆发前，史语所筹巨资购买文物的有两笔，一笔是1933年以三万四千元购买何遂所藏"巨鹿瓷器""历代铜器佛像"和"南北朝之石刻雕塑"②，另一笔就是1936—1937年间以七万元购买刘体智善斋青铜器并以五千元购买刘氏《小校经阁金石文字》原拓底本。购买善斋青铜器的具体经办人，在史语所方面，就是徐中舒先生。此外，史语所还有一些零星的收购，包括从容庚先生处多次收购其所藏青铜器，经办人也是徐先生。这些，在容先生旧藏徐先生遗札中，都有反映，可补史料之缺。

容庚先生自20世纪20年代末因编纂《金文编》、青铜器图录和考释，开始收藏青铜器等文物字画，最后成为收藏大家。在收藏过程中，"售甲购乙，事所恒有"③，因此常常出售、交换藏品。容先生藏品转让史语所事，在容先生旧藏徐先生遗札中有四通提及。

1936年4月11日徐先生致函容先生：

---

①张光远：《商代晚期苑囿之官禽氏铜印考实（节选）》，《西泠印社己丑秋季雅集专辑》，杭州：西泠印社，2010年，第43页。

②《国立中央博物院筹备处九年来筹备经过简要报告》（1941年10月）载："绘园古物之购置：绘园古物原为闽侯何叙甫氏私藏，计二十余件，中有巨鹿瓷器、历代铜器佛像，尤可珍贵者为南北朝之石刻雕塑，何氏积廿年之精力，由豫陕古玩商手中展转而得者。民国廿二年，何氏为义军募款，售此筹饷，本院筹备处同人邀专家为之鉴定，金认为此种富于历史艺术意义之收藏，散佚可惜，极宜收为共有。经与何氏磋商，以三万四千让归本院保存，购置费当时向交通部借垫，经两载搏节，陆续归还。"（刘鼎铭选辑：《国立中央博物院筹备处1933年4月—1941年8月筹备经过报告》，《民国档案》2008年第2期，第27—33页）

③容庚致刘体智札，参见李宗焜：《刘体智与容庚往来函札》，《古今论衡》第13期，2005年11月，第8—9页。

尊藏能让归公家，自较私人收藏为得计，将来断不至使兄蚀本。孟真为公家购物，特别认真，此亦不能不（此处抹去二字）原谅他也。

容先生转让的具体内容不详，据文意，大概傅斯年先生出价较低，致容先生不满，徐先生只好居中缓颊。① 4月23日徐先生致容先生函中又云：

尊藏铜器如愿让归公家，孟真云亦可商量。目前博物馆仅有建筑费，经常费每月二千谱，除开销尚须还债（前购何叙甫之物），事实上恐亦无多款也。兄拟售之物所需若干，请开一单，以便转达，如何？

5月2日函云：

尊藏各件清单，已与傅、李谈过，傅欲请兄稍稍贬价，问三千可否？李谓此事须过暑假后才能商议，似此时款无着落也。以此测之，此事或非无希望，傅到平时，与面洽如何？

5月25日函云：

尊藏各器目已交与裘子元兄②，裘云博物馆可以全部购入。暑假前，即六七月间，可以先付千元，其余在数月内亦可陆续偿付，惟总价若干，须兄与孟真面洽。孟真兄下星期或□□（此二字残损）末前往北平，兄可迳与商之。

徐先生经手购容先生青铜器事，完成于四个月后。1936年9月9日徐先生致函容先生：

闻子元兄言，尊藏业已寄到，此后得公开展览，至为盛事。

在傅斯年图书馆藏史语所档案中，亦存有容先生致徐先生函，涉及价款等事。

在徐先生经手收购的图书、文物中，尤以1936年至1937年间收购刘体智善斋青铜器最为重要。

刘体智，号善斋，安徽庐江人，清末四川总督刘秉璋第四子，曾任中国实业银行总经理，以实业致富，好收藏，为20世纪中国最重要的文物收藏家之一，所藏青铜器、甲骨冠绝海内，古籍收藏亦颇有声。其藏品或捐或赠或卖，青铜器多归国立中央博物院（今藏台北故宫）、瑞典国家博物馆、上海博物院等机构；甲骨二万八千余片，最后辗转归中国国家图书馆；古籍善本多归上海图书馆。其中，善斋百余件青铜器让售国立中央博物院一事是史语所历史上的一件大事，也是抗战前史语所最大的一笔款项支出，其中一些采购细节，在容先生旧藏的这批徐先生信札中有较为详细的记录，从中也可以分析出若干颇有学术价值的

---

① 容庚先生虽在史语所成立之初即被聘为通讯研究员，但与所长傅斯年先生关系一直不睦，因稿费、著作版权等事，多次产生矛盾。由于对张学良和"西安事变"的看法不同，傅甚而直接去函指斥。光复之后傅斯年坚不续聘"事敌"的容庚，非为无因。

② 裘善元（1890—1944），字子元，好金石碑刻。时任史语所专任研究员，国立中央博物院筹备处管理主任。

东西。

徐中舒先生与刘体智先生结交，时在1931年8月暑期中，亦容庚先生为介。容先生述其经过云：

> 二十年春获观《善斋吉金十录》稿本三四十巨册于秋浦周明泰先生家。其中未著录之彝器可二三百。余方欲增订《金文编》，睹此异文，振荡眙愕，欲效米襄阳之据船舷也。乃告明泰曰："余与刘氏未谋面，不敢多求，如能以《沈子簋盖》拓本见贻，感且不朽。"久之，刘氏邮赠拓本，贻书定交。赏析疑义，邮筒渐密。八月暑假，乃与徐中舒先生访之上海，道出南京，复约商承祚先生偕行。晤谈如故交，尽出所藏鼎彝四五百事供摄影，兼旬而毕，复赠全形拓本三百余纸，整装归来，不啻贫儿暴富矣。①

徐先生亦大有收获，尤其是获睹著名的《骉氏编钟》，徐先生记其事云：

> 庐江刘晦之（体智）先生于中国书籍、碑拓、古器物，鉴别甚精，而力复能致之。最近中州出土之铜器，时有所闻，估人率舆致上海求售。晦之先生居上海既久，其文字精好者多归之，故所藏铜器之富，较之《匋斋吉金录》所著录者，犹或过之，而书籍及碑拓亦称是。公元一九三一年余偕友人容希白（庚）先生由平来沪。希白在平时曾先期函致晦之先生，约遍观其所藏铜器，并拟为之照相墨拓，仿《宝蕴楼彝器图录》例为书。希白与晦之先生固未尝谋面，而晦之先生所藏铜器，先已绘图编次成书，顾未及印行；以希白之为书，体例各别，不妨各行，遂允其请。时友人商锡永（承祚）先生，亦由京来沪，至是并以希白之介，得遍观善斋所藏。善斋，晦之先生所居也。计余等留沪凡二十余日，每日往善斋督促工人摄制照片。晦之先生款待良殷，先生诸郎子文、子长、子容等并相佐助，意尤可感。最后获见《骉氏编钟》，盖善斋新得之物，估人修饰犹未竣工，锈蚀斑然，以余等行将离沪，故由估人处暂时取来一观也。余等此行，既获遍观善斋铜器，晦之先生复以所藏铜器全形拓片，举其全份以赠中央研究院、北平图书馆及余等三人。兹当此书付印之时，并书于此，以志感谢之忱。②

容先生言获赠全形拓三百余纸，根据中国国家图书馆的收藏档案及1932年7月29日史语所发出的谢函，全数应为四百三十份及一般拓片一百余份③。回到史语所后，徐先生立即向傅斯年所长报告了善斋所藏《骉氏编钟》的重要学术价值，并拟出版，④不久就写出了《骉氏编钟图释》。自容、刘订交之后，或互赠资料、拓片，或互换藏品，二人书信往来颇为频繁。刘给徐中舒、商承祚先生的赠书亦常由容先生代转。⑤

1936年前后，因日寇侵华，局势渐紧，刘体智虑其所藏落入外敌之手，始有出让之意，

---

① 容庚：《善斋彝器图录·自序》，燕京大学，1946年。
② 徐中舒：《骉氏编钟图释·引言》，中央研究院，1931年2月。
③《傅斯年图书馆整编史语所档案目录》，档案编号：元370-7-6，台北傅斯年图书馆藏。
④《傅斯年图书馆整编史语所档案目录》，档案编号：元343-25，台北傅斯年图书馆藏。
⑤ 参见李宗焜：《刘体智与容庚往来函札》，《古今论衡》第13期，2005年11月，3—36页。

容先生遂代为向相关公藏机关介绍。1936年10月6日容庚先生致函傅斯年所长云：

> 弟近购得刘晦之所藏《师旅小鼎》，曾问其《小臣𧫎簋》二器一盖，能否让归中研院？彼言当日购价三千元。以所中以七百元购一盖推之，其言尚非失实。未知所有意欲购否？善斋所藏必不能守，为国家计，当拔其尤而保存之。①

10月18日又致函傅斯年，询问是否愿意收购《小校经阁金石文字》，并告以刘寓之通信处。② 容先生在给刘体智的信中也提到"孟真来平，弟劝其为公家购取"，只是"孟真答以无款"③。大概是由于容先生的推介，傅斯年遂命徐先生出面与刘体智接洽，商购善斋所藏精品。在史语所档案中，今存两件刘体智先生致徐中舒先生函，1936年10月24日函云：

> 敝藏彝器如有一部分售归公家保存，实为万幸。自经"一·二八"后，各器散置，日内即当检集，再行列单寄览。《小校经阁金文》底本现在手边，其余拓本容查出再行奉闻。④

以情理推测，应是徐先生先去函刘体智，希望能够提供藏器目录，此为刘的复函。刘体智1936年10月28日函再云：

> 敝藏彝器，凡著于《彝器图录》者，大致已检集一处，惟执事前开单内不能齐备，因移居后另存他处之物，前曾面谈，当蒙鉴谅。如贵院已能通过，台驾莅沪自行察看较为妥便。⑤

可能是徐先生曾提出了一个希望商购的清单，故刘有此复函。

整个洽购过程，史语所方面，皆由徐先生代表。除与刘直接联系外，徐先生还向容先生咨询意见，容先生亦曾从旁劝说刘体智以促成此事，尤其是史语所方面，因申请专门经费事颇多周折，付款大成问题，于是容先生1937年1月30日致函刘体智云：

> 博物院筹款不易，此事恐已成强弩之末，虽明知尊藏不贵，亦徒唤奈何！真伪问题尚在其次，足下既非求财，何不少缓须臾，勿落估人手，徐图办法，若以值不值之言反激足下，以急于出脱，则殊非弟等之本意……⑥

在与刘体智商谈洽购过程中，史语所方面面临着许多具体问题：经费有限，如何挑选、议价，颇费心思。在史语所傅斯年图书馆所藏史语所档案中，有不少傅斯年、李济、董作宾、徐中舒等先生之间的往来信函，内容包括议价、藏品选择等等。相较而言，刘体智先生

---

① 参见李宗焜：《刘体智与容庚往来函札》，《古今论衡》第13期，2005年11月，第11页；《傅斯年图书馆整编史语所档案目录》，档案编号：元74-17，台北傅斯年图书馆藏。
②《傅斯年图书馆整编史语所档案目录》，档案编号：元74-18，台北傅斯年图书馆藏。
③ 李宗焜：《刘体智与容庚往来函札》，《古今论衡》第13期，2005年11月。
④《傅斯年图书馆整编史语所档案目录》，档案编号：元498-6-1，台北傅斯年图书馆藏。
⑤《傅斯年图书馆整编史语所档案目录》，档案编号：元498-6-2，台北傅斯年图书馆藏。
⑥ 李宗焜：《刘体智与容庚往来函札》，《古今论衡》第13期，2005年11月，第19页。

方面比较大度，而傅斯年先生起初则颇多心机，多方算计，当然，这是"为公家购物"，不得不然耳。傅斯年先生1936年11月28日致函徐先生：

> ……看来前日弟等之走，大妙特妙，无此一著，不易如此结局也。平情而论，刘是痛快人，其痛快之程度，远在弟所遇一切收藏家之上。此一批货，如零碎买，决在十万之上。此虽不良时候，然彼之能看得开，总算难得。盖权度是其精华，句兵又是兵器中之精华。镜子大有佳品，彼专留年号，无谓也。如此总算对得起公家矣。
>
> 再，来信要送百件之说，弟觉殊难措词，且件既多送，自必有爵、觚充数。既说最后条件，而彼已接受矣。若又加一说，似难为情，且恐影响精品之避匿，兄为公家设想，极为感佩，弟觉不如就原定二十（或至四十）之数中，兄于选择上多参意见，（不必专重文字，样式似亦重要。）迨全数既定，然后由兄乘机（如另页所说一事即一机也，实亦不便两事并谈。）劝以多送，（不必拘数。直谓兄意，不必云我等意。）以联络感情。一切皆盼兄之斟酌夺定耳。
>
> ……兄于旅馆中，似可多多看《善斋吉金录》。然后于所谓送件之选择必有补也。
>
> 张苑峰兄可为点件目工作，王文林则是装箱名手。弟觉瓦器装时，乞多留意，盖易坏者此也。箱子须坚固，不必惜费。此等事可托子竞、宽甫两兄……①

在收购过程中，藏品的选择是议价之外另一个重要问题。因为目的很明确，主要是为中央博物院购买，1936年11月9日徐先生致容先生信涉及此事，能够分析出不少有价值的信息：

> ……刘晦之所藏亟欲脱售。前与孟真、济之两公商酌，如少购不如多购，筹划款项固同一困难也。孟真对此事极热心，此次因购《小校经阁拓本》再至沪上，与刘把握多次，刘极盼所藏能收归公有，当时曾嘱刘照尊撰《善斋吉金图》开一原购价单，除已售出者外，业已开来，总价约至十万以外，器约百廿，而最精之品如《沈子它》已售与华比银行，《矢令尊》已出洋，《智壶盖》亦未列入，《陈侯因齐》云在其儿媳处……不便往取，《象尊》《鸮尊》亦无，其他散出者，兄当已有所闻悉。为公家购物，人多口杂，况须设法张罗款项，其难可知。傅李两公如此热心，如价钱上不能公道，恐不能鼓励其筹款之心。又此诸精粹既去（《曾姬无恤壶》及《奇字钟》《大作祖丁鼎》要为最精之存品矣），再如何选拔，亦是难题。如有五万元之款，兄拟选拔其若干器物，能各开一目录并详列其公道之价目否？刘藏古物，兄既主张公家购买，仍盼能多抒高见，始终促成其事，如何？敬候明教。刘处亟待复函，愈速愈好。《小校经阁拓本》已购好，其未入选之疑伪、重复诸拓，亦一并由刘指出，价五千，即照刘所索之数。

在这封信中，除了沟通情况、咨询意见特别是询价外，徐先生列举了刘体智藏青铜器中的精品，并以部分精品或不能购得为憾，反映了当时徐中舒包括傅斯年先生对购藏青铜器的

---

① 王汎森、潘光哲、吴政上主编：《傅斯年遗札》第二卷，北京：社会科学文献出版社，2015年，第569—570页。

选择标准，由此亦可窥见史语所对于文物关注与研究的重点以及对中央博物院收藏与展陈的特点，值得进一步分析。

收购善斋藏器的标准，首先是从历史文献的重要性来选择。例如，信中提到的《沈子它（簋）》《矢令尊》《𠁞壶盖》《陈侯因𬸚》《奇字钟》《大保祖丁鼎》不仅字数较多，铭文的内容也特别重要。在诸器中，最受关注的是《矢令尊》。《矢令尊》或称《令尊》，系一个家族所铸六件铜器中的一件，另外还有《令彝》《令簋》①《令鼎》②等（凡尊一、彝一、簋一、鼎三），1929年出土于洛阳北邙山马坡，其中《令尊》《令彝》铭文内容相同行款不同，一百八十七字。《令簋》一百十一字，《令鼎》七十字，或谓诸器时代相同，皆周成王或成康时器③，或谓《令尊》《令彝》为康王时器，而《令簋》《令鼎》为昭王时器④。这组青铜器尤其是《令尊》《令彝》，不仅字数多，内容也十分重要，铭中人物涉及"周公""明保""明公"，地名及处所名涉及"成周""周公宫""京宫""康宫"等，职官、爵名涉及"卿史寮""诸尹""里君""诸侯""百工""侯""田""男"等等，是研究周初历史最重要的原始文献之一，郭沫若、唐兰、陈梦家等先生都对此器进行过专门而深入的研究。唐兰先生曾对其中"康宫""京宫"等进行了研究，并由此提出了周初青铜器断代的标准之一⑤。正是由于《令尊》在学术上的重要性，傅斯年先生在给徐先生以及刘体智的通信中反复强调，收购善斋藏器时，务必包括《令尊》，1936年11月17日致徐先生函云：

中舒吾兄：惠书敬悉，大费气力，感感！此事恐目前只好如此，惟盼兄于临行之前再告以依开会决议，必有《令尊》在内，至于其他物件，弟等可以多多加入，俾全数可观，而使善斋上算。以后各件均分别进行，决不食言。若此器不在内，则弟等不能进行大批收铜器，且以后不易说话也。此亦实情也。《王孙钟》等，即照兄意，写信去。弟觉反正少买多买无大关系，六万之数，亦不必限制，盖反正拉账，只有大举，惟此情勿告人耳。此时与刘接洽，是否先假定《令彝》在内，加入单中，全数若干，商量大致就绪（至少询其最小价）然后归。或即就此停顿，待《令尊》之确息？此策略问题，乞斟

---

① 罗振玉：《贞松堂集古遗文》卷六第十一至十三叶，北京：北京图书馆出版社，2003年影印1931年罗氏自印本，第480—483页；《三代吉金文存》卷九第二十七叶，北京：中华书局，1983年影印1937年罗氏自印本，第952—953页。

② 罗振玉：《三代吉金文存》卷四第二十七叶，北京，中华书局，1983年影印1937年罗氏自印本，第425页。

③ 参见郭沫若：《两周金文辞大系图录考释》（1935年），《郭沫若全集·考古编》，北京：科学出版社，2002年；徐中舒：《殷周之际史迹之检讨》，《国立中央研究院历史语言研究所集刊》第七本第二分，1936年12月，第137—164页；陈梦家：《西周铜器断代·成王铜器》，北京：中华书局，2004年，第6—65页。

④ 参见唐兰《论周昭王时代的青铜器铭刻》，《古文字研究》第二辑，1980年，北京：中华书局，第13—17页；唐兰《周昭王时代的青铜器铭五十三篇的考释》，《古文字研究》第二辑，1980年，北京：中华书局，第18—93页；唐兰《周昭王时代的青铜器铭五十三篇的综合研究》，《古文字研究》第二辑，1980年，北京：中华书局，第94—140页。

⑤ 参见唐兰：《西周铜器断代中的"康宫"问题》，《考古学报》1962年第1期，第15—48页。

酗。然弟以为前法为妥也。①

同函附致刘体智札云：

> 晦之先生左右：顷奉中舒先生函，敬悉先生已电美国索回《令尊》，感佩之至！此事在先生虽有为难之处，在弟等则以上次理事会决定，无可变动。弟等雅不愿先生过分吃亏，故奉赞此事之法，在乎将收入之数目增加，使全数价格较有可观，而《令尊》在内，得其调济矣。……至于铜镜等，虽如中舒先生所说数加一二千元，亦无妨事，其他铜器亦不敢请先生过有所损，但望《令尊》在内，则此一大举，可以有成。其他各事弟等必分头代为接洽，亦均有不小把握，可以保证者也。弟等服务公家，惟一志愿，为国内好器精品，尽为国有，历年奔走，颇有所成。先生必引为同志也……②

刘体智也是"痛快人"，不仅将已售往美国的《令尊》索回，在价钱上也非常厚道，使得这次收购十分圆满。

收购善斋藏器也考虑到了国立中央博物院今后展陈的需要，因此在器形、纹饰以及品种方面也有重点考虑。在1936年11月28日傅斯年致徐先生函中特别提到："不必专重文字，样式亦重要。"在1936年12月1日致徐先生函中提到："爵、觚则博物院实无用处也。"在徐先生列举的精品中，《曾姬无恤壶》以器形硕大胜，而《象尊》《鹗尊》则以器形独特胜。《曾姬无恤壶》是1933年安徽寿州出土的一对战国楚器，器形巨大，各有铭文三十九字："佳王廿又六年，圣桓之夫人曾姬无恤，□宅兹漾陵，蒿间之无匹，用作宗彝尊壶，后嗣用之，职在王室。"在中国古代传世文献中，并无"曾国"的记载，此器第一次提到了"曾"国，且为姬姓。直到1978年湖北随县擂鼓墩曾侯乙墓的发现，才揭开了这一历史之谜，不过，这是后话。《曾姬无恤壶》不仅铭文有重要的文献价值，其器形之大，在当时已知的青铜壶中亦罕有其匹。至于《象尊》《鹗尊》，因为传世与出土的此类器很多，不知当时徐先生具体所指，但可以肯定的是，它们之所以受到关注，更多的是从器形与纹饰的角度来考虑的。1932年，徐先生发表了他的代表作之一——《古代狩猎图象考》③，其主要材料来源除传统文献之外，就是古文字和古器物包括器形与纹饰。徐先生这一研究方法与成果，大获所长傅斯年先生的赞扬，傅在同年12月26日写给中央研究院院长蔡元培先生的信中说："徐中舒先生之著作，近有极重之大发见，其所撰《狩猎图考》一文涉及古代文化之迁流，多人所未道。"④ 1947年中央研究院第一届院士选举，徐先生亦以"用古文字与古器物研究古代文化制度"方面的贡献获得提名。可见，对器形与纹饰的重视，也反映了傅斯年和徐中舒先

---

① 王汎森、潘光哲、吴政上主编：《傅斯年遗札》第二卷，北京：社会科学文献出版社，2015年，第566—567页。

② 王汎森、潘光哲、吴政上主编：《傅斯年遗札》第二卷，北京：社会科学文献出版社，2015年，第567页。

③《庆祝蔡元培先生六十五岁论文集》，国立中央研究院历史语言研究所集刊外编第一种，1933年，第569—617页。

④ 1932年12月26日傅斯年致蔡元培信（王汎森、潘光哲、吴政上主编：《傅斯年遗札》第1卷，北京：社会科学文献出版社，2015年，第329页）。

生的一种学术眼光与研究方法。《奇字钟》铭文为东周时越国文字，器形也颇有特色。

1936年11月底，傅斯年所长特别指派张政烺先生作为徐先生的助手前往上海刘家点收①。整个收购工作，大概在1937年年中结束，给刘家的款项，傅斯年亦是想尽办法，最后分期付出。《国立中央博物院筹备处九年来筹备经过简要报告》（1941年10月）载：

> 卢江刘氏善斋为海内收藏名家，经收各器，除一部转让他人外，其留存各品颇多名贵者，经议价以七万元转让本院百余件，其中《矢令尊》一件，经出国而复回，尤为瑰宝。②

史语所暨中央博物院此次收购善斋藏器，从联络洽商、器物选择到经费筹措，在史语所历史上可算得上是一件大事，经过多方努力，最终圆满解决，不仅为中央博物院增加了一批重要的藏品，更重要的是为国家抢救保存了一批重要的文化遗产。通过对此事的梳理，让我们对刘体智先生、徐中舒先生、傅斯年先生、容庚先生以及为此事作出贡献的前辈学者更增敬意。就学术而言，从善斋藏品的选择上，已能从中窥见徐中舒、傅斯年先生等学术研究之方法与旨趣，倘能进一步就此次购藏之百余文物（未知当年史语所入藏清单是否保存，亦未知台北故宫之藏品登记是否能够复原当年收购细目，如有机会，或可再作探究）进行分析研究，必能有更多的发现与学术启迪。

限于篇幅，容庚先生旧藏徐中舒先生函札全文已另刊于《文献》2018年第6期拙稿《徐中舒先生遗札笺释》。

[本文已载《四川大学学报》（哲学社会科学版）2018年12期]

作者简介：陈力，四川大学历史文化学院教授、国家图书馆研究馆员。

---

① 1932年12月26日傅斯年致蔡元培信（王汎森、潘光哲、吴政上主编：《傅斯年遗札》第2卷，北京：社会科学文献出版社，2015年，第570页）。
② 刘鼎铭选辑：《国立中央博物院筹备处1933年4月—1941年8月筹备经过报告》，《民国档案》2008年第2期，第27—33页。

《左传选》出版始末——以徐中舒先生和郑天挺先生往还书信为主的梳考

乐山师范学院郭沫若研究中心　何　刚

摘　要：1961年文科教材会议的召开，及其决定进行包括"中国史学名著选"在内的高校历史学科教材建设，是翦伯赞、郑天挺、徐中舒先生等一批著名历史学家对20世纪50年代以来学术界的非历史主义错误所作的一次反拨。《左传选》的编撰过程体现出了老一辈学者们的使命担当、严谨细致的工作态度，以及在相互信任、通力合作中结下的可贵学术友谊。《左传选》初版之后，徐中舒先生又对其进行了修订，使2009年重版的《左传选》成为该丛书中唯一的"修订本"，让人切实感受到了作为"永不停步的史坛老将"的徐先生孜孜以求的学术精神。

关键词：《左传选》　徐中舒　郑天挺

20世纪60年代初开始，高等院校开始进行有计划的文科教材建设，其中就包括有"中国史学名著选"的编写计划。该套丛书由南开大学郑天挺先生任总主编，选定编选《左传》《史记》《汉书》《后汉书》《三国志》《资治通鉴》6部史学名著，其中，《左传选》的编撰由四川大学徐中舒先生负责。"中国史学名著选"的编选工作推动了高等院校历史学科的建设和发展，是郑天挺、徐中舒等先生对中国史学作出的一项重要贡献。然而迄今学界对此关注较少，只在对他们生平、学术的介绍时有所提及，[①] 无法全面反映事件的前后始末、牵涉其间的人事交际，以及体现出的老一辈学人们的学术担当和学术交谊等。本文以20世纪五六十年代中国史学发展为背景，以《左传选》为例，以徐中舒先生和郑天挺先生的往来书信为

---

① 据笔者阅读所及，有关郑天挺先生总主编"中国史学名著选"的介绍和研究文字有南炳文先生的《推动历史学科发展的三十年——郑天挺教授在南开大学》、傅同钦先生的《记1961年文科教材会议》、郑克晟先生的《郑天挺与中华书局》等文章（均收录至封越健、孙卫国编：《郑天挺先生学行录》，北京：中华书局，2009年）。而关于徐中舒先生编撰《左传选》一事，除徐亮工先生的《徐中舒先生学术年表》《徐中舒先生生平编年》等文有介绍外，迄今无专门研究。

主要凭借资料，试图对此作一初步探讨，并就教于方家。

一

1960以后，高等教育调整工作逐渐展开，高校教材建设工作日益迫切。中共中央书记处在1961年2月10日专门讨论高等学校的教材问题，并作出重要指示。1961年4月11日至25日，全国高等学校文科和艺术院校教材编选计划会议（即通常所讲的文科教材会议）在北京召开，讨论文、史、哲、经、政、教（育）、外（语）七大领域及音乐、戏曲、美术等专业的教材编写工作。周扬在会议上发表讲话，论述了教材编写中几大关系的处理，包括红与专、论与史、书本知识与活知识、古与今、中与外等，提出要做到观点和材料的统一，要有全面的观点。① 此次会议的历史组以翦伯赞先生为组长，郑天挺、周一良先生为副组长。此外，齐思和、邓广铭、杨向奎、黎澍、陈翰笙、白寿彝、杨生茂、唐长孺、方国瑜、蒙思明、金应熙、何兹全、傅衣凌、黄云眉、韩儒林、尹达、马长寿、冉昭德等著名学者与会。

此次会议决定在全国文科专业范围内进行有计划的教材建设。其中，历史教材的具体编写计划任务是：黎澍主编《马克思主义经典作家论历史科学》《史学概论》，郭沫若主编《中国史稿》，范文澜主持修订《中国通史简编》，翦伯赞主编《中国史纲要》，周一良、吴于廑主编《世界通史》，周予同主编《中国历史文选》，郑天挺主编《中国史学名著选》，翦伯赞、郑天挺主编《中国通史参考资料》，吴于廑主编《外国史学名著选》，白寿彝、吴泽主编《中国史学史》，周一良、吴于廑主编《世界通史参考资料》和《外国史学史》等。②

可以看到，"文选"类的课程教材是此次文科教材建设的重要组成部分，因为在此次会议上，学者们就总结出自1949年以来大学文科教学活动的经验教训，在于"以往教学，偏重学科课程，注重书本知识的讲授，导致大学生'不会读书'。于是，决定在本科各专业专门开设'文选类'课程。"③ 其实不惟如此，当时不仅是"不会读书"的问题，更重要的是不读古书、不读古史的问题，因为随着50年代学术界"左"倾思潮的发展，尤其自1958年的"史学革命"以来，"打破王朝体系""打倒帝王将相""厚今薄古"，甚至是简单的"只要今、不要古"等，对当时的历史教学和研究带来很大冲击。所以，从某种意义上讲，此次文科教材会议的召开，以及包括"历史文选"和"中国史学名著选"在内的教材建设，就是翦伯赞、郑天挺和全国一批著名历史学家对五十年代以来的非历史主义错误所作的一次反拨。例如，文科教材会议之后，翦伯赞先生很快发表了《对处理若干历史问题的初步意见》《目前史学研究中存在的几个问题》等文。其中，《对处理若干历史问题的初步意见》全面系统地阐述了历史教材编写中涉及的阶级关系、民族关系、国际关系、发展观点、全面观点、人

---

①周扬：《关于高等学校文科教材编选的意见——1961年4月12日在高等学校文科教材编选计划会议上的讲话》，《教育研究》1980年第3期。
②孙卫国：《历史主义对"史学革命"的一次反拨》，《淮北煤炭师范学院学报》（哲学社会科学版）2003年第1期。
③陈桂生：《教育学的建构》，上海：华东师范大学出版社，2009年，第232页。

民群众与个别历史人物、政治经济与文化、理论史料与文章等问题的处理意见。该文虽然是翦伯赞先生对《中国史纲要》提出的编选原则，但是在某种程度上已成为当时历史教材编选的纲领性文件，"后被许多高校历史系师生广泛传颂，誉之为史学界的'高教六十条'"。①而在和缪钺先生通信讨论《三国志选》内容时，郑天挺先生也坚持要求选入刘备、孙权、姜维、吕蒙诸传。郑先生的考虑即在于：这些人均是三国时期最重要的历史人物，可以反映刘备入蜀前后、蜀后期、东吴等历史情况，更能"可以稍正读史规避帝王将相之偏"，因为"人民群众是历史的主人，并不排除个别杰出人物在历史上所起作用，个别人物包括帝王将相。不是提倡而是不要规避"。②

具体到《中国史学名著选》，1961年8月15日，郑天挺先生作《关于编选〈中国史学名著选〉之意见》，就该套名著选的要求、任务分配、进行情况、存在问题等等一一进行说明，现照录如下：

在教材会议分定任务后，各负责单位都很认真，各开出选目及编例，但目的要求还不一致，经与各校函商，初步意见如下：
一、要求
1. 定名：中国史学名著选（大名）某某书选（小名）。坊间选本多称某某书选，为了区别，原想定名某某书选读，后以书名用选读似不甚好，改为今名。大小名并举，自可区别。
2. 对象：在教学方案中是三年级课程，是在学习通史和历史文选以后学习的学生。（一般是三年级）
3. 目的：通过这"中国史学名著选读"课程，我们想达到三个目的：
①了解祖国的史学传统；只是想到这一要求，如何具体化，尚无把握，请指示。没有想好。
②扩大历史知识。
③培养读古书习惯。
还不是专门化的专书研究。
4. 内容：与文学选本不同，不能只选名作。重点地选录足以反映这些名著叙述时期的：
①特定内容：如春秋时代的列国争霸。
②主要制度：如叙土地制度、赋役制度的《食货志》。

---

① 张灿辉：《翦伯赞传》，长沙：湖南师范大学出版社，1997年，第200页。在周扬的建议下，翦伯赞此文先发表在《文科教材编选工作通讯》（内部刊物）第一期（1961年11月1日）。12月22日，《光明日报》正式公开发表，并在编者按中说："这是翦伯赞同志在北京大学历史系编写《中国史纲要》一书的教师作参考用的提纲。全文共分八个部分，其中提出了他对某些历史问题的初步意见。本报编辑部感到这些问题正是当前史学界所关心的问题，发表在这里供读者参考。"
② 郑天挺：《及时学人谈丛》，北京：中华书局，2002年，第511-512页。以下所引郑天挺文字及与各家往来书信，皆出自该著，不再一一出注。

③重大事件：如商鞅变法选《史记·商君列传》；赤壁之战选《三国志·周瑜传》；农民起义选《史记·陈涉世家》。

④突出的生产技术和科学贡献：如《三国志·华佗传》。

⑤哲学文学的成就：《汉书》选《董仲舒传》，《后汉书》选《王充传》。

⑥少数民族事迹：《史记》选《匈奴列传》，《三国志》选《诸葛恪》传。

⑦历史人物：代表这一时期的，如项羽、汉武帝等。

⑧特有体裁：如《史记》世家、十二诸侯年表。

不是以上各类平均的选，而是有重点的，可选可不选。

5. 体例：名著的体裁不同，时代不同，所以选本也不要求同一形式。三种是：

①纪事本末体：如《左传》选。

②按原书次第选：如《三国志》选。

③抽印连续的一部分：如《通鉴》选。

6. 注释：必要的简单注释，旧注可用的吸收，除《三国志》外不全录，用易懂的，不必有据的（仿梁启勋、关锋）。

7. 底本：尽可能采用新整理标点本。无新标点本的用较好版本，加校记。

8. 格式：直排，繁体字，注在一篇之末，如"毛选"。尽量用全文，少删节。或在每页之末。

二、任务分配本年先出六册（61.4.22）

1. 《左传选》五万字　川大　徐中舒
2. 《史记选》十万字　山东　卢振华
3. 《汉书选》　十万字　西北　冉昭德
4. 《后汉书选》六万字　华东师大　束世澂
5. 《三国志选》十万字　（包括裴注）川大　缪钺
6. 《通鉴选》　二十卷　山东王仲荦作说明，用中华标点本抽印180-200卷

三、进行情况

第6册《说明》已寄来，经审查（早经函商），已交印。

第5册《说明》已寄来，经审查（早经函商），正文到即可交印，约在八月内。用中华标点本。

第4册《说明》及选本已寄来，正在审阅中。凡十五万字。希望九月中旬付印。如有改动则须稍迟。

第3册《选目》及《说明》提纲已函商定，尚未寄到，寄到审阅后即可付印。用中华标点本。

第2册《选目》商定。正在联系交稿日期。建议用中华标点。

第1册《选目》及《说明》提纲已函商定，尚未寄到，审阅后即可付印。用相台本为底本，以日本《左传会笺》校。希望八月内送来，九月上半月付印。

总之：八月付印5、6两册，九月希望付印1、3两册，九月后付印2、4两册。

四、存在问题

1. 体例不求划一，势难划一，百花齐放，也打算不要求划一。是否可行？

2. 内容要求似应一致，史学选本与文学选本有所不同，应有代表这一时期历史人物。最初思想上有些顾虑：

①怕选帝王：《史记》《汉书》都不选汉高祖，《三国志》只选曹操，不选刘备、孙权。

②怕选贵族将相：《后汉书》不选窦融、马援（怕有功的外戚），外戚选了梁冀。《史》《汉》不选萧何、韩信，其他书也都不选名将名相。

③怕诬蔑少数族：《后汉》选例，在标准的第一条就是"少数族历史另有专辑，不录"，实则并无此专辑。

④怕犯错误：《史记》不选《伯夷叔齐列传》，实则经过批判的人更应知道他的历史。

现在大都解除了这些顾虑，《汉书》选了《高帝纪》，《三国志》选了刘备、孙权传，《汉书》选了《萧何传》。《史记》已建议加《伯夷列传》。

3. 注解来不及作的问题，不注学生不懂，不起作用。《左传》不好懂，必须加注。徐中舒先生原欲于杜注外略事补苴，但势必延缓交卷日期。

4. 分量史学史问题。

在当时历史学界"厚今薄古""打破王朝体系""打倒帝王将相"等一系列"左"倾错误严重的情况下，《中国史学名著选》却要学生"了解祖国的史学传统"，"扩大历史知识"，"培养读古书习惯"，在内容编选上解除了"怕选帝王""怕选贵族将相""怕犯错误"的顾虑，事实上是在用行动抵制"左"倾错误。这体现了总主编郑天挺先生以及任各书主编的老一辈学者们的学术担当。事实证明，各卷主编基本上都是按照郑天挺先生的意见进行编选的，每一种选本都根据原著和时代特点，编选其中重要篇章，作了简要注释和必要的校勘记，对于选录的名著都介绍它的内容、体例、作者和成书经过等。有了总主编郑天挺先生和各选本主编的通力合作，这套史学名著选本具有了较高的权威性和适用性，凝聚着编选者们的辛勤付出和学术交谊。这在郑天挺先生和徐中舒先生围绕《左传选》的往还书信得到充分的体现。

二

郑先生在上述"意见"中提到的《左传选》"用相台本为底本，以日本《左传会笺》校"，"徐中舒先生原欲于杜注外略事补苴"等信息，应缘于1961年7月25日徐中舒先生去信之内容，现照录如下：

毅生吾兄：

顷由缪彦威同志转来手教，关于《左传选读》工作指示明确，至为欣慰！

《左传选读》名称与内容相符，以此命名，至为恰当。书前说明，《左传》存在问题较多：（1）作者为谁，（2）成书年代，（3）与《国语》关系，（4）与《史记》关系，（5）评价问题。现在只能就自己水平加以阐述。现去七月底只有数日，而《左传》入选的内容又须有所涉及，如果再加注释，势必要延缓交卷日期，注释也只能在杜注外略事补苴，杜注即不再抄入，借省篇幅如何？

字数问题不大，可压缩至六万字左右，版本拟以相台本为主，如有时间再以日本《左传会笺》本雠校一过，如时间不够即作罢。

此复，并致

敬礼！

弟徐中舒 七月廿五日

1961年8月15日，徐中舒先生再致信郑天挺先生：

毅生吾兄：

……弟返川后瞬已三月有余，而参加省级会议，又将及一月，以此《左传选读》，迄今尚未能完稿，远劳关注，无任歉疚！关于《左传》工作，系中指定罗世烈同志协助，本年上期罗实际上还须参加教学，因此也不能全力以赴，现在注释工作已进行至襄公，得来书后已加紧进行，预计必须至九月底始能蒇事，此事已与系总支商竣，系又加派资料员一人前来协助，除整理清缮外，注释方面亦难插手。弟年来体衰，晚间工作亦不能支持过久，白天也不能闭门抓紧工作，以此稽延迄今。今后当力改此习。关于前言部分，曾写了《孔子与春秋》及《左传作者及其年代》两篇讲稿，看来都不很通俗，《历史教学》方面亦尚未寄去。兹先将原稿寄请斧正！如有不当处请多指示，以便为前言做好准备工作。关于《先秦史纲要》须待《左传选读》完成后始得着手，预计《左传选读》初稿九月底完成，清缮整理成为定稿，仍须一个月，即十月底准可寄奉。先秦史方面从前有一研究生缪文远曾协助工作，缪现在兰州专科师范任教，此校闻将缩减，曾由川大去函商调，尚未得复。便中请向部中提一下，缪如能来则将来工作就更顺利，此致

敬礼！徐中舒 八、十五

此信涉及两个主要方面，一是介绍《左传选》的进展情况；二是关于《先秦史纲要》的问题。关于《左传选》，徐中舒先生主要讲到了任务重时间紧的问题，自己"体衰"，晚上不能工作过久，主要协助者罗世烈老师需要参加平日的教学活动。川大历史系虽然也支持此项工作，加派一名资料员前来协助，但只能做些整理清缮的事情，无法进行最核心的注释工作，最终的定稿时间估算在10月底；选读的过程中，徐先生已经在思考、准备前言部分的撰写，此前已经完成的《孔子与春秋》及《左传作者及其年代》两篇讲稿随信寄给郑先生，请其斧正。其中，第一篇应是为第二年上半年山东史学会和中宣部共同组织召开的"孔子讨论会"而准备。① 第二篇最终脱稿于1962年9月16日，并在《历史教学》1962年第11期

---

① 1962年上半年山东史学会和中宣部共同组织召开"孔子讨论会"，邀请徐先生出席会议。徐先生将《左传选》后序中有关《春秋》问题写成《孔子与春秋》一文的提纲寄与该会，该文提纲由会议组织铅排印出并发给与会者（徐亮工：《徐中舒先生学术年表》，见徐中舒：《古器物中的古代文化制度》，北京：商务印书馆，2015年，第428页）。

上发表，题注为"本文是作者负责选注的《左传选读》的叙论"。关于《先秦史纲要》，文科教材历史组同时有编写中国断代史的计划，并在1962年4月确定了九种断代史纲要的撰写计划，即先秦史纲要（徐中舒）、秦汉史纲要（翦伯赞）、魏晋南北朝史纲要（唐长孺）、隋唐五代史纲要（汪籛）、宋辽金史纲要（邓广铭）、元史纲要（韩儒林）、明史纲要（傅衣凌）、清史纲要（郑天挺）、民国史纲要（邵循正）。郑先生很快就将编写计划去信告知各位主编。① 而根据徐先生此信可知，在1961年讨论选读"中国史学名著选"时，郑先生就已经在和徐先生商请撰写《先秦史纲要》一事，并且得到徐先生的同意。所以，1962年6月21日，郑先生致信徐先生表示感谢："……《先秦史纲要》一书，荷承惠允撰述，告之同仁，均深感慰。倘蒙于大著《左传选》定稿后即赐着手，尤所殷望。资料、时间、助手等，如安排需此间代为商洽，仍乞随时函示，以便请部中联系。"

回到《左传选》编撰的梳理。1962年1月30日，郑先生致信徐先生：

> 承示《左传选》在七月可以完成，闻之极为兴奋，字数稍有超出，自当遵照，请释念。《左传选》拟请加录经文，不知与高明原意相合否，尚请卓夺见示。

根据信中内容可知，徐先生告知的完成时间已推迟到1962年7月。但是，到了7月，书稿并未如期完成，加之各地教材之需迫切，此事的郑先生心情不免有些着急，所以在7月28日写给徐先生的信中，郑先生希望能尽量在暑假完成，并且已致函川大，请秋季开学后给《左传选》的编撰老师们酌情补假：

> 月前寄呈一函，计蒙赐督。大著《左传选》至深驰念。暑假伊始，重劳吾兄埋头撰述，至感不安，惟各地对教材需用殷切，催询甚亟，不得不利用假期，争取完成，以免秋间开学又有新任务。事非得已，务祈亮察，并向参加同志婉为说明。此间亦函商校中，请于开学后酌予补假，俾资休息。兄处有无其他困难，如估计八月底尚难完成，是否可多请几位助手，统请见示，以便由此间函请川大特别设法。不情之请，不知尊见不以为罪否？

然而，《左传选》还是未能在暑假期间完成，徐先生再次告知的完成时间已推后到11月份。但是，毕竟胜利在望，郑先生获信后仍感到十分高兴，他在1962年10月8日致徐先生的信中说：

> 手教拜悉，大著《左传选》于十一月寄下，不胜雀跃。承示缪文远、冉光荣两同志工作事，已将大札转高教司胡沙司长，极愿代为尽力。惟请由川大写一书面文件径寄教育部。吴晗同志不日出国，极忙，尚未晤及。容再函详。

---

① 郑先生在信中说："此间近有编辑中国断代史计划，分九册，每册三十至三十五万字，定名为××史纲要。内容、论点及编排，全由主编者自定。九册只求衔接，不求论点一致。合之可以成为一套断代史，分之亦可以独立各成一书。期以两年半完成，一九六四年出齐。其中××史一册，咸推吾兄主编。九册分期如下……如有不妥，尤盼教正。"

郑先生在信中所说的"缪文远、冉光荣两同志工作事",应该就是徐先生1961年8月15日的信中所讲的商调缪文远,并请郑先生"向部中提一下"之事。显然,郑先生对此事是很上心的,不仅将徐先生的有关信件转给教育部高教司相关领导,并建议川大写一书面材料直呈教育部。后来的事实是:1959年川大先秦史研究生毕业后在兰州工作的缪文远先生,于1964年至1967年间借调到川大,1970年正式调入,① 后成为著名的《战国策》及战国史研究专家;而1962年在川大先秦史研究生毕业的冉光荣先生,或许也是某种程度上缘于徐、郑二位先生的此次帮助,即留校工作,后成为著名的藏族历史与藏族社会发展研究专家。

大约在1962年底或1963年初,《左传选》书稿终于寄到了郑先生手中。1963年1月17日,郑先生致信表示感谢,并就体例、书名、序文、标点、注释等一些具体问题,与徐先生相商。

前奉手教并大著《左传选》稿,拜读一过,甚佩甚佩。日内即交中华付印,大约春间可以出书。书中一切均照原稿,惟间有牵于名著选全书体例之处,不知可否稍加改动,谨分陈于下,尚请卓夺见示,以便遵循。

一、选本现均称某某书选,不用选读字样。尊选亦拟定名为《左传选》。是否可行?

二、各选本序均改称说明,以不超过万字为度,大著叙论两万一千余字,分量较多,且文极精辟,万不宜删节,不知可否作为后序,列之卷末?或将叙论第一部分作为说明,其余十章用"左传的作者及其成书年代"标题,以"左传选后序"作副标题附之卷末?两种办法,不知以何者为宜,尚请核示,如有他法更好,尤盼。目前先照第一种办法付排,俟奉函后再改。

三、罗世烈诸同志在吾兄指导下标点注释工作极为细致清楚。稿中标点极好,特别是层次(如吕相绝秦)、对话(如鄢陵之战)极清楚。惟其他选本均以顿点(、)表两个平列词的间隔号,不用作逗点。逗点仍用逗号(,)。如

"其虞、虢之谓也。"

"虢,虞之表也。"

"夫君,神之主而民之望也。"

"兵,民之残也。"

"蔡叔,康叔之兄也。"

"秋,颓叔、桃子奉大叔以狄师伐周。"

"下,拜;登,受。"

尊选最好一致。又冒号(:),其不表对话、成语、诗文者,亦从省(如其子曰胜)。凡此类为争取时间计,○者似可不用。稿中已暂为代改,如吾兄意有不同,仍可改回。

四、稿五二,伍员谏伐齐"使赐之属镂以死",属镂为剑名,似不宜标人地名号。

五、原稿第二册凡注年代均加公元,三册以下有漏者,已补上。注文有待证者,悉仍原文之旧,如赵襄子及韩魏丧知伯,注①"鲁悼公四年,公元前四六四年",注⑨

---

① 彭裕商、舒大刚主编:《川大史学·历史文献学卷》,成都:四川大学出版社,2006年,第590页。

"鲁悼公十四年为公元前五四〇",两相歧异,仍候裁定。

六、稿四一,注②"少数民族部族",稿四三,注(18)"边疆少数民族",在他节少数民族均称兄弟民族,应否划一,请酌。

七、原稿二七,中行献子伐齐,注(36)"以枚数阖",依注则当解为"用门钉数门板",与"言数门扇上的乳钉"不相应,请再加说明。

以上所陈,容多误解,尚祈指正。其中间有已在原稿上改动者,好在排印清样仍当送请吾兄作最后之审定,仍可改回也。川大想已放寒假,吾兄辛苦经年,尚请多多休息。

可以看出,郑先生对《左传选》书稿的阅读是十分认真仔细的,提出相商的问题都是细微具体的,体现出了总主编严谨负责的态度。同时,他对徐先生及《左传选》书稿是十分尊重和钦佩的,表示"一切均照原稿",即使已在原稿上改动者,徐先生仍可在审定清样时改回。后来的事实是:郑先生此前在1962年1月30日的信中提出的加录经文的请求,未能得到满足。此次信中郑先生提出的改动"一""二",均得到徐先生同意,《左传选读》改名为《左传选》,徐先生二万一千字的叙论,则大致按照郑先生建议的第二种处理方法,将第一部分作为说明,其余的以"后序"为标题,以"左传的作者及其成书年代"作副标题,附之卷末。

1963年2月13日,徐先生很快回函郑先生,赞同郑先生的改动,并就相商之处进行了回答:

毅生吾兄道鉴:

春节中获读大教,深为感慰!《左传选》已经付印,吾兄所提各端,弟完全赞同,已改付印之处即作定稿,至如尚待商榷增补者兹陈述如左:

1. 稿五五,赵襄子及韩魏丧知伯节,注①鲁悼公四年,公元前四六四年,注⑨"知伯灭亡在鲁悼公十四年,为公元前五四〇年";注⑨应改为"知伯灭亡在鲁悼公十五年,为公元前四五三年。"

2. 稿四一,詹桓伯责晋专弃盟主节,注②"阴戎,附属于晋的少数民族部落",稿四三少皞氏以鸟名官节,注(18)"边疆少数民族";少数民族并应改为兄弟民族。

3. 稿二七,中行献子伐齐节,注(36)"枚,门上的木钉形如乳。阖门扇。"应改为"以,连词,与而同。枚,个,指阖上如乳形的木钉。阖门扇。枚数阖,乳钉数目很多,而阖只两扇,此言州绰在攻城战争中还能数门阖上的乳钉,极言其从容不惧的样子"。

4. 稿十二,富辰谏王以狄伐郑节,注⑥应改为"二叔,管叔、蔡叔。管、蔡监殷在周公东征以前,下文又以管蔡鲁卫曹滕等并言,因为他们都是文王的儿子,所以又牵连数到他们"。

以上各条仅就来函所提出的,加以订正,是否有当尚希指正。

原稿容有更多的不妥之处,仍希多多指教!将来复校时可能还有所订补。专复,

顺颂

撰祺！

弟徐中舒谨上
一九六三、二、十三

《左传选》后序第二段即《左传》是以《春秋》为纲的编年史段"今春秋经一本（公羊谷梁本）记孔子生年"，括号内谷梁二字请删去，因谷梁本《春秋》仅见于传文，未见经文。特此附及。

徐中舒先生在回复中基本上均按照郑先生的意见进行了修改，如顿号、逗号等标点的统一；"民族部族""少数民族"，均统称为"兄弟民族"；知伯灭亡年份重新进行了确定等。但是，徐先生也有坚持，如"中行献子伐齐"，"以枚数阖"之注仍用"言数门扇上的乳钉"之义。同时，徐先生还另有新的修改，如将"富辰谏王以狄伐郑"节中的"昔周公吊二叔之不咸"之注，改为"二叔，管叔、蔡叔。管、蔡监殷在周公东征以前，下文又以管蔡鲁卫曹滕等并言，因为他们都是文王的儿子，所以又牵连数到他们"。这些也同样体现出了徐先生严谨细致的编撰态度。

三

《左传选》终于在1963年9月由中华书局出版。书前"说明"交代，"除尽量采用纪事本末体外，仍保存了原有的编年史的体制，以容纳许多不能联系的资料"，"《左传》全书自始至终都在讲霸业兴衰，集中地反映了这个时代的概貌。把这些问题搞清楚，对于本书也就更容易理解了。因此，本书所选以关于这方面的为最多，同时采用旧文作标题"，"本书以相台本《春秋经传集解》为底本，同时采用阮氏《十三经校勘记》和日本《左氏会笺》所采用的金泽文库本校勘，择善而从"，"注释方面大部分本于《春秋左传正义》、《春秋左传诂》（洪亮吉著）、《春秋左传旧注疏证》（刘文淇著）、《左氏会笺》（日本竹添光鸿著）等书"，"关于本书注释和标点，由罗世烈同志负责，谢忠梁同志、冉光荣同志和吴天墀同志先后皆有所帮助，并由徐中舒同志作了最后的审核和校订"。

《左传选》出版后在高校历史学专业得到广泛应用，并于1985年3月出版了重排版，至1991年8月已印刷13次。学界同人也给予充分肯定，认为"它在兼顾时间线索的同时，突出重大的历史事件，较好地反映了我国春秋时期的历史面貌。而且注释简要、通俗，适用于一般读者的需要。这本书应当说是《左传》的一部较好的选注本。因此，它不仅成为目前大学古代史专业必读的基础教材，而且为文科其他有关专业广泛采用"；①"本书能较好地吸取前人研究的成果，在一定程度上订正了杜注之失。释文文简、言要，有创见性、通俗易懂，可说是目前较为完善的一本注本"。②

2009年，中华书局鉴于"中国史学名著选""出版后，受到高等学校历史专业师生以及

---

① 苏宝荣：《对〈左传选〉某些注释的商榷》，《山西师院学报》1980年第4期。
② 苏仲翔、周干：《〈左传选〉的释义问题》，《图书馆杂志》1982年第4期。

其他读者的欢迎,先后多次再版、重印。直到今天,这些选本仍不失为很好的选本",因此重版了该套丛书。在出版说明中,编辑部特别指出:"《左传选》出版后,徐中舒先生曾进行修订,不久前,徐亮工先生找到了这个修订本,并提供给我们,此次重版,我们据此对《左传选》进行了订正"。可以看出,徐先生在1963年2月13的回信中曾经提出的"将来复校时可能还有所订补"一事,虽然在《左传选》当初出版时未能来得及进行,但在出版后,徐先生确实曾对其进行了"订补",才使得2009年重版的《左传选》成了这套丛书里唯一的"修订本"。

现将徐先生的注释"订正"之处列表如下,借以从细微处进一步了解徐先生的《左传》研究,并感受作为"永不停步的史坛老将"[①] 的徐先生孜孜以求的学术精神。

篇目	1963年版注释	2009年版注释
一、王政衰微郑初图霸 1. 郑伯克段于鄢 谓之《郑志》不言出奔,难之也		谓之《郑志》不言出奔,言《春秋》即用郑史记事原文不言其出奔。难,音男去声(nàn),诘责。
君子曰:"颍考叔纯孝也!……"	君子曰,为作者对所记历史事件的评论意见,后来史书中的"论""赞"等即起源于此。	君子曰,为作者(有些为引述前人)对所记历史事件的评论意见。
4. 郑伯侵陈 五月庚申,郑伯侵陈,大获	大获,战果辉煌。	大获,俘获很多。
往岁,郑伯请成于陈	请成,要求和好。	请成,请缔盟好。
陈侯曰:"宋卫实难……"	……难音滥(nān),患难,言宋卫大国,实为陈国之患。	……难音滥(nán),难为,言宋卫大国,难与为敌。
长恶不悛,从自及也	悛音全(quān),改正。从,随后。	悛音全(quān),改正。从,当作徒。
二、众仲论谥与族 羽父请谥与族	羽父,鲁国执政大臣,又称公子翚。谥,根据死者生平给予他一个或好或坏的名号。族即氏。古代姓氏有别,姓百世不改,氏,是从姓分出来的。无骇的祖父是公子展,父亲是公孙夷伯,他的姓须请求鲁隐公赐予,而他们的姓仍是姬。	羽父,鲁国执政大臣,又称公子翚。谥,根据死者生平言行给予他一个美名。古代姓氏有别,姓百世不改,氏,是从姓分出来的。族为通称,姓和氏皆可称族。无骇的祖父是公子展,鲁孝公之后,姬姓,请族(氏)以别于其他的姬姓贵族。

---

① 1979年9月26日,《光明日报》用整版的篇幅刊登该报记者冷铨清对徐先生的采访文章"永不停步的史坛老将——记四川大学历史系主任徐中舒"(徐亮工:《徐中舒先生生平编年》,四川大学历史系主编:《徐中舒先生百年诞辰纪念文集》,成都:巴蜀书社,1998年,第366页)。

续表

篇目	1963年版注释	2009年版注释
天子建德，因生以赐姓，胙之土而命之氏	天子建德，建立有德者为侯，根据他们氏族起源赐姓，如周的祖先，生于姬水，就赐姓姬。胙音祚（zuò），赐；赏赐土地作他们的封国，并给予氏名。	胙同祚（zuò），世袭的禄位；天子建立有德者为诸侯，因赐其所从生的族类名号（即图腾）以为姓；胙之土，言禄之以土地使得袭其位，指封国言；命氏子孙，即以国名为氏，如《周语》："帝嘉禹德，赐姓曰姒，氏曰有夏；胙四岳国，赐姓曰姜，氏曰有吕"，即赐姓命氏的说明。
诸侯以字为谥	谥应作氏，诸侯对其卿大夫，根据他们祖父的字（如展），或世袭的官职（如司马），或受封的采邑（如魏）等作为他们的氏。	诸侯对其卿大夫不称其名而称其字（如展），这就是美名，子孙即以为氏（族）。
邑亦如之		世袭的官职（如司马），受封的采邑（如魏）等也可作为他们的氏。
六、齐桓公霸业 6. 葵丘之盟 恐陨越于下，以遗天子羞	陨越，颠坠。陨越于下，言己不下堂就要颠坠，遗天子羞了。	陨，坠。越，失；指失礼言。言己不下堂就要失礼遗天子羞了。
一二、晋文公霸业 5. 蒐于被庐 民未知义，未安其居	义，指等级制下君臣相互间的义务。安其居，谓守本分。	义，指等级制下君臣相互间的义务。安其居，不迁其业。
一五、秦穆公霸西戎 1. 弦高犒师 必死其间，余收尔骨焉	嘱其必死二陵间，知其死所，乃可收尔骨。	必在此间战死，不可在他处死，我好在这里收尔尸骨。
一六、楚庄王霸业 5. 泌之战 择楚国之令典	择，选择，言有所增损。	择，选择，言择善而行。
一九、晋景公霸业 3. 鞌之战 且惧奔辟而忝两君	奔避，奔走逃避。忝音舔（tiǎn），羞辱。两君，齐、晋国君，作战逃避，即为两君的羞辱，意谓事齐君当如晋君。	辟同避，逃避。忝音舔（tiǎn），羞辱。两君，齐、晋国君，韩厥欲以齐君为俘囚，托言惧奔避而为两君之羞。
臣辱戎士	臣辱戎士，我既为戎士，即不当奔避。	臣辱戎士，托言齐君不以我任戎士为辱。
三入三出，每出齐师以帅	三入三出，三次出入晋军企图救出逢丑父。帅退，领先冲击以督帅散乱的齐军进退。	三入三出，三次出入晋军企图救出逢丑父。以帅，每出齐师入晋军，皆由齐侯帅领冲击。
退，入于狄卒，狄卒皆抽戈楯冒之	狄卒，参加晋军的狄人步卒，冒，拥蔽。狄卒畏齐，故以戈楯拥蔽护送以出。	狄卒，参加晋军的狄人步卒，抽，如抽矢抽刀之抽，取物引以向人。冒，犯。

续表

篇目	1963 年版注释	2009 年版注释
二二、晋厉公争霸胜楚 1. 鄢陵之战 子在君侧，败者壹大	败者壹大，壹指君，在战败中，君的安全最是大事。	败者壹大，言军大崩溃。
我不如子，子以君免，我请止	我不如子，我不如你的能力强。止，留下阻击追兵。	我不如子，石首为军右，在君侧，劝其弃车逃走，君免于难。止，御车阻击追兵。
初陨师徒者，而亦闻之矣，盍图之	初，从前。而，你。盍图之，逼他自杀。	初，从前。而，你。盍，何不。图，考虑。
二三、晋悼公复霸 2. 魏绛戮扬干 军事有死无犯为敬	有死无犯，有以死捍卫其执行军纪的决心，而使人无敢犯其令。	军事有死无犯，司驻军事，应严饬军纪，守死执法，使人无敢犯。
4. 郑子驷从楚纾民 兆云询多，职竞作罗	兆云询多，兆，卜兆，云，解说兆象之词，询同恂，语词；解释卜兆之词太多，犹如作成罗网，不能自脱，喻众说纷纭要误事。	兆云询多，兆，卜兆，云，语词；询，谋议。言卜谋太多。职，只，语词。职竞作罗，言只是相竞作成罗网，喻谋议多要误事。
6. 郑人谋从晋 苟有以藉手	藉手，转圜。	藉手，言少有所得有所荐陈，不至于空手。
7. 晋侯赏魏绛 藏在盟府	藏在盟府，赏勋是国家大典，盟府职主记载，应该遵行。	藏在盟府，收藏盟誓的官府。
二七、齐贰于晋 4. 齐伐晋 男女以班	男女以班，男女各以班次分列，言将以齐国男女贿赂晋人。	男女以班，男女各以班次分列，以待晋命，表示服从之意。
二八、子产对晋人征朝 委诸执事，执事实重图之		委，托付。重，慎重。
三二、子产戎服献捷 授手于我	授手，降服。	授手，言天授手于我，以伐陈罪。
三三、晋楚弭兵 3. 叔孙豹不以贿免 子会而赦有罪，又赏其贤	赦有罪，承免言；赏其贤，承靖能言，靖与赏同义。	赦有罪，承免言；赏其贤，承靖能言，同旌，表扬。
4. 晏婴叔向论齐晋季世 谗鼎之铭曰："昧旦丕显……"	谗鼎，铜器。昧旦丕显，言昧旦即起以务光明大业。	谗鼎，铜器。昧旦丕显，言昧旦即务明德。丕，语词。
5. 椒举如晋求诸侯 以岁之不易	岁之不易，连年有难。	岁之不易，言和平岁时难得。

续表

篇目	1963 年版注释	2009 年版注释
6. 楚合诸侯 寡君将堕币焉	堕币，剥取兽皮为币以为祭祀之用。	堕，祭名，取兽皮为币献神为堕币。

要之，本文将徐中舒先生主持编撰《左传选》放置于 20 世纪五六十年代中国史学发展的背景之中，并以徐中舒先生和郑天挺先生的往来书信为主要凭借资料，详细梳考了《左传选》的编撰出版始末以及涉及其间的人事交际等。文章认为，1961 年文科教材会议的召开，以及决定进行包括"历史文选"和"史学名著选"在内的高校历史学科教材建设，是翦伯赞、郑天挺和包括徐中舒先生在内的一批著名历史学家对 50 年代以来的非历史主义错误所作的一次反拨，体现了老一辈学者们的使命担当。《左传选》的编撰过程，体现了老一辈学人们严谨细致的工作态度，以及在相互信任、通力合作中结下的可贵学术友谊，不失为后来者留下了一段藉以缅怀他们的学术佳话。而在《左传选》初版之后，徐中舒先生又对其进行了修订，使 2009 年重版的《左传选》成为"中国史学名著选"丛书中唯一的"修订本"，也让我们真切感受到了作为"永不停步的史坛老将"的徐先生在学术上孜孜以求的宝贵精神。

作者简介：何刚（1976—），四川绵阳人，历史学博士，乐山师范学院四川郭沫若研究中心教授。

徐中舒先生青铜器纹饰研究述评

河南科技大学人文学院　侯书勇

摘　要：青铜器纹饰是近代以来才引起学者重视并作深入研究的，郭沫若先生从器物类型学角度将之作为铜器断代要素之一，虽未精密，然所辟途径为后来学者所承继。徐中舒先生则受文化西来说刺激与影响，从文化交流与传播的角度对铜器纹饰做了较为深入的研究，惜未引起后来学者足够重视。若将其研究成果作系统的梳理，可见其青铜器纹样研究的思路与方法仍有值得我们借鉴之处。

关键词：徐中舒　青铜器　纹样

徐中舒（1898—1991）先生是我国著名的历史学家、古文字学家，是国学大师王国维先生（1877—1927）清华国学研究院的高足，在继承王氏治学思想与方法基础上形成了自己的治学风格。1947年第一届中央研究院院士选举，徐先生被提名为候选人，其"合于院士候选人资格之根据"为"用古文字与古器物研究古代文化制度"①。青铜器是古器物与古文字的结合，也是徐先生研究的重要内容。1945年著名历史学家顾颉刚（1893—1980）先生认为："徐中舒先生对于金文亦有极深邃的研究，所涉范围甚广，其成就仅次于郭沫若先生而已。"② 然而目前学界尚未就此作系统的梳理，对于徐先生金文古史研究笔者曾作一小文③，兹不再赘述。这里试就其青铜器纹饰研究作一评述，以就教于方家。

一、学术背景

青铜器属于金石学研究的重要内容，金石学肇兴于两宋，元明中衰，清乾嘉以后复盛。传统金石学多侧重于铜器铭文研究，于其纹饰则甚少留意。虽如王国维所言，宋人"鉴赏之趣味与研究之趣味，思古之情与求新之念，互相错综"，"宋人于古器物形制之学，实远胜于

---

① 台湾"中央研究院"总办事处1988年6月9日编印《"中央研究院"史初稿》第205页，转引自徐亮工先生编《徐中舒先生生平编年（未定稿）》，四川联合大学主编《徐中舒先生百年诞辰纪念文集》，成都：巴蜀书社，1998年，第336页。
② 顾颉刚：《当代中国史学》，上海：上海古籍出版社，2002年，第107页。
③ 参考拙文《徐中舒先生金文古史研究述评》，邹芙都主编《商周青铜器与先秦史研究论丛》，北京：科学出版社，2017年。

近世"①。中国考古学奠基者李济（1896—1979）也指出，宋代吕大临《考古图》在"考订的方面，除款识外，兼及器物的形制及纹饰"②。然而，宋人虽对一些纹饰作了分类与定名，如饕餮纹、蟬纹、云雷纹等，为后人沿用，但整体而言很少对铜器纹饰作深入系统研究。清代学者亦然。

晚清以来随着大量古器物的涌现，传统金石学已很难涵盖其范围，开始向古器物学、考古学、古文字学、史学等分途发展。被誉为"近世考古学的一位先驱者"③的罗振玉以个人之力收藏刊布大量古器物，提出为后学"肇启山林"的古器物学，但他同样未对铜器纹饰作研究④。关注青铜器纹饰并作出研究的是1928年初流亡日本的郭沫若（1892—1976）。郭氏首先提出标准器断代法，利用铜器形制、纹饰、字体等作为断代要素，顾颉刚指出"郭先生这种方法完全是受日人研究铜镜的影响"⑤。顾氏此说不知何据，不过1930年4月6日郭氏致容庚（1894—1983）信中谈道："余意花纹形式之研究最为切要，近世考古学即注意于此。如在铜器时代以前之新旧石器时代之古物，即由形式或花纹以定其时期。"次年7月15日致容庚信中又谈道："花纹定名弟尚未尝试，惟于花纹研究之方针早有腹案，惜无资料耳。定时分类为要，定名次之，分类已成，即名之甲乙丙丁，或ABCD均无不可。定时乃花纹研究之吃紧事。此与陶瓷研究及古新旧石器之研究同⑥"。郭氏从器物类型学角度研究青铜器纹饰，以之为铜器断代要素之一，虽未精密但所辟途径为后来学者继承。徐中舒先生青铜器纹饰研究则与郭氏不同，他受文化西来说影响，更多是从中外文化交流角度作研究。徐先生这一研究铜器纹饰的思路与20世纪初文化西来说的影响密不可分。

19世纪末20世纪初，中国民族、文化西来说在西方颇为盛行并得到中国学者响应，尤以法裔学者拉里伯里（Terrien de Lacoupérie，1845—1894）中国文化源自巴比伦说影响最大。拉克波里从二十四节气、七曜、干支循环、二十八星宿、中国古代文字和楔形文字等方面论证，其说通过日本为中国学者所熟知，如梁启超、章太炎、刘师培等皆主是说⑦。日本学者石川祯浩指出："诠释满族历史，基于黄帝事迹而探求汉族起源之一行动，即使以学术名义展开，其实质却为清末革命家政治活动之侧面。"⑧1903年6月晚清著名学者孙诒让（1848—1908）在《古籀余论·后叙》中感叹："今世风弥亟，风尚日新。古文字例，殆成废

---

①王国维：《宋代之金石学》，谢维扬、房鑫亮主编：《王国维全集》第十四卷，杭州：浙江教育出版社，广州：广东教育出版社，2010年，第319、320页。
②李济：《中国古器物学的新基础》，原载台湾大学《文史哲学报》第1期（1950），收入《李济文集》第一卷，上海：上海人民出版社，2006年，第334页。
③郭沫若：《中国古代社会研究》，《郭沫若全集·历史编》第一卷，北京：人民出版社，1982年，第188页。
④杨小召、侯书勇：《罗振玉与古器物学》，《求索》2009年第1期。
⑤顾颉刚：《当代中国史学》，第106页。
⑥曾宪通编注：《郭沫若书简——致容庚》，广州：广东人民出版社，1981年，第54、106页。
⑦孙江：《拉克伯里"中国文明西来说"在东亚的传布与文本之比较》，《历史研究》2010年第1期，第116—137页。
⑧［日］石川祯浩：《20世纪初年中国留日学生"黄帝"之再造——排满、肖像、西方起源论》，《清史研究》2005年第4期，第56页。

绌。敝帚自珍,辄用内愗。然泰西学执大昌,其所传埃及、巴比伦象形钁桙古字,远不及中土篆籀精妙。彼土学者捃拾于冢塔土甓之余,犹考读庋储,珍逾球璧;而我国学子略涉译册,辄鄙弃古籀如弁髦。政教之不竞,学术亦随之,斯固相因之理乎?"① 由此可见时人受民族、文化西来说影响之一斑。辛亥革命后西来说渐熄,至 20 年代瑞典裔学者安特生 (J. G. Andersson, 1874—1960) 在河南、甘肃发现仰韶文化,以彩陶等考古资料为据重倡文化西来说,在当时学术界影响极大。1928 年底致中央研究院历史语言研究所(下简称史语所)所长傅斯年 (1896—1950) 信中,徐先生谈道:"每于从公之暇,即将甲骨文及中国史籍方面之材料,略加整理,近始稍稍就绪。而待解决问题如'夏商周三民族之兴替及分合''殷人服象及象之南迁''西南民族的分化''由甲骨文与埃及巴比伦文字的比较以证明甲骨文为商民族所创造的文字'等,纷然杂陈。倘稍得宽闲时间即可一一为之写正。继此由新材料之发见及参考书之增多,更当为进一步之研究。"② 1929 年 12 月草就的《殷人服象及象之南迁》一文指出,其清华研究院同学余永梁以"商代文化颇受外来影响""中国文字外来亦非绝无理"多本安特生《甘肃考古记》,而其见则"适得其反",所据之一即"《甘肃考古记》中之鸟、人等,又与铜器、甲骨中字形迥殊。其最显著易见者,即铜器、甲骨中画鸟兽形,多作侧式,两足之鸟,皆作一足,四足之兽,皆作两足"③。1930 年 2 月史语所年度报告载其"着手搜集关于巴比伦、埃及、古代亚洲北部及中国境内出土甲骨铜器上眼、足、弓、回文,四种花纹与象形文字,见古代东西文化有显著之分野,论文大约下月内可以缮就",3 月报告记载其"着手作《商代象形文字之特点》,因上月所搜集甲骨铜器上之花纹及北亚、南俄、巴比伦、埃及之材料,不甚完备,本月内仍继续搜讨",4 月报告记载其"检阅 Scrysta Minoa. The palace of Minas, Excavation in Cyprus, 及其他诸书,发见商周象形文字,与古代 Aegean 海中之 Crete, Cyprus 欧洲北部之 Lapland 等,刻文形体,有极相似者。因此对于正在着手写定之《商代象形文字之特点》,观点完全改变,论文须大加改订以致本月内不能脱稿",此后报告未再见《商代象形文字之特点》记载,此文亦或终未完成。不过,徐先生所搜集的材料及观点反映在该年 8 月所草《再论小屯与仰韶》一文中。在 1930 年史语所总报告中记载,徐先生"以古代经典史籍,及赵宋以来出土之遗物、文字、花纹等等研究古代文物制度,及民族迁移中所受外来文化之影响"④。此后数年,铜器纹饰研究一直是其考察中外文化交流的重点,相继撰写的《䇁敦考释》《陈侯四器考释》《䲠氏编钟考释》多有涉及,而在《古代狩猎图像考》中尤有更为集中系统的研究。

二、青铜器纹饰研究

徐中舒先生青铜器纹饰研究既受文化西来说影响,又与其中国古代民族研究密切相关。

---

① 孙诒让:《古籀拾遗·古籀余论》,北京:中华书局,1989 年,第 2 页。
② 史语所存傅档元 63—1。转引自徐亮工《从"书"到"书"外:徐中舒先生的学术与生平(代前言)》,《川大史学·徐中舒卷》,成都:四川大学出版社,2006 年,第 9、10 页。
③ 徐中舒:《徐中舒历史论文选辑》,北京:中华书局,1998 年,第 51、52 页。
④ 历史语言研究所十七年、十九年度二、三、四月及十九年度工作报告,见欧阳哲生主编《傅斯年全集》第六卷,长沙:湖南教育出版社,2003 年,第 18、117、128、135、138、139、189 页。

早在清华国学研究院学习期间，徐先生即撰有《殷周民族考》《蒲姑徐奄淮夷群舒考》①，殷周民族冲突及由此带来的民族分合问题是其研究的重点，就职史语所后所撰《殷人服象及象之南迁》《再论仰韶与小屯》则为相关问题的拓展与深入，后者显然不局限于中原及周边地区，而是从更宏阔的中外文化交流视角视之，青铜器纹饰即作为重要的文化表征来研究。除此之外，纹饰亦作为铜器分期与断代要素加以研究。

（一）铜器纹饰与文化交流研究

从文化交流角度看，徐中舒先生青铜器纹饰研究主要集中在两个方面：一是商代及以前铜器纹饰研究；二是春秋战国时期铜器纹饰研究。前者作为讨论中外文化交流依据之一，因资料有限未作深入系统探讨；后者亦涉及中外文化交流问题，但研究问题更为广泛，也更为深入系统。

1. 商代及以前铜器纹饰研究

1921 年发现仰韶文化后，安特生通过比较仰韶与近东、中亚出土器物尤其是彩陶，认为"因仰韶遗址之发现使中国文化西源说又复有希望以事实证明之"，1925 年出版的《甘肃考古记》又做了申论，但相对谨慎了些。在两书中，除了重点比较了陶器、石器等器物外，中国早期铜器也是其讨论比较的对象，如前者谈到石戈与青铜戈、陶鬲与青铜鬲、甗、鼎等的关系及其形制演变②，后者也谈到仰韶文化"单色陶器中如陶鬲、陶鼎、瓦甗等，与中国商周铜器，其关系极为明了，谓为此等铜器之雏形，亦未始不可也"，并关注中国早期铜器中"兽形花纹"，这些对中国学者都有启发和影响。1930 年因在小屯遗址中发现"一块带彩的陶片"，李济撰文讨论了小屯文化与仰韶文化的关系，认为仰韶与小屯的关系"像远房的叔侄"，且对安特生对仰韶文化的认识提出了疑虑，引述法兰克复（Frankfurt）观点言安特生的"立论是说图案和花纹偶尔的相似不一定是因为传播的关系。但他并不完全否认有时也必须以传播来解释这种类似"，"所以仰韶文化的时期并不能因为它与中亚与西亚共同有带彩的陶器缘故而得到什么准确的程度"③。1931 年徐中舒先生撰《再论小屯与仰韶》，认为"安氏（引按：指安特生）以为小屯与仰韶为一脉相承的文化，这实在是一个很可研究的问题"，"这样的文化遗迹（引按：指仰韶文化），关于中国文化的特点，如束发的笄，跪起的习惯，以及商周以来沿用的器物花纹，一点也寻不出来。这就能代表中华远古之文化吗？"徐先生就甲骨文、青铜器、陶器等材料中"鸟兽纹饰的作风论两遗址的文化"，"断定这两遗址为两种不同的各自发展的文化"，各有渊源，分属于两个系统，根据有二：一是甲骨文与铜器中鸟兽象形文字或绘画的足形特征与仰韶文化及其相近遗物（以陶器为主）上的纹饰不同，二是"仰韶的回纹与雅典滴比龙式相同，而与商周铜器上的雷纹及连续回纹不同"，并进而讨论仰韶为虞夏民族的文化，小屯的文字和青铜器说明它应该另有来源，"殷民族颇有

---

①前者改题为《从古书中推测之殷周民族》发表在《国学论丛》第一卷第一号（1927 年 6 月），后者作为遗稿发表在《四川大学学报》（哲学社会科学版）1998 年第 3 期。

②安特生著，袁复礼节译：《AN EARLY CHINESE CULTURE（中华远古之文化）》，农商部地质调查所印行，1923 年，附录摘译第 27 页、英文正文第 2—10、33 页。

③李济：《小屯与仰韶》，《李济文集》卷二，第 249—255 页。

由今山东向河南发展的趋势","小屯文化的来源当从这方面来探求,环渤海湾一带,或者就是孕育中国文化的摇床"①。

前面已指出,徐先生早在清华国学研究院学习时期,夏商周三代民族兴替即为其关注的重点。受安特生发现仰韶文化及其文化西来说影响,徐先生是将这些问题置于中外文化交流背景下思考的。从李济、徐中舒先生对仰韶与小屯文化的讨论可以看出,中国学者对文化西来说的回应多少带有民族感情,但其立说则基于客观史料,青铜器纹饰即为立说依据之一,但此时尚未就青铜器纹饰作具体专项研究。

2. 春秋战国时期铜器纹饰研究

在《鳳氏编钟考释》《古代狩猎图象考》等文中,徐先生开始对青铜器纹饰作专项研究,出发点亦多为东西文化交流问题,但已开始对纹饰自身、铜器断代等问题做更为深入系统的研究。

1932年2月"释竟"的《鳳氏编钟考释》一文,专辟一节讨论"晋器之纹样及其所受外来之影响","据此以论当时铜器之作风""已入于一新时期中",在辩驳欧陆学者"秦器说"基础上而提出了"晋器说"。欧陆学者据法人王尼克(M. L. Wanieck)携至巴黎的绥远归化城铜器群"及其他具有鸟兽图、连续的涡纹、细密虺龙纹诸器,其形制及兽面(旧称饕餮)几何纹饰,介于周、汉之间,与黑海东岸斯克泰(Scythian)遗物颇有类似之点,因名此类铜器为秦器。……以为秦居西方,最与斯克泰接近,故此类铜器乃受斯克泰文化之影响,而复由秦人为之介,以传布于中国全境"②。徐先生指出,秦器说"就东西两方之遗物,指出当时文化之动向,无论其说之当否,固不失为一有价值之假设",因为"人类文化演进,不外两途:其一由于文化自身继续发展,其又一则由于接受外来文化之影响。此二者实相互为用。历史上固无全然孤立之文化,亦无全然接受外来文化支配之民族"。就中国铜器而言,已"有千余年之历史,在每个时代中,虽各有其特殊现象,然其自身之演化应自成一系统。在此系统中而有些素不经见之形制或纹样发生,且在异文化中寻得其渊源者,则此种素不经见之形制或纹样必受外来影响无疑"。徐先生结合新郑铜器群认为归化城遗物当为赵器,"春秋、战国之际,中国与西方之交通,盖以晋为中心。……故此时铜器如受外来影响,自当以晋为之介,更借晋人之霸权,以传布与东方诸国也。故此类铜器,当定名为晋器",并由带钩、印玺的输入为之证③。

1932年12月"脱稿"的《古代狩猎图象考》长文,乃就当时所见八件青铜猎器图象所做的综合研究。此类猎器欧陆学者谓之秦器,中国学者"以少有文字之故,前此著录或属之商(如《艺术类征》以四耳猎盂为商器),或属之周与汉(如《博古图》《西清古鉴》《续鉴》《宁寿鉴古》诸书),于年代之划分,全无确定之标准",在研究上亦无措意。因而该文"分两方面加以探检:(1)猎器年代之推断;(2)中国铜器自身演化与所受外来影响"。这里先谈后一方面,第一方面在铜器断代一节再谈。徐先生首先讨论了春秋战国时代大的背景:王

---

① 徐中舒:《再论小屯与仰韶》,《徐中舒历史论文选辑》,第145—181页。
② 徐中舒:《古代狩猎图象考》,《徐中舒历史论文选辑》,第225页。
③ 徐中舒:《鳳氏编钟考释》,《徐中舒历史论文选辑》,第219—224页。

室衰微，北狄深入中原，中原民族受其激荡"不免接受若干外来影响"，如铜器中玺印、带钩、剑、镜诸物殆由外来，学术思想中阴阳、五行、长生久视之说"疑亦由外族输入"，中西交通除了以晋为中心的北方外，西南与印度、东方海上与西方亦通往来，中国所受外来影响如斯克泰文化也或由多途。通过与最近三次发现铜器群对比研究，初步确定青铜猎器年代"约在公元前五世纪以至二世纪"，正处在上述背景中。在此背景下，进一步研究猎器形制之演化及其图象之作风。形制上从"猎壶之形制与穿鼻环饰""薄制之铜器"与"镶嵌工艺"诸方面，讨论其在中国青铜器系统中的演进及与域外文化的关系，纹饰上则分为"鸟兽之作风""带状纹样""狩猎用之兵器""古代狩猎"及"其他图象"诸类分别加以讨论。鸟兽之作风又细分为"侧视之鸟足""兽之蹄与爪""虎之变态及其传说""飞跃之兽""偃息之兽""飞翔与飞走之鸟形""凫鱼龟形之浮雕"，带状纹样细分为"涡纹""绳纹""菱纹""桓纹""蟠虺纹""繁复之桓纹与回纹""变形涡纹及三出花瓣纹饰"，狩猎用之兵器细分为"弓矢""矛""戈""弩""剑""盾"，古代狩猎细分为"车猎""弋射""徒搏"，其他图象又论及"采桑图""屋宇""羽人及飞兽""操蛇之神""鸟首人身"等，所论每种图象多结合文献记载、殷虚遗物及"铜器中之花纹文字"与域外所发现相类遗物作比较，以分析其源流演变。徐先生认为，"凡此由殷代至春秋、战国之际，经千余年之演进，而其蜕变之迹尚极为迂缓。以较秦、汉以来之遗物，其蜕变之繁剧，实不可相提并论"，而"欧陆学者所称薄制器形，及车马狩猎图绘，涡纹细密的虺龙纹种种，依本文之研究，虽大部分为中国文化上自身之演进，然其中之浮雕、镶嵌、兽之飞跃、偃息与羽人、飞兽、操蛇、践蛇等图象，仍具有强烈的外来色彩"。故"先秦文化受有外来影响，实为不可否认之事"，不过"先秦文化虽受有些许外来影响，而大部分仍为中国文化自身继续发展之结果"。最后徐先生又分析了"先秦文化何以独盛于春秋、战国之际？而春秋、战国之际，齐、鲁文化又何以独盛？"①

对于此文，傅斯年在1932年12月26日致蔡元培信中称道，"所撰《狩猎图象考》一文，论及古代文化之迁流，多人所未道"②，学者也认为"徐中舒先生的《古代狩猎图象考》才是系统研究某类花纹的著作"③。

（二）铜器纹样与铜器分期断代研究

1. 铜器分期

徐先生认为，"铜器之年代为研究上最重要而最难解决之问题"④，他对于铜器的分期与断代都有自己的研究和看法。

关于铜器分期问题，传统学者尚未提出明确的意见，多笼统称之为"商周""三代"器。随着铜器研究的深入及近代考古发掘的不断展开，对铜器在中国的发展阶段有了进一步的认识。在1937年4月撰就的《关于铜器之艺术》一文中，徐中舒先生从考古发现及铜器在器类、形制、纹饰等方面的发展演变将其前后分为五期并有简略概述，即启蒙期、鼎盛期、中

---

①徐中舒：《古代狩猎图象考》，《徐中舒历史论文选辑》，第225—293页。
②傅斯年：《傅斯年文物资料选辑》，转引自《徐中舒先生学术编年修订稿（1898—1950）》（未定稿）。
③璋：《容庚、张维持著：〈殷周青铜器通论〉》，《考古》1959年第2期，第118页。
④徐中舒：《陈侯四器考释》，《徐中舒历史论文选辑》，第442页。

衰期、蜕变期、衰微期。一、启蒙期无从质言,"中国之有铜器,据现今所知,实始于公元前十四世纪即盘庚迁殷以后。殷以前有无铜器,今尚不明,故铜器之启蒙期实无从质言"①。二、殷至周初为铜器发展鼎盛期,"此期铜器数量既多,且极精美",并对此期乐器、容器、兵器、服御物等器类及其形制、纹饰作了简述。三、西周之世以迄春秋以前为中衰期,该期承袭旧规,"一切形制纹饰,皆凝成定型而绝少变化","其器物中乐器则钟、镈之制渐多,容器则饮器之类如爵、觚、斝及鸟兽形器已渐少,或竟销歇"。四、春秋战国之世为蜕变期,"其在制作方面,前此器皆厚重,刻纹深入,而此期则一变而为圆整光泽之薄制,及细密清浅之纹饰。前此鸟兽纹之图案,此期则一变而为简单之几何形图案,及车马狩猎凫鱼形具有动作之绘饰。前此之镶嵌饰,此期则一变而为鎏与金银错"。五、秦汉以后为衰微期,此期铜器之地位渐被漆器代替②。显然,这种分期比较简略,对于各期铜器的形制、纹样、铭文等特征的讨论也不够充分,但毕竟对中国铜器发展阶段及其发展状况有了大致的勾勒,有利于对铜器做进一步的深入研究。1948年徐先生对于青铜器的起源问题提出了自己的看法,赞同李济"谓殷墟铜器必非自中国本土孕育而成,其冶铜技术可能由外而来",对于青铜器与两轮马车来源问题"就此古文字及边裔史料,以探求其输入之部族,与其输入之途径",认为"殷虚之青铜器与两轮大车,由北狄自西方输入,不为无据也"。文章从"金与铜得名之由来"、两轮大车与独轮车之别及其与北狄的关系诸方面分别作了详细的分析。现在由于大范围的考古发现,多数学者已倾向青铜器中国本土起源说③,对于车起源问题学界也有不同意见④,但徐先生在此问题上的开创之功当不可没,且其"涉及中国古代文化之重大问题,多有创见"⑤。

2. 铜器断代研究

宋代以来,金石学家对于铜器铭文年代虽有考订,其依据涉及谥号、铭文、形制、纹饰、出土地、历法等,但多偶尔论及,且泛泛而谈,方法也不够缜密,所定年代多空疏不足为据。至王国维提出"共和以前年代之研究",主要以"黄帝颛顼夏殷周鲁六历"及"《尚

---

① 1948年3月2日脱稿的《北狄在前殷文化上之贡献——兼论殷虚青铜器与两轮大车之由来》一文,徐先生讨论了铜器与两轮马车来源问题,赞同李济"谓殷墟铜器必非自中国本土孕育而成,其冶铜技术可能由外而来",认为"冶铜与两轮大车之由西方输入,当已无可置疑",并"就及边裔史料,以探求其输入之部族,与其输入之途径"。本文生前未发表,后作为遗著先后发表在《古今论衡》第3期及《中华文化论坛》2000年第1期。现在由大范围的考古发现,多数学者已倾向青铜器中国本土起源说,参李伯谦《中国青铜器文化的发展阶段与分区系统》,见其著《中国青铜文化结构体系研究》,北京:科学出版社,1998年。

② 徐中舒:《徐中舒历史论文选辑》,第693、696页。在《当涂出土晋代遗物考》一文中,更进一步指出,"汉、晋以来,以铁器与漆器之兴,致铜器日趋衰歇"。

③ 参李伯谦《中国青铜器文化的发展阶段与分区系统》。

④ 林梅村:《青铜器的造车工具与中国战车的起源》,《古道西风——考古新发现所见中西文化交流》,北京:生活·读书·新知三联书店,2000年,第33—76页;杨宝成:《商代马车及相关问题研究》,《华夏考古》2002年第4期,第54—64页。

⑤ 徐中舒:《北狄在前殷文化上之贡献——兼论殷虚青铜器与两轮大车之由来》,此为徐先生遗稿,2000年始发表在《中华文化论坛》第1期及香港《古今论衡》第3期,收入《川大史学·徐中舒卷》,第129—172页。

书》及古器物之月日相参证"①，但并未付诸具体研究，而其对于后来铜器断代研究影响甚大者乃其对于金文月相、谥法的研究。但王氏将问题提出，对于铜器断代研究有着重要影响，如其学生吴其昌即从历法方面系统梳理了西周铜器年代，不过遭到学界诸多质疑。郭沫若在1930年10月2日致容庚信中谈道："近人有依三统术考定为厉王时器者，然此大有可商。吾意吾侪当就青铜器以追求古历（此事在目前资料不足时自不易言），不当挟后起之历法以点窜青铜。"② 徐中舒先生也认为，"近倾日人新城新藏著有《上代金文之研究》，又吴子馨先生著有《金文历朔疏证》及《续补》，曾据历法推定著有年月之铜器，其说殊难置信"③。

徐先生对于铜器年代的研究是逐步深入的，阐述了自己关于铜器断代研究的看法，其研究角度与吴氏有别，主要从铜器文字、形制、纹样三个方面作综合研究。1932年2月所撰《矉氏编钟考释》一文中，徐先生谈道："关于铜器之研究，此后如能为系统之发掘，自为吾人最所期待。然此已往来历不明之铜器，其材料既如此之大，吾人亦当有以利用之。……其形制、纹样、文字，有可以确定其年代者，至少可得十数器。如能先以此为断代之标准器，再由此标准器之形制、纹样、文字，以求其他器之年代，如此展转推求，则铜器之年代，大致可以断定矣。及年代既定，然后再求其形制、纹样、文字与时地相互演进之关系。如此于铜器之研究，或有系统可寻。此《矉钟考释》则期欲于此方面树一例证也。"④ 可以说较早提出了标准器断代法。徐先生虽将这种方法运用在具体铜器研究中，但因其相关研究不多，亦未就已著录铜器作系统梳理，故多被学界忽视。而几乎与其同时避地日本的郭沫若亦提出标准器断代法，并将之运用于对已著录铜器的系统整理中，撰有《两周金文辞大系图录》及《考释》，在学界产生极大影响，被视作"使用科学方法对商周青铜器进行系统研究的第一人"⑤。郭、徐二两先生几乎同时提出"标准器断代法"，孰先孰后或有无相互影响尚不可辨清，然就与之关系密切的近代考古学发展背景看，或为二者各自研究使然，即所谓同心同理⑥。在徐先生所撰有关铜器年代考订文章中，所研究的多为有铭文铜器，且多数来历不明，故研究中仍以铭文为主要线索，对其中"人名、地名及史事可以互相联系的加以推比，把它的年代局限在这些人、地、事的内部联系中"⑦，再证以铜器形制、纹饰，如《蒲姑徐奄淮夷群舒考》《䚄敦考释》《矉氏编钟考释》《禹鼎的年代及其相关问题》等文。对于没有铭文的铜器年代考订，则主要从纹样、形制上考察，如《古代狩猎图象考》。

《蒲姑徐奄淮夷群舒考》是考史之作，但其中涉及对所用金文材料年代判定，与史实考

---

① 1922年10月20日致沈兼士信，《王国维全集》第十五卷，第857、858页。
② 曾宪通编注：《郭沫若书简——致容庚》，第53页。
③ 徐中舒：《陈侯四器考释》，《徐中舒历史论文选辑》，第442、443页。
④ 徐中舒：《矉氏编钟考释》，《徐中舒历史论文选辑》，第224页。
⑤ 彭裕商：《西周青铜器年代综合研究》，成都：巴蜀书社，2003年，第2页。
⑥ 在《陈侯四器考释》一文中徐氏谈到，"近见"郭沫若《殷周青铜器铭文研究·序》先其而发，"顾其所说仍侧重有文字器。其《两周金文辞大系》即继此而作，于器制与花纹所得盖鲜矣"。见《徐中舒历史论文选辑》，第442、443页。
⑦ 徐中舒：《禹鼎的年代及其相关问题》，《徐中舒历史论文选辑》，第995页。

订互为参证。徐先生通过传世文献考知，西周周公、穆王、厉王、宣王时期，徐国"屡与中国用兵"，后三世进一步得到铜器铭文证实。穆王时期，《竹书纪年》《后汉书·东夷传》《史记·赵世家》等皆谓徐偃王作乱，铜器毛伯彝（即班簋）记载毛公班"以邦冢君徒驭或人伐东国猾戎"，"三年静东国"。"毛公班亦见《竹书纪年》与《穆天子传》，乃穆王时人。"毛伯彝中遣亦见于明公尊（即鲁侯尊）、𢦏鼎，同记"伐东国""伐东反夷"，当为同时之事。公太傈鼎（即旅鼎）亦载"公太保来伐反夷年，似即以此事纪年"。又公伐徐鼎、公伐徐钟记载"王命公伐徐，攻單（战）克啻（敌），徐方以静"，"《毛伯彝》'静东或'与《公伐徐鼎》'徐方以静'语同，《𢦏鼎》'攻單无啻'与《公伐徐鼎》'攻單克啻'语同，《明公尊》'鲁侯有□工'，则知鲁与于此役。以此言之，《公伐徐鼎》之徐，《费誓》所征之徐戎，均当为穆王时事"，则上述诸器当为穆王时器。厉王时期，《竹书纪年》记载三年淮夷侵洛，敔敦也记载南淮夷内伐至于洛，由铭文中武公及相关史实考证，"此敦当为厉王时器"。宣王时期，"初则置戍于齐与叶、甫，继则用兵于淮浦。置戍为中年事，用兵为中年以后事"，而"金文纪戍𦎫（即叶字）自（师）者有录卣、卧尊、㫚卣、遇鼎四器"，用兵于淮浦者有穆公鼎、噩侯御方鼎、师寰敦等，与之相关铜器有寰盘、伯姬鼎（兮甲盘、虢季子伯盘、不𡘗敦）、伯尸父卣、曾伯簠等，则以上诸器当与之相去不远①。

《䵼敦考释》"以铜器之形制及铭文中人名地名及其记事之足资比堪者参以历史上之记载而断定"该器为成王时器，记载周初成王率兵亲征东夷之事。该器所载可据以判断年代者有四事：（一）白懋父；（二）𢑚；（三）殷八自；（四）东夷。"铜器中凡与四事有关之记载，吾人自可认为时代相同或相去不远之器。"记载白懋父铜器有䵼敦、宅敦、伯懋父壶、卸敦、伯懋父鼎，"此白懋父在各器中之地位大致相同，即为同一方面之将帅，其下并有臣事彼之小臣，及受懋父之命者，所指当为一人"。再"由此各器参互推之，其同时人有遣、吕、旅、及同公等"。由同公（又见于沈子它敦）系联出周公，再总考周公诸器（周公作文王鼎、小臣单觯、周公敦、矢彝、帅隹鼎、毛伯敦等），断定周公为周公旦。"据此推之，铜器中之同公与周公旦同时，而白懋父与同公又并见于宅敦，则白懋父亦当与周公同时，或年辈相去不远。"记载𢑚（或遣）铜器有䵼敦、𢦏鼎、毛伯敦、明公尊，"此诸器所载之遣（或趞）同为一方面之将帅，同伐东方之夷（或国），当为同一人同一战役之事"。"综各器所载与此役有关或参与此役之人，有白懋父、吕白、𢑚、明公、鲁侯、咸王等。"毛伯敦之𢑚又见于矢彝、辰臣盉，由此又可见其与明保同时，由矢彝、𨟭卣等辗转推测，"矢彝之明保为周公子，又称明公，当即明公尊之明公，因此明公尊之遣，亦即毛白敦之遣，而所谓鲁侯因上述诸器之关系，当即周公之子伯禽"。记载伐东夷铜器有䵼敦、𢦏鼎、毛伯敦、明公尊、䨲鼎，"盖此役当以王总其事，而伯懋父、毛公、潇公与遣均各为一方之将帅，而所伐之东夷亦非一国"。伐楚诸器有贞敦、𨒌白敦、執駿彝，"此诸器文字体势既极相似，而贞敦复有四足，形制与䵼敦、毛白敦同，亦可为此两役同时之证。疑东夷一役，势成长驱，因遂并及于楚也。此为西周初年重要史迹，在旧籍中亦有记载可据。"②

---

①徐中舒：《四川大学学报》（哲学社会科学版）1998年第3期，第65—76页。
②徐中舒：《徐中舒历史论文选辑》，第190—201页。

再如对麞氏编钟年代的考订,此钟明确记载有"惟廿又再祀""赏于韩宗,命于晋公,邵于天子""征秦作齐,入长城,先会于平阴"等年代史实信息,通过与《左传》等文献对照,可以确定为"廿又再祀"为周灵王二十二年,此器年代由此可以确定。文章还考证了"钟之种类及其形制",由其"形制观之,亦可见时代演进之迹":"此钟上端有六孔,孔之下端相连,可系以绳。此为春秋时物,其制与纽钟多相同,亦正悬也。"①

《禹鼎的年代及其相关问题》,是对1942年陕西岐山县任家村所出禹鼎的年代及相关问题的考证。由于同时出土一百余件铜器已经散佚,"仅能就现存金文中的人名、地名及史事可以互相联系的加以推比,把它的年代局限在这些人、地、事的内部联系中"。禹的家世:皇祖穆公—祖幽大叔—考(父)懿叔—禹。祖与父事迹皆无考,金文记载穆公事迹者有载鼎、尹姞鼎、盠尊,"就其职位言,当是一人"。与穆公同时可系联诸人有盠(盠尊、盠驹尊)、师遽(盠驹尊、师遽方鼎)、宰利(师遽方鼎、利鼎)、丼伯(利鼎)、穆王(长由盉)、共王(趞曹鼎)、司马丼伯(走簋、师𡣳父鼎),"综上列诸器言之,穆公与宰利同时,利又与丼伯同时,而丼伯则为穆王、共王时人,因此穆公的年代应当断在穆王、共王之世"。金文与禹同时可以相互系联的人有噩侯御方、武公(禹鼎、噩侯御方鼎、敔簋)、荣伯、师㝨、宰琱生(敔簋、师㝨簋)、召伯虎、琱生(召伯虎簋),"荣伯、召伯虎是有绝对年代可据的。召伯虎历事厉、宣二世,荣伯既与召伯虎同时"。西周时对南方战争包括伐楚与用兵于南淮夷,前者成王、昭王时各有征伐,后者主要发生在穆王、历王、宣王三世。在铜器年代断定上,似认同郭沫若《两周金文辞大系》说,将戍叶诸器彔卣、彔簋、卧尊、㺇卣、遇鼎提前至穆王时期。仍以敔敦为历王时器,而将此前定位宣王时器的噩侯御方鼎、无㠱簋定为历王时期,将新出禹鼎定为历王时器,皆反映南淮夷内伐事件,同记载此事的还有虢仲。宣王时期南淮夷见于金文者有兮甲盘、师寰敦、寰盘等。

以上对铜器年代的考订主要以铭文为主,并辅以器物形制、纹饰。对于没有铭文的铜器则从其形制、纹饰上考证,徐先生这方面的代表作为《古代狩猎图像考》。

首先,徐先生谈道,"铜器年代之断定,为研究铜器最先决之问题。向来学者对此问题,惟据文字以为推断。此具有狩猎图象之铜器,以少有文字之故,前此著录或属之商(如《艺术类征》以四耳猎盂为商器),或属之周与汉(如《博古图》《西清古鉴》《续鉴》《宁寿鉴古》诸书),于年代之划分全无确定之标准。盖自商至汉,前后相差千有余年。此千余年中国文化乃自金石并用时代,铜器时代,以入于铁器时代;其变迁至为繁剧。即关于铜器之形制、纹饰、图象、款识,经长时间之演变,每个时代均显有其特殊之现象。此狩猎图,即为特殊现象之一,当视为同一时代或时代相去不远之物"。当时所见猎器有八件,即枞氏猎壶、采桑猎壶、采桑猎钫、四耳猎盂、羽人猎壶、双凤猎壶、凫鱼猎壶、小猎壶,仅枞氏猎壶有铭文,故欲考其年代须有所凭借,其一即最近八、九年新发现之铜器群(归化城铜器群、寿县铜器群、新郑铜器群),其二为诸猎器自身形制、纹样的时代特征。徐先生对前者年代"就其出土地及遗物相互关系"作了重新估定,认为"其遗物年代自春秋以迄战国之末,约在公元前五世纪以至二世纪",由文字及语句、凫鱼龟形之浮雕、镶嵌之状况、鸟兽龙蛇羽

---

① 徐中舒:《麞氏编钟考释》,《徐中舒历史论文选辑》,第206—218页。

人之图像等方面与三处铜器群遗物互相比定，诸猎器年代大致与之相当。再从猎器"穿耳兽环之耳饰""白色物质之镶嵌""铜器内面凫鱼龟形之浮雕""猎图中所绘之戈形""带状纹饰""羽人飞兽之翼形"等形制、纹样的时代特征，作了进一步的考察，考订枞氏猎壶（铭文镶嵌及飞兽之翼形）、采桑猎壶（兽环镶嵌及戈形）年代约为公元前5—前4世纪，四耳猎盂（归化铜器之浮雕）约为公元前3世纪，采桑猎钫（镶嵌及四耳盂之猎图）、羽人猎壶（镶嵌羽人翼形及带状纹饰）、双凤猎壶（除羽人外大致与羽人猎壶同）约为公元前3—前2世纪，凫鱼猎壶（镶嵌猎图及凫鱼饰）、小猎壶（镶嵌猎图及带状纹饰）约为公元前2世纪至世纪初，括号内为各自估算标准。在作为"估算标准"之前，先对以上诸猎器形制、纹样的时代性作了考订，其比定依据为上述大致确定年代范围的三处铜器群遗物、其他同类型铜器及其自身类型特征，如带状纹样不仅就涡纹、绳纹、菱纹、桓纹、蟠螭纹、繁复之桓纹与回纹、变形涡纹及三出花瓣纹饰等不同方面与三铜器群遗物作了比较，且考察每一纹样的时代演变，有些依时代演进进一步作了分类，如将此期菱形分为四类作为进一步判断不同猎器的时代性。显然，徐先生尚未就器物形制、纹样的时代演变类型创建一套标准的形式术语，这由被称为中国考古学之父的李济完成[①]，但其研究已较前此对铜器的研究迈进了一大步，是值得肯定的。且其对于猎器的形制、纹样的研究不仅限于考察其时代性，而又发掘其蕴含的历史文化信息，如此文既描绘了一幅古代狩猎全景又考察了其中体现的中外文化交流因素，更值得我们今天借鉴。

三、余论

随着传统学术的近现代转型，受中外学术思潮碰撞交流的影响，20世纪二三十年代的青铜器研究在继承传统金石学基础上有了进一步的开拓革新，走上了更为科学的研究之路。其间涌现了多位重要的学者，如国内的罗振玉、王国维、马衡、容庚、郭沫若、徐中舒、唐兰、于省吾、李济等，国外的高本汉、梅原末治等，皆取得了卓著的成就。如果说罗振玉、王国维、马衡等学者还带有较为浓厚的传统金石学印痕，容庚、郭沫若、徐中舒等学者则因时代风气之刺激而有了更多的开拓与革新。容庚先生编有《金文编》，著有《商周彝器通考》，大大推进了青铜器铭文、形制、纹饰及其综合研究，后者更被评为"标志着中国青铜器研究由旧式金石学迈入现代青铜器学的里程碑"[②]。郭沫若先生著有《殷周青铜器铭文研究》《两周金文辞大系图录考释》等，在铭文考释与史实考订等方面成就卓著，尤其是其提出的"标准器断代法"奠定了青铜器分期与断代的基础。徐中舒先生的金文研究20世纪40年代中期被顾颉刚先生评为"其成就仅次于郭沫若先生而已"，而其在铜器纹饰等方面取得的成就虽有时人称赞"多人所未道"，后来亦有学者评其《古代狩猎图象考》才是系统研究某类花纹的著作"，但整体言受到的关注则较少。究其原因，或主要在于两方面：一、随着

[①] 张光直、李光谟编：《李济考古学论文集·编者后记》，北京：文物出版社，1990年，第989-992页。

[②] 曾宪通：《二十世纪青铜器学的奠基之作——容庚〈商周彝器通考〉重排本前言》，容庚：《商周彝器通考》，上海：上海人民出版社，2008年，第8页。

考古发掘的深入展开，中国青铜器起源本土且自成体系说成为主流观点，徐先生置于中外文化交流视野下所进行的铜器纹饰研究逐渐淡出学术视野；二、徐先生虽提出综合利用青铜器铭文、形制、纹饰进行分期断代研究，然论著不多且不成系统，不若郭沫若先生成就之显著而成系统，亦不如高本汉、李济运用类型学研究之精细深入系统①。然而，正如中国台湾地区学者谭旦同在《新郑铜器的新评鉴》一文中所指出，徐先生关于春秋战国时期青铜所受外来影响"是晋的通道"这一"四十多年前的初步论据，直到近年为止，一些新的出土资料和旧的史籍对证，更加强了上述论据，仍是以新郑为中心，得到了时间和空间的关联"②。从"时间和空间"角度探讨青铜器纹饰及其体现的文化交流问题，仍有值得我们今天借鉴之处。

作者简介：侯书勇，男，河南科技大学人文学院副教授。

---

① 20 世纪 30 年代，瑞典的高本汉对中国青铜器也做了系统的研究，李济指出："他所选的类别标准，以铭文为出发点，包括全器的形制，各部的形态，纹饰的结构，图案的内容；他所作的比较工作，不但将器与器比，并且把每一器的个别部位及构成每一图案的纹饰细目，都作了极详尽的分析，极仔细的较量，故他归纳出来用作分辨各期的标准，要算是极质实，极缜密的了。这是以现代科学方法，整理中国古器物一个最有贡献的成绩，值得我们重视。"李济：《中国古器物学的新基础》，原载台湾大学《文史哲学报》第 1 期（1950），收入《李济文集》卷一，第 342 页。李济亦"以现代科学方法"对殷墟出土铜器做系统的整理，著有《殷墟铜器五种及其相关之问题》（1933）、《记小屯出土之青铜器（上篇、中篇）》（1948、1952）、《殷墟铜器研究》（1964、1966、1968、1970、1972、1976），因这些铜器多系其参与或主持的发掘品，故所得结论更较高本汉精密。其弟子哈佛大学著名考古学家张光直总结为：除了青铜器"分类系统以外，是集中在艺术上面的。这里面包括青铜艺术与非青铜艺术之间的关系；殷商艺术一般的背景，包括先殷的背景与殷代文化与社会的背景；青铜艺术与铸造技术之间的关系；以及殷墟代表时代之内青铜艺术风格的变化"。张光直：《对李济之先生考古学研究的一些看法（代序二）》，《李济文集》卷一，第 19 页。

② 谭旦同编著：《铜器概述》，台北：台湾故宫博物院，1981 年，第 216 页。

平实风范最难寻——徐中舒先生影响的两位中国台湾学人面相

成都市龙泉驿区档案局（馆）　胡开全

摘　要： 徐中舒先生是一位对民国以降的文史学界影响颇深的学者，其学问和言行也深深影响了李光涛与王叔岷这两位主要活动在中国台湾地区的学人。徐中舒供职于史语所初期，推荐并指导李光涛参与大清内库档案整理，李后来终身从事这项工作；徐中舒就职川大之初，教授王叔岷课程并多加赞许，后建议其报考北大文科研究所，后助其供职史语所。李光涛和王叔岷二人在史语所是好友，时常一起回忆徐先生。二人学术成就都很高，体现了那个时代"道之所在、师之所在"的师承关系，其面相总体是属于时代非常缺乏的平实风范。

关键词： 徐中舒　王叔岷　李光涛　中国台湾　平实风范

徐中舒先生（1898—1991），安徽怀宁（今安庆市）人，历史学家、古文字学家，从事学术研究和教学近六十年。先秦史和古文字学是其主攻方向，他对明清史和四川地方史的研究也有显著贡献。徐先生在中央研究院历史语言研究所专职工作9年，从整理明清内阁大库档案开始，奠定其学术地位，并带出了一位同乡李光涛。抗战爆发后，徐先生应聘到四川大学任教，第一年就为北大文科研究所（当时与史语所合并）输送了王叔岷。后来李光涛和王叔岷都到了中国台湾地区，他们因为性格相投而成为好友，时常共同怀念徐中舒先生。本文试图通过展现李光涛和王叔岷的学术面相，来怀念一代学人徐中舒先生的强大感召力。

一、二人与徐的渊源及成就

李光涛（1897—1984），谱名大酉，字际西①，安徽怀宁（今安庆市）人。"中央研究院"历史语言研究所研究员，著名的明清史研究家，整理内阁档案长达50年之久。

近代开辟清史研究新范式的大事件，当属历史语言研究所主导的"清故存内阁大库档案之整理"。当这批内阁档案辗转被史语所得到后，最初此项工程由陈寅恪、徐中舒主持，当

---

① 谱名和字据人民大学张全海博士提供的续修于1908年的敦本堂《李氏宗谱》。

时"开始整理，他们共有20余人，分成六组，每组由书记一人督同工友二人进行整理，正式负责人为徐中舒教授，因其在北海公园静心斋研究所内做研究工作，不能常到午门，以尹焕章、李光涛为工作室临时管理人，徐先生仍负责具体工作。因同乡之故，李光涛得到徐先生的引荐，进研究所任临时书记，从此献身于明清档案工作"①。这方面，徐中舒的弟子唐嘉弘有回忆，"在史语所工作的九年之中，徐老还用了不少时间，从事明清内阁大库档案的整理工作……主持编刊《明清史料》甲、乙、丙编，由商务印书馆出版，此为计划中大型史料丛书之一，后由李光涛先生续编至癸编"②。虽然徐中舒推荐同乡李光涛参与工作，但当时"襄与其事者初有临时书记等二十人"③，只是李光涛非常胜任此项工作，长期坚守并成绩卓著的只有他一人。"而光涛先生陈力最肆，所长傅斯年先生遂受以实缺，独命实赞其务，渐遣散余人。"④

从此，"先生自书记洊升为练习助理员、积资为助理员、助理研究员、副研究员、编纂、而专任研究员。至垂暮休致，盖毕生尽瘁五十年之久"⑤。"民国十九年（1930），刊行《明清史料甲编》，编辑委员会五人：陈寅恪、朱希祖、陈垣、傅斯年、徐中舒。司检校实务者为先生。至二十四年（1935），续刊《明清史料乙编》，编辑委员会陈、傅、徐三氏。甲编例言，傅所长手撰，乙编以次至癸编之补例，则先生承命为之。"⑥ 唐嘉弘所说"徐老经常强调，学习上应当不走捷径，不求速效，持之以恒，日积月累，必有所成，常用整理档案工作，举为例证之一"⑦。这个话，从李光涛的行为看，徐先生应该对李光涛也说过。因为到1972年，李光涛在给王叔岷的信中，还提及徐先生的书法与形象，"兄的钢笔字，颇与徐中舒先生的书法相似。自来台湾，未再与中舒先生通信，徐先生有强健的身体，当然可享寿百年。今其起居可否？时时都在念中"⑧。

最后李光涛在高手如林的史语所能站稳腿根，长期负责内阁档案的整理，就足以证明其能力。他带领众人，面对那"八千麻袋""计重十二万斤"的档案，最终形成"明清史料之编布，自甲编以至癸编，凡十编一百册，都一千余万言"⑨的编辑成果，此外，李光涛先生本人在研究方面还有专书十余本，文章近百篇，极大地丰富了清史的研究成果。

王叔岷（1914—2008），名邦浚，字叔岷，四川简阳（今成都市龙泉驿区）人，"中央研究院"历史语言研究所研究员，曾在台湾大学、马来亚大学、南洋大学、国立新加坡大学任

---

① 赵彦昌：《徐中舒与明清档案——纪念徐中舒教授诞辰110周年》，《兰台世界》，2009年第5期。
② 唐嘉弘：《从徐中舒的治学看史语所的学风》，杜正胜、王汎森编《新学术之路》，台北："中央研究院"历史语言研究所，1998年，第314页。
③ 周天健：《李光涛先生行述》，杜正胜、王汎森编《新学术之路》，台北："中央研究院"历史语言研究所，1998年，第476页。
④ 同上。
⑤ 同上。
⑥ 同上。
⑦ 同上。
⑧ 《李光涛书信》，王叔岷：《慕庐忆往》，北京：中华书局，2007年，第215页。
⑨ 周天健：《李光涛先生行述》，杜正胜、王汎森编《新学术之路》，台北："中央研究院"历史语言研究所，1998年，第478页。

教，师从傅斯年先生，是公认的"庄学"专家和校勘名家，研究先秦诸子、校雠学 50 余年。

王叔岷 1935 年就读于四川大学中文系。抗战初期的川大是全国规模和人员最齐整的学校，"四川大学获得了中基会资助的 7 个讲座教授席位，有原中央研究院研究员冯汉骥、原北京大学教授吴大猷、原南开大学教授张洪沅、原清华大学教授萧公权、原清华大学教授赵人儁、原中央研究院研究员徐中舒、原教育部高等教育司司长黄建中等。当时，在中文系读书的王利器说：'日寇入侵华北，平津名教授多来川大任教。同学们私下里认为，这是四川的北京大学。'"① 于是上过徐中舒先生的课，"中研院历史语言研究所资深研究员徐中舒先生，乃著名历史学者，一九三八年秋到川大中文系任客座教授，岷选修徐先生所教《金石甲骨学》，甚得徐先生称许"②。1939 年临近毕业，王叔岷开始为生计犯愁，幸得徐中舒先生指点前程。"岷就读中文系四年，每学期考试，总评分皆在九十分以上，名列第一，在校颇有文名。为人和善，同学皆乐与岷交往。然亦有傲气，自恃文学根柢皆父亲所培植，不肯与系中教授亲近。一九三九年夏将届毕业，面临出路问题，以为系中定留岷任助教，结果乃留另一名同学。岷在气愤彷徨之际，徐中舒先生慰曰：'何不报考北京大学文科研究所，将成绩单及平时所写诗文一并寄去。'徐先生此一慰勉，乃岷一生进学关键。如留任助教，所学跳不出系中师长范围，安得更上一层楼邪？"③

王叔岷顺利考上北大文科研究所，但因傅斯年要寻一处日本空军找不到的地方安置史语所，其间到重庆长寿中学教书两年，于 1941 年到李庄作为傅斯年先生仅带的两位研究生之一（另一位是王利器），在板栗坳读书两年，下了苦功夫，自身也有长足进步，同时其资质和治学的态度也被随后回来坐镇李庄的业师傅斯年先生所洞悉。1943 年傅斯年先生有意留聘其在史语所工作，并致函徐中舒先生征求意见并核实一些情况④。

在王叔岷的学术事业上，徐中舒先生成了关键时刻推荐入学和入职之人。王叔岷的态度也很坚决，愿意追随傅斯年，这也得到其父亲的支持，"傅孟真师既器重吾儿，聘书两类，吾儿择处……前函所云大学教师，自当不预闻矣"⑤。因为当时正值大量西迁入川大学师资缺乏之际，已经有高校前来史语所与王叔岷联系，王叔岷拒绝了其他邀请，最终选择为史语所服务终身。

二、二人的学术面相与交集

李光涛幼孤家贫，就读于安徽省立第一师范学校，1921 年夏毕业，其学力受到老师重视。"其师每摩其顶而语人曰：'此子固健谈而貌不惊人，然他日有成，足以增辉吾校者，殆

---

① 据 2015 年 05 月 29 日《四川大学报》中的《抗战故事之老川大：弦歌铿锵峨眉山，望江楼畔扬风帆》一文。
② 王叔岷：《慕庐忆往》，北京：中华书局，2007 年，第 42 页。
③ 同上。
④ 同上，第 54 页。
⑤ 王叔岷编：《简阳王耀卿先生遗稿·与子书》，台北：艺文印书馆，1976 年。

非此子莫属耳。'"① 进入史语所工作，很快就拿出让人敬佩的研究态度。"方其从事检理之初也，故纸充栋如山，计重十二万斤，原积尘土即重达十之一，竟日之劳，面鼻尽黑，韩昌黎进学解一文，所谓'刮垢磨光''爬梳剔抉'者，实不足借喻其万一。而细检平铺，仿佛初蚕之食叶，新竹之解箨，其声籔籔，先生每获片纸而鉴其有观信史者，则欣然色喜曰：'是真同披沙拣金者矣！'是以忘其劳倦。"② 他正式退休后也是退而不休，"先生于1975年届龄退休，体健神清，日必到研究室工作如常，貌清癯，晚岁策杖徐行"③。生活上居敬行简，家风蔚然。"综先生之生平，孤苦劬学，略同清之汪容甫，而谦以自牧，其植德且有凌驾前贤者在焉。念人生上寿不过百年，如先生者，其专学足以传世，其成德足以风人。"④

关于李光涛的面相，其好友王叔岷也有相关描述。"光涛先生研究明清档案，为人朴质忠厚，与世无争，简直是古之人。平时不与人来往，只到我的研究室谈学问，谈家常，谈心。我事之如兄长。"⑤ 1984年12月31日，李光涛因车祸逝世。王叔岷以平实的心态记录自己的好友，体现了他们一贯的风格。

> （李光涛）在研究院前交叉路口惨遭车祸逝世，天之报施善人何如哉！岷曾哭之以诗：
> 纯儒治史擅明清，何意飞车惨丧生，卅载知交悲永诀，满园风雨泪纵横！
> 衰迈残年尚著书，布衣蔬食乐于于，生前寂寞无人问，死后虚称丧巨儒！⑥

王叔岷除勤于治学与李光涛相似外，性情更孤傲，另外多了一份浓浓的师生情，使其面相更加生动立体。

王叔岷一生著作等身，全赖日积月累的辛勤工作，其女王国璎回忆，"自我有记忆起，父亲只要在家，似乎总是坐在书桌前，专心著述写作。桌面上堆满古旧的线装书，一本本整齐排开，上下斜迭，以备查阅。父亲写文章从不打草稿，直接在稿纸上撰写，字迹娟秀端正，无须另行誊抄。偶尔需修改补充，则靠纸条、剪刀、浆糊，随时剪贴修补。就这样年年岁岁，在教学之余，勤力考校经传子史、六朝诗文，始终著述不辍。从二十八岁撰就《庄子校释》，至八十五岁出版《左传考校》……其中尤以陆续花费十七年岁月始完成的一部《史记校证》十巨册，最足以展现其校勘训诂之笃实功力，以及锲而不舍之治学精神"⑦。王叔岷曾到新加坡和马来西亚教书17年，刚到新加坡南洋大学时，每天下课后就摊开书写作，当时的秘书陈三妹不以为然，以为这样不会持续太久。可是，长年累月，王叔岷每天如此，

---

①周天健：《李光涛先生行述》，杜正胜、王汎森编《新学术之路》，台北："中央研究院"历史语言研究所，1998年，第475页。
②同上，第476页。
③同上，第478页。
④同上，第479页。
⑤王叔岷：《慕庐忆往》，北京：中华书局，2007年，第92页。
⑥同上，第92页。
⑦王国璎：《淡泊名利之外，谨守规矩之中——我的父亲王叔岷》，王叔岷：《慕庐忆往》，北京：中华书局，2007年，第282页。

陈三妹心服了，感叹："王教授真是专心研究学问的人。"王叔岷在《史语所集刊》发表之文，多达 99 篇，为《集刊》创刊以来发表论文之最者。

王叔岷写作不仅辛勤与才情兼备，还有一种强烈的使命感，甚至到了舍生忘死的地步。"数十年来，岷因写作过劳，致患胃疾，曾因胃疾三度昏厥，几不能起。犹忆一九八三年三月初，校诠《庄子养生主篇》，胃疾复发，三月十日午前十至十二时，在台湾大学中文研究所讲授斠雠学，已感难支，知大病将临，午后返回南港旧庄中央研究院，勉强将《养生主》篇庖丁解牛章校诠完毕，盖如不幸而不起，亦可告一段落也。"① 学生们听闻后，多人前来轮流照顾，多来慰问。星岛学生闻知，或电或信，多所问候。夫子感念门人爱戴，遂将生病当作老天让自己休息，还咏诗"积劳旧疾复缠身，寂寂乾坤一戮民！幸异天刑犹可解，暂抛书史度闲春"以留纪念。王叔岷康复出院，仍是著述不休，勇任而忘身。其退休都"退"成了传奇：一次是新加坡规定 65 岁要退休，但因组建新加坡大学中文系，推迟两年退休；二次是回台湾后，遇到 70 岁退休，结果继续被台大中文系和史语所聘为兼任教授与研究员；三次是 80 岁获台大荣誉教授，可以光荣退休时，选择继续兼任，直到 83 岁腿脚不方便而作罢，并于是年出版广受赞誉的《左传考校》。

王叔岷是性情中人，对人敢于直言。如傅斯年逝世不久，"我不解的是，我对人很宽厚和平，素不与人争长短，只是默默耕耘，勤于著述，却遭到有些人歧视，甚至前辈亦然。所中要为傅先生逝世出本纪念刊，董作宾先生向我说：'傅先生喜欢你，你应该写篇纪念的文章。'我就把我所了解的傅先生老老实实地写了，并无半点虚浮之词，董先生却压着不发表，也不告诉我理由，不退还我的文稿，理都不理，就这样算了。甚至我在台大文学院要发表文章，他都刁难。回想在李庄栗峰时，董先生写的《殷帝辛征人方日谱》及《殷历谱》要我题诗，我很慎重地为他题两首七言古体诗。我尊重他是前辈，他却以这种态度对待后辈，至于其他的人如何对我，就不必多谈了。日积月累，我很讨厌杂在这种环境中，遂愤而辞职。那时朱家骅先生仍代理台北'中研院'院长，邀我到家午餐，一再劝我不要离去，我未接受。陈槃庵先生说：'王叔岷先生每篇文章都站得住足的。'所中似乎有些不安，知道我跟李光涛先生交情特别好，于是请李光涛先生到温州街五十二巷八号我的住所来劝我。光涛先生研究《明清档案》，为人朴质忠厚，与世无争，简直是古之人。平时不与人来往，只到我的研究室谈学问，谈家常，谈心。我事之如兄长。他来劝我回所，我说：'你为什么要来！你使我苦恼！'他坐在那里不动，说：'你不回去，我不走。'我无可奈何，答应回去。第二天李济之先生来接我返所，跟大家见面。这件事表面算过去了，其实，我跟大家仍为貌合神离，极少往来，渐渐我在史语所已形同路人。我喜欢这样，我行我素，潜心著述，不受干扰……"② 这段记录，一方面是王叔岷与李光涛在关键时刻产生了交集，另一方面也为其到新加坡和马来西亚教书 17 年埋下伏笔。甚至为其最终没有评上"院士"留下注脚。

王叔岷在南洋期间，与李光涛不断有书信往来。1967 年 11 月 21 日，李光涛给王叔岷写信，友好之间互道衷肠，能展示王叔岷当时在马来亚的生活境况："叔岷吾兄：自兄别后，

---

① 王叔岷：《庄子校诠·序论》，北京：中华书局，2007 年，第 22 页。
② 王叔岷：《慕庐忆往》，北京：中华书局，2007 年，第 91—92 页。

时在念中。兹承惠书,欣知一切都好,并悉出门有车,自己更学会驾驶,以出游言之,可谓正是同于所谓'逍遥游',无往而不乐。书生不必大富贵,但得逍遥自在,便是人生的快事。来信说'走到哪里忙到哪里',兄的热情就在这里,生平治学以勤学为第一。凡所著作,都是那么细心,都是成于自己的一手,没有什么助手、秘书记的。同时还要勤勤恳恳的指导学生,'诲人不倦',这种忙,在精神上言之,永远是善的。而如吾兄,可爱可敬,便在此……"① 他们两人共同的治学特点都是不带助手,凡事亲力亲为,非常难得。

1972年5月8日,李光涛给王叔岷写信,诉说思念之情,以及怀念共同的老师徐中舒先生:"叔岷吾兄:接五月二日来书,并拜诵诗章,欣慰欣慰。每次得兄来信,另又一种感想。因为兄的钢笔字,颇与徐中舒先生的书法相似。自来台湾,未再与中舒先生通信,徐先生有强健的身体,当然可享寿百年。今其起居可否?时时都在念中。反之,其于吾兄,亦同是念念不忘……"② 这是典型的"道之所在、师之所在",因为从年龄来讲,李光涛甚至比徐中舒先生还要年长1岁,比王叔岷更大17岁。但仍然称"中舒先生",呼"叔岷兄"。笔者赴台大中文系参加"王叔岷先生百年冥诞国际学术研讨会"期间,得知这种风格也出现在王叔岷给弟子的信件中。

但王叔岷在学生心目中,又是另外一种形象。而且从王叔岷自己的生活和心理出发,似乎更看重自己的教育生涯。王叔岷总结自教书以来数十年,无论在国内国外,最大的安慰,是学生爱戴,亲如家人。在其川大毕业后至就读北大文学所之前,王叔岷已经在教坛小试牛刀。那是在长寿县重庆联合高级中学,学生先讥王叔岷为'文弱书生',数度听课后,"认为有系统、意见新鲜……一学期后,学风为之一变"③。后来任教于台大、星马,其教学不拘泥旧说,常有新解、又有系统,而且感情投入,深受爱戴。台大学生回忆"先生雍容儒雅,待人温厚,视学生如子女,凡经教诲者,无不如沐春风,终身感念"④。方瑜回忆上课的细节,"他一开头就从每一个字句的考证跟校订讲起,让我们这些完全没有斠雠学基础的大学部学生一下子就知道,一个字的差异,甚至一个字位置的变换,在整体意义上可以有多大的差别。然后,他把每一段、每一章的主旨先提出来,再把整篇的精义从主旨中诠释出来,让我们这种刚入门的学生,马上就能抓到重心。我觉得这就是笃实和真淳的工夫。如果没有这么扎实的斠雠学基础,是绝对无法做到的。不但是字句的校对,有时候一个句子应该往前移或者往后移,理由是什么,老师都会把他的创见在课堂上自然地传授给我们,一点都不藏私"⑤。先生改卷子、作文让学生很感动。因为有一句好都要标出,顶批、旁批、总评,总是满满的,学生非常喜欢,常与先生亲近倾谈。台大中文系的张以仁教授回忆其"批卷子仔细得不得了,而且奖励的话多,批评的话少。大家很喜欢他。发卷子时一个一个叫到前面,

---

①《李光涛书信》,王叔岷:《慕庐忆往》,北京:中华书局,2007年,第215页。
②同上。
③王叔岷:《慕庐忆往》,北京:中华书局,2007年,第44页。
④见台湾大学"王叔岷教授追思会筹备委员会"于2008年8月30日所撰《王叔岷先生行述》。
⑤方瑜:《王叔岷老师的"庄子"课》,摘自《王叔岷先生学术成就与薪传研讨会论文集》,2001年,台北:台湾大学中国文学系,第515—518页。

细细地讲，很亲切。"①

待其晚年回成都龙泉驿享受天伦之乐时，海外早已经成名成家的弟子还怀着"朝圣"的心情纷纷前来看望，亲朋中有川大好友张文龙，妻子杨尚淑那边潼南杨家显要的诸人。但一切仅限于家庭内部，不事声张的家风蔚然。

三、小结：平实风范最难寻

最高层面的师承就是精神的继承。这方面王叔岷与傅斯年的师徒之情是学界典范②。同时，徐中舒先生对李光涛和王叔岷的影响，也是另外一种典范，一种潜移默化的影响，形成难得的平实风范，主要表现在下面几方面：

李光涛和王叔岷两人都属于学力扎实，成果丰硕，却是有点默默无闻的内敛派。他们都终生服务于史语所，终生从事一个专业。传世作品非常之多，但并不标新立异，也没有"嫡传"弟子和什么学派。治学都是亲自动手，长达50年的潜心耕耘，成果成为专业领域不能绕过的丰碑。

两人都不爱说话，但对人对事有鲜明的态度和立场。尤其是李光涛来劝王叔岷留下那段，两人言语不多却心意想通，最为典型。

两人都珍惜徐中舒先生的恩情，点滴之恩，终生不忘。这是文人的隽永之情，也是中华文脉所系。由此，他们对人对事，优则褒奖，劣则批评，保持相对的独立性和个性，不抱团，也不出任行政职务（王叔岷因为组建新加坡大学中文系被迫短暂出任过系主任），有近代学人中难得的平实风范。

"道之所在，师之所在"，这是他们的价值取向。但同时不务虚名，既不会用徐中舒这样的老师抬高地位，也不会相互吹捧和拔高。李光涛是"生前寂寞无人问，死后虚称丧巨儒"，王叔岷生前没有被评选为院士，很多人为其鸣不平。之后获台湾地区政府文化奖励以及北大百周年时获"第一学人"的位置，也丝毫不改变其笃实与内敛的作风，潇洒地辞去一切职务，归于最平静的退养生活。留下来的，只有丰硕的学术成果和平实的风范。

作者简介：胡开全（1976—），男，成都市龙泉驿区档案馆馆员，四川大学口述史实践教学与科学研究中心特聘研究员。

---

① 见台湾文化建设委员会所拍影片《王叔岷老师》。
② 见胡开全：《王叔岷与傅斯年——近代一对另类的师徒典范》，《中国文哲研究通讯》第26卷第4期，2016年12月。

古史多重证据法与综合研究——纪念徐中舒先生诞辰120周年

四川大学历史文化学院　胡昭曦

摘　要：近百年来，不少先哲前贤着力探求中国古代历史的研究方法。"古史二重证据法"是由王国维先生提出，也是近代以来学界实行的重要历史研究方法之一。徐中舒先生在继承这种研究方法的同时，对这一研究方法做出了创新性发展，提出了"古史三重证"的观点，并使用多学科、多途径知识和资料进行研究，实是一种综合研究法的实践运用。

关键词：徐中舒　多重证据法　综合研究法

近百年来，不少先哲前贤着力探求中国古代历史的研究方法，有的撰有专著，如梁启超先生（1873—1929）的《中国历史研究法》①、钱穆先生（1895—1990）的《中国历史研究法》②，王国维先生还提出了颇有影响的"二重证据法"，本文主要谈谈徐中舒先生在这方面的传承创新及笔者所受的教益。

一、古史多重证据法

"古史二重证据法"是近代以来学界实行的重要历史研究方法之一，由王国维先生（1877—1927）提出。1914年他与罗振玉先生（1866—1940）合撰《流沙坠简》③过程中，已经自觉地运用"纸上之材料"与"地下之新材料"相互印证，被学界视为"古史二重证据法"的肇始。其后，他又将此方法运用于甲骨文、金文和敦煌文书研究之中。在清华大学国学研究院任教时，以此内容向学生讲授。王国维指出：

> 吾辈生于今日，幸于纸上之材料外更得地下之新材料。由此种材料，我辈固得据以

---

① 梁启超：《中国历史研究法》，北京：中华书局，2009年。
② 钱穆：《中国历史研究法》，北京：生活·读书·新知三联书店，2001年。
③ 罗振玉、王国维：《流沙坠简》，北京：中华书局，1993年。初始于1914年由日本京都出版社出版。

补正纸上之材料，亦得证明古书之某部分全为实录，即百家不雅驯之言亦不无表示一面之事实。此"二重证据法"惟在今日始得为之。虽古书之未得证明者不能加以否定，而其已得证明者不能不加以肯定，可断言也。①

王国维在继承宋代金石学、清代乾嘉考据学基础上，把金石文献范围扩大到甲骨文、简牍、封泥、货币、玺印、文物、古籍等地下出土材料，并将其与传世文献互证，明确提出了"二重证据法"的古史研究方法，其主旨是运用"地下之新材料"与"纸上之材料"即传统文献记载相互印证，以考订古代历史文化，探求历史真实。裘锡圭先生写道：

  在《古史新论》第一章"总论"中，王氏对当时学术界过分怀疑古书的思潮有所批评，并提出了以"地下之新材料"（主要指甲骨卜辞和金文）印证"纸上之材料"（指古书记载）的"二重证据法"。②

此外，一些著名学者如梁启超先生、陈寅恪先生（1890—1969）也有类同主张。

"二重证据法"是中国传统考古方法的继承与发展，突破了传统金石学主要运用传世文献进行考证的局限，大大拓展了文史考证的史料学范围和来源，这是一种重要的、影响深远的历史研究方法，被认为是20世纪中国考古学和考据学的重大革新和发展。

此后，不少学者发展"二重证据法"，被称为"三重证据法""四重证据法"等（"证据法"有的著述亦作"证法"），这里所谓"三""四"，是常数，也是约数，乃指"多"的意思，即"多重证据法"。具代表性的著名学者主要有徐中舒先生（1898—1991）、黄现璠先生（1899—1982）、饶宗颐先生（1917—2018）、叶舒宪先生（1954—）等。据介绍，在古史研究上，黄现璠将文献史料、考古史料、口述史料三者结合起来研究历史学、民族学。饶宗颐在"二重证据法"的基础上，将考古材料分为两部分——考古资料和古文字资料，"三重证据法"便是有字的考古资料、没文字的考古资料和史书上的材料。叶舒宪提出了"四重证据法"，即传世文献、出土文献（金石学）、比较材料、实物及图像，更加丰富了史料的来源。从"二重证据法"到"多重证据法"，将传统的史学研究发展到了一个新的阶段。

二、重要传承和创造发展

我国现代著名历史学家、古文字学家徐中舒先生，是继承和发展乃师王国维先生"古史二重证据法"的重要代表人物。徐先生于1925年考入清华大学国学研究院，师从王国维、梁启超等著名学者。1926年毕业于清华大学研究院国学门。在此期间，他聆听了《古史新

---

①王国维：《古史新证》，《古史新证——王国维最后的讲义》，北京：清华大学出版社，1994年，"总论"，第2—3页。据裘锡圭先生于该书《前言》第2—4页云，这个讲义共29篇讲稿和文章（内《古史新证》共29页），于1925—1927年4月期间所撰，后由清华研究院办公室合订成册。《古史新证》曾刊于《国学月报》2卷8、9、10号合刊《王静安先生专号》（1927年10月）和《燕大月刊》7卷1、2期合刊（1930年2月）。

②见裘锡圭为王国维著《古史新证——王国维最后的讲义》（北京：清华大学出版社，1994年）所作的序，第2页。

证》的讲授，受到了王国维史学研究方法的影响，徐先生写道：

> 在清华国学研究院一年的学习中，我把大部分时间都用在从王国维先生学习古文字，抄写甲骨文、金文，并采用王国维先生提出的"古史二重证法"，将古文字材料与古代的文献典籍相互印证，互相补充，运用于中国古代史的探索之中。①

以后更在实际的研究过程中，运用考古学和边裔少数民族，包括民族史、民族学、民俗学、人类学史料与历史学结合起来研究先秦史和古文字，创造性地发展了王国维开创的"二重证据法"。

由于时代的局限，王国维"古史二重证据法"依据的地下材料主要是出土的古文字资料，徐先生除古文字材料外，还十分重视古器物等考古学成果，这是对王国维"古史二重证据法"的重要传承和创造性发展之一。

先秦史和古文字学是徐先生的科研主攻方向。1930年发表的《耒耜考》著名论文，②将出土的古文字材料与古代典籍及实物相互对照，作了周密考证，阐明了古农具耒和耜的形制及其功用。他指出："虽是一两件农具的演进，有时影响所及，也足以改变全社会的经济状况，解决历史上的困难问题。"③徐先生对古代生产工具的考察，最终目的是为了揭开古代社会发展的奥秘。该文还展示出古文字研究方法的重要进展，将出土的古文字材料与古代典籍结合起来进行古史研究，使文字的考释与古史研究紧密结合，其结果不仅使古史的研究取得重要突破，而且在古文字的考释上也大有创获。1931年，徐先生发表了《再论小屯与仰韶》④，更自觉运用"二重证据法"，他回顾说：

> 我在三十年代初根据殷墟的考古发掘资料写出了《再论小屯与仰韶》一文，开始了利用考古资料并结合古代文献来探索中国古史的尝试，在此后半个多世纪里，不断涌现的新的考古资料成为我研究中国古史不可或缺的重要依据，考古学知识也成为我治史的必不可少的基础知识了。⑤

据介绍，1947年11月徐中舒先生被提名为中央研究院第一届院士候选人的理由，就举出他"用古文字与古器物研究古代文化制度"。⑥有学者说："徐先生治考古学是对考古发现

---

① 徐中舒：《我的学习之路（代前言）》，《先秦史十讲》，北京：中华书局，2015年，第3页；原载《文史知识》1987年第6期。
② 徐中舒：《耒耜考》，国立中央研究院历史语言研究所刊印：《国立中央研究院历史语言研究所集刊》第二本第一分，民国十九年（1930）；收入徐中舒：《徐中舒历史论文选辑》上册，北京：中华书局，1998年，第72—127页。
③ 徐中舒：《耒耜考》，《徐中舒历史论文选辑》上册，北京：中华书局，1998年，第72页。
④ 徐中舒：《再论小屯与仰韶》，《徐中舒历史论文选辑》上册，北京：中华书局，1998年，第145—181页；原载《安阳发掘报告》1931年第3期。
⑤ 徐中舒：《我的学习之路（代前言）》，《先秦史十讲》，北京：中华书局，2015年，第3页。
⑥ "中央研究院"总办事处编：《中央研究院史初稿》，1988年6月，转引自徐亮工：《从"书"里到"书"外：徐中舒先生的学术与生平》，《川大史学·徐中舒卷》，成都：四川大学出版社，2006年，第24页。

材料进行综合研究"，是在"器物类型学"研究的基础上，"进一步广泛运用民族学、古文字学、古文献学、历史学等各种相关的历史文化知识，结合有关材料，尽可能把考古材料摆回到当时历史环境和整个历史发展的过程中去进行考察，对遗物遗迹的种种表象作出历史的解释，认识它们在复原古代历史方面的作用意义"。①

徐先生对王国维"二重证据法"的又一重要传承和创造性发展是，将史证范围扩大到边裔的少数民族，包括民族史、民族学、民俗学、人类学等。在《怎样考释古文字》一文中徐先生写道：

> 考释古文字，一个字讲清楚了，还要联系一系列相关的字，考察其相关系。同时还要深入了解古人的生产、生活情况，根据考古资料、民俗学、社会学及历史记载的原始民族的情况，和现在一些文化落后的民族的生活情况，来探索古代文字发生时期的社会生产力和生产关系。……这样考释古文字，才有根据，也才比较正确。②

到了晚年他总结性地写道：

> 由于近代文化人类学的长足进展，用边裔民族的资料阐发古代社会发展的实际情况，同样成为研究古代历史的重要途径……许多处于不同社会发展阶段的兄弟民族具体而微的材料使我得到极大的启发，过去古史研究中许多百思不得其解的疑点现在能够得到比较合理的说明了，譬如中国古代传说中的禅让制度，人类婚姻家庭的演进，私有制的发生与发展，国家的产生以及中国古史分期等一系列重大课题，都是在引进了民族史材料以后才有了较大的进展。③

徐先生的这些传承发展被称作"古史三重证法"，有学者概括写道："自王国维先生提出'古史二重证'的研究方法以来，传统的史学研究发展到了一个新的阶段。徐先生在古史研究中充分继承并发展了这种方法，他发表的百数十篇论文，都无一不是运用这种方法的良好范例。……徐先生除古文字材料而外，还充分吸取了考古学成果。……徐先生对'古史二重证'的发展并不止此，重要的还在于他进一步将对照范围扩大到边裔的少数民族，包括民族史、民族学、民俗学、人类学等各个方面。这就是他时常提到的'古史三重证'的研究方法。……徐先生的'古史三重证'，使中国古史的研究方法更臻完善。"④

值得注意的是，王国维先生的提法是"古史二重证据法"，徐中舒先生的提法是"古史二重证法""古史三重证法"，其间有一字之差，没有见到徐先生或其他学者对此的解释。我

---

① 张勋燎：《徐中舒先生在考古学方面的贡献和学术特点述略》，四川联合大学历史系编：《徐中舒先生百年诞辰纪念文集》，成都：巴蜀书社，1998年，第12—13页。
② 徐中舒：《怎样考释古文字》，《徐中舒历史论文选辑》下册，北京：中华书局，1998年，第1435页；原载香港中文大学中国文化研究所：《古文字学论集》初编，香港：大华永记印刷厂，1983年，第7—20页。
③ 徐中舒：《我的学习之路（代前言）》，《先秦史十讲》，北京：中华书局，2015年，第3页。
④ 彭裕商：《高山仰止——徐中舒先生百年诞辰纪念》，《历史研究》1998年第6期；收入彭裕商：《述古集》，成都：巴蜀书社，2016年，第570—571页。

揣度，或者没有什么区别；或者前者只是指两类史料及其论证，后者则指三类及其以上史料但更着重这些史料的相互联系和辩证论析。是否如此，尚待达识者诠释指津。

徐先生继承发展王国维的"二重证据法"，一是史料范围和来源方面的，即从传世文献扩大到考古文献和器物；一是在学科上综合性的发展，既有历史学、考古学，又结合文字学、民族学、人类学、社会学、古文献学、民俗学、口述史学等，并且注意结合现今对少数民族社会调查和实地考察资料。实际上这已不限于古史研究增加史料来源的多重证据，而是运用综合研究方法了。

在研究工作中，徐先生非常重视和大量使用经过实地考察的、"中国传世文献中所保存的大量边裔民族及当代学者对少数民族的调查材料"。① 他强调他所研究的"一系列重大课题，都是在引进了民族史材料以后才有了较大的进展"。② 如在《殷代兄终弟及为贵族选举制说》中，写道："殷商之行贵族制，在我国边裔部族中，其例证犹屡见不一见也。"③ 在《夏史初曙》中说，"我研究古代史，过去总以所逢遇到的新史料如甲骨、金文等作为探索殷、周史的依据，使旧文献再度得到地下资料的证明。同时，又以边裔民族史料阐发古代社会发展的实际情况"④。有学者介绍说，徐先生《井田制度探原》一文中"专设一节'边裔部族之田制与屯田'，用唐宋以来我国边裔之羁縻州府、土司藩属之田制，清代朝鲜平壤田制之遗迹，以及云南西双版纳傣族田制，说明殷周时期的井田"⑤。徐先生指出，只有这样才容易得到历史的真实：

> 我研究古文字学和先秦史，常以考古资料与文献资料相结合，再参以边地后进民族的历史和现况进行互证。由于观察思考方面较广，易得其实。⑥

无论"多重证据法"或"综合研究法"，都是在我国传统史学研究方法基础上的发展，而近代西方科学研究的方法，又影响和促进了这一发展。史学名著《史记》是中国传统史学中综合研究的代表作品，不仅"紬史记石室金匮之书"以搜集文献资料，还结合大量实地考察的例证，以实证精神考察历史文献。《史记·太史公自序》记述：

> 迁生龙门，耕牧河山之阳。年十岁则诵古文。二十而南游江、淮，上会稽，探禹穴，窥九疑，浮于沅、湘；北涉汶、泗，讲业齐、鲁之都，观孔子之遗风，乡射邹、峄；厄困鄱、薛、彭城，过梁、楚以归。于是迁仕为郎中，奉使西征巴、蜀以南，南略

---

① 徐亮工：《从"书"里到"书"外：徐中舒先生的学术与生平》，《川大史学·徐中舒卷》，成都：四川大学出版社，2006年，第28页。
② 徐中舒：《我的学习之路（代前言）》，《先秦史十讲》，北京：中华书局，2015年，第3页。
③ 徐中舒：《殷代兄终弟及为贵族选举制说》，《文史杂志》第5卷第5、6期合刊，1945年6月；收入《徐中舒历史论文选辑》下册，北京：中华书局，1998年，第767页。
④ 徐中舒：《夏史初曙》，《中国史研究》1979年第3期；收入《徐中舒历史论文选辑》下册，北京：中华书局，1998年，第1349页。
⑤ 徐亮工：《从"书"里到"书"外：徐中舒先生的学术与生平》，《川大史学·徐中舒卷》，成都：四川大学出版社，2006年，第29页。
⑥ 徐中舒：《徐中舒历史论文选辑》上册，北京：中华书局，1998年，"前言"，第1页。

邛、笮、昆明,还报命。①

所以《汉书·司马迁传》说司马迁"网罗天下放失旧闻"。② 司马迁编撰《史记》的方法,对后世有深远影响,逐渐形成了我国素有的"读万卷书,行万里路"科学传统。宋人王质指出:"世传,杜诗不读万卷书、不行一万里不可以观。"③ 明人陈第说:"读万卷书,不行万里道,不足以知山川。"④ 清人潘天成概括道:"大丈夫不读万卷书不走万里路,安能作好文章明圣贤之道乎!"⑤ 这种以实地考察扩充史料来源和验证文献记载、实行多学科结合的方法,正是综合研究的要求。"综合研究法"包括"古史多重证据法",要求史学家将文献记载与考古成果、社会调查、实地考察等相结合,还要求将史学与其他有关学科相结合,进行多学科多方位多层次的综合研究,去伪存真,由此及彼,由表及里,由浅入深,用多种证据弄清历史的真面目,力求成为通达的信史,这是辩证的、求是的科学方法,是历史研究的基本方法。

三、践行"路子"的体验

徐中舒先生1991年仙逝前长期担任四川大学历史系主任,而且我有幸同他都在中国古代史教研室,直面受教长达30多年。其间多次聆听系主任讲话、专题学术讲座和拜谒请教,颇受教益和影响。他常传授治学方法,特别强调要勤读书,多抄书;在研究方法上要走他走过的"路子"。他概括这个"路子"是:

> 我研治中国古史六十余年,就是这样走过来的:围绕中国古史这一中心,由古文始,进而扩展到古文字学,进而扩展到考古学,进而扩展到民族史。即基础——初步研究;扩充基础——进一步研究;再扩充基础——较深入地研究,如此往复不停,方可在自己所学的领域内有较全面的了解,在研究中才能体会到左右逢源之乐。⑥

阅读文献,开拓史料来源,实行多学科结合,运用实地考察材料,往复不停地开拓史料范围和深入研究以求其实,这就是徐先生的研究"路子"。这个"路子"是"古史二重证据法"的传承创新,也是"综合研究法"的弘扬发展。

走出校门开展实地考察,将文献资料与山川形势、遗址遗迹、地面碑碣、茔地墓葬、考古器物、出土文物、口头传述等相结合,既是传承践行徐先生的治学"路子",也是教学科研上的需要。1973年我参加为复旦大学编绘的《中国历史地图集》(四川部分样张)提意见的任务,一个多月的集中研讨很有收益,但多是根据文献而论,难释存疑,而且这些也是教学所需,乃萌实地考察之需求。我带几位同学与成都市文管部门合作,对灌县宋代青城县

---

① 《史记》卷130《太史公自序》,北京:中华书局,1959年,第3293页。
② 《汉书》卷62《司马迁传》,北京:中华书局,1962年,第2723页。
③ 王质:《诗总闻》卷7《东门之枌·二章》,武英殿聚珍版丛书本。
④ 陈第:《尚书疏衍》卷3《三江既入震泽底定》,影印文渊阁四库全书本。
⑤ 潘天成:《铁庐集·外集》卷1《勿菴先生训言》,影印文渊阁四库全书本。
⑥ 徐中舒:《我的学习之路(代前言)》,《先秦史十讲》,北京:中华书局,2015年,第3—4页。

治、味江河及其地区、崇庆宋代江原县治、新津五津渡、邛崃高场及平乐镇的唐宋火井县治、金堂宋怀安军治、北宋王小波和李顺里籍等进行调查。① 自此开始了频繁的实地考察，直到1984年基本中断而间或进行。② 十多年间，在各地有关部门和人士的帮助下，我和团队围绕晚宋历史、宋蒙（元）四川之争、宋代四川地方史、重要农民起义、巴蜀历史地理和古代学术文化等，先后到省内50多个县市进行实地考察。有的地方还多次前往，如10余次去灌县、6次登上合川钓鱼城、5次去大足石刻、4次去金堂云顶山城等。1986年，我将考察所得结集出版了《四川古史考察札记》③，选载了经过整理的包括27个县市共135条考察札记。2007年，扩展为《巴蜀历史考察研究》。④

1981年我在《中国地方史志通讯》载文，写道："研究历史……要广泛搜集文献记载（包括考古成果），进行社会调查和实地考察，这就是古人所谓'读万卷书，行万里路'的方法。""在中国古代史的研究中，或认为有必要；或认为距今遥远，纵有所得，也是辗转传闻，不足为据。……但历代山川形势变化不大，一些遗址遗迹尚存，当时碑碣散见，只要我们在掌握大量文献资料的基础上，有目的地、实事求是地进行考察，往往会有所收获。"实地考察可订正全国性史料和地方性史料的缺误，可弥补地方史籍作者的局限，"既要继承，又要创新；既要运用，又要订补，也得进行实地考察"⑤。

实地考察不仅是走出学校接触实际，而且实行了历史学与相关学科的结合，收获甚多，列举于下：

（一）扩大了文献之外的史料来源。这方面收获甚多，如对宋蒙（元）关系，先后考察了钓鱼城、神臂城、白帝城、大良城、小良城、云顶、多功城、虎头城、登高山城、天生城、礼义城、青居城、紫云城、三江碛等20余处南宋末年山城遗址（迹），增添了许多原始数据，包括历史沿革、地理形势、山城设施、军政功能、重要人物等，以及现存宋、元石刻文字和锁江铁柱铸字等，大大充实了晚宋史、巴蜀史资料。

（二）文献与实物相互印证订补。宋代青城县治自明代《续资治通鉴纲目》至民国地方志，多记为眉州青神县。到灌县青城内外山、味江河、泰安寺、沙坪、太平场、王婆岩、徐渡公社、马祖寺、巨源场以及崇庆县街子场，青神县等地考察后，认为宋青城县治所应在今灌县徐渡公社境内。1978年整理《沫若全集·钓鱼城访古》⑥一文所录的忠义祠内现存明、清碑文（2000多字），我从成都赴钓鱼城，据原碑逐字校核验讫。史载宋时钓鱼城能容纳约10万军民、坚守36年。考察得知，山城突兀于嘉陵江、渠江围成的半岛台地（周围约20

---

① 本文所列现今地名皆当年实地考察时的名称。
② 当时我被派到学校研究生部门工作，因须坐班办公，若非假期很难安排出校实地考察。
③ 胡昭曦：《四川古史考察札记》，重庆：重庆出版社，1986年。
④ 胡昭曦：《巴蜀历史考察研究》，成都：巴蜀书社，2007年。
⑤ 胡昭曦：《研究地方史要重视必要的实地考察》，《中国地方史志通讯》1981年第3期；收入《胡昭曦宋史论集》，重庆：西南师范大学出版社，1998年，第443—444页。
⑥ 1942年6月3日郭沫若先生专程到钓鱼城考察，于当年撰文《钓鱼台访古》，《说文月刊·巴蜀文化专号》第3卷第7期渝版第1号，民国三十一年（1942）八月十五日出版。后改标题为《钓鱼城访古》，收录于人民文学出版社出版的《沫若文集》第12卷。

公里,大部分可种农作物)之上,城墙周长约6公里。外傍大江。城内尚有堰塘10多口(大者约40亩)、水井10多眼、山泉一处;水田400余亩、旱地150余亩;5个生产队,近200户约700人。可见该城战守条件良好。2007年得见成都文物考古研究所藏本市出土的三方宋代成都范氏墓志(分别由范镇、范淑、范仲圭撰文),乃据之对蜀学名族范氏的世系等状况作了重要订补。① 辨识了《读史方舆纪要》所记西津口在明时夔州府(治奉节)之西的误载。有的文物非原始数据,或所载不实,如1982年郫县旧县署遗址内尚存一通民国二十三年(1934)的《司马光诞生地》碑,碑文说司马光出生于郫县故"字之曰岷",证之史籍此乃附会。

(三)新发现史料或提出需再考订榷议的线索。如在钓鱼城发现一石刻残文,可识读的有"逆丑元主""王公坚以鱼台一柱支半壁""诗纪厥功被之金石"等文字,经考订是宋末为抗战将领王坚纪功的文字。王坚,《宋史》无传,亦未见他书详其生平,这些文字当是实证之一。此类发现不少,多为史籍不载或语焉不详者。有的问题尚存疑难,如宋陈抟的里籍确处何在?峨眉山万年寺宋铸普贤铜像的铜来自何地、在何地铸造、铸造工艺及水平如何?提出了己见和深究线索。

(四)将考察研究的成果提供当地有关部门作为建设参考。考察情况一般都向当地有关部门反馈,重要问题还作过专题汇报或建议。如2007年10月5日我向成都市委书记、市长和民政局写信:《建议大力彰显"世界第一张纸币'交子'产于成都"》,建议之一提出"将市区内已建或正建、待建的某条金融街道或商业街道,冠以'交子'的名称,如'交子大道东大街'(与"蜀都大道总府路"等名称相类)",② 并附拙文《宋代交子具体诞生地探考杂识》。③ 后来,成都市在高新区正式命名了"交子大道"和"交子北"一路、二路,"交子南"一路、二路,其中两条路还纵贯金融城。

我的教学是中国古代史,研究方向是宋史和巴蜀历史文化,这些收获对我的教学科研帮助很大,促进了学科建设,特别是在晚宋史、宋蒙(元)关系史、蜀学、四川书院史、宋代四川地方史、巴蜀古代史等研究课题上,得到比较深入的了解和不少新的认识。同时,实地考察践行了我国传统的科学治史方法,用综合研究法着力探究历史实际。应该说,这些收获是同徐中舒先生的教诲和引领密不可分的。

要做成一件事,必须有良好的方法和规矩,治学也是如此。《孟子·告子章句上》写道:"孟子曰:羿之教人射必志于彀,学者亦必志于彀。大匠诲人必以规矩,学者亦必以规矩。"朱熹注曰,孟子是说"事必有法,然后可成"④。我国民间谚语云:"授人以鱼,不如授之以渔,授人以鱼只救一时之急,授人以渔则可解一生之需。"徐中舒先生传授的不止是知识,还传授获取知识的科学途径与方法以及好的治学规矩,使我辈学子终身受用薪火相传。在我

---

① 胡昭曦:《蜀学研究与文物资料——宋代成都范氏墓志新见》,《西华大学学报》2000年第5期。
② 胡昭曦:《旭水斋存稿续集》,成都:四川大学出版社,2017年,第289—291页。
③ 胡昭曦:《巴蜀历史考察研究》,成都:巴蜀书社,2007年,第351—364页;原载《四川大学学报》2006年第4期。
④ 朱熹:《四书集注·孟子》卷11《告子章句上》,北京:中国书店,1992年,第312页。

国优秀传统文化中，具有科学性的行之有效的治学经验是宝贵的历史遗产，还要进一步加强对它的传承弘扬和创新发展。今年是徐中舒先生诞辰一百二十周年，谨以此文表达对徐先生的崇敬和缅念。

作者简介：胡昭曦，1933年生，四川自贡人。四川大学教授、博士生导师，四川省学术带头人，国务院特殊津贴获得者。历任四川大学研究生部主任、图书馆馆长、人文社会科学院院长暨中国宋史研究会副会长等。主要著作有《宋蒙（元）关系史》《宋理宗宋度宗》《宋代蜀学研究》《四川书院史》《胡昭曦宋史论集》《巴蜀历史考察研究》《旭水斋存稿》等。

徐中舒之问与良渚文化再认识

湖州师范学院湖州发展研究院　李学功

摘　要：过去，谈及吴越，一般多视为"断发文身"的荒服之地。史学宗师徐中舒曾有一问："要是吴越的文化真很低，怎么能骤然兴起并与中原争霸呢？"要回答徐中舒之问，必须借重考古新发现与研究的新成果。太湖流域之河姆渡文化、马家浜文化、崧泽文化、良渚文化皆可视作先越文化，是越文化的源头所在。太湖流域无疑是越文化的初兴之地，并由此奠定了以后越文化发展的基本走向。

关键词：徐中舒　良渚　先越文化

论及古史或上古史，传统意义上总是以黄河流域为鹄的，而今天持这种看法的人自然已经很少了，这是由于考古学的努力与成果，让人们逐渐认识到中国文明起源有如满天星斗，星月同辉，是多民族、多地区，多元一体同构的。

多年来，一代代考古工作者为以"地下之新材料"揭橥古史的真实面貌付出了诸多辛劳和汗水，作出了令人感佩心仪的贡献与努力。李伯谦先生撰写的《考古学视野的三皇五帝时代》，给出了一份"考古学重建中国古史体系与传统史学中国古史体系对应表"，李学勤先生认为："此文代表了中国学者探索古史，特别是远古历史的新趋向。"[①] 由此出发，不妨放宽我们的视域，思考考古学发现对传统历史观的颠覆与启示。

具体到越文化的讨论而言，史学宗师徐中舒先生曾有一问："要是吴越的文化真很低，怎么能骤然兴起并与中原争霸呢？"[②] 荀子并将越与楚、夏一起目为战国时代的三大文化区域而等量齐观，《荀子·儒效》谓："居楚而楚，居越而越，居夏而夏，是非天性也，积靡使然也。故人知谨注错，慎习俗，大积靡，则为君子矣。"检括史籍，越地的历史面貌在春秋前的古文献记载中几近于盲点。正是由于考古学的介入，方使曾被遮蔽的历史重新发言。浙江等地良渚文化的相继发现，揭示出环太湖流域一带的文化及其历史颇为悠久，由此亦奠定了日后江南地区越文化发展、变化的大致格局和基本走向。由此出发，窃以为，以太湖流域为中心的河姆渡文化、马家浜文化、崧泽文化和良渚文化皆应视作越文化的源头——先越文

[①] 李学勤：《古史研究的当前趋向》，《尧舜禹文化研究动态》2008年第1期。
[②] 徐中舒：《吴越兴亡》，《四川大学学报》2006年第4期。

化，而太湖流域正是越文化的初兴之地。如此，徐中舒之问方可在此基点上求得正解。

为方便讨论，兹以良渚文化为例，对良渚文化的基本面貌和社会发育程度，以及作为越文化初兴地的太湖流域等问题作一勾勒、探讨，祈请方家指正。

一、良渚文化的基本面貌

良渚文化自20世纪20年代由施昕更[①]先生率先在浙江余杭良渚探掘而告白于世，迄今已历八十余春秋。随着考古发掘的深入展开和发掘报告、研究论著如行云流水般相继面世，良渚文化面貌渐被揭示得愈益清晰。

依照苏秉琦先生提出的中国考古学文化区系类型学说，良渚文化属于考古学文化六大区系之以环太湖为中心的东南部区系[②]。其年代，夏鼐先生有谓，经碳14测定，为公元前4000年纪末到公元前3000年纪前半，和河南龙山文化、大汶口文化约略并行，而早于山东龙山文化[③]。

从考古发掘所取得的成果看，以1982—1986年上海青浦福泉山2座"玉器大墓"发掘[④]为标志，良渚文化考古发掘工作在20世纪八九十年代进入了一个高潮期。考古工作者先后在浙江余杭反山（按，发现11座玉器大墓，出土有号称"琮王""钺王"的玉琮与玉钺）、瑶山（按，发现祭坛遗址）、汇观山（按，发现祭坛遗址）、莫角山（按，发现巨型夯土台基）等地相继发掘出成片的高密度聚集的大型良渚文化墓葬及建筑基址[⑤]，上述文化遗

[①]关于良渚文化发现人，何天行先生曾有不同看法，认为其于1935年即发现了良渚文化。对此，良渚遗址管委会张炳火、蒋卫东先生曾撰专文予以辨析，提出施昕更、何天行先生都对良渚文化的发现和研究做出过开创性的突出贡献。然而，就良渚遗址的发现和试掘而言，当为施昕更先生，并引陈星灿先生观点称，施昕更《良渚——杭县第二区黑陶文化遗址初步报告》，"第一次准确无误地向学术界展示了长江下游的史前文化，在中国史前考古学史上具有划时代的意义"，认为"学术界推崇良渚遗址的发现者施昕更先生为良渚文化的发现人是名至实归，符合良渚文化发现的史实"。详见《也谈良渚文化的发现人》，《良渚文化探秘》，北京：人民出版社，2006年，第1—20页。

[②]苏秉琦：《中国文明起源新探》，北京：三联书店，1999年，第37页。

[③]夏鼐：《中国文明的起源》，北京：文物出版社，1985年，第32页。在是书第7页，关于良渚文化起讫年代，夏鼐先生使用了比较明确的表述，其上下限为约公元前3300—前2250年。另，关于良渚文化的年代，学界认识不一，其上限有距今5200—5300年说、5300年说、3500年说、3300年说、3200年说等，下限则有距今4300年说、4000年说、2500年说、2300年说、2200年说、2000年说等。参见黄宣佩《论良渚文化分期》，《上海博物馆集刊》第6期，上海：上海古籍出版社，1992年；林华东《浙江史前文化的两朵金花——河姆渡和良渚文化》，《文史知识》1996年第10期暨《良渚文化研究》，杭州：浙江教育出版社，1998年，第86—87页；李伯谦《中国古代文明演进的两种模式——红山、良渚、仰韶大墓随葬玉器观察随想》，《文物》2009年第3期；栾丰实《良渚文化的分期与分区》，《东方文明之光》，海口：海南国际新闻出版社，1996年；牟永抗、魏正谨《马家浜文化和良渚文化——太湖流域原始文化的分期问题》，《文物》1978年第4期；汪遵国《太湖地区原始文化的分析》，《中国考古学会第一次年会论文集》，北京：文物出版社，1980年。

[④]上海市文物管理委员会：《福泉山》，北京：文物出版社，2000年。

[⑤]参见浙江省文物考古研究所反山考古队《浙江余杭反山良渚墓地发掘简报》，《文物》1988年第1期；浙江省文物考古研究所等《余杭瑶山良渚文化祭坛遗址发掘简报》，《文物》1988年第1期；浙江省文物考古研究所等《浙江余杭汇观山良渚文化祭坛与墓地发掘简报》，《文物》1997年第7期；杨楠、赵晔《余杭莫角山清理大型建筑基址》，《中国文物报》1993年10月10日。

存一经揭幕，即受到社会各界广泛关注，相继入选1987年、1991年和1993年全国十大考古新发现及"七五""八五"期间全国十大考古新发现。此亦足见良渚文化考古发掘产生的影响。

为便于对良渚文化整体面貌的观察和分析，不妨以分期和分区为锁钥，立点以探。关于良渚文化的分期，以林华东先生的早、中、晚三期六段说较具代表性①。值得注意的是，一些学者在研究中把良渚文化又分为若干小的区系，如严文明先生即以太湖为基点，将良渚化遗址分为太湖南岸、太湖东岸、太湖北岸三组②。刘恒武君则划为四区：余杭区、嘉兴—海宁地区、苏州—上海地区、常州—常熟地区③。即以刘君所划四区而观，余杭区位处太湖南侧，范围覆盖余杭、杭州以及德清，该区域以莫角山遗址为中心，系良渚文化遗址分布最密集、文化内涵最丰富的遗址群；嘉兴—海宁地区位处太湖东南，范围涵盖整个杭嘉湖平原东部，遗址呈扇形星状散落；苏州—上海地区位处太湖之东，范围包括苏州、昆山及沪西等地，以吴县、昆山、青浦一线遗址最为集中；常州—常熟地区位处太湖之北，范围包括常州、江阴、无锡、张家港及常熟等地，其间较具规模的遗址不多④。从良渚文化考古发掘所揭示的遗址整体分布看，有论者注意到，"整个良渚文化时期，遗址分布是由太湖东部向太湖南部转化的过程，而高密度的遗址群则集中在面积约40平方公里的今杭州北郊的余杭区良渚镇——瓶窑镇一带，遗址总数至少有115处"⑤。

据有关资料介绍，良渚文化遗址出土有稻谷、玉器、刻纹黑陶、竹编器物、丝麻织品等。生产工具主要是石器，有磨制精致的斧、锛、镰、铲、犁形器、有柄刀以及特有的耘田器。陶器以泥质灰胎，表面光亮的磨光黑皮陶最具特色。采用轮制，器形规整，一般器壁较薄，器表以素面磨光的为多。常见的器形是壶、豆、盘、簋等，以圈足器居多，用镂孔、竹节纹、弦纹加以装饰，也有彩绘。墓葬出土很多玉器，有璧、琮、璜、玦、环、珠等，也有玉斧和玉铲。有的玉琮上还刻有象征威武的兽面纹饰。丝麻织品、竹器编织也比较发达⑥。此外，在良渚文化墓葬中少有兵器，并发现有人殉现象。

良渚文化基本面貌概如上述。在距今四五千年前的太湖地区发现有祭坛、玉器大墓和巨

---

① 林华东：《良渚文化研究》，杭州：浙江教育出版社，1998年，第92、133—196页。另，良渚文化的分期，学界尚有二期说、四期说、五期说等。参见汪遵国《太湖地区原始文化的分析》，《中国考古学会第一次年会论文集》，北京：文物出版社，1980年；栾丰实《良渚文化的分期与分区》，《东方文明之光》，海口：海南国际新闻出版社，1996年；黄宣佩《论良渚文化分期》，《上海博物馆集刊》第6期，上海：上海古籍出版社，1992年。
② 严文明：《良渚文化と中国文明の起源》，《日中文化研究》11号，1996年。另，栾丰实先生将良渚文化划为六区：太湖以东、杭嘉湖、太湖以北、宁绍平原、江淮和宁镇地区；浙江省文物考古研究所划为五区：杭州地区、苏南—沪西地区、嘉兴—沪南地区、常州—无锡地区、湖州—宜兴地区。参见栾丰实《良渚文化的分期与分区》，《东方文明之光》，海口：海南国际新闻出版社，1996年；浙江省文物考古研究所等《新地里》，北京：文物出版社，2006年，第596—597页。
③ 刘恒武：《良渚文化综合研究》，北京：科学出版社，2008年，第31—34页。
④ 参见刘恒武《良渚文化综合研究》，北京：科学出版社，2008年，第32—35页。
⑤ 高蒙河：《良渚文化区的人文景观》，《良渚文化探秘》，北京：人民出版社，2006年，第61页。
⑥ 引自《良渚文化》，杨宽、沈起炜等主编《中国通史词典》（上），上海：上海人民出版社，2008年，第12—13页。

型夯土台基构成的建筑,联系到该时段恰好相当于古文献记载的传说中的五帝时代,总不免使人萌生出关于长江流域越地初始文明形态的种种假说和遐思。

二、良渚文化时期的社会发育程度

考古发掘中的出土器物与遗址规制,既是揭开良渚文化面貌必不可少的要件,同时也是蠡酌、判断良渚文化时期社会发育程度的指示器。在此,不妨从聚落、礼器及生产工具等的分析入手。

先看聚落。

如所周知,聚落是人类休养生息的原点和出发地,它集中反映着一地的经济社会发展水平和风土精神。令人遗憾的是,有关良渚文化聚落的研究明显偏少。这是因为在良渚文化中,作为聚落存在的居住遗址,较少发现。由此亦局限了对良渚文化聚落问题的深入探究。这方面,殷墟发掘的经验是一个重要参照。过去,人们一直认为殷墟为殷都的天然所在,无须质疑,也不必存疑。但有意味的是,在殷墟始终未见城垣的发掘,直到2000年左右,考古工作者在洹水北岸发现了城垣遗迹,李学勤先生认为,此即盘庚迁殷之殷①。有鉴于此,对于良渚文化聚落组织的探索,不妨扩大思考的视野和搜索半径。就后者而言,希望今后能有良渚文化聚落遗址的新的更多发现,以弥补"文献不足"而带来的困扰。就思考而言,不妨围绕现今发现的墓地、祭坛及大型建筑基址所指示的聚落空间展开讨论,以期通过考古学方法所提供的路径,接近人类的早期文明。

据统计,环太湖流域良渚文化早中晚三期,计有516处遗址②。其中高密度遗址群连片集中在余杭区系内,前已引述,在此区系内有大小遗址115处之多。著名的反山、瑶山、汇观山墓地和莫角山大型建筑群即汇聚于此,且在分期上这些遗址群属于良渚文化中期,遗址的文化区系表现明显。兹结合上述遗址材料,以余杭地区为例作一胪列、分析。

1. 反山墓地　位于余杭瓶窑镇雉山村,1986年发掘。先后发掘出排列有序的竖穴土坑大墓11座,坑墓皆有棺木痕迹,棺木有红色涂层,随葬品颇为丰富,有陶器、石器、玉器等1200余件(组)。反山墓地东西长约90米,南北宽约30米,总面积2700平方米,为高台墓地,高出地表约4米。墓地距莫角山遗址150米③。

2. 瑶山遗址　瑶山遗址由祭坛和墓群构成,位于余杭安溪镇下溪湾村,1987年发现。瑶山为天目山余脉凤凰山延伸出来的一座低矮山丘,海拔38.2米。山丘顶部有方形或回字

---

① 李学勤:《有关古史的十个新发现》,《大连大学学报》2005年第3期。
② 高蒙河:《良渚文化区的人文景观》,《良渚文化探秘》,北京:人民出版社,2006年,第58页。
③ 按,对反山墓地的认识,各家略有不同。如东西长度,或有数字表示,或曰长度不明;南北宽度,或曰40米,或曰30米;高台墓地高度,或曰7米,或曰5米,或曰4米。至于高台墓地系人工堆筑而成,还是在自然山体的基础上堆土增高,认识亦颇不一致。参见浙江省文物考古研究所反山考古队《浙江余杭反山良渚墓地发掘简报》,《文物》1988年第1期;林华东《良渚文化研究》,杭州:浙江教育出版社,1998年,第460—461页;方酉生《从良渚文化的衰落说到防风国及与夏王朝的关系》,《良渚文化探秘》,北京:人民出版社,2006年,第229页;段渝《酋邦与国家起源:长江流域文明起源比较研究》,北京:中华书局,2007年,第61页;《反山墓地》,杨宽、沈起炜等主编《中国通史词典》(上),上海:上海人民出版社,2008年,第13页;刘恒武《良渚文化综合研究》,北京:科学出版社,2008年,第113页。

形祭坛遗迹，系由祭台、围沟和以砾石铺砌的土台构成。灰围沟与红土台形成了鲜明的对比。发掘报告称："这是一项经过精心设计、认真施工，具有特定用途的建筑"，应是"以祭天礼地为主要用途的祭坛"。有意味的是，祭坛废弃后又用作墓地，有12座大墓，随葬有陶器、石器和玉器等707件（组），墓葬分南北两列，自东向西排开①。

3. 汇观山遗址②　位于余杭瓶窑镇外窑村，1991年发现。墓地海拔23米，系在自然山体的基础上修整而成，结构、规模与瑶山遗址概相类似，也是由祭坛和墓群构成，随葬有诸多玉器③。

4. 卢村遗址　发现有祭坛遗迹，位于台地顶部，呈方形台状，以纯色黄土堆砌而成，周沿经过修整④。

5. 莫角山遗址⑤　1987年发现，东西长约750米（一说670米），南北宽约450米，遗址区总面积30余万平方米。1992至1993年进行大面积发掘，在大莫角山下发现大片夯土层、夯窝等建筑基址，在小莫角山南发现了柱洞，柱洞口径在0.4—1.35米之间，大立柱遗迹直径一般在0.5米左右，最大直径达0.9米，经钻探调查，夯筑基址总面积约3000平方米⑥。

由上述材料，不难看出，良渚文化遗址群如此高密度的分布，表明聚落规模的扩大确是不争的事实。由此亦折射出人口的增长有了一定规模。许倬云先生通过对莫角山遗址工程用工量的估算，曾得出良渚文化中心区域人口在10万人左右的结论⑦。窃以为，这种估算还是有问题的。这是因为考古学的认识，永远都受到发现的局限⑧。前引有论者注意到，"整个良渚文化时期，遗址分布是由太湖东部向太湖南部转化的过程"⑨。这是否说明了在当时不可抗的自然力和部落、部族间战争等的因素影响作用下，良渚先越部族仍处于一种迁徙中的游农游渔状态。如果是，则良渚先越文化中心区域的人口数，就得大打折扣。而且，在原始时期，族的迁徙乃是部族变迁的常态，张衡《两京赋》有谓："殷人屡迁，前八后五"。可

---

①参见林华东《从良渚文化看中国文明起源》，《浙江学刊》1994年第6期；浙江省文物考古研究所《余杭瑶山良渚文化祭坛遗址发掘简报》，《文物》1988年第1期；浙江省文物考古研究所《瑶山》，文物出版社，2003年；《瑶山遗址》，杨宽、沈起炜等主编《中国通史词典》（上），上海人民出版社，2008年，第13页。

②按，据笔者访谈相关人士，汇观山之"观"，在当地实意为"棺"。此亦足见，远古先民的墓群仍保存在后人口耳相传的历史记忆中。此外，涵盖了大莫角山、小莫角山、乌龟山三处良渚文化遗址的大观山果园之"观"，其初意亦为"棺"。

③参见浙江省文物考古研究所等《浙江余杭汇观山良渚文化祭坛与墓地发掘简报》，《文物》1997年第7期。

④参见刘恒武《良渚文化综合研究》，北京：科学出版社，2008年，第115页。

⑤按，莫角山过去为大观山果园的一部分，故亦称大观山果园遗址，现称莫角山遗址。

⑥参见杨楠、赵晔《余杭莫角山清理大型建筑基址》，《中国文物报》1993年10月10日；林华东《从良渚文化看中国文明起源》，《浙江学刊》1994年第6期；浙江省文物考古研究所《余杭莫角山遗址1992—1993年的发掘》，《文物》2001年第12期。

⑦许倬云：《良渚文化到哪里去了》，《良渚文化研究》，北京：科学出版社，1999年。

⑧刘斌：《良渚文化后续的若干问题》，《良渚文化探秘》，北京：人民出版社，2006年，第50页。

⑨高蒙河：《良渚文化区的人文景观》，《良渚文化探秘》，北京：人民出版社，2006年，第61页。

见，商人立国前迁徙为常，即便立国后，也曾有屡迁的记录。不惟如此，就所发现的良渚文化祭坛而言，仅余杭区域就有3处祭坛的存在，从祭坛在随后的岁月中改作墓地，亦折射出当时的社会尚处于游徙不定的部族时代，恐未"晋级"到产生阶级、国家的程度。故在部族林立的区域内方有多个聚落共同体祭坛的出现。

  当然，笔者如此言说，并非执意否认良渚文化中心聚落的存在。距今四五千年前，在中国江南的核心地带——太湖流域，确乎出现了国内较早的先越文化中心聚落，莫角山大型建筑基址的发掘以及祭坛的出现即是一种说明。它表明游农游渔过程中，流动的部族有了自己的共同体的精神象征。只是中心聚落毕竟与带有国家特征的都邑城市聚落有着质的不同。2007年底曾传出在莫角山一带新发现良渚文化城墙遗址的讯息，对此，林华东先生曾著文予以辩驳，指出良渚发现的并非古城①。林先生是主张良渚古国论的，显然，如果论实、证成这座良渚"古城"，无疑将对其观点提供极为有利的实证和支持。笔者亦曾赴莫角山寻访，深为林先生的严谨治学和求实态度所感佩。

  次说礼器。

  如果以遗址发现地的代表性文物来命名，良渚文化或可称得上是"玉文化"。其玉器数量之丰、品类之多、制作之精，在中国史前文明阶段，无出其右者。如余杭反山墓地11座墓葬中，随葬玉器多达3200件，占全部随葬品的90%以上②。玉，很早就被先民赋予了神圣的内涵，为社会生活中之重器。因此，玉器一经出场，便具有了某种礼器的身份和色彩。在此，不妨以方家之论略作分析。

  李学勤先生曾以《良渚文化玉器与饕餮纹的演变》立题，探讨饕餮纹的源流。指出："浙江反山、瑶山发掘的一大收获，是发现了良渚玉器饕餮纹的最完整、复杂的型式。……这种图像所要表现的，正是人形与兽形（龙）的结合统一……图像中的兽，即龙，本来是神话性的动物，是古人神秘信仰的体现，同时又是当时正在逐渐形成、增长的统治权力的象征。……山东龙山文化和二里头文化的饕餮纹确实可以看成良渚文化与商代这种花纹的中介。"③ 良渚文化的玉琮、玉钺等玉器上常常都刻有这种神人兽面纹以及神鸟纹，也有学者称之为"神徽"。张光直先生、邓淑萍女士对良渚文化中玉琮、玉璧亦曾分别进行过考述和分析，认为玉琮是绝地天通的象征，玉璧则是礼拜天神的法器④。日本学者林巳奈夫则认为，良渚文化的玉琮是古越族"降神时所依凭的'主'"，"其中央的孔可能是降临的神所停留的场所"。⑤

  毫无疑问，从余杭区域内良渚文化期祭坛的多设以及刻画有神秘符号、图像的大量玉器的出土，表明在良渚文化时期，信仰、神权对族群的影响力已十分强大和浓郁。文化人类学亦表

---

  ①参见林华东《良渚发现的并非古城》，《观察与思考》2008年第2期；《良渚文化"古城"再质疑》，《观察与思考》2010年第1期。
  ②林华东：《浙江史前文化的两朵金花——河姆渡和良渚文化》，《文史知识》1996年第10期。
  ③李学勤：《良渚文化玉器与饕餮纹的演变》，《东南文化》1991年第5期。
  ④参见张光直《谈"琮"及其在中国古史上的意义》，《文物与考古论集》，北京：文物出版社，1986年；邓淑萍《新石器时代的玉璧》，转引自国际良渚学中心编《良渚学文集》（玉器一）。
  ⑤林巳奈夫：《良渚文化和大汶口文化中的图像记号》，《东南文化》1991年第4期。

明，在人类精神的童稚期，思想是在神的地盘上跃舞。因此，神本主义毫无疑问地统御、影响着良渚先越文化地区人类生活的方方面面。只是，这种表现力、影响力（玉器的制作、利用与权力的彰显）同国家形态的神权控御之间的关系，遗址内涵对此揭示得尚不充分。

再观农具。

良渚文化遗址出现了器身较长的石犁，有了耘田器、破土器以及石镰等原始农具①。表明有了犁耕农业的劳作，从而丰富了农耕采集渔猎经济的内容。

三、部族时代良渚文化初始文明形态的认识

夏鼐先生曾指出："从前我们认为良渚文化（约公元前 3300—前 2250 年）是我们所知道的长江下游的最早的新石器文化，并且认为良渚文化是龙山文化向南传播后的一个变种。实则这里是中国早期文化发展的另一种中心，有它自己独立发展的过程。"② 应当说，对良渚文化阶段先越历史面貌的新认识，是考古学重构古史体系的重要努力。

在良渚文化社会发展阶段的认识上，苏秉琦先生提出"古文化古城古国"的概念，认为这个时代城邦、万国林立，古国以后是方国时代，即大国下的小国群体，而良渚文化正处于方国阶段③。这种认识，无疑是考古学朝着综合社会学、历史学的工作迈出的重要一步，令人有耳目一新之感。只是这种用古国、方国的新构架解释国家产生和发展的过程，是否在理论上能够融通？而且古国与方国如何界分、定义等等，恐怕还需进一步梳理。此外，一些学者引据西方文化理论，进行诠释、解读，这方面以谢维扬先生的《中国早期国家》为著。谢先生立足于酋邦理论，总结良渚文化具有五个特点，即社会的规模超过简单氏族、部落社会；社会分化的程度甚于一般氏族、部落社会；出现了掌握社会最高权力的个人；在社会高层权力之间存在着金字塔似的等级结构；宗教与世俗权力相结合④。窃以为，谢维扬先生的总结分析颇为精到，特别是指出了良渚大墓和祭坛遗址所显示的社会分化程度和政治权力程度规模要小得多，也简单得多，离真正的国家形态还有一定距离，立论殊为审慎。只是以域外之"酋邦"冠名中国古史的前国家时代，殊觉有异质之感。不妨以植根于传统记忆深处的"部族社会"构架初始文明形态的发展阶段更为稳便。

"部族"一词，笔者目力所及，较早似见于《旧唐书·郑馀庆传》，其后《旧五代史》《新五代史》《资治通鉴》《建炎以来系年要录》《三朝北盟会编》《宋史》《辽史》《金史》《元史》《明史》等史著均有"部族"之记录。据王家范先生考述，20 世纪三四十年代，周谷城、吕思勉两先生采"部族"之说，吕思勉先生并明确主张，"昔人所谓封建时代，应再分为（一）部族时代，或称先封建时代"。并谓：

> 盖古之民，或氏族而居，或部落而处，彼此之间，皆不能无关系。有关系，则必就其有才德者而听命焉。又或一部族人口独多，财力独裕，兵力独强，他部族或当空无之

---

① 参见牟永抗、宋兆麟《江浙的石犁和破土器》，《东方文明之光》，海南国际新闻出版社，1996 年。
② 夏鼐：《中国文明的起源》，北京：文物出版社，1985 年，第 7 页。
③ 苏秉琦：《中国文明起源新探》，北京：三联书店，1999 年，第 130—151 页。
④ 谢维扬：《中国早期国家》，杭州：浙江人民出版社，1995 年，第 278—295 页。

时，资其救恤；或有大役之际，听其指挥；又或为其所慑；于是诸部族相率听命于一部族。而此一部族者，遂得遣其同姓、外戚、功臣、故旧，居于诸部族之上而监督之，亦或替其旧酋而为之代。又或开拓新地，使其同姓、外戚、功臣、故旧分处之。此等新建之部族，与其所自出之部族，其关系自仍不绝。如此，即自部族之世，渐入于封建之世矣。先封建之世，情形大略如此。①

王家范先生据此认为，作为本土所自出的旧名词，"部族"植根于历史积淀的"集体性记忆"。若能比照西方人类学的研究成果，进一步抉发出一定的理论内涵，也许反比较容易做到名实相副，符合国情②。有鉴于此，本文采"部族"立题，以作思考的进阶。

距今四五千年前的黄帝以及尧舜禹时期，适值"天下万国"时代，只是此万国之"国"，并非现代意义上的步入文明时代的阶级、国家之"国"，而是部族时代的族邦、方国。愚意以为，既然传世文献未见以"良渚"名之的古国，因此，在历史叙事上既不适当，也无必要以考古文化遗址直接冠名、坐实历史上并无记载疏证的所谓的"良渚古国"，不妨径以考古学中的"良渚文化"概念，叙述文明初始形态之太湖流域先越部族的历史更为稳便。

需予说明的是，随着文明探源工程的展开，其中对良渚文化认识最重要的变化，是良渚文化被人们提升到"文明"的认识高度。良渚文化与文明的认识涉及文明标准的认识。恩格斯曾提出国家产生的两个标准：一是公共权力的设立；一是按地区划分国民。考古学的标准则更为具象：国家组织形态、城市（政治：宫殿和官署。经济：手工业遗址和商业遗迹。文化：宗教遗迹）、文字发明或能够利用文字作记载（当然也有例外，如秘鲁即是结绳记事）、冶炼金属（铜石并用时代、青铜时代或铁器时代）。良渚文化比之于上述标准，正如有专家所指出的，良渚缺少文字和冶金技术。如果抛开或部分抛开原有的标准，再提出新的标准（当然既然标准的提出是人类认识的产物，则标准的修改甚或修订也不是不可以），有一个问题则无法回避，即如果按探源工程所提标准，那么距今五千年左右的旧大陆各地，细算起来都有五千年的文明史了，如此文明起源无疑又被泛化了，反而显现不出华夏文明的独特性。对此北师大教授、首都博物馆馆长郭小凌就发声认为修改文明形成的标准并不可取，但提出良渚、陶寺、石峁可以作为已经形成文明的假说，待日后发现有关证据再由假说上升为事实，且认为科学是允许在证据不足的情况下提出假说的。

四、太湖流域是越文化的初兴地

翻检《左传》《越绝书》和《吴越春秋》，有一个现象引起笔者的注意，即春秋间吴与越的冲突、交战主要是沿太湖一线展开。如发生在前510年、前496年的两次槜李之战和前494年的夫椒之战（一称五湖之战）、前478年的笠泽之战等。而槜李即在今浙江嘉兴西南，五湖即太湖，夫椒即今太湖中之洞庭山，笠泽在今江苏吴江一带。如此，亦说明了有"五

---

① 吕思勉：《吕著中国通史》，上海：华东师范大学出版社，1991年，第46页；吕思勉：《先秦史》，上海：上海古籍出版社，2005年，第346页。
② 王家范：《中国历史通论》，上海：华东师范大学出版社，2000年，第19—20页。

湖"之称的太湖，当是春秋时吴越交兵之处，南太湖流域当是越的势力范围所在。如此，亦可看出，曾以太湖流域为核心带的先越区域文化——良渚文化，在其形成、发展、演进的过程中，实际上确乎充当了涵化、孕育越文化的母体角色，从而使得太湖流域成为越文化的滥觞、初兴之地。

《国语·越语上》载：

> 句践之地，南至于句无（今绍兴诸暨），北至于御儿（今嘉兴桐乡），东至于鄞（今宁波鄞县），西至于姑蔑（今衢州龙游）。①

由此不难看出，越之初兴地确在浙江北部太湖以南流域，而与良渚文化之核心带正相吻合。对此，著名历史学家童书业先生则有着更进一步的"大胆"推断：

> 《左氏》哀元年传云："吴王夫差败越于夫椒，报檇李也，遂入越，越子以甲楯五千，保于会稽。"夫椒为今太湖中山（《越语下》："战于五湖，不胜，栖于会稽。""五湖"即太湖，则夫椒为太湖中山当可信），所谓"五湖"，盖即吴越之交界。越败于夫椒而吴遂得入越都，则越都必离太湖不远，不当在今绍兴……（自楚灭越后，越裔南迁，故有越都绍兴之说）……越都固在太湖流域。②

按，童书业先生上述关于越都所在的议论，确乎是个大胆的推断。这是因为，无论《史记》《越绝书》还是《吴越春秋》等，诸般史籍所载，均言越都在绍兴。对此，童先生亦言，自己的说法，"还是证据甚不够之假定"③。童先生对越都之所而发的议论，仍有待考古发掘的进一步说明。在此，笔者所关注的是，童先生对吴越地理区域的探究。为方便讨论，不妨再引述如下：

> 我读《国语·吴语》而发生怀疑，《吴语》载越王勾践袭吴之役云："吴王夫差……会晋公午于黄池，于是越王勾践乃命范蠡、舌庸率师沿海、溯淮，以绝吴路，败王子友于姑熊夷，越王勾践乃率中军溯江以袭吴，入其郛，焚其姑苏，徙其大舟。"说"溯淮以绝吴路"，"溯江以袭吴"，察其辞意，似吴都在淮南长江之附近，不然，何以用师辽远如此？
>
> ……
>
> 我又读《越语》，云："夫吴之与越也，仇雠敌战之国也，三江环之，民无所移；有吴则无越，有越则无吴……"（上）"与我争三江、五湖之利者，非吴耶！"（下）则吴越"三江环之"，均为临近太湖之国。
>
> ……
>
> 我们的假定，春秋末吴都江北扬州附近，越在太湖流域……④

---

① 《国语·越语上》，徐元诰《国语集解》，北京：中华书局，2002年，第570页。
② 童书业：《童书业历史地理论集》，北京：中华书局，2004年，第231、232、234页。
③ 童书业：《童书业历史地理论集》，北京：中华书局，2004年，第234页。
④ 童书业：《童书业历史地理论集》，北京：中华书局2004年，第230、231、233页。

童先生对吴越历史文化区位的思考，对我们启示良多①。联系到良渚文化的地理分布，颇有意趣。目今所见，良渚文化分布的范围北抵江苏的扬州、海安一带，南入浙江的宁（波）绍（兴）平原，东及舟山群岛，西达江苏的宁（南京）镇（江）地区，其中心区域主要在太湖流域②。考古发现之良渚文化活动半径与童先生所论之吴越，特别是越的活动范围大致契合。2003—2004年，考古工作者在浙北长兴鼻子山、安吉龙山均发现了战国时期的越国贵族大墓③，2005年，考古工作者又在安吉笔架山发现了颇为密集的春秋战国越人古墓群及一座保存较为完好的古城遗址。这些发现可以说是继绍兴印山越国王陵之后浙江越文化考古新的重要成果。其中，长兴鼻子山"墓外陪葬器物坑的发现在浙江尚属首次，是越国墓葬考古的一次重要发现与突破"④。特别值得关注的是，安吉龙山越国贵族大墓，其木椁"在形制上与绍兴印山越国王陵木椁相同"⑤。不惟如此，2007年，考古工作者对德清火烧山原始青瓷窑址的发掘，揭示出这是一处西周晚期至春秋晚期的纯烧原始青瓷的窑址。窑址"出土了大批包括卣、鼎、簋在内的仿青铜礼器产品，为江南大型土墩墓随葬的同类器物找到了原产地"⑥。窃以为，德清窑仿青铜礼器产品和太湖流域石室土墩墓⑦等的发现，正一步步揭开太湖流域与越文化崛起关系之谜。上述的一系列考古发现，使我们有理由认为：浙北太湖流域是越文化萌蘖之根系所在。如此，将良渚文化视作先越文化，在地域上应无大的问题。而且即便精神信仰上，良渚文化与越文化亦有一脉相承的地方。如良渚文化玉琮等玉器上的神鸟纹饰，《越绝书》《吴越春秋》于越人崇鸟习俗的记录等等。日本学者林巳奈夫即

---

①按，实际上，即便是吴之所在，学界也有颇为不同的认识。如对周之太伯奔吴，也有东吴、西吴、北吴等的不同说法。参见叶文宪《吴国历史与吴文化探秘》，北京：文物出版社，2007年，第28页。
②林华东：《浙江史前文化的两朵金花——河姆渡和良渚文化》，《文史知识》1996年第10期；并见林华东《良渚文化研究》，杭州：浙江教育出版社，1998年，第80页。安志敏先生在为《良渚文化研究》所作序中认为，良渚文化以太湖流域为中心，南限迄于浙南，东到海滨并远达舟山群岛，同时还与大汶口文化、龙山文化以及江西、广东的若干史前遗存表现出千丝万缕的联系。另，对于良渚文化分布的范围，也有学者有不同认识，如认为宁绍平原不属于良渚文化范畴，认为宁镇地区的史前文化第四期属于江南新石器文化区系等。参见牟永抗《浙江新石器时代文化的初步认识》，《中国考古学会第三次年会论文集》(1981)，北京：文物出版社，1984年；魏正瑾《宁镇地区新石器时代文化的特点与分期》，《考古》1983年第3期。
③浙江省文物考古研究所、长兴县博物馆：《浙江长兴鼻子山越国贵族墓》，《文物》2007年第1期；浙江省文物考古研究所、安吉县博物馆：《浙江安吉龙山越国贵族墓》，《南方文物》2008年第3期。
④陈元甫：《长兴鼻子山越国贵族墓》，浙江省文物考古研究所《浙江考古新纪元》，北京：科学出版社，2009年，第177页。
⑤陈元甫：《安吉龙山越国贵族墓》，浙江省文物考古研究所《浙江考古新纪元》，北京：科学出版社，2009年，第179页。按，目前浙江省文物考古所正组织力量对安吉八亩墩越国大墓进行抢救性发掘，笔者曾在2017年和2018年几次与浙江大学方新德教授探访，深感墓主的等级规格似不低于"王者"，对此充满期待。
⑥曹锦炎：《〈浙江考古新纪元〉导读》，浙江省文物考古研究所《浙江考古新纪元》，北京：科学出版社，2009年。
⑦据叶文宪先生分析，石室土墩墓可看作是越人、越文化颇具典型意义的特征。在德清独仓山与南王山，考古工作者发现有6座石室土墩墓。参见浙江省文物考古研究所、德清县博物馆：《独仓山与南王山》，北京：科学出版社，2007年。

认为，良渚文化的玉琮及其图像记号（包括神鸟纹）是古越族对外交流的深化①。

当然，沿着童先生之说所启示的方向思考，并不意味着童先生所提出的假说没有问题。问题之一，如果说吴都在江北，那么其与无锡发现的阖闾故城、苏州乃吴之姑苏所在等等问题如何释解、圆通？这需要进一步的历史文献与实证资料的解读，以说明曾经发生的人口与文化的传播、流动及其带来的文化记忆的变迁。问题之二，考古界对春秋战国及其前后时段的发掘尚处于"点"的解剖，若想复原先秦时代这一区域的面貌仍需假以更多的时日，而且这个问题的解决，其本身就是一个可展望而不可即及的面向理想的现实魔方。

窃以为，良渚先越文化存在一个与其他文化的此消彼长以及相对疏离、渐趋聚合的状态与阶段。良渚文化向岭南的延展和后来在太湖之地的逐渐消通，既反映出黄河流域文化对淮河、长江流域文化的扩张、影响，也表明吴文化（按，在笔者看来吴接受中原文化的影响当更深，印迹亦更为明显）与越文化的碰撞、交集（按，尽管对此我们还缺乏更多资料的诠释）及越地文化在族的迁徙和文化传播浪潮中的形态嬗变。而这也恰恰说明华夏文明的形成，确乎经历了一个复杂而漫长的历史发展过程，并非一蹴而就。远古时代族群的分分合合，各地方文化的差异聚合，当是一种常态②。当然，无论怎样改变，区域文化的基本精神却仍如屈原"九歌"中的魂魄一般，虽九死其犹未悔。如所周知，越文化以好剑轻死、厥性轻扬而著称。《越绝书》即称："锐兵任死，越之常性。"③ 明《（万历）湖州府志》引《晋志》云："江南气劲，厥性轻扬。"及至东汉末、三国争雄时，世人谈及江南之地仍谓之："江南精兵，北土所难，欲以十卒当东一人。"凡此，亦说明时空的跨越消解不了文化的生命力，区域文化的耐应力和持续张力远比人们想象的顽强得多和复杂得多。

综上所论，尽管在良渚文化的方国冠名和国家（文明）状态的具体认知上，史学界与考古学界互有歧见，尽管对越文化初兴地的认识也还只是一个开始，但并不妨碍历史学借鉴考古学的成果构建新的古史体系，不妨碍我们将良渚文化遗址视作先越部族时代重要的文化聚落群，不妨碍史学放宽研究的视野去找寻越文化在历史的原野上留下的芳迹和支点。事实是，在今天想要探究文明起源和早期国家时代的历史，某种意义上，只能根据考古发现进行研究，而考古学确乎"有能力研究发生在数百年或数千年前的历史过程，以重现并检验某一时刻曾存在于世上但现在已消失了的各种文化类型的全貌"④。一如王家范先生所论："考古事业的大发展，使我们越来越多的人感受到了古书里提到的'方国'或'方邦'，正从地底慢慢涌出"⑤。而良渚文化无疑正是一个"从地底慢慢涌出"的具有一定的初始文明形态的先越文化的突出代表，太湖流域无疑应视作越文化初起、勃兴的重要地区。

作者简介：李学功，男，湖州师范学院教授。

---

① 林巳奈夫：《良渚文化和大汶口文化中的图像记号》，《东南文化》1991年第4期。
② 按，说到区域文化与主流文化的"离合"问题，早期巴蜀文化与中国的大两河——长江、黄河流域主流文化的疏离较为明显，且更多的体现出一种"离"的文化差异性特征。春秋战国以降，巴蜀文化开始步入文化整合的过渡时期，其文化特征才较多地显示出与中原文化、楚文化等"合"的一面。而吴越文化则与巴蜀文化不同，其"合"的成分与意识相对较浓。限于篇幅，这里只交待一下观点，待另文论之。
③ 《越绝书·外传记地传》，上海：上海古籍出版社，1985年，第58页。
④ 乔纳森·哈斯：《史前国家的演进》，北京：求实出版社，1988年，第15页。
⑤ 王家范：《中国历史通论》，上海：华东师范大学出版社，2000年，第31—32页。

徐中舒先生古典文学研究述略

江西省社会科学院文化研究所　李　懿

摘　要：青年时代的徐中舒对古典文学研究充满激情，亲炙于胡远浚、王国维、梁启超等，后供职于人才济济的史语所，优良的学术环境对其多角度探索古典文学具有积极的作用。在民国学术潮流的影响下，徐中舒立足于疑古立场，重视文学作品的文本性与互文性考释，凸显通俗文学的地位，并将文献辨伪、历史考古、文学发展、跨学科研究融于一体，在研究态度、研究方法和研究视域上都有不俗的探索。这些创造性的见解对于当下古典文学研究有着较为深刻的启示意义。

关键词：徐中舒　古典文学　清华国学院　跨学科

徐中舒先生（1898—1991），初名裕朝，字中舒，安徽怀宁县人。1925 年考入清华学校国学研究院，成为国学研究院第一届学生，师从于王国维、梁启超等，深受王、梁二师崇高人格与学术精神的熏陶。徐中舒一生治学严谨，其学术视野主要集中在先秦史、古文字学、古文献学、巴蜀地方史等领域，尤其在先秦史和古文字方面取得了卓越的成绩。在徐中舒的治学生涯中，古典文学研究是一个不容忽略的层面，但学术界对此关注较少，经粗略统计，徐中舒已发表这方面的论文大致有十一篇，约占其全部论文的十分之一。本文仅就徐中舒古典文学研究的理论方法与治学实践进行归纳与评介，且勾勒形成这些方法的学术轨迹，意在凸显徐中舒探究传统文学的理路、特色及成就，进而呈现出徐中舒之学术精神和近代学术发展之间的密切关系，以供研究者识之。

一、结缘

徐中舒先生早年对古典文学抱有浓厚的热情，随着治学范围的扩大和对古史的尽心专研，他认为找准了学习方向，应节约时间，集中精力围绕一个中心进行探讨，才能取得优秀的成绩，遂弃文而转向攻史。他在《我的学习之路》（代前言）中说："我年轻时对中国古典文学也有兴趣，曾发表过《木兰歌再考》《古诗十九首考》《五言诗发生时期的讨论》等文章，阐述了自己对这个古代文学的一些看法。然而治史要求处处征实，中国古史中未知数甚多，要取得一点突破，在前人基础上有所进步那是非常不易的，要尽量避免其他干扰。一个先秦历史散文展开讨论，其余诸文皆围绕古代诗歌而发论。

求学清华学校国学研究院时期，徐中舒受到梁启超古典考释学思想的熏陶。民国十二年1月9日，梁启超为东大国学研究演讲作《治国学的两条大路》，梁先生提到要用科学的方法"整理国故"、辨识古典，倡导治国学者有责任和义务重新审读旧典。其曰："我们因为文化太古，书籍太多，所以真伪杂陈，很费别择；或者文义艰深，难以索解。我们治国学的人，为节省后人精力而且令学问容易普及起见，应该负一种责任，将所有重要古典，都重新审定一番，解释一番。这种工作，前清一代的学者已经做得不少。我们一面凭借他们的基础，容易进行；一面我们因外国学问的触发，可以有许多补他们所不及。所以从这方面研究，又是极有趣味的事。"① 徐中舒在梁先生的引导下，业有所攻，极为关注国故的整理问题。

在民国学术思潮和梁启超的影响下，基于扎实的文献基础，重视典籍辨伪与考释是徐中舒研究古典文学的显著特色。传统文学典籍卷帙浩繁，真伪错杂，治学之首要任务便是正确审视和解读文献。徐中舒深信辨伪是使用材料前的必要工作。其云："我们读书第一要能辨伪。假使我们把伪书拿来做论证，结果不但白说了一番，而且足以紊乱学术的系统。"② 徐中舒生活在清末民初，对乾嘉学派的考辨之功推赏备至，称赞他们注意史料之收集，已经自觉不自觉地讲求无征不信、大胆批判的科学方法，指出："清朝乾嘉学派的学者对于澄清汉、唐以来的伪先秦史谬误做了大量的工作，不少微观研究颇能揭露历史实际，堪称独步千古。"③ 同时，徐中舒也对古史辨派的治学思想有所镜鉴。20世纪20年代，以顾颉刚、钱玄同为主的古史辨派发起"疑古辨伪"之风，对难以见出历史素地的五帝传说等上古史问题全面提出质疑，并将上古史系统打成碎片组合成新的历史，这在当时史学界开启了一个新的时代。古史辨派勇于开拓的疑古精神对时人治学具有重大的启发意义。

强调文学研究本位性和互文性是徐中舒考辨典籍的主要途径。《古诗十九首考》率先指出古诗十九首在文学史上占有极重要的地位，随后对其失名已久所引起的以讹传讹现象进行剖析。文云："吾人试取古代历史事实而考其原起，知大部分皆由传说构成。五言诗虽属后起，或列于乐府，或播在人口，歌者徒诵其辞，闻者仅悦其声，至于作者何人，著于何代，不入吟咏，则非所知，此古诗所以多失名之作也。失名之后，异说纷起，或由讹变，或由伪托，先为疑辞，后成定论。"④ 围绕如何考释古诗的写作时间，徐中舒提出参照文本自身或拟作、引文的原理，称即便无法断定作者，但关于作诗时代，"从著录上，或拟作中，或后人引用其诗，或由诗中语句含有时间性、空间性者，参互以推之，尚可略得其梗概"。⑤ 这篇力作把握住原作和拟作及引文之间的内在联系，通过对比后人拟作用字工拙，推崇文本互证法。《行行重行行》有"胡马依北风，越鸟巢南枝"句，《韩诗外传》《盐铁论》称"代马、

---

① 梁启超：《梁启超论中国文化史》，北京：商务印书馆，2012年，第19页。
② 徐中舒：《五言诗发生时期的讨论》，《徐中舒历史论文选辑》，北京：中华书局，1998年，第36页。
③ 徐中舒：《先秦史新探·序言》，开封：河南大学出版社，1988年，第2页。
④ 徐中舒：《古诗十九首考》，《徐中舒历史论文选辑》，第5页。
⑤ 徐中舒：《古诗十九首考》，《徐中舒历史论文选辑》，第5页。

飞鸟"，《吴越春秋》《朔风诗》称"胡马、越鸟"，从而推论《行行重行行》非西汉人所作。徐中舒《五言诗发生时期的讨论》述及五言诗的发生时期"是我国文学史上千余年来未曾解决的悬案"，重申"必要在诗的本身找到时代的根据"，依旧从文本出发寻求答案。

徐中舒关注文本性的具体表现是借助各时代的代表性诗体和诗歌用语以判断作品的年代。梁启超《古书年代及其真伪》将不同时代的文体作为甄别伪书"最主要的标准"，并指出"从书名或书内的名词"亦能辨别书的真伪。① 这些论断应对徐中舒有较大影响。《九歌九辩考》开篇释义《九歌》《九辩》，阐释"九"之含义，根据《九歌》《九辩》不见两汉称引和拟作，判定其不是屈原及弟子宋玉所作。文中又指出《九歌》文本多用"兮"字，这与西汉歌诗诗体五七言、四言、八言、九言并存以至尚未定型的现象相吻合，故论断其为汉武帝时代的歌诗。此外，该文按《九辩》在诗式上也是五、六、七、八言并用，且《九辩》的一些辞句和《哀时命》《七谏》相似，故推断《九辩》也为汉人所作。

三、文学研究与历史考古学

借鉴历史考古的思维是徐中舒探索古典文学的重要特征。梁启超《中国历史研究法》举中国古代小说《水浒传》"鲁智深醉打山门"、《儒林外史》"胡屠户奉承新举人女婿"为例，以示小说所言"固非事实"，不过仍能借此考察当时"元、明间犯罪之人得一度牒即可以借佛门作逋逃薮""明、清间乡曲之人一登科第，便成为社会上特别阶级"的社会现实。这类社会现象他书未载，却能从小说得知。"于非事实中觅出事实"，这正是善治史者的优长所在。尽管梁启超未正式提出"文史互证"的说法，"文史互证"的思路却明显蕴含在他的学术观点中。徐中舒求学国学研究院时，应当受到梁师"文史互证"治学思想的感染。国学研究院的另一位导师陈寅恪，其所著《元白诗笺证稿》《柳如是别传》为"文史互证"研究的典范之作。徐中舒"文史结合"的治学思想和陈师的研究思路有着异曲同工之处。《木兰歌再考》《木兰歌再考补篇》皆是这方面的代表作。

因对姚大荣《木兰从军时地表微》《木兰从军时地表微补述》提出的观点持有不同看法，徐中舒与之商榷而作《木兰歌再考》《木兰歌再考补篇》。《木兰歌再考补篇》将考古结论正确与否归结为所持之态度、所用之方法、所搜集有关系之资料完备与否三方面，剖析今人整理国故感到最困难的原因在于"有用之资料缺乏，而敷泛之资料太多"，并提出"将国学基础建筑于历史考古学之上"的观点。徐中舒特别将历史考古学与汉学家的考据动机、态度、方法加以比较，文曰："历史考古学之名称，所以别于史前考古学——即未有文字历史以前之石器时代……汉学家之考据固多精确不刊之著作可为吾人今日之模范，然今之考古学与汉学家之考据其根本实有显然不同者：自其动机言之，汉学家为昌明经学或阐扬名教而考据，考古学则为明了某时代、某事物而考古；自其态度言之，汉学家专尚功力而忽略理解。考古学首重理解而亦不废功力；自其方法言之，汉学家囿于儒家独尊之下，缺乏参考比较之资料，故不得不偏重主观，考古学本于历史进化的观念，广搜参考比较之资料，故得作客观的

---

① 梁启超：《古书年代及其真伪》，北京：中华书局，1955年，第57—59页。

整理。"① 文中为"历史考古学"这一学科正名以及对其学科特点的阐示,体现了徐中舒坚持"以史观文"的因由和学术研究的必然趋向。

一部分传统典籍如《左传》《战国策》等,既是史籍,又是优秀的文学著述。书中所述不仅本诸史实,也有编撰者世代传习、随时增益藻饰之辞。如何将鱼龙混杂的历史本事和后人附会区分开来,徐中舒预见性地提出通过"澄滤"实现去伪存真,使若干"事实"等"素地"从缘饰之词中剥离出来,并视"事实"之多寡而定其真实性。② 合纵连横的代表人物苏秦和张仪为同一时代对手的观念已成历代共识。《〈战国策〉的编写及有关苏秦诸问题》追踪燕昭王以弱燕灭强齐、苏秦伐宋离赵间齐的事迹,对《战国策》的成书和书中人物苏秦的生平经历进行考察。徐中舒以《古本竹书纪年》为底本,指出《战国策》中有关苏秦事迹的描述与史实不符。他判定苏、张绝非同时代人,张仪生活的时代当早于苏秦。苏秦为燕反间齐而死,天下合纵者背地争学其术,后人根据需要塑造出合乎想象的箭垛式英雄人物。1973年长沙马王堆三号汉墓出土了类似《战国策》的帛书,帛书的出土雄辩地证明《战国策》所记苏秦事迹确有讹误,从而证明了徐中舒深刻的分析能力和学术前瞻性。

过去《左传》的作者及成书时间问题一直没有得到很好的解决,左丘明一向被看作《左传》的作者,但书中预言三家分晋、田氏代齐,宣扬当时掌握军权的卿大夫,而对"礼乐征伐自天子出"的观念不以为然,这些事件和意识形态皆非孔子同时代人左丘明所能预知。左丘明将史实融会贯通起来,在瞽瞍中一年年地反复传诵,《左传》以此为蓝本,再由子夏再传弟子搜集到更多文献,经《左传》的作者编排润色而成书。徐中舒根据《左传》讲霸业不讲王道、喜好因果休咎而以卜筮为征验等,论断其成书年代在公元前375—前351年之间,并指出《左传》记事虽有夸大之处,但利用当时所能获得的成文及传诵资料,不失为研究《春秋》以前古史的重要典籍。徐中舒这种客观考索和利用典籍的治学态度是十分值得借鉴的。

纵观徐中舒探讨古典文学的十余篇文章,大多与文献考辨密切相关,注重文献研究成为其毕生学术追索的重要构成部分。"文化大革命"发生后,徐中舒惨遭迫害,生活困顿,却仍旧系心学术。1971年,他拟定了一份"我的工作计划",将过去所作、晚年想继续完成的工作概括为四项,其中第二项即"古文献研究",这一项又细分为《左传》与《国语》的关系、《战国策》校注、有关《战国策》诸问题(如《赵策》赵武灵王胡服骑射完全是战国策士模拟《商君书》之作)、《诗经》研究、《楚辞》研究等五个研究类目。③ 这份工作构想反映了徐中舒从青年至暮年致力于古文献探索的坚定信念,这和他已经撰写完成的文学研究篇目有着高度的趋同性。徐中舒的文学文献考辨多偏向于宋代以前,这和当时国学院的教育培养倾向和那时"国学"研究多关注中国历史的学术趋势息息相关。徐中舒本着求真的态度,用历史考古的眼光审视文学,充分利用古本文献检讨史籍作者、成书时代,揭橥虚构掩饰之处,将史实真相与文学创造区分开来。

---

① 徐中舒:《木兰歌再考补篇》,《东方杂志》1926年第23卷11号,第89—90页。
② 徐中舒:《殷人服象及象之南迁》,《徐中舒历史论文选辑》,第53页。
③ 徐亮工:《徐中舒先生生平编年》(未定稿),《徐中舒先生百年诞辰纪念文集》,成都:巴蜀书社,1998年,第361页。

四、古典文学发展史

从文学文献考释逐渐转向与勾勒文学发展脉络并重,这是徐中舒古典文学研究的又一显著特征。徐中舒讨论古典文学的大多数篇目都涉及文献考证,不过《六朝恋歌》《一首六朝的扬州名歌》已清晰展示出徐中舒对文学自身发展规律的主动探索。《六朝恋歌》自述:"我想本了文学史家的态度研究六朝的恋歌,从种种方面,说明它的特点,探求它的源流,使它在文学史上得到一个相当的地位。不像从前人说'齐梁及陈隋,众作等蝉噪',这样一笔抹杀了六朝文学;也不像现代人专门从触机上捧场,代古人打抱不平。"① 这两篇文章探讨的对象都是通俗化的民间文学,《六朝恋歌》重在整体把握,《一首六朝的扬州名歌》则是具体而微地解读。

徐中舒关注通俗文学,这和那时流行的文学思潮密切相关。1915 年,新文化运动爆发,文学界掀起一股变革之风。1917 年,新文化运动的干将胡适发表《文学改良刍议》,提出"八事"观,大力倡导用白话的语言、自由的文体为新文学注入新的内容和思想。胡适《白话文学史》分为第一编"唐以前"计十章、第二编"唐朝"计六章以及附录第三编"两宋的白话文学"计七章。胡适在自序中说"一切新文学的来源都在民间",认为中国文学的演进有两条路子:一条是模仿的、没有生气的文学,一条是活泼泼的、表现人生的白话文学,而白话文学史是中国文学史的中心部分,"这一大段最热闹,最富于创造性,最可以代表时代"。②《白话文学史》第七章"南北新民族的文学"专门就六朝时期的南北民族文学予以考察,得出"南方民族的文学关注缠绵宛转的恋爱,北方的平民文学关注慷慨洒落的英雄"的整体认知。

《六朝恋歌》《一首六朝的扬州名歌》在胡适的研究基础上又向前深入了一步。《六朝恋歌》篇幅较长,分别讨论恋歌的地方色彩、北歌和西曲及吴歌的写作成因、各地恋歌的内容意蕴及区别等,尤其从修辞学的角度探讨恋歌语言中谐音词格的运用。徐中舒认为谐音词格在民间口语、方俗文学特别在六朝恋歌里尤其丰富,谐音词格大多为吴歌所独有,其后吴歌谐音词格流入北方,渗透到北方文学创作中,另外对西曲也有一定的影响。该文还检讨吴声歌曲衰落的因由及六朝乃至唐代文学的嬗变趋势。文云:"吴声歌曲的衰老,也就是江南文化的衰老。这种衰老的文化好像暮春天气,姹红嫣紫,绚烂盛极之后,已将自行零落;而那时中原旧民族与新民族结合之后,更挟了一阵狂风骤雨,将江南文化摧残略尽。所幸江南文化还留下了几颗种子,一部分被狂风骤雨挟以北去,就演成了唐代的文化。一部分仍留在旧土,经过二三百年的休息,才渐渐恢复原状,而成就了唐五代的词。"③ 和其他偏重文献考证的文章相比,该文表现出重视体察文学内在因素、关注文学自身发展脉络的明显趋向。《一首六朝的扬州名歌》以《西洲曲》为个例,意在借此"明白地显示民歌与非民歌的界限"。文曰:"民歌总是站在时代的前面。在历史上的民歌,大概都可认为文艺的前驱者。换

---

① 徐中舒:《六朝恋歌》,《一般》1927 年第 3 卷 1 期,第 99 页。
② 胡适:《白话文学史》(自序),天津:百花文艺出版社,2001 年,第 7—9 页。
③ 徐中舒:《六朝恋歌》,第 124 页。

句话讲,就是一切文艺,都是由民间爬上来的。"① 该文剖析《西洲曲》"使用双关的谐音词格""随韵接合""带有浓厚的地方色彩"这三条典型的文学特征,对此诗内容略作疏解。不难看出,这两篇文章都是考察文学史的源头及变迁,再次体现出国学院"重史"的治学观念对徐中舒的影响,国学院研究文学的学生大都具有这个特点,如罗根泽《中国文学起源的新探索》《中国诗歌之起源》《七言诗之起源及其成熟》等著述也是致力于文学渊源的梳理。同时,二文讴歌民歌启迪后代文学的重要意义,显示了徐中舒对于当时新文化运动时代思潮的积极回应及其敏锐趋前的学术视域。

五、古典文学与跨学科研究

徐中舒的古典文学研究并不是孤立地停留在文学层面,而是呈现出一种以文学为中心,辐及历史、文字、民俗、社会、地理、天文等多门学问的跨学科研究趋向。这在"文史互证""二重证据法"等研究方法的基础上,又有了新的进步。较之同时期国学院陆侃如、浦江清等重视文学本位研究,徐中舒的古典文学研究则愈发具有融合学科的格局与气势,这和北平中央研究院历史语言研究所(以下简称"史语所")的近代科学研究方法是相互呼应的。以傅斯年、陈寅恪、李济、董作宾为首的史语所,经费充足,人才济济,资料极富,他们力求用新材料、新方法、新视野研究中国古代历史文化,提出"上穷碧落下黄泉,动手动脚找东西"、从无到有树立"科学的东方学之正统在中国"。傅斯年列出三条检验历史学、语言学进步的标准,主张用近代自然科学的全部研究来代替书院学究的研究模式,更坚信研究历史、语言等学科的方法可以概述为治学进步便是"扩张研究的材料和工具,利用一切相关材料和工具来研究学问"。② 1929年初至1938年春,徐中舒在史语所攀上了学术生涯的第一个高峰,思想上潜移默化受史语所诸公的感染,使用新材料、新方法探究中国古代历史文化乃至古典文学成为其毕生的治学理念和学术实践。

在其最具代表性的《古诗十九首》一文,徐中舒从文本入手,运用传统小学的知识,全面检索《尔雅》《方言》等字书及相关史料,通过分析诗句"促织鸣东壁"中"促织"一词的出现时间,指出"促织"大致出于东汉末年,从而判定《明月皎夜光》的创作时期最早不过东汉之末。徐中舒还利用天文学知识,参照《史记·天官书》来说明"玉衡指孟冬"实为孟秋七月,以此反驳《明月皎夜光》创作于西汉以前。《趋车上东门》诗云"服食求神仙,多为药所误",徐中舒从时风民俗着眼,爬梳史料得出结论"西汉有求神仙却无服食之事",并证明该诗绝非西汉时所作,且根据《典论》《博物志》所记"服食求神仙"盛于汉末,故判断诗歌作于那个时期。

综上,青年时代的徐中舒对古典文学研究充满激情,亲炙于胡远浚、王国维、梁启超等大师,而后供职于人才济济的史语所,优良的学术环境让徐中舒视野开阔,这对其多角度探索古典文学具有积极作用。尽管徐中舒关注古典文学的文章数量有限,却不乏特色。在当时

---

① 徐中舒:《一首六朝的扬州名歌》,《青海》(上海)1929年第1卷第6期,第5页。
② 傅斯年:《历史语言研究所工作之旨趣》,刘梦溪主编:《中国现代学术经典·傅斯年卷》,石家庄:河北教育出版社,1996年,第349页。

学术潮流的影响下，徐中舒立足于疑古立场，重视文学作品的文本性与互文性考释，凸显通俗文学的地位，并将文献辨伪、历史考古、文学发展、跨学科研究融于一体，在研究态度、研究方法和研究视域上都有不俗的探索。这些方法论和创造性的见解，对于当下古典文学研究有着较为深刻的启示意义，值得我们思考借鉴。

作者简介：李懿，女，江西省社会科学院文化研究所副研究员。

记忆与领会：徐中舒先生学术思想之我见——纪念先生诞辰 120 周年

四川大学历史文化学院　李映发

摘　要：徐先生是老一辈史学大师，学问精深博大。笔者有幸为学生，有幸为他领导下的教师，在课堂上聆听讲课，在教学工作与日常生活相处中聆听其为师与治学之道。本文拟从乾嘉学术源流、历史唯物主义史观、求真学问和为诚师表等三方面谈对老师的学术思想的领会与诸多教诲的记忆。

关键词：徐中舒　先秦史　古文字学　学术思想

1963 年春，徐先生给我们年级上"先秦史"专题课。大家知道，徐先生几十年前已是国内外著名的史学家、学部委员、一级教授，又是我们的系主任，同学们都热情高涨，专心听讲，做笔记。一学期的先秦史专题课听下来使我十分震撼，知道了许多以前闻所未闻的知识。我们年级学中国通史基础课，用范文澜的书为教材，讲的多是郭沫若观点。那个年代提倡的"政治挂帅"，"以论带史"，"厚今薄古"，听了通史课，在无产阶级史学理论方面，在历史上王朝兴亡更替的时段、地域、大事件、大人物、农民起义的过程与意义等方面，比之于中学历史课丰富一些，深一些，心中多了些理论语言，史事大线条；认识了人民在历史演进中的作用。但是，对于先秦史知之太少，仍然感觉迷茫神秘。徐先生平和的讲课，给我们揭去了先秦几千年历史的神秘面纱：讲课中展现了高莘、高阳蛮荒时代人们的生存状态，展现了用耒耜拨发田土，治水；从耦耕到牛耕；从黑陶彩陶部族遗物文化到夏、商、周国家的遗物甲骨钟鼎文化；从征伐礼乐自天子出的周天子到春秋战国"合纵""连横"争霸的盟主，尤其是对黄帝、神农、尧舜禹神话和《山海经》中记述的那些传说的落实，更令人眼睛一亮，兴趣油然而生。所以，我对先秦史产生了浓厚的兴趣，听先秦史课的笔记本保存至今，几十年多次迁居也没丢掉。

"文化大革命"后，因本系课程体系重新设置，笔者转到了中国通史下半段和明清史专题的讲课与研究。有一天，徐先生去系上开会回家，我在校园荷花池边路上遇见，我打招呼后随同一起走，跟随至先生住宅前，途中请教一些问题。我说道："先秦史像古味悠长的浓茶，明清史像白开水，历史味太少了。"先生说："切莫轻看明清史、民国史，明清民国有许多关于先秦、秦汉历史问题的著述；学上半段历史的人不学下半段历史，先秦秦汉史是学不好的；前半段的人不会说到后半段的事，但后半段有些事是远古流传下来的，明清档案遗存到民国到现在。搞明清史，历史档案很重要。清代内阁档案整理了一点，还多得很，积存着。明清史资料、文献、史书，以及中央的地方的档案，多、杂、散，整理研究都不容易。"先生一席话，不仅轻轻地批评了我，也使我顿开茅塞，获得许多启示。

徐先生对明清档案这么看重，熟悉，原来他来四川大学之前，在北京中央研究院历史语言研究所整理内阁大库档案，历时七年，直至全面抗战暴发。徐先生还写有介绍明清档案的文章。我在侧重明请史之后，也随时关注一些先秦史方面的著述和考古方面的文章。徐先生的文章，大部分都拜读过，获得如何做学问方面的启示性、指导性的教益良多。在此，仅对先生的学术、思想、治学作风谈一点自己的认识与领会。水平有限，难免有井蛙之浅陋与摸象之乖误，敬请大家谠正。

一、乾嘉学术传统的根底

"文化大革命"中，教育荒废了十年。"文化大革命"后，各大专院校都忙于整顿教师队伍，培养和培训教师，恢复教学规制，恢复和提高教学质量。当年，高教部为此举办多个学科的高校教师培训班。高校明清史师训班，高教部委托天津南开大学历史系主办，由著名的明清史老专家郑天挺教授主持。我们系领导指派我去学习，并告诉我郑天挺教授是徐老的好朋友，整理内阁大库明清档案的同事，让我走之前去拜会一下徐先生。去南开的前两天，我去留青园徐先生书房，当时先生正忙于甲骨文字研究的事，师母带我进屋，先生抬起头，放下手中的事，请我坐。我汇报了将去郑老主办的"明清史师训班"学习半年的事，徐老听后高兴而轻松地说："郑老是明清史专家，对满族入关前的社会研究深，对故宫中的明清档案也熟悉，好好学习。明清史的研究，北京、天津、沈阳都有优势，这方面四川很不够。明代清代四川都有很多大事，你还年轻，回来后努点力吧。"他要我代替他向郑老及郑老之子郑克晟教授问好。我致谢告别，出门时，先生说，明天来带封信去。第二天去，先生有事外出了，师母将一封信和一个小包给了我。

郑天挺教授主持的"高教明清史师训班"，从全国 12 所高校来了 12 名学员，由郑老及南开明清史研究室的 6 位老师及北京、沈阳的清史专家以专题讲课。郑天挺教授讲授"清代乾嘉学派及其对后世的影响"时，还走下讲坛到我座位前说："你们徐中舒先生就是承袭了乾嘉学派考据学做学问的传统。"郑老待人讲课都很平和，上课有时走下讲坛讲，大家感到亲切。郑老每天晚饭后，习惯从南开大校门向南的大道散步，我多次迎上去一同散步，请教明代"律诰"、清代档案、四川明清大事要旨等一些问题，郑老详细答疑。有一次，他说："徐先生整理过明清档案，回去多请教。"师训班结束，离南开返回时，郑老请我向徐先生问好，并带回信，是请对将出版的某一书题词。

郑天挺教授讲乾嘉学派源流，讲到明朝灭亡的原因，明末清初有的学者归结为："政府的腐败，党（阉党与东林党）争不断，富人奢靡，士风浮滑，文人无耻，为名为利乱抄书乱编书，文人误国"。针对明末社会乱象，大学问家顾炎武提出，"天下兴亡，匹夫有责"；针对士风败坏，提出"行己有耻"；针对空疏学风，推崇东汉许慎、郑玄之学，提倡朴朴实实做学问，"求真求是，无征不信"。治学方法，每一事必详其始末，重视实证，严于考据；立论要有直证，旁证；辨一字，要阐其形、音、义。求学问要"博学于文"，以经学为中心，也要备有音韵、名物训诂、历史地理、天文历算、校勘辑佚等各方面的知识。顾炎武还提倡做学问要"经世致用"。这样的学术，又称之为"朴学""考据学"。顾炎武的提倡，得到了清初学者的认同，蔚然成风，到乾隆嘉庆年间达于鼎盛，形成"乾嘉学派"。著名学者有江永、戴震、钱大昕、段玉裁、毕沅、阮元、卢文弨、纪昀、严可均等60余人。虽然后来有的人把做学问搞得繁琐，支离破碎，钻牛角尖，但这一学派扎扎实实做学问的精神与学风被老一代学者继承下来。郑天挺教授谈到了王国维、梁启超、李济、顾颉刚、陈寅恪等，也谈到了徐中舒先生。

这一学术源流，就是"国学"学术思想，与文风的正流。顾炎武为清代"考据学"开了先河，他在"博学于文"中并未涉及甲骨文和青铜铭文可以证史一事，这是时代的局限。1899年（光绪二十五年），山东人王懿荣首次辨认出所搜到的甲骨上刻画的是文字，经学者们考证是商代的，又与《史记·殷本纪》文字比较，证明为可信之记载，学者们得到了甲骨文金文证史的启示。1928年，中央研究院历史语言研究所对安阳殷墟进行科学发掘，获得大量甲骨文字，这不仅是中国近代考古学的建立，也是利用甲骨文金文地下文物与历史文献互证，以求信史的学术思想、治史文风的新开端。

这一近代学术思想大师就是王国维（字静安，1877—1927），他采用文献和考古地下发掘出来的资料为证据研究历史，这就是王国维的"二重证据法"新史学。徐中舒先生师从王国维、梁启超，传承了国学传统，在后来自己的治学中加以弘扬，并且创新为"三重证据法""多重证据法"。

徐先生能接受这一国学传统，一是天分，二是勤奋。先生心性沉静，好学深思，乐于广闻，精于用丰富资料作比较研究。先生于1898年出生于安徽休宁（今安庆），那里是四库馆纂修官、赐同进士出身、乾嘉学派集大成者戴震（字东原，1724—1777）的故乡。1914年，先生16岁进安庆第一师范学校，桐城派的古文引起他的浓厚兴趣。"桐城派"，就是以安徽桐城的学者方苞（1668—1749）和姚鼐（1732—1815）为代表的治学方法与文风。二人都以精研经学，长于古文名于世。方苞继承归有光唐宋派古文传统，尤喜考订名物训诂；姚鼐主张和提倡的治学理念与文风：义理、文章、考证，三者不可偏废。故乡浓厚的乾嘉学问、桐城派学问氛围，陶冶着年轻的先生。

1929年，31岁的先生考入清华大学国学研究院，1930年先生被推荐到中央研究院历史语言研究所任编研员。与京城的、北方的国学大师共事，先生的国学学术思想更臻深厚，并在前人的基础上，融汇贯通，推陈出新，提出了"三重证据法""多重证据法"，并身体力行，研究成果一一惊闻学术界。

中国古代史的学习，古汉语是必须的；先秦史的研究，尤其是夏商周的研究，不懂甲骨文、金文是不会取得硕果的。徐先生是古文字学家，他的学术研究就从这里出发。先生著述的名篇《耒耜考》，1930年发表。就是从甲骨文上的"耤"字偏旁说起，耒的象形，从耒的其他字写法，从"象秉耒耕井田"的金文相分析；又以《周礼》《考工记》《左传》《国语》等文献中有关记载互证补充；耒的形制，又用传世的古钱币中的"圆足布""尖足布""方足布"及文献记载相佐证,揭示出原始耒的直观形状。此外,还言及这种形制后来的变化。考证耜,是从金文上的字为据,从小篆籀文与经传、《广雅》中不同的异体字,及所述的形制、用途,及木制或金属制而揭示;又以《说文》《方言》佐证;更以唐或唐以前输入日本,今藏奈良正仓院的子日手辛锄(此锄是古代耜之遗制)为旁证。重重互证,义理确确,其文自然也就是经典。徐先生考证耒耜,是乾嘉学派治学方法,但更长于用甲骨金文资料互证,更善于用其演变、民间方言及国外资料印证。更可点赞的,不是一些乾嘉学者为考证而考证,而是从考据这两种农具产生与变化,揭示农具进步对社会济发展带来的意义。先生在文中指出:"虽是一两件农具的演进,有时影响所及……也是改变全社会的经济状况,解决历史上的困难问题……直到汉代赵过改良农具,于是那时才'田野日辟'颇有蓄积,历史上的粮食问题从此不像以前那样严重了。"①

研读此文可知,徐先生如何以"三重证据法"进行考证,如何扎实地著述。

立论,十分重证据。他说:"观察方面较广,易得其实。"在《豳风说》一文中,先生考证"七月流火"不是豳地土风,列出10条证据,从农事,人们称呼"公"和"以介眉寿",七月流火的天象,《诗经》为鲁国国歌底本,豳人生活特征,地理环景,历史背景等方面考据,结论认为:"豳风应为春秋鲁国的诗歌"。真是独到。

徐先生考据,有直证,佐证和相比较的互证等诸方法:

1. 考据商周史事,以甲骨文金文等考古出土资料,和春秋战国前的文献为直证,以秦汉以后的史籍中相关文字为佐证。

2. 后史证前史。先生论及周与殷的关系变化时说:"观后世新兴之邦,其初多受其邻近大国之封爵,则周之与殷,其关系当如此……及文王受命称王,武王伐纣克商,皆因力既盛后之自然结果,亦犹后世新兴之邦,国力既盛之后,亦并曾受其锡封之大国而灭之,如金之于辽,元之于金,清之于元明。其事先后,如出一辙。"② 这就是相比较的互证。

3. 利用少数民族发展史的资料作互证。先生谈道,"奴隶制是人类社会发展必经阶段,中国的封建制之前,应有一个奴隶制阶段……中国边区也先后有许多奴隶社会和国家出现……建立奴隶制社会的部族和国家,有匈奴、鲜卑北魏、吐蕃和西夏、南诏、契丹辽、蒙古和满洲、民国时的彝族"。采用少数民族资料作互证,先生之前的史家是较为忽略的。

4. 先生治史,立足于大视野。考证黄河下游的黑陶部族,论及中上游的彩陶部落;考证殷商甲骨,延及西周东周钟鼎金文;考据先秦铜器上的镶嵌工艺,农业中的牛耕,与西方埃及、两河流域、古希腊文化的时代相比较;论中国奴隶制社会到封建制社会的变迁,批判认为是埃及和印度的影响,指出:"在东亚大陆社会发展过程中,中国总是先进的。在中国的周围,没有比它更先进的来影响它,使它超越这一阶段。"③ 他认为,西周前的殷商是奴

---

①徐中舒:《耒耜考》,《徐中舒历史论文选辑》(上),北京:中华书局,1998年,第73页。
②徐中舒:《从古书中推测之殷周民族》,《徐中舒历史论文选辑》(上),北京:中华书局,1998年,第27页。
③徐中舒:《论西周是封建社会——兼论殷代社会性质》(原载《历史研究》1957年第5期);《徐中舒历史论文选辑》(下),北京:中华书局,1998年,第931-932页。

隶制社会。

　　学问要真，依据要对，史料的难题是多的。求真先秦史，"因为甲骨文及有款识的铜器的发现与印行，使古代史料更有地下材料为之证明，关于古代社会的情况，因此可以推测"①。徐先生对史料的真伪，仔细辨别，谨慎择用。对于考古资料，先生说："盖古器物出土地址，同时出土遗物，及地下埋藏情形，为判定古器物年代及相互间种种关系之最好资料。此诸情形当古器物离开出土地址之时被忽略，即为永久之损失。"② 关于铜器年代的判定，有文字的好办，没有文字的大率依据器形而定。他指出："《山海经》多杂汉代地名，只能认为是汉人之作，不能认为是西周以前的史实。"③ 又指出："贾谊《新书·春秋篇》及《新序·刺奢简》载邹穆公曰，百姓饱牛而耕句，是汉人的著作"。对于汉代学者著述中的问题，先生指出："他们往往以自己所在的社会，来体察古代社会。"④ 古代有些史书，因为避讳而有异字异记，明清因文字狱对史书影响更大，即使《实录》亦失实。"清初实录，曾经数次涂改，凡与实录相抵触的史料，无不推毁殆尽"⑤。有的人著述，资料仅仅依据史书，徐先生劝道："我们如其求史料于旧史，我们毋宁求之于旧史所依据的史料，如档案之类"；"一切档案都可当史料对待"。治史时对待神话故事也要慎用。如大禹故事，他指出："大禹兴于西羌之说，出现于汉代"；禹治水，是将使用黑陶的部族和使用彩陶的部族统一起来，疏通水道，不过是"尽力乎沟洫"，符合低地排水工程的历史史实，至于"《禹贡》的导山导水，那就放大了无数倍，而成为古代的神话了"⑥。

　　此段虽然多饶些口舌，确是先生学术思想和治学作风的一大体现，对于后学也是一种谆谆的教导和灌顶般的启示。

二、历史唯物主义史学的素养

　　历史学是研究人类社会发展进程的学问，有其自身的规律，学者如何认识，研究中怎样把握，各有所异。乾嘉学派治学多就事论事，为考据而考据。清末民初，西方进化论传入，一些人有了朦胧的思考。在《耒耜考》中，徐先生说："人类社会的演进，应有一定步骤。"1933年的论文中讲："我们以为凡是历史，都是具有连续性的，历史上往往以此事件之果，

---

　　①徐中舒：《耒耜考》（原载国立中央研究院《历史语言研究所集刊》第二本第一分，1930年5月；《农业考古》1982年第1—2期）；《徐中舒历史论文选辑》（上），北京：中华书局，1998年，第72页。
　　②徐中舒：《当涂出土晋代遗物考》，《徐中舒历史论文选辑》（上），北京：中华书局，1998年，第378页。
　　③徐中舒：《论东亚大陆牛耕的起源》，原载《成都工商导报》学林副刊1951年12月；《徐中舒历史论文选辑》（下），北京：中华书局，1998年，第822页。
　　④徐中舒：《试论周代田制及其社会性质》，原载《四川大学学报》（社科版）1955年第2期；《徐中舒历史论文选辑》（下），北京：中华书局，1998年，第830页。
　　⑤徐中舒：《再述内阁大库档案之由来及其整理》，原载《历史语言研究集刊》第三本第四分，1933年；《中国近代经济研究集刊》第二卷第一期，1934年；《徐中舒历史论文选辑》（上），北京：中华书局，1998年，第375页。
　　⑥徐中舒：《试论周代田制及其社会性质》，原载《四川大学学报》（社科版）1955年第2期；《徐中舒历史论文选辑》（下），北京：中华书局，1998年，第829页。

为彼事件之因，因果互嬗，无有已时。"① 把社会历史的演进，归结于历史事件因果发生的推移，这大约可视为那时代一部分学者的史学理论。1949 年前，大约是以此为导向，研究历史的某具体事象及其在历史长河中的因果价值与意义。

中华人民共和国成立后，马克思主义在中国得到了普遍深入的宣传，徐先生十分快速地接受了这一学说，以辩证唯物主义和历史唯物主义理论为指导思想，观察社会，研究历史。在 1951 年 1 月发表《论殷代社会的族组织》一文中，他第一次在著述中赞颂马克思主义唯物史观，写道："近二十年来，国内外学者开始用唯物史观研治中国历史，已经有了显著的成就。"②

马克思主义观察社会，主要从生产力和生产关系着眼。生产力，分析人类征服自然和创造社会经济增衰的能力；生产关系，分析社会人际关系，以生产资料的占有与劳动成果的分配与占有来区分构成，这种构成关系，称之为"阶级关系"。以生产力和生产关系（阶级关系）分析人类社会历史的进程，分为五种社会形态：原始社会，奴隶社会，封建社会，资本主义社会，共产主义社会。共产主义是将来的理想，当今中外史学研究和论及的主要是前四种社会形态。1949 年前，中国史学未涉及这一问题，五六十年代对中国古代社会形态进行了大讨论。1955 年徐先生《试论周代田制及其社会性质》一文，以马克思历史唯物主义理论为指导，观察分析先秦社会形态。文中写道："古代中国的社会，依据马克思的论证，是属于亚细亚生产方式的东方类型，都是以公有财产为基础的社会过渡，这是解答中国古代社会的钥匙……人类社会发展，由低级到高级，氏族公社制是它必经的阶段……这是人类历史发展的规律性，也就是马克思列宁主义唯物史观的普遍真理。要解开中国历史上最重要的谜，也就不能离开马克思列宁主义的普遍真理。"③

徐先生以马克思唯物史观为指导，对周代的生产力，西周的田制与生产关系，诸侯田制与生产关系等问题进行了深入细致的探析，最后认定："夏后氏五十二而贡，殷人七十而助，周人百亩而彻……贡、助、彻，是夏、商、周三代不同的剥削制度。贡，是贡纳；助，是服役；彻，是服一定限度的劳役。贡、助是适应于奴隶社会的制度；彻，是适应于封建社会制度。"④ 史学界都知道，徐先生是西周前的夏商是奴隶社会，西周是封建社会论者。

古代中国以农立国，生产工具和牛耕是重要的生产力因素。徐先生一生关注这一问题。1930 年，他发表的《耒耜考》一文中提到了牛耕。起源何时？他没有解决，只说"先秦以前已有牛耕，但亦不得在战国初期以前"⑤。二十年后，发表《论东亚大陆牛耕的起源》，再

---

① 徐中舒：《再述内阁大库档案之由来及其整理》，《徐中舒历史论文选辑》（上），北京：中华书局，1998 年，第 376 页。
② 徐中舒：《论殷代社会的氏族组织》，原载《成都工商导报》学林副刊 1951 年 1 月；《徐中舒历史论文选辑》（下），北京：中华书局，1998 年，第 801 页。
③ 徐中舒：《试论周代田制及其社会性质》，原载《四川大学学报》社科版 1955 年第 2 期；《徐中舒历史论文选辑》（下），北京：中华书局，1998 年，第 829 页。
④ 徐中舒：《试论周代田制及其社会性质》，原载《四川大学学报》社科版 1955 年第 2 期；《徐中舒历史论文选辑》（下），北京：中华书局，1998 年，第 888 页。
⑤ 徐中舒：《耒耜考》，原载国立中央研究院《历史语言研究所集刊》第二本第一分，1930 年 5 月；《农业考古》1982 年第 1—2 期）；《徐中舒历史论文选辑》（上），北京：中华书局，1998 年，第 125 页。

深入研究先秦农业生产的耕作方式，从耦耕到牛耕的变化，而后坚决认定"春秋以前牛耕说的不可信"；指出："春秋战国之际，秦晋开始了牛耕，而且秦国在战国时代能够普遍推行。"① 徐先生从牛耕的作用与意义，提出了新颖的见解，指出："牛耕是秦始皇统一六国的经济基础……如果没有牛耕，统一的封建王朝是不会那么早出现的。"② 二十年间，何来如此变化？先生说："以前依据的材料不完备，观察得不邃密，所以一直不自信"；"现在因学习社会发展史，对于这一问题有了进一步的了解"。③ 这个进一步了解，就是了解生产力的提高，生产方式的进步，决定着社会物质财富的增加；了解到社会经济基础，决定着上层建筑。徐先生的这一研究的导向理论，和研究的实事求是方法，符合于马克思主义理论的历史唯物主义。

徐先生52岁前，发表过有影响的学术论文50篇，收入《论文选辑》的有28篇。中华人民共和国成立后，发表有影响的学术论文46篇，收入《论文选辑》的有32篇。前半生，是以乾嘉学派的求真求是进行考据和著述；后半生，以马克思主义的社会发展史观和实事求是的方法进行先秦史，古文字学、中国古代社会史、民族史、巴蜀史的研究和著述。理论指导的光辉，求真研究的邃密，独见著述的丰盈，成就了一代大师的盛誉。

三、为正为诚师表 求真求是学问

徐中舒先生著文如立人，求实求是，道德文章，大师风范。先生出身于不甚富裕的家庭，从小养成生活俭朴，勤奋读书的习惯。从50年代至90年代仙逝，我见到先生穿的衣服就是青、蓝、灰三色的中山装，有的衣裤穿旧了，洗白了，还在穿。先生完全不在乎衣着、生活，只潜心于学问。1960年秋，为度荒年，系上号召我们年级搞一个小科研，用于培育"油菜王"，需要罐头铁筒，我班同学分头到教授家里去讨（那年代一般人是吃不起罐头的），我和一位同学去先生家里，徐师母说，昨天收旧货的来，卖了（那时一个罐头铁筒，可卖8分钱），当时我们很诧异，先生是国内著名专家，一级教授，中华人民共和国成立前每月薪水360块大洋，中华人民共和国成立后也是360元人民币，这么多钱，家里还积旧物破烂卖。先生去世时，除了古籍和少许字画，也没什么积蓄，原来先生的钱，除了养家，买书，就是用来做学问和支助才俊发挥其才，如将拉车为生的吴天墀先生请到川大历史系工作，徐先生为他开工资；考古，甲骨文字，金文，需要描图，出钱请助手。其实，这也是为着本系中国古代史和先秦史的加强做好事。先生爱才惜才，出手十分慷慨。先生任系主任40余年，对教师、职工和研究生都十分平和、真诚，并时有关照，50年代初，每年春天做东请大家游杜甫草堂。

先生的真善心性，表现在对师生的真诚，表现在学术上就是追求真与是；事实求真，事

---

① 徐中舒：《论东亚大陆牛耕的起源》，原载《成都工商导报》学林副刊，1951年12月；《徐中舒历史论文选辑》（下），北京：中华书局，1998年，第820页。
② 徐中舒：《论东亚大陆牛耕的起源》，原载《成都工商导报》学林副刊，1951年12月；《徐中舒历史论文选辑》（下），北京：中华书局，1998年，第826页。
③ 徐中舒：《论东亚大陆牛耕的起源》，原载《成都工商导报》学林副刊，1951年12月；《徐中舒历史论文选辑》（下），北京：中华书局，1998年，第815页。

理求是，只要认为是真，就不计较其他顾忌，发表和坚持自己的见解。

我们一年级时，学习基础课中国通史，课堂听讲有一内容，就是批判"文化西来"说。四年级时，听徐先生"先秦史专题"课，先生讲了许多从西方来的文化影响，如"铜器中的薄形，及车马狩猎图绘，涡纹细密的虺龙纹饰种种……虽大部分为中国文化上自身之演进，然其中浮雕，镶嵌，兽之飞跃，倦息与羽人飞兽，操蛇，践蛇等图象，仍具有强烈的外来色彩"①；"至于印玺的历史，在西方起源极早。百年来，在埃及、克鲁特、巴比伦、希腊、印度、南俄发掘所得者，多为公元前数世纪，以至三四千年之物，但其在中国，则至春秋时代始见于记载……中国之有玺印，……其由西方传入亦可无疑也"②。又如镜，见于书，"始于战国；淮南出土的古镜，为现存之最古者亦楚末遗物……在西方或斯克泰遗物中发现之年代至迟皆在公元前五六世纪以前，远较发现于中国者较早。故此诸物之外来，均可无疑"。③还说到一些思想观念也从西来，如阴阳、五行、神仙术。"至于神仙不死之术，自公元前三四千年以来，即为埃及、巴比伦仑尼亚、腓尼基人所盛行倡导之事，至是当亦与阴阳之说同时输入中国。汉画之仙人，皆高鼻生羽，高鼻明为伊兰（朗？）以西之人种，其为外来，尤为显然"④。先生强调，"先秦文化有外来影响，实为不可否认之事"。甚至还说道，镶嵌工艺、牛耕是由西方传入印度，由印度传入蜀，而后传入秦晋。当时听课后，一是诧异，二是觉得新奇，三是觉得先生不避批判的时论，而固持己说，真有点史家精神。

先生广据文献和考古资料，立论立说，不囿于前人之说，故能将老师王国维的"二重证据法"继承而发展为"三重证据法""多重证据法"。对老师的论说不同意，也据证呈文。王应麟在《困学纪闻·合耦为人耦牛耦》条中，引《山海经》与5条古语之言说，"牛耕起于春秋之前"，这也是当时流行的说法。徐先生论证《山海经》中有汉代人之作，又将5条古语疏正详析，有力地驳斥了这一说法的不可信。在《论周代田制及其社会性质——并批判胡适井田辨观点和方法错误》一文中，批判"胡适大胆假设古代并没有均产的井田制度，井田制是孟子等人想象出来的"谬论。先生指出："胡适企图用主观唯心主义歪曲史实，以达到他反对唯物史观的目的，这是不能不加以驳斥的。"⑤

在学术领域，徐先生对王国维和胡适的态度，犹可见先生的学术思想，对学问真的继承性，对新的创造性，对邪的批判性。

学习马克思主义，采用历史唯物史观研究历史，是20世纪50年代的新风。这其间硬搬教条，套用别国模式是不乏其例的。在中国古代社会历史分期大讨论中，"国内有一种趋向，

---

① 徐中舒：《古代狩猎图象考》，原载《历史语言研究集刊》外编《蔡元培先生六十五岁纪念论文集》下册1933年，《徐中舒历史论文选辑》（上），北京：中华书局，1998年，第228页。
② 徐中舒：《马氏编钟考释》《徐中舒历史论文选辑》（上），北京：中华书局，1998年，第223页。
③ 徐中舒：《古代狩猎图象考》，原载《历史语言研究集刊》外编《蔡元培先生六十五岁纪念论文集》下册1933年，《徐中舒历史论文选辑》（上），北京：中华书局，1998年，第227页。
④ 徐中舒：《古代狩猎图象考》，原载《历史语言研究集刊》外编《蔡元培先生六十五岁纪念论文集》下册1933年，《徐中舒历史论文选辑》（上），北京：中华书局，1998年，第232页。
⑤ 徐中舒：《试论周代田制及其社会性质》，原载《四川大学学报》（社科版），1955年第2期，《徐中舒历史论文选辑》（下），北京：中华书局，1998年，第829页。

即运用苏联学者三十年来对古代东方——从埃及到印度——奴隶制研究的成果,认为中国古代——西周甚至汉代——的社会体制,也属于这一类型"。即认为:西汉以前国家是土地的最高所有者,在那里没有任何私人的土地所有制的,是奴隶社会。先生指出,没有私有土地,没有租税,"那却不是西周的事实","西周的士是小土地所有者","周代的赋是军赋,税是地租",地租有劳役地租和生产物地租①。所以,他认定夏、商是奴隶制社会,西周是封建制社会。当年,史学界以"春秋、战国前是奴隶社会,之后是封建社会"之说占主流,但徐先生坚持自己的主见,是西周封建论者。

学问有独见的大师,在社会生活中都有自己的人格与作风。徐先生对马克思主义历史唯物史观是从心底赞同、接受的,并用作认识社会、研究历史的指导思想,融汇贯通,自觉实践。六七十年代,"以论带史"的口号甚嚣史界,先立论再配史料的研究方法,长段长段引用"马克思主义经典作家"的论述和毛主席语录的讲课和著文的"贴标签"方法,弄成"以论代史",这是那时代学风、文风的流行色。徐先生未如此,讲"先秦史专题"课,并未听到他像有的人那样不时引用马恩的论述,而所讲的内容完全符合马克思主义认识论,从曾经存在过的社会实际情况为着眼点,从认识史料的分析,提高到思维而立论的阐述;研究和著述,坚持"论从史出",求实、求真、求是的国学传统,列出的史料能说明什么问题就立什么论点。先生著述从不跟风贴经典作家论述和语录标签,借以惊人吓世,各自朴朴实实地做学问。

文如其人,先生在社会生活中从不跟风。在几十年相处中,在多次政治运动中,从不说违心的话。他那朴实、真诚、求实、平和、稳重的老者形像,至今仍留在记忆中。

四、结束语

徐中舒先生,是我国著名的老一辈历史学家,先秦史和古文字学大师,是我们尊敬的系主任和任课老师。虽然先生已仙逝二十余年,音容教诲,记忆如昨。忆其治学教诲,或拜读著述,仍有新的领会和启示。

先生学问渊博精深,研治先秦至明清之历史,"通古今之变";尤精于先秦史和古文字学,每论卓见独到;"博学于文",擅于运用"三重证据法""多重证据法",将考古学、历史地理学、社会学、民族学、工艺技术及国外史学的资料,选择来为学术立论。

先生的治史方法,是以乾嘉考据学为根底,潜心学问,邃密考证,求实、求真、求是,朴素立论,"论从史出"。

先生治史学七十余年,理论上与时俱进。1950年后学习马克思主义,接受马克思主义,并以其历史唯物主义为指导思想,认识和分析社会历史进程中生产工具改进,劳动者劳动方式的改变而决定的生产力;生产关系;物质的社会经济基础与政治礼仪的上层建筑的历史存在,从宏观上把握社会历史的进程。

以马克思唯物史观为指导思想,把握社会历史进程的宏观,结合乾嘉考据学,以求实求

---

① 徐中舒:《论西周是封建社会——兼论殷代社会性质》,原载《历史研究》1957年第5期,《徐中舒历史论文选辑》(下),北京:中华书局,1998年,第931—963页。

真的微观方法研治中国史、先秦史、古文字学,我领会:这应是徐中舒先生的学术思想。正是这样的思想与实践,先生成为一代宗师。

今天回忆先生的教诲和重读先生的著作,仍然有太多的启示:先生为师,"博学于文",我们应当静心学习,在专的同时顾及博,基础宽大山峰才高,改变单向单薄的知识结构状况;真诚立人,认真看书学习,潜心学问,求实求是,论从史出,摒除虚假,学习先生的"三重证据法""多重证据法",而著内容丰富、有新意、新见解之文。不忘师恩,牢记教导,继承先生的治学精神与传统,让我们的教学和学术风气,有一个新的变化。

作者简介:李映发,男,四川大学历史文化学院教授。

徐中舒先生对《易经·井卦》井意象的辨正[*]

西华大学人文学院 潘殊闲

摘 要: 井这个词,在中国语言文字中有水井、井田、泛指人口聚居之地、乡里、家乡、陷井、二十八宿之一、整齐而有条理、姓氏等含义。具体到《易经·井卦》所涉及的意象而言,古今注家大都指认为水井,而徐中舒先生通过文字学与考古学的综合辨正,得出该卦所言"井",实有三种意象:水井、井田、陷井。虽然个别地方阐释略显简短,但无疑给了我们相当大的启示。本来易象就通于意象。而意与象本是两个维度。作者由意到象,读者由象到意,难免产生分歧,这也是古今阐释学、解释学上的共识。所谓"《诗》无达诂,《易》无达占,《春秋》无达辞",其理正在于此。

关键词: 徐中舒 《易经·井卦》 井意象 辨正

徐中舒先生(1898—1991)是中国著名的历史学家、古文字学家和古文献学家,尤其在先秦史和古文字研究方面成就卓著。在先秦史研究中,徐先生还特别擅长从古器物中去探寻古代的文化制度与社会发展。这些研究,往往从不起眼的器物入手,通过细致深入的挖掘辨析,探赜索隐,发前人所未发,启人思考。如在《古井杂谈》这篇论文中,从古井的井上形制、古井的井下状况、《易经》的《井卦》、西伯利亚的方木井等方面,非常深刻而又全面地剖析了古井的井上、井下形态,材质、功用以及古井的中外贯通等,令人茅塞顿开,获益良多。

在谈到《易经·井卦》时,徐中舒先生指出,该卦中所述之井意象,并非仅指水井之井,还包括井田之井和陷井之井。认为"过去注疏家把这三种不同的井都说成是水井之井,所以,就有许多牵强附会之谈,越讲越糊涂"①。

究竟哪些是水井之井,哪些是井田之井,哪些是陷井之井,还是从井卦卦爻辞入手

---

* 本文系作者主持的国家社科基金重点项目(项目编号:13AZX024)和教育部规划项目(项目编号:09XJA751008)的成果之一。

① 徐中舒:《古井杂谈》,载徐中舒著:《古器物中的古代文化制度》,商务印书馆,2015 年,第 341 页。

分析。

《井卦·卦辞》云："改邑不改井；无丧无得。往来井井。汔至，亦未繘井，羸其瓶，凶。"①

这段卦辞中出现四个"井"字，一个是"改邑不改井"之"井"，一是"汔至，亦未繘井"之"井"，另两个是"往来井井"之"井"。"井井"连用，显然是引申义。对另外两处单独使用之"井"，翻检多家注本，均将这两处"井"作"水井"解释，并由此作进一步阐发。如，解释"改邑不改井"之"井"字，王弼解释说："井以不变为德者也。"② 孔颖达正义曰："井者，物象之名也。古者穿地取水，以瓶引汲谓之为井。此卦明君子修德养民，有常不变，终始无改，养物不穷，莫过乎井。故以修德之卦取譬，名之井焉。改邑不改井者以下，明井有常德，此名井体有常，邑虽迁移，而井体无改，故云改邑不改井也。"③ 郑刚中解释说："井，德之地也。邑可虚而地不可迁，故曰改邑不改井。"④ 陈鼓应等解释说："此言城邑可移徙而井则不可移易。"⑤ 邓秉元解释说："如邑之立也，必当有井，无井则无水以饮，不成其邑矣。故邑虽有改，而井不可无也。"⑥ 余敦康解释说："井在人们的生活中占有非常重要的地位，聚居在村邑的人都要到井边汲水，村邑可以搬迁，井却是始终固定在原地，'改邑不改井'，并不随着村邑的搬迁而改变地点。"⑦ 徐中舒先生则与诸家解释不同。他说：

> "改邑不改井"乃井田之井。井田是比较进步的田制，当时农民已经离开了共耕或换耕（换耕相当于古代的"爰田"和古代德意志的"马尔克"）的时代而进入一夫百亩、分田而耕的小农经济了。其田界的划分，八家或九家共一井，恰如井栏的井字之形，所以称为井田。古代邑的编制是以八家或九家为井作为一个单位，"四井为邑"（见《周礼》及《司马法》）是用四个井编成一个邑。"改邑不改井"是说此井的八家或九家可以改隶彼邑，彼井的八家或九家可以改隶此邑，而井的编制不变，所以说"无丧无得"。⑧

在徐中舒先生看来，这里的"改邑不改井"乃"井田之井"。依循"四井为邑"的古训，四个井编成一个邑，而一个井有八九家。"改邑不改井"则言此井的八家或九家可以改隶彼邑，彼井的八家或九家可以改隶此邑，其中关键一点是井的编制不变。其实，古人并不是没有认识到"四井为邑"的古训，而是反复强调的是此"井"乃水井，而非井田。如《汉上易传》云："古者八家为井，四井为邑。邑改而井不改，井德之不迁也。坤在内为邑，坎为水。

---

① 陈鼓应、赵建伟著：《周易今注今译》，北京：商务印书馆，2005 年，第 426 页。
②（魏）王弼撰：《周易注》卷五，文渊阁四库全书本。
③（魏）王弼注，唐陆德明音义，孔颖达疏：《周易注疏》卷八，文渊阁四库全书本。
④（宋）郑刚中撰：《周易窥余》卷十一，文渊阁四库全书本。
⑤ 陈鼓应、赵建伟著：《周易今注今译》，北京：商务印书馆，2005 年，第 427 页。
⑥ 邓秉元著：《周易义疏》，上海：上海古籍出版社，2011 年版，第 286 页。
⑦ 余敦康著：《周易现代解读》，北京：华夏出版社，2006 年，第 243 页。
⑧ 徐中舒：《古井杂谈》，载徐中舒著：《古器物中的古代文化制度》，北京：商务印书馆，2015 年，第 341 页。

水者，所以为井也。"① 《童溪易传》云："此合坎、巽之义以言井之功用也。井田之法，八家为井，四井为邑。邑者，人所聚，井者，人所食。然邑可改迁，而井不可改也。何也？水之所在故也。犹君子可以富也，可以贫也。贵可使为王公，贱可使为匹夫。此邑可迁改也。道之所在，不为尧存，不为桀亡，此井不可改也。何者，以其刚中也。如使其中之不刚，则易涸矣，安在其不可改邪？尽乎此者，于爻则二五是也。故曰'改邑不改井'，乃以刚中也。此指二五之爻以言井之体也。夫井之为物也，取之而不竭无丧也，存之而不盈无得也。"② 这些阐释，似乎也能自洽，而徐中舒先生的新解，则给了另一种视野，值得再斟酌。

卦辞中的"汔至，亦未繘井"之"井"，历代解释家们都阐释为水井，徐中舒先生也无疑义。只是前面的"繘"字，解释有差异。如王弼解释为"繘音橘，汲水索也"③，孔颖达解释为"繘，绠也"④，绠即指汲水用的绳子。刁包解释"繘，绠也，汲水索也"⑤，陈鼓应等解释为"繘，辘轳上的汲绳"⑥。而徐中舒先生认为，"繘井之繘从矞，《说文》'以锥有所穿也'，释矞为穿，其义实与掘同，繘、矞古音同在物部，'繘井'就是掘井，旧注以繘为绠，绠是绳子，'绠井'就讲不通了"⑦。造成这种现象的原因其实就是对前文"汔至"的理解。将"繘"解释为"井绳"的，基本对"汔至"二字理解为井绳提至井口，将"汔"释为几乎，快要，将要。将"至"释为"至井（口）"。也有将"至"理解为通窒，塞⑧。而徐中舒先生则认为"汔"是水干涸。⑨ 徐先生的这一解释源于《说文解字》，解释为几，几乎也是有的。无论是将"汔"解释为水干涸，还是将"至"解释为窒、塞，都表明这里是言井水已经干涸。井水干涸而又不加以深掘，还要将汲水瓶放到井里汲水，当然是无水可汲。不仅是无水可汲，而且还面临汲水瓶碰壁而破的危险，当然就是凶兆了。如此解释，确实顺理成章。否则，如果将这句话解释为"言汲绳将（汲水瓶）提至井口而犹未出井"⑩，那后面"赢其瓶，凶"的解释必定是相当牵强附会的。

《井卦·初六》云："井泥不食，旧井无禽。"这一爻辞涉及两个"井"。对前一个"井"，古今注家几乎没有异议，都认为是水井，因为久不疏浚，所以，为泥污浊，所以，不能饮用。但对第二个"井"的理解，却有较大差异。王弼解释说："井泥而不可食，则是久井不见渫治者也。久井不见渫治，禽所不飨，而况人乎？一时所共弃舍也。"⑪ 也有将"禽"解

---

① （宋）朱震撰：《汉上易传》卷五，文渊阁四库全书本。
② （宋）王宗传撰：《童溪易传》卷二十二，文渊阁四库全书本。
③ （魏）王弼撰：《周易注》卷五，文渊阁四库全书本。
④ （魏）王弼注，（唐）陆德明音义，孔颖达疏：《周易注疏》卷八，文渊阁四库全书本。
⑤ （清）刁包撰：《易酌》卷八，文渊阁四库全书本。
⑥ 陈鼓应、赵建伟著：《周易今注今译》，北京：商务印书馆，2005年，第428页。
⑦ 徐中舒：《古井杂谈》，载徐中舒著：《古器物中的古代文化制度》，北京：商务印书馆，2015年，第341页。
⑧ 袁庭栋著：《周易初阶》，成都：巴蜀书社，1991年，第211页。
⑨ 徐中舒：《古井杂谈》，载徐中舒著：《古器物中的古代文化制度》，北京：商务印书馆，2015年，第341页。
⑩ 陈鼓应、赵建伟著：《周易今注今译》，北京：商务印书馆，2005年，第428页。
⑪ （魏）王弼撰：《周易注》卷五，文渊阁四库全书本。

释为通"擒",收获之义。《周易集解》引崔憬云:"禽,古擒字。禽犹获也。"① 但徐中舒先生对这一爻辞却有如下解释:"井水为泥污浊就不能食用;旧时已废的陷井就不能捕获走兽。古称禽也包括走兽在内。这里水井和陷井都是徒具空名而无实用。"② 阱,为捕兽的陷坑。从该爻辞句式结构看,井泥与旧井对举,应该是两种不同的物象,而不食与无禽,也构成对举关系。如果将旧井解释为前一句中的"井泥",井泥与无禽不是必然的联系,倒是徐中舒先生"旧时已废的陷井就不能捕获走兽"更能说通,而"徒具空名而无实用"的阐释,更进一步说明此爻的象喻实质。

《井卦·九二》云:"井谷射鲋,瓮敝漏。"该爻中的井谷,有不同的理解,有的解释为井口,有的解释为井底干涸。解释为井口,是指"从井口射杀井中的小鲫鱼,不能射到鱼,反而把井中的陶瓮射穿而漏水了"③。解释为井底干涸,是指"井中干涸无水而只余下一些泥鳅,汲瓶也已破漏"④。当然,还有不少其他的解释,如:"井谷,井中旁出之水,不能上行,止流以注鲋鱼而已。"⑤ 还有从卦象析解:"九二兑也,以阳居柔而在下卦之中,上无其应,而乘于初六之巽,故曰井谷。井谷,坎井也。兑为泽,巽为入,故有井谷之象。"⑥ 徐中舒先生则借《说文解字》予以阐释:"井谷指陷井言,《说文》'泉出通川为谷',陷井与山间流出的泉水相通,其中有鲋可射,这是说陷井已失其捕兽的作用,与瓮之敝漏不能汲水相同。"⑦ 这种解释,于情理相通,较为允当。

《井卦·九三》:"井渫不食,为我心恻。可用汲,王明,并受其福。"这里的井指水井古今几乎没有什么异议。渫,去除污秽。井水已经疏淘干净,却弃而不用(食),自然要"为我心恻"了。

《井卦·六四》:"井甃,无咎。"这里的"井",指水井,古今注家大都认可。但关于"甃"的理解,却有不同。有的解释为用砖石垒砌井壁;有的笼统指修治井壁。徐中舒对唐陆德明《经典释文》释甃为"如阑,以砖为之,著井底阑也"之说予以辨正,他说:"陆德明是唐代人,他只见后人用砖砌井,以为古代'甃井'也是用砖,这是不对的。据现代考古学知识言,我们知道古代房屋建筑,墙用板筑,盖用茅茨,并无砖瓦,春秋时代有一个地名称为'瓦屋',这应是用瓦之始,战国时代的燕下都才有陶瓦出现,东汉时代的坟墓才开始用砖,城墙和房屋普遍用砖还是明代以后的事,砖的应用还是随时代演进而逐渐推广的。'井甃'之甃,《象辞》谓为'修井',古代古井易于污浊,易于崩塌,必须时常修治,甃从

---

① (唐)李鼎祚撰:《周易集解》卷十,文渊阁四库全书本。
② 徐中舒:《古井杂谈》,载徐中舒著:《古器物中的古代文化制度》,北京:商务印书馆,2015年,第341-342页。
③ 袁庭栋著:《周易初阶》,成都:巴蜀书社,1991年,第213页。
④ 陈鼓应、赵建伟著:《周易今注今译》,北京:商务印书馆,2005年,第426页。
⑤ (宋)郑刚中撰:《周易窥余》卷十一,文渊阁四库全书本。
⑥ (宋)林栗撰:《周易经传集解》卷二十四,文渊阁四库全书本。
⑦ 徐中舒:《古井杂谈》,载徐中舒著:《古器物中的古代文化制度》,北京:商务印书馆,2015年,第342页。

瓦，就是以陶片著井底，加固井壁以免污浊泥水的上泛。"① 徐中舒先生从文字学、考古学的角度阐释"甓井"，应该是有充分依据的。其实，宋人有类似与徐先生的这种说法，如朱震："坎水、坤土，合而火之甄也。有巽工焉，自下垒而上，至于井口，甓也。古者，甓井为瓦里，自下达上。"② 这可为徐先生补证。

《井卦·九五》："井洌寒泉，食。"这一爻辞，对"井"这一意象的理解基本上没有什么差异，都是指的水井。

《井卦·上六》："井收，勿幕；有孚，元吉。"这句爻辞中的"井"又有分歧了。比如，虞翻认为："幕，盖也。收，谓以辘轳收缋也。"③ 显然，这是指水井。又如，陈梦雷说："收，成也，即小象之大成也。幕，蔽覆也，盖井之具也。有孚者，其出有源而用不穷也。上六虽非阳刚，而井之功用在上，坎口不掩，故有井收勿幕之象。济人泽物，元吉可知。"④ 此处解释没有明确指明是什么"井"，但他在该爻小象传的解释是这样的："他卦至终则变，井至上功乃大成也。按，水之大者不一，而圣人画卦有取于井者。凡水，皆水之下流，故他卦言水皆以险言之，独井泉在冬而温，乃天一之真性也。是以古者建国必先卜井泉之便而居之，井之为用大矣。时解专就治道养民言之，然养德养民，治己治世，皆可观象于井，随其所处，以占其吉凶也。"⑤ 由这段解释，可知陈梦雷仍然是以水井释之。但徐中舒先生对这一爻辞有区别众人之阐释："'井收勿幕'言陷井已收拾不用，上面不必再用覆盖了。'有孚'言诚信发于中而见以外之义，陷井而不再覆盖，则中外如一，不为人兽之害，这就是大吉之兆。"⑥ 但为什么是"言陷井已收拾不用，上面不必再用覆盖了"，惜乎徐先生并无更多申说。但按照一些注家译为"自己汲完水、收取了汲水器物之后不再把井盖上，便于众人汲水。有了这种诚意是大吉祥的好事"⑦，似乎也比较牵强。倒是陈鼓应等的解释，似乎更有说服力："'收'，谓将放下去的汲绳收上来。'幕'，旧皆训'盖'，谓盖上井口……按：疑此句是针对'汔至亦未繘井'而说，是戒人切勿半途而废，宜效井之恒德。'幕'同'莫'，'勿''莫'皆有勉义，故'勿莫'盖犹'密勿'，谓恒久勉力。"⑧

徐中舒先生最后对《易经·井卦》有一段总结："以上根据《易经·井卦》所提供的资料，使我们知道战国以前的井都是浅井，也就是《庄子》所称的'坯井'；因为是浅井，所以蛙还能生息于其中。当然，这样的浅井必然易于干涸和污浊，因此，也就必然要时加深

---

①徐中舒：《古井杂谈》，载徐中舒著：《古器物中的古代文化制度》，北京：商务印书馆，2015年，第342页。
②（宋）朱震撰：《汉上易传》卷五，文渊阁四库全书本。
③（唐）李鼎祚撰：《周易集解》卷十，文渊阁四库全书本。
④（清）陈梦雷撰：《周易浅述》卷五，文渊阁四库全书本。
⑤（清）陈梦雷撰：《周易浅述》卷五，文渊阁四库全书本。
⑥徐中舒：《古井杂谈》，载徐中舒著：《古器物中的古代文化制度》，北京：商务印书馆，2015年，第342页。
⑦袁庭栋著：《周易初阶》，成都：巴蜀书社，1991年，第215页。
⑧陈鼓应、赵建伟著：《周易今注今译》，北京：商务印书馆，2005年，第430页。

掘，时加甃治，它与后来用砖砌的深井是不能相提并论的。"① 这段结论当然是非常精深的。

查相关词典可知，井这个词，在中国语言文字中有水井、井田、泛指人口聚居之地、乡里、家乡、陷井、二十八宿之一、整齐而有条理、姓氏等含义。具体到《易经·井卦》所涉及的意象而言，古今注家大都指认为水井，而徐中舒先生通过文字学与考古学的综合辨正，得出该卦所言"井"，实有三种意象：水井、井田、陷井。虽然个别地方阐释略显简短，但无疑给了我们相当大的启示。本来易象就通于意象②。而意与象本是两个维度。作者由意到象，读者由象到意，难免产生分歧，这也是古今阐释学、解释学上的共识。所谓"《诗》无达诂，《易》无达占，《春秋》无达辞"③，其理正在于此。

作者简介：潘殊闲，男，西华大学人文学院教授。

---

①徐中舒：《古井杂谈》，载徐中舒著：《古器物中的古代文化制度》，北京：商务印书馆，2015年，第342—343页。
②章学诚有"《易》象通于《诗》之比兴"之说，意蕴相通。见（清）章学诚著，仓修良编注：《文史通义新编新注·内篇一》易教下，杭州：浙江古籍出版社，2005年，第17页。
③苏舆撰：《春秋繁露义证》卷三，北京：中华书局，1992年，第95页。

论徐中舒对胡适的批判——以《试论周代田制及其社会性质——并批判胡适〈井田辨〉观点和方法的错误》为中心

辽宁师范大学文学院　乔世华

20 世纪 50 年代新中国成立初期思想界兴起的批判胡适思想运动，是我国意识形态领域一次有计划有组织的思想斗争，是其时知识分子思想改造运动的一个重要组成部分，意图消除资产阶级唯心主义思想对知识分子的影响。而声讨或批判胡适，也是当时知识分子通过此种方式检讨自己思想认识错误的一个途径，一如有人所说："批判胡适，对我的思想上也会起改造的作用。"① 以徐中舒来说，1955 年就发表了一些文章对胡适思想有所清算，如《四川日报》1955 年 1 月 11 日刊登徐中舒参加批判胡适的资产阶级唯心主义学术思想运动写成的《我对胡适派资产积极观点对历史学界的毒害的一点认识》，《人民川大》4 月 2 日第 153 期和 6 月 10 日第 158 期先后刊发其《论胡适对老子年代考证方法的错误》《认清胡风反革命立场和他的罪恶活动》等文。②

《试论周代田制及其社会性质——并批判胡适〈井田辨〉观点和方法的错误》（以下简称《试论周代田制及其社会性质》）一文是徐中舒刊发在 1955 年第 2 期《四川大学学报》上的，同期还有四川大学历史系赵卫邦教授的《批判胡适研究歌谣的错误观点和方法》，稍后在 1956 年第 1 期《四川大学学报》上则刊有四川大学历史系谭英华教授的《批判胡适买办资产阶级的世界主义文化观》。《四川大学学报》在较密集的时间段里发表这么一组三篇来自本校历史系教授的学术批判文章，当属于此期举国上下思想界尤其是史学界集体批判胡适声音洪流中的一个支流。而《试论周代田制及其社会性质》对于考察徐中舒在 50 年代中期的心曲及探掘其此时所接受的学术思想影响甚而窥探其接下来的学术走向，均具有一定的帮助。

不妨先来探掘徐中舒与胡适的关系。徐中舒与胡适两人何时第一次见面，目前尚没有详尽的文字资料可作考证，但是二人生命中有比较多的交际和交集却是不争事实。譬如徐中舒

---

① 童书业：《批判胡适的"实验主义"学术思想》，《文史哲》1954 年第 5 期。
② 徐亮工：《徐中舒先生学术年表》，徐中舒著：《古器物中的古代文化制度》，北京：商务印书馆，2015 年，第 425 页。

在 1914 年 2 月考入安庆初级师范学校，1917 年 1 月毕业后一度担任安庆第一师范学校附属小学教员；胡适于 1921 年 8 月上旬应邀来安庆讲学的五天时间里就曾在安庆第一师范、教育研究会等处作过诸如《实验主义》《学生运动会》《女子问题》《国语运动与国语教育》《对于安徽教育局的一点意见》等专题演讲，系统阐述其教育观点和对国民教育的主张。① 此时徐中舒是在上海李国松家担任家庭教师，曾回乡将母亲由清节堂接出来在安庆县城内租房。② 二人有无在此期间见面，我们无法获悉。1925 年，徐中舒考取清华学校国学研究院后师从王国维、梁启超、赵元任、陈寅恪、李济等，其中赵元任和胡适是 1910 年同赴美国康奈尔大学留学的多年好友，在 1930 年 12 月胡适四十岁生日祝寿活动中，赵元任还代表朋友们给胡适写有一首打油诗。这首诗由毛子水先生用毛笔写在宣纸上装裱好后赠与胡适，其时正在中央研究院历史语言研究所供职的徐中舒的名字就出现在这首打油诗中，徐中舒显然是此次祝寿的参与者，至迟在此时已经属于胡适的朋友行列了。③ 而过后的一件事情更可以佐证这一切：1933 年 7 月，徐中舒向胡适推荐朱光潜到北京大学任教，朱光潜由此得到胡适的长期器重和任用。朱光潜对此有明确的回忆："我的一位高师同班友好徐中舒把我介绍给北京大学文学院长胡适，并且把我的《诗论》初稿交给胡适作为资历的证件。于是胡适就聘我任北大西语系教授。"④ 此次推荐可见出徐中舒作为介绍人的情面之大，而徐中舒与胡适此时的关系和交情应该不错。

另外，徐中舒此时所供职的史语所的所长傅斯年曾是胡适在北大的学生，与胡适私交甚好，这也是众所周知的事情。因此，徐中舒是否经由赵元任、傅斯年等师长见到胡适或者从他们那里间接受到胡适思想影响，都无法确定。但徐中舒可能更早受到胡适思想影响，这在他 20 世纪 50 年代初的回忆中曾有所提及："一九一九年五四运动之后，彻底改革旧中国的思想弥漫全国。那时我在上海，上海出版的新书，我总是先睹为快。那时整理国故的呼声很高，古史的讨论很热烈，这都很合我的脾胃。我的思想也由主观的尊崇国学转变为客观的整理国故派了。"⑤ 虽说没有具体表明胡适对自己的影响，但字里行间已包含此种意思。"整理国故"是胡适 1919 年 7 月提出来的，胡适对此还有很具体的整理国故的方法和设想，譬如提倡"用历史的眼光来扩大国学研究的范围""用系统的整理来部勒国学研究的资料""用比较的研究来帮助国学的材料的整理与解释"⑥ 等。从徐中舒日后在学术研究中所显示出来的历史眼光、在对资料所做的系统整理、比较研究亦即努力还原真相等方面的努力来看，虽说

---

① 田荣：《胡适与陶行知曾在安庆一中作演讲》，http://www.aqyz.net/UserData/DocHtml/1/2012/9/7/20120907174945565.html，2012 年 9 月 1 日。
② 《徐中舒大事年表》，李懿选编：《徐中舒文存》，南京：江苏人民出版社，2016 年，第 386 页。
③ 这首诗在结尾部分这样提到："一个叫刘复，一个叫丁山／一个叫李济，一个叫裘善元／一个叫容庚，一个叫商承祚／一个叫赵元任，一个叫陈寅恪／一个叫徐中舒，一个叫傅斯年／一个叫赵万里，一个叫罗莘田／一个叫顾颉刚，一个叫唐擘黄／一个叫毛子水，一个叫李方桂"，见古远清《胡适先生及其朋友之间的幽默》（《人民政协报》2013 年 11 月 28 日，第 7 版）。
④ 朱光潜：《欣慨室随笔集》，北京：中华书局，2012 年，第 6—7 页。
⑤ 徐中舒：《我的思想检查》，原载《人民川大》1952 年 7 月 14 日，第 4 版。转引自周书灿：《徐中舒学术思想渊源及流变》，《学术界》2017 年第 2 期。
⑥ 胡适：《〈国学季刊〉发刊宣言》，《胡适文集》第 2 卷，广州：花城出版社，2013 年，第 14 页。

不能都认定这都是胡适思想影响所致,但他们的治学态度、思想与路径显然是相通相同的。1947年11月,胡适和徐中舒都同时被提名为中央研究院第一届人文组院士候选人;同时,徐中舒作为候选人资格的理由"用古文字与古器物研究古代文化制度"据信最初是经由胡适所拟,后又交夏鼐、李济修改而成。①

值得注意的是,同是从事文史研究,徐中舒和胡适有一些共同关注的学术问题,二人观点既有相似之处,也有相左之处。如二人都对"儒"进行过考察,也对西周有无井田制进行过探究。胡适1934年写有《说儒》,其中有提到"凡从需之字,大都有柔弱或懦滞之义"②,以《周易》的"需"卦作为线索探寻出孔子以前的儒的生活状况:"他们不务农,不作务,是一种不耕而食的寄生阶级","靠他们的礼教的知识为衣食之端,他们都是殷民族的祖先教的教士,行的是殷礼,穿的是殷衣冠。……他们不仅仅是殷民族的教士,竟渐渐成了殷周民族共同需要的教师了"。③徐中舒在四十年后写有《甲骨文中所见的儒》一文,着重根据新发现和新掌握的材料对殷商时期儒家职业性活动所做的真相复原,注意到了历史上儒和巫的联系。在考辨探究这些真相时,该文主要基于对甲骨文中"需"字的考察,认为"从需的这些字,大都包含有柔、软的意思。这些字其义相通,正因为它们与儒家的儒字有密切的联系",揭示了儒作为职业在殷商时代就已经存在的事实,其中诸如"儒是一批不劳而获的寄生虫","专门替殷商奴隶主贵族祭祖事神,办丧事,当司仪的那一批人,才算是最早的儒家"等有关认知均与胡适《说儒》所见略同。但比较而言,徐中舒在本文中所做的文字考证要远比胡适更详尽更专业,其从甲骨文中关于子需的卜辞考证出子需在殷王的社会活动中是很受重视的一个人物,还从需父辛鼎掘发出子需在成为著名儒者之前亦即在小氏族时的名字是"父辛"。④

以西周究竟有无井田制这个聚讼纷纭的学术难题来说,徐中舒和胡适是有学术分歧的。20世纪20年代《建设》杂志围绕有无井田制这一问题,胡适、季融五等与胡汉民、廖仲恺等展开过一次论辩,胡适是否定论者,断言"豆腐干块的井田制度也是不可能的。井田的均产制乃是战国时代的乌托邦。战国以前从来没有人提及古代的井田制"⑤,其质疑可谓相当大胆,但缺乏小心的考辨说明,无法让人信服。徐中舒对此次论辩有所关注,在40年代学术力作《井田制度探原》中评述这次论辩双方的各持己见上不偏不倚,持论公允,而徐中舒在《井田制度探原》中确证西周井田制存在的有关论说在后来被学界认为"最有体系,也较有说服力"⑥。

在徐中舒来说,《试论周代田制及其社会性质》的写作是一当两用。其一,顺应时代潮

---

①徐亮工:《徐中舒先生学术年表》,徐中舒著:《古器物中的古代文化制度》,北京:商务印书馆,2015年,第447页。
②胡适:《说儒》,《胡适文集》第3卷,广州:花城出版社,2013年,第256页。
③胡适:《说儒》,《胡适文集》第3卷,广州:花城出版社,2013年,第273页。
④徐中舒:《甲骨文中所见的儒》,《四川大学学报》(哲学社会科学版)1975年第4期。
⑤欧阳哲生编:《胡适文集》第2卷,北京:北京大学出版社,1998年,第306页。
⑥赖建诚:《井田辨:诸说辩驳》,台北:台湾学生书局,2012年。转引自周书灿《民国以来井田有无之辨综论》,《河南社会科学》2016年第1期。

流，在当时学界轰轰烈烈开展的批判胡适运动中，作为旧社会的过来人特别是胡适的故交，徐中舒必须在此时做出明确的思想表态。因此，文中会有诸如认为胡适"企图用主观唯心论歪曲历史事实，以达到他反对唯物史观的目的。这是不能不加以驳斥的"，"而贩卖资产阶级唯心论的胡适，竟然否定了这些书的真实性。也只有唯心论者才能做出这样大胆的假设——毫无保留地，否定客观存在的蛮横态度"，"完全是颠倒黑白，混淆是非"，"胡适井田辨所以有这样严重的错误，总结说，这都由于他的资产阶级唯心观点在作祟"之类表述，这都是当时批判胡适所必须使用的能够显示出正确认知的公共话语，与那种集中火力逐条引证并批判胡适言论斥之为"这不但是乱说，而且是伪造历史""他的全部思想和行动，都是为美帝国主义服务的"① 之类"扣帽子"言论相比，显然温和得多了。其二，对自己一直关注的学术问题进行再一次更深入细致的学术清理和探究。《试论周代田制及其社会性质》是一篇长达三万字的学术文章，只有文章前言和第六部分"胡适井田辨的批判"总计五千字篇幅关涉到了胡适，这当中有对胡适向《中国哲学之唯物的研究》发难所做的学术回顾，徐中舒明确指出胡适"疑古"的主观臆断："胡适还有一个很大的错误，就是他滥用默证，他以为书本上所未曾记载的事，就是历史上所没有的事。"正如徐中舒所看到的那样，"历史固然是人类社会生活过程的反影，但是这个反影不一定就摄入历史镜头"，因此，徐中舒并没有因为相关书本没有明确记载就断然否定井田制的事实存在，而是通过其所掌握的知识——主要是基于从文字、卦辞中所获得的一些确凿证据，如以周易中的《井卦》、金文中"刑法"的"刑""典型"的"型"都作"井"等有力确认"孟子以前是有许多有关井田记录的真凭实据"。徐中舒如是从意识形态的语言文字方面来证明井田在殷墟和西周初期即已存在，说明当时如果没有井田制，就不能产生这样的意识形态。毫无疑问，这是很有道理的。而这篇文章还分别从"古中国高地农业与低地农业""周代生产力""西周田制与生产关系""诸侯田制与生产关系""春秋战国时代列国的改制"等多个方面对殷周社会性质进行了较为详尽的说明，从而至少在这一阶段圆满了徐中舒对周代田制及社会性质这一问题的探讨。因此，徐中舒写作此文更主要的目的，还是基于兴趣和知识储备进行的一次严肃学术探讨。

徐中舒的学术研究有一个特点，就是不断借鉴和掌握新的材料或者方法，来对某一个学术问题进行深入持久的探讨，从而不断圆满和完善自己对该问题的认知。以井田制这一问题来说，早在十年前徐中舒即已经从金文和《易经》的卦爻辞中对"田"的初义到"井"和"井田"的出现做过较多的探究，以《井田制度探原》这篇文章一定程度地恢复了井田制原来的面目；50年代中期，徐中舒对这一问题又有了进一步思考，尤其是此时马克思、恩格斯关于古代东方农村公社的有关论述对徐中舒的学术研究显然很有启发，属于徐中舒尝试运用马克思主义唯物史观来对富有争议性的话题所做的再探视，遂会有《试论周代田制及其社会性质》这篇长文。在该文前言中，他这样提到："古中国的社会，依据马克思的论证，是属于亚细亚生产方式的东方类型，自埃及、美索不达米亚、到印度，都是在以公有财产为基础的社会，向以私有财产为基础的社会过渡的阶段。这是解答中国古代社会的钥匙。"马克思主义唯物史观显然开阔了徐中舒的研究视野。稍后，他还在1957年第5期《历史研究》

---

① 童书业：《批判胡适的"实验主义"学术思想》，《文史哲》1954年第5期。

上发表《论西周是封建制社会》，该文就是在《试论周代田制及其社会性质》这篇旧作基础上加以补充的，此时的徐中舒显然对马克思主义理论掌握得更为精深，表现得更有学术自信，因而会对苏联学者以及国内学者认为西周甚至汉代的社会体制属于奴隶制社会的趋向表达不同意见："前封建主义应当包括了奴隶制和封建制。因为，要在它的中间画出一条明晰的界限很不容易，所以马克思才用这一个名词来概括它"，"西周社会固然普遍的存在于家族公社和农村公社，但同时就有许多脱离公社而成为小土地所有者的士，这一个阶层是有相当大的数量；还有大土地所有者的卿大夫，他们都是有土有民的世袭领主。在这里我们能说'国家是最高的土地所有者'吗？在这里我们能说'没有任何私人的土地所有制'吗？"在其后相当长时间里，马克思主义理论都成为他更重要的学术思想资源，到了70年代后期，还先后发表有《对古史分期问题的几点意见》（《四川大学学报》1979年第1期）和《西周史论述》（《四川大学学报》1979年第3期）等几篇文章，虽然没有再就井田制问题展开讨论，但却从土地所有制关系这一角度来推论西周的封建社会性质，表述准确精当也更有力。以《西周史论述》来说，在该文第五部分"封建诸侯"和第六部分"西周封建制的说明"中对"文王时代周已有封建之实"以及周初分封改变了殷代的生产关系做专门论说时，就引用了马克思、恩格斯《德意志意识形态》中"土地占有的等级制以及与之相联系的武装扈从制度使贵族握有了支配农奴的权力"的有关论述用以说明"封建社会的君臣等级制"，认为"这种君臣等级制也可以称为领主制或农奴制"，还引用《资本论》对中世纪罗马尼亚农奴徭役情况的描述用以说明西周封建等级制的剥削制度是由徭役劳动向实物地租转化，这和欧洲中世纪一样。① 而这一切论说都是建立在早先《论西周是封建社会——兼论殷代社会性质》中有关采邑制分析的论说基础上的。可以说，正是杂取百家之长为己所用，独立不倚地进行学术思考，方成就了徐中舒学术思想的博大、学术贡献的丰硕。

从《试论周代田制及其社会性质》的写作来看，徐中舒已经建立起了人类历史发展的整体观念，纵然有些支撑材料还不够充足，但徐中舒能够借助对边裔、人类社会发展阶段相同的资料的补充，将西周的封建制问题说得更明白通畅些。该文前言中，徐中舒如是表述："周王朝的田制，在时间和地域上，发展并不一致，材料的零碎错杂，是很不容易处理的。我的理论水准能否达成这个任务，这又是另一问题。而且，我们讨论周代田制，也不能限于周代为止。周初田制，又必与夏商两代有关。因此，我们就必须上溯到新石器时代高地、低地农业的发展，这完全又是一个崭新的问题了。我对于这个问题的处理，虽然有埃及尼罗河流域、美索不达米亚两河流域、印度旁遮普地域的例证，可资参考；但以现阶段的地下发现的资料言，也只能认为可能性较多的假定。最后的结论，还要有待于更多的材料的发现，而且没有例外的反证。这里，我只把我的不成熟的初步研究提供大家参考，希望批评指正。"这其中透出的有一分事实说一分话、虚心谦和的学术态度，都很值得人们尊敬。

胡适在《介绍我自己的思想》中这样说："科学精神在于寻求事实，寻求真理。科学态度在于撇开成见，搁起感情，只认得事实，只跟着证据走。科学方法只是'大胆的假设，小心的求证'十个字。没有证据，只可悬而不断；证据不够，只可假设，不可武断；必须等到

---

① 徐中舒：《西周史论述（上）》，《四川大学学报》（哲学社会科学版）1979年第3期。

证实之后，方才奉为定论。"① 不论徐中舒是否读过胡适这篇作于 1930 年的文章，但他一直以来在治学中对科学精神的秉承、对事实的尊重和对证据的小心搜求，即使不是自觉践行胡适的理论主张，也至少是两位有着"独立之精神，自由之思想"的学人之间的声气相通。而真正的学人都应该是如徐中舒先生那样在寻求真理的道路上"撇开成见，搁起感情，只认得事实，只跟着证据走"的。《试论周代田制及其社会性质》的写作就让我们清晰地看到了这一点。

作者简介：乔世华（1971—），男，辽宁大连人，文学博士，现为辽宁师范大学文学院教授。

---

① 胡适：《介绍我自己的思想》，《胡适文集》第 3 卷，广州：花城出版社，2013 年，第 116 页。

徐中舒先生的"两论"与20世纪五六十年代巴蜀文化研究热潮的兴起

四川省社会科学院 谭继和

1949年中华人民共和国建立后,20世纪五六十年代巴蜀文化研究进入新的发展阶段,迥然不同于1949年以前,在质和量两方面有三点显著变化。

一是研究观念、研究视野与研究方法有质的变化。辩证唯物主义和历史唯物主义成为史学研究的指导思想,不少学者在研究地方史包括研究巴蜀文化史时,努力学习运用马克思主义的立场、观点与方法。特别是当时四川史学界的前辈几乎都很认真研究马克思、恩格斯关于古代社会的理论,例如,马克思关于美国摩尔根《古代社会》一书的摘要,恩格斯据此书写出的《家庭、私有制和国家的起源》,用以指导自己关于中国古代社会与古代史的研究。早在此前30年代时,郭沫若《中国古代社会研究》就宣称要用恩格斯的"起源论"来指导写书,"考验辩证唯物主义的适应度",要写出恩格斯没有写出过的"下半页"——"关于中国古代社会文化的研究"。新中国建立后,巴蜀研究方面的老学者,实际上正是在做郭沫若所宣示的撰写恩格斯"起源论"缺乏东方中国一页的"续编"的工作。在政治运动繁多的情况下,他们仍坚持着古代历史和巴蜀历史的研究,思考着如何运用马恩的思想和理论。以吾师徐中舒先生为例。他师承王国维关于"取外来观念与本国固有材料之结合,取地上文献与地下文物之结合"的"二重证据法",提出并运用文献、考古与民族资料相结合的"多重证据法"研究古巴蜀文化史。同时,还努力学习恩格斯的理论,在60年代初,他写出了"论自然经济、阶级和等级"的论文,用经济基础与上层建筑的关系来分析西周封建领主制社会问题。他在20世纪80年代为李绍明、冉光荣、周银所著《羌族史》作序,提出古代巴蜀女国、附国甚多,其文明的传承,证明不仅父系氏族制社会产生文明和国家,母系氏族制社会一样会过渡到文明并产生国家。这一创新性理论观点,即酝酿于他在20世纪五六十年代对恩格斯"起源论"的学习与研究。今天看来,中舒先生的研究,确是在向着以中国古代文明史填补恩格斯"起源论"下半页"关于古代东方社会的空白领域"的研究路径开拓道路,荜路蓝缕,努力前行。他用这样的创新理论研究巴蜀古史,不论今天如何评价,都是巴蜀研究发展史上的第一次,至今还需要我们沿着这个研究思路继续开拓下去。

新中国建立前与建立后,关于巴蜀文化研究在历史观方面的巨大变化,是一个值得研究的问题,至今尚未引起学者的问题意识的关注。徐中舒先生在 1940 年 3 月即发表了《古代四川之文化》,先于卫聚贤《巴蜀文化》论文之前,是最早研究巴蜀文化的学者之一。他后来在 1959 年发起关于巴蜀文化学术研讨热潮,第一个写出并发表了《论巴蜀文化》论文。从新中国建立前后这两篇论文,可以看出他的史学观的巨大变化,这也是巴蜀文化研究两个发展阶段不同性质的标志。

二是 1949 年以后的巴蜀文化研究工作出现了新重点,这便是有关巴蜀的民族研究和田野调查的兴起。

这首先是由于新中国建立后国家关于民族识别的急迫需要。从 50 年代初起,国家和省的民委机构系统地组织和开展了西南少数民族现状和历史的调查工作,其中主要内容是调查民族社会状况与民族文化状况。当时由于"人类社会学"已经在高校被禁止列为课程,一批老学者,如著名的人类学家李安宅、夏征农、于式玉等先生不再教课,而转入了民族学的田野调查与研究。与此同时,一批年轻的新学者,如李绍明、陈家祥、曾文琼等也参加了民族调查队伍。他们做了大量西南民族文化资料积累的工作,奠定了新中国民族研究事业的基础,同时为新中国民族划分,做出了重大贡献。这一时期留下了大量各个民族的原始调查资料,其中包括社会与阶层关系、文化习俗与民族特色、独特风习、独特经济关系等等。由于这些资料是当时状况的实录,而这些资料所反映的历史与现实状况又具有活态性,稍纵即逝,因而留存至今,就成为十分珍贵的原生态史料。这一时期的民族研究论文也不少,反映了这一阶段民族研究的巨大收获。徐中舒先生作为川大历史系主任对民族田野调十分重视,做出了重要贡献。

三是从 50 年代起,巴蜀研究出现重考古发掘与考古研究的趋向,一直继续到 20 世纪 80 年代始有改观。突出反映在研究论文数量上的变化。20 世纪 50 至 60 年代发表的巴蜀文化论文总量是超过 20 世纪 40 年代的,但其主要内容是考古发掘报告及其研究,而有关巴蜀文化的历史文献与历史研究的论述则数量较少。

20 世纪 50 年代到 70 年代有关巴蜀考古发现与研究的情况,主要有:

(一)成渝铁路、宝成铁路修建中的巴蜀考古遗址和遗存的发现。其中,特别重大的是 50 年代初修筑成渝铁路时在资阳鲤鱼桥关于"资阳人"头骨及其周边石器时代遗存的重大发现。"资阳人"经后来考古学家若干次科学测验,定为四万年前原始人的遗骨,代表着原始人转变为真人(能人、智人),人类开始出现思维和智慧的时代,有极大的学术价值和文化价值。当时资阳人的发掘由著名学者兼新闻人张圣奘先生主持,邓小平高度关注,曾做专门保护的指示。后来又经中国科学院考古研究所裴文中先生等专门加以研究。

(二)四川船棺葬、石棺葬的发现与研究,是这一时期巴蜀考古的一个重要内容。1954 年在巴县冬笋坝和昭化县(今广元市昭化区)宝轮院同时发现战国至西汉时期的船棺墓葬区,这是属于巴人的船棺。但后来又在蒲江、绵竹等地多处发现,同一时期的柳叶形铜剑也在芦山县发现。这是属于蜀人区域。这些发现与发掘,引起了关于船棺葬性质、族属、地域、习俗和文化内涵的热烈争论。是巴人的习俗,还是蜀人的习俗,或是巴蜀人共同的习俗,成为该争论的热点。冯汉骥、王家祐、杨有润等先生在 1958 年发表了《四川古代船棺葬》的论文,探讨了巴文化地区战国至西汉的船棺葬文化。1960 年由四川省博物馆发表了

《四川船棺葬发掘报告》，探讨了巴人船棺等五类墓葬。出土器物中有关铜剑上手心龙虎纹的发现，成为巴文化的重要象征。关于石棺葬文化，李绍明先生在50年代最早发表了关于理县石棺葬的报道。以后冯汉骥先生以及童恩正、林向等先生在60年代相继发表了有关岷江和杂谷脑河流域有关石棺葬的调查和研究成果。50年代至70年代关于船棺葬、石棺葬的调查和研究，开启了20世纪80年代石棺葬、船棺葬研究的热潮，吸引了不少学者参与研讨，出现了专门论著。

（三）成都羊子山春秋至西周土台遗址的发现与清理，为古蜀杜宇时期蜀文化研究露出了曙光。羊子山172号墓的发掘是1956年进行的，与此同时，在该地区发现许多蜀人墓葬，出土器物以青铜玉器方扣与圆扣漆器以及玉器等为蜀文化特征。到80年代，该区域还陆续有发现，是成都地区新石器时代直至西周时代古蜀国文化的考古发现，具有极大研究价值。

1961年王家祐先生最先探讨彭县（今彭州）濛阳镇竹瓦街窖藏铜器。其中牧正父己觯与覃父癸觯，经徐中舒先生考订，是蜀人参加武王伐纣的遗物，表明蜀与殷、周中原文化，早有联系。

（四）这个时期关于成都青羊宫战国遗址夹砂粗褐陶器的发现，特别是卜甲、卜龟的发现：表明蜀地盛行卜算文化。成都南郊遗址发现战国陶器、兵器以及西周铜罍；成都百花潭战国时期嵌错宴乐饮水攻战纹铜壶的发现、郫县红光公社战国铜器，特别是有蜀人文字的铜戈与印章的发现、芦山县战国时期古蜀铜剑与印章的发现，乃至甘孜铜器的发现，川东地区和川西地区多处铜戈铜剑等的发现；涪陵小田溪战国土坑墓的发现，其中虎纽铜錞于乐器与错金铜编钟14枚以及柳叶形剑等遗物，对研究巴文化特征有极大价值。铜兵器中还出现秦始皇二十六年蜀守武造的铜戈，上刻有工匠名，均有价值。由这些多地多特色战国铜兵器考古发现，开始了巴蜀戈与巴蜀剑的特征的研究。此外，成都天回山战国土坑墓及陶器与铜兵器的发现，新繁水观音殷末周初遗址四个地层中打制石器、磨制石器、陶器、铜器层叠式出现，是值得研究的重要文化现象。需要特别提出的是这一时期关于广汉三星堆区域，如月亮湾、真武宫一带，陆续有发现，这些遗址多位于鸭子河、马牧河台地上。这些发现为80年代三星堆的惊世考古发现奠定了基础。①加上汉代石刻、汉隶、碑记等记载与研究，再加上唐以后文物，如宋代苏适墓志、明代洪雅九胜山明墓为代表的唐宋明清的考古发现，还包括川东地区涪陵白鹤梁石鱼的调查与研究，梁平播州营石刻研究等题材，兼及于台湾《四川文献》在60年代登载的"綦江汉隶字碑和蜀儒陶闾士、胡俊等墓志"……所有这些考古发现与研究，呈现出50—70年代巴蜀考古文化一枝独秀、异彩纷呈的面貌。当然，大量考古发现还待20世纪80年代改革开放以后，但50—70年代巴蜀考古一枝独秀的情况，确为80年代以后巴蜀考古崭新面貌的出现奠定了基础。

中舒先生在这一时期直接写的巴蜀考古的论文不多，但他对考古发掘工作十分重视，凡有关考古遗存的研讨都有他的参与和指导，他对当时四川文物考古的指导性作用是不可低估的。尤其是当时考古发掘考释的关键性问题，都是他在思考和解决。如：巴蜀与武王伐纣的相关器物，巴蜀楚特殊关系的器物铭文，对巴蜀图语与纳西东巴经文字的比较研究等问题，

---

① 以上考古发现，参见林向编：《巴蜀的历史与文化论著目录提要索引》。

他都是带头首创性的考释、考订与研究，始终是站在考古学前沿的，起着引领学术潮流，建设巴蜀文化研究学科的领军作用。

值得注意的是，20世纪50年代至70年代的巴蜀考古研究一个重大贡献是为确立巴蜀文化发展谱系及其文脉和内涵奠定了坚实的基础。这一时期的考古发现和研究，加上80年代以后的大量发现，使巴蜀文化研究界有可能构建起巴蜀考古发展系列的完整链条。同时构建起从三星堆到彭州濛阳镇竹瓦街，到新都马家大墓，再到郫县犀浦，直到金沙遗址、商业街战国开明时代船棺葬遗址、城内指挥街遗址等等地点形成的一条不同时期古蜀文明发展的中轴线，即"古蜀文脉"的清晰线索。这种巴蜀文化考古发展体系的构建工作，都离不开中舒先生的贡献与思考。

20世纪50年代、60年代有关巴蜀文化的研究就是在上述三方面成果累积的基础上发展起来的。这期间最大的学术亮点是在1959年至1962年间四川学界出现了中华人民共和国成立后第一次发动的巴蜀文化百家争鸣的讨论热潮。这个热潮的发动者、弄潮者和领军者就是中舒先生。不过，这个热潮只持续了近三年，即又走向沉寂。1966年"文化大革命"开始后，直到70年代末，就几乎没什么研究论文了。

1959年徐中舒、蒙文通、缪钺、冯汉骥、任乃强、邓少琴等先生发起了中华人民共和国成立后的第一次有关巴蜀文化研究的学术讨论。徐、蒙、缪等先生均写了研究论文。在这些研究论文基础上于1960年由四川大学历史系组织了第一次"巴蜀文化学术讨论会"。在会上，徐（当时系川大历史系主任）、蒙、缪（当时系川大历史系古代史教研室主任）等先生互相辩难，各抒己见，形成了"鸣巴蜀之盛"的百家争鸣胜况。他们对巴蜀文化，尤其是古巴蜀文化做了深入的研究，各自阐述自己的研究观点并互相切磋辩难。这两年间有关巴蜀文化研究的成果构成新中国建立以来第一个巴蜀文化研究热潮，比抗战时期卫聚贤、顾颉刚、徐中舒、郑德坤等先生发起的巴蜀文化研究的初步热潮，规模更大，更有深度。审视这次热潮中出现的观点慧颖、史料丰实的成果，其对后来的巴蜀文化研究事业和研究队伍的发展，所起的奠定研究史料之基、引领综合总体研究之先、示以研究来程大方向的巨大作用，确实不应低估。这一阶段的众多研究成果是现代巴蜀文化研究发展史上又一个阶段性标志的里程碑。

吾师徐中舒先生是这一时期巴蜀文化研究领军群落里的带头人物，以他的《巴蜀文化初论》（1959年）、《巴蜀文化续论》（1960年）为代表。这"两论"既是承袭他在40年代抗战时期所撰的《古代四川的文化》论文的实证研究范式，同时又是中华人民共和国建立以来，他运用在马克思主义指导下的多综合历史观和多重证据研究法对巴蜀文化加以会通统体研究的拓荒性的佳作。

《初论》以中华地域文化通览的视角，对古代四川地域经济文化的基本面貌、基本性质和基本发展轨迹做了探索，提出了"四川是古代中国的一个经济文化区，但是它并不是孤立的"观点，并做了论述和阐释。中舒先生通过丰富的史料考释和论证，说明了这个"经济文化区"的三个特点：

中华文化是分地域独立发展并各有其特点的。四川作为一个独立的经济文化区域，有自身的发展特色。如深盐井开凿技术是四川最早，至今"对现代新式凿井工程"还有现实作用。蜀锦来源于古"锦段""锦绣段",是"四川的特产",是蜀人与哀牢人、氐人"共同创造的果实"。此其一。

植根在四川大地上的巴蜀文化不是封闭的,自古以来就有开放的眼光和向外开拓的活力:"古代四川人民从不甘心局限于这一个小经济文化区内,而决心开辟道路,向外发展。"此其二。

古代巴蜀文化也从来不是孤立的,与中华大地上其他地域文化从来有着各种联系,是互学互鉴的关系。互学互鉴互融是地方文化发展的动力。尤其是与中原文化有着紧密的关系:"从地理和民族的分布来看,古代四川和中原的联系,肯定是存在的。"中舒先生以栈道、索桥、新繁水观音和忠县㽏井沟遗址、青羊宫出土陶器和卜用龟甲等考古和文献材料为例,阐述了古巴蜀文化与中原文化交往交流的关系以及这种关系在殷商、西周和春秋战国三大阶段不同的内涵和特征。他认为巴是"水居民族","巴则水居射猎,虽有农桑,也是受了蜀的影响。""巴楚接壤,巴所受中原影响较多"。蜀是农业发达民族,"蜀左言、无文字","蜀无姓","说明蜀的言语文字以及社会组织,和中原地区都大不相同"。"秦蜀接壤,蜀所受中原影响较少","蜀与中原文化联系,既由秦间接而来,因此蜀文化的发展,就受到很大的限制"。这些观点说明巴文化与蜀文化同中原文化有不同的联系和不同特征的交往关系,是极富启发性的。此其三。

在这三点基本认识基础上,中舒先生对蜀文化和巴文化的所在地域及其历史发展,分别做了详细的论证和考释。

在对"蜀的历史"考释中,中舒先生首次对研究蜀国历史最基本的资料作了考释梳理和列表整理,证实"古代巴蜀""壤地相接,但是它们的经济文化,还有很大的差别。"巴文化与蜀文化同属"巴蜀文化共同体",但二者又各有其文化性格和不同个性。现在流行的这个观点,特别是"巴蜀文化共同体"的观点,早在20世纪60年代中舒先生就注意到了,是他首次提出。

对于蜀文化,中舒先生认为"蜀地从有记载以来,就是一个农业发达的区域","因为蜀地农业的发达,至迟在战国时,蜀就已经具备了国家的形式","有了统一的水利建设事业"。对于蜀的地域和历史,直到四川普遍存在的"大石文化",中舒先生"初论"均做了扼要的考述和论证。

对于巴文化,徐先生的"初论"根据文献与考古材料着墨甚多。他认为"巴郡南郡蛮有五姓",板楯蛮有七姓,"姓是大姓的姓,是一种部落组织。每一个大姓,就是一个部落"。巴有姓,说明巴还在部落联盟阶段,"巴还没有完成国家机构"。"蜀无姓",说明蜀"已经超过了部落组织而进入国家形式了"。对于巴地所在范围及其历史,尤其是捍关、弱关、汉中、巴黔中、三峡,中舒先生均做了充分论证。对于巴人的故都,江州、垫江、平都、阆中、枳等处均做了充分考证。对巴族来源的廪君、巫诞,以及板盾蛮、豫州蛮、渝水賨民等,均做了精密的考据。

中舒先生特别重视新的考古材料。在该"初论"中,他花了大量篇幅论证船棺葬、錞于、铜钲、铜锣、铜鼓等形制的考古遗存与巴族的关系。最难认识的,是巴蜀图语符号文字。徐先生认为这是巴文,特别论证了巴文与"么些"(即纳西)象形文字的关系,强调指出"巴文和么些文""应具有一定的亲属关系。么些文可能就是在巴文的基础上发展起来的。""巴文、么些文和汉字""最初还有可能是同出一源的。"而么些（即纳西族东巴经）文可能就是晋代南中"夷经"一脉相传的文字。这些论断皆为后继研究巴蜀文字的学者所本，具有重要的认知和启示意义。

"初论"还以古代西南民族迁徙衍变传承轨迹的广阔视角论述巴与僚的关系。中舒先生认为巴族祖先廪君出于巫地诞族。诞即疍，乃水居民族。"古代巴族又有僚称"，古称"僚子"，汉代南郡潊山蛮和巫蛮以及渝水賨民（"古板楯七姓蛮"）在六朝时被称为"巴氏"，到唐宋时被称为"南平僚"（渝州蛮），这一历史轨迹，说明巴就是僚，"后来的僚族，就是出于巴郡南郡蛮的"。不仅巴地是僚所居，蜀地和南越地域都有僚。常璩说"蜀土无僚"，这"本来是一个错误的结论"。"蜀土原来就有僚族"，僚族就是"未汉化的巴族"。

总之，徐先生在《初论》一文里，通过多方考证，证实了中国南方，尤其是西南大部分区域，皆为僚人居住地，而僚人就是"未汉化的巴族"。这个观点当时曾引起辩论，缪钺等先生曾与之商榷。通过当时的学术争鸣与辩难，徐先生又撰《巴蜀文化续论》一文，不仅坚持了《初论》的观点，而且把这一观点发展得更鲜明了。他在深入发掘史料的基础上，以"天下为一家，中国为一人"的广阔视野，审视《初论》的观点，更进一步丰富发展为"中国基本的广大的人民群众，原来就只有蛮、僚两族"，"中国广大的人民群众，原来就是一家的"结论。由这个结论，我们已经可以看出徐先生当时已经具有"文化中国"的历史观，"中国"是因文化而立国的，中华民族的各子民族不是种族和血缘的区别，而是文化的差异形成的，中华各族"原来就是一家"，因此，文化是基因是灵魂，是铸就"中华一家"的根柢。徐先生这个"文化中国"的思想，如从近说，是源于他在《初论》《续论》里对巴蜀文化基本性质及其与中原文化关系的科学探索得出的认识。如从远的说，则源于他早年在清华国学院就开始了的对殷周民族复杂演变关系以及两大古民族集团高阳氏和高辛氏的互交互融的探索，逐步形成了他关于中国古史研究的徐氏学派的特色。

《巴蜀文化续论》的最大特色是深化了《初论》的各种论点，"从更广阔的范围"，"从全国范围入手"，从"明了蜀境周围的历史"及其自然环境的特色入手，广泛深入地阐述了巴蜀地域文化的基本性质与特色以及民族关系，对巴蜀古代社会与古代民族的变迁之轨迹做了深入系统的疏理。

《续论》一文对巴蜀文化的五个关键问题作了探索和回答：

其一，对古代巴蜀地域上存在过的有关基层地域和社会组织的一些特殊名称，如：宗、里、邑、甸、县、都等名称所体现的古代巴蜀农业公社的不同社会性质、文化内涵和不同发展阶段，做了充分探讨。对于这些名词所包含的繁杂史料，徐先生没采用繁琐杂沓的文献考据方法，也没有采用空谈义理（理论）的研究方法，而是以训诂法为基础，尤其是以古文字学方法的渊博知识，来训释"宗、里、邑、都"等不同字词的文化内涵，从而得到对巴蜀地区农业公社"各个不同时期、不同地区的聚落"发展的规律性认识。如从宗（源于周代宗法）衍生出"宗部""宗帅""宗伍""宗兵"等组织的演变，体现出从原始"鬼主"（大鬼主、都鬼主）氏族组织，到"方士大姓"的家族制氏族公社，直到国家雏形的社会组织的历史衍变过程。这就是以训诂学方法为思辨之基得出的结果。历史文献的研究方法中，训诂学居于中间地位。它向下是考据学，易流于繁琐。它向上是义理学，易流于空疏。徐先生的研究方法是抓住"训诂"这个牛鼻子，以考古、文献、民族三重资料的考据相融合，提升为以实学为根基的义理思辨的结论。这样既不会陷于空谈义理哲理，也不会陷于纷繁复杂的考据，这就是徐先生在巴蜀文化研究方法上留给我们的宝贵遗产，也是《初论》《续论》两文的价值所在。

其二，南方部族多为孤立封闭的农村公社。他们所居处的自然环境因其特异性而被赋予了黔、越、溪、洞、阴、阳、林、箐等不同的名称。这些名称体现了不同族群、不同部落的文化内涵及其独特个性，也体现了这些族群、部落的社会组织的不同来源和不同特征。徐先生对这些名词所包含的社会、人文和历史的内涵做了深入的挖掘，得出了"百越出于龙山文化，百濮出于仰韶、龙山的混合文化"，"古代所称的'百濮'和'百越'，就是中国大陆上存在的许许多多的农业公社的总称"的独到结论。他进一步指出巴就是濮，坝、浦、瀼就是巴或濮的对音。他们因为居在坝上，就称为巴，因为居在浦上，就称为濮。巴、濮都逐步成为巴人濮人的自称。今天来看，值得特别珍视的是徐先生提出了中国古代农村公社发展的一个普遍模式。他指出杨、越、于中、黔中、商于、溪、洞、峒、蜒（疍）、林、箐、郎、零、瓯、僄、佷、兰、阆等字，虽有不同字义，但都是"古代的农村公社""各个孤立的群体"的代称。这些"古代的农村公社都是各个孤立的群体，每一个公社，其中为居宅，居宅之外为田园，田园之外为牧场，牧场之外即为森林，公社与公社之间就是森林翁郁的弃地或隙地"。徐先生从文献资料和民族资料中发现的这种"居依山谷林箐"，大森林大竹林围绕的村落的社会组织，又被称为洞或峒，是当时南方民族居住的常态样式。在后来的研究文章中，他进一步把它们称为以溪峒村社为代表的"古代村社共同体"模式。成都平原著名的林盘文化就是这种田园村社共同体的产物。

其三，以"氐类"为中心，专析"西南夷"民族成分的变迁。说文"氐，本也"，"氐"之本义即为低、为平。徐先生据此字本义，以历史文献材料证之，"氐族即为居于水滨或低下的平原的族类"。这是氐族文化个性最准确的解释，是徐先生发现的。徐老的研究并未停止于此，而是据此进一步指出了汉晋人与汉晋文献的共识与认同的一种文化现象："巴、蜀及西南徼外的蛮夷皆为氐族"，就"是指分布在（今天）四川、贵州、云南三省非汉族的蛮夷而言"，"可见西南夷为氐类就是当时的人一致的认识"。

徐老进一步揭发了这一"西南地区总称氐类"的文化现象的深层次矛盾：西南地域广阔，部族种类繁多，各地经济文化发展水平极不平衡，"经济文化悬殊如此，而总体称为氐类，这是一个很难解答的问题"。徐老从这里入手，以问题为导向，对氐类与羌、姜、戎、庸、崇、邛笼、石雕的关系，特别是与巴、蜀、楚的关系做了广泛而深入的研讨，指出其概念的演变与历史的变迁以及文化内涵的变异，是"当时所处的不同的社会阶段的反映"。这些令人耳目一新的研究方法，深邃的思辨和颖异的观点，对推动后来的巴蜀文化的启示和研究，有着重大的作用。改革开放以来的巴蜀文化研究思维，虽然走向多元化，但徐老等老一辈的贡献与传统，仍然是主流，是基调。

其四，从巴寅与白虎传说的关系，论证巴的起源；论证巴与濮两族长期杂居而变为一族的历史过程；论证巴人受楚驱迫而由原居地江汉平原西迁四川盆地，进入号为"于中"的大巴山无人地带，居住于附著于山区的平坝，或近水旁更低坦（氐诞）的土地，逐步开发巫、于中，又南迁开发黔中的历史进程；论证巴人溯清江西上，建立五都，由枳（涪陵）到平都（丰都）江州、垫江、阆中的过程；论证賨人是巴濮大姓融合定都于阆中，而向秦汉纳贡的特殊"賨"称谓的产物。

20世纪五六十年代以来的巴蜀文化研究勃兴状况，说明上述这些论证对巴蜀文化研究有着重要的启示和推动作用。其中最重要的有两点启示：

1. "巴"与"蜀"的结合是个历史过程，是巴人与蜀人两种不同文化性格长期互学、互鉴、互交、互融的结果。巴与蜀成为文化命运共同体是巴濮西迁进入四川盆地的长期进程，在战国时期才最终得以完成。值得注意的是，徐先生特别重视以"棘围"或"樊篱"为城寨的居于农村公社外围森林地带的狩猎部族对巴蜀地域的开发作用。楚称荆楚，濮称棘人，廪君之"廪"，即森林的林，这些名称的由来，皆是在自己部族周围种植荆楚或棘围之意。这些原为狩猎经济的部族，正是在荆棘之外的农村公社的带动下，利用这些隙地的开发而迈向农业经济生活的。从更广泛的区域看，这也正是古高辛氏集团利用林带隙地在高阳氏农业集团带动下走向农业经济的，巴人也是利用森林隙地在蜀人高级农业的引领下而走向农业与渔猎并兼的经济生活的。因此，古代农业部族村落之间的广阔林地，正是容纳和消化渔猎部族并使其经济生活向农业转向的最大空间，也是古代部族和睦相处、社会和谐和生活安宁，实现古代静态农业生活方式的有效空间。古巴人和古蜀人两种不同的经济生活与生产方式的转向和互融，正是因为有了这样广阔的林带空地。因此，这种荆棘空间形态就具有极其重要的推动古代经济生活转型的文化价值和意义，所以，徐老极其重视并把这种古代空间形态着重发掘出来。

2. 徐先生特别重视西南民族、部族之间迁徙杂居的长期历史过程，对于民族心理与文化修养的互鉴互学与互为提升的作用，特别是对各部族心向中原文化凝聚，"心长向国"的爱国主义向心力的培养作用。《蛮书·名类篇》有"丰巴部落心长向国"的记载。徐先生据此推论"丰巴即濮巴对音。巴、濮本为两个部族，因为长期杂居而逐渐成为一族，西南部族中此例极多"，如冉与駹为冉駹，麼蛮与些蛮为麼些，斯与榆为斯榆，包与蒲为包蒲，邛与筰为邛筰，布濮（水）与槃木（王）合为巴濮，濮与巴合音为棘，皆是两族从文化上融为一族的明证。徐先生说，因为历代长期融合，一心向"仁道"，因而"他们的文化，还是与中原相去不远"，"他们具有深厚的汉族文化的修养，他们到唐代还是'心长向国'。他们经过这样长久的时间，对祖国还保存了这样深挚恋慕之情"。这些深情论述，是以巴蜀文化的历史记叙与历史记忆的深入挖掘，加深了我们对中华民族文化，以中原文化为凝心聚力的正统，形成多源一脉、多元一体特性的认识和理解。

其五，以"蛮僚的族属问题"为中心，论证复杂的民族称谓"蛮、闽"、"氓、民"、僚、貉、葛僚、仡僚、归追、鬼方（即怀、隗、媿）、奊隁、韦、濊、薉、昆吾、顾、狄、夫余（即蒲姑）、莫徭、苗、白马氏等部族的历史渊源、分布地域与发展的脉络。这是横向的空间分布的研究。同时，徐先生又专门分析了这些族类在夏代、殷商、西周和春秋战国直至唐宋时代各族南移北迁、东流西向及与中原交汇的各种情况，这是纵向的时代流徙的研究。他通过这种横向与纵向相结合的比对和研究，得出了"中华民族为一家"的结论。他认为"氓和民是中国历史上最广大的土著部族。他们和历史上称为蛮或闽的人，都属同音同义的名称。在更古的年代里，他们就应属于同一族类的人群。他们就是中国历史上最广大的劳动人民，他们就是中国历史的创造者"。他进一步分析并归纳古中国为蛮、僚、狄三大族群："中国基本的广大的人民群众，原来就只有蛮、僚两族，甚至于僚还是蛮的一支。从远道来的，也只有使用细石器的狄族。他们在长期杂居之后，也成为蛮僚的姻族。中国广大的人民群众，原来就是一家。"中国原本就是一家，中华民族原本是一家，这是中华文明历史道路形成的不可易移的结论和信念。徐先生不仅以历史资源、历史信息与历史知识和智慧，论证了这一结论；而且以这一信念的理论自信指导了他对巴蜀文化的研究。这是他留给我们巴蜀文化研究史最宝贵的一笔思想文化遗产。

作者简介：谭继和，男，四川省社会科学院研究员。

陈寅恪与杨树达学术交往略论*

四川师范大学　王　川

摘　要：史家陈寅恪（1890—1969）以"汉圣""赤县神州训诂小学之第一人""一代儒宗"之誉待友人杨树达，后者以"畏友"视前者；二位学者年龄相近，相差五岁，在身世、研究领域、服务高校等有太多的交集。杨树达与陈家有着不寻常的"三世"之交，与陈寅恪相惺相惜，在抗战前、抗战中、中华人民共和国成立后，二位学人都能保持相互讨论学术。在治学方法上，二位学人亦有多处"冥会"，足以启迪学人，垂范后昆。

关键词：陈寅恪　杨树达　学术交往　治学方法

导语

徐中舒先生（1898—1991）与陈寅恪先生（1890—1969）的亦师亦友关系、学术交往，向来为人周知，也为人所羡慕。而杨树达（1885—1956）等先生，与陈寅恪之关系，随着1985年白吉庵《杨树达传略》、1986年杨树达《积微翁回忆录》《积微居友朋书札》等的问世与出版，也开始引起学人的关注。笔者即据此而勾勒陈寅恪、杨树达两位前辈学人的交往与学术交流。

1942年12月，饱读诗书、饱经离乱的"积微翁"杨树达，在抗日烽火之下，寓身湘西辰溪的陋室"积微居"，满眼酸辛付咏歌，挥赋七律一首，题为《陈寅恪自桂林来书允为余序〈小学金石论丛续〉稿赋此报谢》。诗云：①

---

*本文系笔者在业师蔡鸿生教授指导下，1995年始撰，约1998年完成于中山大学执教期间；完成后，曾经蔡师批阅，如修改二级题目等。中山大学、四川大学均重视历史学科的传统，曾多次主办陈寅恪先生、徐中舒先生"国际学术研讨会"，引起了国内外学术界的广泛关注。2018年10月，川大第三次召开纪念徐中舒先生的学术研讨会，即"纪念著名学者徐中舒先生诞辰120周年国际学术研讨会"，余有幸获邀，躬逢其盛，乃检出廿年前之旧文，不及修改，聊以充数，一以表达对徐中舒先生学术之敬意，二以为晤会学界师友之门券，盼望师友有以正之。

①杨树达：《积微居诗文钞》，上海：上海古籍出版社，1986年，第61页。

> 朋交独畏陈夫子，万卷罗胸不肯忘。
> 一别五年萦梦寐，辱知三世岂寻常。
> 攻金偘欲追荀蒙，说籀频思补懋堂。
> 闻道苍梧富山水，未知游盖几回张。

杨氏在第四句自注云："君先德中丞公甄录时务学堂诸生，先兄及余皆与其选，而校阅文字者散原公也。"至于"荀蒙"（金文家孙仲容）和"懋堂"（文字训诂学家段玉裁）二典，则表示杨氏的学术追求，及其仿效前辈问学、请序的微意。

杨树达以"朋交独畏陈夫子"视陈寅恪，陈寅恪以"汉圣""赤县神州训诂小学之第一人""一代儒宗"之誉待杨树达，二位学者年龄相近，相差5岁，在身世、研究领域、服务高校等有太多的交集，二人心有灵犀，惺惺相惜。因此，杨树达1942年这首感时、怀旧、念友的诗，是他对于老友陈寅恪的推重，也是他对于"畏友"的牵挂，可以看作是陈杨一世交谊之提纲，特录存于此，权当全文之导引。

一、不寻常的"三世"知交

杨树达，湖南长沙人，字遇夫，号积微，晚年更号耐林翁。父名孝秩，字翰仙，笃厚勤学，喜读史籍、唐宋古文。杨树达五岁时从父孝秩先生读书，学缘来自东西，学问根基深厚，在传统的"训诂小学"如古汉语语法学、修辞学、语源学、文字学、古文字学（甲骨文金文），文献学（《论语》及《汉书》等典籍），以及古史、考古学等诸方面均有独到的研究，均卓有建树，他在上述各个领域的著作，如《周易古义》《老子古义》《中国修辞学》（《汉文文言修辞学》）《词诠》《古书句读释例》《论语疏证》《盐铁论要释》《汉书窥管》《积微居金文说》《积微居小学金石论丛》等，都被公认为经典之作，在中外学界有重大影响，被称为中国近现代语言文字学的著名开拓者，以致被陈寅恪誉为"汉圣""赤县神州训诂小学之第一人""一代儒宗"。

杨树达的一生与治学，与义宁陈氏家族结下不解之缘。

陈寅恪的祖父陈宝箴（1831—1900），字右铭，系咸丰元年（1851）恩科举人。时值清廷末年，河山日蹙。1860年英法联军火烧圆明园时，在京的陈宝箴遥见火光，"槌案大哭，尽惊其座人"，人尽知其忠；后历任浙鄂按察、布政使。光绪二十一年（1895）出任湖南巡抚。陈宝箴出任湖南，"辟利源，变士习，开民智"，"功绩声闻昭赫耳目间，为士民所信爱"[①]，人尽善其政。右铭抚湘，新政的重要举措之一，便是在长沙兴办"时务学堂"。受聘为"时务学堂"中文总教习的梁启超自记道：[②]

> 丁酉（1897）秋，秉三（熊希龄）与陈右铭、江建霞（江标）、黄公度（遵宪）、徐研甫（仁铸）诸公，设时务学堂于长沙，而启超与唐君绂丞（才常）等同承乏讲席，国

---

①陈三立：《巡抚先府君行状》，载《散原精舍文集》卷5，钱文忠标点本，沈阳：辽宁教育出版社，1998年，第110页。
②梁启超：《饮冰室文集》37，上海：中华书局，1926年，第69页。

中学校之嚆矢，此其一也。学科视今日殊简陋，除上堂讲授外，最主要者为令诸生作札记，师长则批答而指导之，发还劄记时，师生相与坐论。……湘中一、二老宿，睹而大哗，群起挤之。新旧之哄，起于湘而波动于京师。

起初，陈宝箴拟聘康有为主讲时务学堂，询之陈三立。三立（号散原，光绪十二年进士）即宝箴子而寅恪之父。三立对以"曾见新会（梁启超）之文，其所论说，似胜于其师"①，故陈宝箴乃改聘梁启超。梁以《孟子》《春秋公羊传》为教本，鼓吹"民权革命论"，遂使康有为氏公羊维新之义，传播于衡山湘水之间。时务学堂之学生更大受影响。

这一年（光绪二十三年，1897），时务学堂首批录取了40名学生，年仅十三岁的杨树达名列其中。杨氏在《积微翁回忆录》中写道：②

> 十月。湖南巡抚义宁陈公宝箴、按察使嘉应黄公遵宪与湘绅凤凰熊公希龄、浏阳谭公嗣同等合力创办时务学堂。考取第一班学生四十人，伯兄及余皆与焉。第一名为慈利李君炳寰，字琥生，后以庚子起义殉国。第二名为邵阳蔡君艮寅，后改名锷。袁世凯称帝，蔡君起义于云南，攻克四川。袁不得已，取消帝制，遂愤郁以死。堂中中文总教习为新会梁任公先生（启超），西文总教习为吴县李峰琴先生（维格）。梁先生用《孟子》及《公羊春秋》为教本，主张民权革命之说；学者思想为之一变。

当时，杨树达及其同学受梁启超民权主义思想的影响，不少人开始反思。其同学后来成为名流的除蔡锷外，还有章士钊、范源廉（民初教育总长）、蒋百里（军事家、陆军大学校长）等人。

在时务学堂的一年求学生涯中，杨树达与陈寅恪之父陈三立有师生之缘，因入学考试阅判试卷者即陈三立。1932年12月17日，杨树达在北京前往陈寅恪寓所谒见陈三立后，回忆道：时寅恪不在寓，而就养于家的三立老人"已知余，谓余留意著述云云。盖寅恪已先言于先生（三立）矣。先生告余，时务学堂考试校阅试卷者即先生云"③。

陈三立诗歌造诣极高，为士人所推重，杨树达更是五体投地。1940年10月17日，他在与友人熊雨生（正理）的唱和诗中说："散原逝后诗歌歇，今日荒陬着此公"④，表明杨对散原诗的推崇备至。

此后不久，杨树达"睹父兄愤慨之诚，即切同仇之恨"。1900年，入求实书院肄业，开始钻研郝懿行《尔雅义疏》、王念孙《广雅疏证》，始有志于训诂之学。17岁治《周易》，辑成《周易古义》一书。1905年，派往日本留学，入东京宏文学院大冢分校。同时入正则学校学习英文。武昌起义后，杨树达返国，在长沙各校教授中国文法与英文。五四运动前后，他是湖南新文化运动的关键人物之一，与湖南教育界陈润霖、朱剑凡等一道发起"健学会"，响应新潮。这一切，尤其是杨树达在湖南新文化运动中的表现，与他早年在湖南长沙时务学

---

①陈寅恪：《寒柳堂集》，上海：上海古籍出版社，1980年，第149页。
②杨树达：《积微翁回忆录》，上海：上海古籍出版社，1986年，第5页。
③《积微翁回忆录》，第77页。
④《积微翁回忆录》，第164页。

堂的一年学习大有关系。

中华人民共和国成立后，杨树达仍时常念及陈三立。1950年11月18日，故友张竹桥到访。张氏为民国初期湖南省警察厅厅长。是日，张自述民国初期，陈三立贫困于湘，张因陈氏二代有德政于湘民，乃请省府拨款救济，后发二万元以赠陈三立，陈三立受之①。这段故人佳话，令杨氏感到十分欣慰。

陈宝箴父子创办的时务学堂，对杨树达来说，犹如一个早年"情结"，念念不忘。所以他时常注意有关时务学堂的记述。1937年7月，他读到中华书局出版的《张菊生（元济）七十生日纪念论文集》，中有谢国桢撰写的《清代书院制度变迁考》一文。杨树达立即披览，密切注意后人对时务学堂如何评说。②

1952年6月3日，杨阅读石醉六自述的《六十年的我》，书中有不实之词，杨乃在日记中忆及时务学堂的入学考试，充满了对宝箴老人的怀念之情。③

杨树达与寅恪祖孙三代均有识见之缘，或为师，或为友，跨越两个世纪。三世之中，杨树达与陈寅恪是同辈学人，关系更加密切④，尤其是学术交往。

二、传灯"清华园"十一年（1926—1937）

杨树达、陈寅恪均出生于光绪中叶的长沙城：按二人自述，杨树达"生于长沙北门正街宗伯司臣坊侧之赁居"⑤；寅恪则"生于长沙通泰街周达武故宅"⑥，周达武故宅又称"周氏蜕园"，系唐代诗人刘蜕故宅之地⑦。既有出生的地缘，又有日后的学缘，他们二人真是缘上加缘了。

1925年9月，清华学校增设大学部、国学研究院。作为研究院导师之一的梁启超，便推荐杨树达至清华国文系任教授。当时，杨树达已执教北京师范大学，担任教授数年，且与陈垣、胡适等名流缔交论学，学术声望日隆。

1926年6月30日，杨树达应清华大学之聘。7月8日，回国不久的陈寅恪也应聘国学研究院导师而至清华园⑧。9月7日，杨树达亦至清华园。可以说，陈寅恪、杨树达二人均

---

①《积微翁回忆录》，第307页。
②《积微翁回忆录》，第136页。
③《积微翁回忆录》，第366页。
④陈寅恪致函杨树达的这13封信，包括：1940年8月2日、1948年7月7日、1948年10月5日、1952年12月6日、1953年1月2日、1954年7月10日陈先生致杨先生的6封；而杨先生日记中载收到陈先生之函的有：1931年11月26日、1932年4月28日、1934年4月10日、1942年12月初、中旬、1944年4月27日、1951年6月20日收到的7封。对于陈、杨二氏之友谊，王元化《杨遇夫的治学态度——读〈积微翁回忆录〉》等文已论及，见《清园夜读》，深圳：海天出版社，1993年，第99—104页。
⑤《积微翁回忆录》，第1页。
⑥杨逢彬整理：《积微居友朋书札》，长沙：湖南教育出版社，1986年，第97页。
⑦陈三立：《絮林五十生日赋赠》自注，载《散原精舍诗集》卷上，台北：台湾中华书局，1961年，第21页。
⑧吴宓：《雨僧日记》1926年7月7日、8日，此引自吴学昭《吴宓与陈寅恪》，清华大学出版社，1992年，第34—35页。

在 1926 年 7 月前后就聘清华，成为清华园的同事，从此直到 1937 年的七七事变，共十一年。

从 1926 年至 1937 年的 11 年中，陈寅恪、杨树达均讲学、著书于清华园。这 11 年中，杨树达一直执教清华，积极探索文字、训诂学、古史等研究领域，取得了丰硕的成果；寅恪则前五年任清华国学研究院导师，悉心培养不少文史英才，后六年则任中文、历史两系合聘教授。这 11 年，正值陈寅恪 37—48 岁之壮年，是陈一生中生活安定、身体健康、心情愉快、读书研究环境条件俱备时期，因此研究成果最丰富。①

杨、陈二人虽在清华共事，但住宅并不邻近。寅恪先是寓居于清华园工字厅的西客厅，后又搬到南院二号，1935 年后移居新西院；而杨树达则住于清华园外。二人治学的范围，也是各有侧重的。杨树达此时的主要治学兴趣，在于音韵文字学及汉代经史、典籍，1926 年他的《老子古义》《周易古义》相继出版，所以他主要与钱玄同等学人谈音论韵。寅恪则主要对佛经翻译文学、塞外民族文化、敦煌学和中古史等领域有兴趣，也利用梵文、藏文来研究蒙古及元朝源流史。杨、陈二氏治学各有侧重之特点，在二人对于先秦文献的一次论学中表现得最为明显。

对于战国燕将乐毅报燕惠王书中"蓟丘之植，植于汶篁"之句，自来聚讼纷纭。俞樾（曲园）认为系倒装句，即"汶篁之植，植于蓟丘"；杨树达早在 1922 年 9 月就与钱玄同、胡适讨论过《诗经》之"于以"问题②，得到了钱、胡二人的赞同，胡适更在 10 月 3 日的日记中写道："杨遇夫来信，讨论'于以'的问题，我觉得他很有见解。"③ 故而，杨树达释为"蓟丘之植，植于汶篁"，即释"于"为"以"。

寅恪回顾诸说，肯定了俞、杨二氏"之说最为精确"，同时指出此句"既非倒句之妙语，亦不必释'于'与'以'同义"，所以他并不完全同意二氏之说。寅恪认为："夫解释古书，其谨严方法，在不改原有之字，仍用习见之义。故解释之愈简易者，亦愈近真谛，并须旁采史实人情，以为参证。"所以他认为，此句应释为，蓟丘之植随留徇齐地之燕军，而移植于汶篁④。汶即汶水，乃齐国一条河流。五十年代的课堂教学上，寅恪还举此例⑤，这说明寅恪对语言文字之考释，是置于文化史背景之下，善于从一个字来释读背后的文化史，其结论自然精凿非凡。

寅恪、杨树达二人学术旨趣既各有侧重，二人又素喜清静潜研，不大愿意参加社会交际，故起初二人虽有往还，但并不频繁。

寅恪淹通典籍，学贯中西，早为留美同学、至亲俞大维所道，以后更为哈佛同窗吴宓、

---

① 王永兴：《陈门问学丛稿》，南昌：江西人民出版社，1993 年，第 7 页。
② 《积微翁回忆录》，第 17 页。
③ 胡适：《胡适的日记》，香港：香港中华书局，1985 年，第 475 页。
④ 陈寅恪：《蓟丘之植植于汶篁之最简易解释》，《金明馆丛稿二编》，上海：上海古籍出版社，1980 年，第 261—263 页。
⑤ 姜伯勤：《唐令舞考——兼论陈寅恪先生〈元白诗证史〉的文化阐释》，《纪念陈寅恪教授国际学术讨论会文集》，广州：中山大学出版社，1989 年，第 200—201 页。

柏林学友傅斯年等人所惊服①。对于杨树达擅长的音韵、经传之学，寅恪也有所研究。

寅恪、杨树达二人的最早交流，见于记录者系于 1928 年 3 月 23 日之清华园，杨树达在当日记录：②

> 在清华。陈寅恪来。言在上海时，见邹叔绩《读经札记》手稿，厚尺许。说《左传》者颇多。刻遗书时盖以未见，漏未刻入。藏者为叔绩之孙，意欲付寅恪。寅恪以无副本，不敢携来。寅恪又云，札记中颇有与俞荫甫书暗合者。

寅恪所说《读经札记》中有不少见解与俞荫甫（樾）著作暗合，杨树达并没有异议。可见，二人谈经说史，所见略同之处不少。

此后，二人之相互往还，频频出现，见于多种文献。

二人均与海外汉学界有交往。1928 年 4 月初，日本狩野直喜、小平兑治等人来京，树达与狩野等人已多次往还，树达并在北京宣南春饭店宴请狩野博士一行，邀寅恪、陈垣、林砺儒诸位作陪。是日因夜深寅恪不能返回清华园而宿于杨寓③。二者关系非同寻常，由此可见。

1934 年 5 月 16 日，杨"偕陈寅恪到其家"④；1931 年 11 月 20 日，寅恪至杨之寓所，杨以近著《西乡侯兄》《曹真》二古碑及《藏砖记》三跋相示，征询寅恪之意见；26 日，杨又以自己的《汉俗丧礼考》讲义，赠送寅恪。寅恪除答谢外，还盛赞杨文之"精确"⑤。

对于杨树达的学问，寅恪是相当推崇的。他曾在助教浦江清及学生吴其昌等人面前"极加称许"。由于国文系内部争纠连绵，干扰了学术研究，寅恪乃邀杨氏在历史系兼课以避其扰，深获后者之同意⑥。此后不久，杨树达成为历史系兼职教授。

在寅恪心目中，杨树达的学术成就已臻胜境。他对杨著《汉碑考证》诸文大加赞许。曾在道贺致函中以"汉圣"相誉，寅恪函云："汉事颛家，公为第一，可称汉圣。"又谓："湖南前辈多业《汉书》，而君所得独多，过于诸如前辈矣。"⑦ 寅恪称杨树达为《汉书》专家，终其世不变，即在 60 年代撰述《柳如是别传》时亦然。⑧

寅恪的评价决非谀杨阿私之辞。杨树达六岁即从父孝秩公习经史，于《尔雅》《广雅》尤精；后又师事湘潭叶德辉（1864—1927，叶字焕彬），尽知《说文解字》《四库提要》精义，而以湘地学风之习尤好《汉书》，每读一篇，不忍释手，故早在 1925 年，杨氏就出版了《汉书补注补正》，纠正了清代朴学家、长沙宿儒王先谦《汉书补注》六百余事，深获学界推重，后来此书扩写为《汉书窥管》。余嘉锡（季豫，1885—1955）、黄侃（季刚，1886—

---

① 吴学昭：《吴宓与陈寅恪》，第 2-4 页。
② 《积微翁回忆录》，第 36 页。
③ 《积微翁回忆录》，第 37 页。
④ 《积微翁回忆录》，第 82 页。
⑤ 《积微翁回忆录》，第 58 页。
⑥ 《积微翁回忆录》，第 59 页。
⑦ 《积微翁回忆录》，第 62-64 页。
⑧ 陈寅恪：《柳如是别传》中册，上海：上海古籍出版社，1980 年，第 803 页。

1935)等名家均有较高赞誉,如余嘉锡指出:所谓汉圣者,无以远过遇夫(树达);黄侃则认为:遇夫于《汉书》有发疑正读之功,其学问过于先贤王先谦。胡适也对《汉俗丧礼考》讲义等大加赞许,认为杨树达解决了鲍永等是否行三年丧之疑,殊值佩服。①

杨树达对于自己的《汉书》研究,本来就自视甚高,得到了友朋的肯定,他更加欣慰,自谓"余于《汉书》治之颇勤,亦稍有自信",而寅恪与余、黄、胡诸君乃当代著名学者,"其言如出一口,足见真实之业,自有真赏音,益喜吾道之不孤矣"②。杨树达视寅恪为志同道合的朋友,彼此相知,多有共识。因此,寅恪乐于在杨树达面前评议其他学者。如钱穆的《诸子系年》,据《竹书纪年》以订《史记》之误,令人耳目一新。寅恪认为极有心得,故表示钦佩。③

杨、陈对当时学界某些现象,能够开诚布公地交流看法。1936年8月8日,陈杨二人见面时,寅恪告诉杨树达,近来学界老辈张尔田(孟劬,1874—1945)剞劂改订《蒙古源流笺证》时,多处采用了己说而不注明出处。按《蒙古源流》为蒙古人小彻辰萨囊台吉于清初的1662年所撰的一部八卷本史书,是蒙古民族史典籍,晚清学界不少名宿曾做过研究,如沈曾植撰《蒙古源流笺证》等,因无法利用外文文献,仍跳不出旧圈子。寅恪运用他所掌握的梵文、藏文知识,通过藏文《嘉喇卜经》等的比勘,发表了一系列研究论文,如1930年的《灵州宁夏榆林三城译名考》、1931年的《吐蕃彝泰赞普名号年代考》等文,完整地辨析了蒙元史的重大问题④。因此,张尔田予以引用,未注明出处,张氏便难辞掠美之嫌了。

寅恪的议论,得到了杨的同情与共鸣。杨在二人议论的次日,于日记中写道:"许维遹集释《吕览》,于卷二十《行论》篇'官实',用余撰《左传军实解》之说,而不言出自余"⑤,表明对不良学风的抨击,杨陈是一致的。

1930年秋季开始,杨树达"得清华大学休假半年,于时既无校课,遂得从容寻温《尔雅》《说文》《广雅》及诸训诂小学之书,盖得以声联义之例证数百事"⑥,写成论文《形声字声中有义略证》,于1934年4月《清华学报》9卷2期刊出。寅恪读后,大为称赏:"顷读大作,精确之至,极佩极佩!公去年休假半年,乃能读书。弟则一事未作,愧羡愧羡!"杨树达认为,寅恪所言乃"谦言"耳!⑦ 字里行间,可见杨陈二人互勉互励,以及共同切磋学问之乐。

1933年,陈寅恪撰成《四声三问》,从音韵学的角度,借古代印度"五明大论"中的"声明论",论证为什么南朝周颙、沈约发明四声,而非五声或七声,其缘由在于当时佛教僧徒的转读,而转读佛经的三声则源出印度古代的声明论。这是涉及中印文化交流史的重大问题。同年12月20日,寅恪以此文示杨。杨树达读后,认为寅恪"立说精凿不可易。以此足证外来文化之输入必有助于本国之文化,而吾先民不肯故步自封、择善而从之精神,值得特

---

① 《积微翁回忆录》,第64页。
② 《积微翁回忆录》,第64页。
③ 《积微翁回忆录》,第82页。
④ 汪荣祖:《陈寅恪评传》,南昌:百花洲文艺出版社,1992年,第83页。
⑤ 《积微翁回忆录》,第120页。
⑥ 《形声字声中有义略证》,《清华学报》9卷2期,1934年4月,第292页。
⑦ 《积微翁回忆录》,第79—80页。

记为后人师法者也"①。

1929年夏，清华国学研究院因四大导师仅剩陈寅恪、赵元任二人而停办。陈改由清华大学历史、中文、哲学三系合聘；而杨树达从1932年起为中文、历史系合聘教授，由此杨陈二人在文史二系共同指导了一些学生、研究生。他们参加学生、研究生考试（含口试）的情况，见下表。

表一 清华时期杨陈二人共同指导学生考试一览表

时　　间	院　系	学生姓名	考试类型	资料出处
1933年3月17日 6月12日	文科所中文部 同　上	萧涤非 萧涤非	毕业初试 论文考试	A②，第120页 A，第123—124页
1934年5月25日 10月16日	历史系 同　上	霍世休 姚薇元	毕业初试 口　试	A，第134页 B③，第82页
1935年5月30日 6月20日	中文部 同　上	崔殿魁 崔殿魁	毕业初试 论文考试	A，第146页 A，第147页
1936年6月26日 7月30日 8月4日 9月17日	历史系 中文部 同　上 同　上	姚薇元 何格恩 何格恩 何格恩	论文口试 毕业初试 口　试 论文考试	B，第117页 A，第136页 B，第120页 A，第162页
1936年10月2日 10月15日	中文系 同　上	张恒寿 许世瑛	毕业初试 毕业初试	A，第162—163页 A，第163页

此外，寅恪、杨树达二位还应共同指导过多位学生。如寅恪1933年指导的历史系学生张慧筠、邵循正、朱延丰，1934年指导的历史系学生王信忠、马奉琛、张德昌，中文系学生田德望，1935年指导的历史系学生张德昌等④，均系杨树达兼任历史系教授之后，故杨也有可能参与指导。

1937年5月，以父病重，杨树达返湘探望。7月卢沟桥事变发生，中国抗战进入全面抗战阶段。8月，杨树达应湖南大学之聘，决意定居长沙。

居于北京的陈氏一家，闻国变大为忧愤。陈三立绝食而逝，再现了义宁陈氏的精忠。随后，陈寅恪一家艰难地从北京出走，历经颠沛流离，于11月到达临时大学（包括清华大学）所在地长沙。随即清华大学诸校又决定迁往云南。1938年4月，陈寅恪至滇，执教于由清华、北大、南开改组而成的西南联合大学。同年，原清华大学中文系主任朱自清由滇发函，邀杨树达前往执教，杨辞谢。10月，长沙告急，杨氏一家随湖南大学疏散到湘西的辰溪。

自此直到1945年8月抗日战争胜利，寅恪、杨树达二人天各一方。聚晤难期，只剩下断断续续的互通鱼雁了。

---

①《积微翁回忆录》，第77页。
②A表示出自姜建、吴为公编《朱自清年谱》，合肥：安徽教育出版社，1996年。
③B表示出自《积微翁回忆录》。
④刘桂生、欧阳军喜：《陈寅恪先生编年事辑补》，载王永兴主编《纪念陈寅恪先生百年诞辰学术论文集》，南昌：江西教育出版社，1994年，第435—437页。

三、八年兵烽未断缘

自从 1938 年 4 月寅恪至滇，10 月杨树达至湘西。寅恪"守伧僧之旧义"，未负如来；树达著《春秋大义述》，阐释大义，二人坚守民族气节，堪与陈垣《通鉴胡注表微》相辉映。二人虽地各一方，但仍鱼雁不断，联系不绝。

1940 年 7 月 7 日，杨树达致函寅恪，并呈近作请教（杨函今已不可觅）。时陈滞于香港，准备前往英伦就任牛津大学之中国学教席。暑假之时，陈夫人唐筼（字晓莹）亦二度至港，待机举家同赴英伦。在这种情况下，8 月 2 日，陈复函杨氏，抒发国难中的忧愁：①

> 昨始奉到七月七日手示并大作，慰甚佩甚。当今文字训诂之学，公为第一人，此为学术界之公论，非弟阿私之言。幸为神州文化自爱，不胜仰企之至。
>
> 弟九月间仍须返西南联大（闻有迁蜀之说，恐不易实行）授课，而云南地高，于患心脏病者不适宜；（弟前数月患怔忡病，几死于昆明。）港居又以物价汇价之故不能支持。欧战正剧，亦难浮海西行，真所谓进退维谷者矣。湘中亲故避地居辰溪者谅必不少，晤时乞代致意。专此奉复。

既难以马上赴英，寅恪乃借中英庚款董事会总干事杭立武、香港大学中文系主任许地山等人之助，受聘为港大客座教授，并在许氏逝世后一度代理系主任之职。1941 年底太平洋战争爆发，日军攻陷香港，陈氏一家滞于香港，面对威逼利诱，陷入危险、绝望之困境，寅恪亦拒绝为侵略者服务，再次显示陈门之民族主义立场。

1942 年 5 月，寅恪一家冒险返内地，6 月初抵达广西桂林，旋由杭立武周旋，任教于广西大学。对于寅恪的近期行踪，虽有众多外界因素之限制，杨仍尽其所能地打听。在 1942 年 4 月间，以"未知寅恪何在"，杨以"廿六年（1937）以后文稿一册寄冯芝生（友兰），请其转寄陈寅恪"②，表明了杨对陈之关注。

8 月，教育部聘教授名单发表，寅恪、杨树达二人均以取得的学术成就，名列其中。杨在 8 月 29 日记曰："教育部聘教授名单发表，余与焉。此前陈寅恪、吴宓、吴有训、庄前鼎，皆清华同事；周鲠生、杨端六、梁希皆一高同学也。"③

9 月 6 日，杨树达方闻知寅恪从港脱险。在该日所作《报载教育部聘教授名录余与其列感赋》诗下自注曰："畏友陈寅恪，名亦在部聘录中，近始闻其从香港脱险。"④ 继续称老友为"畏友"，可见杨树达对寅恪之钦佩深笃。

年底，杨树达"以近著金文跋若干篇寄陈寅恪求教，并请为《小学金石论丛续稿》撰序"，陈寅恪欣然命笔，写下了一段直抒胸臆的名言：⑤

---

① 杨逢彬整理：《积微居友朋书札》，第 93 页。
② 《积微翁回忆录》，第 195 页。
③ 《积微翁回忆录》，第 188 页。
④ 《积微居诗文钞》，第 60 页。
⑤ 陈寅恪：《金明馆丛稿二编》，第 230 页。

先生少日即已肄业于时务学堂，后复游学外国，其同时辈流，颇有遭际世变，以功名显著，独先生讲授于南北诸学校，寂寞勤苦，逾三十年，不少间辍。持短笔，照孤灯，先后著书高数尺，传诵于海内外学术之林，始终未尝一藉时会毫末之助，自致于立言不朽之域。与彼假手功名，因得表见者，肥瘠荣悴，固不相同，而孰难孰易，孰得孰失，天下后世当有能辨之者。

杨树达《论语疏证序》言"寅恪平生颇读中华乙部之作"，殆亦如此。

序中，寅恪对友人三十余年之中焚膏继晷、献身学术的精神，表示了衷心的钦佩，这正是1931年他在《吾国学术的现状及清华之职责》中提倡过的①。此序既是寅恪慰释友人，也是寅恪夫子自况之语，从中可见二人处世治学境界之纯正高尚②。

在随序寄出的先后两封复函中，寅恪称"承示金文跋尾，读之钦佩至极。论今日学术，公信为赤县神州文字、音韵、训诂学第一人也。嘱为大作撰序，为此生之荣幸。他年贱名得附以传，乃公之厚赐也"，寅恪并通告友人，所撰《隋唐制度渊源略论稿》《唐代政治史述论稿》二书已付印。③

杨树达接到寅恪之二函及序文，大受感动，称"良友奖藉，令人感愧，其执词谦退，尤令人惶悚之至"④。对陈寅恪撰序，12月22日杨树达赋诗答谢，即是本文开头所引的那首七言律诗。

1943年1月18日，寅恪之序到达湘西，杨树达十分感奋，在日记中引述了陈序评语后写道："挚友慰藉穷愁，不惜过加奖藉，殊可感也。"⑤

1944年，杨树达六十寿诞，陈寅恪已从桂林播迁成都，仍赋诗祝贺：

> 鲁经汉史费研寻，圣域神州夜夜心。
> 一代儒宗宜上寿，八年家国付长吟。
> 蔽遮白日兵尘满，寂寞玄文酒盏深。
> 休道先生贫胜昔，五诗还抵万黄金。

寅恪诗盛赞杨氏作为"一代儒宗"寂寞研寻的精神境界，杨大感欣慰："寅恪学人，而诗极富风趣。惟语重，余不克当耳"。⑥

1945年秋季，抗日战争结束。杨树达返回长沙，未就清华之聘，而是继续执教于湖南大学。1946年夏，寅恪就医英国治疗眼病归来，"双眼完全失去复明的希望"⑦，年底仍返清华执教。为抒泄乱世盲目之悲，寅恪乃名其书斋为"不见为净之室"。杨树达闻讯无比伤

---

①陈寅恪：《金明馆丛稿二编》，第317页。
②刘梦溪：《一代文化所托命之人——陈寅恪先生的学术创获和研究方法》，《纪念陈寅恪先生百年诞辰学术论文集》，第414页。
③《积微翁回忆录》，第195页。
④《积微翁回忆录》，第195页。
⑤《积微翁回忆录》，第198页。
⑥《积微翁回忆录》，第212—213页。
⑦蒋天枢：《陈寅恪先生编年事辑》（增订本），上海：上海古籍出版社，1997年，第140页。

感，于1947年1月24日赋诗《唁陈寅恪失明》，遥致无可奈何的慰藉：①

> 天欲减君悲悯意，暂教眸子暗西庄。
> 悬知海宇清尘日，不刮金鎞已有光。

1948年初，广州中山大学邀请杨树达前往讲学，陈于7月7日函询杨氏近况："前闻令郎言先生往广州讲学，想已早返长沙。近日大著倘蒙赐寄一读，不胜感幸。"② 为答谢畏友关注，杨树达由《论语古义》扩写而成《论语疏证》之后，即索序于陈。

同年，寅恪、杨树达这一对"部聘教授"，又成为中央研究院首届院士。11月3日，杨乘车赴粤，次日抵广州，宿于文明路中山大学之北斋。此时平津战事吃紧，陈应岭南大学校长陈序经之聘，举家南下，1949年1月19日抵广州，从此就"栖身岭表"了。

在陈寅恪抵穗的第六天即1月24日，杨树达赶往岭南大学拜访寅恪。二人自1937年北京分别十二年后，故友再次见面。老友相见，分外亲切，杨树达见寅恪"容貌丰腴，精神健旺，殊为可喜"，并面谢陈为《论语疏证》作序③。

陈、杨重晤之后，局势急转直下。广州与其他国统区一样，百物腾贵，怨声载道，民无宁日。4月，解放军渡过长江，广州更是一片混乱，"人心惶惶，中大同人纷纷作应变之计"④。5月，动荡已极的政局使杨树达在中大的讲学再也不能继续了，乃决计返回湖南。之后，陈粤杨湘，双方再未晤面。

中华人民共和国成立后，直到1956年2月14日杨去世，杨陈二人仍然时有书函往来。

据现有资料，这不足七年之中，杨陈书函往来所言之事，除《论语疏证》序外，主要是互相询问近况。如1952年12月6日，寅恪致杨函云："湖大改组，公何所归？能退休否？弟现仍授课作文，但苦多病，恐无相见之日。"⑤ 1953年1月2日，寅恪评论陈垣敦促杨氏改变学术方向的著名信件，前文已述。

杨树达时常关注着寅恪的学术动态。

40年代末、50年代初，陈寅恪在《岭南学报》发表了《白乐天之思想行为与佛道关系》《元微之古题乐府笺证》《秦妇吟校笺旧稿补证》等七八篇论文，均系"说唐诗文字"，引起了杨树达的兴趣，他表示叹服，并在1950年10月18日的日记中写道：陈文"鞭辟入里，令人解颐"⑥，大为欣赏。12月，岭南大学中国文化研究室出版了寅恪《元白诗笺证稿》一书，书名写明"庚寅孟冬晓莹题"，系陈夫人唐篔题写，这是一本以诗证史之作，又是一本忧患之书。书甫印成，陈氏即寄赠杨氏一册。当年21日，杨氏得书"连日阅之"，深感此书"既博且精，诗家笺注从来未有也"⑦。23日，读毕陈书的杨氏"书与寅恪，赞其著书之

---

① 《积微居诗文钞》，第74页。
② 杨逢彬整理：《积微居友朋书札》，第94页。
③ 《积微翁回忆录》，第285页。
④ 《积微翁回忆录》，第288页。
⑤ 杨逢彬整理：《积微居友朋书札》，第96页。
⑥ 《积微翁回忆录》，第306页。
⑦ 《积微翁回忆录》，第309页。

美",同时"附告二事求教"①,因为杨树达认为陈寅恪对元白诗之笺证在某些"诗义"上"过求甚解",杨树达在函中肯定陈书为"语详事核""美富卓绝"之作时,又道:②

> 窃尝私谓古来大诗人,其学博,其识卓,彼以其丰富卓绝之学识发为文章,为其注者亦必有与彼同等之学识,而后其注始可读,始可信。否则郢书燕说,以白为黑,其唐突大家已甚矣。

这表面上讲述笺注古诗之困难,实际则褒扬老友笺注之成绩。

1951年秋,中共老党员、史学工作者杜国庠(1889—1961)以宣传部门负责人的身份到岭南大学演讲,对寅恪、容庚二教授颇有赞辞。随后,"老革命家兼学者"杜国庠多次来到康乐园,拜访寅恪,谈道论学,礼遇有加,成了"私交极深的朋友"③。杨树达从广州友人来函中得知此事,认为"官吏尊重学人,固大佳事",深感高兴。④

1953年11月,杨树达收到执教北大的侄子杨伯峻的来函,谓中央将邀陈、杨二人及顾颉刚等历史语言学者入京,"从事研究",接函后,杨树达认为"为学术计,此事至可喜,不关个人也"⑤。1954年3月,杨陈二人的门生姚薇元致函杨氏,"云寅恪以多病辞不北行,举陈垣自代。且谓寅老不满意于科院,谓解放数年,绝不重视史学,至此老成凋谢之际,乃临时抱佛脚,已有接气不上之象云云"⑥。陈寅恪所言,杨氏也有同感。

1955年,中国科学院召开学部成立大会,按照其学术成就、对科学事业的推动等标准,全国遴选了61位社会科学知名专家为学部委员,寅恪、树达这一对学人再次名列其中。

无论是战乱年代,还是和平岁月,陈寅恪、杨树达间,始终由友情和学缘连在一起。如果说前者是积微居的畏友,那么,后者也应称为金明馆的挚友了。

四、旧序言的新风波

1951年,中国科学院从北京函告杨树达,准备从杨氏之旧作《小学金石论丛续稿》中抽取金文部分,出版单行本。杨树达得知此事,甚为高兴,仍拟将十余年前寅恪序文置于卷首,为此致函告寅恪。

6月20日,杨树达收到复函,寅恪除答应杨氏之请外,更赞道:"杜诗说极精,汉圣之名,真不虚也。"⑦尽管日月换新天,"汉圣"还是"汉圣",这就是寅恪的风格。至于由此会惹来什么麻烦,他是置之不理的。

1952年4月,中国科学院编译局给杨树达去信,称"经研究后,陈寅恪序立场观点有

---

① 《积微翁回忆录》,第309—310页。
② 杨树达:《与陈寅恪书》(1950年12月23日),《积微居小学述林》卷7,北京:中国科学院,1954年,第308页。
③ 季羡林:《怀旧集》,北京:北京大学出版社,1996年,第200页。
④ 《积微翁回忆录》,第331页。
⑤ 《积微翁回忆录》,第375页。
⑥ 《积微翁回忆录》,第382页。
⑦ 《积微翁回忆录》,第323页。

问题"①。5月2日，杨树达接函，左右难办。其一，杨树达认为此事既函请寅恪，又得寅恪首肯，现却失信，对不起朋友；其二，杨氏之所以置陈序于卷首，说明他对此是赞同的，否定了陈序也就否定了自己；其三，杨树达早已对科学院的出版审查报告不满，他认为"原审查人于训诂及语源之学并无研究，学力不足，故失口乱道，将有作无"②。所以，杨陈二人于此事观点是一致的。

后来事情的发展证明，编译局来函实际上宣告了寅恪序文之命运。10月，杨树达著《积微居金文说》出版，果然不见陈序。这种"与时代不合"的阴影，给了寅恪又一次莫名的打击。③

细读寅恪序文，可见该序除历数杨氏治学之路、赞扬杨之学术成就外，不外乎就是对40年代的时局作了一点暗色的描述，如"自剖判以来，生民祸乱，至今日而极矣"，即如此，这也是当时社会的真实情况。至于触及湘籍人士中"假手功名，因得表现者"，又有何"讳"可避呢？只有"捉影"成性的人，才会将陈序视为影射。

在这种情况下，横遭天外来风袭击的寅恪，只好把"不幸"强解为"非不幸"了。1952年12月6日，在致杨树达函中，寅恪云："手示敬悉。大著尚未收到。贱名不得附尊作以传，诚为不幸。然拙序语意迂腐，将来恐有累大者，今删去之，亦未始非不幸也。"④

寅恪越是自谦以慰友人，杨树达越是感到愧对友人。寅恪收到杨著后，于1953年1月2日来函云："顷奉手示，而大著适于前二日收到，以事忙病多，未能即复，致劳远念，歉甚。季玉先生处重复之本可不必寄来矣。大著多古文奇字，俟请人代读；然此书为近年出版物中第一部佳作，虽不读亦可断言也。"⑤ 收读寅恪信函后，杨树达自认为"寅恪于余阿好如此，可愧也"。⑥

由于陈序风波及时局的影响，1953年的杨树达更加发愤于著述。如1955年5月，杨在《汉书窥管》自序中写道："癸巳之岁（1953），僻处麓山，宾朋希简，发奋补苴，遂终全帙。卅年精力，幸资小结。"⑦ 此书同年由商务印书馆出版后，在学界反响强烈。

1954年，杨树达《论语疏证》将刊行，致函陈寅恪，请寅恪将六年前所作之序加上新式标点。按，寅恪撰文作序均不标点，早在1929年胡适给寅恪之信中就已提到⑧。收到友人来函，寅恪迅即照办，并于7月10日复函曰：⑨

> 前屡承寄示大作，今日有此等纯学术性著作之刊行，实为不可多得之事，幸甚！喜甚！佩甚！拙序寄还，并加标点。《出三藏记集》乃一书名，"出"即译出之义，下文

---

① 《积微翁回忆录》，第345页。
② 《积微翁回忆录》，第348页。
③ 陆键东：《陈寅恪的最后二十年》，北京：三联书店，1995年，第82—84页。
④ 《积微翁回忆录》，第97页。
⑤ 杨逢彬整理：《积微居友朋书札》，第97页。
⑥ 《积微翁回忆录》，第357页。
⑦ 《汉书窥管》自序，"杨树达文集"之10，上海：上海古籍出版社，1984年，第1页。
⑧ 耿云志、欧阳哲生编：《胡适书信集》上册，北京：北京大学出版社，1996年，第483页。
⑨ 杨逢彬整理：《积微居友朋书札》，第98页。

《贤愚因缘经》上之"出"字，乃是弟文中所用之动词，故不加曲线也。（"学等"乃"昙学等"之省称，僧徒行文例略名上一字也。）先生平生著述，科学院若能悉数刊布，诚为国家一盛事，不识当局有此意否？

弟畏人畏寒，故不北行。去冬有一短诗，附呈以博一笑。

《答北客》

多谢相知筑菟裘，可怜无蟹有监州。

柳家既负元和脚，不采苹花即自由。

对于《答北客》之古典、今典，余英时先生有笺注①。此函明确表示，杨陈二人之友谊，并未因旧序言新风波而削弱。不过，从此之后，杨树达心目中的"畏友"，康乐园里的"文盲叟"寅恪，却的确越来越"畏人畏寒"了。

五、治经治史之法的"冥会"

陈寅恪、杨树达二人年少时均走出国门，游学异邦，受到了西方学术界的影响，具有贯通中西的学术品格。

杨树达通英、日二门文字，自称："我研究文字学的方法，是受欧洲文字语源学的影响。少年留学日本，学外国文字，知其有所谓语源学。"② 在《形声字声中有义略证》中，他又说，自己之学术"讨论，皆语言之根，欧洲人谓之 Etymology，所谓语源学也"，就是明证。陈寅恪在欧美日游学多年，先后跟从过美欧学者路得施、缪勒、黑尼士、兰曼等教授学习梵文、藏文、巴利文、蒙古文、中亚古文字等，因而在治学方法上受到过德国的语文考证之学的影响③。所以，欧洲的汉学对陈寅恪有很大影响。"他研究中西一般的关系，尤其于文化的交流、佛学的传播，及中亚的史地，他受西洋学者的影响。"④

学贯中西的优势，使杨、陈二氏能站在异于同辈学人的高地，做出非凡的研究，从二氏对马建忠（眉叔）《文通》的评价就可体现此点。

杨树达"自1912年始读《文通》，颇持异议"，之后不断思考，他依据英语、日语特点，结合本族语——汉语比较研究，在承认马氏《文通》重大意义的同时，又指出"马氏之失，约有十端"⑤，这在1929年12月写成的专著《马氏文通刊误》中有论述。对此，30年代初的陈寅恪完全赞同，他在《与刘叔雅论国文试题书》中有阐述。⑥

按治学方法而言，杨陈亦有许多"冥会"之处。本文以史学为视角，试举两端。

其一，重视校勘是杨陈二人治文史之学的要途之一。

---

①余英时：《"陈寅恪热"的新收获——从〈陈寅恪的最后二十年〉谈起》，《东方文化》1997年1期，广州出版。
②白吉庵：《杨树达传略》，《文献》第21辑，1985年4月，北京。
③金应熙：《陈寅恪传》，载《中国史学家评传》下册，郑州：中州古籍出版社，1985年，第1346页。
④俞大维：《谈陈寅恪先生》，载《文人画像——名人笔下的名人》，上海：上海三联书店，1996年，第117页。
⑤杨树达：《马氏文通刊误》自序，上海：上海古籍出版社，1991年，第1页。
⑥《金明馆丛稿二编》，第223页。

杨树达于光绪二十五年（1899）遵父命受业于叶德辉，叶氏精于版本、目录、校勘之学，为清末著名学问家之一，他对杨树达影响甚大，以后杨树达的著作，如《汉书窥管》等均十分重视校勘。陈寅恪游学时代的柏林大学老师路得施等都常用同一文献的不同文本、译本进行互相比较对勘，寅恪受影响较深，以后他在佛经的校勘、历史文献的校勘等领域，用了很大气力。

关注语言文字学，也是陈寅恪、杨树达二人的共同之处。杨氏在《词诠》的序例中云："余生颛鲁，少读王氏书而好之，弱冠游日，喜治欧西文字；于其文法，颇究心焉。"① 以后他在湖南大学执教文字学，撰写《中国文字学概要》《文字形义学》诸书均为证明。据陈寅恪表弟俞大维言，寅恪"幼年对于《说文》与高邮王氏父子训诂之学，曾用过一番苦工"，后来在1923年求学德国期间，就进一步认为"以西洋语言科学之法，为中藏文比较之学，则成效当较乾嘉诸老更上一层"②。所以，有学者认为，寅恪研究外国文字，吸收西方语文考证学派的精义，因而在方法的训练上，材料的运用上，以及议论的发明上，即沈曾植、王国维也不可及。③

其二，杨陈二人治学，实均渊源于宋代史学家的"长编考异之法"。

寅恪认为，"华夏民族之文化，历数千载之演进，造极于赵宋之世，后渐衰微，终必复振"④，并认为宋贤史学，今古罕匹，自然是中国史学莫盛于宋。在杨树达著《论语疏证》序中，陈指出："先生汇集古籍中事实语言之与《论语》有关者，并间下己意，考订是非，解释疑滞，此司马君实、李仁甫长编考异之法，乃自古诂释《论语》者所未有，诚可为治经者辟一新途径，树一新模楷也。"所以陈认为杨治经之法与自己相同，而与"宋贤治史之法冥会"也。⑤

俞大维、王永兴等氏均认为，陈寅恪重视《通鉴》，推崇司马光、李仁甫等宋代史学家的治史方法，寅恪的治史方法正如此⑥。在宋贤史学基础上，陈又有新的发展。

杨陈既积有厚学，又用心甚笃，所以在各自的领域中均起了先驱者的作用。杨著《汉书窥管》《论语疏证》等，无不给后人以轨则，近人陈直先生（1901—1980）撰《汉书新证》，体例基本仿自《汉书窥管》，陈直说："《汉书窥管》在《汉书补注》之后，对于训诂、校勘，很有参考之价值。"⑦ 朱自清认为，杨树达有些方面"开了独立研究的风气"⑧。陈寅恪也是一位"开风气"者，仅以敦煌研究为例，陈不仅首创"敦煌学"一词，并从宏观上论证了敦

---

① 杨树达：《词诠》，上海：上海古籍出版社，1986年，第1页。
② 陈寅恪：《与妹书》，《学衡》20期，1923年8月。
③ 汪荣祖：《陈寅恪评传》，第47页。
④ 陈寅恪：《金明馆丛稿二编》，北京：三联书店，2015年，第277页。
⑤ 陈寅恪：《论证疏证》序，上海：上海古籍出版社，1986年，第1页。
⑥ 俞大维：《谈陈寅恪先生》，见《文人画像——名人笔下的名人》第115-116页；王永兴：《学习〈柳如是别传〉的一点体会——柳如是的民族气节，载《〈柳如是别传〉与国学研究》，杭州：浙江人民出版社，1995年；王永兴《种花留与后来人——陈寅恪先生在清华二三事》，《学术集林》卷九，上海：上海远东出版社，1996年；李锦绣：《王永兴谈陈寅恪治史之道》，《文史知识》1997年1期。
⑦ 陈直：《汉书新证》之《自序》，天津：天津人民出版社，1982年。
⑧ 郭良夫：《怀念我的老师朱佩弦先生》，《学林漫录》七集，中华书局，1983年，第23页。

煌文书的价值及研究的意义，开了一代学术新风。

杨陈二氏，按陈寅恪为《王国维遗书》所作序言之说法，"其学术著作可以转移一时之风气，示来者以轨则也"，都是卓然成家，称得上是开风气、示轨则的"大师巨子"。而回顾二位学人追求"学术独立""精神自由"并为之恭行践履的学术人生，更值得后世学子追忆、效法。

作者简介：王川，男，四川师范大学历史文化与旅游学院教授。

经史问何年，锦江读书灯——追忆四川大学历史学家徐中舒先生

西华大学人文学院　王国巍

摘　要：徐中舒先生青年时曾师从王国维、梁启超等著名学者，后为四川大学历史系教授。笔者追忆了自己从 1997 年读大学时起，在中文系《古代汉语》课上初次学习到徐中舒先生的甲骨文研究，后在历史系旁听《中国古代史》时学习到《论巴蜀文化》等著述，2004 年在川大听日本学者讲座时介绍徐先生的情景，分析了徐中舒《诗经》研究的多重证据法等重要的学术贡献，表达了笔者对徐中舒先生的敬仰与怀念。

关键词：追忆　徐中舒　文字学　历史　《诗经》

我国著名的历史学家、古文字学家徐中舒先生，初名道威，1898 年 10 月 15 日出生于安徽怀宁（今安庆市），① 1914 年入安庆第一师范学校，初次接触到桐城派的古文，就表现出浓厚的兴趣，1925 年考入清华学校国学研究院，师从王国维、梁启超、李济等著名学者，后应傅斯年的邀请，任中央研究院历史语言研究所研究员，1937 年抗日战争全面爆发之后，先生流寓西南，任四川大学历史系教授。1949 年 10 月，新中国成立以后，先生除了继续担任川大教授之外，兼为四川博物馆馆长、中国科学院哲学社会科学部学部委员、国务院古籍整理小组顾问、四川省历史学会会长、中国先秦史学会理事长等学术职务，1991 年 1 月 9 日不幸逝世，享年 92 岁。

笔者出生太晚，1997 年才读大学，在中文系的必修课《古代汉语》课堂上，偶尔才听到我的老师蒋宗许教授介绍起徐中舒先生的甲骨文研究的观点，当时也仅是好奇，并没有过多关注他的学说。后来大三时上刘志成教授的《文字学》课程，刘老师专讲甲骨文与篆书等常见的字体，其中提到了徐中舒先生的《甲骨文字典》，我个人认为此书比郭沫若主编的共有十三册之多的《甲骨文合集》要便捷实用些，所以，就在笔记本上特意做了个记号，课后就到图书馆的工具书室借来看了一晚上。由于此书不能外借，当晚做完作业之后，又随便重

---

① 黎原：《记徐中舒先生》，《史学史研究》1990 年 4 期，第 10 页。

点选读了十几个字，然后就归还书库。但我记住了，四川大学仍有一流的学者，并不是只有北大、清华、北师大等才有一流学者，徐中舒先生就是其中的一位！

古人所谓"三不朽"，其实就是对生命价值的评价，徐中舒先生辞世的时候，我还在初中，我父亲是四川阿坝州林业局的干部，不是像钱基博那样在名校任教的大学者，很小的钱钟书就可以在他父亲的亲自指点下开始做学问、认识学界硕儒，所以，我没有机缘拜访著名的徐先生，但是，徐中舒先生的著作不朽，让我和他产生了关系。我读他的著作，阅读他的文章，继承与学习他的研究方法，自第一次知道先生学说以来，迄今已有20多年的时间，得其学术滋养，吃水不忘掘井人也。

2000年，我决定考北师大启功先生的研究生，所以，提前准备古代文献专业的科目，其中就有《中国古代史》一门课程，当时，就读四川师范大学文学院汉语言文学专业的我发现：中文系没有开设这门课，咋办？记得大一时，我在学津书店买了本刘军宁的《北大传统与近代中国》，看了后觉得自由主义有点道理，看了胡适博士的几篇文章，开始欣赏他的"大胆怀疑，小心求证"主张，但胡适的政治观点实在错误，我是讨厌的。我喜欢自己看自己喜欢的书，喜欢由此及彼的扩展阅读，况且，我发现中文系的《中国古代文学史》其实就是历史学的一个文化分支，吴明贤教授讲述唐代陈子昂诗歌艺术成就的时候，也给我们补充了许多唐朝的历史，诸如宰相武元衡被刺事件，就让我感到震惊。秦彦士教授讲述宋代文学时，也多是先分析宋朝的政治、经济、军事等，可见《中国古代史》是非常重要的课程，既然中文系没有开设此刻，我就自己到历史系旁听学习。10月12日，我就到历史系跟班学习了一学期，从他们班长那里买了一套教材：朱绍侯、齐涛、王育济主编《中国古代史》（福建人民出版社1982年11月第一版），当时在一教的2楼教室上课，先后有两个老师分段讲述，这时，我又一次听到关于徐中舒先生的观点被老师提及。徐先生对《山海经》与黄帝的研究、殷代社会性质的研究、对《战国策》的编写及其有关苏秦诸问题的研究、古代楚与蜀国的关系等等，尤其是他的《论巴蜀文化》一书，对秦统一前巴蜀地区的政治、经济、文化、民族等历史问题考证和研究，在很大程度上吸引了我。有几个周末，我就到图书馆借阅《论巴蜀文化》一书，徐先生对巴蜀文化的关注令我敬佩不已，我当时也许读得有点粗糙和马虎，他的很多观点我也许没有仔细领悟，但读了徐先生的书之后，远古的巴蜀文化在我心中不再是模糊一团黑，基本明朗起来了，这确实得感谢我们敬爱的徐中舒先生所作的研究。

2004年3月，我在四川大学文学与新闻学院攻读中国古代文学专业的硕士学位，由于住在川大校内的第9栋学生公寓，时间略为充裕，4月中旬，在与寝室其他三位同学的交谈中，得知历史学院邀请了一名日本东京大学的教授来川大举办一场学术讲座。当时看了海报，几个博士兄弟也给我在耳边吹风，讲座的题目大概是"日本的中国文化研究"或者近似的内容，所以，当天晚上，我就早早地到了川大研究生楼的教室，等讲座开始了，那位日本学者全说的是日语，旁边的老师负责翻译成中文。我基本不懂日语，听得很吃力，旁边与我慕名而来旁听讲座的几位同学都先后离席，但我坚持听到最后。这位日本学者在他的讲座中明确地提到了川大的徐中舒、蒙文通的观点，当时就赢得历史系的师生们阵阵的掌声，这掌声中当然也有我的掌声！自此以后，我对川大历史系几个认识的兄弟，都刮目相看，觉得他们既然是徐先生的再传弟子，那也是很有学术水平的人，我对徐中舒治古史的方法开始有意识地研究起来。

在四川大学读书的几年时光里,我到文科楼历史文化学院去过好几次,每一次都要看看他们办公室的文化宣传墙上挂的照片与文字说明,徐中舒先生自然是其中耀眼的一颗星!后来,我在川大图书馆借阅了一本关于川大校史的书,里面有徐中舒先生的介绍,说先生是民国时期清华国学院王国维、梁启超的门生,令人好生羡慕与赞叹。我在研究《诗经》的时候,一次意外发现徐中舒先生曾对《诗经》也有研究,尤其是徐先生在他的《金文嘏辞释例》中,全面系统地对铜器铭文的祝嘏之辞作了比较与归纳,并结合上古的典籍,考释金文中各种嘏辞的含义,解决了许多前人未曾弄清的问题,并对各种嘏辞的时代进行了探索,许多成果今天看来仍然准确无误。譬如先生明确地指出的"万年无疆""万年眉寿""眉寿无疆"等嘏辞主要盛行于西周厉王、宣王时期;而凡言"无期"者,如"眉寿无期""万年无期""寿老无期"等,都是春秋时期成周偏东地区之器,先生结合《诗经·鲁颂》中的"思无期"之语,推知"无期"语词当在春秋时期盛行于东方,先生并进而推论《小雅·南山有台》有"万寿无期",《小雅·白驹》有"逸豫无期",可能是东周时期的作品。又如徐先生的《豳风说》一文,先生据《诗经·豳风》所反映的农事风俗和物候特产,指出《豳风》不应是产生在高寒干燥的豳地,而应该是在春秋时期的东方鲁国之诗,也就是今天山东境内的诗,令人耳目一新。川大历史学院任乃强先生对《诗经》有比较系统的研究,而徐中舒先生的《诗经》研究同样是考释精准,论证翔备,饮誉学界,成为先秦文史学者的必读书。

2007年9月,我在川大研读《诗经》的时候,喜欢借用的工具书是川大中文系向熹教授的《诗经词典》,自从看了徐中舒先生的相关文章之后,《诗经》作为中国远古历史文化的载体,不单纯是作为文学作品而存在的理解比以前有了更加深刻的体会。尤其是让我意识到,徐中舒先生治学方法,明显带有王国维的影子,在王国维著名的《观堂集林》中,我们可以清晰地感受到这位国学大师的"二重证据法",而徐中舒先生在此基础之上进一步发展为"古史多重证据法"。徐先生在他的古史研究中,常常使用相关的不同学科的资料,其论著本身就是相关学科的研究成果,体现出明显的综合研究的特色。这种研究视野与研究方法,对我们当代狭隘的专家教育,尤其是人文学科的分科过细的课程设置,也许有诸多的启迪吧。这种多重证据法,其实是可以运用于文学、文献、考古、科技史等领域的,实事求是,博涉与专精,这是对真正做学问的人提出了更高的要求与挑战。

我在川大的读书时光,转眼过去了十多年,当年在九眼桥校区读书的诸多记忆之中,关于徐中舒先生的故事还有很多,由于我在历史系仅旁听了三次他们博士生的课程,有两位老师谈起徐中舒先生时都是竖起大拇指!有个中年男老师说:"徐中舒先生对羌族文化、对蜀锦、对《周易》占卜术等都有研究,很多都是开创性的贡献。"可惜,作为后学的我学力有限,对这些领域也只是略有了解而已,没有深入钻研过,只能是高山仰止,景行行止。

2010年6月8日,我在西华大学图书馆查阅资料,读到四川大学历史文化学院徐亮工教授发表的一篇文章,即《徐中舒先生的新史学之路》[①],该文从徐中舒先生学术思想源流及学习路径的梳理中,分析了新史学的时代之潮与学人间的相互作用,以小观大,突出了徐

---

① 徐亮工:《徐中舒先生的新史学之路》,《四川大学学报》2009年第4期。

中舒先生在史学界的杰出地位，令我再次想起母校的老师。徐中舒先生的学术贡献与影响，已经超越了史学界限，早已渗透到文字学、考古学、经学、文献学、人类学等多个学科的领域。

在我的求学道路上，断断续续地学习了几本徐中舒先生的著作，从《甲骨文字典》到《论巴蜀文化》，从纯粹的古代历史到《诗经》研究，可惜，我都不是完整的学习和主要研究徐中舒先生，只是间接地学习徐先生的一些知识与方法。以上所述，在有的人看来内容或肤浅幼稚，或道听途说，或仅为个人感受，但都是我真实的记录与表达，徐中舒先生的学问与道德，我辈后生自是不敢妄议，如是我闻，特表敬仰之心！

作者简介：王国巍（1976—），男，中国共产党党员，四川平昌县人，四川大学文学与新闻学院 2004 级古代文学专业硕士，西华大学人文学院中文系教师，主要从事《诗经》与《文选》研究、李白研究、敦煌学、《孙子兵法》等研究。

《古诗十九首·生年不满百》思想论析——
读徐中舒先生《古诗十九首考》

澳门大学　杨兆贵　蔡　超

摘　要：徐中舒先生考论《古诗十九首》，认为西汉时代不可能产生五言诗，《十九首》当写于东汉季世或其后时代。《生年不满百》与其他几首诗同样反映了离乱之时士人的苦闷，有生命脆弱而欲及时行乐之感。本文通过论析《生》整首诗思想，认为作者面对政局乱离、生命脆弱，对东汉儒家思想进行反思，并认为长生、追求成为神仙都不可取，反对活着为了"爱惜费"。这是离乱之世的士人精神自觉而又苦闷的一种表现。《十九首》有两篇也表达了基本相同的看法。《十九首》大部分诗篇表达了人生苦短、夫妇不能共同生活、知己难求的情思。

关键词：徐中舒　《古诗十九首》　《生年不满百》　儒、道思想

一

徐中舒先生（1898—1991），安徽省怀宁人，著名的国史大师、文字学家。他在古代史、文字学、文学等方面取得举世公认的卓越的成就。[①] 本文主要是由读徐先生《古诗十九首考》[②]（以下本篇引文后面直接引用页数），进而论析其中一首《生年不满百》的思想内涵，并论述相关的现象。

徐先生重视文、史结合，跨学科研究，在古诗考订上有自己一套方法，对我们当前文史研究仍有重要的价值。[③] 徐先生论《古诗十九首》（下简称《十九首》）说：

[①]有关徐中舒先生的学术成就，可参彭裕商：《国学大师徐中舒先生》，《文史知识》1998 年第 10 期；周书灿：《徐中舒学术思想渊源及流变》，《学术界》2017 年第 2 期。

[②]徐中舒：《徐中舒历史论文选辑》，北京：中华书局，1998 年，第 1—25 页。此文 1925 年发表在《立达季刊》第 1 期。

[③]周书灿《徐中舒古诗考订方法综论》（《齐鲁学刊》2013 年第 6 期）有些部分论述了徐先生对《古诗十九首》考论所运用的多种方法，可供参考。

古诗十九首在文学史上，占有极重要之地位。不幸其诗失名已久，后人或以为西汉之诗，或指为某人之作，颠倒混乱，传说各殊。（第1页）

因此，徐先生通过考证比对陆机（261—303）拟诗及萧统（501—531）《文选》《玉台新咏》所引拟《十九首》之诗，得出以下结论：（第23页）

古诗十九首无一首不佳，在我国文学史上，发生极大关系。其诗本非一人之辞，作诗时代亦复先后不一，问题极为繁复；而诗中语词简略，施以考证，实非易事。……此十九首古诗，皆作于东汉以后。其中《迢迢牵牛星》《客从远方来》本为拟作。《青青陵上柏》《今日良宴夜》《西北有高楼》《回车驾言迈》《东城高且长》《驱车上东门》《去者日已疏》《生年不满百》，大概作于东汉末年桓、灵、建安之际。观其所咏，多与史事互相表里。其时乱象已萌，或乱离之后，有生命脆弱，而欲及时行乐之感。

他并指出南朝齐、梁以后所传西汉五言诗是李陵（？—前74）、苏武（前140—前60）、班婕妤（约前48—2）之作，都是伪托。这些诗都出于《十九首》之后。即使西汉时已有五言诗，也不能产生苏、李等优美之作。但他相信五言诗不可能发生于西汉，东汉桓（146—167在位）、灵（167—189在位）以前尚无五言之作。（第23—24页）

又，徐先生另一名篇《五言诗发生时期的讨论》也得出相同的结论：西汉人的五言诗全是伪托，连东汉的五言诗大部分不能令人相信，多不可靠。五言诗的成立要在建安时期。（第48—50页）①

总括而言，徐先生对《十九首》的结论有这几点：（1）作者不只一人，写作时代有先后；（2）西汉不可能有五言诗，东汉桓、灵以前无五言之作；（3）《十九首》大多作于东汉以后，有些诗作于桓、灵、建安之际。②

徐先生对《生年不满百》的看法是："大概作于东汉末年桓、灵、建安之际。观其所咏，多与史事互相表里。其时乱象已萌，或乱离之后，有生命脆弱，而欲及时行乐之感。"（第23页）

二

为了论述的方便，先把《生年不满百》全诗抄录如下：

生年不满百，常怀千岁忧。
昼短苦夜长，何不秉烛游！
愚者爱惜费，但为后世嗤！
仙人王子乔，难可与等期。

有关这首诗的思想主旨，历来学者有几个看法：

---

①本文1927年发表在《东方杂志》第24卷18号。
②学界对《十九首》的产生年代有不同的看法，有西汉说、东汉说、两汉说、建安说，见彭文良：《东西方视野下的古诗十九首研究》，《烟台大学学报》（哲社版）2014年第6期。徐先生的东汉说迄今仍是重要的说法。

一是认为作者主张及时行乐，如张庚说："此教人及时行乐也。"① 张玉谷说："申明行乐所以贵乎及时，以来兹岁月，为数难知……愚者昧昧，不知为乐，盖惜费是其病根。"②

一是认为作者批评、讽刺吝啬者，如清人方廷珪说："直以一杯冷水，浇财奴之背。"③ 元末刘履说："此勉人及时为乐，且谓仙人难可与并，使之省悟，盖为贪吝无厌者发也。"④

一是认为批评那些为后世子孙担忧的人，如吴淇（顺治十五年［1658］进士）说："'忧及千岁'者，为子孙作马牛耳！'爱惜费'乃忧之效，'后世'正指子孙。"⑤

一是认为既主张及时行乐，又批评讽刺吝啬者，如姜任修（康熙十六年［1721］进士）说："世短忧长，一生吝啬，徒自苦耳。夜以继日，乐乃无虑焉。夫人生几何？即秉烛夜游，犹嫌其晚；而况不及时为乐，守钱虏尚复何待？岂能似仙之不老，亦空使千古姗笑为豕蠡类耳。"⑥

一是认为表达旷达，如方东树（1772－1851）说："重在饮酒及时行乐，是其志在旷达。汉魏时人无明儒理者，故极其高志，止此而已。"⑦

可见，历来学者对《生年不满百》的主旨有不同的看法。这些看法都有参考价值。关于此诗的思想主题仍可深入探讨。徐先生说本诗当作于东汉末年，"观其所咏，多与史事互相表里"，这点极有启示作用。笔者认为，当在东汉学术思想史的背景下进行分析本诗，这样会更能掘发其思想内涵。

下文逐句论析《生年不满百》的思想内涵。

(一)"生年不满百"

生年而不超过百岁，这是人生的自然的肉体寿命，绝大部分的人的寿命不能超逾一百岁，古今皆然。这句话本来应没有褒贬之分。但从整首诗来看，作者对寿命的长短有相当的感触。他反思、希望在有限的生命里能做些什么，才不悔今生呢？从这点看，作者在反思生命的价值。

众所周知，东汉时期士人阶层已经形成，而且由于士人在政治社会上有表现，形成了门第、"累世经学"。⑧ 另方面，东汉儒学日趋大众化、普及化、定型化，在政府和儒家的共同努力下，建立了包括家庭、学校、社会在内的大众化网络，开展了丰富多彩的实践活动，使儒学精神普及社会。⑨ 东汉士大夫深受儒学影响，美德高行，为后世所推美，其处世行为，

---

① 张庚：《古诗十九首解》，隋树森编著：《古诗十九首集释》，香港：香港中华书局，1989年，第35页。
② 张玉谷：《古诗十九首赏析》，隋树森编著：《古诗十九首集释》，第71页。
③ 隋树森：《古诗十九首集释卷二 笺注》，隋树森编著：《古诗十九首集释》，第23页。
④ 刘履：《古诗十九首旨意》，隋树森编著：《古诗十九首集释》，第6页。
⑤ 吴淇：《古诗十九首定论》，隋树森编著：《古诗十九首集释》，第22页。
⑥ 姜任修：《古诗十九首绎》，隋树森编著：《古诗十九首集释》，第43页。
⑦ 方东树：《论古诗十九首》，隋树森编著：《古诗十九首集释》，第78页。
⑧ 有关汉代经学世家、累世经学，参黄留珠、周天游著：《陕西通史·秦汉卷》，西安：陕西师范大学出版社，1997年，第314－330页。
⑨ 张造群：《东汉儒学大众化的路径及特质》，《广东省社会主义学院学报》2009年第3期。

如久丧、让爵、推财、避聘、报仇、报恩、清节等。① 不仅史书屡屡记载，而且汉碑也多记载导德齐礼之事，如《汉安长陈君阁道碑》说"蹈义履仁"、《成皋令任伯嗣碑》说"体仁垂义"、《桂阳太守周憬功勋铭》说"政以德绥，化犹风腾"。② 可见，东汉整个社会在为人处世方面深受儒家影响，且以儒家为指导思想。

然而，东汉士风亦有缺点，钱穆先生（1895—1990）指出，一是太重道德，过分看重，不免流弊，也易流于形式；一是太注重个人、家庭和朋友，而忽略了社会和国家。③ 后面这一点尤指季世。东汉末叶，士人对经学日益不满，原因之一是汉儒重通经致用，汉末经术不能施之世务，又不能满足学者的内心要求，且经学成为太学教科书，经师多求利益，重视章句而少阐发思想、新义。后来发生宦官乱政、党锢之祸，党锢对士人、儒家产生很大的负面影响。士大夫的思想观念发生了变化：由关心国家大事转而在求保全身家，不把政权存亡当作优先考虑。④ 有的士人不应征召，表达对政治黑暗的不满。党锢之祸后，明哲保身被很多士人接受，"士多退身穷处"，⑤ 很多士隐居。士由重仕进转向尚隐逸，致力于著书教授。⑥ 一些世家大族也有同样的态度，当时作为大族的代表——颍川荀氏家族对王朝兴替和中国中古士族政治的发展有着极重要的影响。他们由重视国家转而注重家族的态度、行动，可作为这一历史时代的写照。⑦ 余英时先生从士大夫自觉角度论述东汉魏晋时期士的思想观念转变时说：

> 盖自东汉中叶以来，士大夫之群体自觉与个体自觉日臻成熟，党锢狱后，士大夫与阉宦阶级相对抗之精神既渐趋消失，其内在团结之意态亦随之松弛，而转图所以保家全身之计……自此以往，道术既为天下裂，士大夫以天下为己任之精神逐渐为家族与个人之意识所淹没。⑧

在这种大的时代思潮下，作为《十九首》的作者士人，他们所表达的思想感情，正与钱穆及其弟子余英时、陈启云师所说的注重个人、家族，而忽略了社会和国家观念的说法

---

① 钱穆：《国史大纲》，北京：商务印书馆，1996 年，第 184—189 页。有关东汉经学世家研究，可参杨振梅：《东汉经学世家述论》，曲阜师范大学 2006 年硕士学位论文。
② 引文分见刘心明：《两汉全书》第 35 册，济南：山东大学出版社，2009 年，第 19872、19943、20029 页。
③ 钱穆：《国史大纲》，第 190—191 页。
④ 余英时：《士与中国文化》，上海：上海人民出版社，1987 年，第 298、370 页；陈启云：《后汉的儒家、法家和道家思想》，崔瑞德（Denis Twitchett）、鲁惟一（Michael Loewe）主编，杨品泉等译：《剑桥中国秦汉史》，北京：中国社会科学出版社，1992 年，第 854—856 页；拙著《论汉儒对宋伯姬的评论》，《中国文化研究所学报》2014 年第 58 期。
⑤《后汉书·荀悦传》："灵帝时阉官用权，士多退身穷处，悦乃托疾隐居。"见范晔撰、李贤注：《后汉书》，北京：中华书局，1965 年，第 2058 页。《陈寔传》"论曰"说："汉自中世以下，阉竖擅恣，故俗遂以遁身矫絜放言为高。士有不谈此者，则芸夫牧竖已叫呼之矣。"见《后汉书》，第 2069 页。
⑥ 王繁：《东汉儒、道思想与社会风俗》，山东师范大学 2012 年硕士论文，第 31—36 页。
⑦ 陈启云著，高专诚译：《荀悦与中古儒学》，沈阳：辽宁大学出版社，2000 年，《中文版自序》，第 3 页。
⑧ 余英时：《士与中国文化》，第 370 页。

相同。

作为帝国意识型态的儒学以孔子为宗师,强调仁民爱物,推行仁政,重视伦常。① 然而,东汉末年,战乱频频,哀鸿遍地,生命朝不保夕。本诗作者对儒家伦理纲常、观念产生怀疑,产生自觉、反省,不然,他遵从儒家的伦理之教,与其他士人一样行久丧、让爵、推财等行为即可,何必反思呢! 这是东汉末年士大夫自觉的一种心态。这种心态之一,是"任情不羁,唯一己之好尚是从,皆是极端以自我为中心之思想,亦足为内心自觉之具体说明也"②。本诗所说"何不秉烛游"就是这种心态的反映。

(二)"常怀千岁忧"

作者既然对儒家伦理、生命观(包括寿命)产生怀疑,就不希望自己一辈子只跟着儒家的思想观念而生活,随波逐流。他希望有自己的生命道路。作为一名反思生命的士人,一定会想到怎样才能流芳千古——"千岁忧",即关心自己死后之名如何能在历史长河中保存。

"常怀千岁忧"是有思想的人才想到的、关心的,而不只是单纯为了子孙。③ 东汉以前思想家对"千岁忧"有不同的看法。谈"千岁忧"涉及对名、生命的看法。

春秋鲁襄公二十四年(前549)鲁国叔孙豹提出三立:"'大上有立德,其次有立功,其次有立言。'虽久不废,此之谓不朽。"④(《左传·襄公二十四年》)

孔子也很重视生前死后之名,说:"君子疾没世而名不称焉。"(《论语·卫灵公》)他说君子到死而名声不被人称述,引以为恨。⑤ 又说:"君子去仁,恶乎成名?"(《论语·里仁》)孔子也重视名,但应该更重视"实"(仁),强调为善。⑥

东汉末年、三国时代,士大夫自觉,其中一个表现是比较重名,"士大夫重生前与身后之名,正是个体自觉高度发展之结果。盖人必珍视其一己之精神存在而求其扩大与延绵,然后始知名之重要。"⑦ 因此,本诗作者重视千岁之后的名,深受儒家影响。

对于名实问题,庄子与孔子的看法基本相同。庄子说:"名者,实之宾也。"(《庄子·逍遥游》)庄子比较重视实。

另外,对于自然生命的长短,庄子的看法与孔子不同。庄子重养生,而非重长生。《养生主》说:"缘督以为经,可以保身,可以全生,可以养亲,可以尽年。"庄子提出保身、全生、尽年,而没有提及长生。

---

① 有关孔、孟、荀、董(仲舒)这四位儒学大师的思想,可参拙文《论周公对孔子、孟子、荀子、董仲舒的影响》,《宗教与人类命运共同体》,社会科学文献出版社即将出版。
② 余英时:《士与中国文化》,第330页。
③ 吴淇《古诗十九首定论》说后世指子孙,见《古诗十九首集释》,第22页。
④ 杨伯峻:《春秋左传注》,北京:中华书局,1981年,第1088页。
⑤ 杨伯峻:《论语译注》,北京:中华书局,2006年,第187页。
⑥ 张栻认为孔子重实,钱大昕认为孔子重善。见刘宝楠:《论语正义》,北京:中华书局,1990年,第630页。
⑦ 余英时:《士与中国文化》,第313页。

道家另一重要著作《老子》则求长生。① 传世本《老子》第五十九章说："治人事天，莫若啬（爱惜精神）。夫唯啬，是谓早服（早从事于道）。早服谓之重积德。重积德则无不克，无不克则莫知其极（治国之术深远）。莫知其极，可以有国。有国之母，可以长久。是谓深根固柢，长生久视之道。"

先秦儒家对生命的看法与道家不同。孔子重视在有限的生命里实现"仁"，成为理想人格——君子，甚至成为最高理想人物——仁者、圣人。这也成为儒家传统。孟子继承孔子学说，说："养生丧死无憾，王道之始也。"（《孟子·梁惠王上》）他希望能"养生"，即解决基本的温饱问题，这与庄子所说的"养生"的内涵是截然不同的。庄子所说的是指在我们生命里尽量避开种种纷纭纠缠，而孟子认为我们处世必须以仁义礼智为原则去处理人间种种纠结。孟子认为百姓能"养生"是实现王道的最基本条件，其次是"谨庠序之教，申之以孝悌之义，颁白者不负戴于道路矣"，对百姓进行道义教育，使百姓能主动、乐意帮助老年人。这就是王道的基本内容。这继承了孔子"庶之""富之""教之"的政治理念（《论语·子路》）。② 孟子又说："养生者不足以当大事。"（《孟子·离娄下》）

孟子继承孔子的说法，认为人生在世，"生亦我所欲也，义亦我所欲也；二者不可得兼，舍生而取义者也"（《孟子·告子上》），义比生重要。舍生取义，舍生成仁，是儒家的传统思想观念，也成为中国传统观念之一。

可见，无论是庄子主张的养生，还是《老子》说的长生，这些道家思想，与本诗作者的看法迥然不同，因为作者追求的是"常怀千岁忧"，而非求长生，这与儒家的看法比较一致。

（三）"昼短苦夜长，何不秉烛游！"

"游"者，放情游乐。作者认为白天能用的时间还不够，并感到"苦"，"苦"于白昼太短，劝人把夜晚的卧息时间，也用来行乐！夜晚黑灯瞎火，担心败了游的雅兴，就建议手持烛火而游！——把放情行乐之思，表述得如此大胆。方东树《昭昧詹言》评说："奇情奇想，笔势峥嵘。"是有道理的。

由此可见，作者的看法和儒家已不同。作者求乐，求在夜晚也能乐，这也是求在有限的自然生命里增加生命的快乐的浓度。这一看法已与孔子、孟子、庄子不同，也即与儒家、道家所追求的乐不同。

孔子也主张"乐"，追求"乐"。他说："饭疏食饮水，曲肱而枕之，乐亦在其中矣。不义而富且贵，于我如浮云。"（《论语·述而》）又说："贫而乐，富而好礼。"（《论语·学而》）孔子认为遵礼而能乐，追求精神上的快乐，而非追求形体上的快乐，更不想日夜浸淫于"乐"。他自己能言行合一，其得意门生颜回也能做到。孔子称赞他："贤哉回也！一箪食，一瓢饮，在陋巷，人不堪其忧，回也不改其乐。贤哉回也！"（《论语·雍也》）颜回以能实现

---

① 笔者赞成《老子》（无论是今传本或郭店本或马王堆帛书甲乙本或北大汉简版）是一个学派的作品或作品汇编，而非一位春秋时期的"老子"单独撰写的。有关老子与《老子》的关系，参钱穆：《庄老通辨》，台北：东大图书公司，1991年。

② 这是孔子在卫国时回答冉有的疑问。有关孔子的政治理念，参拙著《先秦古籍关于孔子论述的分析》，（新竹）清华大学1999年硕士学位论文，第二章。

孔子之道而快乐，而不受外在环境所影响。孔、颜的这种精神快乐，被后来宋明理学家称为"孔颜乐处"，是他们追求的境界之一。

孟子也追求乐，他说："君子有三乐，而王天下不与存焉。父母俱存，兄弟无故，一乐也；仰不愧于天，俯不怍于人，二乐也；得天下英才而教育之，三乐也。"（《孟子·尽心上》）这三乐包括天伦之乐、为人处世而无愧于心之乐、传授道统知识于后来者之乐。孟子对天伦之乐有说明："仁之实，事亲是也；义之实，从兄是也；智之实，知斯二者弗去是也；礼之实，节文斯二者是也；乐之实，乐斯二者，乐则生矣。"（《孟子·离娄上》）至于第二、第三种快乐，是自己先学到、认可、实践儒家圣王之道，然后影响别人，即孟子说的"乐尧舜之道"（《孟子·万章上》），尧舜之道包括仁义之道，所以说"仁义忠信，乐善不倦，此天爵也"（《孟子·告子上》），如果达到"万物皆备于我矣"的境界，就能"反身而诚，乐莫大焉"，"尊德乐义，则可以嚣嚣矣"（《孟子·尽心上》）。可见，孟子所追求的也不是肉体上的快乐。

至于庄子，他追求的是"上与造物者游，而下与外死生无终始者为友"（《庄子·天下》），是"至人无己"的理想境界，"乘天地之正，而御六气之辩，以游无穷"（《庄子·逍遥游》）①。天地指阴阳，天地之正指纯阴纯阳、至阴至阳。乘指因顺。句意是至人能够因顺天地间至阴至阳两气，而御控阴阳六种变气——寒、暑、燥、湿、风、火。阴阳两气交合是出于自然，两气交通，才能生成万物。至人效法两气交合之道，必因道以御控，才能合以成和，凝以成神。②

可见，作者对乐的看法、追求与孔、孟、庄不同。不过作者说"何不秉烛游"，这也许只是他的看法，而不是行动！

这句话也可见作者对自己生命的珍爱，在思索生命当下如何才是快乐、才不浪费光阴、才在有限的生命里做自己认为最适合的事。这与东汉后期由重名节而转向"贵生"的思潮有暗合之处。③

（四）"愚者爱惜费，但为后世嗤！"

这句话后世不少评论家引以为据，认为它是本诗的主旨所在（详上文）。作者认为那些吝啬聚财的"惜费"者是愚者。这种人正如《诗经·唐风·山有枢》一诗所讥刺的："子有衣裳，弗曳弗娄；子有车马，弗驰弗驱。宛其死矣，他人是愉。"只管苦苦地聚敛财货，就不知道及时享受。这在诗人看来，简直愚蠢可笑，揭示那些活得吝啬的"惜费"者的可笑情态，真是妙不可言。

---

① 有关庄子理想人物至人的理想境界，可参拙文《〈鹖冠子·天权〉篇的军事思想及其与先秦诸子关系研究》，《南都学坛》2018年第1期；又《先秦道家理想社会论》，《宗教与人类命运共同体》，北京：社会科学文献出版社即将出版。
② 杨兆贵：《鹖冠子的理想政治论——五正论及其理论渊源》，《南都学坛》第27卷第1期，2007年1月。
③ 东汉士大夫重名节，历代学者如朱子、顾炎武、王鸣盛、梁启超等都有论述。由重名节转向贵生以郭太、徐稚、申屠蟠的表现最突出。见王繁：《东汉儒、道思想与社会风俗》，第37-42页。

论者如吴淇谓"后世"指子孙，① 这种说法比较褊狭。后世对这种吝啬聚财的"惜费"者嗤之以鼻，应该是正常人的正常态度。

（五）"仙人王子乔，难可与等期。"

在诗人看来，人生有不同的追求：增加生命的快乐浓度，夜晚秉烛游乐。这里道出人生的另一种追求：仰慕成仙。对于神仙的企羡，就连皇帝如秦始皇、汉武帝都做过，然而最后都成了梦。

王子乔，神话传说中的仙人。刘向《列仙传·卷上·王子乔》记道："王子乔者，（东）周灵王太子晋也。好吹笙，作凤鸣（游伊、洛之间）。道士浮丘公接以上嵩山。三十余年后，求之于山上，见柏良，曰：告我家，七月七日，待我于缑氏（今河南偃师东南一镇）山巅。至时，果乘白鹤驻山头。望之不得到，举手谢时人，数日而去。"王子乔，亦称为"王乔""王子晋"，是成仙的代表。

东汉人追求长寿，甚至成仙。这是东汉社会思潮之一。② 就是汉代的平民，也津津乐道于王子乔被神秘道士接上嵩山、最后乘鹤成仙的传说！其实在西汉已有升天之传说。《论衡·道虚》篇说淮南王刘安招揽天下道术之士，"并会淮南，奇方异术，莫不争出。王遂得道，举家升天"③。在汉乐府中，有"王子乔，参驾白鹿云中遨。下游来，王子乔"的热切呼唤。另外，自党锢以来，有些士隐居江湖，如台佟"凿穴为居，采药自业"，章帝建初年间（76-84）他不应州辟，并言自己"幸得保终性命，存神养和"。其后，连"隐逸，终不见"了，士人爱好神仙，如矫慎"少好黄老，隐遁山谷，因穴为室，仰慕松、乔导引之术"。他们所持的是完全避世的态度，或可能受到道家全身保真、任性自适的隐逸观的影响。④

虽然对神仙的追求成为士人的一种思潮，但这种希望得遇神仙的期待，对作者来说，也不过是一场空梦。成仙不可期！

三

《生年不满百》反映了作者对儒家思想的反思，对百年短促生命的感慨，希望能传名后世，然又不知从何入手。他们希望在有限的生命中追求快乐，但这种快乐与孔、孟、庄所追求的、实践的不同。他们追求的偏重在肉体的快乐。他们知道人生百年必归黄土，因此反对追求成仙、繁言吝啬。可见他们对东汉时期流行的成道求仙、追求长寿的社会思潮也在反思而不苟同。一言概之，他们对东汉儒、道思想进行反思。这些看法，《十九首》中不只《生

---

①吴淇：《古诗十九首定论》，《古诗十九首集释》，第22页。
②有关汉代人的生死观，可详余英时著：《东汉生死观》，何俊译，上海：上海古籍出版社，2005年。书中论及东汉人求长寿、不朽、求仙的世间转化、养生术、民间思想中的神仙观念等。可参考。
③黄晖撰：《论衡校释》，北京：中华书局，1990年，第317-318页。
④刘纪曜：《仕与隐——传统中国政治文化的两极》，黄俊杰主编：《中国文化新论·思想篇第一》，台北：联经出版事业公司，1982年，第310页。其实，神仙说由战国已开始，秦汉从宫廷到民间都对此有信仰，方士也颇活跃，见刘咸炘：《后汉书知意》，载《刘咸炘学术论集·史学编》上册，桂林：广西师范大学出版社，2007年，第296页。晋代葛洪《神仙传》也记淮南王刘安升天之事，见谢青云译注：《神仙传》，北京：中华书局，2017年，第152页。

《年不满百》有流露有表达，出人意料之外的是，《回车驾言迈》《驱车上东门》这两首也多有相同的看法。下文简论这三篇诗的思想相同或相近之处。

一是对生命短促的看法。《回车驾言迈》说："盛衰各有时""人生非金石，岂能长寿考"。《驱车上东门》说："人生忽如寄，寿无金石固。"这与《生年不满百》"生年不满百"的思想内涵相同。

二是对"名"的看法。《回车驾言迈》说："盛衰各有时，立身苦不早。"所谓"立身"指立德立功立言之类。作者希望能尽早立身，"荣名以为宝"，以便传名当代后世。这与《生年不满百》"常怀千岁忧"的思想内涵相同。

三是反对服食求仙以求长寿。《驱车上东门》说："服食求神仙，多为药所误。"据鲁迅先生（1881—1936）所说，曹魏何晏（？—249）开始吃毒药五石散，他是"吃药的祖师"、第一个"吃开头的"。① 何晏开了吃五石散之风，五石散既有毒性，又有美容、治病、补身壮阳、延年益寿、体验快感等之效，② 士大夫跟风而吃。《驱车上东门》说"多为药所误"，则作者看到当时吃了五石散而有后遗症的现象，批评吃药的结果。因此，此诗当写于曹魏或西晋初年。作者认为，既然服食求仙不能长生不老，那么就该珍惜当下："不如饮美酒，被服纨与素。"就是好好享用美酒，穿上细致而有光泽的白绸绢之衣，也即重视物质生活享受。吃了五石散，就要少衣冷食。③ 士人这种看法与《生年不满百》反对求仙、讥讽"爱惜费"的"愚者"的看法相同，要及时行乐，享受当下生活。

可见，这三首诗反映了共同的思想：作者对百年短促生命的感慨，对儒家学说的反思，反对求仙长寿，认为这是不理智的不可能的。

除了这三篇有共同的思想观念外，《十九首》还有共同的情思：感慨人生短促，哀叹夫妇离别而不能一起生活，感伤知己难求、管宁割席。下文简论之。

一是感慨人生短促。这一情思《十九首》比比皆是。《行行重行行》说："思君令人老，岁月忽已晚。"《青青陵上柏》说："人生天地间，忽如远行客。"《今日良宴会》说："人生寄一世，奄忽若飙尘。"《明月皎夜光》说："时节忽复易。"《回车驾言迈》说："所遇无故物，焉得不速老""奄忽随物化。"《东城高且长》说："四时更变化，岁暮一何速。"《驱车上东门》说："年命如朝露，人生忽如寄。"诗人们对人生短促的感慨，反映了他们对生命的

---

① 鲁迅：《魏晋风度及文章与药及酒之关系》，《鲁迅全集》第3卷《而已集》，北京：人民文学出版社，1973年版，第493—494页。
② 邱少平：《浅析魏晋服用五石散药之原因》，《中华医史杂志》2005年第1期。蔡松穆、廖培辰《关于魏晋南北朝时期的五石散》（《北京中医药》2008年第4期）指出当时士人服用五石散的主因是延年益寿。
③ 鲁迅：《魏晋风度及文章与药及酒之关系》，《鲁迅全集》第3卷《而已集》，第495页。

反思。①

二是哀叹夫妇离别而不能同居。《行行重行行》说："与君生别离。"《青青河畔草》说："昔为倡家女，今为荡子妇。荡子行不归，空床难独守。"《涉江采芙蓉》说："同心而离居，忧伤以终老。"《冉冉孤生竹》说："伤彼蕙兰花，含英扬光辉。过时而不采，将随秋草萎。"《庭中有奇树》说："此物何足贵，但感别经时。"《迢迢牵牛星》说："盈盈一水间，脉脉不得语。"这些诗都直抒胸臆，感情强烈，可见思妇对远游的丈夫、游子或未婚夫表达了强烈的思念之情，② 与"温柔敦厚"的诗教有所不同。

三是感伤知己难求。《西北有高楼》说："不惜歌者苦，但伤知音稀。"《明月皎夜光》说："昔我同门友，高举振六翮，不念携手好，弃我如遗迹。"

以上是《十九首》中的《回车驾言迈》《驱车上东门》两篇思想观念与《生年不满百》基本相同，同时，《十九首》反映了一些共同的情思：感慨人生短促，哀叹夫妇离别而不能一起生活，感伤知己难求。

四

《十九首》抒发这些情思，从思想观念发展与落实角度言，这是对儒家思想观念进行反思或挑战。上文已就《生年不满百》《回车驾言迈》两首诗就这方面进行相关的论述。下文就夫妇关系、入宦态度论述士人对儒家思想观念的反思或挑战。

先说《十九首》对夫妇关系的抒发与反思。夫妇是儒家提倡的五伦中的重要一伦，在人际关系中有重要的地位。荀子重视夫妇，把它与君臣、父子、兄弟这四伦，说成"与天地同理，与万世同久，夫是之谓大本"（《荀子·王制》）。孟子从社会、家庭角色、功能不同强调"夫妇有别"（《孟子·滕文公上》）。荀子的后学《荀子·大略》篇③强调"夫妇不得不骥"。《礼记·礼运》篇强调"夫妇和"。"别""骥（欢）""和"，是儒家从不同角度说明夫妇在社会、家庭、两性生理、心理的关系。夫妇要欢、要和，是很重要的。《十九首》强烈表达思妇对远游不归的丈夫的思念，虽然他们仍然是社会、礼制所公认的夫妇，两人尚未离婚，但是夫妇长时间不生活在一起，对夫妻生活会产生一定程度的负面影响，且这种关系决不是理想的夫妻关系。他们缺乏了肉体及心灵上的"和""欢"。中国思想文化素来重视身体，身体有作为精神修养呈现的"身体"、作为展现场所的"身体"。④ 儒家认为心（思维、感情、意

---

①学者发表论文谈论最多的是论生命短促、生命意识等，文多不录。又，西汉初期流行四言赋，一些重要的赋家借此种赋体表达他们对人生祸福无常、时命遭逢、体悟天道的看法，基本上既对现实政治所带来的抑制感到无奈，又服膺庄、老，以超然态度面对，借以自慰。见拙文《〈鹖冠子·世兵〉篇非抄袭贾谊〈鹏鸟赋〉辨》，《中国文学研究》2009年第3期。可见，对人生祸福无常、时命遭逢的体悟，两汉不同时期士人都有这种感受。推而广之，历史上很多时代士人都有这种感受。对人生祸福无常、时命遭逢的体悟是文学永恒的主题之一。

②学者或谓《冉冉孤生竹》写的是一名未婚少女对未婚夫的思念，而非思妇对远行的丈夫的思念。

③杨兆贵、吴学忠：《论荀子及其后学对周公的论述》，《人文论丛》2016年第1辑（2016年8月）。

④黄俊杰：《中国思想史中"身体观"研究的新视野》，《现代哲学》2002年第3期。

志等）是身体的一部分，心主导身，身是心的表现与映像，心身交融。① 儒家理想的身体观是兼"意识的身体""形躯的身体""自然气化的身体""社会的身体"这四者而有之。② 因此，身体是个人心与身、社会家庭传统思想观念交融的总和。《十九首》直接而强烈地表达了闺妇对丈夫的思念，如《青青河畔草》说"荡子行不归，空床难独守"，《冉冉孤生竹》说"过时而不采，将随秋草萎"，表现得如此直接强烈赤裸！这既是人性的表现，又是生命的渴求，也是"身体"的表达！她们有可能因长期未能与丈夫见面、共同生活而产生心与身的离异，以致心身不一，言行不一，即她们的意识的身体、形躯的身体与传统、礼制、儒家教导原则（社会的身体）相背离。上文说过，东汉时期儒家思想观念已经社会化大众化，成为百姓日常生活的指导原则。百姓奉之为金科玉律。他们不能贯彻儒家精神，夫妇一伦不能处理好，夫妇的名、实关系起了变化，影响到家庭乃至国家。这不能不说对落实儒家思想是一种挑战。易言之，儒家思想的落实在社会中下层受到挑战。这是否为老庄玄学兴起的一个社会原因呢？

另外，《十九首》反映士对仕宦的态度与孔孟的期许有了偏差。《今日良宴会》说："何不策高足，先据要路津。无为守贫贱，轗轲长苦辛。"作者强烈希望能尽快尽早当上官员，不要再过贫贱的生活。这种看法与孔儒的说法不同。

儒家主张士学优则仕。孔子认为士人要酬志固然重要，选择明君也同样重要，更重要的是自己修身进德好学，所以他批评子路叫子羔为费宰，是"贼乎人之子"（《论语·先进》）的做法。孔子称赞闵子骞辞季氏聘他为费宰（《论语·雍也》）。他说："三年学，不至于谷，不易得也。"（《论语·泰伯》）子贡称赞孔子温良恭俭让，其求政和别人不同（《论语·学而》），其意和"苟正其身矣，于从政乎何有"（《论语·子路》）相同。子路说："不仕无义。"（《论语·微子》）这也可视为孔子的看法：士依义而仕，只有上有明君、国家政治清明，士才可入仕，否则，就不应该入仕，"危邦不入，乱邦不居。天下有道则见，无道则隐。邦有道，贫且贱焉，耻也；邦无道，富且贵焉，耻也"（《论语·泰伯》）。故士人要修身进德，有志向，而不应汲汲于仕。入仕与否，应操之在我，时行则行，时止则止，"用之则行，舍之则藏"（《论语·述而》），无可无不可。③

孟子也重视仕的问题。他继承孔子的看法，认为士是道统的代表，道统凌驾于政统。士要保持人格的尊严及对道的坚定信仰，透过不断提升道德修养，使自己的言行体现出道，④这样，士对于个人的去就出处不能不谨慎。孟子说："古之贤王好善而忘势，古之贤士何独不然？乐其道而忘人之势。故王公不致敬尽礼，则不得亟见之。见且由不得亟，而况得而为臣乎？"（《孟子·尽心上》）强调贤士乐道而不屈于现实政治的权势。君王应该对士致敬尽礼，最起码礼之为臣，进而视之为友，甚至尊之为师，而不是对之呼唤挥斥："为其多闻也，则天子不召师，而况诸侯乎？为其贤也，则吾未闻欲见贤而召之也。"（《孟子·万章下》）士

---

① 刘涛：《先秦儒家身体观及其生命伦理的新视野》，《现代哲学》2002年第3期。
② 杨儒宾：《儒家身体观》，台北："中央研究院"中国文哲研究所筹备处，1998年。
③ 有关孔子的仕进观，参杨兆贵：《〈鹖冠子·著希〉篇研究》，《新亚论丛》2010年总第11期。
④ 余英时：《士与中国文化》，第107、119页。

之去处,最主要视乎君王能否致敬有礼、给机会施展抱负,如能,则士就应辅助君主推行王政,伊尹就是这种代表(《孟子·万章上》)。孔子主张士依义而仕,重道甚于重君,孟子重视道统甚于政统,成为后世儒士入仕的规范。郭店简《穷达以时》篇也有相同的看法,认为儒士无论穷达,应修身进德,入仕与否,在于能否"有其世",即逢明君,若然,"何难之有哉?"若否,则不应入仕。①

《今日良宴会》作者强调希冀能尽快当官、当高官,"先据要路津",不再安贫守道,"无为守贫贱",与孔子对快乐的理解、对仕宦的看法已南辕北辙。

可见,《十九首》所表达的思想有些已与儒家不同,诗人迫于现实生存环境而不一定唯儒家学说、教条是仰。他们从现实处身、生活感受出发,强烈希求改变现况。这些想法与儒家有了落差。这可视为士对儒家思想的反思。

五

徐中舒先生提出《十九首》最早作于东汉桓、灵时,即作于东汉说,迄今仍是《十九首》产生年代的重要说法。他认为《生年不满百》大概作于东汉末年桓、灵、建安之际,并提出"有生命脆弱,而欲及时行乐之感"之见,很有启发。综观本诗,作者感慨人生短促,希望及时行乐,又能扬名立万,反对长生求仙,讥讽吝啬者。他对东汉儒家观念进行反思。这是离乱之局里的士人的精神自觉而又找不到出路的苦闷的一种表现。《回车驾言迈》《驱车上东门》这两首也有相同的看法。《十九首》感慨人生短促,哀叹夫妇离别而不能一起生活,感伤知己难求。诗人对生命的反思,对肉体快乐的追求,对传名后世的困惑与焦虑,急于入仕当官,闺妇对远去的游子的强烈情感,都是当时士对作为整个社会指导思想的儒学进行反思。笔者认为,只有这样理解《生年不满百》及《十九首》其他诗的思想内涵,它们的思想才更具有时代意义、思想史的意义,也许这是《十九首》能在中国文学史上占一重要席位的原因之一。

作者简介:杨兆贵,男,澳门大学教育学院副教授,博士生导师。蔡超,澳门大学教育学院博士生。

---

① 引文见李零:《郭店楚简校读记》,北京:北京大学出版社,2002年,第86页。有关孔、孟对仕的看法,可参拙著《〈鹖冠子〉新论》,澳门:澳门大学出版中心,2012年,第42—44页。

"贡助彻"研究中的几个问题

青海师范大学　张广志

《孟子·滕文公上》记文公及其臣毕战"问为国""问井地"于孟子，孟子次第作了一通半是儒家政治理想，半是三代历史陈迹的回答。孟子的话，有两段比较重要。一段是：

> 夏后氏五十而贡，殷人七十而助，周人百亩而彻，其实皆什一也。彻者，彻也。助者，藉也。龙子曰："治地莫善于助，莫不善于贡。贡者校数岁之中以为常。乐岁，粒米狼戾，多取之而不为虐，则寡取之；凶年，粪其田而不足，则必取盈焉。"……《诗》云："雨我公田，遂及我私"，惟助为有公田，由此观之，虽周亦助也。

一段是：

> 请野九一而助，国中什一使自赋……方里而井，井九百亩，其中为公田。八家各皆私百亩，同养公田。公事毕，然后敢治私事。所以别野人也。

两千多年来，围绕着孟子上述两段话，先儒近贤说解繁多，见仁见智，莫衷一是。本文不打算全面涉及孟子的上述答话，只谈贡、助、彻；即谈贡、助、彻，亦不准备作面面俱到之论述，只想就其中几个争论较多的问题谈点不成熟的意见。

一、贡、助、彻之为制到底是一个、两个，还是三个？

贡、助、彻究竟是什么？《孟子》及先秦史籍皆语焉不详。这既给后世说经者带来了困难，也给经师们提供了诸说并存竞起的方便。

赵岐注《孟子》："民耕五十亩，贡上五亩；耕七十亩者，以七亩助公家；耕百亩者，彻取十亩以为赋。虽异名而多少同，故曰皆什一也。彻，犹人彻取物也。藉者，借也，犹人相借力助之也。"赵氏注虽于助、彻究系何物仍无所说明，但他在同注中既把"夏后氏""殷人""周人"作为"夏""商""周"三代处理，其视贡、助、彻为三物的意思还是非常明白的。

同赵岐同时代的汉代著名经师郑玄，则不同于赵岐，其注《论语·颜渊》"盍彻乎"之"彻"云："周法什一而税谓之彻。彻，通也，为天下之通法。"其著《周礼·考工记·匠人》

"九夫为井"则云:"周制,畿内用夏之贡法,税夫无公亩……邦国用殷之莇法,制公田不税夫。贡者,自制其所受田,贡其税谷;莇者,借民之力以治公田,又使收敛焉……彻者,通其率以什一为正。"这里,我们姑不论郑氏两注中的含混不清和自相抵牾之处,我们关心的只是他在《匠人》注中所提出的新说,即:三代税法实际只有夏助、殷贡两种,周人通贡助而用之是谓彻;彻者,兼通也,并非什么独立的税法。宋儒杨时说:"彻者,彻也,盖兼贡助而通用也,故孟子曰:'请野九一为助,国中什一使自赋。'方里而井,井九百亩,八家皆私百亩,其中为公田,所谓九一而助也;国中什一使自赋,则用贡法矣,此周人所以为彻也。"(张栻:《南轩孟子说》卷3引)清儒毛奇龄说:"周制彻法但通贡助,大抵乡遂用税(毛氏自己说:"贡即是税"——引者)法,都鄙用助法,总是什一"(《四书剩言》),"名彻者,以其通贡助而言也"(《论语稽求篇》)。今人金景芳先生亦主此说,并予以新的论证,其《井田制的发生与发展》一文有谓:"彻是兼用助贡两种办法,于国中用贡,于野用助。孟子所说的'野九一而助,国中什一使自赋',实际就是周的彻法。"并说:"《孟子》说:'彻者,彻也。'……上一彻字没有问题是指周的彻法,下一彻字则可能指的是车辙的辙。……车有两轮,辙有双轨,与彻之兼用贡助适相类,因假以为名。"①

另有一些人,虽也主张三代税法只有两种,但其说法却又同上引郑玄等的"兼贡助为彻"说不同。

胡承珙《毛诗后笺》二十一《大田》条有云:"惟助为有公亩者,对贡法言之,若彻法制公田正与助同,故孟子即引《大田》之诗以证虽周亦助。"钱塘《溉亭述古录·三代田制解》亦谓:"康成所谓公田不税夫,故其名曰助与彻;夏则税夫无公田,而名为贡。"有的说得更为直截了当:"虽周亦助,犹言虽彻亦助,周之彻法,即是殷之助法,但改名为彻耳。"(崔述:《王政三大典考·三代经界通考》引)这是一种"以彻为助""合彻助为一体"的说法。

钱穆《周官著作年代考》称:彻法"并不是一种特殊的税制,并不是在贡助两法之外有一种彻法","彻法是一个本来没有而不可信的说法"。②岑仲勉先生则主张"彻就是什一","简单地说,'彻'是'贡'法征收的比率,并不是税制的名称"。③ 这是"以彻附贡"或径直取消彻的说法。

大约从清代起,又有少数学者提出"贡助彻为一"说。钟怀《菽厓考古录》卷四《彻田为粮》条有云:"(孟子)谓'虽周亦助',可知助彻乃通名也。夏后氏五十而贡,其实亦是什一……公田之制自夏已然……贡即助,即彻,皆不离乎什一而税。"金鹗《求古录礼说·周彻法名义解》云:"助贡皆从八家同井起义,借其力以助耕公田是谓之助,通八家之力以共治公田是谓之彻","谓之贡者,取以下共上之义……即公田所纳亦谓之贡"。他们一反孟子"惟助为有公田"之说,主张贡、助、彻皆制公田,并无区别,唯"立名取义不同"(金鹗:《求古录礼说·周彻法名义解》引汪瑟庵语)罢了。

---

① 《历史研究》1965年第4期。
② 《燕京学报》第11期,1932年。
③ 《西周社会制度问题》,上海:上海人民出版社,1957年,第66、67页。

上引诸家在贡、助、彻问题上的聚讼纷纭，在我看来，孟子本人是有责任的，纷争的根子是他自己植下的。孟子说："惟助为有公田。"惟"助"为有，则"贡""彻"皆无至明；但同为无公田的贡、助之间又该怎么个区别法，孟子就讲得不太清楚了。正是这个地方的不太清楚，才产生了后代学者混淆贡、彻的种种说法。这是其一。其二，孟子刚刚讲过"殷人七十而助，周人百亩而彻"，"惟助为有公田"，但紧接着又说"虽周亦助也"。既然助法属殷，又惟独助才有公田，何以一转口又成了行用彻法的周人也有公田，"虽周亦助"了呢？这是孟子谈话中第二个不太清楚的地方。正是这第二个不太清楚，才又使后人混淆助、彻之间的界限成为可能。既然可以分别混淆贡、彻或助、彻之间的界限，自然也可同时能混淆三者的界限；贡、助、彻说解的"为二"说（三个称谓两种税法）、"为一"说（三名一实），正是从这里产生出来的。

三者当中，"彻"是个关键。因为，它既可借助"惟助为有公田"这句话通向贡，又可凭依"虽周亦助"这句话走向助。因此，要划清贡、助、彻三者间的界限，必须从分析彻法入手；彻的含义搞清楚了，其他问题就好说多了。

"彻"字，古籍屡见，用法亦多（阮元《经籍籑诂》搜求甚备，可资参考），但真正用作税法的却不过上引《孟子》及《论语·颜渊》有若答哀公"盍彻乎"二例而已。对此税制之"彻"之得名及其含义，约有如下三类六种说法：

第一类，训彻为"取"。前引赵岐注《孟子》"彻，犹人彻取物也"，"耕百亩者，彻取十亩以为赋"，即此。

第二类，训彻为"通"。不过，在"通"什么问题上，各家具体所指又有不同。约略计之，有四说：

一曰"通天下""通万世"。郑玄注《论语·颜渊》云："彻，通也，为天下之通法。"（何晏《集解》引）陆康则谓："十一而税，周谓之彻。彻者，通也，言其法度可通万世而行也。"（《后汉书·郭杜孔张廉王苏羊贾陆列传》）

二曰"通贡助"。前引郑玄《考工记·匠人》注及杨时、毛奇龄、金景芳先生说，皆此。

三曰"通力"。张载说："百亩而彻，是透彻之彻。一井而田九百亩，公田百亩，八家皆私百亩。尽一井九百亩之田，合八家通彻而耕，则功力均，且相驱率无一家得惰者。及已收获，则计亩衰分，以衰分之数，先取什一归之公上，其余，八家共分之，此之谓彻"。（郑樵：《六经奥论》卷6《贡助彻法》引）朱熹《论语集注》："彻，通也，均也。周制一夫受田百亩，而与同沟共井之人通力合作，计亩均收，大率民得其九，公取其一，故谓之彻。"（朱子释彻，每自相龃龉，此其一说）崔述《王政三大典考·三代经界通考》云："彻也者，民共耕此沟间之田，待粟既熟，而后以一奉君，而分其九者也……通其田而耕之，通其粟而析之之谓彻。"是皆以通作均分释彻。

四曰"通公私""通丰凶"。潘维城《论语古注集笺》十二："周礼虽有井授，不闻公田……稼人职曰：'巡野观稼，以年之上下出敛法'。所谓敛法，盖即彻法矣。贡校数岁之中以为常，此则通丰凶计之；助分公私，此则通君民计之也。"姚文田《求是斋自订稿》云："彻无常额，惟视年之凶丰，此其与贡异处。助法正是八家合作而上收其公田之入，无烦更出敛法。然其弊必有如何休所云不尽力于公田者，故周直以公田分授八夫，至敛时则巡野观稼，合百一十亩通计之而取其什一……民自无公私缓急之异此其与助异处。……谓之彻者，直是通盘核算犹彻上彻下之谓。"（焦循：《孟子正义》引）

第三类，以为"彻就是什一"，"是'贡'法征收的比率，并不是税制的名称"。岑仲勉先生就是这样认为的。

引上三类六种说法。我自以为惟潘维城、姚文田二氏的"通公私""通丰凶"说略得孟子本旨，且与我们今日已知之社会经济制度的演进程序多少有些暗合，其余诸说都不正确。

先说赵岐的释彻为"取"。《说文》"彻"字古文作"𢾙"，甲骨文作 𣂁、𣂂、𣂃 诸形，省彳，从丑、从鬲，说者谓为盖食毕而彻去之谊，应是可信的。赵氏释为"取"，虽然抓住了"彻"的本义，但于税制之"彻"仍无所说明。因为，"贡、助亦何非取于民，而彻乃独专此名乎！"（孙诒让：《籀庼述林》卷1《彻考法》）

岑仲勉先生认为"彻"只是"贡"法"征收的比率，并不是税制的名称"，郑玄、杨时、毛奇龄、金景芳先生等认为"兼贡助谓之彻"，胡承珙、钱塘等则"以彻为助"，具体说法虽不尽相同，但他们有一个共同点，就是都不承认彻法是一种有别于贡、助的独立税制。孟子讲："夏后氏五十而贡，殷人其实而助，周人百亩而彻"，审其辞气，显然是以"周人"与"夏后氏""殷人"对举，以"百亩"与"五十""七十"对举，以"彻"与"贡""助"对举；若提不出有力的反证，是不应该轻易否定彻法的独立地位的。岑先生说："彻就是什一"，"是'贡'法征收的比率"。人们不免会问：贡法采取什一之率时，叫做彻，有专称，那末，当它采取九一、什一或者别的什么比率时，又该叫什么呢？还有没有什么别的专称呢？这些，都是不好解释的！郑玄等的"兼贡助为彻"之说，虽"足以弥缝《遂人》《匠人》之异，又以傅合《孟子》可谓善于持论"，但"既别法为彻，当自有制度，假仍用贡、助，何取空立彻名？"（潘维城：《论语古注集笺》十二）孙诒让亦谓：彻法既"与夏贡、殷助三法并举，是必周损益二代特为此制，与贡、助不同，故得专是名"（《籀庼述林》卷1《彻法考》）。郑玄注《论语·颜渊》曰："周法什一而税谓之彻。彻，通也，为天下之通法。"及注《考工记·匠人》则又曰："周制，畿内用夏之贡法……邦国用殷之助法……彻者通其率以什一为正。"前注似说彻是一种独立的税制，税率什一，后注则谓彻乃夏商旧制的兼用，什一之率也不是具体的，它只存在于两种税率的平均值中；前注以一法遍行天下为说，后注则又以二法并存持论。可见，首倡"兼贡助为彻"说的郑玄，本无一定之见，后儒依傍其说复增益之，岂不谬哉！金景芳先生以"辙"释"彻"，从文字学上说，是可以的，但谓"彻"之立名取义即在它的兼用贡助与车之有"两轮"、辙之有"双轨"适相类，则觉不妥。因为，世间有"两"成"双"之物又何止一个车辙！郑樵说：彻，"呼为车辙之辙则无义"（《六经奥论》卷6《贡助彻法》）。足见，提起辙，并不一定使人联想到二；孟子给彻下定义，绝不会那么迂回曲折的。胡承珙、钱塘等"以助为彻"，混彻助为一体的说法，是以助彻皆"制公田"为理论根据的；这虽根源于孟子谈话中的一个"不太清楚"的地方，却是曲解了孟子。诚然，孟子一方面说过"殷助""周彻""惟助为有公田"，另一方面又说过"虽周亦助"这种略嫌含混的话，但是孟子却从来不曾说"彻"法亦制公田，"虽彻亦助"！有人也许要问：既然"周人百亩而彻"，既然"虽周亦助"，那么，说"彻"即"助"又有何不可呢？笔者认为，是不能做这样简单推理的。因为，"惟助为有公田"，既曰"惟"，则带有确定的排他性，则"彻无公田甚明！"（崔述《王政三大典考·三代经界通考》）"使彻而有公亩"，则孟子"不当云惟助为有公田矣！"（万斯大：《周官辨非》）既然"惟助为有公田"而彻无，则"助彻之法迥然不同"（崔述：《王政三大典考·三代经界通考》），当毋待证而后明矣！至于孟子的"周人百亩而彻""虽周亦助"这两句似相矛盾而又令人困惑的话，若能细审其文义，当亦不难理解。因为，"周人百亩而彻"固然说的是周人行用彻法，但这并不等于说周人自始至终都"惟彻是用"，也就是说，这句话并不带有排他性；既不带有排他性，那么，说行用彻法的周人在早先也曾实行过助法又有什么不可理解的呢？孟子的言辞虽有些含混，但他绝没有"彻即助""虽彻亦助"的意思确实可以肯定的，否则，"若彻果即助，则孟子当云彻犹助也，不当分而异其说也"（崔述：《王政三大典考·三代经界通考》）。

张载、朱熹、崔述等的"耕则通力而作，收则计亩而分"（朱熹《孟子集注》）说，只能是原始社会的情况，以之论阶级社会中的税法，明显地与社会进展程度不符；且周之彻尚需"通力而作"，则前此之商助、夏贡自亦不能不"通力而作"，若此，则三代税法之异便无从说起了。

至于郑（玄）、陆（康）二氏的通"通天下""通万世"说，于"彻"之为制毫无说明，实在算不得一种认真的说法，在此不必具论。

剩下的只有潘、姚二氏的"通公私""通丰凶"说了。笔者认为，唯有他们才从大体上说对了。首先，二氏皆谓彻法不制公田，这与孟子"惟助为有公田"的说法是相吻合的。其次，孟子说"彻者，彻也，助者，藉也"；以藉释助，其意甚明，以彻释彻，后人就大不得其要领了。看来，后一个彻字是应该释为"通"的，但"通"什么呢？"通天下"？"通万世"？"通力"？如前所述，所有这些"通"实际上全讲"不通"；潘、姚二氏以"通公私"为解，这才一下子掘发到孟子的底蕴，真正"通"了。

何谓"助"？"助者，藉也"，即所谓"籍田以力"（《国语·鲁语下》），"制公田不税夫"（《考工记·匠人》郑注）。虽然，这个"助"在孟子、龙子他们看起来是顶好不过的了，但随着时间的推移，"其弊必有如何休所云不尽力于公田者，故周直以公田分授八夫，至敛时则巡野观稼，合百一十亩通计之而取其什一"，若此，则"民自无公私缓急之异，此其与助异处"（姚文田：《求是斋自订稿》）。"助分公私"（潘维城：《论语古注集笺》），哪块田是公，哪块田是私，哪些粮食是公田里长出来的，属于公的，哪些粮食是私田里长出来的，供己食用，全都分得一清二楚；及行彻法，公田既已"分授八夫"（姚氏语），则生产物之分割也就只好"通君民计之"（姚氏语），不必再问（实际上也不可能）这些粮食是从哪块土地上长出来的了。因此，"彻者，彻也"，"彻也"者，通也，通者，通公私（彻通公田私田的界限）之谓也；事情就是这样明白，这样直截了当，根本用不着在那里兜圈圈，巧为之说。至于贡、彻之间的界限，孟子也有些搞不清楚，原因就在于他已分辨不清"夏后氏之贡"与后来托名夏贡的"新贡法"之间的分别。潘、姚二氏以"常额"的有无去区分贡、彻，实际上也只是划分开了彻与新贡法的界限，对于彻与夏后氏之贡间的区别并没有触及。这是二氏立说中的不足之处，在当时的历史条件下，恐也难免。

以上，笔者对诸说之长短得失作了一番辨析，并在辨析中夹杂着表述了自己的观点，下面再稍做赘言，以明浅见。

先说"贡"。由于材料的限制，贡的具体内容已无从考知。《说文》："贡，献功也。""献功"者何？《国语·鲁语下》谓："社而赋事，蒸而献功，男女效绩，愆则有辟，古之制也"。韦注："社，春分祭社也。事，农桑之属也。冬季曰蒸，蒸而献五谷布帛之属也。"可见，贡的本意原是年终农事既毕，人们以辛勤劳动之所获奉献神明，以酬往昔、祈来岁，所献之物既是大伙劳动所得，典礼后，自然仍归大伙享有，原不含剥削意味的。后来，随着个体劳动、私有制和人剥削人的现象出现，氏族成员在奉献神明名义下所献之物，渐为氏族首领窃掠，贡的形式、名称虽仍继续保留，但其内容却已由献于"神"一变而为献于"人"、变成"从下献上"（《尚书·禹贡序》孔疏）的专称了。不过，夏禹前后的夏后氏大约尚处在由原始社会向阶级社会转变的过程中，土地虽已定期分配给各个家庭使用，但土地的共有性仍很强，以至于那些由氏族首领蜕变而来的剥削者集团也还只限于在"贡"（献功）的名义下向各个家族责取一定的贡纳，尚未明确圈定"公田"以实行赤裸裸的榨取。孟子说"夏后氏五十而贡"，贡无公田，正是上述情况的一个粗略反映。这里，须附带说明下，夏贡与周彻虽皆无"公田"，情况却并不相同，前者是公有制传统仍相当顽固的历史条件下的产物，是还不存在"公田""私田"的明显划分，是先于"助"而存在的东西；后者则是私有制进一步发展的结果，是"公田""私田"界限有而后复归于消失的问题，是继"助"之后而到来的东西。人们往往忽略掉这些区别，以致把夏贡、周彻混为一体，这是不应该的。

还有一个各种各样的"贡"的区分问题，也须在这里强调一下。大体上说，历史上的"贡"约有四种：第一种是上面刚刚论述过的"夏后氏五十而贡"之"贡"，这是一种原始的榨取形式，地税（租）尚未从中分化出来。第二种是"天子班贡，轻重以列"（《左传》昭公十三年）和"尔贡包茅不入，王祭不共，无以缩酒"（《左传》僖公四年）之"贡"，这是政治隶属关系的经济表现，是统治阶级内部对剩余价值的再分配。第三种是"我朱孔阳，为公子裳""取彼狐狸，为公子裘"（《诗·豳风·七月》）所体现的"贡"，这是助、彻法实行后统治阶级于正额地税之外对劳动者的额外勒索。第四种，是龙子所指斥的"贡者校数之中以为常"的"贡"，这是一种有常额的实物租，本质上同"彻"是一回事，都是"税亩"制，只不过"贡"有"常额"，"彻""通凶丰"罢了。这种"贡"，是"助"法废止后与"彻"一起出现的，很可能比"彻"还要晚一些，是战国时代的东西。宋儒夏僎曰："战国诸侯重敛衷刻，立定法以取民，不能因丰凶而损益，且托贡法以文过，故孟子有激而云。是孟子所谓不善者，特救战国之失耳，禹法实不然也。"（《尚书详解》卷6）清儒胡渭亦曰："龙子所谓莫不善者，乃战国诸侯之贡法，非夏后氏之贡法也。"（《禹贡锥指》，《皇清经解》卷29）可是，时至今日，有些学者依循郑玄等的说法，目战国之贡为夏贡，这都是不从发展上看问题的结果。

其次谈"助"。孟子说："助者，藉也"，"惟助为有公田"。赵岐注《孟子·公孙丑上》"耕而助者不税"云："助者，井田什一，助佐公家治公田，不横税赋若履亩之类"。郑玄注《礼记·王制》"古者公田藉而不税"云："藉之言借也，借民力治公田，美恶取于此，不税民之所自治也。"其注《考工记·匠人》亦谓："莇法，制公田不税夫。"总之，这个问题在旧儒中已比较明白，在此不必多说。

复次说"彻"。关于"彻"，前此已多所论述，概而言之：彻是助法废止后的实物征收，同和它一起或晚出现的"贡"（此指新贡法，下同）一样，都是"税亩"制。"税亩"是总称，统摄"贡""彻"于其内；"贡""彻"是分称，其区别在于征收的方法有所不同（常额的有无）。

综上分析，我们认为：贡、助、彻是三种税制，彼此间个性鲜明，不容混淆，"为一说""为二说"全是站不住脚的。

二、讨论两个具体问题

（一）贡、助、彻之别是时代的，还是地域的？

贡、助、彻是三种不同的税制，已如上节所述，下面再来讨论下贡、助、彻的区别是时代的还是地域的？

旧儒多认为它们分别属于夏、商、周三个不同的时代，直到今天，这种看法仍被一部分学者所沿用。另外一部分学者则认为，贡、助、彻并不是三个时代的三种不同税制，而只不过是有周一代在周人和夏、商族遗裔中分别实行的三种不同剥削方式罢了。前者以"时代之别"为说，后者以"地域"之异持论，究竟哪个对呢？笔者认为，两说虽各有得失，但从总的方面来看，还是以前说为长，虽其言未必尽当。

把贡、助、彻归结为地域的差异，归结为周人同夏、商族遗裔的区别，势必导致如下结论，即：夏人从夏代开始中经商代一直到周始终行用"贡"法，殷人从商至周始终行用"助"法，周人则一开始进入文明舞台便行用"彻"法。似乎，每一种说法只固定地属于某个族似的。这显然是不够妥当的。诚然，在周代，当先进的彻法在某些地区出现后，在另外一些地区，旧的助法、甚至贡法仍然有一定程度的残留（自然，又绝不会是所有的夏人都停留在贡的阶段，所有的殷人都停留在助的阶段），这当然是事实，这正是历史发展不平衡的一种表现；但是，我们又决不能把这种不平衡性单纯归结为地域的或族类的不同，而应该看到，在历史发展中，所有一切地域的或族类的差异，归根结底仍然只能由时代的差异来说明。比如，在20世纪70年代，我们中国已经进入社会主义初级阶段，美国则处在资本主义阶段，而非洲的某些国家，则尚停留在封建主义阶段，上述国家分属三洲，种族各异，这固然是事实，但我们难道能够因此而做出结论说"社会主义、资本主义与封建主义的区别是地域的或种族的区别"吗？显然是不能的！因为，谁都知道，它们之间的区别本质上是时代的区别，他们分别处于人类历史发展中的三个不同阶段上。在历史上，从来不存在某一制度只固定地属于某一地域或某一族的现象，贡、助、彻当然亦不例外，它们绝不是地域或族之特产，而是历史的范畴。

传统的说法视贡、助、彻为时代的产物，这是它长于"地域差异说"的地方，但这种说法也有明显的缺点。根据这种说法，夏代是唯贡是用，全不知贡外尚有他物的，商之于助、周之于彻，也都如此，即是说，贡、助、彻三制是分别同夏、商、周三代两相对应的。这就不免有些简单化、绝对化，同样有违于历史的真实。

笔者浅见，贡、助、彻在历史上的更迭代出情况，大抵是循着下述路子进行的。贡，大约存在于传说中的唐虞之世以至夏代前期，以后，随着国家的正式形成（太康失国所表现出来的夷夏之争，应即国家出现的序幕，产前的阵痛；少康复国，可视为国家形成的标志），统治阶级的贪欲和维护国家机器正常运转的实际所需都与日俱增，这样，原来的那种带有氏族社会浓厚遗风的纳贡制已显得不敷所需和没有保障了，于是，固定地圈划村社一部分土地为"公田"，借民力以耕之的"助"法便运用而生了。《夏小正》有"初服于公田"的说法，《左传》哀公元年谓夏少康避难有虞时，"有田一成，有众一旅"，杜注："方十里为成。"《考工记·匠人》："九夫为井。"井方一里，"方十里为成"，一成就是百井了。这些，虽说不上是夏代历史的真实记录，但也总不至于全属凭空编造，其中必有夏代历史的某些影子。从这个认识出发，再参以经典作家关于古代东方普遍存在着村社制度，劳役地租下的"公田"乃是村社共有地的蜕变形式的论述（见后），说夏代（特别是它的后期）已有"公田""私田"的划分，已有所谓"井田"制度，已行用"助"法，当不至于完全没有根据。"助"法出现后，当然不可能一下子排挤掉"贡"法，只是由于年代相去已远，材料不足，我们已无从得知其消长的具体情况了。

　　殷商在夏的基础上继续行用助法，似已不应再有什么争论。孟子说"殷人七十而助"，"惟助为有公田"，并言助法的具体情况（以周助言之）是："方里而井，井九百亩，其中为公田，八家皆私百亩，同养公田；公事毕，然后敢治私事。"其中，除所谓私田在外、公田在内，"八私包一公"的耕地区划和"七十""百亩"的齐整亩积明显地带有孟子的理想主义的成分和图案化的色彩外，应该是可信的。孟子又自己解释说："助者，藉也"。甲骨文有"耤"字，作 、 诸形；金文作 ，形体仍略同于甲骨文，唯已添加声符"昔"。徐中舒先生有谓："甲骨铜器之耤字，就像人侧立推耒，举足刺地之形。故耤之本意，应释为蹈，为履"，"后来耤字为借义所夺"。又说"凡且声字，多与耤相同"，故"耤"又得转声为"助"。① 所以，"助者，藉也"（孟子语），"藉之言借也，借民力治公田……不税民之所自治也"（《礼记·王制》郑玄注）。而古人又一致地把助同商联系起来，因此，说商代行用助法，似已不成问题。

　　夏代后期已行助法，商代继续用之，那么，周呢？旧儒多认为周用彻，而且一开始就用彻的，这显然不是事实。有迹象表明，西周在厉宣之世前，一直是沿用旧有的助法的。根据是：第一，周人在灭商前以至灭商后的一段时间内，经济、文化发展水准皆不及商，他们既无另创新制的物质条件，也缺乏一下子废止旧制的力量。第二，孟子说"虽周亦助"，"野九一而助"，并对这种行之于"野"的助法作了具体描述："方里而井，井九百亩……"足见周之"野"是曾经行用助法的。第三，西周金文《令鼎》："王大耤农田与諆田。"《钺簋》："令汝作司土（徒），官司藉田"。徐中舒先生说："藉田以千亩为单位，比私田一百亩大，故《诗》有《大田》《甫田》之称，甫也是大的意思。大田往往是集中十个千亩在一起，故诗又有'十千'之称。"② 这是"国中"的制度，虽也是助法，但公田（藉田）比较集中，不像"野"那样公田、私田夹杂错落在一起。总之，西周在厉宣之世前，不论畿内还是封国，也不论"国"还是"野"，都还是行用助法的。助法的废止，大约是畿内在前，封国在后。《国

---

① 《耒耤考》，《国立中央研究院历史语言研究所集刊》第2本第1分。1930年。
② 《试论周代田制及其社会性质》，《四川大学学报》1955年第2期。

语·周语上》："宣王即位，不藉千亩。"韦注："藉，借也，借民力以为之。天子田藉千亩，诸侯百亩。自厉王之流，藉田礼废，宣王即位，不复古也。"自然，这远不止是"藉田礼废"的问题，而是"废除了公田的徭役劳动而征收实物地租（彻法）"。① 各封国由"助"到"彻"，即由"藉田以力"到"履亩而税"的转变，则晚于周室，如鲁在宣公十五年（前594）才"初税亩"，秦则到简公七年（前408）才"初租禾"，已是春秋甚至战国时代的事情了。由"助"而"彻"，从"国"和"野"的角度说，又大约是"国"在前，"野"在后。孟子说："请野九一而助，国中什一使自赋。"即希望"野"仍沿用旧制，行助法，"国中"则可"使自赋"，用彻法（赋本军需品的征发，后来，随着田制、军制的改革，特别是随着军赋的派入田亩，以田计征，赋税逐渐趋混同，战国时代的孟子，对此已不能分辨，他此处所言之赋，实指田税，"使自赋"即行彻法）。孟子的这个方案，当是历史上某个时期新旧交替、新旧制度两存的写照。自然，"野"也不能永远停留在助的阶段，它也要变，而且，也真的变了。孟子言八家为井，中有公田，《考工记·匠人》则谓"九夫为井"，不再提公田事；八家变成九夫，公田从有变无，助法也就自然让位给彻法了。

贡、助、彻在历史上的更迭代出情况，大体就是如此。孟子言夏贡、殷助、周彻，只是个粗略的、很不准确的表述，但孟子彼时彼地是以政治改革家的身份持论的，他不是在研究历史，故那样说本也无可厚非；我们今天研究历史，自应细察。

这里，想再就李剑农先生对贡、助、彻时代顺序的另外一种排列办法做一简单讨论。李先生所著《贡助彻——先秦田税制度演进之推测》一文中说："依经济关系进化之程序推断，古代取民之制，最初当为通力合作计亩均收之'彻'；其次乃为按户分田，借民力以同耕公田之'助'，最后乃为计亩取税之'贡'。"又说："进至某一时期，夏民族之取税关系，已由'彻'历'助'而至于'贡'，殷民族则尚在用'助'之中程，周民族则尚留于'彻'之出发点。"② "助"的居中地位虽然未动，"贡""彻"之间却转了个过。笔者认为，这种说法虽力图从"经济关系进化之程序"上观察问题，新人耳目，但其结论却是不能成立的。第一，李先生以"贡"为"税亩"制，把他排在最后，这显然是只承认托名夏贡的后起之"贡"，不承认原有之"夏贡"。而据我们上文分析，这两种"贡"都是客观存在的，且原先意义上的"贡"应该就是"夏贡"；没有充分的反证，是不应该轻易否定"夏后氏"之"贡"的存在的。第二，李先生以"通力合作计亩均收"释"彻"，系沿用宋儒朱熹等人说法；而在我们看来，集体劳动、平均分配只能是原始社会的事情，以之语阶级社会中的税制，本不妥当。第三，李先生说："某一时期"，当落后的周人尚处在"通力合作计亩均收"的"出发点"上时，先进的夏人早已"由'彻'历'助'而至于'贡'"了。事实上，这样的"时期"在先秦史上根本找不到。夏族的文明，虽发祥得较早，但它并没有，也不可能一直领先下去；后进的商、周族，倒是每能后来居上的。

---

① 《先秦史讲座·西周史论述（上）》，《四川大学学报》1979年第3期。
② 李剑农：《中国古代经济史稿》（上）《先秦两汉部分》第十章后《附彻助贡》，武汉：武汉大学出版社，2011年，第158—159页。

（二）关于"五十""七十""百亩"与"什一"

孟子说："夏后氏五十而贡，殷人七十而助，周人百亩而彻，其实皆什一也。"一口气讲了四个数目字。这究竟是历史的真实记录呢，还是孟子的虚构？下面，我们就来讨论这个问题。

先说"五十""七十""百亩"。

顾炎武《日知录》卷七《其实皆什一也》条："三代取民之异在乎贡、助、彻，而不在乎五十、七十、百亩，其五十、七十、百亩，特丈尺之不同，而田未尝易也。"钱塘《溉亭述古录·三代田制解》："三代田制曷以异？曰：无异也。无异则孟子何以言五十亩、七十亩与百亩？曰：名异而实不异。……其名何以异？曰：以度法之各异也。"万斯大《周官辨非》："三代授田异者，尺步广狭不同，故数有多寡，非七十加于五十，百亩有加于七十也。"这是说：三代一夫所耕虽有五十、七十与百亩之别，那是因为亩制有大小，实际面积却是一样的。金景芳先生认为："为什么夏后氏五十，因为那时一个人的劳动，充其量只能耕种此数"，"殷人七十，同样是这个道理"，"所以，五十、七十、百亩的不同，恰是三代生产力水平不同的反应"。①曹汉奇先生亦谓："五十亩、七十亩、百亩大致是夏商周三代的实际情况。"②这则是说，三代一夫所耕又的确有多寡的不同。

顾炎武等人的说法，明显悖于情理，在此不必多论。金景芳先生等，能从社会生产力的发展水准着眼，指出夏商周三代一夫所耕代有所加，无疑是对的；但他们又都倾向于认为孟子所说的五十、七十、百亩乃夏、商、周三代的实际情况，这却是笔者所不敢赞同的。事实上，不要说夏代，就是商代，恐怕也还没有后世的顷亩制度，甲骨文不见"亩"字不是没有道理的。西周金文中出现有"畮"（亩）字，如《兮甲盘》之"淮夷旧我員畮人"，《师寰簋》之"淮夷繇我員畮臣"。对此二器皿中之"畮"字，学者虽有不同解释（郭沫若先生《两周金文辞大系图录考释》谓：繇假为旧……畮当读为贿，員即贝布之布之本字。故"員畮人"者，"犹言赋贡之臣也"。杨树达先生《积微居金文说·兮甲盘跋》谓："員即帛字"，"畮者，说文以为田畮字，或作亩，与此文意不合。以义求之，该当读为贸。……'淮夷旧我員畮人'，谓淮夷本为以帛与周相贸易之人也"），但释为顷亩之"亩"则不通，却是无可置疑的。《贤簋》有"畮贤百畮"例。郭沫若先生说："（下）畮古亩字……上畮字是动词，盖假为贿，犹锡也、予也"③，可从信。但此器的断代，也还有些问题。即依郭先生的说法，断为"周初"，但据此孤证（文献上的亩字，在早也多用为"垄亩"之亩，和作为土地面积计算单位的"亩"字无涉），充其量只能证明西周即有亩制，也不会是常见的、普遍的现象。因为，其他铜铭中提到土田时仍只是以"田"为单位，如"一田""五田""十田""五十田"等等。笔者以为，亩制大约出现于春秋时代（最早不会早过西周末），它是随着彻法（税亩

---

① 《中国奴隶社会的几个问题》，北京：中华书局，1962年，第17页。
② 《关于"作爰田"问题》，《哈尔滨师范学院学报》1963年第2期。
③ 《两周金文辞大系图录考释》，上海：上海书店出版社，1999年，下册第144、146页《兮甲盘》《师寰簋》考释。

制）的行用，特别是随着土地私有制的发展，土地买卖现象的发生而出现的。因此，只有当上述情况出现时，对于土地面积的比较精确的计算、测定才有实际的必要。从这个认识出发，似乎可以说："百亩而彻"当大致近于事实（自然又未必会东南西北远近各地全都如此整齐划一），"五十而贡"和"七十而助"则不过是孟子的虚拟、推想罢了。至于孟子何以会选用"五十""七十"这样两个数目字，也实在无多少道理可讲，很可能，那不过是孟子的用数习惯，孟子的口头禅，一如"五十者可以衣帛"，"七十者可以食肉"（《孟子·梁惠王上》），"五十镒而受"，"七十镒而受"（《孟子·公孙丑下》），"子男五十里"，"伯七十里"（《孟子·万章下》）之类。

对于孟子的"皆什一也"，后人多以贡、助、彻率皆什一为说，这是不正确的。贡法征收之率怎样，史全无凭，不便妄说。助法既以圈定"公田"为制，其具体做法想必应以各地的具体情况（耕地之广狭、肥瘠以及地形等等）为转移，其中或许会有一个大体上的控制指标作为凭依，但若以为不管在什么条件下各个地区的"公田"都必须严格地是耕地总面积的十分之一，则实属万不可能之事。且孟子本人也明明只说"九一而助"，"耕者九一"（《孟子·梁惠王下》）从未说过"助"为"什一"的话；后儒巧为计算，甚至提出公田百官，八家各摊十亩，余二十亩以为庐舍的说法来，以凑什一之率，只能是其说愈巧，其真愈失，比孟子的理想化、图案化的说法距事实更远了。至于说作为事物征收的"彻"为什一之率，则大体可信，当时人及后人也多是这么认为的。细审孟子的语气，他既曰"皆"，正是以"彻为什一"这个时人尽知的事实为前提朝前推论的；而既曰"其实"，又适足以说明"形式上"或"严格意义上"并不都是什一，是故"其实"也者，"大体"之谓也，孟子的"其实皆什一也"，不过是说："彻固为什一，贡、助亦大体什一也。"

总之，这几个数目字大都是不可信的，是孟子为构筑自己的理想图案虚拟出来的；我们今天研究这段历史时，且莫把孟子口中的数目字看得过于认真了。

三、贡、助、彻的性质

关于贡、助、彻的性质问题，一些学者避免作正面回答，有的则又含混其辞地将之目为奴隶制的剥削，这是讲不通的。实际上，贡、助、彻根本不是奴隶制的剥削，而是封建性的东西。范文澜先生说得好：

贡、助、彻是表现封建生产关系的地租名称。所谓贡，就是自由民耕种土地，统治者依据耕地上若干年的收获量，定出一个平均数，从平均数中抽出十分之一的贡物。遇到凶年，耕种者便有饿死或沦为奴隶的危险。夏朝的贡法，可以说是封建生产关系的最原始形态。所谓助，就是自由民的耕地，所有权被统治者占有了，因此必须替统治者耕种所谓公田（孟子说"惟助为有公田"），公田上的收获物全部归统治者所有。商代的助法，显然已经是力役地租。周国和周朝也行助法，大抵自共和以后，王畿内助法改为彻法，即实物地租代替了力役地租。贡、助、彻的逐步变化，说明封建生产关系的逐步发展……①

除了个别提法（如以龙子所言后起之贡为夏贡、商代始出现助法等）外，对于范文澜先

---

① 范文澜：《中国通史》第 1 册，北京：人民出版社，1978 年，第 52 页。

生的上述论断,我是完全赞同的。事情非常明白:在奴隶制下,奴隶们一无所有,连他们自己都不过是主人的财产,他们的劳动,是在主人的直接干预、监督下进行的,劳动所获,自然也全部属于主人,一句话,奴隶制下的奴隶是没有独立的人格和独立的经济可言的;而在使用贡、助、彻的情况下,劳动者则有自己简陋的工具、房舍,生产过程也大都是独立进行的("公田"上的劳动除外),劳动所得,除按规定向主人交纳一部分外,剩下的则可由自己支配、享用,一句话,在这里,劳动者是有着自己相对独立的人格和相对独立的经济的。这明显是和奴隶制完全不同的另外一回事,我们有什么理由一定要把它说成是奴隶制的!

人们不愿意承认贡、助、彻的封建制剥削性质,多半还是基于下面一层思想障碍,即:按照通常的说法,封建制只应是奴隶制瓦解时期的产物,它怎么好紧接着原始公社制度出现呢?这个顾忌是完全不必要的!因为,上述那个所谓"通常说法",既不符合历史事实,也根本不是马克思主义的创始人马克思、恩格斯的看法。马克思明确指出:

> 现代家族在胚胎时期就不仅含有 Servitus(奴隶制),而且也含有农奴制,因为它从最初起就和土地的赋税有关。它含有后来在社会和国家中广泛发展起来的一切对抗性的缩影。①

又说:

> 在多瑙河各公国,徭役劳动是同实物地租和其他农奴制义务结合在一起的,但徭役劳动是交纳给统治阶级的最主要的贡赋。凡是存在这种情形的地方,徭役劳动很少是由农奴制产生的,相反,农奴制倒多半是由徭役劳动产生的。罗马尼亚各州的情形就是这样。那里原来的生产方式是建立在公社所有制的基础上的,但这种公社所有制不同于斯拉夫的形式,也完全不同于印度的形式。一部分土地是自由的私田,由公社成员各自耕种,另一部分土地是公田,由公社成员共同耕种。这种共同劳动的产品,一部分作为储备金用于防灾备荒和应付其他意外情况,一部分作为国家储备用于战争和宗教方面的开支以及其他的公用开支。久而久之,军队的和宗教方面的头面人物侵占了公社的地产,从而也就侵占了花在公田上的劳动。自由农民在公田上的劳动就变成了为公田掠夺者而进行的徭役劳动。于是,农奴制关系随之发展起来……②

恩格斯同样说过:

> 毫无疑问,农奴制和依附关系并不是某种特有的中世纪封建形式,在征服者迫使当地居民为其耕种土地的地方,我们到处,或者说几乎到处都可以看得到,例如在特萨利亚很早就有了。③

这些,都明确告诉我们,当原始公示制瓦解时,不仅有奴隶制存在,而且有封建制存

---

① 《摩尔根〈古代社会〉一书摘要》,北京:人民出版社,1956年,第38页。
② 《资本论》第1卷,北京:人民出版社,1975年,第265页。
③ 《恩格斯致马克思》,《马克思恩格斯全集》第36卷,北京:人民出版社,1975年,第131页。

在；奴隶制和封建制，就其在人类历史上的出现说，是同样古老的。一个继原始社会之后出现的阶级社会，它的性质是什么，不在于这个社会只有单一的奴隶制结构或单一的封建制结构（这是不可能的），而在于哪种剥削方式在这个社会中占据主导地位。自然，这又是一个比较复杂的问题，关此，笔者已另为论文论之，兹从略。

  总之，贡、助、彻是一种封建性的榨取形式，它是在村社制度普遍存在，"国家既作为土地所有者，同时又作为主权者而同直接生产者相对立"的历史条件下出现的，是"地租和赋税"的合一。① 说贡、助、彻是奴隶制的榨取形式，是毫无道理的。因为，在奴隶制下，奴隶的"全部劳动都表现为无酬劳动"②，对于他们，是无任何租税制度可言的。对这样一个极为明显、简单的问题，我真不明白我们的历史学家们为什么总在那里犯糊涂。是真糊涂？还是拿着聪明装糊涂？

  附记：此文是我 1979 年在川大从徐中舒师进修先秦史时所写结业论文。为文时，从观点到材料，都力图效法徐师内不注水、外不涂饰、朴实无华、唯真是求的治学风格，隐隐留有徐师治学理路的影子，虽说由于我之愚钝，又何尝得徐学真传于万一。此文后收拙著《奴隶社会并非人类历史发展必经阶段研究》一书（青海人民出版社 1988 年版），已故赵光贤老先生在《孟子的历史观》一文（收《亡尤室文存》，北京师范大学出版社 2001 年版）中曾谬赞拙著《奴隶社会并非人类历史发展必经阶段研究》、拙文《"贡助彻"研究中的几个问题》"内容丰富，论断有据，大可证明古代东方各民族虽有奴隶，不能构成奴隶社会。其中对于孟子所说的贡、助、彻问题更有详细的解说，足为研究孟子学说的参考"。徐、赵二老对晚辈的教诲、奖掖，虽至今历历在目，言犹在耳，屈指算来，竟已阴阳两隔多年，每忆及此，辄悲从心来。当此徐师诞辰 120 周年之际，我本当写点纪念性文字或提供一篇新的学术论文的，奈妻子前不久股骨粉碎性骨折卧病在床，我自己也已是八十有二的衰朽之年，再谋新篇，实力所不逮，只好拿这篇从徐老进修先秦史时所写结业论文略作订改聊表我对徐老的怀念和崇敬了。好在此文乃笔者 39 年前从徐老受业问学时所写结业论文，本身即有一定纪念意义。

  作者简介：张广志，男，青海师范大学教授。

---

①《资本论》第 3 卷，北京：人民出版社，1975 年，第 891 页。
②《资本论》第 1 卷，北京：人民出版社，1975 年，第 591 页。

怀徐师

青海师范大学　张广志

今年是敬爱的徐师 120 周年诞辰。120 是两个花甲子，是个大数，吉数。与这个数字相关联的还有两个很有意思且与我同徐师都有关的数字，一个是 81，一个是 39。先说 81。1979 年我在川大从徐师进修先秦史时，徐师是 81 周岁高龄，我今年也恰好是 81 周岁了。再说 39。徐师生于 1898 年，我生于 1937 年，徐师长我 39 岁，而今年距 1979 年我在川大从徐师进修先秦史时也恰好是 39 个年头。81、39，合起来 120，而 81、39 的两两重合，也只有今年才会出现，挺有意思的。

1979 年在川大从徐师进修先秦史时，我有两篇文字同徐师相关，得到过徐师的力荐、指导。一篇是经徐师推荐在《四川大学学报》公开发表并在当时史学界产生过较大影响的我的那篇力主"奴隶社会并非人类历史发展必经阶段"的题为《论奴隶制的历史地位》的长文。须知，当时学术界尚处在初春乍暖还寒时候，推荐拙文在《四川大学学报》公开发表是要有一定担当、冒一定风险的。据传，文章发表后不久，就有人私下议论："徐先生是不是老糊涂了，怎么又把当年托派的观点给推出来了啊？"另一篇即是略加修改提交本次研讨会、当时是作为我从徐师进修先秦史结业论文的《"贡助彻"研究中的几个问题》。这篇结业论文，我自认为材料尚称坚实，也有些新意。已故著名历史学家赵光贤先生曾谬赞拙文"对于孟子所说的贡、助、彻问题更有详细的解说……非常有参考价值"（《孟子的历史观》，收《亡尤室文存》，北京师范大学出版社 2001 版）。我心里清楚，如果说此文还有些学术价值的话，那也是徐师教诲的结果。

徐师是当代大师级史学大家，他的崇高史学地位可从与他同时代的几位史学大家对他的高度评价中看得出来。

据梁方仲（中山大学著名学者，与陈寅恪先生相知颇深）之子梁承邺先生揭示：20 世纪 50 年代，中科院邀陈寅恪先生出任中古史所所长时，陈寅恪先生坚辞不受，并推荐徐中舒师"以自代"，这可从日后梁方仲先生致徐中舒师信中所说"三年前中国科学院邀请寅恪先生北上，主持史所研究事宜，寅恪先生举兄以自代，系由弟代函达陶孟和先生者"清楚看得出来。后来，"陈氏荐徐的意见""未得到认同"，"陈氏乃推荐（或表示赞同）陈垣当二所所长"（网文：梁承邺《陈寅恪曾推荐谁担任中科院中古史所所长？》）。足见徐师在陈寅恪先生心目中学术地位之高。

顾颉刚先生于1967年5月25日的《日记》中记有："王国维之弟子，以徐中舒最为笃实，发现亦最多。"

黄现璠先生在1979年10月8日写给我的信中亦谓："你导师徐教授，海内闻名……徐教授和我师陈垣先生……是我在史学界最佩服之人。"

语云：文如其人。徐师做人仁爱宽厚，做学问亦多所创获，质朴无华。徐师治学之风格、理路，似可概括为内不注水、外不涂饰、质朴无华、唯真是求十六个字。在浮躁、虚夸、跟风、媚俗之风甚盛的当今学术界，遵循、重振徐师深邃严谨、务实求真的治学风格、理路，不仅是对徐师的最好怀念，亦有着积极的现实意义。

徐师有恩于我，我对徐师的感情也是真切的。1991年1月9日徐师仙逝于成都后，我虽接到讣告，发去唁电，却无缘亲往成都送徐师最后一程，追悼会那天，远在青海的我只好遥望南天，长跪不起，痛哭失声。

徐师虽已离开了我们，但他的道德文章却长留人间，留在后辈学子的记忆里，留在圣洁的学术殿堂里。

附件一　梁方仲先生致徐中舒先生信（采自梁承邺《陈寅恪曾推荐谁担任中科院中古史所所长？》）

中舒吾兄：

别七八年矣，时切怀念，近子植兄（按：刘节）自首都回来，述及吾兄豪壮不异少季，闻之深为欣慰。年前承嘱寄岑家梧论文集一册，业已奉呈，未知收到否？

前岭南（按：当指岭南大学）西南社会经济研究所出版之书，自院系调整以后，不论本校与外间人拟购置者，均须备函向校长办公室接洽，经批准后，始能发售。吾兄如仍有此需，请照手续进行可也。弟近拟对两晋南北朝之田制及赋役制有所论列，承陈寅恪先生见告：缪钺（彦威）先生有大作一篇可以参考，惟此间遍觅不得，敬请费神敢请缪先生代索惠赠一份，万一已无余本，亦请借阅，或请人抄录一份（抄资请先垫，必当汇还），愈快寄到愈好。缪先生之文名夙所素仰，十年前其令亲杨莲生（按：杨联陞）兄拟为弟作介通讯，惜弟因行踪靡定，未成事实，请兄为我先容为幸。兄年来著述定多，能否检寄数篇，以代面谭（兄所编讲义，尤盼惠寄）。川中出版物，此间甚少看见，尤盼随时惠寄一二，以匡未逮，感盼感盼。三年前中国科学院邀请寅恪先生北上，主持史所研究事宜，寅恪先生举兄以自代，系由弟代函达陶孟和先生者，前辈盛意殊可感念，盼兄得便与寅恪先生偶通消息也。弟今年未有开课，专门从事写中国经济史讲义稿，预计当须两年始可完成。希白（按：容庚）兄正在重编《金文编》，大约亦要两年。锡永（按：商承祚）兄仍未返抵广州，但日间可到。匆匆

敬请

教安

弟方仲再拜

九·十九早

附件二 1979 年 10 月 8 日黄现璠先生通过徐中舒师转张广志信

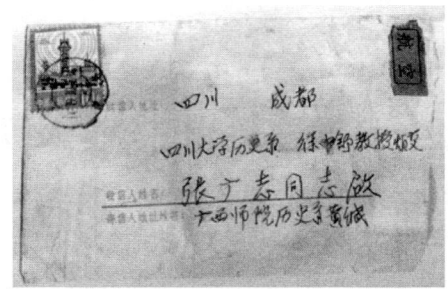

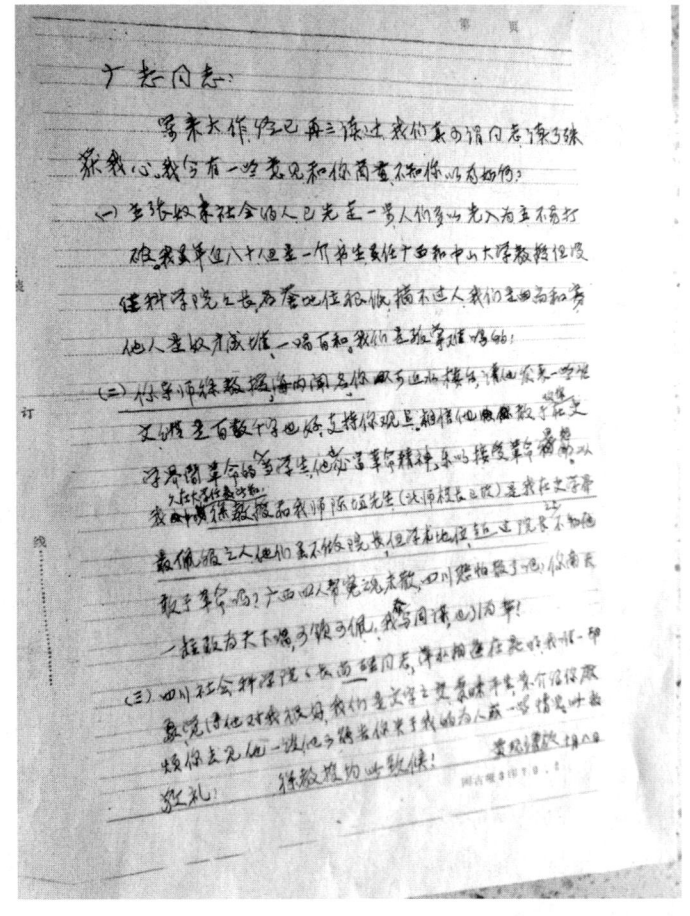

徐中舒先生佚著《尚书讲义》校读记

暨南大学古籍研究所　赵灿鹏

摘　要： 上海图书馆藏有一部《尚书学讲义》，为著名史家徐中舒先生与方壮猷先生，于1927—1929年执教暨南大学历史社会学系时所编撰。讲义收录中国上古史最基本的原始文献与学术文献，注释简明切要，编选别具匠心，具有较高的学术价值。论文并根据相关文献资料，对徐先生与民国时期暨南大学校史的关系进行初步的考察。

关键词： 徐中舒　方壮猷　《尚书》　王国维　暨南大学

一

上海图书馆藏有一部《尚书学讲义》，署名方欣安辑，暨南大学1929年10月铅印出版，全一册，184页。此书存本稀少，目前仅知另有一部藏于上海社会科学院图书馆。目录卷端题"国立暨南大学历史社会学系　尚书学讲义第一种"。全书由四个部分组成，依次为徐中舒《尚书讲义》（40页）、王国维《尚书讲义》（54页）、方欣安《尚书讲义》（24页）、方欣安选《尚书学讲义》（66页），页码皆自为起讫。

方欣安即方壮猷（1902—1970年），现代著名历史学家，曾任武汉哲学社会科学研究所研究员、中南图书馆（即今湖北省图书馆）馆长、湖北省文物管理委员会副主任委员，以治民族史、宋辽金元史著称。方先生原名彰修，学名方兴，字欣安（或作欣庵、新安、心安），湖南省湘潭县人，1926年毕业于清华国学研究院，1927—1929年间，在暨南大学、复旦大学等校任兼职讲师,讲授中国古代史、中国文学史等课程①。

徐中舒(1898—1991),安徽省怀宁县人,现代著名历史学家、古文字学家、考古学家,曾任四川大学历史系教授、中国先秦史学会理事长、《汉语大字典》主编,以先秦史、古文字学研究的卓越成就为学界所推崇。徐先生1926年毕业于清华国学研究院,1927—1929年间,在暨南大学、复旦大学等校任教,讲授中国文字学史等课程②。

该书第一部分卷端题"《尚书》讲义　徐中舒",内容为《商书》四篇(《盘庚上、中、下》《高宗肜日》《西伯戡黎》《微子》),《周书》八篇(《牧誓》《大诰》《金縢》《康诰》《酒诰》《梓材》《召诰》《洛诰》)注释,共计十二篇。

第二部分版心题"尚书讲义　王静安""尚书讲义第三编",总以"商书参考材料""商周书参考材料"之名,收录王国维古史论著七篇:(一)《殷之先公》;(二)《殷之先王》;(三)《殷先王世数》;(四)《商诸臣》;(五)《商之都邑及诸侯》(以上"商书参考材料"五篇,见《古史新证》);(六)《殷周制度论》("商周书参考材料"一篇,见《观堂集林》);(七)《殷都邑考》(收录《说自契至于成汤八迁》《说商》《说亳》《说耿》《说殷》等五篇,见《观堂集林》)。

第三部分版心题"尚书讲义第一编　方欣安",内容为"汉以后伪《尚书》",收录《伪古文尚书》二十五篇白文,及《书古文训》中之古文《尚书》举例。

第四部分版心题"尚书学讲义第二编　方欣安选",收录《尚书》学参考材料十六种:(一)阮元《国史儒林传·阎若璩传》;(二)阎若璩《尚书古文疏证》目录;(三)崔述《古文尚书辨伪》卷二"集前人论《尚书》真伪";(四)皮锡瑞《书经通论》之二十五"论伪古文多重复且敷衍不切";(五)皮锡瑞《书经通论》之二十四"论伪孔书相承不废,以其言多近理,然亦有大不近理者,学者不可不知";(六)惠栋《古文尚书考》(节选);(七)阎若

---

①岳华:《方壮猷传略》,北京图书馆《文献》丛刊编辑部等:《中国当代社会科学家》第5辑,北京:书目文献出版社,1983年,第11—19页。岳华为方壮猷先生哲嗣方克立教授笔名。按方先生在暨大、复旦的教学经历似乎都不久。1927年底暨大编辑出版的《国立暨南大学改组特刊·职教员一览表》,1928年1月14日出版的《暨南周刊》寒假特刊载黄振汉《改组后的国立暨南大学》附"职员一览表",皆未见方先生的姓名。1928年初,他在清华国学研究院的同学、暨大同事周传儒说"……方君壮猷,原任复旦、暨南功课,后不满暨南当局,辞去教职,专在复旦"(周传儒:《从上海给研究院同学谢国桢君的一封信》,《清华周刊》第29卷第2号,1928年2月17日,第160页)。据暨大1929年10月印行方先生辑《尚书学讲义》,卷端题"国立暨南大学历史社会学系《尚书》学讲义第一种",可知方先生于1928—1929年间,又重返暨大,执教于历史社会学系。但是方先生的姓名与《尚书》学课程,未载于暨大1929年编辑出版的《暨南年鉴(1929年)·教职员》,及1929年9月16日出版的《暨南校刊》第3期《文学院史学社会学系准开学程(十八年上学期)》。而1929年复旦大学编辑出版的《复旦大学章程·大学部教员》,及1935年复旦大学编辑出版《三十年的复旦(1905—1935)·中国文学系系史》列举该系历任教员,亦无方先生姓名。方先生于1929年赴日本留学,从东京大学教授白鸟库吉研究东方民族史,出国前并曾在商务印书馆任编辑工作(钱穆:《师友杂忆》,北京:三联书店,1998年,第143页)。顺带一提的是,方先生的密友徐中舒先生是安徽怀宁人,怀宁先贤中亦有名方壮猷者,字午桥,清道光二十年(1840)举人,有《海鹤翁稿》《方壮猷文集》行世(柯愈春:《清人诗文集总目提要》,北京:北京古籍出版社,2001年,第1558页)。

②何崝:《徐中舒传略》,陈翔华等编:《中国当代社会科学家传略》第11辑,北京:书目文献出版社,1990年,第260—284页。

璩《尚书古文疏证》第九"言《左传》'德乃降'之语今误入《大禹谟》";(八)阎若璩《尚书古文疏证》第十七"言安国古文学源流真伪";(九)李绂《书古文尚书冤词后》;(十)丁晏《尚书余论》;(十一)孔安国《尚书孔氏传序》(伪);(十二)孔安国《孔子家语后序》(伪);(十三)皮锡瑞《经学史讲义》① 第五章《经学中衰时代》;(十四)万斯同《群书疑辨》卷一《古文尚书辨》;(十五)《四库全书总目》卷十三"书类存目一"《书古文训》提要;(十六)孙星衍《尚书隶古定释文序》。

徐中舒、方壮猷二先生为清华国学研究院1926年毕业生,"古史新证"是导师王国维1925年9月在清华国学研究院开讲的第一堂课,当年10月王氏并讲授《尚书》课程②,《观堂集林》是王氏考辨古史的代表作。《尚书学讲义》第二部分,从王氏《古史新证》《观堂集林》中选录七篇论著,体现出徐、方二先生师承所在。这一部分题名"商书参考材料""商周书参考材料",与第一部分徐中舒先生《尚书讲义》紧相配合,应该为徐先生编选③。

署名为方壮猷先生所编的第三、四部分,与顾颉刚先生1926年在厦门大学所编《尚书》讲义第一编序目全同④,当系据顾著改编而成。且第四部分"《尚书》学参考材料"之六,为惠栋《古文尚书考》(节录),卷首还保留有顾氏案语"颉刚案:……今以限于钞印之力,止录《舜典》及《大禹谟》两章……"一段,可为证明。

徐中舒先生的《尚书讲义》,凡《今文尚书》二十八篇,"虞夏书"未录,"商书"阙《汤誓》一篇,"周书"阙《洪范》《多士》《无逸》《君奭》《多方》《立政》《顾命》《康王之诰》《粊誓》《吕刑》《文侯之命》《泰誓》等十二篇。其中多采用王国维之说,例如《盘庚中》"暂遇"(7页)、《金縢》"丕子"(19页)、《酒诰》"棐徂"(29页)、《洛诰》"惟七年"(40页)等条;亦有自抒新解处,如《微子》"刻子"(12页)等条,可与王氏在清华国学研究院的《尚书》讲义参看⑤。此次整理讲义的《盘庚》上、中、下三篇,我们发现徐先生的

---

① 皮锡瑞著《经学历史》有上海群益书社1911年版,题名《经学史讲义》。
② 孙敦恒:《清华国学研究院史话》,北京:清华大学出版社,2002年,第53页。
③ 本书卷首目录阙载方壮猷先生编选第三、四部分,仅载讲义第一、二部分,且篇目拆散,另按"商书""周书"的部类重新编排,可证。
④ 顾颉刚:《〈尚书〉讲义(厦门大学)》,王煦华整理,彭林主编:《中国经学》第3辑,桂林:广西师范大学出版社,2008年,第15-17页。按顾先生于1926—1929年间,在厦门大学、广州中山大学开设《尚书》研究课程,编印有《尚书讲义第一编》(厦大)、《尚书学讲义》(中大),后者收录参考材料六十二篇,汇集汉代以来《尚书》学者之说(顾潮编著:《顾颉刚年谱》,北京:中国社会科学出版社,1993年,第130—135、145页;王煦华:《顾颉刚先生在中山大学》,《庆祝杨向奎先生教研六十年论文集》编委会编:《庆祝杨向奎先生教研六十年论文集》,石家庄:河北教育出版社,1998年,第666页)。
⑤ 吴其昌:《王观堂先生尚书讲授记》,刘盼遂记:《观堂学书记》,王国维:《古史新证——王国维最后的讲义》,北京:清华大学出版社,1994年,第231-299页。

注释，对于清人吴汝纶之说亦多有沿用①。这些都体现了徐先生经学的师承渊源②。

广泛利用甲骨文、金文等新出数据，解说简明切要，是徐先生《尚书讲义》的一个显著特点。这部讲义学术价值的另一方面，在于参考材料选录的精当。参考材料有三部分（第一、二部分仅见目录，正文未收）：第一是从《史记》中选录《殷本纪》《周本纪》，《三代世表》中的殷、周世表，《鲁周公世家》等十篇。第二是清代学者崔述有关古史记载进行全面考辨的论著，崔述（号东壁，1740—1816）的辨伪考信工作，在1920年代由于刘师培、梁启超、胡适、钱玄同、顾颉刚等学者的表彰③，以"科学的古史家"著称于世④，崔氏学说盛极一时，"东壁《遗书》几于一时人手一编"⑤。梁启超认为崔氏《考信录》一书，"考证三代史事实最谨严，宜一浏览，以为治古史之标准"⑥。徐先生选择崔氏《商考信录》《丰镐考信录》《丰镐考信别录》三种计四十篇，作为《尚书讲义》的主要参考材料，正是时代学术风气的一种反映⑦。第三是王国维有关古史的重要论著，《古史新证》为王氏有关甲骨文与殷商史研究一系列独创性成果的总结⑧，《殷周制度论》就殷周祀典、世系、宗法、丧服、分封制度等方面进行系统论述，"义据精深，方法缜密，极考证家之能事"⑨，有"近世经、史二学上第一篇大文字"之称⑩。以上三种参考材料，较为全面地提供了阅读《尚书》的历史背景知识。

---

①吴汝纶：《尚书故》，清光绪三十年王恩绂等刻《桐城吴先生全书》第二种；《吴汝纶全集》，施培毅等校点，合肥：黄山书社，2002年，第2册。

②关于徐先生早年就读于安庆师范学校期间，受到桐城派文学与学术的影响，参见何崝：《徐中舒传略》，陈翔华等编：《中国当代社会科学家传略》第11辑，第262—263页；徐亮工：《徐中舒先生生平编年（未定稿）》，四川联合大学历史系主编：《徐中舒先生百年诞辰纪念文集》，成都：巴蜀书社，1998年，第311—312页。

③陈光唐：《邯郸历史人物传续集》，北京：中国文联出版社，2000年，第199页。

④胡适：《科学的古史家崔述》，载（清）崔述撰：《崔东壁遗书》，上海：上海古籍出版社，1983年，第952页。

⑤钱穆：《读崔述〈洙泗考信录〉》，见钱穆：《孔子传》，北京：三联书店，2002年，附录（二），第116页。按：原文如此，疑当作"东壁《遗书》一时几于人手一编"。

⑥梁启超：《国学入门书要目及其读法》，《〈清华周刊〉书报介绍副刊》第3期，1923年5月，第8页。

⑦现今古史学界已不大重视崔述的作品，著名先秦史家赵光贤曾经感慨，崔氏著作虽经顾颉刚精心整理出版，"但读者并不多，不少在大学讲授先秦史的教师竟不读《考信录》"［赵光贤：《崔述在中国史学史上的地位》，《北京师范大学学报》（社科版）1992年第5期，第58页］。吕思勉曾经说"……崔氏考据之学，并无足称"（吕思勉：《论学集林·读〈崔东壁遗书〉》，上海：上海教育出版社，1987年，第177页），这是一种有代表性的批评意见。但在笔者看来，撇开其偏颇固陋之处，崔述对上古历史所作的细密考辨，特别是《商考信录》《丰镐考信录》《丰镐考信别录》三种著作中试图建立系统的商、周史的努力，仍然具有久远的价值。

⑧仓修良主编：《中国史学名著评介·〈古史新证〉》，济南：山东教育出版社，1990年，第3卷，第475—498页，条目撰者谢维扬师。徐中舒《王静安先生传》（《东方杂志》第24卷第13号，1927年7月10日，第49页）："……先生在研究院讲演《古史新证》《尚书》……先生此时对于古史，已有成熟之见解。其《古史新证》，乃增损《殷卜辞中所见先王先公考》《续考》《殷周制度考》诸篇而成，凡前后之不足持者，至是皆刊削净尽。"

⑨徐中舒：《王静安先生传》，第48页。

⑩抗父：《最近二十年间中国旧学之进步》，《东方杂志》第19卷第3号，1922年2月10日，第37页。

以笔者浅见，这部编纂于八十多年前的大学讲义，内容包括中国上古史最基本的原始文献与学术文献，根据今天学术进步的程度衡量，仍然具有较高的学术价值，可以作为一种有相当学术深度的先秦史文献读本，供中国古代史专业教学使用，尤其适合先秦史专业的研究生研读。

与徐先生同时在清华国学研究院从学于王国维的杨筠如，著有《尚书核诂》一书，备受学界称誉，近年学者以宋代朱熹、蔡沈师徒薪火相承，撰定《书集传》的美谈，称其能发扬王氏《尚书》之学①。作为王国维《尚书》学的另一传承之作，徐中舒先生《尚书讲义》的发现，相信将引起学术界广泛的重视。

二

除了《尚书讲义》之外，徐中舒先生另有一种著作《中国文字学》，1930年由暨南大学出版。这应是徐先生在暨大中国语文学系开设"中国文字学史"课程的讲义②。该书同年4月入藏暨南大学洪年图书馆③，在1932年爆发的中日淞沪战役中，暨大校址沦为战区，藏书损失大半，1938年所编《暨南大学图书馆劫余书目》，1939年编《国立暨南大学图书馆新编书目》，其中"语言文字"类均未见收录④，可知当时暨大藏本已经散亡。检京、沪两地各大图书馆藏书目录，此书皆无藏本，疑佚。

再者，1927—1928年，徐先生在暨大曾为大学部预科讲授"国文"和"国学概论"课程，二者都印有讲义⑤，《国文》讲义目录如次（序号及撰者、出处为笔者所加）：

---

①李学勤：《尚书核诂新版序》，杨筠如：《尚书核诂》，黄怀信标校，西安：陕西人民出版社，2005年，第4页。按王国维晚年有志撰写《尚书注》，但未写成，他于1924年为容庚《金文编》作序说："余尝欲撰《尚书注》……荏苒数年，未遑从事……"（《王序》，容庚编著：《金文编》，北京：中华书局，1985年，第9页。）

②徐先生执教暨大期间，自1927年起，在中国语文学系讲授"中国文字学史"（或称"文字学史"），课程编号"国七十一"[《十六年度教务概况》，国立暨南大学编辑出版：《国立暨南大学校务特刊（十六年度）》，1928年，第57页；《文学院中国语文学系准开学程表（十八年秋季）》，《暨南校刊》第2期，1929年9月12日，第5页，注明有讲义作为教本]，《中国语文学系指导书（十七年度）》（国立暨南大学中国语文学系编辑部编辑：《国立暨南大学中国语文学系期刊》，创刊号，上海：国立暨南大学出版课，1928年，第284页）录有课程纲要："讲授殷周以来文字之流变，及两汉以来研究文字学者之方法及其中（鹏按：原文如此，'中'字疑当作'得'）失。"1928年秋，徐先生在暨大高中部普通科三年级讲授"文字学纲要"课程[《高级中学部各科准开学程（十七年秋季）》，《暨南周刊》第3卷第8期，1928年9月1日，第157页]，同时在复旦大学中国文学科讲授"中国文字学"课程（复旦大学编辑出版《复旦大学章程·大学部教员》，第12页）。

③《洪年图书馆新书目录》（《暨南校刊》第57期，1930年4月28日，第28页）："徐中舒，《中国文字学》，1册，发行处：上海，暨大。书码：722—393"

④国立暨南大学图书馆编辑出版：《暨南大学图书馆劫余书目》，1938年，上册"中文（附日文）之部"，第53页；国立暨南大学图书馆编辑出版：《国立暨南大学图书馆新编书目》第1卷第2号，1939年，第46—48页。

⑤黄振汉《改组后的国立暨南大学》（《暨南周刊》，寒假特刊，1928年1月14日，第13、18页）记徐先生担任学程为"国文""国学概论"两门，又大学部预科所开学程，必修课目有"国文"，选修科目有"国学概论"。

1.《答冯子华处士书》（［唐］王绩）；2.《大道篇》（《尹文子》）；3.《爱类》（《吕氏春秋》）；4.《察今》（《吕氏春秋》）；5.《论贵粟疏》（［汉］晁错）；6.《周黄徐姜申屠列传叙》（《后汉书》）；7.《解嘲》（扬雄）；8.《三国志・诸葛亮传》；9.《游黄山记》（［明］徐宏祖）；10.《庐山草堂记》（［唐］白居易）；11.《卖火柴的女儿》（［丹麦］安徒生作，周作人译）；12.《训俭示康》（［宋］司马光）；13.《文艺批评杂语》（疑为周作人《文艺批评杂话》）；14.《奏疼吟》（疑为［唐］韦庄《秦妇吟》）；15.《谢玄肥水破秦之战》（《资治通鉴》，见［清］曾国藩编《经史百家杂钞》）；16.《金石录后序》（［宋］李清照）；17.《班超传》（《后汉书》）；18.《我们建设怎样的国家》（汪精卫）；19.《物色篇》（《文心雕龙》）；20.《原君》（［明］黄宗羲撰《明夷待访录》）；21.《琵琶记・吃糠》（［元］高明）；22.《吟雪》（［明］施绍莘）；23.《非十二子》（《荀子》）；24.《日本的风刺传》（疑为周作人《日本的讽刺诗》）；25.《东山》（《诗经》）；26.《七月》（《诗经》）；27.《招魂》（《楚辞》）；28.《口技》（疑出［清］蒲松龄撰《聊斋志异》）①。

以上28篇，加上《国学概论》，共计29篇，原注32篇、185页②，篇目编次稍欠条理，疑有讹误。《国学概论》讲义未见传本，疑佚。

三

1927年6月，暨南学校改组为国立暨南大学，郑洪年（字韶觉，1886—1958）出任校长。通过与郑氏同为国民党元老的易培基（1880—1937）的引介，徐中舒先生与夏丏尊、方光焘、方壮猷、刘熏宇、章克标等一批立达学园的成员到暨大任教③。徐先生同时在复旦大学中国文学科兼课④。

徐先生于暨大任教，另外还与清华国学研究院导师梁启超有关。梁启超与暨大校长郑洪

---

① 民国时期国文课本中所选的《口技》有三篇之多，分别录自（清）郑澍若编《虞初续志》、（清）张潮辑《虞初新志》、（清）蒲松龄撰《聊斋志异》［参见傅东华、陈望道编：《（初级中学用基本教科书）国文》，上海：商务印书馆，1931年，第1册，第108—116页］，按徐先生友人王伯祥编《开明国文读本》（上海：开明书店，1932年，第1册，第137页）所选出自《聊斋志异》，疑徐先生选者亦同。

② 《十七年度上学期中文讲义统计表》，国立暨南大学编辑出版：《国立暨南大学校务特刊（十六年度）》，第112—113页。

③ 章克标《暨大教授》（陈福康等编：《章克标文集》，上海：上海社会科学院出版社，2002年，下册，第117页）："……正好暨南大学要在上海复校了，这是主要为华侨学生办的一所国立大学，已经请郑洪年来当校长，易培基此时又是教育部长了，所以可以托匡互生兄介绍，我们朋友中有许多人到暨南大学去教书了，如夏丏尊、方光焘、徐中舒等等。"章克标《开明书店的书和人》（陈福康等编：《章克标文集》，下册，第533页）："……匡互生则是立达的中心人物，因为他同易培基知己交深，易当时任教育部长，我们这些人由他介绍而进暨南任教的。"按1927年9月5日，暨南大学校长郑洪年正式就职，易培基作为国民政府教育行政委员会代表，莅校主持就职典礼（《校长正式就职纪事》，《暨南周刊》第1辑，1927年10月8日，第5—17页）。又1927年8月立达学会设立董事会时，曾提出易培基、李石曾、郑洪年三人为董事（商金林撰著：《叶圣陶年谱长编》，北京：人民教育出版社，2004年，第1卷，第380页）。

④ 复旦大学编辑出版《复旦大学章程・大学部教员》（第12页）记徐先生学历为"清华大学研究院毕业，暨南大学讲师"，通讯处为"真茹暨南大学"，可知其本职在暨大，复旦为兼课。

年，都曾从学于康有为，皆系万木草堂弟子①。除徐先生之外，约略同时在暨大任教的清华国学研究院毕业生，还有方壮猷、龚业光、程憬、周传儒等人②。周传儒的回忆可为证明："梁……介绍我去见暨南大学校长郑洪年，郑是梁在万木草堂时的同学……清华研究院学生受梁照应的还有一些人，如介绍陈憬、徐中舒去教书……"③

徐先生在暨大，是校长郑洪年最为倚重的人物之一。1927 年 6 月大学改组成立之际，郑氏草拟改组暨南大学计划书与组织大纲，即由徐先生协助④。8 月份大学历次教务会议，多由徐先生担任会议记录⑤。9 月 21 日，暨南大学成立南洋文化教育事业部，与大学部、中学部鼎足而三，为暨大组织构成的三大支柱之一。该部设立委员会总揽部务，下设教育、调查、指导、宣传、编译等五股，徐先生担任该部委员会委员、教育股主任，兼任该部主任秘书，具体主持部务⑥。徐先生同时兼任中国文学系讲师⑦，系主任夏丏尊自 1927 年 8 月开始⑧，任职一学期后即提出辞呈⑨。校长郑洪年颇属意以徐先生为中文系主任，而为徐先生婉谢，遂于 1928 年 1 月 5 日聘陈钟凡担任中国文学系主任兼教授⑩。1928 年初，周传儒写信给谢国桢，介绍南方的清华国学研究院同学情形时说："……至其现状，徐君中舒最称红阔，以一身兼复旦、立达、暨南诸校功课，并为暨大南洋文化事业部主任。新近郑韶觉屡征同意作暨大文学系主任，固辞不就，可见其声望之隆矣。"⑪

虽然如此，徐先生的内心并不快乐。1928 年 12 月 31 日，徐先生致书傅斯年说："两年

---

①陈汉才：《康门弟子述略》，广州：广东高等教育出版社，1991 年，第 94 页。
②周传儒：《从上海给研究院同学谢国桢君的一封信》，《清华周刊》第 29 卷第 2 号，1928 年 2 月 17 日，第 160—161 页。
③周传儒：《回忆梁启超先生》，中国人民政治协商会议广东省委员会文史资料研究委员会编：《广东文史资料》第 38 辑，广州：广东人民出版社，1983 年，第 244—245 页。1927 年 1 月，梁启超为推荐程憬，专门写信给金陵大学国学系主任陈钟凡（吴新雷等编纂：《清晖山馆友声集》，南京：江苏古籍出版社，2000 年，第 114—116 页）；又 1927 年冯国瑞于清华国学研究院毕业时，梁启超曾为他给甘肃省省长薛笃弼写推荐信，大加奖掖（王锷：《冯国瑞与麦积山石窟》，中国人民政治协商会议天水市委员会文史资料委员会编印：《天水文史资料》第 6 辑，1992 年，第 44 页）。
④《国立暨南大学十六年度下学期第七次纪念周》，《暨南周刊》第 2 卷第 7 期，1928 年 4 月 9 日，第 69 页。
⑤《大学部教务会议录（八月七日特别教务会议）》、《八月十一日大学部教务会议录》、《大学部教务会议录（八月十六日）》，并见国立暨南大学编辑出版：《国立暨南大学改组特刊》，页码另起，均第 1 页。
⑥参见拙著：《暨南大学南洋文化事业部的历史沿革》，《东南亚研究》2007 年第 6 期，第 5—12 页。
⑦《职教员一览表》，国立暨南大学编辑出版：《国立暨南大学改组特刊》，页码另起，第 4 页。
⑧《民国十七年度大事月表》，国立暨南大学编辑出版：《国立暨南大学校务特刊（十六年度）》，第 25 页。
⑨夏弘宁：《夏丏尊传》，北京：中国青年出版社，2002 年，第 162 页。
⑩《民国十七年度大事月表》，国立暨南大学编辑出版：《国立暨南大学校务特刊（十六年度）》，第 33 页。
⑪周传儒：《从上海给研究院同学谢国桢君的一封信》，《清华周刊》第 29 卷第 2 号，1928 年 2 月 17 日，第 160 页。

以来，弟在暨南、复旦，为教职事牵缠，不获专力学问，深以为苦。"① 即以主持暨大南洋文化教育事业部而言，徐先生参与起草该部组织条例、宣言、各股办事细则，办理与校长、大学各部、国民政府海外殖民部，及上海与南洋有关系之各团体的联络事宜；大约每个星期组织召开一次部务会议，担任会议主席；编辑印行《南洋研究》月刊与丛书，及地图、国内外通讯、各项调查材料、南洋美术明信片；代表该部出席暨大校务评议会等等，有繁杂的行政事务需要处理，且须分心从事与自己专业距离甚远的华侨教育研究（如撰写《南洋华侨教育与立案条例》，进行马来亚沙捞越学校调查）；同时兼任上海华侨教育协会干事部委员②、研究股主任、海内外撰述员等职③。

数十年后，徐先生回忆这段生涯，还有很深的感慨："1927、1928 两年，我在上海复旦大学、暨南大学和立达学园任教，功课很忙。这时我的接触面较广，我的读书时间渐少，我有些苦闷。我只想为自己打算找一个作研究工作的地方，希望关起门来，不闻世事来钻牛角尖……"④

堪称双美的是，1927 年 12 月，著名华侨研究学者刘士木（1889—1952），应暨大聘请，入职南洋文化教育事业部⑤，于 1928 年 2 月被聘为文化股主任，同年 6 月 23 日被聘为该部部主任⑥。既有得力人才作为后继，徐先生于是辞去南洋文化教育事业部职务，专任暨大中国语文学系讲师⑦、历史社会学系教授⑧，并于 1928 年秋，兼任暨南大学高中部教员⑨。

就在 1928 年夏，徐先生与傅斯年在上海晤面。傅氏于 1927 年秋在广州中山大学创立语

---

①台湾"中央研究院"历史语言研究所藏傅斯年档案，档号：元 63—1，转引自徐亮工：《从"书"里到"书"外：徐中舒先生的学术与生平（代前言）》，《川大史学·徐中舒卷》，成都：四川大学出版社，2006 年，第 9 页。

②华侨教育协会是 1926 年 2 月，由著名华侨研究学者刘士木等在上海发起成立的民间团体，以"协助华侨教育之发展，增进侨民之文化事业"为宗旨。协会分董事、干事两部，各设正、副主席；韩希琦、刘贝锦、陈敬贤（陈嘉庚之弟）为董事部正、副主席，刘士木、黄介民为干事部正、副主席。干事部设总务、经济、文书、庶务、调查、研究、编辑、宣传、介绍、交际等十股，每股设正、副主任各一人，干事员若干人，分理会务（陈国华编著：《先驱者的脚印——海外华人教育三百年 1690—1990》，Toronto：Royal Kingsway Inc，1992 年，第 202—203 页）。

③关于徐先生主持暨大南洋文化教育事业部的情形，详参拙著：《开辟东南亚与华侨研究的新纪元——暨南大学南洋文化事业部史稿（1927—1951）》，未刊稿。

④徐中舒：《我的思想检查总结》，1952 年 8 月 12 日手写稿，转引自徐亮工：《徐中舒先生学术编年（1898—1950）》，未刊稿。

⑤顾因明《〈南洋华侨史〉序》（李长傅：《南洋华侨史》，上海：国立暨南大学南洋文化事业部，1929 年，"顾序"，第 1 页）："去年（鹏按：1927 年）……到了十一月初，刘先生将应郑韶觉校长之聘，主任暨大南洋文化部……"《事务处总处课日记》（《暨南周刊》，寒假特刊，1928 年 1 月 14 日，第 69 页）记 1927 年 12 月 20 日收到刘士木应聘书。

⑥《校长布告（第九十一号）》，《暨南周刊》第 3 卷第 6 期，1928 年 7 月 2 日，第 70—71 页。

⑦1928 年春，暨大中国文学系改名中国语文学系［《十六年度教务概况》，国立暨南大学编辑出版：《国立暨南大学校务特刊（十六年度）》，第 54 页］。

⑧《历史社会学系同学会》（国立暨南大学编辑出版《暨南年鉴（1929 年）·团体》，无页码）记 1928 年秋暨大历史社会学系师生联欢大会，出席者有系主任黄凌霜，教授程仰之、徐中舒、王家吉等。

⑨《高级中学部各科准开学程（十七年秋季）》，《暨南周刊》第 3 卷第 8 期，1928 年 9 月 1 日，第 157 页。

言历史研究所（1928 年 10 月收归中央研究院，改称历史语言研究所，1929 年春所址迁北平）①，此时邀请徐先生到所工作。徐先生欣然应允，乃于 1929 年 1 月辞去暨南、复旦教职，前往北平就史语所之职，从此专门从事古史与古文字研究，遂成为一代名家②。

尚书讲义（节选）

徐中舒

盘庚上[一]

　　盘庚迁于殷[二]，民不适有居[三]。率吁众戚，出矢言[四]。曰："我王来[五]，既爰宅于兹，重我民无尽刘[六]，不能胥匡以生，卜稽曰[七]，'其如台[八]？'先王有服，恪谨天命[九]，兹犹不常宁[一〇]，不常厥邑，于今五邦[一一]。今不承于古，罔知天之断命。矧曰，其克从先王之烈[一二]，若颠木之有由蘖。天其永我命于兹新邑，绍复先王之大业，厎绥四方[一三]。"盘庚敩于民，由乃在位[一四]，以常旧服，正法度。曰："无或敢伏小人之攸箴！"王命众悉至于庭。王若曰："格汝众！予告汝训！汝猷黜乃心，无傲从康！古我先王，亦惟图任旧人共政。王播告之，修不匿厥指，王用丕钦。罔有逸言，民用丕变。今汝聒聒起信险肤[一五]，予弗知乃所讼？非予自荒兹德[一六]，惟汝含德不惕予一人。予若观火，予亦拙谋[一七]，作乃逸。若网在纲，有条而不紊。若农服田，力穑乃亦有秋。汝克黜乃心，施实德于民，至于婚友。丕乃敢大言，汝有积德。乃不畏戎毒于远迩？惰农自安，不昏作劳，不服田亩，越其罔有黍稷？汝不和吉言于百姓[一八]，惟汝自生毒，乃败祸奸宄，以自灾于厥身。乃既先恶于民，乃奉其恫，汝悔身何及[一九]！相时憸民[二〇]，犹胥顾于箴言，其发有逸口：矧予制乃短长之命，汝曷弗告朕，而胥动以浮言，恐沈于众[二一]。若火之燎于原，不可向迩，其犹可扑灭？则惟汝众，自作弗靖[二二]，非予有咎。迟任有言曰[二三]：'人惟求旧，器非求旧惟新。'古我先王暨乃祖乃父，胥及逸勤，予敢动用非罚？世选尔劳[二四]，予不掩尔善。兹予大享于先王，尔祖其从与享之。作福作灾，予亦不敢动用非德。予告汝于难，若射之有志。汝无老侮成人[二五]，无弱孤有幼。各长于厥居，勉出乃力，听予一人之作猷[二六]。无有远迩，用罪伐厥死，用德彰厥善。邦之臧，惟汝众；邦之不臧，惟予一人有佚罚。凡尔众其惟致告。自今至于后日，各恭尔事[二七]，齐乃位，度乃口[二八]，罚及尔身弗可悔！"

---

　　①《大学院接收广州中山大学语言历史研究所之经过》，《大学院公报》第 1 卷第 5 期，1928 年 5 月，第 59—60 页；傅乐成：《傅孟真先生年谱》，《傅斯年全集》，台北：联经出版公司，1980 年，第 7 册，第 276—284 页。
　　②参见徐亮工：《从"书"里到"书"外：徐中舒先生的学术与生平（代前言）》，《川大史学·徐中舒卷》，第 9—11 页。按徐先生辞职以后，暨大仍然保留着他的中国语文学系讲师、历史社会学系教授职位，1929 年 8 月国立暨南大学编辑出版的《暨南年鉴（1929 年）·教职员》（无页码）还有徐先生的项目："徐中舒　国文，《尚书》及文字学史教授。"并见同年 11 月 28 日出版的《暨南校刊》第 23 期（第 2 页）所载《本校组织与教职员姓名》。徐先生 1930 年 3 月 29 日致陈中凡函中说"……韶觉校长曩日又坚约南旋……"（吴新雷等编纂：《清晖山馆友声集》，第 372 页），可相为映证。

［一］《史记》说："作《盘庚》三篇。"当是古文说。今文《盘庚》为一篇。《尧典疏》云："郑玄则于伏生二十九篇之内，分出《盘庚》三篇①。"俞樾谓《盘庚》上为迁后之词，当移在三篇之末。

［二］殷为洹水南之殷虚，在今河南安阳县之小屯。今龟甲兽骨文字，皆在此地出土。前人皆误谓殷为汤旧都之亳。说见《观堂集林·说殷》篇。

［三］适，安也。

［四］吁，和也。戚戚同。矢誓同。

［五］我王旧释谓祖乙，非是。当指盘庚言。

［六］刘，《尔雅》："杀也。"

［七］稽、乩同字。甲骨文有囟字，即稽之初文②。

［八］"其如台"，《汤誓》"其如台"，《史记》作"其奈何"。如奈双声，台何迭韵。古曰如台，今曰奈何。

［九］"恪谨天命"，谨疑为勤字。金文单伯钟、毛公鼎均有"劳（孙诒让释昬）勤大命"之言。《礼·祭义》载孔悝鼎铭云"勤大命施于烝鼎彝"③，语亦同。古金文勤作菫，故或误作谨。

［一〇］兹犹，兹用也。与《金縢》"兹攸俟"之兹攸同。

［一一］五邦，谓汤居亳，仲丁迁于敖，河亶甲居相，祖乙圮于耿，盘庚迁于殷。

［一二］矧，亦也。烈，余也。

［一三］"厎绥四方"，厎，致也。

［一四］"由乃在位"，《方言》："由，迪，正也。"

［一五］"起信险肤"四字义阙。

［一六］荒，放失也。德，谓赏。《书》每用德与罚对举。下文"动用非罚""动用非德"是。

［一七］拙谋，拙，炪也，谓欲扑灭之。

［一八］"和吉言于百姓"，和，宣也。

［一九］"汝悔身何及"，身，汉石经作命，义均难解。

［二〇］"相时憸民"，憸，汉石经作散，《说文》引作思，思从删省声，删者散意。

［二一］"恐沈于众"，恐沈犹恐猲也，沈读为忱。

［二二］靖，善也。

［二三］迟任，旧注"古老成人"。

［二四］选，任也。

［二五］"汝无老侮成人"，《隶释》载汉石经作"汝毋翕狎成人"④，老侮与翕狎意同。

［二六］作猷，猷，已也。

［二七］"各恭尔事"，恭当作共，或作龏。作恭者，唐卫包改字。

［二八］齐，肃也。度，即斁字，闭也。

---

①鹏按："三篇"，《尧典疏》原文作"二篇"。
②鹏按：吴其昌《王观堂先生尚书讲授记》（收入王国维著《古史新证》）："稽，本作乩，龟甲文中屡见'王囟曰'之文，囟即占之奇文，亦即乩之初字也。"刘盼遂《观堂学书记》（收入王国维著《古史新证》）同。
③鹏按："祭义"，吴其昌《王观堂先生尚书讲授记》、刘盼遂《观堂学书记》、杨筠如《尚书核诂》卷2同，然孔悝鼎铭载《礼记·祭统》，"祭义"字误。又此处"鼎彝"误倒，当乙正作"彝鼎"。
④鹏按："汝毋翕狎成人"，《隶释》卷14《石经尚书残碑》、马衡《汉石经集存》（北京：科学出版社，1957年）二〇六、《王观堂先生尚书讲授记》并作"女毋翕侮成人"，此处"狎"字疑误。

盘庚中

盘庚作[一]，惟涉河以民迁。乃话民之弗率[二]，诞告用亶[三]。其有众咸造，勿①亵在王庭[四]。盘庚乃登进厥民，曰："明听朕言，无荒失朕命！呜呼！古我前后，罔不惟民之承[五]。保后胥戚[六]，鲜以不浮于天时[七]。殷降大虐，先王不怀。厥攸作[八]，视民，利用迁。汝曷弗念我古后之闻，承汝俾汝[九]，惟喜康共[一〇]，非汝有咎比于罚。予若吁怀兹新邑，亦惟汝故，以丕从厥志。今予将试以汝迁，安定厥邦。汝不忧朕心之攸困，乃咸大不宣乃心，钦念以忱动予一人[一一]。尔惟自鞠自苦。若乘舟，汝弗济，臭厥载[一二]。尔忱不属，惟胥以沈，不其或稽[一三]，自怒曷瘳[一四]？汝不谋长以思，乃灾。汝诞劝忧[一五]，今其有今罔后，汝何生在上[一六]？今予命汝一无起秽以自臭。恐人倚乃身，迂乃心[一七]。予迓续乃命于天[一八]。予岂汝威？用奉畜汝众。予念我先神后之劳尔先，予丕克羞尔，用怀尔然[一九]。失于政，陈于兹[二〇]，高后丕乃崇降罪疾，曰：'曷虐朕民。'汝万民乃不生生[二一]，暨予一人猷同心，先后丕降与汝罪疾[二二]，曰：'曷不暨朕幼孙有比。'故有爽德，自上其罚汝，汝罔能迪[二三]。古我先后，既劳乃祖乃父，汝共作我畜民[二四]。汝有戕则在乃心[二五]，我先后绥乃祖乃父。乃祖乃父，乃断弃汝，不救乃死。兹予有乱政同位，具乃贝玉，乃祖先父丕乃告我高后曰：'作丕刑于朕孙。'迪高后丕乃崇降弗祥[二六]。呜呼！今予告汝不易。永敬大恤[二七]，无胥绝远。汝分猷念以相从[二八]，各设中于乃心[二九]。乃有不吉不迪，颠越不恭，暂遇奸宄[三〇]，我乃劓殄灭之无遗育，无俾易种于兹新邑。往哉生生[三一]，今予将试以汝迁，永建乃家。"

[一] 作，起也。

[二] "乃话民之弗率"，《说文》："话，合会善言也。"籀文作譮，故话有会合意。率，顺也。

[三] "诞告用亶"，大告以诚也。

[四] 勿亵，《一切经音义》引作忽媟，轻慢也。

[五] 承，拯也。

[六] "保后胥戚"句，语意不明。戚，汉石经作高。三体石经《春秋》地名之戚作𨛭。古金文京作𢎘，从高或从京之讹。

[七] "鲜以不浮于天时"，鲜读为斯。《诗》"鲜民之生"，即"斯民之生"。浮，覆也。

[八] "厥攸作"，攸，用也；作，起也。

[九] "承汝俾汝"，承，拯也；俾，助也。

[一〇] "惟喜康共"，惟喜安居，以供尔事也。

[一一] "钦念以忱动予一人"，钦，兴也；忱动，震动也。

[一二] "臭厥载"，语意难明。或以臭为㒸之误字②。

[一三] "不其或稽"，莫之能留也。稽，汉石经作迪。不其古语，甲骨文连用甚多。

[一四] "自怒曷瘳"，怒，依汉石经校改怨。

---

① "勿"原作"弗"，《尚书注疏》、吴汝纶《尚书故》卷2、《观堂学书记》、杨筠如《尚书核诂》卷2作"勿"，下注释引亦作"勿"，据改。

② 鹏按："㒸之"原误倒作"之㒸"，据吴汝纶《尚书故》卷2乙正。《尚书故》卷2（《桐城吴先生全书》本，第19页上；《吴汝纶全集》，第2册，第566页）："臭厥载汝纶案：臭疑为㒸之误字，贯下为文。"

[一五]"汝诞劝忧",汝但乐祸也。

[一六]"汝何生在上",语意难明。

[一七]"倚乃身,迁乃心",倚,奇;迁,邪也。

[一八]"予迓续乃命于天",迓,《诗》《书》藉皆作御字①,《仪礼》《公羊》用讶字。古御讶声同。用迓者,唐卫包改字。

[一九]羞,养也。怀,安也。

[二〇]"陈于兹",陈,久也。

[二一]"汝万民乃不生生",生生语意难明。

[二二]崇降,丕降。崇,丕,皆训大。

[二三]"汝罔能迪",迪,逃也。

[二四]畜民,古语。《孟子》"畜君者好君也",畜民即好民也。

[二五]"汝有戕则在乃心",戕从戈则声,应作贼。金文散氏盘"予有散氏心贼,爰千罚千"②,与此文句略同。

[二六]"崇降弗祥",今文作"兴降不永"。兴,崇,古蒸与东、冬通用。永、羕古金文为一字,祥、羕古同用,祥或作永。

[二七]"永敬大恤",敬,矜也;恤,忧也。

[二八]"汝分猷念以相从",分,汉石经作比。

[二九]设中,汉石经作翕中。翕,合也。合中,和衷也。

[三〇]暂遇,暂即渐之或字。渐,欺诈也。遇,邪也。《庄子·胠箧》篇"知诈渐毒";《荀子·不苟篇》"小人知则攫盗而渐",《议兵篇》"招近募选,隆势诈,尚功利,是渐之也",《正论篇》"上幽险则下渐诈矣"。《淮南·原道训》"偶䁝智故",《本经训》"衣无隅差之制③"。偶,隅,并与遇同。说见《经义述闻》。

[三一]"往哉生生",生生,意难明。

盘庚下

盘庚既迁,奠厥攸居。乃正厥位,绥爰有众[一]。曰:"无戏怠,懋建大命。今予其敷心腹肾肠[二],历告尔百姓于朕志。罔罪尔众。尔无共怒协比谗言予一人[三]。古我先王,将多于前功,适于山[四],用降我凶德嘉绩于朕邦[五]。今我民用荡析离居,罔有定极。尔谓朕曷震动万民以迁。肆上帝将复我高祖之德,乱越我家。朕及笃敬[六],恭承民命,用永地于新邑。肆予冲人,非废厥谋。吊由灵各[七],非敢违卜用,宏兹贲[八]。呜呼,邦伯,师长,百执事之人,尚皆隐哉[九]!予其懋简相尔。念敬我众[一〇]。朕不肩好货[一一],敢恭生生,鞫人,谋人之保居[一二],叙钦[一三]。今我既羞告尔于朕志若否[一四],罔有弗钦。无总于货宝,生生自庸[一五]。式敷民德,永肩一心[一六]。"

---

①鹏按:"藉"字疑衍。

②鹏按:"予",《王观堂先生尚书讲授记》、《观堂学书记》、杨筠如《尚书核诂》卷2同,散氏盘铭文作"余"。"贼",《王观堂先生尚书讲授记》、《观堂学书记》、杨筠如《尚书核诂》卷2作"贼则",散氏盘铭文今亦通释作"贼则"二字。

③鹏按:"制",《王观堂先生尚书讲授记》同,《淮南子·本经训》原文、《经义述闻》卷3、杨筠如《尚书核诂》卷2作"削"。

［一］"绥爰有众"，告于有众也。

［二］"今予其敷心腹肾肠"，今文作"敷心优贤扬"。优贤扬，当即腹肾肠之讹字。

［三］共怒，与协比谗言对文。

［四］"适于山"，旧注谓汤迁于亳。

［五］"凶德嘉绩"，汉石经作"凶德绥绩"。

［六］"朕及笃敬"，及，宜也。

［七］"吊由灵各"，语意难明。旧读"吊由灵"断句非是。

［八］"宏兹贲"，宏此奔走也。

［九］隐，安也。

［一〇］"念敬我众"敬，矜也。

［一一］"朕不肩好货"，肩字意义难明。

［一二］"敢恭生生，鞠人，谋人之保居"，生生，鞠人，意义难明。

［一三］"叙钦"，以次兴盛也。

［一四］"今我既羞告尔于朕志若否"，羞，进也；若否，若此也。

［一五］"生生自庸"，意义难明。

［一六］"永肩一心"，肩字意义难明。

整理说明：徐中舒先生《尚书讲义》，原本注释无条目编号，此次整理，为了读者检阅的方便，在注释之前添加编号，并在正文相关字句后进行标注。《尚书》本文的断句与标点，尽量保留讲义的原貌；注释部分的标点，则依照现代通行的格式略有调整。讲义中的文字讹误，除明显错误加以校改之外，其余存疑者，酌情出校说明。讲义的录入与初校工作，获得暨南大学中国古代史专业硕士研究生赵启佳同学的帮助；甲骨金文资料的检核，获得华东师范大学中国文字研究与应用中心博士研究生岳拯士同学的帮助，谨致谢忱！

作者简介：赵灿鹏，男，暨南大学古籍研究所教授。

徐中舒先生的明清史研究——以《明初建州女真居地迁徙考》为中心的探讨

江西师范大学 朱忠文

徐中舒先生是我国著名历史学家,其史学成就主要体现在先秦史、明清史与巴蜀史方面。① 由于徐中舒在先秦史与巴蜀史方面成就突出,因此以往学界对其史学成就的研究主要集中于先秦史与巴蜀史方面。先秦史方面,罗世烈先生全面论述了徐中舒先生在先秦史方面的研究成果,陈玲玲先生着重探讨了徐中舒先生在夏商史方面的研究成就,周书灿先生探讨了徐中舒先生在上古民族方面的研究成果。② 巴蜀史方面,林向先生全面论述了徐中舒先生的考古学与巴蜀文化的研究成果,周书灿先生探讨了徐中舒先生在巴蜀文化与西南地方史方面的研究成果。③ 相比较而言,学界对徐中舒先生在明清史方面的成就探讨较少,且大多集中于明清档案的整理方面,对其明清史研究的成就与特点探讨不足。④ 事实上,明清史研究也是徐中舒先生研究的重要组成部分,其代表作《明初建州女真居地迁徙考》一文成就突出,却少有学人关注。⑤ 本文以此文为中心,探讨徐中舒先生在明清史研究方面的成就,从而全面反映徐中舒先生的史学成就。

---

① 吴天墀:《为学术教育毕生尽瘁的徐中舒先生》,《吴天墀文史存稿》,北京:北京师范大学出版社,2016年,第485—489页。吴天墀先生将徐中舒先生在古文字学研究的成果单独分类,因此这里所指的徐中舒先生在先秦史方面的研究成果不包括古文字学研究。
② 罗世烈:《徐中舒先生与先秦史研究》,《中华文化论坛》1998年第3期;陈玲玲:《徐中舒先生与夏商史研究》,《殷都学刊》2002年第3期;周书灿:《古史材料扩充与徐中舒上古民族研究》,《浙江社会科学》2016年第3期。
③ 林向:《徐中舒先生的考古学与巴蜀文化研究》,《中华文化论坛》1998年第3期;周书灿:《论徐中舒巴蜀文化与西南地方史研究》,《长江文明》2017年第1期。
④ 赵彦昌:《徐中舒与明清档案——纪念徐中舒教授诞辰110周年》,《兰台世界》2009年第5期;庹向芳:《徐中舒与清代内阁大库档案的整理和研究》,《安徽大学学报》(哲学社会科学版)2010年第2期。
⑤ 此文发表于《中央研究院历史语言研究所集刊》第六本第二分,1936年7月。笔者所阅的版本出自中华书局编辑部编:《中研院历史语言研究所集刊论文类编·历史编·明清卷》第一册,北京:中华书局,2009年,第193—222页。

一、《明初建州女真居地迁徙考》内容简介

建州女真是后金与清朝的建立者,而学界长期以来对其迁徙及源流问题探讨不足。《明初建州女真居地迁徙考》一文共分为七节,以明初建州女真居住地迁徙问题为中心,探讨了明代建州女真的源流及相关问题。在第一节《旧建州之所在与建州名称之由来》中,徐中舒先生称明代以前的建州称为旧建州,认为建州之名来自渤海国时期,即率宾府统辖的建州,辽金元时期位于凌河南北。元代旧建州从绥芬河流域迁至松花江东岸,虽然已经迁到松花江流域,但明初设卫之地仍在今朝鲜境及绥芬河流域一带。

在第二节《元代建州部族之居地》中,徐中舒先生指出明初建州卫原为继承三万卫为设,三万卫由元代的三万户而得名。其中阿哈出原为火儿阿万户,猛哥帖木儿原为斡朵里万户,与托温酋长卜儿阕并称为三万户。针对日本学者箭内亘对于元代火儿阿位于二江合流之冬,斡朵里位于松花江东、呼尔哈河西,托温位于松花江呼尔哈河合流之下的说法,徐中舒先生指出此说法仅仅依据朝鲜史料,值得商榷。徐中舒先生利用《元史》《辽东志》《明实录》等中国史料与朝鲜史料相互参照,认为元代斡朵里城即宁古塔城北的萨尔湖城,托温城与托温江不在一处,而是位于斡朵里城与胡里改(火儿阿)城之间,三城均位于呼尔哈河流域。

在第三节《明初建州部族之居地》中,徐中舒先生指出元末三万户留居在高丽境内。洪武二十一年,明朝在斡朵里设三万卫,斡朵里位于图们江以北的训春江(即珲春江);胡里改在设卫之前居地在图们江外;托温曾属兀者卫,居住于阿木河附近的稳城。三万户居地均在图们江流域。

在第四节《旧开原之所在》中,徐中舒先生指出,由于明初地图绘制技术有限,时人乃至于后世未能弄清东北地区的具体地理状况,突出表现在新旧开原名称的区别上。此前日本学者曾对旧开原的位置进行讨论,箭内亘认为元代的开原源于金代的黄龙府,后迁徙至辽宁开原。池内宏认为开原最初设置于三姓,到元末才迁徙至今天的开原。孟森先生认为元代的开元路位于滨海恤品路,即吉林珲春以东。但前人均未能指明旧开原的具体位置。徐中舒先生结合《元史》《大元一统志》《明实录》《辽东志》《明纪》等中国史料以及日本、朝鲜史料,考证出旧开原位于俄国东海滨省双城子,朝鲜人称为东开原、巨阳城、开阳城。

在第五节《建州部落之迁徙》中,徐中舒先生指出,对于建州部落的迁徙,明朝及朝鲜李朝的史料均语焉不详。徐中舒先生利用《辽史》《辽东志》《朝鲜李朝实录》《吉林通志》等资料进行考证,认为建州卫设置后,阿哈出部族迁居至辽东开原附近的凤州。迁徙的原因,徐中舒先生认为"盖明廷设建州卫招抚诸种野人,深为朝鲜所疑忌"[1]。并举猛哥帖木儿为例,指出其归顺明朝的过程,多次遭到朝鲜阻挠,由此得出结论:"阿哈出以首先服属之人,负招抚诸种野人之责,对于朝鲜,疑畏尤甚。加以生活所资之盐铁牛马,一旦断绝,势亦不得不远徙辽东近境之凤州,仰赖明廷以居也。"[2] 阿哈出部族迁徙后,居住在图们江

---

[1] 中华书局编辑部编:《中研院历史语言研究所集刊论文类编·历史编·明清卷》第一册,第212页。
[2] 中华书局编辑部编:《中研院历史语言研究所集刊论文类编·历史编·明清卷》第一册,第212页。

外的建州女真更加单薄。斡朵里在与兀狄哈互相仇杀的情况下，于朝鲜太宗时期迁徙到朝鲜图们江内的会宁，后于朝鲜太宗十一年因为与朝鲜发生矛盾而迁往凤州。

在第六节《毛怜及其他附于建州之部族》中，徐中舒先生指出，明初毛怜卫的居地在朝鲜古庆源斡木河之间，与猛哥帖木儿的地界相接，因此与建州卫之间保持着密切的联系。毛怜卫部族在永乐时期一度归附于建州。喜乐温和卫也在朝鲜近境图们江外，与建州卫、毛怜卫相去甚近。托温酋长永乐初年隶属于兀者卫。永乐九年四月斡朵里部族迁于凤州，次年托温部也随之前往。建州毛怜部族以兀良哈为主体，兼有少数兀狄哈，其范围东起滨海图们江、绥芬河流域，西至辉发江之凤州，中有长白山女真、讷殷女真之地以及布尔哈图河、海兰河。

在第七节《建州部族及其初居地之臆测》中，徐中舒先生指出，明代将女真分为海西女真、建州女真和野人女真三种，但这些都是明代中期以后为了政治上的便利进行的区分，"既非女真自有之名称，明初亦无此等分别也"①。在朝鲜李朝实录中，建州阿哈出部族与毛怜卫部族并称为兀良哈，建州猛哥帖木儿部称为斡朵里。建州卫与毛怜卫以外的女真，朝鲜李朝实录称为兀狄哈。而兀良哈靠近蒙古，其居地位于辽东西北，在辽代与元代盛时被契丹蒙古所驱迫，逐渐东迁到呼尔哈河流域，其故地为契丹蒙古所据，明初因其地设置兀良哈三卫。

二、《明初建州女真居地迁徙考》的研究特点

第一，鲜明的唯物史观。在徐中舒先生学术思想形成的阶段，既受到传统学术范式的影响，也受到了新史学理论与方法的影响。②而在这篇论文中，作为当时重要的新史学理论的唯物史观得到充分体现。如在论述元代三万户迁徙至呼尔哈河流域的原因时，徐中舒先生指出："盖此三万户部族，依后来之记载，其生活皆已汉化甚深，而呼尔哈河流域在元代居临驿道要冲，输入汉人财物较易，其择居于此，亦似非偶然也。"③根据三万户部族汉化程度较深的生活状况，结合呼尔哈河流域位于驿道要冲的情况，指出这里较易输入汉人财物是三万户迁徙至此的重要原因。在此基础上徐中舒先生进一步认为："斡朵里等三万户部族以居临驿道世受元代官职之故，其日用所需如布帛盐米之类，无不仰给汉人。故此等女真，其居处必常在辽东与朝鲜之间。盖已不能离开汉族文明，而独自生存矣。"④则从交通状况与物质需求的角度对三万户徙居的大致范围进行了圈定。在徐中舒先生推测三万户迁徙的三条理由中，第一条指出"旧居处以捕鱼资生，似即呼尔哈河松花江合流之地，或其附近一带。盖此地素以产鱼著称，又距图们江外不远也。"第二条指出："洪武五年至此又三十余年矣，其旧居处不但尚可入归，即其生产技能，如捕鱼之事，亦不因迁居以后而丧失。则其迁徙之年

---

① 中华书局编辑部编：《中研院历史语言研究所集刊论文类编·历史编·明清卷》第一册，第220页。
② 周书灿：《徐中舒学术思想渊源及流变》，《学术界》2017年第2期。
③ 中华书局编辑部编：《中研院历史语言研究所集刊论文类编·历史编·明清卷》第一册，第199页。
④ 中华书局编辑部编：《中研院历史语言研究所集刊论文类编·历史编·明清卷》第一册，第199页。

代，距洪武初期，亦不能过远。"① 均是结合三万户捕鱼的生产技能对其迁徙地域进行推测。这种唯物史观突破了传统史学范式，也增强了徐中舒先生的考证结论的可靠性。

第二，长时段的研究视角。徐中舒先生本文的研究时段虽然主要集中于元代与明初，但在研究过程中往往能够追溯甚远，体现出长时段研究的特点。如在讨论建州名称由来时，徐中舒先生参考了从唐代到元代的大量史料，② 为建州名称的源流与演变提供了扎实可靠的论据。而在探讨建州名称变革的内在原因时，徐中舒先生指出："盖东北地名每随部族迁移，而故地名称，仍可沿用不废。"③ 在分析明初毛怜卫的源流时，徐中舒先生认为元代开元路即明初毛怜卫的疆域，在元代与辽东内地无异，"明承其后，并于其地造作寺庙，而起卫外部族之来归，及地址之并合，皆须请命于朝廷，其非唐之羁縻州郡可比，又可知也"④。在此徐中舒先生将明代卫所与唐代羁縻州郡进行比较，突出了毛怜卫的特点，也体现出元明以来中央集权日益加强背景下中央对边疆地区控制的强化。

第三，广阔的学术视野。在本文中，徐中舒先生的学术视野极为广阔，体现在以下两个方面：首先，政治史与民族史的结合。建州女真地迁徙属于典型的民族史问题，但徐中舒先生在搜集与运用史料时并未局限于民族史料，还运用了政治史中的相关资料进行佐证。如以《明实录》中靖难将领中的女真将领籍贯作为史料，佐证旧建州已经从绥芬河流域迁徙至松花江东岸；⑤ 根据明廷诏谕女真的使节经过朝鲜境内的史实，佐证其位于朝鲜东北近境。⑥ 其次，宏观的国际视野。在探讨建州女真迁徙的过程中，徐中舒先生始终将其纳入东北亚地区的宏观视野中，结合元、明与高丽、朝鲜之间的关系进行研究。如在探讨公崄镇时，徐中舒先生指出："元末合兰府及图们江迤南一带，没于高丽。明继元后，统一中国，对于东北旧疆，不能置而不问。故朝鲜遂迳指图们江外苏下江边之古基，为公崄镇旧址，以为对明交涉地步。"⑦ 在推测三豆万（三万卫旧称）所在地时，徐中舒先生运用了红巾军进军高丽的相关史料。⑧ 在探讨旧开原所在问题时，徐中舒先生指出："明初承元人之后，经营辽东边徼之地，一以收复前代之疆土，一以遮断蒙古之左臂。其足迹所经，在洪武朝曾达至今朝鲜迤北滨海之地。"⑨ 另外，徐中舒先生在研究过程中对域外史料尤其是《朝鲜李朝大王实录》进行了充分利用，如他曾利用《朝鲜李朝大王实录》中的《飞龙御天歌》佐证建州卫的前身三万户归附朝鲜的事实，并由此考证建州部族设卫以前的住地。

---

①中华书局编辑部编：《中研院历史语言研究所集刊论文类编·历史编·明清卷》第一册，第202—203页。
②中华书局编辑部编：《中研院历史语言研究所集刊论文类编·历史编·明清卷》第一册，第193页。
③中华书局编辑部编：《中研院历史语言研究所集刊论文类编·历史编·明清卷》第一册，第196页。
④中华书局编辑部编：《中研院历史语言研究所集刊论文类编·历史编·明清卷》第一册，第219—220页。
⑤中华书局编辑部编：《中研院历史语言研究所集刊论文类编·历史编·明清卷》第一册，第193页。
⑥中华书局编辑部编：《中研院历史语言研究所集刊论文类编·历史编·明清卷》第一册，第195页。
⑦中华书局编辑部编：《中研院历史语言研究所集刊论文类编·历史编·明清卷》第一册，第196页。
⑧中华书局编辑部编：《中研院历史语言研究所集刊论文类编·历史编·明清卷》第一册，第200页。
⑨中华书局编辑部编：《中研院历史语言研究所集刊论文类编·历史编·明清卷》第一册，第203页。

结语

　　作为明清史研究的代表作品,《明初建州女真居地迁徙考》是徐中舒先生的早期作品。这一时期是徐中舒先生学术思想的重要奠基期,他随后的先秦史与巴蜀史研究成果中体现出的理论与方法在《明初建州女真居地迁徙考》中均有体现。除了学术意义外,《明初建州女真居地迁徙考》也体现出徐中舒先生崇高的爱国主义品质。《明初建州女真居地迁徙考》完成于 1935 年 9 月,此时日军侵占我国东北已四年,民族危机日益严重。徐中舒先生曾参与傅斯年先生主导的《东北史纲》的编写工作,[①] 而《明初建州女真居地迁徙考》中的论述,无疑又是对东北地区自古以来便是中国领土的重要证明。总之,徐中舒先生以《明初建州女真居地迁徙考》为代表的明清史研究,不仅具有重要的学术意义,也具有浓厚的现实关怀。后辈学人从中不仅要学习徐中舒先生的史学理论与方法,更要学习他崇高的爱国主义情怀,通过学术研究弘扬正气,为国家与社会服务。

　　作者简介:朱忠文(1988—),河南信阳人,历史学博士,江西师范大学历史文化与旅游学院讲师,主要研究方向为明代政治史。

[①] 吴天墀:《为学术教育毕生尽瘁的徐中舒先生》,《吴天墀文史存稿》,第 494 页。

第二部分

先秦史专题研究

试析春秋第一"妈宝男"——共叔段*

天津师范大学历史文化学院 白国红

摘 要：本文以《左传》隐公元年的记载为切入点，结合《清华大学藏战国竹简》（陆）中的郑史三篇，对春秋史上"兄弟阋墙"第一大案的主角共叔段进行了一些探讨。文章从他对封邑的经营成效，出奔后的作为，以及与郑国卿大夫集团的关系三个方面展开论述，指出共叔段更多具备的是现代社会所说的"妈宝男"的特征，而这样一个被母亲无限度宠溺却缺乏政治谋略的人物，想要在残酷的夺位大战中取得胜利几乎没有可能。慈母多败儿，古今一理，后人当引以为戒。

关键词：《左传》 清华简 春秋初期 武姜 共叔段 妈宝男

《春秋经》开篇即记载了一件悖逆宗法、人伦的恶性事件——"郑伯克段于鄢"[1]，其中的详情在《左传》隐公元年有细致的揭露：

> 初，郑武公娶于申，曰武姜，生庄公及共叔段。庄公寤生，惊姜氏，故名曰寤生，遂恶之。爱共叔段，欲立之。亟请于武公，公弗许。及庄公即位，为之请制。公曰："制，岩邑也，虢叔死焉。他邑唯命。"请京，使居之，谓之京城大叔。祭仲曰："都，城过百雉，国之害也。先王之制：大都，不过参国之一；中，五之一；小，九之一。今京不度，非制也，君将不堪。"公曰："姜氏欲之，焉辟害？"对曰："姜氏何厌之有？不如早为之所，无使滋蔓！蔓，难图也。蔓草犹不可除，况君之宠弟乎？"公曰："多行不义，必自毙，子姑待之。"
>
> 既而大叔命西鄙、北鄙贰于己。公子吕曰："国不堪贰，君将若之何？欲与大叔，臣请事之；若弗与，则请除之，无生民心。"公曰："无庸，将自及。"大叔又收贰以为己邑，至于廪延。子封曰："可矣，厚将得众。"公曰："不义，不暱。厚将崩。"
>
> 大叔完聚，缮甲兵，具卒乘，将袭郑，夫人将启之。公闻其期，曰："可矣。"命子

---

* 本文为天津市 2019 年度哲学社会科学规划项目"新材料视域下两周之际郑史研究"（TJZL19-001）阶段性成果。

[1]（晋）杜预注，（唐）孔颖达疏：《春秋左传正义》，（清）阮元校刻：《十三经注疏》，北京：中华书局，1980 年，第 1714 页。

封帅车二百乘以伐京。京叛大叔段。段入于鄢。公伐诸鄢。五月辛丑,大叔出奔共。①

将它定义为一起悖逆宗法、人伦的恶性事件的,最早的就是《左传》的作者,他有如下评论:"书曰:'郑伯克段于鄢。'段不弟,故不言弟;如二君,故曰克;称郑伯,讥失教也;谓之郑志。不言出奔,难之也。"② 杨伯峻在《春秋左传注》中进一步解释说:"出奔为有罪之词。此若书段出奔共,则有专罪叔段之嫌,其实庄公亦有罪。"庄公之罪在于:"兄本有教弟之责,庄公于弟不加教诲,养成其恶",而"意在诛之"③。因此,古今学者一致认为在此事件中,双方均悖逆了宗法原则,共叔段一方违"尊尊"之义、觊觎君位,郑庄公一方弃"亲亲"之责、欲擒故纵,二者在道义上都有缺陷,是典型的兄不友、弟不恭,难言谁更占理。

其实,以现代人的视角反观这场发生在春秋初期的大小宗之争,就是一个从出生就被母亲宠溺的孩子,依仗母亲的极度偏心,一心一意要将本应属于哥哥的东西强夺过来、据为己有的霸凌事件。不幸的是,共叔段根本没有取胜的资本,因为与其兄郑庄公的沉稳老练相比,他就是一个典型的妈宝男。共叔段的人生道路是由其母武姜一手设计的,他如提线木偶般配合着武姜的计划,对于自己的行为是否符合当时的社会规范等问题,他似乎从未做过认真的思考;西周王室因废嫡立庶而导致王朝覆灭的教训刚刚过去几十年,好像也不曾引起他的反思;从事态的发展来看,共叔段显然并不具备与一国之君相匹配的政治资质,他的一系列行为的背后是武姜在推波助澜。

我们先来梳理一下武姜为了能让宝贝儿子登上郑国君位做过的努力:

第一步:争取太子之位,意图一举定乾坤。共叔段并非郑武公与武姜的嫡长子,按照宗法制的原则,他没有嗣位的资格。武姜置当时的社会礼法于不顾,三番五次为共叔段争取太子的位分,这一非分之请因郑武公的严正拒绝而失效。

第二步:争取大邑为封地,作为夺位的根据地。郑武公去世后,被武姜厌恶的太子寤生即位,是为郑庄公。武姜又为共叔段力争军事要地"制"为封邑,庄公非常清楚"制"地对国家安全的重要性,托辞婉拒。武姜再请大邑"京"为封地,得逞。

第三步:确定共叔段在封地势力发展成熟后,欲为内应发动叛乱。

以上是《左传》隐公元年记述的武姜的作为。除此之外,新出清华简《郑武夫人规孺子》篇中也有相关的记载,可作为武姜力推共叔段上位的补证。简文记武姜之言曰:"今吾君即世,孺子汝毋知邦政,属之大夫。"④ 这句话透露出,郑武公去世后,武姜并不急于为嗣君郑庄公树立权威,她不仅毫不客气地以"孺子汝"呼之,而且极力劝导郑庄公将权力交

---

① (晋)杜预注,(唐)孔颖达疏:《春秋左传正义》,(清)阮元校刻:《十三经注疏》,第1715—1716页。
② (晋)杜预注,(唐)孔颖达疏:《春秋左传正义》,(清)阮元校刻:《十三经注疏》,第1716页。
③ 杨伯峻:《春秋左传注》,北京:中华书局,1981年,第14页。
④ 清华大学出土文献研究与保护中心编、李学勤主编:《清华大学藏战国竹简》(陆),上海:中西书局,2016年,第104页。

付给郑国大夫，让他不要亲理政务。有学者分析说："武夫人是嗣君的母亲，此时嗣君尚幼，故称之为'孺子'。因为她情感里没有给他嗣君的位置，故孺子后面加'汝'，完全没有对君之敬。"由此推测："武夫人一副语重心长，为孺子着想的面孔，实际的目的只有一个，阻止庄公的顺利登基理政。"认为这是武姜为"暗中支持公子段"而采取的措施。①

武姜一心一意要让爱子共叔段登上郑国君位，为达目的可谓极尽了一切手段。

然而，共叔段的表现犹如顽童游戏，将一场夺位大战演绎成一场闹剧。

首先，我们从他对封地"京"的经营来进行分析。

据上引《左传》隐公元年的记载可知，武姜"及庄公即位，为之（共叔段）请制"，被拒，又"请京，使居之，谓之京城大叔"之后，共叔段就在其封地"京"进行了一系列的经营活动，先是"命西鄙、北鄙贰于己"，接着便"又收贰以为己邑，至于廪延"。在他自认为时机成熟后，便"完聚，缮甲兵，具卒乘，将袭郑，夫人将启之"。至此，共叔段气焰汹汹地完成了叛乱的所有准备。然而，他的一切活动均在其兄郑庄公的掌握之中，在获悉共叔段叛乱的准确日期后，郑庄公先发制人，"命子封帅车二百乘以伐京"。郑庄公开始反击后，一个戏剧性的场面出现了——"京叛大叔段"。这五个字放在共叔段看似势在必得的一系列筹备活动之后，让人读来觉得颇为滑稽，试言之如下：

> 《左传》隐公元年并没有记载武姜为共叔段争取封地"京"的具体时间，司马迁在《史记·郑世家》中将此事系于"庄公元年"②，我们判断司马迁之所以如此确定这一时间节点，可能是受了《左传》隐公元年"及庄公即位，为之请制……请京"一句中的"及"字的影响，认为武姜为共叔段请制、请京应该是庄公即位之初就发生的事。循着司马迁的思路，我们来推断一下共叔段经营"京"地的年限。郑庄公元年为公元前743年，共叔段欲发动叛乱、庄公反制及平叛在鲁隐公元年，即郑庄公二十二年，也就是公元前722年。这就是说，如果共叔段在庄公元年（前743）就领有了"京"地，到庄公二十二年（前722），他已经在此地经营了22年之久。22年经营的结果却是郑军一到，京叛大叔，根据地完全没有起到坚强后方、得力保障的作用。这样的结局，让人哑然失笑，不由得联想到春秋晚期晋卿赵氏对封地晋阳的经营，可以说与此形成了鲜明的对比，赵氏在简子、襄子两代宗主统领时期，依靠封地晋阳两次化险为夷，先后击垮政敌范氏、中行氏和知氏，最为危险的是以知氏为首的知、韩、魏三家联合围攻晋阳时，决水灌城，"城不浸者三版"，晋阳"城中悬釜而炊，易子而食"，③ 而"民无叛意"，④ 成为春秋时期卿大夫经营封地最为成功的案例，也反映了赵简子和赵襄子两代赵氏宗主超强的政治素质。相较之下，共叔段的执政能力实在是贻笑后人。

当然，共叔段经营"京"地的年限还存在另一种可能。依照杨宽先生对先秦社会的研

---

① 李守奎：《〈郑武夫人规孺子〉中的丧礼用语与相关的礼制问题》，《中国史研究》2016年第1期。
② 《史记》卷42，北京：中华书局，1982年第2版，第1759页。
③ 《史记》卷43，第1795页。
④ 《国语·晋语九》，上海：上海古籍出版社，1978年，第505页。

究，周代贵族男子要在举行冠礼后才能"开始享有贵族成员参与各种政治活动和各种礼仪的权力。按礼，国君和卿大夫行'冠礼'后，才可亲理政务"，由此"开始享有贵族成员统治人民的特权"。① 如果杨宽先生所论可信，那么，共叔段经营"京"地的时间要从其举行"冠礼"之年算起。那么，周代贵族男子是在什么年龄举行冠礼呢？《荀子·大略》说："古者……天子诸侯子十九而冠。"②《礼记·曲礼上》记载："男子二十冠而字。"③《穀梁传》文公十二年曰："男子二十而冠，冠而列丈夫。"④ 虽然各书所记略有差异，但周代贵族男子举行冠礼的年龄大约为20岁是基本可以肯定的。下面，我们来推算一下共叔段的年龄。《史记·十二诸侯年表》在郑武公十年条下记"娶申侯女武姜"，在十四年条下记"生庄公寤生"，在十七年条下记"生大叔段，母欲立段，公不听"。⑤ 郑武公十七年为前754年，共叔段于此年出生，依古人据虚岁计算年龄的原则，郑庄公元年（前743）共叔段只有12岁，武姜是否在这一年就为其请封，史书上并没有明确的记载，《左传》隐公元年所言"及庄公即位，为之请制……请京"可以有两种理解：一种是武姜确实是在郑庄公元年就为共叔段请封，一种是武姜在共叔段行"冠礼"之年为其请封，这两种情况都在郑庄公在位年限之内。即使是第一种情况，共叔段也可能因年纪尚小而不就封，这样就谈不上对封地的经营。况且，据清华简《郑武夫人规孺子》武姜既然力阻嗣君郑庄公亲政，她如何开口让年纪更小的共叔段去封地直接统领百姓呢。到郑庄公九年（前735），共叔段已是20岁的年龄，具备实地就封的资格了，则由郑庄公九年（前735）至庄公二十二年（前722）"郑伯克段于鄢"，共叔段在"京"地满打满算经营了14年的时间。14年的经营也不能算短，百姓依旧不附，庄公兵马一到，京众迅即倒戈，虽然这其中肯定有郑庄公暗中采取防范措施所起的作用，然而，这正是兄弟二人较量，显示哪一方更有政治手段的过程。很显然，共叔段落败了，他的政治才能与其兄郑庄公相比有天壤之别。

总而言之，共叔段看似在长时间地苦心经营封地"京"，但实际上华而不实，劳而无功。

其次，我们对"大叔出奔共"进行分析。

由《左传》的记载可知，春秋时期各国贵族在政争中失败后出奔的事例比比皆是，出奔的结局大体不出以下三种：一、在出奔国养精蓄锐，重新崛起。如：齐国的田氏家族。这一家族在陈国的政治斗争中失利后，逃奔齐国，在齐国经历了几代人的努力，不仅扎稳了家族根基，而且逐渐掌握了齐国的政权，最终成功夺取政权，这就是历史上有名的"田氏代齐"。二、出奔后，重新返国夺权。这样的例子也很多，如：与共叔段的父亲郑武公一起股肱周室，护持周平王成功东迁的晋文侯，就曾有如此经历，据《史记·晋世家》记载："二十七年，穆侯卒，弟殇叔自立，太子仇出奔。殇叔……四年，穆侯太子仇率其徒袭殇叔而立，是

---

① 杨宽：《"冠礼"新探》，《古史新探》，北京：中华书局，1965年，第254页。
② 《百子全书》，长沙：岳麓书社，1993年，第227页。
③ （汉）郑玄注，（唐）孔颖达疏：《礼记正义》，（清）阮元校刻：《十三经注疏》，北京：中华书局，1980年，第1241页。
④ （晋）范宁集解，（唐）杨士勋疏：《春秋穀梁传注疏》，（清）阮元校刻：《十三经注疏》，北京：中华书局，1980年，第2408页。
⑤ 《史记》卷14，第536—538页。

为文侯。"① 即使郑国，也有这样的例子，共叔段的侄子郑昭公、郑厉公，都是出而复入，顽强不息地争取自己的权力。② 三、出奔后默默无闻，从此消失在历史的长河中。共叔段就是这样一个典型。

自《左传》隐公元年记"大叔出奔共"，史书中再没有其奋发有为、重返郑国的事迹。而其兄郑庄公在他出奔后，并未懈怠，先是"遂寘姜氏于城颍，而誓之曰：'不及黄泉，无相见也！'"③ 给了武姜一个下马威和警示，之后，又接受颍考叔的建议与母亲武姜和好。这一连串的动作，终于促使武姜从此放弃了对共叔段的支持。成为弃子之后的共叔段完全没有自救的能力，从《左传》隐公十一年郑庄公说"寡人有弟，不能和协，而使糊其口于四方"来看，④ 出奔后的共叔段显然处于一种消极的状态，苟活于世，未曾做过再度返国的努力。郑庄公也没有像对待母亲武姜一样，主动与之和解，召其回国。从共叔段的称"共"来看，他应该是终老于"共"地了。⑤ 可知，在失去母亲武姜的扶持后，共叔段可谓一蹶不振，一败涂地，陷入无翻身之力的境地。

再次，我们对共叔段与郑国卿大夫集团的关系进行分析。

晁福林先生有言："在周代国家政治中，卿大夫并不是一种恶势力、反动集团，而是维护国家政治正常运行的不可或缺的力量，说他们是贵族专制体中的原始民主力量的体现是可以的。"⑥ 郑国因为历史的原因，政权运转过程中贵族民主制传统与同时期的其他诸侯国相较显得尤为浓厚，这一点既在传世文献中有体现，又在新出简书中有补充。试言之如下：

> 《左传》昭公十六年记郑国执政卿子产之言曰："昔我先君桓公与商人皆出自周，庸次比耦以艾杀此地，斩之蓬、蒿、藜、藿而共处之，世有盟誓，以相信也……故能相保以至于今。"⑦ 杨伯峻注曰："犹言共同合作。"⑧ 这里的"商人"并非专指从事贸易的人，更多是指保有一定社会地位的殷商遗民。郑国的初封已晚到周宣王时期，封地"郑"，据学者研究是殷商遗民聚居之地，此时的西周王朝早已过了鼎盛时期，日薄西山的情景日益显露，颇具政治远见的郑国始封君郑桓公与封地内的"商人"达成互助互保的誓约，对于郑国政权的稳固是极为现实而有效的，而这些商人很多就是郑国卿大夫集团的组成人员。简言之，子产的话告诉我们：郑国公室与卿大夫集团之间相互依存关系的形成是有历史渊源且被双方一致认同和坚守的。

《清华大学藏战国竹简》（陆）里面收录了郑史三篇，这三篇之中对于上文所述的郑国政

---

① 《史记》卷39，第1637—1638页。
② 《史记》卷42，第1761—1764页。
③ （晋）杜预注，（唐）孔颖达疏：《春秋左传正义》，（清）阮元校刻：《十三经注疏》，第1716页。
④ （晋）杜预注，（唐）孔颖达疏：《春秋左传正义》，（清）阮元校刻：《十三经注疏》，第1736页。
⑤ 杨伯峻注曰："共音恭。共，贾逵、服虔谓是谥号；杜注以为段出奔共，故曰共叔。"见《春秋左传注》，第10页。我们认为，叔段所为与"共"作为谥号的含义不符，所以此"共"应指地名，杜注得其实。
⑥ 晁福林：《谈清华简〈郑武夫人规孺子〉的史料价值》，《清华大学学报》（哲学社会科学版）2017年第3期。
⑦ （晋）杜预注，（唐）孔颖达疏：《春秋左传正义》，（清）阮元校刻：《十三经注疏》，第2080页。
⑧ 杨伯峻：《春秋左传注》，第1379页。

治特点有更为形象的记述。《郑文公问太伯》篇记有郑文公对卿大夫的倚重之辞："譬若鸡雏,伯父实被覆,不谷以能与就次。"① 这是说正因为有太伯这样的卿大夫,就像母鸡保护小鸡一样护持着嗣君,作为嗣君的郑文公才能顺利即位,执掌朝政。而《郑武夫人规孺子》篇里卿大夫更是不顾嗣君母亲武姜的政治态度,完全对嗣君郑庄公负责,极力表达对嗣君的忠诚,力劝嗣君亲政,否则众卿大夫就会"惶惶焉……毋措手止"②。学者一语中的:"卿大夫与国君相互依存的关系在清华简第六册的郑史三篇中表现得十分突出。"③

由上所述可知,郑国这样特殊的政治生态,决定了郑国君位的继承者必须得到卿大夫集团的支持,这是政权稳固的重要因素。但是,不论从传世文献还是从新出简书来看,共叔段似乎从未得到这个集团的支持。清华简《郑武夫人规孺子》里卿大夫集团的代表人物边父、《左传》隐公元年里的祭仲与公子吕等都是坚定地站在郑庄公一边的,可见,从郑庄公即位以来直到其兄弟公然反目的20余年时间里,卿大夫集团始终坚守与郑国公室的誓约,充当着郑国君位守护者的角色。而武姜只是在郑庄公即位之初做过欲利用卿大夫集团限制郑庄公权力的努力,却没见她在争取卿大夫集团支持共叔段方面有过什么作为,更未见共叔段本人有主动争取卿大夫集团支持的任何举动。没有卿大夫集团的支持,成功夺权的几率基本没有,武姜与共叔段对于君位的觊觎完全成了一厢情愿。

如果忽略春秋初期的社会背景,撇开宗法与人伦不谈,只把郑庄公与共叔段"兄弟阋墙"视为一场竞争的话,我们看到,在这场竞争中,共叔段其实自始至终都无胜算,他的所作所为犹如一个顽童没完没了地撒泼打诨、无理取闹,却是雷声大、雨点小,管教者一现身,立马偃旗息鼓,落荒而逃。因此,他更多地显示出的是一个妈宝男的特征——不辨是非,依赖性强,唯母命是从,遇到挫折就轻易放弃,却被母亲当作宝贝。故而,说共叔段是春秋第一"妈宝男",应该是很贴切的,母亲武姜的鼎力扶持是他唯一能抓住的稻草,离开了母亲武姜,他一事无成。

共叔段的落寞结局带给我们深刻的启示:母亲的无限度宠溺并不能带给孩子成功的人生,还往往适得其反。简言之,慈母多败儿,古今一理,后人当引以为戒。

作者简介:白国红,女,历史学博士,天津师范大学教授,主要从事先秦史研究。

---

① 清华大学出土文献研究与保护中心编、李学勤主编:《清华大学藏战国竹简》(陆),第119页。
② 清华大学出土文献研究与保护中心编、李学勤主编:《清华大学藏战国竹简》(陆),第105页。
③ 晁福林:《谈清华简〈郑武夫人规孺子〉的史料价值》,《清华大学学报》(哲学社会科学版)2017年第3期。

楚漆器相关论述评议

台湾清华大学华文文学研究所　邴尚白

摘　要：近几十年来，先秦楚文化的探索方兴未艾，所谓的"楚学"，俨然已成为一独立且内涵丰富的研究领域。楚文化研究的成果之所以能快速积累，最重要的原因，应即考古材料大量且不断地发现，特别是楚墓里的随葬文物。其中，精美的各式漆器，更是北方墓葬中所罕见的。伴随着文物的络绎出土，楚文化的大架构亦渐趋周密、清晰；但个别细节的论述与凭据，似仍有再商榷的必要。本文即拟从楚器物中相当抢眼的漆器为例，考察几种与之有关的论述——楚国产漆最多、楚国髹漆工艺最发达、楚人尚赤，检视其论据能否成立。由传世文献及出土文物两方面考察，楚国产漆最多及其髹漆工艺高于其他列国的说法，皆缺乏坚实的根据。而楚人尚赤说，则不宜以漆器为证，此说的一些其他论据，也有再讨论考虑的必要。本文所讨论的三个有关楚漆器的论述，都是研究者希望强调楚文化的长处或特点，而提出的论点。然经逐一检讨后，发现三种说法皆有再商讨的空间。解析、运用各类材料进行研究时，态度应严谨、平实，并考虑研究问题的性质，且要注意避免逻辑上的失误。

关键词：楚文化　漆器　髹漆工艺　楚人尚赤

一、前言

因为新史料的开发，使得某一领域的研究随之兴盛的例子，比比皆是。[①] 近几十年来，先秦楚文化的探索方兴未艾，即是明显的例子。[②]

从地下发现来研究楚文化，只有一百年的历史；对文化遗址作科学发掘，迄今更还不到

[①] 王国维《最近二三十年中中国新发见之学问》一文中所举殷墟甲骨文等发现，即为最著名的例子。参看《清华周刊》第 350 期（1925 年 9 月）。

[②] 关于楚文化的研究简史及盛况，可参看杨权喜：《楚文化》，北京：文物出版社，2000 年，第 4—9 页。

七十年。① 但所谓的"楚学",却俨然已成为一独立且内涵丰富的研究领域,而在可预见的未来,也仍将是一门显学。楚文化研究的成果之所以能快速积累,最重要的原因,应即考古材料大量且不断地发现,特别是楚墓里的随葬文物。其中,精美的各式漆器,更是北方墓葬中所罕见的。

伴随着文物的络绎出土,楚文化的大架构亦渐趋周密、清晰;但个别细节的论述与凭据,似仍有再商榷的必要。本文即拟以楚器物中相当抢眼的漆器为例,考察几种与之有关的论述。

1936年,长沙楚墓中随葬的漆器因盗墓重现于世,其精致的样式,受到了当时考古学界的瞩目。商承祚《长沙古物闻见记》说:"漆宜卑湿,又产自南方,其调和与工艺,精于中州。"② 认为中国南方的生漆产量及漆器工艺皆高于北方。随着楚地漆器的大量出土,商氏的说法,在后来一些相关论著中,做了进一步的论述,并再次被肯定。例如:

> 春秋战国时期,楚国的西部有连片成林的漆树生长,是当时产漆最多的地方。③

> 东周列国之中,楚国的髹漆工艺最为发达。近三十多年来,楚墓出土的漆器最多,保存也最好。④

> 目前考古发现的漆器,无论是从制作工艺的水平,还是优美的花纹图案和美观大方的造型等方面分析,楚国的漆器在当时各诸侯国中,都是独占鳌头的。⑤

这类意见,常被讨论楚文化和楚国工艺技术的文章引用或复述,然其说似有商榷的余地,有必要厘清。

此外,长期以来,学界在谈到楚人习俗时,有"尚赤"之说,例如以下说法:

> 楚人确信自己是日神的远裔,火神的嫡嗣……日中有火,火为赤色,所以楚俗尚赤。《墨子·公孟篇》说:"昔者,楚庄王鲜冠组缨,绛衣博袍……""绛衣"就是赤色的衣服……建筑和器物也以赤为贵,如《国语·楚语上》记伍举说,灵王所筑的章华台有"彤镂"之美,韦昭注云:"彤,谓丹楹。"……江陵马山1号楚墓……出土了大量衣衾……以赤为主色。各地楚墓出土的漆器,黑底朱彩,绝少例外。淮阳的楚车马坑……发现了多面战旗,全是火红的。⑥

---

① 俞伟超:《楚文化的发现与研究——〈楚文化考古大事记〉序》,《先秦两汉考古学论集》(北京:文物出版社,1985年),第262—263页。
② 商承祚:《长沙古物闻见记》卷上,台北:文海出版社,1971年,影印民国二十八年原刊本,第73页。
③ 张正明:《楚文化史》,上海:上海人民出版社,1987年,第202页。张氏是采用曹金柱《中国古代的漆树地理分布》(《陕西生漆》1979年第3期)及后德俊《漆源之乡话楚漆》(《春秋》1985年第5期)的说法,二文皆未能得见,不详其论据为何,尚待检阅。后德俊后来撰写的论文《试论楚国漆器大量出土的原因》,则说:"楚国是一个产漆和使用漆制品较多的国家。"参看后德俊:《试论楚国漆器大量出土的原因》,《中国生漆》1982年第1期,第42页。
④ 张正明主编:《楚文化志》,武汉:湖北人民出版社,1988年,第61页。本章撰稿者为滕壬生。
⑤ 陈振裕:《楚国漆器工艺》,《楚文化与漆器研究》,北京:科学出版社,2003年,第365页。
⑥ 张正明:《楚文化史》,第105页。《楚文化志》中所举例证大致相同。参看张正明主编:《楚文化志》,第399—401页。本章撰稿者为黄传懿。

南楚墓葬中随葬的器物，无论服装、漆器、内棺，大抵图案繁缛，色彩斑斓，以红色为主调。楚人尚红色，以红色为贵。①

此一说法亦引漆器为证，若深入考究，则似可再斟酌。

以下就依序讨论上述与楚漆器有关的三种论述——楚国产漆最多、楚国髹漆工艺最发达、楚人尚赤，检视其论据能否成立。所讨论的时代断限，以楚文化最为兴盛的春秋战国时期为中心。限于学殖，文中错谬不当之处，还请方家不吝指正。

二、楚国产漆最多

关于漆树的产地，先秦至西汉初期的文献中，有如下的记载：

《尚书·禹贡》曰："济河惟兖州……厥贡漆、丝……荆河惟豫州……厥贡漆、枲、絺、纻。"② 兖州的范围大致位于今山东省西南部、河南省东北部、河北省东南部；豫州则约包括今河南省大部分地区。《周礼·夏官·职方氏》亦曰："河南曰豫州……其利林、漆、丝、枲。"③

《诗经》国风中写到漆树的有以下三篇：《鄘风·定之方中》："树之榛栗，椅桐梓漆，爰伐琴瑟。"④《唐风·山有枢》："山有漆，隰有栗。"⑤《秦风·车邻》："阪有漆、隰有栗。"鄘、唐、秦三地约位于现在的河南省、山西省及陕西省，都在北方。⑥

《山海经·西山经》："号山，其木多漆……刚山，多柒木……英鞮之山，上多漆木。"⑦《北山经》："虢山，其上多漆……京山，有美玉，多漆木。"⑧《东山经》："姑儿之山，其上多漆。"⑨《中山经》："熊耳之山，其上多漆……翼望之山……其下多漆梓。"⑩

关于《山海经》的性质及其所记地理范围，学界历来有许多不同的看法，此处无法详论。但《山经》五卷，唯独南方的《南山经》没有多漆树的记载，与其他先秦文献所记相合。

此外，《史记·货殖列传》曰："山东多鱼、盐、漆、丝、声色"，又曰："陈、夏千亩

---

①湖南省博物馆等编著：《长沙楚墓》，北京：文物出版社，2000年，第545页。
②（汉）孔安国传，（唐）孔颖达等正义：《尚书正义》，台北：艺文印书馆，1982年，影印清嘉庆二十年江西南昌府学重刊宋本，卷6，第79页下-81页下、85页。
③（汉）郑玄注，（唐）贾公彦疏：《周礼注疏》，台北：艺文印书馆，1982年，影印清嘉庆二十年江西南昌府学重刊宋本，卷33，第499页。
④（汉）毛亨传，（汉）郑玄笺，（唐）孔颖达等正义：《诗经正义》，台北：艺文印书馆，1982年，影印清嘉庆二十年江西南昌府学重刊宋本，卷3之1，第115页下。
⑤（汉）毛亨传，（汉）郑玄笺，（唐）孔颖达等正义：《诗经正义》，卷6之1，第218页上。
⑥本文所说的"北方""南方"为泛指，大致来说，"北方"指黄河流域，"南方"指长江流域。
⑦袁珂：《山海经校注》，台北：里仁书局，1982年，卷2，第60-62页。
⑧袁珂：《山海经校注》，卷3，第70、90页。
⑨袁珂：《山海经校注》，卷4，第103页。
⑩袁珂：《山海经校注》，卷5，第131、163页。

漆。"① 诸地亦皆在北方。

先秦至西汉初期的文献史料中，都没有漆树大量生长或栽种于南方的记载。当然，各书所载，可能未能赅括所有生漆的盛产地；有些文献叙述各方美物，也未言及漆，如《淮南子·坠形》即是如此。② 但反过来说，前面所引诸书都提到某地多漆，若当时南方楚地真为生漆之盛产地，应该不至于全部漏记。所以，从传世文献来看，先秦漆树的生长或栽植，北方似较南方为胜。

至于楚地当时有名的特产为何？我们不妨看看诸文献的记述。《尚书·禹贡》曰：

> 荆及衡阳惟荆州……厥贡羽、毛、齿、革惟金三品，杶、干、栝、柏、砺、砥、砮、丹，惟菌、簵、楛；三邦厎贡厥名。包匦菁茅，厥篚玄纁玑组，九江纳锡大龟。③

《逸周书·王会》曰：

> 汤问伊尹曰："……今吾欲因其地势所有献之，必易得而不贵，其为四方献令。"伊尹受命，于是为四方令曰："……正南瓯邓、桂国、损子、产里、百濮、九菌，请令以珠玑、玳瑁、象齿、文犀、翠羽、菌鹤、短狗为献。"④

《左传·僖公二十三年》重耳对楚成王说："子女玉帛，则君有之。羽毛齿革，则君地生焉。"⑤《国语·楚语下》曰：

> 楚之所宝者……又有薮曰云连徒洲，金木竹箭之所生也。龟珠齿角，皮革羽毛，所以备赋用，以戒不虞者也。⑥

《战国策·宋策》墨子对楚王说：

> 荆有云梦，犀兕麋鹿盈之，江、汉鱼鳖鼋鼍为天下饶……荆有长松、文梓、楩、楠、豫章。⑦

---

① （汉）司马迁撰，（南朝宋）裴骃集解，（唐）司马贞索隐，（唐）张守节正义：《史记》，北京：中华书局，1997年，《二十四史》点校本，卷129，第823页上右、第827页下左。
② （汉）刘安撰：《淮南鸿烈解》，上海：上海书店，1989年，《四部丛刊初编》影印刘泖生影写北宋本，卷4，第4页。
③ （汉）孔安国传，（唐）孔颖达等正义：《尚书正义》，卷6，第83页下—85页上。
④ （晋）孔晁注：《逸周书》，上海：上海书店，1989年，《四部丛刊初编》影印明嘉靖二十二年刊本，卷7，第10页。
⑤ （晋）杜预注，（唐）孔颖达等正义：《春秋左传正义》，台北：艺文印书馆，1982年，影印清嘉庆二十年江西南昌府学重刊宋本，卷15，第252页下。
⑥ （三国吴）韦昭解：《国语》，上海：上海书店，1989年，《四部丛刊初编》影印杭州叶氏藏明嘉靖翻宋本，卷18，第10页。
⑦ （宋）鲍彪校注，（元）吴师道重校：《战国策》，上海：上海书店，1989年，《四部丛刊初编》影印元至正十五年吴师道重校本，卷10，第2页。

《管子·地数》曰："楚有汝汉之金。"①《淮南子·坠形》曰："南方之美者，有梁山之犀象焉。"②《史记·货殖列传》则说：

> 江南出枏、梓、姜、桂、金、锡、连、丹沙、犀、瑇、珠玑、齿革……合肥受南北潮，皮革、鲍、木输会也……江南卑湿，丈夫早夭。多竹木。豫章出黄金，长沙出连、锡……蜀、汉、江陵千树橘。③

由上引可知，楚国的动植物及矿产等自然资源，确实非常丰富，但都没有提到盛产生漆。

春秋战国时期，楚国的疆域虽有盈缩变化，但大体而言幅员辽阔，《淮南子·兵略》即云：

> 昔者楚人地，南卷沅、湘，北绕颍、泗，西包巴、蜀，东裹郯、淮，颍、汝以为洫，江、汉以为池，垣之以邓林，绵之以方城，山高寻云，溪肆无景，地利形便，卒民勇敢。④

《战国策·楚策》苏秦说楚威王曰：

> 楚地西有黔中、巫郡，东有夏州、海阳，南有洞庭、苍梧，北有汾陉之塞、郇阳。地方五千里，带甲百万，车千乘，骑万匹，粟支十年，此霸王之资也。⑤

其中，颍水、陉塞、郇阳诸地，皆在今河南省境内，属于前引《尚书》《周礼》等所提及的贡漆、产漆地之一豫州。若再考虑出土楚漆器数量之庞大，当时楚国亦应有不少的生漆产量，像庄子就曾担任漆园吏。⑥然所谓"西部有连片成林的漆树生长，是当时产漆最多的地方"之说，仍不见其可成立的根据。

前引各文献的成书年代及其内容所反映时代之问题，有一些固然复杂且不易断定。但对于漆树盛产地及楚地物产的描述，诸书所载皆大致相同，因此这应当是反映了先秦到西汉很长一段时期的实际情况。

漆树有许多品种，适宜生长的环境不尽相同。根据统计，20世纪80年代中国重点产漆省份及产量，以陕西省居冠，产量约占全中国的百分之三十三；其次是湖北省，产量约占全

---

① (唐) 房玄龄注：《管子》，上海：上海书店，1989年，《四部丛刊初编》影印名嘉靖二十二年刊本，卷23，第2页。
② (汉) 刘安撰：《淮南鸿烈解》，卷4，第4页。
③ (汉) 司马迁撰，(南朝宋) 裴骃集解，(唐) 司马贞索隐，(唐) 张守节正义：《史记》，卷129，第827页。
④ (汉) 刘安撰：《淮南鸿烈解》，卷15，第5页。
⑤ (宋) 鲍彪校注，(元) 吴师道重校：《战国策》，卷5，第6—7页。
⑥ (汉) 司马迁撰，(南朝宋) 裴骃集解，(唐) 司马贞索隐，(唐) 张守节正义：《史记》，卷63，第544页上右。

中国的百分之二十二。① 二省生漆产量已超过全中国产量的半数。产量首位的陕西省位于北方，也与古代文献中，北方漆树多或产漆量丰富的记载相合。

综上所论，春秋战国时期，楚国产漆最多的说法，似缺乏文献上的依据。至于楚地出土漆器数量最多，则另有原因（请看下一小节的讨论），亦不足以佐证其产漆最多。

三、楚国髹漆工艺最发达

春秋战国时期，何处的髹漆工艺较为发达，文献似乎并未提及。《史记·货殖列传》曰："通邑大都……木器髹者千枚……漆千斗。"② 可知当时各国的都市，对漆器和生漆都有相当的需求量。各地漆器的造型、纹饰或许有着不同的特色，但工艺技术的水平，则应该都达到一个普遍的高度。关于此一推论，在出土文物方面，将可得到进一步的证明。

出土的东周时期漆器数量，北方远不如南方，且多残破，最主要的原因，应为墓葬形制、结构的一般性差异。考古学环境中，文物的保存条件，因受到各种腐变动因的互相影响，很难确指为何。但以下几种条件，则是最普遍且具有代表性的因素：缺氧、缺水、水的存在（饱水材料可以阻止氧气接触，除了水解作用外，几乎相当于在缺氧条件下保存）、盐类和其他残余物的存在、减少移动等。③ 楚墓多具备了其中数个重要的因素，而普遍较北方墓葬保存良好。后德俊指出："适当的地下环境是楚国漆器得以保存至今的外部原因"④，郭德维《楚系墓葬研究》则比较南北墓葬环境说：

> 由于气候、土质、水位和埋葬方法等等方面的原因，我国北方即楚以外的其他地方，墓葬的棺椁及一些有纤维质的随葬品，都保存不好或者根本没有保存……棺椁及纤维物质如丝麻、竹木等要能较长时期保存：要么很干燥，并最好低温，如新疆等地所出汉唐丝织品所见。要么如楚墓：1. 深埋；2. 密封；3. 有水，构成一个与空气隔绝（缺氧）的环境……列国处北方，多为砂质土，带碱性；楚国处南方，多为黏质土，带弱酸性或中性。黏质土比砂质土密封好；弱酸性比碱性对纤维物质腐蚀性、破坏性小。楚墓在木椁四周和椁顶之上一般均填白膏（青膏）泥，这种泥密封性能好。中原列国墓多不用白膏泥，填土中有的积石和积炭。这利于防盗，但不利于密封。南方雨量多，地下水位高，有的墓因长年渗漏或地下水位上涨，木椁处于积水之中，墓内器物亦泡于水中。这实等于处于一种与氧隔绝的状态。事实上，深埋 5 米以下，地下气温变化较小，在南方几乎不可能冰冻，这也实处于一种较低温（一般为 13℃）的恒温状态……正因此，在中原和北方地区东周墓中不易见到的棺椁、漆木竹器、丝麻织品等，在楚墓中有

---

① 张鹏、廖声熙、崔凯、桂俊明、赵薪程：《中国漆树资源与品种现况及产业发展前景》，《世界林业研究》第 26 卷，2013 年第 2 期，第 68 页。
② （汉）司马迁撰，（南朝宋）裴骃集解，（唐）司马贞索隐，（唐）张守节正义：《史记》，卷 129，第 828 页上左。
③ 秦广雍、李士、冯宗游、任靖、王毛路、许献国、徐哲：《考古学环境与保存环境中文物腐变因素研究》，《考古》1995 年第 5 期，第 948—949 页。
④ 后德俊：《试论楚国漆器大量出土的原因》，第 43 页。

保存极完好者。①

对南北墓葬环境的差异,以及楚墓保存漆器等木竹器及纺织品的有利条件,叙述极为详尽。然而即使如此,北方仍有不少春秋战国时期漆器的考古发现地点,张荣说:

> 春秋漆器的考古发现地点,主要分布在山东、陕西、山西、河南、湖北、江苏、安徽、浙江等省……战国时期,楚国以外其他地区也多有漆器发现。其主要有四川成都、青川、荥经,山东临淄、济宁、栖霞,浙江绍兴,山西长治、万荣。②

可见出土漆器,南北皆有,遍布于全中国的广大区域。我们也可从东周时期北方墓葬中所出之漆器和漆器残件,窥见当时北方髹漆工艺技术之一斑。限于篇幅,以下仅略举数例。

河南洛阳金村战国墓,曾出有漆奁、漆盒等器,器形保存尚好。多髹黑底,其上彩绘或描朱,并带有鎏金或银质的扣。③ 山西长治分水岭战国墓所出漆棺,有填金箔的应用,并有华丽的漆绘纹饰和铜饰配件。报告说:

> 棺椁有华丽的漆绘,如14号墓。在腐朽的鲜黄色的椁痕外面有很多漆绘的残片。其制法是多次涂上漆泥,再依次垫数层较细的布帛,还夹了一层细竹编,最上漆得乌黑光亮,再用朱漆绘了几何形纹、席纹、云雷纹等,更填上了用赤金箔剪成的月形,还发现有很多的铜质合页和铜饰。④

这些多层漆绘、鎏金、填金、加装金属配件的工艺技术,亦十分精致,与南方楚国所出漆器的工艺相比,并不失色。

北方墓葬中,若地下保存环境与南方近似时,则可能有较多、较完整的漆器出土。例如:山东省海阳县嘴子沟春秋墓曾出土一批北方墓中罕见的完好漆器,简报说:

> (漆棺)由五层左右的苇席包盖,着黑漆朱彩。南二层台上有五个苇席包,着黑漆,内有木梳等木器;北二层台上置两个用数层苇席包盖着的木架,皆施黑漆朱彩,一个满饰蟠虺纹……漆木器四十余件……(漆罐)整体为长圆形,有盖,覆碗形,上有小钮。平口,尖圆底,口沿有对称的两个宽贯耳,耳部刻有华丽的兽头纹,内外均施黑漆……(漆俎)通体施漆,朱红底,黑色花纹,面板四周着黑漆,中间露朱。四腿及横撑饰变体龙纹……(漆戈柲)通体施漆,红黑杂驳,出土时色泽鲜亮。⑤

此墓因以青膏泥封填,所以漆器保存较好。此墓在海阳县所发掘的东周墓中,属于规模较大者,但就整个北方来看,顶多只能算是一个中型墓,而所出漆器已达数十件。由此可见,若墓葬形制与南方相似,北方列国亦有大量发现漆器的可能。

---

① 郭德维:《楚系墓葬研究》,武汉:湖北教育出版社,1995年,第8—9页。
② 张荣:《古代漆器》,北京:文物出版社,2005年,第17、49页。
③ [日]梅原末治:《增订洛阳金村古墓聚英》,京都:同朋舍,1984年,第25—28页、图版第30—36。
④ 山西省文物管理委员会:《山西长治市分水岭古墓的清理》,《考古学报》1957年第1期,第104页。
⑤ 烟台市文物管理委员会:《山东长岛王沟东周墓群》,《考古学报》1993年第1期,第60、81页。

楚国与其他国家所出漆器的差异,与其说是工艺技巧的高下,毋宁说是因地域不同而产生的差别,陈振裕说:

> 由于地理环境、各诸侯国的政治制度、民族传统和古代文化面貌等方面的原因,各地发现的东周漆器的器类、造型和装饰纹样等方面,都有一定的差别。①

像张荣便曾比较齐国与楚国漆器的不同风格:

> 临淄齐国故城附近发现的这批漆器,虽然已腐朽过甚,但漆器的图案基本完整,图案风格也很特殊。其构图规矩严谨,对称要求较高,图案化严格。与当时及以后的楚国漆器比较,楚国漆器的图案显得更加活泼,对称要求不高,图案化不严格,绘画的风格浓厚。由此推断,这批漆器可能是春秋时期齐国所产。②

这种风格上的差异,与工艺技术无关。

综上所论,从出土文物来看,北方漆器与楚国漆器相比,并不逊色。漆器保存不易,楚地漆器能在地下埋藏两千余年后,相当大量且完整地出土,应属地下环境的因缘巧合,以此认定楚国之漆器工艺必高于其他列国,证据亦嫌不足。

四、楚人尚赤

依楚人尚赤说的论述及所举的例证来看,此说应是指楚人较普遍地使用红色,并以红色为尊。由于本文讨论的重点在楚漆器,所以下面先谈漆器方面的问题,然后再简单附论其他方面的问题。

楚漆器多用红、黑二色,并不能佐证楚人尚赤之说,因为其他国家所出的漆器,也都是以这两种颜色为主色。不仅如此,各地出土由新石器时代到西周时期的漆器,大多亦呈现此种特色。郭立新考察古代髹漆工艺说:"汉代以前多用朱漆和黑漆,间或也用色漆,但莫不用黑漆或朱漆为底色。"③ 李曼也说:"以黑、红两色为主的色调,构成了中国漆艺的代表性色彩。"④ 沈韦则说:

> 红与黑有其本身的意义,始终占据中国漆器着色的重要地位,是漆器髹饰的标志和象征色彩。⑤

除了出土实物的证据外,还可以从传世文献上得到更进一步的证实。《尚书·梓材》曰:"若作梓材,既勤朴斫,惟其涂丹雘。"⑥ "丹雘"即红色颜料,虽然这里可能是以特定代普

---

① 陈振裕:《我国东周漆器的分区初探》,《楚文化与漆器研究》,北京:科学出版社,2003年,第395页。
② 张荣:《古代漆器》,第19页。
③ 郭立新:《中国古代髹漆工艺》,《广西民族学院学报》第4卷,1998年第3期,第53页。
④ 李曼:《浅议我国古代漆器中红黑两色的应用》,《商丘师范学院学报》第23卷,2007年第5期,第67页。
⑤ 沈韦:《漆色之美》,《中国生漆》第35卷,2016年第1期,第54页。
⑥ (汉)孔安国传,(唐)孔颖达等正义:《尚书正义》,卷14,第212页下。

通的借代手法，即以"丹膢"代指彩饰上色，但也显示红色是器物涂饰的代表性颜色。《韩非子·十过》曰："禹作为祭器，墨染其外，而朱画其内。"① 则径言黑、红二色。古籍中又常以"丹漆"连言，如《礼记·月令》云："（季春之月）令百工审五库之量……丹漆，毋或不良。"②《礼器》云："丹漆、丝纩、竹箭，与众共财也。"③《郊特牲》云："丹漆雕几之美。"④《左传·宣公二年》云："役人曰：'从其有皮，丹漆若何？'"⑤ 皆显示红色为主要的漆色。《淮南子·说山》则曰："工人下漆而上丹则可，下丹而上漆则不可。"⑥ "漆"指黑色，仍是红、黑二色。

漆器何故以红、黑二色为主？可能与原料、技术、制作传统、审美观等因素有关。杜军虎、吴媛探析汉代漆器红、黑二色占主体地位的成因，认为原因主要有三：

> 在漆器工艺上容易实现、对传统颜色审美观的承袭、被统治阶级作为思想统治的工具等。⑦

第三点较值得商榷，前两点则大体可从。而无论原因为何，漆器在汉代以前皆以此二色为主，这并非楚国的特色，自然不能由此佐证楚人尚赤。

楚人尚赤说还举了其他方面的一些论据，以下简单附论。

在古代，衣物的颜色常与阶级身分或穿着场合有关，这与古时礼制有关，所以《礼记》中就有不少这方面的记述，下面略举其中与红色有关的文句为例。《礼记·礼器》曰："管仲镂簋朱纮……君子以为滥矣。"⑧ "朱纮"是指冠冕的大红色系带，根据礼书，这是古代天子用的帽带颜色，《玉藻》曰："玄冠朱组缨，天子之冠也……玄冠丹组缨，诸侯之齐冠也。"⑨ "朱组缨"即"朱纮"；"丹组缨"则是诸侯用的红色冠带。《礼记·郊特牲》曰："绣黼，丹朱中衣，大夫之僭礼也。"⑩ "丹朱中衣"指红色的衬衣。除《礼记》外，其他古籍中也有这方面的说法，如：《论语·乡党》曰："君子不以绀緅饰，红紫不以为亵服。"⑪ "红紫不以为亵服"即不用红色和紫色布做居家的便服，《论语·阳货》则曰："恶紫之夺朱也。"⑫ 周人以朱为正色，紫为杂色，所以孔子有此说。上引文献均可见红色在先秦时期，本来就是尊贵的颜色，不独楚国为然。

楚人尚赤说引《墨子·公孟》所言楚庄王着绛衣事为证。"绛"是大红色，但庄王着绛

---

① （战国）韩非著，陈奇猷校注：《韩非子新校注》，上海：上海古籍出版社，2006年，卷3，第221页。
② （汉）郑玄注，（唐）孔颖达等正义：《礼记正义》，卷15，第304页下。
③ （汉）郑玄注，（唐）孔颖达等正义：《礼记正义》，卷24，第473页下。
④ （汉）郑玄注，（唐）孔颖达等正义：《礼记正义》，卷26，第502页下。
⑤ （晋）杜预注，（唐）孔颖达等正义：《春秋左传正义》，卷21，第363页下。
⑥ （汉）刘安撰：《淮南鸿烈解》，卷16，第7页。
⑦ 杜军虎、吴媛：《汉代漆器红黑二色主体地位的成因探析》，《艺术与设计》2012年第Z1期，第175页。
⑧ （汉）郑玄注，（唐）孔颖达等正义：《礼记正义》，卷23，第457页上。
⑨ （汉）郑玄注，（唐）孔颖达等正义：《礼记正义》，卷29，第551页上。
⑩ （汉）郑玄注，（唐）孔颖达等正义：《礼记正义》，卷25，第487页上。
⑪ （魏）何晏集解，（宋）邢昺疏：《论语注疏》，台北：艺文印书馆，1982年，影印清嘉庆二十年江西南昌府学重刊宋本，卷10，第88页上。
⑫ （魏）何晏集解，（宋）邢昺疏：《论语注疏》，卷17，第157页上左。

衣究竟是与楚人尚赤有关？抑或与红色本为尊贵的颜色有关？值得考虑。此外还应该注意的是：这是庄王个人的偏好？① 或是楚王大多皆如此？而其他列国诸侯的服色又是如何？由于文献不足，上述疑问或许不易得到解答，但至少是引证论述时应该思考到的面向。

此外，夏晓伟统计各地楚墓所出丝织品及服饰后指出：

> 棕色位居第一……棕色和黄色的地位突出……红色显然不是使用最普遍、最主要的色调。楚人"尚红"这个结论在这里无法得到印证。②

因此，楚人尚赤说中所谓楚墓所出服装"以红色为主调"的说法，并不准确。

再论建筑方面，楚灵王所筑章华台有彤镂之美，而伍举谏其侈靡，以为台美而楚殆，并以楚先王简朴的台榭为例，告诉灵王台榭应以实用功能为主。③ 可见有彤镂之美的建筑，在楚国也算是特例。这与鲁庄公"丹桓宫之楹"一样，在当时的传统观念中，都属于"非礼"之事。④ 能否以之佐证楚人尚赤说，也就值得商榷。

综上所论，楚人尚赤说不宜以漆器为证，此说的一些其他论据，也有再讨论考虑的必要。

五、结论

本文讨论的三种与楚漆器有关之论述——楚国产漆最多、楚国髹漆工艺最发达、楚人尚赤，都是研究者希望强调楚文化的长处或特点，而提出的论点。然经逐一检讨后，发现三种说法皆有再商讨的空间。

关于各类史料的运用原则，我们可以参考蒲慕洲的说法：

> 文字材料与考古材料既各有其特色和贡献，研究者可以不必在其间分别重要性的高下。应该注意的毋宁是，研究者所提出的问题为何，而回答此问题最恰当的现有材料又为何。材料本身是沉默的，而使材料说话的，正是研究者所提出的问题。⑤

研究问题的性质及已有材料的状况，决定了所应使用的材料。以本文所讨论的问题而言，探讨楚国是否产漆最多，最重要的材料应为传世文献；推究楚国髹漆工艺是否最发达，最主要的材料当为出土文物；而楚人尚赤说，则不宜以漆器为证。这些都是视论题的性质及材料的现况，所做出的判断。

总之，解析、运用各类材料进行研究时，态度应严谨、平实，并考虑研究问题的性质，且要注意避免逻辑上的失误。

作者简介：邴尚白，男，台湾清华大学华文文学研究所副教授。

---

① 像《韩非子·外诸左上》载："齐桓公好服紫，一国尽服紫。"喜欢穿紫衣，应该就是齐桓公个人的偏好。参看：（战国）韩非著，陈奇猷校注：《韩非子新校注》，卷11，第701页。
② 夏晓伟：《从楚墓出土丝织品的色彩看楚人"尚红"》，《江汉考古》2003年第3期，第70页。
③（吴）韦昭解：《国语》，卷17，第7—9页。
④（晋）范宁集解，（唐）杨士勋疏：《春秋穀梁传注疏》，台北：艺文印书馆，1982年，影印清嘉庆二十年江西南昌府学重刊宋本，卷6，第59页上。
⑤ 蒲慕洲：《墓葬与生死：中国古代宗教之省思》，台北：联经出版事业公司，1993年，第6页。

礼乐文化传统与老子、孔子的思想

天津市工会管理干部学院　陈寒鸣

摘　要：老子和孔子生活于大体同一时代，承受相同的历史文化传统，即源于上古巫祝文化的三代尤其是宗周礼乐文明；遭逢并应对着同时代的社会问题，即在礼崩乐坏的现实条件下怎样重构社会秩序。老子以"道"为核心提出其思想体系而开创了道家学派，孔子以"仁"为核心提出其思想体系而开创了儒家学派，从而把中国思想引领到具有"哲学的突破"之意义的诸子时代。他们的思想对中华民族的心理—精神素质起了型塑作用，并对中国社会和中国文化发生深远影响

关键词：礼乐文明　春秋乱世　礼崩乐坏　老子　孔子　道家　儒家　"哲学的突破"　"轴心时代"

在中国五千年文明史上，出现过许多具有伟大创造精神的杰出思想家，而就对中华民族的心理—精神素质起了型塑作用，并对中国社会和中国文化发生深远影响角度来看，在所有具有伟大创造精神的杰出思想家中，老子和孔子无疑是最重要的。他们的思想至今仍有价值意义，当代中国人的思想和思维—行为方式等仍自觉或不自觉地以老子、孔子思想为基础。

一

老子和孔子大体同时代[①]，而老子年长于孔子，曾任周守藏室之史，因见周之衰而退隐。《礼记·曾子问》《孔子家语·观周》《庄子》《史记·孔子世家》《史记·老子列传》等都有关于孔子问礼于老子，或孔子某些关于礼的见解"闻诸老聃"，或孔子见老聃并对其颇有称道的记载。孔子见过的这位后来著述了五千言《道德经》的老子，是否如有些论者所说

[①] 张岱年先生序高明所著《帛书老子校注》，谓："《老子》三十六章有'报怨以德'之语，《论语》中记载孔子对于'报怨以德'的批评。足证孔、老同时的传说并非虚构。"

就是太史伯阳①，可置不论，但孔子见过老子，向他请教过有关"礼"的问题，并且，这位老子著有《道德经》——目前所知的，中国历史上第一部个人著作——传世②，这应该是事实。诚如董平教授所说："只不过孔子究竟在何时拜访老子而向他请教，则古史失载，今天已经无法详考了。孔子原以博学多闻而著称，其'学而不厌'，竟至于'发愤忘食，乐以忘忧'，那么他向曾做过'周守藏室之史'的老子去请教周礼，似应在情理之中。"③

基本同时代的老子和孔子，承受着相同的历史文化传统，这就是源于上古巫祝文化的夏商周三代尤其是宗周礼乐文明。大体说来，三代以前是巫祝文化期，夏、商、周三代则是礼乐文明期，尤以西周为极盛。周初封建诸侯，周公制礼作乐，造成孔子所景仰的"郁郁乎文哉"的礼乐文明。礼乐文明是从巫祝文化发展而来的。"礼"之本义，据许慎《说文解字·示部》："礼，履也，所以事神致福也。从示从豊。"所谓"豊"，据《说文》乃"行礼之器，从豆，象形。"近人王国维考证，"豊"诚为礼器，然非"从豆"而是"象二玉在器之形"，且"乃会意字而非象形字"。古者行礼以玉，《尚书·盘庚》所谓"具乃贝玉"说的就是以玉礼神。从甲骨卜辞中"囲"（即"豊"）字的结构上看，是在一个器皿里盛二玉以奉事于神。王氏《观堂集林》卷六《释礼》据之得出结论：

> 盛玉以奉神人之谓之囲若豊，推之而奉神人之酒醴亦谓之醴，又推之而奉神人之事通谓之礼。

是"礼"之本义乃指祭神之器，而后引用为祭神的宗教仪式，再而后才泛指人类社会日常生活中的各种行为仪式。其渊源于上古巫祝文化当无疑义。关于礼乐文化源自于巫祝文化，文献记载中也有所暗示，如《易经·豫卦》："先王以作乐崇德，殷荐上帝，以配祖考。"《礼记·乐记》谓："礼乐顺天地之诚，达神明之德，隆兴上下之神。"同篇又说："乐者敦和，率神而从天；礼者辨宜，居鬼而从地。故圣人作和应天，作礼以配地。"既然有着如此渊源关系，那末，礼乐文化中非常明显地保留着巫祝文化的残余也就不足为怪了。如《礼记祭统》说："凡治人之道，莫急于礼；礼有五经，莫急于祭。"梁启超《志三代宗教礼学》曾据之发挥道：

> 礼也者，人类一切行为之规范也。有人所以成人之礼，若冠礼是；有人与人相接之

---

①何新《古本老子〈道德经〉新解》本台湾学者周次吉之说而发挥道："所谓'老子'与其认为是一个人，不如认为是一个老氏群体，一个世族，也是一个学派。""黄老之学传于上古，至晚周主系传于太史伯阳及老聃（聃、鼍通，即龙也。老子又号称李耳，'李耳'乃是楚方言中老虎之名，龙虎上古本可通名，应即老彭氏世族所宗之图腾。老氏世传天道而世任商周之史官，传习天道、治国及修身之术。至老聃亦尝任史官及兰台之官，或曾为孔子之师，并传天道于孔子。而太史伯阳（又称伯阳父，父者，老也）处周之末世，知天下将大乱而避世出走，至函谷关为关尹喜传讲其家学秘诀即今本《道德经》。"

②1993年，湖北荆门郭店楚墓中出土发现有三种《老子》的节抄本，尽管与传世的今本《老子》颇有差异，但可以肯定早在春秋晚期就已有《老子》即《道德经》一书行于世了。张岱年先生在为高明《帛书老子校注》所作序中说："战国时期，秦汉之际，《老子》一书可能已有不同传本。"在流传过程中会有一些后世观念羼入其中，但此乃正常现象，并不足以改变《老子》即《道德经》的基本成书时代。

③董平：《老子研读》，中华书局，2015年，第6页。

礼，若士相见礼是；有人对于宗族家族之礼，若昏礼丧礼是；有宗族与宗族间相接之礼，若乡射饮酒诸礼是；有国与国相接之礼，若朝聘燕享诸礼是；有人与神与天相接之礼，则祭礼是。故曰："礼所以承天道以冶人情也。"（原注：《礼记·礼运》）诸礼之中，惟祭尤重。盖礼之所以能范围群伦，实植本于宗教思想，故祭礼又为诸礼总持焉。）

"祭礼"就是历代礼典中的郊社宗庙之礼，它以祭祀天神、地祇、人鬼三元系列神为内容，故又统称为"三礼"。《尚书·尧典》记帝曰："咨四岳，有能典朕三礼？"孙星衍《尚书今古文注疏》卷一引马融注谓："三礼，天神、地祇、人鬼之礼。"又郑玄注云："三礼，天事、地事、人事之礼。"

侯外庐先生依据马克思"亚细亚生产方式"理论研究古代社会，"断定'古代'是有不同路径的。在马克思恩格斯的经典文献上，所谓'古典的古代'，'亚细亚的古代'，都是指的奴隶社会。但是两者的序列却不一定是亚细亚在前。有时古典列在前面，有时两者平列，作为'第一种'和'第二种'看待的。'古典的古代'是革命的路径；'亚细亚的古代'却是改良的路径。前者便是所谓'正常发育'的文明'小孩'；后者是所谓'早熟'的文明'小孩'。用中国古文献的话来说，便是人惟求旧、器惟求新的'其命惟新'的奴隶社会。旧人便是氏族（和国民阶级相反），新器便是国家或城市。"[①] 他十分精当地指出："如果我们用'家族、私有、国家'三项来做文明路径的指标，那么，'古典的古代'是从家族到私产再到国家，国家代替了家族；'亚细亚的古代'是由家族到国家，国家混合庄家族里面，叫做'社稷'。因此，前者是新陈代谢，新的冲破了旧的，这是革命的路线；后者却是新陈纠葛，旧的拖住了新的，这是维新的路线。前求是人惟求新，器亦求新；后者却是'人惟求旧，器惟求新'。前者是市民的世界，后者是君子的世界。"[②] 此一论断符合中国古史实际。如西周的宗法制度就是以氏族血缘为基础的国家制度，是把国家融合于宗族，或者说是将统治宗族提升为国家的一个典型。而所谓"周礼"，则是由上古氏族习俗提炼、转化、上升而来的西周社会的典章制度和礼仪规范。这样一种由氏族而家族而国家，并且国家混合于家族之中，形成以王权为中心的氏族贵族专政的中国古代文明发展路径，表明氏族共同体的解体过程就是国家建立的过程，亦即原始巫祝文化衰落、礼乐文明兴起的过程。这样的文明路径，决定了古代礼乐文化具有下列性质与特征：其一，源于宗伯（宗法）和巫祝（宗教）的礼乐文明之兴起与发展，扩大了宗法的范围、缩小了宗教的范围。祭器包容于礼器之中，而礼器（如鼎、尊、爵等）则发展成为权力与氏族等级地位的标识。这样，礼乐便为氏族贵族所专有，并表现为国家政治制度。其二，礼乐"用于宗庙社稷，事于山川鬼神"，所谓"仁近于乐，义近于礼。乐者敦和，率神而从天；礼者辨宜，居鬼而从地"（《史记·乐书》）。礼乐成为社会政治伦理的衡尺。如周武王革殷命时，曾宣布殷纣王三大罪状，即胜废先王明德、侮蔑神祇不祀、昏暴商邑百姓。这三条就是以维护宗庙社稷、尊奉礼乐为由而提出来的，也是后来宗周敬天法祖、明德保民思想的依据。其三，宗周政治是氏族贵族的专政，文化也为氏族贵

[①]《中国古代社会史论·自序》，人民出版社，1955年。
[②] 侯外庐主编：《中国思想通史》第一卷，北京：人民出版社，1957年，第11—12页。

族专有，此即所谓"学在官府"。其五，孟子说："王者之迹熄而《诗》亡，《诗》亡而后《春秋》作。"（《孟子·离娄下》）从史诗到史书，反映出时代的大转折。《诗》是宗周礼乐文化的代表，而《春秋》则是礼乐崩坏时代的史书。

老子尝为周守藏室之史，而史官之职本是由"通天以属神"的巫发展而来。他承受着这样的历史文化传统，当然是精通礼乐文明的，所以，在《礼记·曾子问》中可以见到有关老子精于礼的记载：

> 曾子问曰："古者师行，必以迁庙主行乎？"孔子曰："天子巡守，以迁庙主行，载于齐车，言必有尊也。……吾闻诸老聃曰：'天子崩，国君薨，则祝取群庙之主而藏诸祖庙，礼也。卒哭成事，而后主各返其庙。君去其国，大宰取群庙之主以从，礼也。祫祭于祖，则祝近四庙之主，主出庙入庙，必跸。'"
>
> 子问曰："葬引于堩，日有食之，则有变乎？且不变乎？"孔子曰："昔者吾从老聃助葬于巷党，及堩，日有食之，老聃曰：'丘止柩就道右，止哭以听变。'既明反，而后行，曰：'礼也。'反葬而丘问之曰：'夫柩不可以反者也。日有食之，不知其已之迟数，则岂如行哉？'老聃曰：'诸侯朝天子，见日而行，逮日而舍奠。大夫使，见日而行，逮日而舍。夫柩不蚤出，不莫宿。见星而行者，唯罪人与奔父母之丧者乎。日有食之，安知其不见星也？且君子行礼，不以人之亲痁患。'"
>
> 曾子问曰："下殇，土周葬于园，遂舆机而往，涂迩故也。今墓远，则其葬也，如之何？"孔子曰："吾闻诸老聃曰：'昔者史佚有子而死，下殇也，墓远，召公谓之曰：何以不棺敛于宫中？史佚曰：吾敢乎哉？召公言于周公，周公曰：岂不可？下殇用棺衣棺，自史佚始也。'"
>
> 子夏问曰："三年之丧卒哭，金革之事无辟也者，礼与？初有司与？"孔子曰："夏后氏三年之丧，既殡而致事，殷人既丧而致事。《记》曰：'君子不夺人之亲，此之谓乎？'"子夏曰："金革之事无辟也者，非与？"孔子曰"吾闻诸老聃曰：'昔者鲁公伯禽有为为之也。今以三年之丧，从其利者，吾弗知也！'"

如此等等。正因为老子精于礼，好学敏求的孔子才会"适周问礼"，向老子拜访请教（《史记·孔子世家》）。《史记·老子韩非列传》载其事："孔子适周，将问礼于老子。老子曰：'子所言者，其人与骨皆已朽矣，独其言在耳。且君子得其时则驾，不得其时则蓬累而行。吾闻之：良贾深藏若虚，君子盛德，容貌若愚。去子之骄气与多欲，态色与淫志，是皆无益于子之身。吾所以告子，若是而已。'"而据《孔子世家》，孔子将别，"老子送之曰：'吾闻富贵者送人以财，仁人者送人以言。吾不能富贵，窃仁人之号，送子以言，曰：'聪明深察而近于死者，好议人者也；博辩广大危其身者，发人之恶者也。为人子者毋以有己，为人臣者毋以有己。'孔子自周返于鲁，弟子稍益进焉"。

精于礼而又亲历了周室之衰的老子，不仅认识到古老的礼制已不适合春秋末年的时势，而且更感知到在礼崩乐坏的社会现实中，礼已徒成虚饰，故而正如其"来自神巫却反对神巫"，他"精于礼而反对礼"①，以致斥责"礼"是"忠信之薄而乱之首"。老子注意到当时社会思潮中已经开始流行的"道"的观念，如"国家之败，失之道也，则祸乱兴"（《左传·昭公五年》）、"川泽纳污，山薮藏疾，瑾瑜匿瑕，国君含垢，天之道也"（《左传·宣公十五年》）、"天道不謟，不贰其命"（《左传·昭公二十六年》）、"盈必毁，天之道也"（《左传·哀公十一年》）、"夫以强取，不义而克，必以为道，道以淫虐，弗可久已矣"（《左传·昭公一年》）、"哀死事生，以待天命。非我生乱，立者从之，先人之道也"（《左传·昭公二十七年》）等等，但他反对那些将天道神秘化的说法，如"天道多在西北，南师不时，必无功"（《左传·襄公十八年》）、"岁及大梁，蔡复，楚凶，天之道也"（《左传·昭公十一年》）之类。老子自觉地将"道"作为其"哲学的中心观念，他的整个哲学系统都是由他所预设的'道'而开展的"，并且，在以"道"为理论基础和核心观念的前提下，他"由宇宙论伸展到人生论，再由人生论延伸到政治论"，从而形成前所未有的颇具体系的思想。② 这样，"老子将带有浓厚宗教色彩的原始天人关系改造成富有哲学意义的天人关系，尤其偏重个人（而不是人人之际）的超越，此后道家、道教蔚为与儒家、佛教并驾齐驱的学派或教派，而都奉老子为鼻祖。这位'古之博大真人'与远古神守之制有极为密切的联系——其实道家、道教都与原始文化的潜流息息相关，可见神守时代的文化传统生生不息，像奔腾的大海，构成中国文化深厚宽广的底蕴，沾溉每个中国人，儒家也受其影响"③。

二

孔子与老子承受着同样的历史文化传统，并且，孔子所生长的鲁国保存礼乐文化最为完备。《左传·襄公二十九年》记，吴季札观礼于鲁，其所见有周乐，有德康叔、武公之《卫风》，有表太公之《齐》，而闻歌《秦》则听夏声，歌《唐》则思陶唐氏等等，确乎是集宗周礼乐文化之大成了。又，昭公二年，晋韩宣子来聘于鲁，观书于太史氏，见《易象》与《鲁春秋》，赞曰："周礼尽在鲁矣！"《庄子·天下篇》说："《诗》《书》《礼》《乐》者，邹鲁之士、缙绅先生多能明之。"甚至到"春秋末世，中国古代社会正走着它的迂回的路线，政权下移，由诸侯而大夫，由大夫而陪臣。氏族单位到地域单位的变革过程，比之希腊社会，显然具备了'难产性'"④，而宗周礼乐文化传统在鲁存在如故，如据史籍记载：

> 齐仲孙湫来省难……归曰："不去庆父，鲁难未已。"……公曰："鲁可取乎？"对曰："不可，犹秉周礼，周礼所以本也。臣闻之，国将亡，本必先颠而后枝叶从之；鲁不弃周礼，未可动也。"（《左传·闵公元年》）

可见，古代经典如《易》《诗》《书》《礼》《乐》便是儒学的本源，而邹鲁缙绅之士则是儒家的先辈。正如侯外庐先生所说："邹鲁缙绅先生的儒术（《诗》《书》、礼、乐），正是以

---

① 吴锐：《中国思想的起源》第三卷，济南：山东教育出版社，2003年，第1034页。
② 参阅陈鼓应：《老子哲学系统的形成》，见陈氏《老子注译及评介》，北京：中华书局，1984年。
③ 吴锐：《中国思想的起源》第三卷，济南：山东教育出版社，2003年，第1038页。
④ 侯外庐主编：《中国思想通史》第一卷，北京：人民出版社，1957年，第138页。

'先王为本，今世为用'的过渡思想，正是春秋社会'私肥于公'的反映。""孔子是否缙绅先生中人虽不敢强断，但他既生于保存了'周索'的典章文物的鲁国，则他曾受缙绅学术传统的长期熏陶，并从而开创了儒家学派，在'私学'的中国思想史起点上完成了发端的一环，实无可疑。所以《论语》中记载孔子言《诗》《书》、礼、乐者甚多，如'兴于《诗》，立于礼，成于乐'，'不学《诗》无以言，不学礼无以立'等等。"①

作为一个学派的儒家虽由孔子创立于春秋末叶，但"儒"却起源甚早，《汉书·艺文志》及刘向《七略》均认为儒"出于司徒之官"，而近人章太炎《国故论衡·原儒》则以儒为术士之称，"儒"实与初民社会交通人神的巫祝活动有关。"儒"就源自这巫及与巫有着密切关联的祝史，换言之，上古的巫史文化乃是文明时代儒文化的源头。"而以孔子为代表的儒家，也正是由原始礼仪巫术活动的组织者领导者（所谓巫、尹、史）演化而来的专职监智保存者。"② 孔子之所以有异于往昔之"儒"而真正成为儒学和儒家学派的开创者，乃是因为他在春秋末叶社会变革时代，不仅传承了巫史以来的传统，而且更把源自上古并存留于当世的社会习俗提取、转化为自觉的思想意识；既依守传统（如其"礼"学），又创发新知（如其"仁"学），更将此二者冶为一炉，建构起博大精深的思想体系。文廷式谓："自有儒术，而巫教仅为斋祝之言，不能如罗马、犹太之祭司动司生杀也。"③ 这既是以巫祝为主体的宗教权力的衰落，亦是人文取代了神文，这是时代的进步，历史的进步。

这样，与精通礼乐文化而又力批礼乐文化的老子不同，孔子依据其"损益"史观，对传统礼乐作了加工改造。《史记·孔子世家》说："孔子之时，周室微而礼乐废，《诗》《书》缺。追迹三代之礼，序《书传》，上纪唐虞之际，下至秦缪，编次其事。曰：'夏礼吾能言之，杞不足征也。殷礼吾能言之，宋不足征也。足，则吾能征之矣。'观殷夏所损益，曰：'后虽百世可知也，以一文一质。周监二代，郁郁乎文哉。吾从周。'故《书传》《礼记》自孔氏。孔子语鲁大师：'乐其可知也。始作翕如，纵之纯如，绎如也，皦如也，绎如也，以成。''吾自卫适鲁，然后乐正，《雅》《颂》各得其所。'古者《诗》三千余篇，及至孔子，去其重，取可施于礼义，上采契、后稷，中述殷、周之盛，至幽、厉之缺，始于衽席，故曰：'《关雎》之乱以为《风》始；《鹿鸣》为《小雅》始；《文王》为《大雅》始；《清庙》为《颂》始。'三百五篇，孔子皆弦歌之，以求合《韶》《武》《雅》《颂》之音。礼乐自此可得而述，以备王道，成六艺。孔子晚而喜《易》，序《彖》《系》《象》《说卦》《文言》，读《易》韦编三绝，曰：'假我数年，若是，我于《易》则彬彬矣。'孔子以《诗》《书》、礼、乐教弟子，盖三千焉，身兼六艺者七十有二人。"这正是对《论语·述而》所谓"子所雅言，《诗》《书》、执礼，皆雅言也"的很好疏证。

从思想文化史角度看，孔子对传统礼乐文明的改造，最重要的表现为其言"礼"论"仁"，更纳"仁"入"礼"，把"礼""仪"从外在的规范约束解说成人心的内在要求，把原来的僵硬的强制规定提升为生活的自觉理念，把宗教性神秘性的东西变而为现世的人情日

---

① 侯外庐主编：《中国思想通史》第一卷，北京：人民出版社，1957年，第139、140页。
② 参阅李泽厚：《孔子再评价》，见李氏《中国古代思想史论》，北京：人民出版社，1985年。
③ 文廷式：《文廷式集》下册，北京：中华书局，1993年，第903页。

用之常，从而使伦理规范与心理欲求融为一体；并且，孔子由"亲"及人，由亲亲而仁民，既肯认既存的等级秩序，又强调某种"博爱"的人道关系。《礼记·哀公问》记孔子之言"古之为政，爱人为大。所以治爱人，礼为大。……是故君子兴敬为亲，舍敬是遗亲也。弗爱不亲，弗敬不正。爱与敬，其正之本与！"后来的儒者继承了这种思想，如郭店楚简《唐虞之道》曰：

尧舜之行，爱亲尊贤。爱亲，故孝；尊贤，故让。孝之方，爱天下之民。让之□（缺字），世无隐德。孝，仁之冕也；让，义之至也。六帝兴于古，咸由此也。

爱亲忘贤，仁而未义也；尊贤遗亲，义而未仁也。……爱亲尊贤，虞舜其人也。

"亲"和"贤"本是当时社会生活中分属两个不同角色序列的人物，前者指血缘关系上的人物；作为自然人，表现为家族内部的父母兄弟等等。后者则指有德有才之人。"亲亲"是自然情感，"尊贤"是从"爱人"出发的理智考量，即须选择"德行道艺逾人者"负责公共事务。唯有"尊贤"，即由贤者为社会提供服务，才能把"爱"落到实处，否则徒谈"仁爱"，空而无用。在这里，"道"由"情"生，表现了人类进入文明门槛之初自然与人文的内在连接，尧、舜等古圣先贤"爱亲"而"尊贤"，堪称楷模。孔子把"爱与敬"即既"亲亲"又"尊贤"作为"正（政）之本"，《唐虞之道》的作者则指出六帝之兴"咸由此也"。这样，"孔子贵仁"（《吕氏春秋·不二》），他以"仁"为核心而提出其思想体系，并以此为基础形成发展起儒家学派。孔子以来的历代大儒亦无不以"仁"为根本宗旨，把"仁"作为最核心的价值观，视为根本之道，故"孔门之学，以求仁为宗"（潘平格：《潘子求仁录辑要》卷一《辨清学脉上》），"仁"成为孔子以来中国儒学传统的精神基础。我们甚至可以说，一部儒学发生发展的历史，实质上就是仁学史。

众所周知，在孔子之前，许多先哲已将"仁"作为美德来使用了。就目前能够看到的文献而言，《尚书·金縢》曰"予仁若考"，《诗经·齐风·卢令》云"其人美且仁"，春秋时代，人们已把现实社会生活中的很多优良行为用"仁"来描述或界定，如《左传》中有"以君成礼，弗纳于淫，仁也""度功而行，仁也""出门如宾，承事如祭，仁之则也""大所以保小，仁也"等记述，《国语》中亦有"畜义丰功谓之仁""爱亲之谓仁""仁不怨君""仁人不党""仁者讲功"等观念。前贤都以"仁"作为一种美德。美德与恶德构成矛盾。孔子将"仁"提升到一个前所未有的高度，借以克服各种恶德。在他的思想体系中，"仁"既是总德，又是最高的道德人格精神境界。这是孔子对传统"仁"的重大发展，也是他在中国思想史上作出的卓越贡献之一。在孔子看来，作为一种道德品性的"仁"，贯串、充盈于其他各种德性之中，每一种道德行为都内在地体现着"仁"的精神。这正如其弟子子夏所说："博学而笃志，切问而近思，仁在其中矣。"（《论语·子张》）孔子从不轻易以"仁"许人，即便他自己亦不敢以仁者自居。但另一方面，"仁"是不是遥远而又高不可及呢？不是的。孔子所讲的"仁"实实在在地存在于现实社会生活之中，只要道德主体愿意践行"仁"，它就会同智慧和勇气一同萌发，促成内在品性的变化。"仁"是孔子思想的核心价值。它建立在人的类别意识的基础之上，而非经济地位和政治特权的差异上。钱穆先生指出："所谓'仁'，即是指导各个人在人群中如何做人之大道。而仁则在人心中，与生俱来。故仁即是人之性，而主要乃表现在人情上。一应理智之发展，应有其指导原则，即不能离仁而走向不仁的路上去。仁中有爱，但爱不即是仁。'仁'与'爱'之分辨、违亦为中国儒家所重视。因单讲爱，则易流入'欲'。欲的分数多了，反易伤其爱。"① 这是从概念与心理层面来解读孔子的"仁"，有其超越时空的合理性。

三

在老子和孔子以前，不仅中国的思想自上古巫祝文化以来已经历了长期的发展过程，至西周，礼乐文明已发展臻堪称圆熟之境，而且还产生出一些适应新的社会变化需求而有利于宗周思想的新观念，但这些都未及从理论上作系统概括。老子、孔子相继跃登历史舞台，标志着此前思想的综结。他们在旧秩序崩坏的社会现实中，分别以"道"、以"仁"为核心提出各自的思想体系，其后继者又以这两个思想体系为基础发展其学，从而形成发展起儒家学派和道家学派。尽管"世之学老子者则绌儒学，儒学亦绌老子"（《史记·老子韩非列传》），但老子、孔子各以其学把中国思想引领进入到西方学者所谓"哲学的突破"（Philosophic breakthrough）之轴心时代，此即春秋末叶至战国之世，百家争鸣的诸子时代。就此而言，在由远古巫祝文化发展而来的礼乐文明这样一种历史文化传统背景下产生的老子和孔子，既是中国思想史上旧时代的终结者，又是新时代的开创者；他们都具有伟大的理论创造精神。

德国哲学家卡尔·雅斯贝尔斯（1883—1969）最早提出"轴心时代"（Axial Age）的说法，认为公元前800年到公元前200年这一时期，世界历史上充满了不平常的事件，人类的精神基础同时或独立地在中国、印度、波斯、巴勒斯坦和希腊开始奠定；而且，直到今天，人类的精神仍然附着在这种基础上。对雅斯贝尔斯揭示出的这种"轴心时代"的开启，国外有学者把它解释为"哲学的突破"，如余英时绍述美国当代社会学家帕森思的观点道："在公元前一千年之内，希腊、以色列、印度和中国四大文明古国，都曾先后各不相谋而方式各异地经历了'哲学的突破'的阶段。所谓'哲学的突破'即对构成人类处境之宇宙的本质发生了一种理性的认识，而这种认识所达到的层次之高，则是从来都未曾有的。与这种认识随而俱来的是对人类处境的本身及其基本意义有了新的解释。"② 人是社会的人，思想是社会的思想。具有"哲学的突破"意义的"轴心时代"之开启，乃是由于作为历史存在之主体的人自觉介入了思想文化的运动；"没有那些敏感的生命主体深入其所处的特定时代环境，并以其在这种特定环境下的独有体验为基础进行历史的反思，就不会有所谓的'哲学的突破'"③。

老子、孔子所以能将中国思想引领进入"哲学的突破"之轴心时代，就在于他们在礼崩乐坏、社会危机深重的春秋末世，自觉介入了思想文化运动。老子以其亲历周室之衰的生命体验为基础进行历史反思和现实批判，深刻揭露客观存在着的社会矛盾与对立："大道废，有仁义；智慧出，有大伪；六亲不和，有孝慈；国家昏乱，有忠臣。"（十八章）"天下多忌

---

① 钱穆：《孔子与论语》，北京：九州出版社，2011年，第125页。
② 余英时：《士与中国文化》，上海：上海人民出版社，1978年，第28页。
③ 韩德民：《礼：从历史到哲学》，载《中国文化研究》1997年春之卷。

讳，而民弥贫；民多利器，国家滋昏；人多伎巧，奇物滋起；法令滋彰，盗贼多有。"（五十七章）"民之饥，以其上食税之多，是以饥；民之难治，以其上之有为，是以难治。"（七十五章）更试图以其所揭扬的"道"来消解这种矛盾与对立，即"想把'有之'的社会，回复到'无之'的社会"①。这当然不能真正解决"拆散"时代的现实问题而重构出一个新的社会，但正如徐复观先生所说：

> 作为道家开山人物的老子，正生当不仅周室的统治早经瓦解；并且各封建诸侯的统治，亦已开始崩溃；春秋时代所流行的礼的观念与节文，已失掉维持政治、社会秩序的作用的时代。这正是一个大转变的时代。当时不仅已出现了平民的知识分子；并且也出现了在《论语》中可以看到的"避世"的知识分子。在这种社会剧烈转变中，使人感到既成的势力、传统的价值观念等，皆随社会的转变而失其效用。人们以传统的态度，处身涉世，亦无由得到生命的安全。于是要求在剧烈转变之中，如何能找到一个不变的"常"，以作为人生的立足点，因而可以得到个人及社会的安全长久，这是老子思想最基本的动机。②

并且，尤其值得注意的是，"顺着古代宗教坠落的倾向，在人的道德要求、道德自觉的情形之下，天由神的意志的表现，转进而为道德法则的表现。儒家由道德法则性之天，向下落实所形成的人性论，系以孔孟为中心，成为中国文化的主流。但由宗教的坠落，而使天成为一自然的存在，这更与人智觉醒后的一般常识相符。在《诗经》《春秋》时代中，已露出了自然之天的端倪。老子思想最大贡献之一，在于对此自然性的天的生成、创造，提供了新的、有系统的解释。在这一解释之下，才把古代原始宗教的残渣，涤荡得一干二净；中国才出现了由合理思维所构成的形上学的宇宙论"③。

至于孔子，称尧颂舜，寄寓着他希望在现世实行有如上古那样的仁德之政，以实现"老者安之，朋友信之，少者怀之"（《论语·公冶长》）的社会理想。他具有强烈的社会情怀，其思想核心"仁"更是批判理论与社会理想的缩写。只有结合孔子所处的时代背景，才能深入思考"仁"的社会功用。当时，贵族骄奢淫逸，平民困苦不堪，社会等级森严，列国征战不休，乱象丛生，亟须变革。变革的形式多种多样。有激烈的革命，有渐进的改革。有人将孔子塑造为革命家，有人将孔子视为改革派，还有人将孔子扭曲为复辟分子。这些都是后人的一曲之见，与孔子本人相去甚远。孔子思想的立足点在于道德，在社会生活中确立"类"的意识，倡导"爱人"，将人类与禽兽区分开来，防止出现统治集团虐待生民、流民冲击社会秩序的恶性事件。从道德的起源到人类意识的确立，再到人类相爱的理想社会，孔子思想的轮廓逐渐清晰，正如张君劢所言："道德之起也，由于物之各爱其类，飞禽走兽之于子，无有不育哺而卵翼之，其在人类则为慈为孝，由父子兄弟，扩充而为社会，则有分工合作，而相助、相托、相约之关系，由之以生。而信义仁爱、忠恕勇侠之道随之而至，此皆出于人

---

① 侯外庐主编：《中国思想通史》第一卷，北京：人民出版社，1957年，第261页。
② 徐复观：《中国人性论史（先秦篇）》，上海：上海三联书店，2001年，第289页。
③ 徐复观：《中国人性论史（先秦篇）》，上海：上海三联书店，2001年，第287页。

类相爱之心，不可一日离者也。"① 道德理想一直萦绕在儒者的心头，指引着他们改良世道人心。孔子确立"仁"的崇高地位，成功地使士人摆脱远古宗教观念的束缚，凸显人道的重要性，将天道解释为符合人道的进化秩序。这对此后两千多年的中国传统社会产生了极其深远的影响。注目于中华法系的异彩纷呈，我们不难发现这样一个道理，"由于中国文化，不在宗教方面特别发展，法律自亦随之而不能宗教化矣。中国文化所以不走向宗教途径者，此因华夏民族与其文化，出自多元，而彼此胸襟阔大，对于所会合之各族文化，兼容并收，仍任各族之信仰同存，因而产生多神现象，自然不能形成宗教；法律比较有统一性，自不能将各族的信仰规定于法律之内，且多神并存，亦不成其为宗教矣"②。在儒家的理论框架中，人性显得尤为可贵，人性可以拓展为五常之性，它与天道实现吻合。人性是真实不虚，尽管它在不同历史阶段呈现为不同的样态，但是有些恒定的道德理念绝不会磨灭。我们不能否认人性的真实性和普遍性。"在中国文化史上，由孔子而确实发现了普遍的人间，亦即是打破了一切人与人的不合理的封域，而承认只要是人，便是同类的，便是平等的理念。"③ 这是中国历史乃至整个人类历史上第一次真正意义上对人性觉醒的理性主义呼唤；正是有了孔子的这思想，正是由于有孔学及孔子所开创的儒学作为中国思想文化的核心，才使得中国文化是人学而非神学。

　　将中国思想引领进入到"哲学的突破"之轴心时代的老子和孔子，都是具有创造精神的伟大思想家。如果说老子的创造性主要表现在其所提出的哲理深邃的"道"论上，那么，孔子的创造性就在于培养士人，打破贵族对权力的垄断，为平民阶层跻身政治领域搭建津梁。在当世社会已发生严重变迁式动乱的背景下，基于对"小人'疾贫'与君子求富"这样一种现实的肯认，孔子不仅揭橥"有教无类"之旨而对私学及先秦子学思潮的勃兴"尽了'金鸡一鸣天下晓'的首创任务"，而且他还以其"性相近也，习相远也"（《论语·阳货》）的光辉命题，"承认了国民参与政事的合理性"，其门下"弟子即以国民阶级占绝对多数（只有南宫适、司马牛二人以贵族来学），而'问为邦''学干禄''可使南面''可使为宰''可使治赋'者，实繁有徒"。进一步考察，孔子"不但肯定'仁远乎哉？我欲仁斯仁至矣'，而且主张'仁者爱人'"，"把道德律从氏族贵族的专有形式拉下来，安置在一般人类的心理的要素里，并给以有体系的说明"。④ 清儒潘平格所谓"孔门之学，以求仁为宗"（《潘子求仁录辑要》卷一《辨清学脉上》），堪称的论。而要"为仁""求仁"以达到仁的境界，就必须首先有个道德意识的自觉。因此，孔子旗帜鲜明地提出"仁远乎哉？我欲仁，斯仁至矣"。尽管"仁"不仅是总德，而且还是本体性的道德范畴，但它发乎内而著乎外，并不是从外面强加的制度或行为规范，而是人们只要有了自身的自觉便可在现实社会生活中可以感知可以体现可以达到的。这就使其依据时代精神而创新性提出的"仁"学，极高明而道中庸。诚如张岱年先生所说："仁是一个极崇高而又切实的生活理想，不玄远，无神秘，而有丰富义蕴。

---

① 张君劢：《义理学十讲纲要》，北京：中国人民大学出版社，2009年，第26页。
② 陈顾远：《中国法制史》，北京：商务印书馆2011年，第51页。
③ 徐复观：《中国人性论史（先秦篇）》，上海：上海三联书店，2001年，第57页。
④ 侯外庐主编：《中国思想通史》第1卷，北京：人民出版社，1957年，第144—145页。

孔子对于中国思想之贡献，即在阐明仁的观念。"① 孔子所提出的这一史无前例的思想，意义非凡。"仁远乎哉？我欲仁，斯仁至矣。"朱熹《论语集注》释之曰："仁者，心之德，非在外也。放而不求，故有以为远者。反而求之，则即此而在矣，夫其远哉？"② 这是中国历史乃至整个人类历史上第一次真正意义上对人性觉醒的理性主义呼唤！中国人素来注重"人禽之别"；人与禽兽究有何别？根本处就在于唯有人才有理性主义的道德自觉。这是人自身内在固有的，它不需要超凡入圣的佛菩萨或上帝之类的神祇去呼唤，只要是人，一旦唤醒了这内在固有之物便有了人的自我自觉，从而与禽兽判然两别。这样的思想引导着人们洞彻人生的真谛："人不需要神灵来拯救，而需要自己来成就。"③ 孔子反复强调"仁"的社会功用，不仅影响了两千多年的传统社会的基本构造，而且决定了中国文化的基本内核只能是人学而绝非神学。

作者简介：陈寒鸣，男，1960年生，男，江苏镇江人，天津市工会管理干部学院副教授，中国哲学史学会理事。主要研究中国儒学史、中国思想史、中国文化史。

---

①张岱年：《中国哲学大纲》，北京：中国社会科学出版社，1982年，第261—262页。
②朱熹：《四书章句集注》，长沙：岳麓书社，1985年，第127页。
③姜广辉：《〈论语〉的魅力》，见于《中国文化的根与魂》第119页，沈阳：辽宁教育出版社，2014年。

关于后稷弃的时代问题

天津师范大学 杜 勇

摘 要：周人始祖后稷，名弃，生活在尧舜禹时代，这是几千年来人们从无异议的传统见解。近世疑古思潮勃兴，一种把后稷的时代从唐虞夏初下移到夏末商初的新说风靡学界，几成主流。此说坚信春秋时期周灵王太子晋关于从后稷弃到文王历经十五世的说法，由文王前推十五世，认为后稷弃当为夏末或商初人。其实，不窋之前周人先公代数失传，不窋之父并非后稷弃，而是弃之裔孙袭为后稷者。由于后稷除了用作当时部族联合体农官和弃部落首领之名外，亦曾为弃部落继任的首领所袭用，从而演变为不窋以上周人多代先公初创大业的时代符号。

关键词：弃 后稷 尧舜禹 时代符号

周人始祖后稷，名弃，活动于原史时期的尧舜禹时代，这在传世典籍中是班班可考的。然近世疑古思潮勃兴，大禹的历史地位受到质疑，后稷研究也连带陷入困境。一种把后稷的时代从唐虞夏初下移到夏末商初的新说风靡一时，乃至在历史与考古学界形成重重迷雾，久久不能澄清。本文拟就此略作辨正，以期形成正确的历史认知。

一、禹稷同步的历史轨迹

在传世典籍中，《尚书·尧典》（传本《舜典》）对后稷史迹的记述虽较简略，但明白无疑，不能说不具权威性。篇中有云：

> 帝曰："俞咨！禹！汝平水土，惟时懋哉！"禹拜稽首，让于稷、契暨皋陶。帝曰："俞！汝往哉。"帝曰："弃！黎民阻饥，汝后稷，播时百谷。"

篇中"帝"为帝舜，他被帝尧简选用事二十年，又摄政八年。帝尧在位九十八后崩逝，帝舜继位为君，决定任命禹作司空，负责平治水土。禹表示谦让，提出可由稷、契或皋陶来担任这一重要职务。稷作为禹首先推荐的司空人选，时任部族联合体的农官，故帝舜先言其私名"弃"，继称"汝后稷"，意即你继续担任农官，主持耕播百谷的政务。这里说的后稷就是周人的始祖弃。弃所任职官后稷，又称"农师"或"田正"，直至西周晚期朝中犹有设置。

《国语·周语上》载虢文公谏周宣王说："是故稷为大官"，而籍田之礼由"后稷监之"，即其例。

《史记·周本纪》云："（帝尧）举弃为农师，天下得其利，有功。帝舜曰：'弃，黎民始饥，尔后稷播时百谷。'封弃于邰，号曰后稷，别姓姬氏。后稷之兴，在陶唐、虞、夏之际。"是弃任稷官始自尧时，而封弃于邰似为帝舜，实际也是帝尧。因为弃任部族联合体的农师与其担任本部落的首领，其名号同为后稷，不过是一件事情的两个方面，时间上应该是一致的。只是由于帝尧年老之时由虞舜摄政，很多帝尧时代的事情容易看成是虞舜所为。又《尚书·吕刑》云："皇帝……乃命三后，恤功于民：伯夷降典，折民惟刑；禹平水土，主名山川；稷降播种，农殖嘉谷。"所谓"三后"，"后"者，君也，也就是当时的三位部落首领，即伯夷、禹和稷。而"乃命三后"的"皇帝"指皇天上帝，郑玄说是帝尧虽非的当，但"三后"在帝尧时代作为部落首领同在尧廷供职是没有问题的。《诗·鲁颂·閟宫》云："是生后稷，降之百福……奄下有土，缵禹之功。"郑笺："尧时洪水为灾，民不粒食。天神多予后稷以五谷。禹平水土，乃教民播种之，于是天下大有，故云继禹之事也。"《尚书·皋陶谟》（传本《益稷》）记大禹对帝舜说道，在治水过程中他曾同后稷一道"播奏庶艰食、鲜食"，即播种百谷，捕获鱼鳖，以供庶民食用。近出上博简《容成氏》说到禹继位后，"乃立后稷以为盈，后稷既已受命，乃食于野，宿于野，复谷豢（换）土，五年乃穰"①。凡此说明，后稷弃在尧舜禹时代一直担任稷官，教民农殖，其活动轨迹大体与禹同步。这是千百年来人们对周人始祖弃所形成的共同认识。

就历史研究的一般法则而言，有可靠的文献资料作为依据，所得结论是不会远离历史事实的。但是，这种方法用于传说时代的古史研究，往往面临难以克服的困难。原因是这些材料并不是当时留下的历史记录，而是经过口耳相传的漫长岁月才见诸文字的。比如《尚书》《史记》也包括一些出土简帛资料，其中有关上古时代的历史叙事，其文本写成年代相对于它们的纪事年代大都相距一两千年，致使原本发生过的史实变成了后世才有的传说。由于年代上远相悬隔，晚出文献对上古史的记述，有些内容或细节变得模糊不清，甚至失真走样，都是可能的。但这并不影响它本身具有的历史质素，尤其是基本的历史框架及历史人物不可能随着时间的流逝消解于无形，相反会形成一个相对稳定的结构性知识网络，一代又一代传承下来。如果把记述上古历史的晚出文献一律看成后世的造作，不加鉴别即一笔勾销，这不仅不是科学的态度，反而丧失了学术讨论的前提和判断是非的标准，最后不管是旧说还是新见，都成了无源之水，无本之木。因此，研究传说时代的上古史，不能简单地用一种文献否定另一种文献，必须对各种材料细加鉴别，探赜索隐，以求真谛，才是解决问题的根本途径。可以说，对待上古时代后稷弃这样的历史人物，充分认识文献资料的特殊性，正确掌握科学的研究方法，比什么都重要。否则我们的研究结论不只于事无补，还会淆乱人们对历史真相的认识和把握。

---

① 马承源主编：《上海博物馆藏战国楚竹书（二）》，上海：上海古籍出版社，2002 年，第 272—273 页。

二、弃生夏末商初辨误

1935 年，丁山先生发表《由三代都邑论其民族文化》一文，认为后稷弃并非活动于唐尧、虞、夏之际，而是夏朝孔甲时人。① 此说一出，信从者众，一时成为学界主流意见。

主张后稷弃活动于夏末商初的学者，把《尚书》《史记》等相关记载统统视为后人的增饰附会，概不取信。他们认可的文献材料只有两条，一条来自《国语·周语下》，一条来自《礼记·祭法》。

《国语·周语下》记周灵王时太子晋曰："自后稷之始基靖民，十五王而文始平之，十八王而康克安之。"又卫彪傒曰："后稷勤周，十有五世而兴。"周部族成为一个政治共同体，始自帝尧封弃于邰，中经不窋、公刘、公亶父等众多先公，至周文王时历十五王。此十五王在《世本》及《史记·周本纪》中历历可数，似无遗误，但逻辑上存在严重问题。从尧继位到周人克殷约 1160 余年②，岁月绵长，不是十五王所能跨越的。唐代孔颖达就说："以稷至文王为十五世，计虞及夏、殷、周有千二百岁，每世在位皆八十许年，乃可充其数耳。命之短长，古今一也，而使十五世君在位皆八十许载，子必将老始生，不近人情之甚。以理而推，实难据信。"（《诗·大雅·公刘》孔疏）三国时谯周更早地认识到这一点，认为后稷与不窋之间"失其代数也。若以不窋亲弃之子，至文王千余岁唯十四代，实亦不合事情。"（《史记·周本纪·索隐》）谯说甚有理致，后文会作分析，但偏偏不为论者所从。学者认为周太子晋自述其祖先，"绝不会有错误"③，《史记》所述商代先公先王既为殷墟卜辞所证实，"则《周本纪》所记十五世先祖，必非无据"④，故"周初世系，笃实可信"。⑤ 再由近及远推算，以一世三十年计，不论十五世或十六世，"大抵都落在历史上商王朝时代"⑥，因而认定"后稷该是商代周族人的祖先"。⑦

又《礼记·祭法》云："是故厉山氏之有天下也，其子曰农，能殖百谷，夏之衰也，周弃继之，故祀以为稷。"丁山先生据此推断说："夏衰于孔甲，弃为后稷，实在孔甲之世。"⑧ 这个结论看似有据，实不可信。《祭法》所言取自《国语·鲁语上》展禽之语，原文如下：

> 昔烈山氏之有天下也，其子曰柱，能殖百谷百蔬；夏之兴也，周弃继之，故祀以为稷。共工氏之伯九有也，其子曰后土，能平九土，故祀以为社。

这段话措词简约，极易产生歧义，要害在"周弃继之"一句。这里所谓"继之"的

---

① 丁山：《由三代都邑论其民族文化》，《中央研究院历史语言研究所集刊》第五本第一分，1935 年。
② 此年数推算依据杜勇：《中华文明五千年的学理问题》，《中原文化研究》2018 年第 3 期；夏商周断代工程专家组：《夏商周断代工程 1996—2000 年阶段成果报告》，北京：世界图书出版公司，2000 年。
③ 徐旭生：《中国古史的传说时代》，桂林：广西师范大学出版社，2003 年，第 106 页。
④ 王玉哲：《中华远古史》，上海：上海人民出版社，1999 年，第 426 页。
⑤ 丁山：《由三代都邑论其民族文化》，《中央研究院历史语言研究所集刊》第五本第一分，1935 年。
⑥ 杜正胜：《古代社会与国家》，台北：允晨文化实业股份有限公司，1992 年，第 277 页。
⑦ 杨宽：《西周史》，上海：上海人民出版社，1999 年，第 16 页。
⑧ 丁山：《由三代都邑论其民族文化》，《中央研究院历史语言研究所集刊》第五本第一分，1935 年。

"之",当然是指烈山氏即炎帝之子"柱"。但周弃所继承的不可能是柱的后稷之职,因为周弃与炎帝时代的柱相距十分遥远;也不可能是继承柱的稷神之位,因为弃被祀为稷神不在夏兴之时而是商代以后的事。《左传·昭公二十九年》蔡墨明确说道:"有烈山氏之子曰柱为稷,自夏以上祀之。周弃亦为稷,自商以来祀之。"因此,展禽所谓"周弃继之"当是指周弃担任稷官能够继承柱"殖百谷"的伟大功业,发扬蹈厉,贡献卓著,故被后世"祀以为稷"。展禽讲这些话是为反对当时鲁国要祭祀一只海鸟,提出国家祀典的设立是有原则的,或法施于民,或以死勤事,或以劳定国,或能御大灾,或能扞大患,并不是任何事物都可以列入祀典的。后土之所以被奉为社神,是因为他"平水土""御大灾",而周弃之所以被奉为稷神,是因为他"殖百谷""以死勤事"。但作为稷神,最先祭祀的是炎帝之子柱,后来周弃比柱更有功烈可述,才替代了柱的稷神位置。所以这里讲的是弃被祀为稷神的因果关系,并不涉及周弃何时继任稷官的事情。

不宁唯是,展禽此语被《祭法》取用时已有窜乱,清人阎若璩称之为"删润窜置"。① 如烈山氏改成了"厉山氏",其子柱改成了"农",不过这在音义上都可以讲通,倒也无关宏旨。但把"夏之兴"改为"夏之衰",却是极不恰当的。展禽本意是说周弃在夏代兴起时继承发扬了柱的功烈,经《祭法》改动后便变成了涵指弃为稷神的时间,其目的无非是想牵合前引蔡墨的说法。这一点,只要两相对比,细加体味,是不难觉察的。故韦昭注《国语》云:"夏之兴,谓禹也。弃能继柱之功,自商以来祀也。"这是对展禽之语的正确解读,堪称卓见。但丁山先生只相信晚出的《祭法》,反而认为《国语》"夏之兴"当为"夏之衰",并由此推断周弃担任稷官在孔甲之世。孔甲处于夏之衰世是人们都认同的。《国语·周语下》云:"昔孔甲乱夏,四世而陨。"《史记·夏本纪》亦云:"帝孔甲立,好方鬼神,事淫乱。夏后氏德衰,诸侯叛之。"然孔甲时代,农业生产技术日趋成熟,粮食丰余大量用于酿酒,以致后来夏桀"骄奢自恣,为酒池可以运舟,一鼓而牛饮者三千人"。② 此时并无特大天灾降临,何待后稷来教民稼穑,为民御灾?而孔甲乱政,诸侯离心,又怎能指望他做到君臣同心,以解民困,成天地之大功?可见展禽的原话当是"夏之兴",并非"兴当衰字之误"(《尚书·汤誓》孔疏)。正是周弃在虞夏之际洪水肆虐民不聊生之时,以死勤事,殊勋盖世,才被后世广为推崇,纳入祀典,以祈农事。而《祭法》妄改展禽之语,一误在前;今人臆断弃生孔甲之世,再误于后。所以后稷弃生当夏末或商初的说法有违文献真义,断不可信。

三、作为时代符号的后稷

关于后稷弃的活动时代,看来仍须回到传统说法上来。但是,传统上说周弃为尧舜禹时代的人物,亦有难解之处。文献显示,尧与舜的寿命及其在位时间都相当长,周弃即使寿高百年也是很难与之对应的,何况他勤播百谷,食宿于野,亦非老者能为之事。这说明仅仅把后稷理解为周弃一人的用名,还是有所龃龉的。

---

① (清)阎若璩:《尚书古文疏证》,黄怀信、吕翊欣校点,上海:上海古籍出版社,2010年,第160页。
② 刘向:《古列女传》卷七《孽嬖传》,文渊阁四库全书本。

《国语·周语上》记祭公谋父曰："昔我先王世后稷，以服事虞、夏。及夏之衰也，弃稷不务，我先王不窋用失其官，而自窜于戎狄之间，不敢怠业。"祭公谋父是西周王室的高级贵族，曾为穆王时的首席执政大臣。他讲的话其可信度一点也不比后来太子晋的差。其言不窋失其稷官，不复务农，时在夏之衰世。韦昭以为不窋既是后稷之子，必在夏朝初年，于是对夏之衰以"太康失国"解之。然太康失国之后，复有少康中兴，此为夏朝建国早期的一段曲折历程，并不代表夏朝的衰落。"夏之衰"始自孔甲，是为通说，前已言之。《史记·刘敬列传》谓不窋之孙"公刘避桀居豳"，《诗·公刘》毛传称"遭夏人乱，迫逐公刘"，均谓公刘为夏桀时人。从不窋、鞠到公刘历经三世，从孔甲、帝皋、帝发到夏桀历经四世，差可对应。由此可知不窋非夏初人，而是活动于夏之末造的孔甲时期。

不窋生当夏末孔甲之时，自然不可能是后稷弃的亲生之子。从后稷弃到不窋，谯周谓其间"失其代数"，不窋非弃亲子。清人戴震亦其说，认为"周之先自不窋，上阙代系不得而数"①。崔述亦谓："不窋之父乃弃之裔孙袭为后稷者。"② 这些见解比起株守太子晋的"十五王"说要合理许多。一则，祭公谋公明言"世后稷"，即父子相继，世代担任稷官，当然不会只有弃之一人。二则，《史记·周本纪》称"后稷之兴，在陶唐、虞、夏之际，皆有令德"。一个"皆"字，表明当时职任后稷者必有多人。三则，《史记·刘敬列传》云："周之先自后稷，尧封之邰，积德累善十有余世。公刘避桀居豳。"从后稷弃到公刘十余世而非通常说的四世，证明汉初人刘敬犹知不窋以上代系中隔。四则，《山海经·大荒西经》云："有西周之国，姬姓，食谷。有人方耕，名曰叔均。……稷之弟曰台玺，生叔均。叔均是代其父及稷播百谷。始作耕。"《海内经》谓"稷之孙曰叔均，是始作牛耕。"③ 不管叔均是后稷之侄还是后稷之孙，都说明不窋之前已有周弃裔氏继承他的首领之位和农官之职。可见前贤认为不窋以上周之先世"失其代数"，是有充分根据的。

周之先公"失其代数"，此亦有故。一方面，周人成为天下共主的时间较晚，早期谱系未能得到足够重视。而不窋自窜于戎狄之间，游牧方式易使典文牒记散落无存。另一方面，弃部落的首领世任稷官，其私名反而易于湮没。后稷一名起初仅为周弃所用，既是部族联合体职官之名，又是弃部落及其首领之名。后来弃部落首领世代出任联合体的稷官，便进一步演变为该部落首领一直袭用的通名。从文化人类学上看，氏族或部落首领的称号普遍具有沿袭性，特别是一些强大的原始共同体更是如此。如印第安人易洛魁联盟内，"每一位首领职位的名号也就成了充任该职者在任期内的个人名字，凡继任者即袭用其前任者之名"。即新任首领就职以后，"他原来的名字就'取消'了，换上该首领所用的名号。从此，他就以这个名号见知于人"④。后稷之称的情况亦是如此。当它作为弃部落首领共同使用的名号后，便演变为不窋之前周人多代先公初创大业的时代符号。

---

①（清）戴震：《周之先世不窋以上阙代系考》，《戴震集》，上海：上海古籍出版社，2009年，第27—28页。

②（清）崔述：《崔东壁遗书》，上海：上海古籍出版社，1983年，第164页。

③袁珂：《山海经校译》，上海：上海古籍出版社，1985年，第269—270、300页。

④［美］摩尔根：《古代社会》，北京：商务印书馆，1977年，第126—127页。

综上可见，后稷一名的意涵十分复杂。稷很早即为神名，奉祀对象为烈山氏之子柱。及至尧舜时期，除继续奉柱为稷神外，部族联合体还设有名为后稷的农官，负责农耕政务。帝尧之时，周人始祖弃由部落首领出任联合体稷官，勤于职事，受封于邰，后稷也成了弃部落及其首领之名。周弃死后，继任的部落首领一直袭用后稷的名号，在尧舜部族联合体和夏代中央王朝担任稷官，直到夏朝末年不窋自窜于戎狄之间，始不复以农为务。因此，把后稷仅仅理解成一个具体人物，尤其是夏商之际一个具体人物的看法，恐怕是需要重新考量的。

作者简介：杜勇，男，天津师范大学历史文化学院教授。

附记：本文为国家社科基金重大项目"多卷本《西周史》"（17ZDA179）阶段性成果之一，谨此纪念史学大师徐中舒先生120周年诞辰！

数术与先秦的军队

云南师范大学历史与行政学院　耿雪敏

"数术"早期的意义主要指人主治国理政之术或工匠制器之术,春秋战国时期数术发展迅速,数术的内容不断扩大,包括了天文气象占验、历书、年谱、算书、阴阳、五行、灾异、式法、刑德、孤虚、风角、龟卜、筮占、占梦、禳除、祷祠、农事占和相法等诸多内容。数术的主要部分自然是各种吉凶占卜之术,但也包括了禳祷解除巫术,和历书、年谱、算术、农技等一些今日可以归入自然科学知识的内容。① 数术思想在春秋战国发展迅速,对先秦时期的思想、社会、政治、经济、军事等领域产生重要影响。数术对军事领域的影响主要体现在各种军事数术不断出现。军事数术是指诸如时日选择、卜筮、占星、望气、式占、占梦、杂占、祭祀、禳祷、诅咒、厌胜等一切被应用于军事的趋吉避凶方术。以这些军事数术为代表的数术思想对先秦的军队产生了重要影响,本文主要从以下几方面来论述数术思想在先秦军队中的体现。

一、数术思想与军队组织

既然先秦战争完全离不开祭祀占卜等数术,这一基本需求必然反映到当时军队组织的构成上来。先秦军制总体上属于非常备军制,军队的组成和行政制度相衔接,无论在分封制还是郡县制下,平时贵族、官员治理属民,各司其业;战时按行政建制出兵和军器物资组成军队,贵族或官员统领出征作战。在这样一种制度下,战争中祭祀占卜等数术需求,主要由国家、贵族之家或地方政府的数术人员和巫觋随军提供。殷商卜辞有很多在出征地进行占卜,贞人就是往常在商都占卜之人,如帝辛时代黄组的贞人黄、泳等人,除了在大邑商贞占,也出现在征人方战争不同地点的卜辞中,说明他们是随军服务的。西周以来史官和其他数术职官尊奉庙、社主从征,则是礼制惯例。比如《周礼》中的数术职官和其他官员一样,平时服务于宫廷,战时则奔赴战场从事相关工作。有关史料甚多,此无须重复。

战国的情况有所变化,随着战争规模、持续时间和形态、烈度的变化,军队虽然仍以非

---

① 称之为自然科学知识只是相对而言,事实上历书和年谱中包含着"知命之术",农技和占候混合难分,算术的基本功能之一也是推数以卜吉凶。

常备军为主，但出现了向常备军转化的趋势。因此在军队指挥机构中，逐渐出现了专职数术军官。《史记·陈涉世家》："周文，陈之贤人也，尝为项燕军视日。事春申君，自言习兵，陈王与之将军印，西击秦。"《集解》引如淳曰："视日，时吉凶举动之占也。"这是战国晚期楚国军队中有专事时日选择的"视日"官的记载。《六韬·龙韬·王翼》叙述将军幕府设官，包括："天文三人，主司星历，候风气，推时日，考符验，校灾异，知天心去就之机"；"术士二人，主为谲诈，依托鬼神，以惑众心"；以及"方士三人，主百药，以治金疮，以痊万症"。《六韬》（或《太公兵法》）的成书当在战国晚期，① 其记载和《陈涉世家》可以互相印证，证明战国晚期军队设立了专职军官，从事军占事务。

二、数术思想与军队将领

无疑，先秦军队将领是普遍信奉数术思想的。《尉缭子·武议》："今世将考孤虚，占咸池，合龟兆，视吉凶，观星辰风云之变，欲以成胜立功。"《六韬》也曾指出，当时将领的一大问题，就是为兵阴阳所束缚，"众将所拘者九"："法令不行而任侵诛；无德厚而用日月之数；不顺敌之强弱，幸于天道；无智虑而候氛气；少勇力而望天福；不知地形而归过敌人；怯弗敢击而待龟筮；士卒不募而法鬼神；设伏不巧而任背向之道。"②

虽说作者认为天道无益于军事，"明将不法"，但客观上当时战争的"术战"性质，决定了先秦军将必须具备军事术数和兵阴阳知识。《六韬·虎韬·垒虚》："将必上知天道，下知地理，中知人事。"类似的话在战国兵书里成为习语，这既是对将帅用兵策略的要求，也是其应具军事素养的标准。而我们已经指出，所谓"天道""地理"，都包含着明确的兵阴阳内涵。在汉代及魏晋南北朝的历史记载中，军官常常要接受兵阴阳知识的教育，③ 先秦时期虽还未看到类似情形，但军将的数术知识至少可以从两个方面获得。

一是官府。春秋及以前的军将，多由贵族担任。周代贵族子弟有专门学校，对其进行全方位的教育，其中礼又是最重要的内容。因此课程不仅必然包括各种祭祀礼仪，也应包括数术（如卜筮、天文、时日等）方面的课程。此外，先秦国家机构中设有大量数术官员和相关人员，并有完整的管理制度。湖北江陵张家山汉简中有汉初的《史律》，对史、卜、祝三种人员的学习、选拔、使用、考课等方面均有明确规定。④ 汉承秦制，由《史律》可以推知战国秦制。战国以后，军将不再由贵族垄断，这些官府数术人员，特别是将军幕府中"视日"之类的军吏，应该是军将的数术参谋兼老师。

---

① 徐勇、邵鸿：《六韬综论》，《济南大学学报》2001年第7期。
② 《群书治要》卷31引《六韬》。
③ 邵鸿：《兵阴阳家与汉代军事》，《南开学报》2002年第11期；邵鸿：《神权垄断的悖论：中国古代国家对术数活动的限制与两难——侧重于兵阴阳学方面》，《天津社会科学》2002年第1期。
④ 此前和《史律》有关的记载，见《汉书·艺文志》："汉兴，萧何草律，亦著其法，曰：'太史试学童，能讽书九千字以上，乃得为史。又以六体试之，课最者以为尚书、御史、史书令史。吏民上书，字或不正，辄举劾。'"又湖北云梦睡虎地秦简所出秦律《内史杂》亦与之有关。参李学勤：《试说张家山汉简〈史律〉》，《中国古代文明研究》，上海：华东师范大学出版社，2005年；彭浩：《谈张家山汉简〈史律〉的"上计六更"》，中国文化遗产研究院编《出土文献研究》（第九辑）。

二是民间。春秋末，孔子开私人办学之风，私学逐渐兴起。战国私学所教内容甚广，其中也包括数术和兵学。①《史记·孙子吴起列传》记载孙膑和庞涓同学于鬼谷子，张良从黄石老人受《太公兵法》，②这两个带有传奇色彩的故事均证明了这一点。我们确知，无论是《孙膑兵法》还是《太公兵法》，其中都有不少兵阴阳的内容，故可以推论，孙膑、张良至少部分兵阴阳知识是从他们的老师那里学得的。不过，鬼谷子和黄石公的神秘，似乎说明当时的兵家传授还不像其他专业那样普遍或公开，这似乎又和当时兵家往往具有浓厚的阴阳家色彩有关。

三、数术思想与军队装备

数术讲究色彩图像的数术厌胜功能，因此先秦军队装备的颜色形制深受其影响。这尤其突出地体现在军旗之上。

军旗是军队区分单位、传递信息的重要手段。但在早期军事史上，军旗同时还具有厌胜求吉功能。《史记正义》引《龙鱼图》：" 蚩尤没后，天下复扰乱不宁。黄帝遂画蚩尤形象以威天下。天下咸谓蚩尤不死，八方万邦皆为弭服。"马王堆帛书《十大经·正乱》：黄帝擒蚩尤后，"剥其发而建之天，名曰蚩尤之旌"，将两条材料对看，可知蚩尤像是画在旗帜之上。这种做法，和后来将星象、动物画在旗帜上同一道理，都是为了军事厌胜。又商周时期军旗尚白，《司马法》："（旂）殷白，天之义也。"《礼记·明堂位》："殷之大白，周之大赤。"旗帜崇尚白于史有征，③周代的旗帜崇尚赤则系后世儒者的编排，从现有史料看，周人军旗同样是尚白的。④今天很难确知殷周人何以推崇白色（有人认为白属金，利军事，这是五行说兴起后的观念不可信），却可以肯定这一定有求吉的意义。

春秋战国以来由于阴阳五行观念和数术的发展，军队作战更加讲究顺天，并崇尚"各以其方色与其兵"⑤。因此，军旗军服等也往往按照数术要求加以制作配置，色彩和图案有了特殊的规定。比如我们曾经引述过的《墨子·迎敌祠》以五色旗依五方立祭坛；《管子·兵法》以"九章"（日、月、龙、虎、鸟、蛇、鹊、狼、韟）在相应时间和不同地形行军；《周礼·司常》常、旂、旗、旟、旐，其上的画章分别为三辰、交龙、熊虎、鸟隼、龟蛇，对应日月招摇和青龙、白虎、朱雀、玄武四象，实际上都具有数术和厌胜的意义。其中，五色五方旗在后代尤为流行，直到明清时期仍很习见。⑥

军旗的装饰也往往与兵阴阳观念有关。如春秋时期有茅旌，《公羊传·宣公十二年》："（楚）庄王伐郑……郑伯肉袒，左执茅旌，右执鸾刀，以逆庄王。"《史记·宋微子世家》："周武王伐纣克殷，微子乃持其祭器造于军门，肉袒面缚，左牵羊，右把茅，膝行而前以告。"茅旌显然从持茅发展而来，应该是缀有白茅的旗子。白茅是先秦祭祀必备用品，古人

---

① 邵鸿、耿雪敏：《战国民间的巫觋术士群体》，《江西社会科学》2013年第6期。
② 《史记·留侯世家》。
③ 朱桢：《"殷人尚白"问题试证》，《殷都学刊》1995年第3期。
④ 胡新生：《"周人尚赤"说的历史考察》，《文史哲》2005年第2期。
⑤ 《礼记·曾子问》。
⑥ 吴雪景：《先秦军旗述略》，《温州师范学院学报》2002年第5期。

认为白茅能通神，所以茅旌具有开道驱邪的巫术意义。郑襄公执茅旌投降，是表示自己愿为楚王前驱，避邪开路，虽死不辞。① 又如旞和旌，没有旗面，干首饰雉鸟羽。雉鸟也被古人认为具有沟通神人的能力，旗干首以羽毛来装饰，也含有讨好神灵，祈求吉祥之意。先秦军旗还多用旄牛尾加以装饰，《诗经·小雅·出车》："我出我车，于彼郊矣。设此旐矣，建彼旄矣。"考古也曾发现相关文物。② 白旄又尤其显要，《尚书·牧誓》："时甲子昧爽，王朝至于商郊牧野，乃誓。王左杖黄钺，右秉白旄以麾。"《史记·卫康叔世家》："与太子白旄，而告界盗，见持白旄者杀之。"牦牛在先秦是与象齿罿革同样贵重之物，出于楚国和西部地区，③ 而在西南羌藏民族中，牦牛尤其是白牦牛是特别神圣的图腾动物。④ 由此看来，周人将牦牛尾系于白色主军旗上，显然不仅仅是为了装饰。战国星占家以旄头、旄星称昴星，⑤ 认为其主胡兵、兵丧，与此应有内在联系。

不仅旗帜，战国以来的军服、骑乘等也都打上了阴阳五行的烙印。《墨子·迎敌祠》叙述军事祭祀时，祭坛上各方将军必须着相应方色之服。《礼记·檀弓上》："夏后氏尚黑，大事敛用昏，戎事乘骊，牲用玄。殷人尚白，大事敛用日中，戎事乘翰，牲用白。周人尚赤，大事敛用日出，戎事乘騵，牲用骍。"这段话不尽可信，前面已指出周人难说尚赤，但说周人戎事用马对颜色有特殊要求则可能近实。有一个稍晚的例子可为旁证：《史记·匈奴列传》记载匈奴围汉高祖于平城，"匈奴骑，其西方尽白马，东方尽青駹马，北方尽乌骊马，南方尽骍马"。匈奴之所以如此，不是匈奴人信仰阴阳五行，而是他们知道汉人之俗，因而故意按照五行摆下四色骑兵阵围攻汉军，以取得心理上的优势。

先秦时期的军器制作和配备也受到兵阴阳思想的影响。

有迹象表明，先秦制造兵器伴随着一定的占卜和巫术行为。商代铸造铜器有卜问吉凶的情形，林沄先生在《商代卜辞中的冶铸史料》一文中曾经指出，《金璋所藏甲骨卜辞》第511版"王其铸黄吕，奠血，叀今日乙未利"是为铸造铜器举行衅血祭祀，卜问哪一天吉利。⑥ 在西周的一些铜戈上，有铸上的数字卦，其中一件"鼎卦戈"上还出现了《周易·鼎卦》的爻辞。而在商周的一些铸铜作坊遗址中，都曾出土卜甲或卜骨。董珊指出，这些都是铸器先筮的结果，因卦象与器形和卦意相同，被视为大吉之事，因而铸铭以为纪念。⑦ 两位先生的发现证明，卜筮和血衅，是商周时期兵器铸造的必要程序。此外，战国时期还出现了按照时令所宜配置武器的主张。《太平御览》卷301引《周书》："春为牝阵，弓为前行；夏为方阵，戟为前行；季夏为圆阵，矛为前行；秋为牡阵，剑为前行；冬为伏阵，楯为前行。

---

① 胡新生：《中国古代巫术》，济南：山东人民出版社，1998年，第130—134页。
② 崔睿华、吴正龙、李新秦：《宝鸡地区出土青铜器简介 铜旄（西周）》，《宝鸡文理学院学报》（社会科学版）2012年第2期。
③ 《国语·晋语四》《史记·货殖列传》。
④ 林继富：《藏族牦牛神话试论》，《西藏民族艺术》1999年第2期。
⑤ 《史记·天官书》《开元占经》卷六十二《昴宿占四》。
⑥ 林沄：《林沄学术文集》，北京：中国大百科全书出版社，1998年，第44页。
⑦ 董珊：《论新见鼎卦戈》，复旦大学出土文献与古文字研究中心编：《出入文献与古文字研究》第4辑，上海：上海古籍出版社，2011年。

是为五阵。"同书卷 339 引太公《六韬》："春以长矛在前，夏以大戟在前，秋以弓弩在前，冬以刀楯在前，此四时应天之法也。"两说不尽相同但基本理念一致，即四时阵法和武器各有所宜，不可违背。这当然只能是兵阴阳观念的产物。战国秦汉时期追求厌胜辟兵的目的，制造兵器有时会将特殊图案和文字铸刻其上，制器时间也有特殊的选择，此项内容众多，作者另文专门论述。

综上所述，数术思想与军队组织、军队将领、军队装备等方方面面有密切的联系，并产生了十分重要的影响。实际上不仅在军队上，纵观先秦时期的军事，数术思想及军事数术普遍被运用于战争和各种军事活动之中，影响了战争的进程和结果。所以数术思想是先秦军事史者必须重视的一方面，不了解数术就无法正确认识先秦的军事，也无法认识正确认识先秦战争的特点。

作者简介：耿雪敏，女，博士，云南师范大学历史与行政学院讲师，主要从事中国古代军事史和思想史研究。

《逸周书》所见周公对成王之训诫述论*

复旦大学中文系 桂珍明

摘 要：《逸周书》所记西周史事部分内容与《尚书·周书》部分相类，二者均记载了西周早期的重要史事。同时，《逸周书》中所载西周早期史事比其他文献更为详细记录了某些历史细节。通过研读《逸周书》中的《成开解》《大戒解》《本典解》及《官人解》四篇文献，可以窥见周公辅佐成王前后训诫成王的相关内容，诸如针对商孽叛乱的治理政策、治国理政之戒条、治国之法及人才选取任用之道等。

关键词：《逸周书》 周公 成王 训诫

就现存西周早、中、晚期传世文献史料来看，以西周早期最为丰富，西周晚期厉、共和、宣、幽次之，西周中期共、懿、孝、夷四王史事则寥寥无几。对于西周早期这一时段而言，《尚书·周书》部分仅仅记载了西周早期牧野之战、武王建政、商奄诸部叛乱、周公辅政、成王传位于康王等史实，其对西周早期史事记载虽然较为详细。然而关于周公辅政前后，特别是周公对年轻的成王进行辅佐训诫的相关史事的记载又不甚明了。相比之下，《逸周书》中《成开解》《大戒解》《本典解》及《官人解》四篇则较为详细地记载了周公对成王的训诫相关史事。① 有鉴于此，文章拟对《逸周书》中周公对成王训诫的相关材料，进行勾稽和梳理，以期有助于较为详细地理解和认识此段史事。

---

*本文为贵州省教育厅高等学校人文社会科学研究基地项目"先秦儒家的'舆论'视阈——经典阐释与中国社会"（项目编号：JD2013002）阶段性研究成果之一。

① 关于周公辅佐成王的史事，先秦文献多有记载，然对于周公辅佐成王前后，特别是周公对年轻的成王的训诫之辞，除了《尚书·周书》外，唯有传世文献《逸周书》有载。此外，2011年整理出版的《上海博物馆藏战国楚竹书》（八）中还载有的一篇文献，名曰《成王既邦》，其中记载了"成王既邦，周公二年"时，成王向周公请教个人（士）修养之道、天子之正道等重要问题。该篇文献形成于战国时期，虽有部分道家思想的痕迹在内，估计与战国时期诸子百家思想走向融合有关。然核诸文献内容，其立说亦不似全部向壁虚造，当包含有一定的历史事实在内，故欲探求周公训诫成王的相关史事，此篇文献亦可参考。详见马承源主编：《上海博物馆藏战国楚竹书（八）》，上海：上海古籍出版社，2011年，第169—188页。另外，对于该篇文献性质及形成的判定，系根据张闻玉师、夏保国师之指导而作出推断的，特致谢忱。

一、《逸周书·成开解》与应对商孽叛乱

武王克商后不久即崩，天下未集，殷商旧部及徐、奄诸地蠢蠢欲动，形势危急。《逸周书·成开解》亦是在此背景下形成的，它是年幼的成王向周公询问应对之策的文献记录。《周书序》曰："武王既没，成王元年，周公忌商之孽，训敬命，作《成开》。"① 该文开篇即言"成王元年，大开告用。周公曰：'呜呼！余夙夜之勤，今商孽竞时通播以辅。余何循②何慎？'"成王继位，历史上把周公摄政七年并入成王积年，故曰"成王元年"。③ 此时的情况如何呢？周公之言曰："今商孽竞时，通播以辅"，"周公十分担心商朝旧部……可见面对危局，周公对时局的判断还是很清晰的"，④ 因为此时的大形势是"主少国疑"，并且纣王之子武庚正在发动叛乱。文中记载道，"周武王崩，武庚与管叔、蔡叔作乱"，⑤ "（武王）后而崩，太子诵代立，是为成王。……成王少，周初定天下，周公恐诸侯畔周，公乃摄行政当国。管叔、蔡叔群弟疑周公，与武庚作乱，畔周"。⑥ 在军事上，周公亦积极做好准备，应对叛乱。《尚书·大诰》曰："予惟以尔庶邦于伐殷逋播臣。"⑦ 除此之外，西周统治集团则还考虑了应对危局的现实政策。

面对周初危局，周公向成王提出了应对时变的具体策略：

（一）敬天命

《成开》篇记载，周公在论述具体应对"商孽"叛乱策略之前，先言"王其敬天命，无易天不虞"并要向文王那样"敬人畏天"，他为什么要"敬"天命呢？《尚书·召诰》记载说"皇天上帝，改厥元子，兹⑧大国殷之命。……今相有殷，天迪革保，面稽天若，今时既坠厥命"，《尚书·大诰》亦曰："予惟小子，不敢替上帝命。天降休于宁王，兴我小邦周，宁王惟卜用，克绥受兹命"，因为这些言辞无不证明周是革殷天命、受上帝之命而立国的。而天命的显现即在人、在下民，因而需要"敬人"，故《尚书·洪范》曰："天子作民父母，以为天下王"，《孟子·梁惠王下》引《书》曰："天降下民，作之君，作之师，惟曰其助上帝

---

①张闻玉译注：《逸周书全译》，贵阳：贵州人民出版社，2000年，第347页。以下《逸周书》原文除非特别注明，皆引自此书。
②按，"何循"，黄怀信《逸周书校补注译》（西安：西北大学出版社，1996年，第245页）注释："'何循'，衍一。"
③按，张闻玉、曾鹏、桂珍明认为，"出土器物成王纪年是从周公摄政计起的，而文献多是从亲政元年起始"（《夏商周三代纪年》，北京：科学出版社，2016年，第70页）。
④桂珍明：《逸周书所见周公、成王时期政治建构》，全国首届周文化与周公思想研讨会论文，岐山，2015年10月，第134页。又按，"商孽"指的是纣王之子武庚、殷商余部及其亲族方国。
⑤《史记》卷3《殷本纪》，北京：中华书局，1982年，第109页。
⑥《史记》卷4《周本纪》，北京：中华书局，1982年，第131—132页。
⑦《尚书正义》卷12《大诰》，上海：上海古籍出版社，2007年，第510页。下《尚书》原文除非特别注明，皆引自此书。
⑧按，周秉钧认为，"兹，按当读为已，止也。《皋陶谟》：'迩可远在兹'，《史记·夏本纪》兹作已，是兹已通用之证"（《尚书易解》，长沙：岳麓书社，1984年，第201页）。雒江生亦从之，并按曰："兹谓终止。"（《尚书校诂》，北京：中华书局，2018年，第289页）

宠之"①，因而在敬天命之时，必须关注下民的生活。这说明"敬人畏天"的依据，即周人从天命神本思想出发，而加入了人的因素。夏保国师在综合《尚书》与《逸周书》等商周文献时对"天""民""君"的关系指出，殷商时代"从'天'和'民'已经构成了一对矛盾统一体，在人间世界连接'天'和'民'是'王'，在神灵世界是'帝'"，这是因为在商周天命观念支配下"'王'既要对'天'负责也要对'民'负责，同时，'民'的罪殃又将直接受到'天'的监察而对'帝'、'王'发生影响。这样，'敬民'就变成了敬'帝'，继而是'敬天'"②。与商代将天命观念与民本思想扭结在一起不同，周人则将此时天命神本思想注入了"德"的因素，以"德"来保有和稳固"天命"。夏保国师认为，"周公不仅提出了极其重要的'以德配天'观念，还将民本思想中的'民监'转化为维护'德治'的一翼"③，这则是"武王灭商之后，周之领导者'有监于殷夏二代'对殷的灭亡进行了深刻的反思，认识到'人'的重要性"④之后，一方面需要靠天命观念巩固统治，一方面要在沿袭历史的基础上作出新的发展。

（二）重先王之训典

《成开》篇以周公的口吻说，"在昔文考躬修五典，勉兹九功，敬人畏天"，此即称引文王之言，而《尚书》《逸周书》中周公亦多称先王及称引先王之言。如《康诰》"惟乃丕显考文王，别求闻古先哲王……用康保民，弘于天"，《酒诰》"乃穆考文王，肇国在西土……文王诰教小子、有正，有事无彝酒……小子尚克用文王教，不腆于酒"，《逸周书》称引文王、武王之处不胜枚举。就称引的语境来看，大都是非常重要的事件或场合，不是随便说出的。从宗教层面看，"宁王遗我大宝龟，绍天明，即命"，听从先王之言具有天命传承与延续的作用。从社会发展来看，"先王之言"是历史意识或经验的总结与传承。需要指出的是，周公乃至后世儒家以及其他学派称引先王之言均还具有深层次的人文内涵。张光直先生认为，"古代中国文字的形式本身便具有内在的力量。……文字的力量来源于它同知识的联系；而知识却来自祖先，生者须借助于文字与祖先沟通。这就是说，知识由死者所掌握，死者的智慧则通过文字的媒介而显示于后人"⑤。需要指出的是，张先生之论十分精到，但古代知识的传承除了文字之外，还有范围更大的"文献"。"文献"既包括书籍材料，还包括智者贤能，⑥他们记录先贤之言，传递知识与文化。文王作为受命之君，西周政权的圣王，而武王

---

① 焦循撰，沈文倬点校：《孟子正义》，北京：中华书局，1987年，第115页。
② 夏保国：《先秦舆论思想探源》，吉林大学古籍整理研究所博士学位论文，2009年，第115页。
③ 夏保国：《先秦舆论思想探源》，第118页。
④ 桂珍明、岳含笑、刘婧：《简论周秦变革与先秦民主萌芽思想的终结》，《三门峡职业技术学院学报》2012年第4期，第83页。
⑤ 张光直：《美术、神话与祭祀》，北京：三联书店，2013年，第81—82页。
⑥ 按，周凤五先生对训"献"为"贤"的说法表示否定，他在考证"献民""义民""人鬲"三个词时认为，"这类'献'字应为'枿'字之假借。'枿'之本义为'伐木余'，由此引申出一系列相关的语义，如剩余、旁枝及倾邪等，'献民'等词因此有'余民'之义。除'献'为'枿'字之假借外，本文认为，见于西周文献之'义民'、'人鬲'等词语中之'义'、'鬲'亦与'枿'有通假关系"。"献"为"贤"出于引申。周凤五：《'枿'字新探——兼释'献民'、'义民'、'人鬲'》，《台大中文学报》第五十一期，2015年12月1日，第1—39页。

鼎定西周大业，故在《成开解》中，成王说"余小子思继厥常，以昭文祖之守，定武考之烈"，此即称引先王之言，"思继厥常"，重视先王训典以资国家治理，根据先王的功业以取得"保有天命"的合法性，凡此种种皆符合西周的历史实际情况。

（三）重行政与教化

在阐释如何巩固天命观念与遵循先王之言的历史传统之后，周初统治者非常重视现实行政和教化的作用。《成开》篇所说的"教以六则、四守、五示、三极，祗应八方，立忠协义乃作"，即通过教民以条则，需要达到敬顺八方、立中合宜的境地。那么，这些政策的内容具体涉及哪些方面呢？首先，通过"三极"区别天、地、人及其他事物的特性。"三极"是从"天""地""人"三个方面区分三者内在的差别，如天之九星，其作用在于分别昼夜时间；地之九州，其作用在于分别五方方位；人之四佐，其作用在于祛暗存明。① 其次，明确自己之所愿。"五示"之大义在于主张鲜明诚恳地表示自己的理想愿望。旨在通过对爵位等级、俸禄恩惠、主从关系、家居田宅、器物制作等方面，让士人、民众、徒属、妻孥、将作诸人能够明白自己的所处位置、所需奋斗的理想。在此基础上，只有致力于生产将作，器物才能用之不尽；安定家宅，妻孥才能够守终；敦序主次、嫡庶，才可以作为宗主；广施恩德，才能够安抚众人；众庶谐和，才能够同心同德。其三，明确"四守"守国政与守城池之重要性。守政人尽其才，才尽则得效死之力；守土依仗城墙壕沟巩固防守；堵塞河流防备贼寇；守城用箭矢、礧石、沙土、火炭。其四，应对战争，牧民有"六则"。协和众人，发放积蓄的谷帛，知道众人的怨恨，想办法转移其怒火，再有动摇疑虑者，（用办法）使之畏惧，再根据其欲望予以引导，使之团结一心，应对外患。其四，在协和人心的基础上，成功之法有九，曰"九功"。喜好宾客便于受贿；淫巧奇技会败坏法度，好大喜功败坏事业；贪图利益败坏功绩；迷信巫师会使众人迷惑；丧葬超过规制会使民众匮乏；荒废礼乐则会使主从、嫡庶无别；没有制度则会使败坏破教；听任权谋则会产生欺诈。杜绝此九类事情的发生，那么国家治理就有成功之道。其五，慎微五典。使能言之人主持祭祀，昭明天意，使人恭敬。使有明德之人举言德行，并将德行制定为典则，典制则立而百姓安宁。使刚正的人监督人之过错，十分谨慎而有威势，则国家制度设置就完备而不盈满。使善讥刺之人讽谏官吏，矫正其过失，官吏就会尽忠职守。使□□之人主持丧葬，节制丧事，节约用度，国政不废，百姓怀归。当五典能够正常的执行时，应对商孽叛乱之政策才能够畅通无阻。如此一来内臣能够顺从君意，外臣也能和顺恭敬，朝廷内外通达，就是明王。

---

① 按，"人之四佐"，孔晁注云："四佐谓天子前疑、后丞、右辅、左弼也。"［参见黄怀信、张懋镕、田旭东：《逸周书汇校集注（修订本）》，上海：上海古籍出版社，2007年，第500页］黄怀信先生则认为："四佐指的是肝、脾、肺、肾四脏。"张闻玉师曰："黄氏把'人'视为个体的人，似不确。"（参见张闻玉译注：《逸周书全译》，贵阳：贵州人民出版社，2000年，第187页）牛鸿恩《新译逸周书》亦曰："四佐，四位辅佐大臣，也称四辅。"［牛鸿恩注译：《新译逸周书（上）》，台北：三民书局，2015年，第353页］笔者以为此篇要义在于应对商孽叛乱，着力于政治建设，当以人君健全官佐、辅助圣明之义为长，故张闻玉师、牛鸿恩先生所本孔晁之解释甚是。

二、《官人解》《大戒解》与选官、任官

国家治理需要人才，人才的登进则需要一定的方法进行遴选。新生的西周政权面对商奄诸部等大东方诸侯时，十分迫切地需要巩固统治。周公和成王除了对外作战、武力征伐叛乱的诸侯之外，还创立分封制将殷商遗民按部族分封给周朝诸侯，进行镇抚管理。从国家长期的发展战略来看，完善西周王朝的职官管理体系亦是其政治建设中的非常重要一环。

（一）《逸周书·官人解》与识人选官

官人者，选人为官。此篇主要论述成王询问周公识人选官的具体策略。《周书序》曰："成王访周公以民事，周公陈六征以观察之，作《官人》"，《官人解》篇是成王向周公询问如何管理民事，亦即是如何治理民众的问题，其核心即为"朕维民务官"，需要做到对为官之人考评与任用都有据可循，进而咨询观诚、考言、视声、观色、观隐、揆德等具体的知识。另外，《大戴礼记》中有《文王官人》篇，亦论述识人之策。要之《大戴礼记》此部分或以《逸周书》为本，均论述了识人、选官的"六征"之法，张闻玉师认为二者"可以看出其大体相同，当同出一源"。① 而《文王官人》则是从选择做官的标准出发，"女何慎乎非伦，伦有七属，属有九用，用有六微"，即从"七属""九用"推衍出"六微（征）"，其意旨则与《官人解》相同。

对于如何考察和选用官员，周公回答观诚、考言、视声、观色、观隐、揆德六事等六种方法。

（1）观人之诚。此处强调以不同地位及其特点观人之诚。富贵之人看其礼数施为，贫穷之人看其德行操守，受宠之人看其是否骄纵，不得志之人看其是否胆怯畏惧。以年龄观人之诚。年少者观其是否恭敬长上、好学敏求、顺从兄长；年壮者观其是否廉洁从政而克服私欲；年老者则观其是否思虑缜密、行礼时唯恐不全，能勉强践行而不过头。以人际关系观诚。父子、兄弟、君臣、乡党之间，是否子孝父慈、和睦友爱、臣忠君惠为判断依据。以人之活动观人之诚。通过观察某人的日常居家生活、对丧事的哀伤程度、进出其家的人、接交朋友，看其为人处世，是否忠贞善良、交际朋友、廉洁诚信设。以事观人之诚。通过计谋，观其智慧；示之危难，观其勇气；以事物烦扰，观其能力；临之以利，观其贪廉。以靡靡之

---

① 按：高明先生《大戴礼记今注今译》注"太师"条曰："《周书》说成王请教周公治理百姓的方法，周公教他六种观察百姓和任用的标准，而作了一篇《官人解》。那么这篇的'王'应指的成王，太师应指周公。但是我们翻检《史记》，封太师是吕尚；又据本文题目《文王官人》，显然是指周文王。这里应从本文，太师是指吕尚。"（高明注译：《大戴礼记今注今译》，台北：台湾中华书局，1977年，第354页）又按，《周书序》云："周公为太师，告成王以五则，作《本典》。"《本典解》之后，即为《官人解》。闻玉师谓："姜太公为太师，周公为太傅，召公为太保。至此，周公代太公为太师。"（张闻玉译注：《逸周书全译》，贵阳：贵州人民出版社，2000年，第349页）《官人解》中成王所问太师乃周公，岂能根据《史记》只载吕尚为太师就否定吕尚之后周公为太师之事实？又，出土青铜器有《周师旦鼎》，此器为周公所作可以确定，亦为一旁证。《帝王世纪》亦曰："六年，王始躬亲政事，以周公为太师。"故《官人解》与《文王官人》之王与太师或均当为成王、周公。当然，在《六韬》中作"文王"与"太公"者，《逸周书》中多为"成王"和"周公"，这一重出互见的现象较为复杂，需要做进一步的清理。

音，观其是否沉湎；使之高兴，观其是否轻浮；使之生气，观其是否稳重；使之喝醉，观其是否恭谨；试之以色，观其是否保持常态；疏远之，观其是否忠贞不贰；亲昵之，观其是否庄重。"复征其言以观其精，曲省其行以观其备"，总之，要反复检核人之言行的细枝末节与方方面面，察看其本质，即为"观诚"。

（2）考查言语。言为心声，故可"方与之言以观其志"。心志纯正深远，情态恭谨、不谄媚，礼在人先而语在人后，示己不足之人，叫作日益进步之人。与之相反则为日益退步之人。性格正直不倨、言辞公正不偏，不装点自己的优点，不掩饰自己的缺点，此为本真之人。与之相反则为无质者。以外物使之欢喜、烦恼而表情不变，用繁杂之事扰乱而心意不乱，用利益引诱而意志坚定不移，面对威胁而不卑下，此为平心静气而笃守有为之人。反之则为没有真性情之人。能迅速处理一件事，能在惊吓仓促之时应变，言语不华美而雄辩，此为头脑聪明之人。反之则为愚昧之人。用杂事干扰而不出错，在仓促中而不畏惧，立身正义而不变，面对钱财美色不顾盼，是为果敢之人。与之相反则为弱志之人。和气地给予不窃喜，无理地夺走不生气，性格贞静少言，博学且廉洁，是为个性平静之人。与之相反即为妒贤谄善之人。能显隐微之事，审视能显且远，宽顺而恭俭，温和且能决断，是为心志平稳之人。要之，凡"华废而诬，巧言令色"者，言语浮华不实，花言巧语表情虚伪，都以无为有，需要警戒。清华简（三）《芮良夫毖》即有"身与之语，以求其上"，宁镇疆老师解释说，"即通过与被考察者亲自交谈（即《逸周书·官人解》的'考言'）来对其进行考核，然后举为上官"[①]。

（3）检视声音。"诚在其中，必见诸外"，"诚"生于内心而表现在外。宇宙之初由气体化生万物，其中有声音。声音有"阳刚、阴柔、浑浊、清莹、好恶"之分。心气浮华妄诞之人，声音流离散漫；心气平稳实在之人，声音和顺而有节奏；心气鄙陋乖戾之人，声音嘶哑；心气宽广柔顺之人，声音温柔和畅。诚信之气中正平易，仁义之气纯正舒缓，智慧之气精要完美，刚勇之气雄壮有力。声音包含了一个人的很多信息，故"听其声，处其气，考其所为，观其所由"，听人之声可以判断他的气息；考察其所作所为，便可知道他的出发点及动机，从以前的事来忖度以后的事，用明显之处观察隐晦之处，以小的部分观测大的部分，此为"视声"之要义。类似的表述还见于《礼记·乐记》："乐者，音之所由生也，其本在人心之感于物也。是故其哀心感者，其声噍以杀；其乐心感者，其声啴以缓。其喜心感者，其声发以散；其怒心感者，其声粗以厉；其敬心感者，其声直以廉；其爱心感者，其声和以柔。"[②] 人们对外部世界的观感反应在"乐"和"音"上，根据其对象的不同而呈现很大的差异。

（4）观察神色。人有"喜""怒""欲""惧""忧"五种情绪。人高兴之时，即使隐藏，真正的喜悦一定会表现出来；人愤怒之时，即使隐藏，真正的愤怒亦会表现出来，故"五气诚于中，发形于外，民情不可隐也"。在人物容色判断方面，喜悦之色不自觉流露，生气的

[①] 宁镇疆：《早期"官人"之术的文献源流与清华简〈芮良夫毖〉相关文句的释读问题》，《出土文献》2018年第2期，第97页。按，2017年底承蒙宁老师惠赐此文未刊稿供我研读参考，谨志谢忱。

[②] 孙希旦撰，沈啸寰、王星贤点校：《礼记集解》，北京：中华书局，1989年，第976—977页。

容色激动，像要伤害他人一样；贪欲之色好像在讨人喜欢；恐惧的神色好像被人逼迫而卑下；忧愁悲伤之色，好像沉静疲惫一样。真正的智慧，定有难于测度的容色；真正的仁义，定有让人景仰的容色；真正的勇敢，定有难于屈服的容色；真正的忠诚，定有可以亲近的容色；真正的廉洁，定有难于污染的容色；真正的贞静，定有值得信任的容色。因此"质浩然，固以安；伪蔓然，乱以烦。虽欲改之，中色弗听"，即人之神色，本质之神色是安然舒泰的，虚伪的神色滋蔓杂乱。虽然人们想把虚伪的神色隐藏起来，但其内心本质的神色是不会听从的，故可从细微的神色去探察一个人的性情，获取必要的信息以为参考。

（5）观察隐情。百姓天生就有内在和外在的两面，而"人多隐其情、饰其伪，以攻其名"，《郭店楚简·性自命出》曰："性自命出，命自天降。道始于情，情生于性"①，"情"是自"天"→"命"→"性"一贯而来的，故本真，隐其情则伪生，借此博取名声。用仁贤来隐藏的人，本身付出小而希望回报大；小的地方与人谦让，却在大处与人争夺；言语谨慎以表示质朴；伪装有爱，好像忠贞不贰；假装有德行以求取好名声。用智理来隐藏的人，开始倡导干事，智虑没有达到，却假装不完全表达。内心确实不知，却装作知道很多；征引一些事实自以为是、毫不谦让；措辞而又不达意。用文艺来隐藏的人，以空洞的言辞来打动人，言不尽意。问他问题不回答，假装有无穷的学问，外表上看似有余。假借许多道理自以为是，重复开初的话，辞穷就假装深奥难懂。用廉、勇来隐藏的人用言语显示自己的清廉，假装粗暴显示自己勇敢，内心恐惧而外表装作不在乎极力吹嘘自己，以狡诈待人。用忠孝来隐藏自己的人，侍奉父母，喜欢告诉别人。有意伪饰显眼的事情，内心一点也不真实。自夸孝顺以侍奉父母，用孝名谋取利益。用交友来隐藏的人，交朋结党互相吹捧，知道贤能之人而求为其左右，志向不同而结交，结交以抬高自己的名声。心里喜欢却不愿亲近，亲近时心里尚有隔阂；始终担心别人不知自己能结交贤明之人，结交之后表面保持亲密。

（6）揆度其德。"六征"之法，无论观诚、考言、视声、观色、观隐，最后皆归为德行。德者，得也。其实义为作为、行为，故德之显为行。①嘉德者：有仁心之人，言忠信、行平和，得财无私，施舍穷困而不锦上添花，为人忠诚而宽厚，外貌端庄而稳重。智慧广博之人，处变不惊而灵活应对，效验穷尽而能达目的，立身处事能成功。谦让温良之人，少言语而多行动，恭敬谦让，有智慧而不夸耀，有施舍而不求回报。恭顺信实之人，细微的话语，过了很久还能履行；隐逸之行，独善其身，而不鄙薄他人，奉行尊长者的遗志，就像长辈在世时一样。有德行之人，富贵恭俭而能施惠于人，威严有礼且不骄纵。有操守之人，不惧穷困，不因安乐而豪奢，不改劳动的本色，喜怒的感情有节度。有规矩之人，刚直方正而不随大流，廉洁而不忿戾，直道而行且无偏私。沉着雅静之人，虚心以待命，不征召不来，不询问不开口；言语不超过行事，行事不超过规矩。忠孝之人，忠心侍奉父母，以欢愉之心敬奉；尽其力而不显露，忠心敬奉父母并使之安泰。能交好朋友之人，心意合而志向同，共同分担忧难，行为忠诚而不相猜疑，无论隐退或腾达都不舍弃。②恶德者：非诚朴之人，言行不一，始终相违背，表里不一，虽能掩饰短处，表现自己的长处，终究不诚实。志在地位之人，心志、表情、言语随人变化，进退懂得算计，很会应付人，与人亲近很快，背叛他人也

---

① 荆门市博物馆：《郭店楚墓竹简》，北京：文物出版社，1998年，第179页。

很快。贪鄙之人，靠吃喝金钱结交人，有好处就结合在一起，能用声誉来博取利益，而把感情建立在物质之上。虚伪狡诈之人，内心无决断，遮掩其不足而谋划不止。没有真诚之人，言行常变，举动荒谬而轻率，好恶无常，行事与身份不相称。浮华虚诞之人，有小聪明而不能决大事，有小能耐而不能成大事，规划小事而不知大本。窃取名誉之人。陈规谏之言而不合事实，做些正直的事而不论是非。

（二）《逸周书·大戒解》与任官之法

成王为政之时，对官员任用的相关问题疑惑不解。成王认为，只有正直的人才能兆示他的官职。但现实往往与之不相称，不是举荐士人不力，而是得不到其辅助。高官骄纵，小官畏惧。心存畏惧才智难以完全发挥。提高官员的爵位，为了防止产生上下嫌隙，让忠诚的副手得以履职。执政官员群体和谐相处，才能治国理政。而执政群体不和谐，则会导致奸匿丛生。面对官吏任用方面出现的问题，成王在深思熟虑之后向周公请教，故《周书序》曰："周公陈武王之言以赞己言，戒乎成王，作《大戒》。"

周公称引武王之言以告成王。首先，言行一致，整齐人心。即以"微言入心，凤喻动众，大乃不骄，行惠于小，小乃不慑"，在此基础上压制大官的骄纵，提升小官的地位，与民同忧苦，保证官员任用得力，政令得以实施。其二，尊重人才，尊位重禄，权责明确。"庸厉□以饵士，权先申之，明约必遣之。其位不尊，其谋不阳。无不畏敬，材在四方。"在此条件下，对待官员亦需有法度。"无擅于人，塞匿勿行，惠戚咸服，孝悌乃明，明立威，耻乱"，而驾驭众人之道在于，"抚之以惠，内姓无感，外姓无谪"，进而做到"人知其罪，上之明审，教幼乃勤，贫贱制□，设九备"，以恩惠抚众，则使同姓无怨，异姓无责怪，在上位者明审，教育幼儿勤恳用心，贫贱而有节度，才能设立"九备"。那么"九备"具体包括哪些内容呢？

（1）行忠正、仁义。忠正者敦行仁义，"上明仁义，援贡有备"，以此招徕臣民，取得支持及贡赋。（2）聚财求贤。"九备"之三，即"不荒美好，乃不作恶"，不沉湎于美酒、奇珍玩物。而"聚财多□，以援成功"，聚集财富以施与臣民，分利与众则可成就功业。（3）禁声色，绝淫谋。"□说声色，忧乐盈匿"，好声色享乐则生奸匿。只有"克禁淫谋，众匿乃雍"，禁绝声色、淫谋，才能防止奸匿发生。（4）均利于民。"□□好威，民众日逃"，与《逸周书·芮良夫解》说周厉王"专利作威"与之相类。德有虚实二义，德者，得也。专利则无施财利于民，好威则无人敢近。只有"顺得以动"，方能"人以立行"。（5）静渊以谋，人尽其材。"□□谋躁，内乃荒异"，谋事急躁，内臣就会偏激。"辑佐之道，上必尽其志，然后得其谋"，主上求辅佐，只有尽士人心志，才能得到他的智谋。（6）任人以信。"硕信伤辩，曰费□□"，"无转其信，虽危不动"。此言说大话有害论辩，只有不虚耗、坚定对臣下的信任，即使在危险的情况下，臣子才会毫无动摇地支持君主。（7）"出观好怪，内乃淫巧"，君王外出好奇珍，则朝内奇技淫巧滋生。只有真正做到"贞信以昭，其乃得人"，坚定而诚信地招徕人才，方能求得人才。（8）富宠适宜。"富宠极足是大极，内心其离"，富宠极足则主上不威，大官则骄。一旦"上危而转，下乃不亲"，只凭财富爵禄的赐予而没有制度规范，臣下就不会真正的尽心尽力致力于国政。《逸周书·命训解》曰"极赏则民贾其上，贾其上则民无让，无让则不顺"与此亦可合观。由此可见，周公认为任官之法需要君主加以正确的引导。要做到待人以诚，授以相称的官职，给予相应的爵禄，并且明确权责，施惠于众，保证上下一心，保证国家治理系统正常运行。成王得到周公的教诲之后大为悦服，即曰："允哉，允哉，敬行天道。"西周执政群体十分强调"受命于天"这一历史命题，遵循"天道"是对上天赋予"天命"的回应，而成王将周公所论述的任官之法上升到遵循"天道"的高度，足见周公之圣哲睿智，亦可瞥见周公在周初政局的重要作用。

三、《逸周书·本典解》与民众治理

民众治理关乎国家稳定。这是在选官、任官的基础上必须解决的重大问题。成王根据武王的训典，凡事不懂就问、不会就学，即使天资平庸者也能无疑惑。成王询问周公，如何治理民众的四件事"今朕不知明德所则、政教所行、字民之道、礼乐所生"，故《周书序》曰："周公为太师，告成王以五则，作《本典》。""明德"所行当有依据，政教所行当有条则，抚育百姓当有措施，礼乐所生当有处所，艺术四事均关乎民众治理。

周公以"五则"备陈治民之道。此"五则"指的是，能求到贤士者，是智慧的；施与民众财利者，是仁善的；能过问百姓刑狱者，是正义的；能纠正百姓过错者，是有德的；为民干犯危险者，是勇武的。而具有同类德行的人则可以相互吸引与聚集，故曰："智能亲智，仁能亲仁，义能亲义，德能亲德，武能亲武：五者昌于国曰明。"英明之人能发现人物，德高之人能招致人才。各类人才齐备才能为帝。同时"至德照天，百姓□惊；备有好丑，民无不戒"，此言至德之人的德行照临天下，则百姓就不会惊恐。人才多了且良莠不齐，百姓就无不戒备忧惧。

使明德之人举言德行，并将德行制度化为典则，典制则立而百姓安宁。典则立则使民众"为畏为极，民无淫慝"，典则确立则使民众畏惧且有依据，可以防止淫邪。国强的依据在于"生民知常利之道"，民众在典则制度与"常利之道"的引导下，无论好坏，均会固守本分。民安的条件是"均分以算之"，即分配均等公开；民乐的缘由为"利用以资之"，给予民众以实利则会使其快乐；民众谦让则需"明德以师之"，即让修明道德之人作为民众的表率。让百姓生长、快乐是为母者的职责；治理百姓、教育百姓，并让其有所成就，是为父者之职责。古代圣王十分推崇这种"父母之政"。亦即"民之父母"观念的重要源头，"父母之礼以加于民，其慈□□"，执政者将父母之职责尽到百姓身上，其仁慈就到了极点了。战国时期儒家学派主张"君主为民之父母需要做到'民之所好好之，民之所恶恶之'，这就要求天子与民同好恶，设身处地为民众着想。《郭店楚简·成之闻之》篇亦曰'故君子不贵庶物而贵与民又（有）同也'……《尊德义》篇云'君民者，治民复豊（体）民，除害知生，故曰民之父母'此亦要求君王治理民众需要'治民复豊（体）民，除害知生'，'除害'即去民所恶"[1]，除害之后当兴利，将"民之父母"的职责进一步显现出来。

在建立典则的基础上，士人与百姓各得其所，则为治理民众的成功。"士有九等，皆得

---

[1] 桂珍明：《芮良夫谏议思想疏论——以〈逸周书·芮良夫解〉文本考察为中心》，《人文世界》（第七辑），贵阳：贵州大学出版社，2016年，第206页。

其宜曰材多。人有八政，皆得其则曰礼服"，士人才能各有差等，按照其能力授予合适的官职叫做人才多；民众的夫妻、父子、兄弟、君臣关系各有准则，按照相应的关系运用适当的准则，则为礼仪适当。只有士人任用得当与民众关系井井有条，才有"士乐其生，而务其宜，是故奏鼓以章乐，奏舞以观礼，奏歌以观和"，即士人居官承担合适的公务，敦行礼乐教化，以鼓明乐，以舞显示礼仪，颂歌以和谐人心。从礼乐的起源及作用来看，"乐由中出，礼自外作。……乐至则无怨，礼至则不争。揖让而治天下者，礼乐之谓也"①，礼乐之道得以施行，则可达到"兵革不试，五刑不用，百姓无患，天子不怒，如此则乐达矣。合父子之亲，明长幼之序，以敬四海之内。天子如此，则礼行矣"②的理想境地。礼乐文化制度化以后，在社会治理层面才能真正发挥效用，故能够使得"礼乐既和，其上乃不危"，从而达到治理民众的目的。周公所陈治民之道为两周礼乐文明的重要导源，其制度构建层次分明、入情入理，其作用及功效亦是十分显著的，故成王听完训诫之后"敬守以为本典"。

四、结 语

《逸周书》中所收文献先后形成时间较长，大抵自西周早期至战国中晚期，诸如《世俘》等篇，一般认为当属西周文献，而本文所列诸篇涉及"周公"与"成王"的文献，形成则相对较晚，最晚当在战国中晚期前后。③ 在文献的流传上，《逸周书·官人解》与《大戴礼记·文王官人》篇存在重出互见的情况，其成篇原因亦较为复杂。有的学者认为本文所举几篇文献为战国依托周公、成王而作，是有很大可能的，正如《大戴礼记·文王官人》和《六韬》中作文王、太公一样。尽管如此，与周初"八诰"等佶屈聱牙的篇章比起来，形成与春秋战国之际的其他篇章当然"辞气不古"。另外，《逸周书》中的多数文献结构严整，论述条理清晰，也让人怀疑它成书甚晚，乃至不可据信。这种认识用来说明上述文献成篇时间较晚没有问题，但据此证明它们为伪，则颇不可取。王国维先生说，"传说之中，亦往往有史实为之素地"，④ 而且在一定程度上看，成书于战国时期的这类圣贤故事当有很大部分真实的史事在内。

《逸周书·成开解》从敬天命、重先王之言、重视行政与教化三个层面，阐述应对动荡不安的周初局面的策略，其思想脉络无疑是承接西周时期"敬天保民""监于二代"的史谏思想而来的。《官人解》与《大戒解》阐述选官、任官之法，可能与周初的语言习惯及记述方式颇为不同，思想系统里面有后世的因子（如春秋战国之际对人才的重视）在内，然其言说的对象和情境以及部分史事因素还是立足西周时期的。在没有其他更好的材料佐证下，今天我们认识和探求此段时间内的史事，不妨将之视为一个旁证。《本典解》以"智""仁""义""德""武"五个概念界定了"政教所行，字民之道，礼乐所生"所需要的五种能力，在此基础上进而展开论述民众治理需要重视的区分好丑、与民以信、常利之道、均利安民、

---

① 孙希旦撰，沈啸寰、王星贤点校：《礼记集解》，北京：中华书局，1989年，第987页。
② 孙希旦撰，沈啸寰、王星贤点校：《礼记集解》，北京：中华书局，1989年，第987页。
③ 参见张怀通：《〈逸周书〉新研》，北京：中华书局，2013年，第235—237页。
④ 王国维：《古史新证——王国维最后的讲义》，北京：清华大学出版社，1994年，第1页。

礼乐教化等。虽然"帝"的观念来源甚早,不可避免地受到战国时期的影响,[①] 但其中"敬德保民""与民利"之"仁",仍然具有周初思想的特征。同时,该篇中注重"督民过""信则民宁,为畏为极"则近于《逸周书》"三训"中的某些观念,目前出土的清华简《命训》最晚在战国中晚期,由此可见,《本典解》的成书大抵亦在此前后。

作者简介:桂珍明,男,复旦大学中文系在读博士研究生。

[①] 按,牛鸿恩认为,"而本文以'帝'称周王,其时代就必在战国无疑,因为公元前 228 年有秦、齐并称东、西帝之事,反映了战国后期人的思想"。参见牛鸿恩注译:《新译逸周书(下)》,台北:三民书局,2015 年,第 510 页。

齐国何以得名"齐"

齐鲁师范学院　国光红
西南民族大学历史文化与旅游学院　周丙华

关于齐国得名之原因，《史记·封禅书》是这样说的："齐所以为齐，以天齐也。"又说："天齐，渊水，居临淄南郊山下者。"《索隐》转引顾氏案解道彪《齐记》，云："临淄城南有天齐泉，五泉并出，有异于常。言如天之腹齐也。"①"腹齐"就是现在说的"肚脐眼"，"天齐"——"天之腹齐"就是上天的肚脐眼。

《说文》释脐字："肶脐也。"②《说文》释膍字："牛百叶也……一曰鸟膍胵。"下出膍字异体作肶。所以《说文》释脐字的"肶脐"就是"膍脐"，"膍脐""肶脐"的膍、肶，就是"牛百叶"，或者"鸟膍胵"，也就是牛胃、鸟胃（今俗称草食包）。可见《说文》以"肶脐"释脐字，是以腹中的"肶"（胃）为外边肚皮上的肚脐眼定位。

东汉刘熙作《释名》，于《释州国》篇解释齐地之所以为"齐"，云："齐，齐也。地在勃海之南，勃齐之中也。""齐，齐也"，是以肚脐解释齐国之齐，所以"齐也"的"齐"读为"脐"；"勃齐"就是"勃脐"，就是"肶脐"，也就是肚脐。刘熙以"勃脐"解释齐国得名之由，这大概就是《齐记》"肚脐眼"说的根源。为了迁就"肚脐眼"，《释名》以渤海之"勃"与齐地之"齐"，连缀为"勃齐"，用心良苦，却又陷入生硬，不免令人生疑。

王先谦《释名书证补》，于此条引吴氏刻顾千里校本，认同"勃齐"之"勃"字系"如"字之误。③但是"地在勃海之南，如齐之中"，如字、勃字何由致误不说，即使可以致误，无奈"如齐（之中）"不辞，仍然令人不解。

今按：刘熙，北海人，旧时北海人（渤海滩涂一带）多有把肚脐眼叫作"勃齐"（勃脐、肶脐）者。王先谦等前贤不知北海有此方言，所以不敢接受这个土气眼生的"勃齐"。

问题在于，就只为临淄南郊一隅之地有这么几个貌诸小样的肚脐眼，遂使周边偌大的一方诸侯方国之地沾益，而以肚脐眼——"齐"——名之，这因果大小比例也过于失调了，令

---

①《史记》，北京：中华书局，1982年标点本，第1368页。
②《说文》释脐字："肶脐也。"大徐本《说文》肶字错写为从肉月、此声的字。《说文解字》，北京：中华书局，1963年影印本，第87页。
③王先谦：《释名疏证补》，《汉小学四种》，成都：巴蜀书社，2001年影印本，下册，第1479页。

人感觉很不般配。而且，上天有几张肚皮非得有五个肚脐眼？这五个肚脐眼怎么就一不小心掉到地下来了？再者，天齐渊"五泉并出"，左瞅右瞧别的什么东西也不像，单单就像肚脐眼吗？——这"肚脐眼"的思路也太过于执拗了！

所以不妨换一个角度思考：如果齐地之名早于"天齐渊"，而另有所因，后世忘其初义（或者其初义被有意掩盖），就会因果倒置，而将因齐地而命名的"天齐渊水"，误认为是齐地得名之本源。这是完全可能的，文化话题常见这种因果错置现象，不足为奇。换句话说，应当是先有的"天齐"（至于"天齐"是什么，姑且不论）。因"天齐"而命名此地曰"齐"（"齐所以为齐，以天齐也"）。后来人们不明白"天齐"之意，于是"天齐"就被附会想象成五个肚脐眼的"天齐渊水"或者"天齐泉"了。

关于齐地的许多特殊风俗，到司马迁时代，多数皆属传闻，并无足够的古代典籍佐证其来源根底。所以，司马迁对《封禅书》涉及齐地的古风颇不敢确凿言之。如云："于是始皇遂东游海上，行礼祠名山大川及八神……八神，将自古而有之，或曰太公以来作之。齐所以为齐，以天齐也。其祀绝莫知起时。"这段文字就留下了很多疑问。譬如"八神"的来源，司马迁就只能模棱其辞，说：可能是"自古而有"的，也可能是齐太公始作的。这句话以"将"（平声）与"或曰"照应，"将"就是两者选择的可能之义。有的注释家于"八神"后忽略了点断，就可能诱导专业下的说者想象出"八神将"（去声）来。就连晚于"齐所以为齐"的"八神"都已经"其祀绝，莫知起时"了，怎么单单对于"天齐"知道得如此细致，竟然连"肚脐眼"的事都知道？

所以，"天齐"究竟是什么，很值得重新探讨，另行考论。

《封禅书》对齐地风土的叙述本来就模棱两可，尤其是关于齐地之所以得名。所以我们不能将思路锁定在《史记·封禅书》上。

一、齐国之得名，缘于"水火之齐"

（一）"水火之齐"

《说文》有剂字，释云："齐也。从刀、从齐，齐亦声。"以齐字释剂字，属于声训，而声训往往具有词汇探源的意义；就是说，齐字与剂字有相同的意义来源，它们是同源字。所以从来源上讲，"齐"与"剂"的意义应当有非常密切的联系。但是典籍在使用这两个字的时候，多数情况是把剂字视为齐字的后起分化字：齐字有平、去两读，剂字只分领了齐字的去声一读。所以典籍中的"齐"往往可以读为"剂"（jì），是"剂"一般并不读为"齐"（qí）。

《周礼·天官·亨人》："掌供鼎镬，以给水火之齐。"郑玄注："镬，所以煮肉及鱼、腊之器。既孰乃脀于鼎。齐，多少之量。"[①] 这里的"齐"字读 jì。根据郑玄注：亨人——读为烹人——就是掌管烹煮的人，先在不同的镬（古人用镬烹煮，就好比现在的大锅）里分别将肉、鱼、腊（音 xī，即干肉）等煮熟，然后将煮熟的肉、鱼、腊等放到鼎上——脀字假借

---

① 《周礼注疏》，《十三经注疏》，北京：中华书局，1980年影印本，第662页。

烝字，烝，进也。"胥于鼎"者，置于鼎上进献之也。

郑玄以"多少之量"解释"齐"，就是读"齐"为"剂"，就是现在说的名词意义上的"剂量"。但是仔细看亨人所进献（"给水火之齐"的"给"，读为 jǐ，负责供给之意）的"水火之齐"，并非现在成分比例意义上的剂量，而更近乎滋味配比意义上的烹制品。确切说，是亨人负责供给的熟食，就是置于鼎上的肉、鱼、腊等——这些煮熟了的肉、鱼、腊，才是"水火之齐"。亨人在对不同的肉、鱼、腊等进行蒸煮的时候，当然需要把握所加水的分量，也需要掌握火势的大小和蒸煮的时间，但是这些只是技术操作的剂量意义，而亨人要向君王进献的可不是这等"剂量"说明书，君王要的是实际可食可饮的"水火之齐"，是经过蒸煮而成的熟食物品。所以郑玄以"齐，多少之量"注解此处的"掌供鼎镬，以给水火之齐"，是有失偏颇的。

除了煮熟的肉、鱼、腊等，"齐"（剂）也指经过蒸煮的液体食品，譬如酒。《周礼·天官·酒正》："辨五齐之名：一曰泛齐，二曰醴齐，三曰盎齐，四曰缇齐，五曰沈齐。""酒正"所辨的"五齐之名"，就是由于蒸煮、酝酿、过滤时间长短而造成的清浊程度、以及色泽明暗不同的五等浊酒，相当于现在的醪糟。譬如"五齐"中的"醴齐"就是一宿酿成的醪糟，所以《说文》解释说："醴，酒一宿孰也。"《天官·酒正》还有"掌其厚薄之齐，以共王之四饮、三酒之馔，及后、世子之饮与其酒"的责任，酒正掌管提供的"厚薄之齐"就是"五齐"，就是五等醪糟（浊酒），用"五齐"进而酿造，就是酒了——就是天子食用的"四饮、三酒之馔"等等了。《周礼·天官》另有《酒人》一职，则"掌为五齐、三酒"的事。

总之，"五齐"就是五种浓淡不等的醪糟（浊酒），"三酒"就是长时间酝酿、沉淀，而经过精细过滤的不同度数的酒。"五齐""三酒"，其乙醇所占比例固然不同，但"五齐"的概念意义就是醪糟（浊酒），既不是单指其酿制时间，也不是专注其成分比例度数。

醋，也是经过蒸煮的液体食品，所以也以"齐"称。现在的醋先秦叫"醯"，所以《周礼·天官》专设《醯人》一职，"掌共五齐、七菹，凡醯物。以共祭祀之齐菹，凡醯酱之物。宾客亦如之。王举，则共齐菹醯物六十瓮。共后及世子之酱齐菹。宾客之礼，共醯五十瓮。凡事，共醯"。"五齐"之外，这里又有"齐菹"。郑玄注："齐菹，酱属。醯人者皆须醯成味。"①"凡醯物"就是醋制的食品，"凡醯酱之物"就是调和醋和酱的食品。可见醋以"齐"称。

《醯人》掌管"凡醯酱之物"，而且专门供给祭祀用的"齐菹"，这"齐菹"就是酱（郑玄注"酱属"）。这种酱不是现在说的甜酱、面酱、豆酱，而是切碎的植物调料，包括葱、姜、蒜、韭、薰（芫荽）等，皆由"醯人"经手以醋腌制，盛在不同的器皿里，作为调料分别与既定的肉食相配。孔子说的"不得其酱不食"的"酱"就是指的与不同熟肉分别相配食用的调料。酱属的"齐菹"以"齐"称，可见酱也可以称"齐"。

生活食品而外，中草药也需要水火煎煮，所以煎煮过的中草药（包括汤药、药膏），也属于"水火之齐"的范围，《周礼·天官·疡医》："掌肿疡、溃疡、金疡、折疡、剐杀之

---

① 《周礼注疏》，《十三经注疏》，北京：中华书局，1980年影印本，第675页。

齐。"① 可见"疡医"负责的清洗、涂抹创伤溃疡以及手术创口的药液、药膏，皆以"齐"名。药液、药膏以"齐"称，所以中药有"汤剂""膏剂"之分，总称"方剂"，所以医家、病家常见说"一剂药""两剂药"。

炖肉、煮酒、酿醋、腌制酱、煎药（包括熬膏药），都需要水、火蒸煮、煎烹。可见凡是通过时间或长或短的蒸煮、煎烹、熬炼等加工方法而获得的食品、饮品、药品，都属于"水火之齐"。

（二）火剂

与"水火之齐"相对的有"火齐"。笔者向读者介绍有关"火齐"的知识，是为了对"水火之齐"的本质有更加深入的理解。

《说文》释玫瑰的玫字："火齐玫瑰也。"段注本作"玫瑰，火齐珠"。"火齐玫瑰""火齐珠"措辞不同，说的却是同一种东西，就是用火烧炼的琉璃制品。因为烧炼不必用水，所以不叫"水火之齐"，而只叫"火齐"。段玉裁引《吴都赋》注，云："火齐如云母，重沓而可开，色黄赤似金。出日南。"②《吴都赋》注说的这种"如云母"的"火齐"，是自然生成的矿物，与烧炼制造的"火齐玫瑰"形色类似，却并非真正的"火齐"。段玉裁引证《吴都赋》注，只是因为"日南"出产的这种矿物貌似"火齐玫瑰"而已，而真正的"火齐"必须是熬炼而成的。

称熬炼之物的玫瑰为"火齐"，可知举凡熬炼、熔炼之物皆是"火齐"，皆可以称"齐"。《考工记·辀人为辀》云："攻金之工：筑氏执下齐，冶氏执上齐。"郑玄注："多锡为下齐，大刃、削杀矢、鉴燧也。少锡为上齐，钟鼎、斧斤、戈戟也。"郑玄注所谓"多锡""少锡"者，是说金属制品（现在说的"五金"，古人谓之"金"；但古人所谓"金"者，多数场合是指铜而言）的成分比例大小：与铜相比较，锡占比例大，谓之"下齐"；锡占比例小，谓之"上齐"。所以《考工记》又说："金有六齐：六分其金而锡居一，谓之钟鼎之齐。五分其金而锡居一，谓之斧斤之齐。四分其金而锡居一，谓之戈戟之齐。三分其金而锡居一，谓之大刃之齐。五分其金而锡居二，谓之削杀矢之齐。金锡半谓之鉴燧之齐。"

郑玄对《考工记》的"上齐""下齐"的解释是正确的，由此可知：所谓"上齐""下齐"，其实就是一定铜、锡比例的合金锭。这种称作"火齐"的合金锭，是铸造青铜器皿的预制件，可以直接用这样的"火齐"分别熔铸钟鼎、斧斤、戈戟等器物。"金有六齐"云云，就像真正的"火齐"琉璃制品——《说文》所说的"火齐玫瑰"——一样（并不是段注引证《吴都赋》注的天然"火齐如云母"），是因为其制作过程中只用火而不用水，以区别于"水火之齐"的，所以只能称"火齐"。至于"火齐"而简称"齐"，这正如"水火之齐"也可以简称"齐"，是一样的道理。

（三）盐，更早于"水火之齐"的"天齐"

综上所述，凡是用水、火蒸煮而成的食品、饮品、药品，古人都谓之"水火之齐"，简

---

① 《说文》释副字："刮去恶创肉也。"所引书证就是这句"副杀之齐"。
② 段玉裁：《说文解字注》，《汉小学四种》，成都：巴蜀书社，2001年影印本，上册，第23页。

称"齐"（剂）。凡是无须浸泡于水，而只用火烧炼矿物以获得的金属物品，以及玻璃（琉璃）制品，就叫"火齐"。"水火之齐""火齐"皆可简而称之，曰"齐"。

那么，盐呢？据《说文》释盐字："古者宿沙始作煮海盐。"最初的海盐正好就是用火煎煮海水而成的，盐是不是也可以以"齐"称之呢？

《广韵》去声十二霁有从酉，从齐，齐亦声的醑字，与"水火之齐""火齐""分剂""剂量"的剂字、齐字同小韵（就是用同一个反切注音的同音字），而释其义云"咸也"。这与《说文》解释盐字、鹺字的措辞凑巧一样：《说文》释盐字、鹺字，也皆曰"咸也"。当然，纯然"巧合"的概率极小，"巧合"的背后往往有潜在的规律起作用。训诂学（语言解释学）有其固有的自身规律，盐字、鹺字，以及醑字，三个字皆以"咸也"释义，也应当是规律使然。

民国时期出版了陈沧来先生的《中国盐业》一书，收入《万有文库》。陈氏在《总论》里说过一番话，至为简单却是很多人未曾想到过的。他说："常人只知道盐味是咸的，却不曾注意世界上有咸味的物品只有盐一种。"[①] 仔细想来，五味之中，咸味以外的四种滋味，都可以从许多植物中获得。譬如可以从葱、姜、韭、薤、辣椒获得辛辣味，从梅、李、柠檬、山楂获得酸味，可以从苦瓜、苦菜获得苦味（《诗经·邶风·谷风》云："谁谓荼苦，其甘如荠"，"荼"就是一种苦菜），可以从桃、李、杏、柰、甘蔗获取甜味。而咸味只能从盐获取，盐是无可替代的。所以《尚书·说命下》有武丁（殷高宗）赞美傅说的话，说："若作酒醴，尔惟曲糵；若作和羹，尔为盐梅。"咸味和酸味是五味中最重要的滋味，古人曾经有用梅子代替醋的实践经历，所以语言中就有用梅子代替酸味的修辞（借代辞格）；而咸味则只能是盐，无可取代。所以武丁只能一实指、一借代，说"尔为盐梅"。后世归纳《尚书·说命》武丁说的"尔为盐梅"，于是有了"盐梅宰相"的比喻。

这个与盐字、鹺字同以"咸也"释之的醑，肯定就是盐——因为咸味没有替代品，咸味只能来源于盐。或者说，既然以"咸也"释之，那么"醑"一定非盐莫属：醑应当就是盐的古名，或者是盐的地域别名。所以《广韵》去声十二霁保存的这个"醑，咸也"的训释十分珍贵，这说明盐曾经以"醑"称，也就是以"剂"、以"齐"称，这是古人视海盐为"水火之齐"的最好证明。

海盐就是正宗的"水火之齐"，这是通常想不到的，其实却是古人的常识。而齐地、齐国盛产海盐，而且古老的齐地曾经一度独领海盐风采。那么，欲寻找齐地之所以为"齐"的原因，要确认齐地得名之由，《史记·封禅书》所谓"齐所以为齐，以天齐也"，还有"天齐，渊水，居临淄南郊山下者"，以及《释名·释州国》的"地在勃海之南，勃齐之中也"，还有解道彪《齐记》说的"临淄城南有天齐泉，五泉并出，有异于常。言如天之腹齐也"，这一切就一揽子令人生疑了。——不是这么回事，齐地、齐国的名字不可能是这么起的。

所以我们倾向认为，齐地之所以得名"齐"，是因为海盐：齐地是因为盛产海盐这种最古老的"水火之齐"——这种"醑"而得名的。

海盐"醑"是最古老的"水火之齐"，人们认识海盐，更早于其他"水火之齐"，诸如

[①] 陈沧来：《中国盐业》，上海：商务印书馆，1929年，第1页。

酒、醋、酱、中药等。

　　进而还应当想到：先民最早认识的海盐是自然生成的海盐结晶，是盐碱滩涂积水之洼地经过烈日暴晒自然生成的颗粒状海盐结晶，最初先民采食的海盐就是这种自然生成的海盐颗粒。这样的海盐颗粒并没有经过火的洗礼，所以从"正名"的角度看，还不算是"水火之齐"。当先民采食完天然海盐后，到必须用火煎熬斥卤之水才能获得海盐的时候，海盐就成了最早的"水火之齐"。

　　先民最早采食的、没有经过火的洗礼的天然海盐结晶，就是"天齐"。这种"天齐"海盐，就是"水火之齐"海盐的前身。

　　海盐的发明、创制年代更早于酒、醋、酱，在还没有酒、醋、酱之前，海盐曾经独占"齐"——"䣄"——之名。也就是说，在只有海盐这一种"水火之齐"的时候，在只有海盐这一种"天齐"——故而独称"齐"（䣄）的时候，此地就被命名"齐"（䣄）了。

　　因本地物产而命名其地的例子并不少见。广西合浦东南海域，以盛产珠母贝而得名"珠母海"，又名"珠海"。"珠母贝"的珠海是古代采珍珠之地，因此而有"合浦还珠"的历史故事（语出《后汉书·孟尝传》）。铜陵出产铜，遂以"铜"命名其陵，后兼以命名其地。无锡之所以得名，是因为此地曾经出产锡，而后锡矿采尽而改称"无锡"。山东旧地有"无盐"其名者，其得名之原因盖因为本地缺盐。浙江海盐县，是因为出产海盐而得名等等，不乏其例。

　　以上是因物产而命名产地的例子。也有相反的，因产地而命名物产，如，古代冀州产良马，所谓"冀之北土，马之所生。"（见《左传·昭公四年》），后来遂以冀州之"冀"移以称良马，而造从马，从冀，冀亦声的"骥"字。蔡国出产大龟，遂以蔡国的"蔡"移以称大龟。《左传·襄公二十三年》说"臧武仲自邾使告臧贾，且致大蔡焉"，臧武仲送给臧贾的"大蔡"就是乌龟。另如卫国盛产毛驴，遂以卫国之"卫"移以称毛驴，旧时小说多见，不烦举例。

　　齐地之得名，是珠海、铜陵、海盐县之比：是因其地最具特色的"天齐"海盐而得名。这很正常，合于古代以地方特色物产命名地域的规律。所以，《史记·封禅书》根据世代口耳相传说的那句"齐所以为齐，以天齐也"是完全正确的："天齐"就是海盐，海盐就是䣄，齐地是因为盛产海盐䣄而得名的。

二、甲骨文、金文"齐"字像"水火之齐"

　　有些基于目验的感觉似乎于冥冥中提醒我们向更为久远的历史追溯。我们想到了太公望尚未赴齐就国之前——那时候的齐地，是不是就以"齐"称之呢？这是需要论证的。当然《史记·齐太公世家》叙述武王封太公于"齐营丘"，"营丘"之前既然冠以"齐"字，这说明此地原来就是以"齐"称之的。但是也不排除这种可能：当时"营丘"周边的一大片土地并不以"齐"为名，"齐营丘"的说法可能只是撰写历史者的一种方便说法，是后来史家追加的称呼。正如现在说"三皇五帝是中国人"，当然也是对的，但是当三皇五帝在位的时候，他们君临的这片土地并不以"中国"命名——即使有"中国"这个名词，也并非就是国家意义。譬如《诗经·大雅·民劳》篇有以"中国"与"四方"对比的"惠此中国，以绥四方"，

《左传·庄公三十一年》有与"四夷"对比的"中国则否",《左传·昭公九年》云"戎有中国,谁之咎也",以"中国"与"戎"对比。这几处"中国"就只是地域方位意义(中原),并非"国家"意义。先秦典籍多见"中国",皆非现在的国家意义,不烦俱引。

所以地名"齐"究竟起于哪年哪代,是需要考证的。

《说文》释齐字:"禾麦吐穗上平也。"小篆齐字作:齊,甲骨文、金文齐字作: ✦(《殷虚书契前编》2.15.3)、✧(《齐卣》)。① 甲骨文、金文齐字皆不作"上平"形,也不像"禾麦吐穗",即使勉强想象成"禾麦吐穗",也似是而非。可见《说文》释齐字之形意未必允当。不过,"天齐"之所以得名,不一定非得是源于齐字的本义,如果"天齐"不是从齐字本义而得名,那么《说文》释齐字本义之正确与否,对于我们的考证关系就不大了。行文至此,笔者并不曾料想"齐之所以为齐"还真与齐字的本义相关。姑且看接下来的考论。

只要将目光从"禾麦吐穗"移开,在烈日下对着晒盐的盐畦观察一番,有时甚至只需一两个小时,就能看到盐畦中盐粒凝结的样子:宛然就是甲骨文、金文的齐字形。这是阳光与斥卤之水的作品,并没有经过火的洗礼,所以并不是经典的"水火之齐";因为是天然生成,所以它是先于"水火之齐"的"天齐"。

再设想先民最早在斥卤积水之地采集天然海盐结晶颗粒,他们认为这些海盐结晶就是从地下生出来的,就不难理解甲骨文、金文齐字为什么在三颗海盐结晶颗粒下面各画一条竖线了:这肯定是示意海盐颗粒从地下生出来的样子。

用煎盐法得到的海盐结晶颗粒,也与甲骨文、金文齐字十分相似,只是看不到示意海盐颗粒从地下生出来的那三条竖线。

齐字之释义指向"水火之齐",甲骨文齐字字形再指向早于"水火之齐"的"天齐",指向海盐结晶,这说明甲骨文齐字的本义与其字形之意相同,就是"水火之齐",就是"水火之齐"前身的"天齐"。换言之,殷商人就是描画海盐结晶,并想象海盐颗粒从地下生出来的样子以创制甲骨文"齐"字的。

甲骨文、金文齐字作"天齐"海盐结晶之形,这说明至晚在殷商时期此地已经以"齐"名之了。

可见《封禅书》云"齐所以为齐,以天齐也",以及《齐太公世家》以"齐"冠名"营丘",是世代流传的旧说,也是探源之说,并不是司马迁只顾一时方便的说法。

我们似乎在无意中发现了甲骨文、金文齐字像海盐结晶之形,这说明,甲骨文、金文的字形研究,需要与地域文化、民俗文化进一步结合。当然,从另一个角度看问题,也可以说,有些历史文化现象的真相,更迫切需要古文字——包括古文字形以及其字形之意——的证明。

四、从"水火之齐"的"天齐"向"肚脐眼"的蜕变

关于中药是"水火之齐",可能有不同的认识。中草药多用烘焙的方法定其药性,譬如

---

① 甲骨文、金文字形分别取自:孙海波《甲骨文编》,北京:中华书局,1965 年;容庚《金文编》,北京:中华书局,1985 年。

炙贝母、炙甘草之类，这样烘焙的中草药很像是"火齐"。《韩非子·喻老》篇记载扁鹊见蔡桓公，云："疾在腠理，汤熨之所及也；在肌肤，针石之所及也；在肠胃，火齐之所及也。"见诸《韩非子》的这番话，很自然会被视为中草药称"火齐"的证明。

王先慎《韩非子集解》引卢文弨云："火齐，《新序》作'大剂'。"① 据此我们知道，《新序》引《韩非子》原文是"在肠胃，大齐之所及也"——是"大剂"，不是"火齐"。卢文弨引《新序》是为了证明《韩非子》的"火齐"为"大剂"之误。但王先慎并不以《新序》"大剂"为然，所以又引《史记·仓公列传》的"火齐汤"，以证明《韩非子》原文就是"火齐"。

其实汉代的"火齐汤"并不足以证明先秦之"大剂"就是"火齐"。《韩非子》所谓"大剂"者（"疾……在肠胃，大剂之所及"），很有可能是特指"中国"草药的配伍方剂，以区别于蛮夷单味草药。兴于中原通邑大都事物往往以"大"为名。《庄子·秋水》篇令河伯自愧"见笑"的"大方之家"，就是指的中原通邑大都人物。旧时佛教、伊斯兰教人士称儒学为"大教"，现在许多乡间地方仍然称京剧为"大戏"（称地方戏剧为"小戏"），等等，也都可以证明中原事物多以"大"称。所以中药汤剂另有"大剂"之名。

而且"水火之齐"，往往以"大"称，如鱼肉以"大"称，曰"大鱼大肉"；醋称"大醋"（《三国志·魏志·华佗传》写作"大酢"），酱称"大酱"，甚至也有方言称盐为"大盐"者。沾益于"水火之齐"，辛辣浓烈之物也往往以"大"称，如"大葱""大蒜""大姜""大料"（八角）等。所以作为"水火之齐"，作为气味浓烈的中药汤剂特称"大剂"，不足为奇。

《史记·扁鹊仓公列传》记载：齐郎中令循"不得前后溲三日"，饮以火齐汤而疾愈。齐王太后病，"难于大小溲"，饮火齐汤而病已。这只是说明汉代将"水火之齐"改称"火齐汤"而已，并不能说明中草药原本就是"火齐汤"。汉代将"水火之齐"的中药汤剂改称"火齐汤"，可能反映当时"五行"家的影响。汉初，有的"五行"家认为汉代以火王，故有意于行文回避"水"字（如将洛阳之洛改写为雒）。所以医家遂改"水火之齐"为"火齐汤"。

而且即使有将中草药称为"火齐汤"者，也有冒领"火齐"之名的意思："火齐"而"汤"，说明需要经过水火煎煮才能服用，而经过水火煎煮，就是"水火之齐"了。可见，"火齐汤"只不过是"水火之齐"的另名别号而已。

五、从"水火之齐"的"天齐"向"肚脐眼"的蜕变

综上所述，《史记·封禅书》所说"齐所以为齐，以天齐也"，这个因果关系没有问题，问题的症结是："天齐"的真谛失传了。

"天齐"真谛失传，人们又需要用"天齐"解释齐地得名之原因，于是就为"齐所以为齐"找到了"天齐，渊水，居临淄南郊山下者"的原因，就成了《释名》的"地在勃海之南，勃齐之中也"，以及《齐记》所说的"五泉并出，有异于常，言如天之腹齐也"。

所以说，问题出在人们将一念萌生、任意一指的肚脐眼以当"天齐"，于是以"天齐"

---

① 王先慎：《韩非子集解》，北京：中华书局，2013年点校本，第173页。

称的海盐"醝"就逐渐与"天齐"脱节了,"齐所以为齐"的真实原因就被掩盖了。

真实原因被掩盖,"肚脐眼"之类人为明堂得以冒充齐地得名之因由——整个过程看似简单。但是,海盐是齐地经济之命脉,是齐国之国脉所系,事关国脉,事关管子①,情况就可能更复杂一些,譬如有意混淆是非、掩盖真相的可能性也就不能事先排除。

齐地得名之原因是"天齐"海盐,是醝,这个"醝"随时都在提醒:原来以海盐为业的土著莱夷人才是齐地名正言顺的主人。曾几何时,齐地的海盐产地转入齐国之手,齐国继承了土著人的海盐产地,欢欣之余,却也不无愧疚。天长日久的愧怍之心让齐国人不安,齐国人不得不承受"必也,正名乎"的煎熬。但是,如果齐地得名于临淄南门外的天齐渊,掠夺者的心理障碍就会随着岁月的流逝而逐渐消泯,于是就有了齐地得名于"肚脐眼"的说法。在某种意义上说,这是新主人对旧名物行施的"正名"手术。

古人认为,针对一个或部落或家族施加毁灭性的打击,会给胜利者带来不幸,这种不幸往往从心理障碍开始。新王朝对既已灭亡的旧王朝留一线种子,就是这种心理的反映,"存灭国,继绝世"的惯例就是这样形成的。对"天齐"的"正名"手术消除了齐国当权人物的心理障碍,所以通过对"天齐"的"正名"手术完成的"肚脐眼冒名案"有利于太公望以后的齐国。由此推论,作案者必是齐国的一位智者——此人舍管仲无人可以当之。

作者简介:国光红,男,齐鲁师范学院教授。学术专著有:《古文字形意研究》《读史搜神》《九歌考释》《红楼梦索隐》《红楼梦解码》《齐长城与管子》等。周丙华,男,南京大学历史学博士,西南民族大学旅游与历史文化学院讲师,研究方向:先秦历史与文化,古文字与出土文献。

---

① 参国光红:《齐长城与管子》,文物出版社,2009年。

城竟莫校：周代筑城与列国边防

宝鸡文理学院周秦文化研究中心　韩虎泰

摘　要：在中国早期，随着人们疆域观念和边界意识的萌发，藩卫疆土、拓疆殖民、标识境界等做法不断被强调。边境筑城作为这一系列边疆观念的现实实践，商周之际便已有之。周人克商后，筑城营国在西周疆域扩张与边疆经略中发挥了关键性作用。周室东迁，王室衰微，诸侯力政，各诸侯国竞相兼并，从而引发了激烈的边界扩张和疆土诉求。边境筑城，作为一种军防措置，既是列国开疆拓土的前沿基地，也是藩卫本土的关键屏障，更是经营纳入版图的新获领地的重要据点。相应的，境上之城自然也就充当了区分列国界域的重要标识。

关键词：春秋时期　筑城　边防

　　恩格斯指出："国家和旧的氏族组织不同的地方，第一是它是按地区来划分居民……这种按照居住地组织国民的办法，是一切国家共同的。"[①] 说明国家是一种具有地域特征的政治形式。同时，这种政治形式占据和控制着一定的地理范围，这便是国家的疆域。自古以来，国家疆域的范围决定着国家的体量，体现着国家的实力，决定着其发展的持续性和潜力。因此，大多数国家都有开拓疆土的冲动。然而国家疆域的拓展和收缩都发生在疆域的边缘性区域，即边疆。不论过去还是现在，边疆在国家发展中的意义十分凸显。[②] 中国历史上，因边疆经略不善而导致外部敌对势力侵入，甚至导致国家政权倾覆的史实比比皆是。因而，如何加强对边疆地区管控和经略是历代王朝疆域治理措置的重要议题。于边境枢纽要地筑城营国在西周殖民拓疆的过程中发挥了不可替代的作用。春秋时期，频繁的兼并与扩张战争激发了人们强烈的疆域意识，这也促使列国在开疆拓土的同时，逐渐重视和加强边境地区的防御。于边界地区的险要据点或交通要津构筑城防工事，既可以作为向前拓进的基地和跳板，亦是退守拒敌的军事堡垒。因而，边界筑城现象在春秋列国的边疆经略中十分普遍。

[①] ［德］恩格斯：《家庭、私有制和国家的起源》，《马克思恩格斯选集》第 4 卷，北京：人民出版社，1972 年，第 166—167 页。
[②] 周平：《全球化时代的疆域与边疆》，《中国边疆史地研究》2014 年第 3 期。

一

城，《穀梁传》说城是"保民为之也"①。《墨子·七患》作"城者，可以自守也"②。《说文》云："城以盛民也。"③ 可以看出，在早期历史上，城是一种保民安全的防御性设施。何以作为防御呢？因为城有墙垣，可隔断内外，人居其内可以安全无患。《说文》："墙，垣蔽也。"城是以墙垣来遮挡敌人的侵掠，从而保护城内居民安全。《孟子·公孙丑下》称："三里之城，七里之郭，环而攻之而不胜。"④ 说的就是城的防御功用，敌人被阻挡在墙外，从周缘进攻也无法进入。基于此，许宏将城定义为："拥有防御性设施的聚落。"⑤ 当然，本文所要探讨的"城"与"城市"应当是有严格区别的：即具有防御性设施的城并非都是城市，反之并非所有的城市也都具有防御性的城垣。但有一点需要明确，我们后世所称的城市之"城"实际上是从原始的防御性"城"衍展而来的。

从史前聚落考古看，城的最初出现，是作为聚落群体的政治实体之间竞争与冲突的产物。新石器晚期的龙山文化时期，中国范围内已分布着众多不同等级的聚落群，这些聚落大部分结合在一个个的中心聚落周围，形成了一群相互竞争的小型政体，并且这些政体的中心聚落围以壕沟和夯土城墙，城作为防御性设施的存在说明这些政治实体之间具有竞争和军事抗衡的痕迹。⑥ 换言之，政治实体之间的军事冲突和对抗应当是"城"这一防御性设施出现的原始动力。因之，早在19世纪，恩格斯就曾指出城的出现不仅是建筑艺术的巨大进步，同时也是危险增加的标志。⑦ 在整个冷兵器时代，城的功能和形式在不同阶段表现出多样化和复杂化的形态，其防御功能则亦呈现出不断强化和突出的趋势。

国家形成以后，边疆地区的防御、控制和疆域的进一步开拓以及对新征服领土的镇戍，往往通过在边境地区的交通枢纽、战略要塞等修筑城垣作为前沿据点以资实现。在童书业先生看来，城的作用是保卫封土，也即诸侯国在国界之上筑城作为保卫疆土的据点。⑧ 事实上，商周至春秋时期，诸侯国之间已有较为明确的疆域观念和边界意识。甲骨卜辞有：

辛卯王［卜贞］，小臣丑其作围于东，对。王占曰：大［吉］（《合集》36419）

《尔雅·释诂》："疆界边卫圉，垂也。"郭璞注云："疆埸境界，边旁营卫守圉皆在外垂

---

① 范宁注，杨士勋疏：《穀梁传注疏》卷2，阮元校刻《十三经注疏》（清嘉庆刊本），北京：中华书局，2009年，第5142—5143页。
② 孙诒让：《墨子间诂》卷1《七患》，北京：中华书局，2001年，第29页。
③ 许慎：《说文解字》，北京：中华书局，1963年，第288页。
④ 焦循：《孟子正义》卷4《公孙丑下》，北京：中华书局，1998年，第251页。
⑤ 许宏：《城·都城·城郭·城墙：三代城市考古札记之一》，《三代考古》（四），北京：科学出版社，2011年，第79页。
⑥ 刘莉著，陈星灿译：《新石器时代：迈向早期国家之路》，北京：文物出版社，2007年，第146页。
⑦［德］恩格斯：《家庭、私有制和国家的起源》，《马克思恩格斯选集》第4卷，第160页。
⑧ 童书业：《春秋史》，北京：中华书局，2006年，第104页。

也。"邢昺疏云："舍人曰：'圉，拒边垂也。'孙炎曰：'圉，国之四垂也。'"①《左传·隐公十一年》亦云："寡人之使吾子处此，不唯许国之为，亦聊以固吾圉也。"李学勤先生也认为"圉"的意思是疆垂，"作圉"就是建立疆界。② 西周早期的㝬钟铭文：

  王肇遹省文武，堇觐疆土，南国𠬝子敢陷处我土，王敦伐其至，扑伐厥都，𠬝子廼遣闲。（《集成》00260）

逑盘铭文曰：

  逑曰：丕显朕皇高祖单公，趩趩克明慎厥德，夹𰃮文王、武王达殷，膺受天鲁命，匍有四方，并宅厥勤疆土，用配上帝。（《商周铭文暨图像集成》14543）

大盂鼎铭文云：

  王曰：盂，廼绍夹死司戎，敏谏罚讼，夙夕召我一人烝四方，𤔲我其遹省先王受民受疆土。（《集成》52837）

"疆土"自然是指有疆界的土地。《周礼·大司马》云："制畿封国以正邦国"。郑玄注谓："封，谓立封于疆为界。"贾公彦进一步解释："谓制诸侯五百、四百里之等，各有封疆，界分乃得正。"③《左传·庄公二十七年》有"卿非君命不越竟"④、《宣公二年》有"亡不越竟"⑤ 的说法。此可概见至少西周至春秋时期，时人便具有较为明确的疆界意识，界域判然。不仅如此，周代人们还将其疆界理念付诸勘界实践中。散氏盘铭文里，为了划定疆界，要对其外围的要地实行封境，可能是积土于其上植树。实行封境措施的场所除了岗、岸、陵等处，多于道路上进行。⑥ 对此，《周礼·大司徒》曰：

  大司徒之职……以天下土地之图，周知九州之地域、广轮之数……而辨其邦国都鄙之数，制其畿疆而沟封之，设其社稷之壝而树之田主，各以其野之所宜木，遂以名其社与其野……乃建王国焉，制其畿方千里而封树之。

---

① 郭璞注，邢昺疏：《尔雅注疏》卷2《释诂下》，阮元校刻《十三经注疏》（清嘉庆刊本），北京：中华书局，2009年，第5602页。
② 李学勤：《当代学者自选文库·李学勤卷》，合肥：安徽教育出版社，1999年，第92页。
③ 郑玄注，贾公彦疏：《周礼注疏》卷29《大司马》，阮元校刻《十三经注疏》（清嘉庆刊本），北京：中华书局，2009年，第1802页。按，虽然《周礼》《礼记》等记载，能否反映西周时期的历史实际，学界多有异见，但从出土西周铜器铭文及简帛文献的记载看，即使《周礼》《礼记》成书时间较晚，但其记载的诸侯国疆域情形当本于周代遗制。如《周礼·大司徒》云："凡建邦国：诸公之地，封疆方五百里。"（《周礼注疏》卷19《大司徒》，第727页）此为上博简（四）《曹沫之陈》的记载所印证："鲁庄公将为大钟，型既成矣，曹沫入见曰：'昔周室之邦鲁，东西七百里，南北五百。'"［马承源主编：《上海博物馆藏战国楚竹书》（四），上海：上海古籍出版社，2004年，第243页］两项记载几同，此即显证。
④ 杨伯峻：《春秋左传注》，北京：中华书局，1981年，第236页。
⑤ 杨伯峻：《春秋左传注》，第663页。
⑥ 陈梦家：《西周铜器断代》，北京：中华书局，2004年，第348页。

郑玄注云："千里曰畿，疆犹界也。沟，穿地为阻固也。封，起土界也。"贾公彦疏曰："沟封，谓于疆界之上设沟，沟上为封树，以为阻固也……穿地为深沟即是阻固。"① 孙诒让说："'制其畿疆而沟封之'者，定其封疆沟洫，以正其经界也。"② 可见，列国在边界地区开挖沟洫，在沟洫外垒土垫高并栽种树木以为固，以此作为边界的标识，称之为封。对于"封洫"为边的划界实践，《史记·齐太公世家》的一段记载可进一步印证：

> （齐桓）二十三年，山戎伐燕，燕告急于齐。齐桓公救燕，遂伐山戎，至于孤竹而还。燕庄公送桓公入齐境。桓公曰："非天子，诸侯相送不出境，吾不可以无礼于燕。"于是分沟割燕君所至与燕……诸侯闻之，皆从齐。③

对此贾谊《新书》亦称："乃剖燕君所至而与之，遂沟以为境而后去。"④ 这恰好与《墨子·天志中》"大国之君……以攻伐无罪之国，入其沟境。"⑤ 互为印证。显然，燕齐之间开挖沟洫作为国界是毫无疑问的。

既然西周至春秋时期，人们已经有了较为明确的疆域观念和边界意识，那么为了藩屏疆域安全和明确疆界所在，境上筑城这种具有双重作用的军事措置，自然颇受诸国青睐。尤其是周室东迁，由于周王统治势力疲弱，其所维持的政治体系从上到下，从里至外，经历了结构性的变动，导致了诸侯代兴，各诸侯国大小相侵，疆土借机开始日益扩张。随之，边地的筑城现象在诸侯国之间的表现更是十分普遍。正如萧国钧所言："封建割据和相互征伐的局面，从东周时代开始，此时的诸侯，都成了独立自主的封君，每一封君都企图尽量扩充自己的军事势力，巩固自己的国家，以加强自己的统治权力。同时为防止邻国入侵，和保护自己的领土财富，封君们乃大量筑城。"⑥ 边境筑城作为一种军事防御工事，既是国家开疆拓土的桥头堡，也是退守自保的根据地，可以说军队从这里出发，又从这里撤退。美籍历史学家阿瑟·沃尔德隆在其《长城：从历史到神话》一书中不无遗憾地认为："中国中期的边界防御工事几乎没有什么人研究。"⑦ 他所说的"中期"指的是魏晋至隋唐这一时段。虽然阿氏此论未免显得过于武断，但确实从某种程度折射出这一时段边界防御工事研究的相对薄弱。诚然，由于受材料、关注点及其他因素的限制，对中国早期，尤其是西周至春秋时期列国边界的防御工事这一课题的研究呈现出类似的局面。顾栋高在《春秋大事表》卷38《春秋城筑表》对《左传》中诸侯国"城"某地或"筑"某地的记载按时间顺序做了部分辑录，并附

---

① 郑玄注，贾公彦疏：《周礼注疏》卷10《大司徒》，第1512页。
② 孙诒让：《周礼正义》，北京：中华书局，2013年，第692页。
③ 《史记》卷32《齐太公世家》，北京：中华书局，1982年，第1488页。
④ 贾谊撰，阎振益、钟夏校注：《新书校注》卷6《春秋》，北京：中华书局，2000年，第250页。
⑤ 孙诒让：《墨子间诂》卷7《天志中》，第214页。
⑥ 萧国钧：《春秋至秦汉之都市发展》，王寿南、陈水逢主编：《岫庐文库》，台北：台湾商务印书馆，1984年，第32页。
⑦ ［美］阿瑟·沃尔德隆著，石云龙、金鑫荣译：《长城：从历史到神话》，南京：江苏教育出版社，2008年，第62页。

有简单说明。① 但因受限于材料和著作体例,顾氏所论过于简略,尚不完备。

二

从文献记载来看,最早的边地筑城现象在商代末期、西周初年便已有之,商末周初为了征服周边地区的族群和方国,并进一步巩固和守御新的疆土,往往会派遣官员或将领在边地筑城,形成经略边疆的据点。《诗经·小雅·出车》就记录了周文王差南仲为征伐猃狁在于方和朔方筑城的事情:

> 王命南仲,往城于方,出车彭彭,旂旐央央。天子命我城彼朔方,赫赫南仲,猃狁于襄。②

郑玄《笺》曰:"王使南仲为将率,往筑城于朔方,为军垒以御北狄之难。"孔颖达《正义》:"天子命我城筑军垒於朔方之地,欲令赫赫显盛之南仲,从此征猃狁,于是而平除之。"毛《传》云:"朔方,近猃狁之国也。"《尔雅》云:"朔,北方也。"③ 孔颖达认为:"朔方,地名,云国者,以国表地,非国名。"《诗经·小雅·采薇》序云:"采薇,遣戍役也。文王之时,西有昆夷之患,北有猃狁之难。以天子之命,命将率,遣戍役,以守卫中国。故歌《采薇》以遣之,《出车》以劳还,《杕杜》以勤归也。"④ 这是将此三首诗均视为文王时代为讨伐猃狁,命将率军戍守边地一事而作。我们知道商代的政治地理结构,在王畿外由"四土"和"邦方"构成,"邦方"时常与商王朝处于对峙状态,是不受商控制的众多部落或方国,他们分布在商朝国家控制的整个地区的边缘及以外,同商朝地方势力形成犬牙交错状。⑤ 因此"于方、朔方"指的应是北部"邦方"的国族名。到了商末,在西部逐渐强大起来的周人向北拓展势力,逐渐将其纳入自己的势力范围内,故此"于方""朔方"便成了周人控制的北部边境,于是"于方"和"朔方"也就自然而然地成了周人与猃狁等异族部落对抗的前沿。因此,孔颖达说"城筑军垒于朔方之地","从此征伐猃狁",甚至有学者将之视为周代的长城或长城的初始形态。⑥

---

① 顾栋高撰,吴树平、李解民点校:《春秋大事表》卷38《春秋城筑表》,北京:中华书局,第2145—2157页。
② 毛亨传,郑玄笺,孔颖达正义:《毛诗正义》卷9《小雅·出车》,阮元校刻《十三经注疏》(清嘉庆刊本),北京:中华书局,2009年,第889页。
③ 郭璞注,邢昺疏:《尔雅注疏》卷7《释地第九》,第5688页。
④ 毛亨传,郑玄笺,孔颖达正义:《毛诗正义》卷9《小雅·采薇》,第881页。
⑤ 谢维扬:《中国早期国家》,杭州:浙江人民出版社,1995年,第404页;陈梦家:《殷虚卜辞综述》,北京:中华书局,1988年,第319页;宋镇豪:《商代的王畿、四土与四至》,《南方文物》1994年第1期;参徐中舒《周原甲骨初论》,四川大学学报编辑部、四川大学古文字研究室编:《古文字研究论文集》,成都:四川人民出版社,1982年;张光直:《中国青铜时代》,北京:三联书店,1999年,第102页;李学勤:《〈西周甲骨探论〉序》,《西周甲骨探论》,北京:中国社会科学出版社,1984年,第5页;[日]伊藤道治著,江蓝生译:《中国古代王朝的形成——以出土资料为主的殷周史研究》,北京:中华书局,2002年,第44页。
⑥ 寿鹏飞:《历代长城考》,民国三十年(1941)印。

此外，周人在向南方和东方不遗余力地开拓疆域的过程中经常在新征服的领土上建筑城池，作为其进一步经营新边疆的军事据点，如《大雅·崧高》：

> 维申及甫，维周之翰，四国于蕃，四方于宣。亹亹申伯，王缵之事，于邑于谢，南国是式。王命召伯，定申伯之宅，登是南邦，世执其功。王命申伯，式是南邦，因是谢人，以作尔庸。王命召伯，彻申伯土田，王命傅御，迁其私人。申伯之功，召伯是营，有俶其城，寝庙既成……锡尔介圭，以作尔宝，往近王舅，南土是保……①

周王命申伯营建城邑于南边的谢地，以守御西周的南部边疆，所谓"有俶其城""南土是保"即谓此。《诗经·大雅·烝民》记载了周人筑城于东境的情形：

> 仲山甫出祖，四牡业业。征夫捷捷，每怀靡及。四牡彭彭，八鸾锵锵，王命仲山甫，城彼东方。②

毛《传》云："东方，齐地也。古者诸侯之居逼隘，则王者迁其邑而定其居，盖取蒲姑而迁于临淄也。"

西周为扩大控制地域而以军事殖民的形式在东方新征服的领地上建立军事控制的据点——城，并以分封的形式派宗室贵族和亲信大臣前往，据城守卫。因此，我们看到周代大部分初封的诸侯国领有的土地大致为"百里之地"。如《礼记·王制》云："公侯田方百里。"③《书·费誓》序云："鲁侯伯禽宅曲阜，徐夷并兴，东郊不开。"④伪孔《传》："徐戎、淮夷并起为寇于鲁，故东郊不开。"⑤言外之意，伯禽初就鲁国时，国之"东郊"直接与诸夷族接界，也就是说鲁国的"东郊"就是它的东部边界。《说文》云："距国百里为郊。"⑥按此，鲁国的"东郊"指的就是都城向东百里左右的地方，这里便是封域东部的疆界了，正好印证了《王制》中"百里"的范围实为鲁初封疆域的合理性。因为周初的封建在本质上是一种疆域扩张军事殖民政策，作为经营新领地的"城"，最初可能还没有足够的实力来控御更大的地域，大部分情况下可能只是在边地起到某种平衡、管控和军事威慑的效果。对此，杜正胜先生指出"殖民营国之要务是建立军事据点，以统治土著民族，史书名之曰'城'。因为四下统治的都是怀抱敌意的异民族，周人统治者属少数民族，不得不以坚固的城垒自保，以强悍的武力镇压"⑦。在这一意义上，与齐类似的鲁、卫、唐等国的初封，实际上也是周王室为加强对东方和北方新征服地区军事统治而在国之边境设置的军事据点。"彭彭""锵锵"，郑玄曰："彭彭，行貌。锵锵，鸣声。以此车马命仲山甫使行，言其盛也。"正说明了周初在

---

① 毛亨传，郑玄笺，孔颖达正义：《毛诗正义》卷18《大雅·嵩高》，第1219-1222页。
② 毛亨传，郑玄笺，孔颖达正义：《毛诗正义》卷18《诗经·大雅·烝民》，第1226页。
③ 郑玄注，孔颖达正义：《礼记正义》卷11《王制第五》，阮元校刻《十三经注疏》（清嘉庆刊本），北京：中华书局，2009年，第2861页。
④ 孙星衍：《尚书今古文注疏》卷30《书序第卅》，北京：中华书局，1986年，第611页。
⑤ 孔安国：《尚书传》卷13，台北：新兴书局，1961年，第77页。
⑥ 段玉裁：《说文解字注》第六篇下，第286页。
⑦ 杜正胜：《周代城邦》，台北：联经出版事业股份有限公司，1979年，第25页。

边地封建营城的盛况。相应的，《诗经·小雅》中："我任我辇，我车我牛。我行既集，盖云归哉！我徒我御，我师我旅。我行既集，盖云归处！"也是对这一现象较为贴切的写照。

周代在新征服的边境地区筑城的例子，青铜器铭中也有反映，如中甗铭文：

> 王令中先省南国贯行，䥆𥨛在曾，史儿至，以王令曰："余令汝使小大邦，厥又舍汝𥎦量至于女，虡小多□。中省自方、邓，迶？邦，在𦯒师次。伯买父乃以厥人戍汉中州，曰叚、曰𤲞，厥人□廿夫……。（《集成》00949）

虽铭文内容有所残泐，但不影响理解，大意尚可以通晓：周王遣中巡省南国，并筑城建立军事堡垒，派兵镇戍。类似的，班簋铭文记录了毛公讨伐东国痛戎，并营诸城池的事件：

> 王令毛公以邦冢君、徒驭、戜人伐东国痛戎，咸。王令吴白（伯）曰："以乃师左比毛父。"王令吕伯曰："以乃师右比毛父。"趞令曰："以乃族从父征，㠯城卫父身。"三年静东国，亡不成，眈天威，否畀纯陟。（《集成》04351）

周王遣毛伯率领徒驭、国人，并在吴伯、吕伯的配合下征讨东土的痛戎。其间毛伯趞令其属下班曰："以乃族从父征，㠯城卫父身"，命令属下率领其族人从征的同时，还要其在东方同痛戎对抗的边地筑城以"卫父身"。此类"城"可能与《小雅·出车》中"城彼朔方"，筑军垒以御戎狄的情况一样。康侯簋铭文曰：

> 王朿伐商邑，祉令康侯啚（鄙）于卫。（《集成》04059）

鄙，《说文》云："五酂为鄙。从邑啚声。"段注云："鄙，所居也。按，《大司徒》以邦国、都鄙对言。郑注以邦之所居曰国，都之所居曰鄙对言。春秋《经》《传》鄙字多训为边者。盖《周礼》都鄙距国五百里，在王畿之边。故鄙可释为边。"① 据此，鄙有"居地"和"边地"两重意思。周人克商，对于远在西部的周而言，此时的卫地实际上是周人新征服的边鄙之地。"令康侯鄙于卫"，实质上是封建康侯于卫，建立城邑，对旧商遗民进行管控和镇服。

由以上论述可见，西周的边地筑城有军事堡垒和封建城邑两种性质，无论哪种情况，都是为了达到边境军事防御和地域控制的目的。故此，《管子·权修》云："地之守在城，城之守在兵，兵之守在人，人之守在粟，故地不辟则城不固。"②《逸周书·成开解》也说："土守其城沟。"陈逢衡进一步解释道："守其城毋予堕，守其沟毋予填，守在国也。"③ 足见筑城保疆，由来有自。

三

周室东迁，使得原有的政体趋于解崩，进入我国历史上第一个分裂割据时代，扩张战

---

① 段玉裁：《说文解字注》，第286页。
② 黎翔凤：《管子校注》卷1《权修》，北京：中华书局，2004年，第52页。
③ 黄怀信：《逸周书汇校集注》卷5《成开解第四十七》，上海：上海古籍出版社，2007年，第503页。

争、攻伐兼并成为时代主旋律。相应的，春秋列国因地域扩张和军事防御形势的需求，出现了颇为普遍的筑城现象。正如清人张自超云：

> 城以聚人民而防寇盗也，鲁以《王制》四百里之侯国，通《春秋》，书城者十九，书大夫帅师以城者三。可见春秋以前天下无事，而防御疏，至此而争战日起，守备日严，民力所以日困也，其时与不时，则于按时以书而知之。①

因而，在《左传》《国语》《史记》等古典文本以及鼎彝铭文与简帛等出土文献中保留了较多的春秋筑城的记载。其表述往往为"城"某地、"筑"某地或"营"某地。李晓杰先生曾详细考察了战国时代的"城"某地与"筑"某城的记录，并将其置于政区地理的视野下观察，认为战国时期的"城"某地即"县"某地，而"筑"某城与"城"某地，都是在该地筑城、建城的意思，并将"筑"某城之年权且视为该地置县的时间，基于"城""县"互称的考虑，将某"城"径视为某县。② 与战国时期不同，春秋列国集权制下的地方行政制度尚处在萌芽阶段，郡县制的发育还十分不健全。虽然"城"某地大部分发生在诸侯国的边境地区，与春秋时期楚国置县多在边地的情形较为吻合，但绝不具有普遍意义，亦无城、县对等之例。一般而言，"县"指的是一个地区，新设县意味着在占有领土上圈出一个新的地理区域。而春秋时期的"城"某地，只是边界战略要地所修筑的军事控制据点，并无明显的对周边地区具有统辖和行政功能的记载。值得注意的是，春秋"城"某地绝大多数是发生在军事防御或进拓的背景之下的。清儒顾栋高申及春秋城筑时讲道："春秋自庄（鲁庄公）以后，或黩武启衅而防报复，或背盟大国而虑见讨，又况季末权臣擅侵夺小国以自封殖矣。"③ 因此，关于"城"某地的记录中，除了少数是涉及列国修筑都城或诸侯国会筑成周外，绝大多数是列国的边境筑城。由于边境筑城涉及的多是边界防御与开拓问题，故此对筑城问题的具体讨论与考订是厘清春秋列国边防与边界问题的重要环节。

征诸文献，边境筑城是当时人们十分重视的军事活动之一。平王东迁以后，由于宗周覆灭，王权陵替，以天子为中心的政治体制名存实亡，军事领导体制也瓦解，于是诸侯始专征伐，列国普遍的扩军备战，兵燹四起，大小兼并日趋频仍，所以《诗经·小雅》云："国既卒斩，何用不监。"郑笺曰："天下之诸侯日相侵伐，其国已尽绝灭，女何用为职，不监察之？"④ 周王权力下移，列国之间原有的均衡秩序遭到破坏，众国纷然，天下板荡。由于春秋时期，各国之间的主要作战方式是战车，只要在边境地区的交通要隘修筑城垒、设置关塞，便可控制两国之间的军事干道，起到防御的作用，同时也是军队向前开拓进取的基地和跳板，《说苑·权谋》：

> 智伯欲袭卫，故遗之乘马，先之一璧。卫君大悦，酌酒，诸大夫皆喜，南文子独不喜，有忧色。卫君曰："大国礼寡人，寡人故酌诸大夫酒。诸大夫皆喜，而子独不喜，

---

① 张自超：《春秋宗朱辨义》卷1，《景印文渊阁四库全书》第178册，第24页。
② 李晓杰：《中国行政区划通史·先秦卷》，北京：复旦大学出版社，2009年，第312—313页。
③ 顾栋高：《春秋大事表》卷38《春秋城筑表》，北京：中华书局，1993年，第2146页。
④ 毛亨传，郑玄笺，孔颖达正义：《毛诗正义》卷12《小雅·节南山》，第943页。

有忧色,何也?"南文子曰:"无方之礼,无功之赏,祸之先也。我未有往,彼有以来,是忧也。"于是卫君乃修津梁而拟边城。智伯闻卫兵在边境上,乃还。①

智伯伐卫的计划因卫国于两国边境之地筑城守卫,控遏重要交通关津,并派兵屯守而作罢。此可概见屯驻边城的威慑作用。《礼记·月令》所云:"行冬令则国多盗贼,边境不宁,土地分裂。"故而需要"固封疆,备边境,完要塞,谨关梁,塞徯径"。郑注:"固封疆,谓使有司循其沟树及其众庶之守法也。要塞,边城要害处也。"②"缮边城"是当时列国重要防御工事。③ 另外,《左传》成二年的一段记载可进一步说明边城的重要性:

> 成公二年,齐侯伐我北鄙,围龙。顷公之嬖人卢蒲就魁门焉。龙人囚之。齐侯曰:"勿杀,吾与而盟,无入而封。"弗听,杀而膊诸城上。齐侯亲鼓,士陵城。三日,取龙。遂南侵,及巢丘。

龙为鲁国北部边界上的城邑,齐人一旦攻下龙城,便可长驱直入鲁国封内,而且边城一旦失守,敌军攻略境内疆土如反掌之易。《战国策·齐策》云:"故明君之攻占也,甲兵不出而敌国胜,冲橹不施而边城降。"边城之降从某种程度上意味着事半功倍,随即摧枯拉朽,具有战略胜利的重大意义。正所谓"鄣塞不慎,不过八日而外贼得闻"④。因此,在中国历史上历代王朝,国家的边境地区一直是军事屯兵的重中之重。上博简《曹沫之陈》记鲁庄公欲伐齐而问于曹沫曰:

> 吾欲与齐战,问陈奚如?守边城奚如?曹沫答曰:"臣闻之:有固谋而亡固城。有克政而亡克陈。三代之战陈皆存,或以克,或以亡。且臣闻之:小邦处大邦之间,敌邦……其饮食足食之,其兵足以利之,其城固足以捍之。"⑤

鲁庄公欲与齐战,他所关心的主要问题除了战阵之法,最重要的便是边城的守备事宜。相应的,边城不缮常常被视为国家之败政,《管子·立政九败解》云:

> 然则内之不知国之治乱,外之不知诸侯强弱,如是则城郭毁坏,莫之筑补,甲弊兵凋,莫之修缮,如是则守圉之备毁矣。⑥

从"守圉之备"可见这里的"城郭毁坏,莫之筑补"指的应是边城。更甚者《韩非子·亡微》则将城郭之恶视为亡国之兆:"城郭恶,无蓄积,财务寡,无守战之备而轻功伐者,可亡也。"⑦ 事实上,在《左传》中确实有不少因边城不修而险些亡国的事例:成公八年,

---

① 向宗鲁:《说苑校证》卷13《权谋》,第338页。
② 郑玄注,孔颖达正义:《礼记正义》卷17《月令》,第2989—2991页。
③ 黎翔凤:《管子校注》卷18《度地》,第1063页。
④ 黎翔凤:《管子校注》卷3《幼官图》,第189页。
⑤ 马承源主编:《上海博物馆藏战国楚竹书(六)》,上海:上海古籍出版社,2007年,第251页。
⑥ 黎翔凤:《管子校注》卷21《立政九败解》,第1191页。
⑦ 王先谦撰,钟哲点校:《韩非子集解》卷5《亡微第十五》,北京:中华书局,1998年,第111页。

晋侯使申公巫臣如吴，假道于莒。与渠丘公立于池上，曰："城已恶。"莒子曰："辟陋在夷，其熟以我为虞?"对曰："夫狡焉思启封疆以利社稷者，何国蔑有？唯然，故多大国矣。唯或思或纵也。勇夫重闭，况国乎?"成九公年，冬十一月楚子重自陈伐莒，围渠丘，渠丘城恶，众溃，奔莒。戊申，楚人入渠丘。莒人囚楚公子平。楚人曰："勿杀，吾归尔俘。"莒人杀之。楚师围莒。莒城恶，庚申，莒溃。楚遂入郓，莒无备故也。

  杨伯峻认为渠丘在今莒县东南，而渠丘公为莒子朱，莒是当时的夷国，国君无谥号，以地名为号。① 但是我们认为其说似可商榷，首先从"楚自陈伐莒，围渠丘，渠丘城溃恶，众溃，奔莒"之句来看，渠丘应该是莒国南部边邑，巫臣假道于莒而之吴，"与渠丘公立于池上"此可能是渠丘公送巫臣出境之前送别的情形。《周礼·环人》云："环人掌送逆邦国之通宾客⋯⋯凡门关无几，送逆及疆。"孙诒让疏云："'送逆及疆'者谓与讶士、掌讶同，从小行人送逆于竟上也。"② 故而渠丘公应该是莒国南部边邑渠丘城的长官，在此以充当了"环人"的身份，送巫臣出境赴吴。③ 殆因莒国边城渠丘城郭恶而不修，导致楚军迅速将其攻破，并一路向前，势如劈竹，攻入莒国都城"莒城"，致使"莒溃"，近乎亡国。相反，筑城边境以固封疆的观念在春秋时期也较为明显，《左传》昭公四年："楚子欲迁许于赖，使斗韦龟与公子弃疾城之而还。申无宇曰：'楚祸之首将在此矣。召诸侯而来，伐国而克，城竟莫校，王心不违，民其居乎?'""城竟莫校"，杨伯峻谓："筑城于边境而诸侯无与争者。"④ 申无宇所表达的虽然是对楚君兴役劳民的隐忧，然筑城固疆，殆无可争辩。《左传》昭二十三年载：

> 楚囊瓦为令尹，城郢。沈尹戌曰："子常必亡郢。苟不能卫，城无益也。古者，天子守在四夷；天子卑，守在诸侯。诸侯守在四邻，诸侯卑，守在四竟。慎其四竟，结其四援，民狎其野，三务成功。民无内忧，而又无外惧，国焉用城？今吴是惧，而城于郢，守已小矣。卑之不获，能无亡乎？昔梁伯沟其公宫而民溃，民弃其上，不亡，何待？夫正其疆场，修其土田，险其走集，亲其民人，明其五候，信其邻国，慎其官守，守其交礼，不僭不贪，不懦不耆，完其守备，以待不虞，又何畏矣？⋯⋯无亦监乎若敖、蚡冒至于武、文，土不过同，慎其四竟，犹不城郢。今土数圻，而郢是城，不亦难乎？"

  通观沈尹戌之语，他强调的重点在于"慎其四竟"，加强边境防守而不是"城国"即修筑国都。所谓"正其疆场，险其走集"指的即是巩固边疆防御体系，并建立垒壁以藩屏国土，不在边境修筑防卫城垒而一味地加强国都的城防工事是毫无意义的。他通过古今对比，进一步强调：楚国历代先王"土不过同，慎其四竟"而"今土数圻，而郢是城，不亦难乎？"

---

① 杨伯峻：《春秋左传注》，第 840 页。
② 孙诒让：《周礼正义》卷 30《环人》，第 3059—3060 页。
③ 春秋诸国边邑的镇守者常以"某公"称之，如楚之县公便属此例。故颇疑渠丘公乃莒国南境重镇渠丘驻守长官，在此充当了"环人"的身份送巫臣出境。
④ 杨伯峻：《春秋左传注》，第 1254 页。

过去疆土狭小犹须固守边境，而今疆土辽阔，边地离政治中心悬远，在鞭长莫及的情形下更需要建立完备的边防体系。因此，急需做的是"城竟"而非"城国"。

春秋边境筑城一方面是为了自保，另一方面则是基于对新占领地的控制和拓进的需要。相较于前者，后者在一些大国表现得十分明显。如晋、楚等大国为了加强对周边诸国的控制，纷纷于边疆新延伸地带筑城屯军以逼之。如《左传》昭二十九年载："冬，晋赵鞅、荀寅帅师城汝滨。"杜注："汝滨，晋所取陆浑地。"①顾祖禹亦云："晋赵鞅、荀寅帅师城汝滨。盖是时灭陆浑而取其地也。"② 汝滨，即汝水之滨。盖汝水当为陆浑戎分布的南界。晋于汝滨筑城，一方面是巩固对新获陆浑地的控制，另一方面想必是为防范和阻止楚国北进，表明此时晋国的南部边界也已伸展到了汝水沿线。又清华简《系年》载："（楚）景平王即世，昭王即位。许人乱，许公佗出奔晋，晋人罗，城汝阳，居许公佗于容城。"③ 城汝阳，即于汝水北岸筑城。容城在今河南鲁山县东南。④ 正当汝水北侧。进一步印证此时晋国版图南端延伸到汝水之滨。城汝阳与城汝滨类似，都是在汝水沿线建立军事基地。其做法一方面为了巩固新获领土，另一方面以之作为阻止楚国北扩的屏障。

楚国亦然，据《左传》鲁宣十一年、昭十九、昭十一年，楚年曾于方城外的顿、沂、栎、郏、陈、蔡、不羹分别广筑城池，将疆域向北的控制点延伸到汝、颍一线。从晋、楚筑城的地点来看，多分布于黄河以南、方城以外，与山川等天然屏障唇齿相依，构成边境防线上的锁钥。不但对周边邻邦构成威胁，还屏卫着本国的疆土，在军事上可谓一举两得。

陈槃先生曾说春秋列国之间"未尝没有边境的画分，而且未尝不注意边境，知道要守护边境。但守不住时，则只好筑城、守城了。事实上，边境未必皆有天然之险可守，敌国大兵一来，自非退守城中不可。所谓城，有大城、有小城。小城就是邑城，也叫堡，古文作保。《礼记·月令》所谓'四鄙入保'的便是。"⑤上博简《曹沫之陈》载："民有保，曰城，曰固，曰阻。三尽用不皆弃，邦家以宏。"⑥《说文·口部》："固，四塞也。"⑦《周礼·夏官·序官》"掌固"下郑玄注："固，国所依阻者也。国曰固，野曰险。"⑧ 城之以作为国家疆土和人民所依托的边塞与险阻，筑城守御之意甚明。

周代筑城边境不仅是守御封疆的关键屏障，更是起到表识疆界的重要作用。《左传》记晋惠公由秦返晋即位，"朝济而夕设版焉"。杜注："朝济河，而夕设版筑以距秦，言背秦之速。"此处的"设版"指的应该是筑边城。此事在刘向《新序》中则云："朝得入，而夕设版

---

① 杜预：《春秋经传集解》，第1582页。
② 顾祖禹撰，贺次君、施和金点校：《读史方舆纪要》卷51《河南六》，北京：中华书局，2005年，第2442页。
③ 李学勤主编，清华大学出土文献研究与保护中心编：《清华大学藏战国竹简（贰）》，中西书局2011，年，第180页。
④ 李学勤主编，清华大学出土文献研究与保护中心编：《清华大学藏战国竹简（贰）》，第182页。
⑤ 陈槃：《春秋时期的交通》，《中央研究院历史语言研究所集刊》，第三十七本下。
⑥ 马承源主编：《上海博物馆藏战国竹书（四）》，第269页。
⑦ 段玉裁：《说文解字注》，第281页。
⑧ 孙诒让：《周礼正义》卷28《序官·掌固》，第1794页。

而画界焉。"① 在刘向看来，设版筑城不仅是为了军事防御，更有划分疆境界限的深意。类似的记载尚别见于《战国策·赵策》："昔者，先君襄主，与代交地，城境封之，名曰'无穷之门'，所云昭后而期远也。"鲍彪云："筑城境上，为之封域。"② 此亦显证。前文提到，西周春秋时期列国的疆界主要有封土和沟洫来两种形态，从这一层面上，"城"可以说是封土的另外一种形式。考古发掘告诉我们，早期的夯土城是由环壕和土围聚落发展而来。③ 因此将"封"视为城的原始形式也未尝不可，张玉坤等学者就认为"封"是长城的起源。其云：

  自先秦至秦始皇统一中国，不论国之疆域大小皆有边界，从疆域与长城的分布图中发现各国长城基本都是沿着疆域边界修筑，限定边界的土"封"边成为长城原始形态的一种可能。④

一如上举，先秦列国边境筑城，并辅以沟池壕洫，在起到防御功能的同时，意味着国家疆界之所达。故《墨子·非攻》云：

  入其国家边境，芟刈其禾稼，斩其树木，堕其城郭，以湮其沟池……迁其重器。⑤

类似的记载，尚别见于《逸周书·大明武解》："旁隧外权，堕城湮溪。"⑥ 城郭之堕、沟池之湮意味着边境失守，疆土侵削。《战国策·燕策》："不逾楚境，不窥于边城之外。"⑦ 边城之外即是邻国疆境。春秋鲁大夫曹刿谓庄公曰："齐之侵鲁，至于城下，城坏压境，君不图与？"⑧ 边地筑城为国之界标之意甚明。

综上述，边城是一个国家疆域与边界的象征，它既有军事防御的功能又标识疆域、境界的概念。边城之构筑，往往选择在邻近本土边界的国土之上，借助山川等自然条件，既可作为国家的疆界，又可以作为军事防御和军事进攻的据点和基地，从而对整个国家的封疆领土、人口、资源等起到保护和防御作用。

作者简介：韩虎泰，男，汉族，复旦大学历史地理研究中心博士毕业，获中国史博士学位，现为宝鸡文理学院周秦伦理文化与现代道德价值研究中心研究员，主要从事先秦边疆史地研究。

---

① 石光瑛校释，陈新整理：《新序校释》卷9《善谋》，北京：中华书局，2001年，第1117页。
② 诸祖耿：《战国策集注汇考》卷19《赵二》，南京：江苏古籍出版社，1985年，第997页。
③ 张学海：《城起源研究的重要突破——读八十垱遗址发掘简报的心得，兼谈半坡遗址是城址》，《考古与文物》1999年第1期。
④ 张玉坤、李哲、李严：《"封"——中国长城起源另说》，《天津大学学报》（社会科学版）2009年第4期。
⑤ 孙诒让：《墨子间诂》卷5《非攻下第十九》，第141页。
⑥ 黄怀信等：《逸周书汇校集注》卷2《大明武解》，第134页。
⑦ 诸祖耿：《战国策集注汇考》卷29《燕一》，第1519页。
⑧ 石光瑛校释，陈新整理：《新序校释》卷4《杂事第四》，第493页。

试论犬戎与猃狁的关系*

河北师范大学历史文化学院 何艳杰

摘　要：犬戎与猃狁既是西周史研究的重要内容，也是上古民族史研究的重要部分。两族名号随世而变，前贤如王国维等也不甚了了。今世学者在两族的历史、居地迁徙、名号变化等方面更是聚讼纷纭。这导致了"犬戎与猃狁关系"研究中的两大分歧：一族异名说和两族说。通过比较，在图腾信仰、族姓、居地的变异迁徙、名号的变化、与周人的关系、考古学文化的对应等六个方面，两族都存在相当大的差异。仅在均属于西戎范畴、西周中晚期曾共居于"大原"，都以犬为图腾这三个方面，两族具有相似性。犬戎为族群之称，下属众多部族；猃狁为单一的部族称号，二者在地域、历史等众多方面判然有别，并非一族。学界的习惯性思维"同一时期活动于一地的部族应该为同一部族"，是导致学者多将二族混淆的误区所在。

关键词：犬戎　猃狁　泾洛之阳　大原

关于犬戎与猃狁关系的争论其来已久。王国维以古文字资料考证古史，提出"其见于商周间者，曰鬼方，曰混夷，曰獯鬻；其在宗周之季则曰猃狁；入春秋后则始谓之戎，继号曰狄，战国以降又称之曰胡，曰匈奴"。"昆夷、薰育、猃狁自系一语之变，亦即一族之称。"① 学者多受王氏影响，以为犬戎与猃狁一脉相承，是不同时期周人对同一戎族的不同称号。刘桓进而以甲文和金文资料来补充考证犬戎与猃狁为一族相继而名号有变。② 李峰从探究猃狁侵周的路线入手，提出"后世文本中的'犬戎'这个称谓指的就是西周史料中的'猃狁'"③。杜勇别出心裁，以金文中所载的周人与猃狁交战时所获战俘的数字比较少，大大少于周人伐鬼方取胜时所获战俘的数字，说明宣王对猃狁的征伐并不彻底，因此幽王时猃

---

*本文为国家社科基金一般项目"中华民族认同视野下先秦白狄东迁研究"（16BZS07）阶段性成果。
① 王国维：《鬼方、昆夷、猃狁考》，《观堂集林》卷13，北京：中华书局，1959年，第二册，第583、593页。
② 刘桓：《甲骨、金文中所见的犬戎与严狁》，《殷都学刊》1994年第2期。
③ 李峰：《西周的灭亡：中国早期国家的地理和政治危机》，上海：上海古籍出版社，2007年，第391页。

狁改称"犬戎",与申侯、曾侯等一同亡周。①

但是,以上证据经不起推敲。王国维的论断笼统而泛泛,今人质疑者颇众。甲骨文中的犬方(犬侯)是否即是犬戎有待考证。众所周知,有铭青铜器的发现具有偶然性。金文的偶然性导致其中记载信息的不完整性。目前所知与猃狁相关的有铭青铜器虽然数量众多,但并非所有。以《诗经》《史记》等众多文献所载周人与猃狁激烈且长久的战争状况而论,应该有数量众多的青铜器尚未发现。因此,仅以目前已知的某几次交战的战俘数来推测全部战俘的数量,有以偏概全之嫌。

"两族说"的声音虽然微弱,但发人深省,不乏真知灼见。值得注意的是,《诗》《春秋左传》《史记》《汉书》《后汉书》、古本《竹书纪年》等相关文献记载中均将犬戎与猃狁分别叙之,从未见二族之名互称之例。王国维等学者已经注意到这一点,但仅以名号变异、自名他称、戎语汉译等说弥合这一明显的漏洞。以段连勤、沈长云等为首的学者提出"猃狁自为猃狁,犬戎自为犬戎"的看法。②《先秦人口流动民族迁徙与民族认同研究》以文献和考古资料互证,认为犬戎与猃狁都是西戎的分支。③ 然而诸家均未深入求证,以至于未能在学界引起足够重视。

鉴于犬戎与猃狁的关系这一问题,涉及者虽众,尚缺乏深入而系统的考证,于今仍是西周史研究中的一桩悬案,是西周民族史研究中无可避免的障碍,有必要对其进行梳理论证。本文欲结合文献、金甲文、考古资料和岩画等多方面资料,从图腾、姓氏、分布地域和迁徙路线、名号变化、与周人的关系、对应的考古学文化六方面入手,客观考证犬戎与猃狁的关系,辩证二者并非一族而名号相异者,而是两个不同的古族,以期对这一问题的解决有所裨益。

一、犬戎与猃狁的图腾不同

(一)犬(狼)图腾的信仰从新石器时代延续至今

新石器时代,犬是一种比较常见的动物装饰纹样,有些可能具有图腾信仰载体的功能。从新石器时代直到汉代的考古学文化中,犬的形象多见于诸如陶器、铜器、动物纹饰牌、岩画和壁画等装饰纹样中。新石器时代,犬形装饰陶器多见于南北各处遗址。西北地区青海马家窑文化和甘肃辛店文化中出土有狗纹陶器。比较著名的犬形装饰陶器见于北方的甘肃火烧沟文化。甘肃酒泉玉门县火烧沟文化出土一件三狗方陶盒,盒盖上并列三只站立的犬,盒内装有陶罐(图一)。北方内蒙古地区敖汉旗小河沿类型中出土有狗头雕塑。犬形纹样的陶器也多见于南方的屈家岭文化遗址中,最具代表性的如湖南怀化高坎垄新石器遗址出土的"双头连体犬形陶塑"。湖南怀化正处于武陵蛮中心地区,武陵蛮自称是犬种,盘瓠氏之后,此

---

① 杜勇:《多重文献所见厉世政治与厉王再评价》,《历史研究》2017年第1期。
② 段连勤:《犬戎历史始末述》,《民族研究》,1989年第5期。沈长云:《中国历史·先秦史》,北京:人民出版社,2006年,第159页。
③ 张国硕:《先秦人口流动民族迁徙与民族认同研究》,郑州:大象出版社,2011年,第171页。

器的出土反映了对"祖先的崇拜和对生殖的崇拜"①。东方的山东胶县龙山文化遗址中也出土犬形陶尊。新石器时代各地出土众多的犬形陶器，这些犬形最明显的功能应该是装饰，其中可能蕴含着祖先崇拜或生殖崇拜意义。

图一　三狗方陶盒②
(1976年火烧沟遗址出土)

图二　青铜器上的天族族徽③

商周青铜器中常见犬形的族徽或器物。商周有著名的"天族"，众多青铜器上的族徽组合形式已经形成一定规律：一般以"天"字在上，下面则有不同的动物形象。其中有的动物形象颇类犬形，明显该族是以犬（狼）为图腾，进而以犬形与天字结合形成族徽，其象征演化过程非常明显（图二）。周代北方系青铜饰物上也常见犬的形象。如玉皇庙文化中出土了数量众多的犬形饰（258件），还有犬形牌饰5件（图三）。引人深思的是，玉皇庙文化中只出土了虎形、马形、鹿形和犬形这四种动物形象的牌饰。虎、马、鹿等动物都是人们熟悉的古代图腾形象。因此，这些犬形不仅有装饰性，而且是一种图腾形象，反映了当时人对犬这一动物形象的喜爱和崇拜。

中国的岩画中也经常出现犬图腾的形象。内蒙古阴山山脉狼山地区的岩画，可能始于青铜时代或更早些。阴山岩画中许多狩猎者、祭祀者、舞蹈者往往缀有尾饰，似犬之有尾者。④直到汉代，汉墓中的画像石中还存在犬图腾的形象。如天昊犬身人首像（图四）。

---

①舒向今：《试论怀化高坎垄新石器时代遗址出土的双头犬形陶塑》，《中南民族学院学报》1989年第5期。
②王璞：《玉门历史考古》，兰州：甘肃人民出版社，2014年，第97页。
③图片来源：邹衡：《论先周文化》，《夏商周考古学论文集》，北京：文物出版社，1980年，第340页，图九：1，6。
④盖山林：《内蒙阴山山脉狼山地区岩画》，《文物》1980年第6期。

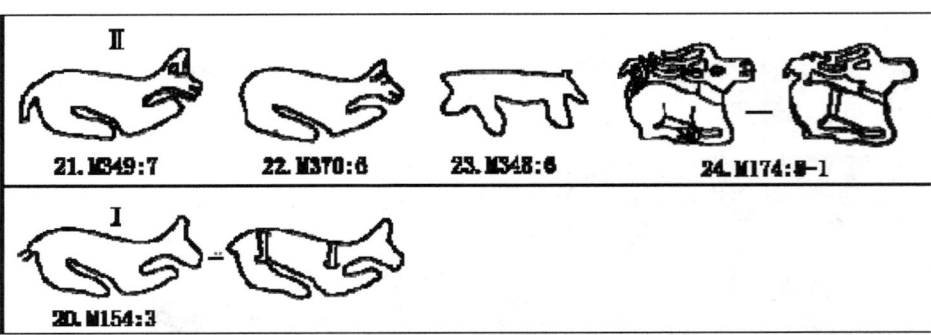

图三　玉皇庙文化出土犬形牌饰①

图四　天昊与犬身（东汉画像石）②

至今，在北方阿尔泰语系诸民族先民中，狼崇拜依然盛行。③ 这种信仰由来已久，在蒙古族中尤为突出，目前蒙古人依然自认为是"苍狼白鹿"的后裔。

（二）以犬（狼）为图腾的古代部族为数众多

犬戎是一个相当泛泛的以犬等动物为图腾的族群称号。犬戎，学者多从名号本意出发，认为应该是以狼（犬）为图腾的戎族。如沈长云认为："称犬戎者，以其崇尚犬图腾之故。"④ 但这一认识是不完整的。犬戎的图腾至少包括狼（犬）和鹿两种。《国语·周语上》载：穆王伐犬戎"得四白狼，四白鹿以归，自是荒服者不至"。古本《竹书纪年》有相似的记载，但称"获其五王，遂迁戎于太原"⑤。这些文献反映了犬戎的图腾至少有白狼（犬）和白鹿两种，犬戎至少包括五个分族，因此其首领称"五王"。古代图腾是部族的标志，即

---

① 图片来源：洪猛《玉皇庙文化初步研究》，吉林大学文学院博士学位论文，2014年，图2.12。
② 图片来源：童永生《中国岩画中的原始农业文化研究》，南京农业大学人文社会科学学院博士学位论文，2011年，图5-3。
③ 那木吉拉：《犬戎北狄古族狼崇拜及神话传说考辨》，《民族文学研究》2008年第2期。
④ 沈长云：《骊戎考》，《上古史探研》，北京：中华书局，2002年，第296页。
⑤ 对此处文献的理解主要有两种观点，一种认为白狼和白鹿是犬戎的图腾圣兽；一种认为是八个以白狼和白鹿为图腾的部族首领。近来王海、张利军《伯唐父鼎与周穆王治理荒服犬戎》（《东北师大学报》2014年第1期）从金文角度证实，穆王举行大射礼时的确以白狼和白鹿为靶子。因此白狼和白鹿应为穆王俘获并带回的战利品，并非部族首领，是为战胜后祭祖时的大射礼准备的标靶。

使是同一族群的不同分族，其图腾也不一样，因此每个部族都有自己独特的图腾，数量不仅限于一个。如《左传·昭公十七年》载少皞族群以鸟纪，各分族的图腾都是鸟，但鸟的种类各不相同。以此而论，那么犬戎族群的五个部族至少要有五个不同的图腾，白狼（犬）、白鹿只是其中之二。

玁狁，又称猃狁，也是以犬为图腾的部族。《说文解字》载："猃，长喙犬。一曰黑犬黄头"。《尔雅·释畜》："长喙，猃。"《诗·秦风·驷驖》载："载猃歇骄。"毛传："猃、歇骄，田犬也。"可见，秦人的一种猎犬称"猃"。狁，通允，一般认为是允姓，《左传》昭公九年载允姓之戎原居于瓜州，后被秦人迫逐而东迁。因此，玁狁之名的本义应该是一种以长嘴黄头的黑犬为图腾的允姓之戎。

狄也是以犬为图腾的族群。狄的初文是一犬和一大人的组合。狄，甲骨文尚不确定，或可作 ᚑ（佚288），从 ᚑ（大）从 ᚑ（犬），本义为大犬。ᚑ，即大人，又可与"天"互通。ᚑ，应指部族的图腾信仰，表示该族是大（天）犬的亲属或后裔。所以，狄的本意应该是崇拜大（天）犬之人，亦可称为大（天）犬族。《山海经·大荒西经》载："有赤犬，名曰天犬，其所下者有兵。"此中的"天犬"当即古代对赤犬图腾的神化。狄是众多部族集合体的泛称，主要有白狄、赤狄、代狄等等名号。代狄，即春秋时期冀北的代族，也是狄族之一支，以犬为图腾。《史记·赵世家》载："翟犬者，代之先也。"白狄、赤狄之下也有各种部族分支。白狄中有姬姓狐氏一支，《国语·晋语四》载："狐氏出自唐叔。狐姬，伯行之子也，实生重耳。"狐氏，应该是白狄中以狐为图腾的一支部族。因此，狄实为以"大（天）犬"为图腾的部族联合体或族群，此族群之内部又有不同的部族，各自又有本族的图腾，不一而足。

战国、秦汉及以后的武陵蛮，自古以来即称本族是犬种，为盘瓠氏之后。盘瓠据称即是狗头人身之像或五色犬。至今盘瓠依然是畲族图腾崇拜的对象。

总之，新石器时代"犬"已经成为部族图腾。"犬"图腾信仰历商、周、秦、汉至今，经久不衰。先秦时期，以"犬"为图腾的古族为数众多，比较著名的有商周时期的犬戎、猃狁、狄等。这些部族或族群的共同点是世代传承了以犬为图腾的信仰。这表明上古时期"犬"是普遍受人尊敬的图腾信仰。相似的图腾信仰存在于不同时期的不同族群中，如犬戎历史悠久，其存在从夏商一直延续到春秋时期。猃狁则主要存续于西周中晚期。狄之名称在商代甲骨文中已经存在，作为北方部族的称号之义则主要见于春秋时期文献记载，但甲骨文和文献中的"狄"作为部族时，其指向并不是同一个部族。因此，以犬为图腾的部族历来为数众多，犬戎、猃狁只是其中之二，具有相类的图腾，并不能说明犬戎与猃狁为同族。

需要特别指出的是，以王国维为首的学者有一种看法，认为凡古族以犬为名或古族之名有犬旁的，都是华夏之族对为害尤甚的少数民族的贱称。如狄"其字从犬，中含贱恶之意，故说文有犬种之说，其非外族所自名而为中国人所加之名"，并进而认为"故宣王以后有戎狄而无玁狁者，非玁狁种类一旦灭绝或远徙他处之谓。反因玁狁荐食中国，为害尤甚，故不呼其本名而以中国之名呼之，其追纪其先世也，且被以恶名。是故言昆戎则谓之犬戎，薰鬻则谓之獯鬻，严允则谓之獯狁。"① 以目前的研究成果而言，这种观念明显是主观的，是受到大汉族主义中的民族歧视思想影响而产生的偏见。因此，基于这种偏见而形成的犬戎与猃狁是一族而名号变异者的认识也是不足取的。

二、犬戎之姓与猃狁相异

犬戎为姬姓之戎。犬戎之姓有姬姓、姜姓、任姓、隗姓等不同说法。然细审之以姬姓说最为合理。沈长云《骊戎考》指出，"骊戎不过是犬戎的换一种称呼而已。盖骊戎属于姬姓，犬戎亦为姬姓。……至于骊戎，则视为犬戎的一个支系或支族可也。"② 该文举证甚详，非常可信。

目前，学者一般认为猃狁为允姓之戎。王国维考证鬼方是以部族名号为姓甚详，指出："鬼方之为隗姓，犹獯狁之为允姓也。"③ 惜未对獯狁之姓的来源做深入考证。獯狁与猃狁通，猃为图腾，狁通允，是其姓。因此獯狁是以"猃"为图腾的允姓之族。允姓之族是一个大的族群，其下部族众多，在春秋战国的文献中多见，名号各异。《左传》襄公十四年载："范宣子亲数诸朝，曰：'来！姜戎氏！昔秦人迫逐乃祖吾离于瓜州，乃祖吾离被苫盖，蒙荆棘，以来归我先君……'对曰：'昔秦人负恃其众，贪于土地，逐我诸戎。惠公蠲其大德，谓我诸戎，是四岳之裔胄也，毋是翦弃。'"《左传》昭公九年载，晋人与周人争田，晋人率阴戎伐颍，周王派人据理力争，指出："先王居梼杌于四裔，以御螭魅，故允姓之奸，居于瓜州，伯父惠公归自秦，而诱以来，使逼我诸姬，入我郊甸，则戎焉取之。戎有中国，谁之咎也？"此处直指阴戎是允姓之戎的一支，东迁之前居于瓜州。允姓之戎，又称"姜戎氏"，是四岳后裔。《左传》襄公十四年范宣子与戎子驹支的对话下，杜注："四岳之后皆姜姓，又别为允姓。"炎帝姜姓，其后有齐、吕、申、许四氏，尧时为四岳，然姜姓之后并未有允姓或允氏，因此今人多方猜疑。杜预的注释其实已经解释了允姓的来源，但语焉不详，后人未能深解。笔者以为，"允"与"许"古为联绵词，同意而音近，因此，允姓即为许姓，姜姓后裔，这应该是杜预的原意。若此说成立，那么猃狁应是姜姓许氏一支。

可见，犬戎为姬姓，猃狁为允姓，两者明显是异姓。古者异姓则异族，异族即异德，这是先秦时期的通识。因此，二者不可能为一族之不同称号。

三、犬戎与猃狁所居之地不同

（一）犬戎居地的变迁

犬戎出现很早，历三代，至春秋中期始淹没无名，因此其居地多有变化。经过学界的不断探索，其迁徙之迹已经基本确定。夏末，犬戎已经居于豳岐之间。④ 商代犬方处于商人的

---

① 王国维：《鬼方、昆夷、獯狁考》，《观堂集林》，第604页。
② 沈长云：《骊戎考》，《上古史探研》，第294页。
③ 王国维：《鬼方、昆夷、獯狁考》，《观堂集林》，第591页。
④ 古本《竹书纪年》载夏桀之时"畎夷入居豳岐之间。"《后汉书·西羌传》亦载："后桀之乱，畎夷入居邠岐之间。"今本《竹书纪年》亦有相似的记载："桀三年，畎夷入于岐以叛。"

西部，首领称犬侯，地处陕西，与周人为邻，多次与商人共同伐周。犬戎应是犬方的一支。周文王时伐犬戎，迫其臣服于周。周初犬戎被放逐到泾洛之阳，为周之荒服。周穆王征犬戎得胜，将犬戎迁于大原。夷王、宣王时，犬戎一直居住于大原，并被周改称为"大原之戎"。周幽王时，西申、西曾和犬戎攻幽王于骊山之下，周平王被迫放弃旧都东迁洛邑。犬戎遂从大原迁居于周故地丰岐之间，并散布于泾渭之间。① 春秋时期犬戎所居的岐丰之地及其附近渐为秦人吞并融合。《左传》闵公二年（前660），犬戎之名最后见于史策，其所居的渭水流域之地为虢国侵吞。② 从此犬戎之名消失不见。因此，犬戎的居地迁徙路线是从豳岐之间，至泾洛之北，再至大原，再重返泾渭之间的丰岐故地，最终败亡于渭汭等渭河平原一带。

（二）猃狁居地勾画

猃狁为允姓一支，允姓之戎的迁徙之路即反映了猃狁主要居地的变迁。据《左传》昭公九年、《左传》襄公十四年等文献记载，允姓之戎源自瓜州。瓜州之地，余太山认为瓜州是在汉安定郡，今泾水上游平凉至固原一带③。据《左传》襄公十四年记载秦人曾在春秋时期迫逐允姓之戎离开瓜州之地。春秋时期秦人居于古雍州之地。《清华简·系年》载周初秦人西迁的落脚点在朱圉山，大致在今甘肃甘谷等甘南一带。《詢簋》（厉王器）铭文显示，当时周人将"戎秦人"与各种夷人、成周徒驭、降人服夷等一等视之，皆目之为戎狄一类，可见当时秦人是与戎狄杂居共处。春秋时期秦人主要扩张方向是西方的西戎之地。战国时期的秦长城横贯今宁夏固原地区，这也说明秦人的势力曾涉及固原地区。春秋时期分布地最靠西的西戎如邽、冀之戎等主要居于渭水源头一带（今甘肃天水一带），西北则是义渠等，大致位于今陕、甘、宁交界之处。因此"瓜州"也应在春秋时期秦国的西境附近，大致在今甘肃甘谷、礼县以西的河西走廊中东部、以北的宁夏南部一带。后猃狁渐渐向东南迁徙扩张，宣王时猃狁势力渐及"泾阳"④，东北方至于"洛之阳"⑤，渐而扩张到整个"大原"地区⑥。猃狁所占的大原是指一块大范围的平坦居地，其中心约在今宁夏固原一带。猃狁向东南方迁徙，渐而与周人为邻，进而侵周。⑦ 猃狁的活动地点大致呈现出从西到东的分布趋势，即从甘肃甘谷、礼县以西之甘肃中部地区，向甘肃平凉、庆阳、宁夏固原一带迁徙，并进而沿泾河谷地向东南的陕西关中等地区进发，向东北则近于陕北。

猃狁的盟友"驭方（戎）"的居地在今甘肃庆阳合水县，也是猃狁居地的旁证。西周晚期《伯硕父鼎》出土于甘肃庆阳合水县。此鼎铭文记载了伯硕父作为西申姻亲，受周天子之

---

①《史记·匈奴列传》："申侯怒而与犬戎共攻杀周幽王于骊山之下，遂取周之焦获，而居于泾渭之间，侵暴中国。"
②《左传》闵公二年："虢公败犬戎于渭汭。"
③余太山：《说大夏的迁徙》，《夏文化研究论集》，北京：中华书局，1996年，第186页。"瓜州"的地望，颇有争议，还有敦煌说、凤翔说、陇东说、秦之东北境说、山西孝义说等，不一而足，然诸观点多不可凭信，唯余氏之说尚可。
④《诗·小雅·六月》："（玁狁）侵镐及方，至于泾阳。"
⑤《虢季子白盘》铭文："搏伐玁狁，于洛之阳。"
⑥《诗·小雅·六月》："薄伐玁狁，至于大原。"
⑦李峰：《西周的灭亡：中国早期国家的地理和政治危机》，第252-260页。

命，司治赤（蛮）□（戎）驭方之事。① 此墓出土8件青铜器（7鼎1甗），形制和纹饰特征都与西周晚期的中原风格无异（图五）。墓主人可能就是周朝官吏伯硕父。管理驭方的周朝官员埋于任所的可能性很大，因此墓葬的发现地甘肃合水县可能即是驭方所在之地。驭方（又名驭戎）是猃狁的近邻和盟友，经常一起攻伐周人。《不期簋》等多件铜器铭文中都可证实这一点。因此，《伯硕父鼎》铭可证甘肃庆阳合水地区可能就是驭方旧地。甘肃合水九占遗址发现了先周到西周晚期的寺洼文化遗存，殉牲和乱骨葬是该遗址的特征。以羊、牛为殉牲的葬俗反映出牧业应是遗址居住者的主要生业方式之一。九占遗址中男性的死亡年龄集中在壮年时期，并且多为无头乱骨的葬式，武器很少见。这些情况反映出战争中壮年男子大量死亡，战败后武器丢失，掩埋的遗体属战争残骸的实际情况，体现了《多友鼎》《不期簋》等金文中记载的周军与猃狁交战中"折首"的战况。甘肃庆阳也有众多的塬，西部紧邻的宁夏固原又原称原州。金文、考古和文献资料三者结合，可证明西周时期的"驭方"应该位于今甘肃庆阳地区。

图五　甘肃庆阳合水县何家畔墓出土青铜器②

西申的地理位置也有助于驭方和猃狁方位的判断。西申本为西戎一支，"骊山氏"之后，因与秦人有婚姻关系，归附周人，世代镇守周之西疆。关于西申的位置，学界有不同观点。蒙文通认为"安塞米脂以北，西连中卫，为申戎之国，所谓西申也"③。李峰《西周的灭亡》中曾指出，"平凉地区很可能便是西申的位置所在"④。徐少华《"平王走（奔）西申"及相关史地考论》支持李峰的观点，认为西申应该在今甘肃与宁夏交界的平凉至镇原以北的古申首之山和申水一带。⑤ 本文认为应以西申位于甘肃平凉地区为宜。古本《竹书纪年》载宣王三十八年"戎人灭姜侯（按即申侯）之邑"，次年"王征申戎，破之"。宣王时期，势力最强大且地处西北的戎人当以猃狁为最，且西申的地望，即"申侯之邑"正好在今甘肃的平凉、镇原以北一带，与大原相邻。因此，此"申戎"必是占领了申地的猃狁无疑。西申所处之地正好邻近于猃狁、驭方旧地，伯硕父正可以姻亲之便借西申之力统治驭方残余之势力。猃狁也可以方便的攻占申国之邑。这些情况说明猃狁居地应该就在甘肃与宁夏接壤一带。

分析比较犬戎与猃狁的居地，两族居地的共同之处在于三个地名："泾阳""洛之阳"

---

① 袁金平、孟臻：《新出伯硕父鼎铭考释》，《出土文献》2017年第1期。梁云：《陇山东侧商周方国考略》，《西部考古》2014年第1期。梁云认为铭文中提到作器者伯硕父与姜姓申国联姻，负责管理赤戎及北方边境民族事务。
② 图片来源：胡子尧：《泾河流域西周墓葬研究》，吉林大学文学院硕士学位论文，2017年，图16。
③ 蒙文通：《周秦少数民族研究》，《古族甄微》，成都：巴蜀书社，1993年，第63页。
④ 李峰：《西周的灭亡：中国早期国家的地理和政治危机》，第259—260页。
⑤ 徐少华：《"平王走（奔）西申"及相关史地考论》，《历史研究》2015年第2期。

"大原",但是两族处于这三地的时间却有先后,并不相同。从时间来看,周初至穆王时期犬戎分布于"泾洛之阳",周穆王到西周晚期犬戎已经迁到"大原",因此,"泾洛之阳"和"大原"必然应该是两地而非一处,并且相隔一定距离。依据李峰等人的观点,"清水河上游的固原地区极可能是太原的位置所在"。① 然而,以甘肃庆阳、平凉等地为中心的泾之阳地区,与宁夏固原(西周晚期猃狁所处之"大原")紧邻。如果没有特殊的原因,这种迁移似乎毫无意义。但以周人保卫边疆的视角出发,这种迁移则是重要的国防策略之一。考古资料显示了周人边患方向的变换。商末周初,考古资料显示,主要分布于陕北的李家崖文化势力强大,频频南下侵周,周人于此时迁犬戎于"泾洛之阳",目的显然是以戎制狄,用犬戎作为抵御北方强敌的一道屏障;而周穆王时,北方边患已息,西北方的戎人之势又炽,不断东迁,考古学上表现为寺洼文化晚期(大约相当于西周)从甘肃中南部向甘肃东南部、关中的扩张,于是周人又故伎重演,将犬戎西迁至大原,名义上是对犬戎不遵王命的惩罚,实际上则是希冀以戎制戎,以犬戎来阻挡以猃狁为首的西戎东进之势。根据《诗经》《汉书·匈奴传》等文献资料和《不期簋》等众多金文资料,辅之以考古资料,可以认为,猃狁侵周的时间最早不超过懿王时期,以此而论猃狁处于"大原""泾阳""洛之阳"三地的时间也不应早于懿王。可见猃狁本与犬戎无涉,纷争起源于学者只看到了两族的三处居地相同,而模糊了两族处于"大原""泾阳""洛之阳"的时间差异,也忽视了犬戎是西迁到大原,其后的猃狁是东扩到大原,两族的来源根本不同。

犬戎和猃狁在西周中晚期曾共居于"大原",但并非一族。目前学者多囿于"薄伐猃狁,至于大原"(《诗·小雅·六月》)之语,认为猃狁的主要活动范围在大原一带。而《国语·周语上》载穆王时期伐犬戎,迁之于大原。因为两者都在西周后期居于"大原"之地,以此认为在同一时间居于相同地域者应为一族。这种习惯性思维有很大的缺陷。且不说即以一般常识而论,"大原"之地必是指一片广大的地区,古代戎族多迁徙无常,即使是现在,在西北地区也存在大量的荒地戈壁,在同一个"大原"中完全可以容纳数个部族共居。何况,穆王时期迁犬戎于大原,这说明大原原来并非犬戎居地。那么"大原"可能原有别族居住。

四、两族名号相继之说自相矛盾

持犬戎猃狁一族说者的另一根据是两族名号称呼相补相续,即穆王迁犬戎后,自共王直到宣王,犬戎之名不见于文献中。而猃狁之名频繁出现之时,正是大约从西周夷王到宣王时期。② 宣王伐灭猃狁后,幽王时犬戎之名又突然大盛于文献。其代表者如刘桓《甲骨、金文

---

① 李峰:《西周的灭亡:中国早期国家的地理和政治危机》,第 194—195 页。"大原"之地望,学界的观点并不统一,有山西太原说(宋人朱熹),甘肃平凉说(包括镇原说)(胡渭、陈奂),宁夏固原说(李峰),河东说(王国维等),内蒙五原说(段连勤),不特指说等多种观点。以《左传》《穆天子传》等文献而论,以山西太原说最为可信。然而,李峰分析猃狁入侵的泾河谷地的萧关道非常可信,再结合《泾河流域西周墓葬研究》等的成果,笔者认为猃狁所居之大原应该是在宁夏固原、甘肃庆阳地区。所以,大原应该是一处高而平之地,并非特指之地。
② 此观点因对猃狁相关的青铜器的断代不同而有分歧。

中所见的犬戎与猃狁》认为:"殷周以来犬戎即见异称……犬戎之名在周穆王以间至幽王之间消失不见,再看典籍与金文关于猃狁的记载恰好在这期间。换言之,即周穆王时的犬戎,此时大都写做猃狁,到东周时候史书才又见犬戎之名。"①

以上观点明显是自相矛盾之说。猃狁之名,金文中最早见于夷王时器《不期簋》,文献中最早见于懿王时(《汉书·匈奴传》),最晚见于宣王时的金文(《虢季子白盘》)和文献(《诗·小雅》中的《采薇》《出车》《六月》《采芑》)。因此,可以认定猃狁之名存在于懿王至宣王时期。但犬戎之名在懿王至宣王时期依然存在,只不过周人不再称其为"犬戎",而因其居地改称为"大原"之戎。杨宽《西周史》称:"严允即是犬戎,这时正居于太原一带,即是太原之戎。"② 此观点中"严允即是犬戎"一说虽尚待论证,但以为"犬戎即为大原之戎"的观点学者基本认同。穆王征犬戎并迁之大原之后,周人大失人心,以至"荒服不至"。夷王为改变这一情况,继续征伐大原之戎(改名后的犬戎)。宣王时也曾征伐大原戎,但不克。事见《后汉书·西羌传》引古本《竹书纪年》:"夷王衰弱,荒服不朝,乃命虢公率六师伐大原之戎,至于俞泉,获马千匹"……"宣王遣兵伐大原戎,不克"。因此,可以肯定夷王、宣王时猃狁和大原之戎(犬戎别名)同时存在,并且都受到周朝的攻伐。但从周人攻伐的结果来看,夷王时进攻猃狁失败,但进攻大原之戎胜利并且所获甚多。宣王时期则正好相反,宣王三十九年时征伐猃狁已经获得胜利③,但宣王晚期进攻大原之戎时失利。可见,在周夷王、宣王时期,猃狁和大原之戎(犬戎别名)两名并见,并且与周朝均有战争,但战争的结果相异。因此,猃狁和大原之戎(犬戎别名)明显应该是两族。犬戎之名自周初至春秋中期从未消失过,只是时有变更。周早期称犬戎。穆王之后至宣王时以地为名,称"大原之戎"(或大原戎)。宣王晚期,猃狁与周长期征战,两败俱伤,犬戎乘机崛起,其势已经可以与周人抗衡,故宣王晚期伐之不克。幽王时犬戎势力更复强大,其居地不再局限于大原之地,故恢复旧称"犬戎",并最终与申、曾共亡西周。

周人与"昆夷"和"獯鬻"的不同关系,也揭示了二者并非一族。学人多以"昆夷"为犬戎别名,"獯鬻"为猃狁别名。《孟子·梁惠王上》载:"惟仁者为能以大事小,是故汤事葛,文王事昆夷;惟智者为能以小事大,故太王事獯鬻,勾践事吴。"王国维《鬼方、昆夷、猃狁考》将獯鬻、昆夷混为一族,以为是孟子行文时为避免重复而对举之作,并进而将《诗·大雅·绵》中所记太王迁岐后"混夷駾矣"一句,解释为"太王所喙者既为混夷,则前此所事者亦当为混夷。孟子易以獯鬻者,以下文云文王事昆夷故以异名同实之獯鬻代之。"王氏之言明显是臆测。依《诗经·大雅·绵》等文献所载,太王在豳地处于弱势,受到獯鬻的迫逐而离开豳地。太王迁到岐下后,此地的原住民是"混夷",在太王及文王等后代的不断经

---

① 刘桓:《甲骨、金文中所见的犬戎与严狁》,第3页。
② 杨宽:《西周史》,上海:上海人民出版社,1999年,第569页。
③ 事见古本《竹书纪年》载宣王三十八年"戎人灭姜侯(按即申侯)之邑",次年"王征申戎,破之。"宣王时期且势力强大到能灭了申侯之邑的戎人,必定是猃狁。且西申的地望,即"申侯之邑"正好在今甘肃的平凉、镇原以北一带,与猃狁的居地大原相邻。因此,此"申戎"必是占领了申地的猃狁无疑。宣王三十九年破申戎,即是打败了猃狁。但言破,不言灭,可见此一役并未全歼猃狁,应是大败并驱逐猃狁。

营下，混夷不敌周人势力，因此逃离此地，此时周人（文王）处于强势，混夷为弱势。要之，太王所接触的戎狄有两支，在豳地的是獯鬻，在岐下的是昆夷；势力对比则是獯鬻强于周人，周人强于昆夷。因此，孟子所言"太王事獯鬻"，"文王事昆夷"明显是两个不同事件，一是周人在豳屈服于獯鬻，一是周人在岐之初与昆夷共处，等势力强大后周人驱逐混（昆）夷之事。王国维先生百密一疏，将二事混为一谈，进而得出獯鬻与昆夷为一族而异名的错误结论，实不可取。汉人已经认识到这一点，如《诗·小雅·采薇》毛序曰："文王之时，西有昆夷之患，北有猃狁之难。"明显将昆夷与猃狁分为二族。惜后世学者在王氏的误导下，又依据后世文献、金文、甲文，形成了犬戎、獯鬻、昆夷、猃狁均为一族之异名的观点，尤为不可取。如刘桓认为："殷周以来犬戎即见异称……他们又依照戎族自己的语言来称呼，因而在古书中记载了獯鬻、荤粥、混夷、昆夷、绲戎等名称。……关于犬戎有獯鬻等一系列异称，都来自中原诸族以汉字记胡音的差异。……周穆王时的犬戎，此时大都写做猃狁，到东周时候史书才又见犬戎之名。"① 然而，不管是从通假还是戎语的角度来看，此说都不能令人信服。此观点以《后汉书·西羌传》："及武乙暴虐，犬戎寇边，周古公逾梁山而避于岐下"为据，认为"獯鬻"即为犬戎，两者实为一族之不同名号。这种认识更加不妥。《后汉书·西羌传》为先秦之后的典籍，其可信性值得怀疑。何以《诗经》、西周时期相关的金文、西汉司马迁的《史记》等文献均未载獯鬻为犬戎之事？而成书甚晚的《后汉书》却有相关记载？再者，二者出现时间有早晚，一为太王，即古公亶父时期，一为文王时期；并且出现地域也不同，一为豳地，一为岐下；方向也不同，一为北方，一为西方。所以，"獯鬻（《史记·周本纪》作薰育）""混（昆）夷"必不是一个民族。后世学者所认为的犬戎、獯鬻、昆夷为一族的不同称号之说更不足为凭。

考古资料也证明，先周文化与众多戎族文化相互联系。目前，周人迁徙之路虽不能确定，但周人周边的戎族必然并非一支，这是毫无疑问的。考古材料也证实了这一点，先周文化与周边众多的文化都存在联系交往，如寺洼文化、辛店文化、光社文化、李家崖文化等。这些文化的经济特征大多都是重牧业的戎族，与重农业的周族有别。既然周族周围存在众多不同的戎族文化，自然相互之间都会发生战争、冲突和各种交流融合，不应该自始至终都只与同一族发生关系。从常识而论，古代较为强大的部族都有比较固定的势力范围，扩张领地时只是将周边弱小部族驱逐，不会长时间，远距离，连续几代追踪打压某一部族。因此，周先公时期和周文王时期遭遇的外族压迫必然不是来自同一外族。

再者，宣幽二世相衔接，猃狁改名为犬戎不合先秦族群称号延续性规律。犬戎之名在不同的历史时期多有变化，大约在夏称畎夷（犬夷），在商称犬方，在周称犬戎，此外还有混夷、昆夷等等名号。刘桓等学者以此为据，宣称猃狁即为犬戎在西周中晚期的称号。这一看法略显草率。古代的族名多为世代延续，除非有特殊情况，一般永久不易。如"犬"这一名称，自夏代已经出现，一直到春秋晚期，历夏、商、周三代不变。所谓的"夷""方""戎"等后缀，不过是朝代变化引起的变称，但主体"犬"族之称并未改变。至于穆王至宣王时，并非犬戎自己改称"太原之戎"，而是周人因犬戎居于大原而给"犬戎"起的别名他称。正

---

① 刘桓：《甲骨、金文中所见的犬戎与严狁》，第3页。

如古本《竹书纪年》宣王三十八年所载，戎人攻占了申邑，宣王即将这支戎人称为申戎。西戎众多的部族中，乌氏之戎得名于居于乌水附近，义渠之戎得名于居于四水交汇之地。周人也许对众多的戎人部族名号并不清楚，因此习惯以其居地之名称之，这在文献中是很常见的现象。昆夷、混夷等称号则或是因为文献记录之误或发音变异而引起的，目前尚不能肯定。宣王中期尚且称为猃狁，幽王在位不过十年，何以在如此短暂的二三十年时间内猃狁即改称犬戎？这明显不合先秦族群称号的延续性规则。有学者提出猃狁、犬戎具为大原之戎的一部，猃狁强则其名显，猃狁弱则其名没，犬戎复强则其名显。此问题前文已经驳斥，第一，太原可能并非专一地名；第二，即使太原是一地，猃狁、犬戎共居其地，也不能说明二族即为一族，此不多言。

五、犬戎、猃狁与周王室的关系不同

犬戎与周王室的关系主要是服属朝贡的关系，战争则是西周晚期到春秋时期才有之事。《国语·周语上》记载周初犬戎之民爱好和平，"犬戎树惇，帅旧德而守终纯固"。从西周建立直至周穆王时期，犬戎一直是周的不侵不叛之臣，为周人荒服，守卫周人的西疆。周穆王好大喜功，轻开边衅，主动进攻犬戎，打败犬戎并迁之大原。古本《竹书纪年》载周人伐犬戎，"获其五王，遂迁戎于太原"。此后，犬戎虽然不再朝周，但并没有主动进攻周人。夷王时派虢公伐大原之戎，宣王末年曾主动讨伐大原之戎，料民大原，这些都是周人主动进攻犬戎。到幽王时期，因幽王无道，废长立幼，申侯作为太子母家，欲正周礼，才联合犬戎起兵攻周。尤其应该注意的是，即使是在参与周王朝内部政治权力的斗争中，犬戎也始终处于从属、帮助申侯的地位，是申侯主动联络曾侯、犬戎发动了灭亡西周的战争。导致西周灭亡的战争双方是申侯和周王，并非犬戎。总之，犬戎与周朝的关系可以分为三阶段。第一阶段为周灭商至周穆王之前，犬戎臣服于周；第二阶段为穆王伐犬戎之后至夷王、宣王时期，犬戎独立，与周人共存，并不断受到周人的攻伐；第三阶段从申侯、犬戎伐幽王至春秋晚期，犬戎势力强盛，占领原宗周旧地，渐渐与秦、虢等杂居共处，通过战争、经济文化交往等方式融合于华夏民族之中。《左传》闵公二年载："二年春，虢公败犬戎于渭汭。"这是犬戎最后出现在文献中。分析文献可知：其一，从周灭商到平王东迁，犬戎与周人的主要关系是臣服、共存，只在幽王时期才乘周人内乱，占据泾渭之间的地方。总之，终西周之朝，犬戎从未强大到能主动攻伐周人的境地，犬戎从来只是臣服、自保或被动地抵抗周人的攻伐，最终的侵周是在申、曾二国的推动下形成的，并非犬戎的主动行为。也就是说，犬戎与周人的外交关系主导原则是服属与和平共处，偶发的战争中则处于被周人征伐的被动地位，在最终的讨伐周幽王的战争中则处于从属、辅助的地位。其二，西周灭亡时期及之后，犬戎始终作为一个独立的主体存在。从西周晚期犬戎占领丰岐之地，一直到春秋中期，犬戎一直居住在关中地区，并且是一个独立的强大部族，不受周王室的管辖，并不断与周朝分封的秦国、虢国等诸侯国作战。

猃狁与周纯粹是战争关系，并且猃狁是主动、强势的进攻一方，周人一般处于自保或反击入侵者的态势。猃狁在夷、厉、宣王时与周人长期战争，主动进攻周人，非常强势，直至周宣王将之彻底打败驱逐。除战争外，文献和金文中缺乏猃狁与周人的其他交往记载。但从周人对猃狁盟友驭方的处置方式上,可以推测出猃狁战败后的情况。周人打败驭方之后,直接在其地设官,管理当地的戎族。

《伯硕父鼎》(袁金平释):"唯王三月初吉辛丑,伯硕父作尊鼎,用道用行,用孝用享于卿事、辟王、庶弟、元兄,我用与司赤(蛮)戎、驭方。伯硕父、申姜其受万福无疆,蔑天子历,其子子孙孙永宝用。"

猃狁与驭方本为盟友,共同侵略周人。因此,两族战败后的结局应该相似,即本族大部被驱逐或灭绝,该地残部由周人管理,渐趋衰亡。合水九占遗址分为两期,早晚两期的文化面貌绝然不同,中间还有缺环,早期从商周之际到西周中晚期,正与驭方败于周人而衰亡的历史相符。考古学界一般以寺洼文化安国类型为猃狁遗存,而寺洼文化的绝对年代在公元前1600—前700年,也就是说寺洼文化消亡的年代正在西周晚期到春秋早期。寺洼文化晚期,周文化因素逐渐增多。这些资料正好证明,战败后猃狁的结局同驭方相同,残部受到周人的控制,并逐渐衰亡。

比较犬戎、猃狁与周王室的关系,可以看出两者的差异性很大。犬戎,也称大原之戎,势力比较弱小,在与周人的关系中主要处于守势,即使是在灭亡西周的战争中也是处于从属、辅助的地位,并非主力。春秋时期犬戎势强,一直是独立于周人控制之外的部族,直到春秋中期才灭于秦、虢等诸侯国。猃狁在西周中晚期势力强大,主动进攻周人,最终被周宣王打败驱逐,其地余部被周人占领管辖。

六、犬戎与猃狁的考古学文化推测

虽然古代部族与考古学文化不存在对等的关系,单纯以某种考古学文化与文献记载中的某一古部族相对应的做法并不科学。但某些古老的部族长期活动于某一地区,应该留下某些遗存,这些遗存非常可能包含在一种或多种考古学文化中,一种考古学文化中也极有可能包含多个部族。犬戎与猃狁都是著名的古族。因此,两个部族的遗存必然众多且普遍,应该可以在其主要活动地区陕甘宁三省内找到相关的考古学遗存。目前,商周时期陕甘宁交界之处的考古学文化类型众多,必须从中剥茧抽丝,寻踪觅迹。

(一)犬戎的考古学文化指向

根据文献记载的情况,犬戎的遗存应该具有以下特征:第一,时段和地点的变迁。据《史记》等文献记载,犬戎在夏商时期居于豳岐之间,周初被放逐到泾洛之阳,穆王时又被迁往大原;西周晚期幽王时期又复居于泾渭之间与岐丰之地。大原之地尚不明确,因此我们将目标集中在可以确定的夏至商末的豳岐之间,西周早期的泾河之阳(今甘肃平凉地区)、北洛水之阳①，西周晚期至春秋时期的泾渭之间。犬戎的遗存应在分别见于这三地的同类考古学文化中去寻觅踪迹。第二，犬戎本身是独立的戎族，曾与商、周比邻而居，择强而侍，商强则与商共同攻周，周强则与周共同攻商，本身力量并不强大。因为曾先后臣服于商、周，并经常与之发生战争和冲突，因此与商、周应该都有文化交往。总之，犬戎的文化面貌应该是以戎狄文化因素为主，而杂以商、周文化因素。满足以上两个条件的考古学文化可能就与犬戎相关。

目前，关于犬戎的考古学文化归属存在多种看法。有学者认为与犬戎相关的考古遗存有两个：泾河下游地区的彬县断泾二期遗存和淳化黑豆嘴遗存。这两个遗存的存续时间从晚商时期开始，下限不及西周初年，并且均具有北方文化因素。② 这两个遗存年代与周初之前的犬戎早期迁徙历史相合，彬县、淳化正处于岐山之东北，是周族祖先自北向南迁徙的必经之路，从地理上看也有一定道理。1989 年，赵化成提出寺洼文化族属可能属于混夷（昆夷）或犬戎。③ 寺洼文化延续时间长，分布广泛，其中有一些西周早期的遗址也分布在泾之阳地区，从时段和地域都可与周初到穆王时期居于大原的犬戎相匹配。因此，犬戎被迁于泾洛之阳后，可能与当地的居民融合，成为创造寺洼文化的先民的一部分。

刘家文化的分布也符合犬戎的迁徙之路。犬戎的主要居地大致有三：商末周初在豳岐之间；西周初年至西周中期穆王时期在泾水和北洛水之北或东北；西周晚期幽王时到春秋中期居于泾渭之间。刘家文化的分布主要集中在三个地点：第一地点，陕西的扶风、宝鸡、岐山一带；第二地点，甘肃的天水、庄浪、平凉一带；第三地点，陕北安塞西砥渠遗存本属李家崖文化，但其中出土的双肩耳罐则表现为来自刘家文化的影响。④ 第一地点正属于豳岐之间；第二地点包括泾水之阳的平凉地区，甘肃的天水、庄浪则属于"泾渭之间"地区；第三地点则属于"洛之阳"。虽然学界一般以为刘家文化为姜戎的遗存，但推测犬戎也与刘家文化有着一定的关联。

（二）猃狁的考古学文化指向

欲寻找与猃狁相关的考古学遗存，就应该具体地与文献、金文中所载猃狁部族的特点相

---

①清人顾祖禹《读史方舆纪要》载：（北）"洛水出庆阳府合水县北二十里白于山，东北流经洛源县（今陕西吴起县西北铁边城镇），又经保安县（今陕西志丹县）、安塞县（今延安安塞区）、甘泉县（今陕西甘泉县）、鄜州（今陕西富县），又南经洛川县南、中部县东，而沮水入焉。……又南流经宜郡县，过耀州，合漆水，历三原县、富平县、白水县，又东南流经澄城县、同州府，至期邑县南入渭水。"可知，清代北洛水的主流先是东北流向，在今陕西志丹县至今延安安塞区段基本是东西向的，从安塞之后，至甘泉、富县，一直到入渭一直是西北—东南或南北向的，唯一的东西向流向的河道在陕西的吴起县铁边城镇、志丹县、安塞县之间。水之北为阳，因此，所谓的"洛之阳"应该只是指北洛水之北岸，即今陕西的吴起县铁边城镇、志丹县、安塞县一带。

②胡子尧：《泾河流域西周墓葬研究》，吉林大学文学院硕士学位论文，2017 年，第 61 页。中国社科院考古研究所泾渭队：《陕西彬县断泾遗址发掘报告》，《考古学报》1999 年第 1 期。淳化县文化馆：《陕西淳化县出土的商周青铜器》，《考古与文物》1986 年第 5 期。

③赵化成：《甘肃东部秦和姜戎文化的考古学探索》，《考古类型学的理论和实践》，北京：文物出版社，1989 年，第 145－176 页。

④韩建业：《中国西北地区先秦时期的自然环境与文化发展》，北京：文物出版社，2008 年，第 214－215 页，第 237 页。

对应。从文献记载来看，猃狁应该具有以下文化特征：第一，猃狁勇武好战，且据《多友鼎》铭记载，周军经常俘获猃狁的车、马，以百计。《四十二年逨鼎》载周将："俘器、车马。"因此猃狁遗存中必然存在武器、马匹、车马器。鉴于猃狁属于战败方，可能大部分车、马、武器都毁于战争或为周人俘获，因此遗留数量应该不会多，只应该有少量发现。第二，时段和地点应在西周中晚期的泾水流域及以西以北的附近地区。第三，因为猃狁侵略成性，长期战争，墓葬中应该存在大量非正常死亡和埋葬的尸骨。第四，猃狁本身为戎狄民族，长期与周人作战，经常俘虏人口，因此应该有奴隶存在，推测墓中应该存在殉人现象。第五，史载猃狁长时间、远距离作战，是非常适应迁徙生活的西方游牧民族，因此其文化因素应该是以戎狄文化因素为主，杂以周文化因素。第六，文献记载中从未见猃狁与商有过接触，因此其文化因素中不应有商文化因素。第七，驭方与猃狁是长期的友邦，共同侵周，两者关系密切，其考古学文化因素应该有相当共性。上文已经证明，驭方应该位于甘肃庆阳地区，寺洼文化的甘肃庆阳合水九占遗址应该与驭方遗存有关。这将猃狁的考古学文化遗存引向寺洼文化。

综合分析寺洼文化的特点如下：第一，寺洼文化出土的武器有铜戈、铜短剑、铜矛、铜刀、铜（骨）镞、陶弹丸等；马具有角马镳，殉牲中马的数量为数不少；还有车马器铜泡、铜铃等。第二，寺洼文化的绝对年代大致在公元前1600—前700年，分布地点广泛，包括早期主要在洮河流域等甘肃中部地区，晚期扩展到泾河上游等甘肃东南部地区。第三，盛行二次扰乱葬，个别也有殉人。第四，寺洼文化有比较广泛的以牛、马、羊、猪为殉牲现象，说明牧业是主要经济方式之一，其文化特征早期是西戎风格，西周偏晚至春秋时期受到周文化的影响逐渐加大。第五，寺洼文化遗址存在贫富分化和等级划分现象，九站、徐家碾、栏桥遗址的墓葬资料显示出三者从低到高的部族级别差异。韩建业等学者对寺洼文化的特点也做出了相似的归纳。① 可见，寺洼文化确实在诸多方面与猃狁的历史文化特征相符。

关于猃狁的考古学文化归属，学者多以之与寺洼文化相联系。如胡谦盈《试论寺洼文化》推测寺洼文化的族属属于《史记·周本纪》所谓的"薰育戎狄"。② 尹盛平更具体指出："寺洼文化的晚期类型—安国式文化主要分布于陇东一带，其族属当是迁至'太原'的犬戎，即玁狁。"③ 胡、尹两位先生将寺洼文化与犬戎、猃狁相联系的尝试是非常有启发性的。

综上所述，在西周众多的古族中，犬戎与猃狁是两个特别引人注目的部族，也是两个纠结纷乱、争议颇多的部族。虽然以王国维为首的相当多的学者认为二者为一族而异名者，但是通过系统的比较研究，笔者认为犬戎与猃狁并非一族。两族存在一定的相似性，但差异性是主要的。正如李峰所指出的，二者在周人的意识中都属于"西戎"范畴；在西周中晚期二者共同居住在"大原"④；还具有相似的犬图腾，这三者是相似之处。这些相似的方面也是学者将二者混淆的根本原因。但二者在诸多方面存在不同，却是不能忽视的。比如在图腾信

---

① 韩建业：《中国西北地区先秦时期的自然环境与文化发展》，第253—258页，第278页。
② 胡谦盈：《试论寺洼文化》，《文物集刊》（2），北京：文物出版社，1980年，第118—125页。
③ 尹盛平：《玁狁、鬼方的族属及其与周族的关系》，《人文杂志》1985年第1期。
④ 李峰：《西周的灭亡：中国早期国家的地理和政治危机》，第388—392页。

仰方面，虽然二族都以犬为图腾，但犬戎的图腾圣物并非一种，至少包括白狼、白鹿两种；而猃狁只有单一的图腾"猃"。图腾数量的多少也反映了二个称号内涵的不同。犬戎至少包含五个部族，犬戎图腾的多样化也反证了这一点，因此犬戎是一个族群称号。猃狁则是一个单一的部族，只有一个同盟者"驭方（戎）"。再者，假如"大原"是指宁夏固原一带，那么猃狁的进攻路线和考古学文化显示，猃狁来自甘肃中南部，西周中晚期猃狁向东迁徙到"大原"。犬戎则是周初居于泾洛之阳，周穆王时期才向西迁到"大原"之地。两族不同的迁徙方向揭示了两族的不同来源。在其它方面犬戎与猃狁也存在显著的差别，比如犬戎为姬姓，猃狁为允姓。犬戎历史悠久，自夏末一直延续至春秋晚期，并一向重视和平。猃狁如昙花一现，仅出现于西周中晚期，且以侵略掠夺为本性。在与周人的关系上，犬戎的原则是和平共处，猃狁则是主动攻掠和战争。总之，两者的相同之处只有三点，但不同之处至少有六点。目前，虽然我们尚有诸多相关问题未能完全解决，如"大原"的真正所在，犬戎与昆戎（混夷、绲戎）、獯鬻等称号的关系，犬戎和猃狁的考古学遗存指向等，但以现有的研究成果而论，基本可以肯定犬戎与猃狁并非一族而名号相异者，而是两个历史差异相当大的古代部族或族群。笔者对于两族关系的研究只是初步的，希望借此引起更多学者的关注，共同推进对西周古族的研究。

作者简介：何艳杰，女，河北省邯郸市人，汉族，郑州大学中国古代史专业博士，河北师范大学历史文化学院副教授，长期从事先秦史方面的研究工作。先后在《史学月刊》《郑州大学学报》《中原文物》《河南师范大学学报》等刊物上发表论文三十余篇，出版著作两部：《中山国社会生活研究》（独著）、《鲜虞中山国史》（合著）。主持国家社科基金青年项目一项，一般项目一项。

论《周易》的性质与《易》理的构成

四川大学历史文化学院 何 崝

摘 要：《周易》是我国古代重要典籍，历代学者对其评价都很高，认为《周易》的理论、方法都圆满无缺，甚至能囊括宇宙演化、物质结构与人生理想各方面，有人还认为《易》学是现代科技的顶峰。本文认为，《周易》自有其重大的历史和现实意义，但我们对它的评价要实事求是，不能无限拔高，对其作用要有清醒的认识，不能无限夸大。要做到这一点，我们就要正确认识《周易》的性质，要准确了解《周易》的内容——《易》理，为此，本文对《易》理的形成进行了考察。从数占法到《易》卦、《易传》，探讨《易》理的形成过程。本文认为，《易》理的主要内容为：变化、阴阳、时序、因果、方位等观念，可以引申发挥而形成哲理以指导人生，但由于《易》理具有朴素、初级、概略等特征，对科学技术的指导作用非常有限，要想借助《周易》在现代科技上有发明创造，是徒劳无功的。

关键词：数占法 《易》理 八卦 人生哲理 现代科技

《周易》是我国古代的一部卜筮之书，在这部卜筮之书的基础上，经过历代各种不同类型的学者的研究、阐发、引申、发挥，形成了一个庞大的体系。《四库全书总目·〈易〉类一》云："《易》道广大，无所不包，旁及天文、地理、乐律、兵法、韵学、算术，以逮方外之炉火，皆可援《易》以为说，而好异者又援以入《易》，故《易》说愈繁。"由于当代学术更重理性，故本文把《易》道称作《易》理。简单说来，《易》理就是《周易》八卦组成的符号系统所蕴涵的道理以及《易传》的引申发挥。《周易》的性质与《易》理显然有密切的联系。

历代学者对《周易》性质已有许多研究，直到现在仍在继续，《易》学家认为，《易》"是中国人天道观念之顶点，理论、方法都圆满无缺，是种有条有理的哲学"[1]。又有学者认为，《周易》"画八卦以摄万有，试行图解世界，近于原始唯物论；立太极以统乾坤，含有一元论的认识；……特别是《易传》提出的立天、立地、立人的'三才'之道命题，几乎囊括

---

[1] 刘钰：《关于〈易经〉卦画起源之研究》，载《〈周易〉研究论文集》，第 11 页。

宇宙演化、物质结构与人生理想的全课题"①。而一些了解现代科技的学者，更将"计算机、二进制、生物体 DNA 的六十四种组合律、元素周期律、量子力学、人体科学等等现代科学"都纳入《易》学范畴，"几乎使人得出《易》学或《周易》是现代科技发展顶峰的结论"。②

《周易》自有其重大的历史和现实意义，但把《周易》的价值无限地拔高，实际上是对自己的传统文化缺乏自信心的表现，对深入研究《周易》只能起到相反作用，其原因在于对《周易》的性质和《易》理的实际情况了解不够。本文针对这一问题，试图对《周易》的性质和《易》理的实际情况进行一些探讨，提出一些自己的想法，以供读者参考。

一、《易传》论《易》理的生成

《易》理实际上主要是通过《易传》的论述展现出来。《系辞》里多处谈到《易》理的来源和生成：

> 《易》与天地准，故能弥纶天地之道。仰以观于天文，俯以察于地理，是故知幽明之故。原始反终，故知生死之说，精气为物，游魂为变。是故知鬼神之情状，与天地相似，故不违，知周乎万物而道济天下，故不过。旁行而不流，乐天知命，故不忧。安土敦乎仁，故能爱。范围天地而不遗，通乎昼夜之道而知，故神无方而易无体。
>
> 一阴一阳之谓道，……生生之谓易，成象之谓乾，效法之谓坤，极数往来之谓占，通变之谓事，阴阳不测之谓神。
>
> 圣人有以见天下之赜而拟诸其形容，象其物宜，是故谓之象。圣人有以见天下之动而观其会通，以行其典礼，系辞焉以断其吉凶，是故谓之爻。言天下之至赜而不可恶也，言天下之至动而不可乱也，拟之而后言，议之而后动，拟议以成其变化。
>
> 《易》有圣人之道四焉，以言者尚其辞，以动者尚其变，以制者尚其象，以卜筮者尚其占，是以君子将有为也，将有行也，问焉而以言，其受命也如向，无有远近幽深，遂知来物，非天下之至精，其孰能与于此。参伍以变，错综其数，通其变，遂成天地之文。
>
> 是故《易》有太极，是生两仪，两仪生四象，四象生八卦，八卦定吉凶，吉凶生大业。
>
> 八卦成列，象在其中矣。因而重之，爻在其中矣。刚柔相推，变在其中矣。系辞焉而命之，动在其中矣。
>
> 古者包牺氏之王天下也，仰则观象于天，俯则观象于地，观鸟兽之文，与地之宜，于是始作八卦，以通神明之德，以类万物之情。
>
> 《易》之为书也，广大悉备，有天道焉，有人道焉，有地道焉，兼三才而两之，故六，六者非他也，三才之道也。

---

① 廖名春、廖学伟、梁韦弦：《〈周易〉研究史》，长沙：湖南出版社，1991 年，第 424 页。
② 廖名春、廖学伟、梁韦弦：《〈周易〉研究史》，长沙：湖南出版社，1991 年，第 429 页。

以上大致是《系辞》所言《易》理的来源和生成，可以归纳出以下几点（按笔者所理解的变化发生过程为序，不按《系辞》的顺序）：

1.《易》有太极，依次生出两仪、四象、八卦；2."《易》与天地准，故能弥纶天地之道"，是说《易》具有与天地一样的性质和能力，故能统系天地间万物。3.《易》的核心内容八卦，是古代圣人包牺氏通过仰观俯察制作而成，能"通神明之德"，"类万物之情"。4. "圣人有以见天下之赜，而拟诸其形容，象其物宜，是故谓之象"。圣人见到世间万物的纷杂，故以卦象来表现各种事物的情状。并"系辞焉以断其吉凶"。5. "圣人有以见天下之动而观其会通"，"参伍以变，错综其数，通其变，遂成天地之文"。是说圣人见到天下万物无不处于运动之中，观察到其运动规律，以占筮的方法来表现其变化。6. "一阴一阳之谓道"一节，谓阴阳构成道，故能生生不息，知来通变，阴阳变化莫测，在于把握其理。7. 于是，《易》"广大悉备，有天道焉，有人道焉，有地道焉"。

第1点，认为《易》有太极，依次生出两仪、四象、八卦。太极，是《周易》哲学体系的基本概念之一，是指混沌未分的本初状态。太极的概念具有先验性质，却具有其合理性。与宇宙爆炸理论认为宇宙是由一个致密炽热的奇点爆炸后形成的有相似之处。两仪是天地，四象是四时，太极生出天地，天地又生出四时，四时又生八卦，八卦是乾坤震巽坎离艮兑，代表天地雷风水火山泽八大元素，这些都可以视作古代朴素的哲学思维。

第2点，"《易》与天地准"，张岱年认为是一种"世界图式论思想"①，这是学者对《易传》说法的一种理解，笔者认为，《系辞》作者以《周易》法天象地，故能掌握天地规律，由《周易》实际功能观之，这样的说法不无夸大之嫌。

第3点，认为八卦是包牺氏制作而成，实际情况将在下文讨论。因仰观俯察制作而成，致《周易》能"通神明之德，类万物之情"，也有所夸大。

第4点，认为《周易》能以卦象来表现各种事物的情状，这是执简御繁的办法，在一定程度上值得肯定，但要说《周易》能够表现世间所有事物的情状，就是夸张的说法了。"系辞焉以断其吉凶"，是说加上卦爻辞以说明所得卦爻显示的吉凶。但在实际上，我们看到卦爻辞与卦爻象并不能密合，这是由于《周易》是卜筮之书，而非科学著作之故。这就形成了义理派和象数派，为许多《易》学家提出纷繁歧出的解释和引申发挥提供了广大的空间。

第5点，《周易》把握住宇宙间一个最根本的规律，就是宇宙处于永恒的运动之中，利用《周易》这个占筮的工具，通过卦爻的变化来展示天地万物的变化。应该看到，由于占筮工具的限制，其展示变化的功能是有限的。

第6点，《周易》把阴阳概念引入其体系中，这在中国的思想史上是个大贡献。阴阳的对立联系和相互作用，是事物变化的重要因素，故能生生不息，知来通变。

第7点，《周易》广大悉备，于天、人、地三道皆具，这是《易传》作者的自我标榜，而两千多年来，学者们都深信不疑。依今天的观点看，《周易》的领域不是无限的，还是有一定限度的。

以上是根据《系辞》对《易》理来源和生成过程作了些简单的说明，下面我们要从一些

---

①张岱年：《论〈易大传〉的著作年代与哲学思想》，载《〈周易〉研究论文集》，第424页。

新的角度探讨一下《易》理的来源和生成的过程。

二、龟卜与筮占的比较

为了了解《易》理的来源和生成过程，我们有必要了解筮占的形成过程和性质。而筮占与龟卜是古代两种相似的巫术，故要了解筮占，可以与龟卜略加比较。

中国古代有两种主要的占卜方法，就是龟卜和筮占。龟卜是在龟甲上钻凿，根据烧灼钻孔后出现的兆纹以判断吉凶。筮占最初是使用算筹，后来使用蓍草，经过推演，得到一定的爻而成卦，根据卦、爻象并结合卦、爻辞来判断吉凶。先秦时代有"筮短龟长"的说法，最早见于《左传》僖公四年："初，晋献公欲以骊姬为夫人，卜之，不吉。公曰：从筮。卜人曰：筮短龟长，不如从长。"《礼记·曲礼上》："假尔泰龟有常，假尔泰筮有常。"郑注："命龟筮辞。龟筮于吉凶有常，大事卜，小事筮。"

龟卜是商代和西周时期经常使用的占卜方法，有数以万计的用于占卜的龟甲和兽骨可以证明。商、周已有了数占法，这是筮占的前身，与龟卜不同。数占法出土或传世的实物有镂于甲骨、陶器、玺印等，上面的数占符号仅数十例。① 故从考古实物看，当时的确是把龟卜看得更为重要，远过于筮占。

《尚书·洪范》孔传："二从三逆，龟筮相违。"孔颖达《正义》："筮短龟长，非是龟实长也。《易·系辞》云：'蓍之德圆而神，卦之德方以智，神以知来，智以藏往。然则知来藏往，是为极妙，虽龟之长，无以加此。圣人演筮为易，所知岂是短乎！'"② 孔颖达据《系辞》对《易》卦的高度赞扬以反驳筮短龟长的说法，实际上并未抓住要害，因为"蓍之德圆而神，卦之德方以智"是圣人所加，先秦时代"筮短龟长"却是事实。但这里也引出一个问题：既然先秦时代"筮短龟长"，为何圣人不将具有优势的龟卜发展起来，成为内容广大的体系，却将不占优势的筮占发展为内容广大的体系呢？其实，将龟卜发展为体系，也有人作过尝试，《史记·龟策列传》附录了褚先生的"龟策卜事"，这些"龟策卜事"列举了卜事七十例，涉及疾病、出行、系狱、求财、买臣妾牛马、击盗、官职升迁、室家吉凶、禾稼丰熟、见贵人吉否、追逃亡、渔猎、遇盗、雨霁等社会生活的许多方面。卜问这些事要看卜兆，卜兆有：中关、内高外下、首仰、足开、肣开、首俛大、横吉等。卜例中都是根据卜兆的形状来判断吉凶，如："卜求财物，其所当得？得，首仰、足开，内外相应。即不得？呈兆首仰、足肣。"又如："命曰：首仰、足开，有内，以占，病者死，系者出。求财物，买臣妾、马牛不得。行者行，来者来。击盗，行不见盗，闻盗，来，不来。徙官，徙，居官不久。居家室不吉。岁孰。民疾疫，有而少。岁中毋兵。见贵人不吉。请谒、追亡人、渔猎不得。行不遇盗。雨霁，霁小吉，不霁。"前一例是问事的正反，各有相应的卜兆。后一例是同一卜兆，可占问不同的事情。

---

①张政烺：《试释周初青铜器铭文中的〈易〉卦》，《考古学报》1980年第4期，又载《周易研究论文集》；张亚初、刘雨：《从商周八卦数字符号谈筮法的几个问题》，《考古》1981年第2期，又载《〈周易〉研究论文集》。

②《十三经注疏》，北京：中华书局，1982年，第191页下栏。

《左传》僖公十五年:"韩简云:龟,象也,筮,数也。物生而有象,象而后有滋,滋而后有数。"韩简以龟卜为象,筮为数。象生数,故筮是龟卜派生出来的,龟卜是更为根本的东西,因此"筮短龟长"。商周时代的龟卜如何根据兆形判断吉凶,因无文献记载,无从了解。但据褚先生的"龟策卜事",其所列兆形仅六七种,这样有限的兆形,难以形成新的组合,以适应更多、更复杂的事件,也不能够衍生出较深层次的理论。所问之事都是疾病、出行、求财等具体行事,难以引起更多联想,以供引申发挥。因此,尽管龟卜在先秦时代占有优势,却难以发展出一个体系。

而筮占在先秦时代虽然不占优势,却能发展出一个庞大的体系,究其根本原因,并非由于孔颖达所说"圣人演而为《易》",而是由于筮占与数有密切联系,并且其形式富于变化,由于具有这样的特点,才能演而为《易》。

三、数占法的特点

在商末和周初,在一些器物上出现了由三个或六个数字组成的卦,张亚初、刘雨称之为"八卦数字符号"①,徐中舒先生称为数占或数占法②,张政烺收集了六十二例,"按照奇数是阳爻,偶数是阴爻的原则",以与《周易》中的单卦和重卦对勘,发现与之相合③。为便称呼,本文称这种由数字组成的卦为数字卦。现将商周数字卦各举数例,并转写为《易》卦,以作对照(图一):

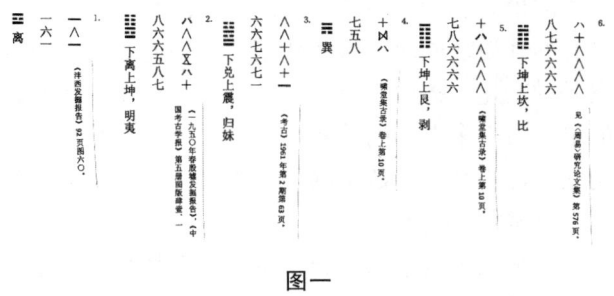

图一

张政烺指出,组成商周数字卦的数字主要有一、五、六、七、八,但在陕西周原沟东扶风县境出土一极大卜骨,上有许多数字卦,卦中出现了九字。1979年江苏海安县青墩新石器时代遗址出土角柶和鹿角枝上有数字卦刻文八个,其中有"三五三三六四""六二三五三一",使用了二、三、四。此外,1978年湖北江陵天星观战国楚墓出土竹简上发现《易》卦,但二、三、四、五、七已被取消,集中到一、六两项下。④ 故从新石器时代至战国时期,数字卦使用了一、二、三、四、五、六、七、八、九这九个数字。这是《周易》筮法形

---

① 张亚初、刘雨:《从商周八卦数字符号谈筮法的几个问题》,《考古》1981年第2期,载《〈周易〉研究论文集》。
② 徐中舒:《徐中舒历史论文选辑》,北京:中华书局,1988年,第1443页。
③ 张政烺:《试释周初青铜器铭文中的〈易〉卦》,《考古学报》1980年第4期,载《〈周易〉研究论文集》,见550页、557页。
④ 见《〈周易〉研究论文集》第557、569页。

成之前的数字卦，其数字的来源大概如彝族的筮法"雷夫敦"，但分奇偶，故出现一至九这九个数字。

四川有彝族卜法"雷夫敦"。毕摩持细竹或草杆若干于左手，右手随便分去一部分，看左手是奇还是偶，如此共行三次，即可得三个数字，据其奇偶先后加以排列，以判断吉凶。或用相似方法得到三个数字。①

由此可知，数字卦的数字来源并不神秘，很有可能就是用像雷夫敦那样简单方法，得到从一到九中的三个数或六个数，以组成一个单卦或重卦。

数字卦的组成有其特点，其一，直接由一至九这九个数组成单卦或重卦。从理论上看，可以组成的卦数量不少，可以应付许多事情的占筮。虽然一至九这九个数都曾先后出现，但在不同的地区，不同的时代都未同时使用全部九个数，较多的情况是使用五个数，如商周数字卦，也有只用四个数的，如天星观战国楚简的数字卦。假如我们用五个数，可以计算出用五个数字可以组成多少单卦和重卦，单卦数可以用排列的公式计算出来：$P_5=5\times4\times3=60$，重卦数为单卦数相乘：$60\times60=3600$，这个数字相当大，可能实际上用不了这么多，但理论上有这么多卦，应付占问的各种事情，可以绰绰有余了。

其二，数字卦的数字有奇数一、三、五、七、九，偶数有二、四、六、八，奇偶的不同，可以引申之用来区分两类不同的事物，加深人们对客观事物的认识，从而导致哲学思维的萌芽。

其三，三个数字组成的单卦和六个数字组成的重卦，其数字的获得，都有先后顺序，而顺序是世间万物普遍具有的性质。同时，这些数字的顺序与卦的性质有密切联系，数字顺序的任何变化，都会导致卦的变化。故数字卦的这种性质，也可以导致哲学思维。

其四，三个数字的单卦和六个数字的重卦，其每一个数字在卦中都有自己的位置，这个位置与卦的性质有密切联系，当某一个数字的位置改变后，这个卦也就变了。故数字卦的这个性质，也可以导致哲学思维。

其五，三个数字的单卦和六个数字的重卦，每个数字都与卦的性质有密切联系，卦中任何数字（一个或几个）的变化都可导致卦的变化。数字卦的这个性质，也可以导致哲学思维，其六，有的数字卦下附有文字，可能是对卦象的说明，如（图二）：

---

① 汪宁生：《八卦起源》，原载《考古》1976 年第 4 期，又载《〈周易〉研究论文集》。

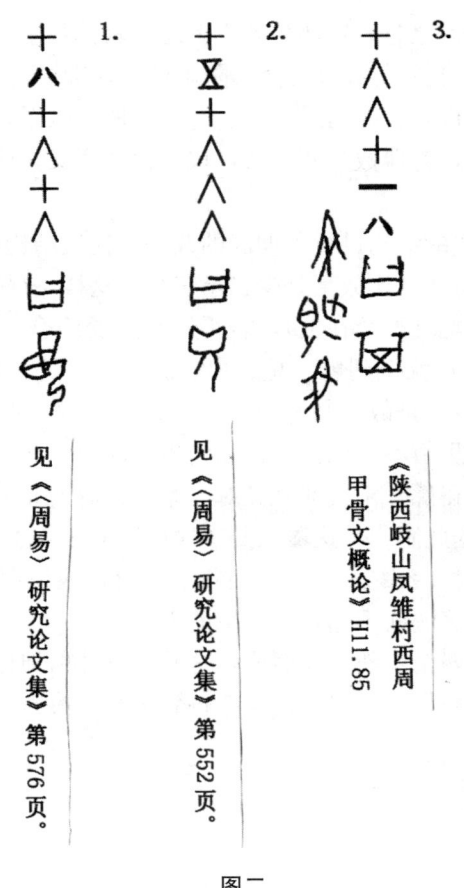

图二

张政烺释图二 1 卦下的文字作"曰隗",图二 2 卦下的文字作"曰魁"。① 徐中舒先生读图二 3 卦下的文字为"曰其文既鱼",并说:"文同吝,既同堃,取也。……四字简短质朴。四字文体与《周易》卦爻辞极为相近。"② 这些例子说明数字卦已经出现了卦爻辞的雏形,与《周易》卦爻辞有较大差别,说明卦爻辞是经过长期发展形成的。有了卦爻辞,就为对卦象进行引申发挥,作好了文字上的准备。

可以看出,数字卦已为《周易》的形成,准备了充分的条件。

四、《周易》的形成是对数占法的发展

《周易》是从数占法发展而来的,这一点学者们没有异辞,下面要谈的是《周易》从数占法发展而来脉络,这对认识《周易》的性质是有帮助的。

第一,《周易》的阴阳爻是从数占法的奇偶数转换而来。从表面看,数字卦与《易》卦的符号不同,数字卦是用数字,《易》卦是阴爻和阳爻两种。前面已谈到,数字卦通常用四

---

① 见《〈周易〉论文集》第 576、552 页。
② 徐中舒:《徐中舒历史论文选辑》,第 1448 页。

至五个数字，这些数字有奇偶之分，奇偶数若不考虑其具体数字，很容易划分为两类，于是在《易》卦里就顺理成章地转换成阴阳两爻。阴阳两爻不是简单表示数字卦里的奇数和偶数，因为在《易》卦里，它们是直接与六、八、七、九四数联系，阴爻与阳爻仅与数字卦数字的奇偶性质相联系。同时，奇偶数是两类数，仅有数学意义，而阴阳爻则能代表抽象的性质，具有潜在的哲学意义。

第二，《周易》对数占法的结构进行了彻底的改进，使其结构更为简便、合理。

《易》卦只有两个基本符号，比数字卦少二至三个，这样，《易》卦在结构上就可以更为简便。其阴阳二爻自配且互配（配爻在上），就得四组双爻组合，再以阴阳二爻分别与这四组双爻组合相配（配爻在上）就得到乾、兑、离、震、坤、艮、坎、巽八卦（图三）。《系辞》在谈到八卦的生成时说："是故《易》有太极，是生两仪，两仪生四象，四象生八卦。"太极是后来的哲学思考，这里暂不讨论。两仪如何生出四象，四象又如何生出八卦，《系辞》未作解释，这就使人产生神秘感。宋代邵雍又对《系辞》这句话加以发挥："一分为二，二分为四，四分为八也。"并据此制成"伏羲八卦次序图"（见朱熹《〈周易〉本义》卷首，又称小横图，见图三）。邵雍对《系辞》这句话的不求甚解，或谓误解，居然使后人把他的这句话和他制作的图与二进制算法联系起来，这不能不认为是一个历史的误会。现在，我们知道了八卦是由阴阳二爻经过两个步骤相配而成，这并没有什么神秘之处，决不是由二凭空分为四，由四凭空分出八。但我们也看出，古人在将数字卦转换为《易》卦时，表现出很高的智慧。

图三

至于六十四重卦的生成，也是将八单卦两两相配，加上八单卦自重，故共得六十四重卦。按照数学的概念，是由 8 个元素每次取出 2 个元素加以排列，列成算式就是：$P_8^2 = 8 \times 7 = 56$，得到 56 重卦，加上八卦自重，复得 8 重卦，故为 $56+8=64$，共为 64 重卦。本来《系辞》只讲到"两仪生八卦"为止，邵雍为了说明六十四卦是如何生成的，又凭空添出"八分为十六，十六分为三十二，三十二分为六十四"，并且还制成"伏羲六十四卦次序图"（又称大横图）。很明显，按照邵氏的分法，是得不到六十四卦的。古人在设计八卦和六十四卦的时候，表现出高度的智慧，但经邵氏一发挥，就只剩下"伏羲六十四卦次序图"神秘的形式了。

《周易》形式结构的简便，还表现在将卦的各爻用于占断吉凶上。高亨说："《周易》最初可能仅用六十四卦以筮，当斯时仅有六十四占，其后并用三百八十四爻以筮，当斯时则有四百四十八占，又后增入乾之'用九'，坤之'用六'，当斯时则有四百五十占。东周时代之

《周易》，即四百五十占之筮书也。"① 上文谈到，数占法若用 5 个数字，其单卦可达 60 个，重卦可达 3600 个，虽是理论上计算出来的数字，实际运用时不会太少。可以想象，由于数字庞大，应用起来会感到不方便，筮占过多，于吉凶反不易判断。《周易》最初可能沿袭数占法，仅以六十四卦筮占，其数量未免太少，不敷应用，于是"并用三百八十四爻以筮"，这是个很大的改进，以六十四卦统率三百八十四爻，可收执简御繁之效，四百多占，对当时的社会人事，完全可以应付了。

第三，数字卦的各个数字都有先后顺序，《易》卦的各爻也有顺序，并明确地从下向上标明序号：初、二、三、四、五、上，这样，为《周易》表现人世的秩序，提供了象征性的形式。

第四，数字卦的各个数字都有一定的位置，《易》卦各爻也有一定的位置，并且各爻产生了上下关系。有了次序与位置关系，一卦的各爻就初步形成了相互关联的结构。

第五，数字卦的各个数字、顺序、位置等若有变化，则会导致卦的变化；《易》卦各爻的阴阳属性、顺序、位置等若有变化，也会导致卦的变化。《易卦》的这些性质显然是来自数字卦。

第六，数字卦只有少数卦下附有简短的文字，这可能是卦辞的雏形。而《易》卦有卦名、爻名、卦辞、爻辞等，应是占卜者在长期使用的过程中逐步增添上去的。

由上述可知，《周易》是从数字卦发展变化而成，《易》理的最初也是最核心的内容就是在这《易》卦中形成了。

五、《易传》对《易》理的引申阐发

《易》卦所含《易》理大致如上所述，而《易》理更多的还是《易传》引申阐发而成的。《易传》对《易》的引申阐发，基本上不脱离《易》卦的核心内容，这应是我们的基本认识。朱熹说："八卦之画，本为占筮，方伏羲画卦时，止有奇偶之画，何尝有许多说话。文王重卦作繇辞，周公作爻辞，亦只是为占筮设，到孔子，方始说从义理去。"② 朱熹所说伏羲等圣人画卦作繇辞爻辞等固然可商，但以《易》最初"止有奇偶之画，何尝有许多说话"，却也近于事实。他又说："《易》只是个卜筮之书，孔子却就这上依傍说些道理教人，虽孔子也只得随他那物事，不敢别生说。"③ 朱熹认为，孔子的说法也只是依傍《易》卦，"不敢别生说"，这实际上是说《易传》是在《易》卦所含的《易》理上引申发挥而成，而不会有与此《易》理不相干的说法。

下面我们讨论一下《易传》是如何对《易》理引申发挥的，同时要讨论这些引申发挥是否合理。

（一）《易传》里的数

《易传》里的数字对《易》理的表达起到很大的作用，因此我们要考察一下《易传》里

---

① 高亨：《〈周易〉古经今注》，北京：中华书局，1990 年，第 139 页。
② 朱熹：《朱子七经语类》，上海：上海古籍出版社，1994 年，第 17 页。
③ 朱熹：《朱子七经语类》，第 21 页。

的数字是如何对《易》理进行引申发挥的。

1. 筮法里的数

数字卦和《易》卦本身所含的数很少，如数字卦使用的数字，是从一至九，其单卦含三个数，重卦含六个数；《易》卦单卦有三爻，重卦有六爻，重卦总数六十四个，六十四卦的爻数为三百八十四个。

《易传》在引申发挥《易》卦时，增加了一些数字，增加的数字首先包含在筮法里面。《系辞》谈到筮法时说：

> 大衍之数五十，其用四十有九，分而为二以象两，挂一以象三，揲之以四以象四时，归奇于扐以象闰，五岁再闰，故再扐而后挂。……是故四营而成《易》，十有八变而成卦。

上文谈到彝族雷夫敦演卦的方法非常简单，只须将一把竹签任意去掉一些，看剩下部分的数目即可。《系辞》谈到的筮法却有四个步骤（即四营：分二，挂一，揲四，归奇），并且几乎每个步骤都有象征意义，显然这是经过精心设计而成的，而非数占法或《易》卦最初所有。

大衍之数，衍同演，为推演之义。大衍之数五十，为何只用四十九策？《易》学家有许多不同说法，朱熹认为："止用四十有九，盖皆出于理势之自然，而非人之智力所能损益也。"① 似乎用四十九策是没有道理可讲的。而旅居比利时的华人科学家沈宜甲经过数理研究，使用表格法证明，"可用自 30 至 49 策，皆可得同一结果，亦可用更多或更少之策数，但无必要"②。其证明较繁，读者可自行参看。这就说明，使用四十九策，系出于人为设计与选择，并无神秘的意味。

"分而为二以象两"，这是指把四十九策任意分成两部分，"两"，崔憬认为是两仪③，朱熹认为是天地。④

"挂一以象三"，"三"，《易》学家都知道是指三才，即天、地、人。"挂一"是指将四十九策分成两部分后，于其中某一部分取一策挂于小指间，这一策与分成的两部分就象天地人三才了。沈宜甲认为，"可用挂一或不挂一，视策数而定"⑤。

"揲之以四以象四时"，即在这两部分之一部分中，以四策为一组而数之（即以两部分的策数分别除以四），四这个数于是成为四时（四季）的象征。扬雄《太玄经》所使用的数字是一、二、三，其筮策数三十六而虚其三，实用三十三策，而揲之以三。司马光《潜虚》所用数字是一至十，其筮策数七十五而虚其五，而揲之以十。可见"挂一揲四"都出于精心的设计。

---

① 朱熹：《〈周易〉本义》，上海：上海古籍出版社，1994 年，第 60 页。
② 沈宜甲：《科学无玄的〈周易〉》，北京：中国友谊出版公司，1984 年，第 39 页。
③ 李鼎祚：《〈周易〉集解》卷十四，成都：巴蜀书社，1991 年，第 276 页。
④ 朱熹：《〈周易〉本义》，第 60 页。
⑤ 沈宜甲：《科学无玄的〈周易〉》，第 39 页。

"归奇于扐以象闰"，以四策为一组数之，数至最后总有余数，其余数为一、二、三、策，则将此余策合挂于左手小指，此余策则为一年闰月之象征。

"五岁再闰，故再扐而后挂"，此是指将两部分的另一部分仍以四策为一组数之，所得余策仍挂于小指上。这是象征五岁再闰。中国古代颛顼历以一年为365.25日，一月为29.53日，则5年为365.25×5=1826.25日，1826.25÷29.53≈61.84月，以太阴历计，每年12月，5年为60月，闰1.84月，近两月。故五年当置两个闰月。

至此一变已成。《系辞》所谓"四营以成《易》"，"四营"即以上演卦过程，概括为：分二，挂一，揲四，归奇。此一过程须进行三次，至第三次，观两部分策数，当为四种可能：二十四、二十八、三十二、三十六，皆为四之倍数，故以四除之即得六、七、八、九。演至第三次，可得此四数之一，即一爻。每次称一变，凡三变乃得一爻，故《系辞》谓"十有八变而成卦"，即指以上演卦过程须进行十八次才能得到一个六爻的重卦。

此外，若要用筮得之卦占断吉凶，还有一套较为复杂的程序，限于篇幅，这里不再缕述。由上所述，已可见筮法的复杂性。有人提出有方法可以使《周易》筮法简单化，这种设想未曾考虑到筮法设计者的目的是要使《周易》"通神明之德，类万物之情"，使人产生深不可测的神秘感和敬畏心，笃信筮占的结果。若要简便，早有雷夫敦那样的筮法，过于简易，会使人产生轻慢之心。在对筮法作精心设计时，设计者还巧妙地融入了对自然界和人类社会的理念，可以引起人们的哲学思考。同时，筮法设计者还试图将《周易》与天文历法结合起来，这种努力固然可贵，但显得力不从心，这个问题下文将讨论。

2. 天地之数

《系辞》谈到天地之数：

> 天数五，地数五，五位相得而各有合，天数二十有五，地数三十，凡天地之数五十有五。此所以成变化而行鬼神也。

> 天一，地二，天三，地四，天五，地六，天七，地八，天九，地十。

李鼎祚《〈周易〉集解》引虞翻曰："此则大衍之数五十有五，蓍龟所从生，圣人以通神明之德，以类万物之情。"① 而筮法里是"大衍之数五十"，故有人认为筮法此句应为"大衍之数五十有五"，并无确据。实际上此五十有五并非虚设，而是用以求"宜变之爻"以占断吉凶。②

天数和地数可列算式表示：

$$S_天 = 1+3+5+7+9 = 25 \qquad S_地 = 2+4+6+8+10 = 30$$

这实际上是两个算术级数。李俨认为，级数问题最早出现在《周髀算经》中③，李约瑟也认为，级数的"迹象最早是出现在《周髀》中，《九章算术》第三章（衰分）有许多涉及

---

① 李鼎祚：《〈周易〉集解》，283页。
② 高亨：《〈周易〉古经今注》，第145—147页。
③ 李俨：《中算史论丛》第一集，北京：科学出版社，1955年，315页。

级数的问题"①。学者认为，《周髀算经》成书于西汉，但其内容包括"西周初的，春秋战国和西汉初的"。② 学者认为，《系辞》成书"接近七十子之世，距孔子亦不会太远"③，在春秋末或战国之初。故中国级数之出现，有《系辞》与《周髀算经》相互印证，当在战国初期之前。级数问题至北魏张邱建、元代朱世杰续有研究，但"在耶稣会传教士来华以前，中国在探讨级数方而没有什么进步"④。

天地数目前只知道是用来求"宜变之爻"，在《易传》中是否还有别的什么用途，无从知道，但宋人把这天地数与河图联系起来。《系辞》说："河出图，洛出书。"并没有将天地数与河图联系起来。《尚书·顾命》也提到河图："大玉、夷玉、天球、河图在东序。"并没有提到河图与天地数的关系。朱熹在其《〈周易〉本义》卷首载河图、洛书之图，并云："《系辞传》曰：'河出图，洛出书，圣人则之。'又曰：'天一，地二，天三，地四，天五，地六，天七，地八，天九，地十。天数五，地数五，五位相得而各有合。天数二十有五，地数三十，凡天地之数五十有五。此所以成变化而行鬼神也。'此河图之数也。"把天地数与河图联系起来。其实，这并非是朱熹的发明，出于宋代的图书派《易》学，而较早文献中并无河图出于天地数的说法。朱熹所列河图，只不过是将天地数图形化，以增加图书派《易》学的神秘性，与《易》理并无关系。至于朱熹所列洛书，实际上是一种九宫图，其数字来自《大戴礼记·明堂》："明堂月令，赤缀户也，白缀牖也，二九四、七五三、六一八。"九宫图也称为幻方，是自古以来的一种数字游戏，与《周易》无关。

3.《系辞》关于历数的设计

上节谈到筮法中已涉及历法，谈到四时、闰月、置闰等问题。而《系辞》又设计了一年之日数，以与历法相联系。《系辞》云：

乾之策二百一十有六，坤之策百四十有四，凡三百有六十，当期之日。

乾坤策数的来源，据荀爽说："阳爻之策，三十有六，乾六爻皆阳。"这是由于"阳爻九，合四时"，故四乘九为三十六：$9×4=36$。以三十六与六相乘，则得二百一十六：$36×6=216$。又云："阴爻之策，二十有四，坤六爻皆阴。"这是由于"阴爻六，合二十四气"，故阴爻之策数为二十四。以二十四与六相乘，得一百四十四，$24×6=144$。⑤ "凡三百有六十，当期之日"，是以二百一十六与一百四十四相加，得三百六十，$216+144=300$，这就是一年的日数。期，《广韵·释诂一》同稘，"稘，年也"。又陆绩云："日月十二交会，积三百五十四日有奇为一会，今云三百六十当期，则入十三月六日也。十二月为一期，故云：'当期之日也。'"⑥《系辞》以乾之策数与坤之策数之和三百六十为一年之日数，而一年之日数本非三百六十。据先秦六历（黄帝、颛顼、夏、殷、周、鲁等历）一回归年为365.25000000日，

---

①李约瑟：《中国科学技术史》第三卷"数学"，北京：科学出版社，1978年，第304页。
②吴文俊主编：《中国数学史大系》第一卷，北京：北京师范大学出版社，1998年。
③廖名春、廖学伟、梁韦弦：《〈周易〉研究史》，第339页。
④李约瑟：《中国科学技术史》，第305—307页。
⑤李鼎祚：《〈周易〉集解》卷十四，第278页。
⑥李鼎祚：《〈周易〉集解》卷十四，第278页。

一朔望月为 29.53085106 日。① 若按太阴历，则一年之日数为 29.53085106 × 12 = 354.37021272。故陆绩谓"日月十二交会，积三百五十四日有奇为一会"。故要凑够三百六十，还要加上闰月第十三月的六日，这就是陆绩所谓"今云三百六十当期，则入十三月六日也"。《系辞》提出的乾、坤策数，与筮法并无关系，虽经荀爽、陆绩解释，仍觉勉强，其目的是要凑成三百六十之数，以"当期之日"，使八卦与天象历数联系起来，从而获得这样的象征意义，乃可以"成变化而行鬼神也"。但三百六十之数与回归年之日数及太阴历一年之日数都颇有差距，朱熹说："此特举成数而概言之耳。"② 但这一说法难掩拼凑之迹，因此这样的联系是十分牵强的。

4. 万物之数

《系辞》云：

> 二篇之策，万有一千五百，当万物之数也。

侯果云："二篇谓上下经也，共六十四卦，合三百八十四爻，阴阳各半，则阳爻一百九十二，每爻三十六策，合六千九百一十二策；阴爻亦一百九十二，每爻二十四策，合四千六百八策，则二篇之策合万一千五百二十，当万物之数也。"③ 此言阳爻每爻三十六策，是因筮占经三变得三十六策，以四除之则得九，为阳爻，故亦称阳爻"每爻三十六策"；言阴爻每爻二十四策，是因筮占经三变得二十四策，以四除之则得六，为阴爻，故亦称阴爻"每爻二十四策"。

依侯果的解释，可列成算式：$64 \times 6 = 384$，$384 \div 2 = 192$，$192 \times 36 = 6912$，$192 \times 24 = 4608$，$6912 + 4608 = 11520$。这个数显然是拼凑而成的，其目的是使《易》卦可以象征万物。

以上数字都具有某种象征意义。这种以某些数字象征某些客观事物的方法，实际上是一种巫术。英国学者詹·乔·弗雷泽指出，"把彼此相似的东西看成是同一个东西"，这是"顺势巫术"（或称相似律），这是根据对某些相似的联想而形成的。④ 筮法的设计者试图通过设计的数字把《易》卦与天象历数和一些事物联系起来，以使《易》卦的推演与天象历数和这些事物具有某种相似性，从而使《易》卦的推演能反映天象历数和事物的变化。但在实际上，这些数字与天象历数和事物并不存在数理逻辑关系，有的数字与实际数字有差异，因此不能真实地反映天象历数和事物的变化。

（二）《易传》的阴阳观念

《系辞》多处提到阴阳：

> 一阴一阳之谓道……阴阳不测之谓神。
> 阴阳之义配日月。

---

① 《历法通志》，《民国丛书》第四编，上海：上海书店，1992年，第12、35页。
② 朱熹：《〈周易〉本义》，第61页。
③ 李鼎祚：《〈周易〉集解》，第278—279页。
④ 弗雷泽著，徐育新等译：《金枝》，北京：大众文艺出版社，1998年，第20页。

> 阳卦多阴，阴卦多阳，其故何也？阳卦奇，阴卦偶。其德行何也？阳一君而二民，君子之道也；阴二君而一民，小人之道也。
>
> 子曰：乾坤其《易》之门邪？乾，阳物也，坤，阴物也。阴阳合德而刚柔有体，以体天地之撰，以通神明之德。

《系辞》把阴阳视作是组成道体的两大部分，支配事物的变化，规定事物的性质，天地万物无不受阴阳的制约。同时，阴阳又产生刚柔，以表现事物的性质。

《说卦》也谈到阴阳，其大旨与《系辞》略同：

> 观变于阴阳而立卦，发挥于刚柔而生爻，和顺于道德而理于义，穷理尽性以至于命。
>
> 昔者圣人之作《易》也，将以顺性命之理，是以立天之道，曰阴曰阳；立地之道，曰柔与刚；立人之道，曰仁与义。兼三才而两之，故《易》六画而成卦。分阴分阳，迭用柔刚，故《易》六位而成章。

西周金文中已出现了阴阳，如永盂："锡矢师永厔田阴易洛疆。"敔簋："裕敏阴阳洛。"《诗·大雅·公刘》："既景迺冈，相其阴阳。"其中的阴阳都只表示地理状况，并无深广的义蕴。而在《易传》中，阴阳已具有了哲学意义，是事物发展变化的根本原因。阴阳哲学意义的形成，不是来自金文和《诗经》里的阴阳，而是来自数字卦和《易》卦。数字卦的数字分奇偶，《易》卦把奇偶转换为两种符号，这两种符号具有高度的抽象性，而用本是表示具体性质的阴阳来表示这两个抽象的符号，于是阴阳获得了抽象性，从而具有了哲学意义。阴阳观念的形成，使《周易》具有了哲学色彩，在中国思想史上是一个大的飞跃。《周易》在先秦时代以阴阳观念为其特色，故《庄子·天下篇》云："《易》以道阴阳。"正是指出了《周易》的核心思想。

《系辞》谓"阳卦多阴，阴卦多阳"，意指除乾坤两卦之外的其他六卦，震坎艮为阳卦，巽离兑为阴卦，都各具阴阳的性质，只不过所含阴阳之程度多少不同而已。阳表刚健，阴表柔顺，阳刚阴柔，在各种事物中所含有的程度不同，故或偏阳刚，或偏阴柔。

(三)《易传》对时空的扩展

上文谈到，数字卦只有上下形式，转换为《易》卦后也是如此，因为《易》卦本身的形式也只能表示上下。但在《易传》里，空间形式有所扩展。如：

> 蒙，坎下艮上，《象》曰：山下有险。

蒙卦的下卦为坎，坎为险，故《象》以蒙卦的上下卦为上下关系。这是和数字卦及《易》卦本身形式是一致的。

> 需，乾下坎上，《象》曰：险在前也。

需卦的上卦为坎，坎为险，故《象》以需卦的上下卦为前后关系，上卦为前，下卦为后。

> 泰，乾下坤上，《象》曰：内阳而外阴，内健而外顺。

> 乾为阳，坤为阴，显然，《彖》是以泰卦的上下卦为内外关系，下卦为内，上卦为外。

由此观之，《易传》把《易》卦的上下卦解释为上下、前后、内外关系，这就扩展了《周易》的空间。

同时，数字卦和《易》卦每一爻都有固定的位置，因为每一爻有固定的位置，才能组成一卦。于是就有了爻位的概念。本来在数字卦或《易》卦中，爻位除了是形成卦的一个因素外，并无其他意义可言，但在《易传》中，却赋予了爻位以多种意义。

第一，规定天位、地位、人位。《系辞》："《易》之为书也，广大悉备。有天道焉，有人道焉，有地道焉，兼三才而两之，故六，六者非他也，三才之道也。"朱熹云："三画已具三才，重之故六，而以上二爻为天，中二爻为人，下二爻为地。"① 分爻为天地人三位，是为了将卦象的意义扩展到自然界和人类社会。这还是利用了巫术的相似性原理。下二爻为地，是因为地在下，上二爻为天，是因为天在上，中二爻为人，是因为人在天地之间。

第二，《易传》还规定了阳位、阴位、同位的概念。在重卦中，奇数爻（初、三、五爻）为阳位，偶数爻（二、四、上）为阴位。初、二、三爻分别与四、五、上爻为同位爻。

提出这样一些概念，主要是为了结合阴阳的观念来说明事物的相互影响而产生变化。如《小畜·彖》："柔得位而上下应之，曰'小畜'。"高亨云："小畜之六四为柔，其上下五爻皆为刚，是上下五刚应一柔。"② 刚为阳爻，柔为阴爻，此言五个阳爻能与一阴爻相感应。又如《恒·彖》："刚上而柔下，雷风相与，巽而动，刚柔皆应。"此谓上卦为阳卦，故刚，下卦为阴卦，故柔。初四、二五两对爻为同位爻，此四爻都是阴爻居阳位，阳爻居阴位，故不当位，但是两对同位爻皆为一阴一阳，故能相应。又如《家人·彖》："家人，女正位乎内，男正位乎外。"女谓二爻，为阴爻，男谓五爻，为阳爻，各当其位，且皆处中位，故得中。以上概念本为《易》卦所无，皆由《易传》的爻位概念引申发挥而成。

《易传》又把《周易》的空间扩展到方位，《说卦》云：

> 帝出乎震，齐乎巽，相见乎离，致役乎坤，说言乎兑，战乎乾，劳乎坎，成言乎艮。万物出乎震，震，东方也。齐乎巽，巽，东南也。齐也者，言万物之洁齐也。离也者，明也，万物皆相见，南方之卦也。圣人南面而听天下，向明而治，盖取诸此也。坤也者，地也，万物皆致养焉。故曰致役乎坤。兑，正秋也，万物之所说也。故曰说言乎兑。战乎乾，乾，西北之卦也，言阴阳相薄也。坎者，水也，正北方之卦也，劳卦也，万物之所归也。故曰劳乎坎。艮，东北之卦也，万物之所成终而所成始也，故曰成言乎艮。（按：此节朱熹《〈周易〉本义》定为第五章。）

《说卦》这一章，赋予八卦一些意义，并非从《易》卦引申而来，是《说卦》作者的创造。但他定下了八卦方位，可以认为是对《易》卦位置说的引申发挥，因为位置是空间概

---

① 朱熹：《〈周易〉本义》，第68页。
② 高亨：《〈周易〉大传今注》，第35页。

念,方位也是空间概念,《说卦》八卦的方位说是对位置说作出了合理的扩展。在朱熹的《〈周易〉本义》卷首列入"文王八卦方位"图(图四),下面有注云:"邵子曰:此文王八卦,乃入用之位,后天之学也。"而《〈周易〉本义》于第五章下注云:"邵子曰:此卦位乃文王所定,所谓后天之学也。"故"文王八卦方位"图乃邵雍所作,或至少是邵氏传出。此图之八卦方位全据《说卦》第五章,但邵氏认为是此方位是文王所定,并无确据。此图据《说卦》画出,于八卦方位更加直观,也是有意义的。

图四

朱熹《〈周易〉本义》卷首又列"伏羲八卦方位"图(图五),朱熹于图下注云:"《说卦传》曰:'天地定位,山泽通气,雷风相薄,水火不相射,八卦相错,数往者顺,知来者逆。'邵子曰:'乾南,坤北,离东,坎西,震东北,兑东南,巽西南,艮西北。自震至乾为顺,自巽至坤为逆。'"又于《说卦》第三章注引邵雍云:"邵子曰:'此伏羲八卦之位,乾南,坤北,离东,坎西,兑居东南,震居东北,巽居西南,艮居西北,于是八卦相交而成六十四卦,所谓先天之学也。'"《说卦》第三章只谈到"天地定位",其余山泽、雷风、水火,只谈到它们"通气""相薄""不相射",仅仅是说它们相互作用,何尝涉及其方位?但邵雍却据此给八卦定了方位,只能说是出于邵雍的臆测。而近千年以来,《易》学家对此深信不疑。现在看来,这个"伏羲八卦方位"图是不可信的,因为它不出于《易传》。

图五

2. 时间顺序的扩展以及因果关系的表述

数字卦及《易》卦各爻之筮成，皆须按一定之次序，此时卦之时序性遂产生。如一卦之六爻依次为初、二、三、四、五、上，六爻有先后次序，故《易》卦不仅能表示空间，亦能表示时间顺序。

《易》卦简单的时序性，在《易传》里得到引申发挥。其时序性的扩展，在《序卦》里表现得最为充分，又由于时序规定了因果关系，所以，《序传》在阐述时间有的同时，也阐述了因果关系。《序卦》上篇云：

> 有天地然后万物生焉，盈天地之间者唯万物，故受之以屯，屯者，盈也。屯者物之始生也，物生必蒙，故受之以蒙。蒙者，蒙也，物之稚也，物稚不可不养也，故受之以需。需者饮食之道也，饮食必有讼，故受之以讼……

《序卦》下篇云：

> 有天地，然后有万物，有万物，然后有男女，有男女，然后有夫妇，有夫妇，然后有父子，有父子，然后有君臣，有君臣，然后有上下，有上下，然后礼义有所错。夫妇之道不可不久也，故受之以恒，恒者久也。物不可以久居其所，故受之以遁，遁者退也。物不可以终遁，故受之以大壮……

上篇大致是讲自然界与人类社会现象事物的时序与因果关系，下篇主要讲伦理、道德、礼义等事物的时序与因果关系，虽然只勾画了一个粗略的发展脉络，但其有序的发展变化的观念，也是难能可贵的。而这种时序因果观念的形成，可以追溯至《易》卦最初表现出来的简单的时序性。

(四)《易传》对《易》卦变化规律的阐发

数占法与《易》卦都能初步表现变化的规律，只要一卦的一爻变化（奇偶、阴阳、位置等），整个卦就发生变化。这就揭示了宇宙间存在的最根本的规律：变化。英国学者瓦莱（Arthur Waley 1889-?）把《周易》译作 The book of Changes，就是"变化之书"。可见西方学者看到了《周易》的最主要特征。而《周易》对变化规律的阐发，可以追溯到数占法和《易》卦。

《系辞》说：

> 圣人设卦，观象系辞焉而明吉凶，刚柔相推而生变化。……变化者，进退之象也，刚柔者，昼夜之象也，六爻之动，三极之道也。
>
> 日新之谓盛德，生生之谓易，成象之谓乾，效法之谓坤，极数知来之谓占，通变之谓事，阴阳不测之谓神。
>
> 参伍以变，错综其数，通其变，遂成天地之文；极其数，遂定天下之象。非天下之至变，其孰能与于此。
>
> 是故阖户谓之坤，辟户谓之乾，一阖一辟谓之变，往来不穷谓之通。
>
> 是故形而上者谓之道，形而下者谓之器，化而裁之谓之变，推而行之谓之通，举而

措之天下之民谓之事业。

　　　　刚柔相推，变在其中矣，系辞焉而命之，动在其中矣。吉凶悔吝者，生乎动者也。……爻象动乎内，吉凶见乎外，功业见乎变，圣人之情见乎辞。

《系辞》从多个角度和侧面让人们注意变化的现象和规律，如阴阳爻相互替换（刚柔相推），爻变而引起的卦变（参伍以变），各爻之间的相互影响（错综其数），同时要观察自然界和人类社会的变化，要注意新旧的交替（进退之象），天地人的动态（六爻之动，三极之道），天地的重大变化（阖户谓之坤，辟户谓之乾，一阖一辟谓之变），对深入的思维和具体的事物要结合起来认识其变化趋势（化而裁之），此外还要研读卦爻辞，因为这是圣人"观象系辞而明吉凶"。了解这些方法，则于事物变化的把握思过半矣。

六、《易》理的运用及其局限

根据以上讨论，我们可以看到，《易》理主要有四个方面：第一，数，包括筮数，天地之数，历数，万物之数；第二，阴阳的概念；第三，时序观念；第四，变化观念。前面提到，历代学者都认为"易道广大，无所不包"，这四个方面的《易》理是否真能广大到无所不包呢？从中国文化史、学术史看，几乎所有学问都援《易》以为说，人们在日常生活中，也常常以《易》说为行为处事的指导原则。在许多中国人心目中，《周易》几乎是一部万能的经典。通过以上对《易》理的梳理，笔者认为，《周易》的确是一部富于哲理的经典，能启发人的智慧，但和人类的任何著作一样，它也有一些局限。

（一）推天道以明人事

关于《周易》所蕴涵的人生哲理，前人已谈得很多，这里只是概略地谈一些体会。

《四库全书总目提要》卷一《〈易〉类一》云："《易》之为书，推天道以明人事者也。"这句话把《周易》的性质说得既清楚又准确。根据自然的规律法则，用以指导社会中人们的行为处事，这是《周易》的主要宗旨。《系辞》说："是故君子居则观其象而玩其辞，动则观其变而玩其占，是以自天祐之，吉无不利。"正是点明了这个宗旨。

《易》理所揭示的天道，最根本的规律就是变，世间事物无不变，其唯一不变者，就是变本身。由变的规律而引起各种天象和人事的变化，而《周易》更关心的是人事的变化。自古希腊哲人赫拉克利特及近代哲学家无不以变易观宇宙，而《周易》以变易观人事，尤为深刻细致。由于世间事物总是处于变动不居的状态中，故《系辞》说："作《易》者其有忧患乎！"这是君子见到变化规律而产生忧患意识。但只要顺应天道，就能得天之祐，"自天祐之，吉无不利。子曰：'祐者，助也。天之所助者，顺也；人之所助者，信也。履信思于顺，又以尚贤也。是以自天祐之，吉无不利也。'"所以对君子而言，虽有忧患，但"乐天知命，故不忧"。

事物的变化，有突变，有渐变。其突变自有应对之法。如《震》云："震来虩虩，笑言哑哑，震惊百里，不丧匕鬯。"《彖》曰："震，亨。震来虩虩，恐致福也。笑言哑哑，后有则也。震惊百里，惊远而惧迩也。不丧匕鬯，出可以守宗庙社稷，以为祭主也。"突发的雷震引起惊恐，但也有可能因恐惧反而得福。要保持镇定，谈笑如常，在做重要事情时，如祭祀，仍要有条不紊，才能化险为夷。总之，在突发灾难时，应从容应对，使国家大事能够顺利进行。

事物的突变，必须要马上作出应对之策，而渐变，许多时候是细微变化的积累，令人不予注意，往往造成严重后果，故《周易》对于渐变有不少深刻的揭示。《周易》许多卦都在展示渐变的道理。如《渐》卦从初六爻到上九爻，都是谈渐变。朱熹云："渐，渐进也。"①"初六，鸿渐于干"，"六二，鸿渐于磐"，"九三，鸿渐于陆"，"六四，鸿渐于木"，"九五，鸿渐于陵"，"上九，鸿渐于陆（逵）"。鸿从干（水边）进于石、陆地、树上、山坡上、更高处的道路上，取象鸿的渐进，展示了一个渐变的过程。又如《乾》卦，"初九，潜龙勿用"，"九二，见龙在田"，"九三，君子终日乾乾，夕惕若"，"九四，或跃在渊"，"九五，飞龙在天"，"上九，亢龙有悔"。这里以龙象征阳刚的事物，初潜于地下，对于一个人而言还不能有所作为，尚须等待时机。当见龙于田，喻人尚处下层，若得有力者帮助当必有利。而上升过程中并非一帆风顺，可能会发生意外，故须终日乾乾，有时还可能遭受挫折。当条件成熟，时机到来，便可能"飞龙在天"，但即使如此，也还是要争取有力者的帮助。当事业鼎盛之时，若作过分追求，便有可能走向反面招致失败。

由于事物的发展都有一个过程，当我们处于发展的某一阶段时，我们可以根据《周易》展示的渐变的道理，预测其发展趋势，大概这就是某些人所说《周易》具有预知未来的神秘能力。当我们对《易》理有所了解之后，就可以知道这是合理的预测，而并非神秘的能力。

上文在论述《易传》对《易》理的引申阐发时，我们已经对《周易》指导人事的作用已有所说明，《周易》的内容还很丰富，前人已多所发明，这里所举一些例子，只不过是要强调《周易》主要宗旨是"推天道以明人事"，而它在其他方面的作用却是有限的。

（二）《周易》对古代科学技术的作用

《周易》虽然借用卜筮的形式建立了一个帮助思维的体系，阐释了事物变化的一些现象，揭示了变化的一些原因，但从整体而言，《周易》并未能形成较为严密的逻辑体系，特别是其结构里的卦、爻之间，并没有形成数理的联系，故《周易》对古代科技发展的作用是有限的。

1."观物取象"与"观象制器"

《系辞》云：

> 古者庖牺氏之王天下也，仰则观象于天，俯则观法于地，观鸟兽之文，与地之宜，近取诸身，远取诸物，于是始作八卦，以通神明之德，以类万物之情。

这是说庖牺在制作八卦之前，先有一个仰观俯察的过程，观察了世间万物（天、地、鸟、兽、自身、各种事物），制成八卦后，这些世间万物就转化为卦象。如八卦的乾、坤、离、坎、震、兑、巽、艮，象天、地、火、水、雷、泽、风、山等八大元素，又如《说卦》里说："乾为天、为圜，为君、为父、为玉、为金……坤为地、为母、为布、为釜、为吝啬

---

①朱熹：《〈周易〉本义》，第46页。

……震为雷、为龙、为玄黄、为専、为大涂……巽为木、为风、为长女、为绳直、为工、为白……坎为水、为沟渎、为隐伏、为矫輮……离为火、为日、为电、为中女、为甲胄、为戈兵……艮为山、为径路、为小石、为门阙、为果蓏……兑为泽、为少女、为巫、为口舌、为毁折……"按其理论，八卦可以象征世间万物（包括性质），故这个名单可以无穷无尽地罗列下去。这个过程《易》学家称之为"观物取象"。

前面我们已经讨论了《易》卦是由数字卦转化而成，最初《易》卦只是表示吉凶，何尝能象征世间万物，因此，"观物取象"都是《易传》附加给《易》卦的。八卦每卦仅三爻，六十四重卦每卦仅六爻，这些卦爻如何能够承载如此多的事物？由于这些卦爻过于简单，绝不可能明确、清晰地表达各种事物，因此，当筮得一卦，由于卦所表示的事物并不明确，解释就只能是含糊的，不确定的，模棱两可的。要让这样的形式来进行符合逻辑的思考，显然是不行的。

按照《易传》的理论，有了"观物取象"，就可以"观象制器"了。因为象都在卦里，我们只要把象从卦里提取出来就行了。故《系辞》在谈到庖牺的仰观俯察之后，就举了12个"观象制器"的例子：

> 作结绳而为网罟，以佃以渔，盖取诸"离"。
> 斫木为耜，揉木为耒，耒耨之利以教天下，盖取诸"益"。
> 日中为市，致天下之民，聚天下之货，交易而退，各得其所，盖取诸"噬嗑"。
> 黄帝尧舜，垂衣裳而天下治，盖取诸"乾坤"。
> 刳木为舟，剡木为楫，舟楫之利以济不通，致远以利天下，盖取诸"涣"。
> 服牛乘马，引重致远，以利天下，盖取诸"随"。
> 重门击柝，以待暴客，盖取诸"豫"。
> 断木为杵，掘地为臼，臼杵之利，万民以济，盖取诸"小过"。
> 弦木为弧，剡木为矢，弧矢之利，以威天下，盖取诸"睽"。
> 上古穴居而野处，后世圣人易之以宫室，上栋下宇，以待风雨，盖取诸"大壮"。
> 古之葬者，厚衣之以薪，葬之中野，不封不树，丧期无数，后世圣人易之以棺椁，盖取诸"大过"。
> 上古结绳而治，后世圣人易之以书契，百官以治，万民以察，盖取诸"夬"。

依《系辞》的逻辑，庖牺早已通过仰观俯察以制八卦，于是八卦及六十四卦中已有包括以上12件事物的万物之象，于是只要观看《易》卦中的象，就可以把器制造出来。

下面举几个例子说明古人是如何说明"观象制器"的：

关于观"离"卦而制网罟，虞翻说："'离'为目，'巽'为绳，目之重者唯罟，故结绳为罟。'坤'二五之'乾'成'离'。'巽'为鱼，'坤'二称田（佃同田），以罟取兽曰田，故'取诸离'也。"① "离"为目，见《说卦》。"离"卦☲的上下卦都是"离"卦（单卦），但虞翻有"互体说"，谓一卦之中，二至四爻可别成一卦（单卦），此"离"卦之二至四爻为

---

① 李鼎祚：《〈周易〉集解》，第297页。

"巽"卦（单卦），故虞翻引入"巽"以为绳，为鱼。他又认为"离"卦是"坤"卦的二、五爻进入"乾"卦而成，故"离"卦的二爻同"坤"卦的二爻，"坤"六二："直方大。"这是指大地。大地又同田，故虞翻谓"'坤'二称田"。"离"为目，目本是眼睛，虞翻却用以指网眼；"坤"六二指大地，当然可以指田地，他却用作田猎之义。由此可见，虞翻为了说明制作网罟是取象于"离"，作出牵强附会、转弯抹角的解释。这样的解释当然是不能令人信服的。故朱熹对网罟取"离"象的解释是："两目相承，而物丽焉。"① 意为网眼相互连结而成网罟，就会有猎物附着（捕获）了。朱熹的解释简明得多，但仍不是制成网罟的真正原因。

又如观"涣"卦而制舟楫，李鼎祚引《九家〈易〉》云："木在水上，流行若风，舟楫之象也。此本'否'卦九四之二。刳，除也。'巽'为长，为木，'艮'为手，'乾'为金，'艮'手持金，故'刳木为舟，掞木为楫'也。'乾'为远天，故'济不通致远以利天下'矣。"②"涣"卦下"坎"上"巽"䷲，《说卦》："巽为木，为风。""坎为水，为沟渎。"故谓"木在水上，流行若风，舟楫之象也"。并认为"涣"卦是"否"卦的九四爻与六二爻对调而成，故谓"此本'否'卦九四之二"。其余解释易明，不多赘。

又如观"夬"卦而制书契，李鼎祚引《九家〈易〉》云："'夬'者，决也，取百官以书治职万民，以契明其事。契，刻也，'大壮'进而成'夬'，金决竹木，故法'夬'而作书契矣。"③"夬"卦下"乾"上"兑"䷪，《说卦》谓"'乾'为金"，而"兑"无竹木象。《九家〈易〉》谓"'大壮'进而成'夬'"，"大壮"下"乾"上"震"，《说卦》谓"震"为苍筤竹，故"夬"得"震"之助亦有竹象。故"夬"象"金决竹木，而作书契矣"。

《易》学家解释"观物取象"，通过分析以上三例，可以看出，或许在《易传》设置的概念中能自圆其说，但有时也显得牵强附会，读来如入迷宫。关键是《易》卦里没有事物具体的形象，或近似于机械制图的图样，而仅仅是一些卦爻间关系的简单比附，因而是制不出器物来的。或许有人说这是一种抽象的哲学思维，是不能与形而下的器相提并论的。但抽象的哲学思维更应有普遍的适用意义，而"观象制器"的方法迄今为止似乎还未能启发人们的思维，制造出世界上还没有的器来，这倒是值得人们深思的。

2.《周易》与历法的关系

学者多认为《周易》与历法有密切关系，但笔者认为《周易》与历法的关系，实际上是《易传》与历法的关系，因为《易》卦本身只有一些简单的数字，与历法没有关系，这在上文已经讨论过了。而《易传》，特别是《系辞》在谈到筮法时，还精心设计了一些与天象历法有关的数字，如"分二以象天地，挂一以象三，揲之以四以象四时，归奇以象闰，五岁再闰"，这就把《易》卦与天地、四时、闰月及置闰的问题联系起来了。但以乾坤之总策数三百六十为一年的日数，这就和实际的一年日数三百六十五又四分之一日（颛顼历）相去甚远。显然，若以这些粗略的设计来指导历法，是不会促进历法发展的。当然，《周易》的阴

---

① 朱熹：《〈周易〉本义》，第 64 页。
② 李鼎祚：《〈周易〉集解》，第 298 页。
③ 李鼎祚：《〈周易〉集解》，第 301 页。

阳、变化的思想可以对历法有一个宏观的导向，但在技术层面，《周易》就无能为力了。

历史上也有一些著作援《易》以说历法天象，如《汉书·律历志》引《说卦》云："立天之道，曰阴与阳。""立地之道，曰柔与刚。""参天两地而倚数。"并引《系辞》之筮法及天地数。《后汉书·律历志》引《革·象》："君子以治历明时。"至《宋书·历志》，对《周易》无所征引。所引《周易》都是一些宏观空泛的说法，并无方法论可言。

汉代孟喜创"卦气说"，据《魏书·律历志》及《新唐书·历志》介绍，其卦气说包括四正卦说、十二月卦说、六十四卦配七十二候等内容。四正卦即坎、离、震、兑，主管一年四季。又以十二辟卦代表一年十二月，此即十二月卦说。十二辟卦为复、临、泰、大壮、夬、乾、姤、遁、否、观、剥、坤。六十四卦除四正卦外的六十卦分别配以七十二候（以二十四节气之每一节气为初、次、末三候，共七十二候），以此表示阳长阴消的过程。此卦除袭用《周易》的阴阳刚柔等观念外，于《易》理实无所取，只是借用了《周易》卦名作为符号以建立其学说。《新唐书》卷二十七上《历志》引唐僧一行云："十二月卦出于《孟氏章句》，其说《易》本于气，而后人以人事明之。"由言天象历法而被转用于人事，至少可以说明孟氏的卦气说于历法实不能致用。自唐以后，宋代历法不采卦气说。《元史》卷五十六《历》五记耶律楚材作《庚午历》，曾简介卦气说，而《庚午历》未被朝廷采用。此亦可以说明卦气说是没有多少实用价值的。

汉代京房（前77—前37）利用《周易》提出他的占候之术。其内容见于今存的《京氏易传》。其占候学主要有卦气说、八宫卦说、五行说、阴阳二气说、纳甲说等。京房的卦气说主要以阴阳二气说来解释孟喜的卦气说，其八宫卦说重排六十四卦，以八经卦的重卦为八宫或八纯，每一宫卦统率七卦，所统率的七卦，依次称为一世、二世、三世、四世、五世、游魂、归魂。如此排列，是为了表示卦爻象的变化乃由于阴阳消长而起。又创"飞伏说"，以相对立的卦爻象中，可见而现于外者为飞，隐藏不可见者为伏。其五行说乃以五星（土、金、木、水、火）配卦，卦之间有相生相克的关系。其纳甲说乃以八宫卦配以十天干，其各爻又配以十二地支。甲为十干之首，故此说称之为纳甲。其《易》说以占测阴阳灾变，推断人事吉凶为主，发展并加强了《周易》的占筮功能，虽继承了孟喜的卦气说，而于天象历法的改进并无多大作用，故其说不为历法家所取。

孟喜和京房的《易》学都试图以《易》理以说天文历法，但都未能建立切于实用的方法，由此可以说明《周易》对天文历法的作用是有限的。天文历法只能通过对天象的观察，才能总结出可靠的方法和理论，依靠《周易》作为研究天文历法的工具，是得不到正确的结论的。

（三）《周易》与现代科学的关系简说

《周易》本是卜筮之书，其中有一些合理的成分，甚至这些合理成分中还颇具哲理性，如变化、阴阳、时序、因果、位置、方位等观念。《周易》具有这些合理的观念，是否就可以与现代科技结合起来甚至指导现代科学的发展呢？近现代以来，有不少人对此深信不疑，甚至作出许多具体的努力。而笔者认为，《周易》的合理成分，从学理上看，都是朴素的、初级的、概略的，与精深、完密、以数理逻辑和科学观察实验为基础的现代科技是不能同日而语的。迄今为止，并无一项可以称得上是现代科技成果的创造发明是在《易》理的引导下产生，就是一个证明。《易》理可以指导人事，但不能指导现代科技，这应是一个基本认识。当然，要全面阐明这个问题也非易事，这里只举几个例子加以说明。

最早将《周易》与现代科学相联系的是民国时期的杭辛斋（1869—1924）。他以阳为气而阴为质，乾坤为父母，震、坎、艮、巽、离、兑为六子，分别为化学之六气：轻气（氢）、养气（氧）、淡气（氮）、绿气（氯）、碳气（二氧化碳）、喜气（一氧化氮）。并认为："六气即乾坤二元所化生，震坎艮卦三少阳，巽离兑卦三少阴之六元象也。"① 现在看来，这种联系近于牵强，我们知道，氧、氢、氮、氯为单元素，二氧化碳、一氧化氮为化合物，是不同层次的物质，却被杭氏列为乾坤之六子，成为同一层次。

又如曾为一些学者所津津乐道的德国数学家莱布尼兹受伏羲六十四卦次序图的启发发明了二进制算法，因二进制是计算机的运算模式，故有人把《周易》说成是抽象计算机。但也有持相反意见，认为莱布尼兹发明二进制算法与伏羲六十四卦图无关。② 莱布尼兹在所著《关于只用两种记号0和1的一进制算术的阐释》（1679年3月15日拉丁文稿）中说："这种演算的令人惊奇之处，是这种用0和1进行的算术竟然包含着一个叫做伏羲的古时的国王和哲人所作线段的奥秘……一旦我们注意到，首先一条线段—指单位或1，其次一条断裂的线段--指0或零，那么这个解释就明显了。"③ 显然，他所谓的线段—是指《周易》的阳爻，断裂的线段--是阴爻。我们注意到文稿中这一句话："是这种用0和1进行的算术竟然包含着……所作线段的奥秘。"他使用了"包含"一词，这应该理解为他已经发明了二进制算法后才看到《周易》，发现他的二进制算法使用的0和1，与《周易》的--和—的性质相同，如果他先看见--和—，然后受到启发，从而发明了二进制算法，他就不会用"包含"一词了。其实他这一看法，也有仁者见仁，智者见智的意味。阴爻和阳爻固然与数有关（六与九），但已经是哲学概念，《易》学家不会用来作数学计算。由此可知，莱布尼兹是见到《周易》的阴爻和阳爻，认为与他的二进制算法使用的符号0和1有暗合之处，故感到惊奇，但在实质上，0和1与阴爻和阳爻，其概念还是有很大差别的。

至于莱氏是否看到过伏羲六十四卦次序图，这是有可能的。有资料说法国传教士白晋于1701年曾寄伏羲六十四卦圆图和方图给莱氏④，此二图列在朱熹《〈周易〉本义》卷首，但此二图明显与二进制没有关系。倒是同列于《〈周易〉本义》卷首的伏羲八卦次序图（小横图）和伏羲六十四卦次序图（大横图）表明的八卦和六十四卦的生成，二图可以2的幂来表示，我们知道，二进制数就是2的n次幂，故此二图似可与二进制算法联系起来，不过即使莱氏看到了此二图，也已经是在他发明二进制算法之后了。但上文已说过，八卦的形成是阴阳两爻相配而成，六十四卦是八卦相配而成。《系辞》谈到八卦生成时说："《易》有太极，

---

① 杭辛斋：《学易笔谈初集》卷四"化学之分剂与象数合"条，研几学社，1919年。
② 可参看胡杨、李长铎：《莱布尼兹发明二进制前没有见过先天图吗？—对欧洲现存十七世纪中西交流文献的考证》，《〈周易〉研究》2004年第2期；李介眉：《谈先天卦与二进制的关系》，《广州大学学报》（综合版），1989年第2期。
③ 《〈周易〉十讲》，第133页。
④ 《〈周易〉研究史》，第457页。

是生两仪，两仪生四象，四象生八卦。"这是一种哲学思考，与《老子》"道生一，一生二，二生三，三生万物"的说法性质相同。经邵雍引申发挥，得到小横图和大横图，在形式上可以表示为 2 的 n 次幂，就与二进制算法巧合了，实与初义相去甚远。

在这里我们还要简单谈谈刘子华的八卦宇宙论。刘子华（1899—1992），四川简阳人，1919 年赴法国巴黎留学，1940 年以《八卦宇宙论与现代天文——一颗新行星的预测》的论文获巴黎大学博士学位，该论文中文版于 1987 年由四川科学技术出版社出版。刘氏在自序中说："本书专题讨论太阳系宇宙中若干问题，所采取的证明均以近代科学资料或自然现象为根据，自始至终都是以八卦的理论与具体宇宙现象结合起来研究的。"① 他根据八卦理论认为太阳系总共应有十二个星体，这十二个星体分为阴部和阳部，阴部和阳部各应有六个星体比值才相等。但当时已发现的九大行星加上太阳和月亮共只有十一个星体，阴部之星球有六个，而阳部仅有五个。"如在阳部中加入木王星（笔者按，此木王星是刘氏预测的星球）再计算速度与密度，则在阳部之新比值遂完全与阴部之比值相等"②，这样太阳系就有十二个星体，就可以证明木王星的存在了。笔者于现代天文学所知甚少，对刘氏的说法不能妄评，但是，根据媒体报道，近年国际天文学会决定，将冥王星划为矮行星③，并且后来冥王星与其他矮行星阋神星、鸟神星和妊神星等被划入类冥矮行星。④ 而刘氏所据以推算的十一个星体中，冥王星是在阳部六星之中，这样刘氏的阳部六星若去掉冥王星，将如何与阴部六星保持比值相等？若不去掉冥王星，则应加上好几个类冥矮行星如阋神星、鸟神星、妊神星等，则刘氏的阳部又如何与阴部保持比值相等？刘氏在他的书里谈道："1981 年美国合众国际社报道，美国海军天文台发现第十颗行星。"⑤ 但迄今为止，此一发现并未得到国际天文联会的承认。并且刘氏说："马伯乐教授为世界著名的汉学家，对《易经》既有研究又有怀疑，但对于我以天文恒数与卦理相互印证所得各项结果的数证，却无法否认，因为那些数证非常明瞭确切而且可以脱离卦理，可仅据天文恒数而独立存在。"⑥ 这就使人产生一些疑问：既然数证可以脱离卦理，可仅据天文恒数而独立存在，又何必要使用卦理呢？科学研究要求简洁明快，既然使用了现代科学方法，又要使用西方科学家所不了解的八卦，使得证明方法显得繁杂，这也是有悖科学研究原则的。同时，卦理用于天文研究应先经过验证，为什么在未经科学验证的情况下把八卦用到新星的预测呢？并且，现在国际天文联会只承认太阳系八大行星，这一新的情况对刘氏的理论又有什么影响呢？总之，由于新的天文发现不断出现，刘氏的研究越来越要打上问号，这也应该是《周易》难以指导现代科学研究的一个例子。

---

① 刘子华：《八卦宇宙论与现代天文——一颗新行星的预测》，成都：四川科技出版社，《序言》第 1 页。
② 刘子华：《八卦宇宙论与现代天文——一颗新行星的预测》，第 67 页。
③《科技之光》2009 年第 256 期："起初，冥王星被认为是太阳系中的一颗大行星，但是在 2006 年 8 月 24 日于布拉格举行的第 26 届国际天文联会中通过第 5 号决议，将冥王星划为矮行星。"
④ 中国天文科普网：《太阳系内新矮行星现身》，2017 年 5 月 30 日。
⑤《八卦与现代天文——一颗新行星的预测》，《序言》第 6 页。
⑥ 刘子华：《八卦与现代天文——一颗新行星的预测》，《序言》第 3 页。

七、结语

　　《系辞》谓"《易》与天地准"，能"弥纶天地之道"，能"通神明之德"，"类万物之情"，这些说法固有其合理处，但若对《系辞》及其他《易传》的这类说法不加分析，完全相信不疑，就会认为《周易》的理论、方法都圆满无缺，甚至能囊括宇宙演化、物质结构与人生理想各方面，有人还认为《易》学是现代科技的顶峰，对《周易》的作用抬高到无以复加的程度。

　　本文认为，《周易》自有其重大的历史和现实意义，但我们对它的评价要实事求是，不能无限拔高，对其作用要有清醒的认识，不能无限夸大。要做到这一点，我们要正确认识《周易》的性质，要了解《易》理的准确内容，为此，本文对《易》理的形成进行了考察。从数占法到《易》卦、《易传》，探讨《易》理的形成过程。

　　在古代，龟卜重于筮占，但龟卜的形式不能表现变化，故为筮占取代。数占法和《易》卦的结构形式使其富于变化，这就具备了《易》理萌生的基本条件。由于《易传》的引申发挥，《易》理方告形成，主要包括变化、阴阳、时序、因果、位置等观念，其中尤以变化、阴阳观念最为重要。

　　《系辞》作者为了"弥纶天地之道"，精心设计了一套筮法，试图使《周易》能够表现天象历法，为此并设计了一些数字，赋予这些数字以神秘色彩，但在实际上，这些数字对天象历法的作用是有限的。此外，《系辞》还提出了"观物取象"和"观象制器"的理论，但由于未建立在严密的、充分的实际考察基础上，这个理论对实际运用并无多大的指导意义，但作为哲学思考或许有一定意义。

　　从《易》理整体看，具有朴素、初级、概略的特征，可以引申发挥出一些深刻的哲理以指导人生，甚至可以预测一些人事的发展趋势，但由于《易》理不具有严密的科学观测实验和数理逻辑基础，要用它来指导现代科技的发展，是无能为力的。

　　总之，我们需要实事求是地对待《周易》，使其为振兴国学发挥应有的作用；而过分夸大其作用，只会降低这部古代典籍的文化意义。

　　作者简介：何崝，男，四川大学历史文化学院教授。

《诗经》所见周武王

曲阜师范大学　黄怀信

周武王，是西周历史乃至整个中国历史上的重要人物，而有关他的资料，除《尚书》《史记》及《逸周书》中的数篇外，其他很少有人关注。《诗经》中至少有 16 篇提到或直接与周武王有关，主要集中在《大雅》和《周颂》中，应该比较可信，而以往或因解读或文本方面的原因，研究者多未发现或利用，今一并辑出并稍加语译说明，希望对周武王及西周史研究有所裨助。以下分篇逐次辑释：

1. 《大雅·文王》。这是一首歌颂文王，安抚殷民的诗，内容、性质皆与《逸周书·商誓》相近，当作于武王克殷之后，作者当是武王本人。武王能诗，清华简《耆夜》可证。《毛诗序》曰："《文王》，文王受命作周也。"① 非诗意。《史记·周本纪》曰："诗人道西伯，盖受命之年称王。"② 按文、武受命十三年（前 1044）克殷，则受命当在公元前 1057 年。③ 原诗曰：

文王在上，於昭于天。周虽旧邦，其命维新。有周不显，帝命不时！文王陟降，在帝左右。

亹亹文王，令闻不已。陈锡哉周，侯文王孙子。文王孙子，本支百世。凡周之士，不显亦世。

世之不显，厥犹翼翼。思皇多士，生此王国。王国克生，维周之桢。济济多士，文王以宁。

穆穆文王，於缉熙敬止。假哉天命，有商孙子。商之孙子，其丽不亿。上帝既命，侯于周服。

侯服于周，天命靡常。殷士肤敏，祼将于京。厥作祼将，常服黼冔。王之荩臣，无念尔祖！

---

① 孔颖达：《毛诗正义》卷十六，《十三经注疏》，北京：中华书局，1980 年影印本，第 502 页下栏。
② 司马迁：《史记》卷四，北京：中华书局，1982，第 119 页。
③ 按本结论参笔者《西周王年历日表》（《古文献与古史考论》），济南：齐鲁书社，2003 年，第 302–314 页。

> 无念尔祖,聿修厥德。永言配命,自求多福。殷之未丧师,克配上帝。宜鉴于殷,骏命不易!
>
> 命之不易,无遏尔躬。宣昭义问,有虞殷自天。上天之载,无声无臭。仪刑文王,万邦作孚!①

语译过来,意思是:

> 文王高在上,德行昭于天。周虽是旧邦,其命却为新。周邦将大显,上帝命特好!文王上下走,总在帝身边。
>
> 勤勉好文王,美誉传不息。恩德载着周,子孙都为侯。他的子孙们,繁衍一百代。他的士民们,也将大显世。
>
> 尽管累世显,依然很小心。皇皇多士们,都生这王国。生在这王国,周家有骨干。士民非常多,文王也心安。
>
> 肃穆好文王,奋发又严肃。天命真宏大,训戒商子孙。商的子孙们,人数十多万。上帝命他们,给周做侯服。
>
> 给周做侯服,天命不固定。殷士动作敏,酒浆祭先祖。行礼的时候,常带韨和冠。王的进臣门,不要念你祖!
>
> 不要念你祖,快修你德行。永远配天命,自己求多福。殷未亡国前,就能配上帝。宜鉴亡国前,大命不再改!
>
> 大命不再改,不必去寻死!既要好声誉,又要知天命。老天做事怪,无声也无味。效法周文王,万国相信他!

诗之背景当是:武王灭商之后,集周官及商旧臣百姓为之训话。训话主要内容是说:因为周人受天命,文王在帝左右,为帝所信任,因而本支百世将大显于世。今如众多士为周骨干,上帝命商之子孙侯服于周。并告诉他们,天命已定,不要再念其祖,而且天命不会再变,也不必自去寻死,要他们既要求声誉,又要知天命,重新做人。可见这是一篇极为重要的训辞,在当时当为稳定商旧臣起了重大作用。

2.《大雅·大明》。该篇叙写武王身世和受命灭商。《毛诗序》曰:"文王有明德,故天复命武王也。"不甚直接。《逸周书·世俘》载武王受俘仪式曰:"籥(乐)人奏。武王入,进《万》,献《明明》。"② 王先谦疑其《明明》即此篇,似不可能,因为诗中明称"武王"。韦昭《国语注》谓其为"周公昭先王之德于天下也",以为周公所作,当是。原诗末三章与武王有关,诗曰:

> 有命自天,命此文王,于周于京。缵女维莘,长子维行,笃生武王。保右命尔,燮伐大商。

---

① 孔颖达:《毛诗正义》卷十六—一,《十三经注疏》,北京:中华书局,1980年影印本,第503—505页(有校正)。
② 黄怀信:《逸周书校补注译》,西安:三秦出版社,2006年,第197页。

> 殷商之旅，其会如林。矢于牧野，维予侯兴。上帝临女，无贰尔心。
> 牧野洋洋，檀车煌煌，驷䮮彭彭。维师尚父，时维鹰扬。凉彼武王，肆伐大商，会朝清明。①

意思是：

> 命从天降，命这文王，在周在京。王妃出莘，长女嫁来，生了武王。保佑你命，袭伐大商。
> 殷商军旅，集合如林。布阵牧野，我们将兴！上帝看你，不要贰心！
> 牧野宽广，檀车明亮，驷马威壮。太师尚父，好比飞鹰。辅佐武王，攻伐大商，赶上天晴。

诗中讲到武王身世及其伐商之事。其中"牧野洋洋"，明确指明牧野的地理形势。"檀车明亮，驷马威壮"，是说当时周人的装备。"檀车"，即檀木打造的车，是一种非常坚固的战车。《小雅·杕杜》也讲到"檀车幝幝，四牡痯痯，征夫不远"，说明当时战车可能多用檀木。太师尚父，即姜太公吕尚。"时维鹰扬"，反映其当时亲临一线指挥的情景。"会朝清明"，是说正好赶上天晴。这一细节说明，在此之前，当地可能一直在下雨，而这天晚上恰好雨过天晴，使我们明确知道了当时的天气状况。这可以说是唯一一次三千多年前的天气报告，极有意义。而且这天早上天晴，正好可以被西周《利簋》铭文之"甲子朝岁贞（中）"所印证。因为"岁贞（中）"，就是岁星中天。而只有天晴，方可看到星宿。所以我们可以知道，这首诗之作者必定亲自参与这场战事，亲眼看到当时的情景，因而据有十分重要的史料价值。

3.《大雅·下武》。该篇是武王之子应侯歌颂武王的诗，三家作《大武》。诗中"兹一人"，即武王。《毛诗序》曰："《下武》，继文也。武王有圣德，复受天命，能昭先人之功焉。"② 略近是，三家无异义。原诗曰：

> 下武维周，世有哲王。三后在天，王配于京。
> 王配于京，世德作求。永言配命，成王之孚。
> 成王之孚，下土之式。永言孝思，孝思维则。
> 媚兹一人，应侯顺德。永言孝思，昭哉嗣服！
> 昭兹来许，绳其祖武。於万斯年，受天之祜！
> 受天之祜，四方来贺。於万斯年，不遐有佐！③

语译过来，是说：

---

① 孔颖达：《毛诗正义》卷十六—二，《十三经注疏》，北京：中华书局，1980年影印本，第508页。
② 孔颖达：《毛诗正义》卷十六—五，《十三经注疏》，北京：中华书局，1980年影印本，第525页中栏。
③ 孔颖达：《毛诗正义》卷十六—五，《十三经注疏》，北京：中华书局，1980年影印本，第525—526页。

> 大武是周人，世代有哲王。三王在天上，大王在京配。
> 大王在京配，祖德做法则。永远配天命，成就王信用。
> 成就王信用，人间为法式。永远讲孝道，孝道做法则。
> 爱这王一人，应侯顺其德。永远讲孝道，继事真昭明！
> 昭此未来人，沿着其祖迹。啊呀一万年，永远受天福！
> 受天之大福，四方来朝贺。啊呀一万年，永远有辅佐！

由诗意可知，可能是在一次朝贺大会上，武王之子应侯唱此颂歌，以歌颂先王。诗言"世德作求（祖德做法则）"，"永言配命，成王之孚（永远配天命，成就王信用）"，"永言孝思，孝思维则（永远讲孝道，孝道做法则）"，说明武王是一位效法祖德、讲求信用、讲究孝道之主，这在其他文献中很少见到。

4.《大雅·文王有声》。这是一首赞颂文王作丰、武王作镐的诗。《毛诗序》曰："《文王有声》，继伐也。武王能广文王之声，卒其伐功也。"① 近是。原诗后四章曰：

> 丰水东注，维禹之绩。四方攸同，皇王维辟。皇王烝哉！
> 镐京辟雍，自西自东，自南自北，无思不服。皇王烝哉！
> 考卜维王，宅是镐京。维龟正之，武王成之。武王烝哉！
> 丰水有芑，武王岂不仕？诒厥孙谋，以燕翼子（之）。武王烝哉！②

诗意是：

> 丰水东注渭，大禹旧功劳。四方所赞同，皇王为国君。皇王真美啊！
> 镐京建辟雍，从西到东方，从南到北飞，无人不服从。皇王真美啊！
> 武王问龟卜，居住这镐京。是龟确定它，武王完成它。武王真美啊！
> 丰水有芑菜，武王能不采？留给子孙谋，用以安助它。武王真美啊！

由诗义可知，应该是在周成王之时，周人安居丰、镐，思其功，乐人为作此诗，以赞美、歌颂文王、武王。由其赞颂武王的歌词可以看出，当年周人营建镐京及辟雍，完全是由武王本人策划实施并完成的。而之所以新建镐京而放弃丰邑，又是武王出于"为子孙谋"，并将之作为镐京辅翼的考虑。

5.《周颂·维清》。这是一首周人升烟祭祀已毕所唱歌颂文王的歌，作者或是武王。《齐诗》说此篇："武王受命作象乐，继文以奉天。"③ 或有关系。原诗曰：

> 维清缉熙，文王之典。肇烟，迄用有成，维周之祯！④

---

① 孔颖达：《毛诗正义》卷十六—五，《十三经注疏》，北京：中华书局，1980年影印本，第526页上栏。
② 孔颖达：《毛诗正义》卷十六—五，《十三经注疏》，北京：中华书局，1980年影印本，第526—527页。
③ 王先谦撰、吴格校点：《诗三家义集疏》，北京：中华书局，1987年，第1003页。
④ 孔颖达：《毛诗正义》卷十九—一，《十三经注疏》，北京：中华书局，1980年影印本，第584页。

诗意是：

> 清纯又光明，文王旧典章。始创升烟祭，最终有成功，周家为祯祥！

可见是周人升烟祭天已罢，武王随唱此歌，以表达对其发明者文王的纪念。

6.《周颂·昊天有成命》。这是一首歌颂成王的诗，诗中"二后"指文王、武王。《毛诗序》曰："《昊天有成命》，郊祀天地也。"①《鲁诗》说亦曰："《昊天有成命》一章六句，郊祀天地之所歌也。"皆不确。原诗曰：

> 昊天有成命，二后受之。成王不敢康，夙夜基命宥密。於缉熙单厥心，肆其靖之。②

诗意是说：

> 老天有成命，文、武接受它。成王不敢安乐，早晚筹划求安宁。他不断奋发进取而竭其心力，天下才得有太平。

诗之背景当是：成王去世，康王即位，周人已入太平盛世。在祭祀成王的典礼上，乐人高唱此歌，以颂太平。祭祀成王而不忘歌颂文王、武王，说明文王、武王在西周社会中的崇高地位。

7.《周颂·时迈》。这是周人灭商以后，周公为武王所作，时间当在《逸周书·世俘》所记之前。《韩诗》说曰："美成王能奋舒文、武之道而行之。"③《毛诗序》曰："《时迈》，巡守告祭柴望也。"④《鲁诗》说曰："《时迈》一章十五句，巡守告祭柴望之所歌也。"⑤《齐诗》说曰："《时迈》者，太平巡守祭山川之乐歌。"⑥皆不以为武王。如果我们重新解读原诗，就会发现诗中的"王"就是武王。原诗曰：

> 时迈其邦，昊天其子之，实右序有周。薄言震之，莫不震叠。怀柔百神，及河乔岳，允王维后。明昭有周，式序在位。载戢干戈，载櫜弓矢。我求懿德，肆于时夏，允王保之。⑦

翻译成现代语，意思是：

> 天下有万邦，老天都当儿，特助我周人。突然发振奋，万邦莫不应。怀柔众神灵，

---

① 王先谦撰、吴格校点：《诗三家义集疏》，北京：中华书局，1987年，第1008页。
② 孔颖达：《毛诗正义》卷十九—二，《十三经注疏》，北京：中华书局，1980年影印本，第587—588页。
③ 王先谦撰、吴格校点：《诗三家义集疏》，北京：中华书局，1987年，第1012页。
④ 王先谦撰、吴格校点：《诗三家义集疏》，北京：中华书局，1987年，第1012页。
⑤ 王先谦撰、吴格校点：《诗三家义集疏》，北京：中华书局，1987年，第1012页。
⑥ 王先谦撰、吴格校点：《诗三家义集疏》，北京：中华书局，1987年，第1012页。
⑦ 孔颖达：《毛诗正义》卷十九—二，《十三经注疏》，北京：中华书局，1980年影印本，第589页上、中栏。

以及众河岳，愿王为大君。昭昭我周家，顺序在王位。收起干与戈，收起弓和箭。我求美懿德，行在这中夏，愿王永保守。

可见是讲武王灭商，平定四方，天下始定，作者为王谋划，愿其称大君，并保守懿德。而其作者，似乎只能是周公旦。

8.《周颂·执竞》。这是一首周昭王祭祀成王、康王时所唱的颂歌。《毛诗序》曰："《执竞》，祀武王也。"①《韩诗》说曰："《执竞》十四句，祀武王之所歌也。"② 皆不确，因为诗中"成""康"皆是谥号，所以至少当是昭王时人所作，但诗中确实提到武王。原诗曰：

执竞武王，无竞维烈。不显成、康，上帝是皇。自彼成、康，奄有四方，斤斤其明。钟鼓喤喤，磬筦将将，降福穰穰。降福简简，威仪反反。既醉既饱，福禄来反。③

翻译成现代语，意思是：

执竞的武王，无竞为功业。大显的成、康，上帝赞他们。从那成、康始，包有全四方，功劳很显赫。钟鼓声洪大，管磬声锵锵，降福真丰穰。降福大又多，仪态也威严。酒醉饭又饱，福禄做回报。

可见是在祭祀成、康的大典之上，钟、鼓齐鸣，管、磬锵锵，主祭者高唱颂歌，首先提到"执竞武王，无竞维烈"。竞，争也。是说与商夺权。

9.《周颂·振鹭》。这是一首周天子所作的迎宾诗。《毛诗序》曰："《振鹭》，二王之后来助祭也。"④《鲁诗》说亦曰："《振鹭》，二王之后来助祭之所歌也。"⑤ 言夏商二王之后来助祭，亦有可能。而时间疑当在武王灭商之后。原诗曰：

振鹭于飞，于彼西雍。我客戾止，亦有斯容。在彼无恶，在此无斁。庶几夙夜，以永终誉。⑥

翻译成现代语，意思是：

振翅白鹭高空飞，从东飞到那西村。我的客人来到了，他的仪容像白鹭。那边无人厌恶他，这边无人嫌弃他。几乎满满一整天，一直有人赞誉他。

---

① 孔颖达：《毛诗正义》卷十九—二，《十三经注疏》，北京：中华书局，1980年影印本，第589页下栏。
② 王先谦撰、吴格校点：《诗三家义集疏》，北京：中华书局，1987年，第1015页。
③ 孔颖达：《毛诗正义》卷十九—二，《十三经注疏》，北京：中华书局，1980年影印本，第589页下栏。
④ 孔颖达：《毛诗正义》卷十九—三，《十三经注疏》，北京：中华书局，1980年影印本，第594页上栏。
⑤ 王先谦撰、吴格校点：《诗三家义集疏》，北京：中华书局，1987年，第1023页。
⑥ 孔颖达：《毛诗正义》卷十九—三，《十三经注疏》，北京：中华书局，1980年影印本，第594页上、中栏。

可见是描写有贵宾从东方来，周天子亲自迎接，为唱此歌。诗中的"我"，当是武王。

10.《周颂·雍》。这首诗本是周成王祭祀武王和邑姜时所唱的歌，后以为宗庙祭祀之乐歌。《毛诗序》曰："《雍》，禘大（太）祖也。"①《鲁诗》说曰："《雍》一章十六句，禘太祖之所歌也。"②《韩诗》说曰："禘，取毁庙之主皆升合食于太祖。"③ 皆近是。原诗曰：

> 有来雍雍，至止肃肃。相维辟公，天子穆穆。
> 於荐广牡，相予肆祀。假哉皇考！绥予孝子。
> 宣哲维人，文武维后。燕及皇天，克昌厥后。
> 绥我眉寿，介以繁祉。既右烈考，亦右文母。④

翻译成现代语，全诗是说：

> 来者很和睦，到了也肃穆。助祭是君公，天子很严肃。
> 要献大公牛，帮我陈祭品。来吧我皇考！安抚你孝子。
> 做人多明智，为君有文武。同时敬皇天，能昌我后人。
> 使我得长寿，佐以繁福祉。既侑功烈父，又侑文德母。

可见是描写在宗庙中举行祭祖仪式，成王一边陈设祭品，一边口唱此歌。诗中"假哉皇考，绥予孝子。宣哲维人，文武维后。燕及皇天，克昌厥后。绥我眉寿，介以繁祉"，无疑是就武王而说。"功烈考""文德母"，即武王和其妻邑姜。

11.《周颂·武》。这是一首赞美武王的诗。《毛诗序》曰："《武》，奏《大武》也。"郑玄笺曰："《大武》，周公作乐所为舞也。"⑤《鲁诗》说曰："《武》一章七句。奏《大武》，周武所定一代之乐之歌也。"⑥ 言周公所作，当有依据。原诗曰：

> 於皇武王！无竞维烈。允文文王，克开厥后。嗣武受之，胜殷遏刘，耆定尔功。⑦

翻译成现代语，意思是：

> 啊！伟大的武王，无敌为功业。用文的文王，能开其基业。武王继承它，胜殷止戮杀，成就你大功。

---

① 孔颖达：《毛诗正义》卷十九—三，《十三经注疏》，北京：中华书局，1980年影印本，第595页下栏。
② 王先谦撰、吴格校点：《诗三家义集疏》，北京：中华书局，1987年，第1029页。
③ 王先谦撰、吴格校点：《诗三家义集疏》，北京：中华书局，1987年，第1029页。
④ 孔颖达：《毛诗正义》卷十九—三，《十三经注疏》，北京：中华书局，1980年影印本，第596页上、中栏。
⑤ 孔颖达：《毛诗正义》卷十九—三，《十三经注疏》，北京：中华书局，1980年影印本，第597页下栏。
⑥ 王先谦撰、吴格校点：《诗三家义集疏》，北京：中华书局，1987年，第1034页。
⑦ 孔颖达：《毛诗正义》卷十九—三，《十三经注疏》，北京：中华书局，1980年影印本，第597页下栏。

可见是歌颂武王继承文王遗志而克商，成就大功。

12.《周颂·闵予小子》。这是周成王初即位而思父祖武王、文王之作。《鲁诗》说曰："《闵予小子》一章十一句，成王除武王之丧，将始即政，朝于庙之所歌也。"① 近是。《毛诗序》曰："《闵予小子》，嗣王朝於庙也。"② 亦不误。原诗曰：

闵予小子，遭家不造，嬛嬛在疚。於乎皇考，永世克孝！念兹（我）皇祖，陟降庭止。维予小子，夙夜敬止。於乎皇王，继序思不忘！③

翻译成现代语，意思是：

可怜我小子，遭遇家不幸，孤独贫病中。哎呀我皇考，一生讲孝道。念我文皇祖，升降在朝廷。只有我小子，早晚都谦敬。哎呀我皇王，顺序思不忘！

可见是武王去世，周成王即位，至宗庙祭告，为唱此歌。

13.《周颂·酌》。这是周成王勺取即褫夺周公兵权时所唱的歌，歌中提到武王。《毛诗序》曰："《酌》，告成大武也。言能酌先祖之道，以养天下也。"④《鲁诗》说曰："《酌》一章九句，告成《大武》，言能酌先祖之道以养天下之所敬也。"⑤《齐诗》说曰："周公作《勺》，《勺》，言能勺先王之道也。"⑥ 说皆有误。原诗曰：

於铄王师，遵养时晦。时纯熙矣，是用大介。我龙（宠）受之，蹻蹻王之造。载用有嗣，实维尔公允师。⑦

翻译成现代语，意思：

啊呀王师美，长养于暗时。时代大明了，因此获大捷。我今光荣受，勇武王所造。虽则有继嗣，实为公所用！

可见是周公东征胜利后的一天，成王剥夺了周公兵权，并当着周公的面唱出此歌，把一切归功于武王及时代。足见当时成王与周公斗争之激烈，难怪周公后来不知所终。

14.《周颂·桓》。这是一首歌颂武王的诗，篇名或取自诗内"桓桓"，本亦《大武》乐

---

① 王先谦撰、吴格校点：《诗三家义集疏》，北京：中华书局，1987年，第1037页。
② 孔颖达：《毛诗正义》卷十九—三，《十三经注疏》，北京：中华书局，1980年影印本，第598页上栏。
③ 孔颖达：《毛诗正义》卷十九—三，《十三经注疏》，北京：中华书局，1980年影印本，第598页上、中栏。
④ 孔颖达：《毛诗正义》卷十九—三，《十三经注疏》，北京：中华书局，1980年影印本，第604页上栏。
⑤ 王先谦撰、吴格校点：《诗三家义集疏》，北京：中华书局，1987年，第1055页。
⑥ 王先谦撰、吴格校点：《诗三家义集疏》，北京：中华书局，1987年，第1055页。
⑦ 孔颖达：《毛诗正义》卷十九—四，《十三经注疏》，北京：中华书局，1980年影印本，第604页上、中栏。

章之名。《毛诗序》曰："《桓》，讲武类祃也。桓，武志也。"① 《鲁诗》说曰："《桓》一章九句，师祭讲武类祃之所歌也。"② 似与诗义不协。原诗曰：

> 绥万邦，娄（屡）丰年。天命匪解，桓桓武王。保有厥士（土），于以四方，克定厥家。於昭于天，皇以间之。③

翻译成现代语，意思是：

> 安定天下万邦，粮食连年丰收。天命长期不懈，佑助威武武王。让他保有其土，于是领有四方，得以安定周家。功德昭明于天，皇皇取代殷商。

可见完全是为武王歌功颂德，亦可见武王在周人心目中的崇高地位。

15. 《周颂·赉》。这首诗疑是周武王灭商前所赋以励志者。篇名"赉"字，取赐予之义，亦《大武》乐章名。《毛诗序》曰："《赉》，大封于庙也。赉，予也。言所以锡予善人也。"④ 《鲁诗》说曰："《赉》一章六句，大封于庙，赐有德之所歌也。"⑤ 恐有误解。原诗作：

> 文王既勤止，我应受之。敷时绎思，我徂维求定。时周之命，於，绎思！⑥

翻译成现代语，意思是：

> 文王既勤政，我自承受它。敷布这绵德，我去只求定。这是周人命，啊呀要延续！

可见是在即将伐商之际，武王作此诗以自励者，有重要史料价值。

16. 《周颂·般》。这首诗是周武王登嵩山远望所发的感慨。篇名"般"音盘，乐也，亦《大武》乐章之名。《毛诗序》曰："《般》，巡守而祀四岳河海也。"⑦ 《鲁诗》说亦曰："《般》一章七句，巡守而祀四岳河海之所歌也。"⑧ 班固《白虎通·封禅》曰："《般》，周太平封泰山也。"⑨ 恐皆非。

---

① 孔颖达：《毛诗正义》卷十九—四，《十三经注疏》，北京：中华书局，1980年影印本，第604页中栏。
② 王先谦撰、吴格校点：《诗三家义集疏》，北京：中华书局，1987年，第1057页。
③ 孔颖达：《毛诗正义》卷十九—四，《十三经注疏》，北京：中华书局，1980年影印本，第604—605页。
④ 孔颖达：《毛诗正义》卷十九—四，《十三经注疏》，北京：中华书局，1980年影印本，第605页上栏。
⑤ 王先谦撰、吴格校点：《诗三家义集疏》，北京：中华书局，1987年，第1058页。
⑥ 孔颖达：《毛诗正义》卷十九—四，《十三经注疏》，北京：中华书局，1980年影印本，第605页上、中栏。
⑦ 孔颖达：《毛诗正义》卷十九—四，《十三经注疏》，北京：中华书局，1980年影印本，第605页中栏。
⑧ 王先谦撰、吴格校点：《诗三家义集疏》，北京：中华书局，1987年，第1059页。
⑨ 转引自王先谦撰、吴格校点：《诗三家义集疏》，北京：中华书局，1987年，第1059页。

於皇，时周！陟其高山，隓山乔岳，允犹翕河。敷天之下，裒时之对，时周之命！①

翻译成现代语，意思是：

　　啊呀！好大这周朝！登上高山看，小山配高岳，小川汇大河。整个全天下，这样来聚合，真是周人命！

可见应当是武王灭商西归途中，登上嵩山，举目四望，感叹山河壮美，并感谢天命而作。

以上十六篇皆关周武王，研周史者可酌鉴。

作者简介：黄怀信，男，曲阜师范大学教授。

---

①孔颖达：《毛诗正义》卷十九—四，《十三经注疏》，北京：中华书局，1980年影印本，第605页中、下栏。

从"殷人服象"到汉代画像"骑象图"探讨

四川省文物考古研究院　黄剑华

摘　要： 汉代画像中，常见有"驯象图"与"骑象图"。对于这些画面中的驯象与骑象，曾有不同的解释，有的学者认为此类画面同北方早期佛像有关。其实中国自古就是产象之地，早在商周时期的黄河流域和长江流域就有象群活动。两汉时期中原与蜀地仍然有象，因而汉代画像上常见有对象的描绘。汉代有着非常强烈的辟邪求吉、崇尚祥瑞的传统，所以汉代画像中常常有对众多祥禽瑞兽的描绘，如四灵、凤鸟、仙鹿、天马、吉羊、驯象等。显而易见，很多汉代画像中描绘驯象的画面，被赋予的主要是祥瑞的寓意。而以驯象与骑象来比喻或宣扬佛教的含义，则是比较模糊的。东汉之后，随着佛教传播日益广泛，此类含义才逐渐清晰起来。

关键词： 汉代画像　骑象图　驯象图　瑞兽　升仙意识　佛教传播　美术考古

一、中国自古就是产象之地

我们知道，中国自古就是产象之地，早在商周时期的黄河流域和长江流域就有象群活动，文献对此就有较多记载，考古发现对此也有很好的揭示和印证。在《吕氏春秋·古乐篇》中有"商人服象，为虐于东夷，周公遂以师逐之，至于江南"的记述。学者们通常认为"服象"是说驾驭大象用以作战之意，关于"商人"却有较多的争论，有的认为商人即为殷人，有的则认为商人应为南人，或为南蛮之人，所以才有周公派兵逐之远去的说法①。但殷人服象很可能是确实有过的一种历史状况。

徐中舒先生在主编的《甲骨文字典》中曾指出，"据考古发掘知殷商时代河南地区气候尚暖，颇适于兕象之生存，其后气候转寒，兕象遂渐南迁矣"②。早在20世纪初，王国维先生也对此作过论述，认为"古者中国产象，殷墟所出象骨颇多，昔颇疑其来自南方。然卜辞中有获象之文，田狩所获，决非豢养物矣。《孟子》谓周公驱虎豹犀象而远之。《吕氏春秋》

---

① 参见陈奇猷校释《吕氏春秋校释》第一册286页，308页注[六七]，上海：学林出版社，1984年。
② 徐中舒主编：《甲骨文字典》第1065页，成都：四川辞书出版社，1989年。

云，殷人服象，为虐于东夷。则象中国固有之，春秋以后乃不复见"①。罗振玉先生《殷墟书契考释》中也认为，"象为南越大兽，此后世事。古代则黄河南北亦有之。爲字从手牵象，则象为寻常服御之物。今殷墟遗物，有镂象牙礼器，又有象齿，甚多，卜用之骨，有绝大者，殆亦象骨，又卜辞卜田猎有'获象'之语，知古者中原象，至殷世尚盛矣"②。与象有关系的古地名、古文字其实不少，例如《禹贡》中的豫州，学者们认为"豫"即为象、邑二字合文，反映了殷代河南曾是产象之区。

从考古发现看，殷墟出土的甲骨文中屡见象字，并有"获象""来象"之文。甲骨文中的"象"字，以长鼻巨齿为其特征，说明殷人只有经常与象接触，对象非常熟悉，才会有这种形态逼真的象形字。安阳殷墟曾发现有两座象坑，分别埋有大象与幼象，一座坑内埋有一头幼象和一个象奴③，另一座坑内埋有一头幼象和一只猪④。殷墟还出土有各种象牙制品，妇好墓还出土有惟妙惟肖的玉雕象。这些都应该是殷商时期黄河流域中原一带有过大象的见证。有些学者因而认为，"可见，当时在中原地区已驯养象，并有较多的野象"⑤。正因为中原地区有象，从而为殷人获取象牙提供了便利。由此来看，殷墟出土有丰富多样的象牙制品也就不难理解了。

古代的长江流域也是有象的，从文献记载看，《诗经·鲁颂·泮水》有"憬彼淮夷，来献其琛，元龟象齿，大赂南金"之咏，淮夷将象牙作为进献之物，说明江淮流域也曾是产象之地。《左传》定公四年记载说，楚昭王在长江中游与吴王阖庐的人马作战失利，逃避吴国军队追击时，曾将火炬系于象尾，使部下"执燧象以奔吴师"，才得脱险⑥。这说明楚国驯养有大象，危急时候才能驭象作战，利用象的猛悍，冲击吴军，取得奇效。在《国语·楚语》中有"巴浦之犀、犛、兕、象，其可尽乎"的记述，也透露了长江中游曾是多象之地。通常解释，巴浦是指巴水之浦⑦。徐中舒先生认为，巴浦当即汉益州地。联系到与之相关的一些记述，如《山海经·中山经》说"岷山，江水出焉……其兽多犀、象"，《山海经·海内南经》则有"巴蛇食象"之说，《楚辞·天问》曰"有蛇吞象，厥大何如"？《路史·后纪》罗苹注云"所谓巴蛇，在江岳间"⑧。徐中舒先生则认为"此皆益州产象之证"⑨。尽管解释有所不同，但在大范围的地理环境则是一致的，可知古代的江淮流域和四川盆地都曾是产象

---

① 王国维：《观堂集林·象·卣跋》，《观堂集林》第四册，第1204页，北京：中华书局，1959年。
② 罗振玉：《殷墟书契考释》，石印本一册，1914年。参见《徐中舒历史论文选辑》上册，第53页，北京：中华书局，1998年。
③ 参见胡厚宣《殷墟发掘》第89页，学习生活出版社，1955年。
④ 参见王宇信、杨宝成《殷墟象坑和"殷人服象"的再探讨》，胡厚宣等《甲骨探史录》第467页，北京：三联书店，1982年。参见杨宝成《安阳武官村北地商代祭祀坑的发掘》，《考古》1987年第12期。
⑤ 中国社会科学院考古研究所编著：《殷墟的发现与研究》第398页，北京：科学出版社，1994年。
⑥ 参见《左传全译》（王守谦等译注）下册，第1429—1431页，贵阳：贵州人民出版社，1990年。
⑦ 参见《国语全译》（黄永堂译注）第628—631页，贵阳：贵州人民出版社，1995年。
⑧ 《楚辞·天问》今本作"一蛇吞象"。郭璞注《山海经》引文作"有蛇吞象"，王逸注引作"灵蛇吞象"。参见袁珂《山海经校注》（增补修订本）第331页，成都：巴蜀书社，1993年。
⑨ 徐中舒：《殷人服象及象之南迁》，《徐中舒历史论文选辑》上册，第63页，北京：中华书局，1998年。

之地。《华阳国志·蜀志》也提到"蜀之为国,肇于人皇……其宝则有璧玉……犀、象",反映的可能正是这种真实情况①。

此外,《论衡·书虚篇》有"舜葬于苍梧,象为之耕"的记述,并认为这是因为"苍梧"乃"多象之地"的缘故②,其他古籍中对此亦多有记述。由此可知,在古代中国,大象活动繁衍的地方是相当广阔的。从黄河流域、长江流域到珠江流域,都有大象的栖居。正如徐中舒先生所述,"凡地名之以象、鼻等为名者,疑皆象曾经栖息之地"。"旧石器时代,中国北部,曾为犀、象长养之地。此种生长中国北部之犀、象,如环境无激烈之变迁,决不能骤然绝迹。如是,则由旧石器时代绵延至于殷商以前(或虞、夏时),仍生息于黄河流域,实为意中之事"。到周代,象群才逐渐南迁③。这些确实是很有见地的看法。

湖南醴陵出土的商代青铜象尊　　　　　宝鸡茹国墓地出土的青铜象尊

根据文献记载和环境考古材料揭示,商周时期长江流域和四川盆地境内,气候比黄河流域和中原地区湿润温暖,土壤肥沃,林木茂盛,河流纵横,湖泊众多,而且有大量的湿地,更适宜鸟兽和大型动物生存,很可能曾是亚洲象群的重要栖息出没之地。那个时候,大象曾是这些地区的人们非常熟悉的一种动物,而且人与象之间有着非常亲和的关系。考古出土资料在这方面便有较多的揭示。如湖南醴陵出土有商代青铜象尊,四肢粗壮,长鼻高卷,纹饰华丽,工艺精美,形态极为逼真,应是当地制作者对大象形态的真实摹写。在陕西宝鸡斗鸡台也出土有商代后期象尊,生动逼真的形态与湖南醴陵所出象尊有异曲同工之妙,尊盖上还

---

①参见(晋)常璩撰,任乃强校注:《华阳国志校补图注》第113、116页,上海:上海古籍出版社,1987年。又参见(晋)常璩撰,刘琳校注:《华阳国志校注》(修订版)第89、91页,成都:成都时代出版社,2007年。任乃强先生和刘琳校注《华阳国志》这段记载时,对此有所忽略,其实蜀地产象应是一种真实的客观情形。

②参见(东汉)王充撰《论衡》卷四"书虚篇",《百子全书》下册,第969页,杭州:浙江古籍出版社,1998年。又参见(东汉)王充著《论衡》第58页,上海:上海人民出版社,1974年。

③徐中舒:《殷人服象及象之南迁》,《徐中舒历史论文选辑》上册,第61、60页,北京:中华书局,1998年。

雕铸了一只栩栩如生的小象，这件珍贵文物现收藏于美国华盛顿弗利尔美术馆①。在年代稍晚的陕西宝鸡𫖮国墓地，也出土有青铜象尊②。1986年夏秋之际在成都平原腹心地带的三星堆考古发现，在这方面也同样有精彩的展示。譬如三星堆二号坑出土的兽首冠青铜人像，那夸张而奇异的冠顶装饰物，就活脱是卷曲象鼻的写照。二号坑出土的青铜纵目人面像，鼻梁上方高竖的卷云纹装饰也使人油然联想到卷曲的象鼻，是一种充满了想象力的象征表现手法③。还有彭县濛阳镇竹瓦街出土的商周窖藏青铜器中，双耳为长鼻形立体象头的铜罍，其象头和长鼻以及突出的象牙，堪称是对真实大象栩栩如生的摹拟④。这些都说明了古代蜀人对大象形态的熟悉，只有经常和大象接触才会达到如此熟悉的程度，应是蜀地产象的见证。尤其值得注意的是，在三星堆一号坑出土的大量烧骨碎碴中，经初步鉴定，有猪、羊、牛的肢骨和头骨，还有被火烧过的象的门齿、臼齿等⑤。这些烧骨渣中的象的门齿与臼齿，显然也透露了蜀地产象的信息。还有三星堆曾出土有相当数量的象牙，其中一号坑出土象牙13根；二号坑出土象牙67根，一般长80—100米左右；经鉴定这些象牙均属于亚洲象种。在成都金沙遗址也出土了大量的象牙，数目比三星堆更为庞大。经学者们研究，三星堆与金沙遗址出土的大量象牙显然并非来自遥远的异域，很可能就是古蜀本地所产，也可能是从栖息于长江流域的象群中获取的⑥。

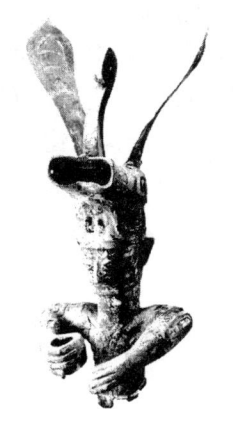

三星堆兽首冠青铜人像　　三星堆青铜纵目人面像　　金沙遗址出土的象牙

---

①史岩编：《中国雕塑史图录》（一）第29页图三二，第34页图三九，上海：上海人民美术出版社，1983年。

②参见卢连成、胡智生：《宝鸡𫖮国墓地》第293、294页图二〇三，彩版一八，图版一六二，北京：文物出版社，1988年。

③四川省文物考古研究所编：《三星堆祭祀坑》第164、167页图八四、190页、197页图一〇八，北京：文物出版社，1999年。

④四川省博物馆编：《巴蜀青铜器》第1页，成都：成都出版社，澳门：紫云斋出版有限公司。范桂杰、胡昌钰：《彭县竹瓦街再次发现西周窖藏铜器》，《考古》1981年第6期。

⑤四川省文物考古研究所编：《三星堆祭祀坑》第22、150页，文物出版社，1999年。

⑥参见黄剑华：《古蜀金沙——金沙遗址与古蜀文明探析》第242—263页，成都：巴蜀书社，2003年。参见黄剑华：《金沙遗址出土象牙的由来》，刊于《成都理工大学学报》2004年第3期。

周代以后，可能由于气候环境变化的原因，加之大量的开发活动造成生态植被的恶化，以及对兕、象等猛兽采取驱逐做法的一些人为因素，象群才离开黄河流域和长江流域而逐渐南迁。在汉代南阳、山东、江苏、四川等地出土的画像石上，有不少刻画有大象或驯象情景的画面，说明汉代在中原地区、河南南部和长江流域仍有大象存在，甚至继续被人所驯服驱用。《东观汉记》说西汉末年，天下大乱，各地纷纷起义，王莽派遣大军前往镇压，"欲盛威武，以振山东，甲冲辒，干戈旌旗，攻战之具甚盛。至驱虎豹犀象，奇伟猛兽，以长人巨无霸为垒尉，自秦汉以来师出未曾有也"①。可知王莽也曾驱象作战，说明汉代中原仍有象群，或者是汉朝王室饲养有较多的大象，才能为王莽的军队所驱用。此后在很长时间内，两广和云南等地依然栖息着众多的象群，古人笔记史料中对此不乏记载。明末清初之际永历皇帝、吴三桂曾用象军，也是当时象群还较多的例证。后来除了西双版纳，境内其他地区已不再有象。这便是三千多年以来，曾经栖息于华夏地区的大量象群由北而南辗转迁徙的情形。中原民族和古代蜀人由于象群的远去，产生了怀念，因而有了"想象"②，这个词的初意就是表达对象的思念。

二、汉代已有驯象娱乐

汉代画像石上常见有对驯象的刻画，有的还描绘了象奴驱使或驾驭驯象的情景。例如河南登封少室东阙的北面，就刻画了一位头戴尖帽的象奴，左手牵马，右手持长钩驯象的情景。从形体看，所驯之象应是一头幼象，为东汉时期所刻③。河南登封启母阙上也刻画有两幅驯象图，一幅左边刻一人面对大象，手持长钩购象首，另一幅上刻一人将长钩去钩象首，画面中描绘的应是象奴驯象的情景④。

河南登封少室山东阙驯象图

河南南阳英庄出土的一件画像石上也刻画了驯象图，画面中间为一头大象，后面是一位头戴尖帽的象奴，手执钢钩，向前跨步做驭象状。左边有一虎，与大象相对⑤。山东微山县两城镇出土的一件画像石上，画面下层刻画了车马出行，画面上层刻画了骆驼、大象，一人手握象尾，随在大象后面行走，表示画中大象也属于驯象。

---

① 参见（东汉）刘珍等撰，吴树平校注：《东观汉记校注》第3—4页，北京：中华书局，2008年。
② 我曾与四川历史学会会长谭继和先生闲谈，他也认为"想象"一词与古人怀念远去的象群有关。
③ 参见《中国画像石全集》第6册图一○七，济南：山东美术出版社，郑州：河南美术出版社，2000年。
④ 参见吕品编著：《中岳汉三阙》图一七，图三八，北京：文物出版社，1990年。
⑤ 参见王建中、闪修山：《南阳两汉画像石》图91，北京：文物出版社，1990年。

河南南阳英庄出土的驯象图

山东微山县两城镇出土的驯象图

  山东邹城出土的一件画像石上也刻画有执钩驯象图，画面右侧刻画了一人骑骆驼，一人执钩驯象，一人立马前，马上一人张弓射虎。画面上层还刻画了牛耕与劳作归来的农人，增添了画像中的真实意味。山东邹城市高庄乡出土一件画像石上，刻画了狩猎与驯象的场面，一人持钩驯象，大象的后面有一匹骆驼，画面很写实。山东平邑县功曹阙西面画像石上，刻画有一人手控缰绳骑骆驼、一人执钩骑象的情形，将骑乘大象和骑骆驼者的形态也都刻画得很逼真，很显然这些都是当时比较常见的情景。山东嘉祥县吕村画像石上，也刻画了类似情景，画面中一人骑骆驼，两人骑于大象上，手中各执长钩，分别钩向象首与象尾①。平邑县功曹阙刻有铭文，内有"章和元年"字样，东汉章帝章和元年为公元87年，是汉代画像石中比较早的驯象图。

山东邹城出土的驯象图

---

① 参见《中国画像石全集》第2册图五〇，图六六，图七九，第1册图一三，济南：山东美术出版社，郑州：河南美术出版社，2000年。参见傅惜华、陈志农编《山东汉画像石汇编》193页图，济南：山东画报出版社，2012年。

山东邹城市高庄乡出土的驯象图

山东平邑县功曹阙上的执钩骑象图　　　　山东嘉祥县吕村画像石上的骑象图

山东长清县孝堂山石祠东壁画像上，则刻画了前有骑马者为导从、中间有骑骆驼和骑大象者的车骑队伍，象背上乘坐三人，前面一人手持驯象的长钩，与大象并列而行的骆驼上骑坐了两人。孝堂山石祠的时代，大约也是东汉章帝时期（76—88）。这幅画像，场面宏大，情景逼真，描绘的骑象图比较典型，可能与墓主生前经历或者与当时的历史故事有关。巫鸿先生认为，孝堂山祠堂壁画中骑着大象和骆驼的画面，表现的是蛮夷向汉朝纳贡的情景，"他们骑着大象和骆驼前来朝拜中国的皇帝。汉代的官方历史记录了相似的事件。例如在汉武帝时期，属于西南夷的一个小国将一头大象作为贡品献给中国皇帝。骆驼则代表来自北方的贡品"①。

山东长清县孝堂山石祠东壁画像上刻画了乘骆驼和大象者（局部）

江苏徐州市洪楼汉墓祠堂顶部刻画有驯象图，一位象奴骑在象背上，手执长钩，指向象鼻，作戏象状②，画面中还刻画了鱼龙与仙话人物，有放置建鼓的云车，将现实与传说糅合

---

① 参见《中国画像石全集》第1册图四二，济南：山东美术出版社，郑州：河南美术出版社，2000年。参见［美］巫鸿：《武梁祠——中国古代画像艺术的思想性》215、216页图，235页注释［141］、［142］，北京：三联书店，2006年。
② 参见《中国画像石全集》第4册图四一，济南：山东美术出版社，郑州：河南美术出版社，2000年。参见徐州市博物馆编：《徐州汉画像石》图85，南京：江苏美术出版社，1985年。

在了一起。山东临沂市白庄出土的一件画像石上，刻画了一位高鼻深目之人手持长钩驱赶驯象的情景，后面一位头戴尖帽的骑驼者正挥鞭催赶骆驼。山东费县垛庄潘家疃发现的画像石上刻画了一人执刀而行，后边为一长鼻有翼之象①。汉代画像中对有翼兽有大量的刻画，是东西文化交流的一大特色，譬如有翼虎、有翼天马、有翼兕之类。这幅画像中将大象也刻画成了有翼的形态，在大象的前后腿顶端都刻画了翅膀以示神异，展现了汉画制作者丰富的想象力与外来文化的影响，颇为独特。

江苏徐州市洪楼汉墓祠堂顶部刻画的驯象图

山东临沂市白庄出土的钩象图（局部）

山东费县垛庄潘家疃发现的长鼻有翼驯象图（局部）

汉代是一个开放的社会，随着汉武帝时期丝路的开通，与外界的交往逐渐增多。汉朝与周边邻国经常互相派遣使者，获得了很多来自异域的奇珍异宝，其中也包括一些产于异域的动物。据《汉书·西域传》记述，自西汉初文、景、武帝以来，"养民五世，天下殷富，财

---

① 参见《中国画像石全集》第3册图一〇，图八七，济南：山东美术出版社，郑州：河南美术出版社，2000年。

力有余，士马强盛……汗血之马充于黄门，钜象、师子、猛犬、大雀之群食于外囿。殊方异物，四面而至。于是广开上林……作巴俞都卢、海中砀极、漫衍鱼龙、角抵之戏以观视之"①。由这段记述可知，在汉朝皇宫的园囿中饲养着大象，以及西域诸国进献的各类珍禽异兽，而且经常进行驯兽表演，以供皇室贵族们观赏娱乐。

象群在两汉时期已经南迁了，所以文献记载有外邦进献之象。值得注意的是，《汉书·西域传》中仅记载罽宾"出封牛、水牛、象"，可见汉朝皇宫园囿中饲养的大象，并非都来自西域，也有可能直接来于岭南与滇越等地。《汉书·张骞传》说"有乘象国，名滇越，而蜀贾间出物者或至焉"。《后汉书·南蛮西南夷传》就记载"永元六年，郡徼外敦忍乙王莫延慕义，遣使译献犀牛、大象"。又说"永初元年，徼外僬侥种夷陆类等三千余口举种内附，献象牙、水牛、封牛"②。史籍所记述南亚小邦邻国向汉朝献大象、象牙，应是当时的一种真实情形。所献大象，按常情推测，应该不是野象，而是可供驱使的驯象。

关于驯象，我们还应提到《汉书·武帝纪》的记述，元狩二年"南越献驯象"，应劭曰："驯者，教能拜起周章，从人意也。"③王充《论衡·物势篇》也说到了"长仞之象，为越僮所钩"④。这说明从汉武帝到东汉时期常有南越进献的驯象。这些驯象饲养在皇宫园囿中，不仅供观赏，还能由驯象者指挥进行娱乐表演。文献记载早在西周和春秋时期就有象舞表演，如孔颖达注疏《诗·周颂·维清》时就说"《维清》诗者，奏象舞之歌乐也"。《古本竹书纪年》中也有"作象舞"的记述⑤。通常认为象舞是指模仿武术的舞蹈，但也不排除有驯象的参与。《史记·孝武本纪》说汉武帝时在长安西面修筑建章宫，其东为凤阙，其西有"数十里虎圈"，《汉书·孝元冯昭仪传》有"上幸虎圈斗兽，后宫皆坐"的记载⑥，说明汉朝皇室不仅饲养百兽，还设置有专门观赏斗兽的场地。汉朝的斗兽内容丰富形式多样，不仅有人与大型动物相搏，也有驯兽表演，譬如驯虎，以及驯象等表演。

从西汉时期的图像资料来看，河北定县第122号汉墓出土的车马器中，有一件金银错狩猎纹铜车饰，呈中空竹管状，似为车伞盖柄，表面有四段金银纹饰并用黑漆填补空隙，形成环绕的图案。在花纹摹本图像中，最上面的画面主体为一头行走的大象，穿有象服，备有鞍

---

①参见（东汉）班固：《汉书》卷九十六"西域传"，北京：中华书局，校点本第12册第3928页，第3885页，1962年。

②参见（东汉）班固：《汉书》卷六十一"张骞列传"，北京：中华书局，校点本第9册第2690页，1962年。参见（南朝·宋）范晔：《后汉书》卷八十六"南蛮西南夷列传"，北京：中华书局，校点本第10册第2851页，1965年。

③参见（东汉）班固：《汉书》卷六"武帝纪"，北京：中华书局，校点本第1册176页，1962年。

④参见（东汉）王充：《论衡》卷四"书虚篇"，《百子全书》下册第967页，杭州：浙江古籍出版社，1998年。又参见（东汉）王充：《论衡》第50页，上海人民出版社，1974年。

⑤参见《毛诗正义》卷十九《周颂·维清》，（清）阮元校刻：《十三经注疏》上册第584页，北京：中华书局，1980年。参见《古本竹书纪年》第84页，载《帝王世纪·世本·逸周书·古本竹书纪年》，济南：齐鲁书社，2010年。参见《竹书纪年统笺》第七卷，《二十二子》第1075页，上海：上海古籍出版社，1986年。

⑥参见（汉）司马迁：《史记》卷十二"孝武本纪"，北京：中华书局，校点本第2册第482页，1959年。参见（东汉）班固：《汉书》卷九十七"外戚传·孝元冯昭仪传"，北京：中华书局，校点本第12册第4005页，1962年。

具，象背上乘坐三人，前面一人手持钩具正钩弄大象的右耳。在大象周围，环绕有飞龙、天马、羽人、奔鹿、翼兔、翔鹤、鸿雁、灵龟等众多珍禽异兽①。有学者认为，这幅图像的主纹表现的就是"象舞"的形象②。还有学者认为，汉武帝时期南越曾经进献驯象，此图中象背上乘坐三人的发髻束起并且上卷，嘴唇前突，上身赤裸，腰系短裙，其发型可以称之为"椎结"，部分驯象可能来自西南夷③。这幅图像出土于西汉时期的汉墓中，对《汉书》等史籍中关于南越或南亚小邦邻国经过西南夷向汉朝进献驯象的记载，确实是一个较好的印证。在四川地区出土的汉代画像资料中，泸州出土的东汉时期石棺上也刻画有驯象，画像中还刻画了手持便面的舞蹈者、抚琴者、吹笛者、楼房底层的舂米者，驯象位于画面中上方，长鼻大耳四腿粗壮，大概是为了表示离得稍远，大象的体型较小，画面右上方有一人伸手向大象做驱使状④。还有四川芦山樊敏阙檐下的一幅浮雕图，也刻画了驯象，大象的体型较大，穿有象衣，图中人物较多，有认为是表演象戏，也有认为该图与早期佛教故事传播有关。虽然对图像的看法有争议，但东汉时期四川地区也有驯象，应该是没有疑问的。

河北定县汉墓出土铜车马器上的骑象图

---

① 参见中华人民共和国出土文物展览工作委员会编：《中华人民共和国出土文物展览品选集》图85（附花纹摹本），北京：文物出版社，1973年。参见史树青：《我国古代的今错工艺》，《文物》1973年第6期第70页，及彩色图版（花纹摹本）。

② 参见贾峨：《说汉唐间百戏中的"象舞"——兼谈"象舞"与佛教"行像"活动及海上丝路的关系》，《文物》1982年第9期第53页。

③ 参见郑彤：《再论汉画像石上的象纹》，《华夏考古》2010年第1期第125—126页。参见[美]巫鸿：《礼仪中的美术——巫鸿中国古代美术史文编》上册第148页，下册第302—303页，北京：三联书店，2005年。

④ 参见龚廷万、龚玉、戴嘉陵编著：《巴蜀汉代画像集》第127页图126，称此图为"象戏、乐舞，206×68厘米，泸州十三号石棺"，北京：文物出版社，1998年。参见高文主编：《中国画像石棺全集》第337页，称此图为"四川合江三号石棺，象戏·春米，纵84厘米，横224厘米，1987年合江县胜利乡砖室墓出土，泸州博物馆藏"，太原：三晋出版社，2011年。又参见高文编著：《四川汉代石棺画像集》第70页图一三四，称此图为"舞乐·象戏·春米"，北京：人民美术出版社，1998年。龚廷万与高文两书对此图的介绍有出入，但仔细比对，应是同一件画像。

四川泸州汉代石棺上的象戏乐舞图

关于汉代的驯象者，其实不一定都是越童，更多的则是胡人担任象奴。从汉代画像中的多幅"驯象图"观察，画面上大多有一位高鼻深目之人，头戴尖帽，手持弯钩，或站于象首或立于象尾，或骑于象背，常作驯象或驱象而行状，就是很明显的例证。我们知道，汉代在关中和中原等地已有胡人居住，所以汉代画像中常见有胡人形象。胡人中不仅有胡商，也有表演杂技与歌舞者，还有从事各种杂役的胡奴，汉代画像中对此就有较为充分的揭示。由胡人来驯象，可能在汉代比较流行，所以担任象奴的胡人较多。关于驯象者使用长钩，也是汉代比较常见的一种驯象方式。这种情形早在汉初就流行了，使用长钩不仅用于驯象，还可以驯养牛、马等动物，江陵凤凰山出土汉初遗策就有"大奴园，牛仆、操钩""大奴获，马仆、操钩"的记录。汉代画像中也刻画有使用长钩驯服和驾驭其他大型动物的情景，如河南永城酇城墓出土的画像石上刻画了一位头戴尖顶帽、身穿长襦者，双手各持长钩做驯兽状，右边一兽身躯似牛口衔一环，被长钩钩住鼻子而向后退缩。又如山东平邑县皇圣卿西阙的一幅画像石上就描绘了二人骑兽、右者执钩、左者持矛的画面①。这幅画像为东汉章帝元和三年（86）所刻，与平邑县功曹阙画像相似，也属于东汉早期画作。据有的学者研究，使用长钩驱使大象，应是汉代中原的一种驯象方法，后来才流传到云南等地，汉代画像石描绘的长钩驯象就提供了较多的例证，目前在东南亚诸国以及国外其他地方尚无早于汉代以长钩驯象的图像或记载②。通过画像资料的描绘与史籍中的记载，以及学者们的研究，可知汉代的驯象者中其实是胡人居多的，尤其是中原地区，可能专门有胡人来担任象奴。在南方地区的驯象者，才主要是越人。这些象奴，使用长钩来驯服大象，或驾驭驱使驯象，主要是为皇室或贵族阶层服务，进行的主要是象舞之类娱乐性的表演。佛经中后来有使用钢钩作为调大象之法的比喻，从时间来看已经是晋代之后了。可见钢钩驯象，并非是佛教的创新，而只是借用了汉代的传统驯象方法而已。

---

① 参见《中国画像石全集》第 6 册图七二，第 1 册图五，济南：山东美术出版社，郑州：河南美术出版社，2000 年。

② 参见李昆声：《云南考古学论集》第 368~369 页，昆明：云南人民出版社，1998 年。

河南永城酇城墓出土的驯兽画像

山东平邑县皇圣卿西阙画像石上的执钩骑兽图

  三国时期仍有驯象，据《太平御览》卷八九引《江表传》记载有"孙权遣使诣阙献驯象二头"，曹操想知道驯象的重量，众人都没办法，年幼的曹冲出了个主意："置象大舡，刻其所至，称物以载之，可知也"。通过这个"曹冲称象"的故事，可知曹魏与东吴仍是有驯象的。而驯象参与皇室的娱乐活动，到了晋朝仍很流行。据《晋书·乐志》记述，后汉正旦有鱼龙漫衍等大型百戏表演，"魏晋讫江左，犹有夏育扛鼎、巨象行乳、神龟抃舞、背负灵岳、桂树白雪、画地成川之乐"。又据《晋书·舆服志》记载，"武帝太康中平吴后，南越献驯象，诏作大车驾之，以载黄门鼓吹数十人，使越人骑之。元正大会，驾象入庭"①。这种驯象由越人驾驭，也是汉代流传下来的传统。驯象在汉晋之后仍然延续，《新唐书·南蛮传》就有"贞观时王头黎献驯象"，以及大历时真腊"来朝献驯象""德宗初即位，珍禽异兽悉纵之，蛮夷所献驯象畜苑在"的记载。到了宋代仍有驯象表演，孟元老《东京梦华录》卷十就有"遇大礼年，预于两月前教车象"的记载，车队里面有象七头，"每一象则一人裹交脚幞头紫衫人跨其颈，手执短柄铜镬尖其刃，象有不驯击之。象至宣德楼前，团转行步数遭成列，使之面北而拜，亦能唱诺。诸戚里宗室贵族之家，勾呼就私第观看，赠之银彩无虚日。御街游人嬉集，观者如堵。卖扑土木粉捏小象儿，并纸画看人，携归以为献遗"②。但那时

---

  ①参见（宋）李昉等：《太平御览》，北京：中华书局影印版，第4册第3955页，1960年。参见（唐）房玄龄等：《晋书》卷二十三"乐志"，卷二十五"舆服志"，北京：中华书局，校点本第3册第718页，第756页，1974年。
  ②参见（宋）欧阳修等：《旧唐书·南蛮传》，清代武英殿本《二十五史》第6册第679-680页，上海：上海古籍出版社，上海：上海书店影印版，1986年。参见（宋）孟元老撰《东京梦华录》卷十，第235页，邓之诚注，北京：中华书局，1982年。

的驯象数量已经较少，平常很难见到了。《铁围山丛谈》卷六说，有一位官员的夫人路过宣德门，看见了这些驯象，"适见而大骇，归告其夫曰：异哉左丞，我侬今日过大内前，安有此大鼻驴耶？人传以为笑"①。

三、汉代画像中的骑象图

汉代画像中除了"驯象图"，还常见有"骑象图"的描绘。

在河南、山东、江苏等地出土的汉代画像石上，就有骑象的画面，有的学者曾将此类画面同北方早期佛教造像联系在了一起。譬如河南唐河郁平大尹墓出土的新莽天凤五年冯君孺人墓北阁室北壁画像，画面上刻一长鼻卷曲缓缓而行的大象，象背乘坐二人，一人在前背向而坐，手握杆状物；另一人在后，头戴冠，鼻高大，以臂托头，两腿上翘，悠然仰卧②。这是汉代画像中出现比较早的一幅骑象图，对画面的含义曾有不同的解释和认识。

有学者认为，从画面人物特征分析，前者坐姿双足交叠作"结跏趺坐"状，头顶隆起如"肉髻"，具有佛像特征，后者为胡人形象③。这个推测显然是有问题的，首先从画面看，如果骑乘在象背上的前者为佛像，那就不应手握杆状物，后者也应为僧侣而不应是漫不经心的悠然卧躺状才比较恰当。其次从画像的年代来看，该墓的中柱上刻有题记，为"郁平大尹冯君孺人始建国天凤五年十月七日癸巳葬千岁不发"，新莽天凤五年为公元18年，属于西汉末年。学者们大都认为，此时佛教尚未传入华夏，根据文献记载和考古出土资料印证，早期佛像其实是在东汉中后期才出现并传播的。再者从对比研究的角度看，此图中大象背上乘坐者的真实身份就比较清楚了。

河南唐河冯君孺人墓出土画像石上的骑象者

徐州新发现的骑象图（局部）

与此非常相似的骑象图，在徐州新发现的画像石上也有，如第四石画面第二格就刻一行

---

① 参见（宋）蔡絛：《铁围山丛谈》卷六，第115页，北京：中华书局，1983年。
② 参见《中国画像石全集》第6册图四二，济南：山东美术出版社，郑州：河南美术出版社，2000年。王建中、闪修山：《南阳两汉画像石》图84称此图是唐河县湖阳辛店出土，北京：文物出版社，1990年。
③ 参见郑红莉：《汉画像石"驯象图"试考》，《考古与文物》2010年第5期第61页。

走的大象，一人翘足悠然仰躺于象背，象首坐一象奴，手持弯钩，正驱象而行①。画面中坐于象首的，明确无误应是手持长钩的象奴。由此可见，河南唐河新莽天凤五年冯君孺人墓出土的骑象图，与徐州新发现的骑象图如出一辙，坐于象首的也是象奴而并非佛像，内容显而易见与佛教无涉。

考古发现的汉画资料中，被认为与佛教图像有关的骑象图，还有山东济宁市喻屯镇城南张出土的一件东汉晚期画像石。该画像石的画面第一层为羽人跪饲凤鸟图，画面第二层刻画一头大象，背乘五人皆做端坐状；象的头部还乘坐了一位驭象者，象鼻前有一人半裸舞蹈；画面第三层刻铺首衔环与开明兽，第四层刻飞龙与拥彗执戟之吏。对此图也有不同解释，最初的考古资料发现与整理者称这件画像石上的第二段画面为"一公象四足直立，象背坐六人，每人持一钩。象鼻上立一人，左手用钩钩住象鼻孔，右手挥钩作舞。此当为驯象图"。后来出版的《中国画像石全集》收录了此图，称画面中有"大象一只，背乘六人，一人在象前舞蹈"②。上面两种说法，都是对图像比较客观的解释。但也有不同的认识，有学者认为，第二层画面中的"背乘六人，乘者光头，着交领衫，正面端坐，面部方圆，似为僧侣形象。乘者头顶为两高鼻人头鸟，象首蹲坐一正在观看象前舞蹈的高鼻胡人。二层画面中僧侣构图与印度佛教中的偶像式构图相类"③。细观此图，象鼻前的高鼻尖帽者应为表演舞蹈的胡人；象背前面的驭象者应为象奴，亦是高鼻尖帽为胡人形象，俯身向前做观看状；象背上的其他五位光头乘者也是端坐呈观赏状，具有明显的观赏娱乐表演的意味，可能与当时流行的百戏中的象舞有关。而从整幅画像来看，充满了升仙意识和祥瑞观念，大象在画面中和其他珍禽异兽共处，很显然也是瑞兽之一，具有象征祥瑞的寓意。

类似的骑象图，还有山东滕州市龙阳店镇附近出土的一件东汉晚期画像石，画面上部也刻画了五人骑大象，大象为四牙象，四人端坐象背，一人在象头部作攀爬状。乘象者头顶圆凸，似戴有尖帽。在象的尾部还刻画了一人正跃上另一头四牙象的头部。在象的下面，还刻画了各种珍禽异兽④。这件画像中的四牙象比较奇特，与画像下面其他珍禽异兽共处。刻画者采用夸张的手法，着意表现了这些动物的与众不同。从整幅画像看，大象在此幅画面中也有明显的瑞兽含义。

有学者根据相关资料介绍，山东滕县曾出土一件东汉章帝时期的画像石，刻画了两头配有鞍具的六牙白象。前象骑者因画面残缺而较模糊，后象所载三人，靠近象头的一人手执弯钩作驯象状⑤。此图比较典型的是大象有六牙，并配有鞍具，但乘象者的形态比较模糊，无

---

① 参见杨晓军、郝利荣：《徐州新发现的汉画像石》，《文物》2007年第2期第82页图五。
② 参见济宁县文化馆夏忠润：《山东济宁县发现一组汉画像石》，《文物》1983年第5期第21页，23页图二。参见《中国画像石全集》第2册图一一，济南：山东美术出版社，郑州：河南美术出版社，2000年。
③ 参见郑红莉：《汉画像石"驯象图"试考》，《考古与文物》2010年第5期第62页。
④ 参见《中国画像石全集》第2册图一六二，济南：山东美术出版社，郑州河南美术出版社，2000年。
⑤ 参见傅惜华：《汉代画像全集初编》，巴黎大学北京汉学研究所，1950；88。参见傅惜华、陈志农：《山东汉画像石汇编》114页图，济南：山东画报出版社，2012年。参见郑红莉：《汉画像石"驯象图"试考》，《考古与文物》2010年第5期61页图一，66页注释[7]。

法判断身份。所以研究者只能根据六牙白象与佛教的关系,来对画面内容与乘象者的身份加以推论。俞伟超先生分析这件"两个六牙象的图像,画像因透视技巧不高,每个象的六牙,都只作出右半的三个。象身皆套鞍具,上有人物骑坐,惜因残缺而不见。象前一兽似辟邪,有佩剑之人相骑。这块画像石只剩很小一块,既不知两个六牙象是在什么环境中,也无法判断原在墓或享堂中的何处,只能孤零零地来考虑六牙象的性质"。对"这幅画像,在1954年时曾被劳干推测为东汉章帝前后的佛教史迹",他表示赞同,认为"六牙白象既为佛教传说之物,这个图像的性质也就可以肯定下来了"①。后来有的学者也是根据佛经中有菩萨乘六牙白象王现身的说法,认为这幅滕县画像上的六牙白象,虽然负载着的是手执弯钩的驯象者,仍显示了与佛教之间的密切关联。客观地看,这件画像确实比较典型,隐约地透露了佛教传播的影响,但因为残缺和没有出土记载,对其年代的推测尚有疑问。究竟是东汉晚期画像?还是魏晋时期的遗物呢?目前很难做出明确判断。

山东滕县出土配有鞍具的六牙白象图

徐州汉画像石馆也藏有一件"骑象图"画像石,在该馆编著出版的《徐州汉画像石》图录中对其内容作了解释,认为"画面中,五个僧侣骑在大象背上,画面的上方祥云缭绕,行龙漫舞。大象曾是佛国的象征物,《修行本起经·菩萨降身品第二》记载六牙白象为佛的化身。徐州是汉代佛教流行的地区,此图似与佛教题材有关"②。后来该馆的学者又发表了此幅画像,称之为"僧侣骑象图"。编著者也是根据六牙白象与佛教的关系,来推测此图可能与佛教内容有关。但仔细观赏这幅已出版与发表的画像,可以很清楚地看出图中的大象并非六牙,为常见之大象。骑在大象背上的五人头戴巾帻或冠帽,身穿袍服,腰间系带,似有佩戴物,皆是俗人穿戴,而并非光头僧侣像。象背上最前面之人手拿长长的弯钩朝下钩向象鼻,应是象奴,大象垂首摆尾呈驯服状。在画面的上部,还刻画了众多异兽,属于汉代画像中经常描绘的瑞兽之类。从整幅画面内容来看,因为骑象者并非僧侣,大象也并非六牙白象,所以称为"僧侣骑象图"的解释与推测就显得有点牵强了。因为这幅画像中,驭使驯象的是象奴,骑象的是俗人,可见与佛教是没有什么明显关系的。

---

① 参见俞伟超:《东汉佛教图像考》,《文物》1980年第5期第74页图三,77页注11。
② 参见徐州汉画像石艺术馆编著、武利华主编:《徐州汉画像石》图八〇,北京:线装书局,2002年。参见杨孝军、郝利荣:《徐州新发现的汉画像石》,《文物》2007年第2期82页图四。

徐州汉画像石馆藏的骑象图

有学者还将汉代画像中的一些"驯象图"也与佛教联系在一起,如陕西神木大保当出土的一件东汉墓门楣画像石,画面中部就刻有驯象图,并加以涂彩。按照考古工作者对这件画像石内容的解释,画面中的"大象面左静立,长鼻下垂,以阴线刻竖条表示其肌肉。象全身涂白彩,长鼻、嘴、眼眶涂红彩,头饰橘黄彩。象前立一象奴,戴圆顶胡帽,着左衽袍,腰束带,左手持钩指向象头。象奴五官以墨线绘出,唇涂红彩,衣施褐彩,帽及腰带边缘描蓝彩"。其左为天马图,右为骑射图①。韩伟先生将其称为"钢钩驯象"图,认为"这个题材可能属于舞乐百戏中的象舞。据《汉书·西域传》,象舞习见于印度、克什米尔和古西域地区,它的传入和佛教每年一度的'行象'活动(就是以大象载驮着佛像,沿街串庙,向人们展出佛像)有关"②。还有学者提及,因为佛经中有白象与佛降生故事有关,以及菩萨化乘白象来就母胎等说法,所以认为"大保当 M24 画像石中的大象涂以白彩,亦合于佛教典籍

---

① 参见《中国画像石全集》第 5 册图二二四,济南:山东美术出版社,郑州:河南美术出版社,2000年。

② 参见韩伟、王炜林:《浅议神木大保当新发现的汉画像石墓》,陕西省考古研究所编:《陕西神木大保当汉彩绘画像石》3 页,147-148 页图一三二、图一三三,重庆:重庆出版社,2000 年。

中的相关记载"①。

陕西神木大保当东汉墓门楣画像石上的驯象图

需要指出的是，大保当这件画像石涂绘得五彩缤纷，从视觉效果看，突出的并非是白彩，红彩更为抢眼，而红彩（涂朱）表达的通常都是驱邪之意。从画面内容来看，画面两侧为日中金乌与月中蟾蜍，画面中还有飞驰的天马与骑马射猎的情景，周围祥云环绕，画面中的天马、驯象，皆属于瑞兽，整幅画像所要表达的显然是对祥瑞的崇尚。至于驯象与佛经故事的关系，那是东汉以后才在中原地区逐渐流行的事情，显然并非是此图表达的主题。

四、骑象图与佛教的关系

通过前面列举的考古资料可知，在河南、山东、江苏、陕西、四川出土的汉代画像中都出现有驯象和骑象的情景，说明大象在汉代仍是较为常见的一种大型动物，所以汉代画像中才有这些真实的描绘。这里需要探讨的是，汉代画像中描绘骑象与驯象的用意究竟是什么呢？它们与佛教有没有关系？

首先从汉代的崇尚与信仰看，两汉时期有着非常浓郁的辟邪求吉、崇尚祥瑞的传统，求仙意识特别强烈，所以汉代画像中常常有对众多祥禽瑞兽的描绘，如四灵、凤鸟、仙鹿、天马、吉羊、驯象、狮子、有翼兽、仙界的九尾狐、三青鸟、玉兔、蟾蜍等，都是汉画中的常见之物。汉画中不厌其烦地刻画各种祥禽瑞兽，既有对仙境神奇情景的想象与渲染，又有导引墓主进入仙界的用意，还有驱魔除邪、保佑吉祥的含义。大象因为同吉祥谐音，又由于商周以来华夏地区的人们就非常熟悉和喜爱象这种大型动物，所以大象被视为瑞兽而频繁地出现在了画像上。例如江苏徐州市铜山县苗山汉墓画像石上，就将肩生羽翼的神人、腾空的天马、大象刻画在同一个画面中②。江苏徐州市铜山县茅村出土的画像石上，将骑骆驼和持钩骑象者，与众多瑞兽和羽人刻画在了一起③。茅村汉墓前室北壁有"熹平四年四月十三□己酉"题记，东汉灵帝熹平四年为公元 175 年，属于东汉中晚期的画像作品。河南南阳市区汉墓出土画像石上，也将大象与熊、虎、鱼车、河伯出行刻画在同一幅画面中，另一件画像石

---

① 参见郑红莉：《汉画像石"驯象图"试考》，《考古与文物》2010 年第 5 期 62 页。
② 参见《中国画像石全集》第 4 册图五〇，济南：山东美术出版社，郑州：河南美术出版社，2000 年。参见徐州市博物馆编：《徐州汉画像石》图 91，南京：江苏美术出版社，1985 年。参见徐州汉画像石艺术馆编著、武利华主编：《徐州汉画像石》图一一九（称之为"黄帝升仙图"），北京：线装书局，2002 年。
③ 参见徐州市博物馆编：《徐州汉画像石》图 56，南京：江苏美术出版社，1985 年。参见《文物参考资料》1953 年第 1 期。

上则同时刻画了大象、凤凰、天鹿①。在这些画面中,大象作为瑞兽的象征寓意是非常清晰而又明确的。

江苏徐州铜山县苗山出土画像石上的大象

江苏徐州铜山县茅村画像石上的骑象图

河南南阳出土画像石上的大象与其他瑞兽

---

① 参见《中国画像石全集》第6册图二一二,济南:山东美术出版社,郑州:河南美术出版社,2000年。参见王建中、闪修山:《南阳两汉画像石》图151,图181,北京:文物出版社,1990年。参见闪修山、陈继海、王儒林编:《南阳汉代画像石刻》图38,图58,上海人民美术出版社,1981年。

河南南阳画像石上的大象与凤凰、天鹿

  显而易见，很多汉代画像中描绘的大象，被赋予的主要是祥瑞的寓意。汉画中驯象或骑象的画面，通过对当时生活情景的描绘，或者比附于对仙界场景的想象，所表达的也主要是祥瑞的含义。汉画中大力张扬的这种主题含义，与汉代的丧葬观念也有很大的关系。强烈的求仙意识与辟邪求吉传统，在两汉时期的墓葬装饰中始终占据着主导地位。早期佛教图像与佛本生故事，虽然在东汉中后期已经开始传入华夏，但对汉代墓葬画像的影响很小，无论是在巴蜀或是在北方与中原地区都比较模糊而并不明显。正如有的学者所论述的，"佛教转世轮回的理论与中国传统的丧葬观念有着本质上的差别，佛教艺术题材从整体上说，很难全面地影响墓葬装饰"，"至于象和莲花是否可以判定为'带有佛教色彩'，还值得讨论"①。

  其次从佛教传入华夏的时间看，虽然《三国志·魏书》裴松之注引鱼豢《魏略·西戎传》有"昔汉哀帝元寿元年，博士弟子景卢受大月氏王使伊存口受浮屠经"的记载②，但根据现代学界对西域历史的研究，贵霜王朝前二代是不信佛教的，而大月氏又在贵霜王朝之前，当时是否佛教流传尚需探讨。而学界通常认为佛教传入中国是在东汉明帝时，其依据是《四十二章经》《牟子理惑论》等书曾记载汉明帝夜梦金人，然后遣使求法③。《后汉书·光武十王传》记载有楚王刘英奉佛之事，说"英少时好游侠，交通宾客，晚节更喜黄老，学习浮屠斋戒祭祀"④。《后汉书·西域传》也记载"世传明帝梦见金人，长大，顶有光明，以问群臣。或曰：'西方有神，名曰佛，其形长丈六尺而黄金色。'帝于是遣使天竺问佛道法，遂于中国图画形像焉。楚王英始信其术，中国因此颇有奉其道者。后桓帝好神，数祀浮屠、老子，百姓稍有奉者，后遂转盛"。又说"汉自楚英始盛斋戒之祀，桓帝又修华盖之饰"⑤。《后汉书·襄楷传》记述，汉桓帝延熹九年（166）襄楷上书也有"又闻宫中立黄老、浮屠之祠"等语⑥。《资治通鉴》卷四十五也说"初，（汉明）帝闻西域有神，其名曰佛，因遣使之天竺求其道，得其书及沙门以来……于是中国始传其术，图其形象，而王公贵人，独楚王英

---

  ①参见郑岩：《魏晋南北朝壁画墓研究》167—168页，北京：文物出版社，2002年。
  ②参见（晋）陈寿：《三国志·魏书》卷三十"乌丸鲜卑东夷传"裴松之注引鱼豢《魏略·西戎传》，北京：中华书局，校点本第3册第859页，1959年。
  ③参见（汉）太尉牟融：《牟子》，《百子全书》下册第1098页，杭州：浙江古籍出版社，1998年。
  ④参见（南朝·宋）范晔：《后汉书》卷四十二"光武十王列传"，北京：中华书局，校点本第5册第1428—1429页，1965年。
  ⑤参见（南朝·宋）范晔：《后汉书》卷八十八"西域传"，北京：中华书局，校点本第10册第2922页，第2932页，1965年。
  ⑥参见（南朝·宋）范晔：《后汉书》卷三十下"襄揩传"，北京：中华书局，校点本第4册1082页，1965年。

最先好之"①。这些记载说明，东汉明帝时听说了佛教，曾遣使去天竺问法，但路途遥远交通不便，佛经的抄录、翻译与传播也有一个较为漫长的过程，到了东汉中后期，桓帝才在宫中奉佛。既然最高统治者都奉佛，很自然在全国倡导了一种奉佛之风。但那时对佛教的了解很有限，大都视佛如神，是将佛同中国的黄老之术、神仙信仰混淆在一起的。

前面曾列举西汉时已有了骑象的图像，如河北定县西汉墓出土的金银错图案；又如河南唐河郁平大尹墓出土的新莽天凤五年（18）冯君孺人墓北阁室北壁画像，属于西汉末年。而佛教传入华夏是在东汉中后期，可见汉代画像中骑象图的出现要早于佛教的传播，并非是因为佛教的传入才有骑象图的。考古资料非常重要的一个因素，便是年代的界定。有些研究者显然忽略了这一点，故而做出了不切实际的推测，而这正是我们需要注意并加以纠正的。

从史籍中有关佛教于东汉时期东传的记载来看，也没有明确说到驯象与佛教的关系。譬如《后汉书·西域传》中记述，"天竺国一名身毒，在月氏之东南数千里。俗与月氏同，而卑湿暑热。其国临大水。乘象而战。其人弱于月氏，修浮图道，不杀伐，遂以成俗"。解释说，浮图即佛也。文中又记述，天竺地域宽广，其地出象，"和帝时，数遣使贡献，后西域反叛，乃绝。至桓帝延熹二年、四年，频从日南徼外来献"。文中还说，"至于佛道神化，兴于身毒，而二汉方志莫有称焉。张骞但著地多暑湿，乘象而战，班勇虽列其奉浮图，不杀伐，而精文善法导达之功靡所传述。余闻之后说也……汉自楚英始盛斋戒之祀，桓帝又修华盖之饰。将微义未译，而但神明之邪？"②这说明当时对传入的佛教了解并不透彻，只知道天竺有"乘象而战"的习俗，并没有将骑象与佛教联系在一起。司马相如《上林赋》中曾说到"赤首圜题，穷奇象犀"与"象舆"。张衡《西京赋》追述西汉时期长安城中的乐舞百戏活动，说长安广场上有"临回望之广场，程角觝之妙戏，乌获扛鼎，都卢寻橦……白象行孕，垂鼻辚囷"③。李尤《平乐观赋》描述东汉首都洛阳的百戏演出盛况，有"白象朱首，鱼龙曼延"的情景④。西汉司马相如说的赤首象犀，东汉张衡说的白象行孕，李尤说的白象朱首，都属于两汉时期百戏表演中的瑞兽，很显然与佛教是没有什么关系的。

再者从佛经中的相关说法与翻译传播来看，关于驯象与佛陀的关系，佛经中有释迦牟尼化乘白象来就母胎之说，如《修行本起经》卷上"菩萨降身品第二"就记述了"于是能仁菩萨，化乘白象，来就母胎。用四月八日……生子处家，当为转轮飞行皇帝，出家学道，当得作佛，度脱十方"。这个佛经故事，大约是建安之后才翻译传入华夏的。《三国志·魏志·乌丸鲜卑东夷传》载裴松之注引《浮屠经》说，"浮屠，太子也，父曰屑头邪，母云莫邪……

---

① 参见（宋）司马光：《资治通鉴》卷四十五，北京：中华书局，校点本第4册第1447页，1956年。
② 参见（南朝·宋）范晔：《后汉书》卷八十八"西域传"，北京：中华书局，校点本第1册第2921—2922页，2931—2932页，1965年。
③ 参见（汉）司马相如《上林赋》、（汉）张衡《西京赋》，（南朝·梁）萧统编，（唐）李善注：《文选》卷八、卷二，中华书局影印版，上册第125页、第48页，1977年。
④ 参见《全后汉文》卷五十，（清）严可均校辑：《全上古三代秦汉三国六朝文》第1册第747页，中华书局影印版，1958年。又见（唐）欧阳询：《艺文类聚》，汪绍楹校，上海古籍出版社校点本第3册第1134页，1982年。

始莫邪梦白象而孕,及生,从母左胁出,生而有结,坠地能行七步。此国在天竺城中"①。陈寿是三国与西晋时代的人,所著《三国志》中未提此事;裴松之是南朝人,已经知道了这个佛经故事,这也反映了佛本生故事的翻译传播情形。虽然佛本生故事在东汉末已逐渐传播于世,但影响并不显著,从文献记载来看,魏晋时期的白象仍是被视为瑞兽来对待的,皇室依然将其作为表演百戏中的一项内容。《魏书·乐志》记载说北魏"六年冬,诏太乐、总章、鼓吹增修杂伎,造五兵、角觝、麒麟、凤皇、仙人、长蛇、白象、白虎及诸畏兽、鱼龙、辟邪、鹿马仙草、高緪百尺、长趫、缘橦、跳丸、五案以备百戏。大飨设之于殿庭,如汉晋之旧也"。这种情形在北齐也依然如故,《隋书·音乐志》就记述"始齐武平中,有鱼龙烂漫、俳优、朱儒、山车、巨象、拔井、种瓜、杀马、剥驴等,奇怪异端,百有余物,名为百戏"②。

  结合考古资料看,早期佛教图像在东汉时已经由西南丝路传入四川地区,在崖墓中和出土的摇钱树上出现了数量较多的早期佛像,并由蜀地逐渐向周边其他地区传播③。值得注意的是,东汉时期随着南传早期佛教图像的传播,在四川地区已有将驯象与佛像同时出现在摇钱树上的情形。譬如四川绵阳何家山1号东汉墓出土摇钱树干上有佛像,何家山2号东汉墓出土摇钱树枝叶上有西王母像,还有大象与象奴图。大象长鼻卷曲背置二壶,象奴高鼻赤脚,裸露上身,只穿短裤,双手持长钩,作驱象而行状④。在四川彭山汉墓出土的摇钱树陶座上,有形态明确的佛像;而在三台出土的汉代泥质灰陶摇钱树座上,上段有坐于龙虎座上的西王母,下段有象奴和三头大象,象奴坐于象背之上⑤。其中似乎就透露了驯象与佛像的某些联系,但这只是一种可能性,二者之间的关系仍然是比较模糊的。

---

  ①参见(晋)陈寿:《三国志》卷三十"乌丸鲜卑东夷传",中华书局校点本第3册第859页,1959年。

  ②参见(北齐)魏收:《魏书》卷一百九"乐志",中华书局校点本第8册第2828页,1974年。参见(唐)魏徵、令狐德棻:《隋书》卷十五"音乐志下",中华书局校点本第2册第380页,1973年。

  ③参见阮荣春:《佛教南传之路》,长沙:湖南美术出版社,2000年。参见何志国:《汉魏时期摇钱树初步研究》,北京:科学出版社,2007年。参见黄剑华:《略论早期佛教图像的传播》,载于《吴越佛教》第八卷第421—438页,北京:九州出版社,2013年。又见黄剑华:《略论早期佛教图像的传播》,《中原文物》2014年第1期第48—56页。

  ④参见何志国:《汉魏时期摇钱树初步研究》43—47页,图2-42,图2-48,307页附图2-18,北京:科学出版社,2007年。

  ⑤参见[美]巫鸿:《礼仪中的美术——巫鸿中国古代美术史文编》下册第297页,图16-8,图16-9,北京:三联书店,2005年。

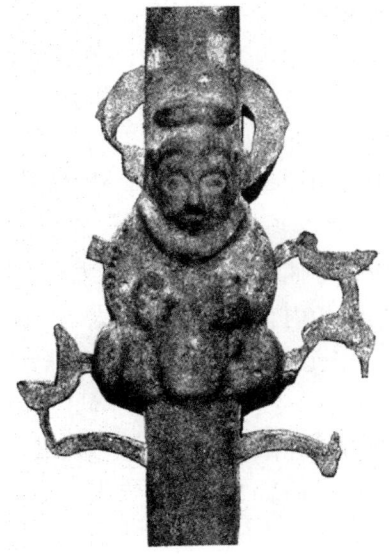

四川绵阳何家山 1 号东汉墓出土摇钱树干上的佛像

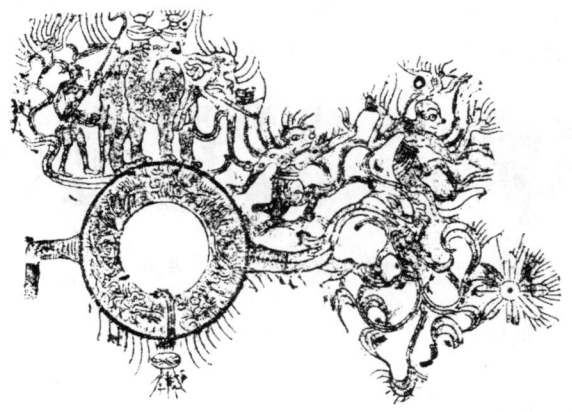

四川绵阳何家山 2 号东汉墓出土摇钱树叶上的驯象图

四川彭山汉墓出土摇钱树陶座佛像　　四川三台出土汉代摇钱树陶座上的骑象图

这里还应提到四川芦山樊敏阙檐下的一副浮雕图,据《中国画像石全集》第7册说明文字介绍:此图位于阙顶檐下,画面中左边为一大象,象身披衣物,后有一人。象前有四人,与象一起表演象戏。树下端坐三人,正在观看表演。树右数人,也为表演节目①。有文章提到,邓少琴先生曾认为这是"哀牢夷九隆氏生十子图",其文献依据为《后汉书·南蛮西南夷传》,《华阳国志》卷四所载大致相同②。高文先生等也认为,这是浮雕"龙生十子"神话故事图像③。《巴蜀汉代画像集》定名为象戏、象舞。唐长寿先生认为该图描绘的是两个不同题材,以大树为中心的五人应是"仙界宴饮图",右边为汉代蜀地常见的"玃盗女"图④。另有学者通过研究认为,此图描绘的内容当为须大拿太子本生故事⑤。据碑文记载,樊敏为芦山县樊家祠人,生于汉安帝永宁元年(120),卒于汉献帝建安八年(203),曾任永昌长史,后表授为巴郡太守,旋归乡养病,授以助养都尉等。当时永昌是西南丝路印度与蜀地往来交通必经之地,早期佛教图像就是经由这条交通线传播进来的。担任过永昌长史的樊敏阙上刻画佛教故事图像,也就是情理中的事了。我们也由此可知,当时由西南丝路传入的不仅有早期佛教图像,还有佛本生故事。因为佛本生故事有生动的人物形象和曲折的故事情节,所以比单个静态的佛教造像传播得可能更快也更为广泛一些。汉代画像石上的须大拿故事,便是对佛本生故事传播过程中一种画像形式的实录。仔细观察图像内容,这确实是很有见地的一种分析看法。但是客观地看,四川发现的早期佛像甚多,而驯象画面很少,类似芦山樊敏阙的浮雕图也仅此一件,说明佛本生故事虽已由西南丝路传入蜀地却影响不大。

四川芦山樊敏阙檐下浮雕图

佛本生故事在东汉末也逐渐传入了中原与北方地区,但影响同样不明显。我们不能忽略佛教传播对汉画的浸染,但也不应夸大这种影响。在汉代画像中占据主导地位的,始终是对祥瑞与求仙的崇尚,佛教故事的影响是比较模糊的,这应该是东汉中后期佛教传播过程中的一种真实情形。在北方和中原地区的汉代画像中,虽有较多对大象的刻画,但与驯象出现在同一画面中的多为祥禽瑞兽与西王母,而不见有造型明确的佛像。内蒙古和林格尔东汉晚期

---

① 参见《中国画像石全集》第7册图九〇,济南:山东美术出版社,郑州:河南美术出版社,2000年。参见龚廷万、龚玉、戴嘉陵编:《巴蜀汉代画像集》第127页图125,北京:文物出版社,1998年。

② 参见魏翔、陈洪:《汉画像石中新发现的佛教故事考》,《东南文化》2010年第4期第81—83页。参见唐长寿:《汉画"玃盗女"图补说——芦山范敏阙"龙生十子"图辨误》,《四川文物》2009年第2期51页。

③ 参见高文主编:《中国汉阙》第26页,北京:文物出版社,1994年。参见高文、高成刚编:《四川历代碑刻》第73页,成都:四川大学出版社,1990年。

④ 参见唐长寿:《汉画"玃盗女"图补说——芦山范敏阙"龙生十子"图辨误》,《四川文物》2009年第2期51页。

⑤ 参见魏翔、陈洪:《汉画像石中新发现的佛教故事考》,《东南文化》2010年第4期第81—83页。

墓葬前室南壁的壁画有仙人骑象图，右上角有墨书榜题"仙人骑白象"，也是与西王母、东王公、四灵（青龙、白虎、朱雀、玄武）以及猞猁、麒麟等瑞兽绘在同一墓室内。榜题上面的"仙"字有点漫漶，经考古工作者仔细辨认应是"仙"字无误①。有学者认为骑象者很像是头部已残泐的佛或菩萨像②，但榜题说得很清楚，是"仙人"而不是佛。关于此图，信立祥曾因循俞伟超先生之说，认为和林格尔汉墓壁画"仙人骑白象"图为佛陀，并推测江苏徐州洪楼祠堂天井石上的执钩骑象人也是佛陀图像，表现的是佛陀降生的佛本生故事③。信立祥的推测有些想当然，明明是执钩的象奴，怎么能信口说成是佛陀呢？邢义田先生就严肃地指出，江苏徐州洪楼祠堂天井石上的骑象人显而易见是驯象的越童。越童持钩骑象图在河北定县西汉墓葬出土的青铜车饰上就出现了，那时佛教尚未传入中国，可见汉画上的执钩骑象者都是象奴而已，"不可能是释迦牟尼"④。

037、内蒙古和林格尔汉墓壁画中的仙人骑象图

江苏连云港市孔望山摩崖造像中有一雕刻的石象，是依一块花岗巨石的自然形状雕造而成，象体长480、背宽350、通高260厘米，体型相当庞大。象身东侧有阴线刻隶书"象石"二字，在刻铭与象前腿之间有一个浅浮雕"象奴"，头束椎髻，右手持钩，双足系链锁，装束颇为奇特。调查简报称石象足下雕有仰瓣莲花，造像年代初步认为属于东汉晚期⑤。国家文物局古文献研究室在1981年4月曾邀请专家学者，举行了孔望山摩崖造像首次学术讨论会，有学者认为孔望山雕刻之象足踏莲花，与佛经中须大拿"行莲花上白象"的故事相同⑥，或认为石四足下均刻出仰莲一朵，因而推测是佛教题材⑦。但实际上，这只是大象脚

---

①参见内蒙古自治区文物考古研究所编：《和林格尔汉墓壁画》26页图40，70页图版，北京：文物出版社，2007年。
②参见俞伟超：《东汉佛教图像考》，《文物》1980年第5期第68页。
③参见信立祥：《汉代画像石综合研究》175—176页，北京：文物出版社，2000年。
④参见邢义田：《画为心声——画像石、画像砖与壁画》第629页，北京：中华书局，2011年。
⑤参见连云港市博物馆：《连云港市孔望山摩崖造像调查报告》，《文物》1981年第7期第5页，图版叁：2。
⑥参见阎文儒：《孔望山佛教造像的题材》，《文物》1981年第7期第19页。
⑦参见俞伟超、信立祥：《孔望山摩崖造像的年代考察》，《文物》1981年第7期第12页。

趾的一种刻法①，显然辨识有误。还有认为孔望山摩崖造像是以道教造像为主，刻有释迦牟尼涅槃图，推断其下限年代，不致晚于东汉末②。但细观孔望山摩崖造像，对图像内容的推测，以及造像年代的判断，都有明显的问题。佛经中有关佛涅槃的说法，是晋代以后才翻译传入华夏的，佛涅槃与供养人等造像应该是佛教盛传之后才出现的。汉代崇尚黄老之术，是与求仙活动联系在一起的，信仰的主要是西王母。张道陵东汉末才在西蜀鹤鸣山创立道教，其孙张鲁在汉中行五斗米教，至于道教造像的出现其实也是东汉以后的事情。显而易见，对孔望山摩崖造像的年代判断，应该是东汉以后才合理。对所刻石象与佛教关系的推测，也有明显的疑问，已有学者认为孔望山的石象应与杂戏乐舞有关③，对孔望山是否有道教造像也有争议。总之，对这些问题，尚需做更多的研究。

江苏连云港市孔望山摩崖雕刻的石象与象奴

一些中原地区东汉画像石上的骑象图，有人认为骑乘者为佛像或僧侣，或推测与佛本生故事有关，毋庸讳言也都解读有误，疑问甚多，难以使人信服。值得注意的是，山东滕州东汉晚期画像石上出现了四牙象与六牙象，但在时间上已经是东汉末甚至可能更晚，说明汉画制作者此时对佛本生故事已有所耳闻，并受到了传说的一些影响。不过这种影响依然是有限的，也可能仅仅是出于汉画制作者的猎奇，因为画面描绘的仍旧是传统的骑象图而并非佛教故事。汉画中对各种珍禽异兽的描绘，常常采用任意想象与夸张手法来表现它们的与众不同，这是汉画制作者的惯例，各地出土的汉代画像中都屡见不鲜。山东滕州这两件画像石上，将惯常的乘骑之象刻画为四牙或六牙，也可能只是借用了当时的佛教故事传闻，以求表现一种奇异的画面效果而已。以后随着考古资料的增多，我们对这类画像也许会有新的认

---

①参见李洪甫：《孔望山造像中部分题材的考订》，《文物》1982年第9期第69页。参见郑彤：《再论汉画像石上的象纹》，《华夏考古》2010年第1期第127页。

②参见信立祥：《汉代画像石综合研究》336—352页，北京：文物出版社，2000年。参见《中国画像石全集》第4册序言10—11页，济南：山东美术出版社，郑州：河南美术出版社，2000年。

③参见贾峨：《说汉唐间百戏中的"象舞"——兼谈"象舞"与佛教"行像"活动及海上丝路的关系》，《文物》1982年第9期第54页。参见李洪甫：《孔望山造像中部分题材的考订》，《文物》1982年第9期第69页。

识，通过更深入的研究，相信会有更透彻的认识。

在汉代之后的西晋画像砖上，对大象仍有刻画。譬如敦煌佛爷庙湾西晋墓出土的画像砖，就采用彩绘的手法对大象作了描绘，据考古报告称此类画像砖共有 7 件①。画面中的大象都为单独个体，或垂首曲鼻，或仰首昂鼻，或端立，或行走，都有一对尖利的长牙，属于常见之象。但与众不同的是，可能是为了表现这些大象的神奇，在大象的前肩与后胯处皆绘有翼，并在象的身上画上了羽毛装饰。在色彩的运用上，有的以白色涂抹象身，也有淡黄色或浅灰色，并在大象的口鼻与耳朵、腹部等处绘有点线状的朱红色彩。考古资料整理者借鉴佛经中关于白象的说法，认为这些白象带有佛教色彩。其实仅凭大象身上涂抹的白色并不能说明什么，这些画像砖上的白象与佛教的关系仍然是模糊的。从该墓整体资料看，还出土了数量众多的其他各种瑞兽，如四灵、有翼天马与传说的麒麟、天禄等，完全继承了汉代墓葬崇尚祥瑞的传统，带翼大象与之共处一墓，很明显也是属于瑞兽的范畴。

敦煌佛爷庙湾西晋墓葬出土画像砖上的大象

到了魏晋南北朝，随着佛教的盛行，佛本生故事的传播也更为广泛，白象与佛陀的关系才变得逐渐明朗起来。如佛经《异部宗轮论》说"一切菩萨如母胎时，作白象形"，《妙法莲花经》中有普贤菩萨"我尔时乘六牙白象王，与大菩萨众俱诣起所，而自现身"等说法。这些佛经都是东汉之后才翻译传入华夏的，佛本生故事至魏晋以后才在信众中逐渐扩大了影响。之后的《普耀经》《法华经》，以及其他一些佛经，也都转述了白象与佛陀、菩萨的说法。正是由于佛本生故事的日益普及，才随之出现了在佛诞之日作六牙白象负载释迦之像，以宣传弘扬佛教的情形。《洛阳伽蓝记》就有"作六牙白象负释迦在虚空中，庄严佛事……

---

① 参见甘肃省文物考古研究所、戴春阳主编：《敦煌佛爷庙湾西晋画像砖墓》第 77 页，图版四三（摹本），图版四四，北京：文物出版社，1998 年。

像停之处，观者如堵"的记述①。文中所说的六牙白象与佛事活动，出现在北魏时期洛阳地区，距东汉已久，佛教的传播此时已呈盛传之势，白象和佛教本生故事的关系已为大家所熟悉，所以文献才有了明确的记载。

五、归纳和结论

通过前面的论述，我们对汉代画像中的驯象图与骑象图，从几个方面进行了探讨。关于驯象或骑象在画面中的真实用意与象征含义，以及它们与汉代早期佛教的关系，我们大致可以做如下归纳：

（一）中国自古产象，早在商周时期的黄河流域和长江流域就有象群活动。到了汉代象群已经南迁了，但皇室宫苑中仍然饲养有大象。史籍有南越向汉朝进献大象的记载，西域曾向汉朝进献各种珍禽异兽，其中可能也有大象。此外，还有南亚小邦通过西南夷献往华夏的大象。外邦进献的大象，应该都是驯象，并有专门的驯象者。汉代画像中对大象有较多的刻画，可知大象仍是当时的常见动物，并说明了当时人们对这种大型动物的熟悉和喜爱。

（二）两汉时期的驯象者，称为象奴。从事驯象的，既有越人，更多的则是胡人。汉代画像中对胡人象奴有着较多的描绘，大都为高鼻尖帽，手持弯钩，或乘坐于象背，或站于大象的前面，或随象而行，大都做驾驭和驱使驯象状。这些象奴，使用长钩来驯服大象，或用长钩驾驭驱使大象，应是汉代中原惯用的一种驯象方法，后来才传到了云南等地。佛经中后来有使用钢钩作为调大象之法的比喻，从时间来看已经是晋代之后了。可见钢钩驯象，并非是佛教的创新，而只是借用了汉代的传统驯象方法而已。

（三）汉代流行乐舞百戏，驯象也是其中一项常见的表演内容。史籍中对此就有较多的记载，汉代画像中对此也有较多描绘。通过文献记载和学者们的研究可知，象奴驾驭驱使驯象，主要是为皇室或贵族阶层服务，进行的主要是象舞之类娱乐性的表演。汉画中的有些驯象与骑象画面，便较为真实地表现了这种情景。

（四）汉代崇尚祥瑞，仙话流行，求仙意识特别强烈。汉代的这种意识观念在丧葬中尤其盛行，汉代画像作为埋入地下的画作，对辟邪求吉、升仙长生便做了极其充分的描绘，绝大多数画像都是依照这个主题观念展开的。正因为汉代有着非常强烈的辟邪求吉、崇尚祥瑞、向往升仙的传统，所以汉代画像中常常有对众多祥禽瑞兽的描绘，如四灵、凤鸟、仙鹿、天马、吉羊、驯象等。这些祥禽瑞兽，作为陪同和导引墓主进入仙界的灵物，既表达了墓主升仙的愿望，又渲染了仙界的神奇。由于大象在汉代被视为重要的瑞兽之一，故而汉代画像中对大象有着较多的刻画，其表现形式主要有"驯象图"与"骑象图"。显而易见，很多汉代画像中描绘的大象，被赋予的主要是祥瑞的寓意。

（五）佛教传入中国的时间，根据文献记载和学者们的研究，应该是在东汉中后期。而西汉时已经有了骑象的图像，可见汉代画像中骑象图的出现要早已佛教的传播，并非是因为佛教的传入才有骑象图的。考古发现揭示，在早期佛教图像的传播过程中，西南丝路曾发挥

---

①参见（北魏）杨衒之撰、范祥雍校注：《洛阳伽蓝记校注》第43页，上海：上海古籍出版社，1978年。

了重要作用，佛本生故事在东汉末也随着佛教图像传入了蜀地。四川绵阳何家山汉墓出土摇钱树上的驯象与佛像相邻，以及四川芦山樊敏阙上的浮雕图像，便透露了佛本生故事随同早期佛教图像传播的影响。但四川发现的早期佛像甚多，而驯象画面很少，说明佛本生故事虽已传入蜀地却影响不大。佛本生故事在东汉末也逐渐传入了中原与北方地区，但影响同样不明显。我们不能忽略佛教传播对汉画的浸染，但也不应夸大这种影响。在汉代画像中占据主导地位的，始终是对祥瑞与求仙的崇尚，当时的一些汉画制作者对佛教传说虽已有所耳闻，但佛教故事对汉代画像的影响很有限，这应该是东汉中后期佛教传播过程中的一种真实情形。

（六）驯象与佛教传播的关系，在东汉时期还是比较模糊的。随着佛教信仰的影响逐渐扩大，佛经的翻译不断增多，佛本生故事的传播也更加广泛，六牙白象与佛陀诞生的关系才逐渐为华夏信众所熟悉。南北朝时期，佛教已呈盛传之势，白象和佛本生故事已为社会各阶层所熟知，在北魏洛阳地区出现了佛诞之日作六牙白象负载释迦之像以宣传弘扬佛教之举，所以《洛阳伽蓝记》等文献才有了六牙白象与佛事活动的明确记载。但在东汉时期则未必，汉代画像中的驯象图仍属于瑞兽的范畴，与佛教并无明确的关系。

总而言之，汉代画像中的大象，其象征含义主要有三个方面，一是驭使驯象反映了当时社会生活中的真实情景，二是描绘了当时百戏中的象戏表演，三是大象作为瑞兽，体现了汉代对祥瑞与求仙的崇尚。显而易见，很多汉代画像中描绘驯象的画面，被赋予的主要是祥瑞的寓意。而以驯象与骑象来比喻或宣扬佛教的含义，则是比较模糊的。东汉之后，随着佛教的盛传和佛本生故事的普及，白象与佛陀的关系才逐渐变得清晰和明朗起来。相信以后随着研究的更加深入，我们对此会有更透彻的认识。

作者简介：黄剑华，男，四川省文物考古研究院研究员。

春秋"卿""大夫"称谓的两个辨正

成都理工大学　惠翔宇

摘　要：春秋时期"卿"非"上大夫"，"卿""大夫"是"爵"称而非"官"名。具体而言，在春秋前中期，时人话语中的"官"指具体职事，而不涉社会等级秩序。由于血缘组织及其宗法伦理依旧是春秋社会的主流，贵族爵位高低不仅直接决定其权力、官职大小，还直接决其采邑的多寡、规模及社会待遇；官职大小则是卿大夫巩固、延续其家族势力的有力保障，遂使"官""爵"之间呈现出合一的征象。但到春秋晚期，作为等级秩次的"爵"称也带上职事性的社会特征，如秦国的"右大夫"、晋国的公族大夫，尤其是魏献子所命十个县大夫，实际已与战国秦汉时期的"流官"性质相近，然而又带有封建制的历史遗痕。

关键词：卿　大夫　爵制　春秋

春秋史（前770—前453）是一部列国卿大夫的生成演变史。作为春秋社会政治与文化的主体，卿大夫不但传承、践行着西周以降延续发展的文化传统和政治理念，而且对其予以损益、诠释与创新，并在社会演进中重塑、整合、建构着春秋社会的伦理体系与价值认同，最终宣告贵族社会的终结——开启战国"布衣将相"的新时代。因此，对春秋卿大夫的研究显然是了解春秋伦理、信仰与政治社会结构的一个关键。但长久以来，学者在"卿""大夫""卿大夫"的概念及其使用上则显得较为混乱。针对这一现象，笔者曾就春秋卿、大夫、卿大夫的内涵生成与时代变迁[①]，春秋卿大夫与"国人"的历史关系[②]等作过系统研究，并以之为基础，分析了春秋称谓演变所揭示的政治社会结构变动及伦理变迁。然因题旨和篇幅所限，还有如下问题尚待厘清，即春秋"卿"与"上大夫"的身份关系，"卿大夫"是"官"名还是"爵"称，以及春秋"官""爵"合一征象的社会根源及演变趋势等。鉴于此，本文拟以《春秋左传》记载为基础，辅以《国语》《仪礼》等传世文献，并通过相关史料（如金文）的分析对比，对上述问题作一些探究，以就教于方家。

[①] 惠翔宇：《春秋卿、大夫、卿大夫的内涵生成与时代变迁——基于〈春秋左传〉的历史考察》，《福建师范大学学报》（哲学社会科学版）2017年第6期。
[②] 惠翔宇：《春秋卿大夫与"国人"的内涵变迁》，《齐鲁学刊》2018年第6期。

一、春秋"卿"非"上大夫"辨正

对于春秋"卿"与"上大夫"的身份关系,清代学者江永在《乡党图考·上大夫下大夫考》中说:"按卿与大夫,《春秋》皆谓之大夫。分言之,卿为上大夫,其他大夫皆为下大夫也。诸侯三卿:司徒、司马、司空。就三卿分言之:司徒,执政一人,为上卿,亦曰冢卿;其余为下卿,亦曰亚卿、介卿也。总之,皆为上大夫。"① 清人崔述在《丰镐考信别录·周职官附考》中则指出:

> 按:《春秋》于列国之卿皆书为"大夫",则是卿乃上大夫,大夫则下大夫也。故曰:"王臣公,公臣大夫,大夫臣士。"东迁以后,卿日益尊,故但称为卿以别于他大夫,而此文与《王制》遂沿而称之耳。又按《春秋传》,卿之下有上大夫、變大夫;《周官》亦有中大夫、下大夫之别;疑皆后世所增,如鲁三卿之外复有臧、叔、子服、叔仲等氏,晋六卿之外复有郤缺、赵穿等未有军行之卿者然。恐当以《孟子》此文②为近是。③

近人杨伯峻先生也说"上大夫位即卿"④。但征诸文献,江、崔、杨三氏之说可商。通过相关资料的对比分析,则春秋时期"卿"非"上大夫"。其一,春秋"卿""大夫"称谓的内涵、外延不同;其二,从春秋时期的整体状况来说,"卿"是总称,它有明确、清晰的内部秩次,而"上大夫"为特指,是"大夫"内部秩序的最高一级;其三,江永指出"大夫"可指卿与大夫,崔述更敏锐地发现《春秋经》用"大夫"指"卿"的事实,却忽视了"大夫"的内涵生成与时代变迁,即"大夫"一词有一个从狭义指"卿"到内涵、外延渐次扩大(将一些中层贵族纳入其中),再到"卿""大夫"称谓逐渐分化而适用不同等级人群的演进过程⑤。除此之外,传世文献《左传》《国语》还可提供以下五条铁证:

(一)《左传》桓公三年载:"凡公女,嫁于敌国,姊妹,则上卿送之,以礼于先君;公子,则下卿送之。于大国,虽公子,亦上卿送之。于天子,则诸卿皆行,公不自送。于小国,则上大夫送之。"⑥ 在这段记载中,"诸卿""上卿""下卿"与"上大夫"并言,则"卿"非"上大夫"。此证一。

(二)《左传》昭公二年记:"夏四月,韩须如齐逆女。齐陈无宇送女,致少姜。少姜有宠于晋侯,晋侯谓之少齐。谓陈无宇非卿,执诸中都。少姜为之请,曰:'送从逆班,畏大

---

① (清)江永《乡党图考》卷10《上大夫下大夫考》,《景印文渊阁四库全书》,第210册,台北:台湾商务印书馆,1986年,第919页;《清经解》第2册,上海:上海书店,1988年影印本,第334页(B栏)。
② 按:这里崔述所说的"《孟子》此文"指《孟子·万章下》:"君一位,卿一位,大夫一位,上士一位,中士一位,下士一位,凡六等。"可参(清)焦循撰,沈文倬点校:《孟子正义》卷20《万章章句下》,北京:中华书局,1987年,第677页。
③ (清)崔述撰;顾颉刚编订:《崔东壁遗书》,上海:上海古籍出版社,1983年,第345页。
④ 杨伯峻:《春秋左传注》(修订本),北京:中华书局,2009年,第221页。
⑤ 惠翔宇:《春秋卿、大夫、卿大夫的内涵生成与时代变迁——基于〈春秋左传〉的历史考察》,《福建师范大学学报》(哲学社会科学版)2017年第6期。
⑥ 杨伯峻:《春秋左传注》(修订本),北京:中华书局,2009年,第99页。

国也，犹有所易，是以乱作。'"①《左传》又载："叔向言陈无宇于晋侯曰：'彼何罪？君使公族逆之，齐使上大夫送之，犹曰不共，君求以贪。国则不共，而执其使。君刑已颇，何以为盟主？且少姜有辞。"② 根据以上记载，前者说陈无宇非"卿"，后者谓陈无宇为"上大夫"，是"卿"非"上大夫"，清晰可辨。此证二。

（三）《左传》昭公元年说："郑为游楚乱故，六月丁巳，郑伯及其大夫盟于公孙段氏。罕虎、公孙侨、公孙段、印段、游吉、驷带私盟于闺门之外，实熏隧。公孙黑强与于盟，使大史书其名，且曰'七子'。"杜注曰："自欲同于六卿，故曰七子。"③ 若杜预所言不误，可知郑公孙黑（子晳）不属于"六卿"之列，故而郑国史官才将与盟者写作"七子"。换言之，如果公孙黑不与盟，郑大史或将书作"六卿"。此外，同年《传》载郑子产说："子晳，上大夫。"④ 将这两则史料对比分析，那么至少在春秋时期的郑国，"卿"非"上大夫"。此证三。

（四）《左传》昭公五年载"晋韩宣子如楚送女，叔向为介"⑤，楚灵王称两人"今其来者，上卿、上大夫也"。根据同年《传》薳启强之论⑥，此时晋国六卿的排列次序是：韩起、赵成、中行吴、魏舒、范鞅、知盈；晋国"九大夫"排序是叔向（羊舌肸）、祁午、张趯、籍谈、女齐、梁丙、张骼、辅跞、苗贲皇。可见在当时的晋国，"上大夫"（如叔向）位列晋"九大夫"之首，"上卿"（如韩起）则位列晋"六卿"之首；"卿"与"大夫"判然有别，更无须论"卿"非"上大夫"这一问题了。此证四。

（五）《国语·鲁语上》谓季文子使子服它（即孟献子之子仲孙它）为"上大夫"而不言"卿"⑦；又《国语·晋语八》载韩宣子问叔向如何处置秦后子、楚公子干的禄邑问题，叔向对曰："大国之卿，一旅之田，上大夫，一卒之田。夫二公子，上大夫，皆一卒可也。"⑧ 叔向所言十分清楚，"卿"与"上大夫"判然有别。此证五。

综上所述，春秋时期"卿"非"上大夫"⑨，至此可下断言。前贤所谓"卿为上大夫"之说，不符合春秋史实。

二、春秋"卿""大夫"是"爵"抑"官"辨正

关于春秋"卿""大夫""卿大夫"的内涵、外延及内部等级秩序，有人已对其作了比较

---

① 杨伯峻：《春秋左传注》（修订本），北京：中华书局，2009年，第1228—1229页。
② 杨伯峻：《春秋左传注》（修订本），北京：中华书局，2009年，第1230—1231页。
③ 杨伯峻：《春秋左传注》（修订本），北京：中华书局，2009年，第1215页。
④ 杨伯峻：《春秋左传注》（修订本），北京：中华书局，2009年，第1213页。
⑤ 杨伯峻：《春秋左传注》（修订本），北京：中华书局，2009年，第1266页。
⑥ 杨伯峻：《春秋左传注》（修订本），北京：中华书局，2009年，第1268—1269页。
⑦ 徐元诰撰，王树民、沈长云点校：《国语集解》，北京：中华书局，2002年，第173页。
⑧ 徐元诰撰，王树民、沈长云点校：《国语集解》，北京：中华书局，2002年，第435—436页。
⑨ 对于"卿"非"上大夫"的身份关系，段志洪先生亦持此论，她说："或认为，卿、大夫的等级相互交错，即卿为上大夫，然后有中大夫和下大夫。这种说法不符合历史实际。……上大夫不在卿之列。"（段志洪：《周代卿大夫研究》，台北：文津出版社，1994年，第24页）唯其所述颇为简略，且有史料阙漏。

系统的探讨①。但在"卿""大夫"的性质上，目前学界尚存在"爵"位与"官"名之争。因此，还需要对这一问题予以分析和辨正。

按：爵者，酒器也，《说文》将其归入鬯部可证②。具体而言，殷周时代的青铜爵乃"合煮郁金之类香草以为香酒的煮酒器"③。用"爵"制作的这类香酒不但弥足珍贵，而且有通神、降神之用，是周人祭祀、飨宴、朝会时的必备之物④。随着社会历史的发展，作为饮酒器的"爵"渐渐向礼器转化，从而成为社交、邦交的礼序之器，其伦理意味已远超器物本身。对此，宋王黼在《重修宣和博古图》卷十四《总说》中写道：

> 凡彝器，有取于物者小，而在礼实大；其为器也至微，而其所以设施也至广。若爵之为器是也。盖爵，于饮器为特小，然主饮必自爵始。故曰：在礼实大。爵于彝器是为至微，然而礼天地、交鬼神、和宾客，以至冠、昏、丧、祭、朝、聘、乡射，无所不用，则其为设施也至广矣！⑤

在"国之大事，在祀与戎"的商周社会，"爵"的上述社会功能遂使其具有其他酒器如觚、觯、卣等不可比拟的特殊地位。或许，这就是后世用它代指功勋、社会等级伦理秩序的重要原因之一。但"爵"何时用来指称社会等级，目前尚无确切的史料证据。根据晁福林先生的研究，爵制应与分封制、宗法制的实施同步，"可以说它滥觞于周代的册命制度"⑥。衡诸史实，其说可从。

学者周知，在春秋时期，凡称"卿"抑或"大夫"者，都拥有一定的社会经济（如采邑）、政治基础，这一社会群体是位于春秋社会秩序中国君之下、士之上的一大社会阶层，是春秋贵族社会政治与文化的主导。这一历史状况与前述"爵"的社会功能若合符契，故而《白虎通·爵篇》说"公卿大夫者何谓也？内爵称也"⑦，当是对春秋社会状况的正确概述。换言之，春秋时期的"卿大夫"称谓是"爵"称而非"官"名。

或云：从《左传》所载春秋话语体系看，时人多称卿、大夫以"位"而不以"爵"。实则不然，这恰恰是春秋时人将"卿大夫"视为"爵位"的坚实证据。《左传》成公十八年载：

---

① 惠翔宇：《春秋卿、大夫、卿大夫的内涵生成与时代变迁——基于〈春秋左传〉的历史考察》，《福建师范大学学报》（哲学社会科学版）2017年第6期。
② （清）段玉裁：《说文解字段注》，成都：成都古籍书店，1981年，第229页。
③ 贾洪波：《爵用新考》，《中原文物》1998年第3期。
④ 按：《说文解字·第五篇下·鬯部》："鬯，以秬酿，郁草芬芳，攸服以降神也。"段玉裁注云："攸服，当作条畅。周汉笺皆云'芬芳条畅'可证也。《郊特牲》云：'周人尚臭，灌用鬯臭，郁合鬯，臭阴达于渊泉。'云'郁合鬯'，与下文'萧合黍稷'，皆谓二物相合也。《周礼·郁人职》：'凡祭祀、宾客之祼事，和郁鬯以实彝而陈之。'《注》云：'筑郁金，煮之以合鬯酒。'按：此正所谓郁合鬯也。郑注《序官》'郁人'云：'郁，郁金香草，恒以和鬯'；注'鬯人'云：'鬯，酿秬为酒，芬香条畅于上下是也。'"（段玉裁：《说文解字段注》，成都：成都古籍书店，1981年，第228页）据上可知，鬯酒（即香酒）不仅弥足珍贵，而且具有通神、降神的作用，是周人祭祀、飨宴、朝会时的必备之物。
⑤ （宋）王黼等：《重修宣和博古图》，《景印文渊阁四库全书》第840册，台北：台湾商务印书馆，1986年，第650页。
⑥ 晁福林：《先秦时期爵制的起源与发展》，《河北学刊》1997年第3期。
⑦ （清）陈立撰，吴则虞点校：《白虎通疏证》，北京：中华书局，1994年，第16页。

晋士鲂来乞师。季文子问师数于臧武仲，对曰："伐郑之役，知伯实来，下军之佐也。今䑕季亦佐下军，如伐郑可也。事大国，无失班爵而加敬焉，礼也。"从之①。

又《左传》襄公三十一年：

　　公孙挥能知四国之为，而辨于其大夫之族姓、班位、贵贱、能否，而又善为辞令②。

上述文献，前者说臧武仲论"无失班爵"，后者言公孙挥善辨"班位"，则爵、位同义。除这两则史料之外，其他文献亦不乏实证。如《国语·鲁语上》载孟文子③曰："夫位，政之建也"，韦昭注云："建，立也。此位，谓爵也。言爵所以立政事也。"④ 是爵、位同义，不言自明。再《说文》人部："位，列中庭之左右谓之位。从人、立。"清人段玉裁曰："引申之，凡人所处，皆曰位。"⑤ 卿大夫的社会等级，即其在春秋伦理秩序中所处的位次。这与"爵"之本义及引申义类同，故爵、位同义可知。如果细究左氏之文，则在春秋时人话语体系中，爵、位、班三者皆同义，均指贵族社会的等级秩序。《左传》桓公十年：

　　初，北戎病齐，诸侯救之，郑公子忽有功焉。齐人馈诸侯，使鲁次之。鲁以周班后郑。郑人怒，请师于齐。齐人以卫师助之，故不称侵伐。先书齐、卫，王爵也⑥。

按：引文"周班"即"王爵"，即一个时期以来学术界热烈讨论的"周五等爵"⑦。庄公二十三年《传》曰"朝以正班爵之义，帅长幼之序"⑧；文公六年《传》载"贾季怨阳子易

---

① 杨伯峻：《春秋左传注》（修订本），北京：中华书局，2009年，第913—914页。
② 杨伯峻：《春秋左传注》（修订本），北京：中华书局，2009年，第1191页。
③ 孟文子，鲁大夫公孙敖之子文伯穀。
④ 徐元诰；王树民，沈长云点校：《国语集解》，北京：中华书局，2002年，第162页。
⑤（清）段玉裁：《说文解字段注》，成都：成都古籍书店，1981年，第394页。
⑥ 杨伯峻：《春秋左传注》（修订本），北京：中华书局，2009年，第128页。
⑦ 这里仅以"周爵"论说班、爵同义，并不细究周代"五等爵"这一复杂、深奥的学问。笔者视野所及，迄今为止，学者对周代"五等爵"的研究，大致存在以下三种观点：(1) 否定"五等爵"的存在，代表作如傅斯年《论所谓'五等爵'》(《历史语言研究所集刊》第二本第一分，中华书局，1987年2月，第110—129页)，杨树达《古爵名无定称说》(《积微居小学述林全编》卷6《故书古史杂考之属》，上海：上海古籍出版社，2013年，第386页)，郭沫若《金文丛考》第二章《金文所无考·五等爵禄》（北京：人民出版社，1954年，第50—53页)，赵伯雄《周代国家形态研究》（长沙：湖南教育出版社，1990年，第120—134页）等；(2) 肯定"五等爵"的存在，代表作如金景芳《古史论集》（济南：齐鲁书社，1981年，第105页)，王世民《西周春秋金文中的诸侯爵称》（《历史研究》1983年第3期，第3—17页)，陈恩林《先秦两汉文献中所见周代诸侯五等爵》（《历史研究》1994年第6期，第59—72页)，刘源《"五等爵"制与殷周贵族政治体系》（《历史研究》2014年第1期，第62—78页)；(3) 肯定周代贵族等级制的存在，但对于"五等爵"制持审慎态度，代表作如王玉哲《中华远古史》（上海：上海人民出版社，1999年，第585—589页)，赵光贤《周代社会辨析》（北京：人民出版社，1980年，第126页)，许倬云《西周史》（北京：三联书店，2012年，第179页)。此外，刘芮方《周代爵制研究》（东北师范大学博士学位论文，2011年）；魏芃《西周春秋时期的"五等爵称"研究》（南开大学博士学位论文，2012年）等对周代爵制问题的系统梳理，也有助于"五等爵制"的深入研究，具有参考价值。
⑧ 杨伯峻：《春秋左传注》（修订本），北京：中华书局，2009年，第226页。

之班"① 而使赵孟（赵盾）为中军帅②；皆为班、爵同义之证。总之，班爵、位班、爵位等，皆指春秋政治社会结构中的贵贱等级和位次高下。

因此，从语源、语义及时人话语体系三个角度来看，春秋卿大夫是爵位而非官职，甚明。又《仪礼·士冠礼》载："以官爵人，德之杀也。"汉郑玄注："杀，犹衰也。德大者爵以大官，德小者爵以小官。"唐贾公彦疏：

> 云"以官爵人"者，以，用也，谓用官爵命于人也。云"德之杀也"者，杀衰也。以德大小为衰杀，故郑云："德大者爵以大官，德小者爵以小官。"官者，管领为名。爵者，位次高下之称也。③

郑玄、贾公彦对官、爵分别加以诠释，则官、爵不同十分明确。另外，从《左传》所载春秋前中期的相关史事来看，亦无称"卿大夫"为"官"的具体语境。换言之，在春秋前中期时人的话语体系中，"官"与"爵"有着明确区分。笔者视野所及，《左传》所载当时史事，凡言"官"者无一例外④，皆指具体职事，似无以"官"指代社会等级秩序者。其证据如次：

（1）隐公八年《传》众仲云："官有世功，则有官族。"杨伯峻注："谓以先世有功之官名为族姓，如司马氏、司空氏、司徒氏，宋之司城氏，晋之士氏、中行氏之类。"⑤ 可见，众仲所谓之"官"乃针对具体职事而言，并非社会等级伦理秩序。另外，桓公六年《传》鲁申繻论取名时说："以国则废名，以官则废职"⑥，更特地突出"官"的职事性特征。

（2）《春秋》文公八年载："宋人杀其大夫司马。宋司城来奔。"《左传》记其事云：

> 宋襄夫人，襄王之姊也，昭公不礼焉。夫人因戴氏之族，以杀襄公之孙孔叔、公孙钟离及大司马公子卬，皆昭公之党也。司马握节以死，故书以官。司城荡意诸来奔，效节于府人而出。公以其官逆之，皆复之。亦书以官，皆贵之也。⑦

---

① 杨伯峻：《春秋左传注》（修订本），北京：中华书局，2009年，第552页。
② 《左传》文公六年载："六年春，晋蒐于夷，舍二军。使狐射姑将中军，赵盾佐之。阳处父至自温，改蒐于董，易中军。阳子，成季之属也，故党于赵氏，且谓赵盾能，曰：'使能，国之利也。'是以上之。"参杨伯峻：《春秋左传注》（修订本），北京：中华书局，2009年，第544—545页。
③（汉）郑玄注；（唐）贾公彦疏：《仪礼注疏》卷3，阮元校刻《十三经注疏》，北京：中华书局，1980年，第959页。
④ 《左传》庄公十四年载："厉公入，遂杀傅瑕。使谓原繁曰：'傅瑕贰，周有常刑，既伏其罪矣。纳我而无二心者，吾皆许之上大夫之事，吾愿与伯父图之。且寡人出，伯父无里言。入，又不念寡人，寡人憾焉。'对曰：'先君桓公命我先人典司宗祏。社稷有主，而外其心，其何贰如之？苟主社稷，国内之民，其谁不为臣？臣无二心，天之制也。子仪在位，十四年矣；而谋召君者，庸非贰乎？庄公之子犹有八人，若皆以官爵行赂劝贰而可以济事，君其若之何？臣闻命矣。'乃缢而死。"[杨伯峻：《春秋左传注》（修订本），北京：中华书局，2009年，第197—198页] 虽有"官爵"连称一语，但似乎非官爵同义复指之谓。细究郑厉公"吾皆许之上大夫之事"，"上大夫"重指爵位，"之事"重指职事，原繁之答语亦针对郑厉公而言。这里官与爵还是区分的比较清晰。
⑤ 杨伯峻：《春秋左传注》（修订本），北京：中华书局，2009年，第62页。
⑥ 杨伯峻：《春秋左传注》（修订本），北京：中华书局，2009年，第116页。
⑦ 杨伯峻：《春秋左传注》（修订本），北京：中华书局，2009年，第567—568页。

又《左传》文公十六年追述史事，说：

> 初，司城荡卒，公孙寿辞司城，请使意诸为之。既而告人曰："君无道，吾官近，惧及焉。弃官，则族无所庇。子，身之贰也，姑纾死焉。虽亡子，犹不亡族。"①

通过分析对比，可知上述史料中的"官"均指司马、司城二职，甚明。

（3）昭公七年《传》载郑罕朔出奔晋国，韩宣子问朔之位于子产，子产对曰："卿违，从大夫之位；罪人以其罪降，古之制也。朔于敝邑，亚大夫也；其官，马师也，获戾而逃，唯执政所寘之。"② 根据郑子产所言，罕朔在郑国，其"位"是"亚大夫"，其"官"乃马师一职。由此可见，至少在郑国"官"与"爵位"是判然有别的，否则子产不会说出"朔于敝邑，亚大夫也；其官，马师也"这样的话。

（4）《左传》昭公十七年载郯子出使鲁国，宴会之上，叔孙昭子（叔孙婼）问"少皞氏鸟名官"的根据，郯子曰：

> 吾祖也，我知之。昔者黄帝氏以云纪，故为云师而云名；炎帝氏以火纪，故为火师而火名；共工氏以水纪，故为水师而水名；大皞氏以龙纪，故为龙师而龙名。我高祖少皞挚之立也，凤鸟适至，故纪于鸟，为鸟师而鸟名：凤鸟氏，历正也；玄鸟氏，司分者也；伯赵氏，司至者也；青鸟氏，司启者也；丹鸟氏，司闭者也。祝鸠氏，司徒也；䲽鸠氏，司马也；鸤鸠氏，司空也。爽鸠氏，司寇也；鹘鸠氏，司事也。五鸠，鸠民者也。五雉为五工正，利器用、正度量，夷民者也。九扈为九农正，扈民无淫者也。自颛顼以来，不能纪远，乃纪于近。为民师而命以民事，则不能故也。③

当孔子听说郯子关于古官名沿革的讲述之后，便立即向郯子问学。既而告人曰："吾闻之：'天子失官，学在四夷'，犹信。"通过对《左传》文本的比较分析，可知叔孙昭子（叔孙婼）、郯子、孔子所言之"官"指历正、司分、司至、司启、司闭、司徒、司马、司空、司寇、司事、五工正、九农正等具体职事，郯子"为民师而命以民事"可证。

（5）文公十年，楚、陈、郑、蔡等国陈军于厥貉，将讨伐宋国。宋华御事自度力不足御敌，所以"逆楚子，劳且听命。遂道以田孟诸"。对此，《左传》载：

> 宋公为右盂，郑伯为左盂。期思公复遂为右司马，子朱及文之无畏为左司马，命夙驾载燧。宋公违命，无畏抶其仆以徇。或谓子舟曰："国君不可戮也。"子舟曰："当官而行，何强之有？《诗》曰：'刚亦不吐，柔亦不茹'、'毋纵诡随，以谨罔极'。是亦非辟强也。敢爱死以乱官乎？"④

对于子舟（文之无畏）"敢爱死以乱官乎"一语，杨伯峻先生注："爱，惜也。不行其职

---

① 杨伯峻：《春秋左传注》（修订本），北京：中华书局，2009年，第621页。
② 杨伯峻：《春秋左传注》（修订本），北京：中华书局，2009年，第1293页。
③ 杨伯峻：《春秋左传注》（修订本），北京：中华书局，2009年，第1386—1389页。
④ 杨伯峻：《春秋左传注》（修订本），北京：中华书局，2009年，第577—578页。

责为乱官。言不敢惜死以弃职守。"① 若杨氏所论不误，则子舟所言之"官"当指左司马。结合子舟所说"当官而行，何强之有"，可知他强调的是左司马一职的分内之责，而非上下、尊卑的等级秩序。前述同类史料，见载《左传》者极多，不一而足。若欲详察，只消查阅《左传》有关"官""位""班""爵"的相关记载，便会了然于心。

总而言之，在春秋时期（至少前中期）时人的话语体系中，凡言"官"者，都针对具体职事而言，可下结论。这同《说文》中"官，吏事君也"② 强调官吏的职事性特征，颇相符契。无怪乎童书业先生曾斩钉截铁地说："卿为爵位，非官职。"③ 这是正确的结论。

三、春秋时期"官""爵"合一征象的社会根源及演变趋势

春秋时期，"卿""大夫"是"爵"称而非"官"名，前文已明。但对于这一问题的讨论尚不能就此止息，因为学者还有卿大夫"亦官亦爵"④ 的折中之论。因此，我们在前文所述基础之上，需要对春秋时期"官""爵"合一征象的社会根源及演变趋势予以赘述。

学人周知，春秋时期虽有血缘政治向地缘政治转变的历史趋势，但毋庸讳言，血缘组织及其宗法伦理依旧是当时社会的主流文化。于是，贵族爵位高低不仅直接决定其权力、官职大小，而且决其采邑的多寡、规模及社会待遇，所谓"爵以建事，禄以食爵"⑤ 者也。对此，齐思和先生曾在《周代锡命礼考》一文中说："盖古者有爵者必有位，有位者必有禄，有禄者必有田，任命与封建，其实一也。"⑥ 这在《左传》《国语》等传世文献中是有迹可循的。譬如：《左传》襄公二十六年载郑伯赏入陈之功，赐子展先路三命之服，先八邑；赐子产次路再命之服，先六邑。子产辞邑不受，并陈述了如下理由："自上以下，降杀以两，臣之位在四，且子展之功也，臣不敢及赏礼，请辞邑。"⑦ 当时，郑国六卿的排序是：子展、伯有、子西、子产、子大叔、印段，子产位居第四。按照郑卿之间"降杀以两"的规定，则子产是不得越级受赐的。又《左传》襄公二十七年记载："公与免余邑六十，辞曰：'唯卿备百邑，臣六十矣，下有上禄，乱也。'"⑧《国语·晋语八》载叔向之言曰："大国之卿，一旅之田，上大夫，一卒之田。"⑨ 如果这些记载是春秋时期晋、郑、卫等国社会状况的真实反映，那么其他诸侯国当不例外。总之，春秋时期有爵者必有位，有位者必有禄，这应是春秋

---

① 杨伯峻：《春秋左传注》（修订本），北京：中华书局，2009年，第578页。
②（清）段玉裁：《说文解字段注》，成都：成都古籍书店，1981年，第773页。
③ 童书业：《春秋左传研究》（校订本），北京：中华书局，2006年，第154页。
④ 赵伯雄：《周代大夫阶层的历史发展》，《内蒙古大学学报》（哲学社会科学版）1983年第2期，第1至26页；李孟存、常金仓著：《晋国史纲要》第十四章《晋国的各种制度·职官和军制》，太原：山西人民出版社，1988年，第225页。
⑤ 按：语出《国语·晋语八》所载晋大夫叔向之口，参徐元诰撰，王树民、沈长云点校：《国语集解》，北京：中华书局，2002年，第436页。
⑥ 齐思和：《周代锡命礼考》，参《中国史探研》，北京：中华书局，1981年，第58页。
⑦ 杨伯峻编著：《春秋左传注》（修订本），北京：中华书局，2009年，第1114页。
⑧ 杨伯峻编著：《春秋左传注》（修订本），北京：中华书局，2009年，第1128—1129页。
⑨ 徐元诰撰，王树民、沈长云点校：《国语集解》，北京：中华书局，2002年，第435—436页。

时人"官爵""禄爵"① 连称的社会根源。

但从《左传》其他相关记载来看，又存在另一种情况，即春秋时期，官职大小又是卿大夫巩固、延续其家族势力的有力保障。如《左传》文公十六年，宋公孙寿说他"弃官，则族无所庇"②；襄公三十一年，郑子产说："大官，大邑，身之庇也。"③ 又北宫文子对卫侯说："臣有臣之威仪，下畏而爱之，故能守其官职，保族宜家。顺是以下皆如是，是以上下能相固也。"④ 这些历史记载说明，在春秋时期的政治社会结构中，"爵""官""禄"之间又呈现出交叉合一的征象。其中，"爵"是获取官职、禄邑的前提和基础，是春秋卿大夫及其家族在其诸侯国内社会地位、权力等级的重要标志。《仪礼·丧服》郑注云"爵，谓天子、诸侯、卿、大夫、士也；无爵，谓庶人也"⑤，可证。如前所述，春秋前中期"官""爵"之间有明确区分；但到春秋晚期，"爵""官"之间的界线似有渐渐缩小的态势。这可从齐灵公时《叔尸镈铭》（1.272·2b—6）所言"余命汝职，佐正卿𨟻命于外内之事"⑥ 得到印证。铭文将"职""正卿"与"外内之事"联系到一起，说明在春秋晚期的齐国，作为等级秩次的"爵"称也有了职事性的社会特征。此外，《国语·鲁语下》载公父文伯之母"论劳逸"时说："卿大夫朝考其职，昼讲其庶政，夕序其业，夜庀其家事，而后即安"⑦，同样将"卿大夫"与职事相关联。春秋晚期齐、鲁言语上的这一征象，应是当时政治伦理变迁的一个反映。究其实质，实乃地缘政治不发达、官僚体系尚不完善时期的历史现象，同时又蕴含着向官僚社会转型、发展的潜流及趋势。比如：秦国的"右大夫"⑧，晋国的公族大夫（任"公族大夫"者，似与后世"流官"性质接近）⑨，尤其是春秋晚期魏献子所命十个县大夫，实际已与战国秦汉时期的"流官"性质相近，然而又带有封建制的历史遗痕。⑩ 或许，正是上述历史因素才使读者产生"官""爵"合一的感知错觉，亦是学人称春秋卿大夫"亦官亦爵"的原因所在罢！

作者简介：惠翔宇，男，陕西临潼人，历史学博士，成都理工大学马克思主义学院讲师，研究方向为先秦秦汉史。

---

① 相关史事见《左传》庄公十年、襄公二十六年，参杨伯峻：《春秋左传注》（修订本），北京：中华书局，2009 年，第 198 页；第 1123 页。
② 杨伯峻：《春秋左传注》（修订本），北京：中华书局，2009 年，第 621 页。
③ 杨伯峻：《春秋左传注》（修订本），北京：中华书局，2009 年，第 1192—1193 页。
④ 杨伯峻：《春秋左传注》（修订本），北京：中华书局，2009 年，第 1194 页。
⑤（汉）郑玄注，（唐）贾公彦疏：《仪礼注疏》卷 28，参阮元校刻：《十三经注疏》，北京：中华书局，1980 年，第 1097 页。
⑥ 中国社会科学院考古研究所编：《殷周金文集成释文》（第 1 卷），香港：香港中文大学出版社，2001 年，第 243 页。
⑦ 徐元诰撰，王树民、沈长云点校：《国语集解》，北京：中华书局，2002 年，第 196 页。
⑧《左传》襄公十一年载："楚子囊乞旅于秦。秦右大夫詹师师从楚子，将以伐郑。郑伯逆之。丙子，伐宋。"参杨伯峻：《春秋左传注》（修订本），北京：中华书局，2009 年，第 990 页。
⑨ 根据李毅忠先生的研究，晋国在公元前 607 年"作公族"之后，公族之职便具有"流官"的性质；"其选材范围限定在卿族内部，可谓是一种有条件的'流官'，具有进步性。"这在晋国公族大夫的选任上表现地尤为突出。参李毅忠：《两周政体变迁研究》，四川大学博士学位论文，2016 年，第 227—230 页。
⑩ 惠翔宇：《"启封疆，利社稷"与春秋卿大夫的制度维新》，《关东学刊》2016 年第 4 期。

封人与封人文化——中国文化起源初探

四川大学文学与新闻学院　江玉祥

中国古代典籍中，屡见"封人"的名称，如：颍谷封人、祭封人、萧封人、沂封人、郧阳封人、吕封人（《左传》）；仪封人（《论语》）；封人子高（《吕氏春秋》）；绮乌封人（《韩非子》）；缯丘封人（《荀子》）；长梧封人、华封人、艾封人（《庄子》）；麦丘封人（《晏子春秋》《韩诗外传》）；乘封人（《尸子》）等。

封人者，何？

汉郑玄曰："封人，官名。"（刘宝楠《论语正义》引郑注）

晋杜预曰："封人，典封疆者。"（《左传》隐公元年注）"封人，守封疆者，因以所守为民。"（《左传》桓公十一年注）

唐孔颖达曰："盖封人职典封疆居在边邑。"（《左传》隐公元年疏）杨倞曰："封人，掌封界者。"（《荀子·尧问》注，见《荀子集解》）成玄英和陆德明亦曰："封人，守封疆之人。"（郭庆藩《庄子集解·则阳》所引《疏》和《释文》）

宋邢昺曰："（封人）典封疆之人。"（《十三经注疏·论语注疏》邢昺疏）

当代学者杨伯峻认为："封人，大概是典守边疆的官。"（杨伯峻：《论语译注·八佾》）。这种看法似乎已成正解，新版《辞源》"封人"条便采取了传统的解释："封人：官名。《周礼》地官司徒的属官，掌守护帝王社坛及京畿的疆界。春秋时为典守封疆之官。"

吾师徐中舒教授在《论尧舜禹禅让与父系家族私有制的发生和发展》（1958）一文说："春秋、战国时代所谓封人，如'仪封人''颍谷封人'之类，可能就是按照农村公社遗规被推选的村长。"先生晚年发表的《论商于中、楚黔中和唐宋以后的洞》（1978）一文改称为中国古代村社共同体的"首席公职人员"，这确是发覆的创见。本文遵循徐先生的研究方向，试对封人和封人文化作进一步考察，从而对中国文化起源作初步探索。

一、封和村社

封，《说文》曰："爵诸侯之土也，从之从土从寸，守其制度也，公侯百里，伯七十里，子男五十里。"许慎所释"爵诸侯之土也"，指周代封邦建国，已是晚起的事。

甲骨文的封字作 ✦（金三六七）✦（续五·二八·四）✦（甲二九〇二）✦（后上二·一六）✦（京津四四九九）。

✦（后上二·一六）象林木之形，即丰字，为封之初文。✦（金三六七）✦（续五·二八·四）✦（甲二九〇二）林木下之"△""●"乃人为的土堆，当是后一步的字。✦（京津四四九九）还加手植树的动作，更是后起的会意字。这些字形的意义，很多学者都释为古人之经界，至确。民族学上例证颇多，恩格斯曾以美洲印第安人为例，谈到古代氏族部落的分布，那时，"人口是极其稀少的；只有在部落的居住地才比较稠密，在这种居住地的周围，首先是一片广大的狩猎地带，其次是把这个部落同其它部落隔离开来的中立的防护森林"①。先民最早多利用自然林木以为族与族之畛域，后来才有植树为界而加人为的土堆，上引五个甲骨文便表明其发展的序列。原始公社演进的最后一个序列阶段——农村公社，封树更成了每一个地域划分的标志。如果说以血缘为纽带的氏族公社是以天然林为界，那么以地域划分的农村公社便经常人工植林为界。印度《曼奴法典》的条文中曾记载古代印度村社"用各种树木为村界"，地上"围以丛林、竹、藤、土堆等等"②。这种情形，与我国古籍中的记述颇类似。《尔雅·释地》云："邑外谓之郊，郊外谓之牧，牧外谓之野，野外谓之林，林外谓之坰。"《释名》云："邑，人聚会之称也。"邑，即实际居住的地方。郊，《说文》曰：从邑交声。其实是从邑从交，应为会意字。邑外之交，可能就是分布着交错纵横的宅旁园圃，也即孟子所谓"五亩之宅，树之以桑"之处。郊外之牧，应是放牧牲畜的地方。牧外之野，为《汉书·食货志》"春令民毕出在埜（野）"之野，即村社成员治田之处。林，为每一个村社的边界，也是防卫林。坰，即冂，《说文》云："象远界也"，应当就是恩格斯所说的"一块广阔的中立地带，一直延伸到邻近部落的地区边上"③。这大概就是古代一个村社的分布和四至。徐中舒先生从古籍中发现，一个村社的邑和野的面积大概是以三十里见方为常，这个距离也是一个人每天可以往返的里程。《诗经·周颂·噫嘻》："骏发尔私，终三十里。"三十里是一个成数，大概就是古代一个村社的范围。唐代樊绰《蛮书》卷七记南诏"每一佃人佃，疆畛连延或三十里。"清代黄叔璥《台海使槎录》卷五《竹堑（番社名）诗》曰："竹堑周环三十里，封疆不大介其中。"可见台湾番族的村社也是以三十里计。正因为古代至少三十里就有一个村社，因而旅人或军队行程也是以三十里来计算，以便寻找食宿。《诗经·小雅·六月》曰："我服既成，于三十里。"朱熹注："凡服，戎服也。三十里，一舍也。古者吉行日五十里，师行日三十里。"《周礼·地官·遗人》云："三十里有宿，宿有路室，路室有委。"《管子·大匡篇》注："委谓当有储，拟以供过者。"因而，《左传》僖公二十八年，晋楚城濮交兵，晋文公为报楚惠，实践诺言，"退三舍辟之"，庄公三年《传》曰："凡师，一宿为舍，再宿为信，过信为次。"古代师行一日三十里，三十里为一舍，故一宿亦为舍。因为三十里有一个村落，军队一段一段走，才能解决食宿问题。

因为村社周围植有封树，一封即一个村社，村社中有粮有牲畜。在城市未出现前的远古

---

① 恩格斯：《家庭、私有制和国家的起源》，北京：人民出版社，1999年，第165页。
② 转引自赵卫邦《印度的村社制度》，载《四川大学学报》（社科版）1980年第4期。
③《马克思恩格斯选集》第四卷，北京：人民出版社，1972年，第87页。

时代，封社往往成为氏族部落之间争夺的对象。卜辞云：

　　□子卜在☒於☒往来□□王来正一封方☒（前二·十六）
　　且乙奭妣己☒于二封方（后·上·二十六）
　　戊午卜弜克贝𦥑南封方（甲编二九〇二）
　　余其陮遣告厌田册戱方、羌方、羞方、纙方，余其从厌田戱四丰方。（续三·十三·一）
　　余正三丰方（上十八·二）
　　王来正三丰方（前二·十·六）
　　于丰方（上二·一六）
　　一丰（库四六八）

"正一封方""四丰方""正三丰方"，即征伐一个村社、四个村社、三个村社。"克贝𦥑南封方"，即攻占了南边贝𦥑两地的村社。屈万里云："贝𦥑两地在殷之南境"。"且乙奭妣己☒于二封方"，即且乙在二个村社中祭祀妣己。"一丰"即一个村社，"于丰方"即在村社。这里的"方"，学者一般认为是"方国"。其实卜辞中的"方"，基本意思就是方向、方位、地方，后来有"方神"的概念①。续三·十三·一所谓戱方、羌方、羞方、纙方，即戱地、羌地、羞地、纙地。如果解作"方国"，下文的四丰方，势必变作四个丰的方国，难怪有人会得出殷商为方国联盟的结论。其实戱方、羌方、羞方、纙方，应是这些地区的氏族或部落名称，他们或者尚未进入村社阶段。丰方，则是明显进入村社阶段的地区。因为不是以血缘划分，而是由不同血缘关系的人们组成的村落，其族别不明，只是大概指几个村社。

村社的特征有三：①地域联系的确立；②房屋园地的私有；③公有私耕的确立。总之，农村公社最突出的特点，即它所具有的二重性：在所有制方面，表现为房屋、园地的私有和土地的公有。然而，随着时间的推移，耕地也逐渐转变为私有。② 这时村社成员也在属于私有房屋、园地周围植树为界，如像今日尚存于南方的林盘一样，金文中从丰从邑的邦字（☒）便体现了这种情景。同时，村民也开始在自己使用的田地周围植树为界，这就是古籍中"封疆"一词的原始意义。《说文》曰："畺，界也。从畕，三其界画也。疆，畺或从彊土。"疆，本义为田界。封疆即植树为田界，甲文的☒（邦）正是封疆的形象。《史记·商君列传》云："为田开阡陌封疆"，《正义》曰："封，聚土也；疆，界也。谓界上封记也。""封"为田界上的土堆，上植树。封与封之间还有矮墙相连。崔豹《古今注》云："封疆画界者，封土为台，以表识疆界也。画界者，于二封之间，又为墙埒，以画分界域也。"1976年，四川省博物馆在青川秦墓出土的秦更修田律木牍上所记"封疆"正是这样："田广一步，修八则为畛。亩二畛，一百（陌）道。百亩为顷，一千（阡）道，道广三步。封，高四尺，

---

① 参见常正光：《殷代的方术与阴阳五行思想的基础》（油印稿）
② 马克思：《给维·伊·查苏利奇的复信草稿》，《马克思恩格斯全集》第19卷，第434页。

大称其高。捋（垺），高尺，（下）厚二尺。"① "封高四尺，大称其高"，则封的长度、宽度亦各四尺。《说文·土部》云："垺，卑垣也。"连接封的矮墙高一尺，上小小大，下厚二尺。可能古代封疆的规格大致如此。田以封疆为界，尤可注意者为《散氏盘铭》。郭沫若先生说，其铭乃约剂之最大者，叙矢人因攘掠散氏之邑，乃用土田为偿，矢散两造有司即共定土田之经界，曰："自瀗涉以南至于大沽，一封以陟二封，至于边柳。复涉瀗陟雩，叡（徂）眔陵以西，封于敫黻楮木，封于刍逨，封于刍征内。陟刍登于厂湶，封剒（诸）柝、陕陵、剄柝，封于䓊道，封于原道，封于周道。以东封于㭯东疆。右还封于眉道。以南封于㘭徕道。以西至于鸿莫。眉井邑田自根木道左至于井邑封道以东，一封。还以西，一封。陟剄，三封。降以南封于同道。陟州剄，登柝降棫，二封。"凡此中17个封字，除井邑封道一字外，均与近人之建立界碑无异。而封之字形均作𡴀，从丰从廾，即示为畿封而树之形。树有利用自然林木者，如曰"一封以陟二封，至于边柳"，曰"封于黻楮木"，此甚显而易见；曰"自根木道左至于井邑封道以东，一封"，曰"登柝降棫，二封"，则乃因木而名之地。凡此等地望，如今人田地契约中所云某疆某界，其区域必不甚大。② 郭氏所论甚精当。

从以上所述，我们可知植树为丰或利用自然林木为丰，有三个用途：一作为村社的周围边界；二作为房舍周围的护林，三作为村社田地的疆界。王国维《史籀篇疏证》云："古封邦一字。《说文》邦之古文作𤰫从之从田，与封字从屮从土，均不合六书之恉。屮皆丰之讹。……籀文𢆉字从土丰声，与𤰫之从田，邦之从邑同意，本系一字。"③ 也是很精当的论断。邦丰都是古代的村社，都是以林为界的意思。只不过丰是一般以林为界或以林为村社之界，邦从邑从丰或从田从丰，是房舍周围林盘或田地封疆，都可作为村社的代名词。因此，《尚书·酒诰》："越在外服：侯、甸、男、卫、邦伯"中的"邦伯"，《大盂鼎》："锡汝邦司四伯"的"邦司"，均与"丰伯""丰司"同义，即农村公社的头领。

古代村社以林为围，除有分界的意义，还有护卫的作用，这在先秦古籍中屡有记载：

《国语·吴语》记楚灵王失国以后，"王亲独行，屏营彷徨于山林之中……乃匍匐将入于棘闱，棘闱不纳"。棘闱，《左传》昭公十三年作"棘围"。徐中舒先生指出："棘围就是以棘为外围而开一小门为闱，故又称为棘闱。棘围就是古代商于之地一个村社共同体。"④

《庄子·山木》："庄子遊于雕陵之樊。"《释文》曰："樊，藩也，或作埜。埜，古野字。"樊，元部，并纽，平声；丰，东部，并纽，平声；樊丰为双声字。"雕陵之樊"即"雕陵之丰"，也是以林为围的村社。

《礼记·王制》："西方曰棘。"郑玄注："棘当僰。"孔颖达疏："《汉书》云西南有僰夷"。清檀萃《滇海虞衡志》十三《志蛮·僰》："僰夷一名摆夷，又称白夷，盖声近而讹也。性耐热，居卑湿棘下，故从棘从人。"徐中舒先生说："棘就是僰的统治部族所居，因为他们居于

---

① 四川省博物馆、青川县文化馆：《青川县出土秦更修田律木牍》，《文物》1982年第1期。
② 郭沫若著《甲骨文字研究·释封》，上海：大东书局，1931年。
③ 《王国维遗书》，上海：上海古籍书店，1983年，第六册。
④ 徐中舒：《论·商于中、楚黔中和唐宋以后的洞》，《四川大学学报》（哲社版）1978年第1期。

棘围之中，所以就称之为僰人。"①

先秦以后南方民族中残存的村社形态也多以林为围，如：

  越非有城郭邑里，处溪谷之间，篁竹之中。（《汉书·严助传》载淮南王安《谏伐闽越书》）

  [夷州（台湾）的山夷]此夷各号为王，分画土地人民，各自别异，人皆髡头穿耳，女人不穿耳。作室居，种荆为蕃鄣，土地饶沃。（《太平御览》卷七百八十"四夷"一"东夷"一引《临海水土志》）

  诸蛮族类不一，大抵依阻山谷，并林木为居。（《宋史》卷四百九十五《蛮夷三》）

  獠在右江溪峒之外，俗谓之山獠，依山林而居，无酋长版籍，蛮之荒忽无常者也。（宋周去非：《岭外代答》卷十"獠俗"）

  [百夷（摆夷，即傣族）]所居无城池濠隍，惟编木立寨。（明钱古训撰《百夷传》）

  （台湾）土番散处村落，或数十家为一社，或百十家为一社，社各有通事，听其指使，所居环植笋竹。社立一公所，名曰公廨，有事则集。耕敛仅给家食，不留余蓄。日事佃猎，取麋、鹿、麈、麂为生。（清黄叔璥《台海使槎录》卷七）

以上史料说明，从汉代至清代南方民族中残存的村社形态还保留以林为围（即封疆）的文化特征。

二、封社和树神

殷虚卜辞云："贞 求年于 "（前四一七·三）王国维说：" 字从丰从田，即邦字，邦土即邦社（古社土同字，《诗》冢土即冢社），亦即《祭法》之'国社'，汉人讳邦，乃云国社矣。"（《史籀篇疏证》）《说文·示部》："社，地主也。"社，就是土地之神。《礼记·月令》郑玄注："社，后土也，使民神焉，神其农业也。"如同全世界许多农业部落一样，中国上古时期的黄河、长江流域等地，随着对农业依赖性的增长，也发生了对地母和农神的崇拜，表现为对社（土地神）和稷（农神）的祭祀。古代社的规模祭法的真实情况，历来皆依《礼记·祭法》。《祭法》云："王为群姓立社，曰大社；王自为立社，曰王社。诸侯为百姓立社，曰国社；诸侯自为立社，曰侯社。大夫以下成群立社，曰置社。"此处大社、王社、国社、侯社、置社，指周代从上至下所设祭祀土地神的地方。汉代郑玄注："群，众也。大夫以下，谓下至庶人也。大夫不得特立社，与民族居，百家以上则共立一社，今时（汉）里社是也。"汉代的里社，也就是后世遍布中国各地村寨里的土地庙。最早的土地神，据说是后土，《祭法》云："共工氏之霸九州也，其子曰后土，能平九州，故祀以为社。"远古的人民认为土地神寄居在一些树木之中，这即英国民俗学家弗雷泽所称的"树神"（《金枝》），所以商周以来主要的社神用树，例如：

---

① 徐中舒：《巴蜀文化续论》，《徐中舒历史论文选辑》下册，北京：中华书局，1998年，第1095页。

哀公问社于宰我。宰我对曰:"夏后氏以松,殷人以柏,周人以栗,曰,使民战栗。"(《论语·八佾》)

大司徒之职"辨其邦国都鄙之数,制其畿疆而沟封之,设其社稷之壝而树之田主,各以其野之所宜木,遂以名其社与其野。"(《周礼·地官·大司徒》)

《周礼·地官·大司徒》郑玄注:"社稷,后土及田正之神。壝,坛与堳埒也。田主,田神后土、田主之所依也。诗人谓之田祖。所宜木,谓若松柏栗也。若以松为社者,则名松社之野,以别方面。"孙诒让《正义》曰:"堳埒者,其坛外周匝之卑垣,即《左》哀七年传所谓社公宫也。盖壝者委土之名。凡委土而平筑之谓之埒,于埒之上积土而高若堂谓之坛,外为庳垣谓之堳埒。通言之,埒坛皆得称壝。"

有人说,《论语·八佾》哀公所问之社为制社主用的木,而不是立社所栽的树。① 其实最初的社主不是木制的社主,而是当地所宜生长的一种常青树,不一定整齐划一为某种树。《庄子·人间世》:"匠石之齐,至于曲辕,见栎社树。其大蔽数千牛,絜之百围,其高临山十仞而后有枝,其可以为舟者旁十数。"以这种粗百围,高七十余尺(七尺曰仞),枝叶覆荫,蔽数千牛,堪为舟数十的大栎树为社树,所以招来"观者如市"。此例最清楚不过说明,上古的社主是树还是木?以树为社缘自原始人的树崇拜,弗雷泽指出:"在原始人看来,整个世界都是有生命的,花草树木也不例外。它们跟人们一样都有灵魂,从而也像对人一样地对待它们。"② 原始人崇拜树,特别是一些种类特殊的树,认为这些树本身就是神灵,或以为这些树是神灵栖身之所。例如,菲律宾群岛的土人相信他们的祖先的鬼魂就住在某些树里,特别喜欢栖身在高大挺拔枝叶繁茂的大树上,"伊格诺罗特人的每个村庄都有自己的神树,据说村人祖先的灵魂都住在那里,所以都向树献祭,如果对树作出任何伤害,全村人必将遭遇不幸。如果树被砍倒,村庄和全体村人就无可幸免地要遭毁灭"③。以何种树为社主来祭祀,那是由生态环境决定的,也许当初并无寓意。科学工作者对宁夏发掘古木的研究证实,远在距今九千年左右,黄土高原曾有大面积森林覆盖,"六盘山区及其邻近的黄土区,曾经是以针叶树种为优势的原始针阔混交林区,其面积大于现今次生林区的面积的十倍以上"④。经过木材电镜鉴定出的树种就有八个,其中云杉、冷杉、落叶松、连香树为该地区现已绝迹的树种;槭、杨属和圆柏、油松至今仍为乡土树种或残余。在黄土高原兴起或居的夏商周民族崇拜松柏栗树,正是由他们所处的生态环境决定的。

《吕氏春秋·顺民篇》曰:"汤乃以身祷于桑林。"《帝王世纪》则云:"大旱七年,祷于桑林之社。"可知这里是以所祀桑树神为名的社。此后,殷商奉为圣地,周武王克殷后"立成汤之后于宋,以奉桑林"(《吕氏春秋·慎大览》)。因此桑林又成为宋的圣地,"世为长侯,守殷常祀,相奉桑林"(《吕氏春秋·诚廉篇》)。

---

① 参见俞正燮《癸巳类稿》、杨伯峻《论语译注》。
② [英]詹·乔·弗雷泽(J. G. Frazer):《金枝》,北京:中国民间文艺出版社,1987年,第169页。下引该书同此版本,不另注。
③ 《金枝》,第175页。
④ 《人民日报》1987年9月28日第3版《宁夏古木发掘研究推翻陈说,黄土高原曾有大面积森林》。

对树神的崇拜，一直到近现代都有遗留。我国自上古以来便流传一种习俗，即在坟地植树以安死者的魂魄，免其遗体腐烂。因松柏四季常青，千年不朽，所以坟地四周多种松柏。坟地树木的荣枯，反映着死者魂魄的安否。中国西南苗族人聚居地区，每个村社村口都有一棵神树，村里居民相信他们最早祖先的灵魂就住在其中，并且左右着他们的命运①。

近代四川民间把一些树，诸如大榕树（黄葛树）、大柏树、杉（雪松）作为神来崇拜和供奉。②

崇拜树神的遗迹在许多少数民族中，至今还可见到。四川省盐边县白石岩村的白族每年正月初四，要出"朱行""羊行"，即祭祀村后山上的两棵罗汉松树。每家每户都要对"朱行""羊行"烧纸钱、打炮、烧香、叩头，之后，在树下野餐。出了"朱行""羊行"，方可开始从事农业生产劳动，这样便能一年四季事事顺遂。③筠连县联合乡苗族自然崇拜习俗，有的敬大树，有的敬巨石，他们认为大树巨石都能够保佑人。有的人把自己的儿女寄拜给大树或巨石，让子女像大树一样的生长高大、茂盛，或像巨石一样稳固不朽。④茂汶羌族山寨后都有一片神林，据说这即山神之所在。神林属全寨公有，禁止砍伐，也不能在其中放牧或割草，因此这是一片风景美丽的地方。⑤中华人民共和国成立前汶川县龙溪乡羌族村寨公祭的玉皇、川主、山王、寨神诸神均供于神树林，村寨群众在神树林举行祭祀活动，后来村寨建庙宇，才先后改在庙宇举行祭祀。⑥

三、封人和村社公务人员

上文既明封为村社，封社即村社的社神，那么封人的最古含义是什么呢？欲弄清真义之前，必先辩明一种传统的说法，即"封人，典封疆者"（杜预），"封人职典封疆，居在边邑"（《春秋左传正义》隐公元年孔颖达疏）。先看封人是否居在边邑？先秦典籍中作为职务名称的封人共出现了十六次，一般皆冠以地名，他们是：

（1）颖谷封人颖考叔（《左传》隐公元年）

杜预注："城颖，郑地。"汉桑钦撰《水经》："颖水出颖川阳城县西北少室山。"北魏郦道元注："《山海经》曰：颖水出少室山，《地理志》曰：出阳城阳乾山。今颖水有三源奇发：右水出阳乾山之颖谷，春秋颖考叔为其封人，其水东北流。"《中国历史地名大辞典》第三卷说："颖谷：在今河南登封县西南。旧志：即阳乾山之东谷。"颖谷封人，即颖谷这个地方典封疆之人，就是一个村社的村长。

---

①《金枝》，第175页。
②David. Crockett Graham（葛维汉）：Tree gods in Szechwan province,《华西边疆研究学会》Volume Ⅷ，1936。
③叶大槐：《盐边县白石岩村白族调查》，见《四川省苗族傈僳族傣族白族满族社会历史调查》。
④四川民族调查组苗族小组：《筠连县联合乡苗族社会历史调查》，刊于中国少数民族社会历史调查资料丛刊：《四川省苗族傈僳族傣族白族满族社会历史调查》，成都：四川省社会科学院出版社，第136页。
⑤《茂汶羌族自治县黑虎乡社会调查报告》，刊中国少数民族社会历史调查资料丛刊：《羌族社会历史调查》，第109页。
⑥《羌族宗教习俗调查资料》，《羌族社会历史调查》，第168页。

(2) 初祭封人仲足有宠于庄公，庄公使为卿。（《左传》桓公十一年）

杜注："祭，郑地也，陈留长垣县东北有祭城。封人守封疆者也，因以所守为氏也。"这是周公第七子的封地，今河北长垣县有祭城村。又成公四年，晋伐郑取氾、祭。这个祭为郑大夫祭仲的封邑，在今河南郑县东北十五里。祭仲与仲足当为一人，因为仲足有宠于庄公，庄公使为卿，赐之新的封邑也称祭。可知，封人仲足原来也是祭地一村官。

(3) 宋高哀为萧封人，以为卿。（《左传》文公十四年）

杜注："萧，宋附庸也，仕附庸还升为卿也。"日人竹添光鸿《左氏会笺》笺曰："此萧是宋邑，非萧国。"《中国历史地名大辞典》第四卷："萧，在江苏铜山县西南五十里。"

日人竹添光鸿《左氏会笺》笺曰："《传》称封人者多：桓十一年祭封人仲足有宠于庄公，庄公使为卿；文十四年宋高哀为萧封人，以为卿；此二人皆进而为卿，则明本是为大夫也。杜以封人为贱官，误矣！"杜预没有错，村长是民众推选出来的，原本不是官。如果村官也是官，那就是杜预眼中的"贱官"。只不过祭封人仲足、萧封人高哀变为统治者封邑后，他们为统治者服役，有宠于统治者，进而为卿，在本文所论先秦16个封人中此为特例，更不能否认仲足、高哀原为村社共同体头人的历史。

(4) 令尹蒍艾猎城沂，使封人虑事，以授司徒，量功命日，分财用，平板干，称畚筑，程土物，议远迩，略基址，具糇粮，度有司，事三旬而成。（《左传》宣公十一年）

杜注："艾猎，孙叔敖也；沂，楚邑。""封人，其事主筑城者也；虑事，既虑计功也。"宣公十一年，令尹蒍艾猎城沂。沂，在今河南正阳县境。见《春秋地名考略》。（《中国历史地名大辞典》第三卷）这一条很具体地说明楚国令尹孙叔敖指派沂地封人为他主持筑城的事，并且要他筹划工事，将工程计划报告楚国司徒，以便监督工程进度，按时完成。

(5) 楚子之在蔡也，郹阳封人之女奔之，生太子建。（《左传》昭公十九年）

杜注："郹阳，蔡邑。"竹添光鸿笺曰："郹阳当在河南汝宁府新蔡县境。不以礼婚曰奔。"这是说，楚平王同郹阳封人之女姘居，生下太子建。

(6) 干犨御吕封人华豹，张匄为右。（《左传》昭公二十一年）

竹添光鸿笺曰："《正义》云：吕邑，封人官，名豹……今注作'吕封人华豹'，华亦衍文。"杨伯峻注："据《江南通志》，吕城在今徐州市北五十里。"这条说明，春秋时还要征集村社封人带兵为统治者打仗作战。

从以上几例，可见封人所在地集中在郑、宋、楚、鲁、卫、陈、蔡这些诸侯国的边邑地区。这些地区从殷商以至春秋战国时期农村的基层社会结构，还是保存了大量的村社共同体，村社共同体有几个民主推选出来的公职人员，封人就是其中最主要的公职人员，他的主要职责：一是典理封疆（村社的疆界），负责划分公田和私田；二是主持祭祀，特别是社祭（祭代表土地神的神树）、和岁末的蜡祭。《礼记·郊特牲》："蜡之祭也，主先啬而祭司啬也，祭百种以报啬也。"孔颖达疏曰："种曰稼，敛曰啬。不云稼而云啬者，取其成公收敛受啬而祭也。"所谓啬夫，从职责所系来看，也是村社共同体的公职人员，或者就是封人。《左传》昭公十七年："夏六月甲戌朔，日有食之。祝史请所用币。昭子曰：'日有食之，天子不举，伐鼓于社，诸侯用币于社，伐鼓于朝，礼也。'平子御之，曰：'止也。唯正月朔，慝未作，日有食之，于是乎有伐鼓用币，礼也。其余则否。'大史曰：'在此月也。日过分而未至，三辰有灾，于是乎百官降物，君不举，辟移时，乐奏鼓，祝用币，史用辞。故《夏书》曰："辰不集于房，瞽奏鼓，啬夫驰，庶人走。"此月朔之谓也。当夏四月，是谓孟夏。"瞽，乐师，古代乐师常为瞎子，故日食时瞎子敲鼓。《汉书·五行志下》称啬夫为"掌币吏"，即掌管缯帛之人，古代用缯帛作为祭祀和馈赠客人的礼物；庶人，啬夫手下的徒役。杜预注："车马曰驰，步曰走，为救日食备也。"这些乡官和徒役，车驰人跑，急急忙忙准备救太阳。《夏书》，为《尚书》散失了的一篇，记夏代的事情。可见救日风俗来源甚古，应该是原始社会的一项全民巫术。主持村社全民巫术活动者，夏代叫啬夫，春秋叫封人，至秦汉叫三老。先秦时，诸侯将村社分封给卿大夫，村社便有给诸侯卿大夫服劳役的义务，因此封人的第三个职责，便是率领村社人民为统治者服劳役，宣公十一年楚令尹蒍艾猎城沂，使封人虑事筑城即为一例。封人的第四个职责即服兵役，率村社共同体的丁壮自带装备为统治者打仗作战，昭公二十一年"干犨御吕封人华豹"，即是一例。封人的第四个职责即服兵役，率村社共同体的丁壮自带装备为统治者打仗作战，昭公二十一年"干犨御吕封人华豹"，即是一例。

据徐中舒先生研究，殷商以来一直至春秋战国时期，黄、淮流域的鲁、卫、陈、蔡、宋、楚等低地地区，村社共同体还大量存在。先秦经传上记载的"封人"，就是村社共同体的公职人员。封人不是国家政权构成中的"官"，在春秋社会变动时期，个别封人（如祭封人、萧封人）升为卿大夫，但这是特例，正如楚平王与鄀阳封人之女姘居生太子建一样，那是统治者对村社共同体统治权威的表现。

四、封人文化

文化是一个族群的生活方式及其价值观念。探索封人文化必须从古文献所载封人言行着手，方可辨别封人文化的属性。

封人文化之首，为"纯孝"的伦理观。

《左传》隐公元年：

> 颖考叔为颖谷封人，闻之（案：指上文郑伯"遂寘姜氏于城颖，而誓之曰：'不及黄泉，无相见也！'既而悔之"这件事），有献于公。公赐之食。食舍肉。公问之。对曰："小人有母，皆尝小人之食矣；未尝君之羹，请以遗之。"公曰："尔有母遗，繄我独无！"颖考叔曰："敢问何谓也？"公语之故，且告之悔。对曰："君何患焉？若阙地及泉，隧而相见，其谁曰不然？"公从之。公入而赋："大隧之中，其乐也融融。"姜出而赋："大隧之外，其乐也泄泄。"遂为母子如初。君子曰："颖考叔，纯孝也，爱其母，施及庄公。《诗》曰：'孝子不匮，永锡尔类'，其是之谓乎！"

这件事反映封人重"纯孝"。何谓"纯孝"？杜预注："纯犹笃也。"孔颖达疏曰："言孝之笃厚也。"

什么叫"孝"？《说文》老部释"孝"曰："善事父母者，从老省，从子，子承老也。"同部释"老"曰："考也，七十曰老，从人毛匕，言须发变白也，凡老之属皆从老。"又曰："考，老也，从老省，丂声。"《尔雅·释训》："善父母为孝，善兄弟为友。"

善事父母为孝，这种观念起源很早。《诗·小雅·蓼莪》："哀哀父母，生我劬劳。""哀哀父母,生我劳瘁。""父兮生我,母兮鞠我。拊我畜我,长我育我。顾我复我,出我腹我。"为报答父母养育之恩,必须孝敬父母,这是为人的根本。文化要传承,也必须孝敬父母。"人类家庭一方面必须持续族姓底绵延,另一方面,又须保证文化底继续。"① 特别在农业社会里,农业生产经验的传承离不开老农,敬老是农业社会原始的伦理观念。敬老先从孝敬父母做起,"老吾老以及人之老",延及整个村社,"乡田同井,出入相友,守望相助,疾病相扶持,则百姓亲睦"(《孟子·滕文公上》)。孝行在原始村社共同体内又是每一个村社成员的责任和义务,故孔子曰:"孝弟也者,其为仁之本与!"(《论语·学而》)

怎样行孝?《孝经·庶人章》曰:"用天之道,分地之利,谨身节用,以养父母,此庶人之孝也。"即遵循春夏秋冬季节变化的自然规律,分辨土地好坏,因地制宜耕种,以获取最好的收成,勤俭节用,以此赡养父母,这就是一般老百姓的行孝,谓之"孝养";父母逝世,要好好安葬,"吉蠲为饎,是用孝享"(《诗经·小雅·天保》),即用好的洁净的酒食祭祀祖先,这叫"孝享"。这就是孟子所说的"养生送死"。孟子说:"世俗所谓不孝者有五",其中一不孝,就是四肢懒惰,不管父母的生活(《孟子·离娄下》)。父母在世之日,子女对其"孝养";父母离世,子女对其"孝享"。这就是古代村社的"纯孝",或曰原始朴实的孝行。

尽管古文献中"孝"字最早见于《书·尧典·虞夏书》,四岳向尧推荐舜时称舜"瞽子。父顽,母嚚,象傲。克谐以孝烝烝,乂不格奸"。《诗经》出现"孝"字19次,《左传》中也有10条关于"孝"字的记载(隐公元年、隐公三年、昭公二十六年、闵公二年、文公二年、文公六年、文公十八年、成公二年、襄公二十三年、昭公二十年),但多半是在讲儒家提炼归纳出的"君义,臣行,父慈,子孝,兄爱,弟敬,所谓六顺"或"君令臣共,父慈子孝,兄爱弟敬,夫和妻柔,姑慈妇听"孝道礼节,都是为后世统治者欣赏提倡的孝道准则。如颍谷封人"尝羹思母"的行为,则反映了原始村社"纯孝"。《孟子·离娄上》曾讲到曾晳、曾子、曾元三代人侍奉父母以酒肉而有差别的事,孟子曰:"曾子养曾晳,必有酒肉;将彻,必请所与;问有余,必曰'有'。曾晳死,曾元养曾子,必有酒肉;将彻,不请所与;问有余,曰'亡矣',将以复进也。此所谓养口体者也。若曾子,则可谓养志也。事亲若曾子,可也。"对照颍谷封人"尝羹思母"之事,同样养父母以肉,一纯朴一浮华,可见"孝"观念源于村社共同体的发展痕迹。

封人文化之次,为"多子多福"的幸福观。

《庄子·天地》:

> 尧观乎华。华封人曰:"嘻,圣人!请祝圣人。"
>
> "使圣人寿。"尧曰:"辞。""使圣人富。"尧曰:"辞。""使圣人多男子。"尧曰:"辞。"
>
> 封人曰:"寿,富,多男子,人之所欲也。女独不欲,何邪?"
>
> 尧曰:"多男则多惧,富则多事,寿则多辱。是三者,非所以养德也,故辞。"
>
> 封人曰:"始也我以女为圣人邪,今然君子也。天生万民,必授之职。多男子而授

---

① [英]马林诺夫斯基:《两性社会学》,李安宅译,中国民间文艺出版社,1986年,第241页。

之职，则何惧之有！富而使人分之，则何事之有！夫圣人，鹑居而鷇食，鸟行而无彰；天下有道，则与物皆昌；天下无道，则修德就闲；千岁厌世，去而上仙；乘彼白云，至于帝乡；三患莫至，身常无殃；则何辱之有！"

  封人去之。尧随之，曰："请问。"

  封人曰："退已！"

此则寓言中的"尧"已非儒家吹捧的圣人，而是阶级社会里一个成天担心多子则被征兵上战场、富裕则多抽赋税、多寿而无人赡养的"编户齐民"或自耕农的形象。华封人三祝则是阶级分化尚不明显的村社成员幸福观的反映。

寿，就是活得长久。长寿，是人类普遍的欲望。特别在人类支配环境的技术尚未成熟时，一个人能不死于非命，延年益寿，便是一种幸福。《尚书·洪范》："九，五福：一曰寿"，《诗经》和铜器铭文中便出现大量祈求"万寿无疆"（《豳风·七月》）"以祈黄耇"（《大雅·行苇》）"眉寿万年"（《夆叔匜》）"眉寿无疆"（《秦公钟》）之类的嘏辞，徐中舒先生1935年撰写的《金文嘏辞释例》便是最早研究铜器铭文祈匄之辞的专著。徐先生说："嘏辞亦以祈眉寿为最多，在上举诸辞中，祈寿者约十之七八。盖古代物质生活简陋，故以祈生存为第一义。祈黄耇，祈求保身，仍系此义，不过更为具体耳。因其爱生之甚，在积极方面，遂由此演进而为春秋战国以来贵生及导引一派之学说，而他方面养成中国社会上明哲保身之观念，亦为势所必至之事。"①

富，指财货殷盛。徐中舒先生说："古代所谓富，乃多藏之意。"《礼记·曲礼下》："问国君之富，数地以对，山泽之所出。问大夫之富，曰'有宰，食力，祭器、衣服不假'。问士之富，以车数对。问庶人之富，数畜以对。"

多男子，即多子嗣。这就是影响中国人口发展的"多子多福"观念的出处，原始村社里需要劳动力耕种田地生产，在阶级社会里又是作战的兵源。故《诗经》多求子之诗，如《周南·芣苢》；故梁惠王为"邻国之民不加少，寡人之民不加多"而忧愁（《孟子·梁惠王上》）。多子嗣在宗法社会里，也是传宗接代的需要。《孟子·离娄上》言："不孝有三，无后为大。"赵岐注："于礼有不孝者三事，谓阿意曲从，陷亲不义，一不孝也。家贫亲老，不为禄仕，二不孝也。不娶无子，绝先祖祀，三不孝也。三者之中，无后为大。"多子嗣，在农业社会也是养老的保障。到了宋代，便出现"养儿防老，积谷防饥"的俗语。② 古代村社产生的"多子多福"的观念，一直影响到当代中国人的生育观和幸福观。

封人文化之三，为"义战"的风俗。

《左传》昭公二十一年：

> 十一月癸未，公子城以晋师至。曹翰胡会晋荀吴、齐苑何忌、卫公子朝救宋。丙戌，与华氏战于赭丘。郑翩愿为鹳，其御愿为鹅。子禄御公子城，庄堇为右。干犫御吕封人华豹，张匄为右。相遇，城还。华豹曰："城也！"城怒，而反之。将注，豹则关

---

① 徐中舒：《徐中舒历史论文选辑》，北京：中华书局，1998年，第562页。
② （宋）左圭辑刊：《左氏百川学海》，（宋）陈元靓：《事林广记》。

矣。曰："平公之灵，尚辅相余！"豹射，出其间。将注，则又关矣。曰："不狩，鄙。"抽矢，城射之，殪。张匄抽殳而下，射之，折股。扶伏而击之，折轸，又射之，死。干犨请一矢，城曰："余言汝于君。"对曰："不死伍乘，军之大刑也。干刑而从子，君焉用之？子速诸！"乃射之，殪。大败华氏，围诸南里。

此言宋国吕封人华豹带兵打仗，很讲礼信，结果被敌人算计，死于暗箭之下。令人联想到《左传》昭公二十二年宋楚泓之战：

> 冬十一月己巳朔，宋公（襄公）及楚人战于泓。宋人既成列，楚人未既济。司马曰："彼众我寡，及其未既济也，请击之。"公曰："不可。"既济而未成列，又以告。公曰："未可。"既陈而后击之，宋师败绩。公伤股。门官歼焉。国人皆咎公（宋襄公）。公曰："君子不重伤，不禽二毛（杜预注：二毛，头白有二色）。古之为军也，不以阻隘也。寡人虽亡国之余，不鼓不成列。"子鱼曰："君未知战。勍敌之人，隘而不列，天赞我也；阻而鼓之，不亦可乎？犹有惧焉。且今之勍者，皆吾敌也。虽及胡耇，获则取之，何有于二毛？明耻、教战，求杀敌也。伤未及死，如何勿重？若爱重伤，则如勿伤；爱其二毛，则如服焉。三军以利用也，金鼓以声气也。利而用之，阻隘可也；声盛致志，鼓儳可也。"

"不鼓不成列""不禽（擒）二毛"是原始村社共体的作战理念。"二毛"，就是鬓发斑白的老人。村社敬老，哪怕对于战争中的敌人，也不允许擒拿伤害；也不许可杀害伤兵。《穀梁传》文公十一年《传》曰："古者不重创，不禽二毛。"注曰："不重创，恤病痛也。不禽二毛，敬老也。"《礼记·檀弓下》："古之侵伐者，不斩祀，不杀厉，不获二毛。"（古时候攻打敌国，不砍神社树木，不杀病人，不俘虏头发花白的老人。）《淮南子·泛论训》："古之伐国，不杀黄口，不获二毛（注：黄口，幼也。二毛，有白发者）。于古为义，于今为笑。"春秋战国时代，江淮及南方保存的村社共同体内，还传承着"不鼓不成列"（敌人未准备好不发起攻击）、"不杀黄口"（幼少）、"不重创"（不杀伤员）、"不禽二毛"（不俘虏老人）等"义战"风俗，吕封人华豹从村社征来为统治者打仗，因为他习惯了村社"义战"风俗，按老规矩对敌人讲礼，结果被算计身死。宋襄公是殷人后裔，春秋时的宋国大量存在村社共同体，他将已经过时的村社"义战"风俗运用于"无义战"的春秋争霸战争之中，落得身败名裂，受人耻笑的下场。

封人文化之四，为"金玉之贱，人民是宝"的民主意识。

村社共同体从新石器时代开始，延及到战国时代，一直是中国社会的最基层的社会结构，这是一个以一夫一妻，男耕女织相结合而仅足自给的社会，没有一个人可以脱离生产劳动，"一夫不耕，或受之饥；一女不织，或受之寒"（《汉书·食货志》），"贤者与民并耕而食"（《孟子·滕文公上》），一个村社的头人，如本文专论的"封人"，是村社成员推举产生出来的为大家服务的公职人员。因而在村社环境里产生的封人，必然具备村社原始民主的思想意识，即使到了春秋时期残存在北方边邑和江淮地旷人稀地区的村社的头人，由于他们经常代表村社同统治阶级打交道①，为统治阶级服务，逐渐脱离了生产劳动，私人财富亦逐渐增多，但他们还不同于秦汉以后的乡官，因而民主意识还是很浓厚的，他们总爱以村社的标准来衡量私有制社会里统治阶级的人和事。如《庄子·则阳》：

  长梧封人问子牢曰："君为政焉勿卤莽，治民焉勿灭裂。昔予为禾，耕而卤莽之，则其实亦卤莽而报予；芸而灭裂之，其实亦灭裂而报予。予来年变齐，深其耕而熟耰之，其禾蘩以滋，予终年厌飧。"[译：长梧封人向子牢（孔子弟子琴牢）说："你施政不要卤莽，治民不要轻薄。从前我种禾，耕作时粗率，粮食的收成也就不丰；除草时马虎，粮食的收成也就微薄。我来年改变方法，深耕细锄，禾苗繁茂滋荣，我整年足食。"——陈鼓应译]

《晏子春秋·内篇谏上·景公怒封人之祝不逊晏子谏》：

  景公游于麦丘，问其封人曰："年几何矣？"对曰："鄙人之年八十五矣。"公曰："寿哉！子其祝我。"封人曰："使君之年长于胡，宜国家。"公曰："善哉！子其复之。"曰："使君之嗣，寿皆若鄙臣之年。"公曰："善哉！子其复之。"封人曰："使君无得罪于民。"

《韩诗外传》卷第十第一章：

  齐桓公逐白鹿，至麦丘，见邦人曰："尔何谓者也！"对曰："臣麦丘之邦人。"桓公曰："叟年几何？"对曰："臣年八十有三矣。"桓公曰："美哉寿也！"与之饮。曰："叟盍为寡人寿也？"对曰："野人不知为君王之寿。"桓公曰："盍以叟之寿祝寡人矣！"邦人奉觞再拜曰："使吾君固寿，金玉之贱，人民是宝。"桓公曰："善哉祝乎！寡人闻之矣，至德不孤，善言必再，叟盍复之。"邦人奉觞再拜曰："使吾君好学而不恶下问。贤者在侧，谏者得入。"桓公曰："善哉祝乎！寡人闻之，至德不孤，善言必三，叟盍复之。"邦人奉觞再拜曰："无使群臣百姓得罪于吾君，亦无使吾君得罪于群臣百姓。"桓公不说曰："此一言者，非夫前二言之祝，叟其革之矣。"邦人澜然而涕下，曰："愿君熟思之，此一言者，夫前二言之上也。臣闻子得罪于父，可因姑姊妹而谢也，父乃赦之。臣得罪于君，可使左右而谢也，君乃赦之。昔者桀得罪汤，纣得罪于武王，此君得罪于臣也，至今未有为谢者。"桓公曰："善哉！寡人赖宗庙之福，社稷之灵，使寡人遇叟于此。"扶而载之，自御以归，荐之于庙而断政焉。桓公之所以九合诸侯，一匡天下，不以兵车者，非独管仲也，亦遇之于是。《诗》曰："济济多士，文王以宁。"

  麦丘邦人，《新序·杂事第四》作"麦丘邑人"，丘也是古代村社的名称，故以"邦人"

---

① 如《论语·八佾》载仪封人见孔子，《晏子春秋·内篇谏上》载麦秋封人见齐景公、齐桓公，《韩非子·外储说左下》载绮乌封人见管仲，《荀子·尧问篇》载缯丘封人见楚相孙叔敖，《太平御览》卷736引《韩诗外传》载海丘封人见齐桓公。

为是,"邦人"即封人。同一事,《太平御览》卷七百三十六引《韩诗外传》作"齐桓公至海丘见封人"。

　　以上封人对统治阶级说的"为政焉勿卤莽,治民焉勿灭裂""无得罪于民""金玉之贱,人民是宝"等言论都是村社民主思想意识的反映,春秋时期以孔子为代表的一些思想家的民主思想就是以村社共同体的意识形态为背景形成的学派。

　　综上所述,"纯孝"的伦理观、"多子多福"幸福观、"义战"的风俗、"人民是宝"的民主意识均产生于古代村社共同体。徐中舒先生教导我们由此进一步探索中国文化的起源,的确不失为一条研究中国文化起源的新思路。

　　本文写毕之际,恰逢徐中舒师仙逝二十四周年的祭日。师恩难忘,仅以此文献给敬爱的老师,略表怀念之情!本文仅是温习徐老师的教导,阐发老师学说的一篇学习札记,如有理解错误之处,属小子驽钝,祈盼同门师友和读者指正!

2015 年 1 月 9 日写毕于四川大学竹林村蜗居

作者简介:江玉祥,男,四川大学文学与新闻学院教授。

有秦行法效率考论*

西华师范大学历史文化学院　李毅忠

摘　要：《商君书》所载商鞅农战政策的主旨是通过以农抟力，以战杀力，达到富国强兵和对外扩张的目的，行法效率是其能够顺畅运作的关键。在各地出土的秦简牍中有大量反映有秦行法效率的记载，在文书传递、对吏佐的约束和鼓励民间告发方面有较集中反映，表明有秦总体上能够使法令高效施行，这在兼并和统一战争中发挥了巨大作用。但秦统一后依然如此运转，却是造成其灭亡的重要原因。

关键词：商鞅　秦简　法律　效率

在我国战国时期，作为严厉派法家代表人物的商鞅和韩非子都放大法令的作用，尤以商鞅为甚，这在《商君书》中多有记载。《慎法》篇主张"法任而国治"，"不可以须臾忘于法"，"任法而治"，"使吏非法无以守，则虽巧不得为奸；使民非战无以效其能，则虽险不得为诈"[①]。在《定分》篇中，商鞅以法令为"民之命也，为治之本也，所以备民也"[②]。即是说，商鞅将法提到天子之下的最高地位，而且超过了"政"："以治法者，强；以治政者，削。"[③] 视法令为根本，按照其法治模式，当人民不熟悉法令时，即向法官询问，法官作出解释之后，官吏与人民都必须遵守："遇民不修法，则问法官，法官即以法之罪告之，民即以法官之言正告之吏。吏知其如此，故吏不敢以非法遇民，民又不敢犯法。"[④] 即是说，在商鞅的政策之下，包括行政在内的许多内容均被纳入了法的范畴之内，本文将从行法效率这一视角出发，考察秦统一前后的法令施行状况，反思秦统一和灭亡的原因。

一、《商君书》强调行法效率

《商君书》中强调行法效率之处并不少见。《去强》篇载："十里断者，国弱；九里断者，

---

* 本文为国家社科基金一般项目"周秦政体变迁研究"（18BZS034）阶段性成果。
① 蒋礼鸿：《商君书锥指》，北京：中华书局，1986年，第137—139页。
② 蒋礼鸿：《商君书锥指》，第144—145页。
③ 蒋礼鸿：《商君书锥指》，第28页。
④ 蒋礼鸿：《商君书锥指》，第144页。

国强。以日治者王，以夜治者强，以宿治者削。"①《靳令》篇再次提到："行治曲断，以五里断者王，以十里断者强，宿治者削。"②《说民》篇则将其原因论证得非常透彻：

> 断家王，断官强，断君弱。重轻，刑去。常官，则治。省刑，要保，赏不可倍也。有奸必告之，则民断于心，上令而民知所以应。器成于家，而行于官，则事断于家。故王者刑赏断于民心，器用断于家。治明则同，治暗则异。同则行，异则止，行则治，止则乱。治则家断，乱则君断。治国者贵不断，故以十里断者弱，以五里断者强；家断则有余，故曰：日治者王；官断则不足，故曰：夜治者强；君断则乱，故曰：宿治者削。故有道之国，治不听君，民不从官。③

尽管这三处记载在细节上存在着一些差别，但对行法效率的强调却是始终如一的。上引《说民》篇的论证认为，"断于家"之所以强于断于官、断于君，"日治"之所以强于"夜治""宿治"，让法治观念深入人心是其关键。由此一来，人民遇事即自觉按法令行事，无需等待官府乃至最顶层的国君处理，这与《定分》篇要求上下皆知法而行的主旨相同。商鞅认为，若要国家强大，就要保证法令畅通、彻底地实行，行法效率是非常重要的指标。当达到事务不得不最终交由国君亲自处理的地步时，法治的功能已被削弱到了极限，相应地，国家也已衰弱到了"乱"的状态。这一论断与作为商鞅法家思想核心和根本的农战理论分不开，同时也是其重要组成部分。

《商君书》所载商鞅治国政策确均以农战为目的导向并围绕其制定，其原理看上去简单而明晰：人是趋利避害的动物，务农耕种与行军打仗都是人所不愿意从事的事务，然而，统治者需要强国，这二者都必不可少。为此，就必须"举荣任功"④，诱使人民逐爵位之利而忘耕战之害，同时对不肯务农作战、从事这二者之外事务的人重加惩罚，规训其服务于耕战。人民为争得爵位、避免受罚，就会不辞辛苦地耕战，统治者即由此得到强国乃至征服天下的两个要件："民勇，则赏之以其所欲；民怯，则杀之以其所恶。故怯民使之以刑则勇；勇民使之以赏则死。怯民勇，勇民死，国无敌者，必王。"⑤农之目的在于"抟力"，战之目的在于"杀力"，农战结合，能使国家在军事进攻和扩张中达到一种平衡："能抟力而不能用者必乱，能杀力而不能抟者必亡。"⑥

农战政策能取得成功的关键就是要使其高效运转，只有让人民心无旁骛地一心于农和争取军功，爵位赏赐的效能才能最大化："农战之民千人，而有《诗》《书》辩慧者一人焉，千人者皆怠于农战矣。农战之民百人，而有技艺者一人焉，百人者皆怠于农战矣。"⑦首先，人民要"一意""心静"地务农，要求作为管理者的官吏和生产者的农民都能高效率地产出。

---

① 蒋礼鸿：《商君书锥指》，第32页。
② 蒋礼鸿：《商君书锥指》，第77页。
③ 蒋礼鸿：《商君书锥指》，第41—42页。
④ 蒋礼鸿：《商君书锥指》，第29页。
⑤ 蒋礼鸿：《商君书锥指》，第38页。
⑥ 蒋礼鸿：《商君书锥指》，第61页。
⑦ 蒋礼鸿：《商君书锥指》，第22页。

对于农民，要让他们不浮躁——"气不淫"，不务农者不得食——"诛愚"。为此，各县之间不能互通声气，农民不得随意迁徙，不得让游士、商人等不利因素干扰农务。甚至要求"令送粮无取僦，无得反庸，车牛舆重设必当名。然则往速来疾，则业不败农。业不败农，则草必垦矣"①。保证送粮工作不耽误农事，要求不得雇车、不得在返回时拉货、载重量必须与已在官府报备的数据一致。对于官吏，推行形制相同的郡县制本身就包含着控制官吏数量的重要目的，官吏"无宿治，则邪官不及为私利于民。而百官之情不相稽，则农有余日；邪官不及为私利于民，则农不败。农不败而有余日，则草必垦矣"②。忙于政务，官吏就来不及因谋取私利而妨害农功，农民也就能安于农业生产。

在军事上同样有着效率上的要求，如《去强》篇"举民众口数，生者著、死者削"，掌握"十三数"就是强调效率的一个表现：

> 竟内仓、口之数，壮男、壮女之数，老、弱之数，官、士之数，以言说取食者之数，利民之数，马、牛、刍藁之数。欲强国，不知国十三数，地虽利，民虽众，国愈弱至削。③

要统计"十三数"并做到"生者著、死者削"，如果官吏处理事务不高效，是根本做不到的。高效地以农抟力、以战杀力，将秦国造就为一个大兵营，以强国和夺取天下为目的，这就是商鞅法家政策的核心。

二、出土秦简牍所示有秦行法效率

徐中舒先生正确地指出："《商君书》虽然不是商鞅所作，认为是商鞅以后秦地通行典制是不会错的。"④ 出土有秦简牍中的许多材料都与《商君书》中宣扬的思想一致，可相互印证，下文在行文中提到商鞅，也主要就《商君书》中所反映的思想而言。

睡虎地秦简《为吏之道》和岳麓书院藏秦简《为吏治官及黔首》是两篇高度相似、可相互补充订正的秦代"宦学读本"⑤，要求官吏具备各种道德的、治理的、为官之道的能力，其中也有效率方面的要求，如吏之五则之一的"善言惰行，则黔首无所比"⑥，意谓若多说少做，那么百姓（或士人）⑦ 是不会来亲附你的。又如"城郭官府，门户关钥，除陛甬道，命书时会，事不且须"⑧，要求官吏及时处理各种政务，不要有所延误，还特别强调须细心修治道路、精心准备并维护车马："道易车利，精而勿致，兴之必疾，夜以接日。"⑨ 在该篇

---

① 蒋礼鸿：《商君书锥指》，第18页。
② 蒋礼鸿：《商君书锥指》，第6页。
③ 蒋礼鸿：《商君书锥指》，第34页。
④ 徐中舒：《徐中舒历史论文选集》，北京：中华书局，1998年，第875页。
⑤ 朱汉民、陈松长主编：《岳麓书院藏秦简（壹）》，上海：上海辞书出版社，2010年，"前言"第2页。为行文方便，本文在引用释文时采用宽式。
⑥ 朱汉民、陈松长主编：《岳麓书院藏秦简（壹）》，"彩图"第33页。
⑦《睡虎地秦墓竹简》"黔首"作"士"。
⑧ 睡虎地秦墓竹简整理小组编：《睡虎地秦墓竹简》，北京：文物出版社，1990年，"释文"第170页。
⑨ 睡虎地秦墓竹简整理小组编：《睡虎地秦墓竹简》，"释文"第172页。

的箴言类文字中，"漏表不审"提醒官吏要注意时时校正漏刻，以免误事①，而"它县毋传"② 则符合《商君书》中为一心于农而各县不得互通声气的要求。

在秦简中，直接或间接涉及有秦行法效率的律、令与实例较为丰富，这里试选取文书传递、对官吏的约束与平民告发这三个较有代表性的方面简要论述。

  1. 文书传递体现的行法效率

文书传递最能反映行法的时效性，因而也是体现行法效率的直观指标。畅通的邮传系统使上下各级、各地区之间信息通畅，是保障行法效率的关键，有秦在行法中对此也尤为注意，因此相关史料较为丰富，下面分别从法律条文与具体实施方面来看。

睡虎地秦简《秦律十八种·行书律》载有两个律条，其一规定，急件文书必须立即发送，非急件也必须当日发送完毕，否则依法论处："行命书及书署，急者辄行之；不急者，日毕，勿敢留，留者以律论之。"③ 岳麓简则载有具体处罚措施："《行书律》曰：传行书署，急辄行，不辄行，赀二甲。不急者，日毕，留三日，赀一盾；四日以上，赀一甲。不急者，毋以邮行。"④ 在非边境地区，根据文书的重要性和紧急情况，传递方式分别有"以邮行""以次行"，即通过邮驿直达或分程传递，只有最重要和最紧急的才允许以邮行，张家山汉简《二年律令·行书律》"书不急，擅以邮行，罚金二两"⑤，表明汉代继承了秦法的这一点。岳麓简（伍）所载关于邮人传递文书的一条法令比律条更为急刻："邮人行书，留半日，赀一盾；一日，赀一甲；二日，赀二甲；三日，赎耐；过三日以上，耐。"⑥

《秦律十八种·行书律》的另一条规定："行传书、受书，必书其起到日月夙暮，以辄相报也。书有亡者，亟告官。隶臣妾、老弱及不可诚仁者勿令。书廷辟有曰报，宜到不来者，追之。"⑦ 岳麓简亦引此条，但文字顺序略有不同，类别为《兴律》⑧，可能作过修订。岳麓简所载另一律条也与之相关："《行书律》曰：有令女子、小童行制书者，赀二甲。能捕犯令者，为除半岁徭；其不当徭者，得以除它人徭。"⑨ 综合这几条秦法可知，在文书传递中，必须对文书的发送、接收日期作好记录，以便于查询，如果在预计期限内未到，则要进行追查，以保障其及时、可靠地传到目的对象手中；一些特定对象不许传递文书，以免延误或丢失，若有知情者告发或捕拿，可受免除徭役之赏。又《徭律》载："勿令典、老行书；令居赀债、司寇、隶臣妾行书。"⑩ 这条规定不仅有文书传递速度、可靠性的因素，也与徭戍征发相关，将在后文申说。

---

①此处视"不"为语助词，用法同《诗经·小雅·车攻》"徒御不惊，大庖不盈"之"不"。
②朱汉民、陈松长主编：《岳麓书院藏秦简（壹）》，"彩图"第 34 页。
③睡虎地秦墓竹简整理小组编：《睡虎地秦墓竹简》，"释文"第 61 页。
④陈松长主编：《岳麓书院藏秦简（肆）》，上海：上海辞书出版社，2015 年，第 142 页。
⑤张家山二四七号汉墓竹简整理小组编著：《张家山汉墓竹简（释文修订本）》，北京：文物出版社，2006 年，第 46 页。
⑥陈松长主编：《岳麓书院藏秦简（伍）》，上海：上海辞书出版社，2017 年，第 112 页。
⑦睡虎地秦墓竹简整理小组编：《睡虎地秦墓竹简》，"释文"第 61 页。
⑧陈松长主编：《岳麓书院藏秦简（肆）》，第 142 页。
⑨陈松长主编：《岳麓书院藏秦简（肆）》，第 131 页。
⑩陈松长主编：《岳麓书院藏秦简（肆）》，第 119 页。

又岳麓简引《兴律》："诸书求报者，皆告，令署某曹发。弗告曹，报者署报书中某手，告而弗署，署而还及弗告及不署手，赀各一甲。"① 若文书中注明需回报的，就必须通告相关部门并署明拆阅者，送交回执者也必须署名，如有违反，无论是执笔者、拆阅部门还是应回报者，均罚甲一副。联系睡虎地秦简《秦律十八种·内史杂》"有事请也，必以书，毋口请，毋羁请。"② 的规定，都要求留下文字记录。为何要署日期及拆阅、相关责任人呢？其原因可从《法律答问》的一个案例得知：

"发伪书，弗知，赀二甲。"今咸阳发伪传，弗知，即复封传它县，它县亦传其县次，到关而得，今当独咸阳坐以赀，且它县当尽赀？咸阳及它县发，弗知者当皆赀。③

假设有一封伪造文书在咸阳被拆开而不知为伪，继续逐次向外县转发，到达关守才发现是伪书，那么咸阳和拆阅并传递的各县均应受赀罚。由此看来，在文书传递过程中，如果某县发现是伪书，就能及时上报，这看似繁琐的文书收发步骤实则有助于迅速发现问题。

农业是农战之本，睡虎地秦简《秦律十八种·田律》当然也有时效性要求：

雨为澍，及秀粟，辄以书言澍稼、秀粟及垦田畼无稼者顷数。稼已生后而雨，亦辄言雨少多、所利顷数。旱及暴风雨、水潦、螽虫、群它物伤稼者，亦辄言其顷数。近县令轻足行其书，远县令邮行之。尽八月□□之。④

要及时、迅速地报告种植、出苗、出穗、雨水与水旱灾害等具体情况，近县以快走形式报告，远县以邮传形式报告，足见对农业的重视程度。参考其他秦律，"尽八月"是最终期限，过八月即为误期，但并不是说全部情况都可拖到最后再报告，而是本季作物的最终报告期限在八月底。

此外，《龙岗秦简》的一条律令性质的记载也与传输有关："取传书乡部稗官，其〔田〕及□〔作〕务勿以论。"⑤ 虽有缺文，但其意明显，当任使乡一级杂官传送文书时，对于其耽误的农事等事务，可搁置不论，这与张家山汉简《二年律令》中的"令邮人行制书、急书，复勿令为他事"⑥ 的主旨相同。

上述律条均对文书传递的时效性和可靠性作出规定，实际运作情况也在出土秦简中有记载。如里耶秦简 9-963 载："书以廿八年三月丁未到启陵乡，戊申起，留书一日，问治而留"⑦，文书具体内容缺失，但对传递情况则记得很清楚，于秦始皇二十八年（前219）年三月丁未日到达启陵乡，从戊申日起留置一日，特地说明了留书一日的原因，显然《行书律》被严格执行了，当行书速度和问治同时被要求时，问治又是优先选项。另里耶秦简 8-

---

① 陈松长主编：《岳麓书院藏秦简（肆）》，第161页。
② 睡虎地秦墓竹简整理小组编：《睡虎地秦墓竹简》，"释文"第62页。
③ 睡虎地秦墓竹简整理小组编：《睡虎地秦墓竹简》，"释文"第107页。
④ 睡虎地秦墓竹简整理小组编：《睡虎地秦墓竹简》，"释文"第19页。
⑤ 刘信芳、梁柱：《云梦龙岗秦简》，北京：科学出版社，1997年，第28页。
⑥ 张家山二四七号汉墓竹简整理小组编著：《张家山汉墓竹简（释文修订本）》，第45页。
⑦ 湖南省文物考古研究所编著：《里耶秦简（贰）》，北京：文物出版社，2017年，"释文"第37页。

156简与8-152简的日期均为四月丙午朔，查饶尚宽《春秋战国秦汉朔闰表》，仅秦王政元年与秦始皇三十二年四月朔日为丙午，时间跨度较大，再联系秦征服楚地的时间，这两条记载应是一个连续事件，是遵行要求回执的律法的样例：

> 四月丙午朔癸丑，迁陵守丞色下少内：谨案致之，书到言，署金布发，它如律令。欣手。四月癸丑水十一刻刻下五，守府快行少内。
> 卅二年四月丙午朔甲寅，少内守是敢言之：廷下御史书，举事可为恒程者，洞庭上裙值。书到言。今书已到，敢言之。
> 四月甲寅日中佐处以来。欣发。处手。①

秦始皇三十二年（前215）四月八日，迁陵县丞名色者，向本县财政机构少内下达文书，提出了一个固定的限额，要求向洞庭郡上缴下裳金钱，同时要求回报县廷，该文书拆阅部门为"金布"，在县廷内由欣送达并签字。少内在第二日回报，回执由欣拆阅，佐吏名处者送达并签字。这整个过程完全符合岳麓简《兴律》中规定的要求，此外要注意到，包括这段文书递交记载在内，里耶秦简很多记载均精确到了某天的某一时刻，更显出执行律条的严格。此例是在县廷内部传递文书，里耶秦简第8-157所载"除邮人简"，则涉及迁陵县与启陵乡之间文书传递和处理：

> 卅二年正月戊寅朔甲午，启陵乡夫敢言之：成里典、启陵邮人缺，除士伍成里匄、成。[成]为典，匄为邮人，谒令、尉以从事，敢言之。
> 正月戊寅朔丁酉，迁陵丞昌郤之启陵：廿七户已有一典，今又除成为典，何律令？
> 应尉，已除成、匄为启陵邮人，其以律令。气手。正月戊戌日中，守府快行。②

启陵乡报告因成里缺里典，启陵缺邮人，上报请求分别任命成和匄，在甲午日（正月十七日）上报，丁酉日（二十日）迁陵县根据律令规定处理完毕。从回复的内容来看，其间曾核实成里、启陵的里典和邮人情况，县丞、县尉的处理意见也达成一致，从次日（二十一日）才令名快者递送来看，这并非紧急事件，但是处理的速度与效率仍然很高。

此外，我们以这条史料为基础，结合其它相关记载，还能有一个有趣的发现。在本条记载中，启陵乡夫报告说，成里缺里典，启陵乡缺邮人，因而报请分别任命士伍成和匄担任，而迁陵县的处理结果是，成被转任为启陵邮人。它首先表明，里典与邮人并不存在身份差异，这符合《尉卒律》：

> 里自卅户以上置典、老各一人，不盈卅户以下，便利，令与旁里共典、老，其不便者，予之典而勿予老。公大夫以上擅启门者附其旁里，旁里典、老坐之。置典、老，必里相推，以其里公卒、士伍年长而无害者为典、老；无长者，令它里年长者为它里典、老。毋以公士及毋敢以丁者，丁者为典、老，赀尉、尉史、士吏主者各一甲，丞、令、

---

① 湖南省文物考古研究所编著：《里耶秦简（壹）》，北京：文物出版社，2012年，"释文"第19页。
② 湖南省文物考古研究所编著：《里耶秦简（壹）》，"释文"第19页。

令史各一盾。无爵者不足，以公士；县无命为典、老者，以不更以下，先以下爵。其或复，未当事戍，不复而不能自给者，令不更以下无复不复，命为典、老。①

这条反映里典、老设置情况的重要史料受到研究者的广泛关注，我们这里要强调的是，它规定，若候选者充足，绝不允许有公士、不更级爵者和丁壮担任典、老，尤其不允许让丁壮担任，否则将对主管官吏予以不同程度的惩罚。另据前引岳麓简《徭律》："勿令典、老行书；令居赀债、司寇、隶臣妾行书。"② 各里典、老被排除在行书者之外，其原因正是因为其已非丁壮，属"老弱"之列，行动不快，影响行书速度。回头再看本简，成有作为典的资格并最终被任命为邮人，可证其非丁壮，是不能行书的；前引岳麓简（伍）"邮人行书"条及里耶第 8-154 简载"邮人得行"③，均为邮人行书的确例，两相参研，若迁陵县彻底执行了法令，所谓的邮人应是一个包含行书者在内的群体，但又并非全为行书者，还包括在邮亭从事其他事务者。再参考《张家山汉简·二年律令·行书律》"一邮十二室"[8] 45 之文，尽管秦汉律条或存在差别，但王焕林先生以启陵乡邮人的具体人数"不止一人"的论断无疑是正确的。④

2. 约束吏、佐以保障行法效率

《商君书》强调法令具有比行政更高的优先级，因此，无论是为保障通畅和高效率的行法还是行政，都必须以法律为准绳严格约束官吏，出土秦简有着惩罚官吏的细致规定，在文书传递中实际已部分反映出这一点。对官吏、佐吏的约束主要可从其行法的速度、效率和相互监督告发看出。

处理事务的速度依然是直观指标，官吏必须迅速、按时完成规定任务，不得滞留、不得失期，否则便会遭到处罚。岳麓简《徭律》明令，对于"隶臣妾、司寇、居赀赎责"这类人在被征发徭戍时，均不得稍有滞留："尽兴隶臣妾、司寇、居赀赎责，□之□传输之，其急事，不可留也。"⑤ 在里耶秦第 J1（16）-5A 号简中，洞庭郡守亦引用而文字上稍有差异⑥，前文所述不许这类人传递文书之所以在《徭律》中规定，主要原因正是他们需随时候命被征发。另据岳麓 1257+1269 号简：

> 传送委输，先悉县官车、牛及徒给之，其急事，不可留，乃兴徭如律。不先悉县官车、牛、徒，而兴黔首及其车、牛以发徭，力足以均而弗均，论之。⑦

在徭戍征发中，不许有任何耽误，要先用县廷管理的车、牛与刑徒，若自平民处征发而来能力却无法保障，则以律论处。《兴律》规定，若延误征发、传送、期会，造成事项作废

---

①陈松长主编：《岳麓书院藏秦简（肆）》，第115-116页。
②陈松长主编：《岳麓书院藏秦简（肆）》，第119页。
③湖南省文物考古研究所编著：《里耶秦简（壹）》，"释文"第19页。
④王焕林：《里耶秦简校诂》，北京：中国文联出版社，2007年，第53-54页。
⑤陈松长主编：《岳麓书院藏秦简（肆）》，第150-151页。
⑥王焕林：《里耶秦简校诂》，第102页。
⑦陈松长主编：《岳麓书院藏秦简（肆）》，第117页。

或虽未废止而延误者，也给予不同程度的处罚：

> 发征及有传送也，及诸有期会而失期，事乏者，赀二甲，废；其非乏事[也，及书已具]，留弗行，盈五日，赀一盾；五日到十日，赀一甲；过十日到二十日，赀二甲；后有盈十日，辄加一甲。①

在狱治方面强调官吏的时效性也十分严格，如《具律》：

> 有狱论，征书到其人存所县官，吏已告而弗会及吏留弗告、告弗遣，二日到五日，赀各一盾；过五日到十日，赀一甲；过十日到二十日，赀二甲；后有盈十日，辄加赀一甲。②

处理刑狱时，文书已到某县，县令或佐吏留置、延误的，责任人应受赀罚，程度根据延误期限的不同而不同。《狱校律》同样强调速度：

> 迁者、迁者包及诸皋当输□及会狱治它县官而当传者，县官皆言狱断及行年日月及会狱治者行年日月，其迁、输□会狱治，诣所县官属所执法，即亟遣，为置日署行日，日行六十里，留弗亟遣过五日及留弗传过二日到十日，赀县令以下主者各二甲；其后弗遣复过五日，弗传过二日到十日，辄加赀二甲；留过二月，夺爵一级，无爵者，以卒戍江东、江南四岁。③

该律条规定，当需将被流放者、罪犯等人送到其他县时，县官必须注明案件审理日期、参与该案件的审理者及日期，立即发送并注明发送日期，以每日走六十日、即重车一日脚程计算其抵达日期，留置或遣送过慢都按所误期接受相应的处罚。又如："……下县道官而弗治、系人而弗治，盈五日，赀一盾；过五日到十日，赀一甲；过十日到二十日，赀二甲；后有盈十日，辄加一甲。"④ 关押嫌疑人而不审理，依滞留日期加以不同程度的处罚。

在其它类别的秦律中也有这类规定，如《厩苑律》载："将牧公马牛，马[牛]死者，亟谒死所县，县亟而入之，其人之其弗亟而令败者，以其未败值偿之。"⑤ 当为县廷放牧中马牛死掉时，必须立即报告，官府立即派人查验并迅速卖出马牛各部分尸体，倘因报告或处理不及时而致腐烂，相关责任人必须按新鲜尸体价格赔偿，这对放牧者和官吏都有约束力。甚至在处理破旧公器时，也要求先及时处理，再定期上报："粪其有物不可以须时，求先卖，以书时谒其状内史。"⑥ 强调官吏办事态度和效率的主要以考核类律条反映。睡虎地秦简载："伪听命书，废弗行，耐为候；不避席立，赀二甲，废。"⑦ 对于假装听命书却不执行、宣读

---

① 陈松长主编：《岳麓书院藏秦简（肆）》，第 147 页。
② 陈松长主编：《岳麓书院藏秦简（肆）》，第 144 页。
③ 陈松长主编：《岳麓书院藏秦简（肆）》，第 145—146 页。
④ 陈松长主编：《岳麓书院藏秦简（肆）》，第 162 页。
⑤ 睡虎地秦墓竹简整理小组编：《睡虎地秦墓竹简》，"释文"第 24 页。
⑥ 睡虎地秦墓竹简整理小组编：《睡虎地秦墓竹简》，"释文"第 40 页。
⑦ 睡虎地秦墓竹简整理小组编：《睡虎地秦墓竹简》，"释文"第 80 页。

命书时无礼以待的，均受相应惩罚，这是为防止官吏玩忽职守。睡虎地秦简《秦律杂抄》载，在修补城池时，县尉要监管修筑进度，不许滥用劳力："县尉时循视其功及所为，敢令为他事，使者赀二甲。"① 又如在马政考核中：

> 蓦马五尺八寸以上，不胜任，奔挚不如令，县司马赀二甲，令、丞各一甲。先赋蓦马，马备，乃粼从军者，到军课之，马殿、令、丞二甲；司马赀二甲，废。②

> 肤，吏乘马笃、觢，及不会肤期，赀各一盾。马劳课殿，赀厩啬夫一甲，令、丞、佐、史各一盾。马劳课殿，赀皂啬夫一盾。③

这两条记载是考核各县及下属相关部门所征集及县廷所使用的马匹的，若马能力不胜任或考核垫底，不仅直接责任人受罚，相关责任人也受连坐，这使官吏间能长期上下督促、长期相互监督并努力作为。

第三，使官吏连坐并鼓励告发以提高行法效率。《商君书·禁使》篇认为，国君操纵官吏要用"势"与"数"（术）。主君与官吏间是"事合而利异"的关系（面对相同事务但追求不同利益），而官吏之间是"利合而恶同"的关系（追求的利益相类同但其厌恶处与害处不同）。有鉴于此，国君首先需讲求"遗贤去知"的"数"来任用官吏，即不追求任用贤者和智者为官，而以任用守法者为上；其次要用赏罚使官吏间"利合而恶同"的关系得以保持，使其不惮于互相监督和揭发，也就不会对主君有所隐瞒。④ 睡虎地秦简《语书》中南郡守腾的布告内容可与此印证：

> 今法律令已布，闻吏民犯法为间私者不止，私好、乡俗之心不变。自从令、丞以下知而弗举论，是即明避主之明法也，而养匿邪僻之民，如此，则为人臣亦不忠矣。若弗知，是即不胜任、不智也；知而弗敢论，是即不廉也。此皆大罪也，而令、丞弗知，甚不便。今且令人案行之，举劾不从令者，致以律，论及令、丞。又且课县官，独多犯令而令、丞弗得者，以令、丞闻。⑤

南郡守腾强调，法律公布之后，各地必须遵行，如果各县令、丞明知官吏、民众犯法而不敢论处的，都是大罪，同时派遣人到各县巡视执法情况，一有发现，即行上报论处令、丞。睡虎地秦简《效律》规定，若主管仓储者弄虚作假，"皆与盗同法，大啬夫、丞知而弗罪，以平罪人律论之"，如果上级的大啬夫、丞知道却不揭发，则与之同罪。另一条则明确其权责关系：

> 同官而各有主也，各坐其所主。官啬夫免，县令令人效其官，官啬夫坐效以赀，大

---

① 睡虎地秦墓竹简整理小组编：《睡虎地秦墓竹简》，"释文"第90页。
② 睡虎地秦墓竹简整理小组编：《睡虎地秦墓竹简》，"释文"第81页。
③ 睡虎地秦墓竹简整理小组编：《睡虎地秦墓竹简》，"释文"第86页。
④ 蒋礼鸿：《商君书锥指》，第132—136页。
⑤ 睡虎地秦墓竹简整理小组编：《睡虎地秦墓竹简》，"释文"第13页。

啬夫及臣除。县令免，新啬夫自效也，故啬夫及臣皆不得除。①

核验物资时发现问题，担当官吏受罚，其属吏也受连坐，但被连坐者不与职务而与担当之人挂钩。又如《金布律》："贾市居列者及官府之吏，毋敢择行钱、布，择行钱、布者，列伍长弗告，吏循之不谨，皆有罪。"② 不允许商贾与官吏选择性地使用钱与布，伍长不告发或官吏未严格遵行均有罪。

在军队与边疆地区也有此要求，睡虎地秦简《秦律杂抄》对军粮的领、售都作出了要求，若存在冒领现象，"徒食、敦长、仆射"不报告要受罚，"令、尉、士吏"未察觉要受罚；若非法售卖军粮，相关的军中之人、县的官吏和百姓都要受罚。③ 不唯律条，法令亦有此类要求，如岳麓简（伍）载一条法令规定：

> 诸取有皋迁输及处蜀巴及取不当出关为葆庸，及私载出扞关、汉阳关及送道之出蜀巴界者，其葆庸及所私载、送道者亡及虽不亡，皆以送道亡故徼外律论之。同船食、敦长、将吏见其为之而弗告劾，论与同皋。弗见，赀各二甲而除其故令。④

这条法令的出台意在防止巴蜀等南方边地的人口流失，若有包庇，同吃住之人、屯长和关口与边界将吏与之同罪，未发现的也要受罚。

3. 平民相互监督与告发

平民间相互监督与告发最能体现"断家者王"这一点，施行连坐和告发能迅速发现民间的问题，有助于节省行法、行政人员，提高包括行政、军事、治安、经济等在内的各方面效率。有秦多年彻底地执行法家政治，不仅官吏熟悉律令，因法律中奖惩措施写得非常清楚，人民为了自保或争取奖赏，对违法现象很留心。由于秦实行连坐，民间告发行为在前文中已有所涉及，而在睡虎地秦简《法律答问》所举案例中最为集中和多见，兹举几例：

> 甲盗赃值千钱，乙知其盗，受分赃不盈一钱，问乙何论？同论。⑤
> "夫有罪，妻先告，不收。"妻媵臣妾、衣器当收不当？不当收。⑥
> 甲谋遣乙盗。一日，乙且往盗，未到，得。皆赎黥。⑦

在第一例中，某乙知某甲盗窃，尽管某甲盗取的金额与某乙分得的金额相差很大，但仍应对某乙同罪论处，此为以惩处迫使告发。在第二例中，因妻子告发有罪丈夫，因此她及媵臣妾能免受罪责，此例为以免受连坐为奖赏鼓励告发。在第三例中，某甲主谋让某乙去盗窃，某乙尚在实施途中即被拿捕，二人同罪论处，这必然是被他人侦知并告发了。

---

① 睡虎地秦墓竹简整理小组编：《睡虎地秦墓竹简》，"释文"第72页。
② 睡虎地秦墓竹简整理小组编：《睡虎地秦墓竹简》，"释文"第36页。
③ 睡虎地秦墓竹简整理小组编：《睡虎地秦墓竹简》，"释文"第82页。
④ 陈松长主编：《岳麓书院藏秦简（伍）》，第53—54页。
⑤ 睡虎地秦墓竹简整理小组编：《睡虎地秦墓竹简》，"释文"第96页。
⑥ 睡虎地秦墓竹简整理小组编：《睡虎地秦墓竹简》，"释文"第133页。
⑦ 睡虎地秦墓竹简整理小组编：《睡虎地秦墓竹简》，"释文"第94页。

岳麓简所引的一条《金布律》是关于限制商业行为的，对官吏及典、老、士伍都有约束力：

> 市衢术者，没入其卖也于县官；吏循行弗得，赀一盾。县官有卖也，不用此律。有贩也，旬以上必于市，不者令赎迁，没入其所贩及贾钱于县官。典、老、伍人见及或告之而弗告，赀二甲。有能捕告，赎迁皋一人，购金一两。卖瓦土壑粪者，得贩卖室中舍中，租如律令。①

对于在通途大道的贩卖行为，如果官吏巡查而未发现，罚处一盾，如果典、老与士伍看见而不告发的，罚处二甲；若有人告发或拿捕，则予以奖赏。

通过上述三个方面的一些秦简材料，我们不难看出，在秦统一前后，无论是在法律条文中还是在实际行法中，都在追求高效率，遍及几乎所有类别的法律。尽管如此，在实际执行时，却依然存在着效率不高的现象，正如《岳麓书院藏秦简（伍）》中下列三条法令所展示的：

> 制诏御史：闻狱多留，或至数岁不决，令无皋者久系而有皋者久留，甚不善，其举留狱上之。御史请：至计，令执法上最者，各牒书上其余狱不决者，一牒署不决岁月日及系者人数为最，偕上御史。御史奏之；其执法不将计而郡守丞将计者，亦上之。制曰：可。②

> 制诏御史：吏上奏当者，具傅所以当者律令、比行事；固有令，以令当。各署其所用律令、比行事曰：以此当某。今多弗署者，不可案课，却问之，乃曰：以某律令、某比行事当之，烦留而不应令。今其令，皆署之如令。③

> 皋人久系留不决，大费也。诸执法、县官所治而当上奏当者：其皋当耐以下，皆令先决论之，而上其奏决。其都吏及诸它吏所自受诏治而当先决论者，各令其治所县官以法决论之，乃以其奏决闻。其已前上奏当而未报者，亦以其当决论之。其奏决有物故卻而当论者，以后却当更论之。④

这三条法令均针对治狱而下。第一条要求官吏在定期上报时，一并上报久而未治的案件；第三条则要求各地法官或县官根据案情轻重以不同方式迅速断案并上报，此就案件积压过多而令，可见积弊已深。第二条则是因法吏以惧怕留置为由，在上奏时未署明根据何种律、令或先例断案，要求署明以备按索，这与《行书律》要求署名及署年月日意图略同。由此可见，在实际行法中，一方面，存在着并未达到统治上层的时效、效率要求的现象；另一方面，对时效的追求甚至成了低效率的借口，究其原因，这与秦法的细密苛刻和极力放大法的管辖范围，使官吏乃至国君负担沉重有莫大关系。

---

①陈松长主编：《岳麓书院藏秦简（肆）》，第109页。
②陈松长主编：《岳麓书院藏秦简（伍）》，第58—59页。
③陈松长主编：《岳麓书院藏秦简（伍）》，第60—61页。
④陈松长主编：《岳麓书院藏秦简（伍）》，第65—66页。

余 论

西方管理学之父泰罗认为，"以最快的速度达到最高的效率"可算是"最高档的工作"①。在一所企业内部，能够用"积极性加刺激性"来调动工人达到高效率，就算是好的管理，但在传统企业内部，这全部工作都由只是工人一方承担。他提倡的科学管理，就是以"积极性加刺激性"为基础，让资方承担起其中将原本由工人承担、但由资方承担效率更高的重负，只要把这三个方面作为中心环节，就建立起了科学管理的整个体制：科学研究工人操作的每个动作；挑选、教育和培养工人；资方与工人亲密协作使所有工作按科学原则办事。② 他同时声称，这对于国家管理也是同样适用的。《商君书》在讲求效率方面与其有很多相似之处，二者都有明确的目的，企业为追求最大利润，自我壮大；而商鞅则是强国并向外扩张、争夺天下。同时双方都处在激烈竞争的丛林之中，当商鞅以实行法律为主导的农战政策、将对国家的治理简化为一个大兵营时，已与企业高度相似了。或许商鞅无法像泰罗那样宣称科学，但拥有比泰罗这种企业管理者更好的资源：严苛而绵密、有强制性的律法强于企业的规章制度；一大批通晓律法的法吏强于企业管理团队；平民对律法显示出的热情或许只因受赏罚的调动与驱使，但在良好运转的条件下，似乎也有泰罗所谓资方与工人亲密协作的效果。

《商君书》所载商鞅农战政策要能抟力、能杀力并纳入法的框架下执行，要排除干扰，专意提高行法效率，才能使农战发挥到极致。当然，并不是说，法家只是强调行法过程中的时效，而是根据不同的立法对象有不同的要求，自有其内在节奏，追求整体性效率，出土秦简中的许多秦代法令也反映出这一点，这也表明有秦较彻底和具体地实行了商鞅的法家政策。然而，它仍未达到《商君书》规划的理想状态，《汉书·刑法志》载秦始皇"遂毁先王之法，灭礼谊之官，转任刑罚，躬操文墨，昼断狱，夜理书，自程决事，日县石之一"③，每天要处理如此多的事务，按《商君书》的标准，已处于"断君弱"的效率低下状态。出土秦简记载秦代律令本已严苛绵密，还有"当不当，当上决，匿弗上，令、丞、史主者，皆耐。其非匿之也，赀各二甲"④ 之令，难狱要交由更高层级来决断，违者处罚，最后需要秦始皇亲自处理的事务必然不会少。

从本文秦简与汉简的几条法律条文对比已可窥知，汉承秦法确乎有据，但无论是严苛程度还是细密程度都较秦法为宽。若将《商君书》与代表战国齐法家思想的《管子》对比，我们又会发现，二者在重农、赏罚得当、令行禁止等方面有法家的共同特征，但又有着根本的不同。在法之外，《管子》重视行政和任贤的功用，有著名的"礼义廉耻，国之四维"之论，其治国三本要求在尊位者有"德义"，受重禄者有"功力"；安国四固中也要求君主对"大德

---

① [美] F. W. 泰罗著，胡隆昶等译：《科学管理原理》，北京：中国社会科学出版社，1984年，第159页。
② [美] F. W. 泰罗著，胡隆昶等译：《科学管理原理》，第169—170页。
③ （汉）班固：《汉书》，北京：中华书局，1962年，第1096页。
④ 陈松长主编：《岳麓书院藏秦简（伍）》，第68页。

至仁""见贤能让"之人才能授官,这就是说,《管子》对国家的治理是综合的,法只是其所重视的一个方面。①《商君书》将法的作用最大限度地放大,不崇尚德者、贤者,在出土的《为吏之道》中,我们虽也能见到关于个人修行的要求,但那只是对吏的职业操守要求。至于对待人民的态度,《商君书》与《管子》也截然相反,管子虽重视法的作用,但主张实行教化,"变俗易教"并知人民心术②,达到"量民力则事无不成,不强民以其所恶则诈伪不生,不偷取一世则民无怨心,不欺其民则下亲上"的效果③。商鞅虽同样讲王者治民之要在于"不待赏赐而民亲上,不待爵禄而民从事,不待刑罚而民致死"④,也讲化俗,但却是利用人民趋利避害的心态,迫使其"作一""一言",习惯于农战。由于极强的目的性并行法急刻,在战国时秦面临外敌的环境下,秦在与东方诸国的竞争中能占据绝对优势;但当统一后仍实行这种政策,按商鞅的说法,就是只抟力而不能杀力,引发内部矛盾而自受其害了。

作者简介:李毅忠,男,西华师范大学历史文化学院讲师。

---

① 黎翔凤撰,梁运华整理:《管子校注》,北京:中华书局,2004年,第59—62页。
② 黎翔凤撰,梁运华整理:《管子校注》,第107页。
③ 黎翔凤撰,梁运华整理:《管子校注》,第14—15页。
④ 蒋礼鸿:《商君书锥指》,第25页。

中国传说历史时期姓氏文化刍议——
纪念先师徐中舒教授诞辰 120 周年

陇东学院　李仲立

姓什么，叫什么名，是很平常的，是某人的代称，也可以说是代表人的符号。可是姓氏、宗族在中国历史上有着独特的意义。中国历史上建立的王朝，奴隶制王朝、封建制王朝都是以姓氏为中心，改朝换代鲜明的标识就是姓氏。从我国传统文化看强调做人首先要认祖归宗，而认祖归宗的核心要义是讲孝悌。历代封建统治者从巩固其统治出发，要求官员做到"出则事公卿，入则事父母"[1]。就是官员对朝廷要尽其忠顺，以事公卿，回到家中则尽其孝悌，以事父母。对于庶民群众也讲以孝为大，以孝为先，将认祖归宗、孝于父母、顺于兄长作为大事，并把孝与孔子的核心思想"仁"（爱人）联系起来，是"仁"的思想基础。"其为人也孝弟……孝弟也者，其为仁之本与。"[2] 所以谱牒学在中国历史上很发达。近代以来至今社会学、人类学、历史学、民族学的学者们对中国姓氏问题给予了很大的关注。先师徐中舒先生在课堂教学和他的论著中从多角度地讲到姓氏来源和亲属称谓的演变发展。姓氏、宗族是历史发展到一定阶段的产物，自姓氏出现以后，无论是对社会、国家，还是对个人都是一个不可忽视的重要问题。对个人而言不仅是认祖归宗的族系、孝敬父母的问题。孝敬父母长辈的另一方面就是抚育后代，就是常说的尊老爱幼，涉及养抚及亲情、族规、家教及个人的人品、道德、学识、身心及行为养成，关系着对国家社会有无贡献或贡献大小的问题；对国家、社会而言，它在维护社会稳定、安宁、和谐以及凝聚社会力量，助推社会发展进步，维护国家主权安全，维护民族团结、和睦、友善等方面都具有重要意义。姓氏文化是人类社会文化的重要组成部分。"娶妻避其同姓"[3]，同姓不婚是我国先民们长期社会实践经验的结晶，为近现代形成的生理学、优生学学科奠定了理论基础，对社会文明、生产发展和国民身心健康都起着重要作用。

---

[1]《论语·子罕》，阮元校刻《十三经注疏》下册，北京：中华书局，1980 年，第 2491 页。
[2]《论语·学而》，阮元校刻《十三经注疏》下册，北京：中华书局，1980 年，第 2457 页。
[3]《国语·晋语四》，上海：上海古籍出版社，1978 年，第 356 页。

一

　　中国传说历史时期和中国传说历史是两个不同的概念。中国传说历史时期是传说历史的时限性，中国传说历史是传说的内涵性，包括传说历史时期和非传说历史时期内的历史传说。

　　历史，简单地说是事。在没有文字记载，只能依靠人们口口相传以及用岩画、图画、符号、结绳契刻等方式记事、记数或表意，为中国传说历史时期。其起始时期很难确定，一般是从中国历史的开端为起始的，如人们常言盘古开天地、伏羲、女娲造人、燧人氏、有巢氏等等为中国历史的开端。近现代以来考古事业的发展，在20世纪20年代末北京周口店猿人遗骨和燃烧过的灰烬等物的发现，专家确定距今五十万年左右。其后著名历史学家范文澜先生把北京猿人称为"中国境内的原始人"写在他著作的第一章第一节中①。1965年在云南元谋县发现猿人的门齿化石、灰烬、石器等被称为"元谋猿人"，专家确定距今一百七十万年，此后不少历史著作和教科书中对中国历史都从元谋猿人写起。如郭沫若主编的《中国史稿》第一册，人民出版社1976年7月版；张传玺《中国古代史纲》北京大学出版社1985年5月版；刘泽华等九人编著《中国古代史上》人民出版社1979年7月版等，这只能是当下人们的认识。随着考古发掘的研究发展，有可能还会有新的突破。不过从已发现的元谋猿人和之前发现的蓝田猿人（1963-1964在陕西省兰田县发现的猿人头盖骨、下颌骨和齿骨以及石器、动物化石等，距今六七十万年）② 以及最早发现的北京猿人（对北京猿人曾多次发掘，从1927-1937年以及中华人民共和国成立后的继续发掘）取得的丰硕成果，即先后发现的六个猿人完整和比较完整的头盖骨以及四十多个老少猿人的牙齿及各类肢骨以及大量的灰烬、各类动物化石和数以万计的石器石料，使我们对远古时代人们的社会生活、社会结构、生产力发展状况有了比较深化的理解，考古学家对彩陶文化早、中、晚期发现后，找到了尧时都城，也证实了夏代的存在，可是在夏代及之前的五帝时是传说的繁荣时期。殷商甲骨文的发现宣告了传说历史时期的终止。伟大史学家司马迁是西汉武帝时代人，他著的《史记》以黄帝为首的五帝，是对黄帝为首的五帝时期的传说历史记载于殷周、春秋、战国、秦汉以来的文献和他本人对五帝活动地域的实地考察调研所做出的系统整理，虽然仍有矛盾错误之处，史学界至今仍认为是可信的。传说历史不仅五帝以前和五帝时期存在，春秋时代的孔子对于周、殷、夏以来的历史也深感文献不足征，就是《左传》《国语》《战国策》乃至《汉书》等史书中都有不少的传说历史内容。但是传说历史绝非伪造，不是空穴来风，必有其素地，不能随意否定传说历史，必须认真仔细研究，去伪存真。

二

　　历史学界普遍认为从元谋猿人开始我国历史便进入了原始社会的初级阶段——即原始人群阶段。虽然他们还不是现代人类，但也不属于兽类。由猿人到现代人经历了漫长的岁月，

---

　　① 范文澜：《中国通史简编》修订本第一编，北京：人民出版社，1949年，第81页。
　　② 汤因俊、计宏祥：《陕西兰田猿人头盖骨的发现和意义》，《文物》1965年第一期。

根据我国考古发掘的各种资料,表明在体质特征、身体各部位的变化,特别是四肢(手、脚)的变化,脑容量的多少,语言产生的情况和使用劳动工具、制造劳动工具能力的变化,生活能力方面的进步(获取生活资源的方式和生活资源种类的多少),特别是有无信仰观念、审美观念的追求等综合研究,认为人类的发展由猿人——古人——新人。新人阶段与现代人类差别不大,在中国新人阶段的体质表明为蒙古种人。人类进化过程起决定作用的是生产劳动,所以劳动创造了人类,劳动创造了历史是颠扑不破的真理。

人类社会的进步,社会财富的增多都与社会劳动生产力的提高和人类自身生产质量高低有着密切关系。因为生产力包含着生产工具和人两方面的因素,在人类社会生产和人类自身生产中,人类自身的生产具有决定性的作用,而人类自身的生产质量的高低又与婚姻状况有着密切的关系。

人类社会发展经历了蒙昧、野蛮、文明三个阶段。恩格斯指出"这样,我们便有了三种家庭形式是与人类发展的三个主要阶段相适应的,群婚是跟蒙昧时代相适应的,对偶婚是跟野蛮时代相适应的,以破坏夫妇贞操与卖淫为补充的一夫一妻制是跟文明时代相适应的,在野蛮的高级阶段,在对偶婚与一夫一妻之间,插入了男子对女奴隶的支配和一夫多妻制"①。中国的先民们也经历了这样的发展过程。

从元谋猿人开始的原始人群是蒙昧时期,这时的群体是原始人的社会组织,是由群婚的几十人组成一个群体。其中任何一个成员都必须依靠群体的力量才能生活下去,他们共同制造生产工具——木棒、石器,共同寻找生活资源,过着群居生活。在这个群体中,两性关系没有规定和限制,婚姻是杂乱的,被人们称为乱婚或杂婚,不讲什么辈分,不懂什么直系和非直系,随意发生两性关系。这个阶段的社会生产力极其低下,社会发展非常缓慢,人们素质很低,寿命很短促,在已发现的四十多个北京猿人个体中有活不到14岁就死去的儿童。《礼记·礼运》:"昔者,先王未有宫室,冬则居营窟,夏则居橧(增)巢,未有火化,食草木之实,鸟兽之肉,饮其血,茹其毛。未有麻丝,衣则羽皮。"② 这里只是"未有火化"与出土的元谋猿人、兰田猿人、北京猿人的情况不符外,对衣食住行传说的叙述完全符合的。韩非《五蠹》"上古之世,人民少而禽兽众,人民不胜禽兽虫蛇……构木为巢以避群害……曰有巢氏。食果蓏蚌蛤,腥臊恶臭而伤害腹胃,民多疾病……钻燧取火以化腥臊,……曰燧人氏……古者丈夫不耕,草木之实足食也;妇人不织禽兽之皮足衣也"③。商鞅《画策》也说:"昔者昊英之世,以伐木杀兽,人民少而木兽多"④,昊英可能是远古时代传说的部族首领。这些记载反映当时生产力极其落后,社会财富不多的情况下,人们生活的社会制度在很大程度上就会受到血族的支配,由原始人群社会到氏族社会乃至大家族封建社会便是如此。

野蛮时期距今二三十万年,在其晚期由乱婚逐渐过渡到级别或称等级婚制。虽然不巩固,但为新的氏族社会的形成创造了契机。

---

① 恩格斯:《家庭、私有制和国家的起源》,北京:人民出版社,1954年,第71页。
② 阮元校刻《十三经注疏》下册,北京:中华书局,1980年,第1416页。
③ 韩非:《五蠹》,《法家著作选读》,兰州:甘肃人民出版社,1974年,第38—39页。
④ 高亨:《商君书注译》,北京:中华书局,1980年,第136页。

山顶洞人与北京猿人同处周口店龙骨山上，是旧石器时代晚期遗址，发现了至少8-10个个体，发现了大量骨石装饰，有骨针、有穿孔的兽牙、石块，说明不仅有钻孔技术，还有爱美意识。有固定的墓地在住洞的下层，尸身周围撒有赤红色铁矿粉，表明有宗教的萌芽。北京山顶洞人为新人时期，距今约一万八千年，原始人的社会结构也开始发生变化。在生产过程中首先出现了按年龄、辈分进行组合和分工，人类开始从流动的比较分散的原始群逐渐转变为比较固定的团体，这样就进入了氏族公社，这时的婚姻是按辈分年龄分级的婚配制度也得到了巩固，叫"彭那鲁亚"。就是共妻的兄弟和共夫的姊妹互称"彭那鲁亚"（这是夏威尼语，意为亲密的伴侣）。不同辈分不同年龄不能婚配，在同辈同年龄的亲兄弟姐妹之间也不能通婚，这就是氏族外婚制。也就是说本氏族内同辈兄弟姊妹之间不能通婚，甲氏族的兄弟必须出嫁到乙氏族或丙氏族，与乙氏族或丙氏族内的同辈姐妹结婚，直到死后才回到甲氏族，安葬在甲氏族内，就是说甲氏族的姐妹一直生活在甲氏族内。在这种婚姻制度下，子女只认识自己的母亲，不认识自己的生父，氏族成员只能按同一始祖母计算世系，这就是母系氏族公社，这是氏族公社社会的第一个阶段。在母系氏族公社里，妇女担负着采集生产，在当时采集食物是人们生活的主要来源，并且还担负着看守住所、烤制食品、加工皮毛、缝制衣服、养老扶幼等沉重的任务，而成年男人主要是外出狩猎或捕鱼，在提供人们生活来源方面是处于次要地位。因此妇女成为氏族社会的核心，是氏族的组织者和领导者，这就是母系氏族社会，因此血缘族婚成为氏族社会的基础，也就是说如果没有血缘族婚，便没有氏族社会的产生，这也是远古先民由蒙昧进至野蛮时期重要标志。由于氏族外婚还不是对偶婚，男女间的婚姻关系还很不稳定，一个女人有多个丈夫，一个男人有多个妻子，因此在母系氏族社会阶段仍然只知其母不知其父，史籍中这类记载不少，如伏羲、神农、黄帝、太皞等乃至夏、商、周的始祖都是其母感应而生，知其母不知其父。《商君书·开塞》："天地设而民生之，当此之时也，民知其母不知其父，其道亲亲而爱私。"① 母系氏族外婚制对一个部落而言，则是内婚制。部落内的几个氏族互相通婚，就形成一个母系大家族。司马迁说：黄帝"教熊、罴、貔、貅、貙、虎以与炎帝战于阪泉之野"②，这也许是表示黄帝部落中含有的几个内婚的氏族。

彭那鲁亚婚姻制即婚配的等级制度，是摩尔根《古代社会》中提出的，是母系氏族社会的重要标志之一，而母系氏族是人类社会发展所必经历的阶段，对于这个问题近现代以来在我国不少历史著作中都未能举出具体的例证，只是做一般的推理性的论述。从20世纪50年代以来，随着新中国考古事业的发展，在一些历史著作中也多是以考古发现房屋大小以及墓葬等情况表明中国的母系氏族的存在和繁荣，也未能表明婚配的等级制度。先师徐中舒教授在1945年6月刊载《文史杂志》第五卷第5、6期合刊的《殷代兄终弟及为贵族选举制说》他第一次明确提出"殷代为氏族（或称部落）社会"的主张。认为"甲骨文王有王族，子有子族，有庸氏之族，有羽氏之族，有三族，有五族，皆氏族社会之征"。又说"盖武丁（高宗）以前殷人仍在氏族社会时代，王子必须与其部族共同耕稼操作，故祖甲旧为小人，武丁

---

① 高亨：《商君书注译》，北京：中华书局，1980年，第73页。
② 司马迁：《史记·五帝本纪第一》，北京：中华书局，1959年，第3页。

旧劳于外，杂于小人之中，故能之小人之依，能知稼穑之艰难"①。他又于1951年1月7日刊载于成都《工商导报学林》副刊上的《论殷代社会的氏族组织》文中，他虽然认为"在中国史上关于氏族的资料，还是极端的缺乏或是过于零碎，就是中国四裔的兄弟民族的历史，也都是氏族组织解体以后，而以家族谱系为骨干来写成的，所以它的面貌一直是看不清楚的"②。但是他在马克思主义历史唯物史观指导下，信心满怀，运用甲文、金文及历史文献资料深入研究。《史记·殷本纪》所载殷代世系确是父系，而甲文所载"王族""子族""多子族"，父子不同族是母系社会。那么父系父子不同族如何理解，他借鉴澳洲土人中阿兰大部族有两个分族如A、B，每个分族又分为两个婚族，在两个分族婚级制下，必是父子不同级，而祖孙同级的例证。仔细研究在我国清朝末年保定出土的殷代遗物——三戈铭文，"只中间一戈以祖和父并列，其余两戈或列祖辈或列兄辈，（除中间一戈的祖日乙一名外）都是兄弟并列，这正是氏族社会兄弟同属一族的现象"，从称谓上看"上戈有大祖与祖之分，下戈有大兄与兄之分，这大概是每个婚级氏族都要从年岁上分为大小两个集团"，"殷代帝王中有大乙、小乙、大甲、小甲、大丁、大庚、大戊、小辛等称，大约就从这分别得名的"，"中间一戈有大父、中父与父之分，大概在这个婚级里是分为大、中、小三个集团的"，"殷代帝王有两代都以中、外并列，如'外丙、中壬'，'中丁、外壬'这似乎和大、中、小的划分不同，我颇疑为是母系和父系的过渡现象，中为父系，外为母系，甲骨外丙作卜丙，外壬作卜壬，大概母系继承是要贞卜的"。"这种父子不同族的氏族社会，当然是受了严酷的生产力的限制，自己的儿子不能养育在自己家中，而必须加入他（她）的兄弟的氏族里去共同工作，共同生活"③。这虽然是讲父系氏族，而父系氏族是由母系氏族发展而来的，他所说婚级的情况对我们理解母系前和母系氏族婚级的出现很有帮助的。他对殷代残存的氏族社会的研究并未停步，在1957年《历史研究》第5期《论西周封建社会——兼论殷代社会性质》；1962年《文物》第6期《四川彭县濛阳镇出土的殷代二觯》；1975年《四川大学学报》（哲学社会科学版）第4期《论甲骨文中的儒》；1978年《考古学报》第2期《西周墙盘铭文笺释》；1979年《四川大学学报》（哲学社会科学版）第1期《对古史分期问题的几点意见》等论文中对殷代残存的氏族社会组织结构、氏族习俗等进行揭示，殷人氏族为三大部落，每个大部族有十二个胞族，每个胞族有十个氏族，共三百六十个氏族，殷人小氏族中借用以日为名法，就是用甲、乙、丙、丁、戊、己、庚、辛、壬、癸十进位数作为代号，把小氏族中每个人分别清楚，男的别名男甲、男乙等，女的则名母甲、母乙等，其儿女小时有乳名，成人以后又组成子氏族，仍用纪日法的十个代号作为自己的名称（而他们小时乳名逐渐被人遗忘），因此也就出现了重名的现象。综上所述，先师徐中舒教授从文献方面对中国氏族社会里所提供的婚级例证和对殷代氏族社会的解剖复原为我国氏族社会研究所做出的贡献是不能忽视的，我认为这一贡献有开创性，并不亚于在20世纪30年代初期他所提出的仰韶文化是夏文化的贡献。当然在现阶段除我们以往所知道的一些落后地区和少数民族地区如纳西族、白族

---

① 徐中舒：《历史论文选辑》下，北京：中华书局，1998年，第763—764页。
② 徐中舒：《历史论文选辑》下，北京：中华书局，1998年，第801页。
③ 徐中舒：《历史论文选辑》下，北京：中华书局，1998年，第802—804页。

等母系社会遗迹外，中华人民共和国成立以后，特别是改革开放以来，党和国家非常重视对落后地区和一些少数民族地区的社会调查研究，不少学术团体、高校科研人员奔赴祖国各地调查研究。从那些调查资料（由于篇幅关系，在此不一一列举）中可看到在祖国不少地方存在有不同程度的乱婚、母系氏族及母系氏族向父系氏族过渡以及父系氏族血缘群婚的遗迹，如果将调查资料与地下考古发现和文献资料（包括甲文、金文）紧密结合，多角度的分析研究，我深信将会出现多部有特色的中国原始社会各发展阶段的人类社会文化发展史，展现祖国远古以来璀璨的文化。

三

姓，一般认为始于母系氏族公社时期，并认为与先民们的图腾崇拜有关。在今日的姓氏中有马、牛、羊、雷、风、云、花、桃等这些可能就是原始图腾名称，在母系氏族公社出现的初期或更早，氏族或部落以某种动物或植物果实作为食物，其他部落或氏族就以其名称呼其为鱼、羊、鸟等氏族或部落。而鱼、羊、鸟就成为那个氏族或血族群的图腾，以后鱼、羊、鸟等为图腾的氏族部落就禁食自己氏族部落为图腾的某种动物、植物，认为他们的祖先就是由作为他们图腾的鱼、羊、鸟等这些动物转化来的，所以他们就对作为自己部落氏族的某种动物或植物很敬畏，氏族、部落及其成员的名称就是他们所敬畏的图腾名称。即所谓姓的由来，这种说法有一定道理，可是到目前为止很难得以实证，因此对原始血缘族群的理解存在着不少的歧义。或者是"姓"是会意字，最早见于春秋时期青铜器铭文《齐子中姜镈》的"𪰛"字，意为人所生，因生而得姓。又云战国时期秦国刻石《诅楚文》有"𪰛"意为女子所生为姓，因此，许多古姓都是女字旁，如姬、姒、妫、姞、妘、嬴、妊、姜、嬴等①。高氏所云是有道理的，不过"姓"不是会意字。先师徐中舒指出"齐鲍叔镈（即子仲姜镈）则以保身、保兄弟，保子𪰛（𪰛从人，不从女）并言。这个姓（𪰛）都应当作族字解。兄弟子姓，就是己族（兄弟属己族）和子族的意思，东方称姓是族的转变而不是婚姻的对象"②。

姓当如何解，段玉裁说："姓，人所生也。白虎通曰，姓者生也。人所禀天生气所以生者也。吹律定姓，故姓有百……昭四年左传，问其姓，释文云：女生曰姓，谓子也……"③。在这里，以《白虎通》所说"姓者，生也。人所禀天生气所以生者也。吹律定姓，故姓有百"。使人对姓的理解会发生错觉，我认为姓，从女、生，表明是在母系氏族公社时期才出现姓，如果只认为生就是姓，猿人、古时期都有"生"，但那时就没有姓出现。"姓"是一定历史阶段的产物，是族外婚制的产物，女子称姓，表明了出生的血缘关系，起着别婚姻的重要作用，即同姓不通婚。先师徐中舒教授明确表示"姓应作生解"，他只单取段注《左传·昭公四年》所载叔孙豹离开他的宗族，到达庚宗与一女子私通，女子送他走了，他到齐国后

---

①高剑峰编著：《中国一百个大姓》，《中国姓氏概论（代序）》，兰州：甘肃人民出版社，1998年，第1—2页。
②徐中舒：《历史论文选辑》下，北京：中华书局，1998年，第810页。
③段玉裁：《说文解字注》，上海：上海古籍出版社，1981年，第612页。

又娶了妻子。以后鲁国又招他回去并立为卿，之后在庚宗与他相好的女人相见，女人还给他献上野鸡。他向妇人"问其姓"，妇人答曰"余子长也"的故事。他据杜注"问有子否，问其姓（生产），女生（女子生产）曰姓，姓谓子也"解释说"问其姓"就是问他所生的孩子，姓就是出生的血缘关系。这种出生的血缘关系，最初是以母系计算，称为姓。同时他还以甲文有"多生"与"多子"并列一版为讲生是指血缘关系，说"多生"是殷王姊妹之子，"多子"是殷王兄弟之子，在母系社会里，姊妹之子就是自己的儿子，与己有血缘关系，故谓之生①。此外，姓还有一种解释："姓，金文百姓字作百生，生是新的意思……生指陌生的人，古代父系氏族只有贵族行亲迎礼，女子从夫居；至于平民，大都是先从妇居，等到生子长大后，挈其妻子返家……"在这种制度下又称为赘婿，男子初从妇居时，妇家都称之为甥；反之，女子于归从夫家，夫家即称之为姓，甥与姓的初义就是新人的意思。这和称人为新"郎"新"娘"是一样的意思②。这是在父系社会初期或在边裔落后或少数族母系社会晚期对生的另外一种解释。

　　段注《说文》"舅"：母之兄弟曰舅，《毛传》舅之言旧也。"甥"谓我舅者吾谓之甥③，与《尔雅·释亲》"谓我舅者，吾谓之甥也"（疏）《白虎通》"舅者旧也，老人称也"④相同。这只是表明舅、甥之称为姻亲之称。旧之意是什么？表明我国亲属称谓也有一个发展过程。亲属称谓"在母系社会里儿子跟着母亲和舅父居住在一起，舅即以其姊妹之子为己子（甥）"。从释民释亲属："舅谓其姊妹之子曰甥，甥亦生也。"在母系社会甥只承认与舅有血缘关系，故其字从生，同时儿子对其父视为外人，称之为父。父金文作 𐙝，象手持石斧之形，只是在舅家手持石斧劳作之人。父对自己的儿子亦视如外人而称之曰子，只是他人家的一个小孩子。这是在母系社会中产生的父子、舅甥称。在男子先从妇居，待生子长大后，挈其妇、子回到家中的父系社会里，《尔雅·释亲》称母之昆弟为舅，东汉人孙炎释之曰'舅之言旧，尊长之称'，这是儿子随父亲从母家回到父家后，回忆他旧日在母家和他母亲的兄弟共同生活时的情况，因而称之为旧舅。《尔雅·释亲》又称'父之姊妹为姑'。《释名》："姑，故也，言于已为已故之人也。"这是儿子幼年在母家时，他的父亲告诉他，他们还有一个古老的家，只有父亲的姊妹留在家中，因而就称他们为姑。杜预《左传·僖十五年》注"谓我侄者，我谓之姑，这是姑欢迎其兄弟之子自母家来至之词，同时兄弟称其姊妹之子曰出，这是舅谓之姊妹之子自己家出至父家之词。舅、姑、出、侄这是父系社会的称谓"⑤。母系社会必然向父系社会转化，舅甥与父子关系的转化，就是母系社会向父系社会过渡的标志，母系社会的舅甥关系适用于父系社会，所以这两个字都要从男字作为偏旁，舅则是借用父系社会旧名而与甥相对应。而以"父名母姓谓种号"是母系向父系过渡中一种不巩固的父

---

①徐中舒：《历史论文选辑》下，北京：中华书局，1998年，第990页。
②徐中舒：《历史论文选辑》下，北京：中华书局，1998年，第808-809页。
③段玉裁：《说文解字注》，上海：上海古籍出版社，1981年，第698页。
④阮元校刻《十三经注疏》下册，北京：中华书局，1980年，第1416页。
⑤徐中舒：《历史论文选辑》下，北京：中华书局，1998年，第1358-1359页。

系外婚制①。

我国夏王朝就已经由母系家族进入父系家族制一夫一妻社会，贵族一夫多妻，夏王朝实行"父传子家天下"，不过以夏后氏之称表明离开母系家族社会还不久。殷商王朝具有浓厚的氏族制遗俗，虽然有甲文有多生多子并刻一版上，但仍是实行父系家族制，父传子或兄终弟及，兄终弟及之后还是传子。不过在武丁祖甲之前是推举制，在祖甲以后实行了立太子制度，在殷代后期还出现了"宗"，立宗庙等。西周时父系家族的小家庭增多，男子为家，妻则为室。姓、氏在古代社会是有区别的，男子称氏或者说古代贵族男子称氏，女子称姓。在周代女子出嫁必系以姓，以区别与夫家贵族之姓。一般平民没有姓，平民结婚往往先去妻家，待生子长大后才领着妻或子女回到本家，还有母系社会之遗俗。在同姓中，段注"姓者统于上者，氏者别于下者"②，仍有统与支的区别，支为分支。秦汉以后，氏亦为姓，已为学者共识。由姓到宗是一个发展过程，即由母系家族社会发展为父系家族社会。父系家族社会男耕女织，男子在生产中处于主导地位，妇女则处于次要或辅助地位，这是由母系家族发展为父系家族的根本性原因。父系家族社会是以男系标准计算血缘关系，就出现了宗和宗族。宗、宗族是建立在父系家庭为社会基本组织结构基础上的。父系家庭的结构是夫妻成家，生育子女，待子女长大成家（女子出嫁，儿子成婚），这时家庭成员有父母、子女，就有父母、夫妇、子女及兄弟姊妹的血缘关系，这就是最初的核心家族，当子女长大完婚及离开父母，另建自己的家室，就这样演化为数个核心家室，不断演变就分为直系、非直系、亲疏等。其所以如此，也是有其经济上的原因，已经富有的家族害怕疏远的支系家庭分割他们的财产，就只能将疏远的排出于家族之外。周代贵族实行嫡长子继承制，长子与父母同处于一个家中，这就是宗室，而庶子则离父母另立家庭，如此进展下去就行成族组织。就西周王朝而言，实行嫡长子制和分封制，是在学习殷商"宗"的基础上进一步完善，长子为嫡，次子为庶，长子为大宗，次子为小宗。长子继承王位，次子则分封为诸侯，以巩固其统治。《尔雅·释亲》宗族疏《白虎通》云"宗者何谓也，宗者尊也；为先祖主也，宗人之所尊也"③。也就是徐中舒所说的"周代的宗法，庶子不祭祖，不记祢（父），即不为父祖立庙，祭必于宗子之家"④。《尔雅·释亲》宗族疏《礼记》曰"族者何也，族者凑也聚也。谓恩爱相流，凑生相亲爱，死相哀痛，有会聚之道，故谓之族也"⑤。《尔雅·释亲》认为高祖至玄孙五世的亲属才是同姓之宗。在东汉班固的《白虎通义·宗族》中于五世宗族之上增至一百世之宗所出之祖。这是由于东汉时社会上宗族势力有较大发展的背景所致。

四

"姓"产生于母系氏族社会，但是对于某个姓是怎样在母系氏族公社外婚制下产生的，

---

① 徐中舒：《历史论文选辑》下，北京：中华书局，1998年，第1360页。
② 段玉裁：《说文解字注》，上海：上海古籍出版社，1981年，第628页。
③ 阮元校刻《十三经注疏》，北京：中华书局，1980年，第2592页。
④ 徐中舒：《历史论文选辑》下，《巴蜀文化续论》，第1062页。
⑤ 阮元校刻《十三经注疏》，北京：中华书局，1980年，第2592页。

如羌、姜、夏人为姒姓，商人为子姓，周为姬姓等等，又如以图腾而言，羌为羊种，夏人兴于西羌，应是羊种，又所谓从白石，先师徐中舒又说是耒耜之耜，农业部族。殷商是"天命玄鸟而生商"。商非殷人之姓，殷商人为子姓等等，很少见到具体的阐述，也许可能那时没有文字记载下来。

如果我们从中国远古传说时代的历史这个角度去探讨中国姓的产生能否找到一些信息呢？我国远古传说时代的历史，就是人们常说的"三皇""五帝"时代。乃自民间流传着的说书先生常言道"自从盘古开天地，三皇五帝到如今"。盘古或曰盘瓠。有的专家认为是中国南方民族传说中的祖先，在先秦的著述中没有见到有盘古的记载，直到东汉时应劭的《风俗通》才开始提到盘瓠，三国时期吴国徐整的《三五历纪》才开始记载开天辟地的盘古，其后梁代任昉《述异记》又说到盘古祠墓，到了宋朝刘恕《通鉴外纪》、罗泌《路史》中盘古才成了中国传说中开天辟地的祖先，这正验证了顾颉刚先生所说的："屡层的中国古代历史"，越后起之说越古老。盘古开天辟地之说不确。西汉武帝时代司马迁所著《史记》，其中本纪第一就是《五帝本纪》，以黄帝为首，含颛顼高阳、帝喾高辛、帝尧放勋、帝舜重华。这个五帝系统虽然有不少矛盾的地方，并且都成了黄帝的子孙后代，有其不合理之处，但也不应视为司马迁凭空编造的。司马迁在《五帝本纪赞》说他"西至空桐，北过涿鹿，东渐于海，南浮江淮矣，至长老者皆各往往称黄帝、尧、舜之处，风教固殊焉，总之不离古文者近是。予观《春秋》《国语》，其发明《五帝德》《帝系姓》章矣，顾弟弗深考，其所表见皆不虚。《书》缺有间矣，其轶乃时时见于他说。……择其言尤雅者，故著为本纪书首"。① 司马迁既亲身进行历史考查，又有《大戴礼记》中的《五帝德》和《帝系姓》的记载为依据，《尚书》中虽然没有明确记载，可是"其轶乃时时见于他说"，肯定黄帝为五帝之首是有根据的。《逸周书·尝麦》就记有黄帝事迹。在司马迁眼里黄帝是促成远古中国各部族基本实现统一的大英雄，他没有将炎帝列入五帝之中。少昊、太昊的传说战国时期已经流行，司马迁也未承认他们的正统的历史地位，也未纳入五帝系统。其他诸子书中所提到的三皇中有有巢氏、燧人氏、伏羲氏（伏牺氏）、女娲氏、神农氏等都没有放在正统的历史系列中，也许他们只是在某时、某地、某个方面做出贡献的人。对于司马迁《史记》五帝系统持不同见解的有"孔安国《尚书序》，皇甫谧《帝王世纪》，孙氏注《世本》，并以伏羲、神农、黄帝为三皇，少昊、颛顼、高辛、唐、虞为五帝"②。先师徐中舒认为"这个三皇五帝系统是把东方民族传说的太昊、少昊与西方民族传说的尧、舜、禹糅合为一，其可靠性更在《史记》之下"③。

徐中舒先生讲述先秦历史从未讲先民三集团之说，以他的思想、理论和方法，以黄帝为开篇，司马迁《五帝本纪》"黄帝居轩辕之丘，而娶于西陵之女，是为嫘祖。嫘祖为黄帝正妃，生二子，其后皆有天下：其一曰玄嚣，是为青阳，青阳降居江水；其二曰昌意，降居若

---

① 司马迁：《史记·五帝本纪第一》，北京：中华书局，1959年，第46页。
② 司马迁：《史记·五帝本纪第一》中华书局编辑部案语，北京：中华书局，1959年，第1页。
③ 徐中舒：《历史论文选辑》下《论尧舜禹禅让与父系家族私有制的发生和发展》，北京：中华书局，1998年，972页。

水。昌意娶蜀山氏女，曰昌仆，生高阳，高阳有圣意焉。黄帝崩，葬桥山，其孙昌意之子高阳立，是为帝颛顼也。……颛顼崩，而玄嚣之孙高辛立，是为帝喾"①。他以黄河流域两大不同文化系统，即仰韶、龙山文化及远古氏族部落不断迁徙、融合的史迹论证黄帝之后代高阳、高辛从西至东两系统开荒伐树除草及修治水渠、造农田等，阐述其开创中华农业文明的功绩，为华夏民族的形成奠定了坚实基础，并从文化的角度阐明黄帝子孙东西文化的对立、沟通、交流融合，对促进中华文明的巨大意义，使学生受益匪浅，领会其治史之路径在于懂得社会之发展进程。先师徐中舒别开生面，对先秦历史研究的贡献将另文阐述。

《周易·系辞下》载"古者包牺氏之王天下，仰则观象于天，俯则观法于地，观鸟兽之文与地之宜，近取诸身，远取诸物，于是始作八卦，以通神明之德，以类万物之情。作结绳而为罔罟，以佃以渔……"② 可知伏羲处于渔猎时代，也可能是农业初始阶段，以渔猎为主。可能是渔猎部族的首领。《庄子》中多次提到伏羲，对其事迹语焉不详。《世本》说伏羲"制俪皮嫁娶之礼"，是说男子向女子求婚时以鹿皮为聘礼，如此说来伏羲则又是处于父系外婚制之时。在班固的《白虎通义》中既说伏羲处于很原始的"茹毛饮血"阶段，不知收藏，又说"定人道"行对偶婚，对其所处时代含混不清。班固还将太昊与伏羲、神农与炎帝合二为一。他说："太昊帝，《易》曰：'炮犧氏之王天下也'。言炮犧继天而王，为百王先，首德始于木，故为帝太昊。作罔罟以田渔，取犧牲，故天下号曰炮牺氏。""炎帝，《易》曰：'炮牺氏没，神农氏作。'……以火承木，故为炎帝。教民耕农，故天下号曰神农氏。"③《史记集解》称"皇甫谧曰：'《易》称庖牺氏没神农氏作，是为炎帝'"④。《史记正义》引"《帝王世纪》云：神农氏姜姓也，母以任姒，有蟜氏女，登为少典妃，游华阳，有神农首，感生炎帝，人身牛首，长于姜水，有圣德，以火德王，故号炎帝，初都陈，又徙鲁……"⑤ 自班固、皇甫谧之后史书多以伏羲与太昊、神农与炎帝合二为一。《帝王世纪》讲"太昊帝庖牺氏，风姓也，母曰华胥，燧人之世，有巨人迹，出于雷泽，华胥以履之，有娠，生伏羲，长于成纪，蛇身人首，大圣德"。在皇甫谧笔下伏羲是处于燧人氏时代，他的母亲华胥是踏人脚印而孕，即感应而生伏羲，为风姓，因此，人们认为太昊伏羲风姓是中国最早的姓氏。

据《左传·僖公二十一年》载："任、宿、须句、颛臾、风姓也，实司太昊与有济之祀，……"⑥ 任国、宿国、须句国、颛臾国皆在今山东省境内。都是风姓国家，要主持对太昊和济水的祭祀。可见太昊曾是东方部族的首领，风姓是传说历史人物太昊之姓，伏羲之成风姓是由于太昊与伏羲合二为一所为，太昊风姓是否为最早之姓呢？《荀子·正论》："太皞、燧人莫不有也。"⑦ 将太皞放在燧人之前，而《吕氏春秋》则将太昊放在炎帝之前。比荀子、吕不韦年代早的，春秋时候的《左传·昭公十七年》载郯子所说太皞在黄帝、炎帝、共工氏

---

① 司马迁：《史记》，北京：中华书局，1959年，第10—13页。
② 阮元校刻《十三经注疏·周易正义》，北京：中华书局：1980年，第86页。
③ 班固：《汉书卷二十一下·律历志第一下》，北京：中华书局，1962年，第1011—1012页。
④ 司马迁：《史记·五帝本纪》，北京：中华书局，1959年，第3页注①。
⑤ 司马迁：《史记·五帝本纪》，北京：中华书局，1959年，第4页。
⑥ 王守谦、金秀珍、王凤春：《左传全译》，贵阳：贵州人民出版社，1994年，第277页。
⑦ 章诗同：《荀子简注》，上海：上海人民出版社，1974年，第197页。

之后，在少昊之前。"昔者黄帝氏以云纪，故为云师而云名。炎帝氏以火纪，故为火师而火名，共工氏以水纪，故为水师而水名，太皞氏以龙纪，故为龙师而龙名。我高祖少皞挚之立也，凤鸟适至，故纪于鸟，为鸟师而鸟名。凤鸟氏，历正也。玄鸟氏，司分者也……自颛顼以来，不能纪远，乃纪于近……"孔子认为郯子所说是可信的，"仲尼闻之，见于郯子而学之。既而告人曰：'吾闻之，天子失官，学在四夷，尤信'"①。风姓之风，可能是"凤鸟适至"之凤。凤鸟就凤凰。太昊、少昊即大、小昊，小为近，大为远，小人口少为原住地，大人口多为迁徙之地。有如史中所见大夏、小夏；大月氏、小月氏称呼一样。太昊之风姓传说可能是据郯子讲"少昊挚之立也，凤鸟适至"而为风姓传说。太昊、少昊都是我国东方部族的首领。太昊与伏羲所处地域是不同的，伏羲属西方部落首领，传说出生于甘肃。据郯子所说太昊在黄帝、炎帝、共工氏之后，所以太昊之风姓也不是传说时代最早的"姓"。

　　黄帝、炎帝是我国传说时代最早的姓。被称为《左传》的姊妹篇著作《国语》有明确记载。《左传》相传是左丘明所作，左丘明是春秋时代人，左丘失明不可能亲笔书写，可能是他所讲述，由他人代笔。《左传》被称为《春秋内传》，《国语》号为《外传》。《国语》应为春秋时代的著作，著作时代比较早。《国语》载"昔少典娶于有蟜氏，生黄帝、炎帝。黄帝以姬水成，炎帝以姜水成。成而异德，故黄帝为姬，炎帝为姜，二帝用师以相济也，异德之故也"②。少典和有蟜氏是两个不同的氏族，也是互为通婚的氏族，是母系氏族社会的外婚制，少典非人名。因《史记·秦本纪》曾讲"秦之先，帝颛顼之苗裔孙曰女修。女修织，玄鸟陨卵，女修吞之，生子大业，大业取少典之子，曰女华。女华生大费……大费……佐舜调驯鸟兽，鸟兽多驯服，是为柏翳，舜赐姓嬴氏"③。这是讲东夷人与少典人互为通婚的氏族。黄帝长成于姬水为姬姓，炎帝长成于姜水为姜姓。黄帝与炎帝并非少典之子，黄帝部族与炎帝部族是由少典部族分化出来的两个相邻近、彼此间交往很密切，并能在面对灾害、强敌中互帮、互助、互救。他们都因出生并成长的地方而得姓。如此之说是否就否定了姓氏因血缘关系而出现的呢，是否能否定了"姓"作生解呢？我认为是不能否定的。所谓"以姬水成"并不是有的人所说的黄帝姓公孙，以后长大了才改为姬姓的。西周才开始有公子、公孙的说法，黄帝不可能姓公孙。"以姬水成"的"成"，《国语·晋语四》韦昭注："成，谓所生长以成功也"，是说炎黄二帝的事迹得到成功，都是我们的先祖，认为成是成功。从姓氏角度看，应理解为生长、成长，就是说由出生到长大成为大人都生活、生存在姬水旁。以出生和成长的地方为姓，与姓为生解并不矛盾。炎帝姓姜也如是解，开启了后世以出生地为姓，正如皋陶作舜理官而为李姓始祖，开启了后世以官为姓氏一般。随着社会的进步，有以官名为姓的、以山水及地貌等地名为姓，或赐姓的都有，要从具体情况去分析某姓之由来。现在在我国有许多地名、村庄都以姓氏为名，如张家庄、李家湾、董志、陈家河岸、熊家掌、翟家沟、上肖、下肖、黄官寨等等，而这些地名、庄名的出现都是以某姓氏长期在那里生活、繁衍形成，难道我们能说这些姓是这些地名、庄名决定的吗？要进行具体的分析。总之，姓氏

---

① 王守谦、金秀珍、王凤春：《左传全译》，贵阳：贵州人民出版社，1994年，第1270页。
② 《国语·晋语四》，上海：上海古籍出版社，1978年，第356页。
③ 司马迁：《史记秦本纪第五》，北京：中华书局，1959年，第173页。

的出现总是与婚姻血缘联系着的。

黄帝、炎帝姓氏的出现是有早期文献的记载，由于炎帝为姜姓，所以在其后的著述中也就有将神农（龙）写为姜姓，从而使神农（龙）与炎帝合二为一。如东汉贾逵说："炎帝，神农也。"而三国时期的吴国韦昭虽将炎帝视为神农子孙，但明确指出炎帝"非神农可知也"①。

综上所述黄帝姬姓、炎帝姜姓应为中国传说时代可信的最早的姓氏。

作者简介：李仲立，男，陇东学院教授。

---

① 司马迁：《史记·秦本纪第五》，北京：中华书局，1959年，第173页。

《国语》中所见春秋时代的思想文化

西北大学　刘宝才

《国语》，别称《春秋外传》《左氏外传》，是中国最早的国别史，包括《周语》《齐语》《鲁语》《晋语》《郑语》《楚语》《吴语》《越语》，共二十一卷。司马迁说"左丘失明，厥有《国语》"（《汉书·司马迁传》），确认左丘明是《国语》的最早传受者。他既已失明，只能口传，不能自己将《国语》著于简册了。

左丘是其氏，明是其名。先秦只有贵族称氏，左丘明当属于贵族。孔子说："巧言、令色、足恭，左丘明耻之，丘亦耻之。匿怨而友人，左丘明耻之，丘亦耻之。"（《论语·公冶长》）司马迁称其为"鲁君子"（《史记·太史公自序》）。可知左丘明是一个正直的人。后来刘歆说左丘明"亲见孔子"（《汉书·楚元王传》），是合理的推测。杜预说"左丘明受经于孔子"（《春秋集解序》），陆德明说左丘明曾经与孔子"观书于太史"（《经典释文序录》），则未必可能。

《国语》是研究春秋思想文化的最重要的先秦文献。先秦文献中有多种关涉春秋思想文化的著作，各有独特价值。《春秋》和《左传》重在记事，为研究春秋历史的首要先秦文献，而记载思想文化现象较《国语》简略。《管子》书中记载的管仲的言论主张，《晏子春秋》书中记载的晏婴的言论主张，都属于春秋思想文化，并且在春秋时齐国政治中起过重要作用，而它们反映只是齐国一国的思想文化，不能从中看到春秋思想文化的整体面貌。《老子》书和《论语》当然也应该属于春秋时代思想文化，代表春秋思想文化的最高成就，是开创道家和儒家两大学派的经典，在中国文化史上的地位自不待言。但就反映春秋时代思想文化全貌来说，《老子》书和《论语》也不及《国语》，不能代替《国语》。能够反映春秋时代思想文化概貌的先秦文献只有《国语》，没有第二种著作。

我们从七个方面观察《国语》中所见的春秋时代的思想文化。

一、人神关系

上承西周宗教思想，春秋时代主流文化仍然承认神主宰人，但较多关注人的作用，以至出现尽人事远鬼神的思想。

春秋时代出现"人道""天道"相对的观念。"人道"指人间事务。"天道"有神鬼之事和自然现象两种含义,两种含义往往混杂在一起,还没有厘清。但人们更多重视"人道",而将"天道"存而不论,有时仅仅行其仪式敷衍了事。《周语上》记载说,周惠王十五年(前662)"有神降于莘"。周惠王问神降临人间是怎么回事?内史过回答说,这样的事在夏商周三代兴起和衰亡的时候都有过。国家兴起的时候神降临人间,"观其德政而均布福焉"。国家衰亡的时候神降临人间,"观其苛慝而降之祸"。内史过承认神能赐福降祸,而赐福降祸的依据却是这个国家政治局面好坏。这种观念虽然认为兴亡之本在人,但还没有与"以德配天"神学思想划清界限。

《楚语下》记载:楚昭王问颛顼"绝地天通"是怎么回事。观射父认为,它是一次古代宗教改革。这次改革中,颛顼命令重和黎分别担任管理神界事务和人间事务的职官,恢复"民神不杂"的社会秩序。观射父还说,到了尧舜和三代,重的后代继承重的职务,黎的后代继承黎的职务。重和黎的后代"宠神其祖,以取威于民",编造说他们的祖先重将天举了上去,黎将地压了下来,使天地分离而不能相通。依照这个解释,重和黎本来是人,他们的后代把他们神化后才成了神。春秋时的史墨对于"五行之神"的由来也作过类似的解释,认为"五行之神"原来是人,是上古帝的臣属,分管五行事务有功,死后才被人们推尊为神。这类解释包含的人创造神的观点,是西周宗教神学中没有的新思想。

《晋语五》记载:晋国境内的梁山崩塌,晋景公派驿车召伯宗商议对策。有个车夫告诉说,"山有朽坏而崩"是自然现象。国家是川山的主人,遇到川涸山崩的事情,国君停止宴乐、穿上素服、坐上素车到郊外去策告于上帝,国内哭吊三日。除过举行这些个仪式,就不能再怎么样了。伯宗把车夫的话告诉晋景公,晋景公也就举行了个仪式了事。《鲁语上》说,有一群海鸟飞来,停留在鲁国东城门外三天不去,臧文仲让国人祭祀海鸟,展禽(本名展获,字子禽,一字季,谥号惠。封邑是柳下,后人尊称柳下惠)阻止说:海鸟飞来,臧文仲自己还不明白是怎么回事就要祭祀,很难认为是明智之举。其实,恐怕是大海上要起风暴,海鸟预感到了飞到这里来是躲避风暴。臧文仲觉得展禽的话有理,说:"信吾过也,季子之言,不可不法也。"便没有祭祀海鸟。这两处记载说明,随着知识的积累,自然现象逐渐被人们认识,自然神崇拜必然淡化。

二、阴阳五行

古老的阴阳五行思想,春秋时代有多方面发展,在社会生活和政治生活中发生显著影响。

《周语下》记单襄公的话说:"天六地五,数之常也。经之以天,纬之以地。经纬不爽,文之象也。"单襄公认为,天有阴阳风雨晦明六气,地有金木水火土五行,是不变的规律。以六气为经,五行为纬,就能成就万物,就是有文德。这段论述把阴阳归于天,把五行归于地,以天地关系说明阳与五行的关系,使阴阳学说和五行学说结合起来,是阴阳五行学说的发展。

范蠡是春秋末期南方的政治家、思想家。他辅佐越王勾践兴越灭吴,成为一个传奇性的人物。《越语》用大半篇幅记载范蠡的言行。范蠡提出,"天道"变化的规律是"阳至而阴,阴至而阳。日困而还,月盈而匡(亏)",就是说阴阳发展的规律是互相向对立面转化。把这一阴阳转化规律运用于政治,他提出"持盈""定倾""节事"三原则:"持盈",象天那样盈而不溢,盛而不骄;"定倾",在倾危中要谦卑尊礼;"节事",象大地生长万物那样顺乎自然,不勉强做条件不成熟的事。善于"持盈""定倾""节事"就能够由弱小转化为强大。在观察吴国的形势时,他强调将"天时"与"人事"两个方面结合把握时机。时机不成熟时绝对不妄动,时机一旦成熟就立即行动。他说:"时不至,不可强生;事不究,不可强成。""得时无怠,时不再来;天予不取,反为之灾;赢缩转化,后将悔之。"这些原则是从阴阳转化规律引发出来的,是阴阳五行学说在南方的发展。

三、政治思想

春秋时期,礼被视为政治准则,但在现实中礼到处遭到破坏,"非礼"行为比比皆是。守旧人物不理解"非礼"现象出现的原因,一般只会发出指责诅咒。也有人反对"非礼"现象时,对君主提出批评。而真正有意义的是,比较开明的政治人物围绕礼讨论君、臣、民的关系提出的新见解。

宗教神学中,君主代表上帝,臣民要绝对服从君主。但在春秋时代政治败坏,众多君主昏庸残暴荒淫无耻,引起人们重新思考君与臣民的关系。

君主的权力是怎样来的?《郑语》记载,西周末期 伯阳父说:"夫成天地之大功者,其子孙未尝不章,虞夏商周是也。"《周语下》周太子晋进而说:"天之所崇子孙,或在畎亩,由欲乱民也。畎亩之人,或在社稷,由欲靖民也。无有异焉。"前者讲祖先有功劳子孙才能为君主,后者更认为子孙自身有功劳才能为君主。他们一致强调,创立功业、使人民安居乐业的人,才有资格作君主。祸害人民的君主必然垮台变成"畎亩之人"。这样的观点突破了宗教神学的君主神圣论。

在春秋时代,不少人坚持认为臣对君必须绝对服从,要求臣"事君不二"(《晋语四》)。但也出现另一种观点,认为"义"高于君,臣对君的态度取决于君是否"义"。君主的主张"生利""丰民"就是"义",臣应当执行,否则就要谏阻。《鲁语上》记载:在鱼类繁育的夏季,鲁宣公要用密网捕鱼,大夫里革劝阻说:这样做得太贪婪,不要这样做。宣公不听,里革便动手割断鱼网。《晋语九》记载:史黯提出,臣事君的原则是:"谏过而赏善,荐可而替否,献能而进贤,择材而荐之,朝夕颂善败而纳之。道之以文,行之以顺,勤之以力,致之以死。听则进,否则退。"这些都是与绝对服从不同的新思想。

在西周传统政治观念中,民被看作教育和占有的对象,讲"保民"就是要像占有土地一样占有民众,讲重民就是要重视教民敬神事君。春秋时出现的新观念则开始正视民的独立地位和重要作用。春秋时代的许多政治家还记得,周厉王被国人推翻以后邵康公发出的警语:"防民之口,甚于防川。"在《周语下》《晋语二》《楚语下》可以反复看到这类言论。另一些政治家更从经济生活方面指出民对国家的重要作用。《鲁语上》记载,曹刿说"惠本而后民归之","布德于民",使民"不匮于财",民众就会归顺。《周语上》记载:周景王铸大钱搜刮民财,单襄公说这样"绝民用以实王府",很快就会弄得财源枯竭人民离散。《楚语上》记载,楚国的伍举说"民实瘠矣,君安得肥"。这些人意识到,弄得人民不能生存下去的时候,君主也就危险了。也有少数统治者,公然主张劳民、愚民。《鲁语下》记载一个贵族老太婆的话说："昔圣王之处民也，择瘠土而处之，劳其民而用之，故长王天下。夫民劳则思，思则善心生；逸则淫，淫则忘善，忘善则恶心生。沃土之民不材，逸也；瘠土之民响义，劳也。"这样公开仇视民众的话，历史上极为罕见。这个老太婆就是鲁国的公父文伯之母敬姜，我们在下文还有两次要提到她。

春秋时代的政治思想中，用人问题和华夷问题也成为讨论的热点，要求打破亲旧范围选用有才能的人。《周语中》记载，富辰提出"尊贵、明贤、庸（用）勋、长老、爱亲、礼新、亲旧"七条用人原则，称为"七德"，实际包括"亲亲"与"用贤"两个方面。他仍然把任用亲贵故旧放在第一位，同时主张"明贤""礼新"，不再排斥贵族以外的人才。《晋语四》记载，晋文公既"昭旧族，爱亲戚"，又"明贤良"，"赏功劳"，把"亲亲"与"用贤"并列起来，比起富辰的主张又有发展。最突出的是齐桓公，下令乡长举荐人才，将"居处好学、慈孝父母、聪慧质仁""拳勇股肱之力秀出于众"（《齐语》）者都加以任用，已经不分是否亲贵故旧了。

华夷之辩辩论如何看待华夏族与周边各族的关系。一种观点认为华夏诸国是兄弟，戎狄是华夏诸国的共同敌人，即便华夏诸国间有矛盾也要一致对付戎狄。连比较开明的周大夫富辰也继续遵从古训，说"兄弟谗阋，侮人百里"，"兄弟阋于墙，外御其侮"。反复说"狄，豺狼之德也"，"狄，封豕豺狼也"（《周语中》）。周定王也有类似的看法，他说："夫戎狄，冒没轻儳，贪而不让。其血气不治，若禽兽焉。"（同上）另一种观点认为夷狄与华夏没有先天的不同，有些夷狄族本来与华夏同族同姓，只因所处地域不同和生活习俗的差别成为不同的民族。《周语》《郑语》《晋语》中都有这方面的材料。隔离—接触—对抗—交流—融合，是中华各民族关系发展的漫长历史大方向。三代华夏与周边各族基本处于隔离状态，春秋时代周边各族进入华夏政治家视野，成为政治思想史在民族关系方面的新开端。

四、军事思想

春秋时代战争频繁，大国军事竞争激烈。各大国利用一切可能扩张军事实力。西周军制规定，天子建立六军，最大的诸侯国建立三军，其他诸侯国只有武装卫队。春秋时代，晋国在景公时扩大到六军，齐桓公时的齐国，鲁襄公时的鲁国，春秋末年的吴、越，都建立了三军。各国还采取其他措施提高军事实力。齐国"作内政而寄军令"，鲁国"作丘甲"，郑国"作丘赋"，楚国"书土田"，都有从经济上支持庞大的军队的意图。管仲说"美金以铸剑戟"，"恶金以铸钼、夷、斤、斸"（《齐语下》），资源配置也是军事优先。这是春秋时代军事思想发展的背景。

《国语》对春秋军事思想的记载，以《周语中》记载的晋新军副帅郤至的话最值得注意。鄢陵之战，晋胜楚败。郤至分析获胜原因，得出结论说："是有五胜也：有辞，一也；得民，二也；军帅强御，三也；行列治整，四也；诸侯辑睦，五也。""有辞"即师出有名。"得民"指得到民众支持。"军帅强御"是有坚强的将帅。"行列治整"指士卒训练有素。"诸侯辑睦"指通过外交活动争取到尽可能多的盟国。

这个总结来源于军事斗争经验。例如，鄢陵之战前三年（前579），宋大夫华元倡导"弭战"，使晋楚订立盟约，相许互不交兵。而鄢陵之战起于楚国救郑攻晋，晋国可以指责楚国破坏盟约，就是"有辞"。城濮之战时，楚军已经列阵，晋文公却下令晋军退避三舍。晋国的军吏问道："楚师老（疲弊）矣，必败。何故退？"子犯向解释说："战斗，直为壮，曲为老。"过去楚国对晋文公有恩惠，晋国还没有报答楚国就与楚军打仗，楚军官兵"莫不生气"，不能说"楚师老矣"。晋文公退避，如果楚军仍追赶不舍，楚国就没理了，晋军的就会士气高涨（以上见《晋语四》）。春秋史上，发动攻伐的大国，或者指责对方背盟，或者说要为别国平定内乱，或者说为了给别国解围救亡，而最大的理是讨伐不遵周天子之命的诸侯，都属于"有辞"。"有辞"不等于正义，但可以鼓动自己的士气，打击对方的气势。要进攻别国而找不到借口，有时只得暂时罢休。《鲁语上》记述，齐孝公伐鲁，鲁国在危机之中派乙喜去慰劳齐军。乙喜见到齐孝公，一面谢罪，一面表示鲁国并不恐慌。齐孝公问他，鲁国"室如悬磬，野无青草，何恃而不恐？"乙喜回答说："恃二先君之所职业。"他追述历史说，鲁先君周公和齐先君太公都是周室的功臣，辅佐武王取得天下。成王赐给周公和太公土地时，周公和太公用牺牲祭祀天地神祇，立誓以为质信，相约世代和好互不侵害。现在齐国来讨伐鲁国，鲁国服从了也就饶过，一定不会灭掉鲁国。齐孝公听后只好媾和回师。再如，鄢陵之战时，统帅晋军的八卿都是能干的军事人才，所以说晋国"军帅强御"。至于具备什么品质才够得上坚强的将师，当时一般认为必须具备智、仁、勇三种品质。张老向晋悼公推荐魏绛为新军副帅，说他有智、仁、勇的品质。郤至自以为有智、仁、勇的品质。楚子西欲召白公胜为将，叶公子高认为白公胜爱而不仁，诈而不智，竟而不勇，所以不能为将。

战争中要不要遵守礼仪规矩，春秋时有争论。鄢陵之战时，郤至在与楚军奋力作战中，三次与楚君的战车相遇，每次都下车奔走退让。有人说他这是"勇以知礼"，郤至也自夸"勇而有礼"。但是单襄公却指出，战争就是一方吃掉一方，"尽敌为上"——彻底干净消灭敌人最好。"弃毅行容，羞也"，在战场上抛弃果敢，遵行那些无谓的礼仪，是一种可耻行为（《周语中》）。宋襄公作战中坚持遵守旧礼导致失败，子鱼批他根本不懂得打仗的道理。

五、伦理观念

春秋以前只有孝、德等少数几个伦理范畴，伦理从属于宗教。春秋时代出现众多伦理范畴，同时开始考虑各个范畴的关系，表现出建立伦理思想体系的意图，伦理与宗教的联系趋于松弛。

《周语下》有一段单襄公赞扬晋悼公的话，一口气提出了敬、忠、信、仁、义、智、勇、教、孝、惠、让十一个伦理范畴。其中有敬、孝等旧范畴，加入了新的内容，又提出忠、信、仁等新范畴。他将众多范畴都视为文的内涵，表现出以文统帅众多范畴，使伦理思想系统化的努力。也有人用别的范畴概括众德。周内史兴说："礼所以观忠、信、仁、义也。"（《周语上》）以礼概括了忠、信、仁、义四种品德。晋大夫箕郑强调信，说君主不以爱憎代替善恶是"信于君心"，不乱用百官尊卑名号是"信于名"，政令不朝三暮四是"信于令"，役使人民不违时令是"信于事"。其他也有的人强调忠信，或者强调德义。这些看法多是针对具体人物或事件而发，反映出伦理思想与社会生活的联系，同时反映出社会伦理思想还没有形成稳定体系。

《国语》中提出的值得重视的新伦理范畴一个是忠。春秋以前，在宗法制度下，君臣之间有父子关系，或者有叔侄、兄弟、甥舅关系。作为宗法伦理的孝也就是君臣伦理。春秋时代宗法制破坏，君臣未必同属一族一家，君臣之间未必有血缘联系，需要有一个的新伦理范畴界定君臣关系，于是从孝分化出忠。臣事君怎样才算忠？上文已经提到史黯讲的臣道，讲怎样是忠于君。忠也是君道。《齐语》中说：齐桓公当盟主忠于诸侯，为诸侯办事、为诸侯着想。他灭掉了谭和遂两个小国，把两国的土地分给诸侯。他取消对东莱的鱼盐禁运，免征关税，他修筑要塞防止戎狄侵扰各诸侯国。叔向也有"以忠谋诸侯"（《晋语九》）的说法。作为一种伦理范畴，春秋时代忠的观念既不完全同于以前的孝，也不完全同于后代的单方面的绝对忠君。

　　春秋时代，贤也成为一个伦理范畴。最初，以技能优异为贤，与伦理无关。《晋语九》记载，赵简子有个家臣牛谈，因为力气大被认为贤，就只是技能的含义。称治军、治国人才为贤，便与伦理发生了关系。《晋语五》记载：晋臣臼季见到冀缺夫妇相敬如宾，推断冀缺是个敬德的人，称他为"贤人"，这个贤就包含了伦理意义。《晋语四》记载，晋文公选择可任元帅的贤才，赵衰推荐郤縠，说郤縠虽是五十岁的人了，仍然孜孜不倦地学习"先王之志法"，所以郤縠必然是德、义高尚的人。郤縠有德、义两种品质，是堪任元帅的贤人。张老认为魏绛是可以做卿士的贤人，理由是魏绛有智、仁、勇、学四种品质。前者以德、义作为贤的内容，后者以智、仁、勇、学作为贤的内容，都表明贤成为伦理范畴。

　　男女之别的伦理观念早已根深蒂固，《国语》中有充分反映。鲁国的大夫及其夫人们进见庄公夫人哀姜时都拿着币（帛）作见面礼，被载入《春秋》。《鲁语上》评论说，按照礼仪规矩，妇女相见只能拿枣栗之类做礼品，"今妇执币，是男女无别"，孔子把此事写进《春秋》是表示谴责。季康子与他的本家叔母敬姜相见谈话，季康子站在门槛外，敬姜站在门槛里，都不跨过门槛。"仲尼闻之，以为别于男女之礼矣。"还有一处记载说：公父文伯死了，其母敬姜告诫其妾不得涕泣，不得十分哀痛忧愁。为什么呢？他说："吾闻之：好内，女死之；好外，士死之。今吾子夭死，吾恶其以好内闻也。"敬姜自己死了丈夫又死了儿子，小心翼翼地"朝哭夫，暮哭子"，不敢颠倒过来。但另一方面，春秋时代对妇女的束缚还不像后代那样严酷，还没有像后代那样强调贞节。美妇人夏姬多次改嫁，申公巫臣仍然郑重地正式聘取为妻，申叔跪还庆贺巫臣有"桑中之喜"。鲁僖公的爱女季姬与鄫子在防邑相见相爱，季姬出主意让鄫子来朝见鲁僖公，借机求婚。鄫子来朝求婚，鲁僖公也就把女儿嫁给了鄫子。当时的贵族妇女还能在政治生活中发挥作用。鲁桓公夫人姜氏多次去齐国与齐僖公相会，后儒指责姜氏"非礼"。但是有一个事实，这二十年期间齐鲁没有发生过战争。齐僖公死后，当年就发生齐鲁乾时之战，次年又发生齐鲁长勺之战，可见姜氏在齐鲁关系中的影响举足轻重。齐僖公死后，姜氏在政治生活中继续发挥着作用。姜氏死后谥号文姜，说明当时人给了她肯定的评价。

　　《周语中》还有一条非常值得重视的材料，单襄公说："夫人性，陵上者也，不可盖也。求盖人，其抑下滋甚，故圣人贵让。且谚曰：'兽恶其网，民恶其上。'《书》曰：'民可近也，而不可上也。'诗曰：'恺悌君子，求福不回（谓不以邪求福）。'在礼，敌必三让，是则圣人知民不可加也。故王天下者必先诸民，然后庇焉，则能长利。'"这条材料值得重视，首先是因为其中出现了"人性"的概念。"人性"是伦理的理论依据，提出"人性"概念是伦理思想的深化。据笔者所知，古文献中的"人性"一词，最早出处就是这里。这是单襄公在鲁成公十六年（前575）说的话，在孟子出生三百年前，而我们知道《孟子》是最早载有"人性"一词的儒典。其次，这条材料对人性提出一个明确的看法，认为人性"陵上"。陵，古同凌，是侵犯欺侮的意思，正面说是反抗的意思。韦昭注曰："在人上者，人欲胜陵之也也"。所以谚语说："兽恶其网，民恶其上。"说透了，人性"陵上"就是反抗"盖人""抑下"的统治者。谁骑在自己头上作威作福就反抗谁，这是人的本性。这个观点不算深刻，作为中国最早的人性伦不可忽视。再次，这条材料从人性"陵上"引出"贵让"，提醒王者、君子要把民放在前边。单襄公活动于政治舞台的年代在公元前6世纪初期，是老子的上一代人。单襄公的"贵让"之说当是《老子》"处下""不争""不敢为天下先"的人生哲学的滥觞。

六、礼仪风俗

《国语》涉及的礼仪风俗内容广泛，记述较详的有祭祀、占卜、冠礼和社交赋诗。

春秋时代，祭祀仍被视为国之大事。各级统治者以至于士与庶人，都举行祭祀活动。等级越高的人，祭祀越频繁，祭祀的对象越多。楚大夫观射父向楚昭王讲："古者先王日祭、月享、时类、岁祀。诸侯舍日，卿、大夫舍月，士、庶人舍时。""天子遍祀群神品物，诸侯祀天地、三辰及其土之三川，卿、大夫祀其礼（指五祀及祖所自出），士、庶人不过其祖。"（《楚语下》）观射父讲历史上的祭祀制度，春秋时代已难严格实行，但观射父观念上还是认同的。

春秋时代，占卜仍然流行，占卜然后决定大事。《国语》中多有占卜的记载，有龟卜也有筮占，记载都较详的是三次筮占。一次是晋成公从周归国时晋人的占筮，见于《周语下》；另一次是重耳从秦归晋时晋大夫董因的占筮，见于《晋语四》；还有一次是重耳从秦归晋时亲自进行的占筮，也见于《晋语四》。三次占问的都是国君继位的大事，可见春秋时代人们对占卜的崇信。值得注意的是人们解释占筮结果时透漏出的消息。重耳占筮得"贞《屯》悔《豫》"，就是《屯》卦变为《豫》卦。筮史依据卦象断为不吉，因为《屯》卦是震下坎上，《豫》卦是坤下震上，震象车，坎象险，坤象地，连起来附会为车在地面行走而遇到危险之象。但司空季子将卦辞、卦名、卦象结合起来解释，认为非常吉利。他解释说，《屯》《豫》二卦都有"利建侯"的卦辞，"不有晋国，以辅王室，安能建侯？"《屯》卦名有丰厚的含义，《豫》卦名有快乐的含义，"不有晋国，何以当之？""震，车也。坎，水也。坤，土也。"有兵车、土地、河流，乃"得国之卦也"。卜筮决吉凶，前提是承认神意主宰人事。卜筮流行反映着春秋时期宗教神学观念仍然浓厚。但解释《周易》占筮结果时有一个逻辑推理过程，如何推理受人的经验、智慧和愿望影响。随着时代发展，卜筮中渗透的人的理性越来越多。

贵族男子年满二十，择日举行加冠仪式，称为冠礼。《晋语六》记述有赵文子举行冠礼贽见诸卿大夫时，各位年长者祝贺他的话。栾伯说：美哉！过去我跟随你的父亲做事，有华而不实的毛病，希望你避免我过去的毛病，努力"务实"。荀庚说：美哉！可惜我已经年老，看不到你将来建立功业了。范文子勉励他力戒骄傲。郄绮提醒他向老年人学习。韩厥勉励他要"始与善"，做人有一个良好的开端。智武子着重以"文"和"忠"勉励赵文子。郄犨说：

压制年轻人的大夫很多，我喜欢你扶持你。郤至说：你不如谁就别和谁比，求其次就可以了。赵文子最后赞见张老，把各位卿大夫的话告诉张老，张老说：栾伯要你"务实"是有益的，范叔教你戒骄可以使你成长，韩子告诫你要善始可以使你完成。他们三人的教诲已经把做人的道理讲得很完备，能否实行在于你有没有志气。郤犨的话不足为训。智子教你的"忠""文"之道，是前辈留给你的财富。这些记载表明，冠礼具有传承人生经验的意义。

春秋时代，有一批诗歌是贵族圈子里人人熟悉的，赋诗成为一种流行的表达方式。《晋语四》记载，在一次宴会上，秦穆公赋《小雅·采菽》，重耳赋《小雅·黍苗》作答。秦穆公赋《小雅·小宛》，重耳赋《小雅·沔水》作答。秦穆公赋《小雅·六月》，重耳下堂拜谢。《采菽》是周天子欢迎来朝者的乐歌，有天子赐给诸侯命服并为其祝福的内容。秦穆公赋《采菽》，表示愿意帮助重耳回国即位。《黍苗》有"芃芃黍苗，阴雨膏之"的诗句，重耳赋此诗表示依托和感激秦穆公。《小宛》有"宛彼鸣鸠，翰飞戾天，我心忧伤，念其先人"的诗句，秦穆公赋此诗表示追念先君，一定要援助重耳。《沔水》有"沔彼流水，朝宗于海"的诗句，重耳赋此诗表示归晋以后要朝宗秦国。《六月》是歌颂尹吉甫辅佐周宣王中兴的诗，穆公最后赋此诗勉励重耳，所以重耳立即下堂拜谢。通过赋诗，双方达成了一项政治协议。《鲁语下》记载，敬姜为了给儿子选定妻室而宴飨宗老，赋《邶风·绿衣》的第三章："绿兮丝兮，女所治兮。我思古人，俾无訧兮。"表示儿子已经长大，她要为子选定妻室，替已故的丈夫尽责，请求宗老帮助。当时的人评论说，敬姜通过赋诗求助，表达得委婉又很明白，是很妥贴的做法。

有时候甚至只提到一首诗的题目，不必赋诗也可以把意思表达出来。鲁襄公十四年（前559）鲁帅诸侯军伐秦，到了泾水边上，诸侯军都不肯先渡。鲁军统帅叔孙豹说："豹之业，及《匏有苦叶》矣，不知其他。"晋国的叔向一听，立即命令晋军备船过河。因为《匏有苦叶》诗中有云："匏有苦叶，济有深涉，深则厉，浅则揭。"意思是，葫芦的叶子已经枯干，葫芦已经成熟，济水有渡口，水深就脱掉衣服系着葫芦泅渡，水浅就提起衣裳涉水而过。叔向熟悉这首诗，听到叔孙豹说《匏有苦叶》就知道他决心渡过泾水作战了。

《鲁语下》还有关于宴会用乐的一段记载，说叔孙豹出使晋国，晋悼公为他举行欢迎宴会，先奏《肆夏》之乐三首，叔孙豹不拜；又奏《文王》三首，叔孙豹亦不拜；接着奏《鹿鸣》《四牡》《皇皇者华》三首，每奏一首叔孙豹都起来拜受。晋悼公让掌宾客之礼的行人问他，这样做是什么礼节。叔孙豹回答说：《肆夏》三首是天子宴飨元侯用的乐歌，《文王》三首是两国君主相见用的乐歌，自己是一个使臣不敢拜受。《鹿鸣》是君主宴飨群臣用的乐歌，《四牡》是君主慰劳群臣用的乐歌，《皇皇者华》是君主勉励臣下用的乐歌，这三首与自己身份相符，不敢不拜受。叔孙豹发现晋悼公使用乐歌不当，并能妥贴应对，给鲁国挣了面子。

七、古史传说

春秋时代流传的古史传说，是研究春秋以前古史的资料，也是春秋时代文化的组成部分，是研究春秋文化的资料。《国语》记载的古史传说主要是史前的，也有属于三代的。

《晋语四》关于炎黄及其族系的记载，是见于古文献的关于炎黄及其族系的最早的较详记载。其中说少典娶于有蟜氏，生黄帝、炎帝。黄帝在姬水流域长大，为姬姓。炎帝在姜水流域长大，为姜姓。姬、姜两姓世代通婚。黄帝有二十五个儿子，为四个母亲所生。其中十四人居官有德而得到赐姓。有两人同赐为姬姓，两人同赐为己姓，其余十人各得一姓，共为姬、酉、祁、己、滕、箴、任、荀、僖、姞、儇、依十二姓。《楚语下》和《郑语》记载：黄帝的后代高阳氏的颛顼继金天氏少皞之后兴起之时，重是高辛氏帝喾的火正，能尽其职，"以淳耀敦大，天明地德，光照四海"，故称为祝融。祝融的后代分为八姓，即己、彭、董、秃、妘、曹、斟、芈。夏代时己姓的一支樊封于昆吾。商代时彭姓的一支篯封于大彭，另一支韦封于豕韦。昆吾后代中有一支在帝舜时以豢龙为职，赐姓为董，封于鬷川，亡于夏代孔甲以前。彭姓中还有一支为秃姓，亡于商代。妘姓居于鄢、郐、路、偪阳，曹姓居于邹、莒，在周代时的采服、卫服之地。斟姓无后。芈姓的后代就是楚国。

　　治水是史前的大事。《周语下》记载，炎帝的后代共工氏曾与帝喾争王而最终灭亡。共工氏灭亡的原因与治水失败有关。共工氏用"壅防百川，堕高堙庳"的办法治水，危害天下，导致败亡。尧舜时，治水成为更加紧迫的大事。尧在位时舜为尧臣，鲧为崇国之君。舜派鲧治水，鲧仍然用共工的错误办法治水，又遭到失败，被尧诛杀于羽山。《晋语八》说，鲧被诛杀以后变成一只黄熊，钻进羽山下的水潭中去了。夏商周三代都祭祀他，《鲁语上》有"禹能以德修鲧之功"的说法，《吴语》中更有"鲧禹之功"的说法。这些记载说明，人承认禹治水是鲧治水事业的继续。关于禹治水的事迹，《周语下》有一大段记述，中心意思是说禹治水摒弃了违背水土性质的错误办法，采用了"疏川导滞"的办法，所以取得了成功。记载还说，共工氏的后代为四狱（主持祭祀四狱的官），辅佐禹治水有功，封于吕，以姜为姓，以有吕为氏，重新取得了贵族地位。我们的史前先民经历好多世代努力，遭遇反复失败，付出汗水和生命的代价，直到禹时才取得成功。治水成功解除了史前中国人的生存危机，也是认识自然的一次胜利，成为中华民族宝贵的精神财富，对中国思想文化发生了深远影响。治水成功的禹受到后人崇拜，治水失败付出了生命代价的共工氏和鲧，也值得永远纪念。

　　《国语》记载的属于三代的传说有这么几则：一则是孔子论大骨。《鲁语下》记载，春秋末年在会稽山发现一节大骨，要一辆车子才装得下，吴国使者到了鲁国说起此事，孔子说："丘闻之：昔禹致群神于会稽山，防风氏后至，禹杀而戮之，其骨专车。"一则是商的先祖的传说。《鲁语上》说："契为司徒而民辑，冥勤其官而水死，汤宽治民而除其邪。"契是商的始祖，在舜的时候做司徒，能够使民和睦。冥（也就是殷代甲骨文中说的王亥）是契的六代孙，在夏代时为水官，以身殉职死于水。另一则是殷高宗武丁与傅说的故事。《楚语上》记载，武丁是一个敬德慎行的人，能够与神明相通。他即位后三年不语，"默以思道"。他白天思贤，夜里梦见贤人。他把梦中的贤人形象告诉臣下，派人四方访寻，果然找到了贤人傅说。武丁让傅说做了上公，要求傅说经常纠正自己的错误，把傅说的忠言当做治病良药。还有一则孔子论楛矢。《鲁语下》说，孔子周游列国到陈国的时候，陈惠公的庭院中突然掉下来一只被射杀的猛禽，身上带着一支楛木箭杆石矢箭头的箭，有一尺八寸长。孔子见到了，说："隼之来也远矣！此肃慎氏之矢也。"接着讲，过去武王克商以后，与九夷、百蛮相通，要求各地进贡特产表示臣服。那时肃慎氏进贡的就是一尺八寸长的"楛矢石砮"。武王在箭杆上刻上了"肃慎氏之贡矢"几个字，赐给大女儿大姬。大姬嫁给舜的后代虞胡公，虞胡公封于陈，那支"肃慎氏之贡矢"被带到陈国。如果在陈国的故府里去找，大约还可以找到。陈惠公派人去找，果然在金匮中找到了。

从《国语》的记述可见，春秋时代主导思想文化的人，仍然是周王室和诸侯国的职官，主要是卿士、大夫、史官、卜官筮史等文职官员，也有将帅等武职官员。《国语》中见不到老子的踪影，出现于书中的孔子仅是一个博古专家，他们的思想还没有得到应有关注。分地域看，讨论思想文化的人，以传统文化资源丰厚的周王室和鲁国的职官最多，非常引人注意。给人印象最深的人物单襄公是周王室的卿士，展禽是鲁国的士师。这些主导思想文化的人物的知识教养离不开传统天命神学，离不开西周礼乐文化。但在传统观念不能有效应对春秋时代的现实问题的时候，一些正视现实的人物必然突破传统寻找解决办法。思想文化领域由此出现复杂状态，有开明与守旧的对立，开明人士之间也有差别，甚至同一个人物对此一现象的见解比较理性，对彼一现象的理解却陷入盲从。这种复杂状态，使春秋时代成为思想文化发展过程中的过渡性阶段，即从古代宗教文化到诸子文化的过渡阶段。

作者简介：刘宝才，男，西北大学教授。

关于中国早期冶铜问题的思考

重庆师范大学历史与社会学院　刘俊男　易桂花

摘　要： 种种迹象表明，在西亚、中亚铸铜技术影响中国之前，中国南北各地早已有自己的冶铜经济出现。在中国北方，早期铜主要为红铜、黄铜，冶炼技术大约与西亚同时；中国南方及马家窑文化区则主要是铅、锡合金青铜。铅锡青铜铸造的源头可能在长江流域。我们有理由期待长江流域更多、更早铅、锡青铜的发现。

关键词： 中国　早期铜器　砷青铜　铅锡青铜

铜金属冶炼是中国前文明社会转变为文明社会的重要经济现象，是文明起源时代极重要的发明之一，有人曾将城、金属（铜）、文字看作是文明起源三大要素，铜器冶炼的起源及早期演进的历史，既是文明起源的重要问题，也是一个重要的经济史的问题，它的产生与演进，极大地促进了中国经济的发展。

关于中国铜冶炼的起源，学者们讨论很多，详本文所作注释，代表性的观点主要有2-3种，或认为源于西、中亚，并认为西城驿、石峁、陶寺等遗址是其证据；① 或认为源于河西走廊，也主要以西城驿遗址为据；② 最近郭静云等先生则著文认为其起源于长江中游地区。③

笔者以为，以上各种观点皆有其正确的内核，但仅凭局部的资料很难得出中国铜器起源于何时、何地的结论，本文拟在各位研究的基础上，结合西、中亚有关铜器产生与演进的历史，对当今中国境内前文字时代有金属遗存的遗址，作较全面梳理，并进而得出相应的结论，请同仁指正。

---

① 易华：《青铜之路：上古西东文化交流概说》，《东亚古物》（A卷），文物出版社，2004年，第76-96页。陈坤龙、梅建军、潜伟：《丝绸之路与早期铜铁技术的交流》，《西域研究》2018年第2期，第127-137页。屈婷：《中国社科院专家王巍：丝绸之路比你想象的更久远》，新华网，http://www.xinhuanet.com/politics/2016-09/22/c_1119608959.htm[2016年9月22]

② 张连银：《中国北方冶金术源于河西走廊》，《中国社会科学报》2016年6月13日第4版。

③ 郭静云、邱诗萤、范梓浩、郭立新、陶洋：《中国冶炼技术本土起源：从长江中游冶炼遗存直接证据谈起（一）》，《南方文物》2018年第3期，第57-71页。

一、现中国境内的冶铜遗存及相关分析

(一) 北方长城地带至甘青地区的早期铜器

1. 仰韶文化区

从考古报告可知,在陕西渭南北刘遗址庙底沟时期的地层中发现 1 件完整的黄铜笄 (T9:15),① 年代距今约 6000—5500 年。仰韶文化时期的姜寨一期遗址发现黄铜片 (T74F29:15) 和黄铜管状物 (T259③:39) 各 1 件,是现已出土的中国最早的铸造铜器,其时间约为距今 6700 年。经检验,黄铜片为含少量铅、铁、硫、锡的黄铜,其边缘有粗锉痕,局部地区凹进,无锉痕,保留了铸造凝固时的表面;黄铜管状物是含锌约 32%、含铜 69% 和少量铁、硫的黄铜,不含铅、锡,是最原始的冶炼方法铸成的产品。② 对姜寨遗址的两件黄铜器,安志敏先生曾提出过异议,认为不太可信,因为它们分别含锌 25.56%、32%,而测定中国早期铜器中一般不含锌。锌的熔点是 420 度,沸点是 950 度,比一般金属低很多,往往在冶炼时会汽化而难以收集;他还认为,为什么在那么多的仰韶文化遗址里,只限于姜寨的个别发现? 同时在后来的几千年中,为什么又一直缺少黄铜的存在? 这些都是值得怀疑的,至少目前还不能根据这个孤证,就肯定仰韶文化时期已经出现黄铜,或已进入青铜时代。③ 如此,姜寨先民是怎样成功地制造出黄铜显得很神秘。北京钢铁学院冶金史组著文指出:

> НoВгоpoДoВa 等报告:在外高加索和南乌拉尔金矿产地,发现了含锌 32—35% 的天然黄铜。Forbes 指出在巴勒斯坦曾发现一件黄铜器,含锌 23.4%,年代 1400—1000B.C,它可能是由特殊的矿石偶然加工而成的。在欧洲出现最早的黄铜器是罗马时期的钱币 (45B.C.),含锌达 27.6%,是在铜内加入炉甘石冶炼而成。

在我国商周以及汉代的青铜器中,往往含有少量的锌,这是由原材料中的杂质带入的。黄铜到宋代才有记载……用金属锌制造黄铜至早应该在公元 11 世纪以后才有可能。④

孙淑云、韩汝玢先生则认为早期利用共生矿是可以炼出黄铜的,他们说:

> 利用共生铜矿冶炼铜合金的实例还有山东胶县三里河出土的龙山文化黄铜锥。笔者曾进行过模拟实验及研究,对古代利用共生铜矿及混合矿冶炼黄铜进行了探索。陕西临潼仰韶文化遗址曾发现黄铜片,笔者最近对陕西渭南仰韶文化晚期遗址出土的铜笄进行了检测,表明它也是黄铜,具有锻造组织。以上说明公元前 3000 年左右在黄河中、上

---

① 西安半坡博物馆、渭南市博物馆、陕西省考古研究所:《渭南北刘遗址第二、三次发掘简报》,《史前研究》1986 年第 1、2 期合刊,第 111—128 页;孙淑云、韩汝玢:《甘肃早期铜器的发现与冶炼、制造技术的研究》,《文物》1997 年第 7 期,第 75—84 页。
② 西安半坡博物馆、陕西省考古研究所、临潼县博物馆:《姜寨——新石器时代遗址发掘报告》,北京:文物出版社,1988 年,第 148、544、548 页。
③ 安志敏:《中国早期铜器的几个问题》,《考古学报》1981 年第 3 期,第 269—285 页。
④ 北京钢铁学院冶金史组:《中国早期铜器的初步研究》,《考古学报》1981 年第 3 期,第 290 页。

游地区已开始冶铜技术的探索。铜锌共生矿较易还原，在当时冶炼条件下可以得到黄铜器。①

2. 红山文化区

红山文化西台遗址共出土陶范 10 件，其中两组（F202①：5，F202①：11）为合范，保存完整，是铸造青铜器的模具，时间约距今 6500—6000 年。② 大约在公元前 3000 年，红山文化遗存中发现两件金属器物，牛河梁第二地点 4 号积石冢 1 号墓内出土了 1 件小铜环，③ 经鉴定为红铜质，被冶金史界称为我国迄今发现最早的铜标本之一。田广林先生通过实地观察，认为 4 号冢 1 号墓是红山文化流行的石棺墓，与夏家店下层文化土坑竖穴葬的葬法明显不同，从而肯定铜环为红山文化遗存。④ 此外，山西榆次源涡镇仰韶文化晚期的陶片上发现附有铜渣，河北武安赵窑仰韶文化中发现将军盔残片和铜炼渣。因此，我国大约在公元前 3000 年出现了金属冶炼应是不成问题的。

以上可知，中国仰韶文化区、北方红山文化区 5000 年以前的铜分别为黄铜、红铜，尚未发现青铜。

3. 甘青地区

甘青地区有着一定的铜矿资源，并有少量的锡矿藏，该地区发现的早期铜器出土于甘肃东乡林家遗址马家窑文化晚期地层中，在该遗址 F20 的北壁下发现 1 把通长 12.5 厘米的含锡青铜刀（F20：18），晚期 H54、中期 T57 第 4 层发现 3 块"铜渣"。经检验，铜刀由合范铸造而成，H54 出土"铜渣"非天然矿石，而是经冶炼但分化成碎块的含铜铁金属的长期锈蚀物。用中子活化法分析的铜渣含铜 36.50%、锡 6.47%、铅 3.49%、铁 0.41%，酸不溶物占一半以上。T57 第 4 层中发现的两块铜渣也都因风化而成为碎块。这些发现表明当时林家遗址当地能铸造青铜器。林家晚期 3 个碳十四数据中，有 2 个为距今 4700 年，1 个为距今 5200 年，报告采用 4700 年，其中期当在距今 4900—4800 年左右。⑤ 马厂文化发现铜器 3 件，其一是甘肃永登蒋家坪出土的铜刀（75·X·D·T473），经激光微区光谱分析为含锡的青铜；另 2 件是甘肃酒泉高苜蓿地发现的 1 件铜块和照壁滩发现的 1 件铜锥，经检验铜块为铸造红铜，铜锥由红铜热锻成形，局部经冷加工。⑥ 马厂文化年代约为 2300 B.C.—2000 B.C.。

---

① 孙淑云、韩汝玢：《甘肃早期铜器的发现与冶炼、制造技术的研究》，《文物》1997 年第 7 期，第 81 页。

② 杨虎、林秀贞：《内蒙古敖汉旗红山文化西台类型遗址简述》，《北方文物》2010 年第 3 期，第 13—17 页。

③ 辽宁省文物考古研究所：《辽宁近十年来文物考古新发现》，载《文物考古工作十年》，北京：文物出版社，1990 年，第 61 页。

④ 田广林：《中国东北西辽河地区的文明起源》，北京：中华书局，2004 年，第 111—112 页。

⑤ 甘肃省文物工作队等：《甘肃东乡林家遗址发掘报告》，《考古学集刊》第 4 辑，北京：中国社会科学出版社，1984 年，第 125 页。

⑥ 孙淑云、韩汝玢：《甘肃早期铜器的发现与冶炼、制造技术的研究》，《文物》1997 年第 7 期，第 77 页。

(二) 中原及海岱地区的早期铜器

1. 中原核心区

据李京华先生《河南龙山文化冶铜技术》一文①介绍，中原地区发现龙山时代4处冶铜遗存，二里头一二期也出现冶铜遗迹：

其一，郑州市西郊牛寨村，早在20世纪50年代发掘河南龙山文化遗址时，出土了熔化青铜的残炉壁（C13TI三层），当时由于受旧的学术思想束缚而不敢报道，后来，因其他地区早期铜器的不断出现，便请《中国冶金史》编写组检验分析，证明是熔化青铜的炉壁。由于当时是配合基建工作，发掘面积有限，未能找到熔铸场所及其他遗物。

其二，临汝煤山河南龙山文化遗址第2期的H28、H40两个坑中，出土泥质炼铜炉炉底残块，炉形较大，炉径约5.3厘米，厚约2厘米。炉壁内面有6层铜液凝固层，每层厚0.1厘米。说明此炉经过6次停炉维修并继续冶炼。多次重复使用，说明已摆脱了最初1炉炼1次的原始状态。经化验，铜含量近95%，属冶炼红铜的炉子。煤山一期文化曾做过碳十四测定，T13B层的木炭为2290±160B.C.（树轮校正值，下同）；F6的木炭为2005±120B.C.。

其三，登封告成王城岗河南龙山中晚期遗址第四期灰坑（T196H617）出土铜片1块，器表面有一层烟熏黑，这既说明它是酒具的一种，又表明其在使用中致残。据铜片的弧度分析，可能属铜斝的腹和腿上部位置。铜片厚薄均匀，壁厚不到0.2—0.3厘米，表面平整，说明铸造工艺是比较进步的。经北京钢铁学院的扫描电子显微镜、光谱检验，是含铅的锡青铜铸件。它比偃师二里头一期文化还要早两期。

其四，淮阳县平粮台龙山文化城址，在第三期灰坑（H15）接近底部处发现铜绿色铜渣1块，长1.3厘米，断面近似正方形，四边各0.8厘米，四期灰坑（H15）木炭经碳十四测定，距今3960±140年，树轮校正距今4355±175年。因此，铜渣的时代应在这年代以前。虽然未对铜渣作成份鉴定，但至少说明在此期间已在城堡中炼铜了。

偃师二里头类型文化一、二期中"已经出现冶铜的坩埚碎片和少量的炼渣"。

此外，新砦遗址发现了1850B.C.—1750B.C.的铜容器残片1件（T3⑤B:1），残长8.4厘米，发掘者认为可能是鬹或盉的流部，流中间部位有一小豁口。②

2. 海岱地区

在海岱地区，山东泰安大汶口文化晚期一号墓随葬的一件小骨凿上带有孔雀绿色，经化验含铜率为9.9%。③ 据严文明先生1984年的统计，山东的龙山文化遗址发现铜器或铜炼渣的共有5处；④ 海岱地区多处出现铜制品或铜炼渣；三里河遗址发现2件黄铜器（T21②:

---

① 李京华：《河南龙山文化冶铜技术》，《有色金属》1983年第3期，第65—66页。
② 北京大学古代文明研究中心、郑州市文物考古研究所：《河南省新密市新砦遗址2000年发掘简报》，《文物》2004年第3期，第13页。
③ 山东省文物管理处、济南市博物馆：《大汶口——新石器时代墓葬发掘报告》，北京：文物出版社，1974年，第124页。
④ 严文明：《论中国的铜石并用时代》，《史前研究》1984年第1期，第38页。

1，T110②：11），报告推测可能是利用遗址所在潍坊当地的含锌量高的氧化锌、铜矿石冶炼所得；① 诸城呈子遗址发现了铜片；② 杨家圈遗址出土1件疑似锥形工具的残铜条（T23②：14）；③ 尧王城遗址的地层中也发现铜渣。④

此外，据张学海先生介绍，还有如下遗址发现铜迹：临沂大范庄遗址出土有铜渣；长岛店子遗址出土残铜片；鹿邑栾台出土铜块，泗水尹家城共出土的岳石文化铜器14件，有镞、刀、锥、环与铜片等，其中经过鉴定的9件中，6件属青铜，3件为含锡量在2%以下的红铜，多数是在冶铸之后加以锻打。⑤

（三）长江地区的早期铜器

裘士京先生认为，沿长江一线，有着比我国其他地方更为丰富的铜矿带。⑥ 目前，已在屈家岭文化邓家湾遗址发现众多铜矿石及两件陶模（H22：4，T21④：23），一件是铸小件装饰品的，一件是实模，如图1。⑦ 笔者推断此实模很可能是铸造容器的。

陈树祥先生等对江汉地区的早期铜冶炼遗址作了详细梳理，认为鄂东南和鄂中区域有10处遗址公布了铜矿石（孔雀石）、冶炼遗存、青铜片及采冶工具，说明铜矿石开采、冶炼处在肇始阶段。他认为，从出土的铜矿石、冶炼遗物和遗址地层或遗迹中的生活用器共存关系，可分为屈家岭文化晚期或石家河文化早期、石家河文化和后石家河文化3个发展阶段，但绝大多数矿冶遗物属石家河文化时期，合金青铜片属后石家河文化时期。后石家河文化时期正式进入合金冶炼阶段。陈先生写道：大路铺遗址东部发掘区第⑦层是后石家河文化堆积，发现的冶炼遗物有铜矿石、废矿料、炉（炼）渣及青铜残片等。其中一小块孔雀石经采用ICP分析，含铜量高达40.12%。炉渣全为形状相异的小块炼渣，断面满是蜂窝状的小孔眼。经对其中2块炼渣采用岩相薄片及XRD分析，都为冶铜的浮渣。其中，1块炼渣呈薄片状；另一块呈砣状。出土的1块青铜残片，长1.3cm，宽0.7cm，厚0.2—0.3cm，表面较光滑，呈青灰色，经采用X射线荧光技术对青铜片进行无损成分检测，残片是以锡、铅、铜为主的三元合金物，其中，锡占41.34%、铅占25.02%、铜占19.84%。锡、铅含量皆高于铜的含量，显示合金配料的初期性特征。阳新大路铺遗址石家河文化晚期出现了冶炼遗物成系

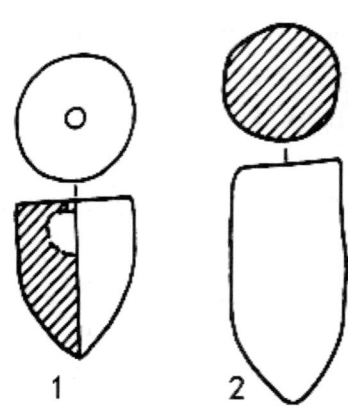

图1 邓家湾屈家岭文化陶模
1. H22：4 2. T21④：23.

---

① 中国社会科学院考古研究所：《胶县三里河》，北京：文物出版社，1988年，第21页。
② 据山东省博物馆发掘资料。
③ 北京大学考古实习队、山东省文物考古研究所：《栖霞杨家圈遗址发掘报告》，《胶东考古》，北京：文物出版社，2000年，第198页。
④ 临沂地区文物管理委员会、日照县图书馆：《日照尧王城龙山文化遗址试掘简报》，《史前研究》1985年第4期，第64页。
⑤ 张学海：《龙山文化》，北京：文物出版社，2006年，第162-164页。
⑥ 裘士京：《江南铜研究》，合肥：黄山书社，2004年，第288-291页。
⑦ 石家河考古队：《天门石家河考古报告之二——邓家湾》，北京：文物出版社，2003年，第78页。

列现象,说明已经发明冶铜术。遗址上一块青铜片的发现,应是在冶炼红铜基础上发明了合金术,表明阳新大路铺遗址在后石家河文化时期进入了青铜时代。①

我们认为,陈先生的研究很有价值,证明屈家岭文化晚期已经开始了冶炼铜,至后石家河文化已经进入合金冶炼时代。只是其时代推断未将碳十四年代加以校正,若校正,存在10%的年代短缺,即石家河文化的年代最早距今5100—5000年,后石家河文化的年代为距今4400—3900年,详拙文。② 另外,后石家河文化发明合金冶炼是不错的,但各地冶炼技术有差异,在石家河城的技术要高些,合金中各元素所占比例较合适,而且时间较早。在邓家湾遗址石家河文化早期出土了铅、铜合金青铜器(T4②:11),似铜刀,长形薄片,残长6.6厘米、残宽3.7厘米、厚0.27厘米。金正耀先生测定其铅同位素测试结果,如表1所示。③

表1 邓家湾出土青铜器 T4②:11 铅同位素含量表

PB76	PB86	PB64	PB74
0.8543	2.0915	18.289	15.624

关于江汉地区的铜器制造,任式楠先生指出:

> 目前只在石家河遗址群里发现,这是长江及其以南地区新石器时代迄今发现铜制品和原料的唯一地点;铜器材料出土物相当集中,数量较多。它与黄河流域中下游新石器时代已知出土铜器材料的10多处遗址相比,石家河遗址群里发现物最为突出。在邓家湾、肖家屋脊遗址石家河文化早、中期地层,多次发现许多孔雀石块,经化验,是含铜量较高的铜矿石。附近不见其产地,当是从别处开采运来的。尤其在石家河文化中期的罗家柏岭遗址,3个探方地层里出有铜绿石(孔雀石)或锈蚀的铜渣;又在其中的两个探方和邻近的其他两探方地层里,共出土5件铜器残片,因过分残小难辨器形。罗家柏岭同时出土这样丰富的铜矿石、铜渣和铜片,在全国同时期的遗址里也实属罕见。石家河文化的冶铜工艺当经历长期发展的过程,有理由可以推测,在长江中游地区开始使用铜器的年代,还应在石家河文化之前。④

关于屈家岭、石家河文化的一般年代,我们已专门讨论,屈家岭文化大约在3600—2800B.C.,石家河文化在3000—2300B.C,⑤ 但具体到某个地址的石家河文化年代可能不

---

① 陈树祥、龚长根:《湖北新石器时代遗址出土铜矿石与冶炼遗物初析——以鄂东南和鄂中地区为中心》,《湖北理工学院学报》,2015年第5期,第2-3页。
② 刘俊男、易桂花:《碳十四测年与石家河文化起迄年代问题》,《华夏考古》2014年第1期,第51-61页。
③ 石家河考古队:《天门石家河考古报告之二——邓家湾》,第243页。
④ 任式楠:《任式楠文集·长江中游文明起源探索》,上海:上海辞书出版社,2005年,第264-265页。
⑤ 刘俊男、易桂花:《碳十四测年与石家河文化起迄年代问题》,《华夏考古》2014年第1期,第51-61页。

一致，就石家河古城来说，已有的几个碳十四数据 BK89045、BK89037、BK89038、BK89037、BK90141、BK90142 的校正年代分别为：3140±180 B.C.、2810±145B.C.、2625±130 B.C.、2771±145 B.C.、3085±175 B.C.、2960±190 B.C，最早的年代可达公元前 3100 年以前。如果金属冶炼还可追溯到石家河文化以前的屈家岭文化的话，那么其年代当更远，远达 5600 年前。① 再说，石家河文化的青铜器属生产工具的刀，已经越过了锻打自然铜和冶炼红铜的原始阶段，也越过了用铜制作铜针、铜首饰等小件铜器的时代，说明已经历较长的发展阶段。

二、关于冶铜起源的讨论

有人基于西城驿遗址的证据，从而认为中国金属冶炼技术源于西方。因此，我们先讨论一下西城驿遗址的年代问题。陈国科、王辉、杨谊时等先生对西城驿遗址有专文介绍：认为西城驿遗址是一处以从事旱作农业为主、兼有饲养，并进行着冶金等手工业生产的史前聚落，可以划分为 3 个时期，一期距今 4100—4000 年，以马厂晚期遗存为主，兼有零星齐家文化遗存；二期距今 4000—3700 年，以西城驿文化为主，且有大量齐家文化遗存共存；三期距 3700—3500 年前后，以四坝文化早段遗存为主，兼有少量齐家文化遗存。马厂文化、西城驿文化及四坝文化是前后延续的，自马家窑文化以来一脉相承。而齐家文化一般被认为是东部文化的传统，其在河西走廊出现是东部人群西进的结果。齐家文化与马厂文化晚期、西城驿文化、四坝文化早期都有共存时期，其在河西走廊结束的时间早于洮河流域，这可能与河西走廊地区四坝文化的兴盛有关。② 从他们的描述可知，真正的西城驿文化距今 4000—3700 年。

目前部分学者倾向于西亚、中亚冶金对中国的影响，但能举出影响的例子仅局限在龙山文化晚期至二里头文化时期，例如，西城驿遗址、陶寺遗址中晚期等，即距今 4100—3900 年前，发现过类似西亚的铜，即砷铜（李刚先生称之为砷青铜，③ 本文简称为砷铜，以与中国南方及马家窑文化林家遗址的铅、锡青铜——本文简称为青铜，相区别）。陶寺遗址中期的 1 件盆口沿残片，④ 晚期的 1 件齿轮形器，⑤ 皆含砷；齐家文化晚期铜器出土较多，且多含砷；新疆地区考古发掘的铜器实例年代也在距今 4000 年以后。而且前文所列中国境内发

---

①上文所述邓家湾遗址出土的两件屈家岭文化陶模，皆为屈家岭文化早期之物，其中一个 T21④23 与碳十四样本 T21④木炭（其下为生土）同坑同层，其样本 BK87091 距今 5190±80 年，校正值为 3870±109B.C，另一个样本 T21H9 木炭 BK87092 年代为距今 4955±80 年，校正后为 3605±109B.C.。碳十四数据见《文物》1994 年，校正值为笔者从《考古工作者手册》所查得。

②陈国科、王辉、杨谊时：《河西走廊地区早期冶金遗址考古调查发掘主要收获》，《中国文物报》，2018 年 7 月 27 日第 7 版。

③李刚：《中国北方青铜器的欧亚草原文化因素》，北京：文物出版社，2011 年，第 242 页。

④中国社会科学院考古研究所山西队、山西考古研究所等：《山西襄汾县陶寺城址发现陶寺中期大型夯土基址》，《考古》2008 年第 3 期，第 3-6 页。

⑤梁星彭、严志斌：《山西襄汾陶寺文化城址》，《2001 中国重要考古发现》，北京：文物出版社，2002 年；中华人民共和国科学技术部、国家文物局编：《早期中国——中华文明起源》，北京：文物出版社，2009 年，转引自许宏：《何以中国》，北京：三联书店，第 22 页注 1。

现的早期铜大多是黄铜、红铜、青铜,不见砷铜,到西城驿、陶寺等遗址才发现砷铜,而到二里头文化以后,中国又普遍出现青铜而非砷铜。这就说明,距今4100年以前中国各地发现的铜当是中国本土产生,二里头文化之后,中国仍保留自己的传统。

其所以说砷铜可能源于西、中亚,是因为西亚虽然也有锡青铜,但在铜石并用时代早中期是以砷铜为主。关于这一点,可参见伊顿、休麦克雷尔的研究,他们说:

> 很清楚的是,在青铜时代早期和中期,近东的主要合金实际上不是青铜,而是砷铜。尽管替代率非常不稳定,取决于所涉及的制品类型以及不同的国家锡供应,但锡青铜最终取代青铜器晚期所有地区的砷铜。例如,对于古埃及来说,含锡金属(1%或更多)和基本上无砷金属(小于或等于0.1%)的比例显著地从旧王国增加到新王国。特别重要的是使用砷铜所涉及的高水平的技术技能,以及作为人工制品使用功能的砷水平的关注和故意控制。图10和表6说明了古埃及使用刀和类似刀片的分析数据的这些不同点,这些刀片在与其他工具或非功利性制品相比时具有显著高水平的元素。这种刀和刀片在适当的冷加工下,将从几个百分点的砷含量中明显获益。而斧头和锛的砷含量就较低,这与英国和其他早期青铜时代的特点相似,在这些地方,使用时将受到严重打击的工具很少表现出高水平的砷。①

由此可见,砷铜中砷的含量是可调节的。关于砷铜的冶炼,尼松·阿姆扎内说:

> 第3阶段:真正的冶炼过程
> 一种含有极低铜含量(<1%)的新型炉渣是铜石并用晚期冶炼的特征。这表明在熔炼过程中矿物基质的流体相转变的发生,伴随着炉渣的锰,镁和钙的富集。这种改变需要使用新的助熔剂。
> 这个顺序揭示了熔炼过程朝着矿物基质的全部液化和金属铜和炉渣的完全分离逐步改进。其他创新在勒旺南部的铜石时代的过程中得到了证实。在比尔谢巴(Beer Sheba),氧化铜矿石与当地原产的一小部分硫化矿混合。故意在炉内引入的这种硫化物矿石是另一种还原剂。砷铜合金也是通过从远离迦南的矿区进口添加砷硫化物而有意生产的。②

以上材料说明,砷铜冶炼中的加砷技术早已成熟,因此,虽然尚未发现明确的传播路线,距今约4100年中国的砷铜技术与小麦、大麦一起由西亚、中亚传来的可能性还是很大的。从上文所引铜遗存我们发现,在中国东北地区早就有了红铜冶炼,在中国甘青、南方地区早就有了铅、锡青铜冶炼。砷铜在大约距今4100年之后才出现于中国,很可能是游牧民

---

① E. R. Eaton and Hugh McKerrell: Near Eastern alloying and some textual evidence for the early use of arsenical copper, World Archaeology Volume 8 No.2, pp. 169-191. Taylor & Francis, Ltd. Stable, URL: http://www.jstor.org/stable/124425Accessed: 31-1O-2017 O5:41 UTC.

② Nissim Amzallag: From Metallurgy to Bronze Age Civilizations: The Synthetic Theory, American Journal of Archaeology, Vol.113, No.4 (Oct.2009), pp. 497-519, Archaeological Institute of AmericaStable URL: http://www.jstor.org/stable/.

族带来的西、中亚技术,但这并不能证明中国的整个铜器冶炼是从外国传来的。

如果说砷铜西来的路线不清楚,由西传来的可能性可排除的话,那么,铜器由中国本土发明就更有说服力了。这同时也说明中国境内4200年以前的红铜、青铜当是本地产生的。

从李刚先生的研究看,即使是砷铜冶炼,中国与西、中亚也是大体同步的,他说:

> 外高加索地区,即小高加索山地蕴藏着丰富的铜矿,在靠近阿拉斯河附近则是砷矿的重要产地。公元前4千纪末及公元前3千纪,安纳托利亚广泛使用砷—锌—铜三元合金。欧亚草原西部的黑海北岸草原与伏尔加河流域的铜器大多是红铜铸造或打制的,高加索地区的铜器则以砷铜合金的青铜为主。高加索以南,安纳托利亚与伊朗西部亦是砷青铜广泛出现的地区,且以伊朗西部最为多见。
>
> 公元前2千纪前半叶,砷青铜在欧亚草原西部占据了主导地位,喀尔巴阡地区则广泛使用锌青铜。这些黑海北岸、顿河、亚速海附近的草原砷青铜制品显然是使用了高加索的原料,然而铜器的质量却不如高加索地区……所以可以推测高加索与伊朗西部的砷铜合金技术除了向欧亚草原西部传播之外,亦向东产生了影响。
>
> 欧亚草原地带锡青铜的广泛使用是公元前2千纪中叶以后,这与阿尔泰山锡矿的开采和西输有关。此时期高加索地区的青铜器亦以锡青铜为主,但固有的砷铜配方仍未消失,而是制出更为复杂的砷—锑—锡—铜多元铜合金。北高加索西部则保持着传统砷铜生产。
>
> 新疆、甘肃北部、内蒙古中南部地区出现砷青铜的年代与欧亚草原及西亚地区盛行砷青铜的年代相当。①

关于江汉地区盘龙城及后石家河文化时期的青铜冶炼,郭静云、郭立新二先生有很好的研究,②但对于石家河文化及屈家岭文化时期的青铜冶炼情况所列举的材料不详,因而只是一种推断,而这种推断,任式楠先生早就有了明确表达,笔者也在关于长江中游地区手工业的文章中作了阐述。③郭静云等先生最近在《南方文物》2018年第3期上所发论文,用了大量篇幅对长江中游地区产生青铜器的可能性作了论证,其论述总体上说是有理有据的,但他们也只将该地出现青铜的时间推到屈家岭文化晚期,而屈家岭文化晚期的主要证据仅指出了地层中出现的铜矿石以及从考古发掘者口述中得知而未写入正式报告的小铜件,未指出并论证笔者上文所列举的屈家岭文化早期的两件陶模。陈树祥先生文中也未提及邓家湾遗址的那2件屈家岭文化早期陶模。笔者认为这2件陶模具有重要意义:一、与陶模共出同一地层的碳十四标本所测年代正处屈家岭文化早期;二、其中的1件实模则可能是铜容器的内模,如果真有铜容器的生产,其工艺当达到了当时世界最高水平。它们与该遗址屈家岭及石家河文化时期地层或墓葬中发现的众多铜矿石一起,基本可以断定屈家岭文化早期的青铜冶炼。

---

① 李刚:《中国北方青铜器的欧亚草原文化因素》,北京:文物出版社,2011年,第242—243页。
② 郭静云:《夏商周:从神话到史实》,上海:上海古籍出版社,2013年,第88—90页。郭立新、郭静云:《盘龙城国家的兴衰暨同时代的历史地图——考古年代学的探索》,参见盘龙城遗址博物馆等编:《盘龙城与长江文明国际学术研讨会论文集》,北京:科学出版社,2016年,第211—241页。郭立新、郭静云:《上古国家与文明研究中年代学方法的反思》,《南方文物》2016年第4期,第17—31页。
③ 刘俊男:《湘鄂豫西南地区史前农村手工业经济述论》,《农业考古》2009年第4期,第1—10页。

不过，郭静云等先生断定江汉地区是中国铜器冶炼的最早起源地，也还需更多地下材料，因为，从现有材料看，即使是屈家岭文化时期有铜器冶炼，那也比中国北方迟。

通过以上讨论，我们可以得出如下认识：

第一，中国的铜器当有自己的起源。中国北方地区的黄铜、红铜较距今4100年的西亚、中亚铜器开始影响中国之时早2000多年。加铅、锡合金的青铜也宜为中国本土所产，而且很可能源于南方江汉地区屈家岭文化早期（5500年前）。至于马家窑文化发现的青铜器则可能传自江汉地区，因为，尽管该文化受到西、中亚文化的影响，但马家窑文化的铜器与江汉地区的锡、铅青铜雷同。江汉地区文化对马家窑文化的影响，笔者在《宝墩文化来源研究》一文中已经有所论述；同时，甘青地区出现水稻的时间（5000年前）比出现小麦的时间更早，也说明江汉地区稻作文化比西亚小麦文化更早地影响到甘青地区。我们有理由期待江汉地区更多、更早青铜器的发现。①

第二，中国的铜器是否最早从江汉地区起源，可能还需更多的地下材料印证，因为，仰韶文化与红山文化发现了6000多年前的铜器或遗物，比屈家岭文化早期还要早。从目前材料看，我们认为，中国北部铜器的出现大体与西、中亚同步，只是考古发掘时间较短，发现的数量不及西亚多。而江汉地区也还存在发现更早铜器的可能性。

第三，学术界部分学者对江汉地区的青铜文化有所轻视，并出现青铜文化西来说。其实，从广泛出现青铜器来说，江汉地区石家河、后石家河文化与中国北方的石峁文化、陶寺文化、夏家店文化、齐家文化等大体同时进入青铜时代，江汉地区的青铜文明比北方地区毫不逊色。

作者简介：刘俊男，男，重庆师范大学历史与社会学院教授，主要研究新石器时代考古、文明起源、先秦史。易桂花，女，重庆师范大学历史与社会学院副研究员，主要研究中国古代史、文明起源等。

---

① E. R. Eaton and Hugh McKerrell: Near Eastern alloying and some textual evidence for the early use of arsenical copper, World Archaeology Volume 8 No. 2, pp. 169－191. Taylor & Francis, Ltd. Stable, URL: http://www.jstor.org/stable/124425 Accessed: 31-1O-2017 05:41 UTC

《诗·豳风·七月》与《周礼》"豳诗、豳雅、豳颂"之关系考述

深圳大学饶宗颐文化研究院教授　刘　茜

摘　要：《周礼·春官·籥章》是我们研究《诗经》的重要史料。"风、雅、颂"作为《诗经》的类别名称有着内在的统一性与规定性，三者均应指演奏诗歌的不同载体。"风"指口唱形式———徒歌，"雅、颂"分别指演奏的乐器。《周礼·春官·籥章》中"吹豳诗、豳雅、豳颂"之意应为用豳籥吹奏《豳风·七月》，用豳籥与雅合奏《豳风·七月》以及用豳籥与颂合奏《豳风·七月》。

关键词：籥章　豳诗　豳雅　豳颂　风　雅　颂　《诗经·七月》

《周礼》是研究周代礼乐制度的重要文献，其中的《周礼·春官·籥章》是我们探索《诗经》不可或缺的史料。其文如下：

> 籥章掌土鼓豳籥。中春昼击土鼓，吹豳诗以逆暑。中秋夜迎寒，亦如之。凡国祈年于田祖，吹豳雅，击土鼓，以乐田畯。国祭蜡，则吹豳颂，击土鼓，以息老物。[1]

文中提出了"豳诗、豳雅、豳颂"的说法，其中的"诗""雅""颂"并举，显然异于我们所熟知的《诗经》的类别名称"风、雅、颂"的说法，且又于此前分别贯之以"豳"字，那么"豳诗、豳雅、豳颂"所指为何？此类问题令人费解，历来聚讼不已。

郑玄认为，"豳诗、豳雅、豳颂"应指《诗经·豳风·七月》（以下简称《七月》）。关于"豳"意，郑玄云："豳籥，豳国之地竹，豳诗亦如之。"孙诒让疏云："豳诗亦如之者，谓下文之豳诗亦即豳地所作之诗也。"[2]可知郑玄将"豳"释为了"豳地"。而"豳诗、豳雅、豳颂"具体的所指，郑玄则认为应分别指《七月》中的章节。"豳诗"即为"豳风"，对应于第二章"春日迟迟，采蘩祁祁，女心伤悲，殆及公子同归"。"豳雅"对应于第六章"为此春酒，以介眉寿"。"豳颂"则对应于第八章"朋酒斯飨，曰杀羔羊，跻彼公堂，称彼兕觥，万寿无疆"。不难推断郑玄对于"豳诗、豳雅、豳颂"的判断主要是以《七月》而非《周礼》的内容为其依据的。关于这些诗句分别属于"豳诗""豳雅""豳颂"的缘由，郑玄作了这样的解释："春女感阳气而思男，秋士感阴气而思女，是其物化，所以悲也。悲则始有与公子

同归之志。欲嫁焉。女感事苦而生此志,是为豳风";"获稻而酿酒,以助其养老之具,是谓豳雅";"于享而正齿位,故因时而誓焉。饮酒既乐,欲大寿无竞,是谓豳颂"。可知郑玄认为这些章节分别具有了"风""雅""颂"的特征。那么,这些特征是否可以成为划分"风""雅""颂"的依据?笔者以为并非如此。若依郑玄之说,"春女感阳气而思男……"可划归于"风",那么,《小雅·出车》:"喓喓草虫,趯趯阜螽,未见君子,忧心忡忡。"《小雅·杕杜》:"有杕之杜,其叶萋萋。王事靡盬,我心伤悲。卉木萋止,女心伤悲,征夫归止!"此类诗句均有此特征,却又并不属于"风",可见郑玄对于"风"类别特征的判定并不妥当。而豳雅与豳颂的本质区别,郑玄此处也并未道明。

郭沫若先生直接将"豳诗"释为"豳风",并分别将"豳诗""豳雅""豳颂"指配于《诗经》"风、雅、颂"中的篇章。他认为"豳风"即是《七月》;"豳雅"包括《楚茨》《信南山》《甫田》《大田》;"豳颂"包括《思文》《臣工》《噫嘻》《丰年》《载芟》《良耜》。[3]那么,郭氏的说法是否合理,还需对此作具体分析。

首先,从内容上看,《七月》诗篇中有大量关于时令季节的记载,这是符合《周礼》所述"豳诗"之功用——"逆暑""迎寒"的。当然,如无大碍,我们也可以将"豳诗"视为"豳风"。《甫田》《大田》《楚茨》《信南山》均为祭祀周代农业先祖的篇章,也符合"国祈年于田祖""以乐田畯"之功用,可归于"豳雅"。但《思文》《臣工》《噫嘻》《丰年》《载芟》《良耜》是否应归于"豳颂"则值得商榷。依《周礼》,吹奏"豳颂"之功用在于"国祭蜡","以息老物"。蜡,《礼记·郊特牲》曰:"天子大蜡八,伊耆氏始为蜡。岁十二月,而合聚万物而索享之也。蜡之祭也,主先啬而司啬也,祭百种以报啬也。"[4]郑司农云:"先啬,若农神也。"[5]可知"蜡祭"的特点在于:岁末,合聚万物而祭农神。《思文》乃郊祀后稷以配天之乐歌,《臣工》乃周王行藉田礼祭祀社稷神之乐歌,《噫嘻》乃周王祈谷、祭祀上帝之乐歌,《丰年》乃秋后祭祀先祖之乐歌,《载芟》乃周王春季藉田、祭祖之乐歌,《良耜》乃周王秋后祭祀土、谷神之乐歌①。当然这些篇章均与周代的农业祭祀有关,但却并非都符合《周礼》所述"吹豳颂"之功用,其中的"岁末,合聚万物而祭"的特征便不见于这些诗篇。可见郭氏此说并不能令人信服。且"豳诗""豳雅""豳颂"中的"豳"字又当作何解释,郭氏此处也未能道明。

杨宽先生也以"豳地"来解释"豳"字,认为"'豳诗'是豳地的诗歌,'雅'即'夏',周人自称其所居地区为夏,是指周原来的乐章和诗歌。这样吹奏周人故土的音乐、打击瓦制的鼓,来向田祖祈求丰年,该是周人的礼俗"[6]。显然,单靠这一段解释,我们是没法对"豳诗、豳雅、豳颂"的具体含义作出判断的。

那么"豳诗、豳雅、豳颂"究竟所指为何?笔者以为还需将之还于《周礼》中作进一步的分析。根据《周礼·春官·籥章》前后所列的篇章来看,前一章是专讲"掌教国子舞羽吹籥"的春官"籥师"的,后一章则是专讲"掌四夷之乐与其声歌"的春官"鞮鞻",由此可以确定此章也应是专讲"掌土鼓豳籥"的春官"籥章"的。既如此,此篇内容必不离于"土鼓、豳籥"这两种乐器。

---

① 以上《颂》中的诗篇大意均采自程俊英的《诗经译注》,上海:上海古籍出版社,2000年。

杜子春云："土鼓，以瓦为匡，以革为两面，可击也。"[7]可知土鼓为打击乐器。"龠"，按甲骨文字形可推知，龠是一种乐器，像编管之形，似为排箫之前身。有吹龠、舞龠两种。吹龠似笛而短小，三孔；舞龠长而六孔，可执作舞具[8]。《诗·邶风·简兮》："左手执龠，右手秉翟。"孔颖达疏云："龠虽吹器，舞时与羽并执，故得舞名。"[9]可知"龠"应为一种形状如笛的吹奏乐器。郑司农云："豳龠，豳国之地竹。"孙诒让疏云："掌土鼓豳龠者，此官掌野乐，其乐器亦与大师、典庸器所掌异。"[10]综上，我们可以判断出"豳龠"应指"豳地"一种特有的吹奏乐器。此乐器当与文中的"吹"这个动作相对应。"吹"，指吹奏乐曲的活动[11]。此意还见于《礼记·月令》："上丁，命乐正人学习吹。"那么"吹豳诗"当作何解？不难推断，应指用"豳龠"来吹奏"豳诗"，这里显然没有特别交代用来吹奏的乐器——"豳龠"，但是意思应该很明确。依此类推，"吹豳雅""吹豳颂"均应有"用豳龠吹奏"的意思。那么，"豳诗""豳雅""豳颂"又作何解？"豳"释为"豳地"应无异议。而"诗、雅、颂"的意义则令人难以索解。当然，我们可以确定的是三者与《诗经》的分类名称"风、雅、颂"必定有着某种联系。这应是我们解决问题的一个突破口。然而即便是"风、雅、颂"的具体含义也仍是学界聚讼不已的话题。较为流行的说法有以下几种：

其一，就《诗经》的社会功能而言，"风"指可用于观民风以考察政治得失的诗篇；"雅"指可用于考察政治之兴废的诗篇；"颂"指可用于宗庙祭祀，美盛德之形容，以告神明的诗篇。此说以《毛诗序》为其发端。

其二，就《诗经》的内容而言。朱熹之说最具概括，他认为："风则闾巷、风土、男女、情思之词；雅则燕享、朝会、公卿、大夫之作；颂则鬼神、宗庙、祭祀、歌舞之乐。"[12]郑玄和郭沫若对于"豳诗、豳雅、豳颂"的判断所依据的即是"风、雅、颂"内容的不同。

其三，现今较为一致的看法是认为"风、雅、颂"是指《诗经》篇章演奏的音乐的不同类型。王国维认为："风、雅、颂之别，当于声求之。"[13]换言之，三者之区别即在于乐调的不同风格。顾颉刚先生也持此说。[14]

当然，这些说法也并非全无道理。但此处我们需要指出的是，按照"风、雅、颂"的这些含义，我们所探讨的"豳诗、豳雅、豳颂"均得不到合理的解释，郑玄与郭沫若之说不能成立便是明证。显然，我们有必要对《诗经》的分类依据作重新的解释。

此处之"风"，笔者以为应释为徒歌之意。《论语·先进》"风乎舞雩"[15]。王充《论衡·明雩篇》解为"风，歌也"[16]。而"风"作歌咏之意讲时又可通"讽"。《诗·大序·风·风也·释文》："托音曰讽。"[17]《汉书·田蚡传》："蚡乃微言太后风上。"师古注："风读为讽。"[18]《集韵》："讽或作风。"[19]《诗·小雅·北山》云："或出入风议。"[20]释文："风音讽。"而"讽"意又通于"诵"。《周礼·春官·大司乐》："以乐语教国子兴、道、讽、诵、言、语。"郑玄注："倍文曰讽，以声节之曰诵。"孙诒让疏云："此讽诵并谓倍文，文亦谓诗歌之属。"[21]可知"讽"意接近于"诵"，二者均指一种口唱形式。《说文》："讽，诵也。"[22]综上可知，"风"应释为带歌唱形式的口诵即徒歌之意。

宋人程大昌考之先秦典籍有关《诗经》篇章入乐的记载，得出结论，"然后知'风'、'雅'、'颂'之为乐诗，而诸国之为徒诗也"。可知程大昌也认为"风"应解为徒歌之意[23]。而笔者以为此处将"风"释为徒歌也与"雅、颂"作为《诗经》的分类名称有着内在的统一性。

"雅"，可指一种乐器。《周礼·笙师》："笙师掌教吹竽、笙、埙、龠、箫、篪、簜、管，春牍、应、雅，以教祴乐。"所谓"雅"，郑司农认为"状如漆筩而弇口，大二围，长五尺六寸，以羊韦鞔之，有两纽，疏画。"可见"雅"是形状类似于"鼓"的乐器。"雅"作乐器之意还见于《小雅·鼓钟》，其第四章为："鼓钟钦钦，鼓瑟鼓琴，笙磬同音。以雅以南，以龠不僭。"这里的"雅、南、龠"应是三者并举的。龠，前面已分析，应是一种形状像笛的吹奏乐器。"南"，郭沫若在《甲骨文字研究》中考之殷墟文字，认为"南"应指一种乐器，此乐器为"钟镈之象形，更变而为铃"[24]。因"龠""南"均指乐器，可推知"雅"也应指一种乐器。

"颂"，也可指一种乐器。《周礼·视瞭》"视瞭掌凡乐事播鼗击颂磬笙磬"[25]，此处"颂磬笙磬"并举，磬、笙均指乐器，可以推断"颂"也应为一种乐器。相同用法还见于《仪礼·大射仪》："西阶之西，颂磬东面，其南钟，其南鑮，皆南陈。一建鼓在其南，东鼓。朔鼙在其北。"郑玄注云："是以西方钟磬谓之颂。朔，始也。奏乐先击西鼙，乐为宾所由来也。钟不言颂，鼙不言鼓，义同，省文也。古文颂为庸。"[26]可知郑玄认为"颂"即为"钟"，且通于"庸"。而"庸"就有大钟之意。《诗·商颂·那》："庸鼓有斁。"《毛传》曰："大钟曰庸。"[27]相同用法还见于《逸周书·世俘》："王奏庸，大享一终。"[28]而"庸"作"钟"讲时又与"镛"相通。《诗·大雅·灵台》："虡业维枞，贲鼓维镛。"郑玄笺云："镛，大钟也。"[29]由上可知"颂"有"大钟"之意。

宋人程大昌首先提出了《诗经》的分类应当是"南""风""雅""颂"四体并列的说法[30]。顾颉刚先生认同这种说法，并认为四者均指乐曲的名称[31]。张西堂先生则认为"南""雅""颂"均应指乐器[32]。笔者赞同张西堂先生的观点，且进一步认为"南""风""雅""颂"作为《诗经》的分类形式有着它们内在的规定性与同一性，也即：四者均是按其演奏诗篇的不同载体来区分的。"风"应为口唱形式的徒歌，而"南""雅""颂"应指演奏时所用的乐器。

基于以上的分析，我们既可用乐器之意来解释"雅、颂"，而"吹"也可泛指一种"吹奏"活动[33]，这样"豳诗、豳雅、豳颂"即可以得到合理的解释。《周礼》中的"吹豳雅"即可解为用"豳龠"与"雅"合奏"豳地"的诗歌，"吹豳颂"也可解为用"豳龠"与"颂"合奏"豳地"的诗歌。那么，"吹豳诗"又为何意呢？我们知道"诗"是"风、雅、颂"的总称，而此处之"诗"何以与"雅、颂"并称？笔者以为"豳诗"即为"豳风"，因"风"为徒歌之意，故此处称"诗"抑或称"风"并不影响诗歌的演奏形式，故"吹豳诗"即可解为用豳龠吹奏豳地之诗。而此处称"诗"不称"风"却也不无深意。这正暗示了"豳诗、豳雅、豳颂"所演奏的必为《豳风·七月》无疑。何以作出这样的判断？下面笔者将对此展开进一步的论述。

《周礼·春官·龠章》中，"吹豳诗"是用于"中春昼""逆暑"和"中秋夜迎寒"的。可知诗篇的内容必定与时令季节有关。而《诗经》中大量讲到时令季节的也唯有《豳风·七月》。故而"吹豳诗"当指用"豳龠"来吹奏《豳风·七月》之诗。

依《周礼》，吹"豳雅"是用于"国祈年于田祖"，"以乐田畯"的。田祖，孙诒让综前人之述曰:"毛以田祖为先啬,郑说盖与彼同,故释此田祖及《郊特牲》之先啬,并为神农。"[34] 田畯,郑司农云:"田畯,古之先教田者。"可知"田祖""田畯"均指周的农业先祖。故"吹豳雅"是为向农业先祖祈求丰年而用的。与之相应的内容,我们也可以在《豳风·七月》中找到,"……同我妇子,馌彼南亩;田畯至喜。"当然,此篇中的"田畯"之意历来歧义甚众。《毛传》《郑笺》均解为"田大夫"[35]。《说文》:"畯,农夫也。"[36] 可知,传统理解均将其释为周代现实生活中具体的人。笔者以为,此处"田畯"也应按《周礼》中"以乐田畯"之意将之解为"农业先祖,即农神"。此解可以由以下诗篇中的诗句得到印证。《小雅·甫田》:"……琴瑟击鼓,以御田祖,以祈甘雨,以介我稷黍,以谷我士女。……曾孙来止,以其妇子,馌彼南亩,田畯至喜,攘其左右,尝其旨否……"另外,在《小雅·大田》中,也有类似的诗句,"田祖有神,秉畀炎火。……曾孙来止,以其妇子,馌彼南亩,田畯至喜。来方禋祀,以其骍黑,与其黍稷。以享以祀,以介景福。"从以上诗句,我们应不难判断,这些诗句记叙的是一个祭祀田祖的活动,而这个祭祀者应是"周王"。何以得出如此结论?据《礼记·郊特牲》:"祭称'孝孙孝子',以其义称也。称'曾孙某',谓国家也。"[37] 可知称"曾孙"之人必以国家之义祭祀,此处自非周王莫属。那么,在这一祭祀活动中,由"田畯至喜,攘其左右,尝其旨否……"可知"田畯"是来品鉴祭品的。那么,他所代表的是什么?所行使的职责又是什么呢?我们知道《小雅·甫田》《小雅·大田》均是祭祀农业先祖的诗篇,而"田畯"的行动是品鉴祭品,因此他所履行的应是神的职责。《礼记·郊特牲》:"……举斝、角,诏妥尸。古者尸无事则立,有事而后坐。尸,神象也。祝,将命也。"[38] 可知所谓"尸",应指古代祭祀之时,代神或死者受祭的人。那么,我们由"田畯"在这一祭祀活动中的行为可以断定他所行使的正是"尸"的职责,而他所代表的就是周的农业先祖。由此,我们可以推断,《豳风·七月》"……同我妇子,馌彼南亩,田畯至喜"中的"田畯"所代表的也应是"农业先祖",所行的也应是"尸"的职责。故而此句应译为:"与我的妻子和孩子一道,送上美味的祭品到南郊的田野里,祖先神来了就会十分满意。"由此可知,《豳风·七月》《小雅·甫田》《小雅·大田》均可用于祭祀田祖,当然也都适合于《周礼》中"吹豳雅"的功用。那么,《周礼》之意是用"豳龠"与"雅"来吹奏这三首诗还是其中一首呢?仅据《周礼》所提供的有关"豳雅"的内容,是不能作出确切判断的,我们还得参照"豳诗""豳颂"的内容作进一步的探讨。

依《周礼》,吹奏"豳颂"之功用在于"国祭蜡""以息老物"。《礼记·郊特牲》:"蜡之祭也,主先啬而祭司啬也,祭百种以报啬也。飨农及邮表畷。禽兽,仁之至也,义之尽也。古之君子,使之必报之:迎猫,为其食田鼠也,迎虎,为其食田豕也,迎而祭之也。"[39] 如前所述,"蜡祭"的特点在于:岁末,合聚万物而遍祭之。当然,能胜此任的也唯有《七月》之诗。孔子云,学诗可以"多识于鸟兽草木之名"[40],然而像《七月》诗篇这样广泛地涉及自然界中的鸟兽草木虫鱼和衣居住劳作等名物的诗篇,在《诗经》中是绝无仅有的。故而《七月》之诗尤适合于"合聚万物而遍祭之"。而在《七月》的末章"朋酒斯飨,曰杀羔羊,跻彼公堂,称彼兕觥,万寿无疆!"也已道明了这是岁末祭献先祖的仪式。可见,岁末合祭之时,吹奏《七月》之诗,正符合《周礼》中"吹豳颂"的功用。故而,"吹豳颂"之意也应为用豳龠、颂来吹奏《豳风·七月》之诗。

那么已知"吹豳诗、豳颂"均指《七月》之诗。而其中的"诗"为"风、雅、颂"的合称，由此可以判断出"吹豳雅"也必指《七月》之诗。正因为《七月》之诗兼具了"豳风、豳雅、豳颂"之功用于一体，才可称为"豳诗"，这也是《诗经》中唯一的诗篇。

由此，我们可以得出结论，《周礼·春官·籥章》中"吹豳诗、豳雅、豳颂"之意应为用豳籥吹奏《豳风·七月》，用豳籥与雅合奏《豳风·七月》以及用豳籥与颂合奏《豳风·七月》。

而《豳风·七月》享有称"诗"的特殊地位且在周代文化中承载着如此重要的功用，则是由豳地在周代所处的特殊的历史地位决定的。据《史记·周本纪》：

> 后稷卒，子不窋立。不窋末年，夏后氏政衰，去稷不务，不以其失官而奔戎狄之间。不窋卒，子鞠立。鞠卒，子公刘立。

> 公刘虽在戎狄之间，复修后稷之业，务耕种，行地宜，自漆、沮度渭，取材用，行者在资，居者有蓄积，民赖其庆。百姓怀之，多涉而保归焉。周道之兴自此始，故诗人歌乐思其德。公刘卒，子庆节立，国于豳。[41]

这则史料应该是可信的，我们在《诗经·大雅·公刘》中同样可以找到关于周人先祖公刘带领周民由邰迁到豳地的史实的记载。据《史记》可知，周代先祖公刘曾迁居豳地，复修后稷之业，为豳地农业复兴做出了巨大的贡献，豳地成了先周的农业基地。而周是一个根基于农业生产的国家，有崇祀农业先祖的旧俗，豳地自然享有特殊的地位。《礼记·明堂位》曰："土鼓、蒉桴、苇籥，伊耆氏之乐。"杜子春曰："土鼓，以土为筐，以革为两面，可击也。"胡氏诠曰："蒉，草也。以草为桴。"[42]孙诒让云："苇籥，截苇为籥也。此上古之乐，而蜡祭用焉。伊耆氏掌为蜡，因谓其乐为伊耆氏之乐焉。"[43]孔颖达云："伊耆氏为神农。"[44]可知这些乐器均是为祭祀农神而用的。豳地是先周的农业基地，故选用豳地的土乐——豳籥作为演奏乐器，也是理之所至。而《七月》是记载豳地农事生活的诗篇，这也是《周礼·春官·籥章》"吹豳诗""吹豳雅""吹豳颂"均应指吹奏《七月》之诗的必然之所在。

参考文献

[1] [2] [7] [10] [21] [25] [34] 孙诒让. 周礼正义 [M]. 北京：中华书局，2000.1905.

[3] 郭沫若. 郭沫若全集 历史篇第一卷 [C]. 北京：人民出版社，1982.111.

[4] [5] 孙希旦. 礼记集解 [M]. 北京：中华书局，1995.694.

[6] 杨宽. 西周史 [M]. 上海：上海人民出版社，1999.19.

[8] [11] [33] 汉语大词典 [Z]. 上海：汉语大词典出版社，1994.1503.

[9] [26] [27] [29] [35] 阮元. 十三经注疏 [Z]. 北京：中华书局，1980.

[12] 朱熹. 王柏诗疑引 [Z]. 转引自诗经研究论集 [C]. 台北：台湾学生书局，1983.411.

[13] 王国维. 说商颂 [A]. 观堂集林第一册 [C]. 北京：中华书局，1999.

[14] 顾颉刚. 从诗经中整理出来歌谣的意见 [A]. 古史辨第三册 [C]. 上海：上海古

籍出版社，1982.590.

[15] [40] 刘宝楠. 论语正义 [M]. 北京：中华书局，1990.

[16] 王充. 论衡 [M]. 上海：上海古籍出版社，1990.

[17] 陆德明. 经典释文 [Z]. 上海：上海古籍出版社，1985.

[18] 汉书 [M]. 北京：中华书局，1983.

[19] 丁度. 宋刻集韵 [Z]. 北京：中华书局，1989.

[20] 程俊英. 诗经译注 [Z]. 上海：上海古籍出版社，2000.

[22] [36] 许慎撰，段玉裁注. 说文解字注 [Z]. 上海：上海古籍出版社，1981.

[23] 程大昌. 诗论 [Z]. 转引自古史辩第三册 [C]. 上海：上海古籍出版社，1982.642.

[24] 郭沫若. 甲骨文字研究 [A]. 郭沫若全集考古篇第一卷 [C]. 北京：科学出版社，1982.

[28] 黄怀信等审定. 逸周书汇校集注 [Z]. 上海：上海古籍出版社，1995.

[30] 程大昌. 诗论 [Z]. 转引自诗经研究论集 [Z]. 台北：台湾学生书局，1983.39.

[31] 顾颉刚. 论诗经所录全为乐歌 [A]. 古史辨第三册 [C]. 上海：上海古籍出版社，1982.644.

[32] 张西堂. 诗经六论 [M]. 北京：商务印书馆，1957.110.

[37] [38] [39] 孙希旦. 礼记集解 [M]. 北京：中华书局，1995.719.

[41] 史记 [M]. 北京：中华书局，1959.

[42] 孙希旦. 礼记 礼运 [M]. 北京：中华书局，1995.587.

[43] 孙希旦. 礼记 明堂位 [M]. 北京：中华书局，1995.851.

[44] 孙希旦. 礼记 郊特牲 [M]. 北京：中华书局，1995.695.

作者简介：刘茜，女，深圳大学饶宗颐文化研究院教授。

西双版纳指定服役制度研究

陕西师范大学历史文化学院　卢中阳

摘　要：指定服役制度作为人类进入文明的标志与早期国家形成的动力，贯穿了西双版纳勐泐王国发生、发展、衰亡的整个过程。西双版纳指定服役制度产生于原始共同体内部分工及对外武力征服，在农业劳役、工商业劳役、军事劳役、日常生活劳役、公共劳役中都有具体表现。劳役分配遵循等级原则、平均原则、特长特产原则，并体现出整体性、固定性、强制性、复杂性四个特点，其产生是商品经济不发达、血缘共同体存在的必然结果。这一制度在世界文明史上具有普遍性，是探索早期国家起源的重要途径。

关键词：西双版纳　指定服役制度　早期国家

指定服役制度是指为满足早期国家和统治者的需求，固定由相应群体世代负责某项劳役。具体表现为贡纳和劳役两种形式，可分为原生型、次生型和再生型三种产生类型。这一制度最早由徐中舒提出，[①] 赵世超和卢中阳将其上升到制度史的层面。[②] 西双版纳由于封闭的地理和气候环境，指定服役制度在20世纪50年代以前仍广泛流行。史籍、民族志、游记和学术论著中保存了大量资料，至今当地老人仍能追忆起旧时村寨的劳役分工，这些资料不仅类型丰富而且系统周详。本文拟以西双版纳为研究个案，系统梳理指定服役制度发展演变的过程，并探讨其与早期国家起源的关系。

一、西双版纳指定服役制度的起源

指定服役制度不是从来就有的，西双版纳的历史告诉我们，人类曾经存在一个没有阶级、没有剥削的社会。今天勐海县勐宋乡最早叫"勐软"，传说叫"勐软"的时代，当地

[①] 徐中舒：《试论周代田制及其社会性质——并批判胡适井田辨观点和方法的错误》，《四川大学学报》（哲社版）1955年第2期。
[②] 赵世超：《指定服役制度略述》，《陕西师大大学学报》（哲社版）1999年第3期；卢中阳：《商周指定服役制度研究》，台北：花木兰文化出版社，2013年；卢中阳：《从西双版纳的指定服役制度看早期国家》，博士后研究工作报告，云南大学历史与档案学院，2016年。

"没有佛寺、没有召,村不成村,寨不像寨,吃穿都很简单,没有压迫和剥削"。"召"傣语意为"主"或"官家",代指统治者。没有召,就是没有统治者。这个时代人们还未组成村寨,过着狩猎和游耕生活,因此更没有压迫和剥削。勐海县其他地区的傣族也有类似的民族志资料,他们将自己的历史分为三个时代:第一个时代是"滇乃沙哈","没有官、没有佛寺、没有负担";第二个时代是"募乃沙哈","有官、有佛寺、没有负担";第三个时代是"米乃沙哈","有官、有佛寺、有负担"。① 关于三个历史时代的划分虽不可尽信,但这段资料把"官""佛寺"与"负担"联系起来具有极高的史料价值。它告诉我们,在国家、佛寺未出现以前,存在一个没有负担的时代。在这样的时代,自然也就没有指定服役制度。

(一)指定服役制度的出现

指定服役制度与早期国家是一对孪生兄弟,其出现时间与西双版纳早期国家产生的时间基本一致。

公元 12 世纪以前,指定服役制度在西双版纳地区伴随着国家的萌芽而出现。

传说傣族的先祖叭阿拉武出生在勐占巴纳管,其祖母名叫"亚榨孙",意为看守园子的老妇。叭阿拉武的祖父早逝,祖母带着她的母亲替勐占巴纳管的"召勐"看守花园。② 这个传说告诉我们,叭阿拉武这一支傣族在进入西双版纳前,可能就已经接触到指定劳役。后来叭阿拉武率领族众来到景洪,与披牙以闷南峨划分地界,并在景洪坝尾建了十四个寨子,其中曼达被指定负责看管披牙最多的龙喃山区。③ 表明叭阿拉武进入景洪便开始指定劳役的分派。如果这两则材料可信,那么即可说明指定服役是由叭阿拉武带入西双版纳。

与外来说相对,还存在一个本土起源说,具体以允景维的口述材料最为典型。据曼景砍的岩涛和曼广的岩香两位傣族老人提供的材料,位于景洪戛洒区曼菲竜乡的允景维遗址,内城住着召、喃和众多头人,外城住着百姓。这些百姓已经有了明确的指定服役分工,有的负责养马,有的做饭,有的打仗,有的送鬼和传话。④ 允景维大约建于公元 780 年,相当于唐朝时期,并不比叭阿拉武进入西双版纳的时间晚。

无论是以叭阿拉武传说为代表的外来说,还是以允景维口述材料为代表的本土起源说,都代表了指定服役制度的原始形态,它们共同说明指定服役制度在勐泐建国以前就已经存在了。⑤

公元 12 世纪勐泐建国是西双版纳指定服役制度发展史上的重要节点。在勐泐创建过程中,沿袭和吸收了以往指定服役制度的劳役形式和经验,并将其推广到王国的各项事务中。规定各勐对"召片领"都要服专业劳役,如勐景真看守监狱、勐宗割马草、勐仓点灯、勐混

---

① 《中国少数民族社会历史调查资料丛刊》修订编辑委员会编:《傣族社会历史调查·西双版纳五》,北京:民族出版社,2009 年,第 29、157 页。
② "召勐"即勐之主。《中国少数民族社会历史调查资料丛刊》修订编辑委员会编:《傣族社会历史调查·西双版纳三》,北京:民族出版社,2009 年,第 14 页。
③ "披牙"即当地土著。江应樑:《傣族史》,成都:四川民族出版社,1983 年,第 155—156 页。
④ "喃"是王后、公主的通称。《中国少数民族社会历史调查资料丛刊》修订编辑委员会编:《云南民族文物调查》,北京:民族出版社,2009 年,第 88—89 页。
⑤ "勐泐"即泐人建立的国家,自元代以后成为从属于中原王朝的地方政权。

挑水、勐养布朗族舂米等。① 各勐亦普遍使用指定劳役。

总之，随着西双版纳早期国家萌芽，指定服役制度开始出现。至勐泐建国，指定服役制度得到了普及和推广，并最终在这一地区确立起来。

(二) 指定服役制度产生的途径

从西双版纳资料来看，指定服役制度产生的途径主要包括以下两种。

1. 原始共同体内部分工

在人类社会早期，为了维系生存需要，人们往往会利用天然血缘联系结成一定的共同体，这种共同体可以是家族、氏族、部落或部落联盟，它是人类面对大自然挑战和未知威胁时自然选择的结果。然而当共同体发展到一定规模后，分工便不可避免地出现了。如勐海县打洛镇曼迈寨的岩拉五家，民主改革时期，他家共有44人，生活上保存着原始共产制特点的同时，亦在家族内部进行了必要的分工：长子负责管理水田、鸡、鸭，次子负责耕种旱稻地，三子负责管理茶地，四子负责种植玉米、棉花和养猪，母亲和姐姐负责煮饭。② 也有一些老寨，常因人口增加而分出儿女村落，并形成母寨与儿女寨之间的隶属关系。此外，新迁徙来的村寨亦与本地村寨建立依附关系。这种隶属和依附具体表现就是建立分工为基础的服役关系。早期劳役摊派多在宗教外衣的掩盖下进行，如母寨"灵披勐"时，从属村寨要承担各种劳役和提供相应祭品。③ 当早期国家出现后，原始共同体内部的分工被继承和固定下来，并赋予国家强制力作为保障，从而变成了国家统治下的指定劳役。

2. 对外武力征服

大量资料表明，傣族在西双版纳地区定居和建国的历史，就是一部征服史。西双版纳最早的居民是布朗族、基诺族、哈尼族、克木人等。勐泐起初建城于景兰，该地原是基诺人的地盘，景兰是因基诺族酋长"叭兰"而得名。④ 哈尼族也是西双版纳地区最早的民族之一，景洪的澜沧江渡口傣语称为"达角"，即"哈尼族的渡口"之意。⑤ 布朗族和克木人亦先于傣族在版纳定居。⑥ 这些原著民族被傣族征服后，多成为山居民族。此外，伴随着傣族对外武力征服，还有大批寻求武力保护或屈服于武力威慑的归服者。

对于这些被征服和归服者，傣族统治者亦参照共同体内部的分工，将他们纳入分工体

---

①"召片领"是西双版纳最高统治者，亦有人称之为"傣王"或"宣慰使"。《中国少数民族社会历史调查资料丛刊》修订编辑委员会编：《傣族社会历史调查·西双版纳四》，北京：民族出版社，2009年，第76页。

②《中国少数民族社会历史调查资料丛刊》修订编辑委员会编：《布朗族社会历史调查·一》，北京：民族出版社，2009年，第55—56页。

③"灵披勐"即祭祀勐神。宋恩常：《云南少数民族社会与家庭制度研究》，昆明：云南大学历史研究所民族组，1978年，第505—506页。

④《基诺族简史》编写组：《基诺族简史》，北京：民族出版社，2008年，第46页。

⑤《中国少数民族社会历史调查资料丛刊》修订编辑委员会编：《傣族社会历史调查·西双版纳四》，北京：民族出版社，2009年，第71页。

⑥《中国少数民族社会历史调查资料丛刊》修订编辑委员会编：《傣族社会历史调查·西双版纳七》，北京：民族出版社，2009年，第2页；《中国少数民族社会历史调查资料丛刊》修订编辑委员会编：《西双版纳版纳傣族社会综合调查·一》，北京：民族出版社，2009年，第41、99页。

系。如克木人被傣族统治者指派服家内劳役，负责挑水、舂米、割马草、打扫马厩、打草排、搭建晒台等劳役。① 勐泐打败勐卯弄，战败者赔偿了一百户会做汉、缅口味的厨师，召片领将他们集中安置在曼沙和曼令，两寨世代负责为召片领服做饭劳役。② 所以，从某种意义上说，对外武力征服也是共同体内部分工向外的延伸与拓展。

二、西双版纳指定服役制度的具体表现

西双版纳指定服役制度可以概括为农业劳役、工商业劳役、军事劳役、日常生活劳役、公共劳役等五种类型。

（一）农业劳役

民主改革前，西双版纳统治者直接经营的土地，包括"宣慰田""召勐田""波郎田"和"头人田"。③ 这些土地由固定的村寨集体代耕。如召片领的宣慰田"纳三兴接永"1000 纳，由曼东老、曼岛、曼火勐耕种；"纳东兰"1200 纳，由曼洒耕种；"纳烘"1200 纳，由曼红耕种；"纳东远"1000 纳，由曼景蚌耕种；"纳细良"1000 纳，由曼陇匡耕种。④ 各勐的召勐田以及官吏的俸禄田，亦由相应村寨负责代耕。如勐旺的召勐田，由科连、补远两寨为其耕田，曼遮及城子三寨负责栽秧，曼扫、曼帕两寨负担割谷子。⑤ 勐海有一块波郎田，由曼真和曼赛共同代耕。⑥

统治者直营的土地最初由"傣勐"负责，后来才有"滚很召"和"召庄"参与耕种。⑦ 从每年雨季开始，议事庭便发布代耕命令，限定耕种日期。被征派的农民，自带食物、农具和耕畜到统治者的土地上无偿代耕，田地所需的种子由田地所有者提供，还指派一名村寨头人作为"陇达"督耕。⑧ 习惯上每天要招待耕作农民一顿伙食。全部收获物均归各级统治者所有。

（二）工商业劳役

民主改革前，统治者对手工业的各种需求主要通过指派劳役获得。如勐景洪的曼别、曼洒负责榨糖，曼蚌囡、曼广卖、曼景法负责织布，曼贯、曼侬坎、曼广卖、曼景法负责纺

---

① 《中国少数民族社会历史调查资料丛刊》修订编辑委员会编：《布朗族社会历史调查·三》，北京：民族出版社，2009 年，第 102 页。

② 江应樑：《傣族史》，成都：四川民族出版社，1983 年，第 441 页。

③ 赵飒飒，卢中阳：《西双版纳土地所有制的多样性及其变动性研究：兼论"土地王有"单一性的不成立》，《云南师范大学学报》（哲社版）2018 年第 3 期。

④ "纳"为土地面积单位，4 纳相当于 1 亩。《中国少数民族社会历史调查资料丛刊》修订编辑委员会编：《傣族社会历史调查·西双版纳三》，北京：民族出版社，2009 年，第 94－95 页。

⑤ 《中国少数民族社会历史调查资料丛刊》修订编辑委员会编：《傣族社会历史调查·西双版纳七》，北京：民族出版社，2009 年，第 92 页。

⑥ 《中国少数民族社会历史调查资料丛刊》修订编辑委员会编：《傣族社会历史调查·西双版纳五》，北京：民族出版社，2009 年，第 43 页。

⑦ "傣勐"意为"土著"或"建寨最早的人"；"滚很召"直译为"主子的人"；"召庄"，也有地方称"鲁郎道叭"或"鲁昆"，是"官家的子孙"或"官家的亲戚"之意。

⑧ "陇达"意为"下面的眼睛"，负责催工、督耕、建仓和保管收获物。

纱，曼卖龙负责编竹箩。① 各勐的手工业劳役亦是如此，如勐龙的曼桩、曼诺负责打铁、烧炭，曼偿负责染布，曼鸾负责纺线。② 手工业所需的原料一般由统治者提供，生产物全部归其所有。

在汉族商人进入前，西双版纳的商业主要由统治者负责经营，其经营方式也是指定专门的村寨负责。如勐景洪的曼卖龙专门负责代召片领经商；曼弄卖为召片领驮盐巴进行贸易。勐龙的曼龙扣、勐遮的哈那、勐腊的曼打空等，都负责的是经商劳役。劳役时间或服役次数都有明确规定。

从西双版纳工商业劳役的目的上看，主要是满足统治者日常生活所需，并不是真正的商品生产和商业贸易。

(三) 军事劳役

民主改革前，西双版纳的军事劳役可分为警卫劳役和战争劳役两种，均属于指定服役。

警卫劳役傣语称为"滚课"，它是召片领和召勐的侍卫武装。在勐景洪，为召片领服警卫劳役的村寨有曼勒、曼空掌、曼帕萨、曼冈景、曼侬东、曼贺蚌、曼贺纳、曼书公、曼卖哥木、曼弄枫。各勐召勐也有自己的侍卫武装，如勐景真的曼捣、召庄和曼拉闷；勐满的召庄；勐捧的曼劳等，都负担的是警卫劳役。服滚课劳役的村寨多位于城子附近，执役期间所佩戴的武器如梭镖、剑、枪、挠、盾牌等，由统治者发给，役期结束后归还。服该项劳役的村寨，被免除其他负担。

基于战争需要，傣族统治者还建立了一套"昆悍"制度。每个自然村设昆悍一人，封之为"先悍"，大的村寨或一个火西、一个陇的昆悍被封为"鲊悍"或"叭悍"。在战争状态下，原则上每个成年男性都可为昆悍。昆悍最初只由傣勐担任，后来才将滚很召纳入。他们平日务农、农隙教练，征发时自备兵器资粮。统治者不发给武器，没有统一的着装，更没有军饷和其他特殊待遇。

(四) 日常生活劳役

在勐泐王国，有众多专门为统治者日常生活起居服务的特殊人群。以召片领的日常生活劳役为例，从打柴、舂米、挑水、煮饭、炒菜、杀猪、宰牛，到扇扇子、点灯、唱调子、压妆、端洗脸洗脚水，再到缴纳米、灯油、笋子、槟榔、水果、活鱼、鸡、箩子等，均有专门的村寨负责，种类十分庞杂，囊括衣食住行所有门类。③

服日常生活劳役的服役者主要由滚很召担任。他们是统治者的依附群体，多已分出建寨，平日自耕自食，遇事轮流服役。

---

① 《中国少数民族社会历史调查资料丛刊》修订编辑委员会编：《傣族社会历史调查·西双版纳四》，北京：民族出版社，2009年，第144-147页。
② 《中国少数民族社会历史调查资料丛刊》修订编辑委员会编：《傣族社会历史调查·西双版纳三》，北京：民族出版社，2009年，第67-71页。
③ 《中国少数民族社会历史调查资料丛刊》修订编辑委员会编：《傣族社会历史调查·西双版纳四》，北京：民族出版社，2009年，第144-147页。

（五）公共劳役

西双版纳凡修路、造桥、开水渠等公共事务，都固定由相应村寨负责。

各勐间往来的道路，均由沿途各寨分段修筑和养护。如景洪通往勐龙的大路，由曼卖龙负责维修陇会路段，曼暖典认修曼依枫一段。每年雨季过后，连接各勐的竹桥由固定的村寨负责。如勐景洪流沙河上的科景傣竹桥，由曼栋、曼卖龙、曼东老、曼火勐、曼纽负责修建。① 地方上用于水利灌溉的水渠，也由相应的村寨负责开挖和疏浚。如景洪坝子的闷龟曼凹，由曼凹负责；闷龟邦法，由曼弄枫和曼广负责；闷遮乃，由曼迈、曼广龟和曼真负责。②

公共劳役主要由傣勐承担。这种劳役原是共同体内部的公共事务，后来随着早期国家的产生才演化成指定劳役。

三、西双版纳指定服役制度的分配原则

西双版纳指定劳役的分配，遵循以下几个原则。

（一）等级原则

等级原则指劳役摊派以社会等级为基础。

前面谈到，傣勐等级承担耕种统治者的直营土地并且服兵役和公共劳役，召庄等级负责担任警卫，滚很召等级负担日常生活劳役。一般而言，服役者按等级聚寨而居，所以呈现出某个村寨固定负责某项劳役的服役形式。随着历史发展，村寨开始出现各等级杂居的现象，但仍要按原等级承担所服劳役。如勐景洪曼喝蚌、曼喝纳、曼景亮等寨，各派各的鲁郎去服警卫劳役，寨子里不是鲁郎便无缘此项美差。还有些鲁郎从宣慰街搬出去，却仍归"三老四练"管辖，并派人服滚课。③

等级原则的核心基础是血缘关系。服滚课劳役的召庄，多是各级统治者的子孙或亲戚。滚很召多与统治者建立拟血缘关系而受到信赖，因此被安排在统治者身边服日常生活劳役。而对于既不是血亲，又非拟血缘关系的傣勐，则被安排服农业劳役、兵役和公共劳役。

（二）平均原则

平均原则即在劳役分配的过程中力求公平和平均。

首先是同一劳役在不同共同体之间平均分配。如耕种官田时，要考虑到土地面积大小和距离远近等因素，合理配搭代耕村寨。④ 各村寨服役时间和顺序也有明确规定，如勐景洪存

---

① 《中国少数民族社会历史调查资料丛刊》修订编辑委员会编：《傣族社会历史调查·西双版纳四》，北京：民族出版社，2009年，第142—143页。
② 《中国少数民族社会历史调查资料丛刊》修订编辑委员会编：《傣族社会历史调查·西双版纳三》，北京：民族出版社，2009年，第80页。
③ 《中国少数民族社会历史调查资料丛刊》修订编辑委员会编：《傣族社会历史调查·西双版纳四》，北京：民族出版社，2009年，第169—170页。
④ 曹成章：《傣族农奴制与宗教婚姻》，北京：中国社会科学出版社，1980年，第99页。

有一块"宣慰使侍卫执勤轮流牌",记录了9个警卫寨的役期和顺序。①

其次是共同体内部也要力求平均。村寨内部为平均负担形成了一套轮替服役的"黑召"制度。首先按照劳役内容,分为"甘召"(对各级统治者的劳役)、"甘勐"(全勐性的地方劳役和对外族的负担)和"甘曼"(村寨内部的劳役)等几类,并按劳役时间分为一夜、一天、三天、五天、半月、一月等六种,再依据劳役的性质(战时、平时、农闲、农忙)伸缩调整,然后在村寨内组成几个循环圈,由农民依次轮流负担。勐景洪曼德寨保留一块轮流值差筒,上面刻有各户轮流服役的次序。②

平均原则是维系劳役顺利执行的基础,其源头可以追溯到氏族社会。

(三)特长特产原则

特长特产原则是按照服役者特长以及地方特产分配劳役。

在分配劳役时,服役者的特长是重要参考因素。如勐景洪曼勒寨的陶器做得好,于是召片领便指定该寨专门为其生产陶器。③ 勐遮的曼峨寨擅长医马,召勐指定其提供养马、医马的劳役。④ 当地特产也是分配劳役考虑的重要因素。如勐罕的曼远寨盛产榨灯油的原料桐籽果,于是该寨便被指定服送油、点灯劳役。⑤

特长特产原则的目的是要达到人竭其能、地尽其产。

四、西双版纳指定服役制度的特点

西双版纳指定服役制度表现出以下四个特点。

(一)整体性

指定劳役的摊派以勐和村寨为单位,据学者研究,一个勐最初就是一个部落,⑥ 一个村寨早期即是一个氏族或大家族的聚居地。⑦ 可见对勐和村寨分配指定劳役,最早源自血缘共同体的分工。

公元16世纪以后,西双版纳出现了地缘因素的萌芽。勐泐王国为负担中原王朝的"差发"和缅甸地方政权的勒索,⑧ 先后出现了版纳、火圈、陇(有些地方叫"播"或"哈麻")、火西等负担单位。这些负担单位虽然具有地缘因素,但并未发展成地域性的行政机

---

① 《中国少数民族社会历史调查资料丛刊》修订编辑委员会编:《傣族社会历史调查·西双版纳三》,北京:民族出版社,2009年,第75页。
② 《中国少数民族社会历史调查资料丛刊》修订编辑委员会编:《西双版纳傣族社会综合调查·二》,北京:民族出版社,2009年,第15页。
③ 汪宁生:《民族考古学探索》,昆明:云南人民出版社,2008年,第289页。
④ 《中国少数民族社会历史调查资料丛刊》修订编辑委员会编:《傣族社会历史调查·西双版纳六》,北京:民族出版社,2009年,第6页。
⑤ 《中国少数民族社会历史调查资料丛刊》修订编辑委员会编:《傣族社会历史调查·西双版纳八》,北京:民族出版社,2009年,第41页。
⑥ 缪鸾和:《西双版纳傣族自治州的过去和现在》,昆明:云南人民出版社,1957年,第35页。
⑦ 江应樑:《傣族史》,成都:四川民族出版社,1983年,第146页。
⑧ 差发是中原王朝对傣族土司按年征收的税金。

构。版纳之下所属的各勐很多都互不毗邻，陇管辖下的村寨由于等级和劳役不同而分散插花，基层组织中虽然出现了负担户"火很"，但只用来计算负担数，与实际户数并不相符。因此勐泐王国基层负担单位仍然是村寨。

综上，从国家层面来说，勐泐王国从以部落、氏族为负担单位，到以版纳、陇、火西、火圈摊派劳役，都是以整体为对象，并不针对个人。

（二）固定性

指定劳役在一定时期内具有稳定性。有些寨子因世代专服一役，致使寨名与所服劳役相连。如勐海县打洛镇曼山负责为土司编织竹器，其寨名意为编织寨；勐腊县勐仑镇曼安专门为土司制作马鞍，其寨名意为鞍子寨；景洪市勐龙镇曼董专门为土司制造铜器，其寨名意为铜寨。另如曼丢为"提筒裙寨"；曼贺为"梭镖寨"；曼乍为"做饭寨"；么等为"放礼炮寨"等，均因长期负担某项劳役而形成劳役与寨名的对应关系。①

为了维护这种固定性，通婚亦有严格限制。统治者要求不同等级以及不同劳役人群之间不能通婚。召片领曾明令禁止"孟麻"（负责养马）等级的男子与非孟麻等级的女子通婚。原因很简单，如果孟麻等级的男子到非孟麻等级的村寨从妻居，则会导致无人为召片领管马。②

（三）强制性

指定服役制度从根本上说是"超经济强制"（super-economic power）的产物。在西双版纳，指定服役制度并不以经济为杠杆，而是以族权、军事、宗教等"超经济"力量为基础。

族权是指定服役制度产生的重要基础。如召庄作为"官家的子孙"，必须为统治者负责司署的警卫执勤任务。"鲁郎"和"鲁郎藤"是各级波郎对辖区内人民的专称，意为"被统属的儿女"，他们要为其所属的父母官服各种指定劳役。③

军事是指定服役制度建立和存续的重要保障。前面提到，傣族在西双版纳地区定居和建国的历史，其实就是一部征服史。通过军事征服和武力威慑，将共同体的指定劳役分工扩展到被征服民族当中。如布朗族和哈尼族被打败后，傣族统治者根据村寨大小和特产规定各自负担的内容。④

宗教是指定服役制度依赖的重要工具。在西双版纳，召片领、召勐和各级头人既是勐泐政权的统治者，又是神佛的代理人。为各级统治者服役，常掩盖在宗教名义下进行。因此宗教成了维护指定服役的不自觉工具。

---

① 戴红亮：《西双版纳傣语地名研究》，北京：中央民族大学出版社，2012年，第68、116—120页。
② 宋恩常：《西双版纳傣族的封建婚姻》，《云南少数民族研究文集》，昆明：云南人民出版社，1986年，第517页。
③ "波郎"即监督官。
④《中国少数民族社会历史调查资料丛刊》修订编辑委员会编：《布朗族社会历史调查·二》，北京：民族出版社，2009年，第16、47页；《哈尼族简史》编写组：《哈尼族简史》，北京：民族出版社，2008年，第89页。

（四）复杂性

服役内容复杂。以勐景洪地区的指定劳役为例，种田、守仓、打柴、舂米、挑水、煮饭、炒菜、扇扇子、点灯、照看小孩、榨糖、熬盐、织布、纺纱、制作金银陶瓦器皿等各种专业劳役，就达100余种。①

剥削轻重和数额也很复杂。在西双版纳，指定服役制度与服役者的等级密切相连。一般来说，等级越高负担越轻；反之，等级越低负担就越重。召庄作为贵族支裔，负担比傣勐和滚很召轻。而傣勐和滚很召在劳役量上也有明显差异。即使同一等级内部，负担数额也各不相同。如召片领嫁女儿时对"郎目乃"寨献礼的规定便是如此。②

五、西双版纳指定服役制度的衰亡

西双版纳指定服役制度衰亡，既有外部因素的影响，又是自身发展的客观需要，并最终在外部干预下完成。

自元代在西双版纳建立土司制度伊始，便已埋下指定服役制度衰亡的种子。中原王朝除了利用朝贡向当地征收土产珍玩外，还有一种区别于指定服役制度的差发。这种差发与指定劳役的复杂性特征迥异，其内容上主要集中在金银和粮谷两项，数额也更加明确统一。

如果说差发为当地注入了新的税收理念，自清代以来针对西双版纳的改革却直接导致指定服役制度的衰亡。从清代鄂尔泰对江内的"改土归流"，到民国初年柯树勋的划区设治，再到1927年徐为光的改设县治。虽然都未从根本上废除土官的统治，却最终确立了流官在当地的主导地位。由于流官与土官并济，新旧两套剥削体系共存，给人民带来了双重负担。于是清末至民国以减税和免役为目的的反抗运动，在整个西双版纳呈燎原之势。当地土官为适应新形势，被迫进行改革。在景洪等地相继出现了"烤汗""烤骂纳""烤空""烤朗召"和"烤咖纳"等实物代役形式。③ 滚很召为统治者提供的家内劳役，也大部分转化为实物租税。指定服役制度彻底废除是新中国建立以后的事情。1956年西双版纳进行和平协商土地改革，依照《和平协商土地改革条例》，"废除封建统治者土地所有制，实行农民土地所有制"。"废除了领主、地主的各种地租和特权剥削"④。至此，存续800年之久的傣泐政权正式退出历史舞台，指定服役制度也随之消亡。

---

①《傣族简史》编写组：《傣族简史》，北京：民族出版社，2009年，第174页。
②"郎目乃"，亦称"郎乃"，是直属于召片领的寨子。全国人民代表大会民族委员会办公室编：《西双版纳傣族社会经济史料译丛·傣族调查材料之一》，北京：全国人民代表大会民族委员会办公室，1958年，第12—13页。
③《中国少数民族社会历史调查资料丛刊》修订编辑委员会编：《傣族社会历史调查·西双版纳二》，北京：民族出版社，2009年，第16—18页。
④《西双版纳傣族自治州概况》编写组编写：《西双版纳傣族自治州概况》，北京：民族出版社，2008年，第106页；缪鸾和：《西双版纳傣族自治州的过去和现在》，昆明：云南人民出版社，1957年，第67页。

六、西双版纳指定服役制度产生的原因

指定服役制度是特定社会发展阶段的产物，其存在有着深刻历史原因。

（一）商品经济不发达

中华人民共和国成立前，自给自足的自然经济仍是西双版纳社会的显著特点。村寨共同体基本能够自给，虽然也进行商品交换，但主要是补给家庭需要，并不基于商业目的。如在"赶街"的日子，蔬菜换火柴、茶叶换酒、肉和酒互换，都是为了各取所需。① 货币虽然已经产生，却不能替代物物交换。这种自给自足的自然经济，越往早期越显著。商品经济不发达，意味着剩余产品和人力很少投入市场流通，国家和统治者的各种需要并不能直接通过市场调节获得。为了解决这一问题，只有根据实际需求，并考虑资源和服役者自身技能的差异，选择特定人群指定其负责某项劳役。国家各种事务以及统治者全部生活都固定由相应的服役者"包干"，除了当地的稀缺资源以及少量奢侈品外，根本就不需要市场交换。

商品经济发展起来后，贫富差距刺激了人民改善生活的欲望，与指定劳役相比，服役者对以改善自身生活为目的的个体劳动积极性更高。此外，国家和统治者需要的物品和劳役可以通过商品交换和雇佣来实现。指定服役制度因此失去了存在的必要性。

（二）血缘共同体存在

中华人民共和国成立前，西双版纳生产力非常落后。其中原因很复杂，既有社会和历史原因，又有地理和自然环境因素。生产力落后，意味着各种生产活动只有依靠集体才能完成。于是当地人便利用天然的亲缘联系结成大小不一的血缘共同体，以适应生存需要与应对大自然的威胁。这些血缘共同体作为社会基本生产单位，一方面意味着每个人作为共同体的有机附属物而存在，统治者征派劳役只能是针对集团整体而不能落实到个人；另一方面血缘公共体又为指定服役制度的实施提供保障。共同体内部基于原始平均主义原则的轮替服役制度，让每个个体在不耽误生产的同时亦有喘息的机会，有效保障了统治者需求的满足。汪连兴指出："在早期的、原始的国家形态下，以血缘关系为纽带的氏族部落组织依然存在，并且在一个相当长的时期内仍然构成社会制度的基本单位。"② 换句话说，国家在诞生之初的相当长一段历史时期内，对血缘关系不仅不排斥，而且是充分地依赖和加以利用。

当生产力发展后，个人逐渐从共同体中分离出来。从国家角度来说，氏族制度本身的异化过程，实际上也是国家发展的过程。国家在"排挤"掉血缘组织的同时，指定服役制度亦失去了存在的根基，自然也就走向了衰亡。

结语

指定服役制度并不为西双版纳所特有。它不仅见于我国先秦时期，③ 还见于两河流域的

---

① 陈翰笙：《解放前西双版纳土地制度》，北京：中国社会科学出版社，1984年，第55页。
② 汪连兴：《荷马时代·殷周社会·早期国家形态》，《社会科学战线》1994年第5期。
③ 卢中阳：《商周指定服役制度研究》，台北：花木兰文化出版社，2013年。

城邦时代、阿卡德帝国、乌尔第三王朝、亚述帝国,① 古埃及赛索斯特里斯（十二王朝）以前,② 古印度早、晚吠陀时期,③ 古希腊迈锡尼文明,④ 小亚细亚赫梯文明,⑤ 伊朗高原的米底王国、阿契美尼德王朝、萨珊王朝,⑥ 南美洲印加帝国,⑦ 中美洲阿兹特克帝国,⑧ 日本大和国,⑨ 缅甸的蒲甘王朝、东吁王朝、雍籍牙王朝,⑩ 法国殖民者占领前的老挝,⑪ 朱拉隆功改革前的泰国,⑫ 以及非洲加涅姆——博尔努王国的赛福瓦王朝、豪萨城邦国、乌干达的土邦等。⑬ 这些国家和地区，或将指定服役制度称为"筐托"和"阿赫木旦"，或叫作"贡滥"，或名作"部民制"，或谓之"部司制"，或名为"瓦尔那"（Varna）和"迦提"（Jāti），或将其称作"米达"（Mita）、"瓜特基尔"（Coatequitl）和"劳役摊派"（repartmiento）制。虽然称法各异，但都属于由相应群体世代固定负责某役的劳役形式。

指定服役制度与早期国家起源密切相连。上述存在指定服役制度的社会均正处于或还没有完全走出国家不甚发达的早期阶段。国家作为一个公共权力机构，维持其正常运转需要日常财物供应及相关服役人群。然而早期国家阶段存在的普遍问题是商品经济未能发展起来及血缘共同体还没打破，于是便决定了这种国家不可能像成熟国家那样针对地区和单个人摊派税役。因此原有共同体内部的社会分工被赋予了国家强制力，并通过征服将其拓展国家的各个领域。可以说，指定服役制度是早期国家自然选择的结果。从统治学的角度来说，当国家还不甚发达且国家结构相对简单的情况下，利用被剥削者固有的集团整体对其实行统治，也是最省力和有效的方式。马歇尔·泰莫斯基指出"早期国家对人的统治先于对领土的控

---

①于殿利：《巴比伦与亚述文明》，北京：北京师范大学出版社，2013年，第115、165、200页；国洪更：《亚述赋役制度考略》，北京：中国社会科学出版社，2015年，第68、75、182页。
②尚会鹏：《种姓与印度教社会》，北京：北京大学出版社，2002年，第335页。
③Hutton, J. H, *Caste in India, Its Nature, Function, and Origins*, Cambrige: The University Press, 1946, p. 48. 尚会鹏：《种姓与印度教社会》，北京：北京大学出版社，2002年，第41页。
④[美] 伊恩·莫里斯（Ian Morris），巴里·鲍威尔（Barry B. Powell）：《希腊人：历史、文化和社会》（第二版），陈恒等译，上海：上海人民出版社，2014年，第77—78页。
⑤李政：《赫梯文明研究》，北京：昆仑出版社，2018年，第271、307页。
⑥[美] 奥姆斯特德：《波斯帝国史》，李铁匠等译，上海：上海三联书店，2010年，第88—89、219、353—354页；施治生，徐建新主编：《古代国家的等级制度》，北京：中国社会科学出版社，2003年，第226—227页。
⑦[秘鲁] 印卡·加西拉索·德拉维加：《印卡王室述评》，白凤森等译，北京：商务印书馆，1993年，第375—376页；[美] 普雷斯科特：《秘鲁征服史》，周叶谦等译，北京：商务印书馆，1996年，第43页。
⑧韩琦：《拉美历史上的劳役分派制》，《烟台师范学院学报》（哲社版）1989年第4期。
⑨[日] 井上清：《日本历史》（上册），天津：天津人民出版社，1976年，第38—39页。
⑩Aung Thwin Michael Arther, *The Nature of State and Society in Pagan: An Institutional History of 12th and 13th Century Burma*, ProQuest, UMI Dissertations Publishing, 1976, pp. 131—132. 贺圣达：《阿赫木旦制度与缅甸封建经济的特点》，《世界历史》1991年第5期。
⑪申旭：《老挝史》，昆明：云南大学出版社，2011年，第138页。
⑫赵永胜：《古代泰国政治中的亲属关系和依附制度》，《东南亚》1999年第1期。
⑬李安山：《非洲古代王国》，北京：北京大学出版社，2011年，第121、129—130页；[美] 乔治·彼得·穆达克著：《我们当代的原始民族》，童恩正译，成都：四川省民族研究所，1980年，第334、337页。

制。"① 从早期国家来看,对人统治的直接方式便是指定劳役。指定服役制度本质上是一种国家主导下的强制分工。有学者指出,文明"最初的形式可以被定义为一种基于统治者和生产食物的种植者之间因分工不同而形成复杂社会秩序的发展过程。"② 从这个意义上说,指定服役制度的出现亦是人类进入文明的标志。在早期国家起源研究中,相比于学界无休止地专注于国家概念和标志的争论,哈赞诺夫提出"唯一可行的办法就是把早期国家的一些特性或不同特征,以及与之有关联的过程分析出来,随着这些特征和过程的逐渐消失,国家就变得愈益发展,也即不再成为'早期'国家了"③。从这一思路出发,指定服役作为与早期国家共存的社会制度,对其研究不失为探索早期国家起源的最有效途径。

作者简介:卢中阳,历史学博士,陕西师范大学历史文化学院副教授,硕士生导师,主要研究方向是先秦史、中国民族史。

---

① [波] 马歇尔·泰莫斯基:《早期国家理论在撒哈拉南部非洲前殖民地国家的运用问题》,刘庆译,袁林:《早期国家政治制度研究》,北京:科学出版社,2014年,第274页。
② [美] 金·麦夸里:《印加帝国的末日》,冯璇译,北京:社会科学文献出版社,2017年,第58页。
③ [苏联] A.M. 哈赞诺夫:《关于早期国家研究的一些理论问题》,中国世界古代史学会编:《古代世界城邦问题译文集》,黄松英译,北京:时事出版社,1987年,第269页。

"汤德"考论

武汉大学历史学院　罗运环

汤德即商汤之德。商汤在历史上为一代名王，帝王的楷模，常与尧、舜、禹、文（周文王）、武（周武王）并列，被称之为"圣王"或"至圣"。《汉书·古今人表》还将商汤列入九等中的第一等（上上）少有的几位"圣人"之中，称为"帝汤"①。唐代颜师古注曰："能博施于人而济众者……乃为圣人。"② 强调的是圣人的德行。通观先秦时代有关商汤的记述，考察"汤德"，无不体现出商汤之"仁"，或称之为"至仁"。若从施政角度而言，可称之为"仁政"。这是一个被现今学人多所忽略的问题。商汤德行突出表现在"至仁"，是一种极致的"仁德"，墨子叫"汤兼"。当然就是在先秦时代，如齐宣王和韩非子之辈，也曾以商汤伐桀事对商汤的德行提出过异议。下面将围绕"汤德以'至仁'为特点"这一主题，综合运用传统文献与出土文献资料，对汤德的特点展开系统论证。同时也对齐宣王和韩非子之辈质疑汤德的种种说法进行评论。

一、商汤的"至仁"之教

三代圣人治统与道统合一，言传身教，教化臣民，是最高统治者职权分内之事。作为至圣的商汤，虽时代久远，记载缺失，亦略有可考。《史记·殷本纪》所记述商汤网开一面之事，就具有典型性。其云：

> 汤出，见野张网四面，祝（捕猎人祝祷）曰："自天下四方，皆入吾网。"汤曰："嘻，尽之矣！"乃去其三面。祝（让捕猎人祝祷）曰："欲左，左；欲右，右。不用命，乃入吾网。"诸侯闻之，曰："汤德至矣，及禽兽。"③

这就是有名的"网开一面"的成语典故的来源，也是夏末作为商国权力最高统治商汤以

＊本文受到中国国家社科基金项目"楚简与东周国别史研究"（10BZS008）的资助。
① （汉）班固撰、（唐）颜师古注：《汉书·古今人表》，北京：中华书局，1962年，第884页。
② （汉）班固撰、（唐）颜师古注：《汉书·古今人表》，第869页。
③ （汉）司马迁：《史记·殷本纪》，北京：中华书局，1959年，第95页。

平凡而有说服力事例教化人民的一种教育行为。张网捕鸟是商人获取自然生活资源的一种常规性的狩猎活动。商汤认为"张网四面",企图鸟"自天下四方皆入吾网"的做法会将鸟捕尽。这里有两层意义:

其一,从生活资源自然供给的角度,用当今流行的话表达,是一种可持续发展的思想。《礼记·月令》:"孟春之月……乃修祭典,命祀山林川泽,牺牲勿用牝;禁止伐木,毋覆巢(鸟巢),毋杀孩虫、胎夭飞鸟(幼鸟),毋麛(幼鹿),毋卵。"这些春禁规则,建立在先秦人"春政不禁则百长不生"认识基础之上,正可与商汤可持续发展思想相印证。

其二,从鸟的角度,本来"张网四面",撤除三面,网开一面,祝辞希望得到"自投罗网"者,不愿者可左右逃生。故诸侯闻之曰:"汤德至矣,及禽兽。"也就是说不仅商国臣民认为,而且一些诸侯国也说商汤的仁德达到了致至,竟把恩惠扩大到了禽兽身上。

由此可见,商汤"网开一面"的教育,不仅遍及商国,而且波及各诸侯国,效果是显著的。

"至仁"是汤德及其全部思想的内核,"民本"思想,属于政治思想,是汤德的思想基础,二者互为表里。商汤不仅以身示范,而且也要求诸侯百官以民为本,有功于民。据《史记·殷本纪》所载,商汤灭夏后,返回亳都,作《汤诰》,向诸侯百官作了以民为本,有功于民的训诰,其曰:

> 维三月,王自至于东郊。告诸侯群后:"毋不有功于民,勤力乃事,予乃大罚殛女,毋予怨。'曰:'古禹、皋陶久劳于外,其有功乎民,民乃有安。东为江,北为济,西为河,南为淮,四渎已修,万民乃有居。后稷降播,农殖百谷。三公咸有功于民,故后有立。昔蚩尤与其大夫作乱百姓,帝乃弗予,有状。先王言不可不勉。'曰:'不道,毋之在国,女毋我怨。'"以令诸侯。

这段引文是商汤所作《汤诰》的内容。《今文尚书》无《汤诰》,现存《古文尚书》(十三经本《尚书》)有《汤诰》,而无此内容。《汤诰》见于百篇《尚书·书序》,司马迁所引《汤诰》的内容,应出自原本《尚书》①。

这段引文的内容,主要记商汤要求万邦诸侯国君及百官要有功于民,相反者将受惩罚的训诫,训诫中还列举虞舜时禹、皋陶、后稷"有功于民",能立国传后,蚩尤与其大夫作乱百姓,遭遇灭顶之灾正反的例子,用以强调"有功于民"的重要性。商汤的这种"有功于民"的训诫,就是要各诸侯国国君及各级官吏要为臣民营造好的生存环境,让臣民安居乐业,才能保有稳定的国家。这就是典型的民本思想,是商汤普行仁政的理论基础之所在。

"网开一面"的教导、"有功于民"的训诰,被教育的对象,前者是对人民,而后者是诸

---

① 见(汉)司马迁:《史记·殷本纪》,第97页。这段引文是商汤所作《汤诰》的内容。《汤诰》见于百篇《尚书·书序》,应属原本《尚书》无疑。考西汉伏生本29篇今文《尚书》无《汤诰》,清代阮元所刻十三经本《尚书》(即西晋梅赜所献《孔传古文尚书》)有《汤诰》,但其内容主要记商汤向各诸侯申述伐夏桀的道理,与《史记·殷本纪》所引内容不同。《史记·殷本纪》的引文主要记商汤要求各诸侯有功于民,相反者将受惩罚的训诫。引文早于《孔传古文尚书》,具有信史价值。

侯百官。就是强调遵守自然规律，以民为本，仁德至上。

二、"汤行仁义"，"为政于天下"

商汤在取代夏桀建立商王朝前后都有普行仁政的事例。如在之前商作为夏朝方国时，其行仁政就惠及邻国。

《孟子·梁惠王下》孟子答齐宣王问时曰：惟仁者为能以大事小，是故汤事葛。

《孟子·滕文公下》孟子答万章问时曰：汤居亳，与葛为邻，葛伯放而不祀。汤使人问之曰："何为不祀？"曰："无以供牺牲也。"汤使遗之牛羊。葛伯食之，又不以祀。汤又使人问之曰："何为不祀？"曰："无以供粢盛也。"汤使亳众往为之耕，老弱馈食。葛伯率其民，要其有酒食黍稻者夺之，不授者杀之。有童子以黍肉饷，杀而夺之。书曰："葛伯仇饷。"此之谓也。为其杀是童子而征之，四海之内皆曰："非富天下也，为匹夫匹妇复仇也。"

夏商时期已有"方伯"（方伯为一方诸侯之长）制度，商、葛二国都是夏朝方国，且有相邻的地缘关系，当在同一方伯的势力范围之内，二国之间产生深度交往也符合情理。① 祭祀在先秦时代具有重要地位，被视为头等大事。当葛伯言其"放而不祀"是因为没有牛羊时，商汤便派人送去牛羊；当葛伯说其"不祀"是因为没有祭祀的谷米时，商汤又派亳地的臣民前往葛地代为耕种，还派老弱者为耕种者送饭。而葛伯还是不祭祀，把送给他用作祭祀的牛羊吃了、还抢夺商汤派人为代耕者送的饭，杀了送饭的小孩，这就是震惊一时的"葛伯仇饷"事件。正因为这一事件，导致商汤攻伐，葛国的灭亡。商汤的征伐得到各诸侯国人民的理解和拥护。

《孟子·梁惠王下》载孟子答齐宣王问时曰：臣闻七十里为政于天下者，汤是也……书曰："汤一征，自葛始。"天下信之。东面而征，西夷怨；南面而征，北狄怨。曰："奚为后我？"民望之，若大旱之望云霓也。归市者不止，耕者不变。诛其君而吊其民，若时雨降，民大悦。

《孟子·滕文公下》载孟子答万章问时曰："汤始征，自葛载"，十一征而无敌于天下。东面而征，西夷怨；南面而征，北狄怨，曰："奚为后我？"民之望之，若大旱之望雨也。归市者弗止，芸者不变，诛其君，吊其民，如时雨降。民大悦……苟行王政（仁政），四海之内皆举首而望之，欲以为君。

今本《竹书纪年》云：帝癸（即夏桀）二十一年，商师征有洛，克之。

《逸周书·史记解》：昔者，有洛氏宫室无常，池囿广大，工功日进，以后更前，民不得

---

① 孟子所言"葛伯仇饷"之事，何许有人会质疑，夏末葛国与商国都是夏王朝的方国，商汤何以会干涉他国内务，这条材料是否具有信史价值？这涉及商代诸侯国的邻国性质问题。夏商时期已有"方伯"制度。方伯为一方诸侯之长。《礼记·王制》："千里之外设方伯。……二百一十国以为州，州有伯。八州八伯。"郑玄注："殷之州长曰伯，虞夏及周皆曰牧。"例如《古本竹书纪年》："太丁四年，周人伐余无之戎，克之。周王季命为殷牧师。"商纣王时，周文王继为方伯，《史记·殷本纪》称之为"西伯"，周原甲骨文称之为"周方白（伯）"（见周原甲骨文 H11：82、H 11：84 号）。由此看来，葛国与夏国因相邻当在同一方伯势力范围，故葛伯不祀，商汤要过问并采取援助措施，自在情理中。孟子所云"葛伯仇饷"之事当有所本，具有信史价值。

休，农失其时，饥馑无食，成商伐之，有洛以亡。①

这数条材料，进一步说明了两点，其一，"葛伯仇饷"事件导致汤讨伐葛伯。讨伐葛伯，去暴安民，"天下信之"。因为人民的信任和拥护，"十一征而无敌于天下"，终能组建商王朝并取代腐朽的夏王朝。其二，商汤"十一征"，深受欢迎的表述，虽有渲染的成分，但基本的史事是可信的，从有洛氏宫室无常，导致"农失其时，饥馑无食"的情况，以及"葛伯仇饷"事件来看，商汤因此而出兵，不挠其民，"诛其君而吊其民"，又同在一个王朝之内，"民大悦"，"欲以为君"，这正是商汤仁德的一种表现，是可信的。

《越绝书·吴内传》载商王朝建立以后，"汤献牛荆之伯"之事，也进一步表现出汤所普行的"仁政"，其云：

> 汤献牛荆之伯。之伯者，荆州之君也。汤行仁义，敬鬼神，天下皆一心归之。当是时，荆伯未从也。汤于是乃饰牺牛以事。荆伯乃愧然曰："失事圣人礼"。乃委其诚心。此谓汤献牛荆之伯也。②

上引今本《竹书纪年》："商师征有洛，克之。遂征荆，荆降。"表明，有洛应在今河南洛水一带。荆与有洛地缘相近，应即江汉地区的"荆楚"。③《诗经·商颂·殷武》："维女荆楚，居国南乡。昔有成汤，自彼氐羌，莫敢不来享，莫敢不来王，曰商是常。"都奉商汤为君长。《盐铁论·论勇》说得好，"'自彼氐羌，莫敢不来王'，非畏其威，畏其德也"。说明楚商关系曾经有一个由对立而再次臣服的过程。"汤献牛荆之伯"之事当处于这一过程的中间，荆楚最终为汤"行仁义"所感化，"乃委其诚心"。

凡此，均体现出商汤以仁德思想见称，播及周邻，"汤一征，自葛始，天下信之"。去暴安民，"十一征而无敌于天下"，深受人民拥戴，终能组建商王朝并取代腐朽的夏王朝。同时也显示出商汤所行"仁政"及其"仁政"效应。

三、汤举贤能而近"仁者"

实行仁政，治理好国家，就需要相应的人才，上海博物馆馆藏楚简《容成氏》④记载商汤取代夏桀建立商朝之前，商汤曾两次"求贤"，其云：

> ……汤乃谋戒求贤，乃立伊尹以为佐。伊尹既已受命，乃执兵钦（禁）暴，羕（永）得于民。（第37简）

> ……其（桀）骄泰如是状。汤闻之，于是乎慎戒征贤，德惠而不懈，祂三十仁而能之。如是而不可，然后从而攻之。（第38—39简）

---

① 黄怀信、张懋镕、田旭东撰，李学勤审定：《逸周书汇校集注》，上海：上海古籍出版社，1985年，第1036页。
② （东汉）袁康、吴平辑录，乐祖谋点校：《越绝书·吴内传》，上海：上海古籍出版社，1985年，第26页。
③ 罗运环：《楚国八百年》，武汉：武汉大学出版社，1992年，第64页。
④ 马承源主编：《上海博物馆藏战国楚竹书（二）·容成氏》，上海古籍出版社，2002年。

这两段引文"求贤""征贤",意思是一样的,打破方国界线,"征""求"贤人。德才兼备谓之"贤",这个德就是为商汤所重的仁德。伊尹、仲虺和咎单,尤其是伊尹就是商汤所求所征的具有代表性的贤人。先秦诸子对商汤任用伊尹多所评论,择其要者如下:

《论语·颜渊》:樊迟问仁。子曰:"爱人。"问知。子曰:"知人。"樊迟未达。子曰:"举直(正直的人)错(舍弃)诸枉(邪曲的人),能使枉者直。"樊迟退,见子夏。曰:"乡(向)也吾见于夫子而问知,子曰,'举直错诸枉,能使枉者直',何谓也?"子夏曰:"富哉言乎……汤有天下,选于众,举伊尹,不仁者远矣。"

《墨子·尚贤上》:故古者圣王之为政,列德而尚贤,虽在农与工肆之人,有能则举之,高予之爵,重予之禄,任之以事,断予之令,曰:"爵位不高则民弗敬,蓄禄不厚则民不信,政令不断则民不畏",举三者授之贤者,非为贤赐也,欲其事之成……汤举伊尹于庖厨之中,授之政,其谋得。①

《孟子·公孙丑下》:孟子曰:"天下有达尊三:爵一,齿一,德一。朝廷莫如爵,乡党莫如齿,辅世长民莫如德。恶得有其一以慢其二哉?故将大有为之君,必有所不召之臣。欲有谋焉,则就(亲自登门)之。其尊德乐道,不如是不足与有为也。故汤之于伊尹,学焉(先向伊尹学习)而后臣之,故不劳而王。"

《韩非子·难言第三》:故度量虽正,未必听也;义理虽全,未必用也……上古有汤至圣也,伊尹至智也;夫至智说至圣,然且七十说而不受,身执鼎俎为庖宰,昵近习亲,而汤乃仅知其贤而用之。故曰以至智说至圣,未必至而见受,伊尹说汤是也。

关于伊尹为商汤所征用的途径有"媵臣"和"处士"两说。司马迁写《史记·殷本纪》二者并存,但以媵臣说为主。其云:"伊尹……欲奸(干)汤而无由,乃为有莘氏媵臣,负鼎俎,以滋味说汤,致于王道。或曰,伊尹处士,汤使人聘迎之,五反然后肯往从汤,言素王及九主之事,汤举任以国政。"② 从伊尹起初任小臣这一卑下职务来看③,以"媵臣"说比较可信。

以上四条引文,是儒、墨、法三家代表性人物子夏、墨子、孟子、韩非子等论尚贤使能的用人之道,涉及商汤重用伊尹及商汤征用贤人既重才能更重德行之事。虽也存在"媵臣"和"处士"两说的情况,就其主旨而言是比较一致的:子夏所言"举伊尹,不仁者远矣",强调伊尹的仁德;墨子"圣王之为政,列德而尚贤",商汤任用伊尹是其例,也是把"德"放在首位的;孟子强调"辅世长民莫如德",君王要像汤任用伊尹一样"尊德乐道。"韩非子虽从"难言"的角度来讲至圣的商汤任用至智的伊尹,"而汤乃仅知其贤而用之","知其贤"强调的也是德才。诚如商汤"《汤誓》云:'聿求元圣,与之戮力。同心,以治天下。'则此

---

① (清)孙诒让撰,孙以楷点校:《墨子间诂》,北京:中华书局,1986年,第41—43页。
② (汉)司马迁:《史记·殷本纪》,第94页。
③ 传世文献如《楚辞·天问》"何乞比小臣",东汉王逸注"小臣谓伊尹也";《吕氏春秋·尊师》"汤师小臣",东汉高诱注:"小臣谓伊尹。"证之金文,《叔夷钟》有伊少(小)臣。并证伊尹曾为小臣。

言圣之不失以尚贤使能为政也"①。

四、商汤"自责"祷雨与"以德得民心"

商汤桑林祷雨事，见载于古籍，既是商人敬事鬼神的具体体现，也体现出商汤以民为本的至仁德行。

《管子·山权数》：管子对曰：汤七年旱，禹五年水。民之无饘有卖子者，汤以庄山之金铸币，而赎民无饘有卖子者。②

《墨子·兼爱下》：今若夫兼相爱、交相利，此自先圣六王者亲行之……虽《汤说》即亦犹是也。汤曰："惟予小子履，敢用玄牡，告于上天后，曰：'今天大旱，即当朕身履，未知得罪于上下，有善不敢蔽，有罪不敢赦，简在帝心。万方有罪，即当朕身，朕身有罪，无及万方。'"即此言汤贵为天子，富有天下，然且不惮以身为牺牲，以词说于上帝鬼神。即此汤兼也。虽子墨子之所谓兼者，于汤取法焉。③

《荀子·大略》：汤旱而祷曰："政不节与？使民疾与？何以不雨至斯极也！宫室荣与？妇谒盛与？何以不雨至斯极也！苞苴行与？谗夫兴与？何以不雨至斯极也！"④

《吕氏春秋·顺民》：夫以德得民心以立大功名者，上世多有之矣……取民之所悦而民取矣……昔汤克夏而正天下，天大旱（一作"大旱七年"⑤），五年不收。汤乃以身祷于桑林，曰："余一人有罪，无及万夫，万夫有罪，在余一人；无以一人之不敏，使上帝鬼神伤民之命。"于是剪其发，磨其手，以身为牺牲，用祈福于上帝。民乃甚悦，雨乃大至。⑥

《淮南子》佚文：汤时大旱七年，卜用人祀天。汤曰：我本卜祭为民，岂乎自当之。乃使人积薪，翦发及爪，自洁，居柴上，将自焚以祭天。火将燃，即降大雨。⑦

从上面五条引文来看，关于商朝初遭旱的年数及商汤祷辞存在两种说法，东汉王充也看出了这一问题，他在《论衡·感虚》中指出："传书言：汤遭七年旱，以身祷于桑林，自责以六过，天乃雨。或言五年，祷辞曰：'余一人有罪，无及万夫。万夫有罪，在余一人。天以一人不敏，使上帝鬼神伤民之命。'于是剪其发，丽其手，自以为牲，用祈福于上帝。上帝甚说（悦），时雨乃至。"这两种说法对商汤祷雨过程没有分歧，王充对此事的真实性也深信不疑，质疑处主要在祷雨的结果，王充分析道："言汤以身祷于桑林自责，若言剪发丽手，

---

① 见《墨子·尚贤中》。其中《墨子》所引《汤誓》的内容，不见于清代阮元所刻十三经本《尚书》（即西晋梅赜所献《孔传古文尚书》）的《汤诰》篇。
② 颜昌峣：《管子校释·山权数》，长沙：岳麓书社，1996年，第557页。
③ （清）孙诒让著，孙以楷点校：《墨子间诂》，北京：中华书局，1986年，第111—114页。
④ （清）王先谦撰，沈啸寰、王星贤点校：《荀子集解》，北京：中华书局，1988年，第504页。
⑤ （南朝梁）萧统：《文选·思玄赋》，（唐）李善注引《吕氏春秋》，上海：上海书店影印版，1988年第202页。
⑥ 陈奇猷：《吕氏春秋校释·顺民》，上海：学林出版社，1984年，第479页。
⑦ （南朝梁）萧统：《文选·思玄赋》，（唐）李善注引《淮南子》，上海：上海书店影印版，1988年，第202页。此引文为《淮南子》佚文，不见今本《淮南子》。

自以为牲，用祈福於帝者，实也。言雨至，为汤自责以身祷之故，殆虚言也……自责祷谢，安能得雨邪……或时旱久，时当自雨；汤以旱久，亦适自责。世人见雨之下，随汤自责而至，则谓汤以祷祈得雨矣。"① 王充认为下雨与商汤祷雨为巧合，颇有道理。

但是，本文对引文主要关注点在于诸家对商汤桑林祷雨所体现的德行的分析。《管子》所言大旱灾之年"汤以庄山之金铸币，而赎民无馈有卖子者"；《墨子》商汤祷雨及祷辞，体现出"汤兼"，墨子"所谓兼（兼相爱）者，于汤取法焉。"《吕氏春秋》认为商汤祷雨及祷辞是"取民之所悦"，"以德得民心"。《淮南子》佚文则载："卜用人祀天。汤曰：我本卜祭为民，岂乎！自当之。"凡此，都体现出商汤对臣民的关爱，"赎民""汤兼"，以至于用己身取代所"卜用人"，"卜祭为民"的德行。商汤以民为本，以仁德待民，故能"以德得民心"。

五、"商汤篡弑说"与商汤德行问题

商汤本以仁德著称，然而他以臣属于夏王朝的方国国君身份，武力攻伐夏桀，并以商朝取代夏朝，《周易·革·彖辞》："汤（商汤）、武（周武王）革命（天命），顺乎天而应乎人。"② 对商汤之举予以肯定，认为商汤革除夏桀之命，是顺天应人。故后世肯定商汤之举者，也多称之为"商汤革命"。但反对者则按君臣名分对商汤之举予以否定，认为是犯上作乱，是一种"攻君""弑君""篡夺"行为。

先秦时代政界人物如战国时期的齐宣王就认为商汤革命是"臣弑其君"。在思想界，诸子中如道家人物庄子，其在《庄子·盗跖》篇中以寓言的形式，借盗跖之口骂孔子，说："汤放其主，武王杀纣。自是之后，以强陵弱，以众暴寡。汤、武以来，皆乱人之徒也。"③ 法家代表性人物韩非子则认为商汤攻伐夏桀是一种"弑君"行为。《韩非子·忠孝》云：

> 天下皆以孝悌忠顺之道为是也，而莫知察孝悌忠顺之道而审行之，是以天下乱。皆以尧、舜之道为是而法之，是以有弑君，有曲父。尧、舜、汤、武，或反君臣之义，乱后世之教者也……汤、武为人臣而弑其主、刑其尸，而天下誉之，此天下所以至今不治者也。夫所谓明君者，能畜其臣者也；所谓贤臣者，能明法辟、治官职以戴其君者也……汤、武自以为义而弑其君长，此明君且常与，而贤臣且常取也。故至今为人子者有取其父之家，为人臣者有取其君之国者矣……臣之所闻曰："臣事君，子事父，妻事夫，三者顺则天下治，三者逆则天下乱，此天下之常道也，明王贤臣而弗易也。"则人主虽不肖，臣不敢侵也。④

其实，庄子是从反孔反儒学角度来否定商汤革命。齐宣王、韩非子否定商汤革命则是在维护专制主义统治制度为目的的。先秦时代除了《周易》革卦的《彖辞》肯定并提出"商汤

---

① 《论衡注释·感虚》，北京：中华书局，1979年，321—323页。
② 高亨：《周易大传今注》，济南：齐鲁书社，1979年，第408页。
③ （清）郭庆藩撰，王孝渔点校：《庄子集释》第995页。
④ 陈奇猷：《韩非子集解（增订本）》，北京：中华书局，1958年，第1107—1108页。

革命说"外，墨子及儒家的孟子和荀子均赞成商汤革命说，并对"攻君""弑君""篡夺"说进行了反驳：

> 《墨子·非攻下》：今遝夫好攻伐之君，又饰其说以非子墨子曰："以攻伐之为不义，非利物与？昔者禹征有苗，汤伐桀，武王伐纣，此皆立为圣王，是何故也？"子墨子曰："子未察吾言之类，未明其故者也。彼非所谓攻，谓诛也……夏王桀，天有酷命，日月不时，寒暑杂至，五谷焦死，鬼呼国，鹤鸣十夕余。天乃命汤于镳宫，用受夏之大命：'夏德大乱，予既卒其命于天矣，往而诛之，必使汝堪之。'汤焉敢奉率其众，是以向有夏之境，帝乃使阴暴毁有夏之城……汤奉桀众以克有[夏]，属诸侯于薄（亳），荐章天命，通于四方，而天下诸侯莫敢不宾服。则此汤之所以诛桀也……则非所谓攻也，所谓诛也"。①

> 《孟子·梁惠王下》：齐宣王问曰："汤放桀，武王伐纣，有诸？"孟子对曰："于传（史籍）有之。"曰："臣弑其君，可乎？"曰："贼仁者谓之贼，贼义者谓之残，残贼之人谓之一夫（独夫）。闻诛一夫纣矣，未闻弑君也。"

> 《荀子·正论》：世俗之为说者曰："桀、纣有天下，汤、武篡而夺之。"是不然。以桀、纣为常（尝，曾经）有天下之籍（位）则然，亲（靠自己才德）有天下之籍则不然，天下谓（认为天下的人心）在桀、纣则不然。古者天子千官，诸侯百官。以是（作此）千官也，令行于诸夏之国，谓之王。以是百官也，令行于境内，国虽不安，不至于废易遂亡，谓之君。圣王之子也，有天下之后也，势籍（权位）之所在也，天下之宗室也；然而不材不中，内则百姓疾之，外则诸侯叛之，近者境内不一，遥者诸侯不听，令不行于境内，甚者诸侯侵削之，攻伐之，若是，则虽未亡，吾谓之无天下矣。圣王没，有势籍者罢（疲，无能）不足以县天下，天下无君；诸侯有能德明威积，海内之民莫不愿得以为君师；然而暴国独侈，安（于是）能诛之，必不伤害无罪之民，诛暴国之君，若诛独夫。若是，则可谓能用天下矣。能用天下之谓王。汤、武非取天下也，修其道，行其义，兴天下之同利，除天下之同害，而天下归之也。桀、纣非去天下也，反禹、汤之德，乱礼义之分，禽兽之行，积其凶，全其恶，而天下去之也。天下归之之谓王，天下去之之谓亡。故桀、纣无天下，汤、武不弑君，由此效之也。②

墨子、孟子、荀子均从不同角度批评了商汤"攻君""弑君""篡夺"说。墨子从"攻"与"诛"的区别进行剖析，指出："夏德大乱"，民不聊生，商汤顺天意往而诛之，诛无德者，不叫"攻"，叫"诛"。孟子从"诛一夫"与"弑君"的区别进行分析，指出："贼仁者谓之贼，贼义者谓之残，残贼之人谓之一夫。"诛桀为诛一夫纣，非谓弑君。荀子从"天下归之"与"天下去之""王"与"亡"的区别，层层剖析，批评"桀有天下说"和"商汤篡夺说"，指出：桀为"暴国之君"，虽未亡，已成为众叛亲离的独夫，实"无天下矣"，诛桀就是"诛暴国之君，若诛独夫。""天下归之之谓王，天下去之之谓亡。"故桀实"无天下"，

---

① （清）孙诒让著，孙以楷点校：《墨子间诂》，北京：中华书局，1986年，第134—140页。
② （清）王先谦撰，沈啸寰、王星贤点校：《荀子集解》，北京：中华书局，1988年，第322—324页。

商汤之举不能视为"弑君"。这些批评，尤其是荀子的批评是很深刻的。

综合考察"商汤革命说"和"商汤篡弑说"。"商汤篡弑说"只强调了"反君臣之义"，完全站在专制主义统治君主的角度而论，无视苦难中的民众，更没有比较汤与桀二者的德行，实不可取。"商汤革命说"者，或反对"篡弑说"者，尚能结合商汤所处时代，能考虑到人心背向等因素，尤其是德行的比较评价，值得重视。墨子在批评"攻君说"时，提及"夏德大乱"、汤属"圣王"，涉及二者的德行方面的问题。孟子说夏桀"贼仁""贼义"，反过来讲，诛夏桀的商汤应属"仁义"之君。荀子说夏桀是"暴国之君"，"反禹……之德，乱礼义之分，禽兽之行，积其凶，全其恶，而天下去之"；商汤是"诸侯有能德明威积"者，"修其道，行其义，兴天下之同利，除天下之同害，而天下归之"。评价比较切合实际。

从夏末社会危机及其崩溃的趋势来考察。当一个社会已发生严重危机，社会统治体系行将崩溃的趋势已显露，而这个社会的最高统治者尚未意识到其统治危机，或者没有能力来挽救，或者企图以更加残暴的手段来扭转乾坤，这个社会统治体系或王朝必然会走向灭亡，不是出现商汤革命、武王伐纣之事，就会出现"国人暴动"或秦末农民起义之类，腐朽的统治终究会被推翻。另一方面，商汤时代尚处于诸侯联盟式的王制时代，去禅让制的五帝时代不远，故有"汤奉桀众以克有［夏］"，武王伐纣时出现"前徒倒戈"的情况，这些情况虽反映了旧的王朝腐朽的一面，也不能排除诸侯国君间的旧有禅让制惯性的残存观念，不可与专制主义统治时代等同而论。荀子说得好："天下归之之谓王，天下去之之谓亡"，商汤伐桀，"天下归之"，组建商王朝取代夏朝，"天下归之"，"顺乎天而应乎人"。这正是商汤"能德明威积"的 充分体现，不能与"反君臣之义"的问题混为一谈。

结　语

以上五个部分，分别讨论了商汤对臣民和诸侯百官的德性教育、施仁政于葛伯和荆伯、为行仁政而求贤、桑林祷雨所反映的"仁政"思想，以及"篡弑说"与汤德的关系等方面，从中获得一个重要的突破，即：汤德重在仁德。在伦理层面表现出仁义德行，在治国行政层面上表现为一种"仁政"的实施。

商汤时代尚无像后世儒家、法家、道家的学说一样具有独立系统的思想能作为国家的统治思想，因而道统和治统是合一的，商汤作为国王既是国家最高统治者，也是言传身教的最大的思想导师。从商汤所处时代来看，古人称其为"圣人""圣王"或"至圣"，尚无不妥之处。

作者简介：罗运环，男，武汉大学教授、博导，武汉大学中国地域文化研究所所长、中国先秦史学会副会长。

早期部落间的权力斗争与鲧之死因试探

陕西师范大学历史文化学院　吕亚虎

摘　要： 尧、舜、禹时期是上古历史中由部落联盟向阶级社会过渡的阶段，随着私有财产的出现，原来的部族间民主选举首领的"禅让"传统受到父子相袭观念的冲击，传世文献中有关"禅让"与"篡夺"两种不同传说的记载正是对此一时期部族间权力斗争的真实反映。在此一背景下，以尧、舜、鲧（禹）为首领的陶唐氏、有虞氏和夏后氏在面对人类所遭遇的大洪水时，既有部族首领间的联盟，也有相互间为争夺权力而进行的争斗。夏后氏部族首领鲧的被杀，并非因其用围堵法治水的失败，而是因于其在部族间的权力斗争中的失败。

关键词： 部落联盟　禅让　篡夺　鲧　死因　权力斗争

尧、舜、禹时期是上古历史中由部落联盟向阶级社会过渡的阶段，随着生产力水平的提高，私有财产的出现，原来部族间民主选举首领的"禅让"传统受到父子相袭观念的冲击。传世文献中有关这一时期"禅让"与"篡夺"两种不同权力承续方式的记载，正是对此一时期部族间权力斗争的真实反映。在此一背景下，以尧、舜、鲧（禹）为首领的陶唐氏、有虞氏和夏后氏在面对人类所遭遇的大洪水时，既有不同部族间为应对自然灾害而加强的联盟，也有相互间为权力和部族利益而进行的残酷争斗。夏后氏部族首领鲧的被杀，并非因其治水的不当，而是由于其在部族间权力斗争中的失败。

一、尧舜禹时期"禅让"与"篡夺"传说的分析

上古历史传说中的尧、舜、禹时期正处于部落联盟向国家过渡的重要阶段，对于这一时期部落间权力更替的方式，传世文献既有禅让的说法，也有篡夺的记载。因这两种截然相反的信息，自先秦以来，学者对这一时期权力交接的历史真相颇多争议，莫衷一是。

（一）"禅让说"

禅让说首见于儒家经典《尚书·尧典》，言尧起初想让位于四岳，四岳不受，将舜推荐给尧，舜代尧而践天子位。原文云："帝曰：'咨，四岳！朕在位七十载，汝能庸命，巽朕

位。'岳曰：'否，德忝帝位。'曰：'明明扬侧陋。'师锡帝曰：'有鳏在下，曰虞舜。'"① 司马迁在《史记·五帝本纪》中对此段文字做了较为平实的改写："舜年二十以孝闻，三十而帝问可用者，四岳咸荐虞舜，曰可。于是尧乃以二女妻舜以观其内，使九男与处以观其外……年五十八尧崩，年六十一代尧践帝位。"又云："尧老，使舜摄行天子政，巡守。舜得举用事二十年，而尧使摄政。摄政八年，而尧崩。三年丧毕，让丹朱，天下归舜。"②

在先秦诸子中，儒、墨、道诸家均提及"禅让说"，其中又以儒、墨最为推崇。如《论语·颜渊》云："舜有天下，选于众，举皋陶，不仁者远矣！"《论语·尧曰》云："尧曰：咨尔舜，天之历数在尔躬，允执其中，四海困穷，天禄永终。舜亦以命禹。"③ 孟子继承孔子之说，在《孟子·万章上》中多次谈及尧舜禹禅让的史迹："昔者，尧荐舜于天，而天受之；暴之于民，而民受之……舜相尧二十有八载，非人之所能为也，天也。尧崩，三年之丧毕，舜避尧之子于南河之南，天下诸侯朝觐者，不之尧之子而之舜；讼狱者，不之尧之子而之舜；讴歌者，不讴歌尧之子而讴歌舜。故曰天也。夫然后之中国，践天子位焉。""昔者舜荐禹于天下，十有七年舜崩，三年之丧毕，禹避舜之子于阳城，天下之民从之，若尧崩之后不从尧之子而从舜也。"④ 孟子还假借孔子之口，认为"唐虞禅，夏后殷周继，其义一也"。

墨家对于禅让说的称颂，则见于《墨子》一书的《尚贤上》《尚贤下》等篇中。如《尚贤上》云："古者尧举舜于服泽之阳，授之政，天下平；禹举益于阴方之中，授之政，九州成。"又，《尚贤下》云："昔者舜耕于历山，陶于河滨，渔于雷泽，贩于常阳。尧得之服泽之阳，立为天子，使接天下之政，而治天下之民。"⑤ 儒、墨均推崇禅让说，但儒家主张仁政，说尧舜的禅让，实际上乃是为民求贤，是行仁政的体现，也贯穿着儒家的天命思想；而墨家提倡尚贤，故主张"虽在农与工肆之人，有能则举之""选择天下贤可者，立以为天子"。可见，儒、墨基于不同的思想渊源和政治主张，对于禅让说的旨趣所在自然也就大相迥异，而其对禅让说的推崇也不过是想借此阐明各自学说的正确而已。对此，《韩非子·显学》就曾尖锐地指出说："孔子、墨子俱道尧舜，而取舍不同，皆自谓真尧舜。尧舜不复生，将谁使定儒、墨之诚乎？"⑥

此外，道家经典《庄子》一书中的《逍遥游》《让王》《盗跖》《徐无鬼》各篇，法家作品《韩非子》一书中的《十过》《外储说右上》等篇，以及杂家作品《吕氏春秋》一书中的《求人览》《慎人览》《长利览》等篇也有关于尧舜禅让的记述。当然，先秦时期也有否定禅让说的。如《荀子·正论》云："夫曰'尧舜擅（禅）让'，是虚言也，是浅者之传，陋者之说也。"⑦《韩非子·说疑》云："明据先王，必定尧舜者，非愚则诬。""舜逼尧，禹逼舜，

---

① 孔颖达：《尚书正义》，上海：上海古籍出版社，2007年《十三经注疏》整理本，第57—58页。
② 《史记》卷1《五帝本纪》，北京：中华书局，2013年点校本二十四史修订本，第36页。
③ 刘宝楠：《论语正义》，北京：中华书局，1990年，第511、756页。
④ 焦循：《孟子正义》，北京：中华书局，1987年，第644、647页。
⑤ 孙诒让：《墨子间诂》，北京：中华书局，2001年，第47、68页。
⑥ 王先慎：《韩非子集解》，北京：中华书局，1988年，第457页。
⑦ 王先谦：《荀子集解》，北京：中华书局，1988年，第336页。

汤放桀，武王伐纣。此四王者，人臣弑其君者也，而天下誉之。"① 王玉哲先生指出，"尧舜禅让的故事，虽不能尽信为实录，但很多晚周人的传闻是一致的，必有部分史实根据，而不会完全出于向壁虚造"②。其说甚是。

(二) 篡夺说

在儒、墨家所推崇的禅让说之外，战国时期的文献中也有与之相反的"篡夺说"的记载。如古本《竹书纪年》云："昔尧德衰，为舜所囚也。"（《史记·武帝本纪》正义引）"舜囚尧，复偃塞丹朱，使不与父相见也。"（《史记·五帝本纪》正义引）"舜囚尧于平阳，取之帝位。"（《广弘明集》释法琳《对傅奕废佛僧事》引）"舜篡尧位，立丹朱城，俄又夺之。"（苏鄂《苏氏演义》引）③ 又，《山海经·海内南经》称尧子为"帝丹朱"④，此亦认为尧子丹朱一度曾继父位为帝，其说与上引《苏氏演义》类同。上引《韩非子·说疑》亦云："舜逼尧，禹逼舜，汤放桀，武王伐纣。此四王者，人臣弑其君者也，而天下誉之。"又，《忠孝》云："天下皆以孝悌忠顺为是也，而莫知察孝悌忠顺之道而审行之，是以天下乱。皆以尧舜之道为是而法之，是以有弑君，有曲父。尧舜汤武或反君臣之义，乱后世之教者也。尧为人君而君其臣，舜为人臣而臣其君，汤、武为人臣而弑其主，刑其尸而天下誉之。"⑤

篡夺说的出现，与春秋以来礼坏乐崩、诸侯相互攻伐、以臣弑君以下犯上现象大量发生的社会大背景不无关系，但其中也多少隐含着上古时期部落间相互攻伐的史实。诚如周苏平先生所说，早期城市国家并不是在和平的气氛中建立的，而是武力征服的结果。⑥ 此说自然也符合早期部落联盟的建立。如《山海经·海外西经》载刑天"与帝至此争神，帝断其首，葬之常羊之山，乃以乳为目，以脐为口，操干戚以舞"⑦。《淮南子·天文训》载共工"与颛顼争为帝，怒而触不周之山，天柱折、地维绝"⑧。《史记·五帝本纪》载"轩辕之时，神农氏世衰，暴虐百姓，而神农弗能征。于是，轩辕乃习干戈，以征不享，诸侯咸来宾从……炎帝欲侵凌诸侯，诸侯咸归轩辕。轩辕乃修德振兵……以与炎帝战于阪泉之野。三战，然后得其志。蚩尤作乱，不用帝命。于是黄帝乃征师诸侯，与蚩尤战于涿鹿之野，遂禽杀蚩尤"⑨。又，《吕氏春秋·恃君览·召类》载尧时，三苗不服，尧大战三苗于丹水，迫使三苗降服，并派其子丹朱进行统治；⑩《孟子·万章上》载舜时三苗又强大起来，与舜抗衡，于是又有放三苗于三危的战争；《墨子·兼爱下》《吕氏春秋·上德》《淮南子·氾论训》等载禹时，三苗再次强大起来，禹与三苗进行了激烈的大战，最后迫使战败的三苗部族更易其俗而为之

---

① 王先慎：《韩非子集解》，第457页。
② 王玉哲：《尧、舜、禹"禅让"与"篡夺"两种传说并存的新理解》，《历史教学》1986年第1期。
③ 方诗铭、王修龄：《古本竹书纪年辑证》，上海：上海古籍出版社，2005年修订本，第66—67页。
④ 袁珂：《山海经校注》，成都：巴蜀书社，1996年，第322页。
⑤ 王先慎：《韩非子集解》，第465页。
⑥ 周苏平：《尧、舜、禹"禅让"的历史背景》，《西北大学学报》（哲学社会科学版）1993年第2期。
⑦ 袁珂：《山海经校注》，成都：巴蜀书社，1996年，第258页。
⑧ 刘文典：《淮南鸿烈集解》，北京：中华书局，1989年，第80页。
⑨《史记》卷1，第4页。
⑩ 许维遹：《吕氏春秋集释》，北京：中华书局，2009年，第559页。

同化。早期部落联盟时期推行的禅让制虽被后世儒家加以理想化和系统化，但并不能掩盖住远古时期各部落之间谓争夺权力而进行的残酷的争斗史实。

尧、舜、禹时期正处于我国原始社会的末期，伴随着社会生产力的发展，私有财富的增多，私有观念也逐渐产生，一些部族首领开始采用筑城的方式来保护私有财富。如《世本》载"鲧作城"①，《吴越春秋》载"鲧筑城以卫君，造郭以守民"②，《淮南子·原道训》亦云："昔者伯鲧作三仞之城，诸侯背之，海外有狡心。"在私有观念的驱使下，原来通过氏族议事会民主选举部落首领的传统也自然潜移默化地发生了一些新的变化。恩格斯在《家庭、私有制与国家的起源》一书中对此分析道："掠夺战争加强了最高军事首长以及下级军事首长的权力。习惯地由同一家庭选出他们的后继者的办法，特别是从父权制确立以来，就逐渐转变为世袭制，人们最初是容忍，后来是要求，最后便僭取这种世袭制了。"③ 上古传说中的尧、舜、禹时期，也正处于这两种新旧观念的碰撞与交替时期。因此，在传世文献中，既有尧、舜、禹通过传统的禅让制移交权力的记载，也有舜逼尧、禹逼舜而夺取权力的说法。而这两种看似矛盾的文本信息，却正是尧、舜、禹时期部落联盟权力更替情况的真实反映。

二、对传统的鲧因治水失败被杀说的分析

根据传说和史料的记载，上古时期，东西方民族均曾遭遇过一场大洪水。《圣经·创世记》第7章中的诺亚方舟的故事正是西方对人类所经历的大洪水记忆的书写。而我国早期文献如《尚书》《诗经》《山海经》等文献中也有大量的对人类早期遭遇洪水的追溯。如《尚书·尧典》云："汤汤洪水方割，荡荡怀山襄陵，浩浩滔天。"《诗经·商颂·长发》云："洪水茫茫，禹敷下土方。"④《孟子·滕文公上》云："当尧之时，天下犹未平，洪水横流，泛滥于天下。"《山海经·海内经》云："洪水滔天，鲧窃帝之息壤以堙洪水……禹是时布土，均定九州。"《吕氏春秋·爱类》云："昔上古龙门未开，吕梁未发，河出孟门，大溢逆流，无有丘陵、沃衍、平原、高阜，尽皆灭之，名曰鸿水。"2002年春保利艺术博物馆入藏的西周中期铜器《燹公盨》铭文开篇亦云："天命禹敷土，随（堕）山浚川。"⑤ 这是周代有关大禹治水故事的文字书写。这场罕见的大洪水经历了数年时间，以至尧、舜时期几十年间均有治理洪水的记载。

这场洪水中所涉之部落联盟首领尧、舜与先后承担治水工作的鲧、禹父子其实应为陶唐氏、有虞氏、夏后氏三大部族的代称。从文献记载来看，陶唐氏部族早期活动于今河北唐县一带，后来南迁到达今山西汾水流域（《左传·哀公六年》引《夏书》云："惟彼陶唐，帅彼天常，有此冀方。"⑥《帝王世纪·自皇古至五帝第一》云："帝尧始封于唐，又徙晋阳，及为天

---

① 王谟辑本：《世本》，《世本八种》，北京：中华书局，2008年，第40页。
② 周生春：《吴越春秋辑校汇考》，上海：上海古籍出版社，1997年。
③ 恩格斯：《家庭、私有制与国家的起源》，中共中央编译局编译，北京：人民出版社，1999年，第160—161页。
④ 朱熹：《诗集传》，北京：中华书局，2011年，第327页。
⑤ 裘锡圭：《燹公盨铭文考释》，《中国历史文物》2002年第6期。
⑥ 杨伯峻：《春秋左传注》，北京：中华书局，1990年修订本，第1636页。

子，都平阳"①），有虞氏主要活动于今山东境内和河南东部一带（《孟子·离娄下》："舜生于诸冯，迁于负夏，卒于鸣条，东夷之人也"，《史记·五帝本纪》："舜耕历山，渔雷泽，陶河滨，作什器于寿丘，就时于负夏"），夏后氏的活动区域则主要在晋南和豫西一带（有夏之居、禹都阳城、偃师二里头文化等）。面对这场罕见的大洪水，不管是居于黄河中游的陶唐氏、夏后氏，还是黄河下游的有虞氏部族均难以单独应对。而居处于河南境的一些从事农业的部族，因常与黄河水的泛滥作斗争，故多善于平治水土。如以今河南辉县市为主要活动区的共工氏部族即是其一，而活动于豫西、晋南一带以农业生产为主的夏后氏部族也自当具有平治水土的特长，故其首领鲧、禹在部落联盟旧有的荐贤举能传统下，先后被推选从事治水工作。

  鲧、禹父子治水的事迹，古代史籍中多有记载，此事无可非议。然而，父子两人的遭遇却截然不同。鲧因治水"绩用弗成"而成了罪人，禹却成为人们讴歌的英雄。鲧之死因被普遍归于他治水的失败，这似乎已成定论。如《尚书·尧典》云："帝曰：'咨，四岳！汤汤洪水方割，荡荡怀山襄陵，浩浩滔天，下民其咨，有能俾乂？'佥曰：'於！鲧哉。'……帝曰：'往钦哉！'九载，绩用弗成……殛鲧于羽山。"《国语·鲁语上》"鲧障洪水而殛死"，韦昭注："鲧，颛顼之后，禹之父也，尧使治水，障防百川，绩用不成，尧用殛之于羽山。"②《礼记·祭法》："鲧鄣鸿水而殛死。""殛"有"诛杀"与"流放"两种解释。如《说文》："殛，殊也。"段注云："殛本殊杀名。殊谓死也。《广韵》曰：'殊，陟输切，殊杀字也。'……《尧典》'殛鲧'，则为极之假借，非殊杀也。"③ 又，《尚书·洪范》孙星衍疏云："《释文》云：'殛本作极。'……言极之远方，至死不反。"④ 则"极（殛）"又有流、放之义也。《汉书·鲍宣传》"昔尧放四罪而天下服"，颜师古注："四罪，流共工于幽州，放驩兜于崇山，窜三苗于三危，殛鲧于羽山也。"⑤《论衡·恢国篇》云："鲧不能治水，知力极尽，罪皆在身，不加于上，唐、虞放流，死于不毛。"⑥ 流放虽有别于诛杀说，却只不过是把死罪改为流刑而已，并未改变鲧治水失败而获罪的命运。这种记载，从表面上看，合情合理，但考之史实，却难以解释以下两个问题。

  其一，鲧治水虽然未能取得最后的胜利，但仍然是有功于世的，"罪"不至死。如《国语·吴语》载伍子胥劝夫差之语曰："今王既变鲧、禹之功，而高高下下，以罢民于姑苏。"《韩非子·五蠹》："天下大水而鲧、禹决渎。"此将鲧、禹并举，未见孰褒孰贬。《礼记·祭法》云："祭法：有虞氏禘黄帝而郊喾，祖颛顼而宗尧；夏后氏亦禘黄帝而郊鲧，祖颛顼而宗禹；殷人禘喾而郊冥，祖契而宗汤；周人禘喾而郊稷，祖文王而宗武王。"又云："夫圣王之制祭祀也，法施于民则祀之，以死勤事则祀之，以劳定国则祀之，能御大灾则祀之，能捍大患则祀之。是故厉山氏之有天下也，其子曰农，能殖百谷。夏之衰也，周弃继之，故祀以为稷。共工氏之霸九州也，其子曰后土，能平九州，故祀以为社。帝喾能序星辰以著众，尧

---

① 徐宗元：《帝王世纪辑存》，北京：中华书局，1964年，第37页。
② 徐元诰：《国语集解》，北京：中华书局，2002年，第157页。
③ 段玉裁：《说文解字注》，北京：中华书局，2013年，第164页。
④ 孙星衍：《尚书今古文注疏》，北京：中华书局，2004年，第294页。
⑤《汉书》卷71，北京：中华书局，1962年点校本，第3087-3088页。
⑥ 黄晖：《论衡校释》，北京：中华书局，1990年，第836页。

能赏均刑法以义终,舜勤众事而野死,鲧鄣鸿水而殛死,禹能脩鲧之功,黄帝正名百物以明民共财,颛顼能修之,契为司徒而民成,冥勤其官而水死,汤以宽治民而除其虐,文王以文治,武王以武功去民之菑,此皆有功烈于民者也。"① 由此可知,在上古时期的祀典中,鲧因治理洪水,以其有功烈于民而赫然置身祀列,是有功者,而非失败的罪人。《尚书·禹贡》"作十有三载,乃同",孔颖达疏:"《祭法》云:'禹能修鲧之功。'明鲧已加功,而禹因之也。"② 此亦言禹能平治水患,乃因于其父鲧前期之功。

其二,文献对于鲧治水的失败,多归之于其所采用的"鄣"或"陻"(或作"湮",亦即"堵塞")洪水之法。如《尚书·洪范》云:"我闻在昔,鲧陻鸿水,汨陈其五行。"《礼记·祭法》云:"鲧鄣鸿水而殛死。"然传世文献中也多有禹治水用"湮"之法,并无区别的记载。如《山海经·大荒北经》云:"禹湮洪水杀相繇,其血腥臭,不可生谷,其地多水,不可居也。"《庄子·天下篇》云:"昔者禹之湮洪水。"《淮南子·地形训》云:"禹乃以息土填洪水,以为名山。"对此,闻一多先生亦认为早期治水传说,鲧禹不分二法。③ 童书业先生曾征引大量史料对此问题加以研究后指出,"鲧、禹治水的方法是一样的,而并非如传统说法那样是什么一障一疏"④。既然鲧、禹治水法同,何以结果不同呢?孔颖达对此分析道:"然尧遭洪水,使鲧、禹治之者,虽知灾未可息,必须顺民之心。鲧之不成,以灾之未息也。禹能治救,灾欲尽也。"⑤ 此以水灾之"未息"与"欲尽"解释鲧、禹治水法同而果不同。王晖先生亦认为,"过去人们所说大禹治水是疏通河道,其父治水是拦截洪水,这种理解是不合乎历史事实的。实际上这两种不同治水方式是两个不同时期的情况:在尧舜时期的大洪水初期,鲧面对洪水的来临,只能用建堤防的方式来阻拦洪水侵犯所居住之处,保护宫室建筑……而其子禹治水之时,已经到了洪水后期,为了使人们安居生活,重返家园,于是疏通雍塞,开通淤积,疏导河流"⑥。在治水初期,由于生产力水平的低下,先民们在与洪水作斗争时除了用简单的塞堵之外是别无他法的,这是符合当时历史发展情况的。因此,鲧因用陻塞法治水失败而被杀说是没有说服力的。

三、鲧之死因乃是其在部落间政治斗争中的失败

有别于治水失败被杀的另一种说法则是鲧"违帝命说",史籍对此亦多有记载。如《国语·晋语八》云:"昔者鲧违帝命,殛之于羽山。"《说苑·辩物》所载略同⑦。这二则史料均说是因鲧违帝命而被帝殛之于羽山以死,但较为笼统,我们难以知道他究竟是怎样"违帝命"的,是治水无功呢?还是别的什么原因,总之,是说他未能从帝之欲而获罪吧。神话色

---

① 朱彬:《礼记训纂》,北京:中华书局,第 690、698—699 页。
② 孔颖达:《尚书正义》,《十三经注疏》整理本,第 201 页。
③ 闻一多:《天问疏证》,北京:三联书店,1980 年,第 26 页。
④ 童书业:《春秋左传研究》,北京:中华书局,1980 年,第 437 页。
⑤ 王弼、韩康伯注,孔颖达疏:《周易注疏》,北京:中华书局,2018 年,第 181 页。
⑥ 王晖:《大禹治水方法新探——兼议共工、鲧治水之域与战国之前不修堤防论》,《陕西师范大学学报》2008 年 2 期。
⑦ 刘向撰,向宗鲁校证:《说苑校证》,北京:中华书局,1987 年,第 466 页。

彩较浓的《山海经》在《海内经》中有这样的记载："鲧窃帝之息壤，以堙洪水，不待帝命，帝令祝融杀鲧于羽郊。"郭璞注曰："息壤者言长息无限，故可以塞洪水也。"《归藏·启筮》亦云："滔滔洪水，无所止极，伯鲧乃以息石、息壤以填洪水。"息壤是什么呢？顾颉刚先生认为，这是地下水位和水流因季节的变化而引起的，地下水位入冬冻胀，春后消融，地下水流又不断施加压力于上部较薄的地层，使得土地突然隆起。息，长大的意思，土壤会自己高胀起来……①但古代的人们由于自然知识的缺乏，不能正确认识这一自然现象而往往把他神话化，认为是上帝所掌握的"神土"。鲧因为未征得帝的允可而"窃帝之息壤，以堙洪水"，于是帝乃"令祝融杀鲧于羽郊"。这是对鲧"违帝命"说的另一种解释。

在这里，鲧被塑造成为民谋福利而英勇献身的英雄人物，虽然具有较浓厚的神话色彩，但也反映了古人并未将他看作历史的罪人，而是把他当作为民造福的治水英雄来缅怀的。同时，这也为我们提供了较合于历史事实的信息，即鲧同帝尧、舜之间是有矛盾的，这较之因治水失败而被杀的说法应更接近于历史真貌。

那么，他们之间的矛盾究竟是什么呢？鲧又是因何而死的呢？要弄清这个问题，仍得借助于史料来分析。《韩非子·外储说右上》云："尧欲传天下与舜，鲧谏曰：'不祥哉！孰以天下而传之于匹夫乎！'尧不听，举兵而诛杀鲧于羽山之郊。"②从这则史料来看，鲧是反对尧传位于舜而被杀的，他为什么要反对呢？《吕氏春秋·恃君览·行论》曰："尧以天下让舜。鲧为诸侯，怒于尧曰：'得天之道者为帝，得地之道者为三公。今我得地之道，而不以我为三公。'以尧为失论，欲得三公……舜于是殛之于羽山，副之以吴刀。"③看来，他表面反对"尧以天下让于舜"，其目的实在于"欲得三公"，是自己想夺取联盟议事会成员的资格，并向部落联盟首领的权威发动挑战。舜为了维护自己的部落联盟首领的地位，于是也对这位敢于"违帝命"的部落首领—鲧采取了断然的措施。《史记·夏本纪》记载说："舜登用，摄行天子之政，巡狩，行视鲧之治水无状"，于是"归言于帝尧……殛鲧于羽山。"④在传统史学中，虽然尧、舜、禹时期所推行的"禅让"长期被认为是中国古代社会的一段美谈。但是，在实际的社会政治结构中，这时的部落联盟首长的身上也已经有了后世"王"的影子，拥有越来越大的权力。从我们前文所论来看，在传子制确立前夕的尧、舜禹时代，部落首领人物的产生既存在过选举制，也有过篡夺，这应是符合当时的时代实际情况的。那么，鲧作为部落首领之一，在此一大的社会背景下自然也难免不被卷入这场残酷的政治斗争之中去。基此，我们认为，鲧之被杀的真正原因，并非在其治水的不利，而在于部落间为争夺权势的政治斗争的失败。

作者简介：吕亚虎，男，陕西师范大学历史文化学院副教授，硕士生导师。

---

① 顾颉刚：《息壤考》，《文史哲》1957年第10期。
② 王先慎：《韩非子集解》，第324页。
③ 许维遹：《吕氏春秋集释》，第568页。
④《史记》卷2，北京：中华书局，2013年点校本二十四史修订本，第64页。

战国之前"刑法"考述

四川省社会科学院 宁全红

摘 要: 直至春秋晚期,华夏地区与后世刑律相类的成文刑法尚未产生。天子、诸侯甚至卿大夫们直接施以刑罚的现象较为常见。与此相类的是,他们发布命令,制定刑书,对违反者施以刑罚。诸如此类的现象未必意味着执政者们在施刑之际任由己意,毫无规则可循。周王朝建立之后,至少先后有两位周王就刑罚狱讼之法向各地治理者进行谆谆告诫。而且,先王先公之命令及其制定的刑书也对后世执政者处理刑罚狱讼事务具有强大的道义影响力。三类因素共同导致刑法在较大程度上常态化,甚至形成所谓"常刑",人们因而并无无所措手足之感。

关键词: 刑法 刑书 康诰 吕刑 常刑

以往不少学者在考察战国之前所谓法律之际,自然而然地受到心目中后世刑律甚至近现代刑法的影响以及制约,误以为早在夏、商、周三代已经产生类似法律,进而在对一些文献之中的字、词以及史实作似是而非的解读之后产生较为系统然而削足适履式的论著。[①] 春秋晚期郑、晋两国铸刑书所引起的巨大反响以及它们并非如后世刑律一样随着王朝的存在而持续发挥作用而是随着主持其事者的死亡或者失政而不再有效的史实表明,早期中国与后世刑律相类的法律之产生乃战国时期之事。因此之故,本文所称"刑法",与王子朝所谓"慢弃刑法"之中的"刑法"同义,是指并未书于竹帛或者其他载体且公告天下、长期有效的施刑方式、原则或者规范等等。[②] 在没有与后世刑律相类的法律可供遵循的时代,施刑是否意味着执政者为所欲为而百姓无所措手足?本文试图在梳理《尚书》《左传》以及《史记》相关记载的基础之上考察战国之前的施刑模式、依据以及状态,希望有助于回答诸如此类问题,并且让人们对战国之前的治理之道产生更为深切的认识。

---

① 徐祥民:《对中国古代法制研究中几个思维定式的反思——兼论战国前法制的研究方法》,《中国社会科学》2002年第1期,第136—137页。需要指出的是,徐文所谓"有法制必有法典"容易引起误解,前面"法制"何意,与"法典"有何区别?如果改成"有国家(王朝)必有法典"恐更加符合其本意。
② 杨伯峻:《春秋左传注》,北京:中华书局,1990年,第1477—1478页。

一、战国之前的常见施刑方式

据说舜在摄行天子之政期间"象以典刑，流宥五刑，鞭作官刑，扑作教刑，金作赎刑，眚灾肆赦，怙终贼刑"①。从字面上看，舜制定典刑、五刑、官刑、教刑、赎刑以及贼刑等刑罚。不过，他似乎并未制定像后世刑律那样规定在何种情形或者条件下施以这些刑罚的原则以及规范。其后，尧在舜的建议下"流共工于幽洲，放讙兜于崇山，窜三苗于三危，殛鲧于羽山：四罪而天下咸服"②。舜依据什么原则或者规范而请求尧对共工等人施以不同的刑罚？《尚书》对此并未予以记载。人们或许可以有两种解释：其一，舜制定的刑法与后世刑律相类，典刑、五刑、官刑、教刑、赎刑以及贼刑等等为其中重要内容，舜正是依据其制定的刑法而提出建议；其二，舜仅仅制定上述刑罚，他根据共工等人的行为以及危害后果而建议施以相应的刑罚，而非依据刑法。《尚书》语焉不详，人们难以确定何种解释更为合理。相较而言，太史公的记载更为详细。其大意为，讙兜推荐了共工，尧认为他不能胜任，不过仍然尝试性地任命他担任工师，共工果然淫辟。四岳推荐鲧治洪水，尧认为他不能胜任，四岳坚持让他尝试，结果未能取得成功，给百姓造成不便。三苗在江淮、荆州等地屡次作乱。因此，"舜归而言于帝，请流共工于幽陵，以变北狄；放讙兜于崇山，以变南蛮；迁三苗于三危，以变西戎；殛鲧于羽山，以变东夷：四罪而天下咸服"③。人们很有可能据而认同第二种解释。这是因为，共工等人实施危害百姓以及治理秩序的行为之后，尧应舜之请而直接施以刑罚，其间并未历经断狱讼，也就不可能像后世那样依据刑律而作出裁断。与之相类的是，"九侯女不喜淫，纣怒，杀之，而醢九侯。鄂侯争之强，辨之疾，并脯鄂侯"④。不过，或许有学者对这样的看法进行质疑：在商鞅变法之后，秦国形成"以法治国"的治理模式，依据法、律、令断狱讼以及定罪量刑成为常态。然而，在白起拒绝服从秦王命令攻打赵国而被免为士伍、迁往阴密之后，秦昭王与应侯以及群臣认为白起不服，"秦王乃使使者赐之剑，自裁"⑤。在像秦国那样严格依法治国的国家，国君可以如此，舜为什么又不能建议尧对四凶直接施以刑罚呢？

学术界已经基本达成共识的是，记载"（舜）四罪而天下咸服"之类传闻的《尧典》成书于战国时期，乃时人关于远古时代的历史记忆。它一方面意味着其中蕴含着或多或少的历史事实，另一方面又系战国时期政治社会现实在一定程度上的反映或者体现，二者共同造成有关文献记载之形成。因此，人们可以用相关历史时期的史实予以辨析。遗憾的是，流传至今的有关战国史实的文献记载异常匮乏，基本上没有可资利用的资料。或许人们可以将目光投向春秋时期，像这样做的合理性在于，成文法律以及"以法治国"的治理模式一旦产生之后，至少在中国古代史上基本上未出现逆转的趋势。也就是说，如果春秋时期已经产生成文

---

① 屈万里：《尚书集释》，上海：中西书局，2014年，第21页。
② 屈万里：《尚书集释》，第22页。
③ 司马迁：《史记》卷一《五帝本纪》，北京：中华书局，1959年，第28页。
④ 司马迁：《史记》卷三《殷本纪》，第106页。
⑤ 司马迁：《史记》卷七十三《白起王翦列传》，第2337页。

法律，人们就应当认同前述第一种解释。如果没有，则应当认同第二种解释。这样一来，在《尧典》成书之后出现成文法律以及"以法治国"模式也符合政治社会发展的基本趋势。关于春秋时期的史实，人们目前唯有利用《左传》以及《国语》等文献来予以考察。从字面上看，天子、诸侯以及卿大夫们在事件发生之后直接施以刑罚的记载不在少数，而依据成文刑法定罪量刑的记载却基本没有。在周王室，比如，厉王命令卫巫监视诽谤他的人，"以告则杀之"①。又如，周公拟杀害庄王而立王子克为周王。"辛伯告王，遂与王杀周公黑肩。"②其中，"告"不宜解释为"控告"。在古代汉语中，下告上曰"告"，上告下曰"诰"。周王杀周公黑肩，与贵族之间为争夺权力以及财富等而杀戮不类，其行具有施刑的性质。从文献记载来看，周王与辛伯直接为之的可能性较大。又如，为了让大叔登上天子之位，颓叔、桃子等人率领狄人军队攻打王城，大败周王室军队，捕获周公忌父、原伯、毛伯、富辰等人。周王不得已出奔郑国。③ 在晋国的帮助之下，夏四月丁巳，周王进入王城，"取大叔于温，杀之于隰城"④。一说为，晋文公率领两支军队前往王室平乱。他驻扎于阳樊，"右师取昭叔于温，杀之于隰城。左师迎王于郑，王入于成周……"⑤ 相较而言，前者之记载更为合理。毕竟大叔为王室成员，晋文公擅杀有违法度。大叔之行，天下人有目共睹。很可能因为如此，身处王城的周王派人直接杀之于隰城。

在卫国，比如，州吁弑桓公而自立为卫君，后来中石碏之计，"陈人执之而请涖于卫。九月，卫人使右宰丑涖杀州吁于濮"⑥。其中，"卫人"很可能是指卫国新君，这样的用法在《左传》中较为常见。与之较为不同的是，太史公记载其事曰：州吁立为大子之后，喜好武事，弑桓公，卫人都不爱戴他。石碏表面上对州吁非常友好，暗中却通过桓公母家而与陈侯商议大事。等他们进入郑国之郊后，石碏与陈侯共同谋划，"使右宰丑进食，因杀州吁于濮"⑦。相较而言，《左传》之记载更为可信。无论州吁是否成为国君，他与石碏之间的关系乃君臣关系。若如太史公所言，石碏的所作所为与州吁何异？如果这样的分析成立，则卫侯在州吁罪行确凿的情况下直接派右宰丑杀之于濮。又如，左公子泄、右公子职在惠公即位之后立公子黔牟为卫君，惠公不得已出奔齐国。⑧ 八年后，卫侯返回卫国，"放公子黔牟于周，放宁跪于秦，杀左公子泄、右公子职，乃即位"⑨。非常明显，惠公虽未登上国君之位，然在力量对比方面与以公子黔牟为首的势力形成绝对优势，也因而直接对公子黔牟等人施以刑罚。与其相类的是，宁喜专权，卫侯对此十分不满。"公孙免余请杀之……攻宁氏，杀宁喜及右宰谷，尸诸朝。"⑩ 杀宁喜之事虽系公孙免余所为，然其获得卫侯认可，与其杀之无异。

---

① 司马迁：《史记》卷四《周本纪》，第 142 页。
② 杨伯峻：《春秋左传注》，第 154 页。
③ 杨伯峻：《春秋左传注》，第 426 页。
④ 杨伯峻：《春秋左传注》，第 433 页。
⑤ 徐元诰：《国语集解》，北京：中华书局，2002 年，第 351 页。
⑥ 杨伯峻：《春秋左传注》，第 38 页。
⑦ 司马迁：《史记》卷三十七《卫康叔世家》，第 1592 页。
⑧ 杨伯峻：《春秋左传注》，第 147 页。
⑨ 杨伯峻：《春秋左传注》，第 168 页。
⑩ 杨伯峻：《春秋左传注》，第 1127 页。

在郑国，比如，祭仲专权，郑伯非常不满，指使其女婿雍纠杀死他。祭仲之女雍姬知道以后将此事告诉祭仲，祭仲于是杀死雍纠，陈其尸体于周氏之汪，厉公不得已出奔蔡国。① 十八年之后，郑伯惩罚参与雍纠之乱者。九月，郑人杀公子阏，刖强鉏。② 又如，子公与子家弑灵公。③ 七年之后，郑人追究参与作乱者，斫子家之棺而逐其族。④ 又如，郑伯前往晋国，晋人因为他曾贰于楚而将他拘禁在铜鞮。⑤ 次年三月，郑国子如立公子繻为国君，试图以此令晋国放回其国君。夏四月，郑人又杀害繻，立髡顽为国君。晋国栾武子建议攻打郑国并送回郑伯，以此让郑国臣服。郑伯得以回国，追究立君者。戊申，杀叔申、叔禽。⑥ 在此数起事件之中，从字面上看，郑伯均直接施以刑罚。然而，非常明显的是，从追究责任者到施以刑罚，其间经历过调查。至于是否像后世一样依据刑律定罪量刑，后面将就此予以探讨。与此有所不同的是，子孔在执政之际专权，国人对此比较愤怒，追究导致西宫之难与纯门之师者，"子孔当罪"。子孔命令他和子革、子良氏等人之私属防卫。甲辰，子展、子西率领国人攻打并杀死子孔，瓜分了其财产。⑦ 关于其中之"当罪"，有学者注曰："古代刑法术语"，并以《汉书》之《刑法志》"以其罪名当报之"等相关记载为证。⑧ 然而，在《左传》之中，"罪"未必与后世刑律中的"罪"同义。比如，群帅将自己囚禁在冶父以等待楚王处置。楚王认为，"孤之罪也"⑨。又如，秦穆公声称，因为没有听从蹇叔的建议而令三位将军受辱，"孤之罪也"⑩。在诸如此类记载之中，难道国君自认为实施后世刑法意义上的犯罪？事实上，在《左传》之中，"罪"经常有过错之意。过错有大有小，大者可能被施以刑罚，小者可能仅受到谴责或者自责而已。其实，郑人杀子孔的决心已定，不过以追究西宫之难与纯门之师为借口而已。

在晋国，比如，晋献公去世之后，里克、丕郑等人希望迎接重耳回国即位，率领三公子之私属作乱，先后杀死即位之奚齐、公子卓以及奉命辅佐他们的大夫荀息。⑪ 晋惠公登上国君之位后立即杀里克，理由是，"微子则不及此。虽然，子弑二君与一大夫，为子君者不亦难乎？"里克对此不服："不有废也，君何以兴？欲加之罪，其无辞乎？臣闻命矣！"⑫ 惠公杀害里克应该另有原因，比如里克乃对其君位构成潜在威胁的重耳之死党，然里克杀害献公所确定的继承人以及辅佐者确实引起公愤。为赢得众人好感，巩固其君位，惠公确定其罪名之后直接杀之。又如，（秦、晋两国）战于韩原，庆郑先是拒绝解救陷入泥泞中的马车导致

---

① 杨伯峻：《春秋左传注》，第143页。
② 杨伯峻：《春秋左传注》，第202页。
③ 杨伯峻：《春秋左传注》，第678页。
④ 杨伯峻：《春秋左传注》，第709页。
⑤ 杨伯峻：《春秋左传注》，第844页。
⑥ 杨伯峻：《春秋左传注》，第848—850页。
⑦ 杨伯峻：《春秋左传注》，第1050页。
⑧ 杨伯峻：《春秋左传注》，第1050页。
⑨ 杨伯峻：《春秋左传注》，第138页。
⑩ 杨伯峻：《春秋左传注》，第500页。
⑪ 杨伯峻：《春秋左传注》，第328—329页。
⑫ 杨伯峻：《春秋左传注》，第333页。

国君为秦国所俘，后来又让韩简、虢射等人去救国君从而失去了俘获秦伯的机会。① 对此，庆郑以为，"陷君于败，败而不死，又使失刑，非人臣也。臣而不臣，行将焉入？"晋侯从秦国回来之后"杀庆郑而后入"②。又如，邲之战后，中军帅桓子请求以死谢罪，晋侯原本打算同意，后来听了士贞子之谏而没有像这样做。士贞子不主张杀桓子的主要理由有二：其一，"杀林父以重楚胜，其无乃久不竞乎？"其二，"林父之事君也，进思尽忠，退思补过，社稷之卫也，若之何杀之？夫其败也，如日月之食焉，何损于明？"③ 两年后，晋人追究导致邲之败与清之师者的责任，归罪于先縠而杀之，尽灭其族。④ 与《左传》之中一些记载相类的是，军队在战事中失利，主帅往往应为之承担责任。然士贞子建议不杀桓子的理由完全与此或许可以称之为惯例的规则无关，更谈不上涉及与后世刑律相类的成文刑法。

与姬姓诸侯国有所不同的是，齐国从一开始就与鲁国这样长期秉周礼的诸侯国在治理方式方面大不相同。宋国系以殷商遗民为主体而建立的诸侯国，应该在相当程度上延续殷商传统。在这样一些诸侯国，施刑模式是否有所不同呢？答案是否定的。在齐国，比如，齐侯任命崔杼为大夫，庆克为辅佐，率领军队围攻庐。国佐原本跟随诸侯围攻郑国，以齐国有难为借口离开。他进入围攻庐的军队，杀死庆克，以谷为据点叛。⑤ 次年，齐侯命令士华免以戈杀国佐于内宫之朝，他率领的军队逃至夫人之宫。"书曰：'齐杀其大夫国佐。'弃命，专杀，以谷叛故也。"⑥ 非常明显，因为国佐统帅军队之故，齐侯不得已以出人意料的方式直接杀之。史书记载其罪的方式与后面将要看到的施刑之际数落对方罪状的方式相类。在宋国，比如，华弱与乐辔在年少的时候一起嬉戏，长大以后相互调戏，又相互诽谤。乐辔在一次与华弱的相互调戏和诽谤以后发怒，以弓桎华弱于朝堂。宋平公见了以后认为，"司武而桎于朝，难以胜矣！"于是下令将华弱驱逐。司城子罕向平公指出："罪异罚，非刑也。专戮于朝，罪孰大焉！"平公于是又驱逐了乐辔。⑦ "司武"即司马，职掌武事。⑧ 宋平公驱逐华弱唯一的缘由是"司武而桎于朝，难以胜矣"，而非其违反成文刑法。若非子罕之言，平公不会驱逐乐辔，表明平公在处理华弱与乐辔之事方面具有较大的任意性。

楚国与周王室的关系长期处于若即若离的状态。不过，随着楚文化不断地与中原文化交流和融合，至少在春秋时期，在施刑方面，楚国与中原各诸侯国表现出较大的相似性。比如，子辛在担任令尹期间"侵欲于小国"，陈成公不得已派袁侨如前往晋国主持的盟会求成。⑨ 两年之后，楚王追究当为此承担责任的人，大家认为，"由令尹子辛实侵欲焉。"楚王于是处死子辛。⑩ 又如，观起为令尹子南所宠爱，在国家未增加其俸禄的情况下有马车数十

---

① 杨伯峻：《春秋左传注》，第 356 页。
② 杨伯峻：《春秋左传注》，第 367 页。
③ 杨伯峻：《春秋左传注》，第 748 页。
④ 杨伯峻：《春秋左传注》，第 752 页。
⑤ 杨伯峻：《春秋左传注》，第 900 页。
⑥ 杨伯峻：《春秋左传注》，第 907 页。
⑦ 杨伯峻：《春秋左传注》，第 946 页。
⑧ 杨伯峻：《春秋左传注》，第 946 页。
⑨ 杨伯峻：《春秋左传注》，第 928 页。
⑩ 杨伯峻：《春秋左传注》，第 943 页。

乘，子南之气焰由此可知。① 楚王对此非常不满，准备予以追究。由楚王与子南之子之对话可知，楚王"杀子南于朝，轘观起于四竟"的依据是"令尹之不能"②。其中，"能，善也"③。又如，费无极对楚王说，大子建将与伍奢以方城之外叛，齐、晋两国将与其相配合，一道对楚国不利。楚王听信了费无极之谗言，"问伍奢，伍奢对曰：'君一过多矣，何言于谗？'王执伍奢。使城父司马奋扬杀大子。"大子建不得已出奔宋国。伍尚归案之后，"楚人皆杀之"④。由伍奢之言可知，楚王之质问系当面而为。也就是说，楚王并未像后世那样指派狱吏进行审理。在得到伍奢的否认之后，楚王并不寻求所谓伍奢等人谋叛之证据以发现真相，而是派人杀大子，后又杀死伍奢父子，显然完全没有历经后世查明事实并依据法律定罪量刑之过程。与之相关的是，郤宛正直而和蔼，为国人所喜爱。费无极却设计让令尹子常尽灭郤氏之族、党，致使国内议论纷纷，进胙者都没有不批评莫不谤令尹的。沈尹戌对子常说："夫左尹与中厩尹，莫知其罪，而子杀之，以兴谤讟，至于今不已。戌也惑之。仁者杀人以掩谤，犹弗为也。今吾子杀人以兴谤，而弗图，不亦异乎？夫无极，楚之谗人也，民莫不知。去朝吴，出蔡侯朱，丧太子建，杀连尹奢，屏王之耳目，使不聪明。不然，平王之温、惠、共、俭，有过成、庄，无不及焉。所以不获诸侯，迩无极也。今又杀三不辜，以兴大谤，几及子矣。子而不图，将焉用之？夫鄢将师矫子之命，以灭三族，国之良也，而不愬位。吴新有君，疆场日骇，楚国若有大事，子其危哉！知者除谗以自安也，今子爱谗以自危也，甚矣其惑也！"子常遂"杀费无极与鄢将师，尽灭其族，以说于国，谤言乃止"⑤。这里之所以全部引用沈尹戌之言，是因为它对子常杀费无极与鄢将师且尽灭其族发挥重要作用。其中值得注意的是，其一，"左尹与中厩尹，莫知其罪，而子杀之"，表明有权者施刑具有相当的任意性。其二，费无极不过"楚之谗人"而已，固然应该对楚国不获诸侯以及杀三不辜承担责任，然而实施其建议者毕竟为楚平王和令尹子常。如果进谗言者当死，实施者又应当如何？其三，"鄢将师矫子之命，以灭三族"为实施者，然而沈尹戌并没有言及费无极与鄢将师违反什么楚国成文刑法，而是从其言行对于楚国以及子常本人利害处着手。令尹子常听信其言，杀费无极与鄢将师，目的在于说于国而止谤言，并非如后世一样令刑律之规范得以实施，发挥其维持政治社会秩序的作用。

  对于上述施刑事件，人们不难发现存在一个共性：天子、诸侯或者其他执政者根据人们所造成的危及治理者人身安全以及政治社会秩序的后果直接施以刑罚。《左传》还较为简略地记载了一些施刑相关事件。⑥ 比如，"楚公子申为右司马，多受小国之赂，以逼子重、子

---

① 杨伯峻：《春秋左传注》，第1069页。
② 杨伯峻：《春秋左传注》，第1069页。
③ 杨伯峻：《春秋左传注》，第1069页。
④ 杨伯峻：《春秋左传注》，第1407—1409页。
⑤ 杨伯峻：《春秋左传注》，第1485—1489页。
⑥ 前述郑国发生的施刑事件以及周王室和其它诸侯国发生的部分相关事件其实也应归入这一类。在后文可在很大程度上证明它们同样系直接施刑的情况之下，本文将它们安排在相应位置以便让人们较为方便地了解周王室和各诸侯国的施刑情况。

辛，楚人杀之"①。诸如此类的记载异常简略，人们既有可能将其纳入上面归纳的施刑模式之中，也有可能认为不能排除天子、诸侯以及其他执政者依据与后世相类的刑律施以刑罚的可能性。毕竟《左传》对于众多事件往往记载其大致过程，而并非详细记载事件发生之经过。不过，如果根据《左传》的若干记载而了解执政者施刑之决定的形成过程，人们应该能够排除第二种似是而非的认识。比如，晋侯之弟扬干在晋国举办鸡泽之会过程中扰乱军行，司马魏绛处死为其驾车的人。晋侯对此非常愤怒，对羊舌赤说："合诸侯以为荣也，扬干为戮，何辱如之？必杀魏绛，无失也！"羊舌赤答曰："绛无贰志，事君不辟难，有罪不逃刑，其将来辞，何辱命焉？"话刚说完，魏绛至，在将写给晋侯之书交给仆人之后准备伏剑而死，为士鲂、张老所制止。其书曰："日君乏使，使臣斯司马。臣闻'师众以顺为武，军事有死无犯为敬。'君合诸侯，臣敢不敬？君师不武，执事不敬，罪莫大焉。臣惧其死，以及扬干，无所逃罪。不能致训，至于用钺。臣之罪重，敢有不从，以怒君心，请归死于司寇。"晋侯阅读完来书之后醒悟过来，对魏绛说："寡人之言，亲爱也。吾子之讨，军礼也……"② 其中透露出若干施刑方面的重要信息：其一，扬干扰乱军行，魏绛戮其仆，理由是"君师不武，执事不敬，罪莫大焉。臣惧其死，以及扬干"。对此，晋侯理解为"军礼"。由此可知，其时并不存在为众所周知且名称、内容均较为固定的刑法，更不用说成文法。否则，魏绛、晋侯等人不会不提及。而且，两人有关认识以及说法之间存在明显之区别。其二，对于戮扬干之仆这一行为，不仅魏绛本人，而且羊舌赤、晋侯等人有共同的认识。魏绛因而"请归死于司寇"，晋侯说"必杀魏绛，无失也"，羊舌赤也认为魏绛"有罪不逃刑"。他们的依据显然并非刑法，而是晋侯所谓"扬干为戮，何辱如之"这样的后果。

与之相关的是，在《左传》之中也有若干执政者宣告罪名后施以刑罚之记载，可以从一个侧面对直至春秋晚期为止执政者并非依据成文刑法而定罪量刑的看法予以证实：其一，公孙黑欲作乱，试图推翻游氏而代其位，因为旧伤发作而未开始行动。驷氏与诸大夫准备杀死他，子产在鄙，听闻此事之后乘遽而至，让官吏数落其罪状："伯有之乱，以大国之事，而未尔讨也。尔有乱心无厌，国不女堪。专伐伯有，而罪一也。昆弟争室，而罪二也。薰隧之盟，女矫君位，而罪三也。有死罪三，何以堪之？不速死，大刑将至。"③ 其中，子产直接认定公孙黑若干行为有罪，而不是如后世一样依据刑律而认定某某行为符合相关规定而有罪。而且，就"昆弟争室"而言，这件事发生在一年之前，郑国大夫们商议如何处置，子产认为，"直钩，幼贱有罪，罪在楚也。"④ 子产像这样说固然因为顾虑公孙黑势力庞大，定其罪之后不利于郑国政局稳定。然而，如果其时已经像后世一样制定成文刑法，子产恐怕不能一两年之内就公孙黑"昆弟争室"作出前后矛盾的认定。其二，卫国大子蒯聩对孔氏之竖浑良夫说："苟使我入获国，服冕、乘轩，三死无与。"并与之盟。⑤ 后来蒯聩在浑良夫的帮助

---

① 杨伯峻：《春秋左传注》，第 923 页。
② 杨伯峻：《春秋左传注》，第 928—930 页。
③ 杨伯峻：《春秋左传注》，第 1229—1230 页。
④ 杨伯峻：《春秋左传注》，第 1212 页。
⑤ 杨伯峻：《春秋左传注》，第 1694 页。

之下登上卫侯之位。浑罢为虎幄于藉圃，建成以后求令名者，大子请以良夫应为令名。良夫乘衷甸两牡，穿紫衣狐裘而至。袒裘，且不释剑而食。大子使牵以退，数之以三罪而杀之。杜注："三罪，紫衣、袒裘、带剑。"① 与子产定罪相类的是，卫国大子也直接认定浑良夫之行为有罪。其中，紫衣为国君之服色，身为大夫的良夫不得用。且以大夫之身份，良夫袒裘以及带剑均为不敬。也就是说，大子认定其行有罪并非没有依据，然其依据却并非与后世刑律相类的成文刑法。

总之，在《尚书》《左传》以及《史记》等文献记载之中，天子、诸侯以及执政之卿大夫对于实施危害治理者人身安全以及治理秩序的人直接施以刑罚的现象较为常见。在一些情况下，执政者在施刑之前或许有宣告对方身犯何罪之举动，然而并非像后世一样依据刑律认定对方身犯何罪。而且，被宣告有罪者所实施的行为，往往违背人们习以为常的以等级制为基本特点的制度以及人们视之为理所当然的观念，而不是违反所谓成文刑法之规定。② 在绝大多数情况下，被施刑者没有表示异议，更未进行反抗——尽管类似的行为在其他诸侯国或者本国其他人执政的情况下，或许仅仅受到谴责而已。也就是说，在行为与定罪量刑之间，完全取决于执政者的意志，此乃以"为政在人"为特点的政治社会中的必然现象。因此之故，人们或许可以将商鞅变法之后秦王迫使白起自杀的现象视为长期以来施刑方式的延续，毕竟在"以法治国"模式下法律主要约束的是吏民而非王权。不过，这恐怕并不意味着战国之前刑罚之实施除礼制以及人们公认的思想观念之外就无任何规则可寻，否则人们难免生无所措手足之感。而且，执政者依据命令以及刑书施刑的现象同时存在，前述现象与其之间的关系如何？对于诸如此类问题，后文将予以探讨。

二、战国之前的施刑依据

在战国之前的政治社会之中，在诸多情况之下——比如战争——需要"令民与上同欲"，天子、诸侯或者卿大夫们事先发布以刑罚为后盾的规则因而具有一定的必然性。比如，在大战于甘之际，夏启在向各部落首领以及战士们宣告讨伐有扈氏的缘由之后指出，"用命，赏于祖。弗用命，戮于社，予则孥戮汝"③。与之相类的是，在伐葛伯之际，汤曰："汝不能敬命，予大罚殛之，无有攸赦！"④ 在讨伐夏桀之际，商汤在阐述其发动战争的缘由并对反对的理由进行解释之后警告，"尔不从誓言，予则孥戮汝，罔有攸赦"⑤。以往有学者因为篇名为"×誓"而将誓作为战国之前法律形式之一。事实上，夏启、商汤等人发布的命令为人们不断地口耳相传下来，大概在战国时期成文并为人们归入誓命类文献。⑥ 夏启、商汤分别用"命"和"誓言"这样的术语，既有可能表明相关术语处于不断地流变之中，也有可能乃他

---

① 杨伯峻：《春秋左传注》，第1706—1707页。
② 需要指出的是，这里所谓制度与后世成文法规则不类，而是在某些时间、地点以及条件下据以办理某些事务的办法，比如礼制。
③ 屈万里：《尚书集释》，第74—77页。
④ 司马迁：《史记》卷三《殷本纪》，第93—94页。
⑤ 屈万里：《尚书集释》，第79—80页。
⑥ 参见屈万里：《尚书集释》，第75页，第78—79页。

们长期生活之区域语言习惯的产物。从其内容本身来看，它们为夏启、商汤发布的命令。与之相类的是，盘庚迁都很可能遭遇不少人的强烈反对，他因而在王庭对人们正面引导的同时下达"乃有不吉不迪，颠越不恭，暂遇奸宄，我乃劓殄灭之，无遗育，无俾易种于兹新邑"这样比较严厉的命令。① 与前述夏启、商汤等人下达的很可能仅适用于战争的军令不同的是，"自今至于后日，各恭尔事，齐乃位，度乃口。罚及尔身，弗可悔"之类话语很可能表明盘庚在今后执政期间一直予以施行。与夏启、商汤相类的是，周武王在列举商王纣的罪行之后，表明自己奉行天罚，并对友邦冢君、御事、师事以及同盟将士发布战争动员令，其中包含"尔所弗勖，其于尔躬有戮"这样的内容。② 诸如此类文献记载，大多成书于战国时期，乃或多或少有关历史时期的史实以及战国政治社会环境或大或小的共同反映或者体现，有待人们以第一手材料予以分析和辨别。在目前的条件下，人们同样只能通过《左传》等文献之记载了解春秋时期的命令及其实施情况，从而了解命令及其实施在早期中国的发展与演变。

在《左传》等流传至今的文献之中，与刑罚相关的命令并不多见，且主要集中在晋国。比如，在春秋早期，晋怀公即位，下令国人不得跟随重耳流亡。在命令之中，他设置了跟随重耳流亡者回国的期限，若期限到了以后他们仍然没有回国就杀无赦！狐突之子狐毛以及狐偃跟着重耳流亡秦国，狐突并没有依照命令召唤他们回国。数月之后，怀公执狐突，表示如果他的儿子回来就可以放过他。狐突表示难以从命，怀公因而杀之。③ 晋怀公之所以发布上述命令，是因为跟随重耳流亡者以他们的行为表明不臣服于他，而且可能对其君位构成威胁。然从狐突以及卜偃的反应来看，晋怀公的行为属于"杀人以逞"，因为狐毛以及狐偃等人跟随重耳流亡符合"古之制"。从字面上来看，怀公之命针对的是那些跟随重耳流亡者，他后来却杀了其中狐毛以及狐偃之父。这就表明其施刑具有相当的任意性。在回国并夺取国君之位后，晋文公讨伐曾对其无礼的曹国。为了报答僖负羁之恩惠，晋文公下令不得进入僖负羁之宫室而免其族。魏犨、颠颉对此非常不满，放火烧僖负羁之家，魏犨还因此胸部受伤。晋文公拟杀死违反命令的魏犨，然又爱其材，于是派使者前往视察病情，如果魏犨之伤比较严重就杀死他。魏犨知道使者来意而距跃三百，曲踊三百。文公放过了他，杀颠颉以徇于师。④ 其中透露出一些耐人寻味的信息：其一，文公出于私怨而率领军队讨伐曹国，又因为私人恩惠而下达勿入僖负羁之宫的命令。其二，对于故意抗命者，文公并非一概杀之，而是依据其才能而分别对待。顺便指出的是，在城濮之战中，祁瞒奸命，司马杀之以徇于诸侯。⑤ 人们可据而得知对于违反军令者有专门职官予以执行。

春秋晚期，赵鞅与邯郸午因为卫贡五百家而发生争端。邯郸午为荀寅之甥，而荀寅又为范吉射之姻。因此之故，赵鞅与邯郸午之争端导致荀氏与范氏卷入。董安于建议事先做好应

---

① 屈万里：《尚书集释》，第 94 页。
② 屈万里：《尚书集释》，第 113 页。
③ 杨伯峻：《春秋左传注》，第 402—403 页。
④ 杨伯峻：《春秋左传注》，第 454—455 页。
⑤ 杨伯峻：《春秋左传注》，第 470—472 页。

对准备。赵鞅曰："晋国有命，始祸者死，为后可也。"范氏、荀氏进攻赵氏，赵鞅奔晋阳。范皋夷、梁婴父、知文子、韩简子以及魏襄子等人因而试图卷入以实现其个人目的。荀跞对晋侯说："君命大臣，始祸者死，载书在河。今三臣始祸，而独逐鞅，刑已不均矣。请皆逐之。"经过一番博弈之后，荀寅、士吉射奔朝歌，赵鞅入于绛。梁婴父非常厌恶董安于，挑唆文子对赵孟说："范、中行氏虽信为乱，安于则发之，是安于与谋乱也。晋国有命，始祸者死。二子既伏其罪矣，敢以告。"董安于不得已缢而死，赵孟将其尸体置于市示众以应付文子。① 当此之时，晋侯已经沦为名义上的国君，其命令之所以得以实施，实际上乃执掌晋国之政的几个家族势均力敌、尔虞我诈的结果，并非意味着晋侯之命令具有多大的效力。需要指出的是，晋侯之命令载于书且沉于河。不过，这样的记载未必意味着前述先王先公之命亦如此，也有可能是在春秋晚期晋国特定政治局势下出现的现象。在《左传》之中，尚有其它与刑罚相关命令之记载。由于过于简略之故，人们难以从中获取更多对本文主题而言有用的信息，故而从略。总的说来，流传至今的文献之中与刑罚相关的命令之记载偏少。正因为如此，春秋时期赵孟有关言说有必要引起重视。他指出："王、伯之令也，引其封疆，而树之官，举之表旗，而著之制令，过则有刑……"② 此乃赵氏对于以往命令之看法，应该是基于对若干历史与现实中有关命令的理解而形成的，因而在一定程度上具有普遍性。根据上面两项记载可知，在发布命令以及对违反命令者施以刑罚等两方面，执政者均具有较大的任意性。也就是说，与前述直接施以刑罚一样，执政者对违反命令者施刑也是其个人意志的体现。

战国之前，除命令之外，华夏地区还产生过其他形式的与刑罚狱讼相关的规则，这就是刑书，主要依据是叔向所谓"夏有乱政而作禹刑，商有乱政而作汤刑，周有乱政而作九刑"③。此乃叔向针对郑人所铸刑书而发，表明禹刑、汤刑以及九刑与其一样为刑书。④ 禹刑、汤刑暂时难以得到其他可靠文献之佐证，九刑则与其不同。传世文献为人们留下如此之记载：四年孟夏，周王命大正正刑书，王室为此举行专门仪式。在此过程之中，周王告诫大正及其子孙"常忧恤乃事，勿畏多宠，无爱乃囏，亦无或刑于鳏寡、罪（疑为"非"）罪，惠乃其常，无别于民"。太史则策刑书九篇，以升授大正，提醒他"临狱无颇正刑有掇"，以此有效维持政治社会秩序，"世世是其不殆"。⑤ 其中，周王所言黄帝、赤帝、蚩尤以及少昊等人事，与《吕刑》部分内容相类，或许可因而推断二者为同一王所为或者为盛行相关传说的某一历史时期的王所为。既然"九刑"之存在可以像这样在一定程度上予以证明，叔向所谓"禹刑"以及"汤刑"是否因而同样在一定程度上具有可信性？至于刑书的内容如何以及它们是否如太史所言的那样世世有效发挥作用，诸如此类问题或许可以结合春秋时期相关史实予以考察。

---

① 杨伯峻：《春秋左传注》，第 1589—1595 页。
② 杨伯峻：《春秋左传注》，第 1205 页。
③ 杨伯峻：《春秋左传注》，第 1275 页。
④ 笔者以未能像本文一样将"九刑"置于具体的语境中予以理解，而是以《左传》之中"刑"通常指刑罚为由并结合服虔所谓"正刑一，议刑八"将其误解为九种刑罚，在此予以更正。
⑤《元本汲冢周书》第五十六卷《尝麦解》，北京：国家图书馆出版社，2017 年，第 132—135 页。

所谓郑人铸刑书,很可能正如杜预所注"铸刑书于鼎,以为国之常法"。叔向写信给子产予以谴责,人们从中可以获取刑书相关重要信息。① 首先,与二十余年后孔子讥晋国铸刑鼎一样,叔向对郑国铸刑书予以强烈批评并且为《左传》大书特书,很可能表明此乃华夏地区历史上前所未有之创举。前述西周时期大史策刑书九篇,以升授大正,并未指出大正公告于天下。而从叔向所谓"民知有辟,则不忌于上"以及"民知争端矣,将弃礼而征于书"云云可知,郑人铸刑书于鼎之后,必将为众所周知。其次,在先王们治理时期,施刑模式通常为"议事以制,不为刑辟"。也就是先王们不以事先制定的刑法来威慑百姓,而是在危害政治社会秩序之事件发生之后视其性质、情节恶劣之程度,并且以人们习以为常之"制"为依据予以衡量,商议并决定适用之刑罚。叔向之言,在一定程度上能够证明前面总结的战国之前施刑模式的合理性,此处不予详表。令人们比较感兴趣的是,在以事先制定且公布的刑罚威逼人们服从方面,刑书很可能与后世刑律相类。唯有如此才有可能让叔向认为铸刑书将改变先王治理模式,导致人们在实施危害政治社会秩序的行为之后"不忌于上,并有争心,以征于书,而徼幸以成之"。也唯有定罪量刑的依据以文字固定下来,人们才有可能"锥刀之末,将尽争之。乱狱滋丰,贿赂并行"。此外,叔向所谓"国将亡,必多制,其此之谓乎"也应予以足够的重视。关此,杜预注曰:"数改法。"这样的解释很可能不妥。目前没有证据表明,子产铸刑书更改以往之法。春秋时期,华夏地区盛行诸多先王之制以及"古之制"。比如,在郑庄公应姜氏之请封大叔段于京,祭仲表示反对,他的理由是"先王之制:大都,不过参国之一;中,五之一;小,九之一"②。在诸如此类之制具有较强的道义影响力因而在很大程度上可以视为持续有效的同时,子产又制定刑书这样的制,这样就会形成"多制"之局面。

根据《左传》之诸多记载可知,"制"往往为人们据以表达异议或者提出解决面临问题之办法,未必能够产生人们所期望的效果,天子、诸侯或者卿大夫们经常充耳不闻。铸之于鼎的刑书的命运又会如何?《左传》并未明言,然从相关记载之中可以一窥端倪:其一,子产在自知不久于人世之后对子大叔说,"唯有德者能以宽服民,其次莫如猛"③,比较委婉地向子大叔表明他未必属于有德者之类。铸刑书乃试图以严厉的刑罚威逼人们服从,相对于叔向所谓先王治理之道而言为猛。因此,子产的意思很可能是希望子大叔继续依照刑书进行治理。这在一定程度上表明,熟悉当时治理模式的子产认为继任者子大叔未必继续使用其主持制定的刑书。其二,子大叔在执政初期"不忍猛而宽",导致郑国多盗。子大叔悔而"兴徒兵以攻萑苻之盗,尽杀之"④。王者之政,莫急于盗贼。子产在年纪尚轻之际就曾面对较为棘手之盗,其父也为之丧命。因此,子产很有可能在刑书之中针对盗作出相关规定。如果子大叔依照刑书治理,则在盗产生之后就应据以解决相关问题,而非宽到令盗成气候,反过来又猛到"尽杀之"的程度。当然,刑书也有可能与盗无涉,上述两方面的分析在很大程度上

---

① 杨伯峻:《春秋左传注》,第1274—1277页。
② 杨伯峻:《春秋左传注》,第11页。
③ 杨伯峻:《春秋左传注》,第1421页。
④ 杨伯峻:《春秋左传注》,第1421页。

属于推测。不过，其三，"郑驷歂杀邓析，而用其竹刑"这样的记载比较确切的表明，① 子产执政时期铸之于鼎的刑书最晚至此终结。驷歂何以采用邓析之竹刑，今人已经难知其详。不过，这样的事实足以表明，刑书其有效取决于执政者的意志，而不是像后世刑律那样非经朝廷修改或者废除就持续有效。

郑人铸刑书二十几年后，晋国赵鞅、荀寅等人率领军队在汝滨筑城，铸范宣子所为刑书于鼎。此举招致孔子的激烈批评，其主要理由是，以诸如"杀人者死"之类为主要内容的刑书治国，则无论贵贱，杀人或者实施其他刑书禁止的行为之后都将施以同样的刑罚，必将导致"贵贱无序，何以为国"的结果。② 就本文主题而言，孔子所谓"文公是以作执秩之官，为被庐之法"等等有必要引起重视。与之相应的记载是，"（晋文公）于是乎蒐于被庐，作三军，谋元帅"③。与其相类的是，晋国蒐于董，宣子从此开始为国政，制事典云云。④ 这两项记载的共同之处在于，晋国在举行大蒐礼之际任命中军帅，而中军帅同时又是晋国执政。在开始担任此要职之际，郤縠、赵盾等人制定其施政纲领或者规则，范宣子刑书也应该是像这样制定的。晋侯蒐于绵上以治兵之际使士匄将中军，后者辞以荀偃。⑤ 荀偃卒于六年之后，"季武子如晋拜师，晋侯享之，范宣子为政……"⑥ 由孔子所谓"夫宣子之刑，夷之蒐也"表明，晋国在任命范宣子为中军帅和晋国执政之际也曾像以往那样蒐于夷，刑书最早于此时制定。由"晋韩宣子卒，魏献子为政"这样的记载可知，⑦ 在历经几任执政以后，自从昭公二十八年开始魏献子为晋国执政，按照前述惯例应当由他来制定执政纲领或者规则。人们因而不难理解蔡史墨所谓"中行寅为下卿，而干上令，擅作刑器，以为国法……"这样的说法。⑧ 然而，赵鞅、荀寅所著乃范宣子刑书，而非赵氏或者荀氏曾经担任执政者所制定之法——荀氏先人是否制定法不得而知，至少赵盾曾经为晋国制定常法。范宣子所为刑书又一次对晋国臣民产生效力，意味着范氏为获利者，尽管这种利益有可能纯属荣誉性的。结合蔡史墨所谓"又加范氏焉，易之"可知，⑨ 范氏当与荀氏有所勾结，对铸刑鼎发挥重要作用。而赵氏，在蔡史墨看来，"赵孟与焉，然不得已"。⑩ 由此可知，赵氏的参与是被迫的。对于魏氏而言，铸刑鼎是对其执政地位的公然挑战，又是对其权威的公然蔑视。因此，铸刑鼎之举势必导致范氏、荀氏与韩氏、赵氏之间矛盾的激化，从而又在一定程度上决定了刑书之命运。

此外，依据子鱼所谓"臣展四体，以率旧职，犹惧不给而烦刑书"可知，⑪ 春秋晚期，

---

① 杨伯峻：《春秋左传注》，第1571页。
② 杨伯峻：《春秋左传注》，第1504—1505页。
③ 杨伯峻：《春秋左传注》，第445页。
④ 杨伯峻：《春秋左传注》，第545页。
⑤ 杨伯峻：《春秋左传注》，第999页。
⑥ 杨伯峻：《春秋左传注》，第1047页。
⑦ 杨伯峻：《春秋左传注》，第1493页。
⑧ 杨伯峻：《春秋左传注》，第1504页。
⑨ 杨伯峻：《春秋左传注》，第1504页。
⑩ 杨伯峻：《春秋左传注》，第1505页。
⑪ 杨伯峻：《春秋左传注》，第1535页。

除郑、晋二国之外,卫国亦曾制定刑书。此乃子鱼以刑书为借口试图让卫侯收回成命,并非意味着卫国刑书总是得以严格执行。子鱼最终不得不服从卫侯之命,跟随他们参与会盟,如此一来就违反其所谓"官之制"。然而,子鱼之行乃执行卫侯之命,卫国也就不可能依据刑书对子鱼予以处罚。因此,关于刑书,总的说来,在战国之前"为政在人"政治社会格局下,它们不过制定者的治理之具而已,在多大程度上得以执行取决于国君或者其他执政者的意志。在制定者去世之后,刑书在多大程度上发挥作用又取决于后世执政者的意志。既然刑书都如此,执政者直接施刑以及根据命令施刑就更是如此。在战国之前天子、诸侯或者执政的卿大夫们是否因而完全根据其飘忽不定的意志施刑呢?恐怕也未必如此,主要依据有三:

其一,周王朝在建立之初就形成系列对后世影响深远的刑法。比如,武王在分封康叔于康之际谆谆告诫,后世称之为《康诰》。① 周王室分封的诸侯在立法定制方面具有高度的自主性。比如,伯禽受封为鲁侯,三年之后才向王室报政,其原因是"变其俗,革其礼,丧三年然后除之"。姜太公受封为齐侯,五个月之后就向王室报政,其原因是"吾简其君臣礼,从其俗为也"②。而且,分封实质上乃周王让姬姓子弟以及亲戚、功臣等等在外面建立据点以保卫姬氏共同利益。因此,武王对康叔的告诫,更多是以长者的身份向康叔表达治理好分封之地的愿望。在刑罚乃治国理政重要手段的情况之下,武王不会不言及刑法。武王阐述的刑法内容涵盖范围较为广泛,其中部分内容必须予以高度重视。比如,所谓"师兹殷罚有伦"以及"用其义刑义杀"云云,表达了武王借鉴殷商刑法合理成分的想法;③ 所谓"凡民自得罪,寇攘奸宄,杀越人于货,昏不畏死,罔弗憝"云云,表达的是武王对于常见危害社会秩序的行为的施刑意见。④ 其中,"寇",劫取,强取也,与后世抢劫相近。"攘",盗取也,与后世偷盗相类。"寇攘"在外曰"奸",在内为"宄";⑤ 至于所谓"元恶大憝,矧惟不孝不友……乃其速由文王作罚,刑兹无赦"云云,表达了武王对于不孝者及其危害性的深切认识和极端重视;⑥ 所谓"乃别播敷,造民大誉,弗念弗庸瘝厥君。时乃引恶,惟朕憝已。汝乃其速由兹义率杀"云云,表达的是武王对于不忠之臣严惩不贷的倾向。⑦ 其中,"乃别播敷,造民大誉"大意为,在王朝旨意之外宣布政令,在百姓中间沽名钓誉。⑧"弗念弗庸瘝厥君"大意为,不考虑不要危害其君。⑨"时乃引恶"大意为,此乃增长其君之恶。⑩"惟朕憝已"大意为,朕痛恨不已。⑪

其二,西周中晚期,周王向各地治理者告诫刑罚狱讼之法。或许是因为在治理者可以任

---

① 屈万里:《尚书集释》,第145—147页。
② 司马迁:《史记》卷三十三《鲁周公世家第三》,第1524页。
③ 顾颉刚、刘起釪:《尚书校释译论》,北京:中华书局,2005年,第1327,1331页。
④ 顾颉刚、刘起釪:《尚书校释译论》,第1331页。
⑤ 顾颉刚、刘起釪:《尚书校释译论》,第1334页。
⑥ 顾颉刚、刘起釪:《尚书校释译论》,第1336页。
⑦ 顾颉刚、刘起釪:《尚书校释译论》,第1341页。
⑧ 参见屈万里:《尚书集释》,第156页。
⑨ 参见顾颉刚、刘起釪:《尚书校释译论》,第1344页。
⑩ 参见顾颉刚、刘起釪:《尚书校释译论》,第1344页。
⑪ 参见顾颉刚、刘起釪:《尚书校释译论》,第1344页。

意施刑的情况之下，在西周中晚期出现不少刑罚暴虐以及在断狱讼过程中偏听偏信或者利用与讼者言辞以谋取私利从而导致施刑偏离中正目标等等现象。① 在回顾和总结苗人制刑以至于"虐威庶戮"以及伯夷、禹、稷等三后时代"士制百姓于刑之中，以教祗德"等正反两方面经验和教训之后，周王向"四方司政典狱"以及"伯父、伯兄、仲叔、季弟、幼子、童孙"发表以"惟敬五刑，以成三德"为主题的告诫。② 其中，"司政"乃主政之人，典狱乃掌狱讼之官。③ 至于"伯父、伯兄、仲叔、季弟、幼子、童孙"云云，大概各国诸侯与王存在辈分以及年龄方面的差异，故而王以此泛指他们，后文"有邦有土"乃与其相类的称呼。④ 在强调"何敬，非刑"之后，周王就断狱讼提出两方面要求：一是"两造具备，师听五辞"，"五辞简孚，正于五刑"，也就是在听争端双方言辞、核验相关证据之后施以刑罚，而不能偏听偏信，也不能不核验证据；二是在言辞无法予以核实、事情真相因而存疑的情况之下，周王提出"五刑不简，正于五罚；五罚不服，正于五过"以及"五刑之疑有赦，五罚之疑有赦"的量刑原则。⑤ 在查明事实真相之后，周王要求：一、在通过比附的方式定罪量刑的情况下，各地应该"惟察惟法，其审克之"以及"轻重诸罚有权"；二、刑罚应该随着时势的变化而变化，也就是所谓"刑罚世轻世重"；三、良善之人一定会"哀敬折狱"。也就是说，在以刑书为依据定罪量刑的情况之下，断狱者应同情刑罚给人所带来的痛苦，施以适当的刑罚，实现狱讼双方都心服口服的目标。周王认为，唯有如此，才称得上"中正"。⑥ 在周人通常以"以德配天"来为其夺取殷商天下而辩护的思想文化背景之下，周王再次强调"朕敬于刑，有德惟刑"，要求断狱讼者不得偏听偏信单辞，而是要"听狱之两辞"，且不得在其间上下其手以谋取私利。为了让人们对此发自内心地予以重视，周王最后指出："永畏惟罚，非天不中，惟人在命。"⑦

其三，在战国之前，周王、诸侯以及卿大夫往往向继任者传授刑法，特别是在临终之际。诸如此类说法的根据是，君子在对秦穆公去世之后秦国以子车氏之三子为殉的做法予以强烈批评之际指出，"先王违世，犹诒之法"。而且，"古之王者知命之不长"，通常会采取系列措施，其中包括，"予之法制，告之训典"等等。⑧ 孔颖达注曰："训典，先王之书，教训之典，取其言以语之，故言告。法制谓王者身自制作，已之所有，故言予之。"⑨ 也就是说，古之王者不仅会向继任者告以先王之书，也会传授自己在立法定制方面的经验。诸如此类大概实有其事。比如，成王在临死之际指出"柔远能迩，安劝大小诸邦"⑩。这样的证据

---

① 有学者认为，《吕刑》成书于西周中晚期。如果这样的看法成立，则该历史时期为西周中晚期，《吕刑》记载的王之告诫发布之前。
② 屈万里：《尚书集释》，第256—261页。
③ 屈万里：《尚书集释》，第261页。
④ 屈万里：《尚书集释》，第262页。
⑤ 屈万里：《尚书集释》，第262—263页。
⑥ 屈万里：《尚书集释》，第264页。
⑦ 屈万里：《尚书集释》，第265页。
⑧ 杨伯峻：《春秋左传注》，第547—549页。
⑨ 孔颖达等：《春秋左传正义》，上海：上海古籍出版社，1990年，第315页。
⑩ 屈万里：《尚书集释》，第237页。

或许显得牵强,在《左传》之中,人们不难发现更为直接之证据。比如,季文子让大史克向文公指出,先大夫臧文仲教其事君之礼,曰:"见有礼于其君者,事之如孝子之养父母也。见无礼于其君者,诛之如鹰鹯之逐鸟雀也。"① 又如,除前述《左传》记载的子产在病中告诫子大叔有关治理的宽猛之道外,子产还曾经向子大叔传授何谓礼,其中包含刑罚相关内容:"为刑罚、威狱,使民畏忌,以类其震耀杀戮。"② 顺便指出的是,对于诸如此类刑法,以往有学者称之为"秘密法"。事实上,它们乃战国之前天子、诸侯以及卿大夫们为实现有效治理而在治理者中间传播的经验,并无有效证据表明治理者们据以实现"刑不可知,则威不可测"之类目的,故而称之为与"公开法"相对应的"秘密法"并不适当。

三、战国之前的施刑状态

因此,直至春秋晚期为止,无论是周王室,还是诸侯国以及卿大夫之家,均没有成文刑法可以遵循。执政者们在政治社会秩序遭到破坏的事件发生之后根据一己之意施以刑罚。为了实现治理目标或者达到某种治理状态,他们有时候根据命令以及刑书行事。即便命令以及刑书是他们发布的,他们在执行过程中具有相当的任意性。这是否意味着时人因为"刑不可知"而无所措手足?答案恐怕是否定的。从《左传》的记载来看,在绝大多数情况之下,受刑者并未表示异议,更未进行反抗,在很大程度上意味着人们对于盛行的刑法习以为常。③ 这样的状态是如何形成的?在思考诸如此类问题之际,人们或许应该注意到周代政治社会特点以及思想文化状况。西周时期,"礼乐征发自天子出",周王发布的刑法有可能为各地不折不扣地遵循。而出土甲骨和铜器相关记载以及《尚书》《左传》等传世文献相关记载均表明,殷周时代乃祖先崇拜之类思想观念较为盛行的时代。后世之人很有可能因而继续遵从先王先君发布的刑法,尽管它们与后世刑律不同,仅仅具有道义方面的约束力。如此一来,政治社会秩序就由王室刑法相关告诫以及各地治理者根据时势需要而实施的刑法而共同塑造。这一部分遂依据传世和出土两类文献之中一些相关记载对战国之前刑法实施之后的状态进行考察。

在《左传》等文献之中可以经常发现人们引用"先王之制""古之制"云云为其主张辩护的现象,对此如果结合叔向所谓"先王议事以制"云云来理解不难产生这样的看法,此乃先王先公们商议解决面临重大疑难问题的通常方式。"制"究竟在其中发挥什么样的作用?对此,人们有必要结合具体事件予以考察。比如,莒纪公生仆,立其为大子,后来又生季佗。莒纪公因为爱季佗而废黜仆的大子之位,且在国中多行无礼之事。仆于是率领国人弑纪公,事后携带莒国宝玉投奔鲁国。仆将宝玉献给宣公,后者遂下令当日授予前者采邑。执政者季文子却命令司寇当日之内将仆驱逐出国境。宣公对此难以接受,季文子指派的大史克除

---

① 杨伯峻:《春秋左传注》,第 633 页。
② 杨伯峻:《春秋左传注》,第 1458 页。
③ 当然,也有极少数人因为视君如天而对其施加的刑罚无条件地予以服从。比如,箴尹曰:"弃君之命,独谁受之? 君,天也,天可逃乎?"于是毅然回国,在复命之后自行前往司败之处拘禁起来(杨伯峻:《春秋左传注》,第 684 页)。

了引用臧文仲所传授的事君之礼为季文子辩解之外，还指出，"先君周公制周礼曰：'则以观德，德以处事，事以度功，功以食民。'作誓命曰：'毁则为贼，掩贼为藏，窃贿为盗，盗器为奸。主藏之名，赖奸之用，为大凶德，有常无赦，在九刑不忘。'"季文子认为，莒仆弑君父，窃宝玉等等行为皆在于凶德，因而决定予以驱逐。① 在记载大史克的言说之后，《左传》并未记载宣公的反应。然而，人们有理由认为，宣公对此很可能无可奈何，事情最终按照季文子的意见办理。在《左传》之中，周公乃王室之世袭爵位。而依据"（武王）封弟周公旦于曲阜，曰鲁"②，"周公不就封，留佐武王"③ 以及"子伯禽固已前受封，是为鲁公"④ 这些记载可知，有资格被季文子同时称为先君以及周公的仅有姬旦一人。这一事件表明，周公姬旦之言说尽管与后世刑律不类，在周代特定政治社会背景之中，仍然能够在鲁国长期发挥影响力。

又如，楚灵王修建章华之宫，大量容纳逃亡之人。无宇之阍有罪，逃入其中，无宇闯入宫中抓人。有司拒绝交人，且认为无宇之罪较为严重，将其交由楚王处理。无宇为自己辩护，其中指出："周文王之法曰：'有亡，荒阅'，所以得天下也。吾先君文王，作仆区之法，曰：'盗所隐器，与盗同罪'，所以封汝也。"楚王最终同意无宇抓走逃亡之阍，并且赦免了无宇。⑤ 无宇除了像这样依据周文王之法以及楚文王之法为其行为进行辩解之外，还以帝辛容留天下逃亡者因而为武王伐纣提供口实之事劝谏楚王，实质上是以利害动之。这在一定程度上表明他对援引二文王之法是否足以说服楚王缺乏足够的信心，或许又可进一步表明二文王之法仅具有道义上的约束力。楚王究竟是因为二文王之法还是因为帝辛之教训而赦免无宇，如今难以确知。不过，如果二文王之法根本没有发挥任何作用，在当时书写条件以及习惯下，大概不会予以记载。如果这样的分析成立，则二文王之法对楚王之最终决定仍然发挥了重要作用。顺便指出的是，二文王之法包含"周文王之法"，这件事因而表明中原文化对楚文化已经产生相当影响，至少无宇是这样认为的。

又如，晋国邢侯与雍子争田，长时间不能达成一致。士景伯前往楚国，叔鱼代理其理之职务。韩宣子命令叔鱼审断邢侯与雍子之狱，过错在雍子一方。雍子将其女嫁于叔鱼，叔鱼因而将过错归于邢侯。邢侯非常愤怒，公然在朝堂杀死叔鱼与雍子。韩宣子问叔向如何定其罪。叔向曰："三人同罪，施生戮死可也。雍子自知其罪而赂以买直，鲋也鬻狱，刑侯专杀，其罪一也。己恶而掠美为昏，贪以败官为墨，杀人不忌为贼。《夏书》曰：'昏、墨、贼，杀。'皋陶之刑也。请从之。"韩宣子遂杀邢侯并且将陈三人之尸于市。⑥ 人们可以从多个角度对此予以解读，获得多方面的信息。比如，邢侯、雍子以及叔鱼三人行为存在较大差别，叔向却说"其罪一也"。他的意思是三人犯了都应当处以死刑之罪，这样就与后世根据行为危害政治社会的程度或者后果而给予相应的处罚的做法存在较大差别。本文所关注的是叔向

---

① 杨伯峻：《春秋左传注》，第 633—636 页。
② 司马迁：《史记》卷四《周本纪》，第 127 页。
③ 司马迁：《史记》卷三十三《鲁周公世家》，第 1515 页。
④ 司马迁：《史记》卷三十三《鲁周公世家》，第 1524 页。
⑤ 杨伯峻：《春秋左传注》，第 1283—1285 页。
⑥ 杨伯峻：《春秋左传注》，第 1366—1367 页。

定罪量刑的依据——《夏书》。《夏书》显然是流传到春秋时期的以有夏历史为主要内容的史书，所谓"昏、墨、贼，杀"又是《夏书》之中有关皋陶的叙述之部分内容。由叔向所谓"夏有乱政，而有禹刑"云云可知，"昏、墨、贼，杀"或许是皋陶主持制定的刑书的部分内容。惟有像这样解释方与孔子所谓"邢侯之狱，言其贪也。以正刑书，晋不为颇"相合。①在人们没有任何理由认为皋陶之刑书对后世晋国具有类似后世刑律的约束力的情况下，比较合理的解释是，皋陶乃先贤，其言说以及刑书等等故而对后世具有强大的道义影响力。此前，晋国至少先后施行过执秩之法、赵盾之常法以及范宣子刑书等法，叔向何以舍近求远？人们当然可以前述晋法之中不存在审理邢侯之狱的合适依据来解释。不过，"昏、墨、贼"乃贵族社会较为常见的行径，前述晋法不包含相关内容的可能性也许不大。对此，人们或许可以从另外一个角度予以分析。如果叔向与孔子相见略同，也认为"夫宣子之刑，夷之蒐也，晋国之乱制也"②，他拒绝援引范宣子刑书的可能性也就存在。如果这样的推测成立，则刑书对后世的影响力又可能在很大程度上取决于它们符合人们认为正当或者合理的程度。

　　如果包括封在内的诸侯及其继承者能够遵循武王以及后世周王之告诫，依据其刑法治国理政；③ 在面临疑难事务之际，他们又大都能够像上面那样从熟悉先王先公刑法的卿大夫那里获得相关知识以调整自己的决定，则华夏地区在并未产生与后世相类的刑律的情况之下，也会逐渐形成与其相类的施刑原则或者规则，或者对相同（或者相类）的行为给予大致相同（或者相类）的对待。迄今为止，战国之前刑法相关资料非常困乏，据以证实上述条件较为困难。然而，在《尚书》《左传》以及《史记》等文献之中，人们可以发现与其结果相关之记载。关于"不孝"，比如，春秋初期，公子州吁有宠而好兵，石碏之子厚与州吁游。"（石碏）禁之，不可。"在州吁弑桓公而自立这样的重大变故发生之后，石碏使其宰獳羊肩莅杀石厚于陈。④ 石厚在石碏禁止其与州吁交往后不以为然，属于武王所谓"弗祗服厥父事"之类不孝。石碏杀之，受到君子高度赞赏。与之相类的是，大子蒯聩献盂于齐，在路过宋国之际闻野人之歌而羞之，对戏阳速说："从我而朝少君，少君见我，我顾，乃杀之。"在罪行败露之后，蒯聩奔宋，卫君将其党羽全部驱逐。⑤ 卫君夫人南子或许并非蒯聩生母，然而，她是蒯聩之父——卫君最亲近的人。蒯聩像这样做无疑"大伤厥考心"，同样属于不孝，因而不容于卫国。诸如此类的记载均为个案，晋国发生之事在一定程度上表明，不孝之人即使逃脱惩罚亦为天下所不容：骊姬欲立其子为大子而陷害大子申生，令晋献公误以为申生欲毒杀他。申生奔新城，献公杀其傅杜原款。有人劝出奔他国以避难。大子曰："君实不察其罪，被此名也以出，人谁纳我？"⑥ 向申生所归之胙投毒并献给献公的乃骊姬，申生却因为"我辞，姬必有罪。君老矣，吾又不乐"而不愿意揭露真相，自愿承担杀亲之罪名。作为大子，

---

①杨伯峻：《春秋左传注》，第1367页。
②杨伯峻：《春秋左传注》，第1504页。
③武王既然对封进行告诫，也可能向其他诸侯发出类似的告诫，又或者武王知道其他诸侯已经掌握相关刑法知识，因而没有发出类似告诫。
④杨伯峻：《春秋左传注》，第31—38页。
⑤杨伯峻：《春秋左传注》，第1597页。
⑥杨伯峻：《春秋左传注》，第296—299页。

他很可能知晓各诸侯国不会接纳杀亲者,故而自缢身亡。次年,"晋侯使以杀大子申生之故来告"①。据此可以合理推测,申生如果出奔而被废,晋国也有可能向其他诸侯国通报其罪。前述莒仆弑其父之后携带宝玉出奔鲁国最终为季文子所驱逐的事件表明,申生的顾虑并没有道理。进而言之,即便君父有过,弑父之类严重违反孝亲原则的行为也不可能被视为正当。比如,楚成王拟废黜大子商臣,立王子职为大子。商臣察觉以后以其豢养的军队围攻成王,迫使其自缢。② 商臣未因此而受到惩罚,然而《春秋》记之曰:"楚世子商臣弑其君頵。"若非楚国国力强大,长期担任部分诸侯国盟主,而其他盟主——比如齐、晋也往往难以令其臣服,结果可能完全不同。又如,莒国犁比公立展舆为大子,又无故废之。而且,犁比公暴虐,为国人所患。展舆率领国人攻打莒子,弑之而立。史书记载其事曰:"莒人弑其君买朱钼",指出罪在展舆,以此令杀亲者永远受世人谴责。③

顺便指出的是,"不友"同样属于"元恶大憝"。在《左传》之中,相关史实绝无仅有,或许可以令人们窥一斑而知全豹:宋国司马华费遂生华貙、华多僚、华登等三子。华貙为少司马,多僚为御士,与华貙相恶,故而屡次向宋公进谗言,曰"貙将纳亡人"。由宋公所谓"吾不可以再亡之"可知,如果宋公听信谗言,则华貙势必受到严厉处罚。然而,宋公经不住华多僚恐吓,令司马之侍人宜僚告知司马此事。多僚的行径,正如武王所谓"于弟弗念天显,乃弗克恭厥兄",也造成"大伤厥考心"之后果。华费遂悲愤地说:"必多僚也。吾有谗子而弗能杀,吾又不死,抑君有命,可若何?"④ 由此可知,若非宋公有命,华费遂势必杀华多僚。然而,多僚的行为引起公愤,"张丐不胜其怒,遂与子皮、曰任、郑翩杀多僚。"⑤

既然周武王认为实施了所列举的几类不忠、不孝行为的人都应该"速由兹义率杀",则实施其他与其性质相类的行为者以及在主观或者后果等方面更为恶劣者更应如此。诸如此类看法足以为春秋时期大量史实所证实,第一部分所列举的直接施刑对象就是如此。大致而言,它们可以分为三类:其一为弑君者。比如周公黑肩欲弑庄王,州吁弑桓公,子公与子家弑灵公等等;其二为擅立他人为君或叛国者。比如,颓叔、桃子奉大叔以狄师伐周,左公子洩、右公子职立公子黔牟,子如立公子繻,里克、丕郑欲纳文公,庆郑陷君于败,国佐以谷叛,建与伍奢将以方城之外叛,等等。其三为目无君上者。比如,子孔之为政也专,楚观起因有宠于令尹子南故未益禄而有马数十乘,鄢将师矫子常之命而灭三族,公子申逼子重、子辛,司马魏绛戮扬干之仆,公孙黑欲作乱,良夫乘衷甸两牡、穿紫衣狐裘。等等。依据《左传》之记载可知,实施诸如此类行为者,大致而言受到类似的处理,意味着它们可能是从武王之告诫中自然而然地引申出来的刑法(流传至今的先王先公之诰很可能乃实际发生的一小部分,不能排除它们乃先王先公之诰组成部分的可能性)。

"常刑"乃春秋时期与后世刑律更为接近的规则,只不过尚未成文而已。在《左传》之

---

① 杨伯峻:《春秋左传注》,第 303 页。
② 杨伯峻:《春秋左传注》,第 513—515 页。
③ 杨伯峻:《春秋左传注》,第 1189 页。
④ 杨伯峻:《春秋左传注》,第 1425—1426 页。
⑤ 杨伯峻:《春秋左传注》,第 1426 页。

中与"常刑"相关之记载有四：其一，"傅瑕贰，周有常刑"①。傅瑕所为何事，以至于厉公称其为"贰"？郑厉公自栎返回郑国，在大陵捕获傅瑕。傅瑕为求活命而与厉公盟，承诺帮助厉公夺回君位。"六月甲子，傅瑕杀郑子及其二子而纳厉公。"② 傅瑕在已经臣事于国君的情况之下像这样做，在时人看来为"贰"。厉公根据人们习以为常之刑法而杀之。其二，"臣之失职，常刑不赦"③。前述子辛、子辛侵欲致陈叛，先縠致邲之败与清之师以及司武而桎于朝等等或者由于其人才能不具，或者因为其他原因导致丧权辱国，大致也可以划入这一类。其三，"有君不事，周有常刑"④。此乃晋国荀跞转述晋侯警告季孙意如所言。季氏所为何事？鲁君四代丧政，政在季氏三世。昭公对此难以忍受，伐季氏，失利之后不得不出奔。在时人看来，此乃季氏有君不事。对于此类行径，自周王朝建立之后，执政者已经逐渐习以为常地施以刑罚。其四，"命不共，有常刑"以及"有不用命，则有常刑"⑤。这类"常刑"与前面梳理的若干违反命令者被施以刑罚的记载相一致。后者或许能够在一定程度上表明"常刑"的形成过程，同时又在一定程度上表明"常刑"在日常治理中得以施行。对于上述四类"常刑"，人们或可进一步分析其共性。"弑君"的原因不一定为"贰"，却是"贰"的通常结果。"有君不事"并不必然导致"弑君"，然与"弑君"一样导致国君大权旁落，不过未危及国君的生命而已。"命不共"或者"不用命"乃"有君不事"较为恶劣的表现方式之一。"臣之失职"，往往导致战争失利等严重损害国君之利益和尊严的事件发生，不过与上述三类行为在主观恶性以及危害结果方面程度较轻而已。总的说来，以上四类行径相对于武王所谓应当"速由兹义率杀"的不忠行为而言严重得多，或许正因为如此在长期治理中逐渐形成针对它们的"常刑"。

此外，大约成书于鲁僖公时代的《费誓》篇记载了三类很可能主要是针对百姓的"常刑"：其一，"杜乃擭，敛乃穽，无敢伤牿。牿之伤，汝则有常刑"⑥。其二，"马牛其风，臣妾逋逃，无敢越逐。只复之，我商赉汝。乃越逐不复，汝则有常刑"⑦。其三，"无敢寇攘。逾垣墙，窃马牛，诱臣妾，汝则有常刑"⑧。其中，"臣妾逋逃"与周文王之法"有亡，荒阅"以及周武王所谓"纣为天下逋逃主，萃渊薮"之间在内容方面存在明显关联。"无敢寇攘"又与《康诰》所谓"凡民自得罪，寇攘奸宄，杀越人于货，暋不畏死，罔弗憝"之间存在较为显著的联系。如果将其置于上面归纳的框架中予以解释——周文王以及周武王之刑法，为后世王室以及诸侯国治理者所遵从，逐渐成为人们习以为常的刑法——也显得合情合理。与之相类的是，周王号召有邦有土者在断狱讼之际应该做到"两造具备，师听五辞，五辞简孚，正于五刑"。在《左传》为数不多的狱讼相关记载之中也基本上如此。比如，"卫侯

---

① 杨伯峻：《春秋左传注》，第 197 页。
② 杨伯峻：《春秋左传注》，第 196 页。
③ 杨伯峻：《春秋左传注》，第 1467 页。
④ 杨伯峻：《春秋左传注》，第 1510 页。
⑤ 杨伯峻：《春秋左传注》，第 1621 页。
⑥ 屈万里：《尚书集释》，第 253 页。
⑦ 屈万里：《尚书集释》，第 253 页。
⑧ 屈万里：《尚书集释》，第 253 页。

与元咺讼，宁武子为辅，针庄子为坐，士荣为大士。卫侯不胜。杀士荣，刖针庄子，谓宁俞忠而免之。执卫侯，归之于京师……"① 总之，在周代先王先公有关刑法之告诫成为春秋时期人们习以为常的刑法这样的结果呈现出来之后，人们恐怕难以避免地认为假设的条件——周代先王先公之刑法为后世王室以及诸侯国治理者所遵从，逐渐习以为常亦能成立。这样就能合理解释为何在前述严重危害政治社会秩序的行为发生之后治理者们直接施以刑罚的现象，也能够解释为何在王室和诸侯国均未像后世那样公开颁布刑律的情况之下，人们并没有无所措手足之感，而是比较清楚地知道自己行为之后果。比如，石奢见道有杀人者，追之发现乃其父，纵其父而归。他自系并派人对楚王说："杀人者，臣之父也。夫以父立政，不孝也。废法纵罪，非忠也。臣罪当死"②。其中，"杀人"与《康诰》所谓"杀越人于货"存在直接关联或者相符。"废法纵罪"与前述"臣之失职"存在关联或者因为主观恶性较大而罪刑更为严重。又如，晋国李离因为过听杀人而自拘当死，其理由是，"理有法：失刑则刑，失死则死。公以臣能听微决疑，故使为理。今过听杀人，罪当死。"③ 其中，"失刑则刑，失死则死"显然与"臣之失职"一脉相承或者对于后者的具体化。

当然，前述所谓周代先王先公之刑法在日常治理中得以广泛实施在很大程度上仍然属于合理推测。在周王朝建立之后几百年间刑法相关资料较为匮乏的情况之下，人们或许可以通过出土文献之记载而窥其一斑：其一，八月戊申，霸姬将气告到穆公处，声称因穆公之命而惩罚了来自气的仆驭、臣妾，不能遗漏了气。穆公则延续以往"卜霸姬"之命。气发誓：我不能不遵从穆公之命，愿意接受鞭五百、罚五百寽（之惩罚），且为确保该誓言有效而进一步誓曰：我不能不遵从穆公"卜霸姬"之命。如果我更改该誓言，就鞭五百、罚五百寽。（为确保气不反悔，）霸姬（要求）加重惩罚：你不得不遵从穆公"卜霸姬"之命，自愿接受惩罚，否则鞭身后示众并驱逐出境。（气因而）誓曰：我既然说过不得不遵从穆公之命，如果我改变誓言，（情愿）被驱逐出境、为众所弃。④ 这一则铭文提供了诸多令人感兴趣的信息。比如，以往人们或许觉得训匜所记载的"我义（宜）便（鞭）女（汝）千，黥䵽女，今我赦女（汝）。义（宜）便（鞭）女（汝）千，黥䵽女（汝），今大赦女（汝），便（鞭）女五百，罚女（汝）三百寽"⑤ 不可思议：就牧牛所为一事，白（伯）扬父何以施以两次刑罚？前述大河口西周墓地 2002 号墓之中盘盉之记载为人们解除疑惑提供非常可贵的启示：在与其师之间发生争端之后，牧牛通过发誓的方式表明愿意接受"便（鞭）千，黥䵽"之惩罚，并进一步发誓如果更改这样的誓言，则愿意接受"便（鞭）千，黥䵽"之惩罚。惟其如此，白（伯）扬父经由尃、趞、啬、觏、训宇等五夫核实牧牛之誓言后做出前述裁断才比较容易理解。对本文而言，大河口西周墓地 2002 号墓之中盘盉所记载的铭文的重要性在于其中所记载的气一再发誓"余㐭弗䚅（展）禹（称）公命"以及"余禹（称）公命"。尽管铭

---

① 杨伯峻：《春秋左传注》，第 472 页。
② 司马迁：《史记》卷一百一十九《循吏列传》，第 3102 页。
③ 司马迁：《史记》卷一百一十九《循吏列传》，第 3102—3103 页。
④ 参见裘锡圭：《大河口西周墓地 2002 号墓出土盘盉铭文解释》，http://www.gwz.fudan.edu.cn/Web/Show/4277，访问时间：2018 年 7 月 17 日 21 时 26 分。
⑤ 宁全红：《周秦时代狱讼制度的演变》，北京：人民出版社，2015 年，第 53 页。

文内容较为简略，人们难以确知气之仆驭、臣妾在霸姬处所为何事，也不知穆公所谓"用虎（卜）霸姬"意味着什么。然而，所谓"[?]弗廛（展）再（称）公命"这样的表达方式本身可以表明，气对公命很可能有自己的看法。然而，为避免穆公发布令其更难以接受的命令或者气在周代特定政治社会氛围之中必须忠于穆公，所以气尽管心有不甘仍然按照其时惯例而发布誓言。不论属于哪一种情况，大河口西周墓地2002号墓之中盘盉所记载的铭文均表明，臣民对于绝对忠于公，对于其命令应当毫无异议地予以接受，否则刑罚将至！

其二，与上述铭文相类的是，在训匜记载的事件中，白（伯）扬父完全不理会牧牛与其师之间发生之事的是非曲直，以"虢乃可湛！女（汝）敢弖（以）乃师讼"这样的话表达对于牧牛与其师讼的强烈不满的态度。在核实牧牛之誓言后，白（伯）扬父随即形成对牧牛施以刑罚的裁断。① 值得进一步思考的是，牧牛不大可能忘记曾经发过的誓言，为什么仍然要与其师讼呢？可以合理推测的是，在与其师的争端之中，牧牛认为自己有理直之处，可据以胜诉。正如春秋时期的元咺，城濮之战后，站在楚国一方的卫侯不敢参与晋文公主持的盟会，命令元咺奉叔武参加。有人在卫侯面前进谗言，说元咺已经立叔武为国君，卫侯因而杀死随其出奔的元咺之子角。其实，元咺不废卫侯之命，奉叔武入守卫国而已。卫侯在与叔武等人约定的日期之前进入卫国，在叔武前往迎接之际，公子歂犬射而杀之。② 元咺始终不废卫侯之命，显然为其理直之处。他与卫侯之间的争端，完全是由卫侯杀其子角或者叔武而起。这大概是他敢与卫侯讼且胜的原因所在。然而，周王对晋文公处置卫侯的方式表示不满："夫政，自上下者也。上作政，而下行之不逆，故上下无怨。今叔父作政而不行，无乃不可乎？夫君臣无狱，今元咺虽直，不可听也。君臣皆狱，父子将狱，是无上下也。而叔父听之，一逆矣。又为臣杀其君，其安庸刑？布刑而不庸，再逆矣。"③ 白（伯）扬父处置牧牛的方式亦如此。牧牛与其师之间的关系，乃"王臣公，公臣大夫，大夫臣士，士臣皂……"政治社会格局中之一类。他们之间发生的争端以及解决方式，在一定程度上折射出君臣之间断狱讼方面之特点，春秋时期周王之言说则又在一定程度上表明其习以为常性。

结　语

华夏地区的王权是如何一步步形成的？在资料匮乏的情况之下，诸如此类的问题已经不大可能获得为人们所公认的解决方案。不过，人们不难发现三代王权具有一些共性。比如，一个王权在天罚的名义下彻底消灭另外一个王权，并将它治理的范围延伸到新征服地区。又如，除了自我限制之外，王权在其势力所及的范围内往往不受其他任何限制。这就意味着，王权拥有者可以根据自己的意志对臣民施以刑罚，具体表现为直接施以刑罚、根据发布的命令或者制定的刑书而施以刑罚。与以往相比有所不同的是，周人灭商之后分封诸侯以藩屏周，将治理天下的权力由天子和各地诸侯一起行使。在"礼乐征伐自天子出"的时代，周王室在认为必要的时候能够对各地治理施加足够的影响。到了春秋时期，随着周王室衰微，

---

① 宁全红：《周秦时代狱讼制度的演变》，第53—57页。
② 杨伯峻：《春秋左传注》，第466—470页。
③ 徐元诰：《国语集解》，北京：中华书局，2002年，第55—56页。

"礼乐征伐自诸侯出",周天子能够施加的影响越来越小。这是否意味着,在刑法狱讼方面,周王室与各诸侯国呈现出极为不同的面貌?《左传》等文献的记载表明,答案是否定的!举个简单的例子,春秋时期,季札以及孔子之流,在周游列国之际并没有因为缺乏其他国家的刑法知识而受到处罚的情形。不仅如此,如果认真总结周王室以及各诸侯国刑罚相关事件,人们不难发现它们具有相当大的共性——尽管不能因而否认各地仍然有所不同。比如,孔子所在的鲁国盛行"亲亲相隐"而楚国要求子告父罪。① 这种共性,简而言之,表现为刑罚乃对于不忠、不孝者以及"寇攘奸宄"、杀人越货者等等的惩罚。换而言之,至少在春秋时期,华夏地区逐渐出现颇具普遍性的刑法。也正因为如此,虽然直至春秋晚期才出现后世刑法的雏形——铸之于鼎的刑书,而且它们也随着主持其事者的亡故而很可能不再有效。然而,无论在周王室还是在各诸侯国,人们似乎并没有因此而有无所措手足之感。

　　这样的情形是如何发生的?归根结底或许与小邦周征服大邑商有关。这一重大事件对周代治理之道产生深远影响:一方面,周王朝以"以德配天"来解释其灭商的正当性问题;另一方面,忠于殷商王朝的势力依旧强大的形势迫使周王朝不能不尽可能争取百姓的拥护。二者共同导致周王朝采取"明德慎罚"方针,在刑法狱讼方面实现一定程度的自我限制,具体表现为周武王对分封的诸侯——比如康叔——进行谆谆告诫,其中包含大量刑法。随着治理过程中出现的问题逐渐显现,周王又提出若干刑罚狱讼相关原则和办法。在周王室享有高度权威以及祖先崇拜盛行的政治社会氛围之中,周王的刑法很有可能在王室和诸侯国逐渐推广开来,并且逐渐为人们习以为常,形成"常刑"。先王先公们发布的命令以及制定的刑书,也在后世出现治理方面的疑难问题之际发挥强大的道义影响力,从而保证各地的日常治理不偏离既有轨道。周武王以及后世周王有关刑法的言说,归根结底乃对于不忠、不孝者以及"寇攘奸宄","杀人越货"者等等的惩罚。因此,人们在《尚书》《左传》之中发现的"常刑"以及在类似的情况下给予类似的对待的刑法,可以大致归结为这两方面。

　　作者简介:宁全红,男,四川省社会科学院副研究员。

---

① 宁全红:《"亲亲相隐"的语境化解读》,《贵州社会科学》2017年第12期。

蜀道的起源和早期发展——
文献与出土资料的互证探讨

四川大学历史文化学院　彭邦本

徐中舒先生在 20 世纪 50 年代就曾经指出:"四川是古代中国的一个经济文化区,但是它并不是孤立的;也不是与其他地区,尤其是与中原地区没有联系的。"① 此后几十年来的大量考古发现和学术研究证明,至迟从新石器时代晚期到西汉武帝时期,长江上游的四川盆地及其邻近地区的文化,是上古东亚大陆特色极其鲜明、并且保持其特色时间最为悠久的区域文化之一,这一区域的文化在进入文明时代后即学术界习称的巴蜀文化。尽管四川盆地为群山环抱,历来号称四塞之国,但这一地区的先民与邻近区域以至中原地区的文化联系和水陆交通,却于传世文献尤其是日见丰富的出土资料中班班可考。概要言之,古代四川的对外交通,有东道、南道、西道和北道四向之分。② 而在每一个方向上,往往又有不同具体路径,如西向有沿岷江上游河谷的西山道和茶马古道,南向有牦牛道、五尺道等学界近年来盛称的南方丝绸之路,东向有长江水道主要路径和大宁河谷等可通向东北的谷道,北向则有金牛道或曰石牛道、米仓道、荔枝道和阴平道等蜀道线路。倘就历史上蜀地与北方黄河流域的联系而言,西、北、东三向之道均曾发挥过作用,属于所谓广义的蜀道;而尤以北道最为便捷而长期成为主要通道,则是狭义的、亦即历来俗称之蜀道。③ 这既与自然地理条件有关,也在相当程度上与关中地区历史上长期是我国政治、文化中心,因而为蜀中北向联系的首要目的地有关。而位于蜀中和关中之间的陕南汉中盆地遂往往成为南来北往所经之地,其中心城市汉中则为枢纽。

本文主要讨论狭义的蜀道。如前所述,它实际由蜀中北向诸道组成,并有一值得注意的特点:皆与嘉陵江有关。如间道、米仓道依傍嘉陵江支流渠江水系的南江、州河延伸,阴平

---

① 徐中舒:《巴蜀文化初论》,《四川大学学报》1959 年第 2 期;又载《徐中舒历史论文选辑(下)》,第 1021—1056 页,北京:中华书局,1998 年。
② 王家祐、李复华:《试说栈道及其相关问题》,《四川文物》2001 年第 4 期。
③ 近世以来,陆续有一些学者研究蜀道,其中老一代学者较早且较为重要的著述有黄盛璋先生的《川陕交通的历史发展》(《地理学报》第 23 卷第 4 期,1957 年 11 月),严耕望先生的《唐代交通图考》("中央研究院"历史语言研究所专刊之八十三,1986 年 1 月,台北)。

道则在由陇入川后顺嘉陵江另一条支流涪江而绕出剑阁之西,而金(石)牛道、故道更是大段沿用嘉陵江上游河谷通道。诸此通道见于史籍虽有早晚,然其出现形成之初均必远早于见载之时。其中金牛道、故道和褒斜道长期作为蜀地北向文化联系和交通的主要渠道,尤为重要,且考古新资料和文献记载相对丰富,下面谨在学术界既有成果的基础上,着重围绕其起源形成、早期状况,以及上古蜀中、汉中和关中等地间文化联系等问题,作一初步的探讨。

一

先来看上古蜀地和陕南汉中盆地的文化联系。这一联系早期主要是依靠沿大巴山地隔岭分水的嘉陵江与汉水水系,在支流谷地之间的就近水陆连接,形成通道而实现的。

嘉陵江为长江上游最大的支流,全长1120公里,流域面积近16万平方公里。其上游与汉水源头距离很近,以至长期被称为西汉水,甚至曾直接被误称为汉水,唐以后方始名嘉陵水。嘉陵江的源头有东、西之分,自古以出于陕西省凤县秦岭南麓的嘉陵谷的东源为正流;西源至今称西汉水,出于甘肃天水市南。二源于陕西略阳县白水江镇合流,到四川省广元市昭化再纳白龙江,向南流经南充、合川至重庆入长江。由于流域连接四川盆地与陕、陇,因而嘉陵江自古为此诸地间文化交流联系、族群迁徙的重要通道。汉水,又名汉江,发源于陕西省宁强县境内,东南流经陕西省南部、湖北省西北部和中部,在武汉注入长江,是长江中游的支流,也是长江最大的支流,全长1532公里,流域面积17.43万平方公里。汉水上游河段由西向东蜿蜒横贯陕南全境,构成这一地区的主要水系。该地区不仅历史文化悠久,而且自史前起,就是黄河文化与长江文化南北东西交汇之地,因而呈现出非常丰富的文化多样性。由于这一特点,陕南汉水上游地区在全国区域历史文化研究中具有不可忽视的地位。而在陕南与周邻区域文化的联系中,由于地理等缘故,其早期南向与巴蜀地区的关系更为密切和重要。这是因为汉中盆地位于秦岭和大巴山之间,地理上属于南方,与四川盆地山连水邻、气候物产相同相似,族群和文化联系历来十分紧密,因而被《汉书·地理志》直接纳入"与巴蜀同俗"的区域范围,并且与四川盆地大致同期进入早期文明社会。由前所知,蜀地通往汉中的诸道中极为重要的一条,即是从嘉陵江干流上游广元以上由西向东北前往汉中的金牛道。那么,石牛道是何时开通的呢?

过去认为,金牛道的开辟晚至公元前4世纪末秦灭巴蜀之际。其主要依据即传为西汉扬雄所撰之《蜀王本纪》的下述记载:

> 秦惠王欲伐蜀,乃刻五石牛,置金其后。蜀人见之,以为牛能大便金,下有养卒以为此天牛也,能便金。蜀王以为然,即发卒千人,使武丁力士拖牛成道,致三枚于成都。秦道得通,石牛之力也,后遣丞相张仪等随石牛道伐蜀焉。①

东汉末益州牧刘焉宾客来敏《本蜀论》也载此云:

> 秦惠王欲伐蜀而不知道,作五石牛,以金置尾下,言能屎金,蜀王负力,令五丁引

---

① (清)严可均:《全汉文》卷五十三《蜀王本纪》辑本,北京:中华书局,1958年。

之成道。①

秦伐巴蜀所走的这条路虽因石牛传说而闻名遐迩，但揆诸情理，则扦挌难通。对此，东晋时期蜀地历史学家常璩的《华阳国志·序志》早已将之列为"虚妄""缪言"，大加抑绌：

  《蜀纪》言："三皇乘祇车出谷口。"秦宓曰："今之斜谷也。"及武王伐纣，蜀亦从行。（按：常璩认为蜀军经此道前去参加伐纣）《史记》：周贞王之十八年，秦厉公城南郑。此谷道之通久矣。而说者以为蜀王因石牛始通，不然也。②

"三皇乘祇车出谷口"云云，自然今天也无法证实，但武王伐纣前夕蜀军经褒斜二谷之道前往参加武王伐纣，则大有可能，故常氏之驳论确有所据。当然，倘真要说石牛成道传说蕴涵有一定史实素地，则蜀人循之将笨重的石牛带回蜀中，也决不可能像传说那样逾山岭涧流之阻隔直接拖之成道，只能循原来已有之路径运载以返。如此说来，这则传说恰好反映了这条通道并非完全新凿。或许因载运石牛之需，一路做了不少拓宽修整，然而此交通路线的早已存在毋庸置疑。北魏郦道元认为，秦使张仪、司马错循此路灭蜀，"因曰石牛道，厥盖因而广之也"③。是其认为金牛道成为秦人大军尤其车乘辎重得以畅通的大道，应是在蜀人原有之路的基础上，秦人进一步拓宽改造的结果。此说颇具卓识。

实际上，金牛道作为连接蜀中和汉中两地的交通线，早在商周之际以前即已经出现，这在考古资料中已经得到了印证。一个时期以来汉中地区多次发现和发掘出与古代巴蜀文化相同的遗物和相关的遗迹、遗址，特别是在城固、洋县一带出土的大量带有巴蜀文化风格或因素的殷商时期青铜器资料的公布，④ 和城固宝山遗址正式发掘报告的出版，⑤ 更充分反映了这一史实。

根据汉晋时期的传世文献，夏商以来，嘉陵江纵贯的四川盆地，曾先后存在过蚕丛氏、柏灌氏、鱼凫氏、杜宇氏、开明氏等几个王朝。⑥ 证以近世考古学及民族学资料，这是先秦时期的五个区域性共主政权，其间既有雄长蜀地之相继关系，复有在共主状态下长期并存之史实。⑦ 其中据研究可能属于鱼凫氏、杜宇氏王朝的三星堆、金沙等商周时期都邑遗址中出土的青铜器，与汉中盆地城固、洋县一带出土的大量殷商时期青铜器的主流器物群，明显属

---

①《水经·沔水注上》引，见王国维《水经注校》，第881页，上海：上海人民出版社，1984年。
②《华阳国志·序志》，见刘琳：《华阳国志校注》，第896页，成都：巴蜀书社，1984年。
③《水经·沔水注上》，见王国维《水经注校》，第881页。
④唐金裕等：《陕西省城固县出土殷商铜器整理简报》，《考古》1980年第3期。王寿芝：《陕西城固出土的商代青铜器》，《文博》1988年第6期。赵丛苍：《城固洋县铜器群综合研究》，《文博》1996年第4期。
⑤西北大学文博学院：《城固宝山1998年发掘报告》，北京：文物出版社，2002年。
⑥《文选·蜀都赋》注引《蜀王本纪》记蜀之先称王者为"蚕丛、柏灌、鱼凫、蒲泽、开明"，蒲泽本或作杜宇。其后晋常璩《华阳国志·蜀志》所记亦与《蜀王本纪》同，常璩并在《蜀志》中述及其所见汉初以来司马相如、严君平等八家《蜀本纪》，《华阳国志》据之写成，但亦仅开明一朝略具世系而仍不完整，可知诸家所记王系必亦简略如此，乃秦汉以后成文的蜀地历代相传之说。
⑦彭邦本：《早期蜀史诸代的并存、相继关系及其共主秩序考略》，《徐中舒先生百年诞辰纪念文集》，成都：巴蜀书社，1998年。

于同一文化系统或风格。位于四川盆地腹心的广汉三星堆遗址的地层和出土器物的类型分析表明，该遗址第一期已早到新石器时代晚期。① 20 世纪 90 年代以来，考古工作者又在川西平原上发现和发掘了与三星堆遗址一期属于同一种文化的若干座新石器时代晚期的古城遗址，即新津区宝墩、都江堰市芒城、温江区鱼凫村、崇州市双河与紫竹、大邑县盐店和高山等古城，时代范围在距今 4500—3700 年间，以诸城址中规模最大（面积达 276 万平方米）②、时代最早的宝墩遗址命名为宝墩文化。对这一呈网络状分布的古城群的共时性和历时性考察表明，早在相当于中原龙山文化时代晚期，四川盆地的文化已相当繁荣，处于文明时代的前夜或形成之际。就在近年获得的这一时期甚至更早的新石器时代的考古资料中，陕南汉水流域与之悠久的文化联系，已逐渐显现出来。而在反映此种联系的资料中，嘉陵江流域的广元等地的考古发现很引人注目，并揭示了蜀道逐渐起源的重要信息。

在四川盆地北缘嘉陵江流域发现的广元市中子铺遗址，碳十四测定为距今约 6000—6700 年，是四川盆地新石器时代迄今所知年代最早的文化遗存，主持发掘的学者指出，遗址原生堆积中出土的陶三足器的柱状小实足颇接近陕西前仰韶文化的同类器形，该遗址的细石器也属于北方系统。③ 而陕西前仰韶文化即老官台文化或曰大地湾文化，见于陕南汉水流域即有南郑龙岗寺、西乡李家村、何家湾、汉阴阮家坝、紫阳白马石和马家营等遗址，④ 文化由北而南的流向显而易见。广元张家坡遗址（距今约 5000 年）、⑤ 邓家坪遗址（碳十四测定距今 4600—5200 年），⑥ 绵阳边堆山遗址（距今 4500—5000 年），⑦ 和成都平原宝墩文化遗址中，也均出土具有汉水上游龙山文化特点的黑皮陶，提示了蜀道沿途的川北、川西地区可能与汉水上游的新石器时代文化存在联系的线索，具体说应为由北向南的影响。不过，文化的流动通常是双向的，如宝墩文化古城和邓家坪等四川盆地新石器时代遗址出土陶器唇沿多有花边装饰的文化现象，这在北方甘青地区也有发现，学者因此判断，或许是盛行此俗的

---

①四川省文物考古研究所：《三星堆祭祀坑》，第 424 页，北京：文物出版社，1999 年。
②宝墩古城原被认为面积约 60 万平方米，新的发掘证明该遗址有内外城垣和壕沟，城址大致呈不甚规整的圆角长方形，方向与内城一致，约北偏东 45°，城墙周长近 6.2 公里。以壕沟外侧边为界，城址面积约 276 万平方米；以外城墙外侧墙基为界，面积约 268 万平方米；以外城墙内侧墙基为界，面积约 253 万平方米。详《成都日报》2011 年 05 月 07 日。
③叶茂林：《鱼凫城与成都平原史前城址群》，2010 年成都"首届温江鱼凫文化高端论坛"与会论文；王仁湘、叶茂林：《四川盆地北缘新石器时代考古新收获》，载李绍明、林向、赵殿增主编：《三星堆与巴蜀文化》，成都：巴蜀书社，1993 年。
④陕西省考古研究所、陕西省安康水电站库区考古队：《陕南考古报告集》，西安：三秦出版社，1994 年。
⑤中国社会科学院考古研究所：《四川广元市张家坡新石器时代遗址的调查与试掘》，《考古》1991 年第 9 期。
⑥叶茂林：《广元市邓家坪新石器时代遗址》，《中国考古学年鉴》1991 年，北京：文物出版社；王仁湘、叶茂林：《四川盆地北缘新石器时代考古新收获》，载李绍明、林向、赵殿增主编：《三星堆与巴蜀文化》。
⑦中国社会科学院考古研究所：《四川绵阳边堆山新石器时代遗址调查简报》，《考古》1990 年第 4 期；王仁湘、叶茂林：《四川盆地北缘新石器时代考古新收获》，载李绍明、林向、赵殿增主编：《三星堆与巴蜀文化》。

四川新石器时代文化对甘青地区史前文化的影响。① 与此同时，在陕南龙山文化一些遗址中，也发现了以泥质灰陶和"红胎黑皮陶"为主的陶器，其器形有罐、盆、碗、高柄豆、高领球腹圜底罐、大口尊、器座、器盖等，文饰有绳纹、篮纹、压印纹、划纹、戳刺纹和指甲纹等，其中尤其以划纹为突出；这些遗物兼有中原地区龙山文化和江汉平原石家河文化的某些特点，而尤其与四川北部新石器文化（相当于龙山文化时期）更为接近。② 有学者进而指出，到了龙山时期及其以后，汉水上游受到巴蜀相当大的影响，"可以说是巴蜀文化的范畴"③。这些在宝山遗址发掘之前即已经获得的资料表明，④ 早在新石器时代晚期，四川盆地与陕南汉水流域的文化互动影响即已发生。

仔细比较陕南城固宝山遗址与宝墩文化遗址的出土资料后，宝山遗址的发掘者指出，"宝山二、三期遗存与以川西平原为主要分布区的宝墩文化存在某种程度的联系。宝山二期陶器的链环状堆塑纹和禽爪迹状纹饰，也见于宝墩文化陶器上。宝山三期遗存的宽沿折腹尊，在宝墩文化中有不少发现。与前者常见器类宽沿大口缸相似的器物，亦见于后者"⑤。不仅如此，"宝山二、三期遗存，与主要分布于川东长江沿岸的新石器时代文化如哨棚嘴一期遗存等，亦可见有一些联系，尚需进一步认识"⑥。

城固、洋县极为丰富的商代铜器资料的发表，更揭示了跨入文明时代后巴蜀地区与汉水上游地区文化联系的进一步加强。这批重要资料的发表，引起了学术界的密切关注并撰文探讨，研究者或认为是巴人遗存⑦，或认为是早期蜀文化遗存⑧，或认为是巴蜀文化遗存或至少是其早期来源之一⑨，或认为是羌人遗存⑩，或以为是商代西南夷一支的遗存⑪。近来的研究成果更多地倾向于将之与早期的巴或蜀相联系，如认为是蜀文化向北连续分布的结果和古蜀王国的北疆重镇遗存⑫，或根据城固宝山遗址及与之有密切联系的湖北宜昌路家河遗址二期后段遗存等新资料，认为宝山文化所属的人类共同体，应为巴人的一支，而城洋铜器群的主要存续年代，与宝山遗址的商时期遗存基本同步，文化面貌上的相似性以及年代上的一

---

① 叶茂林：《鱼凫城与成都平原史前城址群》，2010 年成都"首届温江鱼凫文化高端论坛"与会论文。
② 赵殿增：《巴蜀原始文化研究》，《巴蜀考古论文集》，北京：文物出版社，1987 年。
③ 魏京武：《陕南巴蜀文化的考古发现与研究——兼论蜀与商周的关系》，载李绍明、林向、赵殿增主编：《三星堆与巴蜀文化》。
④ 王仁湘、叶茂林：《四川盆地北缘新石器时代考古新收获》，载李绍明、林向、赵殿增主编：《三星堆与巴蜀文化》。马继贤：《广汉月亮湾遗址发掘追记》，《南方民族考古》第 5 辑，四川科学技术出版社，1993 年；成都市文物考古研究所等：《宝墩遗址》，日本有限会社阿普（ARP），2000 年。
⑤ 西北大学文博学院：《城固宝山 1998 年发掘报告》，第 175-176 页，北京：文物出版社，2002 年。
⑥ 西北大学文博学院：《城固宝山 1998 年发掘报告》，第 176 页。
⑦ 尹盛平：《西周的鱼国与太伯仲雍奔"荆蛮"》，《陕西省文博考古科研成果汇报会论文选集》，1981 年；唐金裕：《汉水上游巴文化的探讨》，《文博》1984 年创刊号。
⑧ 李伯谦：《城固铜器群与早期蜀文化》，《考古与文物》1983 年第 2 期。
⑨ 王炜林、孙秉君：《汉水上游巴蜀文化的踪迹》，《中国考古学会第七次年会论文集》，北京：文物出版社，1992 年；赵丛苍：《城固洋县铜器群综合研究》，《文博》1996 年第 4 期。
⑩ 卢连城、胡智生：《宝鸡鱼国墓地》，北京：文物出版社，1988 年。
⑪ 李学勤：《论洋县范坝铜牙璋等问题》，《文博》1997 年第 2 期。
⑫ 段渝：《政治结构与文化模式——巴蜀古代文明研究》，第 397 页，上海：学林出版社，1999 年。

致性，说明二者有可能是同一个人类共同体所创造的文化①。把宝山文化与城洋铜器群直接联系起来，将铜器群主人的追寻范围从巴、蜀、羌以至西南夷进一步缩小到早期巴人或蜀人共同体，虽然仍属有分歧的意见，但研究工作的进展和深化显而易见。笔者认为，简单地将之归于蜀人或巴人的结论都有片面性。

从城固宝山遗址和宜昌路家河遗址二期后段近年来的出土资料尤其陶器存在紧密联系，路家河遗址二期后段比同期鄂西其他遗址相对较少带有三星堆文化因素，鄂西地区又是文献反映的早期巴文化重要发源地，似乎可以认为宝山文化的族属近乎巴。不过，虽然宝山文化确实可能与路家河遗址二期后段存在渊源关系，但后者与无疑属于古蜀王国的三星堆文化也并非没有联系，或者即使有联系也无足轻重。考古资料证明，三星堆文化、十二桥文化强烈地影响了川东、鄂西地区，这两个前后相继、代表了早期古蜀文明兴盛期的文化的因素，广泛发现于川东、鄂西一带，不仅表明了古蜀与这一带存在紧密的文化联系，而且揭示了政治联系存在的可能。这在路家河遗址二期后段出土资料中也有反映，如其陶器中数量多而显示出稳定组合关系者为釜、高领罐、鼓腹杯、尊形器、灯座形器和大口缸等，其中高领罐、鼓腹杯、尊形器由平底向尖底的演化趋势，与蜀中的三星堆文化、十二桥文化一致，鼓腹杯实即蜀文化考古中习见的代表性器物尖底杯。而另一典型器物灯座形器看来更能说明路家河遗址二期后段与早期蜀文化的联系，为此，发掘者特别指出：

> 路家河遗址二期后段"出土陶器中，灯座形器是特别引人注目、而又不具备实际用途的器物，它的陶质和制作技术在本文化遗存中属上乘，这种空把上下相通的器物应与某种还不为我们所知的神秘活动有关。灯座形器并不是路家河遗址二期后段遗存所特有的，在二里头文化早期至二里冈上层时期，三星堆文化所信奉的就是与灯座形器相关联的宗教，换言之，灯座形器是三星堆文化的法器。本文化遗存尚不属于三星堆文化，但是，巫师们使用三星堆文化的法器，居民们信奉三星堆文化的神祇。在神权政治的当时，这可能意味着，三星堆文化对本文化遗存人们共同体具有的宗主地位"。②

作者这一建立在峡江地区长期考古发掘和研究工作基础上的观点，很值得重视。所谓"宗主"，结合三代政治结构和文化模式，又可易称之共主。鉴于现有资料尚难以得出确切的结论，本文暂不讨论城、洋铜器群的族属问题。但无论该铜器群的主人为蜀人或巴人，其时代与三星堆文化大体相当，并且与后者的青铜文化存在明显的联系，乃学术界所公认。从自然地理形势和当时的政治、文化情形可知，商周时期古蜀共主政治秩序在《尚书·禹贡》所谓"华阳"或梁州地区的此种广泛深刻而悠久的联系，使得蜀道的多途径产生发展有了相当充分的条件。如前述陕南宝山遗存先后与川东长江沿岸哨棚嘴一期遗存、路家河遗址二期后段的联系，遂使我们看到了后世从涪陵经达州、万源，到镇巴、西乡的荔枝道的起源和早期发展。而从成都平原宝墩文化古城群北行，经边堆山、中子铺、邓家坪、张家坡等嘉陵江水

---

① 西北大学文博学院：《城固宝山1998年发掘报告》，第179、183页。黄尚明《城固洋县商代铜器群族属再探讨》（《考古与文物》2002年第5期）也同意该器物群属于巴人遗物的观点。
② 长江水利委员会编著：《宜昌路家河》，第121页，北京：科学出版社，2002年。

系遗址，沿嘉陵江河谷进入陕南的金牛道，进而溯源以至凤县、宝鸡的故道，显然至迟也在距今5000多年前起源并逐渐形成。

上引出土文化资料揭示，这是一种南北向的文化联系渠道，但文化自身并不能流动，她是靠文化的创造和传承者——人，尤其是人所组成的社会群体的流动来实现的，所以，这些文化联系渠道首先就是先民族群流动迁徙的交通线，并可能逐渐形成多条路线，但嘉陵江河谷，或曰沿这一河谷开辟的后世称为金牛道的连接蜀地与汉水上游地区的通道，应是主要路线。

二

前已指出，上古蜀中北向的文化联系主要取道于嘉陵江水系，在与陕南汉中地区之间的交通建立以后，接下来就是进而与关中地区的联系。大体说来，蜀中与关中的文化联系分为两大路径：一是绕开汉中盆地，从川北沿嘉陵江河谷直接上溯其源头，逾陕南略阳，转经陇东徽县、两当县再入陕境，由凤县东北方向上抵宝鸡，进入关中。这段路径，史称故道。一是经金牛道抵达汉中后，再经陕南盆地穿越秦岭诸谷道进入关中，因而具体路线有若干条，如著名的褒斜道和子午道、傥骆道，其中最重要的是褒斜道，它与金牛道经汉中相衔接，构成著名的金牛——褒斜道。本节集中讨论经汉中盆地到关中的褒斜道，故道则放在下一节讨论，其余几条路线因资料缺略或见载较晚，暂且不论。

调查考察表明，连接陕南汉中与关中眉县之间的褒斜道，为北东向谷道，① 以秦岭太白五里岭为分水岭，褒、斜二水分别南北向流入汉水、渭水。从关中出发循褒斜道到汉中，接金牛道就构成了上古贯通蜀中、汉中和关中的一条完整而便捷的交通路线，即金牛道——褒斜道。

前面已经从文献尤其是出土资料证明，金牛道的出现远在秦灭巴蜀以前。如此则褒斜道的开辟也理应甚早。根据拉运石牛成道的传说，倘从汉中启运的"石牛"（应为车乘辎重的隐喻）来自秦地，则连接汉中与关中的褒斜道的形成不仅应在秦灭巴蜀以前，而且其栈道质量规模必已颇具水准。当然，"石牛"也可能系秦人占据汉中后就地所成（可能性不大）。但褒斜道早于此前已经开通仍可从《蜀王本纪》的记载中推知：

> 秦惠王时，蜀王不降秦，秦亦无道出于蜀。蜀王从万余人，东猎褒谷，卒见秦惠王。秦王以金一笥遗蜀王，蜀王报以礼物，礼物尽化为土。②

所谓"无道"，当指无后来的金牛道一类从汉中至蜀可行中原形制的车乘之道。秦军习于车战，而与群山环抱的蜀地无车之军异，故就军事而言，其时由秦至蜀确实尚存在难以逾越的交通障碍。但这一障碍对于惯于山行的蜀旅却并非不可克服，这也就是文献记载东周时期蜀地师旅能北上与秦军屡战于汉中甚至攻秦至雍，而春秋中期秦霸西戎后却长期未能越大巴山攻入四川盆地的原因。不过，斜谷在北，褒谷在南，出必车行的秦惠王既然与蜀王一行

---

① 秦中行等：《褒斜栈道调查记》，《考古与文物》1980年第4期。
② 严可均：《全汉文》卷五十三《蜀王本纪》辑本，北京：中华书局，1958年。

相遇褒谷，似乎证明褒斜道其时当已能通车。而从关中南下的秦军能与蜀反复拉锯交锋，争夺汉中，也恰可证之。反过来，蜀王率万余人东猎褒谷，即无车乘，队伍如此之众，则广元以上至汉中的交通也必已达相当的水平和规格。从早已长期踞有汉中地区，惯于山行的蜀人角度而言，此种情形应当由来已久。《华阳国志·蜀志》记开明氏王朝第二代君主"卢帝攻秦至雍"，时在春秋前期，进军路线当即是金牛道——褒斜道。《史记·秦本纪》载公元前475年"蜀人来赂"、《史记·六国年表》又记公元前337年"蜀人来（秦）"，走的也应是这条路。对以上记载，应有所分辨。"卢帝攻秦至雍"，属军事进攻，照例要避免长途劳顿，故应以汉中为出发地。后两例属于和平交往，既可以从汉中出发，也可直接从蜀地经故道抵达秦，惟因其时秦已迁都咸阳，也应以走褒斜道为宜。

金牛道—褒斜道一线逐步发展形成先秦时期穿越秦巴山区、连接四川盆地—汉中盆地—关中平原的一条重要捷径，因而为蜀人所习用，在《尚书·禹贡》的下述著名记载中，也得到了印证：从西倾山的桓水（今白龙江）出发，可以"浮于潜（嘉陵江水系的渠江），逾于沔（汉水），入于渭（渭河），乱于河（黄河）"。就金牛道—褒斜道而言，这一古老的水陆交通路线之所以能较早开辟，显然与其较为有利的河谷地理条件密切相关。对于《禹贡》浮潜逾沔，入渭乱河之说，后人因见需"几度翻山越岭"而表示怀疑，为此，北魏郦道元在《水经·桓水注》中解释道："余考校诸书，以具闻见……粗陈所由。然自西倾至葭萌，入于西汉（水），即郑玄之所谓潜水也。自西汉溯流，而届于晋寿界，阻漾枝津，南历冈穴，迤逦而接汉，沿此入漾，《书》所谓浮潜而逾沔矣。历汉川至南郑县，属于褒水，溯褒暨于衙岭之南，溪川支灌于斜川，届于武功，而北达于渭水，此乃水陆之相关，川流之所经，复不乖《禹贡》入渭之宗，实符《尚书》乱河之义也。"① 按郦道元所说，这条道路不仅早已存在，而且南水可能北通。清代学者胡渭的《禹贡锥指》从古今政治经济、沿革地理的角度来论证古今水道的变迁，认定"褒斜二水相通之道，禹时自有，汉时自无"。蒙文通先生则称"此固古今一大变也"②。林向先生进一步结合文献记载和地壳的新构造运动来论证上古褒斜二水相通之道的存在，颇具新意。③ 不过，即使褒、斜并未以水相通，须得陆行越过五里岭，沿嘉陵江北上连接蜀中、汉中和关中的这条交通线由来已久则是史实。如果说《禹贡》的成书年代尚存争议，那么这条路线的出现究竟可早到何时呢？徐中舒先生曾指出：

> 盖周之王业实自大王迁岐始。岐在渭水河谷，土地肥沃，宜于稼穑，南接褒、斜，可通江、汉、巴、蜀，周人得此而国势始盛，因此肇立翦灭殷商之基础。④

看来先周时期周人经营江汉的成功，实得此由来已久的地理通道之一的便利。所谓由来已久，是就上古交通路线的起源形成规律而言，往往是先有民间依地理地势之便偶尔零星或

---

① 《水经·桓水注》，见王国维《水经注校》，第1113—1114页。
② 蒙文通先生并认为昔时"东、西汉水，以通谷水之会合而通流"。详氏著《古地甄微》，载《蒙文通文集》第四卷，第36—37页，成都：巴蜀书社，1998年。
③ 林向：《大渡河急转弯的历史考察》，载氏著《巴蜀文化新论》，成都：成都出版社，1995年。
④ 徐中舒：《殷周之际史迹之检讨》，载《徐中舒历史论文选辑》，北京：中华书局，1998年。

少量的跋涉往来，其后随着经济社会的发展、区域和人群间的互动逐渐趋于频繁而成道，而由国家或其政治权力机关继而有目的地加以正式规划拓展更在其后。褒、斜之间即是在民间已自发成道的基础上，因周人势力发展、文王将其政治中心迁往丰后，为寻求经营江汉更为便捷的路径而正式开通的。在此之前，周族共同体主要位于宝鸡、岐山一带，其南向拓展和施加影响的主要路径应为故道。迁丰之前南向经营的初步成功，导致了这条重要交通线的正式开辟。正是在这一战略思想的进一步成功实施过程中，周人不仅与蜀人，更进而顺汉水东下与巴、庸、卢、彭、濮等国族结成同盟。从伐商之役由丰镐为出发地亦即周人联军的聚集地看来，蜀人可能是从汉中由褒斜道捷径到达关中，参与周人伐纣之役的，并作为周人的八个主要盟邦之一载入《尚书·牧誓》。综上所述，褒斜道的开辟，确应在商周之际。但是由于地形地势的险峻，和当时开山凿路工具的限制，周初在褒谷和斜谷还不可能筑成能够通行车乘的大规模栈道。此种规格水平的通道，直到东周铁器出现并广泛使用于社会生产、生活以后方可能开凿成。具体说来，穿越褒谷和斜谷能行中原车乘的大规模栈道，应是在战国中晚期秦灭巴蜀前不久才开通的。不过，周文王灭崇迁丰后，为便于进一步经营江、汉、巴、蜀而开辟的这条捷径，终究因秦、蜀之间互动的逐渐频繁扩大而整治形成历史上著名的金牛道—褒斜道，长期成为连接川陕、实即连接古蜀与华夏的主要传统交通渠道之一。

三

先秦时期往返蜀中和关中，还有不经过汉中的另一条远古路线，即著名的故道，又名陈仓道。其主要路线起自陈仓（今宝鸡市东），西南行出散关顺故道水（即嘉陵江源）谷道至今凤县后，继续沿嘉陵江河谷通道或水道即可以进入川北和蜀中；也可从凤县折向东南进入褒谷，抵达汉中，这段路线后来即发展为著名的北栈道，也即从汉中、城固一带西北向辗转进入渭水流域的一条路径。

《水经·漾水注》："浊水（即白水）东南，两当水注之，水出陈仓县之大散岭，西南流入故道川，谓之故道水，西南流经故道城东……故道水南入东益州之广汉郡界，与沮水枝津合，谓之两当溪。"① 故道川，故道水，故道城云云，显然皆因故道而得名。《史记·河渠书》云："抵蜀从故道，故道多阪，回远。"即其途程不仅明显较褒斜道迂远，同时要越过更多的阪岭，因而在后人看来交通地位似乎明显不如褒斜道重要，以至时或被忽略。不过，这条在地图上为今日宝成铁路凤县至宝鸡段所重合的古老交通线，仍然长期发挥过重要作用。楚汉之际刘邦听从张良建议，焚褒斜、子午诸线栈道麻痹项羽，结果却迅速成功地还定三秦，进军所循即此故道。② 另外，已有学者结合实地考察、仔细核查计算文献记载的道路里程后指出，《史记》所云"故道多阪、回远"云云，应就其作为长安、汉中间的驿道而言，"而当它作为直通巴蜀的驿道时，其里程反有相当大的缩短"。此乃"这条既回远而又不尽平易的故道，何以能够在使用时间上和重要性上超过其他各条驿道"的原因。③ 此说可谓凿破

---

① 《水经·漾水注》，见王国维《水经注校》，第 649—650 页。
② 见《史记》之《高祖本纪》《留侯世家》。
③ 李之勤：《论故道在川陕诸驿中的特殊地位》，《中国历史地理论丛》1993 年第 3 期。

鸿蒙。惟《史记》明明说的是"抵蜀从故道,故道多阪,回远",而不是说抵汉中,对此应有所说明。原来汉武帝时,因朝廷面临关东漕粮历来沿黄河、渭河水道长途运输,"更砥柱之限,败亡甚多而亦烦费"的长期困境,于是有人"上书欲通褒斜道及漕事,下御史大夫张汤。汤问其事,因言:'抵蜀从故道,故道多阪,回远。今穿褒斜道,少阪,近四百里;而褒水通沔,斜水通渭,皆可以行漕船。漕从南阳上沔入褒,褒之绝水至斜,间百余里,以车转,从斜下下渭。如此,汉中之谷可致,山东从沔无限,便于砥柱之漕。且褒斜材木竹箭之饶,拟于巴蜀。'天子以为然,拜汤子卬为汉中守,发数万人作褒斜道五百里。道果便近,而水湍石,不可漕。"① "漕从南阳上沔入褒"云云,足证"抵蜀"之蜀,并非四川盆地之蜀,而是汉中。而汉中和整个陕南以及与巴蜀邻近的一些地区古代习称为蜀,则由来已久,乃历史上这一大片区域在地理和文化风俗上与蜀相近相同、政治上曾长期受蜀影响甚至结为一体使然。很显然,沿故道从长安至汉中,须绕行而明显比褒斜道迂远。因此,张汤所谓"故道多阪",应包括了从凤县东南入褒谷以至汉中亦即后世北栈道的诸岭阪,而后人把它们也算在由嘉陵江谷道直下川北的故道一线,乃不察之误。实际上其路比想象中的要相对平缓,因此,经过精心勘测修筑的宝成铁路,选线基本与之重合。

故道开通于何时呢?自秦灭巴蜀之际到秦亡,从秦都咸阳到蜀中的主要交通路线一直是褒斜道—金牛道。直到前述刘邦为消除项羽疑虑,焚毁褒斜栈道,关中至汉中巴蜀的主要交通线才转为故道。但故道显然并非新辟,故道之称,表明其开辟时间显然甚早,甚至可能先于被许多学者认为最早的金牛道—褒斜道,很可能是后者开通前连接蜀地和渭水上游地区的主要传统通道。

综合各方面的资料,故道的开辟应不晚于西周甚至先周经营巴蜀江汉时期,是周人所筑著名的"周道"网络的组成或延伸部分。史籍中"周道"又曰"周行",其初创当始于先周时期的周原,灭商后遂在王畿内扩展成颇为畅达的交通干线体系,② 而且延伸到了一些重要的诸侯国。③ 记载周代西土封国夨以土地赔偿散国的铜器散氏盘(郭沫若从刘心源称夨人盘)④ 铭,即有"封于周道"之语,并记其所偿之地涉及"刍道""原道""眉道""涑道"

---

① 《史记·河渠书》。
② 《诗经》有多篇咏及"周道""周行"。《小雅·谷风之什·大东》:"周道如砥,其直如矢"。《小雅·鱼藻之什·何草不黄》:"有栈之车,行彼周道。"《小雅·鹿鸣之什·四牡》:"四牡骓骓,周道倭迟。"毛传:"骓骓,行不止之貌。周道,岐周之道也。倭迟,历远之貌。"《鹿鸣之什·鹿鸣》:"人之好我,示我周行。"毛传:"行,道也。"
③ 《诗经·齐风·南山、载驱》:"鲁道有荡。"《史记·孔子世家》:"齐人……陈女乐文马于鲁城南高门外,季桓子微服往观再三,将受,乃语鲁君为周道游。"
④ 罗振玉:《三代吉金文存(下)》卷十七,第1784—1788页,北京:中华书局,1983年;中国社会科学院考古研究所编:《殷周金文集成》第十六册,第182页,北京:中华书局,1994年;郭沫若:《郭沫若全集·考古编》第七卷《两周金文辞大系》(《图编》第151a,b,第110—111页;《录编》第103,第371页;《释文》第129,第275页),北京:科学出版社,2002年。

"桹木道"①"井邑封道""㵎""大沽"等诸多陆路、水道名称。散氏盘相传于清乾隆初出土于陕西凤翔县,王国维先生根据克鼎铭文中"地名颇与此盘相涉"考证指出,克鼎出土于"宝鸡县南之渭水南岸,此地既为克之故虚,则散氏故虚必距此不远,因知散氏者即《水经·渭水注》大散关、大散岭之散。又铭中㵎水即《渭水注》中之扞水,周道即周道谷,大沽者即《漾水注》之故道水,冈即衙岭山间之高地也,其诸地之总名铭中谓之眉……又据此盘所纪地理观之,则矢在散东,井在矢散二国间而少居其北"②。无论散盘出土于上述何地,散氏故虚所在则无异议,因而郭沫若、谭其骧分别主编的历史地图集均将散地定位在嘉陵江上源之"大散关、大散岭"一带,亦即史籍记载的故道一线。③ 而王氏考定"铭中㵎水即《渭水注》中之扞水,周道即周道谷,大沽者即《漾水注》之故道水",可谓不易之说。而所谓故道水,就是凤县以上嘉陵江主源水道。

位于故道上的散国境内有如此之多的水陆道路,足见其交通网络之纵横便捷,必然开发已久。或以为周道尽如《诗经·小雅·大东》所云,其平"如砥,其直如矢"。其实这只是在丰镐和平原上的情形,在山川塬阜地带则不然,《诗经·周南·卷耳》的以下生动描述即是明证:"采采卷耳,不盈顷筐。嗟我怀人,寘彼周行。陟彼崔嵬,我马虺隤……陟彼高冈,我马玄黄……陟彼砠矣,我马瘏矣,我仆痡矣,云何吁也。"可见周行亦即周道所经,也每有"砠""崔嵬""高冈"一类崎岖不平的路段,使得车马仆御疲惫不堪,而这正是"周南"亦即周室南土当时的交通地理情形。散国则正好在"周南"方向,紧邻周室王畿重地——宗庙所在之周原,周原为先周以来几代周人精心建设的根据地,而向南拓展经营是其灭商前力行之长期战略。可见,《散氏盘铭》中散国及其新获之地内水陆道路如此发达,并非偶然。散氏盘为厉王时器,④ 然而历年出土的散氏铜器还有不少,尤以 1960 年出土于陕西扶风庄白的散白车父鼎等十九件铜器最多,其中有铭文者达十四件。⑤ 庄白散国诸器时代多为西周中期,但其中的弦纹鼎则为周初器。传世文献中散氏历史颇为悠久,相传尧娶其女,名女皇,生丹朱。《尚书·君奭》记周公追述文王时著名重臣云:"亦惟有若虢叔,有若闳夭,有若散宜生,有若泰颠,有若南宫适。"而"虢叔先没",散宜生等四人相继辅佐文王、

---

①《说文》:"桹,高木也,从木,良声。"段注:"此泛言高木谓之桹。"按:桹木道,疑即栈道。散氏盘桹字作 𣏾,形声兼会意字,盖意指用高大的树木建成的栈道。甲骨文良字作 ⟊、⟋、⟌、⟍、⟎、⟏ 诸形,徐中舒先生释曰:"象穴居之两侧有孔或台阶上出之形,当为廊之本字。□表穴居,⟩⟩、⟨⟨为侧出之孔道。今称堂边檐下四周为走廊,其地位恰与穴居侧出之孔道(岩廊)相当。良为穴居四周之岩廊,也是穴居最高处,故从良之字,有明朗高爽之义。参见高、京、亳、享、丘等字说解。《说文》:'良,善也。从亯省,亡声'。"(徐中舒主编《甲骨文字典》卷五,第 608—609 页,成都:四川辞书出版社,1988 年)
② 王国维:《散氏盘跋》,载《观堂集林》卷十八《史林十》,第 886—888 页,北京:中华书局,1959 年。
③ 郭沫若主编:《中国史稿地图集》上册,第 13—14 页,地图出版社,1979 年;谭其骧主编:《中国历史地图集》第一册第 17—18 页,第二册第 29—30 页,北京:中国地图出版社,1982 年。
④ 彭裕商:《西周青铜器年代综合研究》,第 419—420 页,成都:巴蜀书社,2003 年。
⑤ 史言:《扶风庄白大队出土的一批西周铜器》,《文物》1972 年第 6 期。

武王终成大业，①故《通志·氏族略四》云："散氏，文王四友有散宜生，今江都有此姓。"散宜生有大功于周而成为文王重臣和"四友"之一的传说，应是散氏在先周已成显族的反映，可知其立国当不晚于周初，甚至可能早到先周时期。《左传·隐公八年》叙周人裂土赐氏之制云："胙之土而命之氏。"刘师培据此云："是'氏'即所居之土，无土则无氏……所谓赐氏姓，犹《禹贡》所言赐土姓。氏以所居之土为名，犹言国以夏名，国以吕名也……盖土失则氏亡，惟有土者斯有氏。由是而推，则古帝所标之氏……又均所居之土……未有无土而可称为氏者也。"②周公东征践奄获胜大分封前，管、蔡、霍三监即以所居之土为氏名，而东征后所封于奄、蓟的鲁、燕（本为郾），也为原有之氏名，其原地分别在"成周东南"的鲁山、郾等地。③因此，散这一氏称，显然也来自其封地之名，由此可见散氏在灭商前后周人集团中地位之重要。庄白散器群中，甲、乙、丙、丁四件一列的《散伯车父鼎》铭文云"散伯车父作邢姞尊鼎"，《散车父壶铭》则云"散车父作皇母醒姜壶，用征姞氏，伯车父其万年子子孙孙永宝。"是散氏两代分别与姜姓和姞姓联姻。周人同姓不婚，那么散氏为何姓呢？值得注意的是，与庄白散器群同出之《歸叔山父簠铭》云："叔山父作叠姬尊簠，其永宝用。"刊布这批铜器的报告作者由此推测"歸与散有婚姻关系"，④如此则散氏应为姬姓。此说有理，与上引散氏与姜、姞二姓通婚的铭文合。周人自古公亶父迁徙周原后，至王季、文王时即开始积蓄力量，积极南向经营巴蜀江汉。从徐霞客以前古书中长江上游均指岷江，可知经营江汉，首先是经营陕南和蜀地，进而再南向扩展。就地理位置上看，正当周原南向要津的散国的封建，当是周人为实现其经营南土战略之重要举措，其立国宗旨之一即是为周人维护向南发展之交通，因而作为这一方向上的主要交通线，故道的初辟，也当不晚于此时。而褒斜道的逐渐开通，应是在文王徙丰之后，避免绕行而为。或当时有交通分工之考虑，褒斜道为转而东南向经营江汉之要道，故道则为直接向南连通蜀中之主道。

由散氏盘铭相关问题的考索引出的上述观点和论证，在一个时期以来嘉陵江流域和故道一线的考古发现中得到了进一步证明。在广汉三星堆遗址的月亮湾出土的陶器纹饰中，有一部分仿青铜器纹饰的印纹，与陕西长安张家坡西周初年的一些纹饰相似，系受周文化的影响。⑤四川彭州市竹瓦街出土过两个西周早期青铜器窖藏，⑥其中有两件觯明显为中原商器，铭文分别为"覃父癸""牧正父己"。徐中舒先生研究指出，这是商朝晚期两个家族之

---

①《尚书·君奭》："武王惟兹四人，尚迪有禄。"《孔传》："文王没，武王立，惟此四人，庶几辅相武王蹈有天禄。虢叔先没，故曰四人。"《十三经注疏》上册，第 224 页，北京：中华书局影印，1980 年。
②刘师培：《左盦集》卷二，北京：中国书店，2008 年。
③傅斯年：《大东小东说》及其注，《历史语言研究所集刊》第 2 本，第 1 分。徐中舒先生也在《西周史论述（上）》中指出："文王时代已有封建之实。文王向东扩张'虞芮质厥成'之后，就封仲雍于虞，称为虞仲。伐崇之后，又把崇地封给虢仲虢叔。"（《四川大学学报》1979 年第 3 期）
④史言：《扶风庄白大队出土的一批西周铜器》，《文物》1972 年第 6 期。
⑤宋治民：《蜀文化的几个问题》，《考古与文物》，1983 年第 2 期；《试论周秦汉时期中国西南交通》，载四川大学历史系编：《中国西南的古代交通与文化》，成都：四川大学出版社，1994 年。
⑥王家祐：《记四川彭县竹瓦街出土的铜器》，《文物》1961 年第 11 期；四川省博物馆等：《四川彭县西周窖藏铜器》，《考古》1981 年第 6 期。

器，应是蜀人参与武王伐商之役的战利品或周王赐品。① 无独有偶，出土资料带有浓郁早期蜀文化风格的陕西宝鸡竹园沟強国墓地也发现了铭文为"覃父癸"的晚商铜爵；陕西陇县韦家庄1号墓出土的3件晚商铜器中，尊的铭文为"牧正"，盉和卣的铭文皆为"父己"。② 宋治民先生认为，上述分属晚商两个家族之6件铜器均属战利品或周王室赐品，分别出土于川西的蜀、陕西宝鸡的鱼、陇县的矢这三个参加过武王伐商之役的方国窖藏或墓地，证明至迟在商代晚期，陕西关中地区和川西平原之间已有道路可通，以地势论之最可能的就是后来的褒斜道，因为此道在当时最为便捷。③ 此不失为有道理之推测。但现在看来，这条最早的路更可能是故道，因为近年在嘉陵江上游距离宝鸡不远的凤县也发现早蜀文化遗迹遗物，与宝鸡茹家庄、竹园沟強国墓地，④ 和陇县韦家庄墓地恰好沿故道及其延伸线南北相连，使我们对上古陕西、甘肃与四川沿嘉陵江流域文化联系的密切进一步加深了认识。学者或明确指出，宝鸡地区西周早期的強国，应是四川盆地鱼凫王国于商代中期偏晚灭亡后，辗转北上于宝鸡地区建立的。⑤ 倘如此，无论从其时间上应早于褒斜道的开通，或从地理位置考察，其北向迁徙利用的显然就是嘉陵江河谷一线，而且进而从故道北抵宝鸡一带的。

四

以上考察探讨的金牛道—褒斜道和故道，只是先秦时期嘉陵江上游段北向交通的概要情况。实际上，嘉陵江由北而南，纵贯长江以北四川盆地的地理区位，使之注定要发挥重要的文化孕育和联系传播的历史使命。不仅广元以北的上游如此，其下长达700多公里的中下游同样如此。20世纪70年代末，重庆市博物馆对嘉陵江中下游进行考古调查，发现从新石器时代到战国－秦汉时期的古代文化遗址十一处。⑥ 调查报告把其中的阆中县兰家坝、南部县涌泉坝、报本寺、南充县明家嘴、南充市淄佛寺等5处遗址均归入新石器时代，并且认为它们与陕西龙山文化有一定关系。指出嘉陵江流域与陕西的文化联系，可谓卓识，但将上述遗址笼统归于新石器时代，则明显是限于当时资料条件之误。随着三星堆遗址大量发掘资料的陆续面世，已有学者根据嘉陵江中下游的上述调查资料与之在文化面貌上的相似之处，指出兰家坝等5处遗址的年代可以晚到夏商时期，⑦ 有的学者更进而明确将嘉陵江流域的淄佛寺、兰家坝等遗址和铜梁西郊水库遗址归入早期蜀文化，⑧ 无疑都是正确的。实际上，调查

---

①徐中舒：《记四川彭县蒙阳镇出土的殷代二觯》，《文物》1962年第6期。
②尹盛平：《巴文化与巴族的迁徙》，载李绍明等主编：《巴蜀历史民族考古文化》，成都：巴蜀书社，1991年。
③宋治民：《试论周秦汉时期中国西南交通》，载四川大学历史系编：《中国西南的古代交通与文化》，成都：四川大学出版社，1994年。
④卢连成、胡智生：《宝鸡鱼国墓地》，北京：文物出版社，1988年；卢连成、胡智生：《宝鸡茹家庄、竹园沟墓地出土兵器的初步研究》，《考古与文物》1983年第5期。
⑤高大伦：《古蜀国鱼凫氏钩沉》，载《徐中舒先生百年诞辰纪念文集》，成都：巴蜀书社，1998年。
⑥重庆市博物馆：《四川嘉陵江中下游新石器时代遗址调查》，《考古》1983年第6期。
⑦四川省文物管理委员会、四川省文物考古研究所：《四川省文物考古十年（1979－1989）》，载文物编辑委员会编：《文物考古工作十年》，第251－262页，北京：文物出版社，1990年。
⑧范勇：《试论早蜀文化的渊源及族属》，载李绍明、林向、赵殿增主编：《三星堆与巴蜀文化》。

报告所发表的出自这些遗址的高柄豆、小平底器和尖底器等,正是广汉三星堆、成都十二桥和金沙遗址为代表的早期蜀文化陶器群的典型器物。因此,兰家坝等遗址显然应是早期蜀文化共同体在四川盆地内嘉陵江一线的北向延续性分布的支系遗存。假如把本文论及的从铜梁、南充、南部、阆中到凤县、进而到宝鸡以及汉中等地的遗址遗迹连起来,一个沿嘉陵江河谷北上陕陇、水陆衔接的早期通道系统,遂跃然纸上。在四川盆地的各主要河流中,嘉陵江流域的考古工作开展尚少,与岷江流域相比尤显如此。倘对嘉陵江沿线有计划地组织进行考古调查和发掘,相信会有更多更大的发现,进一步揭示出古代四川盆地循之与汉中、关中族群迁徙和文化交流互动的丰富多彩的图景。

由此进而可得的一个启示是,沿巴蜀地区的众多河流开展类似的工作,无疑会大大推进整个四川盆地古代交通及相关问题的研究。四川盆地由盆底平原—盆地丘陵—盆周山地依次构成的特殊地理条件,使之在古代逾越盆周山地和西部高原对外联系交通的渠道,往往主要依靠流经盆地的长江及其大小支流河谷。而由盆周进入盆地内的这些大小河流构成的向心状水系结构,同样也成为盆地内部早期的主要交通网络。当时,在有条件通航的河段,船筏水运交通的开发应不晚于周代。公元前316年秦灭巴蜀,战略意图之一即是"方船积粟,起于汶山,循江而下",直捣楚郢都。① 四川盆地内一个时期以来出土的东周以来的大量船棺,特别是近年发掘的商业街巨型船棺群,尤其足以揭示蜀地卓越的造船技术必有一颇长之发展过程。不过,先秦时期巴蜀地区的交通线,更多的应是沿着河流两岸的陆路展开,在不通航的河流或河段更是如此。为什么陆路也依循水流的路线呢?因为河流的自然规律总是水往低、平之处流,所以水道所在,往往就是非平原地区最自然和方便的交通路径所在,而先民大大小小的聚落城邑,也就依水而兴。此种情形,在四川尤为典型。四川省地貌类型极为复杂多样,总的形势是山地、高原和丘陵面积远远大于平原或平坝,因而造成了古代交通和聚落分布的上述特点。②

陆路依旁河流,在山区一些峡谷陡峻之处,遂发展出栈道和笮桥,笮桥虽然还难以解决车乘过往,但栈道已经车辆通行无碍。这些技术设施可以有效地减少或避免跋山涉水的劳顿,极大地方便当时的交通。如栈道的修筑,竟然可使连接汉中和关中的数百里褒斜道,主要的坡阪仅为褒、斜二水的分水岭五里坡。史载战国晚期范雎为秦相(公元前260年左右),大力发展交通,"栈道千里,通于蜀汉"③,"栈道千里,无所不通"④。从蜀道所在的西部山川大多为南北向,蜀道本身也以南北为大方向而言,要考察古代四川和西南地区的交通,河流所经,应是重点关注路线。但是,蜀道又要翻越东西向的米仓山、大巴山和秦岭山脉,所以,一些靠近江河源头的山岭垭口,同样是蜀道以至西南地区其他交通线考察须要仔细关注的地方,尤其是东西向跨越横断山系的茶马古道,似乎更是如此。倘若今后能够结合文献记

---

① 《战国策·楚策一》。
② 《四川省水利志》(四川省水利厅,1989年稿本)第二卷第6页根据《四川省情》(成都:四川人民出版社,1984年)统计,四川山地约占全省面积的49.80%,高原占29.02%,丘陵占18.64%,平原占2.54%。此为重庆尚未成为直辖市前的数据,重庆直辖后,情况当无根本变化。
③ 《史记·范雎蔡泽列传》。
④ 《史记·货殖列传》。

载，有计划地在四川盆地内各主要河流如岷江、嘉陵江、金沙江、渠江、乌江等流域，以及与河流呈相交关系的山岭进行系统的考古调查考察，对研究古代巴蜀地区的交通，和区域内外各族群共同体之间的联系互动，以至早期文明的起源形成及其动力机制，应会有重要积极的促进作用。

作者简介：彭邦本，男，四川大学历史文化学院教授，博士生导师。

先秦民族史观钩沉——兼论周朝夷夏之辨*

四川大学古籍整理研究所　彭　华

摘　要：如何看待先秦时期尤其是周朝时期的民族，我们固然可以借鉴西方文化人类学的理论与方法，吸收以"文化"判别"民族"这一观点，亦即通过后天的文化因素（如共同的语言文字、共同的社会生活、共同的礼制风俗、共同的历史记忆、共同的民族意识等）来判别民族。除此主观标准之外，实则不可忽视一个客观标准，即先天的生理因素是鉴定民族的客观标准，如生理特征（遗传特征）、血缘关系（包括祖先传说与世系追记）等。对蛮夷戎狄的民族偏见与民族歧视是周朝"夷夏观"的主体内容，而"以夏变夷"则是其主流导向，这是周朝"夷夏之辨"的要义所在。

关键词：先秦　周朝　民族　夷夏　人类学

引子

20年前的1998年，我在论述史学家陈寅恪（1890—1969）的文化史观时，曾经援引西方的人类学、民族学、社会学理论，由此反观陈寅恪的"种族与文化"观①。我在文章中指出，陈寅恪"种族（民族）与文化"观的要义在于："种族（民族）与文化"是研究中国历史（中古史）与文化的最要关键，而判别"种族（民族）"的标准是"文化"而不是"血统"。惟因当时受论述对象所限，行文未能及于中国先秦时期的民族观。嗣后，尝有人问及我对先秦时期民族观的看法，我坦诚相言：我赞成以"文化"判别"种族（民族）"的观点。近年来的阅读和思考告诉我，这一论点实际上有修正的必要。大体而言，以"文化"判别中古以来尤其是全球化以来的"种族（民族）"，本无可厚非；但是，以之观照先秦时期的古中国，则不可一概而论。因此，本人拟撰作此文以论述中国先秦时期的民族史观。

---

*基金项目：国家社会科学基金重大项目"中国国家起源研究的理论与方法"（批准号：12&ZD133）、上海085社会学学科内涵建设科研项目。

①彭华：《陈寅恪的文化史观》，《史学理论研究》，1999年第4期，第40—49页。彭华：《陈寅恪"种族与文化"观辨微》，《历史研究》，2000年第1期，第186—188页。

众所周知，在中国的"传说时期"（五帝时代）和"历史时期"（夏商周三代），已有关于氏族（clan）、民族（ethnicity）、族团（ethnic group）、种族（race）的传说和记载①；而考古工作者所发掘的新石器时代以来的遗址（遗迹）亦为数众多②，并且构建了"考古学文化的区系类型"③。惟因传说过于缥缈，记载过于简略，而考古研究又过于分歧（尤其是在将考古遗址与历史族群对应时），故本文将所考察的时间范围主要限定于先秦时期的周朝。当然，有时出于论述的需要和理解的方便，笔触亦将随文而及中古以降的时段，乃至异域的西方。至于本文所考察、所论述的重点，则可以一分为二：（1）判别"民族"的标准何在，（2）"夷夏"之辨的要义何在。

正文

（一）从发生论/本根论而言，先天的生理因素是鉴定民族的客观标准（体质人类学）

1. 生理特征与体质鉴定

　　在这一方面，我们完全可以借鉴生物学、体质人类学的理论、方法与成果，尤其是关于"种族"（race）的研究成果。众所周知，"种族"属于生物学、体质人类学上的术语，并且首先是生物学概念④，它主要考虑的是生物学因素而不考虑文化因素，"种族所涉及的是人类种群（human population）对于自然生态环境的适应关系，它主要是自然科学，特别是生物科学研究的对象"⑤，它指的是"基于共同血缘的人们的地域群体，这种血缘关系表现在身体外表上有着许多类似的特征"⑥，或"一群在他人看来具有共同的生理特征并在遗传上截然不同于他人的人"⑦，亦即"从生物学角度来看具有较强的自我持续性"⑧。总之，即在体质上具有某些共同遗传特征的人群。本处所说的"在体质上具有的某些共同遗传特征"，包括肤色、眼色、发色和发型、身高、面型、头型、鼻型、血型、遗传性疾病等。

　　对于现代的人群和民族，可以通过观察、测量、检测等手段进行鉴别和鉴定，或者通过科学手段进行DNA分析。比如说，为了解决现代人的起源问题，有所谓"线粒体夏娃理

---

① 于此之相关研究，请参看蒙文通：《古史甄微》（《蒙文通文集》第五卷），成都：巴蜀书社，1999年；徐旭生：《中国古史的传说时代》（增订本），北京：文物出版社，1985年；袁珂：《中国神话传说——从盘古到秦始皇》，北京：人民文学出版社，1998年。
② 于此之相关研究，请参看苏秉琦主编，张忠培、严文明撰：《中国远古时代》，上海：上海人民出版社，2010年；郭大顺：《追寻五帝：揭幕中国历史纪元的开篇》，沈阳：辽宁人民出版社，2010年；陆思贤：《神话考古》，北京：文物出版社，1995年。
③ 苏秉琦：《华人•龙的传人•中国人考古寻根记》，沈阳：辽宁大学出版社，1994年。苏秉琦：《中国文明起源新探》，北京：三联书店，1999年。
④ ［美］德伯里著，王民等译：《人文地理》，北京：北京师范大学出版社，1988年，第115页。
⑤ 林耀华主编：《民族学通论》，北京：中央民族学院出版社，1990年，第56页。
⑥ ［苏］尼•切博克萨罗夫、伊•切博克萨罗娃著，赵俊智、金天明译：《民族•种族•文化》，北京：东方出版社，1989年，第110页。
⑦ ［美］戴维•波普诺著，刘云德、王戈译：《社会学》，沈阳：辽宁人民出版社，1987年，第125页。
⑧ ［挪威］巴斯主编，李丽琴译：《族群与边界——文化差异下的社会组织》，北京：商务印书馆，2014年，第2—3页。

论"（Mitochondrial Eve）的提出①。对于中国古代的人群和民族，可以通过发掘所得的遗物（尤其是骨骼和牙齿）并有机结合历史学、文献学资料，进行考古人类学、体质人类学、分子生物学的研究。

在这一方面，中国的考古学、人类学工作者已经进行了行之有效的研究，并且取得了非常宝贵的成果。比如，潘其风研究了"中国古代人种和族属""大汶口文化居民的种属问题""先秦时期我国居民种族类型的地理分布""我国青铜时代居民人种类型的分布和演变趋势""从颅骨资料看匈奴族的人种""关于乌孙、月氏的种属"②。再如，朱泓将人类学的传统研究方式与考古学、历史学、文献学等资料有机地结合在一起，具体研究中国古代的人种问题；并积极吸收现代西方人类学研究中的新方法和新理论，最终建立起一个"具有中国自身特点的古人种学研究体系"。朱泓所做具体研究，包括"中国东北地区的古代种族""东北古代居民的种族成分研究""内蒙古长城地带的古代种族""中国南方地区的古代种族""中原地区的古代种族""中国西北地区的古代种族""僰人悬棺颅骨的人种学分析""关于殷人与周人的体质类型比较""从扎赉诺尔汉代居民的体质差异探讨鲜卑族的人种构成""夏家店上层文化居民的种族类型及相关问题""契丹人种初窥""契丹族的人种类型及其相关问题""靺鞨人种研究""人种学上的匈奴、鲜卑与契丹""中国边疆地区的古代DNA研究"等③。

其实，对于体质人类学所揭示的不同人群（民族）具有不同生理特征（遗传特征）这一结论，中国古人是有所认识的。兹仅举二例，以为证据。早在春秋时期，"博物君子"孔子已有此认识。根据《国语·鲁语上》记载④，"吴伐越，堕会稽，获骨焉，节专车"。所谓"骨焉，节专车"，即"骨一节，其长专车"⑤。吴王遣使问孔子，孔子答以防风氏、僬侥氏事，防风氏"在虞、夏、商为汪芒氏，于周为长狄，今为大人"，"僬侥氏长三尺，短之至也"，即从骨骼和体格上区分人群（氏族）。早在2500年前便有此认识，这是尤其难能可贵的。降而至于西汉，《淮南子》的作者有着更为详细、更为丰富的认识。《淮南子·坠形训》说，东方之人"兑形小头，隆鼻大口，鸢肩企行"，南方之人"修形兑上，大口决眦"，西方之人"面末偻，修颈印行"，北方之人"翕形短颈，大肩下尻"，中央之人"大面短颐，美须恶肥"。需要指出的是，《淮南子》在图式上出于"五行"整齐排列的需要⑥，在思维上难免有不合实际的联想与比附（analogy）⑦，但是，它确实在一定程度上揭示了五方之人"在体质上具有的某些共同遗传特征"，这是值得肯定的。

2. 祖先传说与世系追记

中国古代典籍在记述王侯、大夫、贵族之时，尤其注重渊源和世系的叙述。其典型者，

---

① 相关"线粒体夏娃理论"的介绍与评述，可参看周慧、朱泓：《现代人起源问题与DNA——"线粒体夏娃理论"述评》，《考古》2002年第3期。
② 潘其风：《潘其风考古人类学文选》，北京：科学出版社，2015年。
③ 朱泓：《中国古代居民体质人类学研究》，北京：科学出版社，2014年。
④ 另可参看《史记·孔子世家》和《孔子家语·辩物》。
⑤ 上海师范大学古籍整理研究所校点：《国语》，上海：上海古籍出版社，1988年，第213页。
⑥ 请参看彭华：《阴阳五行研究（先秦篇）》，长春：吉林人民出版社，2011年。
⑦ 请参看彭华：《中国传统思维的三个特征：整体思维、辩证思维、直觉思维》，《社会科学研究》2017年第3期，第126—133页。

如《世本》《帝王世纪》以及《史记》之本纪、世家。所谓"渊源"（origin），即追踪本族（民族、氏族、家族）的来源（某位老祖父或老祖母）；所谓"世系"（descent），即追记本族（民族、氏族、家族）与始祖的传承谱系。

不少学者指出，关于本族（民族、氏族、家族）的渊源和世系，实际上有"本来的历史"和"建构的历史"之别。具体而言，有的是"对祖先历史的集体记忆"（如山西洪洞大槐树传说）[1]，有的是选择性的"历史记忆"甚至是事后的重构[2]。

笔者在此特别说明的是，本处所说的"祖先传说与世系追记"，特指并且专指具有真正的共同的血缘关系（common blood relationship）的民族（族群），亦即在DNA鉴定上可以认定的同一民族。惟有如此，方可视为具有"共同的祖先"（common ancestor）、"共同的世系"（common descent）。目前，国内学术界大致认定族群是分享共同的历史、文化或祖先的人群，它一般具有一些共同的要素，而"共同祖先的神话"即"共同的要素"之一[3]。所谓"共同祖先的神话"，约略近乎本处所说"共同的祖先""共同的世系"。

本处所说"共同的血缘关系""共同的祖先""共同的世系"，因为久远洪荒而不易找寻让人人都信服的证据。但睡虎地秦简《法律答问》的一段文字（编号为176—178），确实是一则鲜活的例证。其原文如下[4]：

> "臣邦人不安其主长而欲去夏者，勿许。"可（何）谓"夏"？欲去秦属是谓"夏"。
> "真臣邦君公有辠（罪），致耐辠（罪）以上，令赎。"可（何）谓"真"？臣邦父母产子及产它邦而是谓"真"。可（何）谓"夏子"？臣邦父、秦母谓殹（也）。

由以上简文可知，秦人已经以"夏"自居（自称），视臣属于秦的少数民族的父母所生之子以及出生在其他国家的公民为"真"（他称）。至于如何判断是"夏子"还是非"夏子"，由简文可知，秦人注重的是血缘，尤其注重母方的血统。即母亲必须是秦人（"秦母"），其子方为"夏子"。

（二）从生成论/过程论而言，后天的文化因素是判别民族的主观标准（文化人类学）

1. 共同的语言文字

文化人类学认为，语言文字是通过后天的学习获得的（习得）。在一个民族的形成过程中，语言文字起到了非常重要的作用。民族语言文字的形成，是一个民族形成的标志之一。因此，语言文字可以成为民族识别的依据之一。

德国语言学家洪堡特（Wilhelm von Humboldt，1767—1835）指出：语言是一个民族所必需的"呼吸"，是民族的灵魂所在。通过一种语言，一个人类群体才得以凝聚成民族；

---

[1] 赵世瑜：《祖先记忆、家园象征与族群历史——山西洪洞大槐树传说解析》，《历史研究》2006年第1期。
[2] 王明珂：《华夏边缘：历史记忆与族群认同》，北京：社会科学文献出版社，2006年。王明珂：《英雄祖先与弟兄民族：根基历史的文本与情境》，北京：中华书局，2009年。
[3] 孙秋云主编：《文化人类学教程》（第二版），北京：北京大学出版社，2018年，第107页。
[4] 睡虎地秦墓竹简整理小组：《睡虎地秦墓竹简》，北京：文物出版社，1990年，第135页。陈伟主编：《秦简牍合集》（壹），武汉：武汉大学出版社，2014年，第267页。

只有在自己的语言之中，一个民族的特性才能获得完整的映照和表达。总之，语言是民族的最大特征，民族的语言即民族的精神①。洪堡特对于语言和民族的密切关系的特别强调，或许有些过分，但笔者认为他的说法是可以接受的。

在斯大林（1879—1953）为"民族"所下定义中，"共同语言"是一个民族形成的标志之一，"民族是人们在历史上形成的一个有共同语言、共同地域、共同经济生活以及表现于共同文化上的共同心理素质的稳定的共同体"②。斯大林论述的"民族"，指的是资本主义上升时期的人们共同体。其四个民族特征的提出，是立足于他对欧洲民族的研究而得出的。也就是说，是就现代民族而言的③。但以此反观中国古代民族，斯大林所说的民族的四个共同特征，还是具有重要参考价值的。

对于语言和民族的密切关系，周朝时期的人士有着清醒的认识。《礼记·王制》说，"中国戎夷，五方之民，皆有其性也，不可推移"，"五方之民，言语不通，嗜欲不同。达其志，通其欲：东方曰寄，南方曰象，西方曰狄鞮，北方曰译"。这是从族群类别上对"五方之民"予以辨析，尤其强调"五方之民"语言的不同。诚因如此，故而族群之间往往需要翻译方可交流。《礼记·王制》的概括与记述是可靠的。春秋时期的戎子驹支，曾经坦言"诸戎"与"诸华"有诸多不同，而语言不同即其中之一，"我诸戎饮食、衣服不与华同，贽币不通，言语不达"（《左传》襄公十六年）。而"诸戎"之间的语言也是互相不同的，"胡与越人，言语不相知"（《战国策·燕策二》）。

在中原华夏族看来，蛮夷戎狄语言与华夏族语言的差别是如此巨大、如此难懂，简直形同"鸟语"。在《孟子·滕文公上》中，孟子讥讽操难懂的南方方言者为"南蛮鴃舌之人"。在《后汉书·南蛮西南夷传论》中，南方的少数民族被归入"缓耳雕脚之伦，兽居鸟语之类"，他们"陵海越障，累译以内属焉"。剔除其中的民族偏见与民族歧视的成分，《孟子》和《后汉书》所反映的历史（民族和语言）还是很客观的。

非常可贵的是：早在战国时期，中国古人不但认识到可以通过语言判别民族（不同民族有不同语言），而且认识到语言与民族的对应关系并非铁板一块，即语言的改变并不影响族群身份的认同。《吕氏春秋·孟夏纪·用众》："戎人生乎戎、长乎戎而戎言，不知其所受之；楚人生乎楚、长乎楚而楚言，不知其所受之。今使楚人长乎戎，戎人长乎楚，则楚人戎言，戎人楚言矣。"也就是说，楚人和戎人的族群身份，并没有因为语言的改变而发生变动。

类似的情况，也发生在近代。从近代许多国家的族群发展状况来看，随着人口迁移和族群之间混居与广泛交流，有一些族群虽然已经不再使用自己的传统语言而改用其他族群的语言，但这些族群仍然保持了自己的身份认同，如中国的回族、满族已经通用汉语，但仍然保持着原有的族群身份与认同。散居在各国的犹太人已经使用当地语言，但仍然保持着独立的

---

① [德] 洪堡特著，姚小平译：《论人类语言结构的差异及其对人类精神发展的影响》，北京：商务印书馆，1999 年。
② [苏] 斯大林：《马克思主义和民族问题》（1913 年），《斯大林全集》第二卷，北京：人民出版社，1953 年，第 294—295 页。
③ 宋蜀华、满都尔图主编：《中国民族学五十年》，北京：人民出版社，2004 年，第 58 页。

族群身份①。

2. 共同的社会生活

本处所说的"共同的社会生活",与斯大林所说的"共同经济生活"有交叉、有重合,特指衣食住行等。兹略举数例,以为证据。

《尚书·毕命》:"四夷左衽,罔不咸赖。"孔传:"言东夷、西戎、南蛮、北狄,被发左衽之人,无不皆恃赖三君之德。""被发左衽"是"四夷"的装束,与"华夏"的"束发右衽"判然有别。诚因如此,故孔子有"微管仲,吾其被发左衽矣"的感叹(《论语·宪问》)。"四夷"与"华夏"在衣、食上的不同,四夷之人其实有着自觉的认识。《左传》襄公十六年载戎子驹支语:"我诸戎饮食、衣服不与华同,挚币不通,言语不达。"《礼记·王制》对"中国""四夷"之别的概括颇为全面,"中国、夷、蛮、戎、狄,皆有安居、和味、宜服、利用、备器,五方之民,言语不通,嗜欲不同"。《吕氏春秋·离俗览·为欲》的概括亦相当全面,"蛮夷反舌、殊俗、异习之国,其衣服冠带、宫室居处、舟车器械、声色滋味皆异,其为欲使一也"。

3. 共同的礼制风俗

本处所说的"礼制风俗",即古书所云"礼俗"②。"礼"(礼制)和"俗"(风俗)在中国不但源远流长(至少可以上溯至传说时期的尧舜时代、新石器时代的龙山文化时期),而且关系密切("礼"渊源于"俗"而又高远于"俗");礼乐制度的形成是中国进入文明时代的一项标志,并最终形成了独具特色的"礼乐文化"③。中国古人所说的"文化",即"文治教化",亦即"为文所化"。其中,礼是"文化"的大宗。以"文化"判别"民族",实即以"礼俗"判别"民族"。

在中国古人的话语体系中,"中国"之所以"中国"、"中华"之所以"中华",并非仅仅是因为居于"天下之中"④,更多的是因为有礼乐之隆、仁义之施、文化之美。对"中国"与"中华"的这一共同的认识,不但见诸周朝文献,亦广泛见于后世典籍。《战国策·赵策二》:"公子成再拜曰:'……臣闻之,中国者,聪明睿知之所居也,万物财用之所聚也,贤圣之所教也,仁义之所施也,诗书礼乐之所用也,异敏技艺之所试也,远方之所观赴也,蛮夷之所义行也。'"《庄子·外篇·田子方》:"吾闻中国之君子,明乎礼义而陋于知人心。"《唐律疏议》卷四《名例》:"中华者,中国也。亲被王教,自属中国,衣冠威仪,习俗孝悌,居身礼义,故谓之中华。非同远夷狄之俗:被发左衽,雕体文身之俗也。"石介(1005—1045)《中国论》:"夫天处乎上,地处乎下,居天地之中者曰中国,居天地之偏者曰四夷。四夷外也,中国内也。天地为之乎内外,所以限也。夫中国者,君臣所自立也,礼乐所自作

---

①马戎编著:《民族社会学:社会学的族群关系研究》,北京:北京大学出版社,2004年,第363页。
②《周礼·天官·大宰》:"六曰礼俗,以驭其民。"
③彭华:《古礼探源——多维视角的综合考察》,《吉林大学社会科学学报》,2016年第1期,第120—131页。
④何尊:"隹(惟)珷(武)王既克大邑商,则廷告于天,曰:'余其宅兹(兹)中或(国),自之辥(乂)民。'"(《殷周金文集成》06014)《史记·周本纪》:"成王在丰,使召公复营洛邑,如武王之意。周公复卜申视,卒营筑,居九鼎焉。曰:'此天下之中,四方入贡道里均。'"

也，衣冠所自出也，冠昏祭祀所自用也，缞麻丧泣所自制也，果蓏菜茹所自殖也，稻麻黍稷所自有也。"① 至于近代，章太炎（1869—1936）一针见血地指出，"中华之名词，不仅非一地域之国名，亦且非一血统之种名，乃为一文化之族名"，"华之所以为华，以文化言"②。

正因如此，在整个周朝时期，礼制成为判别夷夏的极其重要的标准。比如，《左传》定公十年："孔丘以公退，曰：'……裔不谋夏，夷不乱华……'"孔颖达（574—648）正义："夏，大也。中国有礼仪之大，故称夏；有服章之美，谓之华。华、夏一也。莱是东夷，其地又远，'裔不谋夏'，言诸夏近而莱地远；'夷不乱华'，言莱是夷而鲁是华。"（《春秋左传正义》卷五十六）再如，杞国封君为大禹后裔③，其血统属于华夏系统，其礼制亦属于华夏文化系统④；但因杞国国君在春秋时期使用"夷礼"，故而被时人视为夷，国君亦被贬称为"杞子"。《春秋》僖公二十七年："春，杞子来朝。"《左传》僖公二十七年："二十七年春，杞桓公来朝。用夷礼，故曰'子'。公卑杞，杞不共也。"又如，秦国祖先虽然是"帝颛顼之苗裔"（《史记·秦本纪》），但在东周之时仍然被视为夷狄。其原因有二，一是地理因素，"秦僻在雍州，不与中国诸侯之会盟，夷翟遇之"（《史记·秦本纪》）；二是礼俗因素，"不言战而言败何也？狄秦也。其狄之何也？秦越千里之险，入虚国，进不能守，退败其师徒，乱人子女之教，无男女之别。秦之为狄，自殽之战始也"（《穀梁传》僖公三十三年）。

4. 共同的历史记忆

在英国历史社会学家史密斯（Anthony David Smith，1939—2016）的行文表述中，"族群"与"共同的神话传说和历史记忆"是相互对应的，体现的都是族群的感情心理因素，而这也是"民族认同"的基本特征之一⑤。目前，国内学术界大致认定族群是分享共同的历史、文化或祖先的人群，它一般具有"共享的历史记忆"等要素⑥。中外各民族的史诗、各族群的谱牒，所展示、所反映的实际上就是"共同的历史记忆"。

所谓"史诗"（epic poetry），是叙述重大历史事件或英雄传说的叙事长诗。世界著名的史诗，如古巴比伦的《吉尔伽美什》，古印度的《摩诃婆罗多》《罗摩衍那》和古希腊的《伊里亚特》《奥德赛》等，以及古中国的《格萨尔王传》（藏族）、《玛纳斯》（柯尔克孜族）、《江格尔》（蒙古族）等。这种代代相传的"历史记忆"，不仅是"共同的"（common），也是"共享的"（shared）。

所谓"谱牒"（genealogy），是记述氏族或宗族世系的书籍，是"记载一家一族的历史"（夏衍《方志学与家谱学》）。《史记·太史公自序》："维三代尚矣，年纪不可考，盖取之谱牒

---

① （宋）石介：《中国论》，《徂徕集》卷十，文渊阁《四库全书》本。
② 章太炎：《中华民国解》，《太炎文录初编·别录》卷一，《章太炎全集》（四），上海：上海人民出版社，1985年，第253页。
③ 《史记·陈杞世家》："杞东楼公者，夏后禹之后苗裔也。殷时或封或绝。周武王克殷纣，求禹之后，得东楼公，封之于杞，以奉夏后氏祀。"《史记·周本纪》："（周）武王追思先圣王，乃褒封……大禹之后于杞。"《左传》襄公二十九年："杞，夏余也。"《国语·周语下》："有夏虽衰，杞、鄫犹在。"
④ 《论语·八佾》："夏礼吾能言之，杞不足征也。"
⑤ Anthony Smith: *National Identity*, London: University of Nevada Press, 1991. 参看马戎：《评安东尼·史密斯关于"nation"（民族）的论述》，《中国社会科学》2001年第1期。
⑥ 孙秋云主编：《文化人类学教程》（第二版），北京：北京大学出版社，2018年，第107页。

旧闻，本于兹，于是略推，作《三代世表》第一。"唐人刘知几（661—721）曾经举例说明，"谱牒之作，盛于中古。汉有赵岐《三辅决录》，晋有挚虞《族姓记》。江左有两王《百家谱》，中原有《方司殿格》。盖氏族之事，尽在是矣"（《史通·书志》）。

5. 共同的民族意识

本处所说"共同的民族意识"，即"民族认同意识"（national identity consciousness）。"民族认同"（national identity），有时也称为"族群认同"（ethnical identity）。美国学者迈尔威利·斯徒沃德（Melville Y. Stewart）强调，"民族认同"是指某一民族共同体的成员将自己和他人认同为同一民族，对这一民族的物质文化和精神文化持接近态度①。中国多数学者认为，"民族认同"主要指一个民族的人们对其自然及文化倾向性的认可与共识②，是作为主体的"自我"在与他者的交往过程中逐渐得以确立的、对于主体所在族群的生活方式和价值观念的认同③。费孝通（1910—2005）一再强调，"民族认同意识"是多层次性的，而"民族认同意识"可以作为民族这个人们共同体的主要特征④。

今人指出，"华夏族"作为一个单一民族，是自夏代以来就客观存在的⑤。"华夏民族意识"是在夏商周时期逐渐产生、逐渐形成的，最终形成于春秋时期⑥。先秦时期的"华夏民族认同"，大概经历了西周早期周人对夏的"血缘认同"、春秋时期诸族群主要是对华夏的"文化认同"、战国时期周属族群对华夏的"区域认同"等三个大的阶段⑦。东周之时，华夏族的"民族认同意识"是极其强烈、极其鲜明的；时人普遍认为，华夏民族（中国）与蛮夷戎狄（四夷）是截然不同的两大阵营。这种民族意识的经典表述，便是"非我族类，其心必异"。《左传》成公四年："《史佚之志》有之曰：'非我族类，其心必异。'楚虽大，非吾族也，其肯字我乎？"《国语·楚语上》所说"蛮夷戎狄，其不宾也久矣，中国所不能用也"，亦颇为典型。先秦时期形成的这种"民族认同意识"，一直影响到后世。比如，《晋书·江统传》："非我族类，其心必异，戎狄志态，不与华同。"套用美国社会科学家 William Graham Sumner（1840—1910）*Folkways* 一书的说法，"我之族类"即"in-group"，"非我族类"即"out-group"⑧。

需要注意的是，对于"民族认同意识"，实际上不可一概而论，而应当具体分析。在先

---

① ［美］迈尔威利·斯图沃德编，周伟驰等译：《当代西方宗教哲学》，北京：北京大学出版社，2001年，第86—93页。
② 贺金瑞、燕继荣：《论从民族认同到国家认同》，《中央民族大学学报》2008年第3期。
③ 吕俊彪：《京族人的族群认同与国家认同》，北京：社会科学文献出版社，2014年，第3页。
④ 费孝通：《中华民族多元一体格局》，《北京大学学报》1989年第4期；《简述我的民族研究经历和思考》，《北京大学学报》1997年第2期；《简述我的民族研究经历与思考》，《中央民族大学学报》2000年第1期。
⑤ 谢维扬：《论华夏族的形成》，《社会科学战线》1982年第3期，第116—125页。
⑥ 参看林超民：《华夏民族形成时期的民族意识浅析》，《广西民族学院学报》1987年第4期；后收入林超民：《林超民文集》第一卷，昆明：云南人民出版社，2008年。张国硕：《先秦人口流动、民族迁徙与民族认同研究》，郑州：大象出版社，2011年，第213—215页。
⑦ 张国硕：《先秦人口流动、民族迁徙与民族认同研究》，第266页。
⑧ 参考自费孝通：《简述我的民族研究经历和思考》，《北京大学学报》1997年第2期。

秦时期（尤其是在东周时期），曾经出现过这样一种情况：就血统而言本来属于华夏族的诸侯，但因熏染了蛮夷夷狄的习俗，故又以蛮夷、夷狄自居。其典型例证，有燕国、吴国、越国、楚国等。

（1）燕国

先秦时期，曾经存在过两个燕国，一个是姞姓燕国，一个是姬姓燕国①。本处所说的燕国，指的是姬姓燕国。《史记·燕召公世家》："召公奭与周同姓，姓姬氏。周武王之灭纣，封召公于北燕。"与鲁国一样，燕国也是"以元子就封"（郑玄《诗谱·周南·召南谱》）。司马迁和郑玄之说，业已为出土的太保罍（克罍）、太保方盉（克盉）铭文所证实②。而出土于河北平山的中山王方壶（战国晚期），也是一个不可移易的力证。铭文说："郾（燕）君子哙，不分大宜（义），不告者（诸）侯，而臣宗（主）易立（位），以内绝邵（召）公之业，乏（废）其先王之祭祀。"（《殷周金文集成》2735.2b）③

有点不可思议的是，历史上的燕国国君曾经竟然以蛮夷自居，而燕国勇士秦武阳（秦开之孙）也被人称为"北蛮夷之鄙人"。《战国策·燕策一》："燕王曰：'寡人蛮夷辟处，虽大男子，裁如婴儿，言不足以求正，谋不足以决事。今大客幸而教之，请奉社稷西面而事秦。'"（参看《史记·张仪列传》）《战国策·燕策三》："荆轲顾笑（秦）武阳，前为谢曰：'北蛮夷之鄙人，未尝见天子，故振慑。愿大王少假借之，使毕使于前。'"

（2）吴国和越国

就吴国和越国之王室而言，他们在血缘关系、祖先传说、历史记忆上与华夏民族（禹）、周朝王室（太王）有关系，可以划入华夏族系统；但其行为、风俗、心理已与中原华夏族截然有别，故被中原诸侯轻蔑视为"蛮夷""夷狄"。与此"他者"的眼光相对，吴、越国君亦自我认同为"蛮夷""夷狄"。

吴国的始祖太伯，是周太王之子，属于西周王室系统。《史记·吴太伯世家》："吴太伯，太伯弟仲雍，皆周太王之子，而王季历之兄也。季历贤，而有圣子昌，太王欲立季历以及昌，于是太伯、仲雍二人乃奔荆蛮，文身断发，示不可用，以避季历。季历果立，是为王季，而昌为文王。太伯之奔荆蛮，自号句吴。荆蛮义之，从而归之千余家，立为吴太伯。"（参看《吴越春秋·吴太伯传》）太伯、仲雍入乡随俗而"文身断发"④，这是吴国被他人视为"夷狄"的重要原因；后来的吴国国君，亦因此而以"蛮夷""夷蛮"自居。

《越绝书·越绝吴内传》："吴何以称人乎？夷狄之也……吴者，夷狄也，而救中邦，称人，贤之也。"这是吴国被他人视为"夷狄"。《晏子春秋·外篇·吴王问齐君僈暴吾子何容焉晏子对以岂能以道食人》："晏子使吴，吴王曰：'寡人得寄僻陋蛮夷之乡，希见教君子之

---

① 关于姞姓燕国和姬姓燕国（尤其是姬姓燕国）的历史与文化，请详细参看彭华：《燕国八百年》，北京：中华书局，2018年。
② 中国社会科学院考古研究所、北京市文物研究所琉璃河考古队：《北京琉璃河1193号大墓发掘简报》，《考古》1990年第1期。
③ 按："分"字释文从李学勤、李零之说，详见《平山三器与中山国史若干问题》，《考古学报》1979年第2期。
④ 彭印川（彭华）、诚明：《百越文身习俗新探》，《四川师范学院学报》1998年第1期，第10—14页。

行，请私而无为罪。'"（参看《说苑·奉使》）此处以"蛮夷之乡"与"君子之行"对举，我们可以体会这样一层意蕴：吴王虽未明确以"蛮夷"自居，但实则认同"蛮夷"之风尚与习俗。《晏子春秋》《说苑》和《越绝书》所隐含的这一意蕴，对照《史记》《吴越春秋》的记述便昭然若揭。《史记·鲁周公世家》："哀公五年，齐景公卒。六年，齐田乞弑其君孺子。七年，吴王夫差强，伐齐，至缯，征百牢于鲁。季康子使子贡说吴王及太宰嚭，以礼诎之。吴王曰：'我文身，不足责礼。'乃止。"《吴越春秋·吴王寿梦传》："寿梦元年，朝周，适楚，观诸侯礼乐。鲁成公会于钟离，深问周公礼乐，成公悉为陈前王之礼乐，因为咏歌三代之风。寿梦曰：'孤在夷蛮，徒以椎髻为俗，岂有斯之服哉！'"吴王寿梦、夫差在"民族认同意识"上的认识是自觉而清楚的：因为入乡随俗而"文身""椎髻"，在礼制风俗上与中原华夏族已然有别，故遂以"蛮夷""夷蛮"自居。

按照正史的记载，越国的祖先可以与大禹挂钩。《史记·越王句践世家》："越王句践，其先禹之苗裔，而夏后帝少康之庶子也。封于会稽，以奉守禹之祀。"与吴国如出一辙的是，越国也被他人视为"夷狄"，而越国国君亦以"夷蛮"自居。《韩诗外传》卷八："越王勾践使廉稽献民于荆王。荆王使者曰：'越，夷狄之国也，臣请欺其使者。'"由此可见，越王勾践时期的楚国已经以华夏族自居，反而视越国为夷狄。《越绝书·越绝内传陈成恒》："子贡东见越王，越王闻之，除道郊迎至县，身御子贡至舍而问曰：'此乃僻陋之邦，蛮夷之民也。大夫何索，居然而辱，乃至于此？'"

（3）楚国

楚国芈姓，出自"五帝"之一的颛顼，与华夏族的黄帝、炎帝有血缘关系。《楚辞·离骚》："帝高阳之苗裔兮，朕皇考曰伯庸。"《史记·楚世家》："楚之先祖，出自帝颛顼高阳。高阳者，黄帝之孙，昌意之子也。"这是传世文献的记载。按照出土文献的记载（如望山、包山、葛陵楚简等），楚国出自祝融。在楚简中，祝融与老童、穴（鬻）酓（熊）并列，被称为"三楚先"（即《离骚》所说"三后"），是楚人祭祀的三位先祖①。而祝融亦属颛顼之后。《吕氏春秋·孟夏纪·孟夏》："其神祝融。"高诱注："祝融，颛顼氏后，老童之子，吴回也，为高辛氏火正，死为火官之神。"

但是，楚国国君后来竟然以"蛮夷"自居。《史记·楚世家》："熊渠生子三年。当周夷王之时，王室微，诸侯或不朝，相伐。熊渠甚得江汉间民和，乃兴兵伐庸、杨粤，至于鄂。熊渠曰：'我蛮夷也，不与中国之号谥。'……楚曰：'我蛮夷也。今诸侯皆为叛相侵，或相杀。我有敝甲，欲以观中国之政，请王室尊吾号。'"

燕国、吴国、越国的国君之所以以蛮夷、夷狄自居，其重要原因便是因为熏染、接受了蛮夷戎狄的文化（礼制风俗、社会生活）。这一现象，从反面证明上文所说第二点（"共同的社会生活"）、第三点（"共同的礼制风俗"）的可信性。格罗斯比（Steven Grosby）说，"人

---

① 相关论述，请参看：（1）贾连敏：《新蔡楚简中的楚先祖名》，《华学》（第七辑），广州：中山大学出版社，2004年；（2）刘信芳：《楚简"三楚先"、"楚先"、"荆王"以及相关问题》，《文史》（第七十三辑），北京：中华书局，2005年；（3）黄灵庚：《屈赋楚简补证》，《云梦学刊》2005年第1期；（4）刘信芳：《楚系简帛释例》，合肥：安徽大学出版社，2011年，第321—330页。

承认自己是民族一员,只是对自己身份的多种表述之一。形象地说,这只是多层自我意识的一层"①。格罗斯比所云,与本处所说近似。换句话说,"民族认同意识"固然可以作为判别民族的主要标准之一,但确实不可一概而论。

(三)对蛮夷戎狄的民族偏见与民族歧视,是周朝夷夏观的主流(政治人类学)

本处所说这一点,可以说是学界的共识。比如说,田继周在写作《中国历代民族史·先秦民族史》时,便特意揭示这一层意思②。田继周说,"周朝民族间的不平等,主要表现在对夷、狄、戎、蛮等少数民族的歧视和压迫上"。随后,他从以下两个层面对此进行论述。(1)《礼记·明堂位》记载了"昔者周公朝诸侯于明堂之位"③,天子、三公、诸侯、诸伯、诸子、诸男以及九夷、八蛮、六戎、五狄等人所站立的位置是很讲究的,公侯伯子男等站立于门内,而蛮夷戎狄则站立于门外,"明堂位的排列,反映了对少数民族的不平等的歧视观点"。(2)在周朝的著作中,经常可以看到把戎狄比作豺狼的记载。《左传》闵公元年:"戎狄豺狼,不可厌也。"(管仲语)《左传》襄公四年:"戎,禽兽也。"《国语·周语中》:"狄,豺狼之德也。"(富辰语)《国语·周语中》:"夫戎狄,冒没轻儳,贪而不让。其血气不治,若禽兽焉。"(周定王语)"周朝的民族政策是民族压迫的政策",周朝统治者"处理民族关系时,又往往结合具体情况,采用武力征伐和'文教'安抚两种手法"。

其实,除此上两点之外,至少还可以补充另外一点(第三点)。(3)东周时期民族不平等思想、民族歧视观念的形成和确定,儒家实际上起了推波助澜的作用。根据后人的概括,孔子之作《春秋》,恪守的法则是"内其国而外诸夏,内诸夏而外夷狄"(《公羊传》成公十五年),"诸侯用夷礼则夷之,进于中国则中国之"(韩愈《原道》)。在孔子的心目中,华夏民族的文化无疑是高于蛮夷戎狄的,故而明言"夷狄之有君,不如诸夏之亡也"(《论语·八佾》)。降而至于孟子,则进一步提出要"以夏变夷",反对"以夷变夏","吾闻用夏变夷者,未闻变于夷者也"(《孟子·滕文公上》)。套用《榖梁传》襄公十年的说法,即"不以中国从夷狄也",意在"存中国也"。孔子、孟子与《榖梁传》的这些话语,是"夷夏之辨"或"华夷之辨"的经典表述。它们"一分为三",经典地揭示了古中国"夷夏/华夷"观的"三部曲":"夷夏有别"是客观存在的事实,"以夏变夷"是主流的价值取向,而"存中国"则是终极的追求与目标。

儒家这种夷夏有别、以夏变夷思想,对后世影响极大。《汉书·萧望之传》:"圣王之制,施德行礼,先京师而后诸夏,先诸夏而后夷狄。"这是孔子"内其国而外诸夏,内诸夏而外夷狄"思想的翻版。宋人程颐(1033—1107)说:"礼一失则为夷狄,再失则为禽兽。圣人恐人入于禽兽也,故于《春秋》之法极谨严。"(《河南程氏遗书》卷二)明人丘濬(1421—1495)接着说:"所以谨严者,华夷之辨尤切切也。"(《大学衍义补》卷七五)可见,后人所说的"华夏中心主义"(或"华夏文化中心主义"),实际上可以溯源于儒家。而近代以来流

---

① [美]格罗斯比著,陈蕾蕾译:《民族主义》,南京:译林出版社,2017年,第19页。
② 田继周:《中国历代民族史·先秦民族史》,北京:社会科学文献出版社,2007年,第251—254页。
③ 《中国历代民族史·先秦民族史》第251页在引述此文时,将《明堂位》误作《周礼》之篇。

行的保国、保种、保教思想与主张①，实际上亦可以溯源于古中国的"夷夏/华夷"观。

结语

结合西方的人类学、民族学、社会学的理论与方法，审视中国的传世文献与出土文献，我们可以发现：

（一）判别"民族"的标准实则可以一分为二：

（1）基于先天的生理因素的生物学基础（biological basis）是鉴定民族的客观标准，如生理特征（遗传特征）、血缘关系（包括祖先传说与世系追记）等。尤其是在民族形成的早期阶段（比如夏商周三代或东周时期），这种民族鉴别更为行之有效。

（2）随着民族的频繁交往尤其是民族的日益融合，后天的文化因素日渐成为判别民族的主观标准，亦即以"文化"判别"民族"。这些主观标准，包括共同的语言文字、共同的社会生活、共同的礼制风俗、共同的历史记忆、共同的民族意识等。在"民族认同意识"上，需要审慎对待，不可一概而论。

（二）对蛮夷戎狄的民族偏见与民族歧视是周朝"夷夏观"的主体内容，而"以夏变夷"则是其主流导向，这是周朝"夷夏之辨"的要义所在。东周时期民族不平等思想、民族歧视观念的形成和确定，儒家实际上起了推波助澜的作用。

1999 年 3 月，起草于上海
2018 年 9 月，完稿于成都

作者简介：彭华，男，四川大学古籍整理研究所教授。

---

① 相关论著颇多，读者可以参看史华慈：《论保守主义》，《近代中国思想人物论——保守主义》，台北：时报文化出版事业有限公司，1980 年。胡逢祥：《社会变革与文化传统——中国近代文化保守主义思潮研究》，上海：上海人民出版社，2000 年。喻大华：《晚清文化保守思潮研究》，北京：人民出版社，2001 年。

仁义·礼乐·忠信：荀子求实的价值观

四川大学古籍整理研究所　舒大刚

中华学术素来注重实践性和可行性，自先秦至两汉已经形成精练可行的核心价值，深深影响后世学人。这些核心价值结构，没有比"仁义礼智信"影响更大且久的了，自从汉代董仲舒将其奉为"五常"之道后，便影响中国社会达2000余年，至今犹未衰。不过"五常"之教的形成也有一个过程，有许多儒者做出过贡献，本文所要表彰的荀子就是其中贡献较大的几个人之一。

一、上继周孔

荀子生活于战国后期，时值诸侯力政，诸子纵横，强权得势，诡诈公行，自周公建立、孔子重申、子思传授、孟子捍卫的礼乐文明，已经消融殆尽。荀子游历诸国，遍览山川，纵观形势，预测走向，面对道德的滑坡，诚信的缺失，不免对人类的前途和未来充满担忧和关怀。以什么样的方式安定天下？以什么样的方式塑造人格？以什么样的方式齐家治国，这些问题的答案在当时都显得十分迫切，当时的诸子百家都有思考，荀子也提出自己的设想和建议。其中最为重要的莫过对人性本质的探讨，对理想人格的重绘了。荀子的地位是承上启下的，上继周公孔子，下启汉唐诸儒，他的思想影响深远，其地位自然不可忽视。

唐代杨倞在《注荀子序》中说：

> 昔周公稽古三五之道，损益夏殷之典，制礼作乐，以仁义理天下，其德化刑政存乎《诗》。至于幽厉失道，始变风变雅作矣。平王东迁，诸侯分政，逮五霸之后，则王道不绝如线。故仲尼定《礼》《乐》，作《春秋》，然后三代遗风弛而复张。而无时无位，功烈不得被于天下，但门人传述而已。
>
> 陵夷至于战国，于是申、商苛虐，孙、吴变诈，以族论罪，杀人盈城。谈说者又以慎、墨、苏、张为宗，则孔氏之道几乎息矣。有志之士所为痛心疾首也！
>
> 故孟轲阐其前，荀卿振其后，观其立言指事，根极理要，敷陈往古，掎挈当世，拨乱兴理，易于反掌，真名世之士，王者之师！
>
> 又其书亦所以羽翼"六经"，增光孔氏，非徒诸子之言也。盖周公制作之，仲尼祖

述之，荀、孟赞成之，所以胶固王道，至深至备。虽春秋之四夷交侵，战国之三纲弛绝，斯道竟不坠矣。

（杨）惊以末官之暇，颇窥篇籍，窃感炎黄之风未洽于圣代，谓荀、孟有功于时政，尤所耽慕。①

根据杨氏此论，荀子乃处于孟子既亡，诸子并行，孔氏微绝，纵横蜂起，儒家缺乏大师，理论受到挑战的时段，荀子慨然而起，上继周公之仁义德政，下阐仲尼之《礼》《乐》《春秋》，于是乎著作成"羽翼'六经'，增光孔氏"的《荀子》一书，为儒学的兴亡继绝、转化创新，做出了重大贡献。荀子对于孔子学说的最大发展，无过于儒家核心观念的重新构建了。

《吕氏春秋·不二》说："老聃贵柔，孔子贵仁，墨翟贵廉（兼），关尹贵清，子列子贵虚，陈骈贵齐，阳生贵己，孙膑贵势，王廖贵先，兒良贵后。"② 说明先秦诸子都有自己的核心内涵和主体精神，这些核心精神是构成百家学说的重要归趋和实践价值。孔子除了"仁"这一观念外，还在自己的言谈中提出过多种价值观念，如义、礼、乐、忠、恕、孝、悌、恭、宽、信、敏、惠等等，这些都成了行仁或辅仁的重要品行。如《论语·宪问》载子曰："君子道者三，我无能焉：仁者不忧，知者不惑，勇者不惧。"将仁、智、勇搭配，构成孔子早期的核心观念。后世儒家"祖述尧舜，宪章文武，宗师仲尼"（《汉书·艺文志》），其思想渊源上可追溯于尧、舜传统，中则继承于文王、武王和周公，晚则师事乎孔夫子，因此孔子所构建的核心价值体系，对后世儒家学派的发展演变具有重要的指导作用。

孔子之后，"儒分为八"，"有子思之儒，有孟氏之儒，有孙氏之儒"。③ 子思、孟子、荀子（即孙氏）是孔子之后对儒家学术具有重大推动作用的三大家。子思系孔子之孙，孟子又学于子思之门人，前后相承形成了"思孟学派"。子思《中庸》载："天下之达道五，所以行之者三。曰：君臣也，父子也，夫妇也，昆弟也，朋友之交也；五者，天下之达道也。知、仁、勇三者，天下之达德也，所以行之者一也……子曰：'好学近乎知，力行近乎仁，知耻近乎勇；知斯三者，则知所以修身；知所以修身，则知所以治人；知所以治人，则知所以治天下、国、家矣。'"《中庸》将仁、智、勇称为"三达德"，与《论语》正好相应证，当得自自家心传。

此外，《中庸》又将仁义礼组合到一起，说："仁者人也，亲亲为大；义者宜也，尊贤为大。亲亲之杀，尊贤之等，礼所生焉。"提示出仁义礼三者的关系，相须而行，互为补充。由此可见，"仁智勇""仁义礼"便是孔子思想的核心内容。

子思祖述其先祖之意，还将仁智勇与仁义礼结合，形成以"四端"（仁义礼智）为核心的"五行"（仁义礼智圣）结构，得到孟子极大弘扬。《孟子·尽心下》说："仁之于父子也，义之于君臣也，礼之于宾主也，知之于贤者也，圣人之于天道也，命也。有性焉，君子不谓

---

① 王先谦撰，沈啸寰、王星贤点校：《荀子集解》，北京：中华书局，2013年，第63页。
② 许维遹撰，梁运华整理：《吕氏春秋集释》，北京：中华书局，2009年，第467—468页。
③ 王先慎撰，钟哲点校：《韩非子集解》，北京：中华书局，1998年，第456页。

命也。"① 朱熹注《孟子》"圣人之于天道也"引"或曰":"'人',衍字。"这个说法已被新出土文献所证实,此处的"圣人"应为"圣"字,即指"圣"者的德行。

孟子将"仁、义、礼、智"称为"四德"或"四端"并加以大力提倡。《离娄上》也说:"仁之实,事亲是也。义之实,从兄是也。智之实,知斯二者弗去是也。礼之实,节文斯二者是也。"《告子上》云:"恻隐之心,仁也;羞恶之心,义也;恭敬之心,礼也;是非之心,智也。仁义礼智,非由外铄我也,我固有之也,弗思耳矣。"可见"仁义礼智"是孟子强调的核心观念,其最高境界便是成为圣人,于是将"仁、义、礼、智"与"圣"结合形成"五行"。孟子的这套主张,就其学术渊源来讲,应当始于子思。

这个理论,荀子并不认同,他在《非十二子》中对其进行了剧烈批判:"略法先王而不知其统,犹然而材剧志大,闻见杂博。案往旧造说,谓之'五行',甚僻违而无类,幽隐而无说,闭约而无解。案饰其辞而祇敬之曰'此真先君子之言也'。子思唱之,孟轲和之,世俗之沟犹瞀儒,嚾嚾然不知其所非也,遂受而传之,以为仲尼、子游为兹厚于后世,是则子思、孟轲之罪也。"②

照荀子的说法,思、孟曾经"案往旧造说"形成"五行"说,称说是子思的"先君子"(即孔子)的遗说。不过这个"五行"具体指什么,荀子并没有列出,但其为五种可以按行的德目则是可以肯定的。杨倞《荀子注》曰:"五行,五常,仁、义、礼、智、信是也。"杨氏说"五行"又称"五常",即仁义礼智信。杨倞之说殆本于郑玄。郑玄注《乐记》"道五常之行"说:"五常,五行也。"郑玄又在注子思《中庸》时,开宗明义便是"木神则仁,金神则义,火神则礼,水神则信,土神则知",此说暗示了子思"五行"说就是后来的"五常"。但这个说法未必正确。

据现存文献记载,仁义礼智信并称"五常"始于汉代董仲舒。战国时,仁义礼智四德是与"圣"搭配的。③ 新出土郭店楚简《五行》篇说:"仁形于内谓之德之行,不形于内谓之行;义形于内谓之德之行,不形于内谓之行;礼形于内谓之德之行,不形于内谓之行;智形于内谓之德之行,不形于内谓之行;圣形于内谓之德之行,不形于内谓之(德之)行。德之行五,和谓之德;四行和谓之善。善,人道也;德,天道也。"④ (马王堆帛书《五行》略同,而以"仁知义礼圣"为序)汉贾谊《新书·六术》曰:"天地有六合之事,人有仁、义、礼、智、圣之行。"⑤ 仍然沿用了战国时期思、孟学派核心价值观的搭配法。可见仁义礼智圣的配搭渊源有自,自是思孟学派的一个固定结构,只是荀子不予承认而已。荀子以为他们此说是"略法先王而不知其统",没有历史的继承性;是子思假托其"先君子"之言,其实并不是孔子的思想,没有合法性!于是对思孟"仁义礼智圣"的核心构架进行了颠覆。

---

①赵岐注、孙奭疏:《孟子注疏》,北京:北京大学出版社,1999年版,第463—464页。
②王先谦撰,沈啸寰、王星贤点校:《荀子集解》,第110—112页。
③详李耀仙:《子思、孟子"五行"说考辨》,《先秦儒学新论》,成都:巴蜀书社,1991年,第96—120页。
④刘钊校释:《郭店楚简校释》,福州:福建人民出版社,2003年,第69页。
⑤贾谊撰,阎振益、钟夏校注:《新书校注》,北京:中华书局,2000年,第316页。

二、宗崇仁义

荀子反对思孟"四端""五行"之说，但并不影响他对"仁义"的推崇，也不影响他对"礼乐"路径的遵从。他在《劝学篇》告诉士人的学习和成德路径时说：

> 将原先王，本仁义，则礼正其经纬蹊径也。若挈裘领，诎五指而顿之，顺者不可胜数也。不道礼宪……不可以得之矣。故隆礼，虽未明，法士也；不隆礼，虽察辩，散儒也。①

在荀子看来，"仁义礼"是成其为雅儒的必备条件，否则就是"散儒"。其中"仁义"又是一以贯之的核心精神；"礼"是无施不宜的行为规范："百发失一，不足谓善射；千里跬步不至，不足谓善御；伦类不通，仁义不一，不足谓善学。"② 据杨倞注，"伦类不通"，谓礼法之制不能该遍所有；"仁义不一"，谓仁义精神不能一以贯之。礼法是有形的制度设施，仁义则是无形的精神实质，二者相须而行。

又《荣辱篇》指出："仁义德行，常安之术也。"③ 甚至明确说："今以夫先王之道、仁义之统，以相群居，以相持养，以相藩饰，以相安固邪。"④ 认为先王之道是以"仁义"为统，毋须搞什么"五行"。他认为有了仁义，就可以维系人们群居、持养、藩饰、安固了，仁义就是君子的大纲大纪，何须智和圣呢？在他看来，要贯彻好"先王之道，仁义之统"，还要有"诗书礼乐之分"⑤，这里提出了"诗书"的作用。不过他在前一篇认为，"诗书故而不切"，凭据诗书而欲究大道，"犹以指测河也，以戈舂黍也"⑥，是绝对不行的，"诗书"在此仅为虚设，具体所重仍为"仁义礼乐"。⑦

《非相篇》称赞以弱小之身"入据楚，诛白公，定楚国，如反手耳"的叶公子高，曰："仁义功名善于后世。"⑧ 将忠君爱国、克定叛乱者，视为"仁义"的最高榜样。可见，在荀子思想中，"仁义"仍然是其核心中的核心。

《儒效篇》又说："俄而原仁义，分是非，图回天下于掌上而辨白黑，岂不愚而知矣哉！"⑨ 说用仁义来分别是非，经营天下，可以运诸掌上；用仁义来辨明黑白，虽愚者亦可能矣。又说："圣人也者，本仁义，当是非，齐言行，不失毫厘，无它道焉，已乎行之矣！"⑩ 圣人并非神迷，他不过是依本于仁义，能够辨明是非，知而能行，不差分毫而已。圣人也是以能行仁义为前提的。

---

① 王先谦撰，沈啸寰、王星贤点校：《荀子集解》，第18—20页。
② 王先谦撰，沈啸寰、王星贤点校：《荀子集解》，第21页。
③ 王先谦撰，沈啸寰、王星贤点校：《荀子集解》，第73页。
④ 王先谦撰，沈啸寰、王星贤点校：《荀子集解》，第76页。
⑤ 王先谦撰，沈啸寰、王星贤点校：《荀子集解》，第80页。
⑥ 王先谦撰，沈啸寰、王星贤点校：《荀子集解》，第20页。
⑦ 王先谦撰，沈啸寰、王星贤点校：《荀子集解》，第16页。
⑧ 王先谦撰，沈啸寰、王星贤点校：《荀子集解》，第87页。
⑨ 王先谦撰，沈啸寰、王星贤点校：《荀子集解》，第149页。
⑩ 王先谦撰，沈啸寰、王星贤点校：《荀子集解》，第168页。

《王制篇》："案平政教，审节奏，砥砺百姓，为是之日，而兵刬（专擅）天下劲矣。案然修仁义，伉隆高，正法则，选贤良，养百姓，为是之日，而名声刬天下之美矣。"① 认为讲明政教，可以"兵专天下之劲"（即兵威强于天下），讲明仁义，修隆法则，则可以"名声专天下之美"（美名独擅天下）。可见"仁义"远在政教之上。

《富国篇》："故知节用裕民，则必有仁义圣良之名，而且有富厚丘山之积矣。"②《王霸篇》："故百里之地足以竭势矣；致忠信，著仁义，足以竭人矣，两者合而天下取，诸侯后同者先危。《诗》曰：'自西自东，自南自北，无思不服。'一人之谓也。"③ 百里之地，是称王称霸者的物质基础，而忠信仁义才是得人归趋的道德保障。有了物质和道德的"二者合"（双重结合），才能够取天下、合诸侯，而成就其美名。

《议兵篇》提出："故齐之技击不可以遇魏氏之武卒，魏氏之武卒不可以遇秦之锐士，秦之锐士不可以当桓、文之节制；桓文之节制不可以敌汤、武之仁义，有遇之者，若以焦熬投石焉。"④ 以为仁义是兵家制胜的根本大法，是无敌于天下的根本保证。这与孟子"仁者无敌于天下"并无二致。

同篇又载："陈嚣问于荀卿子曰：'先生议兵，常以仁义为本。仁者爱人，义者循理，然则又何以兵为？'"荀子回答："非女所知也。彼仁者爱人，爱人故恶人之害之也；义者循理，循理故恶人之乱之也。彼兵者，所以禁暴除害也，非争夺也。故仁人之兵，所存者神，所过者化，若时雨之降，莫不说喜。"就像"尧伐驩兜，舜伐有苗，禹伐共工，汤伐有夏，文王伐崇，武王伐纣"一样，"皆以仁义之兵行于天下也，故近者亲其善，远方慕其德，兵不血刃，远迩来服。德盛于此，施及四极。《诗》曰：'淑人君子，其仪不忒。'此之谓也"⑤。称兵邀战，如想得必胜之道，亦在乎仁义而已。当然，荀子讲以仁义治兵，不是宋襄公式"不鼓不成列、不擒二毛、不重伤"的小仁小义，甚至不是齐桓、晋文挟天子以令诸侯的假仁假义，而是在内政外交上推行仁政以强其国本的大仁大义："故汤之放桀也，非其逐之鸣条之时也；武王之诛纣也，非以甲子之朝而后胜之也。皆前行素修也。此所谓仁义之兵也。"⑥

《性恶篇》载，有人质疑荀子"涂之人可以为禹，曷谓也"？荀子回答："凡禹之所以为禹者，以其为仁义法正也。然则仁义法正有可知可能之理，然而涂之人也，皆有可以知仁义法正之质，皆有可以能仁义法正之具。然则其可以为禹明矣。"提出禹之所以为禹，因为他能为"仁义法正"，法正即法制政令。仁义是可知的，法正是可行的。禹是人可以知仁义，可以行法正；途之人也是人，也可以知也可以行："今涂之人者，皆内可以知父子之义，外可以知君臣之正，然则其可以知之质、可以能之具，其在涂之人明矣。今使涂之人者，以其可以知之质、可以能之具，本夫仁义之可知之理、可能之具。然则其可以为禹明矣。"荀子甚至认为，如果让涂之人也一心一意地学习钻研，日积月累，他也是可以达到圣人境界的：

---

① 王先谦撰，沈啸寰、王星贤点校：《荀子集解》，第 203 页。
② 王先谦撰，沈啸寰、王星贤点校：《荀子集解》，第 209-210 页。
③ 王先谦撰，沈啸寰、王星贤点校：《荀子集解》，第 254 页。
④ 王先谦撰，沈啸寰、王星贤点校：《荀子集解》，第 323-324 页。
⑤ 王先谦撰，沈啸寰、王星贤点校：《荀子集解》，第 330 页。
⑥ 王先谦撰，沈啸寰、王星贤点校：《荀子集解》，第 332 页。

"今使涂之人伏术为学，专心一志，思索熟察，加日县久，积善而不息，则通于神明，参于天地矣。故圣人者，人之所积而致也。"① 圣人可作，而其保障首先就是懂得并且力行仁义。又："夫人虽有性质美而心辩知，必将求贤师而事之，择贤友而友之。得贤师而事之，则所闻者尧、舜、禹、汤之道也；得良友而友之，则所见者忠信敬让之行也。身日进于仁义而不自知也者，靡使然也。"②

三、推尊礼法

《儒效篇》载"秦昭王问孙卿曰：'儒无益于人之国。'"孙卿子曰："儒者法先王，隆礼义，谨乎臣子，而致贵其上者也。"儒者是重崇礼义而讲究秩序的。《劝学》亦谓"礼乐法而不说"③，"仁义礼乐"是荀子比较固定的核心观念。《大略篇》说，礼是指导行动的，而其实质就是仁义，此即对《易经》以"履"训礼的翻版。他说："夫行也者，行礼之谓也。礼也者，贵者敬焉，老者孝焉，长者弟焉，幼者慈焉，贱者惠焉……礼以顺人心为本，故亡于礼而顺人心者，皆礼也。礼之大凡，事生，饰欢也；送死，饰哀也；军旅，饰威也。"④ 礼是将各种行为做得恰到好处的保证。

同篇又说："亲亲、故故、庸庸、劳劳，仁之杀也；贵贵、尊尊、贤贤、老老、长长，义之伦也。行之得其节，礼之序也。"荀子接着还对这四个概念进行解说："仁，爱也，故亲。义，理也，故行。礼，节也，故成。仁有里，义有门。仁非其里而虚之，非礼也。义非其门而由之，非义也。推恩而不理不成仁，遂理而不敢不成义，审节而不知不成礼，和而不发不成乐。故曰'仁义礼乐'，其致一也。君子处仁以义，然后仁也；行义以礼，然后义也；制礼反本成末，然后礼也。三者皆通，然后道也。"⑤ 仁义礼乐相辅相成，只有将仁义礼都做好了，或是只有按照礼乐原则将仁义实质贯彻好了，才能达到"道"的境界。由此可见，荀子的核心价值观是"仁义礼乐"，"道"则是对三者（乐在礼中）的贯通。思孟提出"仁义礼智圣"将"圣（通天道）"与仁义礼智并列，显然是不伦不类的！所以他斥其"略法先王而不知统"也。

四、美化忠信

自战国以来，随着列国纷争、纵横盛行的局势漫延，世儒已经重视"忠信"的价值。《荀子·王霸篇》在强调"仁义"的同时，还特别提升了"忠信"的地位："致忠信，著仁义，足以竭人矣。"⑥

《修身篇》谓："士君子不为贫穷怠乎道，体恭敬而心忠信，术礼义而情爱人，横行天

---

① 王先谦撰，沈啸寰、王星贤点校：《荀子集解》，第523页。
② 王先谦撰，沈啸寰、王星贤点校：《荀子集解》，第531页。
③ 王先谦撰，沈啸寰、王星贤点校：《荀子集解》，第16页。
④ 王先谦撰，沈啸寰、王星贤点校：《荀子集解》，第579页。
⑤ 王先谦撰，沈啸寰、王星贤点校：《荀子集解》，第580页。
⑥ 王先谦撰，沈啸寰、王星贤点校：《荀子集解》，第254页。

下，虽困四夷，人莫不贵。"① 恭敬即礼，爱人即仁，配以忠信与义，即仁义礼忠信，有此五者，可以横行天下，四夷皆贵。此亦孔子："言忠信，行笃敬，虽蛮貊之邦，行矣！"《仲尼篇》亦曰："然后恭敬（礼）以先之，忠信以统之，慎谨以行之，端悫（诚实）以守之，顿穷则从之疾力（勤勉）以申重之"② 云云，也是将忠信与礼诚谨慎勤勉结合。

《儒效篇》："志意定乎内，礼节修乎朝，法则度量正乎官，忠信爱利形乎下，行一不义，杀一无罪而得天下，不为也。此君义信乎人矣，通于四海，则天下应之如讙。"③《富国》："故先王明礼义以一之，致忠信以爱之。""故厚德音以先之，明礼义以道之，致忠信以爱之。"《臣道》："忠信以为质，端悫以为统，礼义以为文。"④《议兵》："为人主上者也，其所以接下之百姓者，无礼义忠信焉，虑率用赏庆刑罚，势诈除扼其下，获其功用而已矣。"⑤《强国》："人之所好者何也？曰礼义、辞让、忠信是也。""凡得人者必与道也。道也者何也？曰礼让忠信是也。"⑥ 又称赞入秦所见："其百吏肃然，莫不恭俭、敦敬、忠信，而不楛古之吏也。"⑦ 提倡："然则凡为天下之要，义为本而信次之。古者禹、汤本义务信而天下治，桀、纣弃义背信而天下乱。故为人上者必将慎礼义、务忠信然后可。此君人者之大本也。"⑧ 都将忠信与礼法仁义结合。

不仅政治领域需要忠信，就是祭祀活动，也是忠信的一种表现形式。《礼论》曰："故曰：祭者，志意思慕之情也。忠信爱敬之至矣，礼节文貌之盛矣。"孝子行孝也无非忠信之为。《子道》："明于从不从之义，而能致恭敬、忠信、端悫以慎行之，则可谓大孝矣。传曰：从道不从君，从义不从父。此之谓也。"君子修行亦须忠信，《哀公》载或问何以可谓君子？"孔子对曰：所谓君子者，言忠信而心不德，仁义在身而色不伐，思虑明通而辞不争。"大至平天下，亦无非忠信。《尧曰》："执一无失，行微无怠，忠信无倦，而天下自来。"可见，荀子对忠信的强调，几乎到了无以复加的地步。

余 论

正是由于有荀子对周公、孔子"仁义"学说的坚守，对"礼乐""忠信"的强调，特别是对子思、孟子"仁义礼智圣"的"五行"框架的破除，才使西汉董仲舒有机会顺利建立起"仁义礼智信"的"五常"之教。

董仲舒在《春秋繁露·楚庄王》中说："《春秋》尊礼而重信"，《汉书·董仲舒传》："《春秋》之义，贵信而贱诈"等等。于是毅然抛弃荀子所批判的"五行"，以"信"易

---

① 王先谦撰，沈啸寰、王星贤点校：《荀子集解》，第 33 页。
② 王先谦撰，沈啸寰、王星贤点校：《荀子集解》，第 133 页。
③ 王先谦撰，沈啸寰、王星贤点校：《荀子集解》，第 142 页。
④ 王先谦撰，沈啸寰、王星贤点校：《荀子集解》，第 302 页。
⑤ 王先谦撰，沈啸寰、王星贤点校：《荀子集解》，第 337 页。
⑥ 王先谦撰，沈啸寰、王星贤点校：《荀子集解》，第 352 页。
⑦ 王先谦撰，沈啸寰、王星贤点校：《荀子集解》，第 358 页。
⑧ 王先谦撰，沈啸寰、王星贤点校：《荀子集解》，第 361 页。

"圣",将思、孟学派"仁义礼智圣"的"五行"观改造成为"仁义礼智信"的"五常之道"。① 伴随着汉武帝"罢黜百家,表章六经"文化政策的推行,"仁、义、礼、智、信"便成为中国价值体系中的核心要素而影响了中国两千余年。为了神化"五常"之教,董仲舒还将"五常"与阴阳五行哲学联系起来,《春秋繁露·五行相生》:

> 东方者木,农之本。司农尚仁,进经术之士,道之以帝王之路,将顺其美,匡救其恶……南方者火也,本朝。司马尚智,进贤圣之士,上知天文,其形兆未见,其萌芽未生,昭然独见存亡之机,得失之要,治乱之源……中央者土,君官也。司营尚信,卑身贱体,夙兴夜寐,称述往古,以厉主意……西方者金,大理司徒也。司徒尚义,臣死君而众人死父,亲有尊卑,位有上下,各死其事……北方者水,执法司寇也。司寇尚礼,君臣有位,长幼有序。②

董仲舒以"五行"释"五常",以"天道"释"人道",不仅将社会道德规范神秘化,更赋予其绝对权威性,从而完成了思孟学派没有完成的道德哲学化、伦理终极化的过程。这里虽然体现了董氏个人的慧眼独识、匠心独运,但是荀子崇仁义、重礼乐、美忠信、破五行的系列工作,对董氏五常学说所具有的奠基作用,特别是推动儒家核心价值观念的最后形成,也是不可低估的。

作者简介:舒大刚,男,四川大学古籍整理研究所所长。

---

① 《汉书》卷五六《董仲舒传》,北京:中华书局,1962年,第2505页。
② 苏舆撰,钟哲点校:《春秋繁露义证》,北京:中华书局,1992年,第361—365页。

相互成就：孔子与《春秋》关系新论*

南昌大学　王　丁

摘　要：孔子与《春秋》的关系是经学史研究中不可回避的问题，孔子是否作《春秋》，成为研究者关注的重点，自古至今，争论不休，迄今无定论。从建构主义的角度来看，由于古人建构了孔子与《春秋》的关系，使得他们相互成就，推动了彼此地位的提升。一方面，在《春秋》经典地位的形成过程中，它借重孔子，使《春秋》得以区别于一般史书，成为五经之一；另一方面，在孔子圣人角色的确立过程中，《春秋》也起到了重要作用，成为人们评价孔子及其贡献最主要的依据之一，使孔子最终成为可以与尧、舜、禹等圣人并列的素王。

关键词：孔子　《春秋》　建构主义　经典　圣人

春秋战国时期是中国的"轴心时代"，这一时期涌现出许多思想家，也出现了一批元典，他们为中国传统思想提供了最基本的概念、范畴与观念体系。其中，孔子作为圣人、《春秋》作为经典，被后世学者视为典范、奉为圭臬，他们之间的关系也被人们广泛关注，成为研究孔子与《春秋》时不可不论的问题，自古至今，聚讼不已。我们则欲转换角度，从建构主义①的视角尝试论述孔子与《春秋》的关系及其影响。

一、述作之间：孔子与《春秋》关系之论争

《论语》中并未提及《春秋》，自然也不会谈及孔子与《春秋》之关系。《左传》成公十四年曾记载"君子曰：'《春秋》之称，微而显，志而晦，婉而成章，尽而不污，惩恶而劝

---

*本文为江西省社科规划青年博士基金项目"基于思想体系的先秦儒家历史观研究"（17BJ34）的阶段性成果。

①我们所说的建构主义"倾向于认为事物所内涵或承载的意义并没有不变的本质，不仅形式，就连意义也都是在特定的历史条件下或社会背景中被各种力量的当事人所选择、认定、分类、附会、粘贴或拼凑而成的。意义是在事物发展的过程之中逐渐被附丽、追加或阐释的"。参见周星：《本质主义的汉服言说和建构主义的文化实践——汉服运动的诉求、收获及瓶颈》，《民俗研究》2014年第3期。

善，非圣人，谁能修之？'"不少人认为此处所说的"圣人"即是孔子①，但并无直接证据。

就目前的材料来看，最早谈及孔子与《春秋》关系的是孟子。在《孟子·滕文公下》中，孟子说：

> 世衰道微，邪说暴行有作，臣弑其君者有之，子弑其父者有之。孔子惧，作《春秋》。《春秋》，天子之事也，是故孔子曰："知我者其惟《春秋》乎！罪我者其惟《春秋》乎！"

同时，他又强调"昔者禹抑洪水而天下平；周公兼夷狄、驱猛兽而百姓宁；孔子成《春秋》而乱臣贼子惧。"由此孟子认定孔子曾作《春秋》，其目的则是发挥春秋大义，对抗恶的势力，使乱臣贼子惧。

此说为董仲舒和司马迁继承。在《春秋繁露·俞序》中，董仲舒明确指出：

> 仲尼之作《春秋》也，上探正天端王公之位，万民之所欲；下明得失，起贤才，以待后圣。故引史记，理往事，正是非，见王公。

在《太史公自序》中司马迁也指出"幽厉之后，王道缺，礼乐衰，孔子修旧起废，论诗书，作春秋，则学者至今则之"，"孔子厄陈、蔡，作《春秋》"。类似的说法在《史记·孔子世家》中也有比较详细的记载：

> 子曰："弗乎弗乎，君子病没世而名不称焉。吾道不行矣，吾何以自见于后世哉？"乃因史记作《春秋》，上至隐公，下讫哀公十四年，十二公。

在这一段论述中，司马迁明确指出孔子"因史记作春秋"。不过这里他强调孔子所作之《春秋》有所本，即他说的"史记"，而此"史记"或为鲁史之原本，孔子因之而整理为后来的《春秋》。

另外，在《孔子世家》中，司马迁亦说："孔子在位听讼，文辞有可与人共者，弗独有也。至于为《春秋》，笔则笔，削则削，子夏之徒不能赞一辞。弟子受《春秋》，孔子曰：'后世知丘者以《春秋》，而罪丘者亦以《春秋》。'"所谓"笔则笔，削则削"，似乎强调的是修《春秋》，也就是整理编集《春秋》，而非作《春秋》。

自司马迁以后，古人对孔子曾作或修《春秋》，并没有太大异议②，其主要思想也多承袭孟子或司马迁。"今文经学家自不必说，他们是极其坚定地主张《春秋》是孔子的著作；古文经学家虽然认《春秋》为鲁史旧文，却也主张《春秋》曾经孔子笔削。"③ 杜预在《春秋经传集解序》中就指出："仲尼因鲁史策书成文，考其真伪，而志其典礼。"此说法与司马

---

① 如杨伯峻即认为"这君子之口的圣人，即是孔丘，犹如《公羊》的'君子'"。参看杨伯峻：《春秋左传注》，"前言"，第7页。
② 今古文经在《春秋》上的主要区别，并非在孔子与《春秋》的关系上，而主要是对于《春秋》性质的认识不同，比之于今文学家，古文学家更强调《春秋》史书的一面。
③ 赵伯雄：《春秋学史》，济南：山东教育出版社，2004年，第5页。

迁"笔则笔,削则削"的观点是一致的,也强调孔子修《春秋》。

刘知几认为"《春秋》始作,与《尚书》同时"。并指出其实孔子修《春秋》,并不像人们所认为的那般神圣:

> 夫子之所修者,但因其成事,就加雕饰,仍旧而已,有何力哉?加以史策有阙文,时月有失次,皆存而不正,无所用心,斯又不可得而弹说矣。而太史公云:夫子"为《春秋》,笔则笔,削则削,子夏之徒,不能赞一辞"。其虚美一也。(《史通·惑经》)

虽然如此,刘知几仍认为《春秋》为孔子所修,并赋予《春秋》以意义。

至宋代,人们对传统的很多观点提出质疑①。在《朱子语类》中,朱熹指出"孔子只因旧史而作《春秋》,非有许多曲折",因此其中并没有所谓的"一字褒贬",所以对待《春秋》,"只如看史样看"。朱熹虽否认有春秋义例的存在,但仍然没有否认孔子作《春秋》。

之后,人们对《春秋》的认识虽仍有发展变动,但是对于孔子与《春秋》的关系基本没有脱离以上论述。直到近代,随着思想的解放和传统学术的更新,人们开始对这些传统观点,进行质疑,甚至是否定和颠覆。其中最具代表性的就是以疑古著称的古史辨派。

钱玄同认为《春秋》非孔子所作,他指出:"孔丘底著作究竟是怎样的,我们虽不能知道,但以他老人家那样的学问才具,似乎不至于做出这样一部不成东西的历史来。"② 顾颉刚在《答书》中,对钱说表示赞同,并进一步提出包括《论语》中无孔子作《春秋》事、孟子以前无言孔子作《春秋》的、《春秋》为鲁史所书,亦当有例,不足为奇等在内的六项证据③。

之后,质疑孔子作《春秋》的诸种观点,大体都是沿着顾颉刚的这个思路进行的,如杨伯峻提供了更丰富的文献材料的证据,最后得出结论认为"《春秋》和孔子有关,仅仅因为孔丘用过《鲁春秋》教授过弟子",孔子不曾修或作过《春秋》④。

不过,顾颉刚等人的观点,也遭到不少学者的反对。傅斯年即指出"《春秋》一书不容一笔抹杀,而《春秋》与孔子的各类关系不能一言断其为无"⑤。钱穆虽然认为《诗》《书》《礼》《易》等与孔子无关,却强调《春秋》"是孔子自己的著作,而且是孔子晚年的,又是他唯一的著作。而且又说是孔子极用心、谨严、深微的著作"⑥。

近来,有人甚至撰文对疑古派"孔子未作《春秋》说"的生成逻辑进行质疑。作者强调"内置于这一论点形成和推证整个历史过程的深层逻辑,实际上是一种'指向性历史构境',

---

① 有关宋代围绕此问题争论的详细情况,可参看张尚英:《试论宋人关于孔子"作"、"修"春秋的争论》,四川大学古籍整理研究所、四川大学宋文化研究中心编:《宋代文化研究》(第18辑),四川文艺出版社,2010年,第42-54页。
② 钱玄同:《论〈春秋〉性质书》,顾颉刚编:《古史辨》(第一册),上海:上海古籍出版社,1982年,第276页。
③ 详看顾颉刚:《答书》,《古史辨》(第一册),上海:上海古籍出版社,1982年,第276-277页。
④ 详参杨伯峻:《春秋左传注》,"前言",第5-16页。
⑤ 傅斯年:《傅斯年全集》(第一卷),长沙:湖南教育出版社,2003年,第456页。
⑥ 钱穆:《孔子与春秋》,《两汉经学今古文平议》,北京:商务印书馆,2001年,第263页。

是由史料的截断式去取或臆解误读造成的。这种构境已经超出了史学研究'适度的想象'的范围，带有明显的主观蓄意性"①。

虽然争论不断，但是关于孔子是否作《春秋》的问题，至今仍然没有得到解决。争论双方都各有理论，也都有各自的证据，但大都限于史料，很难坐实。因此争论一直在继续，互相之间都难以说服，孔子与《春秋》的关系也仍然在述作之间徘徊，难有定论。

我们以为，要解决这个问题，一方面有赖于更多新史料的出现，为人们提供更丰富的解读依据。② 另一方面则需要我们有一些新的视角和方法，换一个角度去阐释孔子与《春秋》的关系。我们认为更好的方法是，不去探讨孔子作还是未作《春秋》这样一个事实问题，而是在现有材料的基础上，从建构主义的视角论述后人对孔子与《春秋》关系的建构及其影响。这种影响，一言以蔽之，就是"相互成就"。一方面，由于古人认定《春秋》为孔子所作，《春秋》得以成为经典，被后人奉为圭臬；另一方面，因为《春秋》在后世政治与学术中的作用日益重要，孔子的圣人形象也借此得到进一步的巩固。

二、经典地位的形成：孔子造就《春秋》

《春秋》是传统中国思想文化领域的权威文本之一，它不仅为后世史学的发展提供了学习的模本，还对传统社会政治产生重大影响，因此被古人奉为经典，甚至被用来命名一个时代。不过《春秋》并非在产生之初就以经典的面貌出现，而是经过了一个比较长的经典化的过程。而在这个过程中，孔子发挥着十分关键的作用。

"春""秋"本是表述时间与季节的名词，古人合称"春秋"代指一年，后被用作史书名称，主要记录国家的重大历史事件③。《汉书·艺文志》曾言："古之王者世有史官，君举必书，所以慎言行，昭法式也。左史记言，右史记事，事为《春秋》，言为《尚书》，帝王靡不同之。"墨子也曾说"吾见百国春秋"，在《墨子·明鬼下》中，墨子在讲述四个故事的时候，分别说它们"著在周之春秋""著在燕之春秋""著在宋之春秋""著在齐之春秋"。《战国策·燕策》也记载乐毅所言"贤明之君，功立而不废，故著于春秋"。可知当时各诸侯国皆有史书，但是否皆以《春秋》命名，则有不同说法。

《国语·楚语上》记载申叔时曾向楚庄王详细介绍太子的教育，其中提及"教之《春秋》，而为之耸善而抑恶焉，以戒劝其心"，可知，在楚国，《春秋》是教育太子等贵族时所用的教材，说明楚国应该也有此类史书，亦称为《春秋》。

---

①顾涛：《论"孔子未作〈春秋〉"说的生成逻辑》，《史学月刊》2010年第3期。
②最近清华简《系年》的出土，使人们有了可以与《春秋》对照的文本，对相关问题进行新的阐释。比如有人对比清华简《系年》与《春秋》经传关于国君死亡事件的记录，认为二者"对'弑君'事件的不同处理方式，可从另一侧面佐证孔子对《春秋》确实进行了修订及'春秋笔法'的存在。"参看肖锋：《再看〈春秋〉笔法——以清华简〈系年〉与〈春秋〉经传对国君死亡事件的记录为视角》，《西南交通大学学报》（社会科学版）2014年第6期。
③据朱彦民教授研究，从甲骨文材料来看，商代只有春秋两季，到了西周末期、春秋初期，才逐渐出现了春夏秋冬四季，因此在商周时期"春秋"就足以标志完整的一年，并认为人们把按年代编写的史书称为"春秋"，当是对商周历史的继承。参看朱彦民：《〈春秋〉何以名"春秋"》，《管子学刊》2017年第2期。

与此不同，孟子曾言："晋之《乘》、楚之《梼杌》、鲁之《春秋》，一也。"(《孟子·离娄下》）则各国史书似有不同名称。不过孟子也说他们名称虽不同，但实际上是一样的，则《春秋》或为当时此类史书的统称。只是随着时间的流逝，其他诸侯国的史书都消亡，而鲁国的《春秋》却传承下来，于是《春秋》遂逐渐成为鲁《春秋》的代名词。

各国都有类似于《春秋》的史书，也被后来的出土文献所证实。西晋时在汲郡魏襄王墓中，出土了一批竹简，人们称之为"汲冢书"，其中最重要、价值最高的就是后人称为《竹书纪年》的编年史。该书记述了自夏、商、西周以至战国时期的事情，且以晋国纪年记录春秋之事，而以魏国纪年记录战国之事，因而被认为是魏国的史书。近来，清华大学收藏的一批竹简中，也有类似于《竹书纪年》的编年史书，整理者题名为《系年》，它主要记述了自西周初年至战国前期的历史，且主要是从楚国的角度来叙述的，应为当时楚国的史书。这些都说明，当时各国皆有类似于《春秋》的史书。①

然而，这些诸侯国的史书却并未被传承下来，命运多舛。清华简《系年》历经两千余年，方被人所知。《竹书纪年》在西晋时出土，且不说地位远不如已经成为经典的《春秋》，出土后也没有被完整保存，在流传的过程中又散佚了，目前我们仅能通过一些辑佚的片段，略窥其貌。

那么，同为诸侯国的史书，其地位和命运为何却相差如此之多？原因是多方面的。我们知道，古代书籍的保存十分不易，流传的过程中还会遭遇诸多"书厄"。因此，我们今日所能见到的古代书籍，特别是先秦的典籍，只是很少的一部分，很多书都在流传的过程中亡佚。古代书籍的保存与流传，自然与它的载体、书写方式等有一定的关系，但最关键的仍在于人，即人是否重视它、是否主动学习和传承它。王中江即强调经典形成的一个重要条件就是"它依赖于不断地传承、阅读、诠释和信仰"。只有在这个过程中，它才能获得权威性和神圣性。② 这在上古的书籍传承中表现得尤为明显，先秦时期很多书籍并未形成文字定本，而是靠口耳相传，如果有人继承，则能够留存，无人学习，则难免散佚。比如《春秋》三传中的《公羊传》《穀梁传》，其早期传承即是如此，所以《汉书·艺文志》曾说："及末世口说流行，故有《公羊》《穀梁》《邹》《夹》之传。"同样，《春秋》得以传承至今，而《竹书纪年》与《系年》则不得其传，均与此有关。

另外，鲁国一直以周文化的继承者自居，文化相对发达，也极为重视文献保存，这与鲁《春秋》得以保存，也有一定的关系。所以《左传》昭公二年记载"晋侯使韩宣子来聘……观书于大史氏，见《易》《象》与鲁《春秋》，曰：周礼尽在鲁矣。"

不过，我们以为，更为重要的原因是孔子在《春秋》经典化中的作用与贡献。刘知几即指出正是孔子修《春秋》，才使《春秋》可以长久流传：

> 逮仲尼之修《春秋》也，乃观周礼之旧法，遵鲁史之遗文；据行事，仍人道；就败

---

① 当然，三者在历史叙事上还是有不少区别，各有特点。可参看许兆昌：《〈系年〉、〈春秋〉、〈竹书纪年〉的历史叙事》，上海：中西书局，2015年。
② 王中江：《经典的条件：以早期儒家经典的形成为例》，《中国哲学史》2002年第2期。

以明罚，因兴以立功；假日月而定历数，藉朝聘而正礼乐；微婉其说，志晦其文；为不刊之言，著将来之法，故能弥历千载，而其书独行。(《史通·六家》)

关于《春秋》是否为孔子所作，虽然争议颇多，但人们基本都认为孔子曾用《春秋》作为教材，教授弟子，而且孔子的弟子也进一步传授《春秋》之学，使《春秋》得以流传，并且延伸出更多派别，内容更加丰富。

其中，子夏在《春秋》等经典的传承中，发挥了关键性的作用。传世文献有不少孔子传授《春秋》给子夏的记载。《史记·孔子世家》记孔子"为《春秋》，笔则笔，削则削，子夏之徒，不能赞一辞"。其中特意提到子夏。除此之外，《春秋》三传的流传可能皆与子夏有关系。关于《公羊传》，东汉何休《春秋公羊传解诂》疏引戴宏《公羊传序》："子夏传与公羊高，高传与其子平，平传与其子地，地传与其子敢，敢传与其子寿；至汉景帝时，寿乃共弟子胡毋子都著于竹帛。"关于此段《公羊传》的师承关系，人们也有疑问①，但是对于始自子夏，则基本认可。关于《穀梁传》，应劭《风俗通义》认为穀梁为子夏门人，杨士勋《春秋穀梁传注疏》也认为穀梁"受经于子夏，为经作传"。关于《左传》与子夏的关系，学界争论较多，其中有不少学者认为《左传》与子夏有关系。如钱穆曾说："子夏居西河，晚年失明，疑左丘失明，或自子夏误传。"② 徐中舒则指出"《左传》可能就是在子夏门下编写成书的"，"作者可能就是子夏一再传弟子"③。

需要强调的是，《春秋》之学虽然在子夏之后分化，但它们都是以孔子的传授为起点，没有孔子，也就不会形成《春秋》之学。所以人们在传播《春秋》之学时，也往往借重孔子，认为自己是承自孔子的正统。《汉书·楚元王传》记载刘歆欲立《左传》于官学，就强调"左丘明好恶与圣人同，亲见夫子，而公羊、穀梁在七十子后，传闻之与亲见之，其详略不同"。同样，反对《左传》立为官学的儒生，其理由是"《左氏》不祖孔子"(《后汉书·郑范陈贾张传》)。所以后来尊《左传》的人，又进一步拉近左丘明与孔子的关系，强调"丘明至贤，亲受孔子"(《后汉书·郑范陈贾张传》)。对此，《四库全书总目提要》有比较清晰的认识，指出"至唐赵匡，始谓左氏非丘明，盖欲攻《传》之不合《经》，必先攻作《传》之人非受《经》于孔子，与王柏欲攻《毛诗》，先攻《毛诗》不传于子夏，其智一也。"

由此，我们可知，《春秋》之所以能够保存传承下来，孔子的传授不可或缺，至少在古人的意识中，他们认为孔子是整个《春秋》之学的起点，没有他的传授，《春秋》就不会被后人如此重视，也不可能列为五经之一，成为官学。更不用说，那些坚定认为《春秋》为孔子所作的人，更是重视学习《春秋》，将之作为认知孔子思想的权威读本，学之者众，传之者广。

当然，古人因孔子而尊《春秋》，也并非没有理由的盲目推崇。他们认为《春秋》并非是一部记录重大事件的普通史书，而是使用了不同的笔法，拥有"微言大义"。也就是说事件本身并不那么重要，重要的是记述事件的笔法所反映的内在的褒贬和大义，这些才被他们

---

① 如徐复观即认为，这段世系，是《公羊》一派出于与《左传》的争胜，而私自造出来的。参看徐复观：《两汉思想史》(卷二)，上海：华东师范大学出版社，2001年，第195—202页。
② 钱穆：《先秦诸子系年》，北京：中华书局，1985年，第195页。
③ 徐中舒：《〈左传〉的作者及其成书年代》，《历史教学》1962年第11期。

认为是《春秋》最精华的部分。

《左传》（成公十四年）记载"君子曰：'《春秋》之称，微而显，志而晦，婉而成章，尽而不污，惩恶而劝善，非圣人，谁能修之？'"也就是强调《春秋》大有深意，且有道德评判的意味，人们将此五个方面称为"《春秋》五例"，甚至认为它是春秋笔法的基本内涵。① 孟子曾言"王者之迹熄而《诗》亡，《诗》亡然后《春秋》作。晋之《乘》，楚之《梼杌》，鲁之《春秋》，一也。其事则齐桓、晋文，其文则史。孔子曰：'其义则丘窃取之矣。'"（《孟子·离娄下》）孟子特意引孔子之言，来说明孔子重视的是《春秋》之义，而非所记之事，故而才能使"乱臣贼子惧"。

司马迁则更详细说明了春秋笔法和春秋大义的内涵，并认为这正是孔子的重大贡献。在《史记·太史公自序》中，他曾引述董仲舒之言来说明孔子为何作《春秋》：

> 余闻董生曰："周道衰废，孔子为鲁司寇，诸侯害之，大夫壅之。孔子知言之不用，道之不行也，是非二百四十二年之中，以为天下仪表，贬天子，退诸侯，讨大夫，以达王事而已矣。"

在《史记·孔子世家》中，他也指出孔子：

> 据鲁，亲周，故殷，运之三代。约其文辞而指博。故吴楚之君自称王，而《春秋》贬之曰"子"；践土之会实召周天子，而《春秋》讳之曰"天王狩于河阳"：推此类以绳当世。贬损之义，后有王者举而开之。《春秋》之义行，则天下乱臣贼子惧焉。

也就是说，司马迁认为《春秋》会通过笔法上的取舍，表明其褒贬的倾向，从而一字一句均体现了微言大义，所以他说"《春秋》以道义"（《史记·太史公自序》）。同时，他认为这个"义"，是孔子"笔则笔、削则削"的结果。换言之，是孔子赋予《春秋》以意义，使它不再是仅仅记事的史书，而成为经书。所以皮锡瑞强调"《春秋》自孔子加笔削褒贬，为后王立法，而后《春秋》不仅为记事之书"②。

总之，孔子不仅与《春秋》有紧密的关系，还在《春秋》经典化的过程中发挥了十分关键的作用。在古人看来，孔子承继先圣，在王道衰微的时代，通过特定的笔法作《春秋》，并在其中注入微言大义，对乱臣贼子有震慑作用，同时，也使《春秋》成为一部不同于普通记事的史书，列入五经之中。另外，古人还建构了自孔子、子夏以至后世的《春秋》之学的师承谱系，并将孔子作为这个谱系的起点，由此，古人认为孔子不仅作了《春秋》，还授之于子夏等人，使之得以流传。

因此，我们可以说，孔子造就了《春秋》。即使孔子未曾作《春秋》，但由于古人建构了孔子与《春秋》之间的关系，《春秋》才得以借重孔子，立于官学，流传后世，其中所谓的微言大义，也才得以借孔子之名，影响人们的思想，以至渗透到政治社会之中，成为统治者治国理政的参考。

---

① 李洲良：《春秋笔法的内涵外延与本质特征》，《文学评论》2006 年第 1 期。
② 皮锡瑞：《经学历史》，北京：中华书局，1959 年，第 19—20 页。

三、圣人角色的确立：《春秋》成就孔子

孔子生前，已经被不少人称为圣人，虽然他自己谦虚地说："若圣与仁，则吾岂敢？"（《论语·述而》），但是他的弟子已经将他塑造成一个与日月同辉的圣人形象：

> 颜渊喟然叹曰："仰之弥高，钻之弥坚，瞻之在前，忽焉在后。夫子循循然善诱人，博我以文，约我以礼，欲罢不能。即竭吾才，如有所立。卓尔，虽欲从之，末由也已。"（《论语·子罕》）。

不只是孔子的学生，当时不少人，都认为孔子是博学的圣贤。《论语·子罕》记载有"达巷党人曰：'大哉孔子！博学而无所成名。'"。

不过，孔子去世不久，就有不少人毁仲尼，而子贡等人则不遗余力地维护孔子：

> 叔孙武叔语大夫于朝曰："子贡贤于仲尼。"子服景伯以告子贡，子贡曰："譬之宫墙，赐之墙也及肩，窥见室家之好；夫子之墙数仞，不得其门而入，不见宗庙之美、百官之富。得其门者或寡矣，夫子之云不亦宜乎！"（《论语·子张》）；

> 叔孙武叔毁仲尼，子贡曰："无以为也，仲尼不可毁也。他人之贤者，丘陵也，犹可逾也；仲尼，日月也，无得而逾焉。人虽欲自绝，其何伤于日月乎？多见其不知量也。"（《论语·子张》）。

《孟子·滕文公上》也记载："昔者孔子没……子夏、子张、子游以有若似圣人，欲以所事孔子事之，强曾子。曾子曰：'不可。江汉以濯之，秋阳以暴之，皜皜乎不可尚已。'"

更为严重的是，战国诸家，如墨家、道家、法家等，都把孔子作为攻击的靶子，对孔子及其学说进行了猛烈批判。① 而孔门弟子及儒家后学，则在反驳的同时，开始了造圣的运动，逐步将孔子推上了圣坛。

孟子之时，"圣王不作，诸侯放恣，处士横议，杨朱墨翟之言，盈天下，天下之言，不归杨则归墨"，他认为"杨墨之道不息，孔子之道不著"（《孟子·滕文公下》）。为此，他一方面对杨墨之言进行批判，另一方面对孔子进行圣化。他认为"自有生民以来，未有孔子也"（《孟子·公孙丑上》），"孔子之谓集大成"（《孟子·万章下》），并借用宰我"以予观于夫子，贤于尧舜远矣。"（《孟子·公孙丑上》）、有若"圣人之于民，亦类也。出于其类，拔乎其萃，自生民以来，未有盛于孔子也"（《孟子·公孙丑上》）等孔子弟子的言论来证明。

而孟子圣化孔子，提升孔子地位的一个非常大的举措，就是建构了孔子与《春秋》之间

---

① 关于战国诸子对孔子的认知与评价，可参看林存光：《战国诸子的孔子观述评》，《孔子研究》1994年第2期。

的关系，提出孔子作《春秋》的说法①。

在《孟子》一书中，他将古史的发展归结为善与恶的对立与斗争，并将古史人物分成善、恶两个系统，与此相关的就是天下的"一治一乱"。于是古史的人物与事迹，都被这个古史系统所统摄，被系谱化。有夏桀的不善，便有汤的讨伐；有殷纣的为恶，便有武王的诛讨；有邪说暴行，臣弑君，子弑父的行为，便有孔子的作《春秋》。由此，孟子将孔子纳入自尧、舜、禹以来善的谱系之中，使他承担起先圣道统，对抗邪说暴行，批判臣弑君、子弑父等不合礼、不仁义的言行。

在孟子看来，孔子对抗恶系统的关键就是作《春秋》，通过《春秋》的特殊笔法来实现对历史人物的褒贬，从而能够达到"孔子成《春秋》，而乱臣贼子惧"（《孟子·滕文公下》）的效果。换言之，在孟子看来，孔子之所以能够与尧、舜、禹等先圣比肩，其关键就在于《春秋》一书。没有《春秋》，孔子的贡献就难以达到圣人的标准，自然也不会成为"集大成者"。也就是说孔子作《春秋》，而《春秋》成就了孔子的圣人地位。所以《孟子·滕文公下》引述孔子之言"知我者，其惟春秋乎；罪我者，其惟春秋乎"。足见孔子极为重视《春秋》，并把它作为评价自己功过的主要标准。

确实如孔子所言，自此以后，人们在谈论孔子的贡献之时，往往都与《春秋》联系起来。特别是在秦汉时期，人们极为推崇《春秋》，并以之作为认知孔子思想的重要载体，所以当时的一些纬书常强调孔子"志在《春秋》，行在《孝经》"。钱穆也指出："隋唐以前人尊孔子，《春秋》尤重于《论语》。两汉《春秋》列博士，而《春秋》又几乎是五经之冠冕。《论语》则与《尔雅》《孝经》并列，不专设博士。以近代语说之，《论语》在当时，仅是一种中小学教科书，而《春秋》则是大学特定的讲座。"②

据《春秋繁露·俞序》记载，子夏就十分重视《春秋》，强调《春秋》在治国理政中的不可或缺：

> 卫子夏言："有国家者，不可不学《春秋》。不学《春秋》，则无以见前后旁侧之危，则不知国之大柄，君之重任也。故或胁穷失国，掩杀于位，一朝至尔。苟能行《春秋》之法，致行其道，岂徒除祸哉？乃尧舜之德也。"

董仲舒本人就不用说了，作为公羊家的代表人物，他更是将《春秋》与孔子推崇到无以复加："仲尼之作《春秋》也，上探正天端王公之位，万民之所欲；下明得失，起贤才，以待后圣。"（《春秋繁露·俞序》）。

在董仲舒看来，《春秋》是孔子建构新的社会与价值秩序的关键，所以他在《春秋繁露·三代改制质文》中说"《春秋》作新王之事，变周之制，当正黑统。而殷、周为王者之后。

---

①杨海文认为孟子所建构的孔子与《春秋》之间的文化关联主要表现在："一是作《春秋》的时代背景——'《诗》亡然后《春秋》作'；二是孔子作《春秋》的两难心境——'知我者其惟《春秋》乎！罪我者其惟《春秋》乎'；三是《春秋》的儒家正统意蕴——'孔子成《春秋》而乱臣贼子惧'。参见杨海文：《批判性关怀：孟子论孔子与〈春秋〉》，《西南民族大学学报》（人文社会科学版）2012年第4期。
②钱穆：《孔子与春秋》，《两汉经学今古文平议》，第264页。

绌夏，改号禹谓之帝，录其后以小国。故曰：绌夏存周，以《春秋》当新王"。即孔子因为《春秋》而创立了新的制度，从而成为新王。由此可见在董仲舒看来，《春秋》在孔子圣人地位的形成中具有关键作用。

在这个问题上，司马迁基本上继承了董仲舒的思想。所以在谈论孔子为何作《春秋》的时候，他便引述了董仲舒的言论，以为佐证。在此基础上，他对《春秋》给予非常高的评价：

> 夫《春秋》，上明三王之道，下辨人事之纪，别嫌疑，明是非，定犹豫，善善恶恶，贤贤贱不肖，存亡国，继绝世，补敝起废，王道之大者也……《春秋》辨是非，故长于治人。是故《礼》以节人，《乐》以发和，《书》以道事，《诗》以达意，《易》以道化，《春秋》以道义。拨乱世反之正，莫近于《春秋》。《春秋》文成数万，其指数千。万物之散聚皆在《春秋》……故有国者不可以不知《春秋》，前有谗而弗见，后有贼而不知。为人臣者不可以不知《春秋》，守经事而不知其宜，遭变事而不知其权。为人君父而不通于《春秋》之义者，必蒙首恶之名。为人臣子而不通于《春秋》之义者，必陷篡弑之诛，死罪之名……故《春秋》者，礼义之大宗也。

在这段论述中，司马迁同时提到了《易》《礼》《书》《诗》《乐》等经典，他认为这些经典与《春秋》一样，不可或缺，且各有分工，以不同的方式，在不同的方面和领域发挥作用。其中，他对《春秋》的评价尤其高，所以他说"拨乱世反之正，莫近于《春秋》。《春秋》文成数万，其指数千。万物之散聚皆在《春秋》"。总之，在司马迁看来，《春秋》是"王道之大者"，其中的大义几乎无所不包，君、父、臣、子都不可不通。正因为《春秋》如此重要，在现实社会中也发挥着关键的作用，所以孔子才作《春秋》。

在《史记·孔子世家》中，司马迁则明确指出，孔子之所以作《春秋》，是怀着一种极大的忧患意识，即担忧自己的道不能行于后世，为人所知。因此，孔子作《春秋》，实际上是借《春秋》传播自己的道，所以他强调"后世知丘者以《春秋》，而罪丘者亦以《春秋》"。对此，朱熹也曾引胡安国之言曰：

> 仲尼作《春秋》以寓王法。厚典、庸礼、命德、讨罪，其大要皆天子之事也。知孔子者，谓此书之作，遏人欲于横流，存天理于既灭，为后世虑，至深远也。罪孔子者，以谓无其位而托二百四十二年南面之权，使乱臣贼子禁其欲而不得肆，则戚矣。

由此可知，《春秋》对于孔子在后世的定位和评价的重要性。可以说《春秋》是评价孔子的依据，而孔子地位的不断提升，圣人角色的确立都有赖于《春秋》①。

另外，在孔子思想的传播上，《春秋》也发挥了极为重要的作用。一个人的思想的传播，主要依赖两个因素，一个是人，一个就是著作。孔子的思想之所以影响深远，孔子之所以成为万世师表，与其弟子及众多儒家信徒的宣扬有很大关系，这一点自不待言。而著作对于孔

---

① 现代有不少人更是因为《春秋》，而将孔子尊为中国的"史学之父"。参见朱本源：《孔子史学观念的现代诠释》，《史学理论研究》1994年第3期。

子思想的传播亦有重要影响，正是后世的经典，成为人们了解、诠释甚至是发挥孔子思想的基础。而在这些著作中，《春秋》至为重要，与孔子的关系也较为紧密。

总之，古人认为，孔子之所以能成为圣人，进入历史的谱系，是因为他做出了巨大的贡献。其中，在他们看来，孔子最主要的成就即是通过作《春秋》，阐述大义、建立新制、为后世树立标准。因此，我们可以说，在古人看来，没有《春秋》，则无从评价孔子，自然也就不可能有孔子至圣的地位。

四、结语

孔子与《春秋》的关系，是千百年来人们不断探讨的一个问题，无论是研究孔子还是论述《春秋》，这一问题都不可回避。孔子作为传统中国的圣人，《春秋》作为中华文化的经典，他们对传统文化影响深远。因此自古至今，在这个问题上，无论是古人的信奉与宣扬，还是今人的怀疑与反思，人们都在关注二者及其相互关系。

然而，由于年代久远，又限于材料，孔子与《春秋》的关系始终在述作之间徘徊，难有定论。我们则欲转换角度，不去深究孔子是否作《春秋》这一事实问题，而是关注古人，特别是战国秦汉时人①，在二者之间建构了怎样的关系，以及这种建构对孔子与《春秋》分别产生了什么影响。

一方面，在《春秋》经典地位的形成过程中，孔子发挥了重要作用，他是《春秋》能够跻身经典的关键。由于当时人们认为孔子作《春秋》，并赋予《春秋》以微言大义，所以《春秋》得以与一般的史书区别开来，而成为反应孔子思想的经书，被人重视，并被立为博士，成为官学。因此，在这个意义上，我们可以说，无论孔子是否作《春秋》，孔子都造就了《春秋》。

另一方面，在孔子圣人角色的确立过程中，《春秋》也起到了强化作用，它是孔子可以与尧、舜、禹等圣王比肩的关键。孔子虽然强调"述而不作"，但由于后人将《春秋》看作是孔子的著作，因此人们在评价孔子的贡献时，《春秋》就成为一个评价的依据。人们认为，因为有《春秋》，孔子建立了新的社会与价值秩序，并对破坏这种秩序的行为进行了褒贬与批判，这使他成为可以与尧、舜、禹等圣王相媲美的圣人或者说是"素王"。因此，在这个意义上，我们可以说，《春秋》成就了孔子。

总之，孔子与《春秋》是相互成就的关系，在古人看来，圣人创造了经典，经典又成就了圣人，二者在良性的互动中，最终成为传统中国文化中不可或缺的因素，为人们推崇，被人们崇拜，成为让古人可敬可畏的权威，并一直影响至今。

作者简介：王丁，男，历史学博士，南昌大学国学研究院讲师。

---

① 战国秦汉时期，是孔子圣人角色稳固的重要时期，也是《春秋》经典地位确立的关键时期。

从《周易》与《诗经》的关联看其撰成时代*

西南大学汉语言文献研究所　王化平

摘　要：文章首先从《周易》和《诗经》中收集了 36 条资料，并借助《诗经》解释了一些卦爻辞。然后，对这 36 条资料做了分类和分析，发现与《周易》相关的《诗经》作品多见于《风》《雅》，尤其多见于《风》和《小雅》。而就文体、传播过程等角度看，《诗经》影响《周易》的可能性更大。因此，《周易》整体的成形时间不应早于《诗经》。最后，文章指出与《周易》相关的《诗经》作品中，以见于《邶风》《鄘风》《卫风》《郑风》者居多，此或说明《周易》与殷商文化存在联系。

关键词：《周易》　《诗经》　撰成年代　殷商文化

熟悉《周易》的都知道，《周易》有许多词汇、句子可以在《诗经》中找类似的用例，这些用例对训释《周易》、推测其撰成年代很有帮助。只不过很少有人将这类材料集中起来，做全面的梳理。下文尝试在前人工作的基础上，将《周易》与《诗经》中相关的句子摘抄出来，然后借助《诗经》解释《周易》并讨论其撰成年代。文中材料的收集主要有两个途径，一是阅读《诗经》和《周易》，二是阅读相关研究作品，比如李均简《周易引经通释》[①]、高亨《周易古经今注》[②]、黄忠天《〈易经〉〈诗经〉动植物象征义涵与两书互动关系比较研究》[③] 等。

一、《周易》与《诗经》相关联资料的收集

1. 乾九四"或跃在渊"

《诗·小雅·鹤鸣》：鱼潜在渊，或在于渚。/鱼在于渚，或潜在渊。

---

* 基金项目：重庆市社科规划项目"出土古文字材料与《周易》卦爻辞新释"（2016YBLS154）、国家社科基金项目"以出土文献为中心之先秦易学的发生、发展及其流变研究"（17BZX057）。
① 李均简：《周易引经通释》，《续修四库全书》，上海：上海古籍出版社，2002 年影印本。
② 高亨：《周易古经今注》（重订本），北京：中华书局，1984 年。
③ 黄忠天：《〈易经〉〈诗经〉动植物象征义涵与两书互动关系比较研究》，《文与哲》第 23 期，2013 年。

《诗·大雅·旱麓》：鸢飞戾天，鱼跃于渊。①

按：孔颖达正义云："或，疑也。"是读"或"为"惑"。之所以这样解释，一方面是利用通假，另一方面是"渊"与"天"相比，仍是潜伏之位，所以孔颖达又说"疑，在于故位，未即进也"。但从《鹤鸣》和《旱麓》看，鱼在渊时，既可说潜，也可说跃，二者皆可。"或在于渚"是承前文"鱼潜在渊"说的，乾卦中"或跃在渊"则可理解为上承九二"见龙在田"和初九"潜龙"。进一步推测的话，可将"潜龙"理解为"潜龙在渊"的缩略语。

2. 坤：元亨，利牝马之贞。君子有攸往，先迷，后得主。利西南得朋，东北丧朋，安贞吉。

《诗·小雅·菁菁者莪》：既见君子，锡我百朋。

按："朋"字在金文中多作量词，在《菁菁者莪》中，也显然是作量词。不过，在"既见君子，锡我百朋"中，"朋"字似有双关义，不单是量词，亦指朋友。郑笺云："赐我百朋，得禄多，言得意也。"也正是这个意思。就语法功能来说，量词与名词有不同，"得朋"和"丧朋"两个短语中，"朋"字只能是名词。若将"朋"理解为量词，它通常和数词组合才能充当宾语。在《菁菁者莪》中，先说"既见君子"，在坤卦中，先说"君子有攸往，先迷，后得主"，此"主"与《菁菁者莪》中的"君子"性质相似。因此，可以认为"得朋"与"得主"其实是相呼应的，坤卦卦辞中从"君子有攸往"以下至"东北丧朋"是一个意群，绝不能分开理解。

在马王堆帛书《六十四卦》中，损卦六五和益卦六二的"十朋之龟"均写作"十备之龟"，② 与坤卦卦辞用"朋"字不同，也可证明"得朋"是得到朋友之意，不是量词。

3. 坤六三"含章，可贞"、六五"黄裳，元吉"、丰六五"来章，有庆誉，吉"。

《诗·小雅·裳裳者华》：裳裳者华，芸其黄矣。我觏之子，维其有章矣。维其有章矣，是以有庆矣。

《小雅·都人士》：彼都人士，狐裘黄黄。其容不改，出言有章。行归于周，万民所望。

按：对于坤六三和丰六五中的"章"字，易学界有不同意见。高亨读含为戡，读章为商，"含章"意谓周武王克商。③ 李零以为丰六五中的"章"通"璋"，亦似可通。④ 而从《裳裳者华》看，坤六三和六五其实都是描述服饰，这样理解才最切合经文本义。而"维其有章矣，是以有庆矣"，几乎就是"来章，有庆誉"的脚注，两者的关系极其密切。

至于坤六五的"黄裳"，同样可参照上引诗句来理解。"黄"是一种令人赏心悦目的颜色，因此《裳裳者华》和《都人士》一者用它描写花，一者用它描写华服。两首诗中，又都由"黄"而至"章"，此与坤卦三、五两爻先后说章、黄何其相似！《周易》卦爻辞的撰作与这两首诗必然有相同的文化背景。

---

① 毛亨传，郑玄笺，孔颖达疏：《毛诗正义》，阮元校刻《十三经注疏》，北京：中华书局，1980年影印本。以下引《诗经》及《毛传》《郑笺》均出自此本，因引用较多，为避繁琐，不再一一注释。
② 裘锡圭主编：《长沙马王堆简帛集成（叁）》，北京：中华书局，2014年，第17页，第38页。
③ 高亨：《周易大传今注》，济南：齐鲁书社，1979年，第62页。
④ 李零：《死生有命，富贵在天》，北京：三联书店，第270页。

4. 坤上六：龙战于野，其血玄黄。

《周南·卷耳》：陟彼高岗，我马玄黄。

按：在《卷耳》中，"玄黄"明显是描述马匹的疲态。王引之："虺隤叠韵字，玄黄双声字，皆谓病貌也。"① 也就是说，"玄黄"是不能分开来理解的。陈奂云："玄黄合二字成义，玄黄之不可分释，犹虺隤之不能分释耳。"② 因此，坤上六中的"其血玄黄"一句当指战争激烈，龙显示出疲病之态。

5. 屯上六：乘马班如，泣血涟如。

《小雅·雨无正》：鼠思泣血，无言不疾。

按："泣血"，毛传云："无声曰泣血。"易家多释"泣血"为哭泣，是形容哭泣得非常伤痛，《周易》和《诗》用词相同，意亦相同。

6. 蒙六三：勿用取女。见金夫，不有躬。无攸利。

《诗·卫风·氓》：桑之未落，其叶沃若。于嗟鸠兮，无食桑葚。于嗟女兮，无与士耽。士之耽兮，犹可说也。女之耽兮，不可说也。

按：毛传云："耽，乐也。"郑笺云："说，解也。士有百行，可以功过相除。至于妇人，无外事，维以贞信为节。"也就是说，男女在道德规范上是有不同要求的，女性宜矜持、节制。"见金夫，不有躬"，就是不矜持，不节制，所以说"勿用取女"。另，尚秉和先生释"金夫"时，引《诗》"有匪君子，如金如锡"，及《左传》"思我王度，式如玉，式如金"，说明古人以金喻人之贤美。③

7. 需九五：需于酒食，贞吉。

按：在《诗经》中，包含有"酒食"或"酒""食"的诗句很多，大多见于友朋、君臣欢聚、祭祀场合，也会用于表示荒淫、懈怠。例如《诗·邶风·柏舟》："微我无酒，以敖以游。"《郑风·叔于田》："叔于狩，巷无饮酒。岂无饮酒，不如叔也，洵美且好。"《女曰鸡鸣》："弋言加之，与子宜之，宜言饮酒，与子偕老。琴瑟在御，莫不静好。"《唐风·山有枢》："子有酒食，何不日鼓瑟。且以喜乐，且以永日。"《豳风·七月》："为此春酒，以介眉寿。""朋酒斯飨，曰杀羔羊。"《小雅·鹿鸣》："我有旨酒，嘉宾式燕以敖。""我有旨酒，以燕乐嘉宾之心。"《常棣》："傧尔笾豆，饮酒之饫。兄弟既具，和乐且孺。"《伐木》："伐木许许，酾酒有藇。既有肥羜，以速诸父。"用例甚多，不一一列举。由以上诗句可知，"酒食"含有欢聚、和乐之意，"需于酒食"就是准备好酒食等待客人，心情是愉悦的，与六四"需于血"、上六"入于穴，有不速之客三人来，敬之"的心态和情形均有不同。

8. 比：不宁方来，后夫凶。

《诗·大雅·韩奕》：干不庭方，以佐戎辟。

按：茹敦和："《考工》祭侯之辞曰：'惟若宁侯，毋或若女不宁侯。''不宁方'者，犹

---

① 王引之：《经义述闻》第五卷《毛诗上》，南京：江苏古籍出版社，2000年。
② 转引自竹添光鸿：《毛诗会笺》，南京：凤凰出版社，2012年，第132页。
③ 尚秉和：《周易尚氏学》，北京：中华书局，1980年，第48页。

《诗》所谓'不庭方'也。"① 屈万里:"《诗·大雅·韩奕》'干不庭方',毛公鼎'率怀不庭方。'方者,国也。不宁方来,盖谓不宁之方国来归附也。"② 比卦中的"不宁方"与《韩奕》之"不廷方"结构相同,意义相近。

9. 履上九:视履,考祥其旋,元吉。

《诗·小雅·大东》:周道如砥,其直如矢。君子所履,小人所视。

按:"视履"一句较费解,若参考《大东》中的"君子所履,小人所视",则很好理解。所谓"视履",几乎是对"君子所履,小人所视"的化用,字面意思就是看着步履,寓意遵正道而行。至于"考祥其旋",可参看郑张尚芳先生的解释,当读作"巧翔其旋"。③

10. 泰九二:包荒,用冯河,不遐遗,朋亡,得尚于中行。

《诗·周南·汝坟》:既见君子,不我遐弃。

《诗·小雅·谷风》:将安将乐,弃予如遗。

《诗·大雅·抑》:视尔友君子,辑柔尔颜,不遐有愆。

《诗·大雅·思齐》:肆戎疾不殄,烈假不遐。

《诗·大雅·下武》:于万斯年,不遐有佐。

按:遐,远也。《周易》与《诗经》不同的是,它用的是正常语序,而后者则前置宾语。帛书《六十四卦》"朋"字作"弗",④ 有可能是假借字。"不遐"在《诗经》和金文中也都有出现,近年有学者讨论,以为"不遐"是"没有闲暇"的意思,⑤ 此义置于泰九二中,似亦适用。

11. 否九五:休否,大人吉。其亡其亡,系于苞桑。

《诗·唐风·鸨羽》:肃肃鸨行,集于苞桑。

按:古今易学家虽然对"苞"字的释义略有差异,但对"其亡其亡,系于苞桑"的解释却大体相同,比如高亨认为:"《尔雅·释诂》:苞,丰也。《诗·鸨羽》:集于苞栩。集于苞棘。集于苞桑。《晨风》:山有苞栎。山有苞棣。《下泉》:浸彼苞稂。浸彼苞萧。浸彼苞蓍。《四牡》:集于苞栩。集于苞杞。诸苞字并为草木丰茂之义。苞桑者,深根而固柢者也。其亡其亡,惧其危亡也。系于苞桑,譬其安固也。此正申休否,大人吉之意也。"⑥ 不过,这样解释的话,"其亡其亡"与"系于苞桑"间就有转折,文义显得不流畅。由于"桑"与"丧"声韵皆同,故《汉书·五行志》云"桑犹丧也"。⑦ 因此,疑否九五以"桑"预示"丧",所以有"其亡其亡"一句。

12. 同人九五:同人,先号咷,而后笑,大师克相遇。

《诗·卫风·氓》:不见复关,泣涕涟涟。既见复关,载笑载言。

---

① 茹敦和:《周易二闾记》卷上,《续修四库全书》总第 23 册,上海:上海古籍出版社,2002 年影印本,第 221 页。
② 屈万里:《周易集释初稿》,见《读易三种》,台北:联经出版事业公司,1983 年,第 72 页。
③ 郑张尚芳:《周易繇辞解难举隅》,《南开语言学刊》2004 年第 2 期。
④ 裘锡圭主编:《长沙马王堆汉墓简帛集成(叁)》,第 25 页。
⑤ 邓佩玲:《〈雅〉〈颂〉与出土文献新证》,北京:商务印书馆,2017 年,第 293—311 页。
⑥ 高亨:《周易古经今注》,第 199 页。
⑦ 《汉书》卷二十七中之下《五行志中之下》,北京:中华书局,1962 年标点本,第 1410 页。

按：《氓》是一首写男女之情的诗，"不见复关"以下是写心情起伏。以此看，同人九五"先号咷，而后笑"其实也是写心情起伏。不仅如此，"不见复关"以下几句和"先号咷，而后笑"还都是写人相聚的情形。

13. 随上六：拘系之，乃从维之。王用亨于西山。

《诗·小雅·白驹》：皎皎白驹，食我场苗。絷之维之，以永今朝。

《诗·小雅·采菽》：泛泛杨舟，绋纚维之。乐只君子，天之葵之。

按："拘系之，乃从维之"两句很不好懂，若参考《白驹》中的"絷之维之"，则可知"拘系之，乃从维之"意思是先拘禁之，继而拴紧。再从《采菽》中的"维之"看，"维"字实包含有静止、顺从之意（郑笺云："杨木之舟，浮于水上，泛泛然东西无所定，舟人以绋系其缨以制行之，犹诸侯之治民御之以礼法。"）"絷之维之"的对象是"白驹"，在随上六中，由于下文说"王用亨于西山"，因此可能是拘禁祭祀用的牺牲，其实说的也是动物。另外，"拘系之，乃从维之"，上博简《周易》作"系而敂之，从乃钁之"，① 文意较今本更顺畅。

14. 贲九三：贲如濡如，永贞吉。

《诗·郑风·羔裘》：羔裘如濡，洵直且侯。

《诗·小雅·皇皇者华》：我马维驹，六辔如濡。

按："羔裘如濡"，毛传云："如濡，润泽也。""六辔如濡"，郑笺云："如濡，言鲜泽也。"因此，"濡"显然是用来描述样貌、形态的，以此看，贲卦中的"濡如"就很好理解了。不仅如此，还可由此肯定"贲"是纹饰、装饰的意思。

15. 大畜九三：良马逐，利艰贞。曰闲舆卫，利有攸往。

《诗·秦风·驷驖》：游于北园，四马既闲。

《诗·小雅·六月》：四牡既佶，既佶且闲。

《诗·大雅·卷阿》：君子之马，既闲且驰。

按：《驷驖》《卷阿》《六月》中的"闲"应是熟练、调习的意思，"四马既闲"，毛传云："闲，习也。"朱熹集传云："闲，调习也。"② 大畜九三中的"闲"也应该是这个意思。

16. 颐：贞吉。观颐，自求口实。

《诗·大雅·文王》：永言配命，自求多福。

《诗·周颂·小毖》：莫予荓蜂，自求辛螫。

《诗·鲁颂·泮水》：靡有不孝，自求伊祜。

按：三处都有"自求"这个词，意思也是一样的。吴汝纶认为："食物与福禄相关，故'自求口实'犹言自求多福。"③ 关于《文王》中的"自求多福"，郑笺云："既述修祖德常

---

① 季旭昇：《上海博物馆藏战国楚竹书（三）读本》，台北：万卷楼图书有限公司，2005 年，第 44 页。
② 朱熹：《诗集传》，台北：中华书局，2011 年，第 95 页。
③ 吴汝纶：《易说》卷一，《续修四库全书》总第 38 册，上海：上海古籍出版社，2002 年影印本，第 376 页。

言，当配天命而行，则福禄自来。"① 因此，所谓"自求多福"犹言"多福乃自求"，也就是说，"多福"并不是自己直接求得，而是德行配天，不求而自来。再看《随·象传》云："观颐，观其所养也。自求口实，观其自养也。"孔颖达正义云："'自求口实，观其自养'者，释'自求口实'之义也。谓在下之人观此在上自求口中之实，是观其自养则是。在下观上乃有二义，若所养是贤及自养有节，则是其德盛也。若所养非贤，及自养乖度，则其德恶也。此卦之意欲使所养得也，不欲所养失也。"② 此释最妥切。若高亨先生释："观人之腮中含物，不能饱腹，须自求口中之食物。此示人以勿羡于人，宜求于己。"③ 则略有偏差。"自求口实"犹言"口实乃自求"，是谓食禄皆是自己努力之结果，人之食禄足，是其所应有。换言之，己之食禄不足，实乃活该。

17. 大过初六：藉用白茅，无咎。

《诗·召南·野有死麕》：野有死麕，白茅包之。有女怀春，吉士诱之。林有朴樕，野有死鹿。白茅纯束，有女如玉。

《诗·小雅·白华》：白华菅兮，白茅束兮。之子之远，俾我独兮。

按：在《野有死麕》中，"白茅"显然有正面积极、令人愉悦的含义。毛传云："白茅，取絜清也。"大过初六"藉用白茅"可能是谈祭祀，用白茅铺垫，也正是取其絜清。

18. 离上九：王用出征，有嘉折首，获匪其丑，无咎。

《诗·小雅·出车》：执讯获丑，薄言还归。

《诗·小雅·采芑》：方叔率止，执讯获丑。

《诗·大雅·常武》：铺敦淮濆，仍执丑虏。

按：离上九虽然说的是"获匪其丑"，但由此推知当时有"获丑"这个词。"获丑"之"丑"，郑玄释作"众也"，此释置于"仍执丑虏"仍是合适的。因此，"获匪其丑"是说战胜后所获不多。"其"当是一个助词，并无实义。孔颖达正义释"丑"为"类"，④ 恐不可从。

19. 晋九四：晋如鼫鼠，贞厉。

《诗·魏风·硕鼠》：硕鼠硕鼠，无食我黍。

按：郑玄以为"鼫鼠"即大老鼠，⑤ 马瑞辰以为《硕鼠》中的"硕鼠"即"鼫鼠"，"硕"乃"鼫"的假借。晋九四中的"鼫鼠"应该就是"硕鼠"。

20. 明夷初九：明夷于飞，垂其翼。君子于行，三日不食。有攸往，主人有言。

《诗·小雅·鸳鸯》：鸳鸯在梁，戢其左翼。

按：无论是从上下文的句式看，还是从《鸳鸯》"戢其左翼"来看，都可推测明夷初九在"翼"前脱去"左"字。鸟类飞翔时，双翼振动或展开，用"垂"字，是想表达静止的含义，应该是描写鸟之疲态。《系辞下》有"尧舜垂衣裳而天下治"，其"垂"字即寓有静止

---

① 毛亨传，郑玄笺，孔颖达疏：《毛诗正义》，第 505 页中。
② 孔颖达：《周易正义》，《十三经注疏》，第 40 下至 41 上。
③ 高亨：《周易大传今注》，济南：齐鲁书社，1998 年，第 196 页。
④ 孔颖达：《周易正义》，第 43 页下。
⑤ 孔颖达：《周易正义》，第 49 页中。

之意。

21. 明夷六四：入于左腹，获明夷之心，于出门庭。

《诗·周南·兔罝》：赳赳武夫，公侯腹心。

《诗·邶风·绿衣》：我思古人，实获我心。

《诗·小雅·蓼莪》：顾我复我，出入腹我。

按：在《诗》中有"腹心"这个词，且"腹"可作动词。再看明夷六四"入于左腹，获明夷之心"，其中的"腹""心"显然也是比喻。又帛书《六十四卦》作："明夷夷于左腹，获明夷之心，于出门廷。"① 帛书《缪和》引作"入于左腹，获明夷之心，于出门廷"，② 帛书六十四卦第一句中的"明夷"可能是衍文，"夷于"之"夷"，王辉先生认为"夷"与"人"形近，而"人""入"字形易混，故今本"入"当为讹字。③ 也就是说"入于左腹"本作"夷于左腹"。明夷六四是说狩猎射中明夷鸟，箭从"左腹"入，此可象征获得明夷之心。爻辞中的"腹""心"既指器官，又指至诚之心，忠诚之臣，这里实际用了双关的修辞手法。

22. 家人六二：无攸遂，在中馈，贞吉。

《诗·小雅·斯干》：乃生女子，载寝之地，载衣之裼，载弄之瓦。无非无仪，唯酒食是议，无父母诒罹。④

按：可见在《斯干》的作成时代，女子之德是"唯酒食是议"。郑玄注"在中馈"云："中馈，酒食也。"⑤ 可见《诗》与《易》虽用词不同，但反映的文化和思想却是相同的。

23. 夬九三：壮于頄，有凶。君子夬夬独行，遇雨若濡。有愠，无咎。

《诗·唐风·杕杜》：有杕之杜，其叶湑湑。独行踽踽。岂无他人，不如我同父。嗟行之人，胡不比焉……有杕之杜，其叶菁菁。独行睘睘。岂无他人，不如我同姓。嗟行之人，胡不比焉。

按，读《杕杜》之"独行踽踽"和"独行睘睘"，自然不会将夬九三中的"独行"从下读作"独行遇雨"。⑥ 毛传云："踽踽，无所亲也。""睘睘，无所依也。"两者的意义与"独行"恰好符合。夬夬，当是决绝的样子，"夬夬独行"是独自一人决绝离去。"遇雨若濡"是说途中遇雨，打湿了身体。雨水浇在决绝的君子身上，正好使其冷静，所以说"有愠，无咎"。

24. 升九三：升虚邑。

《诗·鄘风·定之方中》：升彼虚矣，以望楚矣。

---

① 裘锡圭主编：《长沙马王堆汉墓简帛集成（叁）》，第27页。
② 裘锡圭主编：《长沙马王堆汉墓简帛集成（叁）》，第145页。
③ 王辉：《马王堆帛书〈六十四卦〉校读札记》，《古文字研究》第十四辑，第287页。
④ 强汝谔云："六二柔顺居中，与九五相应，女正位乎内者也。无攸遂，示不敢有所专也。妇人之职，不过奉祭祀、馈饮食而已，此外无他事也。馈者，祭礼主妇亲馈敦黍。在中者，自房中入室设之，敬慎从夫，以奉祀事、修妇职也。《诗》曰：'无非无仪，惟酒食是议。'《采蘩》以供祭祀为不失职，《采蘋》以供祭祀为能循法度，推而上之，推而下之，其职守莫不皆然，是之谓贞吉也。"参强汝谔《周易集义》，《续修四库全书》总第39册，上海：上海古籍出版社，2002年影印本，第289页。
⑤《后汉书》卷四十九《王符传》，北京：中华书局，1965年标点本，第1635页。
⑥ 马恒君：《周易正宗》，北京：华夏出版社，2014年，第359页。

《诗·小雅·吉日》：升彼大阜，从其群丑。

按："与"升彼虚矣""升彼大阜"不同的是，升九三中没有"彼"这个词，且在"虚"字后多了"邑"这个名词。在《定之方中》和《吉日》中，"升"就是登的意思，升卦九三中，亦应是登的意思。至于"虚"字，有解为大丘、土山的，也有解作废墟、故城的。不管怎样，"升虚邑"都是登高而得望远的意思。《象传》说"无所疑也"，也应是这个意思。

25. 困九二：困于酒食，朱绂方来。利用享祀，征凶，无咎。

《诗·小雅·采芑》：服其命服，朱芾斯皇，有玱葱珩。

《诗·小雅·斯干》：其泣喤喤，朱芾斯皇，室家君王。

按："绂"字郑玄作"韨"，《说文》"绂"下有重文，云："篆文韍从韦从发。"徐铉云："今俗作绂，非是。"因此，"朱绂"即"朱芾"。从《采芑》和《斯干》看，朱芾是命服，即贵族的服饰。因此，"朱绂方来"当指众多贵族前来。为了款待他们，以致"困于酒食"。

26. 困上六：困于葛藟，于臲卼，曰动悔有悔，征吉。

《诗·周南·樛木》：南有樛木，葛藟累之。乐只君子，福履绥之。

《诗·王风·葛藟》：绵绵葛藟，在河之浒。终远兄弟，谓他人父。谓他人父，亦莫我顾。

《诗·大雅·旱麓》：莫莫葛藟，施于条枚。岂弟君子，求福不回。

按：马瑞辰认为《樛木》中的"葛藟"是"野葡萄""山葡萄"，① 黄忠天认为困上六中的"葛藟"亦即野葡萄。② 野葡萄是藤萝植物，性善攀援，若困于其中，则较难脱困。困上六中的"葛藟"虽然所指与《诗》相同，但象征意义可能有所不同。

27. 渐初六"鸿渐于干"、六二"鸿渐于磐"、九三"鸿渐于陆，夫征不复，妇孕不育"、六四"鸿渐于木"、九五"鸿渐于陵"、上六"鸿渐于陆"。

《诗·卫风·考槃》：考槃在涧（韩作干）、考槃在阿、考槃在陆。

《诗·小雅·沔水》：鴥彼飞隼，率彼中陵。

《诗·小雅·菁菁者莪》：菁菁者莪，在彼中陵。

《诗·豳风·九罭》：鸿飞遵陆，公归不复。

《诗·小雅·鸿雁》：鸿雁于飞，肃肃其羽。之子于征，劬劳于野。

按：在《考槃》和《九罭》中，涧、阿、陆都是地理位置，在《沔水》和《菁菁者莪》中，陵也指地理位置。因此，在渐卦中，从干到磐，再到陆，然后到木，到陵，是指鸿活动或停留的地方。"鸿渐于干"之"干"，帛书作"渊"，上博简作"𤄷"，即"涧"字。③ 从《考槃》看，从涧到阿，再到陆，不仅是位置的变化，还隐含地势从低到高的变化。初六爻位最低，故用"涧"字好于用"干"字。因此，渐初六的"鸿渐于干"当作"鸿渐于涧"，

---

① 马瑞辰：《毛诗传笺通释》，北京：中华书局，1989年，第48—49页。
② 黄忠天：《清儒〈诗〉〈易〉互证会通的学术意义与价值初初探》，台湾师范大学《国文学报》总第54期，2013年。
③ 季旭昇：《上海博物馆藏战国楚竹书（三）读本》，台北：万卷楼图书有限公司，2005年，第140页。

涧，即两山夹着的水沟或河流。

再看渐卦九三爻辞，与《九罭》"鸿飞遵陆，公归不复"一样，均包含有一去不返之意。而《鸿雁》中，鸿雁被比喻作征夫。鸿雁是候鸟，季节变换时长途迁徙，诗歌由其习性而以之比喻征夫，寓意分离。

28. 归妹九四"归妹愆期，迟归有时"、上六"女承筐，无实"。

《诗·卫风·氓》：匪我愆期，子无良媒。将子无怒，秋以为期。

《诗·小雅·鹿鸣》：呦呦鹿鸣，食野之苹。我有嘉宾，鼓瑟吹笙。吹笙鼓簧，承筐是将。

按：《氓》中的四句与归妹九四"归妹愆期，迟归有时"几乎是说同一个意思，可见两者实有密切联系。《鹿鸣》中的"承筐是将"意思是馈赠客人盛满币帛的筐，归妹上六"女承筐，无实"是反常现象，故爻辞以此为占。

29. 旅初六：旅琐琐，斯其所取灾。

《诗·邶风·旄丘》：琐兮尾兮，流离之子。

《诗·小雅·节南山》：琐琐姻亚，则无膴仕。

按，毛传云："琐琐，小貌。""琐兮尾兮"，毛传云："琐尾，少好之貌。"不过俞樾《平议》卷八："尾，亦少也。尾与微通……'琐兮尾兮'，犹云琐兮微兮，盖即'式微式微'之意。"王夫之《稗疏》云："琐尾，言其卑末伏窜之象，以比黎侯之迫逐于狄人，无所容身。"至于旅初六"琐琐"，吴曰慎以为："柔弱之人处旅，志意汙下，而规模局促，此所以取灾咎也。盖人必自轻，而后人轻之也。《诗》曰'琐兮尾兮，流离之子'，初六有焉。"① 高亨以为是"惢惢"的假借，多疑也。② 从《诗经》的用法看，孔颖达释作"细小卑贱"③ 显然更合适。

30. 旅九四：旅于处，得其资斧，我心不快。

《诗·大雅·公刘》：京师之野，于时处处。于时庐旅，于时言言，于时语语。

按：郑笺云："时，是也。京地乃众民所宜居之野也，于是处其所当处者，庐舍其宾旅。"因此，旅九四中"旅于处"即寻到寄宿之处所。

31. 旅六五：射雉一矢亡，终以誉命。

《诗·小雅·吉日》：既张我弓，既挟我矢。发彼小豝，殪此大兕。以御宾客，且以酌醴。

《诗·小雅·车攻》：四黄既驾，两骖不猗。不失其驰，舍矢如破。萧萧马鸣，悠悠旆旌。徒御不警，大庖不盈？之子于征，有闻无声。允矣君子，展也大成。

按：《吉日》中的"发彼小豝，殪此大兕"，《车攻》中的"舍矢如破"，岂不正是旅六五所说"一矢亡"？文辞虽异，但大义相同，都是夸赞射艺出众，一箭毙命。在《吉日》中，

---

① 吴曰慎：《周易本义爻徵》卷下，《续修四库全书》总第17册，上海：上海古籍出版社，2002年影印本，第570页。
② 高亨：《周易大传今注》，第342页。
③ 孔颖达：《周易正义》，第68页中。

后面有"以御宾客,且以酌礼";《车攻》中,说"舍矢如破"之后,则反问"大庖不盈"。两首诗都由射艺精湛,猎获颇多言及宴食。《车攻》更言及征战,认为以此精湛射艺,若征战必然"大成"。此"大成"与旅六五的"终以誉命",文虽异,义却同。

32. 小过:亨,利贞。可小事,不可大事。飞鸟遗之音,不宜上,宜下。大吉。

《诗·邶风·燕燕》:燕燕于飞,下上其音。之子于归,远送于南。瞻望弗及,实劳我心。

《诗·邶风·雄雉》:雄雉于飞,下上其音。展矣君子,实劳我心。瞻彼日月,悠悠我思。道之云远,曷云能来。

按:《燕燕》和《雄雉》中的"下上其音"正是小过卦辞中"上""下"所说,不同的是,卦辞认为其音"宜下","不宜上"。在诗中,"下上其音"是说鸟的叫声随着鸟的飞腾而忽上忽下。再看《燕燕》,由"下上其音",联想及送别时"瞻望弗及,实劳我心"。《雄雉》中也是如此,同样是写送别后的思念。因此,诗中的"下上其音"虽然是写声音,其实也在状写心绪志忐。在小过卦辞中,说"不宜上,宜下",或许也是以上、下状写人之心绪。所谓上、下是分别指心绪的高昂和低落。"宜下"与前文的"可小事","不宜上"与"不可大事",分别呼应。卦辞的遣词作文与《诗经》实有紧密联系。

33. 小过上六:弗遇过之,飞鸟离之,凶。是谓灾眚。

《诗·王风·兔爰》:有兔爰爰,雉离于罗。我生之初,尚无为;我生之后,逢此百罹,尚寐无吪!

有兔爰爰,雉离于罦。我生之初,尚无造;我生之后,逢此百忧,尚寐无觉!

有兔爰爰,雉离于罿。我生之初,尚无庸;我生之后,逢此百凶,尚寐无聪!

按:孔颖达正义云:"以小人之身,过而弗遇,必遭罗网,其犹飞鸟飞而无托,必离矰缴,故曰'飞鸟离之,凶'也。"① 孔颖达既释"离"为"罗网",也释为附丽。又有学者以为"离"通"罹",② 释义亦可通。但看《兔爰》一诗,以"有兔爰爰"和"雉离于罗(罦、罿)"起兴,最终哀叹"逢此百罹(忧、凶)",与小过上六由"飞鸟离之"而占为"凶,是谓灾眚"完全相同。因此,此"离"字只能读作"罗",即罗网。上博简、马王堆帛书均作"罗",是最直接有力的证据。

34. 既济六四:繻有衣袽,终日戒。

《诗·小雅·采薇》:岂不日戒,玁狁孔棘。

按:"终日戒",王弼注云:"邻于不亲而得全者,终日戒也。"是释"终日"为整日。然而据《采薇》,则"终"不应与"日"连读成词。在《周易》的占辞中,"终"经常是最后的意思,比如讼卦"中吉,终凶""终吉"。在既济六四爻辞中,"终日戒"显然也是占辞,揭示出"繻有衣袽"包蕴的吉凶意义。因此,只能将"终"释作最后的意思。再看既济九三云"高宗伐鬼方,三年克之,小人勿用",则六四的语境与《采薇》的语境极其相似,六四中的"日"和"戒"组成一短语。"岂不日戒",毛传云:"君子、小人岂不日相警戒乎!"因此,

---

① 孔颖达:《周易正义》,第72页中。
② 李零:《死生有命,富贵在天》,第289页。

"日戒"就是日日警戒。《采薇》以"日戒"形容形势之险峻，在六四爻辞中，"衣袽"都被濡湿，同样可视作形势险峻。

35. 未济：亨，小狐汔济，濡其尾，无攸利。

《诗·秦风·终南》：君子至止，锦衣狐裘。颜如渥丹，其君也哉。

《诗·豳风·七月》：取彼狐狸，为公子裘。

《诗·卫风·有狐》：有狐绥绥，在彼淇梁。心之忧矣，之子无裳。

《诗·小雅·何草不黄》：有芃者狐，率彼幽草。

《诗·小雅·都人士》：彼都人士，狐裘黄黄。其容不改，出言有章。

按：《有狐》中的"狐"，一说是比喻男子。又，《诗经》中，狐裘与贵族男子形象相联系，比如上引《终南》"君子至止，锦衣狐裘"，《都人士》"彼都人士，狐裘黄黄"。参照此点，则可知未济卦辞中的"小狐"也可能是用来比喻男子或君子的，至于"尾"，则用来比喻男子或君子身上穿的狐裘，即服饰。另外，狐狸是犬科动物，且常以鱼、虾等为食，是会泅水渡河的。"小狐汔济"，孔颖达正义云："汔者，将尽之名。小才不能济难，事同小狐虽能渡水，而无余力，必须水汔，方可涉川。未及登岸，而濡其尾，济不免濡，岂有所利？"孔颖达虽知狐狸可以泅水，但不知狐狸在泅水时，它的尾巴并不会高举，而是浮在水面，是以只要泅水，尾巴必然濡湿，无论小狐狸还是大狐狸，都是如此。朱熹以"汔"为副词，几乎之意，① 同样不符合狐狸泅水之正常情形，不可取。其实，"汔济"就是完成渡水的意思，卦辞本是说渡河虽成功，但弄湿了华贵的衣服。再看既济和未济两卦中，"繻有衣袽"② "濡其首"均不得吉利的结果，未济卦说"小狐汔济，濡尾，无攸利"，同样不是吉利的结果，与诸爻辞的道理应是相同的。

36. 未济六五：贞吉，无悔。君子之光，有孚，吉。

《诗·小雅·南山有台》：乐只君子，邦家之光。

《诗·小雅·蓼萧》：既见君子，为龙为光。

按：看"乐只君子，邦家之光"，自然就明白"君子之光"是说君子之荣耀，是在夸赞君子。《诗》和《周易》用了同样的词语和手法，两者时代应比较接近。

二、从《诗经》看《周易》的撰成时代

上一节已经将与《周易》相关联的诗句都列了出来，像"酒食"或"酒"这类词汇实在太过普通、常见，故上文并未将《诗经》中包含有这两个词的句子全部摘抄出来（实际上也没这个必要）。考虑到《诗经》中的诗歌并非成于一时一人一地，且绝大部分诗歌的撰成时代至今仍有争议，故此，我们也无法对上一节所引《诗经》作品作过于细致的统计和分析。不过，粗略的分类和简单的分析仍是有必要的。在分类和分析之后，应该可以获得一些推测《周易》撰成时代的信息。

---

① 朱熹：《周易本义》，第218页。
② "繻有衣袽"中的"有"，当读作"厥"，是代词。在既济和未济两卦中，有"曳其轮""濡其首""妇丧其茀"，均用代词"其"。

（一）《周易》与《诗经》相关联之句子、词汇的分类

做这种分类的目的在于进一步甄别资料，将真正有价值的资料找出来。这里将上一节所引资料大致分4类，这4类虽然存在交叉情况，但为了使分析过程不至于迷失在细节中，在分类时并不考虑交叉情形，资料中表现得哪种情形最明显，就将它归入哪种情形。

1. 句子结构类似（这类情况往往也包含有相同的词汇）。

乾九四"或跃在渊"（《小雅·鹤鸣》《大雅·旱麓》）

比卦"不宁方来，后夫凶"（《大雅·韩奕》）

泰九二"不遐遗朋"（《周南·汝坟》《小雅·谷风》）

明夷初九"垂其翼"（《小雅·鸳鸯》）

夬九三"君子夬夬独行"（《唐风·杕杜》）

升九三"升虚邑"（《鄘风·定之方中》《小雅·吉日》）

渐"鸿渐于干"等。（《卫风·考槃》《小雅·沔水》《小雅·菁菁者莪》）

2. 逻辑或思想类似（是指两者表达出类似的逻辑或思想）。

坤六五"黄裳，元吉"、丰六五"来章，有庆誉"（《小雅·裳裳者华》《小雅·都人士》）

蒙六三"勿用取女。见金夫，不有躬"（《卫风·氓》）

需九五"需于酒食"（《邶风·柏舟》《郑风·叔于田》《郑风·女曰鸡鸣》《唐风·山有枢》《豳风·七月》《小雅·鹿鸣》《小雅·常棣》《小雅·伐木》等）

随上六"拘系，乃从维之"（《小雅·白驹》《小雅·采菽》）

同人九五"先号咷，而后笑"（《卫风·氓》）

家人"无攸遂，在中馈，贞吉"（《小雅·斯干》）

渐九三"鸿渐于陆，夫征不复"（《小雅·鸿雁》《豳风·九罭》）

旅六五"射雉一矢亡，终以誉命"（《小雅·吉日》《小雅·车攻》）

小过上六"飞鸟离之，凶"（《王风·兔爰》）

3. 词汇相同。

坤"先迷，后得主。利西南得朋，东北丧朋"（《小雅·菁菁者莪》）

坤上六"其血玄黄"（《周南·卷耳》）

屯上六"泣血涟如"（《小雅·雨无正》）

泰九二"不遐遗朋"（《大雅·思齐》《下武》《抑》）

否九五"其亡其亡，系于苞桑"（《唐风·鸨羽》）

贲九三"贲如濡如"（《郑风·羔裘》《小雅·皇皇者华》）

大畜九三"曰闲舆卫"（《秦风·驷驖》《大雅·卷阿》《小雅·六月》）

颐"观颐，自求口实"（《大雅·文王》《周颂·小毖》《鲁颂·泮水》）

大过初六"藉用白茅，无咎"（《召南·野有死麕》《小雅·白华》）

离上九"获匪其丑"（《小雅·出车》《小雅·采芑》《大雅·常武》）

晋九四"晋如鼫鼠，贞厉"（《魏风·硕鼠》）

明夷六四"入于左腹，获明夷之心"（《周南·兔罝》《邶风·绿衣》《小雅·蓼莪》）

困九二"朱绂方来"(《小雅·采芑》《小雅·斯干》)
困上六"困于葛藟"(《周南·樛木》《王风·葛藟》《大雅·旱麓》)
归妹上六"女承筐"(《小雅·鹿鸣》)
旅初六"旅琐琐"(《邶风·旄丘》《小雅·节南山》)
旅九四"旅于处"(《大雅·公刘》)
小过"飞鸟遗之音,不宜上,宜下"(《邶风·燕燕》《邶风·雄雉》)
既济六四"终日戒"(《小雅·采薇》)
未济"小狐汔济,濡其尾"(《卫风·有狐》《秦风·终南》《小雅·都人士》)
未济六五"君子之光"(《小雅·南山有台》《小雅·蓼萧》)

4. 疑似化用(这类情况需要确定两者的时间先后,因两者撰成时代均待考证,故用"疑似")。

履上九"视履"(《小雅·大东》)
归妹九四"归妹愆期,迟归有时"(《卫风·氓》)

在上述4类中,第4类"疑似化用"最能说明两种文献间的关系,遗憾的是,这类资料只有两条。第1类情况也颇能说明两种文献间的关系,因为采用相同的句子结构,甚至句子中的关键词汇还相同,这只能说明一方在模仿另一方,或受到了另一方的影响。第2类情况是比较多的,其中大部分是两种文献对某一事物之"意象"或象征意义的认识基本一致,比如对"章",两者都视之为吉祥之物;对"酒食",两者都以为是宴乐之事;对"鸿",两者常将它与征夫、远行相联系。不过,需要注意的是,《诗》和《易》两书虽然有许多相同的名物,但名物的象征义涵却又时常不同。① 第3类是词汇相同,这类情况最多。以上4类,单取一类的话,很难判断《周易》的撰成时代。若统观所有分类,则不能不说《周易》的撰成时代当与《诗经》中的许多作品大致相当。

众所周知,《诗经》分《风》《雅》《颂》三部分,其中《风》又分15部分,《雅》又分大、小雅,《颂》又分商、周、鲁三部分。《诗经》分《风》《雅》《颂》起源甚早,因此,我们也可以依据这个分类来归纳上一节中的资料。

与《周易》相关联之词汇、句子在《诗经》中的出处分类:

1. 《风》(28篇次)。
《唐风·杕杜》《唐风·山有枢》《唐风·鸨羽》
《鄘风·定之方中》
《卫风·考槃》《氓》(3次)《卫风·有狐》
《邶风·柏舟》《邶风·绿衣》《邶风·燕燕》《邶风·雄雉》《邶风·旄丘》
《郑风·叔于田》《郑风·女曰鸡鸣》《郑风·羔裘》
《豳风·七月》《豳风·九罭》
《王风·兔爰》《王风·葛藟》

---

① 黄忠天:《〈易经〉〈诗经〉动植物象征义涵与两书互动关系比较研究》,《文史哲》第23期,2013年。

《魏风·硕鼠》

《周南·卷耳》《周南·兔罝》《周南·樛木》

《召南·野有死麕》

《秦风·终南》《秦风·驷驖》

2.《雅》。

①《小雅》(32篇次)。

《鸳鸯》《吉日》(2次)《沔水》《菁菁者莪》(2次)《裳裳者华》《都人士》《鹿鸣》《常棣》《伐木》《白驹》《采菽》《鸿雁》《车攻》《雨无正》《皇皇者华》《六月》《出车》《采芑》《蓼莪》《采芑》《斯干》(2次)《鹿鸣》《采薇》《都人士》《南山有台》《蓼萧》《大东》《谷风》《节南山》

②《大雅》(10篇次)。

《文王》《旱麓》(2次)《卷阿》《常武》《公刘》《思齐》《抑》《下武》《韩奕》

3.《颂》(2篇次)。

《小毖》《泮水》

与《周易》相关联的《诗经》作品绝大部分出自《风》《雅》,仅有两篇次出自《颂》。一般认为,《颂》是《诗经》中成篇时间较早的,比如其中有《清庙》《昊天有成命》《时迈》《噫嘻》《武》《酌》《桓》《般》诸篇完全不用韵,① 显然是较早时期的作品。当然,《颂》中也有成篇时间较晚的,比如《商颂》,很多学者就认为成于宗周中叶的宋。② 不过,近年有学者提出异议,认为三《颂》中的《周颂》其实成篇于西周中晚期。③ 另外,《颂》与《风》《雅》还有一个不同的地方。即《颂》是宗庙里吟唱的,用于祭祀等隆重场合。而《风》《雅》则多系刺诗、情诗,是哀怨之音,以民间传唱为主。《周易》中的诗歌不用于歌颂,而用于寓言;听众是普通贵族、平民百姓,不是宗庙里参加祭祀等典礼的公卿大夫。由于场合和对象的不同,因此在占卜时并不用《颂》那样的腔调、辞藻。

《周易》不仅很少有与《颂》相关联的句子、词汇,而且与《大雅》相关联的也较少。《大雅》与《小雅》不同,较少刺诗,却多颂诗。《文王》《思齐》是颂扬周文王及周初创立基业事迹的。《旱麓》颂扬君子,《毛诗序》云:"周之先祖世修后稷、公刘之业,大王、王季申以百福干禄焉。"据此,《旱麓》当成于先周。《公刘》是一篇纪念公刘的诗歌,《毛诗序》云:"召康公戒成王也。"《卷阿》的意境虽不像颂歌,但也不是刺诗,《毛诗序》云:"召康公戒成王也。言求贤吉士也。"《下武》颂扬周武王功德,《毛诗序》云:"继文也,武王有圣德,复受天命,能昭先人之功焉。"《常武》的作成时间可能要相对晚一点,《毛诗序》云:"召穆公美宣王也。"《抑》的作成时间可能也不会太早,《毛诗序》云:"卫武公刺厉王,

---

① 王力:《诗经韵读》,上海:上海古籍出版社,1980年,第390—417页。
② 王国维:《说〈商颂〉(上、下)》,《观堂集林(外二种)》,石家庄:河北教育出版社,2001年,第66—68页。
③ 陈致:《从〈商颂〉与金文中成语的运用来看古歌诗之用韵及四言诗体的形成》,《跨学科视野下的诗经研究》,上海:上海古籍出版社,2010年,第17—59页。

亦以自警也。"《韩奕》也属颂诗，不过作成时间并不早，《毛诗序》云："尹吉甫美宣王也，能锡命诸侯。"与《周易》相关联的《大雅》作品中，极少刺诗，多为颂诗，作成时间较早者居多，只有《常武》《韩奕》《抑》等少数作品要晚到厉宣之世。

与《大雅》相比，《风》和《小雅》的很多作品则成篇较晚。由于《诗经》各篇的作成时间极难考证，只有少数篇目有明显的事迹可以追溯。《毛诗序》对许多篇目之时代虽有说明，但是未必可信。不过，在目前情况下，《毛诗序》仍勉强可作参考。①

1. 《邶风·绿衣》，《毛诗序》云："卫庄姜伤己也。"《郑笺》云："庄姜，庄公夫人，齐女，姓姜氏。"
2. 《邶风·燕燕》，《毛诗序》云："燕燕，卫庄姜送归妾也。"
3. 《邶风·雄雉》，《毛诗序》："刺卫宣公也。"按，卫宣公是卫庄公之子。
4. 《邶风·匏有苦叶》："人涉卬否，卬须我友。"
5. 《邶风·旄丘》，《毛诗序》："责卫伯也。狄人迫逐黎侯，黎侯寓于卫，卫不能修方伯连率之职，黎之臣子以责于卫也。"
6. 《鄘风·定之方中》，《毛诗序》："美卫文公也。"
7. 《卫风·考槃》，《毛诗序》："刺庄公也。"
8. 《卫风·氓》，《毛诗序》："刺时也。宣公之时，礼义消亡，淫风大行，男女无别，遂相奔诱。"
9. 《卫风·有狐》，《毛诗序》："刺时也。"
10. 《王风·兔爰》，《毛诗序》："闵周也。桓王失信，诸侯皆叛……"
11. 《王风·葛藟》，《毛诗序》："王族刺平王也。"《郑笺》云："刺桓王，本亦作刺平王。"
12. 《郑风·叔于田》，《毛诗序》："刺庄公也。"
13. 《郑风·羔裘》，《毛诗序》："刺朝也。"
14. 《郑风·女曰鸡鸣》，《毛诗序》："刺不说德也。陈古义以刺今不说德而好色也。"
15. 《唐风·鸨羽》，《毛诗序》："刺时也，昭公之后，大乱五世。"《郑笺》云："大乱五世者，昭公、孝侯、鄂侯、哀侯、小子侯。"
16. 《秦风·驷驖》，《毛诗序》："美襄公也。"
17. 《豳风·七月》，《毛诗序》：陈王业也。周公遭变，故陈后稷先公风化之所由，致王业之艰难也。
18. 《豳风·九罭》，《毛诗序》："美周公也。周大夫刺朝廷之不知也。"
19. 《小雅·鹿鸣》，《毛诗序》："宴群臣嘉宾也。"
20. 《小雅·常棣》，《毛诗序》："宴兄弟也。闵管、蔡之失道，故作《常棣》焉。"《郑笺》云："周公吊二叔之不咸（和），而使兄弟之恩疏，召公为作此诗，而歌以亲之。"方玉

---

① 由于缺少足够资料，且诗篇本身文字简奥，故《诗经》各篇的作成时间极难考证。马银琴《两周诗史》（北京：社会科学文献出版社，2006年）几乎对《诗经》中所有诗篇的作成时间作了考证，虽然对一些诗篇作成时间提出了不同于传统的认识之外，但很多时候仍以《毛诗序》为主要资料，采纳其中意见。

润《诗经原始》:"此诗《左传》富辰谓召穆公作,《国语》富辰又以为周文公诗。"

21.《小雅·伐木》,《毛诗序》:"燕朋友故旧也。"

22.《小雅·采薇》,《毛诗序》:"遣戍役也。文王之时,西有昆夷之患,北有猃狁之难。以天子之命,命将率遣戍役,以守卫中国。"

23.《小雅·出车》,《毛诗序》:"劳还率也。按,《采薇》《出车》《杕杜》均涉伐猃狁事。"

24.《小雅·南山有台》,《毛诗序》:"乐得贤也。"

25.《小雅·蓼萧》,《毛诗序》:"泽及四海也。"

26.《小雅·菁菁者莪》,《毛诗序》:"乐育材也。"

27.《小雅·六月》,《毛诗序》:"宣王北伐也。"按,亦涉伐猃狁之事。

28.《小雅·采芑》,《毛诗序》:"宣王南征也。"

29.《小雅·车攻》,《毛诗序》:"宣王复古也。"

30.《小雅·吉日》,《毛诗序》:"美宣王也。"

31.《小雅·鸿雁》,《毛诗序》:"美宣王也。"

32.《小雅·沔水》,《毛诗序》:"规宣王也。"

33.《小雅·鹤鸣》,《毛诗序》:"诲宣王也。"

34.《小雅·白驹》,《毛诗序》:"大夫刺宣王也。"

35.《小雅·斯干》,《毛诗序》:"宣王考室也。"

36.《小雅·正月》,《毛诗序》:"大夫刺幽王也。"

37.《小雅·雨无正》,《毛诗序》:"大夫刺幽王也。"按,诗中有"周宗既灭",可证成于幽王之后。

38.《小雅·谷风》,《毛诗序》:"刺幽王也。"

39.《小雅·蓼莪》,《毛诗序》:"刺幽王也。"

40.《小雅·大东》,《毛诗序》:"刺乱也。东国困于役而伤于财,谭大夫作是诗以告病焉。"

41.《小雅·裳裳者华》,《毛诗序》:"刺幽王也。"

42.《小雅·鸳鸯》,《毛诗序》:"刺幽王也。"

43.《小雅·白华》,《毛诗序》:"刺幽后也。"

44.《小雅·何草不黄》"有芃者狐,率彼幽草",《毛诗序》:"下国刺幽王也。"

以上作品中,除了少数几篇,大多数被《毛诗序》指明了作成时间。早的要到周初,晚的则要到春秋前期。《毛诗序》的判断虽然未必可信,但这些诗篇中有几首是有明确线索的。比如《雨无正》,诗中说"周宗既灭",自然必成于幽王之后。《采薇》《出车》两篇又涉及周伐猃狁之事,彭裕商先生对此段史事曾有文章考证,综合青铜器铭文和传世文献材料,认为周伐猃狁发生在西周晚期至东周初年,《采薇》《出车》《六月》《采芑》都明显是东周初年的作品。《小雅》中与此四首有关的作品,也大约成于此时期,如《节南山》《正月》《十月之交》《雨无正》《鹿鸣》《南有嘉鱼》《彤弓》《伐木》《甫田》《楚茨》《信南山》《大田》《南山有台》《白驹》《大东》《车攻》《吉日》《四月》《小明》《六月》《出车》《巧言》《瞻彼洛矣》《鼓钟》《都人士》诸篇，以及《周南·麟之趾》《豳风·七月》《邶风·燕燕》《终风》等，都可推测为东周时期的诗篇。①

以上成于东周的诗篇与《周易》存在诸多联系，比如相同的词汇：既济六四和《采薇》都有"日戒"，屯上六和《雨无正》都有"泣血"；又有疑似化用的现象，如履上九"视履"与《大东》篇的"君子所履，小人所视"；还有句子结构方面的类似、思想或逻辑方面的相似。

除《小雅》诸篇外，在《国风》中，也有许多诗篇与《周易》存在联系。诚如《毛诗序》所言，《卫风》多有成于西周晚期，乃至春秋时期的作品。②

纵然我们考虑到《诗经》和《周易》的成书过程都比较复杂，因而认为由《诗经》推测《周易》的成书时间或有不妥，但推测两者极可能在相近的某个时间段内成篇应该有可以的。

文体也是一个必须兼顾的因素，将它考虑进去的话，还可以作进一步的推测。《周易》卦爻辞，或者说古代的占辞，首先应该是散文，比如甲骨卜辞。就是多见韵文的《周易》，仍以散文体为主。在《周易》卦爻辞中有诗歌式的句子，这当是韵文影响的结果。因此，《周易》成篇不会早于上述《国风》《小雅》诸篇。

文体之外，还有一个传播过程，也是可以提供参考的。从帛书《要》篇记载的故事看，如果是可信的话，孔子应是晚年才开始研读《周易》。在《左传》中，可以看到好些贵族对《周易》相当熟悉，甚至穆姜这样的女性都能以富有哲理的语言阐释《周易》。也就是说，《周易》的传播大概是从上至下的，它的编者是周王室的高级巫史人员，在撰成之初，恐怕很难影响到民间的诗歌创作。《诗经》中的作品则不同，尤其是《国风》，它们先在民间流传，然后由王室乐官收集、整理，其后又在贵族阶层流传，甚而成为贵族子弟的学习资料。因此，只能是相反的情况，即《诗经》影响到编撰《周易》的巫史人员，进而导致两者存在许多相似的句子、词汇，乃至类似的逻辑和思想。

(二) 由《诗经》看《周易》与殷商文化

与《周易》相关联的诗歌中，很多见于《邶风》《鄘风》《卫风》和《郑风》。《郑笺》云："《说文》：邶，故商邑，河内朝歌以北是矣，成王封康叔于纣之故都，更名称卫国，而邶与鄘皆其下邑，卫即朝歌，邶在朝歌北，鄘在朝歌东，所以邶、鄘、卫之诗皆卫诗也。"邶、鄘、卫三地其实是殷商故地，此点若与《周易》中的殷商故事相联系，不由不使人考虑《周易》中含有殷商时代的资料。

当然，必须考虑到上文所列资料中，有些未必具有说服力，比如在《邶风·柏舟》中有关于"酒食"的句子；像"鸿渐于干"这种句子，不仅在《卫风·考槃》中出现，在《小雅·沔水》《菁菁者莪》中同样出现；以"心腹"比喻得力可靠之人，不仅《邶风·绿衣》中有，

---

① 彭裕商：《周伐猃狁及相关问题》，《历史研究》2004年第3期。
② 马银琴遍考各国风诗后认为："《国风》作品的创作主要集中在春秋前期约一百年间。""《邶风》《鄘风》《卫风》在内的卫诗和《郑风》《齐风》的最后完成期分别是卫文公、郑文公、齐桓公在位期间，《魏风》之下限在晋献公灭魏之前，而《唐风》终于晋献公之世，《陈风》的大部分作品产生于陈宣公以前，《曹风》首二篇的产生时代在曹昭、共之世。"参《两周诗史》，第386页。

在《周南·兔罝》中也有。不过，有些资料又绝对不能忽视。如同人九五云"先号咷，而后笑"，这种对大起大落情绪的描写用词，在《卫风·氓》中同样存在。小过云"飞鸟遗之音，不宜上，宜下"，以"上""下"状写鸟鸣，同样见于《邶风·燕燕》和《雄雉》。归妹九四"归妹愆期，迟归有时"，似乎化用自《氓》的"匪我愆期，子无良媒。将子无怒，秋以为期"。

简而言之，从《周易》与邶、鄘、卫三风之关系来说，《周易》与殷商文化是存在一些联系的。除此之外，前人关于《周易》之古史的研究和近年的数字卦研究均能说明《周易》与殷商文化间的密切联系。

在《周易》中有殷商时期的故事，顾颉刚对此早有考证。① 如大壮六五"丧羊于易，无悔"、旅上九"鸟焚其巢，旅人先笑后号咷，丧牛于易，凶"，这两条爻辞都与王亥丧牛羊于有易的故事相关。既济九三"高宗伐鬼方，三年克之，小人弗用"、未济九四"震用伐鬼方，三年有赏于大国"，则是殷高宗伐鬼方的故事。泰六五"帝乙归妹，以祉，元吉"、归妹六五"帝乙归妹，其君之袂不如其娣之袂良，月几望，吉"，是关于帝乙归妹的故事。明夷六五"箕子之明夷，利贞"，则是殷末仁人箕子的故事。这些考证说明，《周易》中记载有殷人的故事，应与殷人存在关联。

自张政烺先生在第二届古文字学会议上提出数字卦问题以来，经过学者们的努力，已经在甲骨、青铜器、战国简牍上发现数字卦例三百来个。② 其中可明确为殷商时期的有38个，包括两片被李学勤先生论定为周人卜骨的材料。③ 虽然李学勤先生认为殷商考古材料上的数字卦未必出自殷人之手，但他也不否认殷人也有筮法。事实上，在38个殷商时期的数字卦例中，有出自卜骨上的，也有出自陶器、青铜器上的，并非全部出自陶范。要说这些材料都不是出自殷人之手，现在看来仍难有充足的证据，只能是推测。

在西周材料中，同样有许多数字卦，尤其是在周原发现的甲骨上，例子较之殷商时期大为增加。从所用筮数和形式上看，西周数字卦与殷商时期的数字卦肯定存在承继关系。

此外，在被李学勤先生认为是周人卜骨的"四盘磨卜骨"中，有可能出现了"孚"字。为方便比较，附曹定云先生所作卜骨刻辞摹本如下：

---

① 顾颉刚：《周易卦爻辞中的故事》，原载《燕京学报》第六期，1929年，后收入顾颉刚编著《古史辨》第三册，1931年。本文所引出自海南出版社2005年出版的《古史辨》第三册，第1—25页。
② 王化平、周燕《万物皆有数：数字卦与先秦易筮研究》一书中归纳有284个（北京：人民出版社，2015年，第63—77页），若再加2008年以后在周公庙原遗址考古所得，则应超过300个。周原遗址的这部分材料至今未正式公布，所以《万物皆有数》书中并未提及。据周公庙考古队和董珊先生的披露，2008年在周公庙所获甲骨上发现20个数字卦例，有筮数一、五、六、七、八、九。董珊先生在2009年3月14日举行的"周公庙考古工作汇报暨新出西周甲骨座谈会"上介绍过2008年于周公庙考古所获甲骨的情况，详情可参复旦大学古文字研究中心网站上的会议纪要，http://www.gwz.fudan.edu.cn/ShowPost.asp?ThreadID=1102。
③ 李学勤：《周易溯源》，成都：巴蜀书社，2006年，第203—209页。

从《周易》与《诗经》的关联看其撰成时代 517

张政烺先生将摹本中最下一例数字卦后的字释为"曰隗",最上一例数字卦后的字则作"曰魁"。① 曹定云先生将最下一例后面的字读作"曰媿",因最上一例后面的文字笔画不清,故持存疑态度。② 李学勤先生则将"曰"后面的字读作两个字形,将卦后的刻辞读作"曰,囟(斯)□",并指出,"第三个字很不清楚,但一定包含跽坐的人形"③。从曹定云先生提供的拓片看,至少一个"斯"字后面的字并非不清楚。而李学勤先生在其著作中的补记里说:"本书初版后,2002 年我有机会再观察四盘磨卜骨,看清两'囟'字下是一般释'御'的字,左为一竖笔,右从'卩'。"④ 依此观察,则"囟"后的字似当读作"孚"字。因为此字正是左边一短竖,右边从"卩"。与甲骨卜辞中以往被释作"御",而裘锡圭先生释作"孚"的字形基本相同。

---

① 张政烺:《试释周初青铜器铭文中的易卦》,《考古学报》1980 年第 4 期,后收入《张政烺文集·论易丛稿》,北京:中华书局,2012 年,第 1—25 页。
② 曹定云:《殷墟四盘磨"易卦"卜骨研究》,《考古》1989 年第 7 期。
③ 参见李学勤:《周易溯源》,第 205 页。文章引用了裘锡圭先生的意见,说:"'斯'和下面的字应分读,这一点是裘锡圭先生 1989 年观察原骨时指出的。"
④ 参见李学勤:《周易溯源》,第 209 页。

虽然这个字的辨释在甲骨学界至今有一些争议，但从裘锡圭、陈剑等先生的论证看，①应该没有多大问题。另外，新出的清华简《郑文公问太伯》甲本中，简10上有"㝵"字，相应之字在乙本简9上写作"孚"，即"孚"字。②甲本所用字形当释作"印"，即"抑"的初文。此字形与卜辞、青铜器铭文等材料中被释作"孚"的字形体相近，所以乙本讹作"孚"字。③

以上这些证据说明，《周易》确实与殷商文化存在一些联系。《周易》中的一些文字可能渊源自殷商时期，在长期的流传过程中，被多次编撰、改写。《周易》在编撰过程中，确实使用了一些前代材料。不过，由《周易》与《诗经》的关联看，《周易》的整体成型则应晚到西周晚期，甚至可能下探至春秋早期。

作者简介：王化平，男，西南大学汉语言文献研究所研究员。

---

① 关于甲骨卜辞中"孚"字的训释，可参见裘锡圭《释"厄"》，见王宇信、宋镇豪主编：《纪念殷墟甲骨文发现一百周年国际学术研讨会论文集》，北京：社会科学文献出版社，2003年，第125－133页。裘锡圭：《燹公盨铭文考释》，《中国历史文物》2002年第6期。裘锡圭：《中国出土古文献十讲》，上海：复旦大学出版社，2004年，第46－77页。姚萱：《殷墟花园庄东地甲骨卜辞的初步研究》，北京：线装书局，2006年，第97页。张玉金先生在解释《周易》中的"有孚"时，采纳了裘锡圭先生和意见，参见张玉金《〈周易〉"有孚"新探：兼论〈周易〉卦爻辞的性质》，《出土文献》第三辑，上海：中西书局，2012年，第239－248页。

② 清华大学出土文献研究与保护中心：《清华大学藏战国竹简（陆）》（上册），上海：中西书局，2016年，第61和67页。

③ 清华大学出土文献读书会《清华六整理报告补正》，清华大学出土文献研究与保护中心网站，2016-04-16，http://www.ctwx.tsinghua.edu.cn/publish/cetrp/6831/2016/20160416052940099595642/20160416052940099595642_.html。此文引石小力先生意见，认为甲本简10上原释作"色"的字当释作"印"，读作"抑"，是句首虚词。乙本"孚"字当是"印"字之讹。其后王宁先生亦有讨论，可参见王宁《清华简六〈郑文公问太伯〉（甲本）释文校读》，复旦大学出土文献与古文字研究中心网站，2016年5月30日，http://www.gwz.fudan.edu.cn/SrcShow.asp?Src_ID=2809。

秦西汉怀德县小考

陕西省考古研究院 王 辉

西安中国书法艺术博物馆藏秦封泥有"坏德丞印"1枚（图一），见傅嘉仪《秦封泥汇考》1279号①，此枚封泥缺"丞印"2字。又《考古与文物》1997年第1期第48页图129著录"坏德丞印"一枚（图二，北京古陶文明博物馆藏），笔画不太清楚；周晓陆《酒余亭陶泥合刊》②著录一枚残字封泥（图三），隶作"怀德丞印"。《汇考》第191页又著录汉印"坏德丞印"一枚（图四）。"坏德"又见廿一年相邦冉戈③，廿一年或说是卅一年。

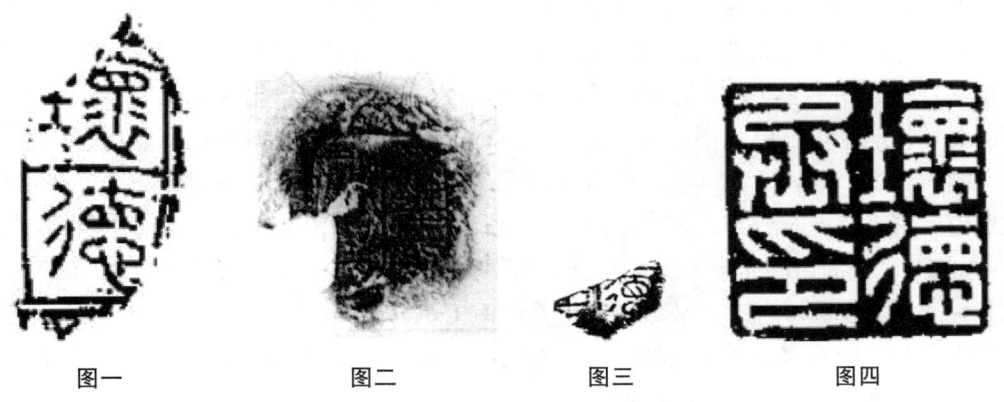

图一　　　　　图二　　　　　图三　　　　　图四

《汉书·地理志》左冯翊有"裹德"县，颜师古注："裹亦怀字"。

裹、坏皆应读为怀。毛公鼎："率裹不廷方。"裹、怀，安抚也。马王堆帛书《老子》甲、乙本《德经》："是以圣人被褐而裹玉。""裹"王弼本作"怀"。上博楚竹书《缁衣》简21："子曰：私惠不裹惠（德）。"马王堆帛书《六十四卦·旅》六二："旅既（即）次，坏其茨（资），得童剥（仆）。"通行本《易》"坏"作"怀"。④

---

① 傅嘉仪：《秦封泥汇考》，第191页，上海：上海书店出版社，2007年。
② 周晓陆：《酒余亭陶泥合刊》，第32页，东京：日本艺文书院，2012年。
③ 王辉：《秦铜器铭文编年集释》图四十七.1.2，西安：三秦出版社，1990年。
④ 王辉：《古文字通假字典》第505页，北京：中华书局，2008年。

"怀德"，感念恩德，或怀有德行。《尚书·洛诰》："王伻殷乃承叙万年，其永观朕子怀德。"《史记·刘敬叔孙通列传》："及周之盛时，天下和洽，四夷乡风归化，慕义怀德。"《诗·大雅·板》："怀德维宁，宗子维城。"高亨注："怀德，有德。"怀德县有荆山，传说禹铸鼎于荆山下，其人有德，后人怀念其德，县之得名，殆与此有关。

秦汉怀德县的具体位置，有两种说法：一说在今大荔县（秦临晋县）与华阴县（秦宁秦县）之间的洛水、渭水交汇处。今人谭其骧先生主编《中国历史地图集》秦、西汉部分图5－6、15－16即如此标注①。马非百《秦集史·郡县志上》②亦主此说。

《汉书·地理志》"襄德"下班氏自注："《禹贡》北条荆山在南，下有强梁原。"王先谦补注："段玉裁曰：'此释"导汧及岐，至于荆山"之荆山也。此曰"北条荆山"，南郡曰"南条荆山"，则知三条之说自古而然。'钱坫曰：'《禹贡》道九山、汧、壶口、砥柱、太行、西倾、熊耳、嶓冢、内方、岐也。马融以汧为北条，西倾为中条，嶓冢为南条。郑康成分四列，汧为阴列，西倾次阴列，嶓冢为阳列，岐山次阳列。强梁当作荆渠原，在今富平县北二十里，荆山在富平西南三十里。'徐松曰：'胡渭云《寰宇记》引《水经注》云：洛水东南历强梁原，俗谓之朝阪。今富平无洛水，朝邑有洛水，历强梁原入渭，原在荆山下，一证也。《同州志》云：华原在朝邑县西，绕北而东，以绝于河，古河壖也，一名朝阪，亦谓之华原山。盖华原即朝阪，朝阪即强梁原。荆山之麓，直抵河壖。禹治水从此渡河，故《禹贡》曰"至于荆山，逾于河"。若富平则东距河二百余里，与此经意不合，二证也。朝邑实西汉之襄德，荆山当在其境。唐人所以致误者，盖由先儒谓漆沮即洛水，而泽泉经富平襄德城北，东南绝沮注浊水得漆沮之名，遂以此为《汉志》东南入渭之洛，并荆山亦移之富平耳。松案：'襄德所在，当以胡说朝邑西南者为正。阎氏若璩亲至朝邑县，治在强梁原上，为荆山北麓。然则谓朝邑无荆山者误矣。'吴卓信曰：'今富平亦有襄德城。《寰宇记》谓后汉及三国时因汉旧名，于此立县，今有废城存，是也，与西汉旧县无涉，谬矣。而《隋志》误载荆山于富平县，李吉甫、宋敏求因之，后人遂沿其谬。'"又曰："《续志》后汉省。'云阳'下刘注：'有荆山。'《帝王世纪》云：'禹铸鼎荆山，在冯翊襄德之南，今其下荆渠也，据此县并入云阳。《一统志》：故城今富平县西南十里。'"

赞成富平说的有《后汉书·郡国志》左冯翊云阳下南朝梁刘昭注、《隋书·地理志》、唐李吉甫《元和郡县图志》、北宋宋敏求《长安志》，而主张最力的是清人钱坫《新斠注地理志》。主张朝邑说的有北魏郦道元《水经注》之"渭水""沮水"、清胡渭《禹贡锥指》、清徐松《地理志集释》清吴卓信《地理志补注》。

我以为要弄清楚秦西汉怀德县的地望，关键是要弄清荆山的位置。

《说文》："荆，楚木也。从艹，刑声。"王筠《句读》："荆，楚。谓荆一名楚也。木也。以字从艹，故云木，盖此物不大，故从艹，好丛生，故楚从木。"荆本是一种丛生灌木，西周金文中初文作 ，像以刀割取荆条，西周中期金文鸿叔簋："堆（鸿）吊（叔）从王员征

①谭其骧：《中国历史地图集》，北京：中国地图出版社，1982年。
②马非百：《秦集史》，第572页，北京：中华书局，1982年。

楚[字]。"后加声符井，作[字]或[字]，[字]、[字]是[字]之省变。金文史墙盘："宏鲁昭王，广皱楚[字]。"过伯簋："过伯从王伐反[字]。"士山盘："出惩都、荆方。"师虎簋："嫡官嗣左右戏、繁、荆。"五祀卫鼎邦君厉监付裘卫田者有"荆（荆）人敢"。隶作荆，里耶秦简J1（8）134："以求故荆积瓦。"①

荆山最初在什么地方，这是一个很有趣味的问题。我推测，荆山原来可能在周原一带，指汧阳、凤翔、岐山北边的山系。五祀卫鼎提到"荆人敢"，荆为地名，肯定在周原。周原有地名楚，《说文》："楚，丛木，一名荆也。从林，疋声。"楚亦荆。周原甲骨文H11.83："今秋楚子来告父后哉。"楚为本国事远涉千里来告周，不合情理。此楚必在周畿内，而不在江汉一带。又周原甲骨文H11.4："其微、楚□氒（厥）燎。"微在今岐山、眉县一带，微、楚连言，必相距不远。《史记·楚世家》："周文王之时，季连之苗裔曰鬻熊子事文王，蚤卒。"《史记》之《鲁世家》："及成王用事，人或潛周公。周公奔楚。"拙文《西周畿内地名小记》②说："此楚也当是畿内之楚，而非江汉之楚。此时熊绎已迁至江汉，畿内楚地直属王室。周公之奔楚，乃回故地隐居，示无野心。此时贼臣正陷害他，说他'欲为乱久矣，上若不备，必有大事'。他若奔江汉之楚，不是令让人觉得他要依赖荆楚，以图不轨吗？这岂不是予贼臣以口实吗？作为大政治家的周公，绝不会出此下策。"

五祀卫鼎和史墙盘的荆都从刃或刀，井声。推测或可省作井，最初与井地有关。西周金文地名有井，与奠（郑）地相连，免卣："惟六月初吉，王在奠。丁亥，王各大室，井叔右免。"奠地唐兰以为在扶风、宝鸡一带③。卢连成以为在今凤翔县，即秦德公所居之大郑宫④。关于井地，徐中舒师说："畿内井邑旧不详所在。《散氏盘》记载散之田界云：'芥道以西至于鸿、莫、眉（辉按此字今多释作履）井邑田，自棂木道左至于井邑'，则井必与散接壤。"⑤拙文《西周畿内地名小记》说："这为我们寻找井的位置指出了一条道路。散盘记载矢方交割土地给散方，矢既在汧水以东的凤翔一带，而奠、井亦必相距不远。"

井、荆、荆既在汧水以东凤翔、岐山北部，则最初的荆山也可能指今关中盆地北缘之山西部。此山沿凤翔、岐山、扶风东北行经乾县、淳化、富平、蒲城、澄城，直达黄河岸边的韩城，后代其分段地名或称岍山、岐山、梁山、北仲山、嵯峨山、文王山、武王山、频山、庙山、尧山、黄龙山等。比之渭河以南的秦岭山系，此山系山势较缓，不似渭河以南秦岭山脉之陡峭险峻。

随着荆楚人的东移、南移，荆楚地名也不断东移南移。《尚书·禹贡》："（雍州）漆沮既从，沣水攸同。荆、岐既旅……"孔氏传："此荆在岐东，非荆州之荆。"又云："导岍及岐，至于荆山。"陆德明释文："岍音牵，字又作汧，一名吴岳。"荆山与岍山、岐山相连，在岐东，肯定是指关中北部山系。秦西汉怀德富平说北距此山系不远。朝邑西北距富平二百余

---

① 王辉主编：《秦文字编》，第113页，北京：中华书局，2008年。
② 王辉：《西周畿内地名小记》，《考古与文物》1985年第3期。
③ 唐兰：《用铜器铭文来研究西周史》，《文物》1976年第6期。
④ 卢连成：《周都棫郑考》，《考古与文物丛刊》第二号《古文字论集》，1983年。
⑤ 徐中舒：《禹鼎的年代及其相关问题》，《考古学报》1959年3期。

里，北距关中北部山系亦百余里，其地平坦，说有荆山当属讹传。渭河南之秦岭北麓又绝无荆山之名，故朝邑说理由不充分。《禹贡》"这部书是战国之世走向全面统一前夕的总结性的地理记载。把当时七国所达到疆域算作天下，而根据自然地理来划分其区域成九州，并定出各州的物产作贡物，又根据土地肥瘠来定各州田赋等次。这是对当时地理作一理想式的规划"①。《禹贡》反映的是战国末的情形，秦西汉初距之不远，其所说荆山位置应是可信的。到了东汉，怀德县已不存。《后汉书·郡国志》左冯翊下无怀德县而有云阳县，该条下刘昭注："有荆山，《帝王世纪》：'禹铸鼎于荆山，在冯翊怀德之南，今其下荆渠也。'"可见怀德县并入云阳县。云阳《地理志》作云陵，清《一统志》说"故城在今淳化县北二十里"。淳化县与富平只隔三原县北部一角，靠近关中北部山系，距朝邑二百余里，亦可见后说之不可信。《太平寰宇记》说此地名东汉三国时还有，是有道理的。

　　《禹贡》说"（雍州）漆沮既从，沣水攸同"，然后说"荆岐既旅"，则沮水亦与秦西汉怀德位置有关。《诗·大雅·绵》："民之初生，自土沮漆。"毛传："沮水，漆水也。"《史记·周本纪》："（古公亶父）乃与私属，遂去豳，度漆沮，逾梁山，止于岐下。"集解引徐广曰："水在杜阳、岐山。"此漆沮在今邠县、岐山一带。后来漆沮水之名东移。《水经·沮水》："沮水出北地直路县，东过冯翊祋祤县北，东入于洛。"郦道元注："《地理志》曰：沮出直路县（辉按：在今陕西富县西）西，东入洛。今水自直路县东南，径谯石山东南流，历檀台川，俗谓之檀台水。屈而夹山西流，又西南径宜君川，世又谓之宜君水。又得黄嵌水口，水西北出云阳县石门山黄嵌谷，东南流注宜君水。又东南流径祋祤县（辉按：即今铜川市耀州区）故城西……又西南流径祋祤县东，西南流径其城南原下，而西南注宜君水。宜君水又南出土门山西，又谓之沮水。又东南历土门南原下，东径怀德城南，城在北原上。又东径汉太上皇陵北，陵在南原上，沮水东注郑渠……沮循郑渠，东径当道城南，城在频阳县故城南，频阳宫也，秦厉公置。城北有频山，山有汉武帝殿，以石架之。县在山南，故曰频阳也。应劭曰：县在频水之阳。今县之左右，无水以应之，所可当者，惟郑渠与沮水……其水又东北流，注于洛水也。"②臧励龢等编《中国古今地名大辞典》云："沮河，即宜君水，出陕西耀县北境，东南流合漆水为石州河。"③ 所谓"石洲河"今名石川河，自今富平县西，东南流经富平城南，再东南流注入渭河（古代曾注入洛河）。值得注意的是沮水即石川河，先流经怀德城南，后流经汉太上皇陵北。"汉太上皇陵，高帝葬太上皇于栎阳北原，因置万年县于栎阳大城内。"④ 栎阳在今西安市临潼区与阎良区界上，在富平县城东南。要说秦西汉怀德县城在朝邑，无论如何也是说不过去的。《大辞典》又曰："漆水源出陕西同官县（辉按：即今铜川市）东北大神山，西南流至耀县。沮水一名宜君水，出县北分水岭，东南流来会，是为石州河。又东南流经富平、临潼，折西南会清谷水注于渭。按漆沮旧与洛水合流入渭，故亦谓之洛水。孔传于'导渭'下云：'漆沮二水名，亦曰洛水。'自郑渠湮废，二水隔绝，漆

---

①陈高华、陈智超等：《中国古代史料学》，第45页，北京：中华书局，2016年。
②陈桥驿：《水经注校正》，第389页，北京：中华书局，2013年。
③臧励龢等编：《中国古今地名大辞典》，第511页，北京：商务印书馆，1931年。
④何清谷：《三辅黄图校注》，第425页，西安：三秦出版社，2006年。

沮遂无洛河之名矣。"① 是很有道理的。

因漆沮经郑渠（荆渠）汇入洛水，漆沮一名洛水，故后人皆以今之西洛水下流当之。《水经注·渭水》："渭水之阳即怀德县界也。城在渭水之北，沙苑之南，即怀德县故城也。世谓之高阳城，非矣。《地理志》曰：'《禹贡》北条荆山在南，山下有荆渠。'即夏后铸九鼎处也。"这同上引《沮水注》的说法自相矛盾，是郦氏把漆沮之别名洛水（漆沮为洛水支流）混同于洛水之干流洛水，把高阳城误为秦西汉怀德城。

至于禹铸鼎于荆山下，只是一个传说故事，见于《史记·封禅书》。其地或说在今河南灵宝县之阌乡（秦西汉湖县）。或说在今陕西西安蓝田县焦岱镇，该地出有"鼎湖延寿"汉瓦当，新见秦封泥亦有"鼎湖苑丞"。黄帝铸鼎本属传说，后人附会其事，遂有二地，已难深究。

西周中期至春秋中期，楚人逐渐南迁，一度"居丹阳"。丹阳在丹水之阳，今陕西丹凤县（古商县），秦西汉上雒县（今商县）皆其属地。于是这一地区就有了"楚山""楚水"的地名。楚即是荆。《水经注·丹水》："《竹书纪年》：晋烈公三年，楚人伐我南鄙，至于上雒。楚水注之，水源出上雒西南楚山。昔四皓隐于楚山，即此山也。"②

此后楚人又南迁，于是荆山、沮水之名又移到了今湖北南漳、保康间。《尚书·禹贡》："荆及衡阳惟荆州。"孔氏传："北据荆山，南及衡山之阳。"《禹贡》又云："荆河惟豫州。"孔氏传："西南至荆山，北距河水。"《汉书·地理志》南郡"临沮"县下班氏自注："《禹贡》南条荆山在东北，漳水所出，东至江陵入阳水。"补注王先谦曰："《禹贡山水泽地篇》：荆山在临沮县东北，与《志》合……段玉裁谓阳水即沮水。"《左传·哀公六年》："江、汉、雎（沮）漳，楚之望也。"

作者简介：王辉，男，陕西省考古研究院研究员。

---

① 臧励龢等编：《中国古今地名大辞典》，第1100页，北京：商务印书馆，1931年。
② 陈桥驿：《水经注校正》466页，中华书局，2013年。

秦国崛起原因新解

天水师范学院　尉博博

摘　要：秦国从周王室的附庸，经过数百年的发展，终于统一六国，建立了中国历史上第一个专制主义中央集权制国家。其崛起的重要原因之一是武力与半农半牧的经济组织并于一身。

关键词：秦　武力　经济组织

一、秦之武力

纵观秦史，其武力之盛可分前后两个时期，即商鞅变法之前与变法之后。后一时期，秦之武力发展一直呈上升趋势，轨迹比较清晰。而前一时期秦国尚处于草创阶段，立国艰难曲折，需要仔细分析，才能明了其武力发展、变化的线索。

自西周至秦穆公，其间虽有许多波折，但其武力总体发展，呈上升的趋势。从秦穆公之后至孝公变法之前，秦人武力暂处于劣势。

首先，秦立国是秦早期武力强盛的标志。

根据马非百先生的研究，秦人原出于东来民族，"与殷商同属于鸟系祖先传说系统"。一个东来的民族要在西戎立足，这是秦人在西垂遇到的第一个挑战。相对秦人而言，西戎是较早活动于西方的游牧民族，适值西周末年，周王室日渐衰落，西戎反王室，消灭了秦人之别支——大骆之族，继而又杀秦仲。可见，此时秦人有被驱逐出西垂的危险。面对危急存亡之关头，秦仲的五个儿子奋起抗击西戎，在五子中的长子——秦庄公的率领下，打败了西戎，收复了失地，在西方站稳了脚跟。依《史记》记载，秦庄公时的兵力是七千人。① 与此相对应，秦人之武力在考古材料中也有间接反映。2012 年，甘肃甘谷毛家坪遗址出土了车马坑。该遗址被认为是西周时期的。《诗经·秦风·车邻》相传是赞美秦仲的。"车邻，美秦仲也。秦仲始大，有车马礼乐侍御之好焉。有车邻邻，有马白颠。"② 有车有马，形象地说明秦国武力开始兴起。

---

① 司马迁：《史记》，北京：中华书局，1982 年，第 178 页。
② 中华书局编辑部：《汉魏古注十三经·毛诗》，北京：中华书局，1998 年，第 50 页。

秦庄公能在西垂立足，并不意味着西戎的威胁已经解除，相反，庄公子襄公时，西戎之同类——犬戎灭亡了西周，周王室被迫东迁洛邑，周之旧地陷入戎人之手。秦人处于西戎的包围之中，形势异常严峻，幸好秦襄公带领秦人奋力抗击，且护送周平王有功，变被动为主动，遂受周王室分封为诸侯而立国。秦国崛起于西周灭亡、戎势日炽之际，可谓绝地逢生。秦立国决不是靠侥幸或者是偶然，而是由于秦人长期与西戎的战斗中，身经百战，在血与火的历练中，军事实力由弱变强的必然结果。此非虚言，有文献为证。《史记·秦本纪》："西戎犬戎与申侯伐周，杀幽王郦山下。而秦襄公将兵救周，战甚力，有功……襄公以兵送周平王。平王封襄公为诸侯，赐之岐以西之地。"①《史记·周本纪》："平王立，东迁于洛邑，辟戎寇。平王之时周室衰微，诸侯强并弱，齐、楚、秦、晋始大，政由方伯。"② 可见，秦襄公被封为诸侯，是以战功和军事实力作为后盾的。《诗经·秦风》中相传有关于秦襄公的。《诗经·秦风·驷驖》："驷驖，美襄公也。始命，有田狩之事，园囿之乐焉。驷驖孔阜，六辔在手。公之媚子，从公于狩。"③《诗经·秦风·小戎》："小戎，美襄公也。备其兵甲，以讨西戎。西戎方强，而征伐不休。国人则矜其车甲，妇人能闵其君子焉。"④

仔细分析文献可知，秦立国的确是秦人武力强盛的标志之一。周王室号称天下共主，却因犬戎威胁，被迫东迁，依常理推断，秦人也应随周王室东迁，郑国即是如此。然而，秦人不仅没有东迁，反而占据周人故地而立国。同样面临西戎民族的威胁，周人选择东迁，而秦人选择在周之旧地立国，这只能被解释为此时秦国武力已超过周王室。《左传》记载周王室东迁主要依靠晋国和郑国的兵力，"晋、郑焉依"。⑤《史记·秦本纪》记载秦襄公派兵护送周平王，⑥ 此外未闻有他国参与其事。凭此虽不能断定只有秦、晋、郑三国派兵帮助周王室东迁，但至少可以断言，秦、晋等国是主要参与其事者。面对强敌西戎民族的进攻，护送王室必须要有强大的武力作为后盾。周人、郑人一同退出关中故土，而秦人依然屹立于西土而不倒，进而立国为诸侯，这是秦人武力强盛的极好证明。

秦襄公之后，子文公即位，继续伐戎，收罗周王室之余民，领地东扩至岐山。秦宁公时，国城迁至平阳，消灭戎族荡社。秦武公时，东伐彭戏氏，扩地至华山下；西伐邽戎、冀戎，在其地设立邽县、冀县，继而设立杜县、郑县。又灭小虢国。秦宣公时，与晋国战于河阳，秦国胜。秦成公时，梁国和芮国来秦国朝见。由上可知，自秦文公迄成公，秦国不断东扩，进而战胜晋国，其武力呈蒸蒸日上之势。

其次，穆公霸西戎是春秋时期秦国武力强大的标志。

秦穆公即位为君，秦国之武力达到春秋时期的巅峰。穆公是春秋时之雄主，东进饮马于黄河，一直是秦人之梦想，至穆公时才终于实现。晋国两位国君皆为穆公所立，即晋惠公和晋文公，这是春秋史上不多见的。立晋惠公之时，秦穆公使百里傒将兵送之入晋。立晋文公

---

① 司马迁：《史记》，北京：中华书局，1982年，第179页。
② 司马迁：《史记》，北京：中华书局，1982年，第149页。
③ 中华书局编辑部：《汉魏古注十三经·毛诗》，北京：中华书局，1998年，第51页。
④ 中华书局编辑部：《汉魏古注十三经·毛诗》，北京：中华书局，1998年，第51页。
⑤ 杨伯峻：《春秋左传注》，第51页。
⑥ 司马迁：《史记》，北京：中华书局，1982年，第179页。

时，《左传·僖公二十四年》："秦伯送卫于晋三千人，实纪纲之仆。"①《韩非子·十过》载穆公"因起卒，革车五百乘，畴骑二千，步卒五万，辅重耳入之于晋。"《韩非子》所记或有夸大之嫌，然当时秦国之武力强大，亦可观其一斑。秦晋韩原之战，穆公俘晋惠公，晋时为大国，大国之君被敌国俘虏，春秋时期亦为少见。这只能被解释为秦国军力之强盛。童书业先生也说："秦至穆公时确已甚雄强。"②

关于秦国在春秋时的兵力，童书业先生曾有过推测："春秋初晋、秦并为大国，然秦师固少于晋，僖十五年传：韩之役，晋惠公使韩简视师，复曰'师少于我，斗士倍我'可证。僖三十三年传袭郑之役，'秦师过周北门，左右免胄而下，超乘者三百乘'，则用兵在三百乘以上。至春秋末，定五年传：'秦子蒲、子虎帅车五百乘以救楚。'此役救一大国，抗一大国，兵数似嫌过少。如以此数为全国兵数二分之一计，则亦仅一千五百乘而已。然观昭元年传：'秦后子有宠于桓，如二君于景……铖适晋，其车千乘。'一公子之车已多至千乘，度其全国兵数至少当在二千乘以上。"③童先生对秦国兵力之估计当是最保守的。即或如此，我们在判断一国军事力量强大与否时，其标准决不能仅限于军队数量，军队战斗力才是最重要的标准。在秦晋韩之战中，秦军以少胜多，且俘获晋惠公，这充分证明秦军战斗力之强。

关于春秋霸业，一般常以齐桓、晋文相提并论，很少道及秦穆公。其实晋文公的霸业多赖秦国之力。文公入晋为君，实为穆公助成，此且不论。晋文公之时，秦、晋曾联合讨伐鄀，晋、楚城濮之战，秦国亦参与其事。《左传·僖公二十八年》："晋侯、宋公、齐国归父、崔夭、秦小子慭次于城濮"。④ 小子慭为穆公子。温之会及翟泉之盟秦国皆与会。鲁僖公三十年，秦、晋又联合围郑。由此可知，晋文公之霸业是与秦国鼎力支持分不开的。至于殽之战，是由于秦穆公战术上的失误造成的，不是因为秦军的战斗力。东进受阻，反而促成秦霸西戎的重大胜利。秦穆公时的秦国，是春秋时期秦人武力最辉煌的阶段。《史记·秦本纪》："昔我穆公，自岐、雍之间，修德行武，东平晋乱，以河为界，西霸戎、翟，广地千里。天子致伯，诸侯毕贺。"⑤ 这基本上是穆公功业的真实写照。甚至连不喜道齐桓、晋文之事的儒家，在其经典《尚书》中收录了《秦誓》一篇，足证秦穆公在春秋时的地位。《荀子·大略》："《春秋》贤穆公能变。"《左传·文公三年》对秦穆公赞扬备至："秦伯伐晋……遂霸西戎，用孟明也。君子是以知秦穆之为君也，举人之周也，与人之壹也；孟明之臣也，其不解也，能惧思也；子桑之忠也，能举善也。"⑥

从穆公子康公至秦孝公，秦国东进受到晋国的阻挡，南进受到楚国的羁绊，转而采取守势。该时期秦国军力中衰，但元气尚存。所谓"兵戢于外，威畜于内"，韬光养晦，蓄势待发。

春秋时期秦国之武力盛况，理应在考古出土文物中有所反映，甘肃礼县大堡子山出土了

---

① 杨伯峻：《春秋左传注》，第 415 页。
② 童书业：《春秋左传研究》，上海：上海人民出版社，1980 年，第 316 页。
③ 童书业：《春秋左传研究》，上海：上海人民出版社，1980 年，第 369 页。
④ 杨伯峻：《春秋左传注》，第 458 页。
⑤ 司马迁：《史记》，北京：中华书局，1982 年，第 202 页。
⑥ 杨伯峻：《春秋左传注》，第 530 页。

许多兵器、车马器，《发掘简报》将文物断代为春秋中、晚期，与秦人强盛期——春秋早、中期，时间不尽相合，出于谨慎考虑，未敢轻易以出土文物附会文献记载。

再次，商鞅变法至秦统一六国，是秦国武力最强盛的时期。

司马迁对秦国的武力乃至秦国崛起有一段经典论述："太史公读《秦记》，至犬戎败幽王，周东徙洛邑，秦襄公始封为诸侯，作西畤用事上帝，僭端见矣。《礼》曰：'天子祭天地，诸侯祭其域内名山大川。'今秦杂戎翟之俗，先暴戾，后仁义，位在藩臣而胪于郊祀，君子惧焉。及文公逾陇，攘夷狄，尊陈宝，营岐雍之间，而穆公修政，东竟至河，则与齐桓、晋文中国侯伯侔矣……秦始小国僻远，诸夏宾之，比于戎翟，至献公之后常雄诸侯。论秦之德义不如鲁卫之暴戾者，量秦之兵不如三晋之强也，然卒并天下，非必险固便形势利也，盖若天所助焉。"①

太史公的说法大体不误，然细节处还有待推敲。如认为秦之兵力比不过三晋，商鞅变法之前似乎如此，但商鞅变法之后则绝非如此。根据《史记》所载，秦自商鞅变法后，军队战斗力突飞猛进：变法之后第四年，在西山击败韩国；又过了四年，在元里斩首魏卒七千，攻占了少梁。二年后，进攻魏之国城安邑，魏军失利。过了一年之后，又进攻魏国之固阳，魏军投降。一年后，秦军东渡西洛水。七年之后，秦修筑武城城池。十年后，秦之国界重又到达黄河。这是秦自穆公之后，再一次东扩至黄河。面对秦国武力压境，步步紧逼，魏国被迫迁国城于大梁，而放弃了安邑。又过了两年，秦军继续深入魏国腹地，在岸门击败了魏军。

由上可知，秦国自孝公之后，三晋中之韩、魏，在秦之武力进攻下，节节败退，怎么能说秦之兵不如三晋强呢？《荀子》一书曾对秦与东方各国的兵力做过对比："齐之技击，得一首则受赐金。事小敌脆，则偷可用也。事巨敌坚，则焕然离矣。是亡国之兵也。魏氏武卒，衣三属之甲，操十二石之弩，负矢五十个，置戈其上，冠胄带剑，嬴三日之粮，日中而趋百里，中试则复其户，利其田宅。如此，则其地虽广，其税必寡，其气力数年而衰。是危国之兵也。秦人，其生民也狭厄，其使民也酷烈。劫之以势，隐之以厄，狃之以赏庆，道之以刑罚，使其民所以要利于上者，非战无由也。功赏相长，五甲首而隶五家，是最为有数，故能四世有胜于天下。"

由此可知，秦国之武力是其综合实力的集中体现，其背后是由商鞅变法后优越的政治制度来支撑的。商鞅在秦国废除宗法制和分封制，建立郡县制，励行法治，一断于法。虽太子犯法，与庶民同罪，太子为储君，不可施刑，乃"刑其傅公子虔，黥其师公孙贾。"通过商鞅变法，秦国由原来以宗族血缘关系为基础的宗法国家变为以郡县地缘关系为主体的法治国家。在朝廷，宗室非有军功，不得为属籍。在民间，禁止民父子兄弟同室内息者，民有二男以上不分异者，加倍征其赋税。如此，则宗室（公族）、大家族迅速土崩瓦解，这是中国古代政治制度史上的巨变。商鞅之法不仅仅是在上层执行，还在最基层得以广泛推行实施。秦国妇女儿童皆能言商君之法。商鞅本人曾逃亡至关下，欲在客舍住宿，竟然因无凭证而被拒，是为明证。正是在法治政治的运行之下，史言秦国"道不拾遗，山无盗贼，家给人足，民勇于公战，怯于私斗，乡邑大治"。秦国武力之盛亦是此种政治实力的外在表现。

---

① 司马迁：《史记》，北京：中华书局，1982年，第685页。

二、秦之经济组织

秦国经济组织的发展历程与其武力相对应,也可分为两个阶段:即商鞅变法前与商鞅变法后。第一阶段的主要经济组织形式是半农半牧,是一种禀性进取的经济组织形式。

首先,从传世文献可知,秦早期之经济组织形式是农牧结合的。

《史记·秦本纪》记载,秦人之远古祖先大费辅佐帝舜驯服鸟兽,驯服鸟兽即今天所谓的畜牧业。由于鸟兽多被驯服,舜于是赐大费嬴姓。秦人直系祖先非子,居于犬丘,爱好马及畜,且善于牧养以使之繁殖增多。犬丘人将非子擅长畜牧的情况报告给周孝王,周孝王乃命其于汧水和渭水之间为王室牧马,于是马匹得以大量繁殖。因此周孝王追溯非子远祖,封其于秦邑,号称秦嬴。"昔伯翳为舜主畜,畜多息,故有土,赐姓嬴。今其后世亦为朕息马,朕其分土为附庸。"① 秦人善于养马,有关伯乐的传说也可为其佐证。相传伯乐是春秋秦穆公时人,以善相马著称。(《吕氏春秋·精通》)《楚辞·怀沙》:"伯乐既没,骥焉程兮?"《庄子·马蹄·释文》:"伯乐姓孙名阳,善驭马。"《韩非子·说林下》也有关于伯乐的传说。以上文献说明,秦人自古以来就以擅长畜牧著称,畜牧业是秦人的主要经济行业之一。

当然,这并不意味着秦人只从事畜牧业,与游牧民族无异。实际上是既从事畜牧,又经营农业,是一定居民族。《诗经·秦风·车邻》记载,秦人既"有马白颠",② 又"阪有漆,隰有栗"。《说文》:"坡者曰阪。"阪也就是半山坡。隰,《说文》:"阪下湿也。"隰,即山坡下平地中的湿处。可见,秦人既有马可牧,又在山坡上种漆树,平地种栗树;"阪有桑,隰有杨"是指山坡上种桑树,平地种杨树。非常明显,秦人是典型的半农半牧民族。《诗经·秦风·驷骥》:"公之媚子,从公于狩。"③ 此指秦人亦从事狩猎。

其次,从考古出土材料看,可间接反映出秦人是农牧兼于一身的。

考古材料有其自身的局限性,即不可能完全直接反映当时古人生活的面貌。以秦人为例,我们说秦人是既从事农业,又从事畜牧业的,考古材料则不能直接反映出如此的生活图景。我们只能从出土的鼎、建筑遗址等推断秦人当时是处于定居生活状态。因为在内陆地区,定居生活是要依靠农业为前提的,鼎的铸造需要大量的铜、以及复杂的冶炼工艺,游牧民族是不可能做到的。具有一定规模的建筑遗址,更是农业定居民族的显著特征,游牧民族只能有较为简单的建筑,甚或没有而逐水草而居。

根据《2006年甘肃礼县大堡子山东周墓葬发掘简报》,④ IM25墓出土了大量的遗物,包括鼎3件,大小石圭多达124件,时代属春秋中期。这不是单纯游牧民族所能有的。ⅢM1墓出土了铜礼器、车马器、骨器、鹿角等。时代属春秋晚期。一般而言,铜礼器、车马器是中原农业民族的特色,而ⅢM1墓兼有二者,是秦人既从事农业又从事畜牧业的间接反

---

① 司马迁:《史记》,北京:中华书局,1982年,第177页。
② 中华书局编辑部:《汉魏古注十三经·毛诗》,北京:中华书局,1998年,第50页。
③ 中华书局编辑部:《汉魏古注十三经·毛诗》,北京:中华书局,1998年,第51页。
④ 张卫星:《秦考古学文献叙录》,西安:三秦出版社,2010年,第45页。

映。《礼县圆顶山春秋秦墓》①一文载出土文物有车马坑1座,被盗车马坑1座。《甘肃礼县圆顶山98LDM2、2000LDM4春秋秦墓》②一文记有98LDM2出土文物:列鼎4、带盖鼎1、簋6等;时代属春秋中、晚期。2000LDM4出土有:鼎5件,簋4件。时代属春秋中、晚期。此两墓规格皆较高,说明秦人之文明程度远非一般游牧民族所可比。大量青铜铸器只能是农业、手工业发展到一定阶段的产物。逐水草而居的游牧部落不能有此。《2006年甘肃礼县大堡子山21号建筑基址发掘简报》③一文称,早期秦文化联合考古队在礼县大堡子山发现了大堡子山城,城墙用夯土筑成,在该城中共发现夯土建筑遗址26处。其中21号建筑遗址内发现有大型石柱础18个。时代属春秋早期偏晚或春秋中期偏早。城墙和大型建筑遗址的发现,说明秦人在春秋早期已处于定居生活状态,而定居必须要有农业作为经济支撑。

再次,秦人兼营农牧业是由所居西垂的自然地理环境决定的。

秦人之发祥地在西垂,即今天甘肃省天水市及其周围地区,多山地,而渭河流域之大小支流冲积形成了一些谷地。山地适宜经营畜牧,谷地宜于农耕。这种山地夹谷地的自然环境决定了秦人的经济组织形式只能是半农半牧。虽然商鞅变法后,秦国的农业经济比重不断上升,但畜牧业仍然比较发达,秦地的此种特点,一直延续到两汉。《史记·货殖列传》:"天水、陇西、北地、上郡与关中同俗,然西有羌中之利,北有戎翟之畜,畜牧为天下饶。"④《汉书·地理志》:"天水、陇西,山多林木,民以板为室屋。及安定、北地、上郡、西河,皆迫近戎狄,修习战备,高上气力,以射猎为先。故《秦诗》曰'在其板屋';又曰'王于兴师,修我甲兵,与子偕行'。及《车邻》《驷驖》《小戎》之篇,皆言车马田狩之事。汉兴,六郡良家子选给羽林、期门,以材力为官,名将多出焉。孔子曰:'君子有勇而亡谊则为乱,小人有勇而亡谊则为盗。'故此数郡,民俗质木,不耻寇盗。"⑤

《史记·六国年表》:"今秦杂戎翟之俗,先暴戾,后仁义。"⑥"杂"的深意是指秦国与中原各国纯农耕文明相比,夹杂着西戎畜牧狩猎的成分。秦国农牧兼营的经济组织之禀性进取的特点,可从上述文献中,窥得一斑。

三、秦崛起之一因

秦国崛起的原因固然很多,本文认为,武力与禀性进取的经济组织并于一身,是秦崛起之重要原因之一。

一方面,纯农耕民族具有禀性和平的特点。周人是典型的农耕民族,以礼乐文明为代表的周文化是典型的和平主义文化。孔子、孟子为代表的儒家,一贯以周文王、武王、周公的继承人自居,宣扬礼乐教化,以德服人,反对武力征伐。墨家虽与儒家不同道,但也主张和平,所谓"兼相爱、交相利";反对兼并战争,所谓"非攻",即是如此。道家主张虚静无

---

①张卫星:《秦考古学文献叙录》,西安:三秦出版社,2010年,第46页。
②张卫星:《秦考古学文献叙录》,西安:三秦出版社,2010年,第47页。
③张卫星:《秦考古学文献叙录》,西安:三秦出版社,2010年,第48页。
④司马迁:《史记》,北京:中华书局,1982年,第3262页。
⑤班固:《汉书》,北京:中华书局,1962年,第1644页。
⑥司马迁:《史记》,北京:中华书局,1982年,第685页。

为，也与战争无缘。儒墨在战国时期俱是显学，在关东六国大讲其道。道家虽不甚显，然亦有市场。这些思想都属于中原农业文化区。

齐国是一东方大国，春秋之齐桓公时，战国之齐威、宣王时，武力皆雄冠诸侯。但其经济形式主要是农业、手工业、渔业及海盐业，不具侵略性，人民安土重迁，不乐公战。《史记·货殖列传》："齐带山海，膏壤千里，宜桑麻，人民多文彩布帛鱼盐。其俗宽缓阔达，而足智，好议论，地重，难动摇，怯于众斗。"①《汉书·地理志》："（齐）俗弥侈，织作冰纨绮绣纯丽之物，号为冠带衣履天下。"② 可见，齐国的特色是手工业，不具攻击性。

赵、魏、韩号称三晋，其地古称三河，晋国在春秋时常为中原霸主，是秦国的主要对手，秦晋交兵，秦人败多胜少。晋文公、景公、悼公之时，武力最盛。战国时，赵、魏、韩三国竞相变法，富国强兵，故三晋之兵号称天下劲旅。然而，三晋所在之地三河，属于中原腹地，自古以来就是重要的农业耕作区，随着社会发展，出现了地少人多的情况，因而人多从事商贾。农业、商业皆无侵略性。《史记·货殖列传》："昔唐人都河东，殷人都河内，周人都河南。夫三河在天下之中，若鼎足，王者所更居也，建国各数百千岁，土地小狭，民人众，都国诸侯所聚会，故其俗纤俭习事……沂、泗水以北，宜五谷桑麻六畜，地小人众，数被水旱之害，民好畜藏，故秦、夏、梁、鲁好农而重民。三河、宛、陈亦然，加以商贾。齐、赵设智巧，仰机利。"③

楚为南方一大国，楚庄王时甚雄强，北与晋争霸。楚人主要从事渔业和林业，间或种植水稻。由于地广人稀，资源丰富，民无饥荒之患，故性多懒散，不具掠夺性。《史记·货殖列传》："楚越之地，地广人希，饭稻羹鱼，或火耕而水耨，果隋蠃蛤不待贾而足，地势饶食，无饥馑之患，以故呰窳偷生，无积聚而多贫。是故江淮之南，无冻饿之人，亦无千金之家。"④《汉书·地理志》："楚有江汉川泽山林之饶……以渔猎伐山为业……信巫鬼，重淫祀。"⑤

燕国虽有农牧兼营之长，但武力不能与各国相提并论。《史记·货殖列传》："燕代田畜而事蚕。"⑥

综上所述，春秋战国之时，只有秦国兼备武力与半农半牧之长，崛起于西垂，而最终统一天下。

另一方面，纯游牧民族居无定所，游徙无根，也缺乏崛起的地缘根基。自古及今，不管武力多么强盛的民族，还是要有一个安顿处，要有地理之屏障，即相对固定的栖身之地。否则，很难持久发展壮大。西周末年，犬戎兴起，灭幽王而迫使周王室东迁。进入春秋战国，西戎、北狄横行中原，孔子亦有"被发左衽"的危机感。但最终被中原各国所同化，主要是戎狄没有巩固的基地，进则无长期的给养，退则无屏障可守，进退失据，根本易于动摇，遂

---

① 司马迁：《史记》，北京：中华书局，1982 年，第 3265 页。
② 班固：《汉书》，北京：中华书局，1962 年，第 1660 页。
③ 司马迁：《史记》，北京：中华书局，1982 年，第 3262 页。
④ 司马迁：《史记》，北京：中华书局，1982 年，第 3270 页。
⑤ 班固：《汉书》，北京：中华书局，1962 年，第 1666 页。
⑥ 司马迁：《史记》，北京：中华书局，1982 年，第 3270 页。

并入华夏民族。

雷海宗先生认为:"由表面现象看,游牧部族的威力是锐不可当的。但游牧部族有它基本的弱点,决定它在与土著国家的斗争中最后往往要沦入劣势。游牧部族的根本弱点就是人口太少、生产力太低,整个经济基础过度脆弱。"[1] 而人口、生产力、经济基础等的增量、增强,固定、优越的基地是先决条件。

与之形成鲜明对照的是,秦国以西垂、关中为基地,山地牧马,平地耕稼,于是人口不断增加,生产力水平逐渐提高,经济实力后来居上,而终成帝业。《史记·六国年表序》:"故禹兴于西羌,汤起于亳,周之王也以丰镐伐殷,秦之帝用雍州兴。"

作者简介:尉博博,男,甘肃甘谷人,史学博士,天水师范学院副教授,从事先秦史、秦国史研究。

---

[1] 雷海宗:《伯伦史学集》,北京:中华书局,2002年,第363页。

古玺印释地三则

吉林大学古籍研究所　吴良宝

《鉴印山房新获古玺印选》008 号收录一方"新安宫"三晋官印（图一），或以为印文"新安，大邑名，秦陶亦有'新安'。"① 今按，这一说法涉及的秦陶文"新安"即《陶文图录》6·50·4"咸新安盼"，这个"新安"是秦都咸阳下辖的里聚一类性质的地名（"盼"是陶工之名），从疆域变迁的角度考虑，不可能是上引三晋印文的地名"新安"。

图一　　　　图二　　　　图三

从三晋玺印"灉宫"（《鉴印山房新获古玺印选》014 号）、"垣余子宫"（《古玺汇考》113 页）等资料推断，上引三晋印文"新安"应是当时的县名。见载于史书且位于三晋疆域范围内的"新安"，最有可能是《史记·项羽本纪》《黥布列传》中项羽坑杀秦卒的"新安"，《正义》引《括地志》云："新安故城在洛州渑池县东一十三里"，在今河南义马市西石河村。这一带在战国早中期均属于韩国，这枚"新安宫"印可据此推定为这一时段内的韩国官印。已有的工具书多认为今河南义马市的新安县系秦置，②《中国封泥大系》3643—3650 号收录多枚"新安丞印"秦封泥（图二），可为确证。本文所说如可信，不仅将新安置县的时间提早到战国中期，也为讨论韩国县级政区地理提供了新资料。

不独秦国，楚国境内也有"新安"地名，见于《录堂古玺印存》"斩埻䈎钵"官印（图

---

* 本文是吉林大学青年学术培育计划资助项目"战国古玺资料整理与综合研究"（2019FRLX08）、国家语委重大项目"出土文献典型资料分类整理与解读研究"（YWZ—J015）的阶段性成果。

① 徐畅编著：《古玺印图典》，天津：天津人民美术出版社，2016 年，第 261 页。
② 史为乐主编：《中国历史地名大词典》，北京：中国社会科学出版社，2005 年，下册第 2729 页。周振鹤、李晓杰、张莉著：《中国行政区划通史·秦汉卷》，上海：复旦大学出版社，2017 年，第 78 页。

三)。从传世文献记载来看,韩、秦两国的"新安"从未归属过楚国,与这枚楚玺中的"新安"只是同名异地关系。楚国"新安"的具体地望待考。

上引印文"灉宫"的"灉"还见于《殷周金文集成》11264十八年雝左库戈,即《左传》僖公二十四年的雍,在今河南焦作市西南,① 战国时期多数时间内归属魏国。至此,南阳地区的主要城邑如"州、邢丘、野王、少曲、怀、向、轵、山阳、单、邘"等等,多已见诸战国时期的出土三晋文字,② 只有"温、原、陉"等少数地名暂阙如(温、原地名已见于《中国封泥大系》3319、4291号秦封泥中)。

二

求古斋《中国古铜印の美》③"战国官印"第2号收藏的一方战国三晋系官印(图四),原书释为"剌骑枑司马"(第96页)。或释为"人□骑枑司马"。④ 从印面的"="符号来看,所谓"剌"或"人□"应该是"剌人"二字的合文。

玺文"剌人"即地名"列人",也见于春战之际晋国铸造的耸肩尖足空首布币(图五)。⑤《水经注•浊漳水注》引《竹书纪年》:"梁惠成王八年,惠成王伐邯郸,取列人",在今河北肥乡县东北。由于不能确知这方官印的使用年代,因此其国别也有属赵、属魏两种可能。从列人归属魏国的时间比较短这一因素来看,也许它更可能是赵国官印。

图四　　　　图五

三晋文字中的"枑"可能是"枳"字异体,⑥"骑枑司马"是首次出现的职官名称,三

---

① 徐畅编著:《古玺印图典》,第261页。
② 分别见于《古陶文汇编》6·31"邥公"、6·40"遇公"、《古钱大辞典》上册第四叶第39号方足小布、《集成》11300戈、11355戈、1349鼎、《货系》238空首布币、1447桥形布币、《鉴印山房新获古玺印选》019号"单司工"官印、021号"邘广"官印。
③ 古河市篆刻美术馆:《中国古铜印の美》,平成二十四年。
④ 萧毅:《古玺文分域研究》,武汉:崇文书局,2018年,第415页。
⑤ 钱卓、车新亭:《山西出土刺字耸肩尖足空首布》,《中国钱币》1993年第2期,第49页。
⑥ 李学勤:《释东周器名卮及有关文字》,张光裕主编《第四届国际中国古文字学研讨会论文集》,香港中文大学中国语言及文学系,2003年10月,第39—42页。萧春源辑:《珍秦斋藏金•吴越三晋篇》,澳门基金会,2008年,第160页,董珊所撰五年遇令载戈"帮助文字"释戈铭中的工师复姓为"间裹(枳,枝)"。另,尾崎苍石编《匋钵室藏古印存》第二册(平湖玺印篆刻博物馆拓制,2018年6月)收录有"间裹(枳,枝)隋"三晋系复姓私玺。

晋职官中既有某县的司马（有左、右之分），也有"左郭①司马""阳州左邑右朱（校）② 司马"（《古玺汇编》0044、0046）等，而"上党遽司马"（《梦庵藏印》）则属于传驿机构。③ "骑桓司马"可能与骑兵部队有关。目前所见三晋各国相关的职官有"骑右将""左田将骑"（《古玺汇编》0048、0307）等。④ 这方"刺人骑枳司马"官印增加了难得的资料。值得注意的是，上举官印中的"右朱司马""骑桓司马"分别是阳州县、列人县所辖属，与上引"骑右将"的统属关系不同。

三

《盛世玺印录·续壹》007 号"佥平"圆形印（图六），从"平"字写法可知这是一方齐系官印。或将印文右读为"平佥"。⑤ 按，圆形印面的战国地名古玺数量不多，除了"洵城"（《古玺汇编》0359，燕系）、"格氏"（《古陶文汇编》6·42，三晋）是自上而下的读序，《古玺汇编》0172"逐关"（齐系）、0317"坪阿"（楚系）、以及"沅阳"（《湖南古代玺印》，楚系）、"安邑"（《盛世玺印录·续壹》014 号，三晋）、"安阳"（《古玺汇考》136 页，三晋）、"安阳"（《盛世玺印录·续贰》007 号，三晋）都是左读的读序（"坪阿"印文虽右读，但文字属反方向的）。同样，在方形印面的地名官印中，除了《待时轩印存》"平陆"、《铁云藏印初集》"戎坯"是自上而下的读序，《古玺汇编》1322"武佥"、2327"曲阳"、3104"平阳"、3133"平险"、3134"襄险"、《王氏集古印谱》"茅氏"、《汉瓦砚斋古印存》"郤氏"、《安昌里馆玺存》"百阳"、《中国历代玺印集萃》"乐城"、《盛世玺印录·续壹》016 号"囗阳"、《赫连泉馆古印存》"榆平"、《珍秦斋藏印·战国篇》"平甸"（均为三晋印）等，⑥ 也都是左读的读序。因此，这枚"佥平"印文大概率不能读为"平佥"。

图六　　　　　　图七

---

① 朱德熙：《古文字考释四篇》，《古文字研究》第八辑，北京：中华书局，1983 年，第 21 页。
② 李家浩将印文"右朱"读为"右校"，《越绝书·记吴王占梦》《吴越春秋·夫差内传》有"右校司马"，说见：《十一年皋落戈铭文释文商榷》，《考古》1993 年第 8 期，第 758、759 页。
③ 朱德熙、裘锡圭：《战国文字研究六种》，《考古学报》1972 年第 1 期，第 88 页。
④ 裘锡圭：《古玺印考释四篇》"二 释'骑右将'印"，吴浩坤主编《文博研究论集》，上海：上海古籍出版社，1992 年。
⑤ 萧毅：《古玺文分域研究》，第 532 页。
⑥ 徐畅《古玺印图典》以为《古玺汇编》3229 号"梁丘"是地名官玺："春秋宋邑，战国魏地，在今山东成武县东北"（第 265 页）。今按，不排除它是三晋姓名私玺的可能性。

《殷周金文集成》11609收录"险平左库"剑（图七），或以为剑铭"险平"即《汉志》东海郡"阴平"，在今山东枣庄市西南。① 从"舡"字用法来看，多见于邾、滕等国的兵器铭文，② 从这一点来说将剑铭"险平"推定在枣庄一带是合理的。印文"佥平"与之或许是一地，只不过声符有"金""今"之别。不过传世文献中尚未发现战国时期齐鲁地区有"阴平"地名。据《汉书·王子侯表》，西汉成帝阳朔二年封楚孝王子为阴平侯，治今山东枣庄市峄城区。《里耶秦简（贰）》9-1340云："□阴平□□友作去吏以官□□□□□"，简文"阴平"可能与这个西汉晚期的"阴平"侯国有关，也可能是《汉志》广汉郡阴平县。③ 由于西汉晚期分封的侯国多为一乡之地，阴平侯的封地与里耶秦简的"阴平"应非一地。

《吕氏春秋·首时》云："齐以东帝困于天下，而鲁取徐州"，《荀子·强国》记载荀子说国相之辞："楚〈鲁〉人则乃有襄贲、开阳以临吾左，是一国作谋而三国必起而乘我"，其时代约在楚顷襄王东迁的公元前278年。④ 襄贲、开阳在今山东苍山县南、临沂市北，徐州在今山东滕州市南。这些文献都表明，今枣庄一带在战国中晚期之际乐毅伐齐时曾为鲁国所据，不晚于楚考烈王二年（前256年）之时又被楚国占领。据此，这枚"佥平"官印的铸造年代是战国早中期，至于是齐国抑或鲁国之物，还有待更多证据。

作者简介：吴良宝，男，吉林大学古籍研究所教授。

---

① 何琳仪：《战国古文字典》，中华书局1998年，下册第1394页。
② 张振谦编著：《齐鲁文字编》，学苑出版社2014年，第一册第246—255页。
③ 杨先云：《〈里耶秦简（贰）〉地名补说》，侯马盟书古文字暨书法艺术学术研讨会论文，山西侯马，2018年12月13—14日。
④ 陈伟：《楚"东国"地理研究》，武汉：武汉大学出版社，1992年，第150、151页。

《国语》"侯卫宾服"释义与西周的外服关系

陕西师范大学历史文化学院　武　刚

摘　要：《国语·周语上》记述"侯卫宾服"一句，过去的注疏对侯、卫二字的注释往往解释不清。宾最初指宾贡礼物之义，亦可以引申为向天子宾贡礼物的诸侯；宾服则指代臣服于周王朝的异姓方国。"侯卫宾服"一句中，"侯"与"卫"并非并列含义，而是指代了西周时期侯服与宾服相对应的制约关系。

关键词：《国语》　"侯卫宾服"　西周　外服

《国语·周语上》中对服制的描述："夫先王之制，邦内甸服，邦外侯服。侯卫宾服，蛮夷要服，戎狄荒服。甸服者祭，侯服者祀，宾服者享，要服者贡，荒服者王。"① 总结起来，共有甸服、侯服、宾服、要服、荒服五服。

韦昭注"邦内"，释为"天子畿内千里之地"②，说明甸服是处于畿内，属于内服。而"邦外"，也即外服，外服主要为侯服。蛮夷"要服"地处东南，"要"即约定之义，在周王室强大之时，要如约向周王室服职服贡。荒取荒忽无常之义，西北戎狄极少向王室进贡，因此称"荒服"。③ 以上几服都容易理解，唯有"侯卫宾服"一句，自古注解不明。本文即以传统文献中《国语》"宾服"的解释入手，结合金文材料，对"侯卫宾服"一句做出考释。

一、《国语》"侯卫宾服"各说

1. "侯卫宾服"释义各说

历代《国语》注本对"侯卫宾服"一句解释不多，撷举如下：

（1）《国语》韦昭注引贾逵说。

此总言之也。侯，侯圻也。卫，卫圻也。言自侯圻至卫圻，其间凡五圻，圻五百里，五五二千五百里，中国之界也。谓之宾服，常以服贡宾见于王也。五圻者，侯圻之外曰甸圻，

---

① 徐元诰撰，王树民、沈长云点校：《国语集解》卷一，北京：中华书局，2002年，第6—8页。
② 上海师范大学古籍点校组校点：《国语》卷一，上海：上海古籍出版社，1978年，第4—5页。
③ 王晖：《西周蛮夷"要服"新证——兼论"要服"与"荒服"、"侯服"之别》，《民族研究》2003年第1期。

甸圻之外曰男圻，男圻之外曰采圻，采圻之外曰卫圻。《周书·康诰》曰："侯、甸、男、采、卫"也。凡此服数，诸家之说皆分错不同，唯贾君近之。①

（2）汪远孙引《尚书·禹贡》孔疏说。

宾服，《禹贡》作"绥服"。孔疏云："绥者，据诸侯安王为名；宾者，据王敬诸侯为名。"又引韦昭云："以文武教卫为安，王宾之，因以名服。"与今本《国语》注不同。②

韦昭"以文武教卫为安，王宾之，因以名服"一句见《尚书·禹贡》孔颖达所引，但不见于今天《国语》注本。黄模《国语补韦》卷一注引孔疏同。③

（4）董增龄引服虔、贾公彦等注疏说。

《禹贡》疏引韦昭注："以文武侯卫为安，王宾之，因以名服。"《汉书·严助传》服虔注："侯服之外，又有卫服。宾，宾见于王也。侯、卫二服同为宾也。"服氏之意，内举侯，外举卫，以包五圻也。《周礼》贾疏："言甸者，甸之言田，为王治田出税。言男者，男之言任也，为王供其职理。采者，事也，为王事民以供上。言卫者，为王卫御。"谓之宾服者，《秋官·大行人》："掌大宾之礼，与大客之仪。"注云："大宾，要服以内诸侯。大客，谓其孤卿。"孔颖达曰："天子之于诸侯，谓之为宾。宾者，敌主之辞。"此则天子与诸侯之意耳，若诸侯与天子皆纯臣矣。又《仪礼·觐礼》："郑《目录》云：觐于五礼属宾。"虽宾服不专秋见，且觐时不止宾服五圻。然以觐礼推之，则天子有宾诸侯之义矣。④

吴曾祺《国语韦解补正》亦引述："内举侯，外举卫，以见包五圻在内。"⑤

由以上各本释文可知，今本《国语》韦昭注解主要是引用了贾逵的说法。贾逵的根据在于以《周礼》的五圻来解释宾服的范围。然而《国语》的文献形成时间与《周礼》并非同时，二者所记载的文献关系也并不相同。换言之，《国语》中的记载应该不是以《周礼》中所使用的材料为本。贾逵的观点"侯圻之外曰甸圻"正与《国语》"邦内甸服，邦外侯服"相互矛盾，可见这一注释并不正确。

《尚书·禹贡》孔颖达疏所引的韦昭注"以文武教卫为安，王宾之，因以名服"这一观点，泛言之并没有什么问题，但这一观点只描述了现象，没有点出"宾服"本身的性质。《国语》所言各服，均有朝见于王的义务，若单以"王宾之"用做宾服定义，那么甸服、侯服、宾服等概念则无从区分。

第三种是解释是《汉书·严助传》颜师古注引服虔的观点：侯、卫二服同为宾。这一观点径直将"侯卫"释为"侯服"与"卫服"。但是考察《国语》文本"侯服者祀，宾服者

---

① 上海师范大学古籍点校组校点：《国语》卷一，上海：上海古籍出版社，1978年，第5页。
② （清）汪远孙：《国语校注发正》卷一，宋志英选编：《〈国语〉研究文献辑刊》第八册，北京：国家图书馆出版社，2012年，第186页。
③ 参见（清）黄模：《国语补韦》卷一，宋志英选编：《〈国语〉研究文献辑刊》第一册，北京：国家图书馆出版社，2012年，第486页。
④ （清）董增龄：《国语正义》卷一，宋志英选编：《〈国语〉研究文献辑刊》第三册，北京：国家图书馆出版社，2012年，第37—38页。
⑤ 吴曾祺：《国语韦解补正》卷一，宋志英选编：《〈国语〉研究文献辑刊》第一册，北京：国家图书馆出版社，2012年，第188页。

享",显然将侯服、宾服别列开来,那么"宾服"便不能再包含"侯服",这是显而易见的事情。况且,《国语》所记录的"五服"体系中,未见有卫服的影子。这一现象实际上表示,在《国语》这段材料所描述的时期中,卫服实际上已经消失,不能算作独立存在的一服。①因此,服虔对"卫"的释义是不正确的。

2."宾"字释义

宾字常见于甲骨金文中。关于卜辞中的宾字及其源流,过去学者做过一些探讨,但仍未取得共识。王国维曾对甲、金文的宾字做出论述:

卜辞宾字多作⌂或作⌂、⌂、⌂……其所从之⌂,与⌂同意,皆像屋形。……象人至屋下,其义为宾。各、宾二字从夂,意皆如此。金文、小篆易从止为从贝者,乃后起之字,古者宾客至,必有物以赠之。其赠之之事,谓之宾,故其字从贝,其义即礼经之傧字也。如大敦盖、史颂敦、裏卣、貿鼎诸器之宾字从贝者,其义皆为傧也。后世以宾为宾客字,而别造傧字以代宾字。实则⌂乃宾之本字,宾则傧之本字也。②

郭沫若也曾对宾字有过论述:

卜辞之⌂若⌂,盖从止、⌂声若⌂声之字也。从止则当为傧导之傧……止乃趾至初文,从止,示前导也。故⌂当为傧若擯之古字,讹变而为⌂……从贝之宾,当时宾礼之宾。③

王国维、郭沫若的观点都对卜辞中"宾"的本意提出了一些观点。张玉金先生对这两家都有一些不同看法:首先⌂应隶作⌂,与⌂字应为两字;王说中"宾是傧之本字"也值得商榷;卜辞中的宾字不能完全视作形声字;字所从的止并非示前导之意。④

卜辞中⌂与⌂能否释作一字,尚待商榷。金文中的"宾"字一般从"贝",争议较小。金文中的"宾"字,张玉金先生整理了三个含义⑤:

(1) 宾客。这个义项由"宾"字的本义引申出来。"宾"的本义是迎接、迎导,而迎接、迎导的对象主要就是宾客。如小盂鼎铭"宾即位"、曾伯陭壶铭"用卿(饗)宾客"等就是这种用法。

(2) 赠贿。指对来自君上的使者,以礼赠物。这一类用法很常见,如作册睘卣铭"尸

---

①参照第一章"甸服"一节,可知《国语·周语上》所描述的畿内的"甸服"实际上是"奠服",是在西周中期以后由周王在奠地分封贵族而逐渐形成的。卫服实际上是承袭了商末周初以"侯、甸(田)、男"为外服制时的一服,在西周中期已经不见于记载,应已经逐渐消亡。
②王国维:《观堂集林·与林浩卿博士论洛诰书》,《王国维全集》第八卷,杭州:浙江教育出版社,2010年,第14页。
③郭沫若:《卜辞通纂》,北京:科学出版社,1983年,第15—16页。
④张玉金:《论甲骨金文中的"宾"字及相关问题》,《古汉语研究》1996年第2期。
⑤参见张玉金:《论甲骨金文中的"宾"字及相关问题》一文。此外,陈初生《金文常用字典》(西安:陕西人民出版社,1987年)中"宾"义与此略同。

（夷）伯宾寰贝、布"（《集成》5407），盂爵铭"王令盂宁逘（邓）伯，宾贝"（《集成》9104）等。

（3）赠物。即指所赠送的物品，作名词。例如仲幾父簋铭"用厥宾作丁宝簋"。

由引导宾客到所赠之物，这三个义项实际上是相互关联的。高岛谦一曾就"宾"字"赠送"一字提出反驳："宾没有赠送的义，只是在'宾'的仪式中有敬献礼物这一回事……'宾'含有礼物义，不过是'宾'这种仪式的一个重要的副产品。"① 然而将"赠物"作为"宾"的引申义，并无大问题，韦昭注《国语·楚语下》"公货足以宾献"一句，作"宾，飨赠也"②，也正是把握住了这一含义。

在先秦文献中，"宾"又常由上述基本含义引申作朝见、宾见之义，或被释为"诸侯"义。《大戴礼记·五帝德》："莫不宾服。"孔广森补注："宾，来朝也。"③《周礼·春官·司几筵》："筵国宾于牖前。"贾公彦疏："宾，谓诸侯。"④《周礼·春官·大宗伯》："以飨燕之礼，亲四方之宾客。"孙诒让正义："宾，谓来朝诸侯。"⑤

"侯卫宾服"的释义应从"宾"字的引申义入手。《国语·楚语上》："蛮夷戎狄，其不宾也久矣。"韦昭注："宾，服也。"⑥《墨子·尚同中》："莫敢不宾。"孙诒让间诂："宾，服也。"⑦

由此可见，文献中"宾"，一为飨赠之义，一为服之义。飨赠之物是宾的本义，又见《说文·贝部》："宾，所敬也。"有时也用名词用作动词，作"宾赠"讲。而"服"之义又是由以上宾赠、宾贡的含义引申而来。那么《国语》中"侯卫宾服"一句，也可以将"宾服"理解为"宾贡朝见天子的诸侯"。

士山盘铭："𫵖侯、都、方宾贝、金。"此处宾字，朱凤瀚先生就将其视作宾服，认为"宾服常以纳贡为表现"。黄锡全先生进一步解释"宾"为侯伯方国奉敬于天子使者的物品。显然，宾由宾贡礼物的含义可以引申为向天子宾贡礼物的诸侯，这一释义是正确的。但是这一释义放在"宾服"这个含义中仍过于简单，因为从宾、赠之义去理解，仍无助于将宾服与其他几服相区分。

二、西周的"服"

围绕西周内外服制度存否的问题，在历代学者的研究中，形成了观点相对的两大阵营。而即使承认西周时期存在内外服制的学者中，对这一问题也各有不同的论述。

郭沫若先生从铭文中进行考释，认为《酒诰》中的内服、外服实际上是指内官和外官，

---

① [日] 高岛谦一著，孙景涛翻译："宾"字被动用法之考查，《古文字研究》第24辑，北京：中华书局，2002年，第84页。
② 《国语集解》卷一八《楚语下》，第521页。
③ 黄怀信等编著：《大戴礼记汇校集注》卷七《五帝德》，西安：三秦出版社，2005年，第775页。
④ 彭林整理：《周礼注疏》卷二十二，上海：上海古籍出版社，2010年，第757页。
⑤ （清）孙诒让撰，王文锦、陈玉霞点校：《周礼正义》，北京：中华书局，1987年，第1363页。
⑥ 《国语集解》卷一七《楚语上》，第485页。
⑦ （清）孙诒让著：《墨子间诂》卷三《尚同中》，北京：中华书局，2001年，第89页。

属于"商代官制之孑遗",并不是"内、外之畿服",明确提出了"周代彝铭中无五服五等之制"的说法。① 与之相反,徐旭生先生则认为虽然像《禹贡》和《职方氏》所说的大圈套小圈的整齐划一的方法是不存在的,但是在周代对于"非群侯而仅通聘问的小邦、仅通名字的部落"和邦畿诸侯,有一种"差别的名字和待遇",是"最自然不贵的事情"。侯服、甸服、男服就是这样一种区分。②

大多数学者基本认同这种观点,尤其是内外二服。王玉哲先生表示,西周的服制并不是五服或九服,很可能只分内外二服。内服包括甸服(王畿之内诸侯距王都近者,如郑、晋、虢),甸服内各自有小诸侯采、卫等;外服包括王畿以外之领土分封侯、伯等诸侯,为"侯服",如齐、鲁等。③ 徐中舒先生等学者对内外二服说也是持肯定态度的。④ 徐先生虽然肯定内外二服说,但对于五服说则持否定意见,认为这是春秋战国时期才形成的观念。⑤

对于侯、宾、甸、要、荒等各服的名称与关系,很多学者也有探究和争论。顾颉刚先生赞同五服中周代确有甸服、侯服、要服,同时认为宾服是从侯服中析出、荒服是从要服中析出的。⑥ 前文所提徐旭升先生也对《国语》《周礼》等记载提出疑义和分析。杨宽先生则表示要服和荒服的区别并不明显,蛮夷要服和戎狄荒服均应该合为荒服。⑦ 赵伯雄先生认为,西周的分服,也许只在贡纳这件事上有其意义,并不用作平时的称谓。⑧

这其中概念最为明确的是"侯服",过去虽然没有学者对"侯服"这一词做出严格的定义,但经由文献中各个诸侯国的记载、以及金文中出现的大量称"侯"方国名称可知,显然"侯服"指代的是称侯的诸侯国这一概念是不然自明的。"侯卫宾服"这一句也应该基于这一理解入手。

三、西周时期"宾服"释义

由"宾"字的宾赠之义引申至宾见天子,这一思考模式应是正确的。但想要正确理解《国语》中"宾服"的含义,应仍从《国语·周语上》的文本入手。

《国语·周语上》先言邦内、次言邦外,表明邦内(也即王畿之内)主要为甸服,邦外则以侯服为主。而后三句中,"蛮夷要服""戎狄荒服"两句句例相同,均可理解为"蛮夷为要服""戎狄为荒服"的判断句式。然而"侯卫宾服"却不宜作此解释。我们认为,这里的"卫"可作动词理解,"侯卫宾服"一句是承接前文"邦外侯服"而作,旨在阐述侯服的功

---

① 郭沫若:《周代彝铭中无五服五等之制》,《郭沫若全集·历史编》第一卷,北京:人民出版社,1982年。
② 徐旭生:《中国古史的传说时代》,北京:文物出版社,1985年,第38—39页。
③ 王玉哲:《中华远古史》,上海:上海人民出版社,2003年,第588页。
④ 徐中舒、唐嘉弘:《论殷周的外服制——关于中国奴隶制和封建制分期的问题》,《川大史学·徐中舒卷》,成都:四川大学出版社,2006年;周书灿:《商代外服制探讨》,《河北大学学报》(哲学社会科学版),2003年第2期。
⑤ 徐中舒、唐嘉弘:《论殷周的外服制——关于中国奴隶制和封建制分期的问题》。
⑥ 顾颉刚:《畿服》(《史林杂识初编》),《顾颉刚读书笔记》卷十六,北京:中华书局,2010年。
⑦ 杨宽:《西周史》,上海:上海人民出版社,2016年。
⑧ 赵伯雄:《周代国家形态研究》,长沙:湖南教育出版社,1990年,第133页。

能。这里的宾服与侯服应实际上是一种"对立"的关系。

金文中称"侯"的方国君主不少,如前节所讨论的"齐侯""鲁侯""卫侯"等,均为姬姓贵族。但同时我们也能发现这其中有异姓方国君主称"侯"的现象,如鄂国即称为"鄂侯"。鄂为姞姓,与周人无血缘关系;那么这一称谓实际上是殷商以来的方国旧称。《史记·殷本纪》"(纣)以西伯昌、九侯、鄂侯为三公",这表明在殷商时期鄂是与西伯地位相当的封国君主。西周初期克商、讨伐东国,主要对象为商奄、蒲姑等殷商旧方国。商奄在金文中被称作"奄侯",《史记·周本纪》记载周公"东伐淮夷,残奄,迁其君薄姑",表明奄正是征伐的主要目标之一。西周中期后再不见"奄侯"铭青铜器,这表明周初对反对周人的异姓部族、方国的镇压是较为彻底的。

鄂侯则与奄侯不同,西周时期的鄂国青铜器较为多见。西周中期的鄂侯簋有"鄂侯作王姞朕簋"(《集成》3928)的记录,表明鄂国与周还是联姻之国。直到西周中后期鄂侯驭方"广伐南国"(禹鼎,《集成》2833),才引发了周人的征伐行动。鄂与周关系密切,金文中鄂宾于周的现象则可以表明鄂应该就是《国语·周语上》所称的宾服。

《尚书·禹贡》也记载了五服,其余四服均同于《国语》,而只有《国语》的"宾服"《禹贡》作"绥服":"五百里绥服。"孔安国传:"绥,安也。"① 《尚书·周官》:"绥厥兆民。"孔颖达疏:"绥,安也。"② 又见《汉书·地理志上》:"五百里绥服。"颜师古注:"绥,安也,言其安服王者政教。"③ 可见绥多解为安。《左传》宣公十二年"绥万邦",昭公二十年"以绥四方",杜预皆注"安也"④。《广雅·释言》:"绥,抚也。"⑤《尚书·盘庚》:"我先后绥乃祖乃父。"蔡沈《集传》:"绥,怀来之意。"⑥ 这也正是孔颖达疏"绥者,据诸侯安王为名"的含义。孔颖达关于绥服的看法大体是正确的,而对宾服的认识则略有差异。宾服,是指诸侯宾于王,需要定期朝见周王并纳贡;而绥服是以周王的视角来看诸侯,即指代被镇抚的诸侯。二者名称虽异,但性质是一致的。

宾服的含义虽然明确,但显然不足以区分宾服(或绥服)与其他各服的含义。服虔云:"侯卫二服同为宾也",正是基于这一认识所得出的结论。但考察《周语上》文中的说法,显然与服虔所言有所差别。

宾服与五服其他各服差别的核心应在于对周王朝承担的义务和待遇上。在承担对周王朝的义务方面,宾服与侯服和四裔民族组成的要、荒服都是不大相同的。这种宾于周的宾服方国,既非承担西周防卫职责的侯服,也非要、荒二服,所指代的应该是臣服于周王朝殷商旧遗的异姓方国。西周在克商之后,经历了武、成、康数代分封,形成了庞大的分封制体系,以巩固周王朝统治。而分封在四方、坐拥军事实力的诸侯,基本上都属于西周的同姓方国。

---

① 《尚书正义》卷六《禹贡》,第242页。
② 《尚书正义》卷一七《周官》,第700—701页。
③ 《汉书》卷二十八《地理志上》,北京:中华书局,1962年,第1538页。
④ 李学勤主编,浦卫东等整理:《春秋左传正义》,北京:北京大学出版社,1999年,第653、1408页。
⑤ (清)王念孙:《广雅疏证》卷五《释言》,北京:中华书局,1983年,第135页。
⑥ (宋)蔡沈:《书集传》卷三《盘庚中》,南京:凤凰出版社,2010年,第103页。

除此之外，夏商遗国也受到周王朝的册封，这一批封国的封国面积、军事职权等方面均亚于侯服封国，它们就应属于"宾服"之列。

宾服、侯服与周王室的关系是以血缘关系和军事职责的承担与否这两项来划分亲疏远近的，就在王朝中的地位而言，二者差别并不甚大。金文中常常能见到异姓方国君主朝见周王，并受到周王的礼敬和赏赐。士山盘中的"䣙、荆、方"这几个方国，在不朝于王的时候，对周王朝的贡纳由𦀚侯收取，显然𦀚侯承担了对这些方国的管理之责，其中"荆"很有可能就是宾服方国。显然，周王室对这些方国是"绥而安之"的。就如周王朝对侯服也有所制约一样，对这些异姓方国的控制自然也不能放松，"要服""岁贡"是其对周王朝应尽的义务，此外，周王朝也要有一些制约性的措施。

"侯卫宾服"就应是这项措施的核心内容，即通过各地分封的侯服方国来制约广大异姓宾服方国。克盉中"羌、微"等方国、以及多见于北京地区出土铜器铭文中的𦀚侯，都应是受到封于今北京地区的燕侯所节制的宾服。湖北随州叶家山曾国墓地确认为西周早期曾国封地，距离其不远的随州羊子山就发现了西周早期噩国墓地。这很可能也是"侯卫宾服"的佐证之一。在晋国所封的山西曲沃附近，媿姓倗国墓地的发现能够与《左传》中"怀姓九宗"相对应。这些异姓方国，都应属于宾服，受到相邻的姬姓侯服的方国的制约与管辖。

金文中以"侯"来称呼的方国君主很多，其中燕、鲁、齐等姬姓方国是典型的侯服方国，但是还有一些商代以来就已经称侯的异姓方国，这可以作为判断是否宾服的标准之一；在臣服的异姓方国附近，多能发现有侯服方国的册封。这一点可以作为判断宾服方国的辅证。

作者简介：武刚，北京师范大学历史学院博士后。

略论德与宗族之关系——以晋国郤氏、栾氏、赵氏宗族为例

山西师范大学历史学院　谢耀亭

摘　要：春秋时期，宗族在整个社会中扮演着极为重要的角色。"曲沃代翼"的完成，使晋国宗族社会中出现与其他诸侯国不同的情况，即异姓宗族力量在晋国政治舞台上发挥着越来越重要的作用。晋国强宗大族中，郤氏、栾氏与赵氏宗族，面对着相同的政治环境，有着类似的发展情况，但宗族最终走向却完全不同。分析郤氏、栾氏极盛而骤亡与赵氏重创后复立的原因，除却共同面对的政治矛盾外，"德"是宗族绵延极为重要的内在因素。"德"非泛泛的道德言语，而有其切实的内涵。春秋时期，宗族之德的内涵，主要体现在为政治国方面、修己教育方面、日常行为方面。

关键词：晋国　郤氏　栾氏　赵氏　宗族　德

张元济先生晚年曾撰一联："数百年旧家无非积德；第一件好事还是读书。"数百年旧家无非积德，一语道尽"德"与宗族发展间的关系。先秦时期是典型的宗族时代，尤其是春秋时期，宗族扮演着极为重要的角色，何怀宏先生谓："离开了世族，一部春秋史几乎无从说起，而抓住了世族，春秋时代的历史方由纷纭变得分明。"[①] 晋国领导了春秋近一个半世纪的霸业，且由于晋国实行"国无公族"的政策，使异姓宗族在晋国的政治舞台上发挥着重要的作用，这与其他诸侯国表现出明显的不同。

公元前 678 年"曲沃代翼"的完成，标志着晋国小宗完胜大宗，成为晋国历史上的一个分水岭。影响后世晋国政治结构最大的，莫过于晋献公的"国无公族"政策。"国无公族"的国策，改变了晋国政治组织结构，为异姓宗族步入政治舞台提供了机会，赵氏家族便是在这样的环境下兴起、壮大。"晋惩骊姬之乱，诅无畜群公子，故文公诸子皆出仕于外，晋无公子秉政者，而权卒移于赵、魏。"[②] 在晋国强宗大族中，郤氏、栾氏与赵氏宗族，面对着相同的政治环境，有着类似的发展情况，但宗族最终走向却完全不同。这颇值得我们深入分

[①] 何怀宏：《世袭社会及其解体——中国历史上的春秋时代》，北京：三联书店，1996 年，第 101 页。
[②] 顾栋高：《春秋大事表》，北京：中华书局，1993 年，第 1204 页。

析其中原因，并进一步思考影响宗族持续发展的因素所在。

一、郤氏家族的极盛与骤亡

郤氏为晋国公族，顾栋高《春秋大事表》云："郤氏，亦公族，食邑于郤。"① 郤氏始祖，一般追溯到郤叔虎，《说文·邑部》："郤，晋大夫叔虎邑也"，如此则郤氏以邑为氏。《国语》载，"献公田，见翟柤之氛，归寝不寐。郤叔虎朝，公语之。"韦昭注："郤叔虎，晋大夫，郤芮之父郤豹也。"（《国语·晋语一》）据韦注，郤叔虎、郤豹实为一人，此在《元和姓纂》中也得到认同，其文云："按《晋语》郤叔虎朝公。高诱注'郤芮之父'，则郤芮父名虎，不名豹，或因避唐讳，故《世本》云：郤豹生义，义生步扬，扬生州。州即犨也。"② 郤叔虎或因避讳而称为郤豹，故后世文献多见郤豹为郤氏祖。

晋文公能入主晋国，除了追随流亡之臣的努力、秦楚等国的帮助外，晋国"有栾、郤、狐、先以为内主"（《左传·昭公十三年》）。其中郤氏，当为在国内的郤縠、郤溱等人，二人的世系史无确载，从时间上来看，应距郤豹不远。公元前633年，晋文公作三军选将佐，赵衰推荐郤縠为中军将："臣亟闻其言矣，说礼、乐而敦《诗》《书》。《诗》《书》，义之府也；礼乐，德之则也；德、义，利之本也。"（《左传·僖公二十七年》）郤縠任中军将，郤溱任中军佐。郤縠在第二年去世，先轸由下军佐一跃成为中军将，指挥了著名的城濮之战，确立了晋国的霸业。从郤縠的实际情况来看，其被任命为中军将，极有可能是赵衰建议晋文公平衡国内强宗与流亡功臣间的利益，团结晋国各种宗族力量而做出的选择，因为"说礼、乐而敦《诗》《书》"与是否能统领三军打仗，并无必然联系。郤縠、郤溱的后人在之后的晋国政治上，并未见到有突出贡献者。

郤叔虎之子郤芮，是公子夷吾的傅相，后来夷吾能入主晋国成为晋惠公，郤芮的谋略起到重要作用，郤芮支持晋惠公、晋怀公的立场也从未动摇过。公元前636年，晋文公入主晋国，郤芮害怕受到文公的报复，便与吕甥一起合谋"将焚公宫而弑晋侯……瑕甥、郤芮不获公，乃如河上，秦伯诱而杀之"（《左传·僖公二十四年》）。郤芮的阴谋并未实现，他也终因在支持国君的问题上，祸及其身。

郤芮的儿子郤缺，因其父亲的缘故，不得入仕，自食于冀野。"臼季使，过冀，见冀缺耨，其妻馌之，敬，相待如宾。与之归……以一命命郤缺为卿，复与之冀，亦未有军行。"（《左传·僖公三十三年》）虽然郤缺遭遇家庭变故，但他并没有自暴自弃，仍然依礼而行，胥臣认为这样的德行，利用治国，因而举荐给晋文公。郤缺因胥臣的举荐而恢复封邑，被任命为下军大夫。公元前615年，秦晋河曲之役时，"赵盾将中军，荀林父佐之。郤缺将上军，臾骈佐之。栾盾将下军，胥甲佐之"（《左传·文公十二年》）。郤却升任上军将，位列六卿第三位。赵盾去世后，郤缺执掌晋国之政，"晋胥克有蛊疾，郤缺为政。秋，废胥克，使赵朔佐下军"（《左传·宣公八年》）。蛊疾，俞樾认为："蛊，当读为痼，久病也。"（《群经平议·左传二》）杨伯峻注："古之所谓蛊疾者即食物中毒，或以为鬼物所迷，其现象为神经错乱。"

---

① 顾栋高：《春秋大事表》，北京：中华书局，1993年，第1189页。
② 林宝：《元和姓纂》，北京：中华书局，2008年，第315页。

从后来胥甲儿子胥童诛杀三郤情况来看，杨伯峻的解释较为合理，郤缺应该是为了报答赵氏，将胥克废掉，以赵朔补任。

郤缺去世后，其子欲克出任上军佐，"晋师救郑。荀林父将中军，先縠佐之；士会将上军，郤克佐之；赵朔将下军，栾书佐之"（《左传·宣公十二年》）。后担任中军将，执晋国之政，"郤克将中军，士燮佐上军，栾书将下军，韩厥为司马，以救鲁、卫"（《左传·成公二年》）。郤克的儿子郤锜，曾任过上军佐，后升任上军将，这时郤氏的力量达到极盛。公元前575年，晋国伐郑，后与楚国发生鄢陵之战，其时"栾书将中军，士燮佐之；郤锜将上军，荀偃佐之；韩厥将下军，郤至佐新军……郤犨将新军，且为公族大夫，以主东诸侯"（《左传·成公十六年》）。郤锜、郤至、郤犨皆为卿，"三郤"格局形成，晋国八卿中，郤氏占据三卿，形成"五大夫三卿"局面。郤氏的军事力量不容小觑，郤克曾因出使齐国受辱，主张伐齐，晋景公不同意，又请求以自己的"私属"去攻击齐国，可见郤氏军事力量强大。晋人评价郤至"其富半公室，其家半三军"（《国语·晋语八》）。公元前574年，厉公派亲信胥童、夷羊五、长鱼矫诛灭郤氏，将三郤尸体陈于朝堂，史称"车辕之役"。盛极一时的郤氏被灭，退出晋国政治舞台。

二、栾氏家族的发展与衰亡

栾氏出自晋靖侯，为晋国远支公族。《左传·桓公二年》："惠之二十四年，晋始乱，故封桓叔于曲沃，靖侯之孙栾宾傅之。"孔《疏》："此人（栾宾）之后遂为栾氏，盖其父字栾。"如此，则栾氏因王父字为氏，但也有认为以邑为氏者。《古今姓氏书辩证》云："栾，出自姬姓，唐叔虞之后，靖侯孙宾食邑于栾，因以为氏，其地赵国平棘县西北栾城是也。宾生共叔（成），共叔生贞子枝，枝生宣子盾，盾生武子书，书生桓子黡，黡生怀子盈，皆晋卿。盈弟京、庐及铖、纠、乐、鲂、弗忌、豹六人，皆为大夫。"① 清代学者江永对以邑为氏的说法进行了批判，他认为："栾，《传》及栾共叔，《汇纂》：'栾，晋地，晋大夫栾氏封邑，今直隶真定府栾城县（今河北省栾城县）是也。'今按：次年杜无此注，谓栾为晋地者，哀四年《注》也。今真定府之栾城，去晋甚远，晋后渐大，能有其地。春秋之初，未能扩地至此，而曲沃桓叔时，已有晋侯之孙栾宾。孔《注》谓栾氏'盖其父子栾'，则以字氏，非以邑氏。正定之栾城，或别有其故。姓氏书姬姓国有栾，则栾城或其故国必非晋大夫栾氏之邑也。"② 曲沃桓叔受封，是晋昭侯时期之事，昭侯时期晋国疆域尚未达到河北栾城，以邑为氏的说法还有待进一步考察，故暂从孔《疏》的看法，栾氏以字为氏。

栾宾做了曲沃桓叔的傅相，成为晋国小宗的重要谋士；而其子栾成（共叔）事晋哀侯，效忠于晋国大宗。曲沃武公代翼，曾以上卿之位劝降栾成，栾成以"从君不应有贰"拒绝，战斗而死。栾成之子栾枝，拥护重耳回国，"十二月，晋国大夫栾、郤等闻重耳在秦，皆阴来劝重耳、赵衰等反国，为内应甚众"（《史记·晋世家》）。栾氏拥立文公有功，也受到晋文公的重用，"胥、籍、狐、栾、郤、柏、先、羊舌、董、韩，实掌近官，诸姬之良，掌其中

---

① 邓名世著，王力平点校：《古今姓氏书辩证》，南昌：江西人民出版社，2006年，第123页。
② 江永：《春秋地理考实》，南京：凤凰出版社，2005年，第1946页。

官，异姓之能，掌其远官"（《国语·晋语四》）。栾氏在晋文公时期，力量得到发展，开始步入卿族行列。

晋文公作三军，谋元帅时，"使郤縠将中军，郤溱佐之；使狐偃将上军，让于狐毛，而佐之；命赵衰为卿，让于栾枝、先轸。使栾枝将下军，先轸佐之"（《左传·僖公二十七年》）。栾氏位列六卿之一。城濮之战前夕，晋文公因楚曾有恩于晋，若交战有负于道义而心存忧虑，栾枝建议道："汉阳诸姬，楚实尽之。思小惠而忘大耻，不如战也。"坚定了晋文公决战之心。在城濮之战过程中，"胥臣蒙马以虎皮，先犯陈、蔡。陈、蔡奔，楚右师溃。狐毛设二旆而退。栾枝使舆曳柴而伪遁，楚师驰之……楚师败绩"。在战争过程中，晋人击败楚军，栾枝做出了应有的贡献。随着栾枝的去世，栾氏暂失六卿之位。在公元前620年发生的秦晋令狐之战中，"赵盾将中军，先克佐之。荀林父佐上军。先蔑将下军，先都佐之"（《左传·文公七年》）。六卿无栾氏。

晋文公去世后，晋国卿族矛盾越来越尖锐。"夷之蒐，晋侯将登箕郑父、先都，而使士縠、梁益耳将中军。先克曰：'狐、赵之勋，不可废也。'从之。先克夺蒯得田于堇阴。故箕郑父、先都、士縠、梁益耳、蒯得作乱。"（《左传·文公八年》）晋襄公本拟任命狐射姑（贾季）为中军将，赵盾为中军佐，后来由于阳处父的建议，赵盾与狐射姑的职位互易。晋襄公去世后，在立谁为晋君的问题上，赵盾与狐射姑发生分歧。赵盾主张立公子雍，且派先蔑去秦国迎立；狐射姑主张立公子乐，也派人去陈国迎立，但遭到赵盾的伏杀。狐射姑迁怒于阳处父，便派续鞫居杀死阳处父，赵盾杀死续鞫居，狐射姑奔狄。赵盾经不起襄公夫人的纠缠，后又改立夷皋为晋君，即晋灵公，先蔑奔秦。先克由于推荐狐、赵等功勋之后，又夺蒯得之田，引起了丧失利益箕郑父、先都、士縠、梁益耳、蒯得作乱，先克被杀，箕郑父等五人也被诛杀。一时间，晋国六卿有了空缺，这时栾盾有机会补入，在公元前615年发生的河曲之战中，栾盾将下军，位列六卿之一。

公元前597年，晋因救郑而与楚发生邲之战，"荀林父将中军，先縠佐之。士会将上军，郤克佐之。赵朔将下军，栾书佐之"（《左传·宣公十二年》）。栾书为栾盾之子，较其父职位有所下降，位列六卿之末。面对郑国降楚，晋国是否退兵的问题，栾书认为不应再战，得到了赵朔的肯定，且谓"栾伯善哉，实其言，必长晋国"。栾书的能力得到肯定。

公元前589年，齐晋鞌之战，"郤克将中军，士燮佐上军，栾书将下军"（《左传·成公二年》）。公元前587年，郤克去世后，栾书将中军，秉晋国之政，栾氏的力量发展到顶峰。邲之占的失败，使晋国霸业遭遇前所未有的严重危机，郑国叛晋从楚，执政卿栾书谓，"不能当吾世而失诸侯，必伐郑"（《左传·成公十六年》）。遂有之后的晋楚鄢陵之战的爆发，鄢陵之战奠定了悼公重新恢复晋国霸业的基础。

晋国强族郤氏被灭后，胥童劫持栾书、中行偃，并力劝厉公杀掉二人，以绝后患，但厉公却道："一旦杀三卿，寡人不忍益也。"（《史记·晋世家》）恢复了栾书、中行偃的职位，但二人惧怕厉公报复，劫持了厉公，并最终指使程滑将厉公弑杀。厉公被弑后，栾书等人迎立悼公即位。栾书请公族大夫，栾书的儿子栾黡因"果敢"而被任命为公族大夫。栾书去世后，栾黡得任下军将，这时晋国六卿再次兴起让贤之风。秦景公将乞师于楚以伐晋，子囊劝谏楚王时言道："韩厥老矣，知罃禀焉以为政。范匄少于中行偃而上之，使佐中军。韩起少于栾黡,而栾黡、士鲂上之,使佐上军。"(《左传·襄公九年》)栾黡的推让,与其张扬不羁的性格是不符的。晋绵之蒐,"范宣子让,其下皆让。栾黡为汰,弗敢违也"(《左传·襄公十三年》)。栾黡虽然骄纵专横,但在此情况下,也不得不行推让之风,一直身居下军将。

栾盈为栾黡之子,其母栾祁乃范宣子士匄的女儿。栾黡去世后,栾祁与其家宰州宾私通,栾氏大量财货被州宾霸占。栾祁惧怕栾盈征讨,便向她父亲诬陷自己的儿子,"盈将为乱,以范氏为死桓主而专政矣,曰:'吾父逐鞅也,不怒而以宠报之,又与吾同官而专之。吾父死而益富。死吾父而专于国,有死而已,吾蔑从之矣。'其谋如是,惧害于主,吾不敢不言"(《左传·襄公二十一年》)。同时范宣子的儿子范鞅给她作伪证,这让范宣子深信不疑。范宣子令栾盈修筑著城,借机将其驱逐出境,栾盈奔楚。"宣子杀箕遗、黄渊、嘉父、司空靖、邴豫、董叔、邴师、申书、羊舌虎、叔罴,囚伯华、叔向、籍偃。"(《左传·襄公二十一年》)栾氏之党受到清洗,栾氏的力量遭遇重大打击。栾盈图谋借助齐国力量准备反扑,齐国应允,而晋国国内与栾氏友善的重要力量,仅有魏氏一支。魏庄子将下军时,栾盈为下军佐,因而与魏献子私交甚好,但在紧要关头,范氏成功策反了魏氏,栾盈被晋国公室击败,退守曲沃。齐国支援栾盈的军队,还没到达晋国,听闻栾盈被围,便撤军回国。公元前550年,"晋人克栾盈于曲沃,尽杀栾氏之族党"(《左传·襄公十三年》)。栾氏退出晋国政治舞台。

三、赵氏家族的强盛与重创

赵氏在晋国的立足,始于晋献公时期的赵夙,"晋侯做二军,公将下军,大子申生将下军。赵夙御戎,毕万为右,以灭耿、灭霍、灭魏。还,……赐赵夙耿,赐毕万魏,以为大夫"(《国语·晋语八》)。赵夙开启了赵氏在晋国的政治局面,其弟赵衰在骊姬之乱中,支持公子重耳,成为重耳重要的谋臣。晋惠公即位后,畏惧重耳的势力,派人欲杀居狄的重耳,"重耳闻之,乃谋赵衰等曰……今闻管仲、隰朋死,此亦欲得贤佐,盍往乎?于是遂行"(《史记·晋世家》)。重耳一行到达齐国后,受到隆重的招待,齐桓公以齐女妻之,重耳一时贪图于享乐,毫无去意,"赵衰、咎犯乃于桑下谋行"(《史记·晋世家》),最后使重耳离开了齐国。重耳一行到达楚国,楚成王以诸侯礼待重耳,重耳不敢当,又是赵衰劝道:"子亡在外十余年,小国轻子,况大国乎?今楚大国而固遇子,子其毋让,此天开子也。"(《史记·晋世家》)可以说,重耳在外流亡十九年,最后终能入主晋国,成为晋君,赵衰是第一等级的功臣谋士。

晋文公入主晋国后,赵衰位列卿位,赵氏的力量在晋国强大起来。赵衰去世后,赵盾代任国政,二年后襄公去世,灵公继立,"灵公既立,赵盾益专国政"(《史记·赵世家》)。赵盾因襄公去世之后,立谁为国君之事,将狐射姑逼离晋国,狐氏一族退出了晋国政治舞台。此后赵盾更是以执政卿的地位,活跃于诸侯国之间,领导晋国的霸业,公元前620年,"齐侯、宋公、卫侯、陈侯、郑伯、许男、曹伯会晋赵盾盟于扈,晋侯立故也"(《左传·文公七年》)。公元前613年,"公会宋公、陈侯、卫侯、郑伯、许男、曹伯、晋赵盾。癸酉,同盟于新城"(《左传·文公十四年》)。赵氏的力量在晋国,一时间无人能予以抗衡。

晋灵公在位期间,不行君道,"厚敛以雕墙;从台上弹人,而观其辟丸也;宰夫胹熊蹯不熟，杀之，置诸畚，使妇人载以过朝"（《左传·宣公二年》）。作为执政卿的赵盾骤谏，这让灵公感受到极大的压力，便派鉏麑暗杀。鉏麑不忍杀害国之忠臣，触槐而死。灵公又设宴伏击赵盾，赵盾在提弥明、灵辄等人的帮助下得以逃脱。灵公与赵氏的矛盾终至不可调解，后灵公为赵穿弑杀。赵盾去世后，其子赵朔任下军佐，"晋胥克有蛊疾，郤缺为政。秋，废胥克，使赵朔佐下军"（《左传·宣公八年》）。公元前597年，晋楚邲之战时，"荀林父将中军，先縠佐之；士会将上军，郤克佐之；赵朔将下军，栾书佐之。赵括、赵婴齐为中军大夫，巩朔、韩穿为上军大夫，荀首、赵同为下军大夫"（《左传·宣公十二年》）。赵朔任下军将，赵括、赵婴齐、赵同皆为三军大夫。公元前588年，晋作六军，"韩厥、赵括、巩朔、韩穿、荀骓、赵旃皆为卿，赏鞌之功也"（《左传·成公三年》）。赵括、赵旃皆列卿位，赵氏的力量在晋国政治上得到进一步发展。

赵朔去世后，赵婴齐与赵朔妻庄姬私通，事发后赵婴齐被其兄弟赵同、赵括驱逐至齐国。赵婴齐言道："我在，故栾氏不作。我亡，吾二昆其忧哉。且人各有能、有不能，舍我，何害？"（《左传·成公五年》）赵婴齐的被逐，使赵氏的力量受到严重损失。赵庄姬因赵婴齐被流放，怀恨在心，"谮之于晋侯，曰：'原、屏将为乱。'栾、郤为征。六月，晋讨赵同、赵括。武从姬氏畜于公宫。以其田与祁奚"（《左传·成公八年》）。赵氏将灵公弑杀，这给晋国公室造成挥之不去的阴影，加之其他宗族对赵氏力量强大的忌惮，遂有"下宫之役"的爆发，赵氏一族惨遭杀戮，赵氏遭到近乎毁灭性的重创。韩厥后来为赵氏向晋景公进言，赵氏有了重新崛起的机会，后与韩、赵灭智氏，最终瓜分晋国，建立赵国。

四、"德"与栾氏、郤氏、赵氏家族走向的启示

在晋国强宗大族中，郤氏、栾氏盛极后的骤亡，以及赵氏在重创之后的崛起，除了政治间的斗争外，影响宗族发展最重要的是"德"。或者可以说，"德"是宗族绵延发展最为核心的内在动力。

晋国韩宣子忧贫，大夫叔向却向他道贺，并举晋国宗族往事来说明贺之理由，其言曰："昔栾武子无一卒之田，其宫不备其宗器，宣其德行，顺其宪则，使越于诸侯，诸侯亲之，戎狄怀之，以正晋国，行刑不疚，以免于难。及桓子骄泰奢侈，贪欲无艺，略则行志，假贷居贿，宜及于难，而赖武之德以没其身。及怀子改桓之行，而修武之德，可以免于难，而离桓之罪，以亡于楚。夫郤昭子，其富半公室，其家半三军，恃其富宠以泰于国，其身尸于朝，其宗灭于绛。不然，夫八郤五大夫三卿，其宠大矣。一朝而灭，莫之哀也，唯无德也。"（《国语·晋语八》）在叔向的眼里，栾氏、郤氏的灭亡，最根本的原因是"失德""无德"，这是宗族发展过程中，一个内在的核心问题。

1. 郤氏"无德"与其骤亡。郤氏为晋国力量强大的宗族，郤縠、郤缺、郤克都曾做这中军将。郤克为中军将时，栾书为下军佐。栾氏与郤氏有矛盾。鄢陵之战中，中军将栾书认为应该等待齐、鲁的援军到来后再攻楚，而郤至力劝晋厉公乘楚军未做好准备进攻。厉分采纳郤至的意见，败楚师于鄢陵，"栾书是以怨郤至"（《国语·晋语六》）。

郤克的儿子郤锜无礼失德，被时人认为是灭亡的前兆。公元前578年，晋国讨伐秦国，派郤锜到鲁国乞师，郤锜行事不严肃，孟献子言："郤氏其亡乎！礼，身之干也。敬，身之

基也。郤子无基。且先君之嗣卿也，受命以求师，将社稷是卫，而惰，弃君命也。不亡何为？"（《左传·成公十三年》）郤锜的无礼，是无德的体现。外在的礼，反映的是内在的德。郤锜不以守德行礼，反映出的是内心的骄纵与放荡，这对于宗族的发展极为不利，是以孟献子认为郤氏将要灭亡。

公元前577年，晋侯使郤犨送孙林父归卫，"卫侯飨苦成叔，宁惠子相。苦成叔傲。宁子曰：'苦成家其亡乎！古之为享食也，以观威仪、省祸福也……今夫子傲，取祸之道也'"（《左传·成公十四年》）。卫定公招待郤犨，郤犨表现出傲慢的态度，卫大夫宁殖认为郤氏将亡。外显的傲慢，是失德的表现。郤犨"以主东诸侯，取货于宣伯，而诉公于晋侯"（《左传·成公十六年》）。叔孙侨如与鲁成公母亲私通，但向郤犨行贿，以挑拨晋、鲁关系。郤犨收受贿赂后，便毁谤鲁君于晋厉公，这既不利于晋国团结盟友，又失德于诸侯国间，是为政失德的表现。

公元前580年，郤至与周王室争田，"晋郤至与周争鄇田，王命刘康公、单襄公讼诸晋……晋侯使郤至勿敢争"（《左传·成公十一年》）。郤至凭借家族力量的强大，骄纵之情，实难掩饰。公元前575年，晋厉公派郤至给周天子献鄢陵之战的战利品，郤至和单襄公谈话中，不断夸耀自己的功劳，单襄公认为："温季其亡乎！位于七人之下，而求掩其上。怨之所聚，乱之本也。多怨而阶乱，何以在位？《夏书》曰：'怨岂在明？不见是图。'将慎其细也。今而明之，其可乎？"（《左传·成公十六年》）位于八卿之末，却谋求一跃成为执政卿，必定招致诸怨加身，以至身亡族灭。单襄公所引《夏书》之语，更是道明了"德"不是空泛的赞誉，而是体现在具体细节当中，细微处尤见德之有无。

郤锜、郤犨、郤至俱列卿位，构建起强大的郤氏家族，但是三郤不修德，反而处处体现出失德的行径。"晋三郤害伯宗，谮而杀之，及栾弗忌。伯州犁奔楚。韩献子曰：'郤氏其不免乎！善人，天地之纪也，而骤绝之，不亡何待？'"（《左传·成公十五年》）伯宗以贤明而好直言闻名，是国家之贤臣。他认为郤氏势力太强，对晋国发展不利，应该受到抑制，却反被三郤诬杀。韩献子认为三郤对善人下手，距离自己灭亡也不远了。

大族对公室的压力，使晋厉公在鄢陵之战后想废掉大族，立其宠信之人。厉公将要行动时，胥童建议："必先三郤。族大，多怨。去大族，不逼；敌多怨，有庸。"（《左传·成公十七年》）胥童、夷羊五、长鱼矫都是厉公宠信之人，而三人都与郤氏结怨颇深。郤至的祖父郤缺曾为报答赵盾之恩，废胥克，以赵朔代之，由此胥克儿子胥童怨恨郤氏。郤锜曾夺取夷羊五之田，郤犨与长鱼矫争田，将其父母妻子一同绑在车辕上。鄢陵之战，"栾书怨郤至，以其不从己而败楚师也，欲废之"（《左传·成公十七年》）。栾书借此机会，设计除掉与自己结怨的郤氏，栾书指使楚公子诬陷郤至不忠，谎告厉公鄢陵之战，实际是郤至串通楚君，认为晋国一定会败，失败后便辅佐厉公弟弟孙周为晋君。厉公求证栾书，栾书承认确有此事，为了进一步得到厉公相信，提出让厉公派人使周，暗中观察。栾书又暗中让孙周会见郤至，厉公信以为真，怨恨郤至。公元前574年，厉公派亲信胥童、夷羊五、长鱼矫诛灭郤氏，郤氏退出晋国政治舞台。

2. 栾氏的"失德"与灭亡。栾氏灭亡于栾盈时代。晋平公继位后，考虑到晋国多年来乱兵不止，国内政治矛盾重重，向阳毕询问治国之法，阳毕提出了除掉栾氏的方案，"且夫栾氏之诬晋国久也，栾书实覆宗，弑厉公以厚其家，若灭栾氏，则民威矣。"晋平公却言道："栾书立吾先君，栾盈不获罪，如何？"（《国语·晋语八》）栾盈本身没有罪状，且栾盈本人德行并不坏，"怀子好施，士多归之"（《左传·襄公二十一年》）。栾盈因好施，而受人尊重、爱戴。栾盈借助齐国的力量开始反攻时，"栾盈夜见胥午而告之……伏之而觞曲沃人，乐作，午言曰：'今也得栾孺子何如？'对曰：'得主而为之死，犹不死也。'皆叹，有泣者。爵行，又言。皆曰：'得主，何贰之有！'盈出，遍拜之"（《左传·襄公二十三年》）。栾盈本人颇为得众，以至在最后时刻，有许多人甘愿为其牺牲，但其祖父辈积怨太多，失德频仍，"失德"成为这个家族盛极而亡悲剧发生的重要原因所在。

栾氏的覆灭，原因众多，公室与卿族矛盾，以及卿族间斗争剧烈都是其中原因，但更重要的是栾书弑君给晋国公室造成了挥之不去的阴影，栾黡的骄纵、专横，与其他宗族积怨太深，终至灭亡。栾书虽然有打压其他卿族力量、弑杀厉公之罪，但整体上来看，其有功于晋国，晋人对其还有肯定。《左传·襄公十四年》载："秦伯问于士鞅曰：'晋大夫其谁先亡？'对曰：'其栾氏乎！'秦伯曰：'以其汰乎？'对曰：'然。栾黡汰虐已甚，犹可以免，其在盈乎！'秦伯曰：'何故？'对曰：'武子之德在民，如周人之思召公焉，爱其甘棠，况其子乎？栾黡死，盈之善未能及人，武子所施没矣，而黡之怨实章，将于是乎在。'秦伯以为知言，为之请于晋而复之。"栾书弑君的行为一直影响着晋国公室与栾氏的关系，但栾书有功于晋国，其德仍可庇佑其子栾黡的汰虐，而栾黡的汰虐却将栾书所积之德失之挥之荡然无存。栾黡所积之怨，终于在栾盈时代完全暴发，栾盈虽有才能，又有贤名，却无法力挽狂澜，挽救骤亡的栾氏家族。

栾氏骤灭与其同其他宗族积怨太深有着直接的关系。《左传·襄公二十三年》载："赵氏以原、屏之难怨栾氏，韩、赵方睦。中行氏以伐秦之役怨栾氏，而固与范氏和亲。知悼子少，而听于中行氏。"当时重要的宗族，几乎全与栾氏有怨。栾书时期，栾氏与赵氏、韩氏结怨。赵氏"下宫之役"，遭到近乎毁灭性的打击，栾书为庄姬逸言做假证，借机打击赵氏力量，栾书助长、促成了"下宫之役役"的发生。赵氏与栾氏，势不两立。栾书、中行偃围捕厉公，召韩厥，献厥辞曰："弑君以求威，非吾所能为也……昔者吾畜于赵氏，赵孟姬之谗，吾能违兵，人有言曰：'杀老牛莫之敢尸。'而况君乎？二三子不能事君，安用厥也！"栾书虽然制止了中行偃准备攻杀韩氏的计划，但韩氏对栾氏的行为大为不耻，无法步入到同一个阵营。

栾黡的骄纵，使栾氏与知氏、中行氏、范氏又结新怨。晋师伐郑，"知武子欲退，曰：'今我逃楚，楚必骄，骄则可与战矣。'栾黡曰：'逃楚，晋之耻也。合诸侯以益耻，不如死。我将独进。'师遂进"（《左传·襄公十年》）最终晋楚虽未发生战争，但栾黡以下军将的身份，不听众主帅知罃之命，在诸侯联兵征的情况下，丝毫不顾主帅权威性，知氏怨恨栾氏。晋为报秦栎之役，晋侯使六卿帅诸侯之师伐秦，中军将荀偃下令"鸡鸣而驾，塞井夷灶，唯余马首是瞻"。下军将栾黡却道："晋国之命，未是有也。余马首欲东"（《左传·襄公十四年》）。栾黡自行撤退，下军也跟从撤军，最后迫使诸侯联军全面回撤，无功而返，史称"迁延之役"。中行氏由此怨栾氏。"迁延之役"中，栾鍼认为诸侯联军讨伐秦国，现在不战自退，是晋国的耻辱，便于士鞅同驰秦师，栾鍼战死，士鞅返回。栾黡对士鞅父亲士匄言：

"余弟不欲住，而子召之。余弟死，而子来，是而子杀余之弟也。弗逐，余亦将杀之。"(《左传·襄公十四年》)士鞅奔秦，栾氏与范氏的矛盾，终致不可化解。

栾书为政失德的行为、栾黡骄纵失德的表现，使栾氏与当时最主要的宗族全部有结怨，以致栾盈虽倾其全力，也终无力挽救整个宗族的灭亡。

3. 赵氏积德与重创后的复位。"下宫之役"赵氏遭到重创，几近亡族。"下宫之役"的发生，是公室畏忌大族的力量，其他卿族，如栾氏、郤氏又妒忌赵氏强大，加之赵婴齐的出走，赵氏力量涣散不团结，最终导致赵氏被诛杀，但赵武最终得以复立，却与赵氏一族重德、积德密切相关。

赵衰是赵氏家族崛起的关键，但赵衰并没有因为追随重耳流亡，辅助重耳回国而居功自傲，而是基于国家利益考虑，充分展现了高尚品德。赵衰的贡献足以为卿，"公使赵衰为卿，辞曰：'栾枝贞慎，先轸有谋，胥臣多闻，皆可以为辅佐，臣弗若也。'乃使栾枝将下军，先轸佐之……郤縠卒，使先轸代之。胥臣佐下军。公使原季为卿，辞曰：'夫三德者，偃之出也。以德纪民，其章大矣，不可废也。'……乃使狐毛将上军，狐偃佐之。狐毛卒，使赵衰代之，辞曰：'城濮之役，先且居之佐军也善，军伐有赏，善君有赏，能其官有赏。且居有三赏，不可废也。且臣之伦，箕郑、胥婴、先都在。'乃使先且居将上军。公曰：'赵衰三让。其所让，皆社稷之卫也。废让，是废德也。'以赵衰之故，蒐于清原，作五军。使赵衰将新上军，箕郑佐之；胥婴将新下军，先都佐之。子犯卒，蒲城伯请佐，公曰：'夫赵衰三让不失义。让，推贤也。义，广德也。德广贤至，又何患矣。请令衰也从子。'乃使赵衰佐新上军"(《国语·晋语四》)。赵衰在不断的辞让中，让晋国兴起让贤之风，使骊姬之乱后，晋国政坛混乱惶恐局面得到了空前的团结，促成了晋国霸业的建立。同时赵衰的一再辞让，举荐贤才，也让晋国许多家族，如郤氏、栾氏、先氏、胥氏、狐氏都对赵氏感恩不已！为赵氏积聚了广泛的人脉与政治资源。

赵盾虽然执掌晋国多年，引起公室及其他卿族的猜忌与不满，但整体来看，赵盾是将国家利益放在首位，是国之忠臣。晋灵公因为赵盾对自己过错的骤谏，又惧于赵氏力量的强大，"公患之，使鉏麑贼之。晨往，寝门辟矣，盛服将朝。尚早，坐而假寐。麑退，叹而言曰：'不忘恭敬，民之主也。贼民之主，不忠；弃君之命，不信。有一于此，不如死也。'触槐而死"(《左传·宣公二年》)。刺客鉏麑看到赵盾为国尽职，不忍下手，选择了以自己的死，来完成灵公的任务。晋灵公刺杀赵盾的计划没有得逞，便又宴请赵盾谋求除掉。赵盾车右提弥明发现情势不对，抵抗灵公的伏击士兵，掩护赵盾，自己战死。最终，赵盾得到灵公甲士灵辄的帮助，得以逃脱。灵辄之所以临阵倒戈，冒死帮助赵盾脱逃，是因当年饥饿落魄时，赵盾曾施舍与他。"初，宣子田于首山，舍于翳桑，见灵辄饿，问其病。曰：'不食三日矣。'食之，舍其半。问之。曰：'宦三年矣，未知母之存否，今近焉，请以遗之。'使尽之，而为之箪食与肉，置诸橐以与之。既而与为公介，倒戟以御公徒而免之。问何故。对曰：'翳桑之饿人也。'问其名居，不告而退，遂自亡也。"(《左传·宣公二年》)灵辄后来成为灵公的甲士，在赵盾生命危险的时候，施以援手，以报当年施舍之恩。

公元前620年，赤狄潞氏侵略鲁国，鲁国派人求援于晋。赵盾派狐射姑去问责狄相酆舒，"酆舒问于贾季曰：'赵衰、赵盾孰贤？'对曰：'赵衰，冬日之日也；赵盾，夏日之日也'"（《左传·文公七年》）。杜预注："冬日可爱，夏日可畏。"赵衰、赵盾，皆为晋之臣良，只是处事风格不同，但皆为国尽忠尽职，这也是晋文公以赵衰的原因增设新军，赵盾让钽麑惭愧自杀而不忍对其下手。

下宫之役发生后，韩厥言于晋景公："成季之勋，宣孟之忠，而无后，为善者其惧矣。三代之令王皆数百年保天之禄。夫岂无辟王？赖前哲以免也。《周书》曰：'不敢侮鳏寡'，所以明德也。"（《左传·成公八年》）景公复立赵武，返还其田邑，赵氏获得了重新崛起的机会。韩厥在赵氏复立，出力最多，这是因韩厥曾受赵氏之恩。栾书、中行偃曾召集韩厥劫持晋厉公，韩厥言"昔者吾畜于赵氏，赵孟姬之谗，吾能违兵"，拒绝了栾书、中行偃的要求。韩厥顶住各强宗大族的压力，没有参与剿灭赵氏的下宫之役。这是当年赵氏有恩于韩厥，韩厥后来积极劝晋公恢复赵氏，也是报恩于赵氏。赵武的复立，同赵氏几代积德密切相关。除韩氏外，晋国许多宗族，都曾受恩于赵氏，这使得赵武复立时，没有遇到强大阻力，不能认为其间绝无关系。这种情况与郤氏、栾氏灭亡时，积怨太多，失德频仍，终无复立机会，形成鲜明对比。

结　语

晋国历史上，郤氏、栾氏极盛后的骤亡与赵氏强盛后受到重创后的复立，形成鲜明对比，卿族与公室的矛盾，以及卿族间的斗争，是他们共同面对的形势，但郤氏、栾氏骤亡，与赵氏重创后的复立，家族最终走向却截然不同，造成这种不同走向的原因，与各自对"德"的重视和践行有着极大的关系。郤氏、栾氏皆因积怨太多，失德严重，终至不论公室，还是其他卿族，皆希望除掉而后快。赵氏颇能积德，虽由于政治原因，遭遇重创，但还能在赵武时复起，这与赵衰、赵盾的功勋与忠贞密不可分，更与赵氏一直能兴德予人，广施恩惠有密切相关，以至人们不希望看到这样的家族就此结束。因此可见，"德"与家族的绵延有关极为深刻的关系。

郤氏、栾氏、赵氏，皆为晋国强宗大族，且俱曾执掌晋国之政，影响各自家族发展走向的内在原因是"德"。"德"是通过"行"来表现的，《周礼·地官·师氏》："以三德三行教国子。"郑注："德行，内外之称，在心为德，施之为行。"孔颖达疏《左传·桓公二年》"将昭德塞违"时称："德者，得也，谓内得于心，外得于物，在心为德，施之为行，德是行之未发者也。""德"主要针对人内心而言，正所谓"德者，内也"（《韩非子·解老》）。"行"主要指外见于实际的具体行为，但这种外见的行为是内心"德"的体现，即形成于内心的品德，又施之于行动者。在内而言，称之为"德"；在外而言，称之为"行"。"德"与"行"在此为一事之两面，其差别只在发与未发之间。因此，"德"并非泛泛的道德概括或言语说教，而是有其切实的内涵。

对晋国强宗大族而言，德的内涵在三个方面的体现尤为重要。第一，德与为政治国。《孔子家语·入官》云："德者，政之始也。"郤氏、栾氏的灭亡，与其为政时失德密切相关。郤氏为政中，没有坚持以德行政，三郤权倾一时，却想尽办法扩充自己的力量，置国家利益不顾，凭借自己的强势，欺凌他族。栾书的打击异己，尤其是在对待赵氏和弑杀厉公的问题上，只为了自家利益的发展，毫无原则的打击异己，完全放弃了以德执政的原则。栾黡更是在为政过程中，骄纵专横，毫不把自己的上司放在眼里，"无德"体现得淋漓尽致。两家在为政过程中，没有坚持以德行政，招致诸多怨恨，最终遭到群起而攻之，走向灭亡。赵氏为政中，赵衰的礼让，使诸多宗族受惠，泽及后人。赵盾为政，尽忠于国，皆是以德行政的体现。第二，德与修己教育。《潜夫论·德化》："德者，所以修己也。"栾氏到栾书一代，虽有不足，尚能留下好的名声，到栾黡，绝无半点美名。栾黡的行为，是其内心之"德"的反映。郤氏一族中，郤缺、郤克皆执晋国之政，但到了三郤时代，表现出来的是无礼、傲慢、贪婪。他们的行为，说明其本人失之于修德，以至行为才会放荡不羁。同时也反映出，家族教育上的不足，在家族力量发展的同时，家族教育没有紧紧跟上，没有坚持教之以德的原则，因此在子孙的身体便表现出种种违礼失德的言行，这也造成了两家的骤灭。赵盾在独处时，能不忘恭敬，最终刺客不忍下手，反映出赵氏在子孙的教育上没有放松过，强调德教的重要性。正是长期教育、强调，才会在独处时，也不会对自己放松要求。第三，德与日常行为。《诗·大雅·既醉》"既饱以德"，朱熹《集传》云："德，恩惠也。"《礼记·曲礼上》"道德仁义"，孔颖达疏："德谓善行。"日常行为中的善行、恩惠，即是"有德"的表现。三郤谋害善人伯宗，栾黡以其弟之事追责于范氏，皆违背了与人为善、施恩于人的标准，皆为"无德"之举。赵盾当年被灵公设宴谋杀，最终在灵辄的帮助下得以逃脱，只因当年"与饿人食"的善行，得到了回报。赵武的复立，韩厥出力最大，也因赵氏有恩于韩厥。

通过对晋国郤氏、栾氏与赵氏的对比分析，他们有着相同的政治环境，在发展过程中，都出现了在强盛之后的灾难，郤氏、栾氏骤亡，而赵氏得以复立。类似的情况，却有着不同的发展走向，在梳理了三大宗族发展状况，分析了其骤亡与复立的原因，可以看出，德与家族的绵延，关系极大，"数百年旧家无非积德"并非妄语，"德"与家庭、家族的关系，在当代，仍值得我们认真思考。

作者简介：谢耀亭：男，山西右玉人，山西师范大学历史学院副教授，历史学博士。

楚先祖的性质与世系*

湖北省社会科学院楚文化研究所　尹弘兵

摘　要： 本文主要依据清华简《楚居》和传世文献探讨楚先祖的性质与世系。楚先祖在性质上是传说人物而非是历史人物，一般情形下是指族群而非是个人。楚先祖世系中并无附沮一代，附沮应为附祖，意指季连部族与其父体祝融部族的某种特殊关系。穴熊与季连无血缘关系，可能是以外族人的身份进入季连部族并成为首领。

关键词： 清华简　楚居　楚先祖　附沮　穴熊

楚之先祖，据《大戴礼记·帝系》和《史记·楚世家》等记载，出自帝颛顼高阳，颛顼之后裔重黎为帝喾高辛氏火正，因而拥有"祝融"的名号，重黎被诛后，其弟吴回、吴回子陆终继为祝融。陆终生六子，其第六子季连，始得芈姓，为楚直系先祖。季连之后的楚先祖世系，据《楚世家》记载："季连生附沮，附沮生穴熊。其后中微，或在中国，或在蛮夷，弗能纪其世。周文王之时，季连之苗裔曰鬻熊。鬻熊子事文王，蚤卒。其子曰熊丽。熊丽生熊狂，熊狂生熊绎。"至熊绎始受周封为诸侯，"熊绎当周成王之时，举文、武勤劳之后嗣，而封熊绎于楚蛮，封以子男之田，姓芈氏，居丹阳"[①]。

由于文献中对楚先祖的记载非常稀少，以致我们对楚先祖了解极为有限。但幸运的是，2010年，清华大学所藏战国竹简正式发表，[②] 其中的《楚居》一篇，备载历代楚君及其所居之地，从楚始祖季连开始，下至战国中期的楚肃王，对楚国历史地理和楚文化研究具有极其重要的意义，故《清华大学藏战国竹简（壹）》（以下简称清华简）一经发布即引起了学术界的高度关注。《楚居》对楚先祖研究尤为重要，其记载颇为详细，许多资料此前未见，并

---

*国家社科基金重大招标项目"周代汉淮地区列国青铜器和历史、地理综合整理与研究"（15ZBD032）系列成果。

① 《史记》卷40《楚世家》，北京：中华书局，1982年，第1690、1691页。
② 清华大学出土文献与保护中心编：《清华大学藏战国竹简（壹）》，上海：中西书局，2010年。本文所引《楚居》释文主要以此书为基础，同时参考复旦大学出土文献与古文字研究中心研究生读书会：《清华简〈楚居〉研读札记》，见复旦大学出土文献与古文字研究中心网站，2011-1-5，http://www.guwenzi.com/SrcShow.asp?Src_ID=1353。不另注。

可与传世文献和其他出土文献互相印证，大大弥补了传世文献的缺失与不足，为我们探讨楚国的传说时代、研究楚先祖提供了宝贵的资料，对楚先祖的研究具有重大的推动作用。

一、楚先祖的性质

一般而言，各族的先祖属于传说时代，其性质是传说人物而非是历史人物，但涉及传说时代与历史时代分界时，问题会比较复杂。就整个的中国历史而言，通常是以夏启建立夏朝作为中国传说时代的终结和历史时代的开端，夏商周三代都已是历史时期而非是传说时代。但这是夏商周三代王朝的历史，但其他各族则未必能有这样的发展进程与速度。楚先祖尤其特殊，按照《楚居》所载，楚先祖史事有很多明显已到了商代晚期，此时传说时代早已远去。《楚居》记载季连娶盘庚之孙女，按之商世系，盘庚之孙女与武丁同辈，按夏商周断代工程年表，武丁在位于公元前1250—前1192年，而夏始于公元前2070年，① 也就是说，季连娶盘庚之孙女时，中国古史的传说时代已结束千年之久，这确实太晚了一些。因此楚先祖的性质颇为复杂，一方面，作为楚之先祖，其最初出现是在传说时代虽无疑问，但其结束时中国历史已进入历史时代很久了，虽说各族先祖会因发展进程与速度不一会出现传说时代和历史时代的交叉情形，但楚先祖在这方面显得尤为特殊。因此，我们需要对楚先祖的性质作一个基本的判定：楚先祖的身份是传说人物还是历史人物？楚先祖的时代是传说时代还是历史时代？

作为楚直系先祖的季连，出自上古时代的祝融部族，是陆终六子之一，则其出现当在传说时代无疑，因此季连作为楚先祖，无疑是传说人物。但从《楚居》所述来看，季连的时代下限已进入商代晚期，可见季连在中国历史架构中跨越了传说时代与早期历史时代。那季连到底是传说人物还是历史人物？就中国历史的总架构而言，夏商已进入了历史时期，但从楚史的角度来讲，此时的芈姓部族仍处于传说时代，不能说季连的年代已进入了商代就不是传说人物了，出现这种传说时代与历史时代交叉的现象当是由于不同族群发展进程、水平和速度不一致的缘故。夏商周三代王朝居于早期中国历史发展的顶端，因而较早进入了历史时期，他们的历史形成了中国早期历史的框架结构，但其他族群未能有三代王朝这样的发展进程与速度，或因其他原因，故在文献记载中仍处于传说时代。这是由于不同族群的历史进程、发展水平和速度不一致而导致的情形。因此对于传说时代与历史时代交叉的现象不必过于纠结，更不必强求一律，将不同发展程度的族群统一按三代王朝的水准来强行整齐划一，而应按各族群的实际发展程度来处理。以楚史为例，既然芈姓部族进入历史时代很晚，就应按楚史的架构来处理，而不能按夏商王朝的架构来处理。

季连之后的楚先祖是穴熊，传世文献中对穴熊的记载极为简单，但《楚居》的记载则较多，在《楚居》中，穴熊本身的事迹并无神异之处，但穴熊的配偶妣厉及穴熊与妣厉之子丽季（《楚世家》称为熊丽）的出生，则带有颇为神异的色彩，与传世文献中陆终六子的出生极为类似。妣厉和丽季的神异事迹表明，穴熊、丽季都应是传说人物而非历史人物。

---

① 夏商周断代工程专家组：《夏商周断代工程1996——2000年阶段成果报告·简本》，北京：世界图书出版公司，2000年。

丽季之后芈姓部族首领是熊狂，《楚居》和传世文献对熊狂的记载都很少，难以判定熊狂的身份属性。但据《楚居》记载，"至熊狂亦居京宗"，京宗是季连晚期的居地，穴熊亦曾居之，前已论证季连、穴熊、丽季均为传说人物，其时代在楚史的框架中属于传说时代，则"京宗"为楚史传说时代的地名，熊狂居于"京宗"之地，则表明熊狂的时代也属传说时代，因此熊狂仍当属于传说人物而非历史人物。

熊狂之子即熊绎，始受周封为诸侯。熊绎受封建国，表明在楚史的框架中进入了历史时代。也就是说，对于楚史而言，其传说时代终结于熊狂，其历史时代始于熊绎。熊绎之前的季连、穴熊、丽季、熊狂均属于楚史的传说时代，属于楚先祖，其性质是传说人物而非历史人物。不能因为《楚居》所载楚先祖史事很多都发生在夏商时期甚至到了商末，就否认熊绎以前的楚史属于传说时代，熊绎以前的楚先祖属于传说人物。

既然楚先祖的时代属于传说时代，其身份属性为传说人物而非历史人物，而传说时代的普遍情形有别于我们通常所熟知的历史时代，因此对于楚先祖，要按传说时代的特殊要求来进行探讨。徐旭生先生在《中国古史的传说时代》的第一章就专门论述"我们怎样来治传说时代的历史"，针对传说时代的特殊性，系统提出了研究传说时代历史的三项基本原则和五项注意要点。①

传说时代的社会与历史时代有很大的差异，因此传说人物并不可以视为某个具体的个人，这是传说人物与历史人物的根本区别。在一般情形下，传说时代的人名不是指某个特定的个人，而是部族和部族首领的名称。古人对此，其实很早就有认识，《左传》文公十八年载季氏大夫大史克曰："昔高阳氏有才子八人，苍舒、隤敳、梼戭、大临、尨降、庭坚、仲容、叔达，齐、圣、广、渊、明、允、笃、诚，天下之民谓之八恺。高辛氏有才子八人，伯奋、仲堪、叔献、季仲、伯虎、仲熊、叔豹、季狸，忠、肃、共、懿、宣、慈、惠、和，天下之民谓之八元。此十六族也，世济其美，不陨其名。"② 大史克前言"才子八人"，后言"十六族"，可见大史克所言之"子"，与"族"同义，所言之"人名"，即"族名"，同时也是部族首领之名。唐司马贞释"少典之子"时说："少典者，诸侯国号，非人名也。"③ 可见古人早已认识到上古时代的人名与族名相混，不可作为个人来理解。近代以来，学者们对此有了更明确的认识，徐旭生对此特别强调，在治传说时代的历史时，"顶重要需要声明的一事，就是在当时社会的单位是氏族，而氏族的名字与个人的名字常相混淆，无法分辨"④。

因此传说时代的人物在性质上与历史时代完全不同，传说人物在一般情形下其实是族群而非个人。由于传说人物通常是指族群而非是个人，故在古史传说中常出现传说人物极端长寿的神话，如与季连同出祝融的彭祖，有寿至八百之说，但这并不是说有个叫彭祖的古人活了八百年，而是上古时代有一个叫彭祖的部族存在了八百年。彭祖如此，季连亦然。

---

① 徐旭生：《中国古史的传说时代》，桂林：广西师范大学出版社，2003年，第一章"我们怎样来治传说时代的历史"。
②《左传》文公十八年，杨伯峻：《春秋左传注》修订本，北京：中华书局，1990年，第636—638页。
③《史记》卷1《五帝本纪》"少典之子"句下司马贞《索隐》，北京：中华书局，1982年，第2页。
④ 徐旭生：《中国古史的传说时代》，桂林：广西师范大学出版社，2003年，第45页。

传说人物是族群而非个人，由此而带来的另一个问题是传说人物之间的血缘关系，并不能以后世的情形来理解。因此传说时代的父子、子孙等血缘关系其实是拟人化的，非实指，不是具体的血缘关系而实为族群演生关系。晋郭璞早就言及于此："诸言生者，多谓其苗裔，未必是亲所产。"① 近代历史学兴起后，徐旭生对此有更明确的说明："古人所用地名、氏族名、个人名，常常不分……《山海经》所记三代以前的某生某、《国语》所记有虞氏与夏后氏所禘的黄帝、殷人所禘的舜、周人所禘的喾，大约全是氏族分离的关系，与个人的血统关系无干。时代越近，所谓生的、所祖祭、郊祭、宗祭、报祭的才多由于真正血统的关系，是因为当时氏族制度渐渐衰歇、退处无力的缘故。所以治此时代的历史的人必须注意土地名、氏族名、个人名的常相合一，然后爬梳纠纷的史实才能比较容易。"② 白寿彝总主编《中国通史》对此曾有更明确的论述："神话传说中的所谓炎帝、黄帝、蚩尤、颛顼、共工之类的'人物'，他们之间的相互关系比较复杂，或结盟、或通婚、或兵戎相见。如果把他们当作某些具体人物来看待，那就错了，因为他们并非具体的人，而是指某些氏族或部落。然而，把这些'人物'名字完全理解成氏族部落的名称，也未必然。因为在原始社会时期，人名往往是和部落名相一致的。史书上经常说的某人生某人的现象，除了存有父子关系的意味外，其基本含义则是氏族分支或部落分支的关系。"③ 罗运环在研究楚先祖时亦明白指出，"陆终产六子，虽带有神话色彩，但也反映了一定的历史事实。'产'和'子'仍然不能理解为'产子''孩子'之义，是一种氏族性的裂变。是说在陆终时代，庞大的祝融集团分离出了六个支系。芈姓是其中之一，其首领为季连。"④

　　由上可知，《楚居》所载楚先祖，在楚史的体系中属于传说时代，则由季连至熊狂的楚先祖，均非是真实的历史人物，而是传说人物，其具体含义是部族与部族首领之名，只有在特定情形下才能理解为具体的个人而非族群。而季连生䵣伯、遠仲，穴熊生侸叔、丽季，亦不可视为父子关系，而是部族内部的分支，䵣伯、遠仲、侸叔、丽季，亦不是具体的历史人物而是部族内部的支系。

　　进而言之，传说人物大概有三层含义。以《楚居》中的季连来说，季连之名，首先是指季连部族，是部族的名称；其次是指季连部族的首领，是部族首领的名称；第三才是指在某个特定时期担任季连部族首领的具体个人，这时才是某个特定的具体人物。如追求比隹的季连，同时具有三层含义：首先是在第三层含义上存在，是此时担任季连部族首领的特定个人，其次是指一般意义上的季连部族首领，最后才是最一般意义的季连——季连部族。而大部分语焉不详的季连，所指仅是季连部族和季连部族的首领，不能用指某个特定的个人。只有在某些特别情形下，传说时代的人名才能理解为特定个人。明确这一点，对理解《楚居》中所载的楚先祖史事非常重要。

―――――――
①《山海经・大荒东经》"帝俊生黑齿"条郭璞注，袁珂：《山海经校注》，上海：上海古籍出版社，1980年，第348页。
②徐旭生：《中国古史的传说时代》，桂林：广西师范大学出版社，2003年，第40页。
③白寿彝总主编：《中国通史》第三卷，上海：上海人民出版社，1989年，第168页。
④罗运环：《楚国八百年》，武汉：武汉大学出版社，1992年，第43页。

二、楚先祖世系与"附沮"

楚先祖的世系，《楚居》所记与传世文献中的记载不太一致。《楚居》所记楚先祖世系为季连——穴熊——丽季——熊狂。而在《楚世家》中，楚先祖世系为季连——附沮——穴熊……鬻熊——熊丽——熊狂，《大戴礼记·帝系》所载楚先祖世系则为季连——付祖氏——内熊，与《楚世家》相合，仅文字小有异同。可见《楚居》所载楚先祖世系与《楚世家》和《帝系》颇不一致，二者无法统一起来。

在《楚世家》中，楚先祖世系有穴熊和鬻熊二人，楚人先祖自穴熊之后"中微"，"弗能纪其事"，此后直至周文王时，才有"季连之苗裔曰鬻熊"出现在历史上，《楚世家》很明显地是把穴熊和鬻熊当成二人，而且二人中间有很长时期的断档。但清人孔广森《大戴礼记补注》已指出"鬻熊即穴熊，声读之异，史误分之"。孔广森的这一说法，由于无其他佐证，很长时间不为学者所采信，但近年来在望山楚简、包山楚简和新蔡葛陵楚简中多次出现"三楚先"，三楚先有"老童、祝融、穴熊"和"老童、祝融、姌熊"两种，这一情形引起了学者的关注。贾连敏、黄德宽等学者认为楚简中的穴熊、姌熊为同一人，[1] 此说得到李学勤先生赞同，[2] 李家浩先生复经大量研究后，令人信服地论证简文中的"穴酓""姌酓"、文献中的"穴熊""鬻熊"均为同一人。[3]《楚居》中楚先祖世系只有穴熊而无鬻熊，这证明了穴熊确即鬻熊，因此《楚世家》中的楚先祖世系中穴熊与鬻熊当合并，《楚居》中的丽季则可与《楚世家》中的熊丽吻合。

但即使经过以上调整，《楚世家》所载楚先祖世系与《楚居》所载楚先祖世系仍然无法统一起来，二者之间还是有重大的差异：在《楚世家》和《帝系》的体系中，季连和穴熊之间还有一代"附沮"。《楚世家》说："季连生附沮，附沮生穴熊。"《大戴礼记·帝系》则记为："季连产付祖氏，付祖氏产内熊。"与《楚世家》略异，然亦不过字形小误而已。在季连与穴熊之间有"附沮"一代这一点上，《楚世家》和《帝系》是一致的，这种一致性表明，战国秦汉时期的学者在季连和穴熊之间有"附沮"这一代是有共识的。然而问题在于，附沮或付祖氏之名，并不见于《楚居》，《楚居》所载楚世系中，季连之后，直接就是穴熊，并无附沮。

对此问题，我们首先要考虑《楚居》所载是否有遗漏，因此并不是没有附沮这一代，而是《楚居》漏记，李学勤先生曾提醒，"由于是以居为主，所记楚国世系并非十分完全"[4]，这种可能性是存在的。

首先从体例上讲，《楚居》所载以居为主，因此存在这样一种可能性，就是有所徙则记，如某代楚君未曾迁徙，则不记。然通览整篇《楚居》，虽是以居为主，其体例却并非是有所

---

[1] 贾连敏：《新蔡楚简中的楚先祖名》，《华学》第7辑，广州：中山大学出版社，2004年。黄德宽：《新蔡葛陵村楚简中的"穴熊"及相关问题》，《古籍研究》2005卷下（总第48期）。
[2] 李学勤：《清华简九篇综述》，《文物》2010年第5期。
[3] 李家浩：《楚简所记楚人祖先"鬻熊"、"穴熊"为一人说》，《文史》2010年第3辑（总第92辑）。
[4] 李学勤：《清华简九篇综述》，《文物》2010年第5期。

徙则记，而是详记每一代的居地，《楚居》简5至简6，详记熊绎居夷屯之后历代楚君所居之地：

> 至酓只、酓𦀚（䵣）、酓𦀹（樊）及酓賜（錫）、酓𨒅（渠），尽（盡）居䧅（夷）宅（屯）。酓𨒅（渠）遟（徙）居发渐。至酓䎽（艾）、酓摯（挚）居发渐。酓摯（挚）遟（徙）居旁屽。至酓𦀔（延）自旁屽遟（徙）居乔多。至酓甬（勇）及酓嚴、酓相（霜）及酓𩗴（雪）及酓訓（徇）、酓号及若嚻（敖）酓義（儀），皆居乔多。

所记楚君居地，有夷屯、发渐、乔多等地，均为多代楚君所居，《楚居》皆备记之，可知《楚居》的体例是详记每一代楚君的居地及相应的重大事件，当不存在因未曾迁徙而不记的情形。

其次，从时间上考察，季连、穴熊的时代尚处于楚世系的传说时代，传说时代的特点之一是每一代的时间都很长，这是由于部族首领与部族同名的缘故，据本文作者所考，季连的年代下限在商代晚期，具体为武丁晚期至祖庚、祖甲，考古年代为殷墟二期，穴熊的年代上限可以进入廪辛、康丁时期，考古年代为殷墟三期，① 二者正好衔接，中间不可能再容下附沮一代。

由此初步判断，《楚居》中无附沮，非是漏记，而是季连之后接着就是穴熊，中间并没有附沮这一代。至于《楚世家》和《大戴礼记·帝系》中的附沮或付祖氏，当属误记。

今按：附沮之"沮"字，《集解》引孙检曰："一作'祖'"，②《大戴礼记·帝系》则记为"付祖氏"，则"附沮"即"附祖"。因此"附祖"有可能并非是楚世系中的一代，而是指季连部族初形成时"附于祖"，意指季连部族与祝融部族的某种特殊关系。至于这种特殊关系，或与民族史中的"幼子继承制"有关。

根据民族史的资料，很多民族在其原始阶段均不同程度地存在"幼子继承制"，此俗以蒙古最为典型。古代蒙古族习俗，正妻所生幼子称为"斡惕赤斤"或"斡赤斤"，意为"守炉灶者"或"灶君"，可以继承大部分家产，俗称"幼子守灶"。为什么会有幼子继承制？一般认为，这是因为年长的兄弟要先离开家庭、自立门户，最后只剩下最小的儿子来继承家业，这当是幼子继承权的来历。而早期部族之裂变，亦当有类似的情形，即部族或部落裂变时，先后分出多个支系，这些支系就形成了子部族，裂变到最后，父部族就不再继续分裂，而是以父部族剩下的部分直接转化成最后一个子部族。而季连部族之形成，其情形或有可能与民族史中的幼子继承类似，即季连部族与其父体祝融部族是二而一、一而二的关系，季连部族与其兄长部族不一样，不是从祝融部族中分离出来的，而是祝融部族经过多次枝分裂解后直接以祝融部族剩余部分转化而成。疑司马迁及战国秦汉间人所见之楚世系，在季连后标有"附祖"二字，意指季连继承了家业，将祝融部族直接转化成了季连部族，而汉人不明"附祖"之义，误以为此乃季连之子，故司马迁记为"附沮"，《大戴礼记》则记为"付祖

---

① 参拙文：《〈楚居〉中楚先祖的年代问题》，载罗运环主编：《楚简楚文化与先秦历史文化国际学术研讨会论文集》，武汉：湖北教育出版社，2013年。
② 《史记》卷40《楚世家》"季连生附沮"句下裴骃《集解》，北京：中华书局，1982年，第1691页。

氏",均将之以为季连之后的一代。

三、季连与穴熊的关系

季连与穴熊的关系也同样值得探讨。在传世文献中,穴熊或鬻熊为季连之后裔,《史记·楚世家》云:"季连生附沮,附沮生穴熊……季连之苗裔曰鬻熊。"①《大戴礼记·帝系》则云:"季连产付祖氏,付祖氏产内熊。"② 内熊即穴熊之讹。可见在传世文献中,季连与穴熊是有血缘关系的,穴熊或鬻熊为季连后裔。

但传世文献的这一记述无法与出土文献方面印证。楚简中有所谓"三楚先",在望山楚简、包山楚简和新蔡葛陵楚简中屡见墓主祭祷"三楚先",有"老童、祝融、穴熊"或"老童、祝融、媸熊"两种,穴熊即鬻熊,二者实一,不过其中并无季连。

类似情形其实在传世文献中亦有所透露。据《左传》僖公二十六年记载,"夔子不祀祝融与鬻熊。楚人让之,对曰:'我先王熊挚有疾,鬼神弗赦而自窜于夔。吾是以失楚,又何祀焉?'秋,楚成得臣、斗宜申帅师灭夔,以夔子归"③ 此处所载为春秋时期的情形,所祀之楚先为祝融与鬻熊。楚简所记则为战国时期的情形,与春秋时代相比只是增加了老童。由此可见,无论是春秋还是战国,无论是传世文献还是出土文献,楚人所祀祖先中均无季连而只有穴熊(鬻熊),但无论传世文献还是《楚居》,均明记季连为芈姓始祖,楚国则由芈姓部族所建,身为无可置疑的芈姓始祖,季连却不在楚人所祀"楚先"之列,此情形实在令人疑惑。

在《楚居》中,季连与穴熊的关系也同样令人疑惑。按《楚居》所载,季连娶比佳之后,生䋣伯、远仲,居于"京宗"之地,穴熊亦居"京宗",娶妣㛪,生侸叔、丽季。由这个叙述来看,季连、穴熊只有时间先后,却无血缘关系,亦无世代先后,季连与䋣伯、远仲,穴熊与侸叔、丽季才有血缘关系和世代先后,而䋣伯、远仲与侸叔、丽季,很明显是兄弟关系。在先秦时期,同一世代的兄弟关系或泛化的拟兄弟关系往往用伯、仲、叔、季来区分,如西周时期的楚君熊严,其四子分别为伯霜、仲雪、叔堪、季徇。

䋣伯、远仲与侸叔、丽季既属同一世代,则作为他们父辈的季连、穴熊,在世代上就是同辈,只有时间先后,无世代之先后,而且从这个叙述中也看不出季连与穴熊有血缘关系。

既然是同一世代,那季连与穴熊就有可能是兄弟关系,赵平安先生就认为,《楚居》中的季连、穴熊是兄弟,因为穴熊的后裔为王,所以季连不在后世楚人祭祀的"三楚先"中。④ 此说对楚人所祀"三楚先"中何以无季连作出了独到的解释,但释季连与穴熊为兄弟,则仍有难解之处。季连的兄弟,那应当是祝融后裔、陆终之子,文献中对陆终六子的记载相当完整,且明确记载季连为陆终幼子,此点无可动摇,则季连不可能再有兄弟。

---

① 《史记》卷40《楚世家》,北京:中华书局,1982年,第1690、1691页。
② 《大戴礼记》卷7《帝系》,黄怀信、孔德立、周海生:《大戴礼记汇校集注》,西安:三秦出版社,2005年,第794页。
③ 《左传》僖公二十六年,杨伯峻:《春秋左传注》修订本,北京:中华书局,1990年,第440—441页。
④ 赵平安:《"三楚先"何以不包括季连》,《邯郸学院学报》2011年第4期。

由上分析可见，《楚居》不言穴熊与季连的血缘关系，"三楚先"中也没有季连，后世楚人只祀穴熊不祀季连，诚有可能如赵平安先生所言，是因为后世楚君是穴熊后裔，并非是季连后裔，楚王室的直系先祖只能追溯至穴熊，只能祭祀自己的祖先穴熊，而季连虽然是楚族的祖先，但并不是楚王室的祖先，与楚王室并无血缘关系。但季连为芈姓始祖，此点无可置疑，如果上述结论能够成立，则季连与穴熊之间就没有血缘关系。

《左传》僖公十年载晋大夫狐突之言："神不歆非类，民不祀非族。"孔颖达疏："类、族一也，皆谓非其子孙，妄祀他人父祖，则鬼神不歆享之耳。"① 由狐突之言来看，不是血亲后代，祭祀也无用，祖宗神灵不得歆享。故祭祀又有"血食"之称，《左传》庄公六年："若不从三臣，抑社稷实不血食，而君焉取馀？"② 季连作为芈姓始祖，却不在楚人所祀"楚先"之中，是因为楚王室非季连之子孙，与季连之间无血缘关系，故不得祀季连，此亦可旁证季连与穴熊之间实无血缘关系。其实季连与穴熊之间无血缘关系，在传世文献及《楚居》之前的出土文献中已有所暗示，只是在《楚居》发表之前我们未能虑及于此。

另《楚居》在叙述季连与穴熊的活动时说，"（季连）先处于京宗。穴熊迟徙于京宗"，此二"京宗"必为一地，但《楚居》却说"穴熊迟徙于京宗"。"迟徙"二字，颇值得玩味，这表明，穴熊本非季连部族之人，他是从外地迁徙而来，如穴熊为季连之子或其后裔，或者是季连之兄弟，则穴熊亦必居于季连最后一个居地"京宗"，也就不存在所谓"迟徙"的问题，正因为穴熊是外人，是从外地迁入"京宗"的，所以《楚居》才会说"穴熊迟徙于京宗"，此亦穴熊非季连后裔、与季连无血缘关系的证据。

综合以上分析，我们可以确定以下几点：

一、季连为芈姓之祖。

二、穴熊非季连之后，《楚世家》《大戴礼记》等言穴熊为季连之后或季连之苗裔当有误。

三、季连为陆终幼子，不可能有兄弟，则季连与穴熊不可能是兄弟关系。

四、季连与穴熊只有时间先后，无世代先后。

五、综合现有材料来看，季连与穴熊之间无血缘关系。

那么，季连与穴熊之间到底是什么关系？穴熊在与季连无血缘关系的情形下，可以代季连为芈姓部族首领，似乎是一个难解之谜。

在这方面，民族学或人类学可以为我们提供一些借鉴。在早期民族中有收养的习俗，外人可以被收养入部落，摩尔根就曾被易洛魁联盟塞内卡部落的鹰氏族收养为成员。据摩尔根的观察，易洛魁人的氏族常收养外人为本氏族的成员，收养的外人不仅赐以氏族成员的权利，而且还赐以本部落的族籍，人口稀少的氏族也用收养的办法来补充成员，有一个时期，塞讷卡部落中的鹰氏族人口大大减少，有灭绝之虞，为了拯救这个氏族，经过双方同意，将

---

① 《左传》僖公十年，《春秋左传正义》，李学勤主编《十三经注疏》北京大学标点本，北京：北京大学出版社，1999年，第363页。

② 《左传》庄公六年，杨伯峻：《春秋左传注》修订本，北京：中华书局，1990年，第170页。

狼氏族的一部分人以收养的方式集体转移到鹰氏族。① 季连部族到了商代时已极为衰微，可以想见其人口必然很少，因此用收养的方法来扩大人口是很有可能的。而一旦被收养入族，就成为部族的正式成员，从理论上说，也具备成为部族首领的资格。罗马的克劳丢斯是这方面的一个类似的例证，克劳丢斯原为萨宾人，罗马王政时代最后一任王高傲者塔克文在被废黜后，煽动已与罗马人订有和约的萨宾人反对罗马。但萨宾人中的克劳丢斯反对破坏与罗马人订立的和约，于是他带着其亲族、朋友和奴隶共5000多人逃往罗马，罗马人给了他们以住所、耕地和市民权，还把克劳丢斯选为元老，为他设立了一个新的氏族。另一个更确实的例证是金始祖函普，函普是完颜部第一个可考的祖先，但据《金史》及宋洪迈《松漠记闻》等记载，函普并非完颜部之人，而是来自高丽，其族属后人有不同说法，但函普本非完颜部人则可确证，函普入于完颜部时，年已六十余，因调解完颜部与邻族的纠纷而被推为完颜部首领，其后的完颜部首领及金王室，皆为函普之后，金人记其祖先，亦只记函普这个外人。

季连为芈姓之祖，这一点当无疑问。而穴熊既非季连之后，亦非季连之兄弟，与季连之间也没有血缘关系，则穴熊有可能是以收养的方式、以外来成员的身份进入季连部族并最终成为部族首领，与函普成为完颜部首领类似。函普能成为完颜部首领，是因为当时生女真极为落后，而函普来自高丽，具有较高的文化素养，因而能为完颜部人所信服而成为首领。穴熊的情形或与函普有相似之处，本非季连部族之人，但因其有较高的文化素养而以外来成员的身份进入部族并成为部族首领，故《楚居》中未有其与季连关系之记述。

另外，我们已经知道，在楚文化中保留有较为深厚的商文化色彩，考古学者对此早有论述，② 历史地理学者也发现楚都是以东北或东南为重心的，其布局与殷商都城接近而与周代都城和中原列国都城以西为重心的格局迥异，③ 古文字学者亦发现楚文字保留了比较多的商代文字的写法，④ 后世文献中鬻熊的智者形象则表明鬻熊有较高的文化素养。由此看来，穴熊（鬻熊）的身份或有可能原为商贵族，由于某种原因在商末动荡的社会中不能立足，于是因季连与盘庚孙女联姻的关系而得以进入季连部族，并因其较高的文化素养和身份地位而成为季连部族的继承者，后世楚文化中深厚的商文化色彩或由此而来。徐旭生曾言此类情形是"从深化人民出去，跑到浅化人民中间去作首领"，⑤ 与金始祖函普以外来人员身份而成为完颜部首领情形较为类似。也因为穴熊是以外来者的身份成为部族首领，其后裔取代了季连后裔成为芈姓正统，故后世楚人只祭穴熊，因此"三楚先"中没有季连，春秋时楚人曾指责夔子不祀祝融与穴熊，却不曾指责夔子不祀季连，其因由皆在于季连与穴熊之间并无血缘关系。

---

① [美] 路易斯·亨利·摩尔根著，杨东莼、马雍、马巨译：《古代社会》，北京：商务印书馆，1981年，第78页。
② 高崇文：《从夏商时期江汉两大文化因素的源流谈楚文化的起源》，《楚文化研究论集》第三集，武汉：湖北人民出版社，1994年。
③ 晏昌贵：《楚国都城制度初探》，《江汉考古》2001年第4期；晏昌贵：《楚国都城制度再认识》，《社会科学》2008年第8期。
④ 参见赵平安：《新出简帛与古文字古文献研究》，北京：商务印书馆，2009年，"新出简帛与古文字考论"部分。
⑤ 徐旭生：《中国古史的传说时代》，桂林：广西师范大学出版社，2003年，第75页。

结 语

综合传世文献和出土文献，我们可以对楚先祖的性质有一个基本的判断。虽然在总的历史框架中，楚先祖已进入到历史时期，但由于不同族群的历史进程、发展水平和速度不一致，芈姓部族的发展程度和进程是不能与夏商周三代王朝相比的。因此在楚史的框架中，楚先祖在绝对年代上虽已进入商代晚期，但仍处于传说时代，楚先祖在性质上就是传说人物而非是历史人物，在一般情形下是指族群而非是个人。楚先祖世系中并无"附沮"这一代，所谓"附沮"，当为"附祖"，即附于祖之意，指季连部族与祝融部族的某种特殊关系，季连作为陆终幼子，不是从祝融部族中分离出来的，而是直接从祝融部族转化而来。穴熊不是季连后裔，与季连无血缘关系，是以外来人员身份而继为部族首领，其后裔取代了季连后裔成为芈姓正宗。后来的楚王室是穴熊后裔，与季连无血缘关系，故后世楚人所祀"楚先"中并无季连。

作者信息：尹弘兵，男，湖北天门人，历史学博士，湖北省社会科学院楚文化研究所副研究员，主要从事楚国历史地理与文化方面的研究。

《春秋左传注》"缮完、葺墙"释义辨正[*]

成都师范学院文学与新闻学院　张　卉

摘　要：杨伯峻先生《春秋左传注》对"缮完、葺墙"的解释并不准确。其他学者虽提出不同看法，仍有未安之处。此句标点应为"缮，完，葺墙"，是上文"完客所馆，高其闬闳，厚其墙垣"的省略。古书行文"具于前而略于后"，此为一例。

关键词：《春秋左传注》　缮　完　葺墙

"缮完、葺墙"一语见于《左传·襄公三十一年》，为便于讨论，现将传文和杨伯峻先生的注释摘录如下：

　　公薨之月，子产相郑伯以如晋，晋侯以我丧故，未之见也。子产使尽坏其馆之垣，而纳车马焉。士文伯让之，曰："敝邑以政刑之不修，寇盗充斥，无若诸侯之属辱在寡君者何？是以令吏人完客所馆，高其闬闳，厚其墙垣，以无忧客使。今吾子坏之，虽从者能戒，其若异客何？以敝邑之为盟主，缮完、葺墙，以待宾客。若皆毁之，其何以共命？寡君使匄请命。"

　　杨伯峻注："完借为院。《墨子·大取》：'其类在院下之鼠。'（孙诒让《间诂》改院为坑，误）《广雅·释宫》云：'院，垣也。'"[②]

杨先生将"缮完、葺墙"之"完"读为"院"，"缮院""葺墙"为并列词组。其中"缮""葺"是动词，都有修整之意；"院""墙"是名词，作宾语，皆是墙垣之属。笔者认为，此观点尚有可商之处，现略陈陋见，以就正于方家。

一

杨伯峻先生对"缮完、葺墙"的解释，清代学者已经提出。如卢文弨《钟山札记》云：

---

[*]本文为国家社科基金 2019 年度项目"战国竹书所见东周列国史料整理与研究"（编号：19BZS031）及成都师范学院 2021 年校级科研项目"甲骨文考释提要综览"（编号：CS21SCY19）的阶段性成果。

[②]杨伯峻：《春秋左传注》（第三册），北京：中华书局，2000 年，第 1186 页。

"近金坛段若膺谓：'完当本是院字。院，周垣也；墙，垣蔽也。因其所坏者垣，故文伯之语亦不旁及。《说文》院为寏之重文，左氏古文本作院字，或因转写遗脱阜旁，或字从省，即以完为院。'"① 也是把"缮完"读为"缮院"。

此外，还有学者将"缮完"读作"缮宇"。唐代李涪《刊误》"缮完葺墙"条下云："予谓垣坏，葺之而已，今云'缮墙'，岂古人于文理如此不达耶？所疑字误，遂有繁文。予辄究其义，是'缮宇葺墙，以待宾客'。此则本书'宇'，误为'完'。《书》曰'峻宇雕墙'，足以为比况。"② 又清代何焯《义门读书记》卷十："缮完葺墙。缮完，李涪《刊误》云，当作缮宇。"③ 杭世骏《订讹类编》卷三："《左传》'缮完葺墙，以待宾客。'一墙也，缮未足而又加完与葺焉，于义为复。'完'字乃'宇'字之误，曰缮宇葺墙。词无复，义亦昭矣。"④ 皆赞同李涪之说。此观点和杨伯峻先生有相似之处，都把"完"作为名词。不同的是，杨先生把"完"看作"院"的借字，释为墙垣，"缮院""葺墙"实为一事。李涪等将"完"作为"宇"之讹误，释为馆室，"缮宇""葺墙"则为两事。

笔者认为，上述诸家将"完"释作"院"或"宇"，应是看到"缮完、葺墙"并列，结构相同，词义相近。"葺墙"是动词加名词，则"缮完"之"缮"是动词，"完"应该是名词。"缮""葺"都有修整之意，"完"和"墙"也应含义类似，属于某种建筑名称。但是"完"字本身并无建筑物的含义，故学者将"完"改为"院"或"宇"，这种作法并无辞例证据，皆属改字为训，难以让人信服。

二

除了将《襄公三十一年》"缮完、葺墙"之"完"作为名词之外，还有学者提出"完"是动词。

王引之《经义述闻·春秋左传》"缮完葺墙"条下云："段氏若膺曰：'古三字重叠者时有，安可以后人文法绳之。下文"无观台榭"，岂非三字重叠邪。况此篇因坏垣属辞，士文伯夸垣之好不应见毁，添设宇字，则无谓矣。'引之谨案：段说是也。'若皆毁之'四字，专指墙而言，则不得兼言字矣。杜注云：'葺，覆也。'释文云：'谓以草覆墙也。'然则，缮完葺墙者，既缮完之，又以草覆之耳。"⑤

又俞樾《古书疑义举例》云："古人语急，则二字可缩为一字；语缓，则一字可引为数字。襄三十一年《左传》'缮完葺墙以待宾客'，急言之，则止是'葺墙以待宾客'耳。乃以'葺'上更加'缮完'二字，唐李涪刊误遂疑'完'字当作'宇'矣。"⑥

上述观点将"缮完葺墙"连为一句，"完"和"缮""葺"皆为动词，它们的宾语都是"墙"。但是，为何要不避繁复，连用"缮完葺"三个动词呢，学者提出了不同的解释。或认

---

①卢文弨：《钟山札记》卷一《读史札记》，北京：中华书局，2010年，第19—20页。
②李涪：《刊误》，收入苏鹗《苏氏演义（外三种）》，北京：中华书局，2012年，第255—256页。
③何焯：《义门读书记》卷十，北京：中华书局，1987年，第173页。
④杭世骏：《订讹类编》卷三《续补》，北京：中华书局，2006年，第119页。
⑤王引之：《经义述闻》卷十八，南京：江苏古籍出版社，2000年，第447页。
⑥俞樾等：《古书疑义举例》卷二，《古书疑义举例五种》，北京：中华书局，2010年，第28页。

为三字虽然重叠，但是含义有别，"缮完葺墙者，既缮完之，又以草覆之耳"，"缮完"是修整墙垣，"葺"是在墙上覆草，描述了修墙的不同阶段。或认为古人言辞有急缓之分，急则称"葺墙"，缓则称"缮完葺墙"，意思完全相同。

笔者认为，将"缮完葺墙"之"完"当作动词，是正确的。但"缮完葺"三字的宾语是什么，则需要进一探讨。

三

"完"作为动词，有保全、修治之义，《说文解字》："完，全也。"① 又《诗经·大雅·韩奕》："溥彼韩城，燕师所完。"郑玄笺："彼韩国之城，乃古平安时众民之所筑完。"② 又《左传·襄公十年》："子产闻盗，为门者，庀群司，闭府库，慎闭藏，完守备，成列而后出，兵车十七乘，尸而攻盗于北宫。"③ 又《孟子·离娄上》："城郭不完，兵甲不多，非国之灾也；田野不辟，货财不聚，非国之害也。"④

"缮"也有修补、整治的意思。《说文解字》："缮，补也。"⑤ 又《左传·襄公九年》："巡丈城，缮守备。"杜预注："缮，治也。"⑥《左传·襄公三十年》："聚禾粟，缮城郭。"⑦ 可知"缮""完"可以互训，故上文提及的《左传·襄公九年》之"缮守备"，《襄公十年》作"完守备"；《孟子》有"城郭不完"，《左传·襄公三十年》有"缮城郭"。

"缮""完"词义相近，在文献中经常连用并举。如《左传·隐公元年》："大叔完，聚，缮甲兵，具卒乘，将袭郑。"⑧ 又《左传·成公元年》："冬，臧宣叔令修赋，缮完，具守备。"⑨ 又《左传·昭公十五年》："晋荀吴帅师伐鲜虞，围鼓……使鼓人杀叛人，而缮守备……邑以贾怠，不如完旧。"⑩ 又《晋书·罗宪传》："于是缮甲完聚，厉以节义，士皆用命。"⑪

值得注意的是，"缮""完"作为动词，其后宾语可以省略。如上文提到的《隐公元年》之"完，聚"，杜预注："完城郭，聚人民。"⑫ "完，聚"为"完城郭，聚人民"之省。又《成公元年》中的"缮完"也是省略了宾语，杨伯峻先生对此已有精辟论述："修赋是一事，即襄二十五年传'量入修赋'之'修赋'，治理军赋，亦即实施'作丘甲'之政令。缮完是

---

① 段玉裁：《说文解字注》，北京：中华书局，2013年，第343页。
② 《毛诗正义》卷十八（《十三经注疏》第一册，清嘉庆刊本），北京：中华书局，2009年，第1233页。
③ 杨伯峻：《春秋左传注》（第三册），北京：中华书局，2000年，第981页。
④ 《孟子注疏》卷七《离娄》（《十三经注疏》，清嘉庆刊本），北京：中华书局，2009年，第5910页。
⑤ 段玉裁：《说文解字注》，北京：中华书局，2013年，第663页。
⑥ 杨伯峻：《春秋左传注》（第三册），北京：中华书局，2000年，第962页。
⑦ 杨伯峻：《春秋左传注》（第三册），北京：中华书局，2000年，第1174页。
⑧ 杨伯峻：《春秋左传注》（第一册），北京：中华书局，2000年，第13页。
⑨ 杨伯峻：《春秋左传注》（第二册），北京：中华书局，2000年，第784页。
⑩ 杨伯峻：《春秋左传注》（第四册），北京：中华书局，2000年，第1370页。
⑪ 房玄龄等：《晋书》卷五七，北京：中华书局，1974年，第1551页。
⑫ 杨伯峻：《春秋左传注》（第一册），北京：中华书局，2000年，第13页。

一事,即襄三十一年传'缮完葺墙'之'缮完',修治城郭。可单言'缮',襄三十年传'缮城郭'可证;可单言'完',隐元年传'大叔完聚','完'即是'完城郭'。读本以缮完为缮甲兵、完城郭两事亦通。总之为防守之工作具备。"① 杨先生认为《成公元年》的"缮完"省略了宾语,其完整表述应该是"缮完城郭",或者"缮兵甲,完城郭"。并进一步指出,《襄公三十一年》之"缮完"和《成公元年》"缮完"用法相同,此说可谓真知灼见。但《襄公三十一年》"缮完"省略的宾语是什么,杨先生并未说明。

笔者认为,《襄公三十一年》"缮完"所省宾语应在上下文中寻找。士文伯所言,有两段文字值得注意,其先曰"敝邑以政刑之不修,寇盗充斥,无若诸侯之属辱在寡君者何?是以令吏人完客所馆,高其闬闳,厚其墙垣,以无忧客使"。后又曰"以敝邑之为盟主,缮完、葺墙,以待宾客"。两处文意相同,结构呼应,现在列表对比如下:

上文	下文
敝邑以政刑之不修,寇盗充斥,无若诸侯之属辱在寡君者何?杨注:"辱在有言朝聘。"	以敝邑之为盟主,
是以令吏人完客所馆,高其闬闳,厚其墙垣,	缮完葺墙,
以无忧客使。	以待宾客。

从上可知,士文伯上下两段话虽详略不同,但都包含三层意思:首先,晋国是盟主国,各诸侯国要派客使朝聘;其次,晋国下令修建驿馆;最后,强调修建驿馆目的是为了使宾客无忧。因此"完客所馆,高其闬闳,厚其墙垣"和"缮完葺墙"含义相同,都指驿馆修建的具体内容。只是下文蒙上文而省,"缮完"即"完客所馆,高其闬闳","葺墙"即"厚其墙垣"。如果按有些学者所言,将"缮完葺"的宾语都看做"墙",那么上文的"令吏人完客所馆、高其闬闳"就无法落实。况且,仅仅修缮墙垣,如何体现晋国对各国宾客使者的重视?正如李涪所言:"上文云:'高其闬闳,厚其垣墙。'又曰:'司空以时平易道路,圬人以时塓馆公室。'如此足以待宾客。岂徒葺墙,而可以崇大诸侯之馆哉?"② 故"缮完葺墙"中"缮完"所省宾语应该是"所馆"和"闬闳"。

综上所述,《左传·襄公三十一年》"缮完葺墙"的正确标点是"缮、完、葺墙",其中"缮""完"宾语省略。"缮、完、葺墙"包括三事,即上文"完客所馆,高其闬闳,厚其墙垣"。古书行文,"具于前而略于后",此为一例。

作者简介:张卉,女,汉族,历史学博士,成都师范学院文学与新闻学院副教授,研究方向为先秦文献。

---

① 杨伯峻:《春秋左传注》(第二册),北京:中华书局,2000年,第784页。
② 李涪:《刊误》,收入苏鹗《苏氏演义(外三种)》,北京:中华书局,2012年,第255—256页。

先秦巫者的生产巫术活动考察

中国人民大学历史学院历史系、出土文献与中国古代文明研究协同创新中心　赵容俊（韩国）
韩国梨花女子大学　金炫抒（韩国）

摘　要：本文主要论点，运用商代甲骨卜辞的记录，并与古籍文献的记载、考古学的报告，互相印证，探讨先秦巫者的生产巫术活动及其特征。古时在生产力十分低下、自身能力极其薄弱的情况之下，并在无力抗拒自然界的危害，又无法保证劳动收获与收成时，便凭借巫者的各种巫术活动，以实现控制自然或改变遭殃的现状。生产中的巫术，乃成为巫者职事的重要部分。生产活动，则包括农耕生产、渔猎生产（即捕鱼与狩猎）等，皆伴随许多巫术活动而进行。尤其，农业的技术，如何时耕作、何时收割、何时放牧等，与生产活动相关的诸事，于先秦时期，更为实际生产生活中不可缺少之事。

关键词：先秦时期　甲骨卜辞　传世文献　出土文献　生产巫术活动

一、绪论

生产中的巫术，乃是巫者职事的重要部分。生产活动，则包括农耕生产、渔猎生产（即捕鱼与狩猎）等，皆伴随许多巫术活动而进行。尤其，农业的技术，如何时耕作、何时收割、何时放牧等与生产活动相关的诸事，于先秦时期，更为实际生产生活中不可缺少之事。古人认为，收成与否，多与鬼神有关，而古人无法保证劳动收获与收成，故需求助于巫者，获知时变，以随机应变，希冀生产丰收。

有关生产中的巫术颇为多见，不胜枚举，但由此亦可知，人类在生产活动中，则运用不少巫术手段以求收成丰硕。

古时巫者曾担任各种生产巫术活动的职责，从事占卜与祭祀鬼神而祈求神灵保佑、生产丰收、猎物满载等事宜。对于先秦各种文献所记载的生产巫术活动，此处将分为农业生产巫术活动、渔猎生产巫术活动等二项为主，大体论述于下。

二、先秦巫者的生产巫术活动

（一）远古时期

古时在生产力十分低下、自身能力极其薄弱的情况之下，并在无力抗拒自然界的危害，又无法保证劳动收获与收成时，便凭借巫者的各种巫术活动，以实现控制自然或改变遭殃的现状。

正因为如此，依赖巫者而进行一项具体的巫术活动，通过施行占卜与祭祀鬼神，以祈求神灵保佑、生产丰收。如为求风调雨顺，必祭龙神；为求农作丰收，必祭土地神或社神；上山打猎，必祭山神暨猎神；下海捕鱼，必祭海神暨鱼神；乘舟出门，必祭江神或水神等。

此外，于巫者的各种生产活动中，为生产能顺利进行，且不至于出现不预期的结果，则往往运用许多禁忌。换言之，除追求如愿顺利之外，亦兼持多方防止不顺利的心愿。

于遥远的原始时代，人类的基本生活方式，如《礼记·礼运》便有记载，其云：

> 昔者先王，未有宫室，冬则居营窟，夏则居橧巢。未有火化、食草木之实、鸟兽之肉，饮其血，茹其毛。未有麻丝，衣其羽皮。①

由此不难得知，原始人类的生活方式，即于农业生活未建立之时，主要仍依采集与渔猎生产，便维持谋生。即使如此，此种采集与渔猎生产，因无法保障族群的生存，故其后进入农业发展时期，人类完全依赖农业生产维生。

据考古学的报告，于浙江省北部余姚县发现的河姆渡遗址，则属于在公元前5000年左右的新石器时代，此时古人的农业聚落生活，已相当发达，且发现在中国年代最早的稻米，② 以及各种农业生产工具。③ 其中已出土170余件的骨耜农具，若就其用途而言，则有

---

① （清）阮元校刻：《十三经注疏》下册《礼记》卷21《礼运》，北京：中华书局，1980年，第1416页。

② 如今，位于钱塘江支流浦阳江上游的浦江县黄宅镇渠南村境内，则发现"上山遗址"，面积2万多平方米，已形成原始聚落形态。此上山遗址，因代表中国最早的新石器时代文化类型之一，并出土陶器等大量遗物，故命名为"上山文化"，且于2006年被列为全国重点文物保护单位。其中发现，以石磨棒及石磨盘，曾磨稻谷脱壳。此事便证实，大约公元前8000年的古人，已种水稻，故将河姆渡文化等史前文明，已上溯3千年以上。参见文明编辑部：《上山遗址——将文明推前两千年》，《文明》2005年第3期，第14页。

③ 张光直在《考古学专题六讲·从世界古代史常用模式看中国古代文明的形成》中曾提及："在华南，所知甚详而发掘最多的是河姆渡文化，河姆渡遗址原来是一个建于湖边的木构村落，其遗物有特别丰富的石器、骨器、木器、陶器，和动物与植物的遗存。遗址的位置（在浙江北部余姚附近一座小山和一个古代的小湖之间）说明，当时的村落可通达非常丰富的地上和水中的植物和动物资源，而遗址的遗物中充满了这些植物和动物，有野生的，也有家生的，主要包括稻米、瓜、菱、葫芦、猪、狗、水牛和水龟。这里的稻米的遗址是全世界最早之中的，其栽植曾使用过一种特殊的用动物肩胛骨所做的锄头。"张光直：《考古学专题六讲·从世界古代史常用模式看中国古代文明的形成》，台北：稻乡出版社，1988年，第50页。此外，亦可参见河姆渡遗址博物馆、黄渭金：《河姆渡文化"骨耜"新探》，《文物》1996年第1期，第61—65页。

翻土农具的骨耒，铲平田地及兴修水利时掘土之用的骨耜，以及平整水田农具的平田器等。①

由此可知，此时中国的农业技术，已进入"耕耜农业"阶段，但仍有动物踏田的"踏耕"方式。此事证实，河姆渡遗址的稻作农业生产，虽仍处于较原始的农业状态，即使如此，随着古人手工业技术的发展，逐渐有不少先进的生产力因素。②

上述的各种生产活动，始于原始社会，乃成为原始经济的一种表现。上古的人类，以劳动智慧与劳动经验，不断提高自身的技术与技能，故逐渐创造劳动成果，并争取最大收获。

即使如此，在鬼神概念充斥的远古时期，推测当时必有各种生产巫术活动的成分，但于此种考古遗物中，因已不易得见其具体情况，故难以考察其巫术特征。

（二）殷商时期

商代社会，因以农立国，故常见巫者从事占卜，以及时常举行祭祀鬼神，以祈求祖先或神灵保佑农业生产顺利。因此，"而卜辞中求雨、求年之祭，受黍、受糧、受年之贞，乃多至数百见，则殷代农业之发达与重视，以及农业必为殷人之主要生产可知矣"③。相关的辞例，以及"〔殷人〕于礼有告匄、告麦、祈年、观耤之事，多与周人同"④。的传统礼俗，于商代的甲骨卜辞中，颇为多见。

对于商代巫者从事之各种生产巫术活动，此处将分为农业生产巫术活动与渔猎生产巫术活动二项，有关其具体内容，兹分别论述于下。

1. 农业生产巫术活动

（1）占卜农业生产

首先，就商代的甲骨卜辞而言，甲骨文的"农（䢉、䢉、𦦲、䢉）"字，则作林与辰的组合，⑤ 乃表示以蜃制工具在森林从事农业之意。⑥

在三千多年前的商代甲骨卜辞中，即有巫者占卜生产丰收，以及商王亲耕、劝农重农等的各种农业生产巫术活动的记录，兹略举数例于下：

　　□大令众人曰："劦（协）田。"其受年？十一月。（《合》00001）
　　丁酉卜，争贞：今春王勿黍？
　　今春王黍于南□于南汎？（以上皆见于《合》09518）
　　乙卯卜，㱿贞：王立黍，若？

---

① 河姆渡遗址博物馆、黄渭金：《河姆渡文化"骨耜"新探》，《文物》1996年第1期，第63—64页。
② 同上，第64—65页。
③ 胡厚宣：《甲骨学商史论丛续集·卜辞中所见之殷代农业》，台北：大通书局，1983年，第13页。
④ 郭沫若：《卜辞通纂·食货·第474片》，北京：科学出版社，1983年，第421页。
⑤ 此种林与辰组合的甲骨文"农"字形，在许慎的《说文解字·农》之古文中，亦可见之，其云："䢉，耕人也。从晨，囟声。䢉，籀文农，从林。䢉，古文农。䢉，亦古文农。"（清）段玉裁注：《说文解字注》卷10上《农》，台北：艺文印书馆，1994年，第106页。
⑥ 许进雄编：《简明中国文字学》（修订版），北京：中华书局，2009年，第43—44页。

贞：王勿立黍？（以上皆见于《合》09521）
庚戌卜，㱿贞：王立黍，受年？（《合》09525正）
庚辰卜，宾贞：叀（惟）王采（收）南囧黍？十月。（《合》09547）
☐我北田不其受年？（《合》09750甲）
贞：我北田受〔年〕？（《合》09750乙）
癸卯卜：今岁受禾？（《合》28232）
甲子卜：令众田，若？（《小屯》395）

据上引卜辞中的"庚戌卜，㱿贞：王立黍，受年？（《合》09525正）"，以及"庚辰卜，宾贞：叀（惟）王采（收）南囧黍？十月。（《合》09547）"之例而得知，商王为亲自参与农作礼俗、亲耕表率，乃卜问其事。

不宁唯是，商代甲骨文亦有商王的重视耤田之事，以及农业技术方面的记录，兹略举数例于下：

丁巳卜，宾贞：呼弘宓蚕夸，弗桑？（《合》04813）
己亥卜，贞：令吴小耤臣？（《合》05603）
庚子卜，贞：王其观耤，叀（惟）往？十二月。（《合》09500）
己亥卜，贞：王往观耤，延（延）往？（《合》09501）
贞：今我耤，受有年？二告。（《合》09507正）
贞：元示，五牛；蚕示，三牛？（《合》14354）
乙丑，王：方薅艿？
乙丑，王：柞艿方？（以上皆见于《合》20624）
弜耤丧隹，其受有年？（《合》28200）
癸卯卜：王其延（延）二盂田耤（耕），受禾？（《合》28230）

上引卜辞中的"己亥卜，贞：令吴小耤臣？（《合》05603）"的文例，其中的"小耤臣"，乃为农官之称，① 则可知商代已设专门掌管农事之官。不仅如此，若据"庚子卜，贞：王其观耤，叀（惟）往？十二月。（《合》09500）"的文例而不难得知，有时商王重视耤田而亲自巡视农事。

若就农耕技术而言，如"乙丑，王：方薅艿？乙丑，王：柞艿方？（以上皆见于《合》20624）"的文例可知，当时已实施薅（即耨草）、柞（即除木）的农耕技术。此例乃商王亲自占卜，卜问运用二法而开荒之事。②

尤其，据上引卜辞中的"贞：今我耤，受有年？二告。（《合》09507正）"之例，此"耤（ ）"字在甲骨文中，则作足踏耒以耕田之状，③ 乃表达以耒耤进行农业

---

① 宋镇豪：《夏商社会生活史·农业礼俗》（增订本、下册），北京：中国社会科学出版社，2005年，第640页。
② 裘锡圭：《古文字论集·甲骨文中所见的商代农业》，北京：中华书局，1992年，第170—171页。
③ 许进雄：《古文谐声字根·耤》，台北：台湾商务印书馆，1995年，第155页。

生产之意。除此"耤"字之外，若视甲骨文中的"方（ ）"字；①"旁（ ）"字；②"襄（ ）"字；③"犁、物（ ）"字；④"畴（ ）"字⑤等，由此不难得知，于殷商时期，已出现牛耕的农作方式。⑥

除此之外，甲骨文的"丧（ ）"字，则作桑树枝间悬挂篮筐，以采桑作业之状。⑦ 若据上引卜辞中的"丁巳卜，宾贞：呼弘宓蚕夸，弗桑？（《合》04813）"，以及"贞：元示，五牛；蚕示，三牛？（《合》14354）"等的文例，应与蚕桑之事及祭祀蚕神有关，⑧ 则不言而喻矣。

由此观之，对于各种农业生产礼俗，由商代甲骨文中不难得知，商代统治者便重视天象与农业气象观测，⑨ 以适时举行各类农作仪式。尤其，于商王的亲耕耤田、劝农重农、亲为表率、因俗颁政等事中，其象征意义尤为明显，便成为中国历代统治者"重农"的国家礼典。⑩

（2）巫术祭仪

除此之外，巫者时常举行祭祀鬼神，以祈求神灵保佑农业生产活动等的事宜，于三千多

---

① 对于甲骨文的"方"字的考释，许进雄在《古文谐声字根·方》中曾提，其云："有高宽直刃之犁形，侧视，平面看起来像两齿刃。"许进雄：《古文谐声字根·方》，第107页。
② 对于甲骨文的"旁"字的考释，许进雄在《古文谐声字根·旁》中曾提及："有犁壁之犁形，刺起土后并往两旁推开，为拉犁而设。犁壁或作三角形。"许进雄：《古文谐声字根·旁》，第108页。
③ 对于甲骨文的"襄"字的考释，许进雄在《古文谐声字根·襄》中曾提及："双手扶犁，前有牛曳拉之，并激起灰尘之状……所扶之犁，有的有犁壁，有的无犁壁。犁壁是连续拉犁才用得着的装置。"许进雄：《古文谐声字根·襄》，第204页。
④ 对于甲骨文的"犁"字的考释，许进雄在《古文谐声字根·犁》中曾提及："犁形，用以起土，点为土块。用以代表如杂土之颜色？"许进雄：《古文谐声字根·犁》，第729页。
⑤ 对于甲骨文的"畴"字的考释，许进雄在《古文谐声字根·畴》中曾提及："被翻起之耕土曲卷形。拉犁才有的形象。"许进雄：《古文谐声字根·畴》，第346页。
⑥ 许进雄：《中国古代社会——文字与人类学的透视·农业的发展与中华民族的形成》（修订本），台北：台湾商务印书馆，1995年，第105—109页。此外，胡厚宣在《卜辞中所见之殷代农业》一文中亦云："诸家又谓殷人无犁，不用牛马。然卜辞中有'哉牛'之称，'哉'字原始本象犁形而为'犁'字。自本义、借义之次序观之，必先有犁田之牛，而后始有黎色之牛。则犁与牛耕，在殷代均有可能。"胡厚宣：《甲骨学商史论丛续集·卜辞中所见之殷代农业》，第10页。即使如此，对于商代已存在牛耕与否，至今仍众说纷纭，尚无定说。
⑦ 许进雄：《古文谐声字根·丧》，第94页。
⑧ 王宇信、杨升南主编：《甲骨学一百年》，北京：社会科学文献出版社，1999年，第574—575页。亦可参见许进雄：《古文谐声字根·蚕》，第773页。即使如此，对此"蚕"字，或考释为"它"，今可备一说。
⑨ 此种商代统治者重视天象与农业气象观测之内容，如祈雨御旱、祭风、宁雨御涝、宁息蝗灾等的御除农业灾殃活动中，特为显著。有关其具体的内容，笔者已在拙著的《救灾巫术方面》篇中，业已详细论述。赵容俊：《殷商甲骨卜辞所见之巫术·救灾巫术方面》（增订本），北京：中华书局，2011年，第171—200页。
⑩ 宋镇豪：《夏商社会生活史·农业礼俗》（增订本、下册），第666页。

年前的商代甲骨卜辞中，便屡见不鲜，兹略举数例于下：

□，争贞：乙亥，登两黍祖乙？（《合》01599）
辛巳卜，亘贞：祀岳，寨（求），来岁受年？二告。（《合》09658正）
贞：帝于东方曰：析，风曰：汤（协），寨（求）年？（《合》14295）
其寨（求）年于方，受年？（《合》28244）
丙子卜：其登粟于宗？（《合》30306）
其寨（求）年于河，叀（惟）今辛亥酌，受年？（《合》30688）
辛未，贞：其寨（求）禾于高祖？（《合》32028）
壬申，贞：寨（求）禾于夒，燎三牛、卯三牛？（《合》33277）
丁未，贞：寨（求）禾于岳，燎小宰、卯三牛？（《合》33296）
辛亥，贞：其登米于祖乙？（《小屯》189）
寨（求）年上甲、示壬，叀（惟）兹祝用？（《小屯》2666）

上引辞例中的年、禾，其意相通，故"寨（求）年"，亦可称"寨（求）禾"。此外，于"寨（求）年"时的拜祈对象，则有自然神如河、岳、方、风神，以及祖先神如夒、上甲、高祖、示壬等。尤其，由上引卜辞中"壬申，贞：寨（求）禾于夒，燎三牛、卯三牛？（《合》33277）"，以及"丁未，贞：寨（求）禾于岳，燎小宰、卯三牛？（《合》33296）"等的文例而可知，于举行"寨（求）年"之时，依祭祀仪节，则向神灵献上诸多祭品。不宁唯是，若秋收有获，则祖先神灵有功，故登献新黍新米，以回报祖先神灵佑护五谷丰登之功，且举行"登尝报功"之祭。① 如上引卜辞中"丙子卜：其登粟于宗？（《合》30306）"，以及"辛亥，贞：其登米于祖乙？（《小屯》189）"等的文例，乃属于此类。

由此观之，于殷商时期，除农业生产的单纯礼俗之外，亦有巫者时常举行祭祀鬼神，以祈求神灵保佑农业生产活动等事。若论其主要活动，则有"寨（求）年"与"受年"礼俗、登尝报功之祭等，皆为基于原始宗教观念。②

2. 渔猎生产巫术活动

若就商代甲骨卜辞所见的渔猎生产巫术活动而言，甲骨文的"田（⊞、田、𝆄、⊞、⊞、田）"字，则作区划规整的农田之形，③ 除此之外，亦可表示田猎活动。④ 此外，古人曾从事捕鱼的活动颇多，其中甲骨文的"渔（🐟、🐟、🐟、🐟、🐟、🐟、🐟、🐟、🐟）"字，则有水中游鱼、钓线捕鱼、撒网捕鱼等多种创意。⑤

---

① 宋镇豪：《夏商社会生活史·农业礼俗》（增订本、下册），第663—666页。
② 宋镇豪：《夏商社会生活史·农业礼俗》（增订本、下册），第666页。
③ 许进雄编：《简明中国文字学》（修订版），第44—45页。
④ 许进雄：《古文谐声字根·田》，第716页。对于甲骨文的"田"字的考释，许进雄在《古文谐声字根·田》中曾提及："规划整齐的田地形，田猎为保护庄稼之举，驱逐野兽，不使损毁禾苗。"
⑤ 许进雄编：《简明中国文字学》（修订版），第29页。

(1) 占卜渔猎活动

甲骨文即有渔猎生产巫术活动的记录，兹略举数例于下：

乙未卜：今日王狩光，禽（擒）？允获兕二、咒一、鹿二十一、豕二、麑百二十七、虎二、兔二十三、雉二十七。十一月。（《合》10197）

翌癸卯，其焚☒禽（擒）？癸卯允焚，获☐☐、咒十一、豕十五、虎☐、兔二十。（《合》10408 正）

癸卯卜：㡀获鱼，其三万不☒？（《合》10471）

辛卯卜，㱿贞：王往征（延）鱼（渔），若？

辛卯卜，㱿贞：王勿征（延）鱼（渔），不若？（以上皆见于《合》12921 正）

叀（惟）田罞（罾）戍，舞？

☐（惟）田罞（罾）☐（戍），舞？（以上皆见于《合》27891）

王其田㳺（游），其射麋，亡戈（灾），禽（擒）？（《合》28371）

叀（惟）滴渔☒？（《合》28426）

壬，弜渔，其狩？（《合》28430）

今日辛，王其田，不遘大风？大☐（吉）。（《合》28556）

庚寅卜：翌日辛，王兑省鱼，不遘雨？吉。（《小屯》637）

辛卯卜，贞：王其田，祝，亡戈（灾）？（《明》2642）

乙酉卜：子又之阤南小丘，其𫗟，只（获）？（《花东》14）

辛丑卜：其逐狼，只（获）？

辛丑卜：其逐狼，弗其只（获）？（以上皆见于《花东》108）

据上引卜辞中的"乙未卜：今日王狩光，禽（擒）？允获兕二、咒一、鹿二十一、豕二、麑百二十七、虎二、兔二十三、雉二十七。十一月。（《合》10197）"，以及"翌癸卯，其焚☒禽（擒）？癸卯允焚，获☐☐、咒十一、豕十五、虎☐、兔二十。（《合》10408 正）"等的文例而得知，当时商王出猎，以"狩"与"焚"的田猎方式，① 便获擒大量的各种野生动物。

又据卜辞中的"辛卯卜，㱿贞：王往征（延）鱼（渔），若？辛卯卜，㱿贞：王勿征（延）鱼（渔），不若？（以上皆见于《合》12921 正）"以及"庚寅卜：翌日辛，王兑省鱼，不遘雨？吉。（《小屯》637）"等的文例而不难得知，商王亲自参与捕鱼活动及视察鱼情，且卜问其顺利与否。尤其，据"癸卯卜：㡀获鱼，其三万不☒？（《合》10471）"的文例而可知，有时亦卜问捕获大量鱼之与否。

不宁唯是，上引卜辞中的"叀（惟）田罞（罾）戍，舞？☐（惟）田罞（罾）☐（戍），舞？（以上皆见于《合》27891）"之例，乃证实商王的此种渔猎活动，应与军事训练密切有关。②

---

① 参见王宇信、杨升南主编：《甲骨学一百年》，第 559—561 页。
② 对于此文例中的"田"与"戍"的解释，亦有异见于此，或认为皆为职官之称，今可备一说。

如此田猎活动之所以成为军事训练、演习的活动，因对付野兽的争斗技巧，即可运用于战时，与此同时，捕猎行动的策划，又可兼施于行军用阵的变化练习上。① 不仅如此，此种田猎活动，因由此驱逐野兽，不使损毁禾苗，故亦可保障庄稼顺利。

由此观之，于殷商时期，古人除农业生产活动之外，亦重视渔猎活动。若论其主要原因，为保护农作物不受动物的践踏、啄食，并练习军阵，或纯为游戏，以及用猎获物以供祭祀的古老传统等等。因此，此种渔猎生产活动，当时虽已畜牧业相当发达，② 即使如此，仍然持续至相当晚的时代。

（2）祭祀牲品

除此之外，用猎获物以供祭祀的古老传统，③ 于三千多年前的商代甲骨卜辞中，便屡见不鲜，兹略举数例于下：

> 贞：子宜获鹿，集（禩）于☐？（《合》10316）
>
> 戊午卜，狄贞：隹（惟）兕于大乙，隹（惟）示？大吉。
>
> 戊午卜，狄贞：隹（惟）兕大丁，隹（惟）示？吉。
>
> 戊午卜，狄贞：隹（惟）兕于大甲，隹（惟）示？（以上皆见于《合》27146）
>
> 乙未卜：其禩虎，陟于祖甲？
>
> 乙未卜：其禩虎于父丁祼？（以上皆见于《合》27339）
>
> 庚申卜，狄贞：王叀（惟）斿（游）麇用？吉。（《合》27459）
>
> 壬子卜：其帝（禘）司鱼？兹用。（《合》29700）
>
> ☐丑，贞：王令伊尹☐取祖乙，鱼；伐告于父丁、小乙、祖丁、羌甲、祖辛？（《小屯》2342）
>
> 辛未卜：其征（延）禩麋？
>
> 辛未卜：弗入麋，其禩？用。（以上皆见于《花东》395+548）

---

①许进雄：《中国古代社会——文字与人类学的透视》（修订本），第44—45页。

②对于商代畜牧业的发达情况，郭沫若在《卜辞通纂》一书中曾提及："大抵殷人产业以农蓻（艺）、牧畜为主，且已驱使奴隶以从事于此等生产事项，已远远超越于所谓渔猎时代矣。"郭沫若：《卜辞通纂·食货·第474片》，第421页。由此可知，于殷商时期，畜牧业已相当发达。尤其，殷人的祭祀，往往一次用数以百计的牛、牢、羊、窜、豕、犬等的祭祀牺牲，其规模实为庞大，则为后世所罕见。其牲畜，多为生活中的主要副食，亦为帮助农耕的家畜。古人选择祭祀牺牲品之时，于祭祀之前，必有占卜牺牲本身、其数量、其祭地、祭祀神灵及其祭日，殷人的甲骨占卜，乃为其方法之最主要者。若视商代甲骨卜辞，此事更为明显，如"丁巳卜，争贞：降酒，千牛。二告。（《合》01027正）""己酉卜，敝贞：燎于东母，九牛？（《合》14337正）"、"壬申，贞：秦（求）禾于夒，燎三牛、卯三牛？（《合》33277）"、"丁未，贞：秦（求）禾于岳，燎小窜、卯三牛？（《合》33296）"、"乙巳，贞：丙午酻，秦（求）生于妣丙，牡三、牝一、白☐？（《合》34080）"、"甲戌，贞：其宁风，三羊、三犬、三豕？（《合》34137）"等等。此类辞例中所见的诸多牺牲，如牛、牢、羊、窜、豕、犬等，皆为古人驯养之家畜。参见许进雄：《中国古代社会——文字与人类学的透视·畜牧》（修订本），第70—95页。

③参见陈盘：《古社会田狩与祭祀的关系》（重订本），载于其著作《旧学旧史说丛》（上册），台北：编译馆，1993年，第74页。亦可参见林志鹏：《殷代巫觋活动研究》，台北：台湾大学中文所硕士论文，2003年，第300—301页。

上引辞例中的"集（禷）""用""帝（禘）""取"，皆为祭名或祭仪。① 据此不难得知，古人认为，事死如事生，故祭礼的贡奉品，乃用活人日常的食品，又可用猎获品。② 于商代甲骨文中，较为常见的渔猎捕获的祭品品目，则有兕、虎、鹿、麋、鱼、麂等等。

尤其，由上引卜辞中"壬子卜：其帝（禘）司鱼？兹用。（《合》29700）"一辞可知，向主鱼之神"司鱼"，便举行禘祭仪礼之事实。③ 又据"□丑，贞：王令伊尹☒取祖乙，鱼；伐告于父丁、小乙、祖丁、羌甲、祖辛？（《小屯》2342）"的文例而不难得知，当时的鱼，乃为相当受重视的一种祭品。

由此观之，于殷商时期的渔猎活动，已具有练习行军用阵的变化之意，且可捕获猎物以供祭祀，又可以娱乐身心。④ 不宁唯是，古人于渔猎活动时，常请巫者进行占卜与祭祀鬼神，以祈求神灵保佑、猎物满载、生产丰收等事宜。此类诸事，于商代甲骨卜辞中，特为明显。

(三) 两周时期

1. **农业生产巫术活动**

(1) 占卜农业生产

首先，就巫者从事的农业生产巫术活动而言，于浩如烟海的两周古籍文献中，有关其内容，则屡见不鲜，如《周礼·肆师》便有其记载，其云：

> 肆师：……尝之日，莅卜来岁之芟……社之日，莅卜来岁之稼。⑤

其下注云：

> 古之始耕者，除田种谷。尝者，尝新谷，此芟之功也。卜者，问后岁宜芟不……社祭土，为取财焉。卜者，问后岁稼所宜。⑥

由此不难得知，于秋时祭尝、社之日，巫者便占问其后岁宜芟，以及后岁收获丰硕之事。

又在《诗经·鸿雁之什·无羊》亦云：

> 牧人乃梦，众维鱼矣，旐维旟矣。大人占之，众维鱼矣，实维丰年。旐维旟矣，室家溱溱。⑦

---

① 王宇信、杨升南主编：《甲骨学一百年》，第557—558页。
② 王宇信、杨升南主编：《甲骨学一百年》，第557—558页。
③ 参见王宇信、杨升南主编：《甲骨学一百年》，第569页。
④ 许进雄：《中国古代社会——文字与人类学的透视》（修订本），第44—45页。
⑤ （清）阮元校刻：《十三经注疏（附校勘记）》（上册）《周礼·春官宗伯》卷19《肆师》，第768—770页。
⑥ （清）阮元校刻：《十三经注疏（附校勘记）》（上册）《周礼·春官宗伯》卷19《肆师》，第768—770页。
⑦ （清）阮元校刻：《十三经注疏》上册《诗经·小雅》卷11—2《鸿雁之什·无羊》，第438页。

此文中的"鱼"，与"余"古音相近，① 又可训"裕"，故描述占梦丰年之象。

不宁唯是，于1975年末，在云梦睡虎地M11号墓葬发现的秦简《日书》甲种的《秦除》篇中，便有占断农耕生产吉凶的记载。兹举其一二文为例，其简文曰：

〔秦除：〕禾良日，己亥、癸亥、五酉、五丑。（此简文见于睡虎地秦简《日书》甲种第17简正参）

禾忌日，稷龙（忌）寅、秋丑。稻亥，麦子，菽、荅卯，麻辰，葵癸亥，各常□忌，不可种之及初获出入之。辛卯不可以初获禾。（此简文见于睡虎地秦简《日书》甲种第18简正参至第23简正参）

困良日，甲午、乙未、乙巳，为困大吉。（此简文见于睡虎地秦简《日书》甲种第24简正参至第25简正参）②

由此可知，于睡虎地秦简《日书·秦除》篇中，便有占断农耕生产的吉凶与宜忌。

除此之外，于春秋战国时期，蚕桑的种植并不以南方为主，北方地区亦广泛普及。③ 因此，古时养蚕活动已相当普遍，故记载占卜蚕桑之事，亦有所见之，如《礼记·祭义》便有其记载，其云：

古者天子诸侯，必有公桑蚕室……及大昕之朝，君皮弁素积，卜三宫之夫人、世妇之吉者，使入蚕于蚕室，奉种浴于川，桑于公桑，风戾（燥）以食之。④

据此不难得知，于两周时期，巫者便从事占卜蚕桑之事。

由此观之，于两周时期，古人常卜问且祈求其生产丰收、家室繁衍。

（2）报功之祭

除此占卜农业生产活动之外，有关巫者从事农业生产祭祀活动的记载，亦屡见不鲜，如《礼记·祭义》便有其记载，其云：

是故昔者天子为藉千亩，冕而朱纮，躬秉耒。诸侯为藉百亩，冕而青纮，躬秉耒。以事天地、山川、社稷、先古，以为醴酪齐盛，于是乎取之，敬之至也。⑤

又《诗经·小雅·甫田》亦云：

---

① 若依李珍华、周长楫所编撰的《汉字古今音表》中的上古音拟定，此"鱼"的上古音，则属于鱼铎阳的鱼部、疑纽、平声，读若 ŋia；"余"的上古音，亦属于鱼铎阳的鱼部、余纽、平声，读若 ʎia。由此可知，此"鱼""余"二字，皆属于鱼铎阳的鱼部，且古音相近。李珍华、周长楫编撰：《汉字古今音表》（修订本），北京：中华书局，1998年，第85页。

② 睡虎地秦墓竹简整理小组编：《睡虎地秦墓竹简·日书甲种释文注释》，北京：文物出版社，1990年，第184页。

③ 钟敬文主编、晁福林等著：《中国民俗史（先秦卷）·物质生产民俗》，北京：人民出版社，2008年，第36—38页。

④（清）阮元校刻：《十三经注疏》下册《礼记》卷48《祭义》，第1597—1598页。

⑤（清）阮元校刻：《十三经注疏》下册《礼记》卷48《祭义》，第1597页。

> 以我齐明，与我牺羊，以社以方。我田既臧，农夫之庆。琴瑟击鼓，以御（迎）田祖，以祈甘雨，以介（助）我稷黍，以谷（养）我士女。①

其下笺云：

> 以絜齐丰盛，与我纯色之羊，秋祭社与四方。为五谷成熟，报其功也。②

由此几文可知，以祭神之粢盛与牺牲，祭祀后土及四方，且迎祭农神。尤其，若秋收有获，皆为神灵所恩赐，且"神嗜饮食"，亦与生人同，故食必先祭，乃举行报功之祭。

由此观之，于两周时期，古人颇为重视农业生产活动，故常举行占卜生产丰收，以及祈求收获丰硕的祭仪。此种活动，亦为巫者主要的职司之一。

2. 渔猎生产巫术活动

若就两周时期的渔猎生产巫术活动（即捕鱼与狩猎活动）而言，于农业生活未建立之时，古人的采集与渔猎生产活动，乃为人类最重要的谋生方式。其后农业已有长足的发展，完全可以赖以维生，但为保护农作物不受动物的践踏、啄食，③ 以及用猎获物以祭祀的古老传统，并练习军阵，或纯为游戏等原因，当时虽已畜牧业相当发达，④ 此种渔猎生产活动，仍持续至相当晚的时代。

换言之，此种渔猎生产活动，既可捕获猎物以供祭祀，并可练习行军用阵的变化，又可以娱乐身心。⑤

（1）占卜渔猎活动

首先，有关占卜渔猎活动的记录，虽于商代甲骨卜辞中，颇为多见，即使如此，于浩如烟海的两周传世文献中，则唯有一见，如《穆天子传》便有其记载，其云：

> 天子筮猎苹泽，其卦遇讼䷅（坎下乾上），逢公占之曰："讼之繇：薮泽苍苍其中，

---

① （清）阮元校刻：《十三经注疏》上册《诗经·小雅》卷14—1《甫田之什·甫田》，第474—475页。
② （清）阮元校刻：《十三经注疏》上册《诗经·小雅》卷14—1《甫田之什·甫田》，第474—475页。
③ 对于不使野兽损毁禾苗，以保障庄稼顺利的内容，如《说文解字·矦（侯）》便有其记载，其云："矦，春飨所射矦（侯）也。从人。从厂，象张布。矢在其下。天子射熊虎豹，服猛也。诸矦（侯）射熊虎。大夫射麋。麋，惑也。士射鹿豕，为田除害也。其祝曰：'毋若不宁矦（侯），不朝于王所，故伉而射汝也。'厌，古文矦（侯）。"（清）段玉裁注：《说文解字注》卷5下《矦（侯）》，第229页。
④ 对于先秦时期畜牧业的发达情况，如《孟子·梁惠王上》便有其记载，其云："鸡豚狗彘之畜，无失其时，七十者可以食肉矣。"（清）阮元校刻：《十三经注疏》下册《孟子》卷1上《梁惠王上》，第2666页。据此不难得知，此种鸡豚狗彘等的家畜，当时已成为一般人普遍饲养的动物。又如《国语·楚语下》篇中，观射父提及祀牲的等级，其云："天子举以大牢，祀以会；诸侯举以特牛，祀以大牢；卿举以少牢，祀以特牛；大夫举以特牲，祀以少牢；士食鱼炙，祀以特牲；庶人食菜，祀以鱼。上下有序，则民不慢。"（吴）韦昭注：《国语》卷18《楚语下·子期祀平王》，上海：上海古籍出版社，1992年，第564—566页。由此观之，于战国时期，鸡、豚为一般百姓所畜以充庖厨的对象，牛、羊乃为贵族祭祀所需而饲养的牺牲。参见许进雄：《中国古代社会——文字与人类学的透视·畜牧》（修订本），第80页。
⑤ 许进雄：《中国古代社会——文字与人类学的透视》（修订本），第44—45页。

宜其正公。戎事则从，祭祀则熹（熺），田猎则获。"①

由此可知，古人于田猎之时，亦先举行占卜吉凶之事。

除此《穆天子传》之外，若视出土文献的记载，亦有占断渔猎吉凶的记录。如在1975年末，在云梦睡虎地M11号墓葬发现的秦简《日书》甲种的《星》篇中，便有其记载。兹举其一二文为例，其简文曰：

〔星：〕卯（昴），邋（猎）、贾市，吉。（此简文见于睡虎地秦简《日书》甲种第85简正壹）

毕，以邋（猎）置罔（网）及为门，吉。（此简文见于睡虎地秦简《日书》甲种第86简正壹）

〔柳，百事吉……可以寇（冠），可请谒，可田邋（猎）。（此简文见于睡虎地秦简《日书》甲种第91简正壹）②

据此不难得知，于睡虎地秦简《日书·星》篇中，便有占断渔猎吉凶的内容。

（2）祭祀牲品

古人以田猎活动捕获之野生动物，常作为祭祀供奉的牲品，如《周礼·大司马》便有其记载，其云：

大司马：……徒乃弊（止），致禽馌兽于郊，入献禽以享烝。③

其下郑玄注云：

致禽馌兽于郊，聚所获禽，因以祭四方神于郊。《月令》："季秋，天子既田，命主祠祭禽四方。"是也。入又以禽祭宗庙。④

由此不难得知，于两周时期，捕获之野生动物，便可作为祭祀四方神及宗庙的祭品。

换言之，古人认为，凡资以生活之事物，因皆为鬼神所恩赐，且"神嗜饮食"，亦与生人同，故食必先祭，所以报功。尤其，古人因田猎而生活，故直为生活所需而进行狩猎活动，或有时特为取悦鬼神而举行田猎以奉祀，因以报祭鬼神。⑤

除此之外，若视捕鱼以供祭祀的记录，于两周古籍文献中，则屡见不鲜，如《周礼·大司马》便有其记载，其云：

---

① （晋）郭璞注：《穆天子传》卷5《古文》，载于《文渊阁四库全书》第1042册《子部348·小说家类》，台北：台湾商务印书馆，1983—1986年，第260页。
② 睡虎地秦墓竹简整理小组编：《睡虎地秦墓竹简·日书甲种释文注释》，第191—193页。
③ （清）阮元校刻：《十三经注疏》上册《周礼·夏官司马》卷29《大司马》，第839页。
④ （清）阮元校刻：《十三经注疏》上册《周礼·夏官司马》卷29《大司马》，第839页。
⑤ 参见陈槃：《古社会田狩与祭祀的关系》（重订本），载于其著作《旧学旧史说丛》（上册），第74页。亦可参见林志鹏：《殷代巫觋活动研究》，第300—301页。

> 大司马：……大祭祀、飨食，羞牲鱼，授其祭。①

其下贾公彦疏云：

> 大祭祀，谓天地宗庙。此大祭，据祭庙而言。其中小之祭祀，亦为之矣。飨食，谓诸侯来朝，上公三飨三食之等，行之在庙，故与大祭祀同。皆羞进鱼牲。②

此文中的"牲鱼"或"鱼牲"，若据《周礼·膳夫》所载的"膳用六牲"之句，③ 尤其对于此"六牲"，王引之认为指牛、羊、豕、犬、雁、鱼等六种牺牲，④ 故鱼亦可谓之牲，且为相当受重视的牲品。

即使如此，若视其他两周古籍文献，如《礼记·王制》曰：

> 天子社稷皆大牢，诸侯社稷皆少牢。大夫、士宗庙之祭，有田则祭，无田则荐。庶人春荐韭，夏荐麦，秋荐黍，冬荐稻。韭以卵，麦以鱼，黍以豚，稻以雁。⑤

此文中的"麦以鱼"，即供奉祭品的"麦"，便可配"鱼"。⑥ 不宁唯是，又在《国语·楚语下》篇中，对于各阶级的祭品，观射父曾提及，其云：

> 天子举以大牢，祀以会；诸侯举以特牛，祀以大牢；卿举以少牢，祀以特牛；大夫举以特牲，祀以少牢；士食鱼炙，祀以特牲；庶人食菜，祀以鱼。上下有序，则民不慢。⑦

由此可知，此处所记载的"鱼"，并非为珍贵的食物。尤其，据《礼记·王制》的记载，士以上阶级的祭品，以品级依次供奉大牢、少牢，即一牛、一羊、一猪，或一羊、一猪，即使如此，不及于鱼。⑧

(3) 军事演习

古人的渔猎活动，除上述的巫术性质之外，又与军事活动相当有关，如《春秋左传·隐公五年》便有其记载，其云：

---

① (清) 阮元校刻：《十三经注疏》上册《周礼·夏官司马》卷29《大司马》，第839—840页。
② (清) 阮元校刻：《十三经注疏》上册《周礼·夏官司马》卷29《大司马》，第839—840页。
③ (清) 阮元校刻：《十三经注疏》上册《周礼·天官冢宰》卷4《膳夫》，第659—660页。
④ (清) 孙诒让撰，王文锦、陈玉霞点校：《周礼正义》（第1册），北京：中华书局，1987年，第236—241页。
⑤ (清) 阮元校刻：《十三经注疏》上册《礼记》卷12《王制》，第1337页。
⑥ 此种鱼，不仅古时相当受重视的牲品，亦有美味食品之意。若视甲骨文中的"鲁（᤻、᤻、᤻、᤻）"字，则作盘上有佳肴的鱼之状，以表达美好之意。此种意义，应由于鱼为美味之食品的概念。许进雄：《中国古代社会——文字与人类学的透视》（修订本），第54—56页。亦可参见许进雄编：《简明中国文字学》（修订版），第116—117页。
⑦ (周) 左丘明撰、鲍思陶点校：《国语》卷18《楚语下·子期祀平王》，山东：齐鲁书社，2005年，第276—277页。
⑧ 许进雄：《中国古代社会——文字与人类学的透视》（修订本），第54—56页。

故春蒐、夏苗、秋狝、冬狩，皆于农隙以讲事也。①

又《春秋穀梁传·桓公四年》云：

四时之田，皆为宗庙之事也。春曰：田，夏曰：苗，秋曰：蒐，冬曰：狩。四时之田用三焉，唯其所先得，一为干豆，二为宾（宾）客，三为充君之庖。②

如上引文中之"蒐"，春秋时代便认为田猎活动之一种军礼。

又《春秋左传·文公六年》亦云：

春，晋蒐于夷，舍（舍）二军，使狐射姑将中军，赵盾佐之。阳处父至自温，改蒐于董，易中军。③

又《春秋左传·昭公四年》云：

夏桀为仍之会，有缗叛之。商纣为黎之蒐，东夷叛之。周幽为大室之盟，戎狄叛之。皆所以示诸侯汰（骄）也。④

由此几文《春秋》的关于"蒐"的记载不难得知，其与军事行动有密切的关系，则毋庸置疑矣。因此，春秋时期的"蒐"，便具有将原始的狩猎活动，演进为检阅车马、会盟、军事演习及训练的性质。⑤ 由此亦可推知，如上所述的商代甲骨卜辞常见之渔猎生产活动的记录，其性质原本与祭祀及军事活动相当有关。

如此渔猎活动之所以成为军事训练、演习的活动，因对付野兽的争斗技巧，即可运用于战时，与此同时，捕猎行动的策划，又可兼施于行军用阵的变化练习上。⑥ 故在作战凯旋时举行的大蒐，不仅具有举行大规模的告捷典礼以炫耀武功，且有检阅车马徒众的用意。⑦

由此观之，于两周时期的渔猎活动，已具有练习行军用阵的变化之意，且可捕获猎物以供祭祀，又可以娱乐身心。不宁唯是，古人于渔猎活动时，常请巫者进行占卜与祭祀鬼神，以祈求神灵保佑、猎物满载、生产丰收等事宜。

三、结语

巫者职司交通鬼神，其本身虽不具超自然的力量，但古人相信巫者可藉鬼神之力以成就诸多事。古代巫者其主要的活动类型，则可分为交通鬼神、医疗巫术、救灾巫术、生产巫

---

① （清）阮元校刻：《十三经注疏》下册《春秋左传》卷3《隐公五年》，第1726—1727页。
② （清）阮元校刻：《十三经注疏》下册《春秋穀梁传》卷3《桓公四年》，第2374页。
③ （清）阮元校刻：《十三经注疏》下册《春秋左传》卷19上《文公六年》，第1843页。
④ （清）阮元校刻：《十三经注疏》下册《春秋左传》卷42《昭公四年》，第2035页。
⑤ 参见林志鹏：《殷代巫觋活动研究》，第300—301页。亦可参见钟柏生：《卜辞中所见殷代的军礼之二——殷代的大蒐礼》，《中国文字》1992年新16期，第50—51页。
⑥ 许进雄：《中国古代社会——文字与人类学的透视》（修订本），第44—45页。
⑦ 姚孝遂：《甲骨刻辞狩猎考》，《古文字研究》1981年第6辑，第58页。

术、求子生育、建筑巫术、丧葬巫术、祝诅放蛊、神明裁判等九项。①

　　古时在生产力十分低下、自身能力极其薄弱的情况之下,并在无力抗拒自然界的危害,又无法保证劳动收获与收成时,便凭借巫者的各种巫术活动,以实现控制自然或改变遭殃现状。

　　正因为如此,依赖巫者而进行一项具体的巫术活动,则施行占卜与祭祀鬼神,以祈求神灵保佑、生产丰收。此外,于各种生产活动中,为生产能顺利进行,且不至于出现不预期的结果,则往往运用许多禁忌。换言之,除追求如愿顺利之外,亦兼持多方防止不顺利的心愿。

作者简介:赵容俊,男,韩国人,中国人民大学历史学院历史系、出土文献与中国古代文明研究协同创新中心专任讲师。金炫抒,女,韩国人,韩国梨花女子大学硕士毕业。

---

① 详见拙著:《殷商甲骨卜辞所见之巫术·巫者的巫术活动》(增订本),第77—108页。

服与等级制度

陕西师范大学历史文化学院 赵世超

摘　要： 服的本义是迫人做事，服制的内容就是强制摊派劳役和贡纳，并由之形成"人有十等""以待百事"式的等级制度。服制具有集团性、稳定性和普遍性。殷和西周内外上下人皆有服，不能将服制窄化为五等爵制和分封制。春秋时期以"初税亩"和"作丘赋"为代表的各项改革，在本质上都是用按亩征收实物代替固定劳役，和用按乘丘出兵赋代替由族兵承担的卫服。春秋战国经济飞跃的原因不是井田制的垮台，而是服制的瓦解。

关键词： 服、职、事　等级制度　五等爵制　分封制

服制一向存有争议，研究者各以自己认可的文献立论，很难统一。本文想从服与等级制度的关系入手，略陈浅见，以求教于学术界。

一

假如地球上只有一个人，当然就不会有等级了。但这是不可能的。如所周知，人一开始就以群体的形式降临到了世间。事实上，非如此，人类也无法延续和发展。

在群体内部，人的性别、年龄、健康状况、体力以及心理或精神素质各不相同；而在群体之间，也会存在大小与强弱的差异。所以，不平等几乎与生俱来。科学家对灵长类动物的观察和研究已足以佐证这一点。文献所记的和平安宁的黄金时代或"至德之世"，只是后世人们对以往较为自由生活的追忆，且已加入了理想化成分。差异孕育着等级的萌芽，我们应该承认：不平等是绝对的，平等是相对的。不过，这种主要取决于人的生理的不平等充其量只能算是一种自然的不平等，它和体现政治、经济特权的社会等级划分完全不可等量齐观。

更加深刻的变化是在漫长的时光隧道中陆续发生的。

在中国西部的黄土高原、东部围绕泰山的丘陵高地及分布于东西两区的河谷平原上，由于土壤所含可溶性矿物质及有机质较多，故团粒结构细微，疏松易耕，且具有"自我加肥"

能力和涵水性好的优点，先民选择以粟为主的耐旱作物进行种植，很早就进入了原始农耕阶段，① 过上了村落定居生活。据说，"农业养活的人数要比畜牧业多十至二十倍"②。于是，到了父系氏族社会，人们的劳动所得，除了维系生命之外，已经有了剩余，并逐步积累成财富。

但是，中国又"位于世界最大的大陆——欧亚大陆的东南部，濒临世界最大的海洋——太平洋，由于海陆之间的热力差异而造成的季风气候特别显著"③。由此带来的最重要的后果就是季节变化剧烈，降水集中，洪涝多发。而在漫长的缺雨期，大片的内陆地区又要遭受旱魔的威胁。与之相伴，还会有风灾、雹灾、霜灾、雪灾、冻灾以及蝗灾，时时来袭。在地质方面，漂移的几大板块在中国交接，又造成地震灾害相对集中。在这样的条件下从事农业生产，需要深谋远虑，需要尊重老人的经验，更需要凭借集体的力量。同时，灾害的普遍性、危害性和不可预测性必然会增加人的恐惧心理，并将这种心理上升为恐惧人格，进而导致对权威的依赖和对秩序的强调。所以，古代的农业都是以家族为单位进行的，"一个家族就是一个生产队"，父系家长既是生产的组织者、领导者，也是家族财富的支配者，所有家族成员都必须屈从他的意志，甘心接受按性别、辈分、年龄相区别的族内分层。

上述情况已有考古材料可资印证。首先，在新石器时代偏晚期的墓葬中，同一墓地各墓的大小和规格出现了明显差异。多数仅能容身，少数却十分豪华，除墓圹较大外，还设有木椁或其他木质葬具，椁底疑用朱砂涂成红色。④ 其次，随葬品的数量也开始变得多寡悬殊。与大部分墓葬没有随葬品或仅有一、二件随葬品形成鲜明对照的是，个别大墓随葬品甚多，有的竟达180多件。其种类除工具和陶器外，还可见到玉鸟、玉珠、玉斧、玉铲、玉璜、玉琮及石璧等，大都造型规整，光润美观，既是财富的体现，也是权力的象征。由于通常所谓的六畜此时已普遍饲养，于是又形成了以狗、羊、猪为殉的习俗，而埋葬猪下颌骨的做法最为盛行，甘肃永靖秦魏家一座属齐家文化的墓葬中，居然埋了68块。⑤ 一般认为，这正是当时衡量是否富有的一种标尺。最后，从葬式中，更可看到人与人之间的主从关系。这一时期出现了不少男女一次合葬墓，较典型的有秦魏家及武威皇娘娘台、内蒙朱开沟、江苏新沂花厅墓地，⑥ 最常见的葬式是男子仰身直肢、一或两个女子侧身屈肢，居于其旁，面向前

---

① 徐中舒：《试论周代田制及其社会性质》，《四川大学学报》（哲学社会科学版）1995年第2期；何炳棣：《中国文化的土生起源：30年后的自我检讨》，见《读史阅世六十年》，桂林：广西师范大学出版社，2005年，第409页；史念海：《论两周时期黄河流域的地理特征》，《河山集》（二集），北京：三联书店，1981年，第347页。

② 布罗代尔：《15至18世纪的物质文明、经济和资本主义》，北京：三联书店，1992年，第118页。

③ 林之光：《中国的气候及其极值》，北京：商务印书馆，1996年，第2页。

④ 山东省文物管理处、济南市博物馆合编：《大汶口——新石器时代发掘报告》，北京：文物出版社，1974年，第126—127页；《山西襄汾陶寺遗址发掘简报》，《考古》1980年第1期；《1978—1980山西襄汾陶寺墓地发掘简报》，《考古》1983年第1期。

⑤ 中国科学院考古研究所甘肃工作队：《甘肃永靖秦魏家齐家文化墓地》，《考古学报》1975年第2期。

⑥ 《甘肃武威皇娘娘台遗址发掘报告》，《考古学报》1960年第2期；甘肃省博物馆：《武威皇娘娘台遗址第四次发掘》，《考古学报》1978年第4期；黄展岳：《古代人牲人殉通论》，北京：文物出版社，2004年，第19页。

者，将妻妾对家长的依附表现得淋漓尽致。有的墓除成年女子外，还葬入幼童。考虑到双方同时亡故的可能性很小，故一些学者将其视为妻妾殉夫的例证。① 在《左传》《国语》等书中，贵族出亡之时，能够携之而去的为器用财贿和帑。前者是死的财产，即物；后者为活的财产，是人。其中，既有妻妾子女——孥，又有被收养的奴隶——奴；因为两者地位和性质近乎一样，故常用一个"帑"字来概括；这种积久而成的习惯应该起源甚早。恩格斯说："最初的阶级压迫是同男性对女性的奴役同时发生的。"② 从中国各类材料所反映的情况看，真正的等级分化应首先出现在父系家长与家族成员之间。

不仅如此，邻居的财富很快便刺激了人们的贪欲，由抢夺财富或保卫财富而诱发的武装冲突及血亲复仇也开始频繁起来。大致相当于龙山时代，各地纷纷修筑城堡，目前已发现的城址起码达五十多座，分属至少八个以上的考古学文化。③ 这些城堡不仅筑有高厚的夯土城墙及城门，有的还环以深挖的壕沟，显然带有防御性质。与之相应，石镞、骨镞、石矛及源于石斧的钺，也由农业工具和狩猎工具迈上了朝武器化方向演进的道路。④ 而众多战死者的乱葬坑更是随处可见。⑤ 这一切都表明，战争不仅进入了社会生活，而且成了某些人"经常的职业"⑥。

因为优质资源短缺，武装争夺便必然呈现你死我活的严峻态势。在河南渑池班村、陕西长安客省庄、河北邯郸涧沟等处的丛葬坑里，死者或身首分离，或肢体残缺，或头部带劈琢痕，或两手、两足交叉，像是被捆缚的姿势，或脊柱严重扭曲，做痛苦挣扎之状，⑦ 他们应是早期战争的牺牲品，甚至可以确定为惨遭杀害的敌对部族成员。而山东大汶口文化的墓地中，则出现了随葬品相当丰厚、却无墓主人的大型墓葬，这或许意味着，某些冲锋陷阵的勇士或军事首领，连尸体都无从寻觅了。⑧ 正是在战争多发和复仇心理的支配下，将失败酋长之头做成饮器的风俗流行起来。其间不仅蕴含着敌忾情绪，更表明试图通过控制首级以摧毁敌方的战争巫术已经应运而生。⑨ 鉴于山西襄汾陶寺遗址被普遍视为尧都，而晚期文化中又存在城墙被拆除、宫殿被废弃、宗庙被毁坏、祖陵被扰乱和壮丁被杀、妇女被淫的现象，有人结合战国法家著作的记述，认为发生在尧、舜间的权位更迭是激烈斗争的结果，并非出自

---

① 徐杨杰：《中国家族制度史》，武汉：武汉大学出版社，2012年，第48页。
② 恩格斯：《家庭、私有制和国家的起源》，马克思、恩格斯：《马克思恩格斯选集》第4卷，北京：人民出版社，1972年，第61页。
③ 任式楠：《中国史前城址考察》，《考古》1998年第1期；曲英杰：《古城址的发现与研究》，《文史知识》1999年第11期。
④ 冈村秀典：《中国新石器时代的战争》，张玉石译，朱延平校，《华夏考古》1997年第3期。
⑤ 严文明：《黄河流域文明的发祥与发展》，《华夏考古》1997年第1期。
⑥ 恩格斯：《家庭、私有制和国家的起源》，马克思、恩格斯：《马克思恩格斯选集》第4卷，北京：人民出版社，1972年，第160页。
⑦ 黄展岳：《古代人牲人殉通论》，北京：文物出版社，2004年，第11页。
⑧ 黎家芳：《从大汶口文化葬俗演变看其社会性质》，《大汶口文化讨论文集》，济南：齐鲁书社，1979年，第190-202页。
⑨ 孙作云：《中国古代图腾研究》，《孙作云文集·中国古代神话传说研究》（上），开封：河南大学出版社，2003年，第93页。

禅让。① 我虽然对匆忙对号入座的做法有所保留，但却不能不相信，这种推测具有极大合理性。因为"人类是从野兽开始的"，"为了摆脱野蛮状态，他们必须使用野蛮的、几乎是野兽般的手段"②。这一点，任何民族都无法例外。

然而，中国毕竟地域辽阔，活动在同一舞台上的部族号为"万国"，实则多到不可胜数。将敌对者尽行杀戮既难于实现，而依靠本族纯粹的自然发展更不可能在剧烈角逐中脱颖而出，也许还有天然的"同情心"在起作用。所以，以不同形式对顺从者进行吸纳便成为壮大自身的主要途径。渐渐地，尽管依然充满血腥，但"服之而已"却作为"古之伐国者"的主要传统流行开来。③ 于是，除了族内分层，在不同族团之间又建立了服的关系。

古人不会预作政治设计，只能利用因系自然生成而最易得到普遍认可的族对臣服者进行编联。什么"黄帝二十五子，其得姓者十四人"，什么颛顼为黄帝之孙，帝喾为颛顼族子，帝尧为帝喾子，帝舜为黄帝远孙，什么"自黄帝至舜、禹，皆同姓而异其国号"，④ 其实都是在征服中因不断重组而形成的"仿族组织"，不能判定相互间果真存在血缘关系。"夏启有钧台之享，商汤有景亳之命，周武有盟津之誓，成有岐阳之蒐，康有丰宫之朝，穆有涂山之会"，⑤ 正是通过编联、朝觐、巡狩、盟会、宣誓效忠和对违令者的惩处，三代国家产生了。但"周之宗盟，异姓为后"的传统又清楚表明，⑥ 此类盟会最初不过是宗族会商的延展和扩大。在这样的国家中，一方面是强大的盟主变成了王，他的家室，即王室，变成了凌驾一切之上的公共权力机关；另一方面，臣服了的家族则作为次级统治机构或基层社会单位被完整地吸纳到新的管理系统中。

"服之而已"的根本之点是"不尔杀"。可以"尚有尔土""宅尔邑，继尔居""畋尔田"。某些上层分子还能"迪简在王廷，有服在大僚"。但前提是必须"臣我宗多逊"。倘若"自不作典"，经过再三"教告"，仍"不用我降尔命"者，则要"大罚殛之"，"战要囚之"，"离逖尔土"。⑦ 这正表明，被征者的内部结构虽未触动，其人身却"作为土地的有机附属物跟土地一起被占领"了。⑧ 从杀到不杀前进了一步，所付出的代价则是集体不同程度地被"降为臣"。

二

既已臣服，就需承担义务。义务繁多，轻重不一，但大致皆可归入服的范畴。"服之而

---

① 王晓毅，丁金龙：《从陶寺遗址的考古新发现看尧舜禅让》，《山西师范大学学报》（社会科学版）2004 年第 3 期。
② 恩格斯：《反杜林论》，马克思、恩格斯：《马克思恩格斯选集》第 3 卷，北京：人民出版社，1972 年，第 220 页。
③ 《国语·越语上》。
④ 《史记·五帝本纪》。
⑤ 《左传》昭公四年。
⑥ 《左传》隐公十一年。
⑦ 《尚书·多士》《多方·多士》。
⑧ 马克思：《资本主义生产以前的所有制形态》，《马克思、恩格斯、列宁、斯大林论资本主义以前诸社会形态》，北京：文物出版社，1978 年，第 321 页。

已"的本意就是迫使失败者接受服。

服字甲骨文作 ![img]，金文作 ![img]。或谓像用手按跪跽之人，或谓是推跽人于盘，或谓令人乖乖登舟，实皆不杀而迫其做事之会意。故《诗经》郑笺、《礼记》郑注、《山海经》郭注、《史记正义》、《楚辞》王逸注及《尔雅·释诂》等，皆谓："服，事也。"引申为"服事"或"所服之事"。

商代甲骨卜辞所记录下来的事涉及征战、戍守、筑城、省廪、田猎、农业劳动及其他杂役。其中，"兽田"类似古书所谓的籍田礼；"圣田"是垦辟土地；"尊田"是"除田间杂草"或"聚土作垄亩"；"致众步""呼众人步"是令人为王挽车推辇；"奏步"于某，是王出行到某地时，既有人为之挽车，又有人为之奏乐。① 到了西周，随着政权职能的延伸和贵族贪欲的膨胀，事的内容也变得日益繁杂。据春秋时重臣、史官的追述及金文所见，起码应有征伐、耕籍、耨获、修城郭、除道、成梁、除门、视途、入材、积薪、监燎、监濯、司火、致饔、献饩、陈刍、展车、脂辖、圉马、牧牛、驾乘、击柝、俯磬、缘卢、歌咏及塓馆宫室、张设行屋、执犬、先马走、守宫、执掌膳羞、巡护场、林、牧、虞等名目。② 注家多谓："侯，为王者斥候也"，"甸，田也。治田入谷也"，"男，任也，任王事"，"卫，为王捍卫也"③。实仅抓住了诸项事务中的荦荦大者，并不能反映事的全貌。

多数的事必须调集人力前来始能完成，但也有一些可令人分头从事，最后向贵族献纳制成品。广义而言，制成品还应包括各地的土产。于是，事在很多情况下就转化成了贡，或者说，服原本就包括事和贡两部分。正因为这样，郑玄注《周礼》时，才有"服贡，絺绤也"、"服物，玄纁絺纩也"之类的说法。④ 在商代，以下奉物于上叫致、共、登、入、见（献）、工（贡）、示，王室索要贡物叫取、来、至、乞、匄，涉及的物品除奴隶外，主要有麦、稷、牛、马、羊、豕、犬、舟船、弓矢、盐卤、织物、石料、邕、卤、龟、贝、虎、猴等。⑤ 至西周，常见于文献的贡品是子女玉帛、皮币圭璋、车马甲兵、资粮屝屦、元龟象齿、大赂南金、歌钟镈磬、工匠乐师，乃至白狼白鹿、楛矢石砮及各种玩好等。

接受服就意味着战败者在政治上愿"降为臣"的同时，在经济上也与夏、商、周王室形成了剥削和被剥削的关系。例如，甲骨卜辞所见"入戈五"的卢方⑥，"来白马五""来牛"的奚⑦，西周铜器《中齋》铭文"入（纳）史（使）锡于武王作臣"的褊人，《兮甲盘》铭文中既"出其賨（帛）"、"其积"，即丝织品和粮食，又"进人"承担劳役的南淮夷⑧，等

---

① 彭邦炯、宋镇豪：《商人奴隶制研究》，胡庆钧、廖学盛：《早期奴隶社会比较研究》，北京：中国社会科学出版社，1996年，第133—137页。
② 《国语·周语中》。
③ 黄怀信、张懋镕、田旭东：《逸周书汇校集注》，上海：上海古籍出版社，2007年，第992页。
④ 孙诒让：《周礼正义》，北京：中华书局，1987年，第104、2975页。
⑤ 彭邦炯、宋镇豪：《商人奴隶制研究》，胡庆钧、廖学盛：《早期奴隶社会比较研究》，北京：中国社会科学出版社，1996年，第154—158页。
⑥ 中国社会科学院考古研究所：《殷墟妇好墓》，北京：文物出版社，1980年，第47页。
⑦ 《合集》9177、9178甲、9178乙。
⑧ 郭沫若：《两周金文辞大系考释》，上海：上海书店出版社，1999年，第16页。

等，显然都是被打服了的国族。文献谓其"以服事诸夏"①，其实是说他们都以服的形式臣事了诸夏，与《左传·定公四年》称殷民六族"法则周公""用即命于周""职事于鲁"是同一个意思。而曾"陷处我土"、直到西周晚期才低下头来的淮夷，则干脆就被称为"服子"和"員（帛）贿臣"。② 就此点而论，"有服"与"无服"似乎成了一条线，它将两类族团划入两个等级。

只是另一个不争的事实也需引起高度注意，即有服者并不仅限于被征服之人，也同样包括殷、周王室的同族、姻亲或臣宰。如，商代率众服事或入贡的，就有子商、子央、子画等诸子，妇井、妇喜、妇良等诸妇，及犬侯、小臣皂等等。商王要调发众人，需通过占卜征得神灵的同意，还常"米众""食众"，即为众举行禳灾之祭或给予犒劳，同时，卜辞也未见以众作为人牲的现象，③ 说明实际负担劳作的众与商王室或商先王有一定的渊源关系，总体上属于一个族类，而有别于被称作丑的奴隶。西周的情况与此类似。如，《左传》说晋侯、曹伯为甸服，郑伯为男服，④ 而晋、曹、郑都是王室宗亲。与商之众人地位接近者在周代叫庶人或舆人，要动员这支力量以兴大役，必"俟毕农事"，⑤ 而且他们可以用"讴"的形式表达对贵族的不满，通过传语以箴谏王失。他们即使有错，也不能随便杀害，陈国贵族筑城时因"板坠杀人"，而招致激烈反抗，就是明显的例证。⑥ 由此可知，随着家族的扩大和大小宗关系的形成，以任事和纳贡为主要形式的服制在统治族内部也普遍化了。那么，究竟是先行于内，再推之于外，还是恰恰相反？我认为应该是前者，而不是后者。因为如前所言，最初的奴役都是从家内开始的，而古人不会预作政治设计，现成的家族管理模式，就是他们治理国家的最好蓝本。从家内的"有事弟子服其劳"，到族中的"上下有服"，再到用"厥取厥服""厥献厥服"来实现对异族人劳动的无偿占有⑦，实际上仍是用族和"仿族"组织对新旧属民不断进行编联。正因为如此，所以周代出自四夷的诸侯便多列为子爵，所谓子者，意谓已是王之假子也。

不过，虽然内外皆有其服，但两者的区别仍旧依稀可辨。外族人因武力驱迫才接受了服的剥削，正是在这个意义上，服字才有了降服、屈服、服从的内涵。他们承担的役和贡，可能多带经济性质，而且一定更加辛苦和繁重，所以才会有"东国困于行役而伤于财"、谭大夫作诗"以告病"之类事情的发生。⑧ 而本族内服的产生和推广，则应与杨堃、杨向奎先生介绍过的、普遍流行于世界各地的"保特拉吃"制度有关。在这一传统深厚的旧制中，氏族首领先赠送礼品给亲族，受赠者必须接受，并应在以后加倍偿还。⑨ 今观铜器铭文和文献典

---

① 《左传》僖公二十二年。
② 郭沫若：《两周金文辞大系考释》，上海：上海书店出版社，1999年，第51页。
③ 彭邦炯、宋镇豪：《商人奴隶制研究》，胡庆钧、廖学盛：《早期奴隶社会比较研究》，北京：中国社会科学出版社，1996年，第139、156页。
④ 《左传》桓公二年、定公四年、昭公十三年。
⑤ 《左传》襄公十三年。
⑥ 《左传》襄公二十三年。
⑦ 《驹父盨盖》（《集成》4464）。
⑧ 阮元：《十三经注疏》，北京：中华书局，1980年，第460页。
⑨ 杨向奎：《宗周社会与礼乐文明》，北京：人民出版社，1992年，第238—244页。

籍，周王册命时必伴以赏赐，各级大家长也常有"庇族""恤族"的举措，其目的实皆为"收族聚党"，从而使族人对在上位者"无忘职事"，甘心无酬地贡献自己的全付心力，直至"庶民子来"般地成为贵族的附庸。也正是由于血缘联系尚未割断和"保特拉吃"习俗影响久远，同族各类有服者才显得地位较高，即使成了最普通的庶人，未经族长允许，也不能随意处置和残害。

  服制不仅有内外之别，更有上下之分。国家发展了，事务增多了，久而久之，驻防各地的侯、卫，任重要王事的男和熟化了的被征服者的首领——子，被封为诸侯。率众服役的族长变成了督众履事的司徒、司工、司马或"官司籍田"的小籍臣等等；而负责专供某器、某物的国或族，则被视为车正、陶正、牧正、庖正，或被称作索氏、陶氏、施氏、繁氏、锜氏、樊氏、长勺氏、尾勺氏，可谓之"以服为氏"，连本来的氏名都忘掉了。于是，以诸侯、公卿、臣宰和族长为主体，形成了服制中居于管理地位的上层。由于"主掌其事曰职"，①这些管理人便有了固定的职和位，并经由周王申命其子孙"更厥祖考服"，而最终变为世官，甚至将其所掌职事标示在族徽中。② 他们还必须穿与自己的服相应的衣和裳，所以，上衣下裳也开始被统称为衣服。但是，成了高管，是否就无需自己动手了呢？否。据《国语·周语（中）》，单襄公曾述周之《秩官》曰：若王吏使于诸侯，"则皆官正莅事，上卿监之"，"若王巡守，则君亲监之"。《荀子·正论》讲得更明确：天子"居则张容，负依而坐，诸侯趋走乎堂下"，出则"三公奉轭持纳，诸侯持轮挟舆先马，大侯编后，大夫次之，小侯元士次之，庶士介而夹道，庶人隐窜莫敢望视"。这都是合乎情理的真实记录和正确观察，试想，乾隆爷下了江南，巡抚、知府、道台一干人等还能坐得住吗？以此推之，西周铜器《员鼎》铭文中的员为王执犬，《令鼎》铭文中的溓仲为王驭，令及奋先马走，《匡卣》铭文中的匡为王抚象乐，《师毁簋》和《辅师毁簋》铭文中的师毁司铺及钟鼓，《大鼎》铭文中的大"以厥友"守卫于王宫门外，等等，均系贵族自身执役之显例。③ 员与溓仲之流应属王的同宗、姻族或可视作王者"假子"的亲信。他们虽已身居高位，却仍甘心亲供驱使，根子仍在于"保特拉吃"的制约和"有事弟子服其劳"的传统影响，与清代"对下是老爷，对上是奴才"的官场恶习尚不完全相同。

  与上层分子向管理者转化相应，服制所规定的劳作则主要落到了下层民众身上。他们在兵役中或随家族长"刍荛""追莩"，或作为步卒，配合由贵胄子弟构成的车兵；在蒐狩中"取彼狐狸，为公子裘"，只能于"献豜于公"的前提下，"言私其豵"④；在任土功时，"缩版以载""度之薨薨""筑之登登"⑤，辛苦倍尝；在耕籍田时实际负责"终于千亩"，"耨获"亦复如是，直至"廪于籍东南"⑥；对于技术含量较高的手工劳动，则由匠人、百工轮流到官营作坊中去服役，已经类似于后世的"番上"，不然，即要求擅长某类技能的家族自备或

---

① 阮元：《十三经注疏》，北京：中华书局，1980年，第2569页。
② 张光直：《商代文明》，沈阳：辽宁教育出版社，2002年，第224页。
③ 郭沫若：《两周金文辞大系考释》，上海：上海书店出版社，1999年，第29、30、82、88、149页。
④《诗经·豳风·七月》。
⑤《诗经·大雅·绵》。
⑥《国语·周语上》。

领取材料，按照规定的"式法""度量"及时提供制成品①。总之，由于上古尚无那么多非农专业人士和国家公务人员，商品交换极不发达，贵族所需的一切，无不直接仰赖于力役和贡纳，所以，举凡"生九谷""毓草木""作山泽之材""养蕃鸟兽""化治丝枲""牧牛""圈马"，乃至"膳羞割烹""饭米熬谷""设几布席""进奉酒浆""滌濯器用"等②，都会成为普通劳动者无法逃避的负担。而且，为了适于当时的管理水平，所有这些又都被分别固定地摊派到各家族，正如孔颖达所说，"任"皆"有常"，"殊于"汉唐间的"不主一"也③。于是，和西南少数民族土司统治区流行的作法一样，普通的村邑变成了世袭的送柴庄、送菜村或养马寨，等等④。事实上，作为家族成员，庶人还需以助耕等形式，为大宗服"白工"劳役，并"贺其福而吊其凶"，虔心侍奉家族长。他们"明而动，晦而休，无日以息"⑤，不仅为沉重的体力劳动所困，同时也无任何自由，虽有别于皮鞭驱赶下的典型奴隶，比起有一定的私有经济、并独立从事个体劳动的农奴来，又相差甚远。

还需关注的是介于上下的中间层。金文所见西周官制多有名同实异者，如走马、膳夫、小臣等，有的地位很高，有的地位较低。专家还发现，在同一王世的太史之下，往往存在多个史官；很可能是在西周后期，诸士之上，新设了司士一职。这都充分反映了管理阶层的不断复杂化。另外，重要的贵族之家和属邑中，也有各自的执事人员，如师汤父有司、荣有司、南公有司，及《裘卫鼎》铭所见的"三有司"，《散氏盘》铭所见的矢人有司，散有司，《大盂鼎》铭所见的"邦司四伯""尸司王臣十又三伯"，等等⑥。有了这些人，王公诸侯及居于中枢的两寮、宰官才能将服制规定的各项任务摊派下去，贯彻到底。

由于各项事务皆有专职掌管，且已固定到各族、各邑分头执行，这就在全天下造成了"通达之属，莫不从服"⑦、"大夫士日恪位著以儆其官，庶人工商各守其业以共其上"的新局面⑧。所以，不是别的，正是服，即社会分工和人们在劳动组织中所占的地位，把初始形态的族内依附和族间奴役变成了序列化的等级。"王臣公，公臣大夫，大夫臣士，士臣皂，皂臣舆，舆臣隶，隶臣僚，僚臣仆，仆臣台，马有圉，牛有牧，以待百事"⑨，很像古代天主教中的神父服从主教，副助祭服从神父，襄礼员服从副助祭，驱魔员服从襄礼员，诵经员服从驱魔员，司门员服从诵经员⑩，谁在什么时候干什么，以及必须听从哪些人的指挥，都已规定好了，而且积久成习。故"雨毕而除道，水涸而成梁"，"清风至而修城郭"，"我稼既

---

①《周礼·天官·掌皮》《周礼·地官·角人》。
②《周礼·天官·太宰》。
③《尚书·禹贡》孔颖达疏。
④《民族问题五种丛书》云南省编辑委员会编：《阿昌族社会历史调查》，昆明：云南人民出版社，1983年，第61—62页。
⑤《国语·鲁语下》。
⑥张亚初、刘雨：《西周金文官制研究》，北京：中华书局，1986年，第57—58、97页。
⑦《荀子·议兵篇》。
⑧《国语·周语上》。
⑨《左传》昭公七年。
⑩施治生：《古代国家的等级制度》，北京：中国社会科学出版社，2003年，第444页。

同，上入执宫功"，及期，四方民众自会"俾尔耋桐"，应时而至①。甚至连残疾人也各因其所材而有相应的安排，并渐渐形成了"戚施植镈，蘧篨蒙璆，侏儒扶卢，矇瞍循声，聋聩司火"和"刖者守门"的传统②。这种看似简单的分工在早期文明中带来了"国有班事，县有序民""上下有服""都鄙有章"的管理效果。既然人们在服制中所任之事恒定不变，则民之"少多、死生、出入、往来"皆可通过"审之以事"加以掌控，"治农于籍"、四时蒐狩及由众官所职之事都是习民数的好机会，哪里还用得着"料民"呢③？

命服授职要看出身，有时也看能力。这正是某些被征服者可以"有服在大僚"的原因之一。如商贵族在商亡后即不仅有供职于西周王室者，同时也有供职于诸侯国或卿大夫之家的情况。最典型的像担任王国史官、负责掌管威仪的微史家族，为周王执犬的举族首领"员"，同样出自举族、因受匽侯赏赐而作器的"复"，等等④，似都应归入"殷士肤敏"之列。还有一些仍存实力、具备一定规模的国族，则以客或子的名义被封为诸侯。服讲上下，故可形成班序。同服即同职、同位，且世代相传，长此以往，自会"少而习焉，其心安焉"，并使族间隔阂趋于淡化。甚至普通民众，也会在服事过程中互相接近，以至于我们有时竟无法辨清庶人、舆人的来源和族属。由服制划分的上下之等开始取代血缘联系，是一个历史的进步，这正证明文明发展的路径确实是先转化、后排挤⑤。但这种排挤直至西周时期力度仍然十分有限，相反，服的确立依旧要依托在血缘基础上。周人分封的目的是"并建母弟，以藩屏周"，所以，在武王时，"其兄弟之国者十五人，姬姓之国者四十人，皆举亲也"⑥。以后经过册命在朝中有服的重臣，也多为周之同族。周公在《尚书·洛诰》篇谆谆告诫成王：治国时务须顺从"正父"们的意志。并表示他自己要率多子"笃（继）前人成烈（业）"。周王发布文告，辄呼"伯父、伯兄、仲叔、季弟、幼子、童孙，皆听朕言"⑦，每有政令，也通过"以大家达厥庶民及厥臣"的管道予以落实⑧。都反映以"正父""多子"为首的"大家"才是政权的支柱。被整齐化了的文献仍以"蛮夷要服""戎狄荒服"与"邦内甸服""侯卫宾服"相对⑨，足见族间壁垒更没有完全打破。综而观之，学者多谓殷周的等级是亲亲与尊尊的结合，应不为无理。

---

①《国语·周语中》《诗经·豳风·七月》。
②《国语·晋语四》。
③《国语·周语上》。
④何景成：《商周青铜器族氏铭文研究》，济南：齐鲁书社，2009年，第248-249、272、276页。
⑤汪连兴：《荷马时代·殷周社会·早期国家形态》，《社会科学战线》1994年第5期。该文认为："国家对氏族制度的关系一般都是先'转化'，后'排挤'，即首先把原始社会的血缘氏族部落基本上原封不动地保留下来，使之转化为隶从于国家之下的统治机构，第二步，才逐渐地用地缘和财产关系来排斥、取代血缘关系。"我认为这是文明起源研究中最重要的理论突破。
⑥《左传》昭公二十六年、二十八年。
⑦《尚书·吕刑》。
⑧《尚书·梓材》。原文为"以厥庶民及厥臣达大家"，此处语倒，其意实为"以大家达厥庶民及厥臣"。
⑨《国语·周语上》。

三

典籍关于服的记录所在多有，如《国语·周语（上）》曰："夫先王之制：邦内甸服，邦外侯服，侯、卫宾服，蛮夷要服，戎狄荒服。"《周礼·职方氏》则谓："方千里曰王畿，其外方五百里曰侯服，又其外方五百里曰甸服，又其外方五百里曰男服，又其外方五百里曰采服，又其外方五百里曰卫服，又其外方五百里曰蛮服，又其外方五百里曰夷服，又其外方五百里曰镇服，又其外方五百里曰藩服。"此可分别代表五服说及九服说①。诸书试图勾勒殷、周国家的基本架构，突显上古通过祭祀、朝会"以正班爵之义，率长幼之序，训上下之则，制财用之节"的运作方式②，总结用"服物采章以临长百姓"的政治经验③，具有一定的史料价值，应当给予足够的重视。

但相关文字的问题也很明显，必须加以辨析。一是过于整齐，存在人为加工痕迹；二是处蛮夷戎狄于王畿及诸夏邦国外围，与殷商、西周各族仍犬牙交错于中土的事实不符，代表的是战国人的历史观；三是将公、侯、伯、子、男系列化，造成服制与五等爵制及分封制等同的错觉，遮蔽了内外上下人各有服的历史真相，淡化了服在等级制形成中的作用。

为了探究服制真相，前辈历史学家早已突破儒学的束缚，提出了各自的新看法。其中主要有：郭沫若先生作《周官质疑》和《金文所无考》，证明金文无此五等爵。顾颉刚先生以甲骨文中的"羌卫"、《矢令方彝》中的"诸侯侯田（甸）男"与文献比照，提出三服说，认为"诸侯是第一级，侯甸男是第二级，采卫是第三级。诸侯是大国，侯甸男为侯的附庸，是小国，皆出于王朝所封。采卫是自己建立的国家（夷狄），或是前代遗存的部落，与当代的王室并无严格的主属关系，只是游离的外围分子"④。徐中舒先生以金文与《尚书》中的《酒诰》《召诰》《康诰》《康王之诰》相结合，参以辽代的宫卫制和部族制，确定商代外服有侯、甸、男、卫四服，分别在氏族长或家族长，即"邦伯"的带领下，在王朝外服不同的指定劳役，是周人"把殷的甸服变为王畿，由天子直接统治，把侯、卫、男都变成了诸侯"⑤。杨向奎先生将《职方氏》与《春官·典命》《秋官·条狼氏》《秋官·掌客》《秋官·司仪》诸条职文仔细比照，发现《周礼》虽有公、侯、伯、子、男之名，但在礼制上，却都是公为第一等，侯、伯为第二等，子、男为第三等，并由此推测，服与贵族所受册命次数有关，而九命、七命、五命之命，则相当于后世的品⑥。上述诸大家视野广阔，所用材料来源非一，所得结论也有重要的启发意义。如徐先生首创"指定服役"新概念，杨先生主张从金文册命记录入手研究服制，都为进一步深入开展工作指明了方向。

我们在前两节中已经述及，服制的根子在于"有事弟子服其劳"式的家内奴役，又以构

---

① 其他记录服制的书主要有《尚书·禹贡》及《逸周书·职方解》等，前者持五服说，后者持九服说。
② 《国语·鲁语上》。
③ 《国语·周语中》。
④ 顾颉刚：《昆仑传说与羌戎文化》，顾颉刚：《顾颉刚全集·古史论文集》卷6，北京：中华书局，2011年，第206页。
⑤ 徐中舒：《先秦史论稿》，成都：巴蜀书社，1992年，第73—90页。
⑥ 杨向奎：《论〈周礼〉》，《中国古代社会与古代思想研究》上册，上海：上海人民出版社，1962年。

建仿族组织的方式推及被征服者的身上。因此，服的第一特征就是它的普遍性。不仅"庶人工商各守其业""隶人、牧、圉各赡其事"是服，"大夫、士日恪位著以儆其官""百官之属各展其物"①、臣宰"奔走于王家""奔走于公家"，也都是服。甚至天子在祭祀中的"肉袒亲割"之礼②，仍是由他对天神及祖先所承担的服转化而来。另外，我还怀疑，丧服之服其本意并不单指衣服，而是指个人在家族中的责任，出了五服，责任就小了，对死者的服随之递减或解除。总之，按照内外尊卑和大小宗关系人人都有一定的职事，这才叫上下有服，如果硬把服说成是五等爵制或分封制，无疑就把它的内容大大窄化了。事实上，只有"通达之属，莫不从服"，各色人等"安习其服"③，才能使人"无忘职业"和"皆有等衰"，进而达到让"民服事其上，而下无觊觎"的目的④，维系"下所以事上，上所以供神"的神权统治⑤。所以，服虽与五等爵及分封制有关，但本质上却是"人有十等"、"以待百事"式的社会等级制度。由于服一般都世袭相传地落实到各家族，由族长负责，率众应役纳贡，这又造成它必然还具有稳定性和集团性诸特征。

服制存在的前提是商品经济不发育，只能通过具体的直接服役和多种实物贡纳来满足统治阶级的需求。同时，由于王畿和诸侯国面积有限，"行其政事，共其职贡，从其时命"，众"听且速"⑥，并不觉路途劳顿。故而，王、侯便能顺利地"以大家达厥庶民及厥臣"，把剥削摊派给各个血缘团体。这种古老的统治方式起码延续了一两千年。但物盛而衰，乃理之固然，到了春秋时期，它却不可避免地走上了下坡路。首先，通过兼并，强大的诸侯由"土不过同"变为"有土数圻"，要求方圆数千里内的劳动者亲履其事，不仅本人会因过于遥远而不堪其苦，即便是统治者，也会感到很不合算。其次，由于血缘关系断裂、个体家庭涌现和人口流动加剧，以"有事弟子服其劳"为出发点、以家族为基本单元的服制就会失去存在的基础。另外，商品经济日趋活跃，贵族事神、布政及生活所需也能通过交换弄到手了。与以上诸种情况相伴随，劳动者阶层反抗指定服役的斗争也因没落贵族的贪婪而越演越烈。如鲁国的成邑因拒绝替孟孙氏养马而集体叛离⑦；卫国因"使匠久"和"使三匠久"发生过两次匠氏暴动⑧；连王城之内也有百工起义⑨；至于靠庶人助耕的各类田庄，更出现了"维莠骄骄""维莠桀桀"的荒凉景象⑩。迫不得已，各国就只好进行改革，用新办法来取代旧服制。于是便有了齐国的"相地而衰征"，晋国的"作爰田""作州兵"，鲁国的"初税亩""以田赋"，楚国的"量入修赋"，郑国的"作丘赋"，以及后来秦国的"初租禾"。对于各项举措的理解众说不一，其实，最核心之点却都是用按亩征税代替固定的劳役贡纳和用按地区出兵赋

---

①《国语·周语上》、《左传》襄公三十一年。
②《礼记·郊特牲》。
③《荀子·儒效篇》。
④《国语·鲁语下》、《左传》桓公二年。
⑤《左传》昭公七年。
⑥《左传》襄公二十八年、《礼记·祭义》。
⑦《左传》哀公十四年。
⑧《左传》哀公十七年、二十五年。
⑨《左传》昭公二十二年。
⑩《诗经·齐风·甫田》。

代替由族兵组成的"卫服"。《左传·哀公二年》云:"周人与范氏田,公孙尨税焉。"除税吏抽税和按乘丘出赋外,产品尽归已有,且可支配剩余时间,于是,剥削的量第一次有了比例,人身第一次有了自由度。虽然一切都很初步,但社会毕竟已从漫长的固定、死板状态中挣脱出来,这就极大地焕发了人们生产的积极性。所以,与其说春秋战国经济飞跃的原因是井田的垮台,不如说是服制的瓦解。战国人孟子把他仅知其"大略"的三种剥削方式分别配给夏、商、周三代,① 实际情况却是:先有服制中的贡和役,后来才出现了税。

人类如果总是长幼不分、男女不分、贵贱不分、上下不分,就无法摆脱野蛮,进入文明。所以,以服为内容的等级划分充当过历史进步的不自觉的工具。但服制意味着对生产者剩余劳动的全部无偿占有,反映了社会产品分配上的不公平,其本质是恶,不是善。况且,所谓民主,就是承认可以通过谈判和妥协解决问题,而要做到这一点,必须有一个基本前提,即双方应真正处在平等的地位上,否则,任何谈判都不会成功。正因为如此,随着时代的发展,由服制演化而出的各类等级制度就成了社会进步的障碍。今天,我们即便还不能完全取消等级,也应限制等级,而不是肯定、固化或扩大等级。这才是解决方向道路问题的关键。

作者简介:赵世超,男,河南南阳人,历史学博士,陕西师范大学历史文化学院教授,博士生导师。

---

① 《孟子·滕文公上》。

对《汉书》的几点评价

四川大学历史文化学院　周九香

一、《汉书》是两汉之际历史发展的产物

我认为，如果简单地将《汉书》视为封建正宗史学，仅仅是为东汉统治集团装点门面的书，而不给以恰如其分的评价，是不公正的。

班固为什么要总结西汉至新莽二百三十年的历史呢？

班固在《两都赋》中说："往者王莽作逆，汉祚中缺，天人致诛，六合相灭。于时之乱，生人几亡。""原野厌人之肉，川谷流人之血"，"书契以来，未之或纪"。他热爱他所生活的东汉时代，"国籍十世之基，家承百年之业"。真是士农工商，各得其所。其实，在班固之前，王充在《论衡·宣汉篇》中，就指出周朝不如汉代，汉代在百国之上他肯定"四海混一，天下安宁"的局面。"使汉有弘文之人，经传汉事，则《尚书》《春秋》也。"王充希望有人能承担起写作像《尚书》《春秋》那样的汉史著作。班固和王充对东汉的颂扬并不是违心之论。

恩格斯曾经指出：要把历史看做一个有联系的，尽管常常有矛盾的发展过程，而不是看做仅仅是愚蠢和残暴的杂乱堆积。他举例说："马克思了解古代的奴隶主、中世纪封建主等的历史必然性，因而了解他们的历史正当性，承认他们在一定限度的历史时期内是人类发展的杠杆；因而马克思也承认剥削，即占有他人劳动产品的暂时历史正当性"。《法学家的社会主义》(《马恩全集》21卷，第557－558页）应当承认，在东汉前期，社会是在向前发展和进步的。正是时代的发展，向史学家提出了总结前代历史的要求。

东汉政府对文化事业的重视，是《汉书》能够顺利完成的重要条件。

东汉光武、明帝、章帝都具有丰富的政治经验和历史文化素养，说明地主阶级在思想文化上已日趋成熟。其实，刘秀与刘邦各异，而王莽与秦始皇也有不同之处。正如班固所说："昔秦燔诗书以立私议，莽诵六艺以文奸言，同归殊途，俱用灭亡。"(《汉书·王莽传》）王莽提倡古文经学，也利用今文经学，还大肆收罗各类学术文化人才，表面上似乎也重视文化事业，但由于他空谈学术文化，名实不符，一系列决策措施既毁坏了新莽政权的物质生产基础，又紊乱了国家的政治经济制度，使"变异见于上，民怨于下，莽亦不能文也。"(《汉书·

平帝纪》)。

但是，这却使刘秀所面临的文化环境不同于刘邦时代因秦燔诗书所造成的局面，是较有利于学术文化的重建的。因此，在东汉前期，政治安定，经济复兴，儒家经学也进入了全盛阶段，文化教育也得到昔王莽、更始之际，天下散乱，礼乐分典文发展。史书上说："成落，及光武中兴，爱好经术……先是四方学士多怀协图书，道逃林薮。自是莫不抱负坟策，云会京师。""初，光武迁还洛阳，其经牒秘书，载之二千余辆。"(《后汉书·儒林传》)"四海之内，学校如林，庠序盈门。"(《两都赋》)"济济乎，洋洋乎，盛于永平矣。"(《后汉书·儒林传》) 班固和一大批学术文化方面的杰出人物，就是在以洛阳为中心的优良的学术文化环境中成长起来的。

汉明帝永平五年 (62)，班固被汉明帝召诣洛阳校书部任兰台令史。事先汉明帝审查了班固私自修撰的汉史草稿。班固到了兰台后，利用皇家收藏的丰富资料，同尹敏、孟冀共同撰写了《世祖本纪》，接着又完成了功臣平林、新市、公孙述等列传二十八篇。这一系列有关当代史的著作，受到汉明帝的赏识，终于命令班固完成汉书的撰写工作。史载汉明帝曾同臣子们讨论苏武传中的疑难问题，还同班固等人讨论《史记·秦始皇本纪》的赞语以及对整个《史记》的评价问题明帝对史学及整个中央机构对近代历史经验的重视，推动了班固对《汉书》的编撰工作。

汉章帝"雅好文章，固愈得幸"。班固常利用他渊博的历史知识为政府的决策献计决疑，例如，他有关北匈奴问题的对策，发展了他在《汉书·匈奴传》中的思想。汉章帝在学术文化方面较能宽容各种学派各种思想的。如在公元79年召集白虎观会议讨论五经异同，用今文经学统一思想。公元83年，选高才生学习《左氏春秋》《穀梁春秋》《古文尚书》《毛诗》，"以扶微学，广异义焉"(《本纪》)。同年发生大学生孔僖、崔骃议论汉武帝被告发事件，章帝不但不加罪，反而任命孔僖为兰台令史。学术文化思想政策较为宽容，对班固写作《汉书》也是有利的。

班固不仅继承前辈的史学成果，并具有优良的家学传统，这是撰写《汉书》的又一重要条件

范文澜说："西汉有《史记》《七略》两大著作，在史学史上是辉煌的成就。"班固正是站在司马迁和刘歆的肩头上，在他父亲班彪的扶持下，开始了史学生涯。西汉后期，社会上出现了许多经学、法学世家，班固一家可称为史学世家。他们往往为文化学术事业而耗尽毕生精力，值得称赞。班固的父亲班彪，"才高而好述作，遂专心史籍之间"。他认为史学的效用在于"今之所以知古，后之所由观前"。企图利用史学为现实服务，不失为一位有远见卓识的知识分子。十八岁的王充在洛阳受业于班彪时，就曾见到十三岁的班固，王充对老师班彪说："此儿必记汉事。"(《后汉书·班固传》注引谢承《后汉书》)

班固就是在上述历史条件下，从事《汉书》写作的。他既认真总结近代的历史，又面对当代的现实。他热爱祖国的大好山河，时刻关心国家的命运，也曾挥戈跃马，勒石燕然，一生辛劳，终于取得了巨大的成就。"自永平中始受诏，潜精积思二十余年，至建初中乃成。当世甚重其书，学者莫不讽诵焉。"(《本传》)

历史与现实是相联系又相区别的。班固写作《汉书》的目的在于为东汉政治服务。他在

《汉书·礼乐志》中说："今海内更始，民人归本，户口岁息，平其刑辟，牧以贤良，至于家给，既庶且富，则须庠序礼乐之教化矣。"他认为西汉后期狱刑繁多的原因有五。一、礼教不立；二、刑法不明；三、民多贫穷；四、豪杰务私，奸不辄得；五、狱轩不平。"凡此五疾，狱刑之所以尤多者也。""自建武永平，民亦新免兵革之祸，人有乐生之虑，与高惠之间同，而政在抑强扶弱，阙无威福之臣，大邑无豪杰之使。以口率计，断狱少于成哀间什八可谓清矣。未能称意比隆于古者，以其疾未尽除，而刑本不正。""为政而宜于民者，功成事立，则受天禄而永年命，所谓一人有庆，万民赖之矣。"（《汉书·刑法志》）他期望正本清源，五疾尽除，改良政治，在客观上对人民有利。

他在《汉书·食货志》中指出："食足货通，然后国实民富，而教化成。"认识到农业生产、商品流通和国民经济，人民生活社会安定之间的关系。他肯定历史上进步的改革家，"故管氏之轻重，李悝之平籴，弘羊均输，寿昌常平，亦有从来"。"吏良而令行，故民赖其利。""至于王莽，制度失中，奸宄弄权，官民俱竭，无次也。"班固以相当大的篇幅叙述王莽反动改制的历史。目的在于为东汉提供正反历史经验。

班固在《匈奴传》《西域传》《西南夷两越朝鲜传》的史论中，针对西汉民族关系问题所提供的历史经验和认识，也是较为合理的。对匈奴"来则惩而御之，去则备而守之，其慕义而贡献，则接之以礼让，羁縻不绝，使曲在彼"。对于西域城郭诸国，"故自建武以来，西域思汉威德，咸乐内属"。"圣上远览古今，因时之宜，羁縻不绝。"对于西南夷、两越、朝鲜，也主张"招携以礼，怀远以德"。他主张东汉在处理民族关系时，保持松散的政治经济文化联系，保持和平友好的局面，也是值得赞许的。在当时，不失为符合实际的政策。综上所述，可见《汉书》正是两汉之际历史发展的产物。

二、《汉书》的特点

史实的基本准确是对修史的第一要求。班固撰修《汉书》，审定裁择史料，较为严肃认真。陈直先生在《汉书新证》中，广泛运用居延、敦煌简牍，汉铜镜、漆器、陶器，以及封泥、汉印、货币、石刻等各类文物资料，列出十七种类型，对《汉书》中记载的职官、行政、地理、姓氏、人名、建筑、典制、风俗等情况，旁搜远取，论证精当。这些考证说明班固在利用自褚少孙到班彪以来所搜集的史料，以及他本人所占有的各类史料，编撰《汉书》时，较为实事求是。陈梦家先生在《汉简缀述》诸篇论著中，也利用汉简材料，对《汉书》所记事物，多所佐证发明，也说明《汉书》记载的准确性。真是"刊落诡辩，摭摘详慎"（包慎言：《核刊汉书·地理志补注序》）积二十余年乃成，"然后知其审定之密也"（《廿二史札记·班固作史年岁》）。我们如以《盐铁论》及东汉时人对西汉历史的论述来审查《汉书》的记事，也可以从另角度论证《汉书》记叙的真实性。

《汉书》记载了，汉初的创业，文景之休养生息，武宣之盛，元成哀平的衰微，土地和奴婢问题的严重，新莽的托古改制，民族关系，边疆地理，等等。它对历史发展的线索，及其政治、经济、文化、民族等方面的记叙，基本上是符合事实的。因此，我们就不会仅仅局限于班固在游侠、货殖等问题上的看法，与司马迁存在分歧，来评定《汉书》了。除了《汉书》而外，还有什么更全面更系统的资料来审定《汉书》史料的真实性程度呢？运用比较确实可靠的史料，以严肃认真的态度来编撰《汉书》，应是这部断代史的一大优点。

在史识方面，应肯定班固的重民思想和改良政治的要求。司马迁与班固都是封建史家。由于各自生活的历史环境、个人身世、遭遇和史学思想的差异，因而各具特色。司马迁在封建经济思想体系初步形成时代，思想较为自由，具有异端思想。班固生活在经学全盛的时代，具有改良政治的进步思想。宋人杨万里说："太白诗，仙翁剑客之语；少陵诗，雅士骚人之词。比之文，太白则《史记》，少陵则《汉书》也。"（《汉书评林》）宋人说班固的《汉书》如无韵的《杜诗》是较为恰当的。

班固继承了以孟荀为代表的儒家学派，"重民"思想的优良传统通过编撰汉史，抒发他爱国爱民的情怀。在《汉书》中突出地阐明了"食足货通"，方能"国实民富"，这一朴素的真理。《循吏传》集中表达了班固追求美政的进步思想。他肯定汉初"反秦之弊与民休息""天下晏然，民务稼穑"，"衣食滋殖"的政治局面，颂扬汉宣帝"兴于闾阎，知民事之艰难"，循名责实，重视吏治"是故汉世良吏，于是为盛，称中兴焉"，他既肯定赵广汉、韩延寿、尹翁归、严延年、张敞等人的政绩，又批评他们"任刑罚"的一面。而对王成、黄霸、朱邑、龚遂、召信臣等循吏，兴学校，广树蓄，增户口，买牛犊，巡行阡陌，灌溉畎亩，关心百姓疾苦，重视封建教化的政绩，则倍加赞扬。说他"所居民富，所去见思，生有荣号，死见奉祀"。班固以是否利民为标准来评价人物，见识极高。

班固反对迷信烦琐的今文经学，力主通经致用。在《儒林传》里，指出经学兴盛的原因，是成为利禄之路的缘故。认为当时的经学"务碎义逃难，便辞巧说，破坏形体，说五字之文，至于二三万言。后进弥以驰逐。故幼童而守一艺，白首而后能言，安其所习，毁所不见，终以自蔽。此学者之大患也"。他还批判阴阳灾异之言，认为"假经设义，依托象类，或不免乎'亿则屡中'"。他对"伪稽黄虞，谬称典文"的符命皇帝王莽的揭露和批判，实际上是对经学的迷信荒诞反动方面的批判。他认为："自孔子之后，缀文之士众矣，唯孟轲、荀况、董仲舒、司马迁、刘向、杨雄。此数公者，博物洽闻，通达古今，其言有补于世。"（《楚元王传》）从正面阐明了他主张通经致用的观点。他肯定汉代的政绩卓著的丞相，如高祖时的萧、曹，汉宣时的丙、魏。相形之下，"自孝武兴学，公孙弘以儒相，其后蔡义、韦贤、玄成、匡衡、张禹、翟方进、孔光、平当，咸以儒宗居宰相位，服儒衣冠，传先王语，其酝籍可也，然皆持禄保位，被阿谀之讥"。正如王应麟所说："这些人口道先王之语，以谋爵位，为其臣，是经自经，人自人，学问议论与操履，判然二物也。"（转引自《汉书评林》）正好解释班固主张通经致用的思想。

说《本纪》是帝王的家谱，这只包含部分事实。其实作为编年史的本纪，其内容涉及了国家社会生活的各个方面。这是君主政治在史学上的反映。班固记叙了英明的君主，也写了昏庸的皇帝。说明他们都是人而不是神。在《武帝本纪》的赞语中，对武帝的文治大加肯定，又指出"如武帝之雄材大略，不改文景之恭俭，以济斯民，虽诗书所称，何有加焉。"而在《昭帝纪》赞语中，则指出："承武帝奢侈余敝，师旅之后，海内虚耗，户口减半……"在《杨王孙传》中说："观杨王孙之志，贤於秦始皇远矣。"实际上是对武宣以来封建统治集团奢侈厚葬之风的批判。班固既肯定汉宣帝之中兴大业，在列传中也批评其惨刻少恩的一面。对于元成哀平四帝则每见贬意，对于王莽则加以如实地揭露，笔尖常带感情。班固既为东汉统治集团，提供正反经验，也给后人认识这些封建帝王，留下了基本事实。可见，只是笼统地说《汉书》通过神化西汉政权来巩固东汉统治是不够全面的。《夏侯胜传》对敢于批评汉武帝，又宣称宣帝诏书不可用的夏侯胜寄以满腔同情。

班固还痛恨西汉后期的外戚专政政局，认为他们"重侯累将，穷贵极富，见其位矣，未见其人也"（《王商史丹传》）。在《汉书》中不立吕后本纪也包含有这一层意思马克思说："过去的一切历史观不是完全忽视了历史的这一现实基础（经济基础），就是把它仅仅看成与历史过程没有任何联系的附带因素。"这是指欧洲的史学而言，我认为中国古代的史学家们似乎比较重视社会经济这一历史发展的现实基础，并认为它是与历史过程有关的重要因素。班固强调食足货通然后国实民富而教化成，是很有见识的。《食货志》叙述了西汉二百三十年间社会经济的发展变化，强调农业是立国之本，国家赋役制度，工商政策，对内对外政策，所起的好的作用和坏的作用，阐明了社会经济与国家稳定发展衰败之间的关系，先进的科学技术如"代田法"在恢复社会生产中所起的作用等等。当然，班固认为封建社会所形成的社会结构，士农工商的分业，封建的等级制度是合理的。只要重本业，抑兼并，限奢侈，轻赋役，严吏治，就可达到民人给家足的社会安宁的目的。他也毫不掩饰，因生产破坏、官吏贪暴而时时出现的人民流亡"人相食""盗贼"大行的剧，以及新莽时期的社会大崩溃。

班固不可能认识到封建社会本身所固有的矛盾，认为社会发展之主要力量在于封建帝王所赐给臣民的阳光和雨露。他一方面用阴阳五行学说来为高高在上的皇权作辩护，为封建等级制度作辩护，这是唯心史观的表现。但一接触历史实际问题时，能从社会经济和政治的角度来观察二百三十年间盛衰荣辱的原因，比较如实地记录了客观历史观象，因而具有唯物主义的因素。

总之，在东汉明章之际成书的《汉书》，是一部维护旧的腐朽生产关系和上层建筑的书呢？还是一部具有改良政治要求，重视发展生产，对人民有一定的同情的封建史学著作？我认为《汉书》是在封建正统思想指导下写成的，具有改良政治的进步思想，材料十分翔实，文笔颇为生动，富有创造性的爱国主义的史学著作。其实《汉书》的价值还在于它在文化史上占据显赫的地位。

三、中华古代文化史的里程碑

《史记》纪事上起黄帝尧舜，下至武帝太初年间，是中国第一部通史。它改变了各国割据的历史概念，体现了国家的统一和人心的统一。《史记》是中华民族精神上的一条万里长城。《汉书》创立新体，叙事详备周密，对将这一条精神上的万里长城绵延伸展下去，气势雄伟，蔚为壮观。《史记》和《汉书》都是百科全书式的著作。太史公与班固之博学多闻，令后代史学工作者深感钦佩，为之惊叹。

《汉书》十志和八表等篇章，是封建中央集权国家的政治经济文化制度在史学上的反映，说明史学家对社会现象的分类记载已趋于成熟。在《汉书》诸志表及有关列传中，班固阐述了人的基本社会属性，国家形成的原因，君臣关系，国君和民众的关系，社会经济和政治的关系，礼乐教化和刑法的作用，中央和地方的官制，各地资源和人民的习俗，以家族为单位的户口制度，赋税徭役制度，各地少数民族情况和外国情况，水陆交通和汉使航程，人事与自然变化关系，天象记录，历法制度，度量衡制度，经史文艺科技著述情况等等。体现了史学对历史文化知识的最高综合。在公元1世纪的史学文化史上，含景耀，吐精英，呈异彩。

班固在《汉书》中较为完善地保存了许多思想家、政治家、经济学家、军事家、农业水利专家等的言论和著述，使我们对西汉一代思想文化方面的成就有一大致了解。

今天，我们研究中国古代的经济、政治、法制、教育、科技、天文、礼仪、文学、音乐舞蹈、地理、民族、中外经济文化交流的历史，离开了《汉书》可以说是寸步难行。例如在《地理志》里，对地理环境、经济条件和社会风俗关系的叙述，已成为研究历史文化地理的学者们十分重视的资料。

《汉书》还记载了许多有关西汉妇女的重要资料。如远嫁乌孙，为安定西域作出贡献的冯夫人；为增进汉匈友谊而远嫁塞外的王昭君；还记叙了汉宣帝母亲王翁须一家的苦难家史；隽不疑的善良母亲、王吉夫妇、王章夫妇牛衣对泣的故事，给我们留下了一幅幅西汉的社会风俗画，为我们研究西汉的妇女问题提供了丰富的材料。

《汉书》运用政府保存的大量档案材料整理而成的列传，是我们研究西汉职官制度行政司法制度的重要材料。例如《朱博传》记叙朱博年少时家贫，作亭长，为小吏，再到长安县令，冀州刺史，并州刺史，护曹都尉，琅琊郡守，左冯翊，大司农，御史，丞相的全过程。传中记叙朱博处理行政事务，精明干练，生动具体，是研究西汉吏治的重要材料。

《汉书》还以它优美的史传文学而影响于后世。如为开辟中西文化交流的丝绸之路作出了卓越贡献的张骞；坚忍不拔，忠于祖国，视死如归，有着高尚的民族气节的苏武；《司马迁传》则全文收录了司马迁的《报任少卿书》，成为我们评价太史公的重要依据。班固认为"书信矣"，说明他同意《报任少卿书》的观点。司马迁在班固心目中有着崇高的地位（见叙传赞语）。《赵充国传》记叙了赵充国从一位普通骑士成长为英勇善战、有胆有识的卓越将领的全过程，歌颂了赵充国为保卫疆土，奋斗终生的爱国主义精神。

张骞、苏武、司马迁、赵充国的巍巍业绩已成为中华民族的宝贵精神财富。仅凭这一类优秀传记，《汉书》也堪称不朽之作。

明人凌稚隆在《汉书评林》中，曾列有他搜集到的汉魏六朝唐宋明等研究《汉书》的名录，反映了后世研究《汉书》的盛况。柳宗元说：西汉一代，文章极盛，如诏策、奏议、辞赋、歌谣等，"史臣班孟坚修其书，拔其尤者，充于简册，则二百三十年间，列辟之达道，各臣之大范，贤能之志业，黔黎之风美列焉"。清人严可均所辑《西汉文》基本上取材于《汉书》。后人读《汉书》并不是因为他记载有神化皇权的赞语，而是因为它保存了一篇篇锦绣文章，是因为班固本人就是一位文学巨匠。杨士奇曰："前世文章，卓然高世，为世师法者，司马迁《史记》、班固《前汉书》及欧阳修《五代史》而已。"

总之，《汉书》不仅反映了秦汉之际形成的汉民族的物质文化和精神文化的基本特征，也反映了以汉族为主体的统一的多民族国家的具体风貌。发达的农业、牧业，繁荣的城市，精致的手工业，辽阔的疆域，众多的人口，以忠孝为核心的伦理政治，以经学为主体的学术文化教育，人民勤劳耕织，热爱生活，勇于进取，热爱和平，反对侵略。它记叙了三代以来中国历史上一个兴盛的朝代。《汉书》不仅起到了巩固统一的封建国家的作用，而且以史学的形式进一步促进了汉民族的凝聚和巩固。在六朝分裂的时代，它鼓舞后代去促进国家的统一。在唐代它又鼓舞人们去创造更强盛的王朝。

《汉书》所反映的历史文化的确成了中华民族宝贵的精神财富，影响极其深远。阅读《汉书》使我们增加了民族自豪感和爱国主义感情，它是我国史学宝库中的一份重要遗产，也是中国文化史上的座里程碑。

1986 年 5 月于川大
2015 年 8 月打印

作者简介：周九香，男，四川大学历史文化学院教授。

禹、启、太康传说的考古学对应问题——兼论二重证据法的适用限度与夏文化探索和夏史重建的路径

苏州大学社会学院　周书灿

禹、启、太康所处的时期，正值中国古代文明和早期国家形成的关键性阶段。在中华文明探源工程的积极推动下，先夏与夏代早期的历史，不断受到中外历史学、考古学、古文字学、人类学、天文学等多学科专家的高度关注。长期以来，多学科专家联合开展多角度多层次全方位的研究，取得了丰硕的研究成果，也陆续提出一些新的问题。本文所讨论的禹、启、太康传说的考古学对应问题，显然就是在这一特定学术背景下产生的新的课题。

一、禹、启、太康传说的考古学对应举证

尽管严格意义上的中国考古学于 20 世纪 20 年代已经建立，但在 1959 年徐旭生赴豫西调查"夏墟"之前，"在考古研究方面，夏代还是一个空白点"[1]。徐先生结合文献记载提供的线索，重点调查了告成八方、石羊关，禹县阎砦、谷水河，偃师二里头等遗址，但在材料并不充分的情况下，其并未武断地将以上遗址与古史传说相对应，显然，徐先生的态度是严谨科学的。此后，二里头遗址的发掘和二里头文化确立后，二里头遗址和二里头文化成为公认的"探索夏文化最有意义的关键性研究对象"[2]。20 世纪 70 年代以来，王城岗、瓦店、新砦等遗址的发现与发掘，为探索早期夏文化和夏代早期都邑提供了大量有价值的线索。

1. **鲧禹传说之考古学对应**

（1）登封王城岗城址与"鲧作城郭""禹都阳城"

1977 年，考古工作者在登封告成镇王城岗遗址，发现一座东西并列的龙山文化城址。发掘报告中说，禹居和夏都的阳城，就在告成附近，王城岗城址地望与文献记载是如此密合。又说，王城岗二期的年代距传说中的鲧之时代不远，所以王城岗城址可能是夏王朝初期

---

[1] 徐旭生：《1959 年夏豫西调查"夏墟"的初步报告》，《考古》1959 年第 11 期。
[2] 中国社会科学院考古研究所编著：《中国考古学·夏商卷》，北京：中国社会科学出版社，2003 年，第 30 页。

城垣的遗迹①。此后，安金槐先生则更为明确地判定："登封告成镇的王城岗龙山文化中晚期城址可能是'禹都阳城'或'禹居阳城'的夏代阳城遗址。"② 在2002年、2004年，王城岗龙山文化大城发现③之前，有相当多学者对王城岗龙山文化城址即"禹都阳城"或"禹居阳城"的夏代阳城遗址的观点表示质疑甚至公开的反对④，与此同时，除孙作云先生支持发掘报告的意见⑤，不少学者则将王城岗小城和"鲧作城郭"结合起来⑥。2002、2004年王城岗龙山文化大城发现后，一些学者则明确判定王城岗小城为鲧所筑，王城岗大城为禹居阳城⑦。随着田野考古资料的日臻丰富与考古学研究的不断深入，将王城岗小城、大城分别与"鲧作城郭""禹都阳城"相联系，是目前学术界的主流意见。

与以上主流观点不同，有的学者则指出，王城岗小城的规模和营造技术与鲧不合，非鲧作城；王城岗大城为崇伯鲧都阳城；禹居阳城当以阳翟阳城为是⑧。该种观点颇为新颖，惟其对于古史纪年和若干传说盲目信从，文献与考古资料对应的立论基础并非完全牢靠。至于沈长云在毫无文献记载和考古学材料作为支持的情况下而杜撰出的禹都阳城即濮阳说⑨，一度遭遇学术界的激烈批判⑩，迄今为止，只在沈氏师徒中相互流传。

（2）辉县孟庄龙山文化城址与禹逐共工氏之传说

1992—1995年，河南省文物考古研究所为配合孟庄镇的基本建设，对孟庄遗址进行大规模的考古发掘，发掘面积为4500平方米。孟庄遗址包含有裴李岗文化、仰韶文化、龙山文化、二里头文化等多种文化遗存，其中龙山文化尹村最为丰富，尤为重要的是遗址内发现了一座目前河南境内面积最大的龙山文化城址，引起了考古学界的广泛关注⑪。袁广阔先生结合文献记载和考古资料推断，从仰韶文化"大司空类型"到龙山文化"孟庄类型"是一脉相承的，它当与共工氏这一氏族存在一定的联系⑫；辉县市孟庄的主要洪水遗迹基本相当于

---

① 河南省文物研究所、中国历史博物馆考古部：《登封王城岗遗址的发掘》，《文物》1983年第3期。
② 安金槐：《试论登封王城岗龙山文化城址与夏代阳城》，《安金槐考古文集》，郑州：中州古籍出版社，1999年，第67页。
③ 北京大学考古文博学院、河南省文物考古研究所：《河南省登封市王城岗遗址2002、2004年发掘简报》，《考古》2006年第9期。
④ 杨宝成：《登封王城岗与"禹都阳城"》，《文物》1984年第2期。
⑤ 孙作云：《关于夏初史》，《河南文博通讯》1979年第1期。
⑥ 京浦：《禹居阳城与王城岗遗址》，《文物》1984年第2期；董琦：《王城岗城堡遗址分析》，《文物》1984年第11期；马世之：《河南淮阳平粮台龙山文化古城址试析——兼论登封王城岗遗址非夏都阳城》，《史前研究》1984年第2期。
⑦ 北京大学考古文博学院、河南省文物考古研究所：《登封王城岗考古发现与研究（2002——2005）》，郑州：大象出版社，2007年，第787—788页；马世之：《登封王城岗城址与禹都阳城》，《中原文物》2008年第2期。
⑧ 程平山：《登封王城岗遗址性质分析》，《考古与文物》2009年第5期。
⑨ 沈长云：《禹都阳城即濮阳说》，《中国史研究》1997年第2期。
⑩ 方酉生：《论登封告成王城岗遗址为为禹都阳城说——兼与〈禹都阳城即濮阳说〉一文商榷》，《考古与文物》2001年第4期；周书灿：《走出夏史研究的误区——评沈长云先生的夏史研究》，《南方文物》2008年第4期。
⑪ 河南省文物考古研究所：《河南辉县市孟庄龙山文化遗址发掘简报》，《考古》2000年第3期。
⑫ 袁广阔：《孟庄龙山文化遗存研究》，《考古》2000年第3期。

共工治水的时期，共工氏与孟庄龙山城址的洪水当存在一定的关系①。有的学者指出，所谓禹逐共工或司马迁所说的"流共工于幽陵，以变北狄"，在大规模的氏族部落战争之后，洪水为患可能是人群流动的最直接原因②。

（3）河南龙山文化杨庄类型与禹逐三苗之传说

河南龙山文化杨庄类型主要分布于南阳盆地和淮河中游的豫南地区。河南龙山文化与这里的石家河文化交错分布。石家河文化晚期受到河南龙山文化杨庄类型的强烈影响，最后河南龙山文化取代了石家河文化。有的学者认为，驻马店一带龙山文化中晚期文化的变异，或与"尧服南蛮""舜却苗民"和"禹征三苗"有关③。不少学者指出，后石家河文化面貌的变化及所受河南龙山文化的强烈影响，可能和禹文献记载的禹征三苗有关④。

（4）禹会村遗址与禹会诸侯于涂山之传说

2006年春，中国社会科学院考古研究所安徽工作队在蚌埠市博物馆的配合下，对禹会村遗址进行了实地勘察和详细的考古钻探。2006年秋，安徽工作队进行了两次考古钻探，在遗址北部探出面积约1500平方米的人类堆筑遗迹⑤。专家认为，发掘现场显露的人类堆筑遗迹，对考证"大禹治水"和"禹会诸侯"的历史，进而对研究中国古代文明在淮河流域的起源和发展，都有着极其重要的学术价值⑥。

2. 启之传说之考古学对应

（1）禹州瓦店遗址与夏居阳翟、钧台之享

瓦店遗址发现于1979年⑦，20世纪80年代初，河南省文物研究所与郑州大学历史系考古专业对遗址进行了三次考古发掘，发掘面积700平方米⑧。1997年，为配合夏商周断代工程——夏年代学研究"早期夏文化研究"，河南省文物考古研究所对瓦店遗址进行考古工作，发掘面积180平方米，发现龙山晚期遗存十分丰富⑨。2007—2010年，河南省文物考古研究院和北京大学考古文博学院在河南禹州瓦店遗址考古发掘中，发现龙山时期的大型环壕，环壕围合瓦店遗址面积达100多万平方米，是目前所知河南境内发现的规模最大的龙山时期聚落遗址⑩。

文献记载的阳翟地望就在禹州市境。《左传》昭公四年："夏启有钧台之享。"《史记·夏

---

① 袁广阔：《关于孟庄龙山城址毁因的思考》，《考古》2000年第3期。
② 周书灿、毛长立：《共工氏流徙的考古学考察》，《文物春秋》2008年第2期。
③ 北京大学考古学系、驻马店市文物保护管理所编著：《驻马店杨庄——中全新世淮河上游的文化遗存与环境信息》，北京：科学出版社，1998年，第206页。
④ 石兴邦、周星：《试论尧舜禹对三苗的战争》，《史前史与考古学》，西安：陕西人民出版社，1992年；杨新改、韩建业：《禹征三苗探索》，《中原文物》1995年第2期。
⑤ 王吉怀、赵兰会：《禹会村遗址的发掘收获及学术意义》，《东南文化》2008年第1期。
⑥ 王吉怀、赵兰会：《禹会村遗址的发掘收获及学术意义》，《东南文化》2008年第1期。
⑦ 河南省文物研究所、禹县文管会：《河南禹县颍河两岸考古调查与试掘》，《考古》1991年第2期。
⑧ 河南省文物研究所、郑州大学历史系考古专业：《禹县瓦店遗址发掘简报》，《文物》1983年第3期。
⑨ 河南省文物考古研究所：《河南禹州市瓦店龙山文化遗址1997年的发掘》，《考古》2000年第3期。
⑩ 河南省文物考古研究院、北京大学考古文博学院：《禹州瓦店环壕聚落考古收获》，《华夏考古》2018年第1期。

本纪》正义引《帝王世纪》:"禹受封为夏伯,在豫州外方之南,今河南阳翟是也。"《史记·周本纪》集解引徐广曰:"夏居河南,初在阳城,后居阳翟。"与夏族有关的钧台、阳翟等均位于禹州境内,发掘者认为,"在此区内发现的瓦店遗址从其年代和遗存特征看,均有可能与钧台、阳翟有关"①。笔者支持《穆天子传》所说启居黄台之丘,即在禹州境内②。此后亦有学者支持发掘者的推测③。

(2)新密新砦遗址与启居黄台之丘

新砦遗址发现于 1979 年,中国社会科学院考古研究所河南二队于 1979 年 3、4 月间进行了调查与试掘④。为进一步了解新砦遗址的文化内涵,1999 年 10—12 月间,北京大学考古文博院、郑州市文物考古研究所联合进行第二次试掘⑤。2000 年 4—7 月,北京大学古代文明研究中心、郑州市文物考古研究所对新砦遗址进行第三次发掘⑥。2002 年起,新砦遗址的发掘研究工作被列入中华文明探源工程预研究和第一阶段研究聚落课题组的子课题,由中国社会科学院考古研究所河南新砦队和郑州市文物考古研究院共同承担⑦。新砦遗址中心区大型建筑发现于 2002 年,经 2003 年、2004 年持续发掘和 2005 年春节的解剖,已基本肯定这是一处新砦晚期的大型浅穴式露天活动场所⑧。新砦遗址的城墙与壕沟发现于 2002 年春。2003 年秋,在新砦城址的东、北、西三面城墙上共开 5 条探沟以了解城墙结构⑨。2013 年 9 月至 2014 年 1 月,中国社会科学院考古研究所河南新砦队、郑州市文物考古研究院和河南大学考古文博系联合对新砦遗址东城墙外王嘴西地新砦文化遗存进行发掘⑩。

自 2004 年以来,一些考古学界的专家试图将新砦遗址的考古学资料和有关文献记载相

---

① 河南省文物考古研究所:《河南禹州市瓦店龙山文化遗址 1997 年的发掘》,《考古》2000 年第 3 期。
② 周书灿:《〈穆天子传〉"启居黄台之丘"考——兼论穆王东巡的地理问题》,《中国历史地理论丛》2005 年第 2 辑。
③ 贾俊侠:《禹、启都阳城阳翟新证》,《中国历史地理论丛》2015 年第 1 辑;贾洪波:《夏王朝年代的另类推测和夏都钧迹——兼论夏文化有关问题》,《中原文物》2017 年第 5 期。
④ 中社会科学院考古研究所河南二队:《河南密县新砦遗址的试掘》,《考古》1981 年第 5 期。
⑤ 北京大学考古文博院、郑州市文物考古研究所:《河南新密市新砦遗址 1999 年试掘简报》,《华夏考古》2000 年第 4 期。
⑥ 北京大学古代文明研究中心、郑州市文物考古研究所:《河南省新密市新砦遗址 2000 年发掘简报》,《文物》2004 年第 3 期。
⑦ 中国社会科学院考古研究所河南新砦队、郑州市文物考古研究院:《河南新密市新砦遗址 2002 年发掘简报》,《考古》2009 年第 2 期。
⑧ 中国社会科学院考古研究所、郑州市文物考古研究所:《河南新密市新砦城址中心区发现大型浅穴式建筑》,《考古》2006 年第 1 期。
⑨ 中国社会科学院考古研究所河南新砦队、郑州市文物考古研究院:《河南新密市新砦遗址东城墙发掘简报》,《考古》2009 年第 2 期。
⑩ 中国社会科学院考古研究所河南新砦队、郑州市文物考古研究院、河南大学古代文明研究中心:《河南新密市新砦遗址王嘴西地发掘简报》,《考古》2018 年第 3 期。

结合，从而提出了新密新砦城址可能为夏代早期都邑①乃至"夏启之居"②或"启居黄台"③等观点。以上观点受到学术界尤其是新密地方学者的大力宣扬，宣扬过程中，新砦城址被判定为夏启之居、启居黄台的考古学、历史学"证据"不断受到质疑。笔者先后发表相关专题，对新砦启都说予以反驳④。

此外，也有学者判定新砦古城为夏启至太康的都城⑤；或将启与二里头文化一期相对应⑥。由于作者缺乏对所运用的年代学资料进行科学审查，所以，这一对应，存在的问题不少，学术界鲜有支持者。

3. 太康传说之考古学对应

《史记·夏本纪》《周本纪》正义等文献引《汲冢古文》较为明确地说"太康居斟寻"，《水经·巨洋水注》等书引《汲冢古文》较为明确地说："太康居斟寻，羿亦居之，桀又居之"，张国硕教授结合文献和考古资料判定"二里头遗址应为夏都斟寻"⑦。程平山则认为，二里头遗址是少康中兴以后的夏代中晚期都城⑧。也有学者认为，二里头遗址为帝槐以后的夏代中晚期都城⑨。

综上可知，自20世纪70年代以来，随着夏代田野考古工作的全面展开与研究的不断深入，学术界普遍自觉运用文献记载与田野考古资料相互结合的二重证据法，将禹、启、太康等古史传说与相关的田野考古资料相对应，不少观点已逐渐成为学术界的"主流"意见，在此基础上，先夏与夏代早期的史迹开始逐渐明晰。然由于迄今尚未发现夏代文字，以上"主流"意见亦仅仅是较为合理的推测，而绝非学术界的最后定论。与此同时，还有一些田野考古资料与禹、启、太康的对应上，学术界仍存诸多重大的分歧。从这重意义上讲，依靠已有的文献资料和迄今所获得的田野考古资料完成夏史工作的重建，仍面临着短时期内无法绕开却又难以解决的诸多问题。

---

① 马世之：《新砦遗址与夏代早期都城》，《中原文物》2004年第4期；马世之：《新砦城址与启都夏邑问题探索》，《考古与文物》2007年第3期；李龙：《新砦城址的聚落性质探析》，《中州学刊》2013年第6期。

② 赵春青：《新密新砦城址与夏启之居》，《中原文物》2004年第3期。

③ 许顺湛：《寻找夏启之居》，《中原文物》2004年第4期；顾万发：《"启居黄台之丘"及相关问题考证》，《东南文化》2004年第6期。此前，顾问（顾万发）曾认为，新砦期早期应与诸多文献所载的"羿、浞代夏"事件有关。参见顾问：《"新砦期"研究》，《殷都学刊》2002年第4期。

④ 周书灿：《〈穆天子传〉"启居黄台之丘"考——兼论穆王东巡的地理问题》，《中国历史地理论丛》2005年第2辑；周书灿：《再论新砦遗址的性质与功能》，《中州学刊》2018年第10期。

⑤ 贾洪波：《夏王朝年代的另类推测和夏都钧迹——兼论夏文化有关问题》，《中原文物》2017年第5期。

⑥ 程平山：《夏代纪年考》，《中原文物》2004年第3期。

⑦ 张国硕：《夏商时代都城制度研究》，郑州：河南人民出版社，2001年，第28页。

⑧ 程平山：《夏代纪年考》，《中原文物》2004年第3期。

⑨ 贾洪波：《夏王朝年代的另类推测和夏都钧迹——兼论夏文化有关问题》，《中原文物》2017年第5期。

二、"二重证据法"的适用限度与禹、启、太康传说考古学对应的学理疑问

早在1913年夏,王国维在《明堂庙寝通考》初稿中首次提到"二重证明法":

> 宋代以后,古器日出。近百年之间,燕秦赵魏齐鲁之墟,鼎彝之出盖以千计,而殷虚甲骨乃至数万。其辞可读焉,其象可观焉;由其辞之义与文之形,参诸情事,以言古人之制,未知视晚周秦汉人之说何如?其征信之度固已过之矣……故今日所得最古之史料,往往于周秦两汉之书得其证明,而此种书亦得援之以自证焉。吾辈生于今日,始得用此二重证明法,不可谓非人生之快事也。①

迄1925—1927年,王氏在清华国学研究院讲授《古史新证》课程时,则又将"二重证明法"易之为"二重证据法":

> 吾辈生于今日,幸于纸上之材料外,更得地下之新材料。由此种材料,我辈固得据以补正纸上之材料,亦得证明古书之某部分全为实录,即百家不雅驯之言亦不无表示一面之事实。此二重证据法,惟在今日始得为之,虽古书之未得证明者,不能加以否定,而其已得证明者,不能不加以肯定,可断言也。②

20世纪30年代以后,随着中国考古学的建立与发展,王氏所说的"地下之新材料"已逐渐从考古发掘所获得的殷契、周金、简帛等古文字资料扩大至田野考古发现的遗迹、遗物等丰富的文化遗存。一个世纪以来,王氏积极倡导并科学实践的"二重证据法",长期受到中国学术界的高度重视。如李学勤先生即曾指出:"几十年的学术史说明,我们在古史领域中的进步,就是依靠历史学同考古学的结合,传世文献与考古发现的互证。今后对上古时期社会、经济和思想观念的探索,还是要沿着这个方向走下去。"③ 众所周知,20世纪20年代前后,王氏虽明确提出了"二重证明法""二重证据法"的概念,但其尚未来得及对其适用限度等问题作出进一步的说明,便溘然离世。20世纪30年代以来,一些学者对"二重证据法"的误用、滥用现象颇为普遍,从而不断引发学术界对"二重证据法"方法论价值的重新思考。近年来,学术界对"二重证据法"既有充分的肯定,亦有质疑、批判乃至全盘否定。学术界对"二重证据法"方法论价值的两极评判,直接影响到中国古代研究的未来路向。为此,笔者仅以禹、启、太康的考古学对应为例,对"二重证据法"的适用限度及发展完善等问题作一番周密细致的考察与审视。

禹、启、太康的考古学对应首先遇到的第一个疑难,是先秦史料的极度贫乏与古史传说的复杂性问题。梁启超先生曾论及,"时代愈远,则遗失史料愈多,而可征信者愈少"④,陈

---

① 王国维:《明堂庙寝通考》,罗振玉校补:《雪堂丛刻》第三册,北京:北京图书馆出版社,2000年,第298—299页。
② 王国维:《古史新证——王国维最后的讲义》,北京:清华大学出版社,1994年,第2—3页。
③ 李学勤:《"二重证据法"与古史研究》,《清华大学学报》(哲学社会科学版)2007年第5期。
④ 梁启超撰,汤志钧导读:《中国历史研究法》,上海:上海古籍出版社,1998年,第41页。

寅恪先生亦讲道:"上古去今太远,无文字记载,有之亦仅三言两语,语焉不详,无从印证。加之地下考古发掘不多,遽难据以定案。画人画鬼,见仁见智,曰朱曰墨,言人人殊,证据不足,孰能定之?"① 王国维先生在批判"信古之过"②,尤其是"疑古之过"学者"于古史材料未尝为充分之处理"③ 的同时,极力主张"上古之事,传说与史实混而不分,史实之中固不免有所缘饰,与传说无异;而传说之中亦往往有史实为之素地"④。王氏的"素地"论,实际上已经暗含了对上古史料进行审查的必要性。这一点,许多学者已经更进一步的论述。如梁启超先生所提出对真赝错出的史料,进行"谨严之抉择"和适当"甄别"⑤,徐中舒先生则更在王国维先生"素地"论基础上进一步阐发了"澄滤"说:"古代传说,本多缘饰之词,但亦当有若干事实,为其素地。此若干事实,如在传说中澄滤而出,即与信史无二。而传说之可信与否,即视澄滤而出之事实之多寡而定。"⑥ 综上可知,对极度贫乏而又纷繁复杂的古史材料进行严格审查,确保文献材料的真实可信,是对禹、启、太康的传说进行考古学对应的基础。

早在 20 世纪 50 年代末,徐旭生试图从文献所保留的资料中找出夏氏族或部落所活动的区域时,即曾对先秦文献中保存的八十条左右包含有夏代地名的史料进行过科学审查。诸如徐氏指出:如果把这些史料分类来看,就有不少属于治水的范围(《尚书·禹贡》篇所举的地名包括春秋战国人所知道地域的全体,对于我们的研究并无用处),还有很多条是谈夏后氏偶然同它们有交涉的氏族。这以上两类,对我们现在的研究无用处,可以不谈。对我们最有用的仅只不到三十条关于夏后氏都邑的记载,绝大部分是在《左传》《国语》《古本竹书纪年》里面。就是在这些很少的条文里面还有些条不大能用。⑦

徐氏举证说:

> 帝宁(《史记·夏本纪》作帝予,《左传》襄公四年作后杼)所迁的老王就不知道在什么地方(《御览》八十二,鲍本作老丘,就有人说它在河南陈留县东北四十五里,可是据商务印书馆影印的宋本《御览》也同《路史·后纪》十三下注一样作老王。所说陈留东北处自是《左传》定公十三年所记宋地的老丘。查陈留县志,只载宋地的老丘,并未载帝宁都城老王或老丘的说法。《路史》注也说"地阙",可见陈留东北的说法是从讹字演出,并非真实)。又《御览》同卷帝廑所都的西河,聚讼很多,字义广泛,很难定各说的是非。这一类史料很难利用。⑧

---

① 王钟翰:《陈寅恪先生杂议》,《纪念陈寅恪教授国际学术研讨会论文集》,广州:中山大学出版社,1989 年。
② 王国维:《古史新证——王国维最后的讲义》,北京:清华大学出版社,1994 年,第 1—2 页。
③ 王国维:《古史新证——王国维最后的讲义》,北京:清华大学出版社,1994 年,第 2 页。
④ 王国维:《古史新证——王国维最后的讲义》,北京:清华大学出版社,1994 年,第 1 页。
⑤ 梁启超撰,汤志钧导读:《中国历史研究法》,上海:上海古籍出版社,1998 年,第 69 页。
⑥ 徐中舒:《殷人服象及象之南迁》,《国立中央研究院历史语言研究所集刊》第二本第一分,1930 年。
⑦ 徐旭生:《1959 年夏豫西调查"夏墟"的初步报告》,《考古》1959 年第 11 期。
⑧ 徐旭生:《1959 年夏豫西调查"夏墟"的初步报告》,《考古》1959 年第 11 期。

诸如徐氏所举，古代文献所记禹、启、太康的各种传说，除去大量后起附会，或被先秦诸子为了宣传某种政治主张而人为加以改造过的内容外，少量见于先秦文献记载的夏代史迹，或若明若暗，或歧义丛生。诸如不少学者对目前几成"共识"的禹都阳城仍存在有争议，就是因为《史记·封禅书》正义引《世本》有"禹都阳城，避商均也。又都平阳，或在安邑，或在晋阳"。一向治学严谨的王国维先生对古代文献所记"禹都安邑"并没有完全相信，在史料极其贫乏的情况下，王氏还是实事求是地说，禹时都邑"无可考"①。又如《北堂书钞》卷十三帝王部引《竹书纪年》："启征西河。"此事亦转载于《太平御览》《路史》等古代典籍，惟先秦文献对该事记载颇为简略，所以，有关启征西河的诸多历史真相，一时很难讲清楚。关于夏代西河地望，学术界至少有6种以上不同说法，而古本《纪年》所记"胤甲居西河"与"启征西河"是否为同一地点，迄今尚缺乏可靠的文献证据作为支持。

禹、启、太康的考古学对应遇到的第二个疑难，和先秦文献类似，夏代的考古资料同样具有固有的复杂性和研究结论的不确定性问题。当代考古学家指出："考古材料本身不会说话，而考古学者的代言，不可避免地会融入研究者的主观认识。在借鉴其他学科理论与方法的过程中，也会产生适配性的问题。"② 正因为此，运用考古学资料进行研究所得结论，往往具有一定的相对性和不可验证性。禹、启、太康的考古学对应问题，在考古学资料运用上同样存在诸如此类的疑难。如考古学家指出，关于夏代文化的种种说法，在未得到确认之前，"都属于科学假说性质"③。"目前任何一种学说，都未能圆满解决涉及夏文化和先商文化的所有问题"④。以遗址地名命名的考古学文化，"其命名有随机性"⑤。考古学遗存同文献所记的古代族属的对应关系"是一个相当复杂的问题"⑥，"仍存在一系列不确定因素"⑦，"还找不到一种符合中国历史实际、清晰并得到广泛认同的理论解说"⑧。

考古学家认为，夏文化是指夏代在其王朝统辖地域内夏族或以夏族为主体的人群创造的物质文化和精神文化遗存，核心内容是关于夏王朝（国家）的史迹。⑨ 显然，限定在一定时间、地域和族属范围内的夏文化，既不包括夏朝建立前夏先公时期文化遗存的先夏文化，也

---

① 王国维：《观堂集林》卷十《史林》二《殷周制度论》，中华书局，1959年，第451页。
② 许宏：《从证经补史到独步史前：考古学对"中国"诞生史的探索》，《南方文物》2016年第1期。
③ 中国社会科学院考古研究所编著：《中国考古学·夏商卷》，北京：中国社会科学出版社，2003年，第18页。
④ 中国社会科学院考古研究所编著：《中国考古学·夏商卷》，北京：中国社会科学出版社，2003年，第18页。
⑤ 中国社会科学院考古研究所编著：《中国考古学·夏商卷》，北京：中国社会科学出版社，2003年，第19页。
⑥ 中国社会科学院考古研究所编著：《中国考古学·夏商卷》，北京：中国社会科学出版社，2003年，第18页。
⑦ 中国社会科学院考古研究所编著：《中国考古学·夏商卷》，北京：中国社会科学出版社，2003年，第19页。
⑧ 中国社会科学院考古研究所编著：《中国考古学·夏商卷》，北京：中国社会科学出版社，2003年，第18页。
⑨ 中国社会科学院考古研究所编著：《中国考古学·夏商卷》，北京：中国社会科学出版社，2003年，第8页。

不包括夏朝灭亡后一段时间内夏族遗民在特定地域、特定条件下继续夏族传统所留下的文化遗存的夏遗民文化。从历史学的角度而论，商汤伐桀，商朝建立的同时，就标志着夏朝已亡；然而夏朝国家建立的标志，则远未形成共识。除了学术界以往分别以禹、启作为夏朝国家的建立者两种不同的说法外，笔者曾详密论证，太康才是夏朝国家真正的建立者①。正因为此，考古学家虽然判定"分布在夏王朝中心统辖区内、处于夏代纪年范围、与二里头文化有清楚传承关系的王湾三期文化和'新砦期'遗存，应当就是夏人建立夏王朝前后的文化遗存"②；但他们还是实事求是地指出，"夏王朝前的'先夏文化'和夏代早期的夏文化如何准确划分，尚待相关的考古发现与研究予以解决"③。既然如此，在材料尚不充分和研究尚不深入的情况下，将河南龙山文化晚期和二里头文化一至四期都视为夏文化的"主流"观点，尚远不能视为学术研究的最后定论。

综上可知，先夏和夏代早期，无论文献记载，还是考古学资料，都具有固有的复杂性和不确定性等特点，科学运用二重证据法，将考古学文化与禹、启、太康的传说相互对应，在学理上还存在诸多疑难。诸如，考古学家指出，晋西南的"夏墟""大夏"，先秦文献有明确记载，但从二里头东下冯类型的遗址数量和规模看，同"大夏"并不相称④。又如，新砦遗址中心广场大型浅穴式建筑的性质，目前学术界也仅仅推测其为古代文献祭祀设施的坎⑤；历年来新砦遗址出土的遗物基本为生活用具、农业和渔猎工具，并未发现与军事城堡或政治中心相关的大量的兵器及高规格的礼乐器，显然，新砦遗址的政治、军事功能并不显著。新砦文化遗存的时间跨度远远超出文献所记禹、启的年代范围，且略早于羿浞代夏的年代。简单地判定新砦文化遗存与古代文献所记启居黄台、羿浞代夏等对号入座，未免过于武断，有将纷繁复杂问题简化之嫌。以上表明，二重证据法是有一定的适用限度的，无限制扩大二重证据法的适用限度，滥用、误用二重证据法，只能将蓬勃发展的古史研究引向新的混乱⑥。

三、夏文化探索与夏史重建的路径

早在 20 世纪末，有的学者曾经对未来的夏文化探索与夏史重建工作提出以下意见：

> 现在的关键是，通过考古发掘找到夏代文字，从而打开夏文化探索中瓶颈。而种种

---

① 周书灿：《太康——夏朝国家的真正建立者》，《学术月刊》2008 年第 7 期。
② 中国社会科学院考古研究所编著：《中国考古学·夏商卷》，北京：中国社会科学出版社，2003 年，第 45—46 页。
③ 中国社会科学院考古研究所编著：《中国考古学·夏商卷》，北京：中国社会科学出版社，2003 年，第 46 页。
④ 中国社会科学院考古研究所编著：《中国考古学·夏商卷》，北京：中国社会科学出版社，2003 年，第 18 页。
⑤ 中国社会科学院考古研究所、郑州市文物考古研究所：《河南新密市新砦城址中心区发现大型浅穴式建筑》，《考古》2006 年第 1 期；《新密新砦城址中心区大型浅穴式建筑的性质再思考》，《华夏考古》2011 年第 1 期。
⑥ 近日沈长云继续申论"石峁遗址是古代黄帝部族的居邑，石峁一带同时是姬周族人最早发祥地"的"新论"。参见《华夏族、周族的起源与石峁遗址的发现和探究》，《历史研究》2018 年第 2 期。

迹象表明，夏代文字的破土而出，已是为时不远的事情了。我们相信，现在将文献传说和考古发掘材料相结合的重建夏史工作，将因夏代文字的出土而更加可信。①

时过境迁，自20世纪30年代即开始的夏代有无文字的论争，至今仍未结束，但二里头文化至今没有发现可以确认的成篇文字这一客观的事实，宣告了上举某些学者"夏代文字的破土而出，已是为时不远的事情了"的"迫切愿望"，只不过是出于一时的大脑兴奋或思绪冲动，与此同时，曾断言夏代"有文字"②的学者，早在此前就已实事求是地讲道："不能把希望单纯寄托在文字的发现上。"③事实上，目前判定夏代"有文字"的专家，所采用的显然是一种大胆的默证方法，推论多于考证④，显然难以令人完全信服。近日《第一财经日报》A11版《阅读周刊》，用了一个整版刊发了孙庆伟、许宏关于中国历史上究竟能不能确认有夏代的论争⑤，激烈的论争之后恰恰凸显出目前夏文化研究的重要困境：古史文献描述与考古实物之间，始终无法完全对应，缺少一项直接、可见的实物证据作为连接——如殷墟甲骨这样的出土文献⑥。然而力主"在历史学的语境下进行考古学研究"的孙庆伟认为，"找到夏文化，不一定要靠出土文献"；以考古学为本位的考古学家许宏则认定，"在没有出土如甲骨文那样的自证性文书材料之前，（夏在考古学上）这问题，不可能彻底解决"。他甚至质疑，"关于夏的问题是不是最终可解"，"它是不是一个真问题"。在我们今天看来，"夏的问题是不是最终可解决"，尚值得进一步思考，然质疑夏的问题"是不是一个真问题"，则大可不必。学术问题历来有可以短时期解决的，也可能有长期乃至永久无法解决的，不能说能短期解决的叫真问题，长期乃至永久无法解决的问题就叫假问题。显然，目前学术界更应该深刻思考的则是，能否打开制约夏文化探索的瓶颈，准确把握夏代信史重建的关键。

长期以来，考古学者在探索夏文化的过程中，逐渐建立起"时间、空间与相关考古学文化对证法""文化因素分析法"和"都城推定法"等方法。考古学家指出，"以上方法都有其科学性和可行性，每种方法又有局限或不确定性"⑦，以上多种方法互为补充，相辅相成，是长期以来学术界探索夏文化的最常用的主要方法。而孙庆伟所说的"把不同的考古学文化

---

① 李学勤主编：《中国古代文明与国家形成研究》，昆明：云南人民出版社，1997年，第316页。
② 中国先秦史学会、洛阳市第二文物工作队编：《夏文化研究论集》，北京：中华书局，1996年，李学勤《序》，第1页。
③ 中国先秦史学会、洛阳市第二文物工作队编：《夏文化研究论集》，北京：中华书局，1996年，李学勤《序》，第1页。
④ 如考古学家推测，"二里头文化至今尚未发现可以确认的成篇文字，揣测其缘由，一是当时能认识、掌握文字的人很少，王室典册又埋藏在特定地点，很难发现；二是受文字载体质料及埋藏环境的限制，若当年的成篇文字写在竹、木、简帛有机质材料上，便很难保存下来。"见中国社会科学院考古研究所编著：《中国考古学·夏商卷》，北京：中国社会科学出版社，2003年，第126—127页。
⑤ 孙行之：《孙庆伟VS许宏：中国历史上究竟能不能确认有夏代》，《第一财经日报》2018年7月20日A11版《阅读周刊》。以下所引孙、许观点和主张，均出自该篇报道，不再一一出注。
⑥ 孙行之：《孙庆伟VS许宏：中国历史上究竟能不能确认有夏代》，《第一财经日报》2018年7月20日A11版《阅读周刊》。
⑦ 中国社会科学院考古研究所编著：《中国考古学·夏商卷》，北京：中国社会科学出版社，2003年，第9页。

排除出去，剩下的就是夏文化"的"排除法"，较之此前考古学家常用的多种方法互补法，是否更具有可行性，笔者是持怀疑态度的。诸如孙氏根据邹衡先生大范围的比较，从器物类型上简单地区分出以"罐"为主的夏文化和以"鬲"为代表的商文化，"排除以鬲为主的文化聚落之后，剩下的就是夏文化"的方法，看似简单易行，然而这一简单可行的排除，则把纷繁复杂的问题一下子简单化了。事实上，"排除"和"确认"是二而一的问题，对于夏文化以外其他文化的"排除"之前，是否同样遇到一个考古学文化的"确认"问题？显然对夏文化以外其他文化的"排除"，从理论上讲，则可能比"确认"夏文化更为复杂繁难。

与此同时，许宏则反复强调，"在考古学上，目前夏处于既不能证真也不能证伪的状态"，"现在无法说有没有夏，无法下定论"。"二里头遗址极有可能是夏，或最有可能是夏，但我不能说它肯定就是夏"。这里，许宏所说的"既不能证真也不能证伪"，实际上是史学方法论上所说的默证。默证法是一种并不健全的方法，诸如夏代文字有无问题的最终解决，只能如有的学者所说，寄希望夏代文字的"破土而出"；但还有一种可能，那就是夏代本来就没有文字，倘若如此，则夏代文字的"破土而出"则必然是一个假命题。如此用并不确定有无的夏代文字的"破土而出"来循环论证夏代文字的有无，自然有可能永远得不出科学的结论。显然，无论是夏文化探索，还是夏代信史的重建，寄希望于或许根本就不存在的夏代文字的"出土"，无异于痴人说梦，天方夜谭！

此前，以考古学为本位的考古学家曾指出："探索夏文化是一个考古学课题，又是一个从历史文献中提出的课题。"① 然而，夏文化探索和夏史重建的路径，究竟是"以科学发掘的实物史料为基础，印证文献记载，证明夏王朝的历史存在，复原夏代社会面貌"②，还是"从文献所保留的资料中"③，"找出夏氏族或部落所活动的区域"④，"从它活动范围以内去研究夏文化有什么样的相同的或相类的特征"⑤？这不仅关涉到夏文化探索和夏史重建过程中，文献资料和考古资料使用的主次问题，实际上也直接关乎夏文化探索和夏代信史重建的路径问题。近年来，先秦史研究中重考古资料、轻文献材料，重出土文献、轻传世文献乃至完全抛弃传世文献的学术倾向越来越明显，"简牍热"所带来的"学术繁荣"背后，材料审查缺失、文献材料和考古材料疏离所造成的古史研究碎片化乃至泡沫化现象，已逐渐引起学术界的高度关注。

事实上，这一问题，历史学家早已注意到了。如傅斯年先生曾就古史研究中新旧材料的使用作过系统论述：

> 必于旧史史料有工夫，然后可以运用新史料；必于新史料能了解，然后可以纠正旧

---

① 中国社会科学院考古研究所编著：《中国考古学·夏商卷》，北京：中国社会科学出版社，2003年，第9页。
② 中国社会科学院考古研究所编著：《中国考古学·夏商卷》，北京：中国社会科学出版社，2003年，第9页。
③ 徐旭生：《1959年夏豫西调查"夏墟"的初步报告》，《考古》1959年第11期。
④ 徐旭生：《1959年夏豫西调查"夏墟"的初步报告》，《考古》1959年第11期。
⑤ 徐旭生：《1959年夏豫西调查"夏墟"的初步报告》，《考古》1959年第11期。

史料。新史料之发见与应用,实是史学进步的最要条件;然而但持新材料,而与遗传者接不上气,亦每每是枉然。从此可知抱残守缺,深固闭拒,不知扩充史料者,固是不可救药之妄人;而一味平地造起,不知积薪之势,相因然后可以居上者,亦难免于狂猖者之徒劳也。①

和王国维先生据"地下之新材料"补正"纸上之材料"的旨趣不同,傅先生更加强调新、旧材料之间"如积薪之势","相因居上";二者之间密不可分,缺一不可。在"古来新学问起,大都由于新发见"② 的新史学思想主导学术界的氛围下,傅先生极力强调旧史料在古史研究中的基础地位和作用,可谓独具卓识。

此后,金景芳先生曾经批评"单纯地主张依靠地底下掘出的史料讲古史"的局限性:

> 地底下掘出的史料也有它的不可克服的缺点。第一,它不是自明的;第二,它缺乏理论性和系统性。例如地底下掘出的史料一般都没有文字,当然认识不易。即便有文字的,如甲骨文、金文,假如不是具有正确的观点,又有丰富的历史知识和文字学知识,纵然说认识,也是不足凭信的。又地底下掘出的史料大都是偶然的、零星的发现,所能说明的问题有很大的局限性,不像文献史料大半都是经过选择而保留下来的重大事件的记录。③

王玉哲先生在强调甲骨文资料对于研究商代史的重要意义的同时,继续指出:

> 设想假如没有《史记·殷本纪》对商代史的简陋记载,只凭地下发现的甲骨文资料,任你是伟大的古文字学或古史学大家,是否能顺利地把甲骨文资料整理成系统而丰富的商代史还是个疑问……由此可知,我们研究商代史,对地下发现的甲骨文资料当然必须重视,但对简陋的传世文献《殷本纪》的价值也绝对不能低估,或弃之不用。④

此外,积极倡导"以传统史料为基础……同时也当然需要尽量利用出土文献来弥补其不足之处"⑤ 新理论的夏含夷先生也曾特别强调"铜器铭文都显现出一种非常主观的倾向"⑥:

> 新出文物的价值……学术界早有共识。然而,治西周史的学者也不应过于轻信,对铜器铭文所记载的史事之可信性不加分析,便用来重新论述西周时代的历史演变,骤然地形成新的史观。我们须知,尽管这种新史料未经后人删改润蚀,可是对史事也并非都

---

① 傅斯年:《史学方法导论》,刘梦溪主编:《中国现代学术经典·傅斯年卷》,石家庄:河北教育出版社,1996年,第270页。
② 王国维:《最近二、三十年中国新发见之学问》,《王国维遗书》(五)《静庵文集续编》,上海:上海古籍出版社,1983年,第65页。
③ 金景芳:《中国古代史分期商榷(上)》,《历史研究》1979年第2期。
④ 王玉哲:《中华远古史》,上海:上海人民出版社,2000年,《自序》第6—7页。
⑤ [美] 夏含夷:《西周之衰微》,《古史异观》,上海:上海古籍出版社,2005年,第207页。
⑥ [美] 夏含夷:《西周之衰微》,《古史异观》,上海:上海古籍出版社,2005年,第206页。

是客观公允的加以记载，因而不能看待为档案或客观史实。①

综上可知，自中国考古学建立以来，学术界从未否定田野考古资料和古文字材料对于中国古史研究的重要价值和作用，但与其同时，更多的史学家则更加强调传世文献在古史研究中，田野考古材料和古文字资料所无法完全替代的基础地位和作用。以上卓识对于当前和未来的夏文化探索与夏代古史重建，具有重要的借鉴价值和启发意义。《尚书》《诗经》《左传》《国语》《竹书纪年》《山海经》《楚辞》与诸子书，均有有关夏代史事的零散记录。迄西汉时期，司马迁广泛搜集各种来源各异的夏代文献，并通过大量实地走访调查，比较甄别，归纳综合，撰写出《夏本纪》，首次对夏代历史进行了一次系统的整理研究。和撰写《五帝本纪》类似，司马迁在"书缺有间"的情况下，"择其尤雅者"，编撰成书，其目的很显然是试图在材料极不充分的情况下，为后人提供一些有价值的、乃至自相矛盾的历史线索，供后人在批判继承的基础上进一步作实事求是的科学研究。显然，在此后相当长的时期，夏文化探索和夏代信史重建的学术目标，显然并非"证明夏王朝的历史存在，复原夏代社会面貌"，而应是在文献记载的夏朝区域中心范围内，运用考古学的方法，通过综合比较，逐步明确夏文化的核心类型及文化特征。以传统的文献记载为基础，结合人地关系、生产生计、聚落形态、社会结构、人群交流等夏代社会考古学新的研究成果，逐步完成夏代信史的重建工作。彻底抛弃传统文献，完全依赖田野考古资料探寻夏文化与重建夏代信史，则可能正如傅斯年先生所说，"每每是枉然"，"亦难免于狂狷者之徒劳也"！

作者简介：周书灿，男，苏州大学社会学院教授。

---

① [美] 夏含夷：《西周之衰微》，《古史异观》，上海：上海古籍出版社，2005年，第206页。

"韦编三绝"新说——兼及古籍称经的由来

南开大学历史学院　朱彦民

摘　要：对于记载孔子读易"韦编三绝"的解释，一般认为"韦编"就是"熟牛皮绳"。考证"经""纬"二字作为纺织布匹时纵线和横线的本义，结合战国秦汉时期就已经出现了典籍称"经"的现象，可知以"韦编"为"熟牛皮绳"的说法是不当的。经纬本是纺织用词，用在简牍文书上，就是其形似类比的引申义。简册上纵向的竹简就如同织机上的经线，而横向编联的丝绳就像织机的纬线。"巠""韦"分别是"经""纬"初字，"韦编"（即"纬编"）指简册上横向的编纶。

关键词：韦编三绝　经　纬　书籍制度

孔子是我们读书人的祖师爷，他读书刻苦，手不释卷，是我们现在读书人的一个榜样。

据《史记·孔子世家》记载："孔子晚而好《易》，序《彖》《系》《象》《说卦》《文言》。读《易》，韦编三绝。曰：'假我数年，若是，我于《易》则彬彬矣。'"

这段记载是说孔夫子晚年喜欢读《易经》，他写了《彖辞》《系辞》《象辞》《说卦》《文言》等易传。孔子读《易经》刻苦勤奋，以致把编联简册的丝绳弄断了多次。他还说："再让我多活几年，这样的话，我对《易经》的文辞和义理就能够充分掌握理解了。"司马迁去孔子之时不远，此段记载当为可信，而且马王堆帛书《易传》的发现也为我们提供佐证，孔夫子就是一个非常喜欢读易的人。

这其中有一个"韦编三绝"的成语典故，历来脍炙人口，读书人尽人皆知，耳熟能详。后来人们就用"韦编三绝"来比喻一个人读书勤奋刻苦，与后来的诗句"读书破万卷"（杜甫《奉赠韦左丞丈二十二韵》）意思相似。

正因为该典故出自孔子读《易》，所以后来人们就以"韦编"借指代称《周易》。比如南朝梁刘勰《文心雕龙·宗经》："夫《易》惟谈天，入神致用，故《系》称旨远辞文，言中事隐；韦编三绝，固哲人之骊渊也。"唐许浑《元处士自洛归宛陵山居》诗："紫霄峰下绝韦编，旧隐相如结韣前。"自注："元君旧隐庐山学《易》。"唐杨炯《〈王勃集〉序》："每览韦编，思弘大《易》。"杨炯《中书令汾阴公薛振行状》："在邛都十余载，沉研《易》象，韦编三绝，赋诗纵酒，以乐当年。"元耶律楚材《过天德和王辅之诗》其四："韦编三绝耽牺

《易》,萧散风神真隐人。"其次,"韦编"更多的场合是泛指古籍。比如唐周弘亮《除夜书情》诗:"还伤知候客,花景对韦编。"唐崔融《代皇太子请修书表》:"以周公之上圣,日读百篇;以孔父之多能,韦编三绝。"明陈汝元《金莲记·慈训》:"今汝萤火曾亲,蠹书堪读,可将玉管,从事韦编。"田北湖《论文章源流》:"始点漆于韦编,继操刀于简版。"《晋书·王湛传》:"史臣曰:叶宣尼之远契,玩道韦编。"元翁森《四时读书乐》:"坐对韦编灯动壁,高歌夜半雪压庐。"等等,这些都是"韦编"后来的引申意义。

那么,"韦编三绝"中的"韦编"究竟指什么呢?这是今天我们要讲的一个重点问题。

一、传统解释:"韦编"为牛皮绳

自来注解《史记》中这一典故者,大都认为"韦"即皮韦、熟牛皮条,即经过去毛加工制成的柔皮,古代书籍是写在竹木简上,用熟牛皮条穿起来的,"韦编"就是竹简上熟牛皮编绳。言称孔老夫子读书勤奋,反复研读《易经》,竟然把编联竹简的坚韧的牛皮绳都翻断了多次,可见其读书用功之勤苦。

这是一个大家都普遍认可、略无疑惑的解释。众人所以相信它,主要有如下根据:比如《周礼·考工记序》:"攻皮之工,函、鲍、韗、韦、裘。"依据《周礼正义》等注疏我们知道,函(甲)、鲍(鞣治生革)、韗(造鼓)、韦(鞣治生革)、裘(主制皮裘),这些都与皮革制造业有关。所以《说文解字》"韦部"云:"韦,相背也,从舛,口声,兽皮之韦可以束,枉戾相韦背,故借以为皮韦,凡韦之属皆从韦。"

此外,从其他类书和纬书文献中也可以为此说找到证据。比如北宋类书《太平御览》卷六百一十六中也有孔子读《易》的这段文字,只是较《史记·孔子世家》多出了两句话,其文云:"孔子晚善《易》,韦编三绝,铁擿三折,漆书三灭也。"① 纬书《论语比考谶》有:"孔子读《易》,韦编三绝,铁擿三折,漆书三灭。"② 东晋葛洪《抱朴子·祛惑》:"常劝我读《易》云,此良书也,丘窃好之,韦编三绝,铁挝三折,今乃大悟。"③ 又清代王世禛《池北偶谈·谈异》:"《论语谶》云:孔子读《易》,韦编三绝,铁挝三折,漆书三灭。后世但知韦编一语,下二语遂不著。又王原叔云:颜子读书,铁镝三摧。"由此学者便认为古本《史记》原是有后两句的,并以"铁擿"之"铁"、"漆书"之"漆"皆为材质,进而推断"韦编"之"韦"也是材质,所以"韦编"为熟牛皮绳。

正因为如此,所以历来学人信奉此说,略无疑处。现当代也有不少学者属文论证这一观点,为这一传统的说法提供证据④。

---

① (宋) 李昉《太平御览·经史图书纲目》,北京:中华书局,1960年影印本,第4—5页。
② 赵在翰辑,钟肇鹏、萧文郁点校:《七纬》,北京:中华书局,2012年,第768页。
③ 王明:《抱朴子内篇校释》卷20《祛惑》,北京:中华书局,1985年,第348页。另,原校:"挝"一作"擿",第354页。
④ 肖时占:《"韦编三绝"之"韦"新解质疑——向商承祚求教》,《怀化师专社会科学学报》1988年第4期;金文明:《"韦编三绝"一枝独秀小考》,《咬文嚼字》2000年第12期;牟辉中、解伦锋:《"韦编三绝"之"韦"释义辨正》,《安徽文学》2009年第1期;等等。

二、牛皮绳说站不住脚

但也有少数学者还是从中发现了问题,对于这样一个传统的观点持怀疑态度,如商承祚①、张显成②等都认为"韦"并非材质,不是牛皮绳。我们认为,传统的说法也确实有可商之处。

首先,关于古代书简的形制,过去多有文献记载,而且不同书籍的记载又多不一致,甚至相互抵牾,因此很难了解这种古老的竹木质书简的真相如何。近现代以来,全国各地出土了大量的简牍文书实物,这为考察古代书籍的形制提供了极为有利的条件。比如 1930 年发现的《居延汉简》约 2 万支竹木简,其中有后汉永元七年的器物薄"候兵物册",由 77 根木简编成,编简的麻绳依然完好③。1959 年在武威汉墓中发现 504 支竹木简,其中有古经书《仪礼》,编绳虽已烂掉,而痕迹犹存④。后来发现的古代简牍材料多了起来,更能说明问题。就目前可见的出土竹木简而言,不管是湖南、湖北、河南等地的战国楚简,还是湖北、湖南、四川等地的秦国简牍,抑或是汉晋时期的西北流沙坠简,都是用丝绳或麻绳编连的,"出土简的编纶材料多为麻绳,有少许丝绳(如信阳楚简),而未见牛皮绳。"所以从考古实物来看,"韦编"是牛皮绳编纶的说法,没有考古学实物材料的支持⑤。

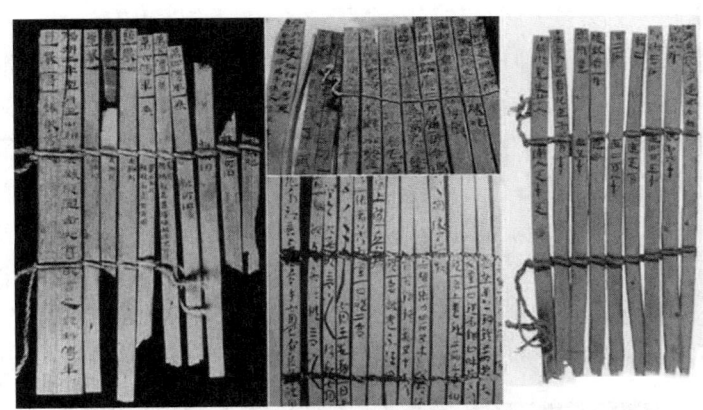

其次,在古代文献记载中,关于古代简牍文书的编纶,也只是见到丝绳质料,也没有见有牛皮绳的说法。比如,早在晋武帝时在河南汲县盗发魏襄王墓得十几万支竹简,当时整理这批竹简的著名学者荀勖在《穆天子传序》中也说"古文《穆天子传》者……皆竹简素丝编"。《太平御览》卷六百零六引:"刘向《别传》曰:《孙子》书以杀青简,编以缥丝绳。"唐代虞世南《北堂书钞》引刘向《别录》则作:"《孙子》书以同已杀青简,编以缥系绳。"

---

①商承祚:《"韦编三绝"中韦字音义必须明确》,《商承祚文集》,广州:中山大学出版社,2004 年,第 462 页。
②张显成:《简帛文献学通论》,北京:中华书局,2004 年,第 121 页。
③劳干:《居延汉简·图版之部》,台北:"中央研究院"历史语言研究所,1957 年;中国社会科学院考古研究所:《居延汉简甲乙编》,北京:中华书局,1980 年。
④中国科学院考古研究所、甘肃省博物馆:《武威汉简》,北京:文物出版社,1964 年。
⑤刘鸿雁《"韦编三绝"别释》,《江海学刊》2006 年第 1 期。

《文选》卷三八《为范始兴作求立太宰碑表》注云:"刘歆《七略》云:《尚书》有青丝编目录。"《南史·王僧虔传》:"楚王冢书青丝编。"等等,以上诸多文献皆言古书编纶为丝质的线绳,皆未提及简册有皮制编绳。

再者,简册制作过程中,对竹简编绳材质也是有严格要求的,"编联之绳必须柔软而细,才能便于简册的展开和收卷,牛皮绳子(或牛皮条)干了以后便极硬,毫无柔软性,是根本不能用来编简册的……"① 由此也可知道,以"韦编"为"熟牛皮绳"的观点是不能成立的。

三、牛皮绳说证据之错误

如上所论,既然文献记载、考古实物和生活常识都不支持"韦编"为牛皮绳的说法。那么这种传统说法是怎么得来的呢?

其实,说其为传统说法,也不是有多悠久的历史。因为《史记》记载了孔子刻苦读易"韦编三绝"的事迹,《史记》"三家注"(南朝宋裴骃《史记集解》、唐司马贞《史记索隐》、唐张守节《史记正义》)对此均无解说,可见古人(至少是隋唐以前的人们)对于"韦编"为何物,是有清醒认识的,不存在争议的,也不用注解的。而可知的唐代人对此的看法,见之于颜师古《汉书注》。《汉书·儒林传》对孔子"韦编三绝"也有记载:"盖晚而好《易》,读之韦编三绝,而为之传。"颜师古于此注曰:"编,联次简也。言爱玩之甚,故编简之韦为之三绝也。"颜氏之《汉书注》,号称"一遵轨辙","不妄下雌黄",世人多赞许之。而细读此处颜注,也未将"韦"字解为牛皮绳,而是说"编简之韦",似有"编简之纬线"之意。《皇朝经世文·学术译著》:"自古在昔,书籍极少,读经者亦不多。盖古时书籍皆刻竹木为之,故谓之简编。简编者,刻之于简而以韦编其次。孔子读易曰'韦编三绝',此之谓也。"同样也未解"韦"为牛皮绳,"以韦编其次"似乎也是指以纬线横编竹简之意。

那么,真正坐实并影响古今视听者,可能就是上举《太平御览》所引和纬书《论语比考谶》等文献中的说辞了。但是,细审这些纬书之词,这些说法是颇有问题的。

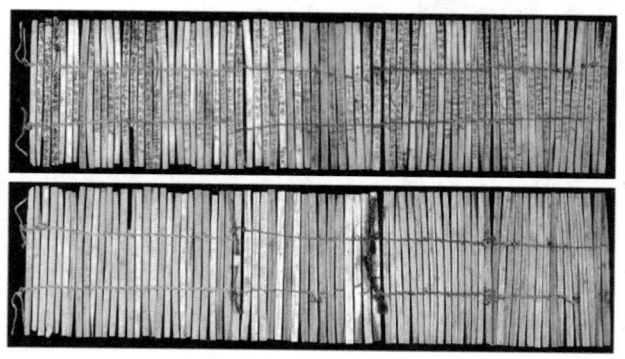

居延汉简永元器物薄

---

① 张显成:《简帛文献学通论》,北京:中华书局2004年,第122页。

首先，从史源来讲，《太平御览》这则引文最早见于纬书《论语比考谶》，原文作："孔子读《易》，韦编三绝，铁擿三折，漆书三灭。"① 我们知道，谶纬之学盛行于东汉，"其特点是以谶说经，以经证谶，即假托经文经义，附会人事吉凶祸福，预言帝业治乱兴废……因此可以说，纬学就是方士的经学，是被方术神化了的经学"②。在纬书中，像这样增益原文、神化孔子的例子并不少见，如③：

  丘作《春秋》，天授《演孔图》。(《春秋演孔图》)
  孔子作《春秋》，陈天人之际，记异考符。(《春秋握诚图》)

这两则纬书引文的前半句同样见于《史记》之《孔子世家》《仲尼弟子列传》，但后半句显然是谶纬家的增益、附会，目的就是为了神化孔子圣人形象，为其经学神学化服务。可见《论语比考谶》那则引文的后两句极有可能是东汉谶纬家对《史记》原文的增益、附会之辞。从编纂《太平御览》所用的史料来看，除《论语撰考谶》《论语摘辅象》等《论语纬》外，还参考了《周易纬》《尚书纬》《诗纬》《春秋纬》《孝经纬》等大量纬书（《太平御览·经史图书纲目》），凡数十种，足见编纂人员对谶纬材料的重视。古人引书为文没有现在的学术规范意识，往往凭借记忆直接引用，在类书编纂方面尤其如此，对原文的增补、删削皆为编纂目的服务，所以编纂者在引用《史记·孔子世家》那句话时很可能受纬书影响，加入《论语比考谶》增益的后两句话。

其次，后两句话中的一句亦见于东晋炼丹家葛洪的《抱朴子·祛惑》："昔有古强者，自言孔子劝我读《易》，云，此良书也，丘窃好之，韦编三绝，铁擿三折，今乃大悟。"文中只用了《论语比考谶》关于孔子读《易》三句话的前两句，且未注明出处。引文之言荒诞无稽，颇具谶纬色彩。据《晋书·葛洪传》记载，葛洪"少好方术，负步请问，不惮险远。每以异闻，则以为喜"。东汉以后，谶纬之书禁而不绝，钟肇鹏认为，"南朝递禅，这些帝王既利用谶纬，即位之后又加以禁绝"④，道出了个中原因。所以葛洪《抱朴子》的征引，可视为东汉以来《论语比考谶》增益的"铁擿三折，漆书三灭"两句在方术家中流传的一个例证。况且在葛洪《抱朴子》中，除了《祛惑》篇引"韦编三绝"之外，同一书中还多次引到此典故，比如《抱朴子·外篇·自叙》："圣者犹韦编三绝，以勤经业；凡才近人，安得兼修？"再如《抱朴子·勖学》："周公上圣，而日读百篇；仲尼天纵，而韦编三绝；墨翟大贤，载文盈车；仲舒命世，不窥园门。倪宽带经以耘锄，路生截蒲以写书，黄霸抱桎梏②以受业，宁子勤夙夜以倍功。故能究览道奥，穷则微言。"这些地方也只是说"韦编三绝"而不及"铁擿三折""漆书三灭"，可见葛洪自己也不坚信后两者的确切性。

复次，在《史记·孔子世家》中，孔子读《易》"韦编三绝"本来是一句写实的话，若

---

① （清）赵在翰辑，钟肇鹏、萧文郁点校：《七纬》，北京：中华书局，2012年，第768页。
② 孙钦善：《汉代的纬学和纬书》，《文献》1985年第4期。
③ （清）赵在翰辑，钟肇鹏、萧文郁点校：《七纬》，第372、603页。
④ 钟肇鹏：《纬书论略》，辽宁教育出版社，1991年，第30页。

加上后两句，就会极不合常理，孔子晚年喜《易》，“铁擿”怎会“三折”（多次折断）①？距今两千余年的郭店简、上博简的字迹尚且清晰可识，“漆书”如何“三灭”（多次磨掉）？太史公号称“良史”，岂会有此等不实之辞？即便《史记》在行文上讲究文学修辞，将其理解为一组排比的比喻句，然如此拖沓的排比在《史记》中确乎闻所未闻。还有重要的一点，班固《汉书·儒林传》中也出现过这句话：“（孔子）盖晚而好《易》，读之韦编三绝，而为之传。”其中就没有谶纬家附会的后两句，这恐怕不是所谓《史记》为了“行文简洁的需要”而删掉了所能解释得通的。

综上可知，《太平御览》中关于孔子读《易》的那段引文不是《史记》中原有的文字，而是后世谶纬方家附会增饰的，那么“韦编”为牛皮绳的论证也就难以成立了。

四、经字本义与经纬

综上所论，我们知道了“韦编”之“韦”不是牛皮绳。那么它是什么呢？我们认为，“韦编”之“韦”就是“经纬”之“纬”。要解决这个这个问题，还需要引出与之相关的“巠”（经）字，只有将两者一起考证，更能说明问题。

1、“巠”（经）字解说

先来看看“巠”（经）字。甲骨卜辞中尚未发现“经”字，而西周铜器铭文中则出现了“巠”字，多用为“经”字，有如下几种写法：

（大盂鼎、克鼎、㝬簋、师克盨、毛公鼎）

金文中，也有“经”字，如西周虢季子白盘、齐国陈曼簠中的“经”字，分别作、形，已经加上了绞丝旁。

《说文·川部》：“巠，水脉也，从川在一下，一地也，壬省声。一曰水冥巠也。”《说文·糸部》：“经，织从（纵）丝也。从纟、巠声。”段玉裁注云：“织之从（纵）丝谓之经，必先有经而后有纬，是故三纲五常六艺谓之天地之常经。”② 段氏将“经”解释为“织从（纵）丝”，较许慎之说更贴近该字本义。容庚认为，“巠，孳乳为经。”③ 林义光也说：“巠即经之古文，织纵丝也。川象缕，壬持之，壬即 字，机中持经也。”④ 郭沫若也有类似看法：“余意‘巠’盖‘经’之初字也，观其字形，前鼎作，后鼎作，均象织丝之纵线形。从糸作

①许慎《说文解字》第十二上：“擿，搔也。”段注认为，是一种搔头的器物，形如簪子，细长而两头略尖。即便如金文明所言，将其解释为用来编联简册的“铁制长针”，那么也断无多次折断的道理。

②段玉裁：《说文解字注》第13，北京：中华书局，2013年，第650页。

③容庚：《金文编》卷11，北京：中华书局，1985年，第742页。

④林义光《文源》卷二，转引自李圃主编《古文字诂林》（第9册），上海：上海教育出版社，1999年，第268页。

之经，字之后起者也。《说文》分巠、经为二字，以巠属于川部，云'巠，水脉也，从川在一下，一地也，壬省声。一曰水冥巠也。'说殊迂阔。"① 关于"经"字本义尚存在多种说法，在此我们采纳容、林、郭等的观点。

从西周铜器铭文及传世文献来看，"巠（经）"字在西周、春秋时期出现了引申义：

> 余亡康昼夜，巠雝先王。（默簋，《集成》4317，西周晚期）
> 今余唯肇巠先王命。（毛公鼎，《集成》2841，西周晚期）
> 经德秉哲。（《尚书·酒诰》）
>
> 二三子顺天明，从君命，经德义……（《左传》哀公二年）

上述引文中的"巠（经）"皆为遵循之意。"巠（经）"有时也用作名词，如："敬雝德巠"（大盂鼎，《集成》2837，西周早期），这里的"巠"用作名词，意为"纲纪"②。传世文献中"经"字亦有此用法，如："恕而行之，德之则也，礼之经也。"（《左传》隐公十一年）又如："夫礼，天之经也，地之义也，民之行也。天地之经，而民实则之。"（《左传》昭公二十五年）③ 等等，用的都是"经"字引申义——纲纪。一般来说，织布的两个基本步骤即先固定纵向的经线，再以横向的纬线穿梭其间④，那么经线就如同被遵循的标准，于是"巠（经）"字就有了遵循、纲纪等引申义。

2、由"经"字到典籍称"经"现象

"经"字的上述引申义恰好与战国时代"经"的产生背景相契合，《韩非子·显学》篇云⑤：

> 世之显学，儒、墨也。儒之所至，孔丘也。墨之所至，墨翟也。自孔子之死也，有子张之儒，有子思之儒，有颜氏之儒，有孟氏之儒，有漆雕氏之儒，有仲良氏之儒，有孙氏之儒，有乐正氏之儒。自墨子之死也，有相里氏之墨，有相夫氏之墨，有邓陵氏之墨。故孔、墨之后，儒分为八，墨离为三，取舍相反不同，而皆自谓真孔、墨，孔、墨不可复生，将谁使定世之学乎？

学派内部的分化现象反映了战国时代学术的发展盛况，此即"经"产生的学术文化背景。以儒家为例，孔子既殁，七十子及后学皆传习诗、书、礼、乐、易、春秋"六艺"，因观点不同进而形成不同流派，即所谓的"儒分为八"。但无论怎样有分歧，他们著书立说皆以"六艺"为标准和纲纪，那么"六艺"就如同织机上纵向的经线，所以便有了"六经"之

---

① 郭沫若：《金文从考·释巠》，转引自李圃主编《古文字诂林》（第9册），上海：上海教育出版社，1999年，第268页。
② 刘翔等：《商周古文字读本》，北京：语文出版社，1989年，第83页。
③ 杜预：《春秋经传集解》第1、25，上海：上海古籍出版社，1988年，第60、1516页。
④ 赵翰生：《中国古代纺织与印染》，北京：商务印书馆，1997年，第138—140页。
⑤ 陈奇猷：《韩非子新校注》卷19《显学》，上海：上海古籍出版社，2000年，第1124页。

名,此处的"经"用的正是该字的引申义——纲纪。清儒章学诚也认识到这一问题,他指出:"然夫子之时,犹不名'经'也。逮夫子既殁,微言绝而大义将乖,于是弟子门人各以所见、所闻、所传闻者,或取简毕,或授口耳,录其文而起义。左氏《春秋》、子夏《丧服》皆名为传……则因传而有经之名,犹之因子而立父之号矣。"① 关于孔子"六艺"在战国时被尊为"经"的原因,陈恩林认为:"其一,孔子所创儒学成为战国时期的显学,孔子本人的地位也日趋提高;其二,在儒学中产生了专门解释'六艺'的'传'。"② 的确,以"六经"中的《春秋》为例,《汉书·艺文志》著录了战国时期解说《春秋》的"传"凡五家,即左氏传、公羊传、穀梁传、邹氏传、夹氏传③,他们虽立场不同、观点各异,却皆以《春秋》为标准和纲纪进行阐释,这应是"春秋经"得名的原因所在。

再以西晋汲家出土的《易经》为例,《易繇阴阳卦》《卦下易经》《公孙段》等皆为阐发"易经"的"传"。20世纪80年代公布的马王堆帛书《周易》也是经、传并存的,于豪亮认为"帛书《周易》包括两件帛书,除经文外,有传文五种七篇"④,即《二三子问》2篇,《要》《缪和》《昭力》各1篇,《系辞》2篇。李学勤结合《史记·仲尼弟子列传》《汉书·儒林传》等记载的战国时期孔门易学的传承系统,在对比了帛书本与今本《周易》差异后认为:"帛书这一派易学走了偏锋,只能说是在楚地的一种别传。"⑤ 上述种种迹象表明,战国时期阐释"易"的非但不止一家,而是因地域的差别形成不同系统,且有数种"易传"流传,而"易"也因此被尊奉为"经"。可见"六艺"称作"六经",不仅与孔门弟子尊崇"六艺"有关,更得名于解说"六艺"之"传"⑥。

无独有偶,与儒家并称"显学"的墨家亦存在这种情况。《庄子·天下》篇云:"相里勤之弟子五侯之徒,南方之墨者苦获、已齿、邓陵子之属,俱诵《墨经》,而倍谲不同,相谓别墨。"可见,墨子身后的墨家也经历了学派分化,即所谓的"墨离为三",墨家后学相里勤、五侯、苦获、已齿、邓陵子之徒的观点虽"倍谲不同",却皆以《墨经》为标准进行阐释,故他们的解说皆可视为《墨经》的"传"。这种情况也就是章学诚所谓的"墨翟之书初不名'经',而庄子乃书'苦获、邓陵之属,皆诵《墨经》',则其徒自相崇奉而称'经'矣"⑦。

综上可知,战国时期"六经""墨经"等典籍称"经"现象,缘于学派内部持不同观点的学者对学派原典的阐释、解说,这种学派内部的分歧客观上使原典("经")的内涵愈发博大精深,诚如学者所言,"由于有了十翼,《周易》就成了一部'道阴阳'的儒家哲学著作。又如《春秋》,本是鲁国史官写的一部大事记,但由于有了《公羊》《穀梁》等传记,就成了

---

① 章学诚:《文史通义》,上海:上海古籍出版社,2008年,第27页。
② 陈恩林:《浅谈儒家六艺的特点及其向六经的转化》,《文化学刊》2008年第1期。
③ 班固:《汉书》卷30《艺文志》,北京:中华书局,1962年,第1715页。
④ 于豪亮:《帛书周易》,《文物》1984年第3期。
⑤ 李学勤:《简帛佚籍与学术史》,南昌:江西教育出版社,2001年,第255页。
⑥ 张海波:《经与典:先秦两种典籍形态》,《中国社会科学报》2015年12月28日。
⑦ 章学诚:《文史通义》,上海:上海古籍出版社,2008年,第29页。

一部政治伦理学著作"①。那么从"经"的这层含义来讲，除了"六经""墨经"以外，战国时代的《道经》《孝经》等典籍被称为"经"，恐怕也应与持不同观点弟子的尊奉、阐释有关。

值得注意的是，有学者认为："至少在战国中期儒家已将《周易》与其他五经并列，经学不待两汉，先秦早已存在。"② 此观点尚未抓住问题本质。与汉代经学相比，战国时代的"经"产生、流传于民间私人讲学的过程中，政治意味远不及汉代经学浓厚，且他们具体内涵也存在较大差异，故二者不可同日而语。傅道彬对二者关系的论述较为中肯，他认为"六经"的"经"是"是经典的，而非经学的。经典与经学的意义是有很大不同的，经典是文化的，经学是政治的，经典虽然也强调自身的重要意义，但并不排他，而经学往往是独断的、排他的"③。西汉时期"罢黜百家，独尊儒术"，"五经"在政治上取得了合法地位，汉魏诸儒多训"经"为"常"，如《玉海》卷41引郑玄注曰："经者，不易之称也。"④《孝经》疏序引皇侃之言曰："经者，常也，法也。"⑤ 等等，就是指"五经"是长久不变的标准、纲纪之意，这应是对"经"字的进一步引申。

五、纬字本义与经纬

正如有学者指出，此"韦"字是"纬"的初字，"韦编"即"纬编"，也就是指横向编纶。如商承祚认为："我认为韦编之韦，为纬的初字，在纬字未产生以前，凡纬皆用韦。"⑥张显成也认为："简的编纶，古人称之为'纬编'，也就是横编……不少人不明白简的编联形制，误解孔子所读《易》为熟牛皮做的编纶。"⑦ 我们认为，这才是"韦编"的正解，值得肯定，但仍需要更多的证据加以论证之。

1. "韦"（纬）字解说

《说文·韦部》："韦，相背也，从舛口声。兽皮之韦可以束'枉戾相韦背'，故借以为皮韦。凡韦之属皆从韦。"而"韦"字甲骨文作 、 、 、 等形，晚商铜器铭文作 、 等形⑧。传统的解释，与古文字字形相去较远，殊不可信。

甲骨文发现之后，古文字研究者对此字的解释有了进步。杨树达、高鸿缙等皆认为"像背城他去之形"，本义是违背。李孝定则认为"乃围之本字，韦像围城，相背为其引申

---

① 吴龙辉：《六艺的变迁及其与六经的关系》，《中国哲学史》2005年第2期。
② 廖名春：《周易经传与易学史新论》，北京：中国人民大学出版社，2014年。详见吕绍纲序言及该书第8章。
③ 傅道彬：《经学以前的诗经·序言》，北京：东方出版社，2007年，第2页。
④ 王应麟《玉海》卷41，上海：上海书店影印本，1990年，第776页。
⑤《孝经注疏·序》，阮元校刻《十三经注疏》，北京：中华书局，1980年，第2538页。
⑥ 商承祚："韦编三绝"中韦字音义必须明确》，《商承祚文集》，广州：中山大学出版社，2004年，第462页。
⑦ 张显成：《简帛文献学通论》，北京：中华书局，2004年，第121页。
⑧ 李圃主编：《古文字诂林》（五），上海：上海教育出版社，1999年，第697、699页。

义"①。从在卜辞中的字义来看，"韋"字一般用于人名，或包围、围城等义。

（《甲骨文合集》39683、27974、18612、33398，卫觚、子卫爵铭文）

正如同"坙"是"经"之古字一样，"韋"是"纬"之古字。对于"韋"字何以从围城演变为经纬之纬，日本学者白川静认为："韋（韋）的口为城墙之形，上为足向左之形，下为足向右之形。如此左来右往之形，类似于纺织时的编织纬线的动作，故而纬指纬线、纬纱。竖线称为经，合称经纬。"② 较为合理地揭示了该字两种义项之间转换的缘由。

而康锐最近结合"经""纬"字之构形，对"韋"字本义提出新说，他认为"（坙）虽千百根，也只画三条竖线，中部或向一方弯折，似经线隆起、被挑出织口；再借织机形，上一横表示经轴，下为撑线之'工'"，"（韋）从口、从止，是抓住了织布时纬线的穿行方向及可象形的'织口'这两个主要特征"，"韋的两止和四止……显示纬线的一进一出，左右穿梭，与 𣎵（涉）相类，含'通过'义"，"口形构件……当指经线被分经棍挑开后形成的织口"，"坙后来字义滋蔓，为从字形上使本义更为明确，本字加形旁'纟'成为'经'，以区别'坙'之转义。抽象的'韋'同理也走向形声化，标义符而得'纬'"③。

我们认为，将"韋"字本义解释为纬线穿过"织口"，无论从考古学还是文字学，都是有一定依据的。在1975年发掘的浙江余姚河姆渡新石器遗址第四文化层中，除出土了木制和陶制的纺纶外，还出土了许多原始织机的部件，如打纬的木刀、骨刀及绕线棍等，从而证明了我国在距今六千年前就已使用原始织机的事实④。可见我国纺织技术的起源是相当早的。

2．"纬"字与"韦编"及纬书

"坙"字本义既明，那么有经无纬难成织，作为纺织的重要组成部分"纬"也理应有与其相对应的古字，从"韋"字的构造来看，"止"与"口"，前者表示方向，后者表示目标，构成了纬线的动态穿梭之意，符合以会意造字的原则。若此，则"韋"字的"包围""违背"等义项亦皆为引申义。《左传》昭公二十四年："抑人亦有言曰：嫠不恤其纬，而忧宗周之陨，为将及焉。"杜预注："嫠，寡妇也。织者常苦纬少，寡妇所宜忧也。"这是纺织技术的本义在传世文献中的体现。

弄清楚"纬"的古字及本义，那么"韦编"之义也就容易理解了，正如商承祚所云："纬与经的方向是不同的，拿纺织来比喻，经线是成百上千条并列在一起，只用一条横的纬线通过梭子穿来穿去于经线之间，一圈圈的纬线将经线编圈起来，编简也类似这个样子，简

---

①以上学者观点皆引自李圃主编：《古文字诂林》（五），第695、696页。
②白川静《常用字解》，北京：九州出版社，2010年，第10页。
③康锐：《古今字"韦""纬"臆解》，《江海学刊》2015年第6期。
④浙江省文物管理委员会、浙江省博物馆：《河姆渡遗址第一期发掘报告》，《考古》1978年第1期。赵翰生《中国古代纺织与印染》，第137页。

为直的经，编线是横的纬，这样就把竹简编联在一起，故曰'韦编'。"①

也就是说，在中国古代原典著作被称作"经"，其中"经"意为标准、纲领，应是对"经"字本义（织机上的纵向丝线）的引申，这大概源自简册制度规范、完善的过程中，先民从织布工艺中的经线、纬线获得的灵感。同样，"韦编"之"韦"是"纬"的初字，本义应为"纬线穿过织口"，"韦编"（即"纬编"）指简册上横向的编纶，因与纵向"经"的方向相反而得名，那么纵向的竹简就如同织机上的经线，故此书籍便以"经"作为泛称。

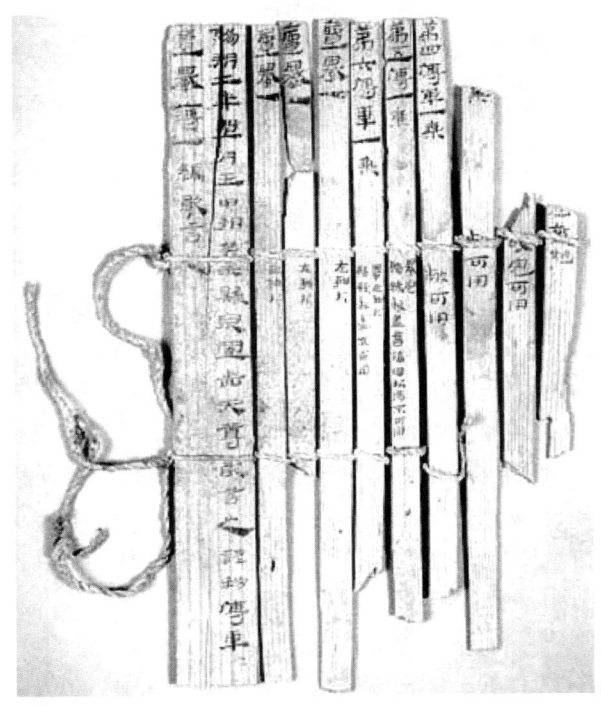

西汉阳朔二年（公元前 23 年）悬泉置传车亶兴薄

值得注意的是，《说文·韦部》："韦，相背也，从舛口声。兽皮之韦可以束'枉戾相韦背'，故借以为皮韦。凡韦之属皆从韦。"《说文》关于"巠""韦"的解释，无论字形和音义都不准确，这里有两个原因，其一小篆中两字结构，已非造字初形，故而不能见其本义；其二，此时的"经纬"二字，都已加上了绞丝旁。《说文·糸部》："经，织从（纵）丝也，从糸巠声。""纬，织衡（横）丝也，从糸韦声。"这才是"巠韦（经纬）"的本义所在。但汉代去古未远，保留了一些古今字。那么西汉司马迁把"纬编"写作"韦编"，则是非常合理的可能。

其实，这种"韦"作"纬"讲的用法，可能早在汉代之前就已经有了。比如《韩非子·观行》："西门豹之性急，故佩韦以自缓。董安于之心缓，故佩弦以自急。"以往解此典故者，往往也将此"韦"解为牛皮绳。然而何以佩戴牛皮绳就能令性急者自缓呢？说不明白。其实

---

① 商承祚：《"韦编三绝"中韦字音义必须明确》，《商承祚文集》，第462页。

这里的"佩韦",也当释为"佩纬",与下文的"佩弦"形成相对之言。琴弦只有纵线,没有横档的纬线,所以有直顺无碍之意,故能令心缓者自急。而纬线则是在纵线上面附着的横线,有阻挡牵绊的意思,故能令性急者自缓。

由"韦"而"纬",由"韦编"而"纬书",这是该字由早及晚的发展序列。其中纬书出现较晚,大约出现在秦汉时代。关于纬书之来源,有许多说法。段玉裁《说文解字注》对于"纬"字的解释,是从语言文字到历史方法的一个经典,可谓知言。段云:"云织衡丝者,对上文织从(纵)丝为言,故言丝以见缕。经在轴,纬在杼。木部曰,杼,机之持纬者也。引申为凡交会之称,汉人左右六经之书,谓之秘纬。"

六、余论

"韦编"的上述含义,也能够启发我们对战国秦汉时期以"经"泛指书籍现象的理解。《左传》昭公二十八年:"经纬天地曰文。"杜预注:"经纬相错故织成文。"《逸周书·谥法解》亦云"经纬天地曰文。"潘振云:"织直丝为经,织横丝为纬。"陈逢衡云:"《左·二十八年》服注:德能经纬顺从天地之道,故曰'文'。"《国语·周语下》云:"天六地五,数之常也。经之以天,纬之以地,经纬不爽,文之象也。"韦昭注:"以天之六气为经,以地之五行为纬,而成之也。"上述引文中的比喻,皆取自织布原理,即纵向的经线与横向的纬线交错而成文,其中的"文"显然指经纬线交错而形成的布纹。"文"应是"纹"的古字。上面《左传》《国语》等文献中的引文皆以经纬成文为喻,"经"指向的是天的方向,而"纬"指向的是地的方向,我们很容易由此联想到简册也是横向的"韦编"与纵向的竹简相交错,从而成为文字之载体,颇能与"经纬天地曰文"相合,而竹简作为简册的主体部分,如同织机上的经线,这大概就是战国秦汉以"经"泛称书籍的由来。

还有一点值得注意,即简册之中亦有"天""地"。张显成指出:"简册书籍需要编联,分别有一道编、两道编、三道编、四道编、五道编之别,其中三道及三道以上编者,首简编纶(第一道编纶,即最上面一道编纶)以上,一般是不写字的,简末编纶(最下面一道编纶)以下,也是一般不写字的。前者实际上就是'天头',后者实际上就是'地脚'。这种留'天头''地脚'的版面形式,一直延续了下来。"① 简册中的"天头""地脚"在汉代简牍中并不乏见,然而若再往上追溯,则不能不提到上博简《孔子诗论》。整理者马承源曾指出:"简文内容分为四类,第一类是简的第一道编绳之上和第三道编绳之下都留白,文字书写在第一道编绳之下、第三道编绳之上,每简大约三十八至四十三字。这种上下端留白的简相当特别,《诗论》其他的简文完整者上下端都写满,所以这一部分得以与其他部分区别开来,在这类简辞中,不见评论诗的具体内容,只是概论《颂》《大夏》《少夏》和《邦风》。"②

---

①张显成:《论简帛制度对后世古籍制度的影响》,《历史文献研究》总第28辑。
②马承源主编:《上海博物馆藏战国楚竹书》(一),上海古籍出版社2001年,第121—122页。

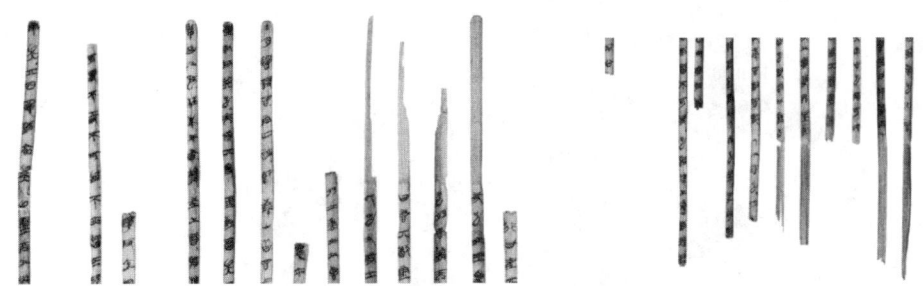

上博简《孔子诗论》第 2—7 简上、下两端的留白部分①

专家已经排除了"留白简"为字迹脱落或刮削之结果的可能,学界对此问题也多有讨论,但未注意到这种现象与书籍制度中"天头""地脚"之间的关系。从内容来看,《孔子诗论》第 2—7 简主要是对"颂""大雅""小雅"和"邦风"的概论,没有评论诗的具体内容,故对于整篇《诗论》而言,它实际上起到了序言的作用,故此留白部分很可能是竹书抄写者有意预留的空白②,以便在上面书写一些批注性质的文字,类似于后世书籍制度中的"天头""地脚"。而从保存最为完整的第 2 简来看,简长 55.5 厘米,上端留白长 8.7 厘米,下端留白长 8 厘米③,由此可判断此为第 2—7 简上下两端留白的实际高度,"天头"高于"地脚",即所谓的"天高地厚",也正符合后世书籍制度。至于这种部分留白现象,是"天头""地脚"起源时的形态呢?抑或是战国时期"天头""地脚"的形式之一呢?这个问题非拙文篇幅所能回答,容日后专门撰文详论。

综上可以推知,战国时代虽未必有"天头""地脚"之名,但在简册制度日趋完备、规范的过程中,战国秦汉时期以"经"泛指书籍的灵感很可能源自织布工艺中的经线和纬线。

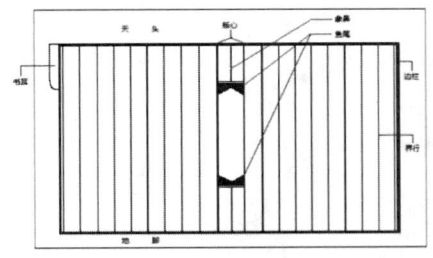 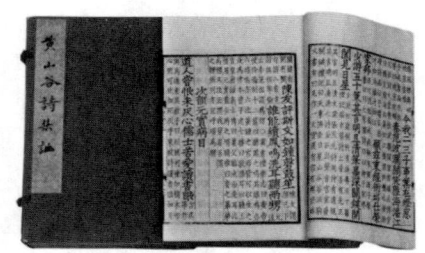

雕版印刷书籍的天头、地脚

作者简介:朱彦民,男,河南浚县人,历史学博士,南开大学历史学院教授,博士生导师,先秦史研究室主任,中国社会史研究中心研究员。

---

① 笔者按,因第 1 简下端残缺较多,故右图下端所见的第一支简实际上是第 2 简。
② 晁福林认为"预留空白的可能性不大","很可能是《诗论》篇中将着重强调的一段文字有意低格写出的结果。"(参见氏著:《上博简〈诗论〉研究》,北京:商务印书馆,2013 年,第 13 页)这种观点违背了一个常识,即按照书籍制度,一般重要的文字都是高格书写的(这方面的论述参见张显成《论简帛制度对后世古籍制度的影响》,《历史文献研究》总第 28 辑),未见低格书写者,且上博简《孔子诗论》第 2—7 简上端留白部分达 8.7 厘米之高,显然低得过多,所以晁的推测似不太可能。
③ 以上数据请参见晁福林:《上博简〈诗论〉研究》,第 19 页。